세존학술총서 5

화엄사상의 연구

華嚴思想の研究

이시이 코세이(石井公成) 지음 / 김천학 옮김

민족사

2020

본서는 이시이 코세이(石井公成) 저,
『華嚴思想の硏究』(春秋社, 1996)의 완역본이다.

간행사 요약

〈이 세존학술총서는 박찬호 거사의 원력과 시주(施主)로 이루어졌다.〉

1.

불교는 약 2,500년 전 바라문교의 폐해를 비판하며 등장한 붓다에 의해 성립한 종교다. 불교는 인도에서 '신흥종교'로 발생하여 세계적인 종교로 발전하였고, 그 불교가 한국에 전해진 지도 1,600여 년이나 지났다. 불국사와 석굴암, 해인사『고려대장경』등 국가지정문화재 가운데 불교 문화재가 압도적인 것은 매우 자랑할 만한 일이다.

그럼에도 불구하고 통계청에서 10년마다 실시하는 조사에 의하면, 2005~2015년 사이에 불교 신도수가 760만 명으로 무려 300만 명, 15%나 줄었다. 원인은 여러 면에서 분석해야 하겠지만, 그 책임은 승가에 있다고 보아야 할 것이다. 승가의 허물이 가장 크게 작용했음에는 이론이 없을 것이다.

종교인은 사실상 전문 교육자와 같은 역할을 할 때, 종교와 신도 또한 사회에 모두 이익이 된다. 그런 면에서 승가가 공적(公的) 스승으로서의 역할을 충실히 해 왔는지에 대해서는 아쉬움이 든다. 이에 나 역시 승가의 일원으로 책임을 통감하며 한국불교의 취약한 부분을 조금이라도 보완하는 효율적 방법을 모색하였다. 마침 박찬호 거사가 나의 뜻에 공감하며 화주(化主)를 자처해 극적으로 이루어질 수 있었다.

한국불교의 허약한 체질은 조선시대 이후, 원효(617~686)와 의상(625~702) 같은 걸출한 논사(論師)를 배출하지 못한 데다가, 근·현대선 수행에 대한 편식으로 교학을 홀대한 결과라고 할 수 있다. 반면 서구와 일본은 이미 1세기 이전부터 불교를 신앙만이 아닌 인문학적이고 사상적인 가치로 접근하여 불교학을 학문의 관점에서 연구를 하였다.

본 세존학술총서는 그들이 축적한 방대한 논문과 학술서 가운데 20년 이상 검증된 세계 최고의 학술 명저와 논문을 선별한 것이다. 이 불사의 시작은 지극히 미미하지만, 감히 바라건대 고려대장경 결집 후 1,000여 년이나 지난 이 시대에 걸맞은 논장(論藏)을 세우는 인(因)이 되었으면 한다. 또한 먼 미래에 불법을 연구하는 이들에게, 불교가 추락할수록 이를 심각하게 염려하는 '사람들'이 있었음을 기억해 주었으면 한다.

2.

한국불교학은 90년대 이후 장족의 발전을 하였다. 가치 있는 학술서도 적지 않게 저술·출판되었다. 그러나 근래 많은 학자들은 한 주제를 가지고 오랜 탐구 끝에 그 결과물을 내기보다는 단편 논문에 집중하여, 전작이 거의 나오지 않고 있다. 더러 한두 권이 나오고 있는 것을 본다면 대부분 현직 학자들보다는 재야 학자들의 저서이다. 반면 외국의 불교학술서들을 본다면 놀라운 연구서들이 많이 나오고 있다. 그것은 학문에만 집중할 수 있는 풍토와 환경이 조성되어 있고, 학자 자신도 탐구나 연구에 몰입하고 있기 때문일 것이다.

이러한 문제점을 보완해 보고자 외국의 뛰어난 학문적 성과물들을 국내에 제공하여 후학들의 학문 탐구에 일조가 되어 보자는 입장에서 이런 해외 우수 학술서들을 번역·출판하게 되었다.

3.

이러한 학술서들을 번역·간행할 수 있었던 것은 오로지 큰 원력을 내 주신 박찬호 거사의 기부와 희사정신에 의한 것이다.

한국의 불자들은 법당이나 불상 등 외형적인 불사에 주로 보시를 하고 있다. 그러나 중국과 대만의 불자들은 불서 간행에 많은 희사를 한다. 두 나라 불자들은 운명할 때가 되면 일정한 재산을 불서간행에 써 달라고 사찰에 보시한다고 한다. 부처님 말씀이 담긴 경전간행에 최고의 의미를 두기 때문이다. 근래 이 두 나라 불교는 장족의 발전을 거듭하고 있다. 대만은 국민의 80%가 불교도이고, 중국도 도교와 불교를 같이 신앙하는 인구가 13억 가운데 거의 80%나 된다. 반면 지금 우리나라는 10년 사이에 약 300만 명이 감소하여 760만 정도로 인구의 약 20% 정도를 차지하는 데 그치고 있다.

이 결과는 한편으로는 한국 신도들의 편협된 보시 관행과 관련이 있는데, 이런 보시 관행은 한국의 승가가 신도들에게 요구해 온 보시의 전형이다. 유형물에 대한 보시의 의미를 넘어, 법보시의 진정한 의미를 되새기게 해 준, 박찬호 거사의 통찰에 깊은 감사를 드린다. 박거사의 대승적 보시가 장차 한국불교 신도들에게, 붓다의 가르침대로 행하는 보시바라밀로 자리 잡게 될 때 한국불교는 비로소 재도약의 발판을 마련할 인연이 도래할 것이다.

　방대한 학술서임에도 불구하고 흔쾌히 번역을 맡아 주신 김천학 선생님께 진심으로 감사를 드리며, 어려운 책을 편집·교정해 주신 민족사 편집부 직원분들, 그리고 윤창화 사장님의 안목과 열정에 깊이 감사드린다. 또한 십시일반으로 후원해 주신 불자들께도 감사드린다.

2020년 정월 초하루
고양시 용화사 무설설당에서
세존학술연구원장 성 법 합장

서문

화엄교학은 천태교학과 함께 중국불교의 이론을 대표하는 교학으로 여겨져 왔다. 실제로 화엄교학이 중국불교에 미친 영향은 상당하며, 그 영향력은 한국·일본불교 더 나아가서는 현대 사상계까지 미치고 있다. 예로부터 연구도 많이 되어 왔고, 화엄교학에서 언급하는 문헌까지 포함한다면 그 수는 헤아리기 어려울 것이다.

그러나 근대불교학이 정착한 현대에도 화엄교학에 관한 국내외 대다수의 연구는 사법계(事法界)·이법계(理法界)·이사무애법계(理事無礙法界)·사사무애법계(事事無礙法界)의 사종법계설을 비롯한 전통적인 교학에 근거한 것이었다. 사종법계설에 의한 구분이 정착되기 이전 화엄교학의 본래의 모습이나 화엄교학의 성립 사정 자체를 해명하려는 움직임은 기껏해야 근년에 들어와서 생기기 시작했다고 해도 과언이 아니다. 따라서 해명해야 할 것이 아직도 많이 남아 있는 실정이다.

필자는 그러한 상황 속에서 화엄교학의 형성과 전개 과정을 밝히고자 연구를 계속해 왔다. 중국 화엄종 조사들은 어떠한 상황하에서, 어떠한 계통의 사상을 의식하면서 자신들의 교학을 구축해 왔던 것일까? 그리고 그 교학은 한국이나 일본에서 어떻게 전개되었는지가 오랜 관심사였다.

그러나 연구가 진행되면 될수록 그러한 문제의식 자체가 전통적 불교학에 얽매이게 되는 결과를 초래한다는 것을 알게 되었다. 소소한 문제에 대해서는 종래의 설을 정정한다 하더라도, 화엄종이라는 '종(宗)'의 존재를 전제로 하여 중국·한국·일본에서의 전개방식을 연구할 경우, '종'을 축으로 하여 불교 동점의 길을 추적하는 전통적인 불교학과 별반 다를 것이 없게 되는 것이다.

일본에서 그러한 전통적인 불교학을 크게 일으킨 사람은 교넨(凝然)이었다. 그는 일본에 전해진 여러 종파의 역사를 중심으로 불교사를 구축하고, 인도·중국·일본이라는 삼국 불법전통(삼국의 불법이 전해지고 소통됨. ─역자)의 도식을 확립하였다. 두순(杜順)이 창시했다고 하는 화엄종의 역사를 삼국 전통의 도식에 근거해서 정리한 것도 교넨(凝然)이고, 징관(澄觀)과 법장(法藏)의 교학을 절충하여 전통적인 화엄교학을 완성한 것도 교넨이었다.

그러나 교넨이 삼국 전통의 도식에서 제외한 한반도의 승려는 실제로 불교의 전래에 큰 역할을 하였을 뿐 아니라, 역으로 중국불교에 영향을 미치기도 한다. 입당하여 지엄(智儼)에게 사사하고, 동문의 후배인 법장과 친교를 거듭했던 의상(義湘)이나, 입당하지 않고 신라에서 방대한 저술을 남긴 원효(元曉)가 법장에게 큰 영향을 끼친 것은 그러한 예이다.

게다가 법장은 강거(康居, Sogdiana)계 3세이므로 순수한 한인은 아니며, 법장에 영향을 미친 가까운 세대의 학승 가운데 삼론교학을 집대성한 길장(吉藏)은 안식(安息, Parthia)계이며, 유식 연구에서 가장 중요시되는 원측은 신라 출신이며, 법상교학의 확립자인 규기(窺基)는 우전(于闐, Khōtan) 출신의 위지(尉遲)씨였다. 즉, 화엄교학은 당시 동서 교류의 기운 가운데 자라났던 교리이다.

그러나 그 화엄교학은 삼론종·천태종·법상종 등과의 대립 속에서 생겨난 것은 아니고, 정영사 혜원(淨影寺 慧遠)으로 대표되는 번쇄한 지론교학을 싫어했던 지엄이 혜광(慧光) 등의 초기 지론교학에 기반을 두면서 구축한 것이었다. 더욱이 두순이 화엄종의 시조가 된 것은 후대의 일이고, 또한 화엄종의 조사의 한 사람으로 간주되기도 하는 원효는 『기신론』을 근본으로 하는 독자적인 입장을 가지고, 대승의 여러 경전들의 평등성을 강조하며 이설(異說)이나 논쟁을 조정하려고 노력했던 인물이지 화엄교학을 받들던 인물은 아니다. 즉, 화엄종 및 화엄교학으로 불리는 것의 실체와 그 성립 과정을 밝히는 것은 교넨(凝然)에 의해 확립된 여러 종(宗)을 축으로 하여 형성된 삼국불법전통의 도식과 역시 그에 의해 체계화된 화엄교학 그 자체를 해체해 가는 시도가 되어야 한다.

그러한 모색을 시작할 무렵 마주한 것이 가나자와(金澤)문고에 보관(稱名寺藏)된 사본인 삼장불타 찬술의 『화엄경양권지귀(華嚴經兩卷旨歸)』였다. 이 문헌은 불타삼장의 저서가 아니라, 지론종 남도파에 속하는 것으로 생각되는 『화엄경』 지상주의자(至上主義者)가 수나라 말기에서 당나라 초기에 걸쳐 행해진 불명(佛名) 신앙의 유행 속에서 저술한 것으로 판명되었다. 흥미롭게도 그 주장은 필자가 지금까지 조사해 온 신라 의상 문도의 사상, 그리고 의상 문도의 사상을 계승하여 주장했기 때문에 도다이지 주료(壽靈)에게 격렬하게 비판받았던 일본의 『유미자(有迷者)』의 사상과 공통되는 부분을 포함하고 있다.

따라서 필자는 『화엄경양권지귀』의 배경을 살펴보아야 할 필요성을 깨달았고, 돈황 사본 가운데 지론종 남도파의 문헌을 조사함과 동시에 새로운 관점에서 의상 문도와 고려 균여 등의 저작을 정독하게 되었다. 즉, 초당(初唐)시기 장안(長安)이나 종남산(終南山)을 중심으로 일어났던 화엄교학을 해명하기 위해서는 돈황 및 일본에서 발견된 지론종 문헌과 신라에서부터 고려에 이르는 한국화엄 문헌을 살펴보는 한편, 중국의 동서(東西)에 위치하는 지역에 남아 있는 문헌, 그것도 화엄교학이 확립하기 이전의 지론종 문헌과 후대 화엄 문헌을 검토해야 한다. 이를 통해 명확하지 않았던 초당의 중국 화엄교학을 분명하게 하고, 나아가 상호 영향 관계도 포함하여 중국·한국·일본에서의 화엄교학을 재검토하고자 시도하였다.

그러한 과정 중, 지론종 남도파에서 무장무애(無障無礙)를 설하는 경전으로서 『대집경(大集經)』을 높이 평가하는 『대집경』 존중파가 상당히 유력한 세력이었고 그들이 화엄교학의 성립과도 깊이 관련되었다는 것과 만년의 지엄이나 의상 등은 동산(東山)법문으로 칭해지는 초기 선종의 활동을 강하게 의식했다는 것을 밝힐 수 있게 되었다.

필자는 이 연구를 「화엄교학사의 연구」라는 제목으로 1993년 5월에 와세다(早稻田)대학의 학위신청논문으로 제출하였고, 1994년 6월에 무사히 학위를 받을 수 있었다. 스가하라 신카이(菅原信海), 다카사키 지키도(高崎直道), 후쿠이 후미마사(福井文雅)의 세 분 선생님, 그리고 고마자와(駒澤)대학의 요시즈 요시히데(吉津宜英) 선생님은 심사를 담당해 주셨으며 귀중한 지적과 조언을 주셨다. 여러 선생님들께 그저 감사드릴 따름이다.

본서는 학위논문에 약간의 정정과 보강을 더한 것이다. 출판 준비에 들어갔을 무렵이 되어서는 중국화엄종 조사로 불리는 중당(中唐) 이전의 학승 가운데, 소위 사사무애를 단순히 화엄의 최고 법문으로 삼았던 사람은 단 한 사람도 없었다는 확신에 이르렀지만, 그 점에 대해서는 본서에서 간단히 서술하는 것에 그치고 말았다. 이 문제는 법장 사상의 변화, 『법계관문(法界觀門)』의 성립, 교넨의 사상형성 과정 등 시간적 제약과 필자의 능력 부족으로 인해 다루지 못한 다른 문제들과 함께 향후의 과제로 남겨둘 수밖에 없었다.

본서는 지엄의 사상과 그것을 존중하는 계통의 사람들, 즉 화엄종이라고 칭해지는 계통의 사람들의 사상을 화엄교학으로 칭하고, 어느 계통이든 『화엄경』에 기반을 두고 중국이나 한국에서 형성된 사상이나 해석에 대해서는 화엄사상으로 칭한다. 이른바 화엄에 관해 연구하기 위해서는 현행의 『화엄경』의 소재가 되는 개개의 단행경전의 사상과 그 것들을 통합한 『화엄경』 전체의 사상 및 중국에서 성립한 여러 학파로부터 전개된 화엄사상, 그리고 그러한 화엄사상의 한 계통으로서의 화엄교학을 명확히 구별하려는 것이다. 나아가 화엄교학의 전개와 변용, 화엄교학 이외의 화엄사상과 화엄교학의 영향관계 등을 구별하여 볼 필요가 있다.

본서는 화엄에 관한 영역 가운데 극히 일부에 착안한 연구에 지나지 않는다. 보잘 것 없는 성과이기는 하지만, 연구를 정리하면서 지금까지 연구 생활을 되돌아보며 필자는 사우(師友)에게 많은 은혜를 입었다는 것을 절실히 느꼈다.

와세다대학 제1문학부 동양철학전수·대학원문학연구과 동양철학전공 재학 중에는 고(故) 다나카 오토야(田中於菟彌), 고(故) 고바야시 노보루(小林昇), 하라다 마사미(原田正己), 히라카와 아키라(平川彰), 구스야마 하루키(楠山春樹), 미사키 료슈(三崎良周), 스가하라 신카이(菅原

信海), 후쿠이 후미마사(福井文雅) 등 여러 선생님들께 폭넓은 분야에 걸친 지도를 받을 수 있었다.

또 강사로 출강하였던 나가라 교코(長柄行光), 이토 즈이에(伊藤瑞叡), 이와타 다카시(岩田孝) 세 선생님의 강의를 청강하였다. 그 밖에도 대학원에서는 중국 문학의 마츠우라 도모히사(松浦友久) 선생님과 임상심리학의 고스기 쇼타로(小杉正太郎) 선생님, 게이오대학에서 출강하신 정신병리학의 호자키 히데오(保崎秀夫) 선생님의 수업에도 오랫동안 출석하였다. 특히, 히라카와 아키라 선생님께는 학부·대학원을 통해 지도교수로서 지도를 받았고, 그 후에도 계속해서 연구할 수 있도록 따뜻한 배려를 해주셨다. 학위논문을 제출할 수 있었던 것도 히라카와 선생님의 권유가 있었기 때문이다.

불교나 중국사상의 기초 교양을 습득하면 다른 분야의 연구로 전향하려고 생각했던 필자가 지금까지 불교를 중심으로 연구하면서 졸저를 간행하기에 이르는 것은, 뛰어난 학식으로 불교와 불교학의 깊이를 조금은 볼 수 있게 해주신 히라카와 선생님 덕분이다. 또 불교사의 상식에 매이지 않고 폭넓은 관점으로 비판적으로 연구해야 한다는 것을 강조하신 미사키 선생님에게 받은 영향도 크다. 이미 퇴임하신 구리타 나오미(栗田直躬) 선생님에게 큰 은혜를 입은 것을 비롯하여, 동양철학 연구실의 선배·학우들과도 즐거운 분위기 속에서 많은 것을 배울 수 있었고, 또한 격려를 받았다.

한편, 히라카와 선생님의 소개로 화엄 연구의 일인자이신 도쿄(東京)대학의 가마타 시게오(鎌田茂雄) 선생님에게 지도를 받을 수 있었던 것은 정말 다행스러운 일이었다. 가마타 선생님이 주관하시고, 요시즈 요시히데 선생님이 사회 및 사무를 담당하신 고마자와대학 어느 교실에서 시작한 고려 균여 독서회에도 참가하였다. 이 독서회에는 관동에 있는 젊은 화엄 연구자 대부분이 모여들었고, 유학 중인 여러 화엄 연구자들도 참가하였다. 그 독서회에서 가마타, 요시즈 두 선생님 및 동료들에게 배운 것은 정말 말할 수 없을 정도로 컸기에 이 독서회는 필자에게 제2의 모교라고 할 만한 존재였다.

독서회가 열렸던 고마자와 캠퍼스에 위치한 고마자와 단기(短期)대학 불교과에서 근무하게 된 것은 신기한 인연이라고 말할 수밖에 없다. 연구를 지원해 주신 불교과의 동료들, 그리고 독서회 이후 늘 따뜻하게 격려해 주신 요시즈 선생님께 깊은 감사의 말씀을 드린다.

그리고 출판을 수락해 주신 춘추사의 간다 아키라(神田明) 사장 및 연락과 편집, 그 외의 사무를 담당해 주신 편집부의 사토 세세이(佐藤淸靖) 씨, 하마노 데츠노리(浜野哲敬) 씨, 우에다 데츠야(上田鉄也) 씨에게도 깊이 감사드린다. 사토 편집장에게는 화엄에 관한 책을 내도록 10년도 전부터 권유받았지만, 겨우 그 약속을 지키게 되어 기쁘게 생각한다. 또 하마노 씨의 신속한 컴퓨터 처리가 없었더라면 본서는 빛을 보지 못했을 것이다. 교정은 고마자와대학 대학원 박사과정 요시다 다케시(吉田剛) 씨와 와세다대학 대학원 박사과정 요시무라 마코토(吉村誠) 씨의 조력을 얻었다. 영문 목차 및 요지에 대해서는 간사이(關西)의과대학 교수 델레아누 플로린(Deleanu Florin) 씨에게 도움을 받았다. 여기에 기록하여 감사를 표한다. 끝으로 본서는 1995년도 과학연구비 조성금(연구성과공개촉친회)의 받아 간행된 것이다. 관계자께 감사의 뜻을 표한다.

1996년 1월 5일

저자 이시이 코세이(石井公成)

한국어판 서문

　본서의 기본이 되었던 박사학위논문을 와세다대학에 제출하고 나서
예심위원회가 열렸을 때쯤 비판적 의견이 있었다. 제출 당시 논문은 남
북조시대부터 지엄(智儼)에 이르기까지의 중국 화엄교학, 신라의 화엄
교학, 법장의 화엄교학, 신라 화엄사상의 전개, 일본의 초기 화엄교학
이라는 순서로 구성되었기 때문에 중국·신라·일본이라는 형태로 고쳐
야 한다는 의견이 제시되었다고 한다.

　이것을 전달받은 나는 당(唐)의 불교가 신라불교에 영향을 주었고,
그렇게 해서 형성된 신라불교가 당의 불교에 영향을 주었으며, 그것이
나아가 신라에 들어옴으로써 상호 영향 관계에 있다는 것을 설명했다.
그 결과 본서의 순서대로 심사가 진행될 수 있었던 것이다. 이러한 한
예를 보더라도 불교사를 국가별로 나누고 시대 순으로 고찰해 가는 연
구방법이 얼마나 뿌리 깊었던가를 알 수 있을 것이다. 그러나 승려나
문헌은 빈번히 이동하기 때문에 여러 국가 간 복잡한 상호 영향은 실제
로 벌어지는 상황이다. 그러한 상호 영향은 동시대뿐만 아니라 시대가
상당히 떨어지더라도 있을 수 있는 일이다. 예를 들면, 『대승기신론』을
둘러싼 상황은 최신의 연구 성과에 의하면 다음과 같다.

　『대승기신론』에 대해서 중국의 많은 승려들이 주석서를 썼으며 그것

들이 신라에 들어오자, 『기신론』을 대승을 총괄하는 최고의 논서로 평가했던 인물이 원효이다. 원효는 그러한 『기신론』 주석서를 참조하여 『해동소』와 『기신론별기』를 저술했다. 그것이 당나라에 들어갔고, 그 영향을 받은 법장이 『대승기신론의기』를 쓰자 그것이 다시 신라에 들어왔다.

원효의 저술이며 『기신론』의 영향이 농후한 『금강삼매경론』도 당나라에 전해지고, 선종 승려들에 의해 읽혀졌다. 원효의 저술은 일본에 대량으로 들어왔으며 나라시대의 여러 사원을 중심으로 널리 연구되었다. 원효 이후 신라에서는 원효와 법장의 영향을 받아 용수가 썼다고 칭해지는 『기신론』의 특이한 주석인 『석마하연론』이 작성되었고, 그것과 같은 작자 혹은 아주 가까운 입장을 가진 인물에 의해 『대승기신론』의 강요를 설했다고 불리는 『대종지현문본론(大宗地玄文本論)』도 만들어졌다.

『석마하연론』은 8세기 후반에 일본에 전래되자 격렬한 진위논쟁이 일었지만, 구카이(空海)는 매우 존중하였으며 진언종의 교리를 형성할 때 중요한 곳을 이용하였기 때문에 일본에서는 왕성하게 연구되었다. 그 『석마하연론』이 신라에서 중국에 전해지자 요나라 때 유행하여 주석서가 만들어졌으며, 그것이 고려와 일본에 전해졌다.

청나라 말에 중국불교를 근대화하는 운동을 시작한 양원훼이(楊文會)는 중국에서는 없어진 법장의 『기신론의기』를 일본에서 보내 받고 그것을 자신의 교리의 축으로 삼고 간행하여 널리 알렸다. 다만, 양원훼이는 법장을 존중하였지만, 대승경전과 당나라의 여러 종파는 동등한 의의가 있기 때문에 우열을 매기는 것에는 반대하였다.

또한 양원훼이는 『기신론』과 『대종지현문본론』을 축으로 하는 '마명종'을 제창하였으며, 그것에 의해서 대승의 여러 경전과 수나라·당나라의 여러 종파를 통합하려고 시도했다. 이러한 자세는 『화엄경』을 절대시했던 법장보다 화쟁에 노력을 기울인 원효에 가깝다. 이 무렵 일본에서는 『기신론』의 진위논쟁이 일지만, 양원훼이의 제자인 타이쉬(太虛)는 그 자극을 받으면서도 양원훼이의 입장을 고수하고, 『기신론』과 『대종지현문본론』에 의해서 중국불교를 통합하려고 노력했다.

한편 중국과 일본에서 원효가 존중된 것을 안 근대의 한국불교계는 한국에서 거의 일실된 원효의 저작을 일본에서 모았으며 원효의 평가도 점차 높아졌다. 그 결과, 원효는 한국을 대표하는 승려로 인식되기에 이르렀다.

이상은 상호 영향의 극히 일부분이다. 다만, 이러한 상황을 밝히기 위해서는 개별 문헌에 대해 확실한 연구가 필요하다.

이 『화엄사상의 연구』는 충분하지 않지만, 지금까지 주목되지 않았던 지론종의 화엄 관련 문헌에 주목하였고, 그것이 의상에게 영향을 미치고 있음을 지적하였다. 그런 덕분에 법장 작(作)으로 전해져 왔던 『화엄경문답』은 의상과 제자의 문답임을 지적할 수 있었다. 또한 원효 저작의 성립 순서를 추정한 것은 본서에 정리한 논문이 최초일 것이다. 그 외에도 『석마하연론』이 신라 성립임을 논증하는 등 본서는 한국불교연구의 측면에 어느 정도 공헌할 수 있었다고 생각된다.

이러한 졸저가 김천학 교수에 의해서 한국어로 번역되게 되었다. 김 교수는 도쿄대학 대학원에 유학했을 때 고마자와대학에도 와서 요시즈 요시히데(吉津宜英) 선생님의 수업에 출석하였고, 또 나의 화엄독서회에도 참가했었다. 오랜 지인이면서 연구 동료인 김 교수가 박사논문을 기본으로 한 나의 첫 저서를 한국에서 간행하게 되어 참으로 감회가 깊

다. 인용도 많고 양(量)도 많은 이 책을 번역해 준 것에 대해서는 그저
고마울 따름이다.

　이 한국어 역에 의해 한국의 화엄 연구가 지금 이상으로 왕성하게
연구되고 계속해서 새로운 발견이 있기를 크게 기대하는 바이다.

2019년 10월 8일

이시이 코세이(石井公成)

역자 서문

　우선 감사의 인사부터 올리고 싶다. 2015년 11월 28일 동국대 불교
문화연구원 HK연구단에서 개최한 학술대회 '동아시아의 화엄과 선, 그
긴장과 조화'에 이시이 코세이 선생님이 기조 강연을 하시는 것을 인연
으로 윤창화 사장님께서 이시이 코세이 선생님과 나를 찾아 내 연구실
로 오셨다. 이시이 선생님을 앞에 두시고 나에게 1996년에 간행한 대저
의 번역자가 되어 달라는 말씀이셨다. 영광스러운 일이었다. 당시 동국
대 불교문화연구원 HK사업의 바쁜 일정을 소화하고 있었던 나는 HK
사업의 일환[NRF-2011-361-A00008]으로 이시이 코세이 선생님의
대저(大著)의 번역을 맡기로 하였다. 큰 마음을 내주신 윤창화 사장님
께 우선 깊은 감사의 인사를 드린다. 그리고 이 책 간행을 지원해 주신
세존학술연구원 성법 스님께도 깊은 감사의 말씀을 올린다. 성법 스님
께서는 이 책을 번역하겠다는 마음을 내었을 때 직접 이메일로 연락을
주셔서 기뻐하시고 북돋아 주셨다.

　이 저서를 번역하겠다는 마음을 냈던 이유가 있다. 2000년에 최연식
교수가 이시이 코세이 선생님을 지도교수로 하여 일본학술진흥회 외국
인 특별연구원으로 일본에 오면서 이시이 코세이 선생님의 화엄독서회
가 시작되었다. 당시 견등의 저술로 알려졌던 『대승기신론동이약집』을

읽어 주셨다. 놀랐던 것은 이시이 코세이 선생님께서 한문을 일본어 읽 듯이 빨리 읽었다는 것과 도무지 뜻이 통하지 않는 문장에 대해서는 모른다고 말씀하셨던 기억이다. 이시이 선생님의 한문 읽는 속도가 너 무 빨라서 나는 고개를 푹 숙이고 따라가기도 바빴다. 매번 어디 읽는 지 놓치기 일쑤였다. 그렇게 공부를 시켜 주셨던 기억이 있기 때문이다. 또 일본에서 2007년 박사학위를 취득하기 전까지 개인적으로 찾아다 니면서 지도를 받았고, 본심에서는 심사위원이 되어 주셨던 기억이 있 어 학은을 갚아야겠다는 생각이었다.

윤창화 사장님께는 오래전부터 학은을 입고 있었다. 스승인 김지견 선생님께서 견지동 민족사를 찾아가시어 윤 사장님과 지하 다방에서 말씀을 나누시곤 할 때, 때로는 청진동의 유명한 해장국을 드시면서 학문적 기획을 구상하실 때 나는 쫄래쫄래 따라가서 옆에서 조용히 듣 고 있곤 했다. 그런 인연으로 김지견 선생님께서 공부시켜서 습작처럼 만든 『화엄경문의요결문답』을 윤창화 사장님께서 간행해 주시기도 하였 다. 『화엄경문의요결문답』을 생각하면 오역이 너무 많아서 지금도 부끄 럽고 민족사 윤창화 사장님께는 누를 끼쳐 드려 죄송할 따름이다.

예상했던 대로 번역이 순탄하지 못했다. 나의 게으른 탓도 있었지만 HK사업은 항상 움직여 기획하고 성취해 가며 세계적 인문학 연구소를 만들어 가는 프로젝트여서 늘 시급한 연구 사업들이 기다리고 있었기 때문이다. 대학원생들과 불교한문 문헌을 매주 강독하는 것도 바쁜 일 정에 속했다. 번역에 4년이 걸렸지만, 『십지경론』이 전공인 일본 소설 번 역가 아내 김경남과 의상 스님을 가장 존경하는 박보람 교수 그리고 법 화경 전공자인 하영수 박사의 도움을 얻어 번역을 완성할 수 있었다. 감사드린다. 보통 책 한권 분량에 가까운 한문 원문은 저자인 이시이 코세이 선생님께서 일일이 현대어 역을 해주셨고 나는 그것을 번역하였다. 또 나의 지도 아래 지엄의 『화엄오십요문답』을 전공하는 석·박사 통합과정 현산 스님이 내용 교정을 맡아 주셨다. 교정 원고에 대해서는 현산 스님뿐 아니라 성은경 씨(박사 과정), 서담 스님(석사 졸업), 명훈 스님(석사 졸업), 송동규 씨(석사 졸업), 김지연 HK연구교수, 혜안 스님 (박사 수료, 법상종 전공), 명진 스님(박사 수료, 법장 전공)이 합세하여 담당해 주었다. 감사의 마음을 전한다.

일본에서 이 책을 처음 접했을 때의 느낌은 역동적 그것이었다. 이시이 선생님의 문체도 그렇지만, 그동안 일본학자들이 간략하게 다루거나 무관심했던 동아시아 불교에서의 신라불교의 역할을 정당하게 평가하였기 때문이다. 일본에서는 1942년에 다카미네 료슈(高峯了州)의 『화엄사상사』가 간행되었고, 제13장이 원효 및 의상과 그의 문류이다. 그리고 1956년에 사카모토 유키오(坂本幸男)의 『화엄교학의 연구』가 간행되었고 제2부 제4장이 신라 의상의 교학이다. 그리고 신라불교를 하나의 장(章)으로 구성한 것은 1996년에 간행된 이시이 코세이 선생님의 『화엄사상의 연구』가 처음이다.

이시이 코세이 선생님의 신라불교에 대한 평가는 이전과는 사뭇 다르다. 이전은 신라불교를 하나의 조그만 흐름으로 생각했다면, 『화엄사상의 연구』에서는 역동적인 흐름의 중심에 있는 신라불교였다. 제3장 신라의 화엄사상은 본서 가운데 가장 많은 6절로 구성되어 있다. 그리고 제5장 신라 화엄사상 전개의 일측면을 2절로 구성하였다. 제3장 신라 화엄사상을 6절로 전개하여 의상과 원효의 사상 성립 배경과 특색을 다루고, 『화엄경문답』과 『석마하연론』을 신라불교에 편입시킨 학문적 공적을 쌓은 후에 제5장에서 신라 화엄사상의 전개를 통해 『석마하연론』과 『금강삼매경』, 그리고 의상계 사상의 관련을 다룬 것은 동아시아 불교사상의 지도를 바꿔 놓은 획기적인 발상이었다.

이 책은 제1장을 지론종에서의 『화엄경』 해석으로 하여 『화엄경양권지귀』를 상세하게 분석하여 지론종과 지엄 이전 화엄 태동기와의 관련을 중시한 것도 이 책이 새롭게 화엄종의 사상을 해석한다는 상징이었다. 제2장에서 지엄의 성기설(性起說)을 전면에 내세우고 성기설의 일환으로서 부정과 무진을 강조하는 것은 그 이전의 지엄 연구자들이 전혀 생각하지 못했던 사상 해석의 전환이라고 할 수 있을 것이다. 또한 비록 곽상의 주가 중심이긴 하지만, 지엄과 장자의 관계를 거론한 것은 지엄 사상 이해의 폭을 넓혀 주었다. 제3장 신라의 화엄사상은 앞에서 말했듯이 어느 장보다 절이 많다.

이시이 코세이 선생님의 화엄사상사관에서 신라불교(신라화엄)가 어느 정도 중요한지는 이러한 분량으로도 짐작 가능하다. 의상에게 영향을 미친 지론교학의 중요성을 서술하고, 원효 화쟁의 근거를 찾았다. 특히 원효 저술의 저작 순서를 추정한 것은 원효 사상의 변화를 읽을 수 있는 새로운 전환점을 마련한 것이다. 의상의 『법계도』는 독특하지만, 그 반시에 중국적 연원이 있다는 사실과 이이상즉설(理理相卽說) 역시 연원을 추구하면 초기 중국불교와 지엄에게 그 사상적 연원이 있다는 사실을 밝혔다. 이것은 그동안 민족주의적 시각에서 의상의 특수성을 바라보던 관점의 폐기를 종용하는 연구가 되었다. 설왕설래했던 법장 찬 『화엄경문답』의 실체를 밝혀 신라 의상의 사상과 공통점을 찾아내어 고 김상현 선생님이 『지통기』의 이본이라는 주장을 하게 되는 데 결정적인 영향을 주었다.

제4장의 법장의 화엄사상에서는 지엄과 의상 그리고 원효의 사상적

영향하에 구성되었다는 점을 밝히고 있다. 이러한 영향하에서 법장만의 사유, 즉 무진과 중중무진의 논리가 계발된 것이다. 다만, 법장의 교학은 너무나 이론적인 탓에 지엄이나 의상의 실천적 풍토가 약해진 것도 사실이라는 점도 지적되어 있다. 고래부터 신라위찬설이 주장되었던 『석마하연론』의 신라성립설을 주장한 것은 획기적인 사건이다.

제5장은 이러한 주장을 심화시킨 내용이다. 여기에는 의상, 원효, 법장의 영향이 보인다는 것을 지적하고 있다. 아쉬운 것은 이후 나를 포함한 한국의 연구자들이 『석마하연론』의 신라성립설을 심화시키지 못하고 있다는 점이다. 일본에서는 이시이 코세이 선생님이 고군분투하는 듯하다. 『석마하연론』이 민족적 의미에서 신라 문헌이어야만 하는 것은 아니다. 반대자들의 의견처럼 중국 문헌임이 증명된다면 그것으로 된다. 그러나 『석마하연론』의 신라성립설이 확고해진다면 신라불교 사상의 흐름에 대한 해석이 완전히 바뀔 수 있다는 점에서 이시이 코세이 선생님의 주장은 중요하다. 비록 『화엄경문답』을 법장의 것으로 이해해왔고, 『석마하연론』을 용수의 것이라 이해했다고 해도, 적어도 이 문헌을 통해 현재의 부족한 신라불교 사상사 해석을 전혀 다르게 바꿔 놓을 수 있고, 나아가 그것이 전파되는 시기의 사상사의 역동성 새롭게 해석할 수 있기 때문이다.

이시이 코세이 선생님은 중국과 신라, 신라와 중국 간의 상호 사상적 교류를 거쳐 일본의 초기 화엄이 성립되었다고 본다. 제6장 일본의 초기 화엄교학은 이렇게 성립된 것이다. 그리고 제7장은 일본다운 초기 불교사의 흐름을 정리하면서 이 책의 본문을 맺고 있다.

큰 틀에서 중국→신라→중국→신라→일본, 중국→신라→중국→일본이라는 화엄사상사의 흐름을 논증한 것이 본서의 역동적인 흐름의 특징이다. 이 책의 화엄사상사관의 영향으로 오타케 스스무(大竹晋)의 『유식설을 중심으로 본 초기 화엄교학의 연구—지엄·의상에서 법장으로—』가 2007년에 간행되었다고 생각된다. 향후 중국과 신라불교의 상호 영향 관계를 면밀히 밝히고, 신라에서 일본으로의 불교사상적 영향과 일본적 수용의 특성을 밝혀야 하는 사상사적 나아가 인문학적 과제가 우리들에게 남아 있다.

다시 한 번 성법 스님과 윤창화 선생님께 깊은 감사를 드리며, 꼼꼼하게 교열과 교정을 맡아 주신 민족사 최윤영 님께 감사드린다.

2020년 2월 2일
동국대학교 불교문화연구원 HK교수
김천학 합장

목 차

제2장 지엄의 화엄교학   ··· 113

제1절 성기설의 성립   ··· 113

제2절 부정과 무진   ··· 155

제2부 지론종의 문헌들

〈역자 일러두기〉

1. 이 책은 원문을 통한 이해를 돕고자 가급적 영어 및 산스크리트어, 중국
   어, 일어 등의 원문을 살려 주는 쪽으로 번역하였다.

2. 일본인명, 지명, 연호, 사명(寺名)은 일본식 발음으로, 책명은 한자음대로
   표기하였다. 고대 중국인명 및 지명 등은 한자음대로 표기하였다.

3. 원서의 미주는 각주 처리하였다.

4. 약호는 다음과 같다.

韓國佛教全書	H
大正新脩大藏經	T
大日本續藏經	續藏
大日本佛教全書	佛全
日本大藏經	日藏
돈황사본 스타인본	S
돈황사본 페리오본	P

서론

1. 문제의 소재

화엄종의 화엄교학은 사종법계 가운데 정점인 사사무애법계를 입각지로 삼는다. 그러한 화엄교학을 대성시킨 사람은 화엄종 제3조 현수대사 법장(643~712)이라는 인식이 전승되어 왔다. 그러나 법장은 이사무애라는 말은 자주 사용하지만, 위작으로 의심되는 『망진환원관(妄盡還源觀)』[1]을 제외하면, 그의 저작에서 사사무애라는 말을 찾을 수 없다. 그뿐 아니라 사법계·이법계·이사무애법계·사사무애법계라는 4종법계의 분류 자체도 찾을 수 없다.[2]

한편 법장에게 사사무애법계에 해당하는 사상이 전혀 보이지 않는 것은 아니지만, 그는 그러한 사상을 『화엄경』 최고의 법문으로써 강조하지는 않는다. 그 점은 법형(法兄)인 의상[3](625~702)의 저술 『화엄일

---

1) 『妄盡還源觀』은 법장 몰후부터 8세기 중엽쯤에 성립하였다고 생각된다. 이에 대해서는 小島岱山, 「『妄盡還源觀』の撰者をめぐる諸問題」(「南都佛敎」 49, 1982. 12)를 참조.
2) 사종법계 분류를 볼 수 없는 것은 遠藤孝次郎, 「華嚴無盡論」(『東京學藝大學硏究報告』17, 1996. 3), p.14에 지적되어 있다.
3) '義湘'이 아니라 '義相'이 옳다는 견해에 대해서는 金知見, 「義相의 法諱考—海東華嚴의 歷運과 관련하여」(『韓國佛敎學セミナー』 4, 1990. 8)에서 지적하는 바이

승법계도』의 경우도 마찬가지이다. 의상은 '사사상즉(事事相卽)'이라는 말을 사용하면서 '사사상즉'을 최고 법문으로 생각하지는 않았다. 의상에게 별교일승의 법문인 『화엄경』은 이(理), 사(事)와 사(事), 이(理)와 사(事)라는 3종의 상즉(相卽)과 불상즉이라는 존재 방식을 모두 포괄하면서 자유자재로 설명할 수 있는 특징을 지닌 교설이었던 것이다. 이와 같이 『화엄경』의 특징을 포용성으로 보는 것은 법장과 의상의 스승인 지엄(602~668) 이래의 전통이라고 생각된다.

사사무애 및 사사무애법계라는 말은 현존 문헌으로 보자면, 법장의 제자 정법사 혜원(靜法寺 慧苑, 673?~743?)의 『간정기(刊定記)』에서 최초로 확인할 수 있다. 하지만, 『간정기』조차도 사사무애법계는 이사무애법계와 함께 진구분만교(眞具分滿敎)에 해당될 뿐이고, 사사무애가 교판 상 독립적인 지위를 점하는 것은 아니다. 그리고 두순을 화엄종 초조로 현창하고 두순 찬(撰)이라고 전하는 『법계관문』을 사종법계의 틀로 해석하여 사사무애를 강조한 징관조차도, 그 사사무애설은 배후에 숨어 있는 이사무애를 근저로 하며 전체적으로 이사무애의 색채가 농하다고 해석된다.[4]

이와 같이 징관에 이르는 초기 화엄종 주요 조사들은 실제로는 사사무애설을 설하지 않거나, 설한다 해도 일종의 애매함을 남겨놓고 말았다. 최근 기무라 기요타카(木村清孝)는 법장이 '사사무애'라는 말로써

지만 본서에서는 일반적 표기인 義湘을 사용한다. 한편, 김지견의 논문은 추측도 많기 때문에 각각에 대해서 재검토할 필요가 있다.
4) 징관은 실제로는 '事理無礙'라는 말을 사용하는 경우가 많다. 한편, 鎌田茂雄는 사사무애 중심의 법장의 사상이 징관에 이르러 사리무애를 중시하는 것으로 변한 것은, 징관이 도생(道生)의 이(理)의 사상을 수용하여 이를 근본으로 했기 때문이라고 한다(鎌田茂雄, 『中國華嚴思想の研究』 제2부 제3장 「道生の頓悟思想と華嚴思想の變貌」, 東京大學出版會, 1965, p.421).

는 표현할 수 없는 연기의 전체성이나 '사사무애'라는 사태를 지탱하는 배후의 진리·진실에 입각하여 연기의 진실한 모습을 해명하려고 했으며, 아마도 법장에게 '사사무애'라는 표현을 고안해 내려는 발상은 없었다고 논한다.[5]

이 중요한 지적은 정도의 차이는 있다 해도 실은 초기 화엄종 조사에게 모두 해당되리라고 생각된다. 즉, 초기 화엄종 조사들 가운데 단 한 사람도 소위 사사무애를 최고의 법문으로 생각한 사람은 없었으며, 사사무애를 최고로 하는 경우에도 실제로는 사사무애를 궁극적 사태의 일부로서 포함하는 입장을 견지한 것으로 생각된다. 사사무애를 화엄교학의 특징으로 보는 해석은 실제로는 그 뒤에 정착되었을 가능성이 크다. 그러한 예는 다른 곳에서도 확인할 수 있으며, 우리들이 화엄교학의 특징으로 생각하는 것은 실제로는 후대에 개변된 것이 적지 않다.

예를 들어, 『화엄경』을 지상으로 하는 교판을 통해 화엄교학 아래에 위치하며 비판되는 입장들은 구체적으로 천태종·법상종·삼론종 등 여러 교학을 지시한다고 설명되는 경우가 많은데, 그러한 해석은 법상종과 천태종이 강대한 세력을 차지하고, 또 삼론종의 전통이 남아 있던 일본에서 만들어진 듯하다.

특히, 법상종은 일승가와 빈번히 논쟁이 있었고, 화엄교학의 비판 대상이 되기 십상이었다. 그러나 법장이 『화엄경전기』에서 화엄종의 출발로 인정한 지엄의 『수현기』에는 천태교학이나 삼론학을 강하게 의식한

---

5) 木村清孝, 『中国華嚴思想史』 제5장 「華嚴教學の大成」(平樂寺書店, 1992), p.159. 한편, 木村는 법장의 저작 가운데 '事事無礙'라는 말이 보이는 곳은 위작으로 강하게 의심되는 『妄盡還源觀』, 「三編」段(T45.638a)뿐이라고 하지만, 그 조금 뒤에 「事事無礙法界」(640b) '事事無礙觀'(640c)이라는 용례가 보인다.

곳은 찾을 수 없다. 또한 지엄 최후의 저작인『공목장』에서는 신역 유식설은 대승초교로 평가되어 그 특징이 상세히 논해져 있지만, 지엄이 화엄의 입장과의 차이를 공들여 강조한 대상은 신역 유식설이 아니라, 일체는 진여로 돌아간다는 것을 강조한 종교(終敎)와 일행삼매나 이언절상(離言絕相)을 내건 돈교였다.

지엄 입적 직전에 스승 지엄의 교설을 자신의 견해를 통해 정리한 의상의『일승법계도』에서도 별교일승과 삼승의 차이를 자주 강조하면서도, 신역 유식설에 대한 비판은 극히 일부에 지나지 않는다. 의상이 번쇄한 교리를 설하는 신역 유식설에 그다지 흥미를 보이지 않았기 때문이겠지만, 만년에 지엄의 화엄교학이 주로 신역 유식설과 대결하였다면,『일승법계도』의 내용도 그러한 방향으로 저술되었을 것이다.

그런데, 실제로는 그렇지 않다. 화엄은 이사상즉(理事相卽)에 그치는 입장과는 달리 이이(理理·사사(事事)·이사(理事)의 상즉과 불상즉을 포함하는 무진의 법문이라는 사실이 오로지 강조되었을 뿐이다. 이것은 만년의 지엄과 그 제자들이 강하게 의식한 것은 신역 유식설이 아니라『화엄경』을 다른 대승경전과 함께 활용하여 화엄교학에 가까운 무장무애의 법문을 설하는 사람들이며, 구체적으로는 지론사를 중심으로 하는 여래장사상 계통의 학승들과 부사의해탈의 경지를 자랑하며 무상(無相)을 강조하는 습선자(習禪者)들이었음을 보여 준다고 생각한다. 즉, 화엄교학의 특징으로 불리는 사상은 법상종이나 천태종과의 사상적 대결에 의해 탄생한 것이 아니라, 오히려 지엄 만년의 교학과 비슷한 사상을 설하는 사람들과의 차이를 강조하려는 과정에서 생겨났다고 생각된다.

물론 체계적인 신역 유식설의 등장에 의해 여러 문제점들이 밝혀지고, 그것들을 추구함으로써 화엄교학이 보다 정치한 것이 되리라는 것은 틀림없다. 신역경론의 권위와 국가의 비호 아래 보호된 신역가 집단은 현실적으로 거대한 세력이었기에 비판의 대상으로 의식되지 않을 수 없는 존재였을 것이다. 또한 일승설과 삼승설의 대립은 중요한 문제이다. 그러나 삼승설을 비판하는 것은 여래장사상의 입장으로서도 가능하다. 실제 초당시대 그러한 논쟁이 격렬하였다. 화엄교학은 스스로 그러한 여래장사상과는 다르다는 것을 강조하였기 때문에 화엄교학이 화엄교학일 수 있는 이유는, 지론교학을 중심으로 하는 불성·여래장 사상계통 교학과의 차이를 강조하고, 특히, 연기의 존재 방식이라는 측면을 통해 차별화를 도모했을 것으로 생각해야 할 것이다.

일본 화엄종에서 이런 점에 주의를 기울이지 못하고, 법상종이나 천태종을 논적으로 삼았던 것은, 헤이안 시대 이후 강력한 존재였던 법상종이나 천태종 교학과의 차이에 눈을 돌리지 않으면 안 되었기 때문일 것이다. 이것은 초당에 사라져 버린 지론종 교학이 일본에는 정돈된 형태로 들어오지 않았다는 것, 또 초당 습선자들의 주장이 일본에서는 알려지지 않았던 것도 한 원인이 되었을 것이다. 종래 해석의 잘못을 지적하고 제거해 가는 작업은, 그대로가 후대의 화엄교학의 경향 및 그러한 화엄교학을 배태한 각 시대 불교의 존재양상을 밝히는 작업이 될 것이다.

습선자들과의 관계에 대해서 말하자면, 지엄보다 약간 연장이고, 같은 종남산에 머물렀던 도선(道宣, 596~667)이 만년에 보충한 『속고승전』 습선자편에서 "대승벽관, 공업이 가장 크다[大乘壁觀, 功業最高]"고 단언하고, 그 유행과 폐해를 설하는 것으로부터도 알 수 있듯이 지엄 만년에는 동산법문의 활동이 꽤 현저했던 것으로 보인다.

또한 무상(無相)을 강조하고 계위설을 부정했던 북지의 습선자들을 지의(智顗)가 격렬한 어조로 비판했던 것은 유명하지만, 6세기에는 『유마경』, 『능가경』, 『사익경』 등에 기반을 두고 이언절상을 주장했던 북지의 선사들이 상당한 세력을 지니고 있었다는 것을 놓쳐서는 안 된다. 지엄은 만년에 돈오를 강조하는 습선자들의 주장을 돈교로 규정하고, 대승종교와 일승 사이에 위치시키고 있지만, 이것은 그러한 법문은 일승이 아니라는 비판임과 동시에 종교(終敎)보다 우위에 위치하는 실천적 법문으로서 높게 평가하는 것으로 볼 수 있다. 의상에 이르러서는 돈교를 비판하여 『화엄경』이 우월함을 강조하면서도, 동산법문의 실천성에 끌린 듯이 실제로는 돈교 쪽으로 경도되는 부분도 보일 정도이다.

그러나 화엄교학에서 돈교가 남북선종을 가리킨다는 징관의 해석이 부정되었으며, 돈교는 『유마경』이나 『능가경』 등의 경전을 평가하기 위해 세워진 것이며, 징관 교학에서의 돈교는 징관 당시에 현저하게 진출했던 선종을 염두에 둔 것에 지나지 않는다는 것이 현재 화엄교학에서의 통설이다.[6] 이것은 돈황 문헌의 활용에 의해 선종사를 전면적으로 재검토하기 전의 견해이고, 새롭게 쓰지 않으면 안 된다.

한편, 일본과 달리 한국에서는 교종과 선종의 대립이 치열하였기 때문에 한국의 현대 연구자는 교종을 대표하는 화엄종과 선종과의 대립의 역사를 강조하기 십상이다. 그런 상황하에서 해동화엄 초조인 의상이 동산법문에 상당히 공감했다는 사태에 주의를 기울이지 못하는 것은 당연할 것이다. 이것도 후세의 불교사 상식이 선입관으로 남아 화엄교학의 연구를 방해하는 예이다.

---

6) 坂本幸男, 『華嚴敎學の硏究』(平樂寺書店, 1956), p.258.

돈교를 선종으로 하는 징관의 설이 부정된 것은 지엄이 젊은 시절의 저술인 『수현기』에서 이미 원교·돈교·점교의 3교판을 활용한 것이 큰 이유가 되었다. 그러나 시대의 흐름에 따라 지엄이 언급하는 돈교의 내용이 변화했다. 즉, 『수현기』에서는 지론종 전통에 기반을 두고 『화엄경』을 대표로 하며 포괄적 입장에 서 있었던 돈교가, 『공목장』에서는 이 언절상의 실천적 입장으로 인식된 것에 주의를 기울일 필요가 있다. 지엄이 인식하는 돈교의 의의가 해명되지 못했던 이유는 돈교를 설하는 지론종 문헌이 거의 전해지지 않는 것에 그 한 원인이 있지만, 돈황 출토 사본에는 지론종 문헌이 적지 않게 포함되어 있다.

　또 가나자와(金澤)문고·쇼묘지(稱名寺) 기탁본의 삼장불타(三藏佛陀) 찬 『화엄경양권지귀(華嚴經兩卷旨歸)』도 『화엄경』을 돈교로 위치시키는 지론종 문헌인데, 이 문헌에서는 『화엄경』을 존중하다 못해 『열반경』이나 『법화경』에 대해서는 점교로 간주하여 매우 낮은 수준으로 평가하는 등, 화엄종의 선구라고도 할 수 있는 강렬한 『화엄경』 지상주의를 볼 수 있다. 지론종은 북지의 대표적인 교학이었기 때문에 이들 지론종 문헌은 당시의 다양한 지론교학이 천태·삼론·선종 등에 어떤 영향을 미쳤는지를 보여 주는 자료라는 의미에서도 귀중하다. 이들 지론종 문헌의 발견은 수당불교 제종의 교의 형성 과정을 해명하는 데 매우 중요한 단서가 될 것이다.

　후대의 상식이 선입관으로 남아 화엄 연구를 방해하는 예 가운데 특히 중요한 것은 두순·지엄·법장으로 이어지는 3조설, 여기에 징관과 종밀을 더한 4조설·5조설이라는 계보와 화엄교학은 인도로부터 중국을 거쳐 일본에 전해졌다고 하는 삼국 전통의 사상일 것이다. 그러나 지엄뿐만 아니라, 의상과 법장의 현존 저술 가운데 두순의 이름을 들어 『화엄경』을 해석한 곳은 한 군데도 없다. 뿐만 아니라, 『화엄경』에 관련된 사람들의 사적을 망라하려 했던 법장의 『화엄경전기』에는 지엄 전기 가운데, 지엄이 입도할 때 스승이 두순이라고 기록할 뿐, 독립된 정전조차 없다. 의상의 직제자, 손제자들은 지엄을 매우 존숭했지만, 명확히 지엄의 스승인 두순에 대해서는 거의 관심을 보이지 않으며, 현존 자료를 보는 한 두순의 작으로 전해지는 저작에 대해서 언급한 것도 없다. 이것은 법장 제자의 저작에서도 마찬가지다. 이러한 사실은 두순·지엄·법장 세 사람의 연결을 강조하는 설은 의상이나 법장의 직제자 세대보다 뒤에 성립했음을 시사한다.

삼국 전통사상에 대해서 말하자면, 교넨(凝然)의 영향이 크다. 오늘날까지 불교 입문서로서 사용되고 있는 교넨 『팔종강요(八宗綱要)』의 화엄종조에는 화엄교학이 인도·중국·일본의 경로를 통해 전해졌으며, 일본에서는 법장에게 사사한 도선(道璿)이 내조하여 도다이지(東大寺) 로벤(良辨)에게 전했다고 한다. 교넨 당시에는 알려지지 않았던 서역불교가 무시된 것은 어쩔 수 없다 해도, 교넨도 분명히 중요하게 인식하였을 한국불교가 여기에서는 지나칠 정도로 무시되고 있다. 교넨은 일본에 처음으로 화엄 전적을 전래한 것은 중국에서 일본에 건너온 도선이며, 도선은 법장의 제자라고 서술하고 있다. 이렇게 그는 화엄교학이 중국으로부터 직접 전해졌다고 강조하고 있다. 도선이 중국에서 화엄을 배운 것은 사실로 여겨지나, 법장에게 화엄을 배웠다는 기록도 없고, 도선이 일본에서 법장의 화엄교학을 선양하려고 했던 흔적조차 없다.

일본에서 최초로 『화엄경』을 강의한 것은, 그것도 법장의 『탐현기』를 참고하여 강의한 것은 신라에 유학하여 법장과 원효의 저작을 대량으로 가지고 돌아온 다이안지(大安寺) 신조(審詳)였다. 신조는 원효계의 인물이다. 이후 일본의 화엄교학은 법장과 원효의 교학을 축으로 하였으며, 『화엄경』 절대주의 입장에 선 의상계 교학에 대해서는 무시하거나 신랄한 비판을 가했던 것 같다.

이러한 경향은 원효계가 학문 계통에 그치고 의상계는 화엄종을 형성하여 불교계의 주류를 차지하게 된 신라와는 크게 다르다. 종래 그러한 사정에 주의를 기울이지 않은 채, 일본 화엄은 지엄·법장의 법계를 잇는다는 점을 강조하고, 해동화엄에 대해서는 원효·의상을 나란히 거론하여 왔다.

교넨은 만년의 저술인 『삼국불법전통연기』의 화엄종조에서 도선이 최초로 화엄 전적을 일본에 전래했으며, '신라 학생' 신조가 『화엄경』을 개강했다고 하면서 신조가 입당하여 법장에게 사사했다고 기술하고 있어 일본의 화엄교학이 법장으로부터 직접 전해졌다고 변함없이 강조한다. 따라서 현대의 연구자는, 이러한 삼국 불교 전통의 도식을 비판적으로 검토해야 하며, 교넨의 불교사 서술에 대해서는 역사적 사실을 집성한 것이라고 존중하는 것이 아니라, 최고로 박학했던 가마쿠라 시대의 한 학승이 남도불교의 정통성을 주장하기 위해 구축한 독자적인 사관으로서 인식하고 재검토해야만 할 것이다.

이것은 일본 불교사만의 문제는 아니다. 극동에 있는 일본은 항상 외국의 문화를 받아들여 왔기 때문에, 현대 일본의 연구자도 그러한 통념에 의해서 동아시아의 불교사를 조망하여 인도·중국·일본으로의 불교 전래와 유통 과정을 기술하는 경향이 강하다. 최근에는 서역불교의 독자성이 주목되며, 또 한국불교의 의의가 재검토되게 이르렀지만, 삼국 전통의 도식에 서역이나 한국을 끼워 넣은 것만으로는 삼국 전통 사관을 지탱하고 있는 불교 동점(東漸)의 도식을 흔들 수 없다. 큰 흐름으로 볼 때, 불교가 서에서 동으로 전해진 것은 물론 틀림없다. 그러나 동서의 상호 교류, 특히 초당(初唐) 시기의 동서 교류는 놀랄 만큼 왕성했다. 불교 교리도 그 예외는 아니다. 따라서 동에서 서로의 직선적인 전래 도식에 너무 구애받게 될 경우 초당 불교의 실제 모습을 놓치게 될 것이다.

여기서 그러한 동서 교류의 역사가 개변된 실례를 보고자 한다. 헤이안 초기의 대표적인 화엄학자였던 도유(道雄, ?~851) 문하의 저작으로 추정되는 『화엄종소립오교십종대의약초(華嚴宗所立五教十宗大意略抄)』의 끝에 기술된 화엄종 조사 계통을 보면 다음과 같이 인도·중국·한국·일본의 순서로 배열되어 있다.

> 화엄종(華嚴宗) 조사(祖師)
> 普賢菩薩 文殊菩薩 馬鳴菩薩 龍樹菩薩 堅惠菩薩 覺賢菩薩 日昭菩薩
> 杜順菩薩 智嚴菩薩 法藏菩薩 元曉菩薩 大賢菩薩 表員菩薩 見登菩薩
> 良辨菩薩 實忠菩薩 世不喜菩薩 總道[7]菩薩 道雄菩薩(T72, 200b)

이 가운데 각현[覺賢: 불타발타라(佛陀跋陀羅), Buddhabhadra]은 60화엄의 번역자이고, 일조[日照: 지파가라(地婆訶羅), Divakara]는 법장(643~712)과 함께 60화엄의 빠진 부분을 보역한 승려이다. 일조는 영륭(永隆) 연간(680~681)에 장안에 와서 수공(垂拱) 3년(687)에 입몰했기 때문에, 아마 지엄(602~668)보다 연하일 것이며, 실제는 전혀

---

7) 總道는 崇道天皇(早良親王)을 가리킨다. 早良親王을 계보에 넣은 것은 실제로 早良親王 및 그 계통의 승려가 도다이지(東大寺)에서 세력을 가졌기 때문일 것이지만, 진혼을 위해서라는 일면도 있을 것이다. 즉위를 둘러싼 내분 가운데 죽임을 당한 早良親王에 대한 진혼의 풍조가 성행했던 것에 대해서는 牛山佳幸, 「早良親王御靈その後—中世莊園村落の崇道社の性格をめぐって」(竹內理三先生喜壽記念論文集刊行會編, 『莊園制と中世社會』, 東京堂出版, 1984) 참조.

교섭이 없다. 따라서 위 배열은 법계라고는 칭하기 어렵지만, 이 배열을 구상한 인물은 법계에 근사하게 하려고 한 것 같다. 분명 지엄보다 시대가 내려가는 80화엄의 번역자인 실차난타(實叉難陀, Siksananda) 등은 생략되었다.

또 나라 시대에 이미 서적이 들어와 읽히던 정법사 혜원이나 이통현(李通玄, 646?~740?) 도 생략하여 법장에서 원효로의 연결을 시사하려는 듯하다. 원효는 법장보다 연장자이며 법장 저작을 보지 않았지만, 만년의 저작에서 지엄의 이름을 들어 그의 교학을 인용하고 있기 때문에, 법장의 동문, 그것도 어쩌면 그의 제자로 생각하여 중국에서 한국으로 연결시키려고 한 것처럼 보인다.

그리고, 원효 이외의 신라 여러 승려들 가운데 법장의 법형이며, 신라에 지엄의 화엄교학을 처음 전한 의상, 즉, 신라 화엄종의 실질적인 초조인 의상과 그 계통의 제자는 완전히 무시되고, 법장과 원효 두 명의 교학을 존중한 태현(太賢)·표원(表員)·견등(見登)의 이름을 열거하였다.

다음으로 일본의 조사로 옮겨 와서는 8세기 중엽에 활약한 태현의 저작을 인용하는 견등(見登)보다는 연장으로 추정되는 도다이지(東大寺)의 로벤(良辨, 689~773)을 처음에 두고, 이어 로벤의 제자인 짓추(實忠, -752-)를 배열했고, 세후키(世不喜), 소도(總道)로 이어져 도유(道雄)에 이르고 있다. 신조(審詳)는 무시되었다. 신조(審詳)가 『화엄경』 개강 시에 복사(復師)였고, 그 다음에 강사로서 활약한 학승 지쿤(慈訓, 691~778)의 이름도 보이지 않는다. 도다이지 건립과 발전에 진력했지만, 『화엄경』 강사나 복사로는 이름이 오르지 못했던 실무파의 로벤과 짓추, 그리고 그 문도들의 이름을 열거하며 맺는다.

이 조사 일람은 천축·당·일본으로 이어지는 삼국 전통사관이 고정화되기 이전의 것이다. 그렇기 때문에 신라불교의 조사를 중시하고 있다. 이 일람은 중국에서 한국으로, 한국에서 일본으로의 흐름을 상정하여 쓰여진 것임이 분명할 것이다. 이러한 배열은 예상치 못한 선입관을 만들어 도다이지 출신의 학승들조차도 그들의 저서나 논문에서 원효가 법장 사상을 계승하였다고 기술하고 있다.[8]

그런데 입당하지 않았던 원효의 저작이 법장에게 큰 영향을 준 사실은 잘 알려져 있다. 법장은 지엄 영향이 보이기 전의 원효 저작과 지엄의 영향을 받은 후의 원효 저작을 함께 보았고 활발히 활용하고 있지만, 대승경전의 동일한 가치를 강조하는 원효의 교학에는 반발하여『기신론』으로 대표되는 여래장 사상을 화엄 아래로 평가하고 그 차이를 강조하려고 노력했다.[9] 법장은 또한 의상에게서도 영향을 받고 있어 신라로 귀국한 의상에게 자신의 여러 저작을 보냈을 때는, 진심 어린 편지와 함께 자신의 저작의 잘못을 바로 잡아 주기를 정중하게 부탁하였다.

한편, 의상과 그 문하생들은 유식설과 여래장사상의 회통을 위해 노력한 원효와는 달리, 화엄 지상주의로 일관하면서 초기 선종을 생각나게 하는 실천에 힘썼던 것 같다. 그러나 법장의 정치한 저작이 신라에 도착하자 난해한 지엄의 교학을 이해하기 위해서였는지, 법장 저작을 활발히 연구하고 문답을 거듭하였다. 사마르칸드(Samarkand) 교외의

---

8) 平岡定海,「日本華嚴の展開について」(『理想』606, 1983. 11, pp.126~127) 등.
9) 『화엄경』 지상주의에 서지 않는 법보(法寶)나 원효 같은 일승가를 법장이 비판하고 있는 것에 대해서는 吉津宜英,『華嚴一乘思想の研究』(大東出版社, 1991)의 제4장 「『華嚴經探玄記』における一乘大乘批判」, 제7장 「『大乘起信論義記』の成立と展開」에서 지적하고 있다.

아프라시압(Afrasiab) 유적에서는 7세기 후반의 사마르칸드 왕의 조정에 챠가니안(Chaganiyan) 국과 당(唐) 사절(使節)에 이어 한국 사절이라고 생각되는 인물이 입궐하는 모습이 그려진 벽화가 발견되었다. 이것은 당과 대결하고 있던 고구려가 돌궐(突厥)과의 교섭을 이용해 중국을 거치지 않고 북방 루트로 파견한 것으로 보이는데, 신라 사절일 가능성도 부정할 수 없다고 한다.[10] 이 벽화에 그려진 사절단의 내방 시기는 655년부터 690년대의 사이로 추정되고 있는데, 이 시기는 바로 신라 의상과 강거 출신 3세 법장이 교유한 기간과 겹친다.

한편 신라에서는 의상계와 원효계가 대립하고 있던 것 같지만, 한편으로 쌍방의 학계나 쌍방의 학계와는 관계없는 곳에서 원효와 의상의 사상을 함께 활용하는 사람들도 다소는 있었던 것 같다. 그 위에 법장의 사상이 들어오지만, 교리 연구가 진전됨에 따라 훈고 주석화로 기울어진 풍조와 격렬한 논쟁을 유독 싫어하는 사람에 의해서 특이한 서적인 『석마하연론』이 저술되어 중국과 일본에 전해져 큰 영향을 미치고 있었다. 현장의 역장에는 신라 출신의 승려가 반드시 참가하는데, 신라 승려들이 유식이나 인명 분야에서 눈부신 활약을 한 것은 잘 알려져 있다. 입당하여 활약한 서명사 원측(613~696) 등은 물론이거니와, 입당하지 않은 원효나 입당하지 않았다고 생각되는 『석마하연론』의 작자의 경우도, 저작이 중국에 전래되어 중국불교에 큰 영향을 주고 있기 때문에, 중국·한국·일본의 한 방향으로의 흐름만을 말하는 것은 사실과 맞지 않는다.[11]

---

10) 穴澤咊光·馬目順一, 「アフラシャブ都城址の壁画にみられる朝鮮人使節について」(『朝鮮學報』第80輯, 1976. 7).
11) 거란인의 왕조인 요대에는 『석마하연론』이 존중되어, 황제의 명을 받은 법오(法悟)나 지복(志福) 등이 주석을 저술한다(鎌田, 1965, 앞의 책, pp.604~611).

게다가 도대체 무엇이 중국불교인가 하는 것도 문제이다. 수당불교의 경우, 삼론종의 길장은 파르티아계, 법상종의 규기(窺基, 慈恩, 632~682)는 위지계, 규기가 신랄하게 비판한 원측과 문궤(文軌)[12]는 신라 출신이다. 화엄종의 경우 지엄의 제자로 후세에 큰 영향을 끼친 두 명의 제자 가운데, 의상은 신라 출신이고 법장은 강거 출신 3세이기 때문에 두 명 모두 순수 한족은 아니다. 아울러 지엄 자신도 서역에 가까운 지역의 문화를 받으며 자랐다고 추측된다. 지엄은 담천(曇遷, 542~607)의 『망시비론(亡是非論)』 등을 통해서 『장자』의 영향을 받고 있기는 해도, 중국 고전의 소양은 이통현·징관·종밀 등에게는 한참 미치지 못한다.

또 여기서 이름을 든 호족계 내지 신라 출신의 승려에 대해서는, 의상을 제외하고는 모두 범어에 능통하였다는 것이 주목될 수 있다. 그들도 물론 한역 불교 문화권 안에서 자랐지만, 중국 고전의 영향으로 자신도 모르는 사이에 발상까지 중국적으로 되어 버려 문장을 쓰기 십상인 한족 승려와는 미묘하게 다른 사람들이다.

당대 중기 이후 현대까지 중국불교의 주류가 된 것은 이러한 비한족계의 승려의 교리는 아니라는 것을 감안하면, 비한족계의 불교와 한족의 불교와의 간극은 실로 꽤 컸음을 알 수 있다. 그러한 차이를 고려하지 않고 인도불교와 중국불교의 차이만을 강조하게 되면 초당 불교의

---

12) 『因明入正理論疏』 등을 저술하고, 후에 慈恩으로부터 신랄하게 비난받은 文軌의 경력은 미상이다(武邑尙邦, 「文軌の因明學說」 『龍谷大學論集』 제389·390 합병호, 1969. pp.93~96). 그러나 窺基의 『因明入正理論疏』 卷上에서 "단지 인명의 궤측과 다를 뿐만 아니라, 또한 당나라와 범어 方言에 어두웠다"(T44,100b)라고 비판하는 것으로 보아, 신라승이었던 것이 틀림없다. 돈황 출토의 『廣百論疏』 권1에서는 '西明寺沙門文軌撰'(T85,782c)이라고 하기 때문에 西明寺 圓測 등과 같은 그룹에 속할 것이다. 원효는 『판비량론』에서 문궤의 설을 인용하였다.

국제성과 다양성을 놓치게 될 것이다.

　신라는 당시의 그러한 국제적인 불교를 적극적으로 도입했을 뿐 아니라, 입당승이든 입당하지 않았던 승려든 간에 정력적으로 저술하여 중국불교에까지도 영향을 미친다. 신라에서 변용된 교학의 하나인 『석마하연론』이 호족국가인 요대에서 존중되어 복수의 주석이 만들어진 것은 매우 흥미롭다. 또, 당말부터 오대시대의 혼란기에 많은 전적이 없어진 중국에서는, 고려의 의천 등이 가져온 화엄 전적에 의해서 다시 화엄 연구가 활발하게 되기도 하였다.

　신라의 화엄교학, 그것도 원효계의 화엄교학을 수용한 일본에서의 화엄 융성은 쇼무(聖武) 천황의 강력한 후원에 기반을 둔 면이 크기 때문에, 당시의 화엄교학에 대해서는 정치 정세나 국가의 진기신앙(神祇信仰) 등과 분리해 이해할 수 없다. 또, 일부 학승이 신라나 중국의 수준 높고 이론적인 교학을 배워 전개한 논의의 내용과 중국에 비교하면 후진국이었던 일본 나라 시대에 그러한 교학이 가져온 사회적 기능에 대해서는 어디까지나 구별해 보지 않으면 안 된다. 종래에는 이러한 구별을 애매하게 둔 채로 인도불교와 일본불교의 차이를 논하거나 중국불교의 일본적 변용 등에 대해서 논하는 경향이 있던 것은 아닐까.

　한편, 종파 의식에서 벗어나 있을 현대의 연구자조차도, 종파 의식과 똑같은 직선적인 연결 의식에 사로잡혀 있는 경우도 있다. 그것은 사상의 발전이라는 도식이다. 분명히 특정의 사상은 시대에 따라서 복잡하게 되어 가는 경향이 많아, 새로운 사상은 기존의 사상을 비판하고 극복하기 위해 등장하기 십상이다.

　그러나 복잡한 것이 진정한 의미에서 발전이라고는 할 수 없는 경우도 있을 것이고, 종래의 사상을 비판했다고 해서 진정한 의미에서 뛰어넘었는가는 별개의 문제이다. 또, 새로운 사상은 비판의 대상이 되는 사상 이전 시대의 사상에 근거해 형성되는 경우가 많지만, 그러한 형태의 복고를 고려하면 사상의 발전은 간단히 말할 수 없는 문제임을 알 수 있다.

번뇌에 갇혀 있는 중생 안에 여래의 지혜가 있다고 선언하고, 그러한 여래지의 선한 기능을 강조한 인도의 초기 여래장 사상은 이윽고 유식설과 결합하고, 원인으로서의 면이 강조됨과 동시에 여래장이 생사의 근거나 된다고 하는 면의 해명에 힘을 쏟게 된다. 한편 그러한 여러 경론이 잇달아 전래된 중국에서도 똑같은 역사가 반복된 듯하다. 오직 깨끗한 여래지가 중생 가운데 존재하는 것, 그리고 그 여래지의 선한 기능에만 주목한 지엄의 성기설은, 여래장이 열반뿐 아니라 생사의 근거가 된다는 것을 중시하였다. 이것은 염과 정의 관계에 대해서 상세하게 설명하는 정영사 혜원(523~592) 등의 지론교학에 대한 반발로서 초기 여래장사상을 축으로 하고 있다고 생각되는 지론종 남도파의 조(祖), 혜광(慧光, 468~537)의 교리로 복고하는 면을 가지고 있었다. 그러한 지엄의 교학도, 원효나 법장을 거쳐 그 다음 세대가 되면 세세한 훈고 주석이나 논쟁의 원인이 되기에 이르렀다.

일찍이 신라에서도 일본에서도 그러한 번쇄한 화엄교학을 부정하고 불과(佛果) 그 자체를 구하는 움직임과 비슷한 움직임이 몇 번씩이나 반복되었다는 점은 무시할 수 없다. 사상의 역사를 볼 때, 그러한 반복되는 면도 확인해 갈 필요가 있을 것이다. 아니, 반복이나 발전 이외에, 정체·일탈·퇴보·쇠망 등의 면을 포함하여 여러 변화가 있을 수 있기 때문에, 사상의 전체상을 파악하기 위해서는, 교의의 발전이라는 긍정적인 면에만 관심을 가지지 않고, 부정적인 면을 포함하여 다양한 면에 대해서도 직시할 필요가 있을 것이다.

한편, 지엄이나 법장 등이 독자적 교학을 구축해 나갈 때, 중요한 사상적 근거가 됨에도 불구하고 지금까지 정당하게 평가되어 있지 않았던 것으로서 『장자』의 사상이 있다. 지엄은 최후 저작인 『공목장』 「성기장 (性起章)」에서 담천의 『망시비론』을 그대로 전재하여 성기(性起)에 부합하는 것이라고 단언하며 매우 높이 평가하고 있는데, 이 『망시비론』이 『장자』 「제물론」 및 곽상주(郭象注)에 얼마나 큰 빚을 지고 있는가에 대해서는 이미 많은 사람들에 의해서 지적되었다.

그러나 일체는 상대적인 것이라는 견해로 옳고 그름이나 피아(彼我)가 대립하는 세계를 여의어야 할 것을 설하여 시비를 없애는 논(『장자』 「제물론」)이, 왜 여래장 사상의 원류인 「성기품」(『성기경』)에 근거하는 화엄교학의 성기사상에 부합하는지에 대해서는 지금까지 충분한 설명이 없었다. 바꾸어 말하면 화엄교학을 중국사상사 가운데서 평가하지 못하고 있음을 의미할 것이다. 화엄교학의 연구에서 『장자』 용어의 영향을 지적할 뿐만 아니라, 화엄교학의 어느 부분이 『장자』와 겹치며, 어느 부분이 다른지를 분명히 하지 않으면 안 될 것이다.

본서는 이른바 화엄교학의 성립 과정과 그 전개에 관한 연구를 목적으로 하지만, 위에서 서술한 것과 같은 문제점 위에 좁은 의미의 화엄교학 연구가 되지 않도록 유의하였다. 연구 범위는, 초기 지론종에서 법장까지 이르는 중국불교와 신라 초기 교학부터 원효·의상 및 양사 (兩師)의 계통을 전승하여 8세기 중반까지 성립했다고 생각되는 『석마하연론』까지, 쇼무 천황의 『화엄경』 수용과 헤이안 초기 이전의 화엄교학까지를 대상으로 한다.

연구에서 활용하는 자료는, 최근에 이용되기 시작한 신라·고려의 화엄종 문헌, 그리고 대정대장경에 수록된 것 이외의 것으로는 종래 화엄교학 연구자가 전혀 이용하지 않았던 돈황 출토의 지론종 문헌을 활용하려고 주의를 기울였다. 즉, 신라·고려 문헌과 돈황 문헌에 의해서, 지금까지 연구가 진행되지 않았던 신라화엄의 존재양상을 해명하고 그 성과로 중국화엄과 일본화엄을 새로운 시각을 통해 재검토하였다.

2. 본서의 개요

제1부에서는 중국·한국·일본의 화엄교학 형성과 변용 과정을 추적했다.

제1부 제1장에서는 다카미네 료슈(高峯了州)가 간략히 소개한 이래, 50년이 지나는 동안 전혀 연구되지 않았던 지론종 문헌, 삼장불타 찬, 『화엄경양권지귀』(가나자와문고 소장·쇼묘지 기탁본)에 대해서 검토했다. 『화엄경양권지귀(華嚴經兩卷旨歸)』는 수(隋)의 사나굴다(闍那崛多) 역, 『십이불명신주교량공덕제장멸죄경(十二佛名神呪校量功德除障滅罪經)』에 보이는 두 부처의 장대한 이름 가운데 『화엄경』 내용이 포함되어 있으며, 그 두 부처의 명칭을 예송(禮頌)할 것을 권한 것이고, 불명(佛名)신앙의 유행 풍조 가운데 저술된 것으로 불타삼장의 저술은 아니다. 『양권지귀』는 『화엄경』을 돈교대승으로 규정하고 통종(通宗)으로 칭하는 한편, 『열반경』이나 『법화경』에 대해서는 점교라고 규정하고 통교(通教)라고 불러, 통교의 수행자는 통교의 불과(佛果)에 이른 후 드디어 통종의 신위(信位)에 들어가며, 통종으로 전향하지 않는 경우는 일천제라

고 단언하는 등『화엄경』지상주의를 강하게 주장하고 있어서, 여러 대
승경전 사이의 우열을 매기는 경향에 반대한 정영사 혜원 등과는 정반
대의 입장에 속한다.「십지품」은 중시되지 않으며, 일승·여래장·심식설
등에 대해서도 전혀 언급하지 않는다. 한편,「성기품」을 중시하여 중생
은 여래 지혜 그 자체를 저장하고 있다는 것만을 강조하는 점으로 볼
때, 열반과 생사의 양면으로 전변할 수 있는 지론종의 여래장연기설·
불성연기설을 비판하고 오직 청정한 성기를 설한 지엄의 교학과 통하
는 면이 있다.『양권지귀』의 해명에 지금까지 주목받지 못했던 돈황 출
토의 지론종 문헌을 활용하여 지론종 교리의 존재 방식과 그 광범위한
영향을 밝히려고 노력했다.

제2장에서는 지엄의 교학에 대해 논한다. 본 장에서는 지엄이 강조
한 '오직 청정한 성기(性起)'라는 개념이, 여래장과 번뇌의 관계에 대해
상세하게 설명하는 혜원 등의 번잡한 교학에 대한 비판적 입장에서 그
러한 교학을 극복하려는 시도에서 나왔으며, 지엄이 혜광의『화엄경소』
등 초기 지론종 교학에 경도되어 실제로는 인도의 초기 여래장사상 내
지는 그 원류로 복귀하고 있음을 밝혔다. 또한, 지엄이「성기품」이나 보
현품 등 화엄 독자의 법문을 설하는 품을 존중할 뿐만 아니라, 그러
한 여러 품과 혜원 등의 교학 근거의 하나인 십지품(『십지경』) 등을 함
께 포괄한다고 점에서『화엄경』의 특징을 찾아내고,『화엄경』의 '무진(無
盡)'한 성격을 강조했음을 밝혔다. 지엄의 이러한 '무진'의 사상은, 담천
의『망시비론』등을 통해서 배우고, 공감을 느낀『장자』「제물론」등의
사상을 단서로 하여 강력하게 체계화를 구축해 간 듯하다. 한편, '두순
설(說)·지엄 기(記)'라고 전해지는『일승십현문』에 대해서는, 지론 교학

의 강력한 영향하에 있던 누군가가 지엄의 강의에 근거하면서 스스로의 견해를 정리한 것이라고 추측했다.

제3장에서는 신라의 화엄교학에 대해 검토했다. 우선, 의상이 당에서의 유학을 끝내고 귀국하기 이전의 상황을 분명히 했다. 신라에는 수(隋)에서 초당(初唐)에 걸친 첨단 학문인 섭론종 교학뿐만이 아니라, 지론종 교학, 그것도 통종(通宗)을 절대시하고 통교(通敎)·별교를 낮게 평가하는 계통의 교학도 들어가 있던 사실을 지적했다.

원효에 대해서는 대표적인 저작의 성립 순서를 검토한 후에 그의 교학은 『기신론』이 중심이라는 것, 또 원효는 처음부터 여러 교설의 회통을 목적으로 하여 교학을 구축해 간 사실을 밝혔다. 원효의 회통에서는 『장자』 「제물론」 편의 논의와 길장의 교리가 전용(轉用)되어 중요한 부분을 차지하였다.

의상에 대해서는 주요 저서인 『화엄일승법계도』의 성립 배경에 대해 검토하고, 그 형식과 내용의 형성 과정에 대해서는 지엄 만년의 교학을 염두에 두면서 밝혔다. 그 결과, 의상의 이이상즉설(理理相卽說)을 포함하여 화엄교학의 특징으로 여겨진 사상의 대부분은 지엄 교학에 가까운 사상을 설하는 일군의 부류들과의 차이를 분명히 하려는 과정 중에서 배태된 사상임을 알 수 있었다.

한편, 지엄의 최만년에 이르러 지엄과 그 제자들은 신흥의 동산법문을 강하게 의식하지 않을 수 없게 되었고, 그러한 법문을 돈교라고 규정하여 꽤 높게 평가하면서도 화엄 아래에 위치 지으려고 한 듯하다.

의상의 경우는 실천을 존중하는 성격 때문인지 실제로 돈교에 빠져든 측면이 있다. 의상의 특이한 설로 여겨져 온 이이상즉설은, 이(理)에 무수한 구별을 인정하는 지론종 전통에 근거한 것이며, 이이상즉설을 특이하다고 느끼는 이유는, 이(理)를 『법계관문』 등에서 볼 수 있는 유일하고 나눌 수 없는 것으로 인식했기 때문이라고 생각할 수 있다. 그러한 나눌 수 없는 이(理)는 지엄·의상의 저작이나 법장의 초기의 저작인 『오교장』에서는 볼 수 없으며, 그것이 등장하는 것은 『오교장』 이후의 저작과 『법계관문』에 한정된다. 법장 찬으로 여겨져 온 『화엄경문답』에 이러한 의상의 사상과 같은 경향이 보이는데, 본 문헌은 문체 및 내용을 볼 때 의상 문하의 저술이라고 생각된다. 의상이 귀국한 후에 의상을 통해서 지엄의 교학을 접한 원효는 『화엄경』에 관심을 품었으며 『화엄경소』 집필 도중에 입적하는데, 그 서문은 『장자』의 사상을 강하게 의식한 것이었다.

제4장에서는 법장의 중중무진(重重無盡) 사상은 지엄 만년의 교학에 기반하면서도 불교에서는 논리적인 오류로 여겨지는 '무궁(無窮, anavasthā)'과 『장자』가 설하는 무궁의 개념을 역으로 활용한 것이며, 화엄교학에 가까운 무장무애 법문을 설하는 일군의 부류들과의 차이를 강조하기 위한 사변적인 것으로서 실천성이 뒷받침되지 못했다는 것을 지적했다.

그리고 법장을 중심으로 초기 화엄종에서의 사(事)와 사(事)의 상즉에 관한 견해에 대해서 검토하였고, 소위 사사무애라는 관점에서 초기 화엄교학을 보는 것은 오류라는 것을 서술했다. 한편, 강거계 중국승이었던 법장은 일찍이 상세한 보살계를 필요로 하였고, 만년에는 중종(中宗)·예종(睿宗) 등의 보살계사(菩薩戒師)가 되지만, 그가 저술한 『범망경보살계본소(梵網經菩薩戒本疏)』는 극히 타협적이고 애매한 저술이다.

『범망경』은 지엄에 의해 삼승 경전으로 규정되어서 높이 평가할 수는 없지만,『화엄경』「정행품」등은 너무 인도적이어서 '효순(孝順)'을 강조하는 위경인『범망경』과 달리 중국사회의 지침이 될 수 없었고, 또 유가계를 강조하는 신유식 문도에 대항하기 위해서는『범망경』을 내세우지 않을 수 없었던 사정이 있었다. 그 외 불교를 규제하는 사람들의 입장을 고려하지 않을 수 없었던 사정도 있었던 것으로 보인다. 이렇게 애매한 입장은 강거계의 3세라는 법장의 처지와도 관련되어 있겠지만, 수당불교에서 교리연구의 지도적 역할을 담당했던 학승들 가운데는 길장·규기·원측·문궤·의상·법장 등 호족계 내지는 신라 출신 승려가 많았던 것은 당시 불교의 국제적 성격을 보여 주는 것으로서 주목할 만하다.

제5장에서는 원효와 의상 이후 신라불교의 한 측면으로서 신라에서 성립했다고 생각되는『석마하연론』을 다루었다. 대승경전을 동등하게 존중하고, 여러 설의 회통을 모색한 원효의 계통과『화엄경』의 우월성을 설한 의상의 제자들이 대립하게 된 듯하지만, 양자의 주장을 함께 수용한 사람들도 적은 수이긴 하지만 존재하였다.『석마하연론』은 그 가운데 하나이고『기신론』을 둘러싼 논쟁을 회통하는 것을 목적으로 저술한 듯하다.

구카이(空海)는 위작설이 있는 본 문헌을 대담하게 이용하여 밀교와 현교의 차이를 강조하고, 화엄교학은 인분가설·과분불가설에 지나지 않는 것에 대해서『석마하연론』은 과분가설의 밀교와 비슷하다고 보았다. 오늘날에도 이러한 구카이의 해석이 영향을 미치고 있는데, 구카이의 해석과『석마하연론』자체의 사상과는 구별해야만 한다.『석마하연론』의 근본개념인 불이마하연(不二摩訶衍)은 길장의 사상, 특히 『유마경』「입불이품」의 특이한 해석으로부터 탄생한 독특한 불이관에 의한 점이 많다.

제6장에서는 도다이지 주료(壽靈)의 『오교장지사(五敎章指事)』에 대해서 검토했다. 종래 법상종 측의 주장으로 여겨지던 부분은, 실제로는 『화엄경』을 절대시하고 『법화경』을 열등하게 보는 주장이며, 의상이나 『화엄경문답』과 통하는 점이 있음을 지적하였다. 또한 원효의 해석을 자주 인용하는 주료는 『법화경』을 중시하고, 천태교의와 화엄교학을 같은 취지로 보려고 하며, 『화엄경』 지상주의자를 신랄하게 비난한다는 것을 밝혔다.

제7장에서는 『화엄경』 연구를 후원하고, 국가의 재정을 기울여 거대한 노사나불을 조성한 쇼무 천황의 화엄신앙에 대해서 검토했다. 대불 조성에 관해서는 그렇게도 열심이었지만, 도읍과 가까운 지역의 여러 대사(大寺)와 여러 지방의 사찰에 대해서 『화엄경』만 독송하라고 명을 내리거나, 소형의 노사나불상을 조성하여 각 사찰에 안치하도록 명한 기록이 없는 점 등 그의 『화엄경』 신앙이나 화엄교학에 대한 태도에는 잘 알 수 없는 점이 있기 때문이다. 그러한 쇼무 천황의 화엄신앙에 대해서는 당시의 정치 정세 및 대불 건립과 거의 동시에 신행된 '금광명사천왕호국지사(金光明四天王護國之寺)'인 국분사(國分寺) 창건과의 관련을 고찰할 필요가 있지만, 여러 문헌을 통해 밝혀진 사실은 국가적인 진기신앙과 결합한 『최승왕경』 신앙이 뿌리 깊다는 것이다.

쇼무 천황의 경우에 노사나불에 대해서 국가를 옹호하는 사천왕 등의 선신들의 힘을 받쳐 주는 근본적이고 강력한 위신력의 소유자로 보았던 것 같으며, 화엄일승에 대해서는 단순히 뛰어난 교설을 넘어 그러한 위신력의 근원이 되는 '삼보의 위령(威靈)'으로까지 받아들인 모습이 보인다. 또한 대규모 봉불 행위 때 발한 서원은 자신이나 친한 사람들의 연명과 왕생을 기대하는 것뿐 아니라, 거의 항상 강력한 저주(呪詛)를 동반하며, 신하에게 충성을 강요하는 것이기도 했다.

제2부에서는 화엄교학과 관계가 깊고 그러면서도 연구가 그다지 진행되지 않았거나 전혀 알려지지 않았던 지론종 문헌을 선택하여 검토했다.

2부 제1장에서는 늑나마제(勒那摩提) 역(譯) 내지 찬(撰)으로 불리는 『칠종예법(七種礼法)』의 특징을 논하고, 그 성립 배경을 추측했다. 중국 불교도들의 예불작법을 바로잡기 위해 저술된 것으로 보이는 『칠종예법』은 지엄에게 영향을 미치는데, 본각사상에 입각한 한 본 문헌은 타신불이 아니라 자신불을 예배해야 한다고 하며, 나아가 예배하는 중생과 예배되는 부처가 평등하다는 것을 자각하는 데까지 이르러야 한다는 점을 강조한다. 본 문헌은 자기 몸 외의 부처만을 예배하여 자신에 대해서는 악이라고 간주하는 경향을 신랄하게 비판한 것으로, 말법의 인악(認惡)을 설하는 삼계교(三階敎)의 유행이 그 배경에 있다고 추측된다.

제2장에서는 돈황 출토 지론종 문헌 가운데 정영사 혜원의 계통과는 다른 계통의 문헌에 대해서 검토했다. 그러한 문헌의 교판이나 계위설에는 천태에 의해 지론사의 설로서 비판된 내용과 일치하는 것이 발견된다. 그것들 가운데 『대집경』을 존중하는 파들은 『대집경』을 통종으로 규정하며 존중하고, 대승일반의 교설인 통교의 수행자들은 각기 불

과에 도달하고서 통종의 신위(信位)에 전입하며, 전입하지 않으면 일천제라고까지 단언한다. 그러한 입장에서 쓰여진 『대승의장』풍의 불교강요서나 강요서로부터 계위설과 세계관 부분만을 추출하여 별행 내지는 증보했다고 생각되는 「삼계도(三界圖)」, 「법계도(法界圖)」 등의 문헌은 이용하기 쉬워 널리 유포되고 여러 종파에 큰 영향을 준 것 같다. 그 『대집경』은 북조(北朝)에서는 지론사에게 또는 습선자에게 무장무애를 설하는 경전으로 간주된 듯하며, 지론사 가운데 『대집경』을 존중하는 파는 『대집경』이야말로 수행 최초의 단계부터 이미 부처의 지혜가 원만하게 통해 있는 수행자가 보살행의 계제를 밟아가는 십지의 실상을 밝힌 것으로서, 그러한 입장으로부터 『대집경』이나 『십지경』에 대해서 주석을 시도하고 있다.

제3부 자료편에서는 『화엄경양권지귀』(가나자와문고장·쇼묘지 기탁본)을 번각하고 교정했으며 주를 붙였다. 주에 관해서는 돈황 출토 지론종 문헌과의 관련 및 화엄종의 화엄교학과의 관련에 유의했다. 본 문헌 및 돈황 출토의 지론종 여러 문헌은 정영사 혜원의 교학을 중심으로 보아 왔던 종래의 지론교학을 전면적으로 재검토하게 한다. 나아가 북지의 대표적인 기초교학이었던 지론교학이 화엄교학뿐 아니라, 천태교학이나 초기 선종 교학에 얼마나 큰 영향을 미쳤는지를 보여 주고 있다.

제1부
화엄사상사 연구

제1장 지론종의 『화엄경』 해석

-『화엄경양권지귀』를 중심으로 -

1. 불타삼장, 『화엄경양권지귀』의 의의

법장(645~712)의 『화엄경전기(華嚴經傳記)』에서 지엄(602~668)은 대승의 지침을 어느 경전에서 구할지 몰라서 지론종 남도파[1] 계보에 속하는 종남산 지상사(終南山 至相寺) 지정(智正, 559~639)에게 『화엄경』 강의를 들었지만 의심이 풀리지 않았다.

그는 우연히 지론종 남도파의 초조인 광통율사 혜광(光統律師 慧光, 468~537)의 『화엄경소』에서 '별교일승무진연기'를 설하는 것을 읽고 시사를 받았으며, 나아가 이승(異僧)의 지시에 따라서 육상(六相)의 뜻을 깊이 생각함으로써 깨달은 바가 있어, 정관(貞觀) 2(628)년에 '교를 세우고 종을 나눔[立敎分宗]'으로써 『수현기(搜玄記)』를 저술했다고 한

---

1) 地論師라는 호칭은 타자로부터 폄칭한 것이고, 지론사로 분류되는 사람들은 다양하여 『십지경론』을 宗으로 하는 종파의식 등이 없었던 것에 대해서는 吉津宜英, 「地論師という呼称について」(『駒沢大學佛敎學部硏究紀要』31, 1973)에 지적되었다. 여기서는 지론사·지론종·지론종 남도파 등의 말을 『십지경론』을 가장 존중하는 자·종파·학파 등의 의미가 아니라, 어떤 경론을 존중하거나 의해(義解)·율(律)·습선(習禪) 등의 분야를 주로 하여 활약했느냐에 관계없이 모두 다 『십지경론』에 관한 사제 관계에 착안하여 계보를 거슬러 올라가면 혜광에 이르게 된다는 의미로 사용한다. 섭론사·섭론종 등의 말도 마찬가지로 진제삼장 내지는 담천(曇遷)까지 계보를 찾아 올라간다는 의미로 사용한다.

다.[2] 혜광의 소에 '별교일승'이라고 되어 있었다는 것은 뒤에 전개된 화엄교학 내용이 들어갔을 가능성이 있어 의심스럽지만, 혜광소(疏)는 지엄 당시 상당히 영향력이 있었을 정영사 혜원(523~592)의 『화엄경소』 등과는 화엄경관이 달랐을 것이다.

혜원은 대승경전 간에 우열을 나누는 교판에 반대하고, 불성·여래장을 축으로 생사의 문제와 연결시킨 다소 번쇄한 심식설·연기설을 전개하고 있는데, 그러한 혜원의 자세에 지엄은 격렬하게 반발하였다. 이와 같은 상황으로 볼 때 혜광소는 『화엄경』이 다른 경전보다 뛰어난 경전임을 강조하고, 번뇌론보다도 중생에 편만하는 평등한 불지(佛地) 내지는 법신의 활동이라는 면에 주목하지 않았을까 생각된다. 다만 혜광의 『화엄경소』는 일문이 매우 조금밖에 남아 있지 않고, 또한 『화엄경』이나 『십지경론』에 관한 지론종 현존 문헌은 극히 적기 때문에, 지엄 이전의 화엄경관, 특히 혜광소나 혜광의 영향을 크게 받은 초기 지론종의 화엄경관에 대해서는 단편으로부터 추측할 수밖에 없다. 그러나 단 하나 예외가 『화엄경양권지귀(華嚴經兩卷旨歸)』이다.

『화엄경양권지귀』 사본이 가나자와문고에서 보관하고 있는 쇼묘지 기탁본 가운데 현존한다는 사실은 일찍이 알려졌다. 다카미네 료수(高

---

2) 『華嚴經傳記』 卷3, T51.163c. 木村淸孝는 이 '立敎分宗'의 기사에 의해 지엄은 "이 렇게 貞觀 2년(628)에 一宗을 이끄는 입장에 섰다"고 서술하고 있지만(木村, 『初 期中國華嚴思想の硏究』, 春秋社, 1977, p.374), '立敎分宗'은 『華嚴經』을 최상으로 하는 교판을 세웠다는 의미에 지나지 않기 때문에 "일종을 이끄는"이라고 하여 교단 성립을 생각하게 하는 표현은 당시 상황으로부터 볼 때 어울리지 않는다. 다 만 지엄 만년에는 그 제자들이 모였고, 그것은 학파의 입장을 넘어선 것이라고 볼 수 있다. 여기서는 화엄종이라는 말을 지엄의 주장을 계승하여 『화엄경』 단 하나 의 경전을 지상으로 생각하여 존중하는 사람들의 집단의 의미로 사용한다. 따라 서 의상과 그 문도는 화엄종이지만, 의상을 통해 지엄의 교학을 배웠어도 대승의 여러 경전을 존중했다고 생각되는 원효 및 그의 계통은 화엄종이 아니다.

峯了州)가 동 사본을 조사하고, 1933년에 「가나자와문고 華嚴逸書에 대해서-보고(2)」[3]의 첫 부분에 간단히 소개했다. 또 이 사본에 대해서 도키와 다이조(常盤大定)는 1936년 "고잔지(高山寺) 구목록에 『양권지귀』 1권, 법업(法業)이라고 되어 있기 때문에 그것을 필사해 얻었을 것이다"라고 서술했다.[4]

다카미네는 1939년에 여기서 더 진전하여 「화엄경양권지귀에 대하여」[5]라는 논문을 발표하고, 본서 하권 찬호(撰號)에 보이는 '삼장불타'는 혜광의 스승인 불타 선사(佛陀禪師)일 가능성을 지적하며 본 문헌의 중요성을 강조했다. 게다가 다카미네는 1942년에 간행된 명저『화엄사상사』에서도 동 문헌을 언급하고, "최초기의『화엄경』개요로서 옛 자취가 서린 것"[6]임을 강조한다.

그러나 이후 50년이 지나도록 본 문헌이 전혀 다루어지지 않았다. 1975년에 가나자와문고 소장 귀중서 가운데 화엄관계 희구본(稀覯本)을 수록한『가나자와문고자료전서 불전 제2권 화엄편(金澤文庫資料全書 佛典第二卷華嚴篇)』이 간행되었지만,『화엄경양권지귀』는 수록되지 않았다. 이러한 사태는 나 자신을 포함하여 화엄 연구자들이 태만했다고밖에 말할 수 없을 것이다.

필자는 가나자와문고로부터 번각 허가를 얻고 동 사본을 조사할 기

---

3) 高峯了州, 「金沢文庫華嚴逸書について-報告(二)」(『龍谷學報』309, 1934. 6. 나중에 동『華嚴論集』, 國書刊行會, 1976에 재수록).
4) 常盤大定, 「高山寺法鼓台所藏宋版章疏大觀」(『宗教研究』신13-2, 1936. 3), p.1253.
5) 高峯了州, 「華嚴經兩卷旨歸について」(『佛教學研究』3-1, 1939. 3, 高峯了州,『華嚴論集』, 國書刊行會, 1976에 재수록)
6) 高峯了州,『華嚴思想史』(百華苑, 1942), p.71.

회를 얻었는데,[7] 조사 결과 『화엄경양권지귀』(이하 『양권지귀』로 칭함)는 지론종 남도파 문헌 가운데 『화엄경』에 관한 것으로는 유일한 완본이고, 지론종이나 화엄종의 교학을 연구하는 데 중요한 문헌일 뿐 아니라, 천태나 초기 선종 교의에 미친 지론교학의 영향, 또는 수당의 불명(佛名) 신앙의 모습을 알기 위해서도 매우 귀중한 자료임을 알게 되었다. 그래서 여기서는 대정대장경에 수록되어 있는 것 외에, 화엄교학 연구자가 지금까지 이용하지 않았던 돈황 출토 지론종의 여러 문헌, 그리고 근년에 주목을 받게 된 신라·고려 화엄 문헌 등과도 대비함으로써 이 『양권지귀』의 특색 및 초기 지론종의 화엄경관을 밝히고, 아울러 화엄종 교학과의 관련을 검토하고자 한다.

2. 서지(書誌)

가나자와문고 『양권지귀』는 소위 단에이수택본(湛睿手澤本)의 하나이다. 겉표지 중간에 「華嚴兩卷旨歸卷上共卷下」라고 되어 있고, 우측에 단에이(湛睿, 1271~1364)의 이름이 기록되어 있는데, 제목·서명과 함께 단에이의 필적이다. 다만, 본문은 다른 사람의 서체이며 가나자와문고 다카하시 슈수(高橋秀栄)에 의하면 단에이가 구메다데라(久米多寺)에 머물던 시대에 누군가에 의해 서사된 문헌 가운데 하나로 추측된다고 한다.

서지는 다음과 같다. 2권 1책, 51쪽, 점엽장(粘葉裝). 세로 24.0cm,

---

7) 조사를 허가해 준 가나자와문고, 또 열람 시에 배려를 아끼지 않았던 동 문고의 日置孝彦 씨 및 高橋秀栄 씨에게 감사드린다. 특히 여러 가르침을 주신 高橋 씨에게 감사드린다.

가로 14.9㎝, 매엽 7행, 1행에 16자~25자, 평균 19~20자 정도. 때로는 행초체가 섞여 있지만, 주로 해서로 서사되어 있다. 교정되어 있으며 서사할 때 탈자나 오자 정정은 본문을 필사한 사람이 직접 손을 댄 것이라고 생각된다. 보존 상태는 양호하지만 매우 드물게 벌레 먹어 판독하기 어려운 곳도 있다. 점차 간략화 되긴 하지만, 13쪽까지는 석독 표시나 훈독 부호가 붙어 있고, 이것들은 단에이의 필적이라고 생각된다.

문자는 적절하지 못한 글자가 많고, 『화엄경』 외의 전거를 보지 않으면 이해하기 어려운 곳도 적지 않다. 필사자에 의해 교정되었지만, 단에이는 자신의 저술에 자주 인용할 정도로 본 문헌을 가까이 두고 있었기 때문에, 명확히 오자거나 탈자임에도 불구하고 그대로 있는 것은 이 사본의 원본이 이미 그렇게 되어 있어, 그것을 될 수 있는 대로 충실히 서사하려 했기 때문이라고 생각된다. 그러한 부적절한 글자 가운데는 '득(得)'과 '덕(德)', '유(猶)'와 '유(由)', '운(云)'과 '운(雲)'의 혼용을 비롯하여, 돈황 사본에 자주 보이는 통용자, 동음에 의한 오자 등이 많은 것으로 볼 때 중국에서도 면밀한 교정은 없었다고 추측된다.

내력에 대해서는 앞에서 서술한 것처럼 고잔지본(高山寺本)을 서사한 것으로 추정되지만, 의문스럽다. 가나자와문고 사본에는 찬자명이 하권 처음에,

大方廣佛華嚴經兩卷旨歸卷下　　三藏佛陀撰亦名法
　　　　　　　　　　　　　　　業就法明二佛之名

라고 되어 있으며, 단에이가 삼장불타가 누구인지를 고증한 것으로 보아,[8] 이 부분이 단에이의 판단에 의해 넣어진 것이 아닌 것은 확실하

8) 高峯, 주3 앞의 책, p.472, pp.489~490.

다. 그러나 가나자와문고 사본의 원본으로 추측되는 고잔지본(高山寺本)이 위와 같은 체재였다고 하면, '불타삼장 찬'으로 보는 것이 자연스럽기 때문에, 반드시 '법업술'로 되어 있었다고 하는 고잔지본을 필사해 얻은 것이라고는 말할 수 없다고 생각된다. 따라서 현 단계에서는 중국 내지 한국에서 전래한 인물, 전래 시기 등을 포함하여 내력에 대해서는 알 수 없는 것과 마찬가지 상황이다.

제호에 대해서는 겉표지에는 '화엄경양권지귀(華嚴經兩卷旨歸)'라고 되어 있고, 하권 말미에는 '화엄경양권지귀권하(華嚴經兩卷旨歸卷下)'로 되어 있는데, 상권 내제에는 '대방광불화엄경취법명이불지명(大方廣佛華嚴經就法明二佛之名)'이라고 칭하며, 또 하권 처음에는 위에서 말한 것처럼

大方廣佛華嚴經兩卷旨歸卷下　　三藏佛馱撰亦名法
　　　　　　　　　　　　　　　業就法明二佛之名

이라고 되어 있기 때문에 '양권지귀'라는 것은 법장의 『화엄경지귀』 1권과 구별하기 위한 통칭인 듯하다. 예전에는 『화엄경지귀』 혹은 『화엄지귀』로 통칭되었을 것이다. 상권의 내제에는 '대방광불화엄경취법명이불지명'으로 되어 있으며, 하권의 처음에도 '취법명이불지명(就法明二佛之名)'이라는 명칭이 보인다. 게다가 상권의 이 부분이 주기(注記)라기보다는 제목으로 사용된 것으로 볼 때, 서명으로서는 자연스럽지 못하지만, '취법명이불지명'이 최초의 제목이었을 가능성도 있다. 혹은 원래 제목이 없고, 첫 부분에 주기 내지는 본문으로서 쓰여 있던 '취법명이불지명'이라는 어구를 제목에 준하는 것으로 보기에 이르렀다고도 생각되지만, 모두 추측에 지나지 않는다. 다만, 『양권지귀』는 처음에 든 2불(二

佛)의 긴 명칭을 끊어서『화엄경』의 여러 품에 배당하였고, 그 여러 품의 의의를 간단히 설명함으로써 2불의 명칭이 지닌 의미를 밝히는 형식으로 되어 있기 때문에『화엄경지귀』라는 제목도 '취법명이불지명'이라는 제목도 모두 다 타당하며, 병립했다고 해도 이상하지 않다.

다음으로 찬호(撰號)에 대해서는, 하권 첫 부분의 제목과 찬호 가운데 '삼장불타찬우명법업취법명이불지명(三藏佛陀撰又名法業 就法明二佛之名)'이라는 세주는 '중국어로 법업이라 불리는 삼장불타의『취법명이불지명』이라는 뜻은 아니고, '『화엄경양권지귀』는 삼장불타의 찬술이지만, 법업 찬『취법명이불지명』이라고도 전해진다'는 뜻일 것이다. 이것은 아마도 본 문헌을 삼장불타의 찬술로 보는 설과 삼장불타의 설을 이어 법업이 저술한 것으로 보는 설을 반영하고 있는 것으로 보인다. 이 경우 삼장불타는『진역화엄』의 번역자인 불타발타라(Buddhabhadra, 覺賢, 359~429)를 의미한다. 그러나 이하에서 서술하는 것처럼 인용 경전의 연대를 볼 때 본 문헌은 각현 찬으로도 법업 찬으로도 볼 수 없다.

3.『화엄경양권지귀』에서 언급하는 문헌

「화엄지귀(華嚴旨歸)」로 불리는 책을 저술한 인물에는, 불타발타라(佛馱跋陀羅)가『화엄경』을 역출할 때 필수(筆受)를 맡았던 남림(南林)의 법업[9](-420-), 보산사 영유[10](寶山寺 靈裕, 518~605), 현수대사 법장(賢首大師 法藏, 643~712), 그리고 경력을 알 수 없는 불타삼장

---

9)『華嚴經傳記』卷2, T51.158ab.
10)『華嚴宗章疏幷因明錄』에서는 1권이다(T55.1133b).

(佛陀三藏) 4명이 있다. 이 가운데 법업과 불타삼장이 2권의 저술을 지었다고 전해지며, 불타삼장 찬술의『화엄지귀』가 보이는 최초의 기록은 '지귀양권 불타삼장술(指歸兩卷 佛陀三藏述)'[11]로 기록한 고려 의천(義天)의『신편제종교장총록(新編諸宗教藏總錄)』(1090)이다. 태현(−753−)의 저작을 자주 인용하는 신라 견등의『화엄일승성불묘의(華嚴一乘成佛妙義)』에서는 불타삼장이『능가경』에 의해 통종대승(通宗大乘)을 세웠다고 전하며,[12] 신라나 고려 여러 승려의 해석을 편찬한『법계도기총수록(法界圖記叢髓錄)』에도 "불타삼장이 말했다. 체와 합치하는 문혜가 원종의 이치를 포함하는 것은 도리와 상응하며 귀하게 여길 만하다[佛陀三藏云, 稱體聞惠攝圓宗理. 與理相應, 爲貴也ㄹㅗ]"[13]라는 인용이 보이지만,『능가경』에 의해 통종대승을 세웠다는 것과『법계도기총수록』의 인용 부분은 함께『양권지귀』에 보이기 때문에 한국에서는 8세기 말에는『양권지귀』가 불타삼장의 저술로 유포되었다는 것은 틀림없다. 다만, 이러한 자료만으로는 그 불타삼장이라는 인물이 불타발타라(佛陀跋陀羅), 불타선다(佛陀扇多), 부타발마(浮陀跋摩), 불타선사(佛陀禪師) 등 누구를 지칭하는지 확실하지 않다.

일본 정창원문서(正倉院文書) 등의 나라 시대 기록에서는 법장의『화엄경지귀』이외에는『화엄경지귀』와 비슷한 서명은 보이지 않는다. 엔초(圓超)『화엄종장소병인명록(華嚴宗章疏幷因明錄)』(914) 및 에이초(永超)『동역전등목록(東域傳燈目錄)』(1094)에도 2권의『화엄지귀』에 대해서는 법장 저술과 동진 남림(南林) 법업(法業)의 2권 '지귀'를 기록할

---

11)『新編諸宗教藏總錄』卷1, T55.1167a.
12)『華嚴一乘成佛妙義』, T45.785c−786a.
13)『法界圖記叢髓錄』卷上之二, T45.738c.

뿐, 불타삼장의『지귀』는 보이지 않는다. 교녠(凝然)의『화엄종경론장소목록(花嚴宗經論章疏目錄)』에서는 「동진법업술 2권(東晉法業述二卷)」으로 기록하고, "혹은 당토에 존재하는 것, 혹은 고려와 신라에서는 유포되었으나 일본에 전해지지 않은 것, 혹은 일본에 전해졌으나 일실되어 유포되지 않은 것[或在唐土, 或行高麗及新羅等 不傳日本, 或傳此國而逸不行]"의 부류에 '불타삼장술'의『『화엄경』지귀 2권』을 들고 있지만[14] 이것은 아마도『의천록』을 보고 기록한 것으로 추측된다. 그러나 가나자와문고본에 의할 때, 불타삼장이 지었다는 2권『화엄경지귀』와 법업의 2권『지귀』는 같은 문헌이 된다.『의천록』이 불타삼장의『양권지귀』를 들 뿐 법업의 작으로 하지 않은 것은 의문이지만, 견등의『화엄일승성불묘의』에서는 '법표사' 설을 인용한 뒤 "법표사는 불타삼장법사를 스승으로 삼았다[法標師 依佛陀三藏爲師]"[15]라고 말하고 있어, 이 '법표사가 서술하는 바'라고 하는 설을 주장하는 '혜경덕(慧鏡德)'[16]이라는 신라승인 듯한 승려의 설을 소개하는 것을 볼 때, 신라에는『양권지귀』의 계통을 계승하는 그룹이 존재했다는 것을 알 수 있기 때문에, 불타삼장이 찬술했다는 설에는 무엇인가 이유가 있었을 가능성이 있다.

중국 문헌에서는 명확히 본서의 이름을 들어 인용하는 예는 찾을 수 없다. 법장은『탐현기(探玄記)』권18「입법계품」의 해석에서

---

14)『花嚴宗經論章疏目錄』, 佛全, 目錄 第1, 10上.

15) T45.785c.「法標」는 法懐의 誤寫이고, 즉 懐師를 가리킨다고 생각된다. 제2장 제1절 참조.

16) T45.784c.『義天錄』권3『起信論』관련 문헌 항목에 '記三卷慧鏡述'(T55,1175a)이라고 보이며, 慧鏡과 동일 인물을 가리킬 것이다. 한국 문헌에서는 '古德'이라는 표현을 제외하면 '~德'이라는 호칭을 사용하는 경우는 신라 승려에게만 한정된다. 따라서 혜경은 신라승으로 생각된다.

광통이 말하기를 '허공을 꾸미는 것은 무위연기를 나타내고, 정원을 꾸미는 것은 유위연기를 나타내며, 누각을 꾸미는 것은 자체연기를 나타낸다'고 하였다. (光統云, 嚴空表無爲緣起, 嚴園表有爲緣起, 嚴閣顯自體緣起故也)(T35·444b)

라고 혜광의 해석을 소개한다. 단에이는 위의 혜광설이 『양권지귀』 권 상에서,

제8회에서는 「입법계품」을 설하고 있다. 법계문 가운데에 진실의 세계에 적합한 것은, 인과의 작용과 타인을 깨닫게 하는 방법이 갖추어져 있음을 밝혔다. '원만시방'이라는 것은 서문 가운데 여래가 사자분신삼매에 들어가 있는 것이고, '넓어졌다'는 것은 유위정토를 보이며, 허공의 장엄은 무위정토를 보이며, 중각이 넓어졌다는 것은 둘이 없는 정토임을 보이고 있다. (第八會說入法界品. 法界門中稱法界, 明因果用, 覺他道備.「圓滿十方」者, 序中, 如來入師子奮迅三昧,「廣博」, 明有爲淨土. 虛空莊嚴, 無爲淨土. 重閣廣博, 無二淨土.)(15右[17])

라고 하는 삼정토설에 기반을 두었다고 하지만,[18] 혜광이 『양권지귀』로부터 직접 인용한 것이라고 보기는 어렵다.

한편, 법장은 『화엄경전기(華嚴經傳記)』 권1 「지류 제4(支流第四)」에서

신력입인법문경 5권은 원위 남천축 담마류지, 위나라 말로는 희법이라 번역한다. 위의 경은 고덕들이 서로 전승하여 "이것은 『화엄경』의 별도의 장이다"라고 하였다. 그 문구를 검토해 보면, 처음부터 마지

---

17) 이하 페이지 수는 모두 金澤文庫本에 의함. 제3부 〈자료편〉 참조.
18) 高峯, 주3, 앞의 책, pp.489~490.

막까지 모두 『화엄경』 계통이 아니다. 최근 범본을 조사한 결과, 역시 이 장은 없었다. 후대 사람들이 상세하게 검토하여 밝혀 주길 바란다. (信力入印法門經五卷 元魏南天竺曇摩流支魏云希法譯 右件經, 古德相傳云, 是華嚴別品. 詳其文句, 始終總無華嚴流類. 近勘梵本, 亦無此品. 請後人詳究.)(T51,156a)

라고 서술하여, 담마류지 역 『신력입인법문경(信力入印法門經)』을 『화엄경』의 별품으로 하는 '고덕의 전승'설을 소개하지만, 이것은 다름 아닌 『양권지귀』가 『신력입인법문경』으로부터 20정(丁)에 걸친 장문을 인용할 때 "신력입인법문경은 보광회에서 끝난다. 이것은 『화엄경』 별장의 전승본이다[信力入印法門經普光會訖是華嚴別傳]"(24우)라고 서술한 기술과 일치한다. 또한 『탐현기』는 「이세간품」(離世間品)에 보이는 보현보살의 2000문답을 6단의 문답으로 나누어 보살의 계위에 해당시키고, 이러한 것은 「이세간품」의 이역인 『도세경(度世經)』에 기반을 둔 것으로 '고래의 전승'이라고 서술하지만,[19] 『양권지귀』 권하에도 거의 같은 분류 방법이 보인다(50정). 여기서도 『양권지귀』는 '고래의 전승'이라고 일컬어지는 설과 일치하는 것이 주목될 것이다. 축법호(竺法護) 역 『도세품경』과 같은 초기 역경에 기반을 둔다는 점은 '고래의 전승'이라고 불리는 설에 어울릴 것이다. 또한 담마류지 역의 『신력입인법문경』과 같은 한역을 중시하여 장문을 인용하는 것도 『양권지귀』 내용이 오래된 것임을 생각하게 하는 근거의 하나이다.

　『양권지귀』 가운데 축법호 역을 이용한다고 생각되는 구절은 다른 곳에서도 보인다. 그것은 첫째 불명에서 보이는 '등목(等目)'이라는 말이

---

19) 『探玄記』 권17, T35.421b.

다. '등목'은 축법호 역인『등목보살소문삼매경(等目菩薩所問三昧經)』[20]에 보이는데, 이 경은『화엄경전기』권1의 전역 제3에서 '『등목보살경』2권[「십정품」이다], 축법호 역'[21]이라고 서술하는 것처럼, 진역에는 빠져 있는 「십정품」의 별역이고, '등목'이라는 말은 당역 화엄의 「십정품」에서는 '보안(普眼)'[22]으로 번역되어 있다.『등목보살소문경』은 축법호 역의 특징으로 추정되는 '석가문불(釋迦文佛)'이라는 말이 보이기 때문에,[23] 축법호 역이라는 전승을 인정해도 좋을 것이다. 다만, '등목'은 간단한 합성어이기 때문에, 축법호 역을 참조하지 않더라도, 범어 경전이나 서역어로 번역된 경전을 직역하면 '등목'이라는 말로 번역될 가능성이 충분하다.

한편, 법장은 법업에 대해서는『화엄경전기』에서 "지귀양권을 찬함. 현재 세상에 유행한다"[24]라고 서술하고 있지만, 불타삼장의『지귀』에 대해서는 언급하지 않고 있다.『양권지귀』의 내용에 대해서는 '고덕의 상전', '고래의 상전'이라고 서술할 뿐 누구 설인지를 명언하지 않는 것이다. 이러한 것으로 보아, 법장 당시의『화엄경양권지귀』는 아마도 법업의 찬으로 되어 있고, 불타삼장 찬으로 된 것은 그 뒤라고 추측된다. 다만, "현재 세상에 유행한다"라고 서술하면서도, 법장은 법업의 이름을 들어 그『지귀』를 인용하지 않는 등 의심스러운 점이 적지 않다.

이처럼『양권지귀』에 대해서는 의심스러운 점이 많다. 다카미네는 본

---

20) T10.574c‐591c.
21)『華嚴經傳記』권1, T51,155c.
22) 唐譯『華嚴經』권40, T10.211b.
23)『等目菩薩所問經』卷上, T10.575a. '釋迦文佛'이란 말이 竺法護譯의 특징일 수 있음을 大西修也,「釋迦文佛資料考」(『佛敎藝術』제187호, 1989), pp.71~72.
24)『華嚴經傳記』卷2, T51.158b.

문헌의 내용은 교리적으로 소박하며, 508년에 역출된 『십지경론』에 기반을 두고 발달한 교리 등이 보이지 않는 점, 또 『양권지귀』가 인용하는 경전 가운데 역출이 가장 늦은 것이 504년 역출의 담마류지 역, 『신력입인법문경』이라는 것에 착안하여 "혜광 이전의 사상이며, 혹은 십지경론의 역출(511)까지 찬술된 것"으로서 "불타 선사의 사상으로 보아도 무리는 없을 것이다"라고 설하고 있지만,[25] 본서의 성립 연대는 아래에서 서술하는 것처럼 큰 문제가 있다.

4. 사나굴다(闍那崛多) 역, 『십이불명경(十二佛名經)』과의 관계

· 삼계교의 유문인 『칠계불명(七階佛名)』에서는 『불명경』에 의해 25불명을 열거한 후, 『양권지귀』 모두에 보이는 2불의 이름, 즉 "나무 허공·공덕·청정·미진·등목·단정·공덕상·광명화·파두마(paduma)·유리광·보체향·최상향·공양흘(공양이 끝나고)·종종장엄·정계무량무변·일월광명·원력장엄·변화장엄·법계출생·무장애왕여래(南無虛空功德淸淨微塵等目端正功德相光明花波頭摩瑠璃光寶體香最上香供養訖種種莊嚴頂髻無量無邊日月光明願力莊嚴變化莊嚴法界出生無障礙王如來)"와 "나무 (백)호상·일월광명화·보련화·견여금강신·비로자나·무장애안원만·시방방광·보조일체불찰·상왕여래(南無毫相日月光明花寶蓮花堅如金剛身毘盧遮那無障礙眼圓滿十方放光普照一切佛刹相王如來)"라는

25) 高峯, 주3, 앞의 책, p.494.

장대한 명호를 들어, 칭명·예배의 공덕을 설한 후에 세주에서 "이 25불 가운데 뒤의 2불의 명호는 『십이불명신주교량공덕제장멸죄경』에 나온다 [此二十五佛後二佛名號, 出十二佛名神呪校量功德除障滅罪經]"라고 주기하고, 이 2불의 명호가 『십이불명신주교량공덕제장멸죄경』에 근거한다고 한다.[26] 실제로 『십이불명경』에서는 첫머리 부분에서 동방의 해탈세계주(解脫世界主)라는 세계에 "허공·공덕·청정·미진·등목·단정·공덕상·광명화·파두마·유리광·보체향·최상향·공양흘·종종장엄·정계무량무변·일월광명·원력장엄·변화장엄·법계출생·무장애왕여래·아라하삼먁삼불타(阿羅訶三藐三佛陀)"라는 부처가 있고, 이 명호를 한 번 불러 한 번 예배하면 어떠한 죄의 장애도 없어진다고 하며 불명의 공덕을 강조한 후에, 이 부처가 무비(無比)라는 보살에 대해서, "백호상·일월광명화·보련화·견여금강신·비로자나·무장애안원만·시방방광·보조일체불찰·상왕여래·아라하삼먁삼불타(阿羅訶三藐三佛陀)·선서(善逝)·세간해(世間解)·무상사(無上士)·조어장부(調御丈夫)·천인사(天人師)·불세존(佛世尊)"이라고 불리는 부처가 될 것을 수기하는 것을 서술하고 있다. 이와 같이 『양권지귀』에 나오는 2불의 특이한 이름이 보이지만, 본경은 수나라 사나굴다의 한역이고, 그 역출은 불타 선사의 시대보다는 상당히 늦다. 『양권지귀』가 『십이불명경』을 참조하지 않고, 사나굴다가 『양권지귀』를 참조하여 『십이불명경』을 역출할 때 『양권지귀』 2불의 명칭을 넣었다고도 생각할 수 있을 것이다. 그런데 『양권지귀』에서는 뒤의 부처의 명칭에 대해서 해석한 후에

---

26) 矢吹慶輝, 『三階敎の硏究』(岩波書店, 1927) 제1부, pp.516~517, 別篇 pp.182~183, 제2부 pp.529~530에 해설이 있다.

『양권지귀』	『십이불명경』
선남자, 선여인이여, 4중 5역의 죄를 범하고 대승을 비방하고, 그래서 바라이죄를 범하여, 혹은 이 염부제 정도의 토지의 양이 미진으로 변하고, 그 하나하나의 미진의 수가 일겁이 될 정도로 이 사람에게 겁죄가 있다고 해도, 만약 이 부처의 이름을 외워서 한 번 예배하면 제거하여 멸할 수 있다. 하물며 밤낮으로 수지하고 독송한다면 이 사람의 공덕은 생각할 수 없을 정도이다. (善男子善女人, 犯四重五逆, 誹謗方等, 及犯波羅夷罪, 假使如閻浮提裏地變爲微塵, 一々微塵成於一劫. 此人有若干劫罪, 若誦此佛名禮一拜者, 得除滅. 況復日夜受持讀誦, 此人功德不可思議.)(17左-18右)	만약 선남자, 선여인이여, 4중 5역의 죄를 범하고 삼보를 비방하고, 그래서 4 바라이죄를 범하여, 이 사람의 죄는 만약 염부제 내의 토지가 미진으로 변하고, 그 하나하나의 미진, 하나하나의 미진이 일겁이 되고, 이 사람에게 겁죄가 있다고 해도, 이 한 부처의 명호를 외워서 한 번 예배하면 모두 제거하여 멸할 수 있다. 하물며 주야로 수지하고 독송하고, 기억하여 잊지 않는다면 이 사람의 공덕은 생각할 수 없을 정도이다. (若善男子善女人, 犯四重五逆, 誹謗三寶, 及犯四波羅夷, 是人罪, 假使如閻浮履地變爲微塵, 一一微塵. 一一微塵成於一劫. 是人有若干劫罪, 稱是一佛名號禮一拜者, 悉得滅除. 況復晝夜受持讀誦憶念不忘者, 是人功德不可思議.)(T21,861a)

라고 서술하고 있기 때문에, 부처의 이름뿐 아니라, 명호를 예송(禮誦)하는 공덕에 대해서 서술한 부분도 『십이불명경』에 의한 것임은 명백하다. 특히, 이 2불의 명호를 인용한 돈황 출토의 많은 삼계교 예참문[27] 가운데 비교적 오래된 것으로 생각되는 S2574는 각종 불명을 열거할 때,

---

27) 廣川堯敏,「敦煌出土七階佛名經について―三階敎と浄土敎の交渉」(『宗敎硏究』 55-4, 251호, 1982. 3) 가운데 정리되어 있다.

첫째 부처의 명호와 뒤의 부처의 명호 사이에, 위에서 대조한 것처럼 『십이불명경』의 문장을 세주로 넣었으며,[28] 이 부분도 불명에 준하는 공덕이 있는 것으로 불명과 함께 외워졌던 것을 알 수 있다. 『양권지귀』는 그러한 풍조 가운데 성립했다고 생각하는 것이 자연스럽다.

『십이불명경』에 대해서는 『역대삼보기(歷代三寶紀)』에 수의 개황(開皇) 7년(587) 5월에 사나굴다에 의해 한역이 시작되어, 그 달 안에 번역이 완료된 사실이 보이므로,[29] 의심의 여지가 없다. 사나굴다 번역의 『오천불명신주제장멸죄경(五千佛名神呪除障滅罪經)』 첫머리에도 완전히 같은 2불의 명칭이 보이며,[30] 게다가 이 2불의 이름은 티베트 역의 『성십이불대승경(聖十二佛大乘經)』의 12불 명칭과 거의 대응되는 것이 지적되었다.[31] 또한 동 경의 이본으로 보이는 의정(義淨) 역 『불설칭찬여래공덕신주경(佛說稱讚如來功德神呪經)』에서는 12불의 명칭을 열거한 후 2불의 장대한 이름을 들고 있지만, 최초 부처의 명칭은 "허공·공덕·목정·무구광·덕승연화염·유리색·보체향·상묘공양·이중묘채이위엄식·정상육계·묘상무변·일월광명·원력장엄·변화장엄·후대장엄·법계고승·무염보왕·정변지여래(虛空功德目淨無垢光德僧蓮花炎瑠璃色寶體香上妙供養以衆妙彩而爲嚴飾頂上肉髻妙相無邊日月光明願力莊嚴變化莊嚴後代莊嚴法界高勝無染寶王正遍知如來)"이고, 그 부처가 무비(無比)보살에게 수기하여 고하는 이름은 "호상·수승·유초일등·광월염·파두마·신색여금·만허공계·광명광대·무애장엄원광·시방보조·일체무불

---

28) S2574, 敦煌寶藏 21, 200下.

29) 『歷代三寶紀』 卷12, T49.104a.

30) 闍那崛多譯, 『五千佛名神呪除障滅罪經』, T14.318ab.

31) 神林隆淨, 「『十二佛名神呪校量功德除障滅罪經』解說」(『佛書解說大辭典』 제5권, p.184).

명료·번상기왕·정변지여래(豪相殊勝猶初日燈光月炎波頭摩身色如金滿虛空界光明廣大無礙莊嚴圓光十方普照一切無不明了幡相旗王正遍知如來)"이다.[32] 다소 증광이 보이긴 하지만, 『십이불명경』 첫머리의 2불 명칭과 상당히 유사하기 때문에, 인도 내지는 서역에 그러한 2불의 불명에 대한 신앙이 있었다는 것은 틀림없다.

따라서 『양권지귀』는 『십이불명경』을 참조했다고 보아야 하며, 그 성립은 이 경이 역출된 개황 7년(587) 이후로 보아야 한다. 『양권지귀』는 이 2불의 긴 명호를 『화엄경』 각 품의 내용에 배당하여 해석하면서, 『화엄경』이 대승돈교임을 강조하는 형식이고, 이 2불의 명칭은 『양권지귀』의 근본이 되어 있기 때문에 『십이불명경』에 관한 부분을 후대에 삽입하는 것은 불가능하다. 『십이불명경』을 비롯하여 자주 사나굴다 역경의 필수를 맡았던 언종(彦琮)은,[33] 『화엄경전기』에 따르면 『선재동자제지식록』이라는 저술이 있다고 전해지며,[34] 『화엄경』 신앙을 지녔다고 생각된다. 따라서 언종에 가까운 인물이 사나굴다 역의 부처의 명칭과 『화엄경』 신앙을 결합했을 가능성도 충분하다.

다만 『십이불명경』의 이역 혹은 위의 2불의 명칭이 들어 있는 경전이 이미 세상에 유포되었다고 한다면, 이러한 추측은 의미가 없어진다. 앞에서 대조한 것처럼 『양권지귀』가 2불의 명칭을 예송하는 공덕을 설한 부분은 『십이불명경』의 해당 부분과 약간 다르며, 경에서는 "삼보를 비방하고"라고 되어 있는 부분이, 『양권지귀』에서는 "방등을 비방하고"라고 되는 등 동 경의 해당 부분을 그대로 약초(略抄) 했다고는 볼 수 없

---

32) 義淨譯 『佛說稱讚如來功德神呪經』, T21.863ab.
33) 『歷代三寶紀』 권12, T49.104a.
34) 『華嚴經傳記』 권5, T51.172b.

는 부분도 있다. 다만, 기억에 의해 인용했다면 그 정도의 차이는 있을 수 있으며, 『양권지귀』의 저자가 의도적으로 다소 개변했을 가능성도 부정할 수 없다. 따라서 『십이불명경』의 이역이나 2불의 이름을 설하는 경전이 일찍이 유포되었다고 보여 주는 자료가 발견되거나, 『양권지귀』의 저자 자신이 이 경전 내지는 유사한 경전에서 부처의 명칭을 직접 번역하여 편집한 것을 보여 주는 자료가 발견되지 않는 한 『양권지귀』는 『십이불명경』을 참조했다고 보아야 할 것이다.

또한 지론종에서는 이 장대한 2불의 명칭을 포함하는 『화엄양권지귀』가 이른 시기에는 아직 유포되지 않았음을 추측하게 하는 자료도 있다. 그것은 『화엄경문의기』와 『화엄경지귀』를 저술한 보산사 영유(518~605)가 불법이 오래 머물기를 서원하여 뚫기 시작하고, 비로자나불을 주존으로 하는 대주성굴(大住聖窟) 내외의 벽에 각하게 한 과거 칠불·35불·53불·25불 등의 부처의 명칭이다. 그것들의 명칭이 『칠계불명』이 열거하는 부처의 명칭과 거의 일치하는 것, 그리고 영유의 신앙이 삼계교에 영향을 주었다는 것은 이미 지적되었지만,[35] 대주성굴에는 『칠계불명』이 들고 있는 2불의 장대한 명호는 보이지 않고, 대신에 '나무시방무량불등일체제불(南無十方無量佛等一切諸佛)'로 기록되어 있다. 『양권지귀』가 당시 널리 유포되고 영유가 알고 있었다고 하면, 2불의 명호는 『화엄경』 전체의 내용을 포함하고 있다고 하기 때문에 내벽 혹은 외벽에 이 2불의 명호가 조각되었지 않았을까.[36]

---

35) 常盤大定, 『支那佛教の研究第一』, 「隋の靈裕と三階教の七階佛名」(春秋社, 1938, 제3판. 松柏館, 1943).

36) 외벽에 있는 「懺悔文」은 마멸되어 읽을 수 없는 부분이 있기 때문에 그런 부분에는 2불의 명칭이 있었다고 생각되지만, 가능성이 낮다. 한편, 大住聖窟에서는 盧舍那佛을 주존으로 하지만, 『法華經』, 『大集經』, 『勝鬘經』, 『涅槃經』 등의 경문을

한편, 2불의 명호를 포함하는 『칠계불명』의 다양한 이본이나 동계의 예참문 등의 문헌은 돈황에서는 다량 출토되는데, 이러한 삼계교의 예참행위는 당나라 정토교의 예참 행위에 흡수되었을 것이다. 히로카와 다카토시(廣川堯敏)는 신행 선사 찬으로 전해지는 『주야육시발원법』의 여러 본을 포함한 그 문헌들로부터 『칠계불명경』의 '보다 소박한 형태'는 아래와 같다고 추정하고 있다.[37]

일체공경경례상주삼보(一切恭敬敬禮常住三寶)
1)향화공양(香華供養)
2)범패문(梵唄文)
3)탄불공덕(歎佛功德)
4)나무칠계불(南無七階佛)
　①시방불(十方佛)[총창(總唱)]
　②과거칠불(過去七佛)(총창)
　③오십삼불(五十三佛)[별창(別唱)]
　④일체제불(一切諸佛)(총창)
　⑤현겁천불(賢劫千佛)(총창)
　⑥삼십오불(三十五佛)(별창)
　⑦아촉여래(阿閦如來)
5)나무이십오불(南無二十五佛)(별창)
6)나무이불(南無二佛)(별창)
7)참회문(懺悔文)

───────────────

새겼을 뿐 『華嚴經』은 새겨져 있지 않은 것으로 볼 때, 이 시점에서는 『華嚴經』은 그다지 중시되지 않았다고 생각된다. 華嚴을 '전업'으로 하지 않는 자는 立傳하지 않는다고 명언하는 법장의 『華嚴經傳記』에서는 靈裕를 극히 높이 평가하지만, 『華嚴經傳記』가 기반을 두고 있는 『續高僧傳』의 靈裕傳에서는 「專業華嚴涅槃地論律部」(T50.495c)라고 하는 데 지나지 않는다. 영유는 화엄의 대가로서 알려져 있지만, 『華嚴經』만을 존중하여 '오로지 업으로 삼'지는 않았다.
37) 廣川堯敏, 주27, 앞의 논문, pp.78~79.

8)회향문(迴向文)
9)탄불공덕(歎佛功德)
10)범주(梵呪)
11)범패문(梵唄文)
12)게송문(偈誦文)[설게발원(說偈發願)]
13)삼귀의문(三歸依文)
14)칠불통계게(七佛通誡偈)
15)제행무상게(諸行無常偈)
16)주야육시발원법(晝夜六時發願法)
17)신행선사찬(信行禪師撰)

　이에 따르면『십이불명경』의 긴 2불의 명호를 외우는 것은 이른 시기에『칠계불명』에 더해진 것이 되지만, 위의 조직은 돈황 출토의 여러 본 가운데는 '보다 소박한 것'이긴 해도,『칠계불명』성립 당초의 것은 아닐 것이다. 위의 구성을 보면,『칠계불명』이라는 명칭의 근본이 된 칠계불은 ①부터 ⑦까지의 부처이고, 5)의 25불과『십이불명경』에 의한 6)의 2불은 뒤에 추가된 것 같으며, 특히, 2불은 마지막에 추가된 것이 명확하다. 이들 칠계불은 유송(劉宋)의 강량야사(畺良耶舍) 역『관약왕약상이보살경(觀藥王藥上二菩薩經)』, 서진 축법호 역『현겁경』, 서진 돈황(燉煌) 삼장 역『결정비니경(決定毘尼經)』등 초기 역경에 기반을 두며, 5)의 25불도 보리류지(-527)의 역이라고 하는『불명경』에 의한 것임에 반해 문제의 2불은 신행 몰년에 가까운 587년에 역출된『십이불명경』에 기초한다는 것이 주목된다. 이 2불의 명호가 신행 생존 시에 삼계교의 예참의례에 편입되었다고 해도 그때에는『칠계불명』의 원형은 이미 만들어졌다고 보아야 하며,『칠계불명』에 영향을 준 영유의 불명신앙에 2불은 포함되지 않았다고 생각해야 할 것이다.

한편, 남북조 말기부터 수당에 걸쳐서 불명신앙이 얼마나 성행했는가는 불명경전의 이역이 많다는 것으로부터 알 수 있으며, 지론종에서도 불명신앙은 이른 시기부터 성행했던 것 같다. 혜광의 제자 승범(僧範, 476~555)은 "뜻을 화엄에 두고, 앞으로 받을 업보를 위해 밤에 천불에 예배하여 일대의 평상시 양식[常資]으로 삼았다"[38]고 한다. 또한 약간 시대가 내려가면 정영사 혜원(淨影寺 慧遠)의 제자 행등(行等, 570~642)은『열반경』을 항상 강설했지만, 마장이 있어 강의 후에는 "항상 부처의 명호에 예배하고, 그리고 화엄을 독송"했다고 전해지므로,[39]『화엄경』연구와 불명신앙의 관련을 엿볼 수 있다. 또한『화엄경전기』에 따르면,『화엄경불명(華嚴經佛名)』,『화엄경보살명(華嚴經菩薩名)』등의 문헌이 일찍부터 있었던 것 같으며, '사문현수(沙門賢首)'라는 인물이 상세히 증광했다고 한다.[40] 가마타 시게오(鎌田茂雄)는 이에 대해서『불명경(佛名經)』등으로부터 약초했다고 추측하지만,[41] 아마도『화엄경』에 보이는 부처와 보살명을 발췌하여『화엄경』신자를 위해서 제공한 예참용 텍스트였다고 생각된다.『화엄경』「입법계품」에는 "방편을 버리지 않고 중생을 다 거두어 혹은 명호로써 교화한다[攝取衆生不捨方便, 或以名號敎化][42]"는 등의 문구가 보이므로 불명신앙을 수용했을 가능성이 있다.

불명신앙을 축으로 하는『양권지귀』는 이러한 풍조 가운데 만들어진 것이지만, 거기에서 설하는 사상도『십이불명신주교량공덕제장멸죄경

---

38)『續高僧傳』권8, T50.484a.
39)『續高僧傳』권15, T50.543a.
40)『華嚴經傳記』권5, T51.172a.
41) 鎌田茂雄,『中國佛敎儀禮』(大藏出版, 1986), p.46.
42)『華嚴經』권45, 入法界品, T9.686b.

(十二佛名神呪校量功德除障滅罪經)』역출 이후의 것이라고 한다면, 내용이 너무 소박하여 심식설을 비롯한 지론종이나 섭론종의 복잡한 교리가 전혀 보이지 않는 점이 이상하게 생각된다. 『양권지귀』는 불타삼장의 찬으로 전해지지만, 지론종에서 중시한 유심, 진심, 진여, 아리야식, 여래장, 육상 등의 용어 또는 『화엄경』에서 강조하는 일승, 성기, 상즉, 인다라망, 해인삼매 등의 술어가 전혀 보이지 않고, 심식설도 여래장수연의 사상도, 문수신앙도, 정토신앙도 보이지 않는다. 그뿐 아니라, '공'과 같은 일반적 개념조차 사용하지 않는다. '공'의 용례는 '허공'이라든가 '공한처' 등의 예일 뿐으로, "깊고 깊은 공의 삼매에 들어갈 수 없다[莫入甚深空定]", "제일의의 깊고 깊은 공의 법을 생각하여 이 공의 지혜가 마음과 상응하게 한다[思第一義甚深空法, 令此空惠與心相應]", "마땅히 깊고 깊은 경전의 제일의공을 기억해야만 한다[應當憶念甚深經第一義空]" 등의 용례라든지, 『보현관경(普賢觀經)』 가운데 대승경전의 독송을 권한 문장을 인용하는 부분 가운데 보이는 데 불과하다.

현존하는 『화엄경』의 주석서 가운데 가장 빨리 성립한 영변(靈辨)의 『화엄경론』은 신구(神龜) 3년(520) 9월에 완성했기 때문에 법상(法上)이나 혜원(慧遠)의 저작과는 달리 심식설을 종횡으로 주석하는 곳은 없으며 법신의 업에 대해서 설명할 때, "칠식이 멸하면, 진심의 체가 청정하다[七識滅, 眞心體淨][43]"와 같이 『4권능가』에 의해서 심식설을 사용하는 곳이 겨우 몇 군데 보일 뿐이다. 이에 반해 『양권지귀』에 심식설이

---

43) 佐藤泰舜, 「靈辨の華嚴經論に就いて-新發見六卷分の解說」(宇井伯壽博士還曆記念論集 『印度哲學と佛教の諸問題』, 岩波書店, 1951), p.276. 한편, 『華嚴經論』에 관해서는 일본에서 새롭게 발견된 권에 대해서 新藤晉海가 번각하여 『南都佛教』(9~13호)에 게재하였지만, 미소개의 것으로 敦煌出土, S3987이 있다. 이것은 「십행품」과 「십지품」 주석의 일부이다.

전혀 보이지 않는 것은 상당히 생경하다고 말할 수밖에 없다. 2불의 명호를 외우는 공덕을 강조하는 것으로 보아, 『양권지귀』는 재가신자를 포함하여 넓은 층[44]을 대상으로 한 것으로 복잡한 교리는 피했다고 볼 수 있지만, 예참용으로 부처의 명호를 열거하고, 칭명의 공덕을 강조한 것뿐인 문헌은 아니고, 「십지품」을 포함하여 『화엄경』 제품을 개설한 이상 6세기 말부터 7세기 초 승려가 썼다면, 당시의 교학을 반영한 부분이 다소는 있었을 것이다. 또한 예참용의 텍스트였다면 『화엄경전기』에서 인용한 『화엄찬예(華嚴讚禮)』에 "원하옵건대 모든 중생과 함께 화장세계에 노니길…… 용이 서린 당에는 믿음의 구름이 펼쳐지고, 해인에는 법의 흐름이 깊다[願共諸衆生, 同遊華藏界…… 龍堂信雲廣, 海印法流深][45]"라고 되어 있는 것처럼 외우기 쉬운 풍으로 쓰였을 것이다. 그렇지만 『양권지귀』는 문장이 거칠어 독송을 의도하여 쓰였다고 생각하기는 어렵다. 갖가지 소(疏)의 현담에 보이는 듯한 현학적인 말을 구사한 문장이 전혀 보이지 않고, 중국사상의 영향으로 생각되는 부분도 없어서 인도나 서역 승의 강의에 기반을 두었다고 생각도 되지만, 문체만으로 판단하는 것은 위험하다. 다만, 『법화문구(法華文句)』에서 "지론의 사람들은 화엄을 원종이라 부르고, 법화는 부진종이라고 부른다[地人呼華嚴爲圓宗, 法華爲不眞宗][46]"라고 하거나, 『사교의(四敎義)』에서

---

44) 민간에서 『華嚴經』에 기반을 둔 재회가 성행한 것은 鎌田茂雄, 『中國華嚴思想史の研究』(東京大學出版會, 1965), pp.17~50. 또한 돈황 출토의 『華嚴經』 사본은 많지만, S1529, S4520은 후기에 의하면, 開皇 17년(597)에 재가여성이 복과 왕생을 원하여 『華嚴經』을 서사한 것이고, 『華嚴經』의 유행풍을 엿볼 수 있다.

45) 『華嚴經傳記』, T51.172c.

46) 『法華文句』 권9上, T34.125c. 주지하다시피 지의에 귀속되는 저작에는 여러 문제가 있지만, 본 연구에서는 지엄 이전의 지론종 교의와의 관련을 밝히는 것이 목적이므로, 지의 자신의 저작과 灌頂의 수정본을 구별하지 않고, 함께 천태교의로 사용한다.

"지론사는 통교판의 위지에서 말하길, …… 지론사는 통종판의 위지에서 말하길[地論師通敎判位云, …… 地論師通宗判位云]"[47]이라고 서술하듯이 『화엄경』은 '원종'임을 강조하고, 통교·통종의 교판을 사용하는 본 문헌이 지론종 남도파의 문헌이라는 것은 틀림없는 사실이다.

5. 『화엄경양권지귀』의 구성

『양권지귀』는 '대방광불화엄경취법명이불지명 권상(大方廣佛華嚴經就法明二佛之名 卷上)'이라는 제호에 이어서, 작은 글씨로 첫째 부처는 '대치수성과(對治修成果)'에 대하여 과를 밝히고, 뒤의 부처는 '법계해탈과(法界解脫果)'에 대해서 과를 밝힌다고 주기한 후에 "허공·공덕·청정·미진·등목·단정·공덕상·광명화·파두마·유리광·보체향·최상향·공양·종종장엄·정계무량무변·일월광명·원력장엄·변화장엄·법계출생·무장애왕여래" 및 "호상·일월광명화·보련화·견여금강신·비로자나·무장애안원만·시방방광·보조일체불찰·상왕여래"라는 긴 2불의 명칭을 보인다.

그리고 첫째 부처의 명칭을 분해하여 「세간정안품(世間淨眼品)」부터 「보현행품(普賢行品)」까지의 31품에, 뒤의 부처의 명칭을 분해하여 「성기품(性起品)」부터 「입법계품(入法界品)」까지 해당시키고, 그 여러 품의 의의를 간단히 설명함으로써 『화엄경』 전체의 취지를 설명하고 있다. 다만, 이 명호는 『화엄경』의 각 품으로부터 발췌한 구를 조합하여 지었기

---

47) 『四敎義』 권10, T46.759b.

때문에, 여러 품에 배당한 것은 매우 자의적이고 억지 해석이 두드러진다. 이것 또한 『양권지귀』가 『십이불명경』보다 뒤에 성립했다는 것을 시사한다.

한편 『양권지귀』는 「명호품(名號品)」을 부처의 신업에 의한 교화, 「사제품(四諦品)」을 구업에 의한 교화, 「광명각품(光明覺品)」을 의업에 의한 교화로 하지만, 이러한 배당은 552년보다 그다지 멀지 않은 시기에 서사되었다고 추정되는 돈황 출토 『대승의장』풍의 문헌, S613V의 말미에 있는 내의(來意)[48]와 같으며, 또한 『탐현기(探玄記)』 권4, 「명호품석」의 내의도 마찬가지이다.[49] 이러한 배당은 예로부터 있었던 것으로, 혜광의 『화엄경의기(花嚴經義記)』 권1의 단간(斷簡)에서,

> 『여래화엄경』「광명각품」은 여래의 의업과 교화와 지행이 무애이며 광명과 같음을 밝히고 있다. (如來華嚴經 光明覺品者, 明如來意業敎化智行無礙, 猶如光明也.)(T85·234a)

라고 설하며, 「광명각품」을 의업에 의한 교화로 보는 것으로부터도 추

---

48) 敦煌寶藏 5, 144上. 본서에 대해서는 古泉圓順, 「敦煌出土佛典注釋書の『圓宗』」(『IBU國際佛敎大學文學部紀要』 제15호, 1983. 3)참조. 한편 동 논문의 주1(p.43)에 따르면 荒牧典俊는 이 613V에 『華嚴大義章略述』이라는 가제를 붙였다고 하지만, S613V는 지론교학에 기반을 두고 대승의 중요한 개념을 간단히 설명한 것이며, 『華嚴經』에서는 볼 수 없는 법문, 예를 들면, 『능가경』의 '五法三自性' 등에 대해서도 항목을 세우고 있는 것 외에 『능가경』의 설통·통종에 기반을 두었다고 생각되는 통종이라는 입장을 주장하고, 게다가 통종 가운데는 『華嚴經』보다도 『大集經』을 존중하여 '圓敎'라고 칭하고 있기 때문에, 단간의 말미에 『華嚴經』 諸品의 來意의 일부가 보인다고 해도, 제명에 '華嚴'이라는 문자를 씌우는 것은 적절하지 않다. 원제는 『大乘義章』 내지는 그것과 비슷한 것이었다고 추정된다. 설명이 간략한 것을 볼 때, 혜원의 『大乘義章』 정도의 大部는 아니었다고 생각된다.
49) 『探玄記』 권4, T35.167a. 이 외에 『探玄記』, 『搜玄記』도 지론종 해석을 그대로, 혹은 약간 고쳐서 활용하는 부분이 극히 많다.

측할 수 있다. 다만, 『화엄경의기』에서는 이보다 조금 뒤에 『역경』이나 『예기』에 보이는 '일신(日新)'이란 말을 사용하여 "능히 일신의 공에 통달하기 때문에[能達日新之功故]"[50)]라고 서술하는 등 고전의 표현으로써 문구를 장식하는 것에 대해서 『양권지귀』에는 그러한 부분은 전혀 보이지 않는다.

『양권지귀』는 2불의 명칭을 해석한 뒤에 「여러 경전에 대해서 간략히 해석함[諸經略釋]」이라는 장을 두고, 권신(權信)·독송·서사·권수(權修)의 네 뜻으로 나누어 설명하고 있다. 첫째 '권신'은 거의 「현수품」·「십지품」·「성기품」으로부터 인용하였고, 둘째 '독송'에서는 『보현관경』 말미에서 독송을 권한 부분을 길게 인용하고 있다. 오늘날에는 『보현관경』을 법화삼부경의 하나로 보는 것이 일반적이지만, 보현보살의 경전이기 때문인지 『양권지귀』에서는 위화감 없이 인용하고 있다.

다음으로, 셋째의 '서사(書寫)'는 앞에서 서술한 것처럼 『신력입인법문경』 권5부터 서사 그 자체의 공덕을 설하는 문장을 20쪽에 걸쳐 인용하고 있는데, 왜 이 경을 이렇게까지 길게 인용할 필요가 있었는지 이해할 수 없다.

다음으로 네 번째 '권수'에서는 『양권지귀』의 주장이 분명히 보인다. 즉, '돈교대승(頓敎大乘)'을 '권수'하는 이 부분이야말로 본 문헌의 목적을 보여 준다고 할 수 있다. '권수돈교대승'의 단은 '종별(宗別)', '권수(勸修)', '학지선후(學之先後)'의 세 가지 의의로 구성되었고, 처음의 '종별'에서는 『능가경』을 인용하여 종통·설통 설을 소개하고, 수행자를 위한 교설인 '종통'은 통종대승(通宗大乘)인 '화엄돈교'를 가리킨다고 하며, 어리

---

50) 『花嚴經文義記』 권1, T85.234b. T에서 '日新'의 '日'을 '曰'로 한 것은 오류이다.

석은 자를 위한 교설인 '설통'에는 『열반경』, 『법화경』과 같은 점교의 통교대승(通敎大乘)이 해당한다고 하며, '체용무애(體融無礙)'인 통종대승과 "양상이 융섭[相融]하지만 본체가 융섭[體融]하지 않는다"라고 평가되는 통교대승과의 차이를 강조한다. 지론종 문헌에서는 뒤에서 서술하듯이 통교·통종이라는 분류를 사용하는 경우, 별교(삼승별교)·통교(삼승통교)·통종이라는 3교판(별교·통교·통종)을 도입하는 경우가 많지만,[51] 『양권지귀』에서는 별교에 대해서는 전혀 언급하지 않는다.

다음으로 「권수」는 『화엄경』 여러 품을 인용할 뿐이다. '학지선후'에서는 '먼저 점교에 의해서 수행'하는 경우와 '먼저 돈교에 의해서 수행'하는 경우를 나눈다. '먼저 점교에 의해서 수행'하는 입장에 대해서는 통교의 사람으로 『화엄경』을 알지 못하고, 알더라도 믿지 않으면 『화엄경』 「성기품」에서 말하는 '가명보살'이며, 통교에서 수행하여 삼아승지겁의 수행이 차더라도 통종대승에 들어가서는 신위(信位)에 지나지 않고 『화엄경』을 믿지 않으면 '일천제'라고까지 단언한다.

다음으로 「이승위장(二乘爲障)」에서는 『범망경』을 인용하여 '이승은 장애'임을 강조한 후에 '인경의석(引經義釋)', '권수(勸修)', '거유이창(擧喩以彰)'의 세 가지 뜻에 대해서 논하고 있다. '인경의석'에서는 「입법계품」을 설하는 기원회(祇園會)에서는 성문(聲聞)이 회좌에 앉아 있는 것

---

51) 圓測은 『解深密經疏』 권1에서 「或說三敎, 所謂通敎別敎圓敎. 光統法師等作如是說」(續藏1-34-4·298左上)이라고 서술하여 혜광에게는 通敎·別敎·圓敎라는 교판이 있었다는 설을 소개한다. 坂本幸男는 圓測의 설을 잘못이라고 하지만(坂本, 『華嚴敎學の硏究』, 平樂寺書店, 1965, pp.197~199), 別敎·通敎·通宗의 3교판이 혜광의 단계에서 존재하고, 『兩卷旨歸』가 通宗을 '圓宗'으로 바꾼 것처럼, 혜광이 통종을 원종으로 혹은 원교 등으로 칭하는 것이 있다면, 후인이 이것을 通敎·別敎·圓敎라는 교판으로 수용해도 이상할 것은 없다. 실제로 S613V에서는 『涅槃經』, 『華嚴經』, 『大集經』 3경을 통종으로 하고, S6388은 이 3경을 '圓敎', '圓宗'으로 칭하고 있는 것도 위와 같이 추측할 수 있는 하나의 자료이다.

을 문제로 삼고, '취교(就敎)·취진망(就眞妄)·취방편칭체(就方便稱體)'
의 세 가지 문으로 나누어 그 이유를 밝힌다. 다음으로 '권수'는 「입법계
품」으로부터의 인용이다. 세 번째의 '거유'는 성문이 회에 존재하는 문
제, 즉 석가 최초의 설법임에도 불구하고, 「입법계품」의 회좌에는 성문
들이 등장하는 문제에 대해서 설명인데, 여기서는 법계를 오위(五位)로
나누어서 『화엄경』의 여러 품이 설하는 법계가 어떤 것인지를 설명하
고, 나아가 『화엄경』에서의 인과를 6인 6과의 12위로 나누어 인과의 진
전 과정을 상세히 설명하고 있다. 그리고 마지막으로 그러한 내용을 포
함한 2불의 명칭을 '예송'하는 자는 『화엄경』 전체를 예송하는 것과 같
기 때문에 이 2불의 명칭을 명확히 밝히는 것은 '행위의 중요한 법칙'이
며, 일체의 장애를 없애고 무진의 공덕을 부르는 것이라고 강조하여 끝
내고 있다.

6. 『화엄경양권지귀』의 교판

불명신앙에 대해서는 이미 언급했기 때문에 아래에서는 본 문헌의 독
자적 교판에 대해서 검토하고자 한다. 『양권지귀』 '종별(宗別)'의 단에서

처음으로 종의 구별이라는 것은 첫째는 통종대승이다. 둘째는 통교대
승이다. 『능가경』에서 말하길 "첫째는 종통, 둘째는 설통이다. 종은 수
행자를 위한 것이고, 설은 어리석은 사람에게 보이는 것이다."
처음에 말한 '종통'은 즉 통종대승이다. 『화엄경』의 돈교 등은 올바로
수행자를 위하기 때문에 "종은 수행자를 위한 것이다"라고 하였다.
둘째 '설통'은 명칭이 의가 아님을 설한 것인데, 돈교의 도리를 밝히므

로, 즉 통교대승이다. 『열반경』의 점교 등은 처음으로 수행하는 사람들을 대상으로 하기 때문에 "설이란 어리석은 사람들을 위한 것이다"라고 서술한다. 『법화경』이 대우거(大牛車)를 보여 주는 이것은 통교대승이다. 대개 소가 머리를 뒤로 돌려 등 위에 두는 것은, 통교대승이 상을 융합해도 체는 융합하지 않음을 보여 준다. 그러므로 정토를 화현할 때, 더러움을 제거하고 깨끗함을 나타내는 것을 보인다. 즉 상용무애의이다. 『화엄경』에서 문수사리가 코끼리 왕처럼 돌아보며 선재를 물끄러미 보는 것은 바로 통종대승이다. 대개 코끼리가 머리만을 돌리는 것이 불가능해서 몸 전체를 그대로 돌리는 것은 통종대승이 체용무애임을 나타내기 때문이다. (初言宗別者, 一者通宗大乘, 二者通教大乘.『楞伽經』云,「一者宗通, 二者說通. 宗者, 爲修行者, 說者, 示童蒙」.

初言「宗通」者, 卽通宗大乘. 如『花嚴』頓教, 爲正修行者故, 云「宗爲修行者」.

第二「說通」者, 說名非義, 以教頓處. 卽是通教大乘. 如『涅槃』漸教, 爲始修之機故, 云「說者, 示童蒙」. 如『法花經』明大牛之車者, 此是通教大乘. 凡牛迴頭, 得脊百上, 明通教大乘相融體不融. 故變淨土中, 明除穢以顯淨. 卽是相融無礙義.『花嚴經』明文殊師利如象王迴觀察善財者, 卽是通宗大乘. 凡象不得迴頭卽通身俱迴, 表通宗大乘體融無礙故.)(34右-35右).

라고 하듯이, 『능가경』의 종통·설통 설을 채용하고 있으며, '수행자를 위한' 통종을 돈교대승인 『화엄경』에 해당시켜 통종이라고 부르고, '어리석은 사람에게 보이는' 교설인 설통을 점교대승인 『열반경』과 『법화경』에 해당시켜 통교라고 이름하지만, 『화엄경』을 다른 것과 격이 전혀다른 경전으로 보는 『양권지귀』로서는 이 통종과 통교의 차이가 결정적인 것이 된다는 점이 주목된다. 『양권지귀』는 '먼저 점교수행에 의거함

[先依漸敎修行]'의 단에서 다음과 같이 서술한다.

> 먼저 점교에 의해 수행하는 것은 『화엄』「성기품」에서 말하는 바와 같
> 다. "불자여, 보살마하살은 무량억나유타겁 동안 육바라밀을 실천하
> 고 도품의 선근을 수습했다고 해도, 이 (화엄)경을 듣지 못하고, 들어
> 도 받들어 믿고 지녀 수순하지 않으면, 이들은 아직 가명보살이라고
> 이름한다. 여래종성의 집에 태어난 것이 아니다." 이것은 점교의 근기
> 이며, 예를 들어 삼아승지겁의 수행이 다 찼어도 만약 더 나아가 회
> 심하면 돈교대승의 신위에 들어갈 수 있다. 만약 회심하지 않는다면
> 믿지 못하고 듣지 못하기 때문에 일천제라고 불린다. (先依漸敎修行
> 者, 如『花嚴』性起品云, 「佛子, 菩薩摩訶薩, 雖無量億那由他劫, 行六
> 波羅蜜, 修習道品善根, 不聞此經, 雖聞不信受持隨順, 是等猶爲假名
> 菩薩. 不從如來種性家生」. 此是漸敎之機. 縱使三阿僧祇修滿, 若更
> 迴心, 得入頓敎大乘信位. 若不迴心, 以不信不聞故, 所名一闡提.)(39左
> －40右)

즉 '무량억나유타겁'에 걸쳐서 육바라밀을 행하고 갖가지 도품의 선
근을 쌓아도 『화엄경』을 믿지 않으면, '가명보살'이라고 하는 「성기품」의
기술은,[52] 점교의 근기를 가리키는 것으로, 이러한 점교의 근기는 '삼아
승지겁의 수행이 찬' 후에 회심하여 돈교대승에도 가장 하위 단계인 신
위에 들어가는 것에 지나지 않고, 회심하지 않을 경우 '일천제'라고 단
언한다. 그렇지만, 삼아승지겁의 수행이 찼다고 하면 불과를 성취할 것
이다. 『양권지귀』에 따르면, 통교인 『열반경』이나 『법화경』에 의해 수행
하는 자는 부처가 된 후에 회심하여 『화엄경』의 법문인 '돈교대승'의 신
위로 전환하며, 전환되지 않은 경우를 '일천제'라고 하는 것이 된다. 이

---

52) 『華嚴經』 권36, T9.630a.

러한 사유는 『능가경』이 설하는 보살일천제의 개념 가운데 대비라는 면을 없애서 보살이라도 성불하지 않은 일천제가 있을 수 있다는 점에 착안하여 그것을 부처에 적용시킨 것이어서, 그에 따라 일천제불라고도 할 만한 이상한 존재가 상정되는 것이다. 이 문제는 일본 화엄학에서는 같은 주장을 하는 법장 찬 『화엄경문답』의 진위 논쟁과 얽혀서 활발히 논의되었다. 즉, 이것은 삼승의 근기가 수행의 어느 단계에서 별교일승에 회입하는가, 삼승의 극과인 불과에 이르러서 다시 회심하는지 하지 않는지라는 이른바 '극과회심'의 문제로서 중요시되었음에도 다카미네 료수(高峯了州)가 『양권지귀』에 대해서 소개할 때, 이 이상한 설에 대해서 전혀 언급하지 않은 것은 이해하기 어렵다.

한편, 지론종은 광의의 여래장사상에 기반을 둔 학계이며 일천제의 해석은 다양하지만, 많은 지론사들은 『열반경』을 중시하며 일천제의 존재를 인정하여 행위설 가운데 위치시키려고 했다는 사실도 잊어서는 안 될 것이다. 『양권지귀』와 마찬가지로 통교·통종이라는 교판을 사용하는 페리오문서 P2832B도 말미에 수행의 단계를 간단히 도식으로 나타낸 부분에서는 '일천제'라는 항목을 세워 최하위에 두었다.[53]

그런데, 『화엄경』을 믿지 않는 자는 부처라고 해도 낮게 위치시켜 극과회심설(極果廻心說)을 주장하는 것은 법장 찬으로 전해지는 『화엄경문답』[54]에 보이며, 별교·통교·통종이라는 3교판을 사용하는 지론종 문헌인 름사(懍師)의 『법경론(法鏡論)』도 같은 논의를 전개한다.[55] 또 『오

---

53) P2832B, 敦煌寶藏 124,394下.
54) 『華嚴經問答』 권상, T45.601ab. 본서는 법장 찬이 아니고, 의상계의 저작이라는 것은 본서 제3장 제4절에서 논한다.
55) 見登, 『華嚴一乘成佛妙義』에 인용됨, T45.785ab. 『法鏡論』에 대해서는 青木隆, 「天台行位說の形成に關する考察」(三崎良周編, 『日本·中國佛敎思想とその展開』,

교장』은 첫 부분에서 이승에 관해서 "자위구경처에 도달하기 때문에 뒤에 모두 나아가 별교일승에 들어간다"[56]라고 서술하며, 또한 『탐현기』 권1에서는 삼승인에 대해서,

> 저 가르침 가운데에는 항포(行布, 단계)의 십지가 갖추어져 있어, 서서히 불과에 이르는 것이고, 그러한 근기들은 시간을 들여 교육하여 성숙시키는 것이다. (於彼教中, 具有行布十地, 漸次乃至佛果, 長養彼根機, 務令成熟.)(T35.117b)

라고 설하는 등 삼승의 불과에 이른 자가 더 나아가 별교일승에서 수행하게 하는 해석도 가능한 애매한 표현을 사용한다. 다만, 그러한 주장에 반론이 거세지는 것은 당연할 것이다. 실제, 신라 견등의 『일승성불묘의』[57]나 고려 균여의 『석화엄교분기원통초』는 법장의 가명보살 해석을 둘러싸고 중국에서 논쟁이 있었다고 전하고 있다.[58] 균여는 법장이 그러한 주장을 했기 때문에 강남에 유배되었다는 전승까지 소개하고, 나아가 같은 주장을 했던 의상도 법상종으로부터 막 전향한 제자와의 사이에 '극과회심(極果廻心)'의 의미를 둘러싸고 대립이 있었다는 일화를 소개하고 있다.[59] 삼승가 측에서 극과회심설(極果廻心說)에 반대하는 것은 당연하지만, 그러한 주장을 인정하게 되면 일승 이외에서도 성불이 가능한 것이 되기 때문에 일승가 내부 그것도 『화엄경』을 존중하는 일승가에서도 크게 반대하는 자가 나오는 것은 충분히 상정할 수 있

山喜房佛書林, 1992) 참조.
56) 『五教章』 권1, 建立一乘, T45.477b.
57) 『華嚴一乘成佛妙義』, T45.786a.
58) 『釋華嚴教分記圓通鈔』 권1, H4.256c-257a.
59) 『釋華嚴教分記圓通鈔』 권1, H4.256ab.

다. 실제로 일본에서의 논쟁이 있는데, 도다이지 주료(壽靈) 등은 일승 이외의 성불을 인정하지 않는 입장인 극과회심설을 격렬하게 논박할 정 도이다.[60] 『양권지귀』가 일승을 설하지 않고, 돈교대승인 통종과 점교대 승인 통교만을 논하고 있는 것은 혹은 그러한 문제와 관계가 있지 않을 까.

그런데, 극과회심논쟁에 관한 전승은 차치하고, 『양권지귀』의 주장 및 그러한 전승으로부터 보아 지론종 가운데는 『화엄경』을 절대시하여 다른 대승경전을 낮게 평가하는 계통이 존재하고, 그러한 주장이 의상 이나 법장에게 계승되었던 것을 알 수 있다. 따라서 법화원교(法華圓 敎) 이외에는 성불을 인정하지 않고, 별교의 수행자는 수행의 도중에 포섭되어 통교나 원교로 옮겨가서 불지에 들어가는 자는 없기 때문에 별교의 지위는 행위로써 임시로 시설된 것에 지나지 않는다는 천태의 과두무인(果頭無人)설은 이러한 문제를 회피하기 위한 것이라 생각된 다. 다만, 지의는 많은 저술 가운데 지론사의 주장을 자주 비판하기 때 문에 『양권지귀』와 같이 『화엄경』을 믿지 않는 통교의 부처를 '일천제'까 지 칭하고, 게다가 『법화경』을 통교에 배당하는 저작이 이른 시기에 불 타삼장의 작으로 유포되었다면 그러한 주장을 격렬히 비판하지 않았을 리가 없다. 천태의 저작 가운데는 지론사가 주장하는 통교나 통종이라 는 규정에 대한 비판이 자주 보이긴 하지만, 통교의 부처가 더 나아가 통종으로 전향하는 설에 대한 비판은 보이지 않는 것은 『양권지귀』의 주장은 불타삼장이나 혜광의 시기에 성립된 것은 아니고 또한 중국에 서의 영향력이 그다지 크지 않았다고 추측된다.

---

60) 본서, 제1부 제6장 〈6. 화엄 지상주의자에 대한 비판〉 참조.

그런데, 『양권지귀』와 천태의 저작에는 공통점도 보인다. 기무라 기요타카(木村淸孝)는 『사교의』 권1에서 『화엄경』 「입법계품」의 선지식에 대해서

> 그러나 삼장교의 4문에서도 역시 무량의 문을 열어서 진리에 세계에 들어간다. 하물며 통교, 별교, 원교에 없겠는가. 이 3교에는 각각 4문이 있지만 어느 문이나 무량의 문을 열어놓을 수 없다. 그러므로 『화엄경』에서는 선재동자가 42인의 선지식을 만나자, 각자 "나는 단지 이 하나의 법문을 알 뿐이다"라고 말하는 것을 보여 준다. 이렇게 120인의 선지식, 나아가서는 무량의 선지식을 만나도 모두 각자 "나는 단지 이 하나의 법문을 알 수 있을 뿐이다"라고 말한다. (但三藏教四門, 猶開無量門入道. 何況通教別教圓教. 各有四門, 而不得各明開無量門也. 故華嚴經明善財童子, 見四十二善知識, 各言我唯知此一法門. 如是見一百二十善知識, 乃至無量善知識, 皆各云我唯能知此一法門)(T46.725a).

이러한 점에 착안하여, 법장이 전하는 바에 따르면, 지론종의 통설은 44 내지는 45선지식이고, 42선지식을 채용하는 사람은 지의 이외에는 보이지 않는다고 한다. 그리고 '120선지식'에 대해서는 선재동자가 역방(歷訪)하는 '110성(城)'에서 유래하는 것으로 '1백 1십'의 오자 내지는 지의의 잘못된 기억에 의한 것일 수 있다고 지적하였는데,[61] 지의와 거의 같은 견해가 『양권지귀』에도 보인다. 『양권지귀』는 「입법계품」에서 인과의 존재 방식의 차이를 설할 때

> "그때 문수사리동자는 선안주루각에서 나와" 이하는 법계해탈인을 밝혔다. 처음의 42인의 선지식은 유위인을 보이며, 110인의 선지식은 무위인을, 삼천티끌 등의 선지식은 둘이 없는 원인을 보여 준다. (爾時, 文殊師利童子, 從善安住樓閣出已下, 明法界解脫因. 初四十二善知

---

61) 木村, 주2, 앞의 책, p.226.

識, 明有爲因. 百一十善知識, 無爲因. 三千塵等知識, 無二因.)(51右)

라고 서술하고 있다. 이 문헌도 42선지식이다. 또한 110선지식과 3천 티끌 등의 선지식을 언급하는 점도, 120(110?)선지식과 무량선지식에 대해서 언급하는『사교의(四敎義)』와 거의 대응된다. 이러한 점으로부터『양권지귀』에는 지의가 보았던 지론종의『화엄경』해석과 공통되는 부분이 있다는 것을 알 수 있다.

여기서『양권지귀』의 교판과 천태가 비판하는 '지론인'의 교판의 관계를 검토하고자 한다. 우선,『법화현의』권10上에서는,

> 여섯째는 불타삼장과 학사 광통이 설한 사종교판이다. 첫째 인연종은 비담의 6인 4연을 가리킨다. 둘째 가명종은『성실론』의 삼가(三假)를 가리킨다. 셋째 광상종은『대품반야』와 삼론을 가리킨다. 넷째, 상종은『열반경』,『화엄경』등의 상주불성이 본유여서 아주 고요한 것을 가리킨다. (六者, 佛馱三藏學士光統所辨, 四宗判敎. 一因緣宗. 指毘曇六因四緣. 二假名宗. 指成論三假. 三誑相宗. 指大品三論. 四常宗. 指涅槃華嚴等. 常住佛性本有湛然也.)(T33,801b).

라고 설하여, '불타삼장과 학사광통'에서 유래하는 사종판을 소개하고, 사종판으로부터 나온 호신사 자궤(護身寺自軌)의 오종판과 기사사 안름(耆闍寺 安廩, 507~583)의 6종판 등의 지론종계 교판에 대해서 비판하고 있지만, 사종판을 비판할 때 다음과 같이 서술하고 있다.

> 상종은 단지 진종 외에 다른 것이 아니다. 이것이야말로 통종이라는 것은…… 그는『능가경』이 "설통은 어리석은 사람을 가르치는 것이고, 종통은 보살을 가르치는 것이다"라고 서술한 것을 인용하고 있다. 그러므로 진종을 통종이라고 하는 것이다. (常宗祇是眞宗, 卽是通宗者

……. 彼引楞伽經云, 說通敎童蒙. 宗通敎菩薩. 故以眞宗爲通宗也.)
(T33.804c)

『사교의』권1(T46.724c)에도 같은 논의가 보이지만, 『법화현의(法華玄義)』에 의하면 불타삼장과 제자 광통율사는 『능가경』의 종통·설통 설에 의해 통종과 통교를 나누고, 사교판 가운데 진종(眞宗)이야말로 통종에 해당한다고 하여 『법화경』을 통교인 광상부진종(誑相不眞宗)에 배당한다고 한다. 그 가운데 『능가경』의 종통·설통 설을 인용하여 종통을 통종에 해당시키고, 『법화경』을 통교에 해당시키는 점은 정확히 『양권지귀』와 일치한다. 북지의 『능가경』 연구자는 혜가(慧可)의 계통을 제외하면, 거의가 혜광의 문류에 한정된다는 것은 야기노부요시(八木信佳)가 지적하고 있으며,[62] 지론 남도파에서는 『능가경』 연구가 성행했던 것 같다.

실제 지엄의 스승이며 남도파 계보에 속하는 지정(智正)의 『화엄경소』도 종통·설통을 사용하고 있는 것은 잘 알려져 있다.[63] 다만 지정은 종통을 보살장, 설통을 성문장에 해당시키고 대승경전 내부에서는 종통·설통으로 나누지 않았고, 또한 '동몽(童蒙)' 등의 말도 사용하지 않기 때문에 혜원(慧遠)과 마찬가지로 대승경전 간의 우열을 붙이는 것을 피하고 있는 듯하다. 지엄이 지정의 강의를 듣고 의심이 가시지 않았다고 전해지는 것은 아마도 이러한 점을 가리키는 것이라고 생각한다. 한편, 『양권지귀』의 통교·통종의 해석은 『법화현의』가 전하는 '불타삼장과 학사광통'의 설에 가깝다고 말할 수 있지만, 『양권지귀』에서는 지의도 비판하는 지론종의 대표적인 교판인 인연종·가명종·부진종·진종이

---

62) 八木信佳, 「楞伽宗考」(『佛敎學セミナー』14, 1971. 10), p.55.
63) 順高, 『起信論本疏聽集記』권3本, 佛全, 134下.

라는 사종판을 사용하지 않는 것을 주목해야 한다.

또한 『법화현의』에서 비판하는 사종판에 대해서도 『오교장』 권1의 고금입교(古今立敎)에서

대연법사 등 당시 왕성하게 활동했던 여러 덕 있는 승려들에 의하면, 4종교를 세우고, 그것에 석가모니 일대의 성스러운 교설을 포괄하고 있다. …… 넷째, 진실종은 『열반경』이나 『화엄경』 등이 여기에 속하고, 불성·법계·진리 등을 밝혔다. (依大衍法師等一時諸德, 立四宗敎, 以通收一代聖敎. …… 四眞實宗. 涅槃華嚴等, 明佛性法界眞理等.) (T45.480c)

라고 설하는 대연의 사종교에서도 진종(진실종)은 『열반경』과 『화엄경』의 두 경전으로 『화엄경』만을 지칭하는 것은 아니라는 것이 주목된다. 특히, 『법화현의』는 상주를 설하는 상종(常宗)이야말로 진종인 이유라고 하는 입장을 비판한다. 이것으로 볼 때 사종판을 주장하는 자들 가운데에는 『화엄경』이 아니라, 상주를 강조하는 『열반경』을 진종 대표로 간주하는 자들이 많았던 것으로 추측된다. 한편, 『양권지귀』에서는 『화엄경』만을 통종으로 하고, 『열반경』은 통교인 점교대승으로 준별하기 때문에 지론종의 통례와 다르다. 『화엄경』을 『열반경』과 같이 보지 않고 특별한 경전으로 보고 중시하는 점에서, 『양권지귀』는 『화엄경』을 법계종이라는 이름으로 별립하여 최고인 제5종에 배당하는 자궤(自軌)의 오종판에 가깝다고 말할 수 있을 것이다. 또한 『양권지귀』는 첫 부분에서 『화엄경』 초회의 2품은 「원종실성법문원종실상법문(圓宗實性法門圓宗實相法門)」이 광대하기 그지없음을 나타낸다고 설하면서 '원종'이란 말을 사용하지만, 이 점은 『대집경』을 제6 원종으로 하는 안름(安廩)의

6종판과 통한다.[64]

이처럼 『양권지귀』에서는 지론사의 갖가지 교판과 공통되는 부분이 보인다. 이것은 혜광 이래 점돈원 3교판에 대해서도 말할 수 있다. 『양권지귀』는 『화엄경』을 돈교대승으로 규정하고, 그 돈교대승을 '원종'으로 칭하기 때문에, 『화엄경』을 돈교와 원교 2교로 설하는 혜광과는 달리, '원교'라는 말을 사용하지 않고 돈교대승과 점교대승만을 논하는 점에서 약간 차이가 보인다. 현존하는 제 문헌 가운데 인용되는 혜광(慧光)의 『화엄경소』 문장은 『화엄경』은 돈교일 뿐 원교에 대해서는 언급하지 않는 경우가 대부분이고,[65] 『속고승전』 담준전에 의하면 담준(曇遵)은 혜광으로부터 '대승돈교는 법계심의 근원임[大乘頓教 法界心源]'[66]을 배웠다고 기록할 뿐 원교의 명칭은 보이지 않기 때문에 후세 고가쿠(布施浩岳)처럼 혜광은 실제로는 원교를 설하지 않았다고 의심하는 것도[67] 이상하지는 않다. 길장(吉藏) 『화엄유의(華嚴遊意)』는 돈·점·부정의 3교판을 소개할 때, 돈교에 대해서 "돈교라는 말은 즉 교설이 원만하지 않음이 없고, 이치가 가득차지 않음이 없음"[68]이라고 서술하듯이 '원'은 돈교의 존재 방식에 대한 설명에 지나지 않는 것도 그러한 추측을 뒷받침한다. 길장이 소개하고 있는 것은 남지의 통설로서 북지 지론종의 돈점원 3교판과는 다르지만, 『양권지귀』처럼 돈교와 점교

---

64) 『五教章』이나 『探玄記』에서도 여러 곳에서 이들 교판에 관해서 언급하지만, 법장은 어느 교판에 대해서 설할 때나 『華嚴經』을 최고의 위치에 두는 서술방식을 취하기 때문에 이 기술은 반드시 믿을 수 있는 것은 아니다.
65) 織田顯祐, 「華嚴一乘思想の成立史的研究 – – 地論宗教判史より見た智儼の教學」(『華嚴學研究』2, 1988. 10), pp.117~120.
66) 『續高僧傳』권8, T50,484a.
67) 布施浩岳, 『涅槃宗の研究(下)』(叢文閣, 1942. 國書刊行會 복간, 1973), p.539.
68) 『華嚴遊意』, T35,1b. T에서 「言頓教者. 卽教無不圓理. 無不滿」이라고 훈독하는 것은 잘못.

두 교만을 논하고 돈교가 뛰어나다는 것을 보이기 위해 '원종'이라고도 말을 바꾸는 문헌의 입장에서, 돈교 이외에 원교를 세우고 돈교·원교 둘 다 『화엄경』만을 가리킨다고 하는 점돈원의 3교판이 자연스럽지 못하다고 생각되는 것은 당연할 것이다. 무라타츠네오(村田常夫)가 혜광이 원교를 설했다 해도 돈교에 관한 기술이 압도적으로 상세하며, 돈교도 원교도 『화엄경』만을 가리킨다고 한다면 "원교의 범주가 부가적이라는 것은 어쩔 수 없을 것이다"[69]라고 의문을 피력하는 것도 당연하다. 실제로 지정(智正)도 『화엄경』을 "시돈교법륜고. 역명원교섭(是頓敎法輪故. 亦名圓敎攝)"[70]이라고 서술하고 있어, 이것으로는 원교를 별립했는지 아니면 돈교를 원교로도 부른다는 것인지 잘 알 수 없다.

그런데, 550년 이전에 서사되었다고 추정되는 돈황 출토의 지론종 남도파의 『승만경』 주석서인 S6388에서[71]

지금 누구이든 믿은 지 오래되지 않았다는 것은 원교의 입장을 깨달 았다고 해도 초보적 단계이므로 "아직 오래지 않다"고 말하는 것이다. 원종에 대해서는 간략히 3종의 양상을 제시한다. 『열반경』 등은 점교 가운데 원이다. 『화엄경』 등은 돈교 가운데 원이다. 『승만경』 등은 원교 가운데 원이다. 『대집경』의 계통이기 때문이다. 이 때문에 『열반경』 은 자류인과(自類因果)를 입장으로 하고, 『화엄경』은 자종인과(自種因果)를 입장으로 하며, 『대집경』 등은 자체인과(自體因果)를 입장으로

---

69) 村田常夫, 「地論師の敎判における頓敎論」(『印佛研』 제7-2호, 1959), p.204.

70) 順高, 『起信論本疏聽集記』 권3本, 佛全, 134下.

71) 古泉, 주48, 앞의 논문, pp.38~39. 古泉는 스타 인문서 가운데 동 논문의 단락까지를 '圓敎' 내지 '圓宗'이라는 말을 확인한 것은, 이 S6388과 S613V만이라고 서술하지만, 당역 『華嚴經』 주석의 단간인 S2721에도 '圓敎'라는 말이 보인다(敦煌寶藏 22·509下). 그 외에 페리오 문서에는 뒤에서 언급하는 P2832B와 같이 '圓敎', '圓宗'이란 말을 함께 사용하는 경우도 있다.

한다. 그러나 어느 종이든 각각 3종의 인과를 갖추고 있다. 그 셋을 나누려고 어느 한 쪽에 특정의 한 종을 든 것에 지나지 않는다. (今並信法未久者, 若依經中夫人生信, 今不就此義. 今並信未久者, 悟圓敎之宗在始, 故日未久. 就圓宗之中, 略明三種相. 涅槃等, 是漸中之圓. 華嚴等, 是頓中之圓. 勝鬘等, 是圓中之圓. 大集之流故也. 是以涅槃以自類因果爲宗. 華嚴以自種因果爲宗. 大集等以自體因果爲宗. 然宗各備三. 欲別三者, 互擧一宗耳.)(敦煌寶藏45·656c)

라고 하는 것처럼 『승만경』, 『화엄경』, 『열반경』의 3경을 '원교', '원종'이라고 칭하고, 『열반경』을 '점교 가운데 원', 『화엄경』을 '돈교 가운데 원', 『승만경』(또는 『대집경』)을 '원교 가운데 원'으로 규정하고 있다. 이것은 원교를 점·돈·원 삼교로 나누고, 통상의 점돈원 3교판을 더 세분화한 것으로 생각되기 때문에, 550년 이전의 단계에 이미 보다 소박한 형태의 돈점원 3교판이 있었다고 보아도 좋을 것이다. 그리고 그것을 엿볼 수 있는 것이 혜광의 소을 인용한 것으로 추정되는 『수현기』, 「삼교상성(三敎相成)」의 문장이다.[72]

> 3교의 상호성립이라는 시각으로 논하자면, 보리수 아래에서 성도하신 이래, 여러 대행자들을 위해서 그대로 근본의 입장을 서술한 것이 방광법륜이다. 그 취지는 심원하며 무언가에 기탁하여 설하는 것은 전혀 없다. 이것을 '돈'이라고 한다. '점'이라 불리는 것은 수행을 시작한 사람들을 위해 방편을 베풀고, 삼승으로 나누어 설하여 이들을 끌어들여서 교화한다. 처음에는 미미하지만 뒤에서는 명확히 설하고, 낮은 단계로부터 깊은 단계에 이르러서 서서히 높아져서 피안의 세계에 오른다. 그러므로 이것을 '점'이라고 말한다. '원교'라는 것은 수행이

---

72) 坂本, 주51, 앞의 책, pp.198~199. 織田, 주65, 앞의 논문, pp.120~125.

진전되어 부처의 깨달음의 경지에 부분적으로 도달한 자를 위해서 여래의 해탈법문을 설하고, 진실한 깨달음의 결과적 행위를 실천하며, 부처가 해야 할 바를 완전히 행한다. 그러므로 '원'이라고 말하는 것이다. 그 진실한 존재 방식을 궁구하면 근본 취지에 구별이 없고, 동등하여 같으며, 완전하여 부족한 부분이 없다. 하물며 어떤 차이가 있겠는가? 다만, 번뇌를 소멸해 가는 작용이 같지 않기 때문에 능력의 차이에 따라 심천을 나누고, 구분하여 셋이 된다고 말하는 것이다. (約三教相成者, 謂始於道樹, 爲諸大行, 一往直陳宗本之致. 方廣法輪, 其趣淵玄, 更無由藉. 以之爲頓. 所言漸者, 爲於始習, 施設方便, 開發三乘引攝之化. 初微後著, 從淺至深. 次第相乘, 以階彼岸. 故稱爲漸. 所言圓教者, 爲於上達分階佛境者, 說於如來解脫法門, 究竟窮實至極果行, 滿足佛事. 故曰爲圓. 如窮之以實, 趣齊莫二, 等同一味, 究竟無餘. 何殊之有. 但以對對治功用不同故, 隨根器別其淺深, 言分有三.) (T35,15bc)

위 원교의 정의에 있어 특징적인 것은 부분적으로 부처의 경계에 오른 뛰어난 근기의 보살에 대해서 '여래해탈 법문'을 밝힐 뿐 아니라, "진실한 깨달음으로 인해 나오는 결과적 행위를 실천하며, 부처가 해야 할 바를 완전히 행한다"는 것처럼 최고의 불과를 완성시켜, 부처의 작용의 본질인 중생교화의 자비행으로 보살을 향하게 하는 능동적인 가르침을 원교로 하는 점이다. 중생이 부처와 다르지 않은 지혜를 저장하고 있음을 밝히는 정도의 교설과는 다르며, 궁극의 결과인 법신의 작용이라는 측면이 매우 강하다. 이러한 경향이 과상현(果上現)의 법문이라고 불리는 화엄교학에 계승되었다는 것은 두말할 필요가 없다. 다카사키 지키도(高崎直道)는 여래장 사상의 원류인『여래장경』에서는 중생 속에 저장된 여래지가 "바로 중생을 위해 설법하여 사실을 알게 하고, 방편을 발휘하여 결과로서의 불신을 얻게 한다는 자비행으로 작용"하는 것으로 묘사되어 있음을 지적하는데,[73] 중국에서도 이러한 측면을 계승한 주장이 있다는 것을 주목해야 할 것이다. 한편 위의 인용문에서 '삼승'이라는 말을 사용하며, 점돈원의 교판을 일승·삼승의 논의와 결합하여 논하고 있는 것이 주목된다. 결과의 측면을 중시하고, 일승·삼승이라는 틀에서 『화엄경』의 의의를 설하는 것은 혜광의 영향이 강하게 보이는 지엄에게 현저하다. 이에 대해서 『양권지귀』에서는 일승이나 삼승이란 말을 사용하지 않는다.

  이상과 같이 혜광 이래 남도파에서는 돈점원 3교판이 전해졌다는 것을 인정해도 좋을 것이다. 다만, 실제로는 돈교·점교 2교판이 강하고, 원교·원종 등의 말은 돈교의 별명으로서 사용하는 경향이 강했다는 것도 충분히 생각할 수 있다. 또한 혜광 자신이 계속해서 한역되는 경전을 보면서 교판이 변화해 갔다고 해도 이상하지는 않다. 하물며, 그 문도가 되면 지론종은 북지의 주류교학이었기 때문에, 복수의 학계로 나뉘어 다양한 주장이 펼쳐졌다고 생각하는 것이 자연스럽다. 실제 원교나 일승을 최고로 하는 교판을 사용하지 않는 점에서는 정영사 혜원 (淨影寺 慧遠)도 『양권지귀』도 일치하지만, 혜원은 대승경전을 동등한 가치가 있는 것으로 보고 우열의 측면이 강조되는 교판을 피하려고 했고,[74] 『화엄경』만을 '통종', '원종'으로 보고, 그 이외의 대승경전을 경시하는 『양권지귀』와는 근본적으로 자세가 다르다.

---

73) 高崎直道, 『如來藏思想の形成』(春秋社, 1974), p.45.
74) 吉津宜英, 「淨影寺慧遠の教判論」(『駒沢大學佛教學部論集』 제35호, 1977. 5).

7. 돈교·점교와 원통 개념

여기서 『양권지귀』에서의 돈교·점교 개념에 대해서 검토하고 『양권지귀』가 강조하는 원통 개념과의 관련을 밝히고자 한다. 우선, 『양권지귀』에서는 점교에 대해서 '삼승점교', '열반점교', '점교대승', 점교동몽지법', '점교이승', '점교연각도' 등으로 말하기 때문에 돈교인 『화엄경』 이외의 대승경전만이 아니라, 성문·연각도 점교가 되는 것을 알 수 있다. 별교·통교·통종이라는 3교판일 경우, 별교와 통교로 나눌 수 있는 것들이 일괄적으로 점교로 규정되는 것이다. '삼승점교'라는 개념이 있는 이상, 돈교는 일승이 되겠지만, 일승이라는 말이 전혀 사용되지 않는 것은 점교인 삼승과 돈교인 대승이라는 대비만으로 생각했기 때문일까. 아니면 일승을 설하는 『법화경』과 『화엄경』을 준별하기 위해서는 이 두 경을 동류의 것으로 하는 일승이라는 구분은 좋아하지 않았다는 사정도 있을까. 이 점에 대해서는 확실하지 않다. 다만, 일승과 삼승의 대비를 피하려고 하는 점은 동일하다고 말할 수 있지만, 혜원이 대승경전에 우열을 나누는 것을 싫어하여 일승 개념을 피한 것과는 입장을 전혀 달리한다는 것도 확실하다.

다음으로, 돈교의 용례는 다음과 같다.

(1) 넷째, 돈교대승의 실천을 권한다. 만약 점교이승에 머문다면 깨달음을 방해하는 업이 될 것이다. (第四勸修頓教大乘. 若住漸教二乘, 爲障道業.)(33左)

(2) 처음에 '종통'이라 함은 통종대승이다. 『화엄』인 돈교 등은 바른 수행자를 위한 것으로, "종은 수행자를 위한 것이다"라고 말하는 것이다. (初言「宗通」者, 卽通宗大乘. 如『花嚴』頓教, 爲正修行者

故, 云「宗爲修行者」.)(33左)

(3) 돈교보살은 수행의 여러 계위에 완전히 통달해 있으며, 그 본질은
수행의 처음부터 끝까지 겸하고 있어 원래부터 연기의 행위를 떠
나 있고, 일체의 움직이는 지혜를 모을 수 있다. (頓敎菩薩, 圓通
道位, 體通始終, 本除相應緣起行, 能集一切動智.)(35左)

(4) "이 법을 믿는 것은 극히 어렵다"라는 것은 『화엄』인 돈교대승에
해당하며, 또한 통종이라고도 이름한다. 나의 법은 중생의 몸 가
운데 고루 미쳐 있고, 중생은 모두 삼종불성의 지혜를 갖추고 있
음을 밝히고 있다. (「能信是法, 爲甚難」者, 卽是『花嚴』頓敎大乘.
亦名通宗. 明明我法圓通衆生身中, 悉有三種佛性智惠.)(36左)

(5) 또한 "불교의 장엄은 모두 여러 박학한 자들을 수용한다"라는 것
은 돈교에 의해 스스로를 장엄하는 것을 보인다. 돈교에 들어가
올바로 수행할 수 있는 능력을 가진 자들이 수용하기 때문에, '섭
취'라고 이름한다. (又云「佛敎莊嚴, 皆能攝取諸黠惠」者, 明以頓敎
自嚴, 攝取堪入頓敎正修之器故, 名「攝取」.)(38右)

(6) 다음의 7일간이 되자 곧 『화엄경』이라는 돈교대승의 경을 설했다.
(第二七日, 卽說『華嚴』頓敎大乘經.)(40左)

(7) 이것은 점교의 능력을 가진 자들이다. 만약 삼아승지겁의 수행이
가득차고 만약 더욱이 회심한다면 돈교대승의 (최하위인) 신위에
들어간다. (此是漸敎之機. 縱使三阿僧祇修滿, 若更迴心, 得入頓
敎大乘信位.)(41右)

(8) 점교이승의 부처는 돈교의 보현보살과 같은 원래부터 조작을 벗어
나 있는 원인의 행위를 갖추고 있지 않음을 보인다. (明漸敎二乘
佛不具頓敎普賢性離因行.)(41左)

(9) 우선 돈교에 의해서 수행하는 것은 『화엄경』「성기품」에서 다음과
같이 말한다. "불자여, 만약 보살마하살이 이 경을 듣고, 듣고 믿
어 수지하고 수순한다면, 이렇게 아는 것이 좋다. 이들은 진실된
불자이며, 불가에 태어난다……." (先依頓敎修行者, 『花嚴』性起

品云,「佛子, 若菩薩摩訶薩, 得聞此經, 聞旣信向受持隨順, 當知, 此等爲眞佛子, 從佛家生. ……」)(42右)

(10) 선재가 돈교에서 설하는 보현의 성리행을 수행하여 3아승지겁이 차려고 한다는 것은, 점교의 2승 등의 부처보다 뛰어남을 보이는 것이다. (明善財修頓教普賢性離行, 成三阿僧祇將滿, 勝漸敎二乘等佛佛故.)(43右)

(11) 또한 『화엄경』에서는 부사의원통도위를 종으로 함을 보여 주기 때문에 허공의 미진 정도의 무한의 양을 셀 수 있다. 처음에 청문하는 자들을 열거할 때, "십불 세계의 미진수와 같은 대보살들과 함께 했다"고 서술하는 것은 다름 아닌 돈교의 모습이다. (又『花嚴經』明不思議圓通道位爲宗故, 以虛空微塵爲数. 初列衆, 「與十佛世界微塵数等大菩薩俱」者, 卽頓敎之相.)(44右)

(12) 첫째, 교에 대해서 설한다는 것은 이 경전이 돈교대승임을 나타낸다. 오직 뛰어난 능력자들만 미칠 수 있기 때문에 이승의 별상인 점교의 능력자들에게는 이르지 않는다. (初就敎者, 明此經頓敎大乘, 唯被大機, 不及二乘別相漸敎之機故.)(45左)

(13) 무엇 때문에 "(부처가 막 깨달았을 뿐인데) 여러 대성문들이 기원림에 있는가"라는 것은, 점교는 돈교 외에 존재하는 것이 아니지만, 존재 방식이 다르다는 생각이 저 돈교보다 강하기 때문에, 점법은 돈교 외에 있는 것이 아니기 때문에 '있다'고 말한 것이다. 즉 망은 진에 의해 성립되며, 망은 진 외에 존재하지 않는다는 것을 나타내기 때문에 '있다'고 말하는 것이다. (何故「諸大聲聞, 在祇恒林」者, 漸教不在頓教外, 但以相別之情尅他頓教, 爲漸法非外故, 云「在」. 明妄依眞立, 妄非眞外故, 云「在」.)(47左)

(14) "그럼에도 전혀 보이지 않는다"라는 것은 특정의 가르침에 한정되었다는 생각으로는 돈교의 인과를 볼 수 없는 것이다. (「而悉不見」者, 局敎[75]之情, 不見頓教因果.)(48右)

---

75) '局敎'라는 말은 『大乘義章』 권1의 삼장의에서는 「隨大小漸頓分別, 所謂局敎漸

(15) 또한 "이 여러 공덕은 성문·벽지불과 함께 하지 않는다"라는 것은 돈교의 인과는 점교의 공덕과 함께하지 않는 것이다. (又云, 「是諸功德不與聲聞辟支佛共」者, 頓敎因果, 不與漸敎功德共.)(48右)

이상의 용례를 보면, 돈교는 「성기품」과 「입법계품」의 내용과 관계가 깊고, '원통', '원통도위'라는 개념과도 밀접하다. '원통'은 지론종의 중요 개념뿐 아니라, 『공목장』 권2에서

보현과 성기는 넓은 의미를 가리킨다. 즉 무한까지 도달하는 것이고, 궁극의 입장에서 완전히 빠짐없이 도달하는 것이다. (普賢·性起當是廣義, 卽無盡圓通究竟宗也.)(T45.556c)

라고 단언하듯이, 지엄에게도 '원통'은 중요 개념이지만, 『양권지귀』는 '불성'은 "중생의 몸 가운데 완전하게 편만하다"라는 것을 강조한다. 또한 초발심부터 불과에 이르는 행위의 하나하나의 단계에서 '불성'이 부증불감한 그대로 '원통'하고 있는 존재 방식, 즉 '부사의원통도위'라는 존재 방식이야말로 통종인 돈교대승의 특질로 하며, 그러한 존재 방식을 기본으로 한 수행을 '성리인행(性離因行)', '성리행(性離行)'이라고 부르며, 단계적으로 불지를 몸에 익혀 가는 점교와의 차이를 강조한다. 여기서 주의할 것은 『양권지귀』가 설하는 '불성'은 후대 불성설이 설하는 것 같은 원인으로서의 불성은 아니고, '삼종불성지혜', 즉 「성기품」의 파진출경(破塵出經)의 비유에서 설하는 '일체지·무사지(無師智)·무애지'[76]로서의 불지 그 자체이고, 결과의 측면이 강하다. 「성기품」(『성기

教頓敎」(T44.468c)등으로 설하는 것처럼 성문장을 가리키고, 점교와 돈교 2교로 성립되는 보살장과 대비되는 개념이다.
76) 『華嚴經』 권35, T9,623c.

경』)은 여래장설의 원천이지만,[77] 「성기품」의 교설은 이른바 여래장설과 불성설과 동일하지는 않다. 「성기품」에서 중생 가운데 여래의 지혜가 있다고 설하는 것은, 가장 오래된 여래장경전인 『여래장경』에서 부처의 눈으로써 보면, 중생은 여래지·여래신·여래장당(如來藏當)을 때가 없는 상태로 갖추어 있다고 설하는 것과 같고, 후대의 여래장경전과 같이 번뇌가 얽혀 있는 때가 있는 여래장을 갖추었다고 주장하는 것은 아니라는 것은 나카무라 즈이류(中村瑞隆)가 지적한 대로이다.[78] 한편 다카사키 지키도(高崎直道)에 따르면, 초기 여래장경전인 『여래장경』에서는 중생이 여래 그 자체를 저장한다고 설함에 대해서, 나중에는 중생 가운데 있으며 여래와 같은 본질이어서, 장래 여래가 될 수 있는 원인을 여래장이라고 부르게 되지만, 그러한 동질의 원인이라는 성격을 강조한 것이 불성이라고 한다. 또 다카사키는 시대가 내려오면 그러한 여래장이 어떻게 염정의 의지(依持)가 될 수 있는지의 문제가 추구되며, 나아가 윤회와 다름없는 염연기의 근거를 설명하기 위해 아라야식설과 결합하게 되었다고 개괄한다.[79] 그런데, 『양권지귀』에서는 여래장이나 아뢰야식에 대해서는 언급이 없고 염연기인 측면에 전혀 관심을 보이지 않으며, 「성기품」(『성기경』)과 마찬가지로, 자신 속에 존재하는 부처의 지혜를 자각하고 그 불지(佛智)를 뜻대로 움직이게 하는 방향만을 지향한다. 지론종의 교학은 일반적으로 광의의 여래장사상에 속하지만, 불성연기, 여래장연기를 축으로 하여 생사와 열반에 관한 번쇄한 논의를

---

77) 高崎, 주73, 앞의 책, pp.574~575.
78) 中村瑞隆, 「西藏譯如來藏經典群に表れた佛性の語に就いて」(『日本佛教學會年報』 25, 1960), pp.74~75.
79) 高崎直道, 「如來藏思想と緣起」(佛教思想研究會編, 『因果』, 平樂寺書店, 1978), pp.207~226.

전개하는 정영사 혜원의 교학[80]이 지론종 전체를 대표할 수는 없다.

돈점원 삼교에 대해서 논한 지엄『수현기』의 '삼교상성'의 부분이 혜광『화엄경소』의 인용으로 추정된다는 것은 앞에서 언급했는데, 그 가운데 돈점원의 순서를 논하는 부분에 "원도는 시작하는 문을 제외하지 않는다"[81]라는 말이 보이는 것은 수행 최초의 단계에서도 부처의 원만한 지혜가 고루 퍼져 있다는 사상, 즉 '원통'의 사상이 혜광 이래의 것임을 보여 준다고 생각된다. 돈황 출토 지론종 문헌 가운데『십지의소』권1에는 "도라는 것은, 자체가 완전하게 편만한 것을 도로 삼는다[道者, 自體圓通爲道也]"[82]라고 되어 있고, P2832B에는 "일체ㅁㅁㅁ도원통(一切ㅁㅁㅁ道圓通)"[83]이라고 되어 있는 것처럼 '원통'이라는 개념은 지론종에서는 매우 중요한 역할을 한다. 그러한 경향은『공목장』권2에서

> 보리심이라는 것은, 보리는 범어이고, 중국에서는 과도(수행의 결과로서의 깨달음)라고 번역한다. 결과로서 갖추어져 있는 덕은 완전히 모든 것에 편만하기 때문에 보리라고 말한다. 위대한 보리에 대해서 마음을 일으켜서 구하려고 하기 때문에 발보리심이라고 이름한다. (菩提心者, 菩提梵語, 此翻名果道. 果德圓通故曰菩提. 於大菩提, 起意趣求, 名發菩提心.)(T45.549a)

라고 단언하는 지엄에게도 계승되며, 법장에 이르러 '무애'라는 말로 치환되는 경향이 있는 것을 보면, 지론종에서 화엄종으로의 흐름으로 이해된다. 다만, 후술하는 것처럼 '무애'라는 말도 지론종에서 매우 자주

---

80) 吉津宜英,「慧遠の佛性緣起說」(『駒沢大學佛教學部研究紀要』제33호, 1975. 3).
81)『搜玄記』권1, T35.15bc.
82)『十地義記』권1, T85.237a.
83) P2832B, 敦煌寶藏 124, 393上.

사용된 말이다.

한편 『양권지귀』는 『능가경』의 '종통·설통설'을 사용하지만, 『능가경』, 『유마경』, 『사익경(思益經)』 등의 주장에 기반을 두고 일체 행위를 부정하는 '무상대승(無相大乘)'의 입장[84]에 서 있지 않다는 것은 중요하다. 『양권지귀』는 보살의 행위를 인정한 후에 그것들의 계위에서의 '원통'을 설한다. 그 입장을 더욱 더 명확히 한 것이 앞에서 언급한 P2832B인데, 이 P2832B 가운데 십회향에 대해서 간략히 설명하는 곳에서는 제10 법계무량회향 이후는 "모두 8식진지(八識眞智)를 체로 한다"고 서술하며, 더 나아가 "일실평등법계원수(一實平等法界圓修)는 처음의 초지부터 마지막 불과에 이르기까지 모두 무명을 끊는다"라고 설한다.[85] 이것은 초지 이상은 각각 지마다 무명을 끊어 지마다 법계를 증명한다는 의미이기 때문에, 별교일승에서는 "새로이 미혹을 끊고, 또한 학지에 머물지 않고 정각을 성취한다"[86]는 지엄의 단혹론은 지론종 가운데 거의 준비되었다는 것을 알 수 있다. P2832B에서는 '법계원비(法界圓備)'라고 되어 있는 것처럼 『양권지귀』와 마찬가지로, 중요한 역할을 하고 있는 것이 '원'의 개념이다. 이 측면을 강조해 가면 점교·돈교 이외에 원교를 별립하는 것은 차치하고, '원만한 가르침', '원통·원비를 설하는 가르침'이라는 개념이 강하게 되는 것은 당연하다. 다만, '8식진지(八識眞智)'를 설하는 P2832B와는 달리 『양권지귀』에는 심식설은 전혀 보이지 않는 것이 이상할 정도이다.

그런데, 『양권지귀』에서 돈교의 또 하나의 특징은 단계적인 점교과의

---

84) 八木, 주62, 앞의 논문, pp.51~53.
85) P2832B, 敦煌寶藏 124, 394上.
86) 『孔目章』 권4, T45.586c.

차이를 고창(高唱)하면서도, 돈교에 관한 (13)의 문장이 보여 주듯이, '점교는 돈교 외에 존재하지 않고'라는 점을 강조하는 것이다. 『양권지귀』에서는 점교는 성문들의 가르침만이 아니라, 『열반경』이나 『법화경』 등의 대승경전도 포함하기 때문에, '점교는 돈교 외에 존재하지 않고'라고 하게 되면 돈교대승인 『화엄경』은 일체의 가르침을 포함하는 것이 될 것이다. 여기서 상기되는 것이 『오교장』의 혜광의 점돈원 3교판에 대한 다음과 같은 서술이다.

> 광통율사에 의하면 삼종교를 세운다. 능력이 미숙하기 때문에 무상을 설하고, 뒤에 불공의 매우 깊은 뜻을 설한다. 이와 같이 단계적으로 설하기 때문에 점교라고 이름한다. 능력이 성숙한 자를 위해서는 하나의 법문에 의해서 모든 것을 갖추는 형태로 일체의 불법을 연설함에, 상과 무상, 공과 불공을 동시에 함께 설하며 단계에 의하지 않는다. 그러므로 돈교라고 이름한다. 상달하여 부분적으로 부처의 계위에 이른 자에게는 여래의 방해 없는 깨달음인 구경의 광대한 결과를 설한다. (依光統律師立三種教. 以根未熟, 先說無常, 後說不空深妙之義. 如是漸次而說, 故名漸教. 爲根熟者, 於一法門, 具足演說一切佛法. 常與無常, 空與不空, 同時俱說, 更無漸次. 故名頓教. 爲於上達分階佛境者, 說於如來無礙解脫究竟果海.)(T45,480bb)

이에 따르면, 돈교는 "상과 무상, 공과 불공을 동시에 함께 설하고, 단계에 의하지 않는다"는 것이 되지만, '공과 불공'을 동시에 설한다는 것은 공여래장과 불공여래장을 설하는 경전, 즉 종래의 돈점이교판을 돈·점·부정(不定)의 3교판으로 변화시켰다고 하는 『승만경』을 상정한 것임이 확실하다.[87] 따라서, 이러한 돈교의 정의에 의하면 『승만경』이야

---

87) 織田, 주65, 앞의 논문, pp.128~129.

말로 돈교에 어울리게 된다. 돈교는 불타 최초의 설법에서 단계를 거치지 않고 갑자기 심원한 보살법을 설하는 것이었을 텐데, 경론이 차례차례 번역되면서, 특히 여래장계 경론에 대한 연구가 진전됨에 따라 내용이 변화한다. 그리고, 『화엄경』에 대해서는 『승만경』 등과의 대비를 통해서 「성기품」이 주목되며, 앞에서 본 것처럼 능동적인 측면이 강한 원교가 새롭게 설해지게 되었다고 생각된다. 그러한 결과의 측면이 강하다는 점만이 아니라, 『화엄경』은 『화엄경』 이외의 일체 가르침을 포함하는 사상도 또한 화엄교학으로 계승·발전된다는 것은 쉽게 상상할 수 있다. 이것은 『양권지귀』가 직접 영향을 미친 것은 아니고, 혜광에게 그러한 요소가 있어, 혜광의 저작과 혜광의 그러한 경향을 계승한 지론사의 저작이 화엄교학에 영향을 미쳤다고 보아야 할 것이다 .

한편, 『양권지귀』의 경우는 "점교는 돈교 외에 있지 않고"라는 점을 강조하지만, 『화엄경』에는 '공과 불공'을 동시에 돈설(頓說)한다는 발상은 없고, 『승만경』에 대한 특별한 의식도 보이지 않는다. 그렇다기 보다 공을 설하는 반야경전이나 공과 불공을 설하는 『승만경』 등을 어떻게 위치 지우는가의 문제를 포함하여 대승의 여러 경전 각각의 특질을 고려하면서 스스로의 체계 가운데 위치 지우려는 자세가 원래부터 보이지 않는 것이다. 『화엄경』 이외의 경전에 의해 수행하는 자는 불과를 얻은 후에 돈교대승의 신위에 들어간다고 하며, 『화엄경』을 믿지 않고 돈교대승으로 옮기지 않는 자는 '일천제'라고까지 단언하는 『양권지귀』의 목적은 당시 중시되었던 『열반경』이나 『법화경』조차 『화엄경』에 비교하면 뒤진 가르침임을 명시하고, 『화엄경』의 격별성을 강조했던 것이다. 이러한 주장은 『승만경』이나 다른 불성·여래장계 경론에 대한 연구가 유행하는 것을 무시하거나, 또는 그러한 유행에 대한 반발로서 주장되었

는지 아니면, 그러한 연구가 왕성해지기 전에 주장되었는지는 확실하지
않다. 『승만경』으로부터의 인용이 없고 심식설이나 여래장설이 전혀 보
이지 않는 것을 보면, 『양권지귀』의 근본이 되는 사상 자체는 이른 시
기에 성립되었다고 보는 것이 자연스럽지만, 아래에서 서술하는 것처럼
『화엄경』 각 품 간의 법계 의미의 차이를 자세히 논하는 점 등은 『화엄
경』 연구의 진전을 보여 주는 것으로 생각되기 때문에 성립 시기에 관
해서 명확히 판단하기는 어렵다.

8. 인과를 통한 분류

『화엄경』 이외의 중요한 경전을 기준으로 대승의 여러 경전을 판단하
는 지론종 문헌으로서는 앞에서 말한 『승만경』 주석 S6388이 있다. S
6388에서는 앞에서 본 것처럼

> 법을 믿은 지 오래되지 않은 자는 가령 경 가운데서 부인이 믿음을
> 내는 것과 같다. 지금은 이 뜻에 대해서는 다루지 않는다. 지금 누구
> 이든 믿은 지 오래되지 않았다는 것은 원교의 입장을 깨달았다고 해
> 도 초보적 단계이므로 "아직 오래지 않다"고 말하는 것이다. 원종에
> 대해서는 간략히 3종의 양상을 제시한다. 『열반경』 등은 점교 가운데
> 원이다. 『화엄경』 등은 돈교 가운데 원이다. 『승만경』 등은 원교 가운
> 데 원이다. 『대집경』의 계통이기 때문이다. 이 때문에 『열반경』은 자류
> 인과(自類因果)를 입장으로 하고, 『화엄경』은 자종인과(自種因果)를
> 입장으로 하며, 『대집경』 등은 자체인과(自體因果)를 입장으로 한다.
> 그러나 어느 종이든 각각 3종의 인과를 갖추고 있다. 그 셋을 나누려
> 고 어느 한 쪽에 특정의 한 종을 든 것에 지나지 않는다. (信法未久

者, 若依經中夫人生信, 今不就此義. 今並信未久者, 悟圓敎之宗在始,
故曰未久. 就圓宗之中, 略明三種相. 涅槃等, 是漸中之圓. 華嚴等, 是
頓中之圓. 勝鬘等, 是圓中之圓. 大集之流故也. 是以涅槃以自類因果爲
宗. 華嚴以自種因果爲宗. 大集等以自體因果爲宗. 然宗各備三. 欲別三
者, 互擧一宗耳.)(敦煌寶藏 45.656下)

라고 서술하고 있고, '원종', '원교지종(圓敎之宗)'이라는 말이 보인다. 이
S6388과 마찬가지로 지론종 남도파의 문헌인 S613V도 '삼교행상(三
敎行相)'에서

원래 위대한 성인인 여래가 세상에 출현하신 이유는, 자신이 얻은 것
을 사람들에게 전하여 보이기 위해서이다. 그러나 그 얻은 것은 가르
침으로서는 무한으로 나누어지고, 도저히 한정해서 이름붙일 수 없
다. 다만, 만약 여래일대 시종의 교설을 정리하면 요점은 셋을 넘지
않는다. 첫째는 삼승별교, 둘째는 통교, 셋째는 통종교이다. 별교라는
것은 비담·『성실론』이 설하고 있는 조잡한 논이 그것이다. 통교라는
것은 『법화경』의 '회삼귀일'이 그것이다. 통종교라는 것은 『열반경』·『화
엄경』·『대집경』이 설하고 있는 본질적인 존재 방식이 그것이다. 앞의
(통교에서) '통(通)'이라 말한 것은 상이 융합하여 있기 때문에 '통'이라
한 것이다. 지금 '통(通)'을 논하는 것은 본체가 융합하기 때문에 '통'이
라 한 것이다. 그러나 좀 더 뜻을 파고 들면 본체는 실유이고 그 취지
는 여러 교설은 하나임을 보이며, (여래의) 원만한 소리는 불이를 입장
으로 한다. …… 하나의 체가 일체의 체가 된다. …… 하나의 체라는
것은 『화엄경』을 말한다. 일체의 체라는 것은 『열반경』을 말한다. 본체
가 나타나지 않음이 없는 것은 『대집경』 외에 다름이 아니다. 그러나
『열반경』은 상에 의존하며 점교의 행위를 보인다. 이것은 유여와 무여
를 겸한다. 『화엄경』은 본체에 기반을 두며 돈과 원의 교과 행을 논하
고 있다. 이것은 궁극과 궁극이 아닌 부분을 겸한다. 『대집경』은 무장

애를 입장으로 하며, 원교의 행을 보이고 있어 비밀의 가르침이다. 생각하면, 이것은 돈에 의해 점을 논하고 구별이 있으면서 구별이 없는 존재 방식이다. 즉, 점에 의해 돈을 보이고, 구별이 없으면서 구별되며 구별되면서 구별이 없는 것이다. 인다라망처럼 서로 녹아들어 방해가 없다. 어떻게 궁극적 원교의 실체라고 말할 수 없는 것이 있을 수 있겠는가. (夫如來大聖, 所以興於世者, 將欲以己所得, 傳示衆生故也. 然其所得, 敎別塵沙, 豈容限目. 如約以辨一代始終, 要不出三. 其三者何. 一是三乘別敎. 二是通敎. 三是通宗敎. 言別敎者, 謂毘曇·成實, 所辨疎論者是. 言通敎者, 如法華, 會三歸一者是. 言通宗敎者, 謂涅槃·華嚴·大集, 所辨體狀者是. 前言通者, 相融故通. 今之辨通, 體融故通. 然究之體實, 旨明敎一, 圓音不二爲宗. …… 一體一切體. …… 言一體卽是華嚴. 一切體卽是涅槃. 體無不彰卽是大集. 然涅槃據相, 明漸敎行, 是有餘無餘. 華嚴就體, 辨頓圓敎行. 是必竟不必竟. 大集據無障礙, 以彰圓敎行. 是祕密. 蓋是頓以辨漸. 差別而無差別. 卽漸以明頓, 無差別之差別, 差別無差別, 如因陀羅網. 融同無礙者, 寧非圓窮之實哉.)(敦煌寶藏 5.139下-140上)

라고 서술하고 있고, 여기서는『양권지귀』와 마찬가지로『화엄경』을 통종으로 하고,『법화경』을 통교로 하는 교판이 보인다. 그러나 S613V에서의 통종, 그리고 S6388에서의 원종은『대집경』(또는『대집경』의 일부로서의『승만경』),『화엄경』,『열반경』의 세 경전이다. 그것도『열반경』을 점원,『화엄경』을 돈원으로 보고,『대집경』(내지는『승만경』)에 대해서 순수하게 원만한 법문으로 보는 등『대집경』을 최고 경전으로 위치시켜 돈과 점을 통합하는 것으로 본다는 것이 주목된다.[88]『화엄경』만을 통종으로 보고 다른 대승경전은 별도로 다루는『양권지귀』와는 다르다.

---

88) 이『大集經』을『法華經』으로 바꾸면 천태교학의 입장에 가까워질 것이다.

한편, S6388에서는

> 이 때문에 『열반경』은 자류인과(自類因果)를 입장으로 하며, 『화엄경』
> 은 자종인과(自種因果)를 입장으로 하며, 『대집경』 등은 자체인과(自
> 體因果)를 입장으로 한다. 그러나 어느 종도 각각 3종의 인과를 갖추
> 고 있다. 그 셋을 나누려고 어느 한 쪽에 특정의 한 종을 든 것에 지
> 나지 않는다. (是以涅槃, 以自類因果爲宗. 華嚴, 以自種因果爲宗. 大
> 集等, 以自體因果爲宗. 然宗各備三. 欲別三者, 互擧一宗耳.)(敦煌寶
> 藏 45.656下)

라고 서술하여, 『열반경』은 자류인과를 종으로 하고, 『화엄경』은 자종인
과를 종으로 하여, 『대집경』 등은 자체인과를 종으로 하여 우열을 가리
면서도 "그러나 어느 종도 각각 3종의 인과를 갖춘다"고 서술하여, 『열
반경』, 『화엄경』, 『대집경』은 자류인과·자종인과·자체인과를 모두 갖추
고 있으며, 어느 측면이 강한가의 차이로 세 개의 종을 임시로 배당하
는 것뿐이라고 회통하지만, 이러한 태도는 앞에서 본 혜광의 『화엄경소』
에서 인용하는 것으로 생각되는 문장에서 돈점원 삼교의 차이에 대해
서 서술한 후에

> 그 진실한 존재 방식을 궁구하면 근본 취지에 구별이 없고, 동등하
> 여 같으며, 완전하여 부족한 부분이 없다. 하물며 어떤 차이가 있겠
> 는가? 다만, 번뇌를 소멸해 가는 작용이 같지 않기 때문에 능력의 차
> 이에 따라 심천을 나누고, 구분하여 셋이 된다고 말하는 것이다. (如
> 窮之以實, 趣齊莫二, 等同一味, 究竟無餘. 何殊之有. 但以對治功用不
> 等故, 隨根器別其淺深, 言分有三.)(『搜玄記』 권1, T35.15c)

라고 설하여 삼교의 본질은 '등동일미(等同一味)'이어서 구별이 없다고

강조하는 점과 상통한다. 중국불교에서 대승의 각각의 경전을 평등하게 존중하는 입장, 각각의 대승경전 내지는 어떤 기준에 의해 분류된 경전들 간에 우열의 순서를 매기는 입장, 우열을 가리면서도 다양한 형태로 회통하려는 입장이 보여, 각각 정도의 차이는 있지만, 『양권지귀』는 『화엄경』만을 각별하게 다루면서도 『화엄경』은 다른 일체의 가르침을 포함한다고 보는 것이며 그 의미에서는 화엄종의 선례가 된다.

한편, 『양권지귀』는 S 6388과 마찬가지로 자종인과·자류인과·자체인과라는 분류를 사용하지만, 『열반경』은 자류인과를 종으로 하고, 『화엄경』은 자종인과를 종하고, 『대집경』은 자체인과를 종으로 한다는 S 6388과는 달리, 『양권지귀』는 『화엄경』 각 품에 이 3종의 인과를 배당한다. 『양권지귀』의 '비유를 듦[擧喩]'에서는 『화엄경』 전체를 아래와 같이 6인 6과 12위로 나누어 전체를 '법계인과'로 칭하는 것이다.

初會	無爲因果(自種因果)
名號品~菩薩住處品	有爲因果(自類仁果)
不思議品~普賢品	自體因果
性起品	就體中明因果
離世間品	就體中明淳熟因果
入法界品	就用明法界解脫因果(法界解脫因＝有爲因·無爲因·無二因·性離因)

이 가운데 무위인과의 별명인 자종인과와 유위인과의 별명인 자류인과에 대해서는 어떤 것인지 자세하지 않지만, 혜광소에서 인용한 것으로 생각되는 『수현기』의 '삼교상성' 단에서는 앞에서 본 돈점원의 3교판에 대해서 서술한 부분에 이어 삼교의 순서에 대해서 다음과 같이 설하고 있다.

그 순서는 일승의 입장에서는 어느 것이든 완전한 뜻의 진실설이지만, 번뇌를 소멸하는 방편에 대해서는 실천의 방법이 다르다. 대략 나누면 세 가지가 있으니 그 순서를 보인다. 첫째는 방편수상(方便修相)·대치연기(對治緣起)·자류인행(自類因行)에 의해서 3교를 보인다. 점교는 최초에 있고, 돈교는 중간, 원교는 뒤가 된다. 세 가지 뜻은 점교로부터 설해간다. 처음에는 점교에 의해서 믿음을 생기시키고, 다음으로 돈교로써 행위를 성립시키며, 다음으로 원교에 의해서 체용을 성립시키는 것이다. 만약 실제연기·자체인행의 입장에서 보인다면, 돈이 처음이고, 점이 다음이며, 원교 나중이다. 처음에 돈을 보여 실천시키고, 다음으로 점을 보여 교화하며, 나중에 원을 보인다. 원에는 과덕이 갖추어져 있기 때문이다. 만약 궁실법계·부증불감·무장애연기·자체심심·비밀과도의 입장으로부터라면, 처음에는 원, 다음은 돈, 나중에는 점이 된다. 그 이유는 그야말로 심원한 입장은 아주 깊이 있는 생각조차 남기지 않고, 원만한 깨달음은 초보의 단계를 버리지 않는 것이다. 그러므로 사례는 비근한 것이어도 먼 데까지 이르며 모습이 현저하더라도 세밀한 곳에 이른다. 낮은 곳으로부터 가장 깊은 곳에 이르러서 드디어 궁극이 된다. 그러므로 처음에는 원을 보여서 견문시키고, 다음으로 돈을 나타내서 수희시키며, 다음으로 점의 계위를 설하여 덕과 믿음과 실천을 일으킴을 나타낸다. 이것은 원교의 입장에서 셋을 보인 것에 지나지 않는다. (其次第者, 就於一乘了義實說. 約對治方便行門差殊. 要約有三, 以明次第. 一者擄方便修相對治緣起自類因行, 以明三敎. 漸卽在初, 頓中, 圓後. 三義從漸說也. 初漸以生信. 次頓以成行. 次圓以成體用耳. 若約實際緣起自體因行以明時, 頓初, 漸次, 圓後. 初示頓以令修, 次示漸彰為物. 後示圓果德備故也. 若約窮實法界不增不減無障礙緣起自體甚深祕密果道時. 卽初圓次頓後漸也. 所以爾者. 正以冲宗不遺於玄想. 圓道不揀於始門. 是以事雖近而至遠. 相雖著而至密. 淺至極深方窮故. 初示圓令見聞. 次彰頓令隨喜. 後辨漸階位. 顯德起信行也. 此卽約圓以明三耳.)(『搜玄記』 권1, T35.15c)

즉, 방편에 의해 수행하여 번뇌를 대치해 가는 것이 자류인행이고, '부증불감무장애연기자체', 즉 깨달음에 이르는 인과를 받쳐 주는 늘지도 줄지도 않는 '자체'인 불지에 대해서 자각하면서 나가는 것이 자체인행이며, 최고의 입장은 그러한 인행에 의해서 얻어지는 결과의 세계이다. 여기서는 『양권지귀』가 무위인과의 별명으로 삼는 자종인과는 설해져 있지 않지만, 『승만경』을 존중하는 S6388에서는 '점중(漸中)의 원(圓)'인 『열반경』을 자류인과, '돈중의 원(圓)'인 『화엄경』을 자종인과, 그리고 '원 중의 원'인 『승만경』을 자체인과에 배당하는데 이것은 종래의 자류·자종·자체의 3인과설에 덧붙인 것이기 때문에 자종인과는 자체인과와 비슷한 개념으로, 자체인과 정도의 늘지도 줄지도 않는 등의 측면이 나타나 있지 않은 존재 방식을 가리키는 것으로 생각된다.

한편, 유위인과·무위인과·자체인과라는 3종의 인과는 혜원『십지론의기』에서는

> 법은 연에 따라서 모이고 형성된다. 그러므로 '연집'이라 말한다. 나누면 세 가지이다. 첫째는 유위이고, 둘째는 무위이고, 셋째는 자체이다. (法從緣集, 故名緣集. 分別有三. 一是有爲, 二是無爲, 三是自體) (續藏1-71-2·145左上)

라는 것처럼 3종의 '연집'으로 파악된다. 아오키 다카시(青木隆)는 지론종 연집설에 대해서 "그 사상적 연원은 『십지경론』 제6현전지에서 설해지는 십이인연설과 『승만경』에서 설해지는 이종생사에 있다고 생각된다"라고 하고, 법상(法上)이 활동하는 즈음에는 유위·무위의 이종연집이었던 것이, 혜원, 영유(靈裕)가 활동하던 즈음에는 유위·무위·자체의 삼종연기가 되고, 지의가 활동하던 즈음에는 유위·무위·자체·법계

의 사종연집이 되었다고 한다. 그리고 혜원은 이것을 여래장연기로서 전개하고, 이윽고 사종연집에 관해서 상세한 논의를 전개하는 름사(懍師) 등의 설을 매개로 하여 화엄종의 법계연기설에 수용되었다고 보며, 영유계의 사상에 기반을 둔 사종연집설이 지의에 영향을 주고, 그의 4토설 가운데 수용되었다고 논하고 있다.[89] 하지만, 『탐현기』에서 「입법계품」을 해석할 때

> 광통율사가 "공간을 장식하는 것은 무위연기를 나타내고, 정원을 장식하는 것은 유위연기를 나타내며, 누각을 장식하는 것은 자체연기를 나타내는 것이다"라고 하였다. (光統云, 嚴空表無爲緣起, 嚴園表有爲緣起, 嚴閣顯自體緣起故也.)(T35.444b)

라고 하여, '연집'이라는 말은 사용하지 않지만, 혜광은 이미 『화엄경』에 나타는 인과의 존재 방식을 유위·무위·자체의 3종으로 나누었던 것 같다. 실제로 혜광의 『화엄경의기』에는 '자체인행', '자체과행'라는 말이 보인다.[90] 또한 법상 『십지론의소』에서는 유위연집과 무위연집을 설한 부분의 조금 뒤에 "원인은 결과와 다르지 않다"는 의미에서 '자체인'을 설명하고 있다.[91] 여기서 중요한 것은 "연집이라는 말에는 생노사가 나타나는 인연, 즉 고의 집적이라는 의미가 강하게 포함되어 있다고 생각되므로, 다만 인연이라고 하는 경우와는 어느 정도 구별하여 연집이라는 용어를 사용했다고 생각된다"[92]라는 것이 아오키의 지적이다.

---

89) 青木隆, 「中國地論宗における緣集說の展開」(『フィロソフィア』 제75호, 1988. 3), p.159.
90) 『花嚴經義記』 권1, T85.234b.
91) 『十地論義疏』 권1, T85.764a,765c.
92) 青木, 주89, 앞의 논문, p.149.

중생이 저장하고 있는 불지라는 원인[自體因] 및 그 원인과 '다르지 않은' 과(果)로서의 불지[自體果]라는 인과의 존재 방식에 대해서 설할 때, 연집이란 말을 사용하는 것은 적절하지 않을 것이다. 그럼에도 불구하고, 그러한 '자체'에 대해서도 연집이 말해지게 된 것은 중생이 지닌 불지와 과덕으로서의 불지의 동질성에만 착안하여, 유정(唯浄)인 세계를 지향하는 자체인과의 사상이, 속세에 얽혀 있는 성격이 강한 여래장계경론에 대한 연구가 풍미하면서, 여래장 사상의 틀만으로 끌어들여 해석되었다는 것을 의미할 것이다. 따라서 유위·무위·자체 삼종인과설의 전개와 2종·3종·4종 등의 연집설의 전개와는 중복되는 부분이 있지만, 반드시 같지는 않다는 것을 주의해야 한다. 또한 아래에서 보는 것처럼 지론종 학승은 같은 저작 가운데서 다양한 분류를 시도하고 있으므로, 연집설만 가지고 삼종연기설, 사종연집설 등으로 지론종 학승의 설을 판단하는 것은 곤란하다. 다만, 단간이 많은 지론종 여러 문헌의 성립 연대를 판정하는 하나의 기준을 보였다는 점에서 아오키가 연집설의 전개에 착안한 것은 의미를 부여할 수 있다.

그렇다면, 그 무위·유위·자체의 삼종인과설로서 『양권지귀』의 성립 연대를 추정한다면 다음과 같다. 혜광이 「입법계품」의 기술을 무위연기·유위연기·자체연기의 3연기로 나눈 것은 『양권지귀』가 「입법계품」에 대해서

> "시방에 원만하다"라는 것은 서문 가운데, 여래가 사자분신삼매에 들어가는 것이며, "아주 넓음"은 유위정토이며, 허공의 장엄은 무위정토를 나타내며, 중각 강당이 아주 넓다함은 무이의 정토를 표시한다. (「圓滿十方」者, 序中, 如來入師子奮迅三昧, 廣博, 明有爲浄土, 虛空莊嚴, 無爲浄土. 重閣廣博, 無二浄土.)(15右)

라고 서술하는 것에 기준을 둔다고 단에이는 보고 있다.[93] 이 추정이 맞다면 『양권지귀』의 사상은 혜광 이전의 것이 된다. 유위연집법계·무위연집법계·자체연집법계·평등연집법계의 사종법계설을 설하는 름사의 『법경론(法鏡論)』이 자체연집법계에 대해서 서술한 부분에서 '비유위비무위을 불이로 삼는' 것이 '자체'라고 하며서 '자체무이'를 강조하는 것은,[94] 앞에서 언급한 위 혜광의 분류를 이어서 전개한 논의일 것이기 때문에 앞의 인용문에 보이는 '무이정토'의 '무이'도 비유위비무위로서 무이인 '자체'를 가리키는 것으로 보아도 좋을 것이다. 따라서 『양권지귀』에는 무위·유위·자체에 상당하는 삼종인과가 설해져 있으며, 실제로 인과의 12위를 논한 부분에서는 무위인과(자종인과), 유위인과(자류인과), 자체인과라는 말을 사용하고 있다. 그러나 『양권지귀』는 자체인과를 '체에 근거함[就體]', '용에 근거함[就用]'으로 나누며 더 나아가 '체에 근거함'은 인과를 「성기품」에 보이는 '인과'와 「이세간품」에 보이는 '순숙인과'로 나누는 등 세세히 분류하는 것을 볼 때 확실히 세분화가 진행되었다. 또한

> "그때 문수사리동자는 선안주 누각으로부터 나와" 이하의 부분은 법계해탈인을 보인다. 처음의 42선지식은 유위인을 보인다. 110의 선지식은 무위인을, 삼천세계 티끌 수의 많은 지식들은 무이인을, 보현보살은 성리인을 보여 준다. (「爾時, 文殊師利童子, 從善安住樓閣出」已下, 明法界解脫因. 初四十二善知識, 明有爲因. 百一十善知識, 無爲因, 三千塵等知識, 無二因. 普賢菩薩, 明性離因.)(51右)

---

93) 高峯, 주3, 앞의 책, p.489.
94) 『要決問答』 권3, 續藏1-12-4.341左下.

라고 하는 것처럼, 『양권지귀』는 선재동자의 수행 과정은 법계해탈인을 밝히는 것을 본 후에 더 나아가 법계해탈인을 유위인·무위인·무이인·성리인의 4인으로 나누어 논하고 있다. 앞의 정토해석에서는 유위·무위·무이의 3정토를 설하고, 여기서는 유위인·무위인·무이인·성리인의 4인을 설하는 것으로도 알 수 있듯이, 『양권지귀』는 유위·무위·자체라는 3종의 분류에 머무르고 있다. 또한 『양권지귀』의 인과 12위설에 의하면, 「광명각품」은 유위인과(자류인과)를 나타내고 있지만, 혜광의 『화엄경의기』 「광명각품」의 단간에서는

> 또한 한쪽 방향에 각각 하나의 대보살이 있는 것은 방편 가운데 자체인행을 보이려고 하는 것이다. …… 각각 여기에 오는 것은 자체의 과행에 완전히 들어간 것을 의미한다. (又言一方各有一大菩薩者, 欲明方便之中自體因行也. …… 各來至此者, 明圓入自體果行也.)(T85.234b)

라고 서술하며, 「광명각품」의 이 부분에 대해서 '방편 가운데 자체인행'과 '자체과행'을 설하므로 『양권지귀』와는 일치하지 않는다. 물론 『양권지귀』에서의 인과 12위는 개략적인 것에 지나지 않고, 『양권지귀』의 저자는 각 품 각각의 부분에 대해서 별도의 인과에 의해 해석할 가능성도 있다. 그러한 사정은 『화엄경의기』와 같지만 『양권지귀』가 실제로 혜광의 스승인 불타삼장의 해석 내지는 문도의 해석이라면, 『화엄경의기』와 『양권지귀』는 약간 설상이 비슷해도 이상하지 않다고 생각된다. 위의 『화엄경의기』의 인용문에서는 『화엄경』은 자체인과에 대해서 '방편 가운데'에서 설하는 경우와 그렇지 않은 경우가 있다고 함으로써 혜광의 단계에서도 자체인과는 수행이라는 관점으로부터 다시 2종으로 나뉜 것을 알 수 있다. 이것은 『양권지귀』에 말하는 '방편', '칭체(稱體)'에

해당하는 것으로 보이지만, 『양권지귀』에서는 '방편'과 '칭체' 2문뿐 아니라, 「입법계품」의 특색으로서 '칭체방편무이문(稱體方便無二門)'(46左)을 설하는 것을 눈여겨봐야 할 것이다.

한편, 『양권지귀』에서 돈교 수행의 특질로 여겨지는 '성리(性離)'라는 개념은 『십지경론』 권2에서 경의 '자성상적멸(自性常寂滅)'송을 해석할 때 "자성은 번뇌를 떠났기 때문에, 먼저 있고 나서 뒤에 벗어나는 것이 아니기 때문이다[自性離煩惱故. 非先有後時離故]"[95]라고 서술한 부분에 의한 것으로 생각된다. 즉, 중생이 가지고 있는 부증불감의 불지가 '자성은 번뇌를 떠나' 있는 존재 방식이며 단계적으로 벗어나는 것이 아니다. '본성으로서 원래 번뇌로부터 벗어나 있는' 존재 방식을 가리킬 것이다.

『양권지귀』에서의 '성리(性離)'의 용례는 다음과 같다.

(1) 그야말로 무장애의 가르침은 성리의 교법에 일치하여 성불하기 때문에, 원인도 결과도 함께 상주한다. (正以稱無障礙教性離法成佛故, 因果俱常.)(37左)
(2) 점교인 2승의 부처는 돈교의 보현·성리인 원인의 행위를 갖추지 못한다. (漸教二乘佛不具頓教普賢性離因行.)(41右)
(3) 선재는 돈교의 보현·성리의 행위를 수행한다. (善財修頓教普賢性離行.)(43右)
(4) 증감에 대해서는 연에 따라서 별도로 수행하더라도, 성리의 본체 외에 있는 것이 아니기 때문에 '있다'고 한다. (就增減中, 雖復隨緣別修, 而非性離體外故, 云「在」.)(48右)
(5) 성리의 도는 증감하는 행위와 함께하지 않는다. (性離之道, 不與增減行共.)(48右)

---

95) 『十地經論』 권2, T26.132c.

(6) 처음의 42인의 선지식은 유위의 원인을 보이고, 110의 선지식은 무위의 원인을 보인다. 삼천세계의 티끌처럼 무수한 지식은 무이의 원인을 보인다. 보현보살은 성리의 원인을 보인다. (初四十二善知識, 明有爲因百一十善知識, 無爲因. 三千塵等知識, 無二因. 普賢菩薩, 明性離因.)(51右)

이러한 용례로 볼 때 혜광 등이 설한 자체인(自體因)과 달라진 것이 없는 것처럼 보이지만, 『양권지귀』에서는 '자체인과'라는 말 자체는 최고의 것으로 간주되지 않는 것에 주의해야 한다. 물론 자류인과·자종인과에 비하면 자체인과 쪽이 위에 위치되지만, 『양권지귀』는 자체인과라는 점을 강조하지는 않고, 자체인과에 대해서는 어느 정도 자명한 것으로 한 후에 그 다양한 존재 방식의 특징을 밝히는 데 주력하였다. 다만 수행의 존재 방식에 대한 강한 관심으로 일관하고 있으며 단순히 훈고 주석은 아니다.

여기서 다른 지론종 문헌에서 '성리(性離)'의 용례를 조사하면, 법상(法上)의 『십지론의소』에서는 '진실결정'에 대해서 "자체의 진각은 성리하여 연득한다[自體眞覺, 性離緣得也]"[96]라고 서술한다. 이것은 '중생의 본질인 진실된 지혜는 그 본성상 조건에 의해 새롭게 얻을 수 있는 존재 방식을 원래부터 떠나 있다'의 뜻이기 때문에 '성리'는 여기서는 '본성적으로 벗어나다'라는 뜻이고, 술어로서 익숙하지는 않다. 또 돈황 출토의 『십지경론석』(北7266, 鹹78)에서는 초지에 만행을 갖춘다면 2지 이상의 수행은 필요 없지 않은가를 묻는 문답 가운데

초지에 이미 만□을 갖추고 있다. 2지 이상은 그 의의는 알 수 있을

---

96) 『十地論義疏』 권1, T85.765c.

것이다. 體□는 일체를 포함할 수 있으며, 성리하니 연이 아니다. (初地已備萬□, 二地已上, 其義可知. 體□善統攝一切, 性離非緣.)(敦煌寶藏 105·198下)

라고 하는 것처럼 '체'는 "성리하니 연이 아니다"라고 말하여, 외부의 조건을 기다려서 결과를 성취하는 것이 아님을 강조한다. 이러한 용례에 의해, '성리'라는 것은 '자체'의 존재 방식을 보여 주던 말이 술어화했음을 알 수 있다. 실제로 '자체'에 다름 아닌 성기에 대한 지엄 만년의 정의는 "성기는, 일승연기의 끝은 본래구경하여 수행하여 만드는 것을 떠나 있음을 밝힌 것이다(性起者, 明一乘緣起之際, 本來究竟離於修造)"[97]라고 하는 것을 생각하면, 화엄종의 성기설이 지론교학에 진 빚이 크다는 것을 알 수 있을 것이다. "본래구경하여 수행하여 만드는 것을 떠났다"라는 '일승연기'는 '성리'로서 존재하는 '자체인과'에 다름 아니다.

『양권지귀』는 그러한 '성리' 개념을 활용하여 보현행은 '성리행', '성리인행'인 것임을 설하고 있다. 마찬가지로 '성리'라는 말을 사용한다 해도 『능가경』이나 『승만경』에 기반하여 여래장계의 심식설을 축으로 논하는 법상과는 달리, 『양권지귀』는 심식설을 전혀 사용하지 않지만, 『화엄경』에 보이는 수행의 존재 방식에 즉하여 인과의 종류를 설하는 점에서는 법상보다 상세한 논의를 전개하고 있다. 법상에게는 현존하는 자료에 한해서 말자면, '성리인', '성리인행'이라는 규정은 보이지 않는다.

이러한 『양권지귀』의 경향은 '법계'라는 말에 관해서도 찾을 수 있다. 『탐현기』에 따르면, 혜광은 『화엄경』의 종취에 대해서

---

97) 『孔目章』 권4, 性起品明性起章, T45.580c.

인과의 이실을 근본으로 하는 입장. 즉, 인과는 수행의 성과로서 얻어지는 특성이고, 이실은 근거가 되는 법계(진리의 세계)이다. (以因果理實爲宗. 卽因果是所成行德, 理實是所依法界.)(T35,120a)

라고 서술하고 있는데, 『양권지귀』에서는 『화엄경』의 '법계'의 의미를 해석할 때 초회·보광회·도리천회에서 타화천궁회·중보광회·「입법계품」을 5위로 나누어 각각의 특질을 다음과 같이 설명한다.

초품(初品)·노사나불품	인과이실의 입장에서 진리와 일치하여 있다[因果理實門中稱法界].
명호품~현수품	믿음의 입장에서 진리와 일치하여 있다[信門中稱法界].
수미정품~성기품	단계적으로 수행하는 입장에서 진리와 일치하여 있다[修成因果門中稱法界].
이세간품	수행하여 숙련된 인과의 입장에서 진리와 일치하여 있다[淳熟因果門中稱法界].
입법계품	인과에 장애가 없는 형태로 해탈하는 일체의 입장에서 궁극적으로 본체와 일치하기 때문에 법계(진리의 세계)에 들어간다고 하는 이름이 붙여졌다[因果無障礙解脫一切門中究竟稱體故, 得入法界之名].

이 가운데, '칭체(稱體)'는 '자체(自體)와 일치한다(자기 본질인 불지와 상응한다)'는 의미일 것이다.

제2의 부처의 명칭인 '나무호상일월광명화(南無毫相日月光明花)'는 다름 아닌 「성기품」을 말한다. 인과의 본체가 앞의 6단계를 만들어 내는 것을 보여 준다. (第二佛名「南無毫相日月光明花」, 卽是性起品. 明因果

體出生前六位.)(11左-12右)

라고 있는 것처럼 『양권지귀』에 따르면 「성기품」에 보이는 '인과의 체'야
말로 직전의 여러 품에서 설하는 '6위', 즉 법·보·응 삼신 각각의 인과
과를 '만들어 내는 것'이고, '칭체'는 그러한 '체'와 일치하는 것이다. 이
러한 삼신설은 물론 『십지경론』 권3의 "일체불이란 3종의 불이 있다. 첫
째는 응신불이다. 둘째는 보신불이다. 셋째는 법신불이다"[98] 등의 설에
의거한 것이겠지만, 이 '칭체'에 대해서는 돈황 출토의 『십지의기』 권1에
서 '방편칭체'라고 설하는 『양권지귀』와 마찬가지로 '방편수칭체'[99]라고
설하고, 돈황 출토 『십지경론』 주석(北7266, 鹹78)이 '증점차(證漸次)'에
대해서 "초지에서 체와 일치함을 얻는다[初地得稱體也]"[100]라고 설하고
있는 것으로 볼 때, 초지 등의 수행 도중 단계에서의 칭체인 '방편칭체'
와 '구경칭체', 즉 수행을 끝낸 선재동자의 최종적 칭체로 구별하는 것
은 지론종에서는 매우 일반적이었던 것처럼 보인다. 이 '칭(稱)'의 사상
은 지엄에게도 계승되며, 특히, 『오십요문답』에 이르면, 장의 거의 말미
에 별교일승의 특질로서 '법계와 일치함[稱法界]'을 강조한다.

　지엄은 '법계'라는 말의 다양성을 이용하여, 깨달아 들어가야 할 부
처의 세계, 즉 진실한 존재 방식과 일치하는 의미와 일체의 '법(존재, 가
르침)'의 영역을 덮어 가리는 의미를 중의적으로 사용하고 있는 듯하지
만,[101] 『양권지귀』에서는 존재로서의 법의 총칭의 의미는 아니고, '자체'

---

98) 『十地經論』 권3, T26.139b.
99) 『十地義記』 권1, T85.236b.
100) 北7266[鹹78], 敦煌寶藏 105.192上.
101) '法界(dharmadhātu)'의 다양성을 이용하는 것은 인도 이래의 전통이라는 것
　　은, 高崎, 주73, 앞의 책, p.760 참조.

와 같은 의미로 사용되는 듯하다. 즉, 『양권지귀』는 '자체'에 기반을 둔 보살행만을 지향하며, 일체제법의 존재 방식 등에 관한 철학적 논의에는 흥미를 보이지 않는다. 이에 대해서 『십지론의소』에서

> 법계에는 두 종류가 있다. 첫째는 사법계이다. 둘째는 진실법계이다. …… 진실법계는 거대한 존재이다. 이것과 결합하여 형성되는 것은 뛰어난 것이다. 제불은 법계와 일치하여 완전한 작용을 얻으며, 보살은 부분적인 작용을 얻는다. 그러므로 부처는 근본이라고 말하는 것이다. …… 널리 감싸 안으며 한도가 없다. 그 때문에 '넓다'고 한다. (法界有二種. 一事法界, 二眞實法界. …… 眞實法界以爲大. 與此相應, 成以爲勝. 諸佛稱法界得圓用, 菩薩分用. 故言佛根本. …… 曠苞無限因之爲廣.)(T85.765c)

라고 설하는 법상의 경우는 법계는 사법계와 진실법계로 나누면서도 진실법계라는 말 가운데 다의성을 내포시키는 방향으로 나아간다고 생각된다.

그런데, 『양권지귀』의 법계 오위 가운데 초품과 노사나품에서 설해지는 '인과이실문'에 대해서는 앞에서 본 것처럼 '인과이실'을 『화엄경』의 종으로 보는 혜광의 사상을 계승하는 것은 확실하다. 또한 '인과무장애'라는 말에 대해서는 혜광소의 인용으로 생각되는 『수현기』의 '삼교상성'에 '궁실법계부증불감무장애연기자체심심비밀과도(窮實法界不增不減無障礙緣起自體甚深祕密果道)'라고 있는 가운데 '무장애연기'와 같은 의미일 것이다. 다만 『수현기』는 혜광소의 영향이 강한 것은 당연할 텐데 경의 구성에 관해서는 『양권지귀』와 같은 법계오위설(法界五位說)이 아니라, 다음과 같은 삼분설을 취한다.

초품(初品)~광명각품	불과를 보여서 그것을 얻고자 하는 원을 세우게 하고, 믿음을 생기게 하는 부분[擧果勸樂生信分]
명난품~성기품	원인이 되는 행위를 실천하여 불과와 일치시켜 이해를 생기게 하는 부분[修因契果生解分]
이세간품 이하	연(緣)에 의해서 수행하여 부처의 과덕을 완성시키는 부분[依緣修行成德分]

이것은 아래에서 보는 것처럼『탐현기』권1이 지정(智正)의 분류로 설하는 것과 같은 계통에 속한다.

초품	서분
노사나품~광명각품	불과를 보여서 얻고자 원하게 하는 부분[擧果勸樂分]
명난품~성기품	원인이 되는 행위를 수행하여 불과와 계합하게 하는 부분[修因契果分]
이세간품 이하	지도자에 의해서 깨달음에 들어가게 하는 부분[依人入証分]

한편,『탐현기』에 의하면 혜원은

초품	유래와 깨끗한 설법의 대상에 대해서 서술한 부분[緣起浄機分]
노사나품	근본의 입장을 보여서 의지를 격려하는 부분[標宗策志分]
명호품~입법계품	깨달음의 세계를 나타내어 수행을 격려하는 부분[顯道策修分]
입법계품말 보현게	위촉하여 널리 전하는 부분[屬累流通分]

라는 4분설을 취하고 있다. 지론종이라 해도 실제는 해석이 다양했음을 알 수 있다. 『양권지귀』의 법계오위설은 경 전체의 구성을 설하는 것이 주안점은 아니고, 『화엄경』 내의 제회에서 법계라는 뜻의 차이를 명확히 하는 것이 목적이지만, 그렇다고는 해도 인과 12위와 마찬가지로 이렇게 세분되어 있다는 것은 주목할 만하다. 『양권지귀』는 2불의 명칭에 의탁하여 여러 품의 의의를 설명할 때, 「초품」에서 「보현행품」까지를 초불의 명호에 해당시켜서 대치수성과(對治修成果)를 밝히는 것으로 하고, 「성기품」·「이세간품」·「입법계품」의 3품을 후불의 명호에 해당시켜 법계해탈과(法界解脫果)를 보이는 것으로 한 후에 대치수성과 가운데 「부사의품」은 법신, 「상해품」은 보신, 「소상품」은 응신의 과를 밝히는 것으로 보고 그것들을 '칭체과(稱體果)'로 부르며, 「보현행품」을 '칭체인(稱體因)'으로 칭하는 등 깨달음으로 향하는 인과에 대해서 남다른 열의로써 분류를 시도한다. 성문이 회좌에 존재하는 상황을 논하는 부분에서는 앞에서 본 것처럼

> 무엇 때문에 "(부처가 막 깨달았을 뿐인데) 여러 대성문들이 기원림에 있는가"라는 것은, 점교는 돈교 외에 존재하는 것이 아니지만, 존재 방식이 다르다는 생각이 저 돈교보다 강하기 때문에, 점법은 돈교 외에 있는 것이 아니기 때문에 '있다'고 말한 것이다. 즉 망은 진에 의해 성립되며, 망은 진 외에 존재하지 않는다는 것을 나타내기 때문에 '있다'고 말하는 것이다. (何故「諸大聲聞, 在祇恒林」者, 漸敎不在頓敎外, 但以相別之情尅他頓敎, 爲漸法非外故, 云「在」. 明妄依眞立, 妄非眞外故, 云「在」.)(47左)

라고 서술하여 "망은 진에 의해 성립되며, 망은 진 외에 존재하지 않는다는 것을 나타내기 때문에 '있다'고 말한다"고 설하여 '망'인 측면에 대

해서도 언급하지만, 이러한 부분은 드물다. 여기서도 그 이상 추구하지 않는다. 법상의 『십지론의소』에서 『십지경론』의 12인연을 해석할 때

> 여러 미혹과 망상은 의지하는 곳이 없으면 존재할 수 없다. 망은 진에 의하여 있다. …… 이 때문에 망은 아뢰야식과 함께 생기며, 많은 미혹의 근본이 된다는 것을 논하였다. 그러므로 경전에서는 "여래장이 있기 때문에야말로 윤회가 있는 것이다"라고 설했다. 그러므로 여래장은 일체 법의 근본인 것이다. (諸惑妄想無依不立. 妄依眞有. …… 是故, 辨阿梨耶識共生, 以爲萬惑之本. 故經云, 以如來藏故, 說生死. 是故, 如來藏是一切法本.)(T85.771bc)

라고 서술하여, 『양권지귀』와 마찬가지로 "망은 진에 의해서 있다"라는 것을 지적하지만, 아리야식과 여래장설에 의해서 염연기의 면을 상세히 논해 가는 점에서 양자의 차이는 크다. 『양권지귀』는 「십지품」이 아니라 「성기품」과 「입법계품」에 주로 의거한다. 초기 여래장경전인 『여래장경』이 중생신 가운데 여래의 눈이나 여래의 귀를 갖춘다고 설하는 것에 대해서 "음양오행의 법에 의해서 일체의 세속사를 출생·조작하는 것과 같다"[102]고 서술하여 중국사상에 끌어들인 형태로 존재론적인 성격이 강한 불성연기·진성연기·여래장연기를 펼친 혜원과는 자세가 다르다. 실제로 『양권지귀』에서 '불성'이라는 말을 사용하는 것은 앞에서 본 '삼종 불성지혜'를 논한 부분을 제외하면, 이승의 법문을 배우는 것은 "불성을 끊고 도를 방해하는 인연[斷佛性障道因緣]"이 된다고 설하는 『범망경』 문장을 인용한 부분(34右)뿐이고, 혜원과 같이 여러 곳에서 '불성연기' 등의 말을 이용하여 발생론적으로 전개하는 것과는 다르다.

---

102) 『大乘義章』 권19, 三佛義, T44.840b, 839c에도 '還似陰陽五行之法'이라는 평이 있다.

『양권지귀』는 그 '삼종불성지혜'에 대해서 설할 때 중생은 이 삼종의 지혜를 갖추고 있다고 하여 『파진출경(破塵出經)』의 비유를 인용하여

> 성인의 위지를 성취했을 때, 세 가지 지혜가 이미 이루어지게 된다. 이것은 미진으로부터 (방대한) 경권이 나와도 (미진의) 체에는 증감이 없는 것과 같은 것이다. 진성연기는 행위 본체 전체를 평등반야지로 이름한다. 만약 법으로 말하면 그야말로 실성·실상의 법이다. (成聖時三智爲今成. 如微塵出經卷, 體無增減. 眞性緣起, 行體總名平等般若智. 若法而言之, 乃是實性實相法故.)(37右)

라고 서술한다. 즉, "성인의 위지를 성취했을 때, 세 가지 지혜가 이미 이루어지게 된다"고는 하지만, 중생은 그 세 가지 지혜를 본래 저장하고 있어 '체에 증감이 없다'는 존재 방식을 '진성연기'라고 부르고 '실성실상법'이라고 부르는 것이다. 따라서 『양권지귀』의 첫 부분에서 말하는 '원종실성법문원종실상법문(圓宗實性法門圓宗實相法門)'이라는 것은 이러한 내용을 가리키는 것을 알 수 있다. 즉, '진성연기'라는 것은 과의 측면이 강하다. 통교·통종의 교판을 사용하는 지론종 문헌인 돈황 출토 『십지의기』 권1 단간에서는 법신보살의 자재한 교화에 대해서 설할 때 여의신족(如意神足)의 특색을 '빠름[速疾]', '두루 미침[遍到]', '무애'의 삼종으로 나누어 설명한 후에 "모두 진성이 연기하여 성취하는 것이 될 뿐이라면, 보살의 법신에 어떻게 다함이 있을 수 있겠는가"[103]라고 서술하여 법신보살의 확장으로서의 자재한 활동은 '진성연기'에 의해 성립하여 끝남이 없음을 강조하는 것도 이러한 입장과 공통된다. 한편, 같은 '진성연기'라는 말을 사용해도 혜원의 경우는 번뇌와 관련된 측면

---

103) 『十地義記』 권1, T85.238a.

으로 보며, 진성연기는 법신보살의 활동의 존재 방식이 아니라, 범부의
윤회나 육체의 존재 방식을 설명하는 원리가 된다. 예를 들면, 『대승의
장』 권1의 「이제의(二諦義)」에서는 사종판에 의해 경전의 우열을 나누는
풍조를 비판할 때

> 만약 그 실제의 존재 방식을 논한다면, 모두 법계연기의 법문을 보이
> 고 있다. 그 행덕을 말하자면, 모두 진성연기에 의해 성립한다. 다만,
> 완성한 수행문은 같지 않다. 그러므로 이렇게 다름이 있는 것이다.
> (若論其實, 皆明法界緣起法門. 語其行德, 皆是眞性緣起所成. 但就所
> 成, 行門不同. 故有此異.)(T44,483b)

라고 서술하지만, 「불성의」에서는

> 무엇이 나인가. 오온이 화합한 것이며, 그것이 집합하여 작용한 것을
> 나라고 이름하여 부른다. 진성연기는 이 여섯 가지를 집성한다. (何者
> 是我. 五陰和合, 假名集用, 說名爲我. 眞性緣起, 集成此六.)(T44,474b)

라고 서술하고 있고, 근원적인 '진성'이 연기하여 집성하는 것에 의해
중생 몸이 만들어진다고 보기까지 한다. 이것은 진성이 망과의 관련을
통해 갖가지 구체적 사물이 된다고 보는 것이고, 음과 양의 교섭에 의
해 만물이 발생한다는 중국사상에 가깝다.

9. 『대집경』과의 관련

S6388과 S613V가 『대집경』을 가장 중시한 것은 앞에서 본대로이
지만, 『대집경』을 중시하는 지론종 문헌은 이 2편만이 아니다. 지론종

남도파에서 『대집경』 존중의 경향이 매우 강해진 것은 양 무제에 초대
되어 『화엄경』을 강의하고, 진(陳)의 문제에 초대되어 『대집경』을 강의
했던 기사사(耆闍寺) 안름(安廩, 507~583)이 『대집경』을 원종으로 칭
해 최고인 제6종에 배당하는 6종판을 세운 것으로 상징된다. 이 '원종'
에 대해서는 『사교의』에서 비판하면서도 "저 원종은 이 원교와 더불어
비슷하여 들어가는 문에 서로 공통된 바가 있다"[104]라고 서술하여 자기
의 교판 가운데 원교와 중복되는 부분이 있다는 점을 인정한 것은 그
영향이 크다는 것을 이야기해 준다. 또한 『대승오문십지실상론』(北8377
〔露43〕), 『대승오문실상론』(北八378〔騰6〕)으로 칭하는 돈황 출토의 두
단간에서는 『대집경』이야말로 십지의 실상을 보여 준다고 생각했던 것
같다. 北8378은 예서체의 필획을 보이는 서풍으로부터 북조기에 서사
되었다고 생각되지만, 北8377 단간이 『십지경론』 제8지 해석인 것에 대

---

104) 『四敎義』 권1, T33.724c. 천태사교의 확립에는 지론종 교판의 영향이 크다고
   생각된다. 池田魯參은, "지의가 지론종 남도파의 설에 어느 정도 동조하는 면이 있
   었다"(池田, 「天台敎學と地論攝論宗」, 『佛敎學』13, 1982. 4, p.12)라고 설하고 있
   는데, 동조라고 보는 것보다는, 靑木隆가 설하는 것처럼 "지론종의 설을 때로는
   비판하고, 때로는 가지고 와서 독자의 행위설을 세웠다"(靑木, 주55, 앞의 논문,
   p.51)고 보는 편이 적절할 것이다. 이러한 사태는 물론 행위설뿐만이 아니다. 지의
   가 지론종을 비판하면서도 그 교학을 가지고 온 것은 多田孝正, 「地論敎學と天台
   別敎」(『田村芳朗博士還曆記念論集 佛敎敎理の硏究』, 春秋社, 1982, p.284)에서
   도 지적되어 있다. 다만, 多田는 지론종 교학에 대해서 『大乘義章』만을 논하는 것
   에 반해, 靑木의 연구는 지론종 내에 상이한 학계가 있었다는 것을 지적하고, 지
   의는 영유(靈裕)의 계통으로부터 영향을 받았을 가능성을 시사하고 있다. 다만,
   靑木도 지론종계의 저작에 대해서는 활자가 된 문헌만을 논하고 있기 때문에, 돈
   황 문헌이나 『양권지귀』 등의 활용이 필요할 것이다. 초기 문헌이 조금밖에 전하
   지 않는 선종사의 경우는 돈황 문헌의 활용에 의해 연구가 탈바꿈하여 크게 진전
   하였지만, 천태교학에 관해서는 주요한 조사의 문헌이 다량 남아 있고, 또한 말석
   또는 현대 연구의 축적도 방대하기 때문에, 같은 상황에 있는 화엄교학과 마찬가
   지로, 돈황 문헌을 활용한 연구는 거의 되어 있지 않다. 금후 돈황 출토 지론종 문
   헌을 적극적으로 활용하는 연구방향으로 나아가야 할 것이다.

해서 北8378 단간은 법계나 연기 등의 문제에 중점을 두면서『대집경』보당분(寶幢分)을 주석한 것이다. 그리고 같은 돈황사본에서『십지경론』에 기반을 두면서 범부에서 부처에 이르는 행위에 대해서 설명하는 P2832B는 최후의 행위를 간단한 도표로 정리하고 있지만, 그 도표에 보이는 경명은『화엄경』과『대집경』뿐이다.[105] 이 P2832B는 통교·통종의 교판이나 '원종'이란 말을 사용하고 있지만, 점교·돈교만으로 논하는『양권지귀』와는 달리, '원교'라는 말을 사용하고, 일승을 설하며, '진종'이라는 말을 사용하는 점에서 특징이 있다.

이처럼 지론종 남도파에서『대집경』을 존중하는 경향은 북조기에는 상당히 넓게 볼 수 있다고 생각되는데,『양권지귀』가『대집경』에 대해서 전혀 언급하지 않는 것은 어떤 이유일까.『속고승전』의 사나굴다전(闍那崛多傳)에서는『대집경』번역 과정에 대해서 서술한 후에, 사나굴다의 보고 들은 바에 따르면, 우전국왕은『마하반야』,『대집경』,『화엄경』3부의 경전을 매우 존중하고 공양하며, 산의 정굴(浄窟) 가운데 '대집·화엄·방등·보적·능가' 그 외의 경전을 안치하여 국법에 의해 수호했다고 전한다.[106]『십이불명경』의 역자인 사나굴다가『대집경』에 관심을 품었다는 것을 엿볼 수 있다. 그만큼 사나굴다 역의 불명을 사용하는『양권지귀』에서『대집경』을 언급하지 않는 것은 이상할 수밖에 없다.

S6388이나 S613V가 550년 전후 수년 이내에 서사되었다는 것, 양

---

105) P2832B, 敦煌寶藏 124.395上-下.『大集經』이 그만큼 중시된 것은 그 말법사상이나 다라니설에 더해서『大集經』가운데 고층(古層)이 「〈如來藏思想前史〉의 끝을 장식하는 것」(高崎, 주73, 앞의 책, p.732)이고, 여래장·불성설을 받드는 지론사들의 관심을 모은 것도 한 원인이 될 것이다.『大集經』의 다라니설에 대해서는 氏家覺勝, 「大集經における陀羅尼說」(『成田山佛教研究所紀要』11, 1988) 참조.
106)『續高僧傳』권2, 闍那崛多傳, T50.434b.

의 태청 원년(泰淸元年)(547)에 유학을 끝내고, 남지로부터 북지로 돌아간 안름이 진의 문제(재위 559~566)의 청을 받아 『대집경』을 강의한 것을 볼 때, 지론종에서 『대집경』 중시의 풍조는 6세기 중반에는 꽤 성행했다고 보아도 좋을 것이다. 570년에 북주(北周)의 폐불 사건도 말법사상을 설하는 『대집경』에의 관심을 높였을 것이다. 따라서 『대집경』에 대해서 언급하지 않는 『양권지귀』의 경우, 그 주축이 되는 사상은 『대집경』 존중의 풍조가 일어나기 전이나 그러한 풍조가 쇠퇴한 다음 시기에 성립했을 가능성이 높다. 물론 지론종에서는 다양한 학계가 있었기 때문에 『대집경』에 대한 태도만으로 판단하는 것은 가능하지 않지만, 『양권지귀』는 『화엄경』 지상주의를 취하기 때문에, 『대집경』을 『화엄경』 위에 두는 풍조가 성행하였다면 무시하고 싶었을 것이다. 고려시대에 성립한 『법계도기총수록』 소재의 「고기」에 의하면, 지엄이 『화엄경』만이 해인삼매에서 나타난 법문이라고 설했을 때, 지적국통으로 불리는 승려가 『대집경』의 해인삼매를 예로 들면서 반론했기 때문에, 지엄은 해인삼매에는 여러 종류가 있다고 설했다고 전하지만,[107] 이러한 전승이 있는 것은 『대집경』을 존중하는 풍조가 뿌리 깊었다는 것을 보여 준다.

그 『대집경』을 중시하는 S613V에서는 『법화경』 등 통교의 '통'은 '상융(相融)'이고, 『열반경』, 『화엄경』, 『대집경』의 3경이 보여 주는 통종의 '통'은 '체융(體融)'이라고 명언되는데, 『양권지귀』도 그 '상융', '체융'의 개념을 사용하여 통교와 통종을 구별하고 있다. 『양권지귀』는 설통을 설

---

107) 『叢髓錄』 권하1, T45.750c-751a. 이 기사는 그대로 믿기는 어렵고 신라에서 성립했을 가능성이 있다. '國統'이라는 승계가 실제로 있었는지도 명확하지 않으며, 그러한 높은 지위에 있던 승려이면서 전기가 남아 있지 않는 것도 이해하기 어렵다. 또한 智積國統의 말에 보이는 '下四敎'라는 표현은, 징관의 저작에 보이며, 균여의 저작에 자주 이용되는 것으로 신라 화엄학에서 중시된 말이라고 생각된다.

할 때 아래와 같이 서술한다.

『법화경』이 대우거를 보여 주는 것은 이것은 통교대승이다. 대개 소가 머리를 뒤로 돌려 등 위에 두는 것은, 통교대승이 상을 융합해도 체는 융합하지 않음을 보여 준다. 그러므로 정토를 화현할 때, 더러움을 제거하고 깨끗함을 나타내는 것을 보인다. 즉 상용무애의이다. 『화엄경』에서 문수사리가 코끼리왕처럼 돌아보며 선재를 물끄러미 보는 것은 바로 통종대승이다. 대개 코끼리가 머리만을 돌리는 것이 불가능해서 몸 전체를 그대로 돌리는 것은 통종대승이 체용무애임을 나타내기 때문이다. 정토를 드러낼 때 더럽혀진 것이 그대로 깨끗한 것임을 나타내는 것을 밝히는 것이니, 즉, 체용무애의 뜻이다. (如『法花經』明大牛之車者, 此是通教大乘. 凡牛迴頭, 得脊百上, 明通教大乘相融蠟體不融. 故變浄土中, 明除穢以顯浄. 卽是相融無礙義. 『花嚴經』明文殊師利如象王迴觀察善財者, 卽是通宗大乘. 凡象不得迴頭卽通身俱迴, 表通宗大乘體融無礙故. 變浄土中, 明卽穢以顯浄, 卽體融無礙義故.)(34左-35右)

이 부분에서는 문자의 출입과 결락이 있고, 의미를 알 수 없는 부분도 있지만 의미는 다음과 같은 것이리라.

『법화경』이 설하는 대백우거는 통교대승이다. 소가 등에 탈 정도로 목을 돌려 뒤를 볼 수 있는 것은 "통교대승은 상용하고 체용하지 않는다"는 것을 보여 주기 때문이다. 이 때문에 부처의 신통력에 의해 정토를 출현시키는 것은 염을 제거하고 정을 드러내 간다는 단계적 존재 방식을 보여 준다. 한편, 『화엄경』「입법계품」에서 문수사리가 선재동자를 코끼리처럼 뒤돌아 천천히 보았다고 기술하는 것은 통종대승이다. 코끼리는 돌아보려면 몸 전체를 빙 돌리지 않으면 안 되는 것은, 통종대승은 '체용무애'로서 염정이 그대로의 형태로 융합하여 자재하다는 것을 보여 주는 것이다. 정토를 신통력으로 출현시킬 때,

"더럽혀진 것이 그대로 깨끗한 것임을 나타낸다"는 것은 '체용무애'를 나타내기 때문이다.

이러한 주장 가운데 코끼리가 멀리 보는 듯이 뒤돌아본다는 표현은 열반에 들려하는 석존이 애석한 마음을 가지고 바이샤리 땅을 뒤돌아보는 장면에서 활용한 것이고,[108] Mahāparinibbāna-suttanta에 한 Buddhaghosa의 주석에서는 "여러 부처의 뼈는 쇠사슬처럼 견고하게 붙어 있었다. 그 때문에 (부처가) 뒤를 보려고 했을 때는 목을 회전하는 것이 불가능하다. 그런데, 코끼리가 후방을 보려고 할 때는 전신을 회전하는 것처럼 몸을 전부 돌리지 않으면 안 된다"라고 해석하고 있다.[109] 즉 『양권지귀』는 그러한 인도불교 지식에 기반하여 통교와 통종의 차이를 설한 것이다. 『양권지귀』에는 중국사상의 영향이 적고, 현학을 생각나게 하는 부분도 거의 없다는 것을 생각하면, 『양권지귀』에서는 외국 삼장의 교시에 의거하여 쓰여진 부분이 포함되어 있는 것은 자연스러울 것이다. S613V에서는 위 문장을 인용한 조금 아래에

게다가 깊고 깊은 가르침은 도리가 나타나 있긴 하지만 언어를 초월해 있다. 어떻게 상식으로 추량할 수 있는 영역이겠는가? 생각해 보면, 이것은 우선은 원인에 의해 비유한 것이고, 현묘한 형태로 근본입장의 존재 방식을 보여 주는 것에 지나지 않는다. (而斯之沖敎, 理彰絕言. 豈是情分可量之域. 蓋是且依因喻之說, 玄標宗像耳.)(敦煌寶藏 5.140上)

라고 서술하는데, 이러한 현학적 표현은 『양권지귀』에서는 전혀 볼 수 없다.

---

108) 高崎直道 선생의 교시에 의함.
109) 中村元, 『遊行經 上』(佛典講座 1·阿含(壱), 大藏出版, 1984), p.359.

10. 화엄교학과의 관계

견등(見登)의 『일승성불묘의』는 삼승별교·통교·통종라는 견지에서 보살의 행위설에 대해서 논하며, 통교의 불과는 '통종의 십신만심'에 해당한다고 설한 『법경론(法鏡論)』의 논의를 길게 인용한 후에

법표사는 불타삼장을 스승으로 하였다. 이 삼장이 세운 통종대승은 여래장 진심의 도리를 궁극으로 삼고 있다. 그러므로 이 가운데 『능가경』, 『인왕경』, 『화엄경』을 모두 포함하고 있는 것이다. 별교삼승에서는 6식을 규범으로 삼고 있으며 수행하여 성불한 후 통교에 들어간다. 통교는 망식을 규범으로 삼고 있으며 수행하여 성불한다. 통종에 의하면 여래장진심은 수행의 위지에서 더욱 더 수행하여 자각시킨다. 지엄사의 의도는 불타삼장은 통종대승이고, 삼승 외에 화엄일승의 입장이라는 것이다. 아래의 시교(始敎)는 통교대승을 포함하고 있다. 이 통교에서 수행하여 부처가 되어도, 저 일승을 믿지 않기 때문에 자수용신을 부처라고 이름 붙여 가명보살이라고 한다. 이 지엄사의 뜻에 대해서는 논쟁이 없었다. …… 불타삼장의 뜻에서는…… 이 논쟁이 생겼다.
문: 불타삼장은 『능가경』의 설인 통교대승과 통종대승에 의거한다. 그러므로 통종 등의 교설을 세웠다. 무엇 때문에 지엄사는 『능가경』을 통종 가운데에 포함시키지 않았는가.
답: 문장은 『능가경』에 의거하지만, 입장으로 하는 취지는 『화엄경』을 통종으로 하기 때문이다. 이 법표사는 이렇게 불타삼장의 뜻을 회통하였다. (法標師依佛陀三藏爲師. 此三藏所立通宗大乘, 明如來藏眞心道理爲極. 故此中皆攝楞伽仁王華嚴. 以別敎三乘六識爲軌則, 修成佛廻入通敎. 通敎以妄識爲軌則, 修成佛. 依通宗, 如來藏眞心依位地更令修覺. 儼師意者, 三藏通宗大乘, 是三乘外華嚴一乘也. 下始敎攝於通敎大乘. 依此通敎修成行者, 不信彼一乘. 故名自受用身佛, 爲假名

菩薩. 此師義中, 無諍論. ⋯⋯ 藏師義中⋯⋯ 有此諍論. 問. 佛陀三藏
依楞伽經所說, 說通〔敎〕大乘通宗大乘. 故立通宗等敎. 何故儼師, 楞
伽經不攝通宗中. 答. 文依楞伽經, 而義意趣取華嚴爲通宗. 此師如是
通三藏義也.)(T45,785c)

이라고 신라풍의 한문을 써서 지엄은 불타삼장의 통종대승은 별교일
승이라고 보았다고 한다. 그러나 지엄의 저작에는『양권지귀』로부터 직
접 인용하는 부분은 없다.『수현기』에서는「성기품」이 가명보살에 대해
서 서술한 부분을 해석할 때, "경의 긴요하게 뛰어난 것을 나타낸다.
이 문장에 두 가지가 있다. 첫째는 손해[損]를 분별하고, 다음은 이익
[益]을 밝힌다. 알 수 있을 것이다"[110]라고 설하는 데 그치고, 상세한 설
명은 하지 않는 것이 그 한 예이다. 또한, 사카모토 유키오는『공목장』
에서 "전덕(前德)이 이미 통별의 2교를 말했지만, 아직 해석을 보지 못
했다"[111]라고 서술하는 것은 불타삼장을 가리키는 것이라고 해석하지
만,[112]『양권지귀』에서는 '별교'에 대해서는 언급하지 않는다. 따라서, 지
엄이 불타삼장 교학에 근거해서 별교일승설을 건립했다는 견등의 기술
은『양권지귀』나『법경론』등 계통의 지론교학과 의상의 화엄교학이 결
합한 신라의 해석을 보여 주는 것이라고 생각된다. 다만, 내용으로부터
말하자면, 지엄의 별교일승이『양권지귀』의 통종에 가까운 것은 사실이
다.『화엄경전기』에서 지엄이 지정(智正)의『화엄경』강의에 만족하지 못
하고 혜광소를 읽고 깨달았다고 전한다. 또한 지엄은 원인으로서의 측

---

110)『搜玄記』권4하, T35,82a.
111)『孔目章』권4, T45,586a.
112) 坂本幸男, 坂本幸男論文集第二,『大乘佛敎の研究』,「華嚴の同別二敎判の起源に
ついて」(大藏出版, 1980), p.126.

면이 강하고 번뇌와의 관계를 강조하는 불성·여래장 계통의 사상, 그것도 혜원이나 그 문도에 의해 전개된 번쇄한 교학에 반발하여 과의 측면이 강한 유정(唯淨)의 성기(性起)를 강조하였다. 이런 것으로 볼 때 혜광소는 『양권지귀』와 마찬가지로 과의 측면에 착안하여 그 능동적인 성격을 강조하고 있다고 추측된다. 그 점에서는 『양권지귀』는 혜광의 교학을 추측하는 단서가 된다고 말할 수 있다. 한편, 지엄은 오직 청정뿐인 성기를 추구하지만, 그 시대에 유행하는 교학이었던 여래장계의 섭론교학으로부터 영향이 매우 강하며, 신흥의 신역 유식설과의 동이를 밝힐 필요가 있어 만년의 저작에서는 상세한 유식설을 전개하므로, 심식설을 전혀 언급하지 않는 『양권지귀』와는 다르다.

　의상의 경우, 『법계도』에는 『양권지귀』의 직접적 영향이라고 생각되는 부분은 찾을 수 없다. 다만, 신라에 귀국 후에 제자와의 문답에 기반하여 정리되었다고 생각되는 『화엄경문답』은 명확히 극과회심을 설하고 있다.[113] 그리고 앞에서 본 것처럼 의상 문도의 문헌에 따르면, 의상이 극과회심(極果廻心)을 인정했다는 것은 명확하기 때문에 『양권지귀』를 읽었든지 아니면 같은 계통의 문헌을 알고 그러한 주장을 전개한 것이 틀림없다. 아리야식설이나 여래장설에 관심을 보이지 않고, 자신 가운데 불과를 지향하는 점으로 볼 때, 화엄종 초조의 조사들 중 『양권지귀』의 자세와 가장 비슷한 것은 의상일 것이다. 의상의 문도는 『양권지귀』도 읽었으며, 그에 대해 왕성하게 논의를 전개한 듯하다.

　법장에 대해서는 앞에서 언급한 '고덕상전(古德相傳)', '고래상전(古來相傳)' 등의 말이 보여 주듯이, 『양권지귀』를 보았던 것은 의심할 바 없

---

113) 본서, 제1부 제3장 제4절 참조.

다. 다만, 적극적으로 인용하지 않을 뿐 아니라, 법장은 극과회심 문제에 관해서는 매우 애매한 표현을 사용하며, 정면으로 논하는 것을 피하는 듯하다. 다만, 법장은『양권지귀』와 마찬가지로,『화엄경』지상성(至上性)을 강조하고,『법화경』을 낮게 위치 지우려고 하였지만, 다른 한편으로는 혜원의 교학이나 혜원의 영향을 받은 원효의 교학을 비판하면서 대폭 수용하였기 때문에 지엄의 교학과는 아주 달라지게 되었다.

11. 결론

삼장불타전이라고 전해지는『화엄경양권지귀』는 불명신앙의 흐름이라는 풍조 가운데서 삼계교의 신행도 착안해서 사용하고, 당대 정토교 예참의례에도 크게 영향을 미친 사나굴다 역『십이불명신주교량공덕제장멸죄경(十二佛名神呪校量功德除障滅罪經)』의 첫머리에 보이는 2불의 장대한 명호를 중심에 놓고, 그 명호의 각 부분을『화엄경』여러 품에 해당시켜 해석하는 형태로써『화엄경』의 '지귀'를 설하고,『화엄경』내용을 포함하고 있는 2불의 명호에 대한 '예송(禮誦)'을 권하는 지론종 남도파의 문헌이다.

그 첫째 특징은『능가경』의 종통·설통설을 사용하며,『화엄경』에 대해서는 수행자를 가르치는 종통에 해당하는 통종으로 보고, 돈교대승이라 칭하여 절대시하는 한편,『열반경』과『법화경』에 대해서는 설통에 해당하는 통교로 점교에 지나지 않는다고 규정하고, 매우 낮은 평가를 하려 했다는 점이다. 통종과 통교와의 차이는 커서,『양권지귀』는 통교의 수행자는 삼아승지겁의 수행이 가득차서 불과를 얻어도 통종으로 옮기면 신위에 들어가는 것에 지나지 않고, 『화엄경』을 믿지 않으면, '일천제'라고 단정한다. 그 통종의 내용은 여래장사상·불성사상의 근원이며 과의 측면이 강한 「성기품」 사상에 기반을 두고, 「성기품」 이외는 『양권지귀』에 따르면, '성리인행'에 다름 아닌 보현행을 구체적으로 설하고 「입법계품」이 존중되지만, 지론종 일반의 저작과는 달리 「십지품」은 중시되지 않는다. 삼신설을 비롯한 『십지경론』의 교리는 다소 사용하며 각각 술어에 대해서는 다른 지론종 남도파 문헌과 공통하는 점이 많지만, 아리야식설과 여래장설은 완전히 무시된다. 또한 중국사상의 영향이 거의 보이지 않는다. 문장 면에서도 외전에 통효한 중국의 학승이 현담을 서술할 때와 같은 현학적인 미문(美文)은 아니고, 예참문(禮懺文) 등에 보이는 평범하고 외우기 쉬운 문장도 아니다.

이상과 같이 『양권지귀』는 아리야식설과 여래장설에 의해 생사윤회의 구조를 상세히 설하는 법상(法上) 그리고 법상의 사상을 계승하면서 음양오행설을 도입하여 독특한 연기설을 전개하고, 대승의 여러 경에 우열을 가리는 것을 비판한 혜원의 저작과는 대조적이다.

또한 『양권지귀』는 『대집경』을 존중하는 안름(安廩)이나 영유(靈裕)의 계통과 확연히 다르다. 아리야식·여래장·일승삼승의 논의 등에 대해서 전혀 언급이 없는 점으로 소박하다고 말할 수 있지만, 과의 측면이 강한 「성기품」에 의해 '자체'의 '원통'을 강조하고 선재동자로 상징되는 보현행의 인과 구조에 관해서는 꽤 상세하고 자세한 분류를 시도하는 등 정연기(淨緣起)의 측면에 관해서는 『화엄경』 연구의 축적 위에 세워진 것이 확실하다.

『양권지귀』의 저자는 불명신앙 유행의 풍조 가운데 혜광의 교학과도 어느 정도 공통되는 비교적 초기의 지론종 남도파의 교학, 그것도 부분적으로는 외국삼장의 설을 포함한 교학에 관심을 갖고, 그러한 교학을 『십이불명신주교량공덕제장멸죄경』의 2불에 의지하여 『화엄경』의 우월성을 강조하고, 널리 일반 신자에게 명호예송을 행하도록 했을 것이다.

다만 그 성립 시기는 알 수 없고, 『양권지귀』 주장에 상당하는 내용을 '고덕전승'으로서 설하는 법장의 『탐현기』 성립 이전으로 볼 수밖에 없다. 법장 당시는 법업(法業)의 찬술로 유포되었을 가능성도 있다. 법장은 『화엄경』 지상주의 입장을 계승하면서도 극과회심의 문제에 대해서는 애매한 표현을 사용한다. 한편, 신라에는 『양권지귀』 및 그 계통의 사상이 전해졌고, 극과회심설을 설하는 름사(懍師)의 『법경론』의 입장을 계승한 혜경(慧鏡)의 저작, 또는 의상이 화엄교학의 입장에서 주장한 극과회심설을 둘러싸고 일어난 논쟁 가운데, 고려에 이르기까지 불타삼장의 찬으로 읽혀져 왔던 것 같다.

제2장 지엄의 화엄교학

제1절 성기설의 성립

1. 머리말

　화엄종의 성립을 어떤 기준으로 설명할 것인가는 여러 가지 논의가 있을 수 있다. 교학면으로 보자면 첫째 여래장연기설로부터 독립을 들 수 있을 것이다. 여래장연기설로 부터의 독립은 성기설의 성립에 다름 아니다. 그러나 화엄교학에서 설해지는 여래장은 실제로는 여래장 사상의 일면, 그것도 특히 정영사 혜원(淨影寺 慧遠, 523~592)과 그 계통을 중심으로 하는 중국불교사상인 여래장연기설의 일면에 지나지 않는다. 한편, 성기설은 그러한 혜원 등의 여래장연기설을 비판하고, 지론종의 출발점이었던 혜광(慧光, 468~537)의 교학을 활용함으로써 성립하였기 때문에, 인도에서의 초기 여래장사상으로 복귀하는 면이 보인다. 즉, 지엄(智儼, 602~668)의 화엄교학은 여래장 사상의 내용을 제한하고, 그 특징을 크게 성기 가운데 수용한 후에 그것을 극복하려고 했다. 따라서 성기설을 이해하기 위해서는 그 기반이 된 지엄의 독특한 여래장관을 밝힐 필요가 있다. 여기서는 그러한 여래장관을 검토함으로써 성기설이 성립하게 되는 배경에 대해서 고찰하고자 한다.

2. 『수현기(搜玄記)』의 법계연기

지엄의 27세 작이라고 말해지는 『수현기』[1]에서는 여래장이란 말이 4회밖에 나오지 않는다. 그 가운데 세 번의 예가 「십지품」 제6현전지의 십이인연관을 해석할 때 일체의 연기에 대해서 총론하는 부분, 즉 법계연기를 설명하는 부분에 집중되어 있다. 따라서 지엄에 있어 여래장은 법계연기의 조직 가운데 포함되었다고 보아도 좋을 것이다.

『수현기』의 「십지품」 해석은 사카모토 유키오(坂本幸男)가 지적했던 것처럼 정영사 혜원의 『십지론의기(十地論義記)』를 약초하고 약간 자신의 견해를 덧붙인 것에 지나지 않는다. 사카모토는 역으로 『수현기』 「십지품」 해석에 의해 『십지론의기』 가운데 결락된 부분을 추정하려고 시도했을 정도이다.[2] 그러나, 일체 염정의 법을 여래장과의 관계에서 파악하기 위해 여러 곳에서 여래장연기·불성연기를 설하는 혜원과는 달리, 지엄은 오히려 여래장을 언급하는 것을 피하고 있다는 인상을 받는다. 또 언급할 때조차도 뒤에서 보이는 것처럼 여래장의 소극적 측면을 강조하고 있다는 점에 주의를 기울여야 할 것이다. 이하, 법계연기 가운데 여래장이 어떻게 다루어지고 있는지를 검토하고, 성기와의 차이에 대해

---

1) 『華嚴經傳記』 권3의 지엄전에는 「於焉大啓, 遂立教開宗, 製此經疏. 時年二十七」(T51.163c)이라고 되어 있다.
2) 坂本幸男, 『華嚴教學の研究』(平樂寺書店, 1956), pp.363~366.

서 보고자 한다. 한편, 여기서 말하는 법계연기는 『수현기』에서

> 대경의 텍스트에 의하면 법계연기에는 많은 종류가 있다. 지금 요점을
> 모아 정리하면 두 종류가 있다. 첫째는 범부 염법의 입장에서 연기를
> 논한다. 둘째는 보리의 청정한 입장에서 연기를 밝힌다. (依大經本,
> 法界緣起乃有衆多. 今以要門略攝爲二. 一約凡夫染法, 以辨緣起. 二
> 約菩提淨分, 以明緣起.)(T35.62c)

라고 하는 것처럼 범부 생사의 원인인 오염된 연기와 보리로 이르는 청
정한 연기 쌍방, 즉 일체 연기를 총칭하는 것으로, 사사무애법계 등의
이른바 법계연기를 의미하는 것은 아니다. 실제로 지엄은 사사무애 등
의 말은 전혀 사용하지 않는다. 『수현기』의 법계연기를 도시하면, 다음
과 같다.

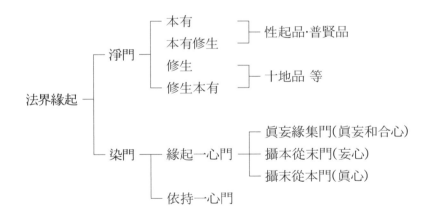

법계연기의 이러한 구조는 혜원의 법계연기설[3]에 빛을 지고 있는 부

---

3) 慧遠의 法界緣起에 대해서는 鎌田茂雄, 『中國佛敎思想史硏究』(春秋社, 1969),
   pp.315~327. 木村淸孝, 『初期中國華嚴思想の硏究』(春秋社, 1977), pp.305~309 참조.

분이 많다고 생각되는데, 예를 들면 『대승의장(大乘義章)』 권3의 팔식
의에서는 『기신론』 삼대설에 근거하여 진식(眞識)을 다음과 같이 분류
한다.

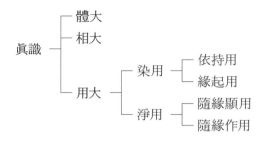

　여기서 주목되는 것은 지엄이 연기일심문(緣起一心門)과 의지일심문
(依持一心門)을 염문에 해당시킨 것에 대비해서, 혜원은 연기와 의지 2
문을 염용(染用)으로 규정하면서, 이것을 여래의 선한 작용인 용대(用
大)에 소속시켰다는 것이다. 거기서 양자의 염과 정에 대한 생각이 확
연히 차이난다.

3. 법계연기의 염문(染門)

　'범부염법'을 논하는 법계연기의 염문을 고찰하기 전에 혜원이 설하는
염용에 대해서 보고자 한다. 혜원은 『대승의장』 권3 팔식의 진식의 용
대를 설하는 부분에서

　　작용에는 두 가지가 있다. 첫째는 오염된 작용이다. 둘째는 청정한 작

용이다. 오염된 작용에는 두 가지가 있다. 첫째는 의지(依持)하는 작용이다. 여래장의 법은 망인 것의 근거가 되며, 망인 것을 보존하고 유지한다. 만약 이 진실의 법이 없다면, 망인 것은 성립할 수 없다. 그러므로 경에서는 "만약 장식이 없다면, 7개의 법은 머물 수 없고, 괴로움을 심거나 열반을 원하여 구할 수 없다"라고 말하고 있다. 둘째는 연기(緣起)하는 작용이다. 오염된 것 가운데 있지만 오염되지 않는다. 지금 망과 합하고 연집하여 오염을 일으킨다. 물이 바람을 따르면 파랑이 모여 일어나는 것과 같다. (用有二種. 一者染用. 二者淨用. 染用有二. 一者依持用. 如來藏法, 爲妄所依, 能持於妄. 若無此眞, 妄則不立. 故經說言, 若無藏識, 七法不住, 不得種苦樂求涅槃. 二者緣起用. 向雖在染, 而不作染. 今與妄合, 緣集起染. 如水隨風波浪集起.) (T44.530ab)

라고 서술하여, 염용과 정용으로 나눈다. 이에 따르면, 염용인 의지용과 연기용은 함께 여래장에 다름 아닌 진식을 근본으로 한다. 이로부터 혜원은 『기신론』에서 '세간과 출세간의 선의 인과를 잘 만든다'라고 정의되는 용대를, 여래장이 세간의 염법과 출세간의 정법을 낳는 것처럼 이해하고 있음을 알 수 있다.[4] 요컨대, 용대를 이른바 여래장에 의한 염정의지(染淨依持)로 이해하며, 일체 염정법을 낳는다는 점에 '대(大)'의 의미를 두는 것이다.

그런데, 혜원은 『승만경(勝鬘經)』 자성청정장에서

만약 여래장이 없다면, 고통을 싫어하고 열반을 원하여 구하는 것이

---

4) 慧遠, 『大乘起信論義疏』 卷上之上에서는 「言能生一切世間善因果者, 世間是其, 染用之義. 出世間者, 淨用之義」(T44.179b)라고 명언한다. 한편, 본서에 대해서는 일찍부터 의문시되어 왔지만, 吉津宜英은 慧遠作으로 인정해도 좋다고 한다. 吉津, 「慧遠『大乘起信論義疏』の研究」(『駒澤大學佛教學部研究紀要』34, 1976. 3), pp.151~173.

없다. 왜인가. 이 육식과 심법지라는 이 7개의 법은 일순간도 머물지 않기 때문에 여러 고통을 심지 않으며, 고통을 싫어하고 열반을 원하여 구할 수 없기 때문이다. (若無如來藏者, 不得厭苦樂求涅槃. 何以故. 於此六識及心法智, 此七法利那不住, 不種衆苦, 不得厭苦樂求涅槃.)(T12.222b)

라고 설하는 문장을 인용할 때, '여래장'이란 말을 『능가경』5)에 의해 '장식(藏識)'으로 바꾸어 놓는다. 즉, 8식론을 취하는 의지용(依持用)에서는 망존재인 전육식과 제7식은 여래장식인 제8진식에 의해 의지(依持)된다고 보는 것이다.6) 한편, 능소(能所)의 대립을 설하지 않는 연기용(緣起用)에서는 모든 염법은 여래장인 진식이 연기하여 집성한 것이고, 결국에는 여래장이 수연하고, 그대로 생사 등의 염법으로서 나타나는 것에 지나지 않는다고 본 것이다. 또 이 연기용에는 여래장이 수연하여 열반이 된다고 하는 보다 중요한 정용으로서의 측면이 있다는 것은 말할 것도 없다. 따라서 혜원의 경우, 염용을 설한다고는 하지만 생사 등의 염법의 근본이 여래장이고, 그러한 여래장이 있기만 하면 생사의 고를 싫어하고 열반을 구할 수 있다는 점을 강조하는 결과가 되었다고 말할 수 있다. 혜원이 염용을 용대에 귀속시키는 데에 이러한 것도 한 원인이 되었다고 생각된다.

지엄은 혜원의 이러한 사상을 계승하면서도 혜원과는 정반대의 결론은 도출한다. 즉, 여래장을 근본으로 하는 연기문은 열반으로 향하는 정연기의 측면보다 여래장이 수연하여 생사가 된다고 하는 염연기의 측

---

5) 『四卷楞伽經』 卷4, 「大慧. 若無藏識名, 如來藏者, 卽無生滅」(T16.510b).
6) 慧遠의 심식설은 매우 복잡하고, 依持를 설하는 경우에도 몇 가지 依持의 방법을 설한다. 제8진식이 전6식과 제7식을 依持한다는 것은 그 하나에 지나지 않는다. 勝又俊敎, 『佛敎における心識說の硏究』(山喜房佛書林, 1961), pp.669~681 참조.

면에 중점을 두는 설이 되었다. 『수현기』의 법계연기설에서는 염문에 배속되는 연기일심문은 진망연집문(眞妄緣集門)(=진망화합심), 섭본종말문(攝本從末門)(=망심), 섭말종본문(攝末從本門)(=진심)의 삼문으로 펼친다. 그리고 중생의 마음은 염정의 어느 쪽으로도 구를 수 있는 점으로부터 이것을 우선 진망화합심으로 파악하며 현실에서는 생사의 근본이 된다는 점에 착안하여 이것을 망심으로 판정하고, 그리고 중생심의 진실한 모습을 진심으로 도출하였다. 그 가운데 마지막 섭말종본문은 다음과 같이 설해진다.

> "말을 거두어들여 본을 따른다"는 것은, 12인연은 다만 진심이 만들어 낸 것일 뿐이라는 것이다. 물결은 물이 만들어 낸 것과 같으며, 또한 꿈 속의 일은 다만 (견문한 것에 대해서) 보응하려는 마음이 만들어 낸 것과 같다. 그것은 진실한 본성에 근거하기 때문이다. (십지)경은 "오온·12인연·무명 등의 법은 모두 불성이다"라고 설한다. 또한 이 경은 "삼계는 허망이고, 다만, 일심이 만들어 낸 것에 지나지 않는다"라고 말한다. (십지경)론에서는 이 부분을 해석하여 "제1의제이기 때문이다"라고 설하고 있다. (攝末從本者, 十二因緣, 唯眞心作. 如波水作, 亦如夢事唯報心作. 以眞性故. 經云, 五陰十二因緣無明等法, 悉是佛性. 又此經云, 三界虛妄, 唯一心作. 論釋云第一義諦故也.) (T35.63b)

이것은 지엄이 혜원의 설을 정리한 것에 지나지 않는다. 예를 들어, 『대승의장』 권4 십이인연의에서는,

> 그러므로 『십지경』에서는 "12인연은 모두 일심이 만들어 낸 것이다"라고 말한다. 모두 마음이 만들어 냈다는 것은 진심이 만들어 냈다는 것이다. …… 꿈에서 보는 것은 모두 보응하려는 마음이 만들어 낸 것

이다. 물결은 물이 만들어 내는 것과 같다. …… 이와 같이 모든 존재는 진(마음)이 만들어 낸 것이기 때문에, 인연은 그대로 진리인 것이다. 그러므로, 『열반경』에서는 "12인연을 불성이라고 이름한다"고 말하는 것이다. (故地經云, 十二因緣, 皆一心作. 皆心作者, 謂眞心作. …… 如夢所見皆報心作, 如波水作 …… 如是一切, 以眞作故, 因緣卽眞. 故涅槃經, 十二因緣, 名爲佛性.)(T44.551a)

라고 설하고 있다. 혜원이 『십지경』으로부터 인용한 것에 반해, 『화엄경』 주석서인 『수현기』에서는 『화엄경』 「십지품」으로부터 인용하는 형태를 취한 것에 지나지 않는다. 한편, 연기문을 삼문으로 펼치는 것[7]과 진심이 만드는 입장을 섭말종본으로 칭하는 것도 혜원에 의한 것이다.[8] 이와 같은 점은 다른 곳에서도 마찬가지이다. 지엄이 어느 정도 혜원에게 의거하였는지 알 수 있을 것이다.

그런데, 섭말종본문에서는 십이인연은 진심이 만든 것이라고 설하고 있지만, 『대승의장』 권1의 불성의에서는

연을 포괄하여 실을 따르면, 모두 진심이 만들어 낸 것이다. 그러므로 『십지경』에서는 "12인연은 모두 진심이 만들어 낸 것이다"라고 한다. 진이 만들어 낸 것이기 때문에 이것을 궁구하면 실을 얻을 수가 있으며, 이것이야말로 열반이라고 이름 붙일 수 있는 것이다. 그러므로 (불성은) 원인으로 간주할 수 있는 것이고, 원인이기 때문에 '성(性)'이라고 이름붙이는 것이다. (攝緣從實, 皆眞心作. 故地經言, 十二因緣, 皆眞心作. 由眞作故, 窮之得實, 便名涅槃. 故得爲因. 因故名性.)(同上, 473c)

---

7) 예를 들어, 『大乘義章』 卷4의 十二因緣義에서는 「十二因緣, 眞妄相依故, 有因緣集起之義. 據妄攝眞, 皆妄心作. 就眞攝妄, 皆眞心作」(T44.551a)이라고 설하지만, 이 진망상의라는 점을 眞妄和合心으로 파악하면, 緣起一心門의 三門이 된다.

8) 『大乘義章』 卷3의 八識義, 「攝末從本, 會虛入實, 一切諸法, 皆是佛性眞心所作. 如夢中事皆報心作」(T44.526a).

라고 설하는 것처럼, 혜원에게 진심이 만든다는 것은 정연기(淨緣起)로서의 측면을 지닌다. 즉, 생사법인 십이인연은 진심이 만든다고 한 이상, 이 십이인연을 궁구하면, '제일의제(第一義諦)[9]'인 진심을 얻는 것이 가능하기 때문에 십이인연은 원인으로서의 불성이라고 혜원은 주장하는 것이다. 즉 일체법의 근원을 여래장으로 보기 때문에 염법을 논하면서도, 동시에 보리로 향하는 가능성이 설해지는 것이지만, 이러한 혜원의 경향은 이미 언급하였다.

그렇지만, 지엄은 진심이 만든다는 입장에서는 정연기의 측면을 인정하면서도, 애써 이것을 낮게 보려고 한다. 예를 들면 섭말종본문의 설명에서는 다음과 같이 말한다.

문: 말을 모아서 본을 따른다는 입장은 정품일 것이다. 무엇 때문에 예상 외로 염문에 분류하는가?
답: 이 말을 모아서 본을 따르는 것은 이치로서는 정품의 연생에 있을 것이지만, 지금은 염에 대해서 염은 허깨비와 같음을 나타내기 위하여 염문에 있는 것이다.
문: 만약 그런 의미라면, 일체의 정법은 모두 염이 망이라는 것을 나타내는 것이다. 무엇 때문에 말을 모아서 본을 따르는 것만 염의 연생에 있다고 논하는가?
답: 대체로 정품의 연생을 논하는 것은 두 종류가 있다. 첫째는 염에 대해서 망법임을 나타내는 것이다. 그러므로 경에서는 "모든 제(諦) 가운데 제1의를 여실히 알지 못하기 때문이다"라고 말하는 것이다. 둘

---

9) '三界唯心'을 '第一義諦'로 보는 것은 『十地經論』 卷8(T26.169a)의 설이지만, 慧遠은 삼계는 오직 妄心뿐이라고 여실히 보는 것은 '第一義諦'라고 하는 것이 아니라, 妄의 세계 근저에는 그러한 세계를 만들어 내는 진심이 있고, 그러한 진심이야말로 第一義諦라고 해석한다. 다만, 「故地經言, 十二因緣, 皆依眞實第一義心」(『大乘義章』 卷1, T44.473c)이라고 하는 것처럼 혜원은 『십지경』 자체가 이미 '眞實第一義心'인 것을 설한다고 하는 경우가 많다.

째는 다만, 정품연기만을 나타낼 뿐이다. 즉 '이치를 드러내는 문'이다. 즉 「보현품」·「성기품」 등이 그렇다. (問. 攝末從本, 應是淨品. 云何乃在染門分別. 答. 此攝末從本, 理在淨品緣生, 今爲對染顯染如幻故在染門. 問. 義若如此, 一切淨法, 並對染顯妄. 云何獨辨攝末從本在染緣生. 答. 凡論淨品緣生, 有其二種. 一爲對染以顯妄法. 故經云, 不如實知諸諦第一義故也. 二但顯淨品緣起. 卽是顯理門. 卽如普賢性起品等是也.)(T35.63b)

즉 진심이 만든 섭말종본에는 정연기의 측면이 있음을 인정하면서도, 지금은 진심과 염법을 대립시켜 놓고, 염법이 진심에 의한 허망인 것을 보이는 것이 목적이기 때문에 염문에서 논한다고 설명한다. 그렇게 되면, 일체정법에는 모두 염법과 대비시켜 망을 나타내는 측면이 있음에도 불구하고, 왜 진심이 만든 것이라고 설하는 섭말종본문에 한해서 정법이 염법과 관련되는 측면만을 강조하는가의 의문이 생길 것이다. 지엄은 이에 대답하여 정연기에는 진심과 망법을 대립시켜 그 관련을 설하는 것 외에 『화엄경』 「보현품」과 「성기품」과 같이 다만 보리로 향하는 작용만을 설하고, 직접 이(理)를 나타내는 정연기가 있다고 서술한다. 즉, 보리로만 향하고 생사로는 향하지 않는 유정(唯淨)의 연기법이 존재하는 이상, 망(妄)인 염법과 청정한 진심을 대비하여 설함으로써 정연기만 되는 것이 아니라 염연기도 될 수 있다는 입장, 즉, 섭말종본의 입장은 정연기로서는 부차적으로 보는 것이다. 정연기로서는 부차적이라는 것은 염연기 쪽을 중심으로 하는 것이 될 것이다. 즉, 지엄에게 섭말종본문이 염문에 배속되는 것은 당연한 것이다.

한편, 연기하여 염정으로 전환하는 진심이 여래장이라는 것은 혜원이 염용(染用)의 연기용에서 설한 것이지만, 지엄은 섭말종본문의 말미에,

이 섭말종본은 불공여래의 장외에 다름이 아니다. 이 가운데 또한 공의 뜻도 있으니, 자체공이다. 뒤에 설명할 것이다. (此攝末從本, 卽是不空如來之藏. 此中亦有空義. 爲自體空. 後當分別.)(T35.63b)

라고 하는 것처럼, 염연기의 측면이 강하다고 평가한 섭말종본의 진심은 불공여래장이라고 명언하고 있다.[10] 지엄은 이 섭말종본문에는 자체공의 뜻이 있다고 설하는데, 이것은 법계연기의 바로 뒤에

왜냐하면, 다만 인연에 의해 생겨난 법은 자체가 공이기 때문에 당연한 도리로서 스스로 (그 상태에) 머물러 있지 않기 때문에 속제가 된다. (何者, 但因緣生法, 卽自體空, 理不自住, 順成俗諦.)(T35.67a)

라고 하며, 『공목장』권3에서는

아리야식은 미세하며, 자체는 무아이면서 12인연을 생기한다. 12인연은 역시 모두 무아이다. 그러므로 연생하는 것은 특별한 법이 있는 것이 아니다. (梨耶微細, 自體無我, 生十二因緣. 十二因緣, 亦皆無我. 故緣生等, 無有別法.)(T45.563c)

라고 설하는 것처럼 아리야식이 자성을 지키지 않고 수연하여 십이인연을 생기하는 것을 가리킨다. 그렇지만, 혜원 교학을 계승하는 지엄이 아리야식은 제8진식(第八眞識)이고, 여래장과 동일시하기 때문에,[11] 이 자체공은 여래장이 무자성 그대로 조건에 응하여 생사와 열반으로 전

---

10) 『捜玄記』 卷2下에서도「生死體寂, 故非雜亂. 何者是體, 近說空是. 深則不空如來藏是」(T35.44c)라고 설해져 있고, 역시 不空如來藏을 생사의 참다운 체로 파악한다.

11) 특히, 『孔目章』 卷1의 唯識章(T45.543a-547c)에서는 신역의 유식설을 비판하기 위해서, 아리야식이 여래장임을 강조한다.

변한다는 '여래장수연'의 뜻, 즉 여래장연기에 다름 아니다. 즉 지엄은 여래장연기인 섭말종본문은 진(眞)의 정연기가 아니라 염연기의 구조를 보이는 점에 의의가 있다고 단정하는 것이다.

그런데, 불공여래장이란 말 자체는 『승만경』에 보이지만,[12] 지엄은 여기서는 『기신론』에서 여실불공(如實不空)에 대해서

> 불공이라는 말은 이미 법체는 공이어서 망이 없음을 나타낸다. 말하자면, 진심이고, 영원하고 불변하며, 청정한 법을 갖추고 있기 때문에 불공이라고 이름하지만, 역시 대상으로서 파악될 수 있는 모습은 없다. (所言不空者, 已顯法體空無妄故. 卽是眞心, 常恒不變淨法滿足故, 名不空, 亦無有相可取.)(T32.576ab)

라고 설하는 부분을 염두에 두었다고 생각된다. 『승만경』이나 『기신론』에서는 번뇌를 떠난 진심이 항상 변하지 않고, 또한 청정한 공덕을 갖추고 있다는 점을 역설하지만, 지엄은 역으로 이러한 변하지 않는 불공(不空)의 진심이야말로 더럽혀지지 않은 채로 수연하여 생사가 된다는 점을 강조하는 것이다. 『대승의장』 권3의 팔식의에서는

> 여실불공은 갠지스 강의 모래 수보다 많은 정도로 셀 수 없는 청정법문을 갖추고 있다. 그러므로 '무가 아님'이라고 하는 것이다. 또한 연기하여 일체의 법을 생기할 수 있기 때문에 '무가 아님'이라고 이름하는 것이다. (如實不空, 具過恒沙淸淨法門, 故曰非無. 又能緣起生一切法, 名爲非無.)(T44.527a)

라고 하는 것처럼 모든 공덕을 저장하고 있기 때문에 불공이라고 하는

---

12) 『勝鬘經』 空義隱覆眞實章(T12.221c).

통상적인 인도 여래장사상의 해석 외에 연기하여 일체의 염정법을 생기하기 때문에 "불공이 아니다"라는 특이한 해석[13]이 보이지만 지엄은 이것을 따르는 듯하다.

그러나 의언진여(依言眞如)라고는 해도, 여래장을 번뇌와의 관계에서 파악하는 심생멸문이 아니라 번뇌와의 관계를 끊어 버린 심진여문에서 설해지는 불공여래장[如實不空]을 염정연기의 근거로 하는 것은 문제일 것이다. 이것으로는 여래장을 단순히 심생멸문에서 즉, 염과의 관계에서만 파악하는 것이 되기 때문이다. 이것은 혜원이 더러움 없는 제9식(아마라식)을 심진여로 이해하기 때문에, 제8식(아리야식)과 동일시되는 여래장의 측면은 아무리 진실임을 강조해도 항상 번뇌와의 관계에서 파악되기 때문일 것이다.[14] 즉 앞에서는 아리야식이 여래장과 동일시되었지만, 여래장의 불공인 공덕을 설하는 경우는 역으로 여래장이 아리야식과 가깝게 된다. 염법을 논하면서도 그 배후에 불염인 여래장이 있다고 주장하는 혜원은 여래장의 진실한 공덕을 설할 때에도 여래장이 일체의 근본이고, 정법만이 아니라 생사 등의 염법도 포함한 일체법을 생기한다고 설할 수밖에 없었을 것이다. 요시즈 요시히데가 지적하는 것처럼 여래장과 제8식으로서의 아리야식을 결합시키는 점으로부터 혜원 교학의 특색이 만들어진 것이다.[15]

지엄이 염정을 대치하여 설하는 여래장연기는 진실한 정연기가 아니

---

13) 曇遷의 작이라고도 하는 慧思, 『大乘止觀法門』 卷2에서는 중생심 가운데 염정의 事와 性을 갖추는 것이 不空如來藏이라고 명언하지만(T46.647c-648a), 혜원과 마찬가지로 用大에 染用을 인정하기도 한다(648c).
14) 大乘義章』 卷3, 八識義, T44.530b.
15) 吉津宜英, 「慧遠の佛性緣起說」(『駒澤大學佛敎學部硏究紀要』33, 1975), pp.175~182.

라고 평하는 것은 이러한 혜원의 교학에 대한 반발의 결과라고 생각된다. 『수현기』에서 섭말종본문이 낮게 평가되는 것은 여래장에 대한 비판으로 이해해도 좋지만, 지엄이 배우고 또 불만을 품지 않을 수 없었던 여래장설은 실제로는 혜원 및 그 계통의 여래장연기설에 다름 아니다.

지엄은 『수현기』 권4에서는 일체 세간과 출세간의 지혜는 여래지에 의지하고 있지만, 여래 자신은 의지하는 바가 없다고 설하는 「성기품」의 문장을[16] 다음과 같이 해석한다.

> 이 처음의 비유를 지무소의유라고 이름한다. 이것은 무엇 때문에 지혜의 입장에서 논하는가?
> 답: 두 가지 의미가 있다. 첫째는 일심의 체는 염과 정에 통하기 때문에 일심을 입장으로 하지 않는다. 둘째는 성기의 지혜를 논하는 것은 결국 이 마음은 정의 면에서 논하기 때문이다. (此初喩名智無所依喩. 此何故約智辨. 答. 有二意. 一爲一心體通染淨故不約之. 二今論性起智, 卽是心約淨辨故也.)(T35,80c)

즉 일체세간과 출세간의 지혜가 근거하는 바가 되는 것을 「성기품」이 '마음'이라고 말하지 않고 '지(智)'라고 칭하는 것은 보리로 향하게 하는 청정한 작용만을 하는 성기지(性起智)와 염과 정 양쪽으로 굴러가는 여래장으로서의 '일심'을 구별하기 위해서라고 이해하는 것이다. 그것도 나중에 보는 것처럼 지엄은 그 오직 청정한 여래의 지가 중생 가운데 있는 것을 인정한다. 따라서 지엄이 설하는 진실한 정연기는 염과 정으로 굴러가는 여래장이 아니라, 염연기의 근거가 되지 않는 이 오직 청정한 지를 근거로 삼는 것을 알 수 있다.

---

16) 『華嚴經』 卷18, T9,622b.

4. 법계연기의 정문(淨門)

법계연기의 정문은 본유, 본유수생, 수생, 수생본유의 4문으로 나뉜
다. 어느 것이나 중생 가운데 청정한 본성이 있음을 전제하고 그 청정
한 본성이 자각되어 본래의 작용을 하는 데 이르는 과정을 다양한 관
점으로부터 논한 것이다. 한편, 혜원의 교학을 계승하면서도 여래장의
역할을 낮게 평가하려고 한 것은 염문에서 언급한 것과 같다.

혜원의 2종열반설은 지엄의 법계연기의 정문과 완전히 같지는 않지
만, 그 분류에 관해서는 대응되는 부분이 있다고 생각되기 때문에 2종
열반설을 먼저 보고자 한다. 여기서도 혜원에게 크게 빚을 지고 있는
면과 혜원 교학에 대한 반발이 현저하게 나타난다.

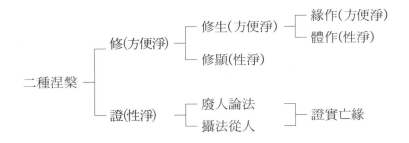

위의 도표는 『대승의장』 권10 열반의[17]에 의한 것이지만, 증실망연
(證實亡緣)의 입장에 대해서 권18 무상보리의[18]에 잘 정리되어 있기 때
문에 그쪽을 따랐다. 한편, 앞에서 진식(眞識)의 정용(淨用)으로 말하
자면, 수연작용(隨緣作用)은 수생에, 수연현용(隨緣顯用)은 수현에 해

---

17) 『大乘義章』 卷18, T44.818b-c.
18) 同, 卷18, T44.830b.

당할 것이다. 그리고 수생 가운데 체작(體作)은

> 진실한 존재는 행위의 조건에 따르고, 모든 성질을 집성한다. 금이 조건에 따라서 장엄의 구가 되는 것과 마찬가지이다. (眞隨行緣, 集成諸德. 如金隨緣作莊嚴具.)(T44,818c)

라고 설해지는데, 지엄이 낮게 평가하는 섭말종본문의 정연기의 면을 보여 준다고 생각된다. 우선, 법계연기의 정문 가운데 수행문으로부터 보면,

> 수생이라는 것은 믿음 등의 선근이 앞에서는 아직 현전하지 않았지만, 지금 청정한 교설에 접하고, 연에 따라서 처음으로 발생하는 것이다. 그러므로 신생이라고 설한다. 그러므로 『논』에서는 "저기에는 무분별지가 없다"라고 설하고 있다. (修生者, 信等善根, 先未現前, 今對淨敎, 賴緣始發. 故說新生. 故論云, 彼無無分別智故.)(T35,63a)

라는 것처럼 수행은 부처의 가르침에 접함으로써 자신 가운데 청정한 본성이 있는 것을 알게 되어 처음으로 믿음 등의 선근이 생기하는 것을 말한다. 『기신론』에서 미상응(未相應)에 대해서

> 범부 2승의 초발의 보살 등은 의와 의식으로써 훈습하며 믿음의 힘에 의지하여 수행한다. 아직 무분별심과 본체가 합치되지 않기 때문이다. 자재한 활동에 의한 수행과 본체가 합치되지 않기 때문이다. (謂凡夫二乘初發意菩薩等, 以意意識熏習, 依信力故而能修行, 未得無分別心與體相應故, 未得自在業修行與體相應故.)(T32,579a)

라고 설하는 것처럼, 믿음의 힘에 의해서 수행한다고는 하지만, 이 단계에서는 아직 무분별지가 자신의 마음속의 진실한 체인 진여와 상응하

지 않기 때문에,[19] 스스로가 여래장인 것을 정확히 자각하지 못한다. 그래서 지엄은 이 단계에서 생기하는 선근에 대해서는 중생본유의 여래지의 작용에 의한 것으로 보지 않고, 외연에 의해 새로 생기게 된 것이라 이해한다. 즉, 이 수생문에서는 연에 의해 그때까지 없었던 공덕이 신생하는 측면에 착안한 것이다. 이것은 혜원이 말하는 '연작(緣作)'[20]에 해당할 것이다.

다음으로 수행본유문에 대해서 지엄은,

> 수생본유는, 그 여래장성이 여러 (번뇌의) 속박에 숨겨져 있기 때문에 범부는 미혹되어 버리고, 거기에 있으면서도 알아채지 못한다. 만약 미혹되어 있을 때라면 (여래장이) 있다고는 하지 않는다. 그러므로 『무상론』에서는 "있으면 볼 것이다"라고 설한다. 또한『섭론』에 의하면, "무엇 때문에 득과 부득, 보고 (못보고) 등이 있는가"라고 설한다. 무분별지를 얻어서, 비로소 법신이 (번뇌에) 둘러싸인 가운데 있어도 청정함을 밝힌다. 앞서 힘이 있지 않았던 상태는 존재하지 않는 것과 마찬가지이다. 작용을 완성시키는 것이 가능하면, 원래의 '앞에서는 없었던 상태'와는 다르다. 그러므로 본유라고 이름할 수 없어서 수행에 의해 청정하게 된다고 설명한다.
> 문: 만약 비로소 수행에 의해서 (청정함이) 생기하는 것을 나타내는 것을 설명하여 그것을 수생이라고 이름한다면 무엇 때문에 '나타낸다'고 설명하는가?
> 답: 단지 이것은 수생문 가운데 있어서 도리로서는 본유임을 나타낸 것이다. 앞에서는 미혹한 마음 가운데 있었기 때문에, 본체와 작용을 설명하지 않았다. 지금은 비로소 저 법신을 설명했다. 그러므로 저 신

---

19) 相應에 대해서는 平川彰, 『大乘起信論』(大藏出版, 1973), pp.235~242 참조.
20) 『大乘義章』 卷18에서는 緣作에 대해서 「熏初眞心, 諸功德生. 其猶臘印印泥文生」(T44.818b)이라고 설한다.

생의 측면에 가깝고, 원래 있었다는 의미는 약하다. 논에서는 (번뇌의 때로부터) 벗어남과 벗어나지 못하는 무상이라고 말하는 것과 같다. '무상'이라고 말한 이상은 본유의 입장으로 하는 것이 가능하지 않다. (修生本有者, 其如來藏性, 隱在諸纏, 凡夫卽迷, 處而不覺. 若對迷時, 不名爲有. 故無相論云, 若有應見. 又依攝論, 云有得不得見等故也. 今得無分別智, 始顯法身在纏成淨. 先無有力, 同彼無法, 今得成用, 異本先無. 故不可說名爲本有, 說爲修淨. 問. 若說始顯修起者, 名曰修生. 云何說顯. 答. 只爲是顯修生門中義成本有. 先在迷心, 不說體用. 今時始說有彼法身. 故知, 與彼新生是親, 先有義疎. 如論云離不離無常. 旣言無常. 不可從本有.)(T35.63a)

라고 서술하지만, 여래장에 의한 정연기를 설한다기보다는 오히려 여래장이 본유가 아님을 주장하려고 한 것을 명확히 알 수 있다.

우선, 예를 들어 재전(在纏)의 법신인 여래장을 지니고 있다고는 해도, 범부가 그것을 자각하지 못하고 있는 동안에는 여래장이 있다고 설할 수는 없다고 하며,『무상론』에서 "만약 있다면 마땅히 볼 수 있을 것이다"[21]라고 설한 문장을 인용한다. 나아가『섭대승론』의 의타기성에서 중생은 분별성만을 보고 진실성을 보지 못하며, 성자는 진실성만을 보고 분별성을 보지 않기 때문에 견과 불견, 득과 부득이 있다고 설하는 문장이 인용되지만,[22] 이 의타기성 가운데 진실성이란 여래장 외에 다

---

21) 『三無性論』卷上, T31.870c의 취의.『無相論』에 대해서는 木村, 주3, 앞의 책에서는 명확하지 않다고 하지만(p.516),『無相論』은 眞諦訳『轉識論』,『顯識論』,『三無性論』3書를 총칭한다는 것은 勝又俊教가 지적하였다(勝又, 주6, 앞의 책, pp.750~765).

22) 眞諦訳『攝大乘論』卷中에서는 依他起性 가운데의 分別性의 無와 眞實性의 有에 대해서「由此二不有有故, 非得及得, 未見已見, 眞如一時自然成」(T31.121c)이라고 설한다.

름 아니다.[23] 즉, 지엄은 범부가 여래장을 보지 않는 이상 여래장은 없는 것과 마찬가지라고 한다. 그리고 무분별지를 얻은 후에 처음으로 재전의 법신인 여래장이 있음을 알 수 있고, 이때에 드디어 법신이 본래의 역용을 발휘하게 된다면, 그러한 법신은 수행에 의해서 새로이 얻어진 것과 마찬가지라고 단정한다. 즉 수행본유문에서는 법신이 여래장이라는 형태로 이전부터 존재하였다기보다는, 그 법신이 수행에 의해 새로이 나타나는 점에 중점을 두고 있음을 알 수 있을 것이다.

따라서 이 수생본유문은 무구청정에 가깝다.[24] 『삼무성론』 권상에서는

> 본래청정이라는 것은 정말로 (수행하여) 깨닫기 전과 수행 도중을 말한다. 무구청정은 정말로 깨달은 후이다. 이 두 가지 청정은 또한 2종열반이라고 이름한다. 앞의 것은 비택멸이고 자성의 근본으로 있는 상태이므로 지혜에 의해서 얻어지는 것은 아니다. 뒤의 것은 택멸이며 수행도에 의해서 얻어진다. 앞의 입장에서는 본유라고 설하고, 뒤의 입장에서는 시유라고 설한다. (本來清淨, 即是道前道中. 無垢淸淨, 即是道後. 此二淸淨, 亦名二種涅槃. 前即非擇滅, 自性本有, 非智慧所得. 後即擇滅, 修道所得. 約前故說本有, 約後故說始有.)(T31.872c)

라고 설해져 있는 것처럼, 수행의 지혜에 의해 얻어지는 열반은 수도를 통해서 새로이 얻어지는 것이기 때문에 시유(始有)라고 이름한다. 그러나 이 경우에도 시유는 무구청정이고, 여래장은 아니다. 진제 역『섭대승론석』 권5에서

---

23) 宇井伯壽, 『印度哲學研究(第六)』(甲子社書房, 1930), pp.331~332 참조.
24) 無垢淸淨에 대해서는, 袴谷憲昭, 「唯識說における佛の世界」(『駒澤大學佛敎學部研究紀要』34, 1976), pp.25~46. 同, 「〈淸淨法界〉考」(『南都佛敎』37, 1976), pp.1~28 참조.

논에서 "둘째는 무구청정이다. 이 법은 일체 밖으로부터 오는 장애가 되는 때를 벗어난다"라고 한다. 해석하여 말한다. "이것은 여래장이다. 미혹과 지혜 양쪽의 장애를 벗어나기 때문이고, 이것에 의해서 영원히 청정하게 되기 때문이다. 제불여래가 이것을 현현시킬 수 있다"고. (論曰, 二無垢淸淨. 謂此法出離一切客塵障垢. 釋曰, 是如來藏, 離惑智兩障, 由此永淸淨故, 諸佛如來得顯現.)(T31.191c)

라고 서술하듯이, 무구청정으로 전변해야 하는 번뇌가 얽혀 있는 여래장은 그 이전부터 존재하였던 것이다. 『삼무성론』이 "본래청정하여 이것은 도 이전, 도의 가운데이다"라고 설하는 것처럼 수도 이전과 수도의 과정이야말로 자성청정한 여래장이 본유로서 있는 기간이다. 그러나 지엄은 수행하여 지혜를 얻은 후에 여래장 본래의 모습을 명확히 알 수 있다는 점을 강조하고, 범부의 단계에서는 여래장은 없는 것과 마찬가지라고 단정한다.

한편, 혜원은 『대승의장』 권18의 열반의에서 성정열반(性淨涅槃)과 방편정열반(方便淨涅槃)[무구청정(無垢淸淨)]을 논할 때, 우선 수행으로 열반의 공덕이 새로 생기한다고 보는 수생(修生)의 입장을 방편정으로 하고, 수행에 의해 열반이라는 시작도 없는 법성의 덕을 나타낸다고 설하는 수현(修顯)의 입장을 성정(性淨)으로 한다. 그리고 나아가

수증의 입장에서 두 가지로 구별한다. 앞서의 두 가지는 수행의 입장에서 논했다. 방편수생과 방편수현은 모두가 방편이라고 이름한다. 진실을 증득하여 연을 잊는 것을 성정이라고 이름한다. 이것은 어떤 의미인가? 제불여래는 진실을 증득하여 돌아보니 (진실은) 지금까지 숨어 있지 않았으며, 또한 지금 나타난 것도 아니다. 청정은 연에 의해서 장식되는 것이 아니다. 그러므로 성정이라고 이름한다. (約修證以

分二別, 次前二種, 約修以論. 方便修生, 方便修顯, 悉名方便, 證實亡
緣, 說爲性淨. 是義云何. 諸佛如來, 證實返望, 從來無隱, 亦無今顯.
淨非緣飾, 故名性淨.)(T44.818c)

라고 하여 열반은 본래 은현을 떠나 있다고 보는 부처의 증득의 입장을
진실한 성정으로 하며, 수행에 의하는 바가 있는 수생과 수현은 함께
방편정에 머무른다고 평가하고 있다.

이러한 점으로부터 지엄이 설하는 수행본유문이 이 수현에, 그것도
진실한 성정의 입장으로부터 비판적으로 조망된 수현에 상당함을 알
수 있다. 여래장의 본유 면이 제한되고, 수행을 필요로 하는 점이 강조
된 것은 이 때문이다.

따라서 부처의 눈으로 보는 참된 성정열반과는 달리, 이 수생본유
문 및 앞의 수생문은 여래장을 자각하는 데에는 이르지 못한 범부의
수행 양상을 논하는 것임을 주의해야 한다. 이 때문에 열반으로 향하
는 원동력이 되는 여래장의 갖가지 뛰어난 덕성에 대해서는 "우선 미혹
된 마음에 있으므로 체와 용을 설하지 않는다[先在迷心, 不說體用]"라
고 말하는 것처럼, 증득한 후가 아니면 본체와 작용을 알 수 없다는 이
유로 일체 무시되는 것이다. 즉, 이 두 문은 여래장을 전제로 한 정연기
임에는 틀림없지만, 본유로 있는 여래장이 중생에게 어떤 작용을 하는
가, 얼마나 열반에 향하게 하는가를 부처의 입장에서 설명하는 것이 아
니다. 혹은 이 법계연기에서 여래장의 그러한 측면은 문제되지 않는다
고 말하는 편이 정확할 것이다. 지엄은 본유의 덕성이 번뇌에 덮여 있
어 무력한 상태를 여래장으로 규정해서 없는 것과 다름없다고 하는 한
편, 그것은 중생 가운데 본유의 청정한 본성이 확정적으로 존재하여

수행할 때 그 청정한 본성이 있는 그대로 힘을 발휘한다고 설하는 입장을 성기(性起)라고 명명하기 때문이다.

지엄의 이러한 견해를 잘 보여 주는 것이 "논에서 (번뇌의 때로부터) 벗어남과 벗어나지 못하는 무상이라고 말하는 것과 같다. 무상이라고 말한 이상은 본유의 입장으로 하는 것이 가능하지 않다[如論云, 離不離無常. 既言無常, 不可從本有]"라고 설하는 수생본유문 말미의 문장이다. 문장 가운데 말하는 『논』은 『삼무성론(三無性論)』을 지시하는데, 그 권상에서는

> 벗어나고 벗어나지 못하는 무상이라는 것은 괴로움의 진실성을 말한다. 이 본성은 수행에 의해서 깨닫기 전에는 아직 괴로움을 벗어나지 못하고, 수행하여 깨달았을 때는, 즉 때를 벗어난다. 위지의 입장에서는 일정하지 않기 때문에 무상이라고 설한다. 본체가 변이하지 않는 것을 여여라고 이름한다. (離不離無常. 謂苦眞實性. 此性道前未離苦, 道後則離垢. 約位不定故說無常. 體不變異, 名爲如如.)(T31.872b)

라고 설해져 있는 것처럼, 괴로움의 진실성이 본체로서는 불변이면서도 인위(因位)에서는 때가 있고, 과위(果位)에서는 때가 없는 것을 무상(無常)으로 부른다. 지엄은 이 무상이라는 점에 착안하여 유구진여(有垢眞如)인 여래장이 때가 없는 상태로 전변한다고 설하는 정연기(淨緣起)는 본유문에 속할 수 없다고 주장한다.

따라서 지엄이 말하는 본유는 유구와 무구라는 한정을 벗어난, 진여의 체 그 자체를 의미하는 것을 알 수 있다. 또한 이 진여에는 여래지의 무량한 공덕이 갖추어져 있기 때문에 중생은 이러한 과덕(果德)을 본유로서 가지고 있게 된다. 즉, 본유라고 불리는 것은 『기신론』에서 말하

는 체대(體大)와 상대(相大)를 합하여 설한 것이 될 것이다. 법계연기의 틀이 『기신론』의 삼대설에 기반을 둔 혜원의 진식설(眞識說)에 의거하였다는 것은 이미 고찰하였다. 그러나 그러한 진여의 상대(相大)는 중생에게 어디까지나 유구인 여래장으로 존재한다고 이야기되는 것이 보통이지만, 지엄은 여기서 그 유구의 측면을 무시하였다. 결국 지엄은, 중생은 원인으로서의 여래장, 즉 번뇌에 덮여 있는 재전위(在纏位)의 법신으로서의 여래장을 가지고 있다고 설하는 것이 아니다. 중생은 현재에 법신 그 자체, 과덕으로서의 여래 지혜를 그대로 구족하고 있다는 면만을 강조하는 것이 지엄 주장의 핵심이다. 『대승의장』 권3 팔식의에서 진식(眞識)의 상대(相大)를 논할 때에,

> 논에서 스스로 해석해서 말했다. "여래의 장은 원래 무량한 성공덕을 갖추고 있다. 망심 가운데 일체 모든 번뇌를 갖추고 있는 것과 마찬가지이다"라고. (論自釋言, 如來之藏, 從本已來, 具無量性功德法. 如妄心中具足一切諸煩惱法.)(T44.530a)

이렇게 서술하여, 『기신론』에는 없는 "망심 가운데 일체 모든 번뇌를 갖추고 있다"라는 말을 덧붙이는 등 어디까지나 진과 망을 대치시켜 논하는 혜원과는 그 태도를 달리한다.

이상과 같이 중생 가운데 번뇌가 얽혀 있는 법신인 여래장이 있어 생사와 열반으로 구른다고 설하는 여래장연기설과 달리, 성기설에서는 중생 가운데 법신 그 자체가 있다는 면을 강조하지만, 시점이 다르다고는 해도 중생 가운데 법신이 있다는 점에서는 변함이 없다. 실제로 혜원의 교학에 끌려가는 면이 있는 법장은 성기를 '중생심 가운데 여래의 장

으로부터 본성적으로 일어나는 공덕[衆生心中如來之藏性起功德]'[25]이라고 칭하며, 또한 여래장계의 경론을 가져와서 성기를 설명하기도 한다.[26] 즉, 법장은 성기야말로 진실의 여래장의라고 하며, 다른 여래장설과의 동이를 설하지만, 지엄의 경우는 성기와 여래장을 때로는 약간 억지스럽게 준별하고, 여래장이 가진 번뇌와 관련한 측면을 버리고 중생 가운데 과덕으로서의 여래지 그 자체를 끄집어 내리려고 하였다.

한편, 기무라 기요타카의 『초기 중국 화엄사상의 연구』 제2편은 지엄에 관해 정리된 연구를 처음 시도한 것으로 매우 유익하다. 그러나 기무라는 "여래장 사상을 강하게 계승하는 여러 경론에 의존하면서 자신의 법계연기설을 형성하는 지엄의 경향"[27]을 지적하는 데 그치고, 지엄이 여래장을 어떻게 이해하여 법계연기 가운데 위치 지우는가에 대해서는 그다지 주의를 기울이지 않았다고 생각된다.

다음으로 성기를 논하는 본유문과 본유수생문을 검토하기 전에 지엄 자신의 성기에 대한 정의를 보고자 한다. 지엄은 『수현기』 권4하에서 「성기품」의 품명을 해석하면서

'성'은 체를 말한다. '기'는 심지에 현재할 뿐이다. 이것은 즉 그 '일어나는' 작용의 모습을 거두어서 진실로 들이는 것이다. (性者體. 起者現在心地耳. 此卽會其起相入實也.)(T35.79bc)

라고 서술한다. 우선 성은 '체'의 뜻이라고 설명하지만, 이 체는 앞에

---

25) 『探玄記』卷1, T35.108c.
26) 『探玄記』卷16, T35.405a-c. 한편, 法藏은 같은 곳에서 慈恩의 理佛性, 行佛性 설에 기초하여 理行果 3종의 性起를 논하지만, 성기를 이렇게 불성설에 끌어들여 분류하는 것은 지엄이 원하는 바는 아니었을 것이다.
27) 木村, 주3의 앞의 책, p.521.

서 본 것처럼 진여 그 자체를 가리키는 것이며, 초기 지론종에서 말하는 자체와 다를 바 없다. 이어서 "기는 심지에 현재할 뿐"이라고 단언하는 것처럼 지엄은 그러한 체는 중생의 마음 가운데 일어나는 것이라는 형식 외에는 구할 수 없는 것이라고 단언한다. 따라서 무언가의 조건에 의해서 마음 가운데 일어나는 청정한 작용, 보리에의 지향은 중생의 진실한 체인 여래지, 즉 '성' 그 자체의 작용에 다름 아니다. 그러한 '성'의 '기'라고 하는 '상'을 계기로 하여 '실'다운 체인 '성' 그 자체에 깨달아 들어가는 것이 가능하다고 하는 것이 지엄의 주장이다. 이상의 고찰로 성기에는 일체 중생 마음 가운데에 체인 성이 엄연히 존재한다는 정적인 측면과 중생의 마음 가운데서 '성' 그 자체가 일어나 그 자각을 통해서 '성'으로 완전히 깨달아 들어가게 한다는 동적인 측면이 있음을 알 수 있을 것이다. 전자가 본유문에, 후자가 본유수생문에 상당한다.

그 본유문에 대해서 지엄은 다음과 같이 설한다.

> 본유라는 것은, 연기의 본실은 체는 상식을 벗어나 있고 법계가 드러나 있어, 삼세에 걸쳐 움직이지 않는다. 그러므로 「성기품」에서 말한다. 중생의 마음 가운데 미진수의 경권이 있고, 보리의 대수가 있다. 중생도 성인도 함께 이것을 깨닫는다. 사람이 깨닫는 것은 전후부동이 있지만, 이 나무는 별도의 다름이 없다. 그러므로 본유임을 알 수 있다. 또한 이 연생의 문장에 "12인연은 즉 제일의이다"라고 한다. (言本有者, 緣起本實, 體離謂情, 法界顯然, 三世不動. 故性起云, 衆生心中, 有微塵經卷, 有菩提大樹. 衆聖共證. 人證前後不同, 其樹不分別異. 故知本有. 又此緣生文, 十二因緣, 即第一義.)(T35,62c─63a)

즉, 연기의 '체'인 여래지가 '인과 과', '은과 현' 등의 상식적인 분별을 떠나, 일체의 덕을 완비한 '체'에 다름 아닌 법계가 온전히 나타나는 상태를 가리켜서 본유라고 부르며, 「성기품」의 기술을 그러한 본유의 예로 삼고 있다. 본유를 설한다고는 하지만, 요점은 어디까지나 연기 가운데 본유의 의의가 밝혀진다는 데 있다. 이러한 사상은 초기 지론종의 자체인과설을 계승한 것이라는 것은 분명하다.

지엄은 본유의 체가 중생 가운데 있는 것을 보이기 위해서 「성기품」의 문장, 즉 미진 가운데 대경권(大經卷)이 숨어 있다는 것과 같이, 중생 가운데 여래지가 갖추어져 있다고 설하며, 또한 모든 성문, 연각, 보살의 지혜의 나무는 똑같이 여래지의 대약왕수(大藥王樹)를 근거로 하고 본질로 한다는 설하는 곳을 인용한다.[28] 다만, 여래지를 증명하는 시기에는 전후가 있지만, 그것들의 지혜의 나무에는 구별이 있지 않다고 하는 것은 「여래성기품」의 취의라기보다는 지엄의 설명이다.

한편, 「성기품」 해석 가운데 지엄은 본유로서의 성기에 관해서 두 가지 영역을 논하고 있지만, 그 가운데 '처음과 끝'의 영역에 관해서는 초발심에서 성기에 이르기까지, 나아가서는 '대보리, 대열반, 유통사리'까지가 성기의 영역이라고 한다. 그리고 '넓고 좁은'이라는 점에 대해서는 2승을 거치지 않고, 『화엄경』을 듣고 곧바로 돈오하는 자, 삼승의 처음과 끝[29], 연각성문, 나아가서는 '지옥 등의 위계'에 이르기까지가 모두 성기의 범위에 포함된다고 설명한다.[30] 여기서 말하는 돈오는 2승을 거치지 않고 갑자기 화엄대승을 듣고도 돈입하는 것을 가리키며, '3승의

---

28) 『華嚴經』 卷35, T9.623a-624a.
29) 「三乘始終」이라는 것이 三乘始敎와 三乘終敎라는 뜻이라면, 『搜玄記』 단계에서 이미 삼승이 2종으로 구별된 것이 되지만, 여기서는 삼승 가운데 대승의 수행에 관한 처음과 끝의 의미일 것이다. 다만, 지엄은 다른 곳에서는 熟敎라는 말을 사용하는 것으로 보아, 만년의 저작에 보이는 오교판만큼 명확하지는 않지만, 삼승을 처음과 끝으로 나누었을 가능성도 부정할 수 없다.
30) 『搜玄記』 卷4下, T35.79c.

처음과 끝'이라 함은, 3승 가운데 대승의 처음과 끝을 가리킬 것이다.
즉, 돈교에 의해 돈오하는 자든, 점교에 의한 단계의 수행에서 최하위
에 있는 자든, 생명이 있어 보리에 향할 수 있는 자는 모두 성기를 '체'
로 하는 것이고 그 점에서는 지옥의 중생도 예외는 아니다. 게다가 그
러한 하위의 자가 일으키는 미세한 선심으로부터 뛰어난 근기인 보살의
돈오, 나아가서는 '대열반'이나 '유통사리'와 같은 여래의 교화 활동까지
가 성기가 된다는 것은 성기가 모든 선한 작용을 가리키는 것이 될 것
이다.

그런데 혜원은 앞에서 본 것처럼 수생(修生)과 수현(修顯)을 함께 방
편정(方便淨)으로 하고, 수행에 의거하지 않는 증실망연(證實亡緣)의
입장을 진실한 성정(性淨)으로 설하고 있지만,『대승의장』권18의 무상
보리의에서는

> 실에 기본을 두고 연을 멸하여 은현이 없는 가운데, 취지의 차이에 또
> 한 두 가지가 있다. 첫째는 사람을 고려하지 않고 법을 논하면 법성은
> 체가 적멸하여 원래 연이 없고 실 이외에 연이 없다. 또한 어떤 입장
> 에서 은을 설하고, 현을 설하고, 인을 설하고 과를 설하는 것이 있겠
> 는가라는 것을 알 수 있다. 이것은 즉, 법성보리는 이치의 문에 수렴
> 될 수 있는 것이며, 행덕과는 관련되지 않는 것이다. 둘째는 법을 수
> 렴하여 사람을 따르도록 하는 입장이다. (據實亡緣無隱顯中, 義別亦
> 二. 一廢人論法, 法性體寂, 從來無緣, 實外無緣. 知, 復約何說隱說
> 顯, 說因說果. 此則是其, 法性菩提, 理門可收, 不關行德. 二攝法從
> 人.)(T44,830b)

라고 하는 것처럼 나아가서는 사람을 제외하고 법을 논함[廢人論法]과
법을 수렴하여 사람을 따름[攝法從人]의 두 문으로 열어놓는다. 지엄

이 설하는 본유문은 진실 외에 조건은 없다고 하며, 법성은 원인과 결과를 벗어나 있다고 하는 이 폐인논법(廢人論法)에 상당할 것이다. 그러나 혜원이 "이치의 문에 수렴될 수 있다"고 하는 것처럼, 이 보리는 중생 가운데서는 어디까지나 이치로 있는 것에 지나지 않는다는 점이 강조된다는 것에 주의를 요한다. 혜원은 같은 곳에서

> 양상의 입장에서 실을 논하면, 인위에 있을 때는 다만 불성이라고 말하고, 아직 보리라고 이름하지 않는다. 과에 이르러 나타나면 비로소 보리라고 이름한다. 보리는, 즉 인과 과를 요해하는 것이기 때문이다. 방편으로서의 보리는 범부의 시절에는 전혀 없는 것이다. 만약 있다고 한다면 다만 불성인 진심의 본체 상에 생기할 가능성이 있는 것으로 아직 법체 그 자체는 없다. …… 어떤 사람이 "방편으로서의 보리는 범부의 시절에도 역시 있다"고 하지만, 이것은 옳지 않다. (約相辨實, 在因之時, 但名佛性, 未名菩提. 至果顯了, 方名菩提. 菩提是其, 了因果故. 方便菩提, 凡時全無. 設說有者, 但於佛性眞心體上, 有可生義. 未有法體……有人說言, 方便菩提, 凡時亦有. 是義不然.)(T44,832a)

라고 하여 중생은 현실에서는 원인으로서의 불성을 가질 뿐이라고 하며, 범부의 단계에서도 방편상의 보리를 갖추고 있다고 하는 '어떤 사람'의 설을 비판하고 있다. 이 '어떤 사람'이 누구를 가리키는지 분명하지 않지만, 지엄은 최만년의 저작인 『공목장』 권2에서

> 보리심은, 보리는 범어이며 중국에서는 번역해서 과도라고 이름한다. 불과인 덕이 원통하여 그러므로 보리라고 말한다. 대보리에 대해서 마음을 일으켜서 구하는 것을 발보리심이라고 이름한다. (菩提心者, 菩提梵語, 此翻名果道. 果德圓通, 故曰菩提. 於大菩提, 起意趣求, 名發菩提心.)(T45,549a)

라고 하여 "과덕이 원통"하기 때문에 보리라고 명명하며, 그러한 보리가 원만하게 통하는 마음인 대보리를 얻으려고 발심하는 것이야말로 보리심이라고 이름한다고 설명하는 등, 결과로서의 보리를 갖는다는 측면을 강조하여 결국은 혜원이 비판하고 있는 '어떤 사람'의 설을 뒷받침하는 형태를 취하고 있다. '보리'와 '대보리'라는 다른 표기를 사용하는 것은 네 글자로 통일하려는 것에 지나지 않고, 가치의 우열을 보이는 것은 아닐 것이다. 『수현기』에서는 『공목장』 정도로 명확하게 주장하지는 않지만, 이 『공목장』의 입장을 더욱 더 밀고 나가면 의상이나 법장이 설하는 구래성불설, 즉 중생은 사실로서 성불해 마쳤고, 실제로 과덕 그 자체를 가지고 있다는 주장이 나오게 되는 것은 자연스러운 이치이다.

한편, 지엄은 『수현기』의 본유문 말미에서 "또한 이 연생문인 12인연은 즉 제일의이다"라고 설하고 있는데, 이 본유문이 입장에서 12인연은 그대로 제일의제라고 간주되는 것이다. 세제인 12인연을 끝까지 궁구함으로써 제일의의 진심을 증득한다고 설하는 것이 아니다. 그러나

> 지금까지 서술해 온 네 가지 취지는, 이 연생에 있어서 진실의 입장에서는 모두가 존재하지만, 만약 경문에 대해서 말하자면, 이 10번의 연생에는 단지 2문만이 있을 뿐이다. 첫째는 수생, 둘째는 수생본유이다. 다른 두 가지는 「성기품」 가운데 있다. (上來四義, 於此緣生, 理實通有, 若對經文, 此十番緣生, 唯有二門. 一修生. 二修生本有. 餘二在性起品.)(T35.63a)

라고 서술하는 것처럼, 10종의 12인연관을 설하는 『화엄경』 「십지품」에서는 본래는 정문(淨門)의 네 가지 의의가 갖추어져 있지만, 실제 경문상에서는 수생과 수생본유의 두 가지 의미가 설해져 있을 뿐, 다른 두

문은 「성기품」에서 밝혀진다고 지엄은 풀이한다. 「십지품」에 대한 이러한 해석은 『십지경』과 『십지경론』을 근거로 하는 지론교학에의 비판이 될 것이다.[31]

다음으로 본유수생문(本有修生門)은,

> 본유수생이라는 것은 모든 청정한 측면은 원래 다른 성질이 없다. 지금은 모든 연이 새로운 선을 발생한다는 입장에 준한다. 그 모든 연에 의하면, 망법이 발하는 진지여서 보현과 합치한다. 본성의 체는 원래 분별이 없고 수행하여 얻은 지혜도 또한 분별이 없다. 그러므로 지혜는 이치에 수순하며, 모든 연에 수순하는 것은 아니다. 따라서 수생은 본유를 따르며 성질을 같이하여 발생함을 알 수 있다. 그러므로 「성기품」에 말한다. "보리심을 성기라고 한다"고. (言本有修生者, 然諸淨品, 本無異性. 今約諸緣發生新善. 據彼諸緣, 乃是妄法所發眞智, 乃合普賢. 性體本無分別, 修智亦無分別. 故智順理, 不順諸緣. 故知, 修生卽從本有, 同性而發. 故性品云, 名菩提心爲性起.)(T35.63上)

라고 설해진다. 즉, 수행의 결과 생기하는 갖가지 행덕(行德)은 모두 본유의 성체(性體)에 해당하는 것으로 별도의 체가 있는 것이 아니다. 지금 여러 조건에 의해서 행덕인 진지(眞智)가 새롭게 생기하는 사태를 생각해 보면, 조건을 필요로 한다는 점에서는 이 진지는 망법에 의해서 촉발되는 것으로 보는 것이 된다. 따라서 이러한 정연기의 존재 방식은 성체(性體)로서의 성기를 가지고 있으면서도 조건에 의지해서 수행한다고 하는 인위(因位)의 보현경계에 합치하는 것이다. 그러나 그때 생기

---

31) 智儼은 『華嚴經』을 선양하면서도, 地論宗의 교학으로부터 멀어지기 위해, 『華嚴經』의 부분인 『華嚴經』, 「十地品」을 일부러 낮게 평가하지 않으면 안 되는 곤란한 입장에 직면한다. 이러한 점은 지금까지 지적된 적이 없다.

하는 무분별지는 성체에 수순하는 것이며, 조건에 속하는 것은 아니다. 즉 연수(緣修)에 의해서 생기한 행덕(行德)은 본유의 성체의 측면에 속하는 것이고, 성에 즉해서 일어나는 것이다.

여기에 지엄은 약간 돌출적으로 그렇기 때문에 『화엄경』 「성기품」에서는 "보리심을 이름하여 성기라고 한다"고 설한다고 말하지만, 이것은 지엄 자신의 해석이다. 『화엄경』 권35 「성기품」에서는

> 불자여. 여래의 몸 가운데에서 모든 중생이 보리심을 일으키고 보살행을 하며, 최고의 깨달음을 얻는 모습이 모두 보인다. 나아가 일체중생이 적멸하여 열반하여 있는 상태까지 보인다. (佛子. 如來身中, 悉見一切衆生發菩提心, 修菩薩行, 成等正覺. 乃至見一切衆生寂滅涅槃.) (T9.627a)

라고 하는 것처럼 여래신 가운데 모든 중생이 발심하고 수행하여 정각을 얻는 것이 설해져 있지만, 지엄은 이것을 보리심을 발한 뒤에야 여래신 가운데 수행, 즉 과(果)에 근거한 수행·성등정각(成等正覺)·열반이 진실한 의미에서 가능하다고 해석하고 있는 것처럼 보인다.

또한 「성기품」의 해석 가운데서 지엄은 성기의 '처음과 끝'의 영역에 대해서 다음과 같이 설한다.

> 처음으로 발심한 후 불성이 일어남에 이르러, 최후에는 대보리, 대열반, 사리의 유통에 이르기까지…… 역시 대해·대행·대견문하는 (수행자의) 마음 가운데에 일어나는 것이다. (初始發心至佛性起, 終至大菩提大涅槃流通舍利…… 仍起在大解大行大見門心中.)(T35.79c)

앞에서는 체(體)로서의 성기는 지옥까지 미친다고 말했지만, 이 경우

는 보리심을 발한 뒤가 성기라고 간주되며, 삼생성불설에서 말하는 해행위(解行位)와 견문위(見聞位)에 있는 수행자의 마음속에서만 본성에 즉해서 행덕이 새롭게 일어난다고 설하는 것이다.

여기서 이하 간략하게 지엄이 보리심을 어떻게 이해하는지 보고자 한다. 지엄은 우선, 「성기품」에서는 여래지의 대약왕수는 모든 수행자 가운데서 생장하지만, 성문연각의 열반과 지옥의 악인, 그 외 두 곳에서는 생성(生性)은 버리지 않지만, 생장하지 않는다고 설해져 있다[32]는 것을 보여 준다. 지엄은 그들에게도 생성(生性)이 있다고 하는 부분을 본유문으로 보고, 지혜의 나무가 생장하지 않는 부분은 보리심의 유무를 그 기준으로 하는 본유수행문이라고 보는 것이다. 지엄은 이 두 문은 '이문(異門)', 즉 같은 사태를 다른 관점으로부터 서술한 것에 지나지 않기 때문에 모순되지 않는다고 서술하며, 나아가 다음과 같이 설하고 있다.

> 일체의 선근에는 삿된 것과 올바른 것이 있다. 다만 보리에 향하는 것은 인천의 선근 등이라고는 해도 모두 성기다. 보리에 향하지 않는 것은 성기가 아니다. (一切善根, 有邪有正. 但順菩提者, 無問人天善根等, 並是性起. 不順菩提者, 卽非性起.)(T35,81a)

보리에 수순하는 조건이 붙었지만, '인천의 선근' 즉 생천(生天)을 목표로 행해지는 현세적인 선행조차도 성기라고 하기 때문에 여기서 보리심은 성기의 조건이 되지 않는다는 것이 주목될 수 있을 것이다. 따라서 이 보리는 「성기품」에서 "모든 세간의 지혜와 이세간의 지(智)가 의지

---

32) 『華嚴經』 卷35, T9.623a-b.

하는 곳"[33]이라고 말해지는, 즉 중생에게 작용하여 보리에 나아가게 하는 여래지를 가리키는 것으로 생각된다. 인천의 선근, 그 배후에는 법신의 활동이 있는 것이다. 또한 그러한 선근은 아무리 정도가 낮다고 해도 장래 보리에 이르기 위한 계기가 된다는 점에서는 중생의 교화라는 여래의 활동에 수순하는 것으로 말할 수 있을 것이다. 즉 조금이라도 보리에 향하는 행위는 여래지의 활동에 의한 것이고 여래지에 걸맞는 것이다. 한편, 성체(性體)를 지니고, 또한 약간의 행덕을 갖추고 있다고 해도 현상에 머문다면 그러한 자는 기(起)로서의 성기는 아니라고 판정된다는 것이다.

다만, 이 경우, 생천을 위한 선근이라고 해도 성기에 포섭된다고 설하는 것은 배후에 있는 여래지의 활동을 강조한 것에 지나지 않는다. 역시 실제로는 중생 자신이 보리심을 발하고, 여래의 활동과 그 방향을 같이 한 후에 스스로의 마음속에 여래의 작용을 현전시키지 않으면 안 된다고 하는 것이 지엄의 주장일 것이다. 지엄의 이러한 주장은 유정유선(唯淨唯善)의 여래지를 근본으로 생각하는 것으로부터 온 것이고, 중생심인 여래장진식의 용대에 염용(染用)을 인정하는 혜원의 입장과는 다르다는 것을 알 수 있을 것이다.

또 다음으로 어떤 보리심을 일으켜야 하는가의 문제인데, 『공목장』 권4의 「성기장」에서는

대해·대행으로써 분별을 벗어난 보리심 가운데 일어나는 것을 '기'라 부른다. (起在大解大行離分別菩提心中, 名爲起也.)(T45,580c)

33) 同上, 卷35, T9.622b.

라고 하는 것처럼 보리심 위에 '이분별(離分別)'이라고 형용하는 점이 주목된다. 이 '분별을 벗어난'이란 점은 중요하다. 「성기장」에 "이 역시 성기에 수순하기 때문이다"[34]라는 이유로 담천(曇遷, 542~607)의 『망시비론(亡是非論)』이 붙어 있는 것도, '시비를 잊은' 것이 '분별을 떠난' 것 외에 다름 아니기 때문이라고 생각된다.

그런데 담천은 그 『망시비론』에서 시비를 떠나려고 하는 사이에는 아직 시비에 걸려 있다고 평가하고, 다음과 같이 서술한다.

> 걸림없고 번거롭지 않으려 한다면 무심보다 나은 것은 없다. 무심인데 누가 시비를 판정할 수 있겠는가. (將欲不累, 莫若無心. 以無心故, 誰謂爲是非. 是非亡矣.)(T45,581b)

즉, 시비를 잊는 궁극의 수단으로서 무심을 설하지만, 이러한 견지가 성기에 수순한다고 말하는 것은 역으로 이 무심의 입장으로부터 성기의 기준이 되는 '분별을 떠난 보리심'을 다시 보고자 하는 것이 필요할 것이다. 거기에 『공목장』「성기장」을 보면, '분별을 떠난 보리심' 가운데 일어나는 성기에 대해서

> 연기성이기 때문에 기라고 부르지만, 기는 불기에 다름 아니다. 불기라는 것이 성기이다. (由是緣起性故, 說爲起, 起卽不起. 不起者, 是性起也.)(T45,580c)

라고 설해져 있다. 즉 조건에 의해 생기하는 수지(修智)는 연기의 체인 성(性)에 즉하여 일어나는 것이고, 게다가 이 성은 은현 등의 모든 양상을 떠나 있기 때문에 성이 일어날 때는 연기 본래의 불기성(不起性)이

---

34) 『孔目章』 卷4, T45,581b.

현전하는 것이다. 이러한 상태를 수행자의 마음의 상태로서 파악한 것이 무분별심(無分別心)이다.[35] 즉, 연기에 의해 불기가 알려지고, 불기에 의해 연기가 밝혀지는 것 같은 장을 지엄은 '분별을 떠난 보리심'이라고 명명한 것이다. 지엄은 그러한 마음을 단적으로 표현한 것이 『망시비론』에서 설하는 '무심(無心)'이라고 생각했던 것 같다.

그런데 이러한 보리심에 기반을 둔 수행은 「성기장」에서 성기의 '기'에 대해서 '기'는 대해·대행으로 분별을 떠난 보리심 가운데 있다고만 설하고 있는 것처럼 견문위의 중생에게는 불가능한 것이다.[36] 그러나 어떤 낮은 단계의 대상일지라도 모든 중생은 보리심을 일으키지 않으면 안 되는 것이 지혜의 본의라고 생각된다.

이상으로 본 것처럼 본유수생문은 '분별을 떠난 보리심'이라는 장에서 본유와 수생이 결합한 것이지만, 이것은 혜원이 설하는 증실망연(證實亡緣)의 2문 가운데 섭법종인(攝法從人)에 상당할 것이다. 『대승의장』 권18의 「무상보리의(無上菩提義)」에서는 다음과 같이 서술한다.

> 법을 포섭하여 사람을 따르게 하면, 앞의 법성은 부처가 될 때 깨닫는다. 깨달아 마치고 돌아보면 본래부터 연은 없었다. 원래 연이 없었기 때문에 근본은 더럽혀져 있지 않으며, 지금 새롭게 청정해진 것이 아니라 앞의 법성과 같은 것이다. …… 이 법문은 법을 포섭하여 사람을 따르게 하기 때문에 수행의 덕이라고 이름한다. 수행의 덕이라고 이름하지만 법성과 다르지 않다. …… 성정인 방편의 그 깊은 뜻은 여

---

35) 玉城康四郞는 지엄이 起와 不起를 어디까지나 자신의 心의 문제로 파악하기 때문에 성기설이 단순한 연기의 이론적 이해에 머물지 않고, 실천에 통해 있다고 지적한다. 玉城, 「華嚴の性起について」(『宇井伯壽博士還曆記念論文集.印度哲學と佛教の諸問題』, 岩波書店, 1951), pp.281~287 참조.
36) 智儼敎學에서 見聞位의 의의를 고찰할 때, 三階敎와의 관계를 고찰할 필요가 있다고 생각된다.

기에 있다. 상세히 생각해 봐야 할 것이다. (攝法從人, 則前法性, 至 佛乃證. 證已返望, 從來無緣. 本無緣故, 本則非染, 今非新淨, 同前法 性. …… 此之一門, 攝法從人, 名爲行德. 雖名行德, 不異法性. …… 性淨方便, 妙玄在斯. 宜審思之.)(T44.830b)

부처의 눈으로 보면 조건은 본래 없는 것이다. 따라서 조건에 의해 오염되는 것도, 조건에 의해 오염을 벗어나는 것도 없고, 과위(果位)에 이르러 얻을 수 있는 행덕(行德)으로서의 보리는 그대로 앞의 법성과 같다고 말하는 것이다. "성정인 방편의 그 깊은 뜻은 여기에 있다[性淨方便, 妙玄在斯]"라고 평하는 곳에 성정과 방편정 양의를 겸하여 갖춘 이 섭법종인(攝法從人)의 입장에 대한 혜원의 평가를 엿볼 수 있다.

다만, 혜원의 섭법종인의 입장은 과위에 이른 부처에 의해 알려지는 것이기 때문에 갖가지 조건이나 보리심은 전혀 문제시되지 않지만, 지엄의 본유수생은 어디까지나 성(性)에 즉한 수행을 설하려고 하는 것이기 때문에 조건의 역할을 논하지 않으면 안 된다.[37] 거기에 지엄은 다음과 같이 보충한다.

문: 본유수생은 새롭게 생하는 것이기 때문에 옛 것은 아니다. 무엇 때문에 그 본성에 따른다고 설하는가.
답: 이 품은 새롭게 생한다는 취지이기 때문에 수생이라고 설한다. 근본과 뜻이 가깝고, 그러므로 성으로부터 일어난다. 예를 들어 지금 이 곡물은 겁의 처음과 다르지 않고, 지금의 연을 대해서는 소원하기 때문에 새롭게 얻었다고는 설하지 않는다. 이것은 생각하면 알 수 있

---

37) 慧遠은 如來藏·佛性이 隨緣하여 生死涅槃이 되는 점이 중요한데, 지엄은 그러한 본성이 어떤 형태로 조건에 제약되어, 또 조건을 얻어 힘을 발휘하는가에 관심을 보였다. 즉, 지엄은 조건에 원인과 동등한 힘을 인정하였다. 지엄의 이러한 사유는 그의 6의설에 잘 나타난다.

을 것이다. (問. 本有修生, 旣是新發義, 非是舊. 云何乃說從其本性. 答. 此品爲是新生之義, 說是修生. 與本義親, 故從性起. 如今 穀不別 劫初, 對今緣疎故, 不說新得. 此思可解.)(T35.63a)

즉, 곡물이 새로 나는 것은 확실한 조건에 의한 것이지만 실제로는 그 근본이 되는 것과 같은 곡물이 재생하는 것이고, 그 의미에서는 근본과 친근하며 지금 벼가 생겨나게 한 물과 토양, 빛 등의 조건과는 소원하다고 말하는 것이다. 또한 '이 품'(「십지품」)은 신생이라는 면을 중시하여 수생이라고 설하는 것은 진실한 존재 방식을 보여 주는 것이 아니라고 하고 있다.

여기서 주목해야 할 것은 "겁의 처음과 다르지 않다"고 하는 점이다. 이것은 과거에 무한히 결실이 반복되어, 그때마다 동질의 곡물이 세상에 출현하고 중생을 이익되게 한 것을 강조하기 위한 말이라고 생각된다. 『수현기』 권4하에서는 발심에서 대보리·대열반·유통사리까지가 성기의 '처음과 끝'의 영역이라고 하는 것처럼 여래지의 작용에 의해 이루어지는 중생의 수행은 대보리 내지는 유통사리라는 형태로 결실을 맺고, 다른 중생을 교화하여 이익되게 하는 것이다. 말하자면, 중생의 발심에서 열반·유통사리에 이르는 전 과정은 편만한 여래지, 즉 결과로서의 법신의 활동이다. 그리고 법신의 활동은 그러한 법신인 여래지를 본유로서 지니는 당면의 중생을 교화할 뿐 아니라, 그러한 중생이 수행하고 보리를 얻고, 설법하고 열반을 얻고 사리를 유통하는 형태로 다른 중생을 교화하는 것이다. 『수현기』의 삼교상성(三敎相成)에서 원교의 정의 가운데 "불사를 만족"시키는 것이라는 말이 있는 것은 이러한 것을 가리킬 것이다. 따라서 지엄이 말하는 성기는 여래장수연설에서의 여래장과 같이 중생 가운데 원인으로서 내재하고 생사와 열반으로 전변하는 것이 아니라, 오히려 여래 측으로부터 보는 여래의 활동 모든 장면을 가리킨다. 이것은 『여래장경』이 설하는 여래지는 "곧바로 중생을 위하여 설법하여 사실을 알게 하며, 방편을 펼쳐서 결과인 불신을 얻게 하는 자비행으로 작용"하는 것으로 묘사된다고 하는 다카사키 지키도(高崎直道)의 지적[38]을 생각나게 한다. 지엄은 그러한 여래지인 '성(性)'의 작용을 자신의 마음에서 파악하기 위해, 또 일심이 염과 정의 양면으로 전변한다는 여래장연기설을 비판하기 위해 중생 마음 가운데 여래지 그 자체가 본유로서 있다고 설하며, 분별을 떠난 보리심 가운데 그 작용이 현전하게 해야 함을 설하고 있다.

그런데 곡물을 비유로 사용하는 것은 혜원에게도 보인다. 『대승의장』 권1의 불성의(佛性義)에서는,

> 예를 들어 보리의 인과에서는 보리의 본성은 변하지 않는다. 변하지 않기 때문에 종자로서의 보리는 보리가 될 수 있는 것이며 다른 물건은 될 수 없다. 이와 같이 일체의 불성도 또한 그러하다. 원인으로서의 부처와 결과로서의 부처는 본성이 변하지 않기 때문에, 중생은 결국 반드시 부처가 될 수밖에 없으며 그 밖의 존재는 될 수 없는 것이다. (如麥因果, 麥性不改. 以不改故, 種麥得麥, 不得餘物. 如是一切佛性亦爾. 佛因佛果, 性不改故, 衆生究竟, 必當爲佛, 不作餘法.) (T44,472a)

라고 하는 것처럼 보리를 예로 들어서 인과불개(因果不改)의 본성을 불성으로 한다. 그러나 그 경우에도 이러한 변하지 않는 본성이 있기 때

---

38) 高崎直道, 『如來藏思想の形成』(春秋社, 1974), p.35.

문에 성불할 수 있다고 설하는 것처럼 이 변하지 않는 본성은 원인의 성품과 같다. 다만 혜원은 일체 제법을 불성으로서 파악하려고 하고, 많은 경론의 설을 수용하였기 때문에 그 불성설이 아주 복잡하게 된 것은 잘 알려져 있다.[39)]

그러나 지엄은 그러한 복잡한 불성설을 신랄하게 비판한다. 『공목장』 권2의 3종불성장에서는

> 문: 여래장의 성품을 또한 본성이라고도 한다. 왜 여래장의 성품은 수행의 위지의 관점에서 구별되는 모습을 설하지 않고, 불성의 법문은 그야말로 위지의 입장에서 그 명암을 논하는가?
> 답: 여래장의 구별은 (대승으로) 곧바로 진행하는 보살을 위해서 설하기 때문에 위지의 관점에서 논하지 않는다. 차별불성의 의미는 근기가 성숙한 성문에게는 많은 견해가 있는데, 지금은 그러한 견해에 따라서 구별을 설하는 것이다. 불성의는 삼승의 의미에 상당하기 때문에 상세하게 구별하여 논하는 것이다. (問. 如來藏性, 亦說本性. 何故如來藏性, 不約位說差別之相, 佛性義門, 卽約地位論其明闇. 答. 如來藏差別, 爲直進菩薩說故, 不約位論. 其差別佛性之義, 爲根熟聲聞見增, 今順彼見故說差別. 佛性義者, 當三乘義, 具辨差別.)(T45, 549c)

라고 하여 『불성론』의 삼종불성과 같이 계위에 맞추어 본성을 설하는 불성설은 자세히 분류하는데, 이것은 성숙한 성문을 대승으로 이끌기 위한 방편에 지나지 않는다고 단정한다. 만년의 저술인 『공목장』이나 『오십요문답』에서 세운 이언절상(離言絕相)의 돈교[40)]에 대해서는 한편으로

---

39) 常盤大定, 『佛性の硏究』(丙午出版社, 1930. 國書刊行會復刻, 1972), pp.193~201. 小川弘貫, 『中國如來藏思想硏究』(中山書房, 1976), pp.252~289 참조.
40) 이 문제에 대해서는 智儼이 『楞伽經』과 『維摩經』을 높게 평가하는 점에 주의를 기울일 필요가 있다. 지론종에서의 『楞伽』 연구에 대해서는 八木信佳, 「楞伽宗

는 비판하면서도 별교일승에 가까운 높은 평가를 부여하는 것으로부터 알 수 있는 것처럼, 지엄은 분류와 차별을 배제하는 경향이 강하지만, 『수현기』「발심공덕품」에서 보살의 초발심에 대해서 해석할 때 "이것은 자세하게 나눌 수 없으며, 만약 자세히 나누면 즉 취지를 잃는다"[41]라고 서술하여 자세히 과단하여 나누는 것을 금하는 것으로부터도 알 수 있듯이, 이러한 경향은 젊었을 때부터 이미 형성되었다고 생각된다.

결국 지엄은 혜원의 교학에 의거하면서도 자세히 분류하여 중복하여 논하는 학풍 자체를 부정하고, 혜원 교학의 축인 여래장연기설에 대해서는 염(染)과의 관련이 강한 것으로 간주하고 스스로의 법계연기 체계에서는 염문에 배당한다. 그래서 본유문과 본유수생문에 설해진 것처럼 본성이야말로 진실한 불성이고, 진실한 여래장이라고 주장할 뿐 아니라, 이 본성을 『화엄경』에만 설해진 성기(性起)라고 규정함으로써 지엄은 『화엄경』만을 지상(至上)으로 하는 입장을 확립하고, 지론교학으로부터 멀어진다.

5. 결론

『화엄경전기』에 따르면 젊어서 경론에 통효하여 칭찬을 받았음에도 불구하고 지엄은 스스로 "법문이 번성하고 흥하여 지혜의 바다 깊고 깊어지지만 훌륭한 마차의 방향을 어디에 둘지 알지 못한다[法門繁興, 智海沖深, 方駕司南, 未知何厝]"라고 한탄하며 경장의 앞에 서서 그저 손

考」(『佛教學セミナー』14, 1971), pp.50~65 참조.
41) 『搜玄記』 卷2上, T35.36b.

에 닿는 대로 집었던 것이 『화엄경』 제1권이고, 이후 『화엄경』 연찬에 힘을 쏟게 되며, 혜광(慧光)의 『화엄경소(華嚴經疏)』를 보고 깨달은 바가 있어 드디어 입교 개종하기에 이른다고 한다.[42] 이 기술은 이러한 전기에는 으레 붙는 수사법을 포함하지만, 각각의 경론을 배우면 배울수록 어느 것이 진실한 가르침인지, 또 여러 가지 교설은 어떤 의의가 있는지에 대한 의문에 봉착하지 않을 수 없었던 것은 틀림없었을 것이다. "훌륭한 마차의 방향, 아직 어느 쪽에 두어야 하는지 알지 못하고"라는 말은 훌륭한 마차, 즉 대승으로 나아가야 할 방향을 가리키는 지침을 구하고 있던 지엄의 초초함을 잘 표현하는 듯이 보인다. 그래서 지엄은 그 '방향[同南]'을 많은 경론에 종종으로 설해진 여래장설, 불성설이 아니라 『화엄경』 「성기품」에서 끌어낸 것이지만, 이 선택은 근거가 없는 것은 아니었다. 「성기품」(『성기경』)은 여래장설, 불성설의 원천[43]이지만, 그 교설이 반드시 소위 여래장성 혹은 불성설과 동일한 것은 아니기 때문이다. 나카무라 즈이류(中村瑞隆)는 「성기품」에서 중생 가운데 여래의 지혜가 있다고 설하는 것은, 가장 오래된 여래장경전인 『여래장경』이 부처의 눈으로 보면 중생은 여래지(如來智), 여래신(如來身), 여래장당(如來藏當)을 때 없는 그대로 갖추고 있다고 설하는 것과 마찬가지로 후대의 여래장경전과 같이 번뇌가 얽혀 때가 있는 여래장을 갖추었다고 주장하는 것은 아니라고 한다.[44] 또한 다카사키 지키도(高崎直道)에 의하면 『여래장경』에서는 중생이 여래 그 자체를 감추었다고 설하는 것에 대해서 뒤에는 중생 가운데 있는 여래와 같은 본질인 미래의 여래가 될 만

---

42) 『華嚴經傳記』 卷3, T51.163c.
43) 高崎, 주38, 앞의 책, p.575.
44) 中村瑞隆, 「西藏訳如來藏經典群に表れた佛性の語に就いて」(『日本佛教學會年報』 25, 1970), pp.74~75 참조.

한 원인을 여래장이라고 부르게 되지만, 그러한 동질의 원인이라는 성격을 강조한 것이 불성이라고 말한다고 한다. 또한 다카사키는 시대가 내려가면 그러한 여래장이 왜 염정의 의지(依持)가 될 수 있는가 하는 문제를 추구하게 되고, 나아가 염연기(染緣起)의 근거가 된다고 설명하기 위해 아라야식설과 결합하게 된다고 논한다.[45]

즉 지엄에 의해 정연기(淨緣起)로서는 충분하지 않고 염연기의 구조를 밝히는 것에 의의가 있다고 판정된 여래장설은 마지막 단계의 여래장설이 된 것이다. 보다 정확히는 당시 알려져 있는 여래장설과 불성설을 도입하여 일체 염정의 제법과 여래장, 불성의 관계를 미세하게 논하여 극히 자세하게 설하려고 하는 혜원의 교학이 비판된 것이다. 번쇄한 해석을 거부하는 지엄이 중생 가운데 여래의 지혜 그 자체가 있다고 선언하고, 그 의지(依持)가 되는 여래지(如來智)의 선한 작용만을 설하는 『화엄경』 「성기품」에 착안한 것은 매우 자연스러운 결말이라고 말할 수 있다. 또한 특이한 종교인 삼계교(三階敎)가 일체 중생을 여래장불이라고 보고, 여래장에 근거하여 보법(普法)을 실천해야 한다고 설한 것은 잘 알려져 있는데, 지엄은 그 삼계교설을 높게 평가한다.[46] 말하자면, 지엄은 혜광(慧光)의 『화엄경소』를 통해 초기 여래장사상의 종교성을 지향한 것이다.

---

45) 高崎直道, 「如來藏思想と緣起」(佛敎思想硏究會編, 『佛敎思想 3, 因果』, 平樂寺書店, 1978), pp.207~226 참조.
46) 鎌田茂雄는 三階敎와 華嚴宗이 함께 스스로 여래장이라는 강한 자각 위에 세워졌다는 것에 주의하고 있다. (鎌田茂雄·上山春平, 『無限の世界觀(佛敎の思想 6)』, 角川書店, 1969, pp.197~198). 또한 지엄의 삼계교관에 대해서는 木村淸孝, 「智儼·法藏と三階敎」(『印佛硏』 27-1, 1978), pp.100~107 참조.

제2절 부정과 무진

1. 별교일승의로서의 부정

『화엄경』「수명품」에 따르면, 우리들 사바세계의 일겁은 안락세계인 아미타불세계의 하루에 지나지 않고, 그 아미타불세계의 일겁은 성복당세계(聖服幢世界)의 금강불찰의 하루에 지나지 않는다고 한다. 『화엄경』은 계속해서 수명이 길어지는 여러 세계에 관해서 거듭 기술한 후에 "불자여! 이와 같은 순서로 백만아승지의 세계가 있다. 최후의 일겁은 승련화세계의 현수불찰에서의 하루가 된다. 보현보살 등의 대보살은 그 가운데 충만해 있다"[1]라고 설하면서 이 짧은 품을 마무리짓고 있다. 쇼무(聖武) 천황이 병들었을 때 내도량(內道場)의 승 안칸(安寬)이 『여의륜다라니경』 등과 함께 수명품을 독송했다는 것은,[2] 수명의 장원함을 설하는 이 품을 독송한 것이 되며, 『화엄경』을 신봉하는 쇼무 천황의 병이 쾌유하기를 바라고, 혹 이루어지지 않을 때는 그러한 연화장세계에의 왕생을 기원한 것이리라.

정토왕생을 바라는 경우에도, 이렇게 수명이 긴 것은 물론 매력 포인트가 된다. 불노장생을 동경하는 중국인에게 각각의 정토에서 수명의 길이가 얼마나 절실한 문제인지는 다시 말할 것도 없다. 하지만, 지엄은 수명의 길이 그 자체보다 각각의 세계가 시간을 갖는 것, 즉 여러 시간 체계가 동시에 존재한다는 사실에 관심을 보였다고 생각된다. 예를 들

---

1) 『華嚴經』 卷29, T9.589c.
2) 堀池春峰, 「道鏡私考」(『藝林』 第8卷, 第5號, 1957), p.23.

어, 27세작인 『수현기』 가운데 「수명품」의 해석에서는 보현보살 등이 거주하는 연화장세계의 수명이 장원함을 찬탄하지 않고, 이 품의 본지는 "목숨과 장소는 정해지지 않아서 마음에 따라서 성취된다"[3]라는 것을 가르치는 곳에 있다고 설할 뿐이다. 그리고 "즉수어무수야(卽壽於無壽也)"라고 서술하지만, 이것이 일승의 불토에서는 '무수(無壽)', 즉 일정의 수량이 없다는 것을 수량이라고 한다는 의미일 것이다. 바로 전 아승지품을 해석할 때, 방대한 수에 대해서 서술한 경문에 대해서 『수현기』에서 "차즉수어무수이(此卽數於無數耳)"[4]라고 서술하는 것으로도 알 수 있듯이 지엄은 "수명이 없음을 수(壽)로 한다", "숫자가 없음을 수(數)로 한다"라는 양상을 『화엄경』의 특색이라고 보고 있는 것 같다. 만년작인 『공목장』 권4의 「수명품수명차별장(壽命品壽命差別章)」에서도 일승의 수명은 "장단이 자재하다[長短自在]"[5]라는 것을 강조할 뿐 일승교의 정토에서의 수명의 장원함을 치켜 올리고자 하지 않는다.

또한 지엄은 같은 만년의 작인 『오십요문답』 권상의 일념성불의에서는 일념성불에 관한 소승과 삼승의 설에 대해서 간단히 언급한 뒤,

> 일승의 의미에 의하면 성불하는 시절은 모두 정해져 있지 않다. 시방 세계는 시간이 같지 않기 때문에 인다라망과 같은 다른 모든 세계는, 모두 각각 응보의 위지에서 유위한 모든 겁의 상작 및 상입 등을 설하기 때문에 정해진 시간이 없어도, 또한 시간의 법칙과 어긋나지 않는다. (依一乘義, 成佛時節並皆不定. 爲十方世界時節不同, 因陀羅世界等, 並據當分報位, 說有爲諸劫相作及相入等故, 無定時, 仍不違時法也.)(T45.520a)

<hr>

3) 『搜玄記』 卷4上, T35.76a.
4) 同, 卷4上, T35.76a.
5) 『孔目章』 卷4, T44.576a.

라고 설하지만, 여기서도 "성불하는 시절은 모두 정해져 있지 않다"라는 것이 일승의 뜻이라 하고 있다. "정해진 시간이 없어도 또한 시간의 법에 어긋나지 않는다"라는 것은 세계마다 시간의 길이가 다르더라도 혹은 제겁이 상즉상입한다고 해도 성불 자체는 시간의 양상을 벗어나 있지 않고, 즉 각각의 세계에서 시간은 평상시처럼 흘러가도 전혀 난처할 일은 없다는 것이리라. 지엄이 설하는 부정(不定)은 무한의 다양성을 인정한 것이며, 여러 세계에서 다양한 시간이 흘러가는 것은 시간이 정해지지 않음의 뜻을 어떤 한 측면에서 한정한 것에 지나지 않는다. 시간을 성립시키는 것은 그 세계의 중생심이다.

이러한 입장은 최후 저작인 『공목장』에서도 강조된다. 권4의 「석사십오선지식문중의장(釋四十五善知識文中意章)」에서는 『화엄경』에 기반을 두고 '질득성불(疾得成佛)'에는 다섯 종류가 있다고 하며 『화엄경』의 기술을 예로 들어 논하고 있다. 첫째는 전생의 공덕에 의해 '승신(勝身)'을 얻어 일생 가운데 성불하는 것, 둘째는 『화엄경』 견문의 공덕으로 3생을 거쳐 성불하는 것, 셋째 이하에 대해서는 다음과 같이 서설한다.

> 셋째, 일시질득성불이란 선재동자가 선지식처에서 일시에 보현법을 얻은 것 같은 부류이다. 넷째, 일념질득성불이란 보현법에 합치해서 일념 간에 빨리 성불하는 부류이다. 이것은 속제의 찰나[念]에 의한 것이다. 다섯째, 무념질득성불이란 일체법은 불생이고, 일체법은 불멸이다. 만약 이렇게 이해할 수 있으면, 이 사람은 진실된 부처를 볼 수 있기 때문에 그렇게 말하는 것이다. (三依一時疾得成佛者, 如善財童子, 於知識處, 一時之間, 獲普賢法. 四依一念疾得成佛者, 如契普賢法, 一念卽成佛. 此依俗諦念也. 五無念疾得成佛者, 一切法不生, 一切法不滅. 若能如是解, 是人見眞佛故.)(T45,585c)

여기서 주목되는 것은 넷째의 '일념질득성불'로 "이것은 속제의 찰나에 의한 것이다"라고 서술한다는 점이다. 첫째부터 넷째까지 보이는 '일생', '삼생', '일시', '일념' 등은 상식적인 시간 개념에 기반을 둔 말이고, 다섯 번째의 '무념'은 그렇지 않다. 일념성불이야말로 일승의 뜻이라고 하는 기무라 기요타카(木村清孝)는 "지엄이 일념성불 상에서 무념성불을 세우게 된 것은 최만년의 지엄에게, …… 무념의 경계와 위지, 즉 언어를 떠난 진리의 세계에 대해서 주체적으로 철저한 것만이 관심사"임을 엿보게 하는 것이며, "교판의식을 벗어난" 것을 보여 주는 것이라고 하지만,[6] 요시즈 요시히데(吉津宜英)는 지엄은 일념성불이야말로 일승의 특질이라고 주장한 예는 없고, 일념성불은 오히려 종교에서 설해진다는 것을 지적한 후에 일념과 다겁의 대비를 논하는 경우, 지엄은 일승의 입장은 일념도 아니고, 다겁도 아닌 부정(不定)이라고 명언한다고 지적하였다.[7] 필자는 요시즈의 주장이 타당하다고 인정하면서도, 요시즈는 지엄에서의 부정 개념의 중요성을 충분히 인식하지 못한 것을 지적하고, 지엄에 의하면 부정이야말로 『화엄경』 궁극의 입장이었음을 강조했다.[8] 요시즈는 이것에 대해서 지엄의 일승의에 대해서는 동별이교의 어느 입장으로부터 설하는 것인지 명확히 해 둘 필요가 있음을 강조하고, 질득성불에 관한 '부정(不定)'에 대해서는 "삼승과 일승 공통의 장이라는 동교적 문맥 가운데 사용되는 부정"이라고 해석하여, 부정을 『화엄경』 궁극의 입장으로 보는 것에 대해서 반론하였다.[9] 요시즈의 지적대로 지엄이 설하는 '부정'의 용례는 별교일승의 의미를 드러내는 것

6) 木村清孝, 『初期中國華嚴思想の硏究』(春秋社, 1977), p.593.
7) 吉津宜英, 『華嚴禪の思想史的硏究』(大東出版社, 1985), pp.72~73.
8) 石井, 「不定の感覺 – 智儼敎學の背景」(『東洋の思想と宗敎』3, 1986. 6), p.38.
9) 吉津宜英, 『華嚴一乘思想の硏究』(大東出版社, 1991), pp.76~77.

뿐만이 아니며, 필자의 논의에 애매한 부분이 있었던 것도 사실이지만, 시간에 관한 논의에서 보면 요시즈가 '동교적 문맥'이라고 간주한 곳을 지엄이 실제로 '동교'라고 지칭한 예가 없다는 것을 무시하기는 어려울 것이다. 특히 『공목장』「십지장」에서 인천승, 소승, 점오승, 돈오승, 구경 승(일승) 다섯 가지로 나누어 성불을 논할 때 다섯 번째의 일승에 대해 서 지엄이,

> 다섯째, 일승의 취지라는 입장에서 보면, 십신의 최후 마음에서 또는 십해위·십행·십회향·십지·불지에서도 모두가 성불한다. 법보주라선 지식을 참방하는 곳에서 설명한 대로이다. 왜 그런가. 일승의 취지는 삼승 및 소승 등을 유인하고, 하위 및 하위의 몸에서 성불할 수 있기 때문이다. 또한 8지 이상은 정말로 부처가 된다. 이 위지에서 무애불 으로서의 일체의 몸을 성취하기 때문이다. 이것은 별교에 의거해 설 한 것이다. 만약 동교에 의해 설한다면, 즉 앞의 4승이 밝히는 도리를 설한다. 일체는 모두 일승의 취지 외에 다른 것이 없다. (第五約一乘 義者, 十信終心, 乃至十解位十行十廻向十地佛地, 一切皆成佛. 如法 寶周羅善知識中說. 何以故. 一乘之義, 爲引三乘及小乘等, 同於下位 及下身中得成佛故. 又八地已上, 卽成其佛. 如於此位成無礙佛一切身 故. 此據別敎言. 若據同敎說, 卽說前四乘所明道理. 一切皆是一乘之 義.)(T45.561ab)

라고 서술하는 것은 중요하다. 요시즈는 십신 최후의 마음으로부터 불 지에 이르는 각 단계에서의 성불을 인정한 전반부분은 "삼승 등을 이 끌어 그것에 동화되도록 하기 때문에 내용적으로는 동교적이라고 말할 수 있다"[10]고 하지만, 지엄은 전반 부분에 대해서는 "이것은 별교에 의

---

10) 同, p.66.

거한다"라고 명언하고 있다. 즉 어떤 실천의 계위에서 성불하는가 혹은 어떤 실천의 계위에서 어떤 실천의 계위 범위 안에서 성불하는가가 결정되어 있는 소승이나 점교의 대승, 혹은 '불가설'을 강조하는 돈교와는 달리, 모든 계위에서 성불할 수 있으며 자재한 것이 『화엄경』이 설하는 별교일승의 법문이라는 것이 지엄의 주장이다. 『화엄경』에서는 삼승의 근기를 유인하기 위해서 아주 낮은 계위에서의 성불을 설하는 한편, 8지 이상에서 무애불을 성취하는 것도 설하지만, 그러한 설과 여러 경론이 설하는 통상의 성불설을 포함한 모든 성불설을 갖추고 있는 것이 별교일승이라고 지엄은 설하므로 『화엄경』 외에는 볼 수 없는 특수한 설만이 별교라는 것은 아니다. 혜광(慧光)의 『화엄경소』에 실제로 '별교일승무진연기'라는 말이 있었는지는 의심스럽지만, 지엄의 입장인 '별교일승무진연기'는 수행에서 원인과 그 결과(인과·연기)의 방식이 앞에서 설한 것처럼 다양하여 '무진'임을 가리킬 것이다. 일미진과 일체의 세계가 상입하고 상즉하는 문제를 둘러싼 철학적 논의를 거듭하여, 그것을 『화엄경』의 특색으로서 자랑하게 되는 것은 법장 및 그 이후에 성립되는 것으로 보인다.

한편, 일반적으로 십지 등을 거치지 않더라도 믿음이 성취된 단계에서 성불한다고 설하는 신만성불설이 화엄교학 독자의 성불론이라고 생각하지만, 『오십요문답』 권상의 「신만성불의」에서는

문: 십신에서 부처가 되는 것과 십지의 종심에서 부처가 되는 것은 어떤 차이가 있는가?
답: 다만, 십신에서 부처가 된다고 말할 뿐, 십지의 종심에서 부처가 된다고 말하지 않는 것은 이것은 삼승교이다. 왜 그런가? 법의의 도리가 갖추어져 있지 않기 때문이다. 만약 5위나 9위를 갖추어 부처가

된다면 이것은 일승원교에 포함된다. 왜 그런가. 교의 등을 다 갖추어 설했기 때문이다. 소승불과 삼승불은 모두 성전의 부처이다. 일승의 부처는 진실한 의미의 부처이다. (問. 十信作佛與十地終心作佛, 差別云何. 答. 但言十信作佛, 不論十地終心作佛, 則是三乘敎. 何以故. 由法義道理不具故. 若具五位及九位作佛, 是一乘圓敎攝也. 何以故. 由具敎義等具足說故. 小乘佛三乘佛, 並是阿含佛. 一乘佛是義佛也.) (T45.521a)

라고 하는 것처럼, 십신위에서 성불을 설할 뿐 다른 계위에서의 성불을 논하지 않으면 삼승교라고 지엄은 단언한다. 이것으로 본다면, 신만성불을 설하는 자체는 이미 지론종 단계에서 확립했다고 생각된다. 또한 특정의 실천의 계위만이 아니라, 각각의 실천의 계위에서 성불한다는 점에 관해서는 돈황 출토 지론종 문헌 P2832B에서,

(10회향) 이후부터 뒤는 출세간□ 사람의 무루의 위지이다. 모두 8식인 진지를 본체로 하고, 유일한 진실이 있을 뿐으로 평등한 존재 방식 가운데 모든 법을 완전히 수행하고, 처음 초지에서 마지막 불과에 이르기까지 어느 단계에서도 무명을 끊는다.[(十廻向)自此以後, 是出世間□人无漏之位. 皆八識眞智爲體, 一實平等法界圓修, 始從初地終至佛果, 皆斷无明.](敦煌寶藏124.394上)

라고 설하여, 초지부터 불지에 이르는 각각의 위지에서 "모두 무명을 끊는다"라고 단언하고 있다. 지엄은 이들 지론종의 여러 설들을 축으로 하여 당시 알려져 있던 모든 설을 집성하여 『화엄경』은 십신종심으로부터 불지에 이르기까지 모든 실천의 계위에서 성불한다고 주장한 것으로 생각된다. 여기서도 "교의 등을 다 갖추어 설했다"는 것이 『화엄경』의 특색으로 설명되는 점에 주의할 필요가 있다. 한편 위의 인용문에

서는 일승원교라고만 되어 있고 별교일승이라는 용어는 사용하지 않지만,『공목장』「십지장」에서는 모든 계위에서 성불할 수 있다고 설한 다음 "이것은 별교에 의거하여 말한 것이다"라고 설하는 것으로 볼 때, 별교와 동교가 원교를 구성하는 경우, 별교가 원교를 대표하는 경우가 있는 것을 알 수 있다. 실제로 의상이나 법장 시대가 되면, 별교만이 원교로 인정되고, 차차 그러한 경향이 강해지는 듯한데, 이러한 별교 중시의 경향은 이미 지엄 만년에 시작되었다고 보인다.

한편, 동교에 대해서는『공목장』「십지장」에서는 "앞의 4승이 밝히는 도리" 모두가 일승에 포함되어 있다고 단언한다. 즉, 별교일승과 달리 개개의 설을 주장하는 앞의 4승은 동교의 관점으로 보면 그대로 일승의 법문으로 간주되지만, 별교일승 이외의 그러한 여러 설은 무수히 다양한 별교일승 법문 가운데 그대로 수렴된다. 지엄에서의 별교는 자주 오해하는 것처럼,『화엄경』이 설하는 각각의 독자 주장을 가리키는 것 뿐만이 아니다.『화엄경』에서만 설하는 특수한 주장은 물론 별교의 내용이지만, 그렇게『화엄경』에만 보이는 독자의 설과 대소승이 설하는 다양한 설을 포함한 일체의 법문을 완전히 갖추고 있는 점에서는 다른 경전과 다르다는 것도 별교의 특질이다. 지엄은 오히려 이러한 측면을 중요시한다. 이 점은 지금까지 오해되어, 혼란이 가중된 해석을 낳은 원인이 되었기 때문에 주의해야만 한다. 대소승이 설하는 다양한 설이나 그 이외의 설을 모두 포함하기 때문에 비로소『화엄경』이 다른 일승경전과는 다른 별교일승이 된다고 지엄은 설하고 있는 것이다. 이러한 주장, 즉,『화엄경』에는 일체의 법문이 포함되어 있다는 주장을『화엄경』각 부분에 대입시키면,『화엄경』개개의 구문은 일체법문을 포함하는 것이 된다. 실제 지엄은『오십요문답』에서 일승교는 '원교일승'이라

칭하며, 공교와 불공교를 나누어,

> 원교일승이 보여 주는 여러 의미에 의하면, 문문구구가 모두 일체의
> 내용을 갖추고 있다. 이것은 불공교이다. 구체적으로는 『화엄경』이 설
> 하는 대로이다. 둘째 공교는, 즉 소승과 삼승의 가르침이다. 명자는
> 같아도, 의미는 모두 다르다. 여러 대승경 가운데 구체적으로 설해진
> 대로이다. (圓敎一乘所明諸義, 文文句句皆具一切. 此是不共敎. 廣如
> 華嚴經說. 二共敎者, 卽小乘三乘敎. 名字雖同, 意皆別異. 如諸大乘
> 經中廣說.)(T45,522b)

라고 설하고 있다. 이에 대해서 오다 아키히로(織田顯祐)는 "'문문구구
에 모두 일체를 갖춘다고 하기 때문에 불공교'라고 하지만, 이것은 약
간 이해하기 어려운 해석이다. 하나하나에 일체를 갖추는 것을 '불공'
이라는 말로 표현해야 하는 의도가 명확하지 않기 때문이다"[11]라고 의
문을 제기한다. 그러나 개개의 법문을 설하는 다른 여러 경전과는 달
리, 한 경전 안에 일체의 법문을 포함하는 것이야말로, 게다가 '문문구
구'에 일체의 법문을 포함하고 있기 때문에 『화엄경』이 다른 경전과 구
별되는 독자의 교설이라고 할 만한 즉, '불공교'라고 지엄은 주장하기 때
문에 그 의도는 명확하다고 해야 할 것이다. 밀의를 가지고 설하는 대
승경전의 경우는 경문의 표면적인 의미와 그 속에 감추어진 부처의 진
의라는 두 가지 교설을 포함하지만, 『화엄경』은 두 가지가 아니라, '문문
구구'에 무한한 교설을 포함한다는 것이 지엄의 주장이다. 한편, 공교의
경우는 '소승교·삼승교'의 다양한 법문도 결국은 일승을 벗어나지 않는

---

11) 織田顯祐,「華嚴一乘思想の成立史的硏究 - 地論宗敎學より見た智儼の敎學」(『華嚴
  學硏究』2, 1988), p.174. 吉津가 "不共은 다른 것과 공통되지 않는 『화엄경』 독자
  의 법문이다"(注 9, 앞의 책, p.54)라고 설하는 것만으로는 충분하지 않다.

다고 보기 때문에, 공교에 대해서 서술하는 부분에서는 역으로 이들 여러 경론의 설이 각각 다르다는 것이 강조된다. 즉, 일체의 법문을 포함하고 있기 때문에, 대소승의 어떤 경론의 설을 취해도 같은 법문, 공통되는 법문을 『화엄경』 가운데 감추고 있는 것이 불공교이다. 결국은 일승을 벗어나지 않는다고는 해도 표면적으로는 '소승삼승교'로서 존재하고, 교설이 각각 다르기 때문에 공교라고 한다는 매우 역설적인 상황이 되어 버린다. 지엄의 교학이 난해한 이유는 문장이 간결하기도 하지만, 위에서 말한 바와 같은 점이 크다고 생각된다. 말법의 저열한 근기에게는 올바른 판단이 불가능하다고 본 삼계교에서는 특정의 부처에 귀의하는 것은 불법을 비방하는 행위라고 간주하고, 일체의 부처에게 평등하게 귀의하는 보법(普法)을 설한 것으로 유명하다. 그 삼계교를 지엄이 높이 평가한 것은 잘 알려져 있지만,[12] 일체의 법문을 포용한다고 규정하는 지엄의 불공교는, 즉 높은 근기의 수행자를 위한 보법이고, 아무리 다양한 교설이라 해도 한꺼번에 이해할 수 있는 뛰어난 근기가 대상이기 때문에 특정의 설만을 설하는 경전은 정도가 낮은 것으로 간주된다. 이 불공교가 별교일승에, 공교가 동교일승에 상당하는 것은 명백하다.

이렇게 보면, 성불의 시간에 대해서 설할 때, 지엄이 일승에서는 '부정'이라고 설한 것은 별교일승의 의미라는 것을 확인할 수 있을 것이다. 즉, 별교일승은 모든 한정을 벗어난다는 의미에서는 '부정'이며, 일체의 법문을 포함한다는 점에서는 '무진'인 것이다. 이러한 의미에서 '부정'이란 말을 사용할 경우 『화엄경』 이외의 경론이 다른 교리를 전개하여 한

---

12) 木村淸孝, 「智儼·法藏と三階敎」(『印佛硏』27-1, 1978. 12).

가지 모습이 아닌 경우, 혹은 그러한 경론이 복수의 설을 보이거나 범위를 지정할 뿐 명확한 정의를 보이지 않을 경우를 가리켜 '부정'이라고 부르는 것과는 구별해야만 한다 .

한편, 동별이교를 함께 중시하여 원교의 내용으로 보는 지엄과는 달리, 법장은 별교일승의 측면만을 원교로 보며, 동교일승에 대해서는 경시하여 삼승에 가깝게 설하는 경향이 있는 것은 요시즈가 지적하였는데,[13] 그러한 법장이 『오교장』「수행시분」을 설할 때,

> 만약 돈교에 의하면, 일체의 시간은 모두 언어로 설할 수 없다. 다만, 일념이 생기하지 않는다면 정말로 부처이기 때문이다. 일념은 즉 무념이다. 시간은 즉 시간이 없는 것이다. 그 외의 점은 이것에 준하여 생각하면 좋다. 만약 원교에 의하면 일체의 시간은 모두 부정이다. 왜 그런가 하면, 여러 겁이 서로 안으로 들어가기 때문이다. 서로 상즉하기 때문이다. 일체의 인다라망 등의 여러 세계를 관통하여 들어가기 때문이다. 즉 각각은 장소에 따라서 혹은 일념이거나 무량겁 등이지만 시간의 존재 방식에는 어긋나지 않는 것이다. (若依頓教, 一切時分皆不可說. 但一念不生即是佛故. 一念者, 即無念也. 時者, 即無時也. 餘可準思. 若依圓教, 一切時分, 悉皆不定. 何以故. 謂諸劫相入故. 相即故. 該通一切因陀羅等諸世界故. 仍各隨處, 或一念或無量劫等, 不違時法也.)(T45.491a)

라고 설하여, '일체의 시간은 모두 부정'이라는 것을 원교의 뜻으로 한 것은 무시할 수 없다. '무념'은 신흥의 습선자들도 강조한 개념이기 때문인지 법장은 지엄과 달리 '무념'을 화엄 독자의 입장으로 하지 않고 돈교

---

13) 吉津, 注9, 앞의 책, pp.246~248. 吉津는 이러한 변화는 『法華經』을 소의로 하는 일승대승가에 대한 비판에 근거하였다고 추측한다.

에 해당시키지만, '부정'이라는 말에 대해서는 그대로 일승(원교)의 입장을 보이는 말로 사용한다. 만약 요시즈처럼 '부정'이 동교의 색채가 농후한 개념이라면, 법장은 '무념'이란 말을 돈교에 해당시킨 것처럼, '부정'이란 말은 종교 등의 설명에서 활용하고, 원교의 설명 부분에서는 그 대신에 '무애' 혹은 '중중무진'이란 말을 사용했을 것이다. 그럼에도 불구하고, 『오교장』에서는 그대로 '부정'이란 말을 사용하기 때문에 지엄이 시간론에서 사용하는 '부정'이라는 개념이 얼마나 중요시되고, 『화엄경』의 특질을 보여 주는 역할을 다했는지 알 수 있을 것이다. 적어도 시간을 둘러싼 논의에 관해서는 지엄이 부정을 『화엄경』의 궁극적인 입장으로 생각했다고 보아도 좋을 것이다. 화엄교학의 특색은 결과의 측면이 강한 성기(性起)를 설하는 점과 『화엄경』은 일체의 것을 포함하여 자재하다는 것을 강조하는 점에 있다고 생각되지만, 후자의 면을 발전시켜 가는 가운데 '부정'의 개념이 만들어 낸 역할은 매우 컸다고 생각된다.

여기서는 그러한 부정의 개념이 형성된 배경에는 시간은 부정이라는 예리한 감각이 있었음을 보임으로써 지엄 교학의 형성 과정과 그 특질을 밝히고자 한다.

2. 성기(性起)와 부정(不定)

화엄종의 근본교리는 말할 것도 없이 성기(性起)이다. 그러나 '성기'라는 역어에 상당하는 범어는 다양하다.[14] 게다가 한역할 때 중국사상에

---

14) 高崎直道, 「華嚴敎學と如來藏思想」(川田熊太郎監修·中村元編, 『華嚴思想』, 法藏館, 1960), pp.282~289.

서도 중국불교에서도 다양한 의미를 포함한 '성(性)'이라는 글자가 사용되었기 때문에 『화엄경』에서의 성기의 개념은 매우 애매하다. 그 때문에 지엄의 성기설도 복잡하게 되었는데, 여기서도 부정의 개념이 큰 역할을 하고 있다는 것에 주의를 기울일 필요가 있다.

예를 들어, 『오십요문답』권상 「불전의의(佛轉依義)」에서는 일승의 전의에 대해서 다음과 같이 말한다.

> 일승교에 의하면, 본유와 본유수생, 수생과 수생본유, 이것들의 네 가지 지위는 항상 그러하다. 구체적으로는 소에서 설한 대로이다. 악을 멸해도 불멸이고 항상 그러하기 때문이다. 전의의 측면은 저 9세와 10세에도 해당된다. (依一乘教, 本有及本有修生, 修生及修生本有, 四位常然. 廣如疏說. 滅惡不滅, 究竟常然故, 轉依義通其九世及十世.)(T45.521b)

즉 긴 수행에 의해서 악업을 멸하고 전의를 얻는다고 설하는 소승, 수행에 의해 본유인 여래장을 드러낸다고 설하는 대승, 법신은 본래 번뇌를 벗어나 있어 '상을 벗어남'조차도 없다고 강조하는 돈교 등의 가르침과 『화엄경』과의 차이를 『화엄경』에서는 본유·본유수생·수생·수생본유라는 '네 가지 계위'가 '항상 그러하다'라고 되어 있는 점을 따로 강조하는 것이다. 그때 참된 본유인 성기야말로 일승의 의미가 된다고 강조하지 않는다는 점에 주목해야 할 것이다. 일승의 의미는 어디까지나 "네 가지 계위가 항상 그러하다"라는 점에 있다. 또한 일승의 전의는 "저 9세 및 10세에 통한다"라고 되어 있는데, 화엄교학에서는 '10'은 무한을 나타내고, 인다라망적인 존재양상을 의미하는 말이기 때문에, '10세'는 그러한 때의 부정을 의미하는 것이 된다. 따라서 위 『오십요문답』

의 인용문은 "정해진 시간이 없어도, 또한 시간의 법칙에 위배되지 않는다"라고 설한 앞서의 논의와 같은 내용이라고 말할 수 있다. 게다가 『오십요문답』에서는 "구체적으로는 소에서 설한 대로이다"라고 하여 자세한 설명을 『수현기』에 미루고 있다. 지엄의 기본적 입장은 젊은 시절에 이미 확립되었던 것이다.

지엄은 『수현기』에서는 여래장계 경론의 설을 수행의 면이 강한 이유로 수생본유에 해당시키는 한편, 본유와 본유수생은 "「성기품」에 있고"[15]라고 명언하며, 본유인 성기를 『화엄경』 불공의 설로서 존중한다. 그러나 「성기품」은 『화엄경』의 일부에 지나지 않는다. 지론종 연기설의 소의인 『십지경(화엄경십지품)』을 초월하는 면을 드러내 보였기 때문에 「성기품」을 지엄 자신이 근거로 삼았지만, 그렇다고 『화엄경』의 다른 부분을 경시해도 좋다는 의미는 아니다. 지엄에게 『화엄경』 전체가 다른 경전을 멀리 초월해 있다는 의식이 하나의 출발점이었다는 것은 의심할 수 없는 사실이다.

거기서 지엄은 「성기품」에서만 참된 본유와 본유수생의 교설을 인정하고 다른 여래장계 경전과 준별하는 한편, 본유·본유수생·수생·수생본유라는 '네 가지 계위', 즉 모든 교설을 원만히 갖춘 점에서 『화엄경』의 별교일승 내지는 원교인 이유를 찾아내려고 했던 것 같다. 『화엄경』의 제목을 해석할 때, 과수(果樹)에는 원인인 '꽃'이 핀 후에 과실이 열리는 것 이외에 '꽃'과 동시에 결과를 내는 것이 있다고 설하여, "수생과 본유가 상호 엄식하는"[16] 곳에서 '화엄'의 의의를 발견해 낸 것은 단순히 본유만을 중시하는 자세가 아닌 한 예이다. 즉, 참된 본유인 성기

---

15) 『搜玄記』 卷3下, T35.63a.
16) 同, 卷1上, T35.14c.

는 『화엄경』만의 설인 동시에, 소승과 여래장계의 사상을 포함한 다양한 설이 갖추어져 있어 "네 가지 계위가 항상 그러하다"라고 되어 있는 것도 『화엄경』 독자의 존재양상인 것이다.

또한 지엄은 이론을 추구한 법장과는 달리, 구체적인 실천을 중시한 점도 놓쳐서는 안 된다. 중요한 것은 각각의 교설이 수행자의 근기에 맞추어져 있는가의 문제이며, 보리로 향하기 위해 유효한 것이라면 모두 의의가 있는 것으로 존중된다. 만년의 저작 가운데 삼승의 법문의 의의가 자주 평가되고, 때로는 상찬되는 것도 이러한 사정에 의할 것이다.

한편 『수현기』 「화엄경보현보살행품석」에서는 이 품이 '본유수생과 수생본유'에 포섭된다는 어떤 사람의 설을 소개한다.[17] 이에 따르면 본유 등의 '네 가지 계위'라는 분류는 지엄 이전부터 있었던 것이 된다. 지엄은 그러한 분류를 사용하면서도, 본유의 내용을 다시 정의하고, 성기와 여래장의 다름을 강조했던 것이다.

3. 부정설의 선구

지금까지 본유로서의 성기에 대해서 보았지만, 부정의 경우와 마찬가지로 성기에도 긍정적인 면과 부정적인 면이 있다. 예를 들어 『공목장』 권4의 「성기장」에서는 다음과 같이 말한다.

성기라 함은, 일승연기의 존재 방식은 본래구경이고 수행하여 만드는 것을 벗어나 있음을 보인다. 왜 그런가 하면 모습을 벗어나 있기 때문

---

17) 同, 卷4下, T35.79a.

이다. 대해·대행의 분별을 벗어난 보리심 가운데서 일어나기 때문에 기라고 한다. 이것은 연기의 성질에 의한 것이기 때문에 기라고 설하지만, 기는 즉 불기이다. 불기는 성기이다. 구체적으로는 경문에서 설한 대로이다. 이 취지는 일승이다. (性起者, 明一乘緣起之際本來究竟離於修造. 何以故. 以離相故. 起在大解大行離分別菩提心中, 名爲起也. 由是緣起性故, 說爲起, 起卽不起. 不起者是性起. 廣如經文. 此義是一乘.)(T45,580c)

즉 일승연기의 존재양상은 '본래구경'이기에 "수행하여 만드는 것을 벗어나" 있음을 밝히는 것이 성기라는 것이다. 분별을 떠난 뛰어난 근기가 수행할 때 보리심 가운데 일어난다는 점에서는 연기라고 말할 수 있기 때문에 '기(起)'라고 이름하기는 해도 실제로 그 '기'는 "모습을 벗어나" 있고, "기는 즉 불기로서, 불기 이것이 성기"라고 보는 것, 이것이야말로 일승이라고 지엄은 주장한다. '모습을 벗어나' 있다는 말에 의해 한정을 벗어난다는 점을 강조하면 돈교이지만, 특정의 모습에 머물지 않고 무한의 다양성을 포함하는 뜻으로 말하면 앞의 부정과 같게 된다. 점돈원의 3교판의 경우, 『화엄경』은 돈원에 속하는 것이 『수현기』이래의 입장이지만, 여기서의 '모습을 벗어남[離相]'도 모습의 부정이라는 점뿐만 아니라, 무한의 다양성이라는 점, 즉 부정의 측면이 포함되어 있다고 보아도 좋을 것이다.

지엄이 이 정도 부정을 중시하게 된 것은 처음에 서술한 것처럼 여러 세계에서의 시간의 부정에 마음이 끌렸기 때문이라고 생각된다. 그것도 단순히 개념으로 이해하는 것이 아니라 무수한 세계에서 각각의 속도로 시간이 흘러가고 있음을 실감해서 느끼지 못하면, 시간의 부정에 대해서 이 정도로 중시하지는 않았을 것이다.

그러나 이 부정을 이론화할 때에 선인의 설에 의거하는 것이 있다 해도 이상할 것은 없다. 이 추측을 증명하는 것이 위 「성기장」의 인용문 바로 다음에 "성기에 따르기 때문에"라고 이유가 붙은 담천(曇遷, 542~607)의 『망시비론(亡是非論)』이다. 『망시비론』에서는 우선,

원래 스스로 바르다고 하여 남을 잘못되었다고 하며, 자기를 훌륭하다고 하고 남을 아주 못난 사람으로 생각하면, 그렇지 않은 사람이 없다. 모두 그렇기 때문에 세간 전체가 분규하고 그 시비를 스스로 고치는 자는 없다. 이것은 시비의 문제점에 통달하지 못하기 때문이고, 10가지의 불가가 있는 것이다. (夫自是非他, 美己惡人, 物莫不然. 以皆然故, 擧世紛紜, 無自正者也. 斯由未達是非之患, 乃有十種不可.) (T45.580c)

라고 서술하고, 이하 1. 시비무적주(是非無適主), 2. 자성부정(自性不定), 3. 피아구유(彼我俱有), 4. 갱호인생(更互因生), 5. 호불상급(互不相及), 6. 은현유무(隱顯有無), 7. 성자상위(性自相違), 8. 집자정편(執者情偏), 9. 시비차별(是非差別), 10. 무시무비(無是無非)라는 10가지 불가에 대해서 논하고 있다. 처음의 문장이 보여 주는 것처럼 이러한 논의가 『장자』 「제물론」편, 보다 구체적으로 말하면 곽상 주(郭象注)의 「제물론」편에 기반을 두었다는 것은 일찍이 지적되었지만,[18] 이러한 현학적인 논의가 왜 '성기에 따르는' 것인지에 대해서 그동안 명확한 설명이 없었다. 이것은 성기를 여래장사상의 연장에서 파악하여 본유의

---

18) 結城令聞,「隋·西京禪定道場釋曇遷の硏究 – 中國佛敎形成の一課題として」(福井博士頌壽記念『東洋思想論集』, 福井博士頌壽記念論文集刊行會, 1960), pp.715~718. 鎌田茂雄,「莊子より華嚴へ」(鎌田茂雄·上山春平, 『無限の世界觀(佛敎の思想6)』, 角川書店, 1969), pp.82~89. 木村, 注6, 앞의 책, pp.290~300.

면에만 주목하여 부정이라는 면과의 관련에 주의하지 않았기 때문이라고 생각한다.

그런데 『망시비론』이 지어진 것은 문제(文帝)하에서 노장에 통효했던 도사 구악(仇岳)과 현리를 담론하는 등 권문(權門)에 우대되어 있었던 것에 대하여 일어난 세간의 시비론에 답하기 위해서라고 한다.[19] 그 의미에서는 불교의 범위에 한정해서 논하는 것이 아니라, 시비에 관한 당시 최고의 사상이었던 곽상 주를 기본으로 한 것은 당연하지만, 담천은 일찍이 『노자』·『장자』·『역경』의 삼현(三玄)을 배우고 이름을 알려 출가 후에도 '때로 노장을 논'하면, 국학박사인 장기(張機) 등은 '몰래 그 뜻을 전해서' 학도에게 가르쳤다고 하는 점을 빼놓을 수 없다.[20] 담천의 그러한 언동으로 보아, 담천이 불문에 귀의한 것은 불교와 삼현이 다른 세계임을 보이기 위한 것뿐 아니라, 삼현 가운데의 문제점을 해명하려고 생각한 것도 한 원인이 되었을 것이다. 중국의 전통사상에 통효했던 학승이 그 소양을 도입해서 불교교리를 중국화시키고, 그렇게 중국화된 불교교리에 의해서 삼현 등을 해석한 예를 일일이 들 수 없을 정도이다.

현재 『망시비론』 제2 「자성부정」의 부분에서는 시비를 능소의 관점으로부터 논하며, 원래 능소가 성립하지 않으며 시비가 성립할 수 없다고 설하는 등 능소불가득을 설하는 『중론』 등의 논의를 도입했던 것은 기무라 기요타카(木村清孝)가 이미 지적하고 있는데,[21] 중국사상의 상대

---

19) 『續高僧傳』 卷18, 曇遷傳, T50.573a.
20) 同, 卷18, T50.572a.
21) 木村, 注6, 앞의 책, pp.294~295. 한편, 이것은 『장자』의 사상을 불교의 능소의 관련으로 이해한 것이지만, 주역에 관해서도 남북 초기부터 초당에 이르기까지 능소의 관점에서 논하는 경향이 농후했던 것은 藤原高男, 「江南義疏家の二派

론을 불교교리와 연관시켰다는 점에서는 이것보다 선구적인 시도를 찾을 볼 수 있다. 예를 들어, 천친보살설·진제 역으로 전하는『불성론』「파외도품」에서는『중론』의 사불생구(四不生句)를 다음과 같이 번역하고 있다.

na svato nāpi parato na dvābhyam nāpy ahetutaḥ /
utpannā jātu vidyante bhāvaḥ kvacana ke cana //[22]

일체처의 제법은 그것은 자신으로부터 생기할 수 없다.
두 개의 타로부터도 마찬가지로 생기하지 않는다.
원인이 없는 것으로부터도 또한 마찬가지이다.
(一切處諸法, 彼自不得生. 從他二亦爾, 從無因亦然.)(T31.789c)

그리고 '일체처(kvacana)'의 '처(處)'에 대해서 다케무라 쇼호(武邑尚邦)의 말을 빌리면, "본문 자체로서는 큰 의미를 갖지 않는다고 생각한다"[23] 등의 훈고 주석적인 3종의 해석을 보인 후, 법은 자타의 양자로부터 생기기 않는다는 제3게의 '이역이(二亦爾)'의 부분에 대해서도 다음과 같이 말한다.

만약 자타로부터라고 해도 역시 그렇게 되지 않는다. 앞은 이체상속

に関する一考察」(『日本中國學會報』12, 1960. 10) 참조. 이러한 불교적인 주역 해석은 역으로 불교교리에도 영향을 미친다. 법장에게 주역의 영향이 보이는 사실에 대해서는, Whalen Lai, "The I-Ching and the Formation of the Hua-yen Philosophy," *Journal of Chinese Philosophy*, vol.7 (1988), pp.245~258(中文訳는, 「《易經》與華嚴宗學說的形成」, 『中國哲學史研究』2, 1984). 또한 山田史生, 「法藏の理事無礙について-『大乗起信論義記』を中心に」(『集刊東洋學』52, 1984. 11)도 같은 문제를 논하고 있어 유익하다.

22) 三枝充悳, 『中論(上)』(第三文明社, 1988), p.95.
23) 武邑尚邦, 『佛性論研究』(百華苑, 1977), p.196.

의 입장에서 자타의 뜻을 세웠다. 둘이 서로 마주보고, 상호 자·타라고 하는 것과 같다. 장 씨가 왕 씨를 마주보는 경우, 장을 자라고 하면 왕은 타가 된다. 왕으로부터 장을 볼 경우는 왕은 자가 되고 장은 타가 된다. 앞의 취지도 또한 이와 같다. 이 두 개의 타성은 하나인가 다른가? 만약 두 개의 타성이 하나라면 자타의 뜻은 없다. 두 가지가 서로 마주하지는 않기 때문이다. 만약 저 타의 뜻이 이 타의 뜻과 다르다면 저것은 타가 아니다. 스스로의 타성과 다르기 때문이다. 저 타가 타가 아닌 이상 이 타도 또한 근본임을 잃어버린다. 타에 의하기 때문에 자가 있다. 타의 뜻이 공인 이상 자성은 당연하지만 잃어버린다. 결국 어떻게 자타로부터 생기할 수 있겠는가? 그러므로 "둘도 또한 그렇다"고 말하는 것이다. (若俱從自他者, 亦復不然. 前約異體相續立自他義. 如兩物相望故, 互爲自他. 以張望王, 張卽爲自, 王卽爲他. 以王望張, 王自張他. 義亦如是. 此二他性, 爲一爲異. 若兩他性是一者, 則無自他義. 非兩相望故. 若彼他義異此他義者, 彼卽不成他. 以異自他性故. 彼他旣非他, 此他亦復失本. 由他故有自. 他義旣空, 自性理失. 竟何從自他生耶. 故言二亦然.)(T31.789c)

『불성론』에서는 나아가 종자와 결과의 관계를 예로 들어, '동류인과상망(同類因果相望)'의 입장으로부터 "함께 자타로부터 생기지 않는다"라는 것을 서술하지만, 위에서 "장 씨가 왕 씨를 마주보는 경우, 장을 자라고 하면 왕은 타가 된다"라는 부분은 인도인의 이름을 중국인명으로 치환한 것이라기보다는 한역 때에 보충한 것처럼 보이며, "타에 의하기 때문에 자가 있다. 타의 뜻이 공인 이상 자성은 당연하지만 잃어버린다"라는 곳에는 문제가 있다. 『중론』에서는 사구불생(四句不生)의 바로 뒤에

avidyamane svabhāve parabhāvo na vidyate //

자성이 없기 때문에, 타성도 또한 없다.(以無自性故 他性亦復無)[24]

라고 명언하는 것처럼 자성(svabhāva)을 비판의 근본대상으로 하고, 고정적 존재인 자성이 없는 이상 다른 것에서도 자성인 타성도 존재할 수 없다[25]고 설하는 것이 중관파의 기본적 입장이 아닐까. 자타의 상대성을 강조하고, 타가 없기 때문에 자성도 없다고 하는 것은 종종의 상대개념에 대한 중관파의 견해를 고려했다고는 해도 약간 특이하다. 다케무라(武邑)가 『불성론』의 사불생구(四不生句)의 설명을 평하여, "중국의 주석 스타일을 보여 주는 것으로 생각되며, 이 부분에 대해서는 여러 문제를 남기고 있다고 생각된다"[26]라고 말한 것은 아마도 위와 같은 점을 포함한 것이리라.

다만, 다케무라가 지적하는 것처럼 위 『불성론』의 인용문에는 『불성론』과 마찬가지로 세친조·진제 역으로 전하는 인용문헌 『여실론(如實論)』[27]과 유사한 부분이 보인다. 『여실론』 「반질난품(反質難品)」 가운데서 「무도리난품(無道理難品)」에서는 인과도리(因果道理), 상대도리(相待道理), 성취도리(成就道理), 여여도리(如如道理)의 4종도리에 대해서 간단하게 언급한 후에 자설과 타설 간의 상위에 대해서 다음과 같이 설한다.

나는 지금 너와 함께 논하여 이 도리를 분명히 하고자 한다. 만약 사

---

24) 三枝, 注22, 앞의 책, p.97.
25) 靑目釋에는 「自性無故, 他性亦無. 何以故. 因自性有他性, 他性於他亦是自性. 若破自性, 卽破他性」(T30.2b)이라고 되어 있다.
26) 武邑, 注23, 앞의 책, p.189.
27) 『如實論』의 저자를 둘러싼 논쟁에 대해서는 G. Tucci, *Pre-Dignaga Buddhist Texts on Logic from Chinese Sourses* (Baroda, 1929), Introduction, ix-xi. 宇井伯壽, 『佛敎論理學』(宇井伯壽著作選集1, 大東出版社, 1966), pp.148~150 참조.

람이 다름을 설한다면 과실이 있다. 네가 스스로 주장하되 나의 뜻과 다르다면, 그것은 자설이고 이설이다. 이 때문에 너의 주장은 과실이 된다. 만약 너의 뜻이 자설과 다르다면, 다름의 과실은 너에게 있는 것이고 나와는 상관없다. 만약 너와 다르다면 나와 같은 것이 되고, 다름이 있는 것은 없다. 네가 자신은 다르다고 설하면 이것은 삿된 말이다. 또한 다음으로 다름과 다름은 다른 것이 없다. 이 때문에 다름은 없다. 만약 다름과 다름이 다르다면 다름이 아니게 된다. 예를 들어 사람과 소가 달라서 사람은 소가 아닌 것과 마찬가지이다. 만약 다름과 다름 사이에 다름이 없다고 하면 하나가 된다. 만약 하나가 되면 다름은 존재하는 것이 아니다. 너는 무엇 때문에 내가 다르다고 말하는가? (我今共汝辨決是處. 若人說異則有過失, 汝自立義與我義異, 則是自說, 則是異說. 是故汝得過失. 若汝義異自說, 則異過失在汝, 不関於我. 若不異汝, 則同我, 則無有異. 汝說我異, 此是邪語. 復次異與異無異. 是故無異. 若異與異異, 則不是異. 譬如人與牛異, 人不是牛. 若異與異無異, 則是一. 若一則無有異. 汝何故說我爲異.) (T32.29b)

이 가운데 네가 보는 '이(異)'와 내가 보는 '이(異)'의 동이를 둘러싼 논의가 "만약 두 개의 타성이 하나라면"이라고 설한 앞의 『불성론』「파외도품」의 자타논의와 공통된다는 것은 자명할 것이다.

또 『불성론』이 '동류인과상망(同類因果相望)'의 입장에서 싹과 열매, 씨앗 등의 관계를 예로 논한 부분은 "인과의 도리는 씨앗과 싹과 같다"[28]라고 설하는 『여실론』에 의거하는 듯하다. 그렇다면 사불생구(四不生句)의 제3게를 자타의 상대성에 의해 설명하는 부분은 「파외도품」에서 "장단과 부자의 관계와 같다"[29]라고 설하는 상대도리를 가지고 온

---

28) 『如實論』, T32.29b.
29) 同, T32.29b.

것으로 볼 수 있다. 「파외도품」에서 『여실론』의 논란에 관한 곳이 참조된다는 것이 자연스러울 것이다.

이와 같이 현행본의 『불성론』에 관해서 말하면, 인도의 논의법을 활용하여 정치한 논의를 전개하는 한편, 상대론에 기울기 쉬운 중국인의 문제의식을 상당히 고려한 흔적이 있다. 흥미로운 것은 담천(曇遷)은 북지에서 처음으로 『섭론』을 강설했으며, "또한 능가, 기신, 여실론 등의 논을 강설하고", 각각 소를 지었다고 한다.[30] 정영사 혜원이 "천선사가 집착을 파하여 도리에 들어가게 하는 것은 나를 크게 능가한다"[31]고 항상 감탄했다고 하는 것은 담천이 「제물론」편으로 대표되는 명리(名理)의 학문과 논난, 변명의 방법 등을 포함한 인명학에 통효했기 때문일 것이다.

지엄은 이 담천의 『망시비론』을 "성기(性起)에 수순하기 때문에"라고 이유를 붙여 전재하였는데 『공목장』 권4의 「증화엄경용교분제의(證華嚴經用教分齊義)」에서는 『화엄경』을 해석할 때 필요한 논서로는 "십지론, 섭론, 유가론, 잡집론, 여실론 등"[32]을 들고 있다. 현장에 의해 인명에 관한 책이 계속해서 번역되는 시기인데도 굳이 구역의 『여실론』의 명칭을 든 것은 지엄이 일찍이 담천의 소를 가까이 두었기 때문일 것이다. 그리고 그 소나 그러한 인명에 관한 지식에 근거하여 지었을 담천의 『화엄경명난품현해』는 현재는 없지만, 아마도 『망시비론』과 공통되는 성격을 지니면서 지엄을 분발하게 했을 것이 틀림없다.

이러한 추측을 뒷받침하는 것이 『수현기』에 보이는 「보살문명품」의 해

---

30) 『續高僧傳』 卷18, 曇遷傳, T50.572b, 574b.
31) 同, T50.574a.
32) 『孔目章』 卷4, T45.588a.

석이다. 『화엄경』 가운데서도 「십지품」과 나란히 특히 난해한 품의 하나로 꼽히는 이 「명난품」의 품명을 해석할 때 지엄은 다음과 같이 말한다.

> 명은 교이다. 난은 10가지 뜻이다. 또한 명은 지혜이다. 난은 논리술이다. (明者敎, 難者十義. 又明者智, 難者論道也.)(T35.27c)

이 가운데 '10가지 뜻'은 「명난품」 가운데 문답을 연기심심, 교화심심, 업과심심 등 10종류로 나눈 이른바 10심심(十甚深)을 지칭하는데, 이 10심심이 담천의 설이란 것은 법장이 명언하고 있다.[33] 문제는 다음의 "명(明)은 지혜이다. 난은 논증술이다"라는 부분이다. 대정장에서 이것을 '도를 논하다'로 훈독한 것은 잘못이다. 『공목장』에서

> 번의라 함은, 별도의 문의에 의하여 다른 문의를 드러내는 것을 이름하여 번의라고 한다. 즉 지혜를 체로 삼는다. 번의의 의미는 정확히는 삼승에 있으며, 논리술과 같다. (翻依者, 依別文義, 顯異文義, 名曰翻依. 卽用智爲體. 翻依之義, 正在三乘, 與論道同.)(T45.588a)

라는 것처럼, '논도(論道)'는 타학파 또는 외도(異學)의 무리를 굴복시켜 도리를 깨닫게 하는 논증술이다. 협의로는 『섭대승론』의 번의(翻依)와 마찬가지로 "별도의 문의에 의거하여 다른 문의를 드러내는" 비밀석을 의미한다. 『공목장』은 위의 인용문에 이어서, 논도의 예로 『잡집론』의 7 결택을 들고 있는데, 그 가운데 비밀결택은

> 부모와 왕과 그리고 두 사람의 다문(의 승려)를 살해하고,

---

33) 『探玄記』 卷4, T35.176c.

나라와 종자를 없애 버린 이 사람을 청정이라고 설한다.
(逆害於父母王及二多聞, 誅國及隨行, 是人說淸淨.)[34]

라는 문장에 대해서, '부'는 업(業), '모'는 애(愛)를 의미한다는 등으로 해석하여 별도의 뜻으로 전환시키는 방법을 가리킨다. 지엄이 「명난품」의 '명(明)'을 지혜로 해석하고, '난(難)'을 논도로 해석하는 것은 논의법에 통효하여, 『화엄명난품현해』라는 책을 지었다는 담천의 영향일 것이다.

또한 위와 같은 특수한 해석법에 대해서 지엄은 근기가 낮은 성문들을 '부상(覆相)'에 의해 대승으로 유인하기 위한 것이라고 말한 후에, 두 번째 이유로

> 부처는 논리술이나 비밀의 표현법 등을 사용하여 대승에 맞게 하며, 저 불교 이외의 자들을 굴복시키고, 신앙하게 하여 불법에 들어가게 하였다. 그러므로 이 가르침이 흥했다. (佛擧論道翻依等義, 當大乘宗, 伏彼外人, 令信入佛法. 故興此敎.)(T45.557c)

라고 설하고, 불교에 익숙하지 않은 외도인을 굴복시켜 불교를 믿게 하기 위한 것이라고 하며 그 유효성을 인정한다. 그러나 이것은 어디까지나 대승의 방편에 지나지 않는다. '한마디로 모든 뜻을 통목(通目)하는' 것은 중생이 '말에 따라서 뜻을 취하여' 집착하는 것을 막기 위한 것이지만,[35] 한마디 말에 여러 뜻을 포함하는 정도로는 한계가 있을 것이다. 『공목장』 권4의 「융회장」에서

소승은 논리술에 능숙하지 못하다. 그러므로 논쟁이 있는 것이다. 삼

---

34) 『大乘阿毘達磨雜集論』卷16, T31.773a.
35) 『孔目章』권4, T45.586a.

승과 동교는 논리술에 능숙하다. 그러므로 정론이 있는 것이다. 별교
일승은 논리술을 초월하여 끊었다. 그러므로 논리경전이 없는 것이
다. 법문이 완전히 갖추어져 있으며 설할 비유도 없다. 그러므로 비유
경이 없는 것이다. (小乘未窮論道, 故有諍論. 三乘及同敎, 窮其論道,
故有定論. 別敎一乘, 絕其論道, 故無論義經. 法門具滿, 無喻可說, 故
無譬喻經.)(T45,586b)

라고 말하는 것처럼, 논리술에 숙달되지 못해 논쟁을 일으켜 버리는 소
승과는 달리, '삼승과 동교'는 한 문장에 복수의 의미가 포함된 논리술
에 통효해 있기는 하지만, 논리술 때문에 오히려 고정된 '정론(定論)'에
속박되어 버린다. 그것에 대해서 '문문구구'에 일체의 교의를 포함하고
있는 별교일승에는 논리술 등은 전혀 불필요하기 때문에 인명을 설하
는 경은 없다. 또한 『화엄경』 가운데 모든 법문이 설해져 있는 이상, 비
유에 의해서 교리를 시사하는 비유경도 필요 없다고 지엄은 주장한다.
지엄에 의하면, 별교일승인 『화엄경』에 설해진 내용은 그대로 도리(理)
이며 동시에 사실인 것이다.
　그래서 「융회장」은 일승에서의 '통목(通目)'에 대해서 다음과 같이 말
한다.

　그러므로 『화엄경』 가운데는 신·해·행 등의 위지에 대해서는 '신' 한
마디를 사용하면 (모두) 신의 위지가 된다. 그 위지 가운데 포함되어
있는 내용은 해·행·이사 등의 일체의 법문을 성립시킨다. 또한 전후
여러 위지의 법상이 같지 않은 것을 선택해 제거하고, 그리고 보안의
경계인 무애다라니문에 합치한다. 그러한 성스러운 방편을 한 마디로
말하면 '현묘하고 또 현묘한' 것일 뿐이다. (故華嚴中, 信解行等諸位,
以信一言, 成其信位. 位中所含, 卽通成解行理事等一切法門. 亦簡前

後諸位法相不同, 及會普眼境界一乘無礙陀羅尼門. 據斯聖巧, 一言之下, 玄復玄耳.)(T45,586a)

즉 '한마디'로 '통칭한다'는 것을 특징으로 하는『화엄경』에서는 '신(信)'이라는 말을 취하면, '신'뿐 아니라, '해행이사(解行理事) 등의 일체의 법문'을 포함하고 있다고 지엄은 설한다.[36] 이것은 부정의 긍정적인 면을 강조한 것에 다름 아니다. 여기서 주의해야 할 것은 그러한 무진의 존재 방식은 동교가 아니라 별교일승으로 불린다는 것이다.

그런데, 삼승의 번의(翻依)이든, 별교일승의 일즉일체의 통목이든 이러한 의미의 변환이 가능한 것은 명(名)과 의(義: 대상)의 관계가 고정되어 있지 않은 것, 즉 이름이 부정이라는 것에 의할 것이다.『오십요문답』은 이 점에 대해서

> 이름과 의미 두 가지 존재 방식은 대응할 수 없다. 이름은 부정이기 때문이다. 만약 이름과 대상이 대응한다면, 이름이 원래 부정이기 때문에 대상도 또한 그렇게 될 수밖에 없다. (名義二相, 不得相應. 名不定故. 若名與義相應, 名旣不定, 義亦應爾.)(T45,530c)

라고 명언한다. 이름과 의미가 대응한다 해도 이름이 부정인 이상 의미도 또한 부정이지 않으면 안 된다. 그래서 의미가 부정이 되는 예로서, 서국에서는 '구(瞿)(go)'의 한 말에 9가지 의미가 있다는 것을 들고 있는데, 이것은 진제 역『섭대승론석』권6에서 이름과 대상에 대해서

---

36)「據斯聖巧, 一言之下, 玄復玄耳」의 '一言'은 보통 '한마디로 말하면'이라는 의미이다. 지엄은 그 외에도 중요한 술어로서의 용법과 보통의 용법을 계속 이어서 사용하는 경우가 많고, 그 교학이 결국 알기 어렵게 되었다.

논에서 말한다. "이름이 많기 때문에, 만약 이름과 의미가 하나라면, 이름이 다수 있는 이상……"

논에서 "이름이 부정이기 때문에 본체가 복잡하게 되면, 그 해석은 모순된다"라고 한다. 해석해서 말한다. "예를 들어, 구(瞿)라는 이름에는 9가지 의미가 있다. 만약 이름과 의미가 일체라고 한다면, 두 개의 체가 있다는 모순이 생기며, 제3의 모순이 생긴다."(論曰, 由名多故. 若名與義一, 名旣成多. …… 論曰, 由名不定體相雜, 此義相違. 釋曰, 譬如瞿名目九義. 若言名義一體, 是兩體相違, 則成第三相違.) (T31.191a)

라고 설하는 곳에 의한다.

『오십요문답』은 또한 진제 역『섭대승론』의,

이름과 의미는 서로 대상이 된다. 보살은 자세히 생각해야 할 것이다. 마땅히 두 개의 유량(唯量)과 저 두 개의 가설을 관해야 할 것이다. 이것에 근거하여 진실한 지혜가 생기며, 대상을 세 가지로 분별함을 떠난다. 만약 그것이 존재하지 않는다는 것을 보면, 삼무성에 들어갈 수 있다. (名義互爲客. 菩薩應尋思. 應觀二唯量, 乃彼二假說. 從此生實智, 離塵分別三. 若見其非有, 得入三無性.[37])(T31.124a)

라는 게를 단서로 '주객분제차별(主客分齊差別)'을 설하는 데서 공(空)을 주로 하고, 실(實)을 객으로 하는 설과 가(假)를 주로 하고 실을 객으로 하는 설을 보인 후에, 어떤 사람의 설로서 다음과 같은 해석을 제시한다.

---

37) 이 '得入三無性'은 수나라 번역에서는 '卽入三無性'(T31.298a)으로 되어 있는데, 현장 번역은 '是卽入三性'(同, 143c)으로 되어 있다. 이것은 학계의 차이에 기인하는 듯하다.

어떤 사람은 인을 주로 하고 과를 객으로 한다. 그러한 이유는 객은 주에 의해 성립하며 들떠 있는 것으로서 근본이 없다. 주와 객을 근거로 해서 일을 성취하는 것이 가능하다. 그러므로 상호 인과가 되어, 주와 객이 될 수 있다는 것을 알 수 있다. (有以因爲主, 以果爲客. 所以然者, 以客依主立, 浮寄無根. 主與客爲依, 得成其事. 所以得知, 互爲因果, 成主客義.)(T45,529b)

즉, 주객의 상대성을 강조하고 거기에서 "상호 인과가 됨"의 의미를 찾지만, 이 해석을 따르면 명칭과 의미가 부정의 관계에 있음을 "상호 인과가 되는 것"으로 올바르게 관찰할 때 비로소 "삼무성에 들어갈 수 있는" 것이 된다. 이것은 "시비에는 적과 주가 없고", "자성이 부정"이며, "갱호인생(更互因生)"한다고 서술하여, '무심'에 의해서 대립을 벗어나야 함을 설한 앞의 『망시비론』과 통하는 바가 있는 듯하다.

상호 인과가 되는 것에 대해서는 『오십요문답』 가운데에 다름 아닌 「여실인연기명난품초석(如實因緣起明難品初釋)」에서 신구의 유식설에 의한 '동시여실호위인과(同時如實互爲因果)'를 '입도방편'의 첫째로 삼는다는 것[38]에 주목해야 한다. 또한 『공목장』 147장 가운데 가장 긴 장은 「명난품초입유식장(明難品初立唯識章)」이다. 여기서도 당연하지만, '호위인과의'를 포함한 신구 유식설이 검토되며, 삼승의 교리는 『불성론』의 인용으로 마치고 있다.[39] 이러한 상황을 보건대, 지엄의 유식설이 『십지경(「십지품」)』을 중심으로 하는 지론종의 교학이 아니라, 첫 부분에 "심성 이것은 하나" 이어서, "능히 갖가지 과보를 생기한다"는 『화엄경』 「명난품」의 해석에 통하며 북지 섭론종의 계보, 구체적으로는 담천과 연결

---

38) 『五十要問答』 권하, T45.530c.
39) 『孔目章』 권1, T45.547c.

된다는 점은 틀림없을 것이다. 지엄은 이러한 교학을 실마리로 삼고, 그러한 교학을 원만하게 완성하는 것으로써 『화엄경』을 존중한 것이다. 『속고승전』이 지엄에 대해서 "화엄, 섭론을 늘상 강설하였다"[40]라고 전하는 점은 중요하다.

한편, 『화엄경』에서는 한마디 가운데 일체의 법문이 포함되는 것에 대해서는, 앞서 언급한 『공목장』 「융회장」에서는 '보안경계일승무애다라니문(普眼境界一乘無礙陀羅尼門)'이라고 칭하는 것처럼 다라니가 모델이 되어 있다. 지엄은 이른바 『화엄경』 전체를 다라니라고 이해한 것이다. 「십지품」(『십지경』)에서는 일체의 문자는 범어의 자모인 '초장(初章)'에 수렴되며, '초장'이야말로 근본인 것처럼, 십지는 '일체 불법의 근본'이고 '모든 부처의 공덕지(功德智)'는 십지를 '근본'이라고 설하는 것 외에,[41] 무량한 의미를 포함하는 다라니에 대해서 설한 기술이 매우 많지만, 지엄이 말하는 '무애다라니문'의 개념은 '초장(初章)' 혹은 그러한 다라니에 대한 『십지경론』의 해석 및 그것들에 대한 지론종의 해석에 의거하는 바가 클 것이다. 실제 『공목장』 권4 「융회장」에서는, 이 '초장'의 비유는 "실담의 자음으로 무진을 깨달아 성취한다"는 점에 주의하고 있다.[42] 지엄은, 별교일승의를 보여 주는 「성기품」 등과 달리 「십지품」은 삼승교를 보여 준다고 하는데, 지엄은 지론교학에 기초를 두면서도 그것을 확장함으로써 일체법문을 포함하는 별교일승이라는 개념을 세운 것이다.

---

40) 『續高僧傳』 권25, T50.654a.
41) 『華嚴經』 권23, 「十地品」, T9.543c.
42) 『孔目章』 권4, T45.586a.

4. 부정에서 무진으로

『망시비론』의 사상 및 『망시비론』을 높이 평가한 지엄의 부정(不定) 개념이 『망시비론』의 바탕이 되었던 곽상 주(郭象注)의 상대론과 공통 된 성격을 갖고 있음은 사실이다. 다만 곽상과 같이 시비의 상대성을 강조하고, '무심'을 설하면서도 담천(曇遷)이 중관이나 유식의 교리, 나 아가서는 인명을 활용하여 상대의 세계 구조를 보다 깊이 파악하려 하 고, 또 그러한 세계를 벗어난 길을 불교에서 구하고자 했던 것처럼 지엄 에게는 지엄 독자의 입장이 있다. 그것은 임의의 하나를 꺼내어 그 상 대성을 지적하는 것에 머무르거나, 상대 대립의 세계로부터 탈각하려는 것이 아니라, 일체제법의 상대관계를 한꺼번에 취하려는 강렬한 의지이 다.

예를 들어, 앞에서 언급한 『오십요문답』의 「여실인연기명난품초석(如 實因緣起明難品初釋)」에서는 호위인과의 비유나 인의 6의를 설하는 『섭대승론』의 문장, 나아가서는 전식과 아뢰야식이 "서로 전제되어 인연 이 된다"라고 설하는 『성유식론』의 문장을 끌어와 "이것은 인과의 친소 (親疏) 영역을 설하는 것이 매우 명쾌하다"[43]라고 상찬한다. 이것은 단 지 호위인과를 설하는 것뿐 아니라, 마음(아뢰야식)을 중심으로 하면서 도 친인과 소연의 존재양상 등을 매우 잘 분석하고 있다는 점을 평가 할 수 있다. 지엄은 '저 6의 및 앞의 인과, 이사'가 상호 성립하는 구조 를 총별동이성괴의 6상으로 설명한 후에 그들 유식파의 연기설에 대해 서 다음과 같이 말한다.

---

43) 『五十要問答』 卷下, T45.531c.

이 문장의 취지는 삼승에 있지만, 일승이 되어 비로소 완성된다. 왜 그런가 하면, 법계에 일치하기 때문이다. (此文在三乘, 一乘方究竟. 何以故. 稱法界故.)(T45.531c)

즉 유식파의 정밀한 호위인과설은 삼승에서 설해진 것이지만, 그 진의는 일승에 이르러서 구경이 된다. 그 이유는 일승의 연기는 "법계에 일치하기" 때문이라고 설하고 있다.『공목장』「융회장」에서 인과에 대해서 설할 때,

일승에서는 완전히 특성이 갖추어진다. 삼승에서는 하나의 특별한 모습, 하나만의 법문이다. 소승에서는 깊은 부분을 폐지하고 낮은 부분만을 논한다. (在一乘卽圓明具德. 處三乘卽一相孤門. 在小乘廢深論淺.)(T45.586b)

라고 설하여, 일승은 '완전히 특성이 갖추어진 것[圓明具德]'인 것인 데 반해서, 삼승은 '하나의 특별한 모습, 하나만의 법문[一相孤門]'에 지나지 않는다고 평가하는 것은 이 때문이다. 지엄은 그러한 일승 연기에 대해서 "법계에 일치한다"고 설하고 있지만, 그 법계라는 것은『수현기』「입법계품」의 해석에서

그 법에는 세 가지가 있다. 즉 의가 아는 법이고, 자성이고, 규범이다. 이들 가운데 세 가지에 모두 통한다. 계라는 것은 일체법의 공통된 성질이고, 또한 원인이고, 또한 구분이다. (其法有三種. 謂意所知法, 自性, 及軌則也. 此中通三也. 界者, 是一切法通性, 亦因, 亦分齊也.)(T35.87c)

라고 설하면서 '법'은 의식 대상인 세계, 본성, 따라야 할 기준이라는

세 가지 성격이 있다고 하면서, 「입법계품」의 품명 가운데 '법'은 "세 가지에 모두 통한다"라고 서술하는 것처럼, 복수의 뜻을 포함하고 있는 듯이 생각된다. 즉, 지엄은 별교일승은 '하나의 특별한 모습, 하나만의 법문[一相孤門]'인 연기의 존재양상을 설할 뿐인 삼승과는 달리, 일체법의 '원인과 결과로서의 친소 영역'을 한꺼번에 그것도 진실된 모습을 파악할 수 있다고 주장하는 것이다.

한편 아뢰야식이 일체제법을 생기한다고 설하는 유식설을 '하나의 특별한 모습, 하나만의 법문'이라고 평가하는 것은 유식설에서의 '일체'라는 것은 "어떤 법을 취하여 보더라도 모두" 식이 만들지 않은 것은 없다는 것이고, 일체의 법을 일시에 만들어 내는 것은 아니기 때문에, 혹은 하나와 일체의 관계를 설한다 해도 거기에 그치고 일체법 가운데의 하나 하나의 법 모두에 대해서 남김없이 일체법과 불가분의 관계를 보는 인다라망적인 시점을 결여하고 있다고 지엄은 생각하였기 때문일 것이다.[44] 『공목장』「소상공덕품소상장(小相功德品小相章)」에서는 "일승의 소상(小相)에는 매우 큰 작용이 있다"는 이유로

> 일승의 소상은 하나가 곧 일체이고 법계와 일치하기 때문이다. 이러한 취지로서 소상의 공덕은 한때에 무량 중생을 삼악도로부터 구제하여 하늘에 태어나게 한다. …… 한때에조차 이러한 이상, 그것보다 많은

---

44) 中村元는 인도의 중관파의 연기설이 일즉일체에 가까운 사상을 설하는 점에 주목하여 화엄종의 법계연기와 유사한다는 것을 강조한다. "실로 『중론』이 목표로 하는 것은 전체적 관련의 건설이었다"(佛教思想研究會編, 『空(上)』, 平樂寺書店, 1982, p.168)라고 하는데, 그 정도로 긍정적으로 단언해도 좋을지는 의문이다. 또한 일즉일체가 많은 종교체험자들이 설하는 것임에 반해, 화엄종의 법계연기설, 특히 법장이 설하는 일즉일체는 중중무진으로 서로 겹쳐져 있는 일즉일체이고, 단순한 일즉일체와는 다르다는 것이 강하게 의식되었다.

시간에 대해서도 그렇다. 시간은 인다라망처럼 무수한 이상, 중생을 자재롭게 구할 수 있는 것 또한 마찬가지이다. (爲一乘小相者, 一卽一切, 稱法界故. 由此義故, 小相功德, 一時之間, 卽令無量衆生從三惡道出生其天中. ······ 一時旣如此, 餘時亦復然. 時旣因陀羅微細, 自在度生亦如之.)(T45.580b)

라고 서술한다. 일승에서는 한때에 무량한 중생을 삼악도로부터 구할 뿐 아니라, 다른 때에도 마찬가지이다. 따라서 앞에서 말한 것처럼 모든 세계의 무한히 다양한 시간 체계를 고려하면, 각각의 길이로서의 '한때'가 동시에 존재하고, 나아가 매순간마다 연결되어 가는 어느 '한때'에도 무량한 중생이 구제된다는 것이 될 것이다.[45] 이처럼 그야말로 화엄교학적인 일즉일체(一卽一切)의 인다라 자재가 설해지는 때, 시간의 문제가 중요한 열쇠가 된다는 점에 주의할 필요가 있다. 지엄은 일미진 가운데 일체세계가 들어간다는 등의 공간에 관한 기술보다도 이러한 시간의 존재 방식이 더 절실했던 것이다.

한편 이 점에 대해서『공목장』「융회장」은 일승에서의 성불의 모습은 중생의 근기에 응하여 자재하다고 서술한 후에 다음과 같이 단언한다.

일승법의 취지는 성불할 때는 일체 중생과 동시·동시·동시·동시·동시·동시·동시·동시·동시·동시에 성불하고, 뒤·뒤·뒤·뒤·뒤·뒤·뒤·뒤·뒤·뒤에 모두 새롭게 새롭게 번뇌를 끊고 번뇌를 끊으며, 또한 수행의 위지에 머물지 않고 정각을 완성시키는 것이다. (一乘法義, 成佛共一切衆生, 同時同時同時同時同時同時同時同時同時同時成佛,

---

45) 역으로 말하면, 구해야 할 무량한 중생이 항상 존재하는 것이 요청된다. 화엄교학은 다른 대승경론과 마찬가지로 이러한 무한순환을 문제점으로 가지고 있다.

後後後後後後後後後後, 皆新新斷惑斷惑, 亦不住學地, 而成正覺也.)
(T45,586c)

이 정도 대담한 주장은 현재 이 순간에서 시간의 길이를 달리하는 무량의 모든 세계에서 모든 부처가 중생과 함께 성불하고, 더욱이 중생을 위해서 새롭게 미혹을 끊어 정각을 성취하는 모습을 나타내고 있는 양상을 지엄이 실제로 감득하지 않았다면 도저히 불가능한 표현일 것이다. 이렇게 열기로 가득하고 쉴 틈 없는 분위기는 후대에 정리된 화엄교학 가운데서는 결코 나오지 않는다. 위의 인용문과 같이 문자를 10회 중첩한다 해도 그것은 교리에서의 지적인 조작에 지나지 않았다.

한편 지엄은 『오십요문답』 「시겁장(時劫章)」에서도 같은 문제를 다루고 있다. 거기에서는

> 삼승 가운데 대승의 부처는, 다만 특정 지역을 교화하여 3대겁을 지나 수행하여 성불한다. 돈교의 취지인 경우는 설할 수 없다. 일승의 취지인 경우는, 즉 무진겁이다. 왜 그런가 하면 일승에 의하면 일체의 중생은 이미 성불해 마쳤고, 나아가 중생을 위해 새롭게 새롭게 성불하며, 또한 수행의 위지에 머물지 않고 정각을 완성시키기 때문이다. 이것에 의하면 시간에 한정되지 않는다. 그러므로 무진인 것이다. (三乘大乘佛, 唯一方化儀, 經此三大劫, 修道得成佛. 若頓敎義, 卽不可說. 若一乘義, 卽無盡劫. 何以故. 爲依一乘, 一切衆生已成佛竟, 復爲衆生新新成佛, 亦不住學地而成正覺. 據此不限時分, 故無盡也.)
> (T45,576b)

라고 되어 있고, '한정되지 않는 시간', 즉 시간의 부정을 실마리로 '무진'의 측면이 강조되는 양상을 잘 보여 준다. 일찍이 사태의 부정, 특히

시간의 부정이라는 문제에 관심을 가지고 있었던 것처럼 보이는 지엄은 그 부정을 해명하기 위해 정치한 유식설에 기댐과 동시에 그러한 부정에 응하는 형태로 행위되는 부처의 다양한 교화의 양상을 『화엄경』 가운데서 찾아내려고 했던 것은 아닐까. 위 인용문에 보이는 '수행위 위지에 머물지 않고[不住學地]'라는 말은 『화엄경』 「부사의법품」에서

> 하나하나의 방면에 각각 법계와 동등한 무수한 세계가 있고, 하나하나의 방면의 무량세계망에 법계와 동등한 무수한 세계가 있다. 일념 가운데 그것들 전 곳에 다다를 수 있고, 깊고 깊은 가르침을 설해도 장애가 없다. 이것이 일체제불의 자재한 정법이다. 일체 제불은 일체 중생을 조복하고 교화하기 위해서 일념 일념 가운데 완전한 깨달음을 완성하지만, 앞선 제불의 정법이 아닌 것이 없으며, 또한 학지에 머물지 않고 완성한다. (一一方面, 各有法界等世界海, 一一方無量世界網, 法界等一切世界海. 於一念中, 悉能周遍, 轉妙法輪而無障礙. 是爲一切諸佛自在正法. 一切諸佛, 調伏教化一切衆生故. 於念念中, 成等正覺, 非不先諸佛正法, 亦不住學地而成正覺.)(T9.593c-4a)

라는 기술에 근거한 것이고, 혜광의 『화엄경소』도 모든 부처의 회향을 해석한 부분에서 "장양 등이라 함은 결론적으로 중생을 위하여 부주도행을 성취하는 것이다[長養等者, 結與衆生成不住道行]"[46]라고 서술했다는데, 그러한 모든 부처의 자재한 성불은 어디까지나 중생 교화를 위한 것이라는 점에 주의할 필요가 있다. 단순히 시간에서의 자재만이 아니라, "이미 성불이 끝났다"는 '모든 중생'이 다른 중생을 교화하기 위해

---

46) 『탐현기』 권7에 「光統師云」으로 인용된 것이 보인다(T35.250b). 이곳에서는 혜광 외에 혜원(慧遠), 범법사(範法師), 정법사(正法師), 변법사(辨法師)의 해석이 열거되어서 이 문제가 중요시되었던 것을 알 수 있다.

시간의 한정을 넘어 자재롭게 성불을 나타내는 것, 그것도 그러한 성불이 시간의 단위를 달리하는 무수한 세계에 동시에 전개된다는 것이 중요하다.

한편, 지엄이 이 정도로 부정과 무진을 중시하고 호위인과를 비롯하여 제법의 관계에 고집스러울 만치 관심을 보이는 것은 정영사 혜원의 여래장연기에 대한 비판이라는 면도 있었다고 생각된다. 혜원은 『대승의장』 권1의 「이제의」에서는,

> 진이라 함은, 소위 여래장성이다. 무한하게 다양한 불법이 본체를 같이하여 연에 따라 모여 떨어지지 않고 벗어나지 않으며, 끊어지지 않으며 다르지 않은 것이다. 이 진성연기가 생사와 열반을 집성한다. (眞者, 所謂如來藏性. 恆沙佛法, 同體緣集, 不離不脫, 不斷不異. 此之眞性緣起 集成生死涅槃.)(T44.483a)

라고 하는 것처럼, 진성인 여래장성이 연기집성 하여 생사와 열반을 나타낸다는 것을 여러 곳에서 강조하지만, 이 경우 여러 법 사이의 관계는 부차적이 되고 근본인 진성이 이합집산하여 무엇인가를 생기한다는 인상이 강해질 수밖에 없다. 즉 인도철학에서의 발생론, 혹은 중국에서의 발생론과 비슷하다. 후자에 대해서는 혜원 자신도 의식했던 점이다. 『대승의장』에서는

> 여래 보신의 여러 기관의 훌륭한 모습, 광명과 음성은 저 평등법문과 몸은 현묘한 존재 방식과 합치하여 있다. 양상이 서로 녹아들어 무애라고는 해도, 아직 음양오행법과 비슷하다. (如來報身諸根相好, 光明音聲, 與彼平等法門, 身同妙寂. 雖相虛融無礙, 還似陰陽五行之法.)(T44.839c)

라고 설하며, 혹은

> 출생하는 것은 모두 보신과 응신의 안근이다. 음양오행법에 의해 일
> 체 세상의 일이 출생하고 만들어지는 것과 같다. (出生者, 盡報應眼
> 根. 如依陰陽五行之法, 出生造作一切世事.)(T44,840b)

라고 하는 것처럼 음양오행설과 유사하다고 명언하기에 이른다. 이것은
혜원이 『기신론』을 중심으로 교리를 구축했기 때문일 것이다. "기신론
내용에 대해서 이른바 진여연기론이며 우주의 제일원인인 진여라는 실
체로부터 일체만법이 발생하여 전전하여 일어나는 것을 설하는 것으로
보는 종래의 해석은 완전히 불교 전문학자의 뇌리에서 만들어진 것에
지나지 않으며 기신론의 내용이 될 수 없다"[47]라고는 해도 한자 문헌으
로서의 『기신론』이 인도불교에 통효하지 못한 사람들에게 오해될 수밖
에 없는 부분을 포함하고 있는 것도 사실이며 실제로 혜원은 그러한 방
향으로 일보 전진해 있다. 그래서 혜원의 교학은 적지 않은 반대자를
넘으면서 착실히 중국불교 교리에 침투해 갔기 때문에, 중당 이후 많은
불교를 기신론종이라고도 부를 수 있는 것으로 변해 가는 먼 원인 제공
자는 혜원과 그의 저작을 정리한 문도가 될 것이다.

지엄은 『수현기』에서 「십지품」을 해석할 때, 오직 혜원의 『십지경론의
기(十地經論義記)』에 의지하였으며, 어구의 해석에서는 『의기』를 약초
(略抄)해 두는 경우도 많았지만, 혜원이 좋아하는 '여래장연기', '불성연
기'와 비슷한 어구에 대해서는 주의 깊게 배제한다. 또 앞에서 보았던
『공목장』의 「성기장」에서 성기는 불기인 것을 강조하고, 「융회장」에서는,

---

47) 宇井伯壽, 『印度哲學研究』 제6권(甲子出版社, 1930), p.69.

삼승 연기는 연이 모이면 존재하고, 연이 흩어지면 떨어진다. 일승 연기 모여도 존재하지 않고, 연이 흩어져도 떨어지지 않는다. (三乘緣起, 緣聚卽有, 緣散卽離. 一乘緣起, 緣聚不有, 緣散未離.)(T45.586a)

라고 명언하는 것처럼, 지엄은 조건의 집산을 곧바로 연기라고 보는 입장을 비판하고, 시점에 의한 부정을 매개하면서 연기 본래의 의미인 '불기', '불생'을 강조하려고 했던 것이다.

지엄은 지론종의 『화엄경』 해석을 상당히 싫어했다. 혜광의 소를 만나서 시사를 받았다고 전해지지만,[48] 혜광의 소는 뒤에 화엄교학과 가까운 면을 포함하였을 것이다. 혜광의 소는 스승인 불타삼장(佛陀三藏)이나 늑나마제(勒那摩提)의 해석을 포함하였을 것이지만, 『화엄경』을 자주 강의하고, "세밀한 뜻을 매번 발휘하였다"고 전해지는 늑나마제의 해석이,[49] 이른바 여래장연기에 귀착되는 혜원의 재미없는 해석과 같았다고는 생각하기 어렵다.

5. 실천과의 관련

부정은 '법계와 일치하는' 별교일승에서는 무진과 통하지만, 이 입장은 다양한 수행법에 대한 지엄의 태도에서도 찾을 수 있다. 예를 들어 『공목장』에서는 '발심입도의 법'에 대해서 다음과 같이 말한다.

소위 진여관, 통관, 유식관, 공관, 무상관, 불성관, 여래장관, 벽관,

---

48) 『華嚴經傳記』 권3, T51.163c.
49) 『續高僧傳』 권1, T50.429a.

…… 수식관, 부정관, …… 일체입관 등은 모두 수행의 초문이고, 병에 따라서 가설된 것이다. 병에 의해 서술한 것이므로 일정할 수 없다. 왜 그런가 하면 병은 부정이기 때문이다. (所謂眞如觀, 通觀, 唯識觀, 空觀, 無相觀, 佛性觀, 如來藏觀, 壁觀, …… 數息觀, 不淨觀, …… 一切入觀等, 並於修道初門, 隨病施設. 據病而言, 不得一定. 何以故. 爲病不定故.)(T45.559ab)

선종사의 학자들은 지엄이 벽관을 부정관 등과 함께 다루었다는 것을 문제로 삼고, 오해라고 보지만, "대승벽관, 공적이 가장 크다"라고 평가한 도선(道宣)과 마찬가지로 종남산에 머물면서 만년에는 장안에도 머물렀던 지엄이 벽관의 일반적 양상을 듣지 못했을 리가 없다. 유식관이나 여래장관과 같은 대승의 관법이나, "공적이 가장 크다"라고 평가되며 당시 유행하던 관법인 벽관이라고는 해도 일정의 방식을 가지고 있는 한, 그것은 그때 그때의 병에 응해 주는 방편으로 인식되는 것이다.

한편, 『공목장』 「손익분제의(損益分齊義)」에서는 예를 들어 여래 교화의 법문이라도 무엇이 '이익'되고 무엇이 '손'이 되는가는 경우에 따라 다르다고 하며, 다음과 같이 말한다.

또한 여래 재세시와 말세에는 해행을 정한다 해도 선악 두 가지 양상, 이것은 또한 정할 수 없다. 만약 부처가 재세시에는 선이 많고, 말대에는 악이 많다고 설한다면, 이것은 또한 옳지 못할 것이다. 또한 상과 하의 근기에 대해서 교설의 삿됨과 올바름을 정한다면 이것도 역시 정할 수 없다. (교설의 깊은 데까지) 미치는 자와 미치지 못하는 자에 대해서도 이것은 그럴 것이 틀림없다. 미치는 자는 이익이 되고, 미치지 못하는 자는 손이 된다. …… 지금까지 밝혀온 것은 삼승동교의 입장에서 설명한 것이다. 만약 일승별교의 입장이라면, 손도 익도 무한하다. (又約出世時及末代時, 定其解行, 善惡兩相此亦不定. 若說佛

世善多, 末代惡多, 此亦可然. 又約上下二機, 定教邪正, 此亦不定. 約
及與不及, 此卽可然. 及者成益, 不及者成損. …… 上來所明, 約三乘
同教說. 若約一乘別教, 損益無窮.)(T45.552c-3a)

여기에서는 '교설의 삿됨과 올바름'은 근기에 의한 것이며 "정할 수 없
다"라는 것이 강조되어 있다. 지금까지 보았던 지엄의 주장에 의하면 그
러한 '부정(不定)'이란 일체의 교설과 일체의 근기를 포함하는 별교일승
에서만이 구경에 해당할 것이지만, "지금까지 밝힌 것은 삼승동교에 기
준하여 설한 것이다"라고 하는 것처럼 '부정'을 '삼승동교'의 입장으로
하는 것은 삼계교의 보법 등을 강하게 의식한 말일 것이다. '일승별교'
의 입장은 여기서는 '부정'으로는 말하지 않고, 또한 별교일승에서의 '부
정'의 다른 표현인 '무진'이라고도 말하지 않고 '무궁(無窮)'이란 말을 사
용한다.[50]

그리고 권2의 「제오회향회과제죄장(第五迴向悔過除罪章)」에서도 '위
리(違理)', '위교(違敎)'에 대한 멸죄의 부정(不定)이 논해지고 있는 등 만
년의 저작에서는 악과 멸죄에 관한 문제가 자주 거론된다. 그런 때는
물론 부정(不定)이 강조되지만,[51] 이러한 것은 지엄이 선악은 상대적인
것이고, 멸죄법도 상황에 따른 상대적인 것이라는 것을 강조해 버리는
것을 의미하지는 않는다. 악의 부정(不定)에 대해서 설할 때의 필치는
앞에서 '동시(同時)'라는 말을 10열 지어서 사용할 때와 마찬가지로 매
우 진지한 자세이며, 추상적인 철학론은 되어 있지 않다. 『망시비론』과
같은 현학적인 작품을 썼던 담천(曇遷)도 한편으로는 혜사의『입서원문

---

50) 이 '無窮'의 개념을 전개시킨 것이 법장이다. 제5장 제1절 참조.
51)『孔目章』권2, T45.556c.

(立誓願文)』을 생각나게 하는 『십악참문(十惡懺文)』을 저술했던 것[52]을 기억해야 할 것이다. 적어도 지엄에게는 "무지하여 잘못을 저지르는 것도 끝이 없거늘 마음[情]에 부끄러움도 없다"[53]고 깊이 자성하는 것과 그러한 죄는 궁극적으로는 상대적이며 마음이 지은 것임을 밝혀 나간 다는 것이 모순 없이 나란히 존재할 수 있었던 것이 아닐까. 『오십요문 답』에서는 보경과 인악을 설하는 삼계교의 서적 『대근기행법(對根起行 法)』의 내용을 길게 인용한 뒤

> 지금 위의 두 의미는 일천제를 구하여 일승에 회심시키기 위한 것이
> 고 겸하여 삼승을 따르게 하는 것이며, 이치의 면에서 (일승에) 수순
> 한다. 그러므로 기록해서 여기에 붙여 둔다. (今上二義, 爲救闡提, 迴
> 向一乘, 兼順三乘, 於理有順. 故錄附之.)(T45.534a)

라고 서술하고 있는 것은 『망시비론』의 평가에 준할 만한 높은 평가라 는 사실을 잊어서는 안 될 것이다.

무한의 다양성을 강조하는 것과 그 가운데 하나를 선택하는 진지함 이 양립하는 경향에 대해서는 정토신앙에서도 볼 수 있다. 『공목장』의 「10종정토장」에서는 소승과 삼승의 정토설을 극히 간단히 소개하는 반 면, 일승의 정토는 갖가지 것들을 설한 뒤에,

---

52) 結城, 注18, 앞의 논문 참조.
53) 『孔目章』 卷1, 第二會名號品初礼佛儀式章, T45.540b. 본 장은 화엄교학에 기본
    을 둔 예불형식을 정한 것이지만, 그 규정은 늑나마제(勒那摩提)의 저술로 불리는
    『칠종예법(七種禮法)』과 겹치는 부분이 많다. 징관이 「勒那三藏說七種禮, 今加後
    三, 以成圓十」(『華嚴經疏』 卷27, T35.706b)으로 설하는 것을 볼 때, 『華嚴經傳記』
    가 지엄 찬으로 들고 있는 공양십문의식(供養十門儀式)(T51.172b)은 이 『칠종예
    법』에 기본을 두고 증보한 것으로 생각된다. 『칠종예법』에 대해서는 石井, 「傳勒那
    摩提『七種禮法』について」(『印佛研』32-2, 1987. 3) 참조.

불토는 자연적으로 융합되며 법계와 동등하며, 구별할 수 있는 차이는 없다. 왜 그런가 하면, 정토는 법계와 일치하기 때문이다. 만약 구별하여 그 구분을 알고자 원한다면, 중생 마음의 업, 행위의 증감, 선정의 부침, 청탁의 차별에 의해 불토를 완성시키는 데에도 구별이 생기는 것이다. (佛土自融, 與法界等, 無別可別. 何以故. 由是淨土稱法界故. 若欲取別知其分齊, 依衆生心業行增減定水昇沈淸濁差別, 印成佛土亦差別也.)(T45.541a)

라고 서술하고 일승의 정토는 "법계와 일치하기" 때문에 "자연적으로 융합되며 법계와 동등하다"라고 단언하고 있으며, 정토의 존재 방식은 중생의 수행 진전의 차제에 달려 있음을 강조한다.

또한 「수명품내명왕생의(壽命品內明往生義)」에서는,

믿는 바의 나라에 왕생한다는 것은, 즉 아미타불의 나라는, 일승과 삼승에게 같지 않다. 만약 일승에 의하면 아미타의 나라는 세계해에 속한다. 왜 그런가 하면, 수행을 막 시작한 사람들에게 가까이 가서 신앙을 생기게 하고 그 국토를 가르치기 위해서이며, 진실의 국토는 한없이 융합되어 있어 설명할 수 없기 때문이다. 만약 삼승에 의하면, 서방의 정토는 실제의 수행의 결과로서 얻어지는 국토이다. (往生所信境者, 謂阿彌陀佛國, 一乘三乘不同. 若依一乘, 阿彌陀土屬世界海. 何以故. 爲近初機成信敎境, 眞實佛國圓融不可說故. 若依三乘, 西方淨土, 是實報處.)(T45.576c)

라고 서술하여, 이하 제 경론을 인용하면서 왕생에 대해서 상세히 논하고 있다. 지엄은 일승에서는 아미타정토가 원융불가설이라는 진정한 불국토인 연화장세계에 속하는 것으로 특정 장소를 점하는 고정적인 것이 아니라고 하며, 삼승에서의 실보토로서의 아미타정토는 그러한 연화장세계해의 초문이고, 진정한 불국토로 열등한 근기를 끌어들이기 위한 것이라는 점을 강조한다. 무애한 연화장세계에 들어가는 것은 매우 곤란하기 때문에 수행자는 우선 아미타정토에 왕생한 후에 보다 고도화된 정토에 왕생하고 그러한 왕생을 거듭해서 원융불가설한 화장세계에 들어가는 것이다. 그러나 아미타정토를 그렇게 입문 정도로밖에 위치시키지 않음에도 불구하고 『화엄경전기』에 의하면, 지엄은 임종 때 문도들을 향하여,

> 나의 이 허깨비와 같은 몸은 연에 따른 것으로 고정된 성질은 없다. 지금 우선 정토에 왕생하고, 나중에 연화장세계에 가련다. 너희들이 나를 따르려거든 이 뜻을 같이 하라. (吾此幻軀從緣無性. 今當暫往淨方, 後遊蓮華藏世界. 汝等隨吾, 亦同此志.)(T51, 163c)

라고 말하면서 서방왕생을 염원하며 67세의 생애를 마쳤는데, 그때 왕생을 위해 열심히 수행하고 있던 모씨는 그날 밤 서방으로부터 즐거운 소리가 가까이 들려오다 돌아가는 것을 들었다고 한다. 이 일화는 지엄의 서방왕생의 서원이 상당히 알려져 있었다는 것을 보여 준다고 말할 수 있을 것이다. 지엄이 연화장세계를 동경하고 있었다는 것은 '연화장세계도일포(蓮華藏世界圖一鋪)'를 만들었다는 것으로도 알려져 있지만,[54] 원융불가설의 연화장세계를 동경하는 것과, 우선은 서방왕생을 열심히 서원하는 것은 모순이 아닐 것이다.

지엄은 만년에 화엄 불공의 교의를 추구하면서 동시에 스스로 악을 자각하고 참법에 열심이었으며, 일승에 통하는 것으로 유식관 및 기타 여러 관법을 수행하였고, 연화장세계를 동경하면서 열심히 서방왕생을

---

54) 『華嚴經傳記』, T45, 567c.

바랐던 인물이었다. 이러한 점에 주의를 기울이지 않는다면, 화엄종으로 불리는 많은 사람들이 실제의 모습을 놓치게 될 것이다.

6. 『장자』와의 관계

『망시비론』이 성기에 순응하는 것으로 평가된 이상, 그 『망시비론』에 영향을 미친 『장자(莊子)』 및 곽상 주(郭象注)의 사상에 대해서 지엄이 공감하는 것은 당연할 것이다. 다만, 지엄의 저작에는 『장자』를 직접 인용한 예는 전혀 찾을 수 없다. 따라서 평소 『장자』를 애독한 것 같지는 않다. 아마도 『망시비론』과 마찬가지로 『장자』나 곽상 주의 영향을 받은 중국 승려를 통해서 그러한 사상을 가지고 온 것으로 생각된다. 『수현기』 「보현보살행품석」에서는 '이치에 순응하는(順理)의 행성(行性)'에 대해서 "연(緣)으로 보자면 모두 다 연이며, 성(性)으로 보자면 즉 함께 성"이라고 설하고 있다.[55] 이미 관점 중시의 입장이 보이는데, 이러한 접근법은 만년에 더욱 강화되는 것으로 생각된다.

예를 들면 『오십요문답』에 보이는 6상 해석, 특히 성상과 괴상에 대해서 "다섯째, '성(成)'은 인과의 이와 사가 성립하는 것이다. 여섯째, '괴(壞)'는 여러 의미가 각각 스스로의 법에 머물러 본성과 다르지 않는 것이다"라고 서술한 곳[56]은 「제물론(齊物論)」편이 시비의 문제를 포함해서 일체의 사물은 보는 바에 따라 다르며, "'옳음'도 역시 한 무궁이다. '그름'도 역시 한 무궁이다"라고 서술한 후 다음 부분에서

---

55) 『搜玄記』 卷4下, T35.78c.
56) 『五十要問答』 卷下, T45.531c.

도는 통하여 하나가 된다. 그 분열은 완성이다. 그 완성은 훼손이다. 모든 것에는 완성과 훼손이 없다. 또한 하나로 통할 뿐이니, 오직 달자들만 통하여 하나가 됨을 안다. (道通爲一. 其分也, 成也. 其成也, 毀也. 凡者無成與毀, 復通爲一. 唯達者知通爲一.)

라고 설하여, 사물이 성립되어 있는 듯이 보이는 것은 어떤 면에서는 '훼손'된 것에 지나지 않는다는 논의와 공통된다. 혜원(慧遠)이 '약(略)'이라는 뜻을 중심으로 했던 성상은 『오십요문답』의 6상 해석에서는 "시공의 관념을 배경으로 하는 존재론적인 전개방식으로 개변되었다."[57] 게다가 「제물론」편은 '연(莚)과 영(楹)'의 비유를 들어서, 가로지르는 들보인 '연'과 세우는 기둥인 '영'은 위치의 차이에 지나지 않고, 종과 횡의 구별은 관점의 상위에 지나지 않는다고 설하지만, 이것은 지엄의 영향이 강했던 『오교장』에서 6상설을 설할 때에 사용하는 집의 비유를 생각나게 한다. 이러한 경향은 지론교학에서 어느 정도 준비되었다고 생각되지만, 지엄은 그러한 방향으로 크게 나아갔던 것이다.

이러한 것은 만년의 제자인 의상의 저술로부터 추찰할 수 있다. 예를 들어, 지엄 생전에 쓰여진 의상의 『법계도』에서는 일과 십의 상섭관계를 설한 후에

문: 한 문 가운데 십을 다 포괄하는가, 그렇지 않은가?
답: 다하기도 하고, 다하지 못하기도 한다. 이유는 무엇인가? 다할 필요가 있을 때는 다하고, 다할 필요가 없을 때는 다하지 않기 때문이다. 그것은 어떠한 것인가. 하나의 사항에 의해 일다를 설명하기 때문에 다하고, 다른 사항에 의해서 일다를 설명하기 때문에 다하지 않는

57) 伊藤瑞叡, 『華嚴菩薩道の基礎的研究』(平樂寺書店, 1988), p.658.

것이다.

문: '수(須)(가지고 오다, 필요로 하다)'라는 것은 어떤 의미인가?

답: '수(須)'라는 것은 연성의 뜻이다. 왜 그런가 하면, 인연의 법은 조금도 다르지 않기 때문이다. (問. 一門中攝十盡不. 答. 盡不盡. 所以者何. 須盡即盡, 須不盡即不盡故. 其義云何. 以一事辨一多故即盡, 以異事辨一多故即不盡. …… 問. 須何義. 答. 須者緣成義. 何以故. 因緣法一不差故.)(T45.714c)

라고 하여 하나 가운데 십을 다 포섭하는가에 대해 논의를 전개한다. 이 가운데 "다함과 다하지 못함이 있다"고 답하고, "다함이어야 하면 즉 다하고, 다하지 않아야 하면 즉 다하지 않기 때문이다"라고 설하는데, 여기에는 다양한 논의가 있었던 『십지경론』의 '불이부진(不二不盡)'[58]에 대한 해석의 축적에 기반을 둔 논의일 테지만, 하나 가운데 십을 다 포섭한다고 하지 않고, 다 포괄한다고 보는지, 다 포괄하지 못한다고 보는지는 관점에 따른다는 것을 강조하는 점이 주목된다.

"수(須)라는 것은 연성(緣成)의 의미이다"라는 정의는 알기 어렵지만, 복수의 관점으로부터 볼 수 있다는 것은 그 대상이 고정된 것이 아니라, 조건에 의해 생기하는 것이기 때문이라는 뜻으로 생각된다. 이 문제에 관해서 흥미로운 기술이 『법계도기총수록』에 보인다.

『도신장』에서 말한다. "지엄사가 입적하기 10일 전에 제자와 문답이 오고갔다. 스승은 대중에게 질문하였다. 경 가운데의 일미진에 시방 세계를 포함하고, 무량겁은 역시 일념과 같다고 하는 말을 너희들은 어떻게 보는가"라고. 사람들은 대답을 드렸다. "연기법은 무자성이기 때문에 작음은 작음에 머물지 않으며 큼은 큼에 머물지 않고, 짧음은

58) 同, pp.76~78.

짧음에 머물지 않으며, 깊은 깊에 머물지 않기 때문에 그렇지 않습니까"라고. 스승은 말씀하셨다. "(큼과 작음 등은) 그렇게 결정하면 그럴 뿐이다."(道身章云, 儼師遷神十个日前, 學徒進所問訊. 師問大衆曰, 經中一微塵中含十方世界, 與無量劫卽一念等言. 汝等, 作何物看. 衆人白云, 緣起法無自性, 小不住小, 大不住大. 短不住短, 長不住長故爾耶. 師曰, 然之然矣.)(T45,725c-726a)

즉 천화를 목전에 둔 지엄은 『화엄경』에서 일미진 가운데 시방세계를 포함하고, 무량겁이 일념과 같다는 등 설하고 있는 것을 어떻게 보면 좋을까 하고 제자들에게 묻고, 제자들은 경전에서 그렇게 설하는 이유가 '연기법은 무자성'이어서 크고 작음도 고정적이지 않기 때문이라고 대답하자, 그러한 대답에 대해서 "그렇게 결정하면 그럴 뿐이다"라고 가르쳤다. 이것은 장자가

① 도는 가는 것에 의해 만들어지고, 사람들은 무언가를 그렇게 생각함에 따라 그렇다고 한다. 어느 것을 그렇다고 하는가. 그러한 것을 그렇다고 한다. 어느 것을 그렇지 않다고 하는가. 그렇지 않은 것을 그렇지 않다고 한다. 어느 것을 좋다고 하는가. 좋다고 하는 것을 좋다고 한다. 어느 것을 불가하다고 하는가. 불가인 것을 불가라고 한다. 사람들에게는 원래 그렇다고 하는 것이 있고, 사람들에게는 원래 가능하다고 하는 것이 있다. 그렇다고 하지 않는 사람은 없다. 가능하다고 하지 않는 사람은 없다. (道行之而成, 物謂之而然. 惡乎然. 然於然. 惡乎不然. 不然於不然. 惡乎可. 可乎可. 惡乎不可. 不可乎不可. 物固有所然. 物固有所可. 無物不然. 無物不可.)(『莊子』「齊物論篇」)
② 취지로부터 보자면, 그런 점에 의해서 그렇다고 한다면, 만물은 그렇지 않은 것이 없다. 그 잘못이라고 하는 점에 의해서 잘못이라고 한다면 만물은 잘못이 아닌 것이 없다. (以趣觀之, 因其所然而然之, 則

萬物莫不然. 因其所非而非之, 則萬物莫不非.)(『莊子』「秋水篇」)
③ 사물에는 원래 그런 점이 있고, 사물에는 원래 가능할 만한 점이 있다. 어떤 물건에도 그렇지 않은 것은 없다. 어떤 물건에도 가능하다고 할 수 없는 것은 없다. (物固有所然. 物固有所可. 無物不然. 無物不可.)(『莊子』「寓言篇」)

등으로 설한 것처럼 사물은 관점에 따라서 "그러한 것으로 인하여 그렇다고 하면, 즉 만물이 그렇지 않음이 없다"라는 바로 그 사상이다. 그렇게 상대적인 존재밖에 없는 사물을 고정적으로 이해하고 집착하여, 시비를 가리는 그러한 세계를 성인을 초월하여 있다고 『장자』에서는 주장하지만, 지엄은 『화엄경』 세계에서 이 논의를 가져온다. 그것도 『화엄경』이 그리고 있는 무한히 큰 것이나 무한히 작은 것에 대해서 "그렇다고 하면 그럴 뿐"이라고 설하는 것이 아니라, '일미진 가운데 시방을 머금다'라든지, '무량한 시간이 일념'이라고 하는 대소무애의 존재양상에 대해서 "그렇다고 하면 그럴 뿐"이라고 설하는 것이다. 이것은 『화엄경』을 절대시하는 제자가 늘어남에 따라 '일미진 가운데 시방을 머금다'라든지 '무량한 시간이 일념'이라는 면만을 『화엄경』의 특색으로 자랑하고, '연기의 무자성'을 그 이유로 하는 자들이 늘어났던 것을 말해주는 것은 아닐까. 반야경전이 '공'에 집착하는 자들을 비판하여 '공'도 역시 '공'이라고 설하는 것처럼 '연기의 무자성'에 의해서 가능하게 되는 『화엄경』 가운데, 갖가지 무장애의 존재 방식도 집착하면 하나의 '그러함[然]'에 지나지 않는다고 말하는 것이 지엄의 마지막 교훈이었다고 생각된다. 대소무애의 존재양상을 연기의 무자성이라는 이유에 의해서 설명하는 것을 부정하는 것은 그 때문이라고 생각되지만, 『도신장』 가운데서는

『도신장』에서 말한다. "의상화상이 말씀하셨다. 일미진 가운데 시방세계를 포함한다는 것은 함께 무주이기 때문에 그런 것이다. 원사(元師)가 물었다. 미진의 무주는 작고, 시방세계의 무주는 큽니까. 답: 같은 양이다. 문: 만약 그렇다면, 무엇 때문에 미진은 작고, 시방세계는 크다고 말합니까. 답: 미진과 시방세계는 각각 자성이 없으며 다만 무주일 뿐이다. 세간에서 미진은 작고 세계는 크다고 말하는 것은 이용할 것을 이용할 뿐이다. 작기 때문에 작다고 말하고, 크기 때문에 크다고 말하는 것이 아니다. …… 도리는 동등하여 하나이고, 이것이 무주의 실상이다."(道身章云, 相和尙日, 一微塵中含受十方世界者, 同是無住故爾. 元師問. 微塵無住小, 十方世界無住大耶. 答. 一量也. 問. 若爾, 何言塵小十方世界大耶. 答. 微塵十方世界, 各無自性, 唯無住耳. 所言塵小世界大者, 是須處須耳. 非是小故云小大故云大. …… 道理齊一, 無住實相也.)(T45.724b)

라고 하는 것처럼, 의상은 '무주(無住)'를 이유로 삼는다. 다만, 의상은 그것에 이어서 "이것은 이용할 곳을 이용할 뿐"이라고 서술하고 있기 때문에, 여기서 말하는 '수(須)'는 '연(然)'과 같은 의미로 사용되었음을 알 수 있다. 고정된 '작음' 혹은 '큼'이 존재하는 것이 아니라, '작음'으로 보면 '작음'이고, '큼'으로 보자면 '큼'이 될 뿐이라는 것이다. 이러한 주장이 지엄의 사상을 계승한 것임을 틀림없는 사실이다.

다만, 상대의 세계에 그치는 것을 부정하는 『장자』와는 달리 초발심시변성정각을 드높이면서도 단계적인 실천을 중시한 지론교학의 영향을 받고 있는 화엄교학은 이 '그러함'의 존재 방식을 긍정적으로 활용하는 면이 있는 것이다. 즉, 무장애법계이기 때문에 "화엄 가운데 신, 해, 행 등의 여러 위계는 신이라는 한마디로써 그 신위를 성취하면, 위계 가운데 포함된 것, 즉 해행과 이사 등의 일체법문에 통한다"[59]라고 주장되는 것이다. 장타이엔(章太炎)이 『제물론석』에서 "법장·징관에 이르러서는 몰래 장자의 의의를 취하여 화엄을 설한다"[60]라고 단언하며, 법장의 설은 『장자』「우언(寓言)」편 "만물은 모두 종(種)이다"의 다른 모습을 취한 것으로써 뜻도 모두 「우언」편과 같다"[61]고까지 단언하고 있지만, 화엄교학에 『장자』의 논리가 통한다는 점은 실로 지엄 이래의 이야기이며, 직접적으로는 담천(曇遷)의 『망시비론』에 근거를 둔다고 생각된다. 그리고 그 '~을 그렇다고 하면'이라는 입장은 의상 및 그 문하들이 '~을 이용해야 하면'이라는 표현으로 빈번히 이용되고 있어, 의상교학의 한 기둥이 되었다. 또한 「제물론」편 위의 인용문의 직전에 '무궁(無窮)'이 강조되어 있는데, 이 '무궁'은 법장의 초기 저작인 『오교장』에서 활용된 개념이다.

7. 결론

이상과 같이 지엄의 교학은 부정(不定) 개념이 주축을 이루고 있다. 그리고 부정 개념이 그렇게 중시된 것은 지엄이 일찍부터 사물의 정해

59) 『孔目章』卷4, T45.586a.
60) 章太炎, 『齊物論釋』(『章氏叢書』上册, 1958), p.381.
61) 同, p363. 장타이엔의 이 해석에 대해서 鎌田茂雄은 "이것은 극단적이고 치우친 학설이라고 생각되지만, 일면 진리를 꿰뚫어보고 있다"(鎌田, 『中國華嚴思想史の研究』春秋社, 1965, p.254)라고 평하고, 자세히 논하지 않은 채 징관과 노장사상의 관계를 검토하고 있다. 그러나 장타이엔의 평은 지엄의 단계에 해당한다. 한편, 그렇게 비평하는 장타이엔 자신이 화엄교학과 유식사상에 의해 「제물론」편을 해석하고 있는 것은 화엄교학이 얼마나 『장자』와 공통의 요소를 지니며, 「제물론」편 해석에 유효한지를 보여 준다.

지지 않은 존재 방식에 관심을 갖고, 특히 여러 세계에서의 시간의 부정을 생생한 형태로 느꼈던 것에 기인할 것이다. 지엄은 부정을 무진까지 확장시켜 별교일승의 의의를 두었고, 무진 법문을 갖춘 『화엄경』과 다른 경전 및 개개의 법문과의 차이를 밝히는 한편, 삼승과 소승의 교설에 대해서도 동교일승으로부터 보자면 일승에 통하는 것으로서 중시하고, 스스로 갖가지 참법과 관법을 수행하며 연화장세계를 동경하면서 우선적으로 서방왕생을 원했다. 이러한 지엄의 모습을 확인하면, 지엄의 교학이 사사무애를 고창하거나 성기와 천태성구설의 세세한 차이를 논한 후대의 화엄교학과 얼마나 다른지 알 수 있을 것이다. 또한 지엄의 교학은 제자들에 의해 발전되는 듯하지만, 그 부정의 감각만큼은 법장, 즉 일찍부터 정치와 관련되어 환관과 친교를 가지고,[62] 매우 타협적인 보살계를 강의하고, 또 선인들의 해석을 이용하는 동시에 『기신론』 및 그 외 사상을 대폭 수용하면서 독특한 구성력을 통해 장대한 화엄학 체계를 구축했던 이 사마르칸드[康居]계의 학승에게는 결코 계승할 수 없었던 사상이었던 것이다. 사상의 계보를 설명할 때, 교의의 발전뿐 아니라 결국에는 계승하지 않은 면에 대해서도 관심을 기울여야 할 것이다.

---

62) 『華嚴經傳記』에서는 환관인 유겸지(劉謙之)가 『화엄경전기』 독송의 공덕으로 남근을 회복했다는 것을 두 번 상찬하며(T51.156c-157a), 또한 영험담은 아주 조금밖에 소개하지 않는 『탐현기』 현담의 감응 부분에서도 위의 일화를 마지막에 소개하면서 끝내고 있지만, 이것은 그러한 일화를 환영하는 사람들을 배려한 것이리라.

제3절 『일승십현문』의 제문제

1. 머리말

화엄교학은 일즉일체를 설한다는 것이 불교사의 상식이지만, 일즉일체를 설하는 것은 화엄종 조사들에게만 한정된 것은 아니다. 화엄교학의 특징은 일즉일체를 설하는 점에 있는 것이 아니라, 일즉일체의 근거를 연기에서 구하고 연기의 특질을 여러 관점에서 해명하려는 것에 있다. 십현문은 그러한 것의 대표적인 시도에 속한다.

징관(738~839) 이래 십현문은 『법계관문(法界觀門)』의 주변함용관(周遍含容觀)에 유래한다고 믿어져 왔다.[1] 그러나 두순(杜順, 557~640)을 둘러싼 근년의 연구에서 보이듯이, 『법계관문』의 찬자에 대해서는 여러 설이 있으며, 정설에 이르지 못하였다.[2] 또한 십현문을 설하여 일승원교로 삼은 지엄(602~668)의 경우도 27세 작으로 말해지

---

1) 澄觀, 『華嚴法界玄鏡』 卷下에서는 『법계관문』의 주변함용관의 10문에 십현문(신십현)을 배당하고, 「是故十玄亦自此出」(T45.638a)이라고 논한다. 요시즈 요시히데(吉津宜英)에 의하면, 징관의 이러한 주장은 『법계관문』과 법장의 신십현을 결부시켜 자신의 4종법계설에 통합하려는 것이며, 정법사 혜원의 교관이나 2종십현설을 비판하고, 또한 선종에 대처하려는 것이라고 한다(吉津, 「澄觀の華嚴教學と杜順の法界觀門」, 『駒澤大學佛敎學部研究紀要』38, 1980. 3, pp.151~165). 한편, 십현문의 기원에 대해서 정리한 연구는 없고, 대표적인 개설서인 유스기 료에(湯次了榮), 『화엄대계』(法林館, 1915. 國書刊行會 復刻, 1975)도 "고래 별도로 상론을 시도한 것은 없고, 다만 편의상 두순의 작으로 하고 혹은 지상의 작이라고 한다"(p.461)라고 서술하는 데 그친다.

2) 『법계관문』 위작설에 관한 문제점 및 논쟁의 경과에 대해서는 木村清孝, 『初期中國華嚴思想の研究』(春秋社, 1977), pp.325~370, 및 吉津, 注1, 앞의 논문, pp.145~151에 상세하다.

는『수현기(搜玄記)』에서는 십현문의 명칭을 열거할 뿐 설명이 전혀 없었다. 만년의 저작에서도 십현문에 관해서는 상세히 설명한 곳은 없다. 그래서 여기서는 두순의 설을 계승해서 지엄이 저술했다고 전하는『십현문』을 다루어서 그 문제점을 지적하면서 십현문의 성립 사정에 대해서 밝히고자 한다.

2. 종래의 여러 설

현행본의『일승십현문』은 '대당종남태일산지상사석지엄찬 승두순화상설(大唐終南太一山至相寺釋智儼撰, 承杜順和尚說)'이라는 찬호(撰號)를 지니고 있다. 정창원 문서에는 사경의 기록이 보이지 않는다.[3] 다만, 엔초(圓超)『화엄종장소병인명록(華嚴宗章疏并因明録)』(914)에는 '화엄십현장일권석지엄승두순찬(華嚴十玄章一卷釋智儼承杜順撰)'[4]으로 되어 있고, 또 에이초(永超)『동역전등목록(東域傳燈目録)』(1094)에도 지엄 작으로「화엄경십현장 1권」을 들어서 '승두순찬'이라고 주기를 하고 있다.[5] 따라서 헤이안 중기에는 두순의 설을 이어받아서 지엄이 저술했다는 전승이 확정되었음을 알 수 있다. 한편, 고려 의천의『신편제종교장총록』(1090)에서는 지엄의 저작으로서『십현장 1권』을 들고 있지만,

---

3) 石田茂作,『寫經より見たる奈良朝佛教の研究』(東洋文庫, 1930)에 의하면, 지엄의 저작으로는『수현기』,『오십요문답』,『공목장』 3부가 보인다(목록, pp.95~96). 한편, 지엄 찬으로 되어 있는『華嚴問答(智儼)』을 법장의『華嚴經問答』에 해당시키는 것은 잘못이다. 당연히 지엄의『華嚴五十要問答』을 가리킨다.
4)『華嚴宗章疏并因明録』, T55.1133c.
5)『東域傳燈目録』, T55.1146a.

두순과의 관계에 대해서는 아무 말도 없이 "또한 한 텍스트가 있어, 제목을 십현무애의라고 한 것은 후인의 저술로 의심된다[又有一本題云十玄無礙義者, 疑後人所述]"라고 주기한다.[6] 의천의 기술을 고려할 때 참고되는 것이 고려 균여의 『일승법계도원통기』이다. 균여는 동서의 상권에서는 「엄사십현장 1권」은 『오교장』 십현문(십현무애법문의)과 "완전히 같다[全同無別]"[7]라고 서술하며, '그' 문장으로서 『오교장』과 같은 문장을 인용하고, 하권에서는 "지상십현장 1권이 별행하는데, 혹자는 지상의 저술이 아니라고 한다. 그 문장에 말하길[有至相十玄章一卷別行, 或云, 非至相所述. 彼文云]"으로서 『일승십현문』의 문장을 인용하고 있다.[8] 즉 균여에 따르면 「지상십현장(至相十玄章)」에는 『오교장』의 십현문과 완전히 같은 것과 현행의 『일승십현문』에 상당하는 2종류가 있으며 후자에 대해서는 지엄 찬이 아니라는 설도 있다는 것이다. 의천은 『일승십현문』에 상당한다고 생각되는 「십현장 1권」에 대해서는 지엄 찬으로 보고, 『오교장』의 십현무애법문의를 별립한 것으로 추정되는 『십현무애의』에 대해서는 후인의 작으로 보고 있는 것이다. 그러나 그렇다면, "후인이 저술한 것으로 의심된다" 등으로 말할 것도 없이 『오교장』과의 관계에 대해서 주기하면 되었을 것이라고 생각되기 때문에 의문이 남는다.

한편 균여의 『석화엄교분기원통초(釋華嚴敎分記圓通鈔)』 권8에서는 「지상십현장」으로 『일승십현문』의 문장을 인용한 후에,

문: 『십현장』에는 두 가지 텍스트가 유통된다. 둘 다 모두 지엄공이 저술했는가?

6) 『新編諸宗敎藏總錄』卷1, T55.1167a.
7) 『一乘法界圖圓通記』卷上, H4.20a.
8) 同, 卷下, H4.32a.

답: 오직 십현의 조항을 만들었을 뿐이다. "무엇 때문에 다만 보현경계라고 말했으며, 문수의 경계는 말하지 않았는가"라는 말이 있는 것은 후인이 만든 것이다. 「십현장」·「육상장」·「법계연기장」·「융회장」, 이 4장을 합하여 한 부의 책으로 한 것이 그것이다.

문: 어떻게 해서 아는가.

답: 오직 십현만을 설한 책 가운데 신경 "하나 가운데 무량을 이해하고, 무량 가운데 하나를 이해하여 저것이 상호 생기하는 것을 요해하고, 무소외를 성취한다"라는 게를 설하고 있다. 엄공은 아직 신경을 보지 않았기 때문에 이것은 옳지 않다. (問. 十玄章有二本流行, 並儼公造耶. 答. 唯說十玄之本, 有「何故但云普賢境界, 不云文殊境界」之言[9]者, 是後人造也. 十玄章六相章法界緣起章融會章, 以此四章, 合爲一通之本者是也. 問. 何知爾耶. 答. 唯說十玄之本中引新經「一中解無量, 無量中解一, 了彼互生起, 當成無所畏」之偈. 以儼公未見新經故非也.)(H4.449b)

라고 서술한다. 알기 어려운 문장인데, 같은 지엄 작으로 생각되는 「십현장」에서도 십현문에 대해서 설할 뿐 이체문·동체문을 나누지 않고, "무엇 때문에 단지 보현의 경계만 말하고, 문수의 경계는 말하지 않는가[何故但云普賢境界, 不云文殊境界]"라고 서술되어 있으며, 『육상장』, 『법계연기장』, 『융회장』 등을 함께 한 권으로 한 『십현장』은 당역의 게송을 인용하고 있기 때문에 후인의 작이라는 뜻일 것이다. 이렇게 해석하면, 「지상십현장」에는 『일승십현문』 이외에 『일승십현문』에서 십현문 설명만을 추출해서 약간 내용을 더해서 당역의 경문을 인용한 것도 있었다는 것이 된다.

---

9) 『韓國佛敎全書』에서 「唯說十玄之本有何故但云普賢境界, 不云文殊境界之言者」로 표점을 둔 것은 잘못이다.

다음으로 『일승십현문』의 명칭을 들어서 인용하는 문헌 가운데 가장 빠른 것으로는 신라 견등(見登)의 『화엄일승성불묘의』이고, 일본에서는 나라말에서 헤이안 초(初)의 학승으로 생각되는 도다이지 주료(壽靈), 당에서는 징관의 『연의초』 등이 있다.

우선, 견등의 『화엄일승성불묘의』는 법장이나 그 제자인 정법사 혜원(静法寺 慧苑, 673?~743?)의 설을 상당히 인용하지만, 징관의 설은 언급하지 않기 때문에 신라에 징관의 영향이 미치기 전의 저작이라고 생각된다. 견등은 「십현장」의 명칭으로 『오교장』 십현문 문장을 끌어 오며, 「현문운(玄門云)」으로서 『일승십현문』의 일념성불에 관한 곳을 인용한다.[10]

다음으로 주료의 『오교장지사(五敎章指事)』[11]는 『일승십현문』을 지엄의 저작으로 활용하며, '일승십현문', '일승현문', '현문의', '현문' 등의 명칭으로 인용하고 있다.[12] 그 인용 방식은 『오교장』 십현문의 거의 모든 항목에 대해서 『일승십현문』의 대응 부분을 들어 설명을 대신할 정도로 철저했다. 이것은 『일승십현문』이 구어형 문답체를 사용하고, 비유를 섞어가면서 상세히 설명하기 때문일 것이지만, 간결하고 난해한 것으로 잘 알려진 지엄의 다른 저작에서는 이러한 점을 전혀 볼 수 없다.

---

10) 『一乘成佛妙義』, T45.786b,790c. 본서는 행위 등에 관한 논쟁을 회통하기 위해 쓰여진 것으로 보이며, 의상계의 문헌인 『화엄경문답』을 법장의 작으로 인용하는 등, 도움이 될 만한 문헌은 뭐든지 사용하는 경향이 보인다. 한편, 한국 문헌으로 그 외에 『법계도총수록』에 인용된 『대기』에서 「十玄章云」(T45.763b)으로 인용하지만, 『대기』는 같은 곳에서 「古人云」으로서 『演義鈔』 권11의 문장(T36.79b‐c)를 인용하고 있어 상당히 후대의 저술임을 알 수 있다.

11) 本書, 제6장 참조.

12) 『五敎章指事』 中卷本에 「終南云一乘十玄門」(T72.238b)이라고 인용하는 것을 비롯하여 이하 상당수 인용된다. '終南'은 당연하지만, 종남산 지상사로 지엄을 지칭하는 말이다.

징관은 정원(貞元) 4년(788) 이후의 작[13]인『연의초』에서 '지상십현'의 명칭으로『일승십현문』을 인용하고 있으며, 또한『일승십현문』의 설명을 사용하는 곳도 여러 군데 발견된다. 다만 취의에 의한 것이라고는 할 수 없는 문자의 출입이 있기 때문에, 징관이 보았던『일승십현문』은 현행본과는 다소 다른 계통의 텍스트였을 가능성이 있다.[14]

한편 직접 인용하지는 않지만, 종밀(宗密, 780~841)은 경장(長慶) 3년의 저술[15]인『원각경대소석의초』권4상에서

> 십현을 갖추고 있다는 것은, 즉 그 종에서 지엄존자가 문수의 화신인 두순화상에게 사사하여, 마음이 이미 그것에 상세히 통해서 스스로 주석을 붙인 것을 말한다. 처음에는 다만 십문의 의미를 품수했을 뿐이고 아직 해석한 문장은 없었다. 그러므로 스스로 문을 만들고 정리하여 한 권으로 한 것이다. (具十玄者, 卽彼宗中, 儼尊者, 稟受於文殊化身杜順和尙, 心旣精通, 自有文釋. 初但稟受十門之義, 未有解釋之文. 故自製文, 勒成一卷.)(續藏1-14-3.284左下)

---

13) 鎌田茂雄,『中國華嚴思想史の硏究』(春秋社, 1965), p.165.

14)『演義鈔』권11에는「祕密隱顯俱成門中, …… 故至相十玄云, 猶如十錢, 一卽十時, 一卽顯, 二三至卽十卽名爲隱」(T36.79a, 乙本)이라고 되어 있지만,『일승십현문』에는「如似十數. 一卽十, 一卽是顯. 二三四至十卽爲隱」(T45.516c)이라고 할 뿐 지엄의 저작과 마찬가지로 '전(錢)'의 예 자체는 한 번도 사용하지 않는다는 것에 주의해야 할 것이다. 한편,『오교장』해당 부분에서는 10전의 비유를 사용하지만, 문장은 매우 다르다. 또한 사카모토 유키오가 지적한 것처럼 송의 사회(師會)는『명종기(明宗記)』에서「至相十玄章云」(續藏2-8-5.9左)이라는 명칭으로 현행본『일승십현문』에서는 볼 수 없는 문장을 인용한다(坂本,「華嚴同別二敎判の起源について」,『宗敎學紀要』4, 1938. 3. 후에『大乘佛敎の硏究』, 大東出版社, 1980에 재수록. 同書, p.313). 이것도「至相十玄章」에 다양한 텍스트가 있었다는 것을 보여 주는 한 예라고 할 수 있다. 한편, 징관은 권10에서도「至相十玄……意云」(75b)으로서『일승십현문』을 취의하는데 그 외에도『일승십현문』에 의하였다고 생각되는 곳이 적지 않다.

15) 鎌田茂雄,『宗密敎學の思想史的硏究』(東京大學出版會, 1975), pp.89~90.

라고 서술한 후에 고십현을 열거하고 있다. 지엄이 「문석(文釋)」 1권을 지었다는 것은 『일승십현문』을 가리킬 것이다. 위의 기술을 보면, 종밀이 본 「문석」에는 이미 '승두순화상설'이라는 문장이 있었던 것으로 생각되지만, 그것이 아니면, 두순의 현창에 공을 들인 징관이나 종밀의 이러한 주장에 기반을 두고 부기되었다고도 생각할 수 있다. "다만 십문의 의미를 품수했을 뿐"이라는 해석을 두순이 지엄의 사사를 받아 붙였다는 것은 종밀의 추측이지 않을까?

이상과 같이 늦어도 9세기 초까지는 『일승십현문』이 지엄의 것으로 널리 유포되었으며, 또한 두순의 설을 계승했다는 이야기가 존재했음을 알 수 있다.[16] 그러나 본서를 직접 인용하는 문헌이 이처럼 후대에 한정되는 만큼 약간 기묘한 문헌임에는 틀림없다. 또한 위작설도 존재했었기 때문에 본서의 찬자 혹은 찬호에 대해서는 신중히 음미할 필요가 있을 것이다.

한편, 본서에 관한 연구는 적지 않지만, 많은 부분은 화엄종 초조 문제나 『법계관문』의 찬자를 둘러싼 문제와 밀접히 관련되어 있기 때문에 여기서는 『일승십현문』에 관련된 부분만을 정리하고자 한다.

1) 두순을 이어 지엄이 찬술했다는 설

두순의 설을 이어서 지엄이 저술했다는 것이 전통적인 설이다. 다카미네 료수(高峯了州)는 『일승십현문』과 『수현기』의 전후관계를 정하기

---

16) 후대가 되면 두순 신앙이 두터워지면서 많은 책들이 두순에 가탁되며, 두순 찬 『오교장』이라는 것도 만들어지기에 이른다(『圓超録』, T55.1146a-c). 종밀의 시대에서는 이미 두순을 문수의 화신으로 보는 「別傳」(『演義鈔』 卷15, T36.116a)까지 존재하기 때문에 두순 찬 또는 「承杜順說」이라고 칭하는 책이 다수 존재했다고 해도 이상하지 않다.

어렵지만, 『일승십현문』의 사상은 『수현기』에 계승되었다고 한다.[17] 유키 레이몽(結城令聞)은 『일승십현문』에는 미정리 부분이나 교리적으로 옛 요소가 있음을 지적하면서, 두순의 설을 이어받아 지엄이 발전시켰다고 밖에 생각할 수 없다고 전통설을 보강하였다.[18] 한편, 기무라 기요타가(木村淸孝)는 법계연기설은 "두순-지엄 계보에서 거의 확정되었다"[19]고 하면서, 『일승십현문』에 두순의 영향이 있다고 인정하지만, 『법계관문』은 두순설이 아니라고 하였기 때문에 전통설과는 다른 부분이 있다.

2) 지엄 찬술설

스즈키 무네타다(鈴木宗忠)는 『법계관문』 위작설을 주창하여 두순과 화엄종의 관계를 부정하는 한편, 『일승십현문』의 위작설에 대해서는 반대하여, 십현문의 명칭이나 배열로 볼 때, 『일승십현문』의 저자와 『수현기』의 저자는 동일 인물이라고 설하고 있다.[20] 한편, 오다 아키히로(織田顯祐)는 『일승십현문』에는 『수현기』와 마찬가지로 지론종 교판 용어인 '통종(通宗)' 등의 용어가 보이기 때문에 "『일승십현문』과 『수현기』는 동일한 기반 위에서 성립되었다고 생각한다"고 설하고 있다.[21]

---

17) 高峯了州, 『華嚴思想史』(百華苑, 1942), pp.158~175.
18) 結城令聞, 「『華嚴一乘十玄門』解說」(『佛書解說大辭典』第三卷), pp.4~7. 同, 「華嚴の初祖杜順と法界觀門の著者との問題」(『印佛硏』18-1, 1969. 12), pp.32~38.
19) 木村, 注2, 앞의 책, p.546. 『一乘十玄門』의 法界緣起說에 대해서는 p.523 이하에 상세히 논해져 있다.
20) 鈴木宗忠, 『原始華嚴哲學の硏究』(大東出版社, 1934), pp.67~77.
21) 織田顯祐, 「華嚴一乘思想の成立史的硏究 - 地論宗敎判史から見た智儼の敎學」(『華嚴學硏究』2, 1988), p.166.

3) 후인 찬술설

이시이 교도(石井敎道)는 지엄이 두순으로부터 이러한 조직을 계승하였다면, 육상의 뜻을 심사숙고하여 교설을 세우고 종파를 열 필요가 없었을 것이라고 하며 두순의 영향을 부정하고, 이어 문체나 설명 방법으로 볼 때 지엄설을 부정하여 『오교장』 이후의 작으로 추론하고 있다.[22] 가마타 시게오(鎌田茂雄)는 신라불교의 영향을 중시하고, 의상의 『일승법계도』에 보이는 동전의 비유에 기초하여 『일승십현문』이나 『오교장』의 십현문이 성립하지 않았을까 추정하고 있다.[23] 한편, 가마타는 『일승십현문』을 『오교장』 이전의 저작으로 보고 있지만,[24] 요시즈 요시히데(吉津宜英)는 『일승십현문』에는 지엄의 근본사상인 동별이교판에 기반을 둔 기술이 보이지 않으며, 일승별교만을 강조한다는 이유로 지엄 찬을 부정하고 법장 이후의 작이라고 역설하였다.[25]

4) 기타

사카이노 고요(境野黃洋)는 승전 등의 기록으로부터 두순과 화엄종의 관계를 부정하고, 『법계관문』이나 『일승십현문』 등은 모두 지정(智正)의 설을 지엄이 필수했다고 주장하는데,[26] 실은 사카이노가 지엄을 동명의 다른 사람과 혼동하여 빚어진 주장이라는 것이 지적되기도 하

---

22) 石井敎道, 『華嚴敎學成立史』(石井敎道博士遺稿刊行會, 1964), pp.396~397.

23) 鎌田茂雄, 「一乘法界圖の思想史的意義」(國際佛敎學術會議編, 『新羅義湘の華嚴思想』, 中外新聞社, 1980), pp.66~67.

24) 同, 「華嚴一乘十玄門解題」(『國訳一切經·諸宗部四上』, 大東出版社, 1979), pp.3~6. 한편, 이 문헌에 대한 『국역일체경』의 번역은 오역이 매우 많기 때문에 전면적으로 개정을 해야 할 것이다.

25) 吉津宜英, 『華嚴一乘思想の研究』(大東出版社, 1991), pp.31~37.

26) 境野黃洋, 『支那佛敎史の研究』(共立社, 1930), pp.372~378.

였다. 사카모토 유키오(坂本幸男)는 지엄 찬으로 보는 이유로 당역 이후 처음으로 나타나는 '7처 9회'라는 말이 보인다는 점을 지적하면서도, 『오십요문답』에서는 『수현기』를 인용하고, 『공목장』에서는 『수현기』와 『오십요문답』을 인용함에도 불구하고, 지엄의 저작 가운데 『일승십현문』을 인용하지 않는 것, 의상, 법장, 혜원의 저작 가운데에도 인용되지 않는다는 것을 들고 있어 명확한 결론을 내리지 않고 있다.[27]

이상과 같이 『일승십현문』에 대해서는 다양한 견해가 제시되었고, 정설에 이르지 못했다. 이들 상반된 제 설이 존재하는 것은 문체, 내용, 인용 관계라는 세 가지 면에서 본서가 지엄의 다른 저작과 다르기 때문인데, 이 가운데 가장 중요한 것은 역시 내용이다. 본서에서는 『수현기』에 보이는 것 같은 초기의 사상과 5교장 등에서 설해진 것과 가까운 발달된 사상이 혼재한다. 여기서 이하 본서의 신구 두 요소에 대해서 검토한다.

3. 혜광의 영향

십현문에 대해서는 『수현기』에서는 이름을 열거할 뿐 설명을 부가하지 않고, 또한 의상(625~702)의 『일승법계도』에서는 10전의 비유를 동원하지만, 십현문에 대해서는 『수현기』와 마찬가지로 10문의 명칭을 열거할 뿐 상세한 설명은 볼 수 없다. 이에 대해서 『일승십현문』에서는 동

---

27) 坂本, 注14, 앞의 책, pp.313~314. 사카모토의 논문에는 『일승십현문』을 지엄 찬으로 다루는 부분과 이 논문처럼 지엄 찬술설에 강하게 의문을 제시하는 것이 있는데, 두순의 사상이나 영향에 대해서 고증한 논문은 없다. 사카모토는 이들 문제에 대해서 나중에는 판단을 유보했다고 생각된다.

체·이체의 두 가지 문으로 나누어 10수의 비유를 설하며, 대승경전을 인용하여 십현문을 설명하고 있다. 한편, 법장의『오교장』에서는 동체·이체를 나누는 이유에 대해서 양자의 차이를 명확히 하며 또한『화엄경』이외 경전을 인용하지 않고, 십현문이 별교일승의 법문임을 강조하는 경향이 강하다.

이러한 점으로 보자면,『수현기』→『법계도』→『일승십현문』→『오교장』의 순으로 발전한 것이 되는데, 단지 이들 자료만으로 판단한다는 것 자체가 위험하다. 10문 10의로 성립되는 십현문을 들어『화엄경』의 특색으로 설하는 이상, 십현문의 의미나 1과 10의 관계 등에 대해서 지엄이 자신만의 사상을 갖고 있지 않았다고 생각하기는 어렵다. 설명이 보이지 않았다고 해서 그러한 사상이 없었다는 것은 있을 수 없다. 법장의 초기작인『오교장』에는 만년의 지엄의 해석이 상당히 수용되었을 것이다.

또한 지엄이 혜광(468~537)이나 지정(智正, 559~639)의 돈점원 3교판을 계승하고 있고,[28] 「십지품」 해석에서는 정영사 혜원(523~592)에

---

28) 혜광에 대해서는 후술한다.『搜玄記』권1의 攝敎分齊를 밝힌 부분은 준코(順高)의『기신론본소청집기(起信論本疏聽集記)』권3본(佛全92.133c)에서 인용하는 智正의『화엄경소』와 거의 같은 문장이고,『화엄경』을 돈원이교에 분배하는 것도 이 가운데 보인다. 이 점에 대해서는 海辻昭音,「智儼の敎判について」(『印佛研』6-2, 1958. 3), pp.104~105. 한편, 지정의 소에「所言佛者, 中國正音云佛陀. 此方稱名覺. 明達心源, 轉依究竟. 隨眠已盡, 塵習永亡. 暉光大夜, 曉示朦徒」(佛全92.135a)라고 되어 있지만,『搜玄記』권1에서「所言佛者, 中國正音云佛陀. 此方稱名覺. 明達心源, 以其朗達窮源, 塵習永亡, 懷明獨曜, 暉光大夜, 啓導群惑, 自覺覺人. 故曰佛陀」(T35.14c)라고 설한 것은 이것에 의한 것이다. 이러한 예는 이뿐이 아니다.『화엄경전기』권3에서는 지엄에 대해서「卽於當寺智正法師下, 聽受此經. 雖閱舊聞, 常懷新致. 炎涼亟改, 未革所疑」(T51.163c)라고 서술하여 혜광의『화엄경소』를 읽고 드디어 깨달은 바가 있다고 역설하며, 지정의 영향을 인정하지 않는 것처럼 되어 있으나, 이것은 지정이『화엄경』만을 존중한 인물이 아니었기 때문일 것이다.

힘입은 것이 큰 것은 잘 알려져 있다.[29] 십현문의 경우도 선인의 사상에 기반을 둔 부분이 많다면, 젊은 시절에도 상당히 자세히 설명하였을 것으로 생각된다.

예를 들어, 혜광『화엄경의기』권1의 단간은『화엄경』「광명각품」에,

> 모두 시방에 각각 한 대보살이 있는 것을 보고, 각각 십세계에 미진정도의 많은 수의 보살과 그 동료들이 함께 부처님의 처소에 참배하는 것을 보았다. 소위, 문수사리보살, 각수보살…… 지수보살, 현수보살이며, 이 제 보살은 각각 금색세계, 악색, 화색, …… 파리색, 여실색의 세계로부터 왔다. (皆見十方各有一大菩薩, 各與十世界塵數菩薩眷属俱來詣佛所. 所謂文殊師利菩薩, 覺首菩薩……智首菩薩, 賢首菩薩, 是諸菩薩所從來國, 金色世界, 樂色, 華色, …… 玻璃色, 如實色世界.)(T9.422c)

이라고 되어 있는 부분을 해석하여,

> 또한 한 방향에 각각 하나의 대보살이 있다는 것은 방편 가운데의 자체인행을 보여 주기 때문이다. 각각에 권속인 보살이 있다는 것은 행위가 포괄하지 않는 것이 없는 것을 보여 준다. 각각이 와서 여기에이른다는 것은 본체의 과행에 완전히 들어간 것을 보여 주는 것이다.문수가 선두에 오는 것은 최초에 깊고 깊은 진실로부터 출발함을 보여 주는 것이다. 또한 현수로 끝나는 이유는 그 행위는 깊지만 성취함은 세간에 있기 때문에 현수라고 말하는 것이다. 그러나 행위는 그것만으로 성립하지 않고, 반드시 대상에 의탁하여 발하기 때문에 금색(세계)에서 시작하여, 여실색세계에 이르러 끝나는 것이다. (又言一方各有一大菩薩者, 欲明方便之中自體因行也. 各有眷属菩薩者, 明行無不攝也. 各來至此者, 明圓入自體果行也. 文殊爲首者, 欲明始發

29) 坂本幸男,『華嚴教學の研究』(平樂寺書店, 1951), pp.363~367.

於妙實也. 復所以終至賢首, 欲明此行雖復深廣而成在於世間故, 云
賢首也. 然行非孤立, 必託境而發故云, 始於金色終至如實色世界也.)
(T85.234b)

라고 설하지만, 이것은 다음에서 보이듯이 『일승십현문』 탁사현법생해
문(託事顯法生解門)의 설명과 통하는 바가 있다.

> 제10의 일에 의탁하여 법을 나타내 이해를 생기게 하는 문이라 함
> 은, 이것은 지혜의 입장에서 설한 것이다. 일에 기탁한다는 것은 경에
> 서 금색세계의 사를 들어서 비로소 실제의 법을 일으키는 것을 나타
> 내는 것과 같은 것이다. …… 그러므로 언어에 의해서 법을 나타내고
> 이해를 생기시키는 것이다. (第十託事顯法生解門者, 此約智說. 言託
> 事者, 如經擧金色世界之事, 卽顯始起於實際之法. …… 所以以言顯法
> 生[30]解也.)(T45.518c)

즉 『일승십현문』에서는 『화엄경』이 '금색세계'라는 '사(事)'를 설하는 것
은 '처음에 실제(實際)로부터 일어난다'고 하는 법을 나타내고, 이해를
시키려고 했던 것으로 보는 것이다. 그러나 위의 문장은 혜광소에서 볼
수 있는 해석을 전제하지 않고서는 이해할 수 없을 것이다. 『일승십현
문』은 그러한 경문을 가지고 탁사현법생해문의 교증으로 하고 있는 것
이다.

혜광의 해석에 의했다고 생각되는 곳은 『수현기』에서도 찾을 수 있
다. 『수현기』는 「현수보살품」을 해석할 때, 경에서는 십신위 보살의 '발
심행'을 설하고 있음에도 불구하고, 십지의 끝에 부처의 무상의 경계에
들어가 부처의 일을 만족한다는 기술이 보이는 것은 모순이 아닌가라

---

30) T본에서 '主'로 된 것은 오류.

는 질문에 다음과 같이 답하고 있다.

> 만약 그 진실을 궁구하면 일승통종이 될 것이다. 통종의 행위의 요점은, 뜻이 진실한 근본으로부터 일어나면서도 세상을 버리지 않는 것이니, 깊고 깊은 근원까지 통달하여 광대한 법계에 편만하고 세속의 감정을 미묘하게 초월하여 공덕을 무한의 크기까지 나타낸다. 체는 융합하지 않음이 없고, 행위는 존재하지 않음이 없다. 선과 후는 구별이 없고, 취지는 일미에 존재한다. 그러므로 과이면서 인과 다른 과가 아니고, 인이면서 과와 다른 인이 아니다. …… 일[事]은 상주의 존재 방식을 나타내고, 혹은 진실을 비추는 것이 있다. 그러므로 명확히 판단하지 않으면 안 된다. 원종의 취지는 깊고 깊은 진실을 나타내 보이며, 언어 밖으로 멀리 벗어나 있다. 사량의 경계가 아니다. 그러나 지식이 얕은 자는 상식에 머물고, 깊고 깊은 취지는 추측하기조차 어려우며 보거나 들을 수 없다. 교설에 고집하여 언어를 지키면서 점점 더 상식의 미혹을 늘려간다. 스스로가 비유를 빌려서 이로써 그 마음에 도달하도록 헤아리지 않으면 믿음을 취할 수 없다. 그러므로 가까운 사항을 들어서 깊고 깊은 취지를 나타내는 것이다. (如究其實, 當是一乘通宗. 通宗行要, 義興眞本而不捨於世. 鑑徹玄源, 曠周法界, 妙絕情卑, 功顯無外. 體無不融, 行無不在. 先後莫二, 旨在一味. 故果無異因之果, 因無異果之因. …… 事顯常儀, 或有鑑眞. 故須明簡. 圓宗之致, 鏡曜玄眞, 勝出言表. 非思量境界矣. 而淺識情滯, 旨玄難測, 反於視聽. 封教守詮, 益增情惑. 自非假況以擬導達其心, 無由取信. 故擧近事以鏡玄趣耳.)(T35, 32a)

이 가운데 "뜻이 진실한 근본으로부터 일어나면서도 세상을 버리지 않는 것이다"라는 것은 「광명각품」이 보살의 명칭을 열거할 때, 묘혜의 대표인 문수로부터 시작하여, 게다가 세간을 상징하는 현수로 끝나는 것은 이들 제 보살행이 '최초에 깊고 깊은 진실로부터 출발'하고 나아가

세간에서 성취되는 것을 보여 주는 것이라고 설하는 혜광의 해석과 아주 일치한다. 사실상 『수현기』의 이 부분 전체가 혜광의 소를 인용한 것은 아닌가 생각된다. 첫 부분 현담 부분이라면 몰라도, 첫 부분 수문해석에서 갑자기 이러한 미사여구가 사용되는 것은 부자연스럽다. 이 부분은 전후 문장과 문체가 다르다. 한편, 혜광에 대해서는 "문장의 맛이 맑고 맑아, 당시에 중시되었다"[31]라고 전해지며, 실제로 『화엄경의기』 단간은 고전의 소양을 엿볼 수 있다. 또한 '의흥진본(義興眞本)'이란 말은 『수현기』 권1상의 간교분제(簡敎分齊)에도 보이지만,

삼교가 서로 성립하는 것은 보리수에서 시작하며 여러 대행의 수행자를 위하여 오직 종의 근본이 되는 궁극의 지위를 꾸밈없이 서술한다. 대승의 법은 그 취지는 심원하지만 전혀 무언가에 기탁하여 설함이 없다. 이것을 돈이라고 한다. 소위 점이라 함은 처음에 단계적으로 방편을 배우면서 시작하여 삼승을 끌어들이는 교화를 연다. 처음에는 미미하고 뒤에는 현저하며, 얕은 데서 깊은 데에 이르고, 차례대로 높은 데 이르러 피안에 이른다. 그러므로 점이라고 칭한다. 소위 원교는 상달하여 부분적으로 부처의 경계에 이른 자를 위해서 여래의 해탈법문을 설하고, 궁극적인 종의 근본인 최상의 과행을 설하여서 부처가 해야 하는 일을 성취한다. 그러므로 원이라고 한다. 만약 실을 궁구히 하였다면, 취지는 두 가지가 없이 동등하여 일미여서 남아 있는 것이 철저하게 없게 된다. 어떤 차이가 있겠는가. 다만 번뇌를 없애는 작용이 같지 않기 때문에 근기의 종류에 따라서 심천을 나누어 구분하여 셋이 있다고 설하는 것이다. (約三敎相成者, 謂始於道樹, 爲諸

---

31) 『華嚴經傳記』 卷4, 慧光傳에서는 「所著玄宗論, 大乘義律, 仁王七誡, 及僧制十八條, 並文旨淸肅, 見重當世」라고 되어 있고(T51.159b), 문장도 뛰어났다는 것을 알 수 있다. 智儼은 『華嚴經疏』뿐 아니라 『玄宗論』 등에서도 인용하고 있다고 생각된다.

大行, 一往直陳宗本之致. 方廣法輪, 其趣淵玄, 更無由藉. 以之爲頓.
所言漸者, 爲於始習施設方便, 開發三乘引攝之化. 初微後著, 從淺至
深, 次第相乘, 以階彼岸. 故稱爲漸. 所言圓敎者, 爲於上達分階佛境
者, 設於如來解脫法門, 究竟窮宗至極果行, 滿足佛事. 故云爲圓. 如
窮之以實, 趣齊莫二, 等同一味. 究竟無餘. 何殊之有. 但以對治功用不
等故, 隨根器別其淺深, 言分有三.)(T35,15bc)

다음 차제는 일승요의의 실설에 나아가 번뇌를 없애는 방편은 실천법
이 다르고 요약하면 3가지가 있으니 순서를 보이겠다. 첫째는 방편수
상·대치연기·자류인행에 의해서 세 가지의 가르침을 보여 준다. 점은
처음에 있고, 돈은 가운데, 원은 마지막이다. 세 가지 뜻은 점으로부
터 설해간다. 처음에는 점에 의해 믿음을 생기게 하고, 다음은 돈에
의해서 행위를 완성시키며, 다음은 원에 의해서 본체를 완성시킨다.
만약 실제연기·자체인행의 입장에서 보인다면, 돈은 처음, 점은 다음,
원은 마지막이다. 처음에 돈을 보여 수행시키고, 다음으로 점을 보여
교화하는 것을 밝히고, 마지막으로 완전한 과덕이 갖추어진 것을 보
이기 위해서이다. 만약 궁실법계·부증불감·무장애연기·자체심심비밀
과도의 입장이라면, 처음에는 원, 다음은 돈, 마지막은 점이다. 그러
한 이유는 정말로 심원한 근본은 깊고 깊어 상념을 남기지 않고, 완
전한 수행은 최초의 문을 버리지 않기 때문이다. 이 때문에 일은 가
까운 것이어도 끝없이 멀고, 모습은 현저해도 한없이 비밀스럽다. 얕
은데서 궁극에 이르고, 깊음이 비로소 궁극에 이르기 때문에 처음에
원을 보여 견문시키고, 다음으로 돈을 보여 수희시키고, 마지막으로
계위를 단계적으로 올라가게 하여 덕을 나타내고 믿음을 일으키는 것
이다. 이것은 원의 입장에서 세 가지를 밝힌 것이다. (其次第者, 就於
一乘了義實說, 約對治方便行門差殊. 要約有三. 以明次第. 一者, 據方
便修相對治緣起自類因行以明三敎. 漸卽在初, 頓中, 圓後. 三義從漸
說也. 初漸以生信, 次頓以成行, 次圓以成體耳. 若約實際緣起自體因

行以明時, 頓初, 漸次, 圓後. 初示頓以令修, 次示漸以彰爲物, 後示圓
果德備故也. 若約窮實法界不增不減無障礙緣起自體甚深祕密果道時,
卽初圓, 次頓, 後漸也. 所以爾者, 正以沖宗不遺於玄想, 圓道不揀於
始門. 是以事雖近而至遠, 相雖著而至密. 淺至極深方窮故, 初示圓令
見聞, 次彰頓令隨喜, 後便漸階位, 顯德起信行也. 此卽約圓以明三耳.)
(T35.15bc)

그러나 교설에 대해서는 그렇게 있는 것이 당연하다. 그 취지를 논하
면, 정말로 여래법신의 무상보리인 궁극의 완전한 깨달음을 보여 주
고, 진실을 끝까지 다한 존재 방식과 합치하고, 그 덕은 바다의 깊은
곳까지 가득 찰 정도이다. 진실한 근본으로 발하여 뒤의 존재 방식을
밝히는 것이다. 과를 말하면 덕이 없음이라는 형태로 표현되고, 인을
논하면 이것을 발함이 없음이라는 형태로 표현된다. 그러므로 무상의
상은 그 취지가 깊고 미묘하여 태허와 같고, 취지는 언어와 모습이 끊
어져 있다. 이렇게 말하는 것이 가능할 것이다. 즉, 지극한 도는 무언
이기에 현묘한 서적(玄籍)은 드디어 넓어지고, (부처의) 진실한 모습은
상이 없기 때문에 묘한 모습이 갖추어져 있다. 부처의 지혜에 들어가
서 부처가 행해야 할 것을 행위하고, 덕이 나타나 뛰어남이 세간의 것
을 아주 멀리 초월해 있다. 그러므로 경의 처음에 '부처의 꽃으로 장식
하고'라는 말을 둔 것은 나아가야 할 길을 보인 것이라 알면 좋다. 근
본 입장은 여기에 있다. (然敎乃可爾. 論其旨也, 正明如來法身無上菩
提至極圓道, 契窮實相德盈海奧. 義興眞本顯明後際, 語果彰之於無
德, 論因顯之於無發. 故無相之相, 其趣幽微, 凝同大虛, 旨絕名相. 可
謂至道無言而玄籍彌布, 眞容無像而妙相備嚴. 入於佛慧具佛所行, 德
顯殊美, 踰越於世. 故經首貫以佛華嚴之稱者, 當知旨南之說. 宗要在
玆.)(T35.15bc)

라고 되어 있듯이 같은 취지로 앞 선 문장과 같은 미사여구로 설해져

있다. 이 부분은 십현문을 나열하고 교의의 영역을 논하며, 나아가 점
돈원 삼교의 특징과 그 배열의 순서를 설한 후에 교의 근본이 되는 '취
지'에 대해서 서술하는 곳이다. 『수현기』 가운데서도 특히 중요한 부분
이라고 말해도 좋다.

그런데, 사카모토 유키오는 위 문장 처음에 들은 돈교의 정의가 『오
교장찬석(五敎章纂釋)』에서 인용하는 혜광소의 문장과 전부 일치하는
것을 지적하며,[32] 『수현기』가 혜원의 『십지론의기(十地論義記)』를 자주
전재하는 것과 마찬가지로, 이 부분도 삼교의 상성(相成)과 차례를 설
한 부분 전체가 혜광소로부터의 인용이지 않을까 추측하고 있다.[33] 이
것은 타당한 추정이라고 생각되지만, 문체나 내용으로부터 볼 때, 최후
의 "근본 입장은 여기에 있다[宗要在玆]" 내지는 "세간의 것을 아주 멀
리 초월해 있다[踰越於世]"의 부분까지를 혜광소의 인용이라고 생각해
도 좋을 것이다. 실제로 돈황 출토의 지론종 문헌 가운데 S613V에는
'의현진본(義顯眞本)',[34] '불사세간(不捨世間)'[35]이라는 표현이 있을 뿐
아니라, 같은 학통의 S6388에서는 '불사유위(不捨有爲)',[36] 또한 『십지
의기』에는 "원장이라 함은 유위연집이며 세간을 버리지 않는다[圓藏者,
有爲緣集, 不捨世間]",[37] 『십지경론』의 주석인 북7266[鹹78]에는 '불사
세간(不捨世間)'[38] 등도 보이고, "뜻은 진실한 근본으로 발하여 세간을

---

32) 『五敎章纂釋』 卷11 「光師釋意等事」에, 「彼華嚴經疏第一云, 今此經者, 三敎中蓋
   是頓敎所攝. 又云, 頓者, 始於道樹, 爲諸大行, 一往直陳宗本之致. 方廣法輪, 其趣淵
   玄, 更無由藉. 以之爲頓」(佛全.185a)라고 되어 있다.
33) 坂本, 注29, 앞의 책, pp.198~199.
34) S613V, 敦煌寶藏5.142上.
35) 同, 敦煌寶藏5.137上.
36) S6388, 敦煌寶45.678上
37) 『十地義記』, T85.239a.
38) 北7266〔鹹78〕, 敦煌寶藏105.198a.

버리지 않는다[義興眞本, 不捨於世]"라는 사상이 지론종 전통설이었음을 알 수 있다. 『수현기』 권1상에서

> 세간정안이라 함은, …… 덕은 청정한 영역에 있고 티끌은 오염된 바가 없으며, 천진으로부터 나오니 믿음은 유위가 아니다. 그러므로 기탁하여 지극의 원도인 연기의 미묘함을 나타내고, 생사를 버리지 않으면서도 더러움에 합류함이 없다. 이 사항에 대해서 이름하여 그러므로 세간정안이라고 한다. …… 경의 전체적 이름, 근본입장을 비유하는 취지는 여기에서 명확해진다. (世間淨眼者, …… 德居淨域, 塵所不染. 出自天眞, 信非有爲. 故託以顯至極圓道緣起之妙, 不捨生死而無沾汚. 是以就事爲目. 故曰世間淨眼. …… 經之都目, 宗要之況旨, 明於此.)(T35.15a)

라고 되어 있는 것도, 아마 혜광소의 인용 내지는 취의일 것이다. 이것들은 앞에서 본 『수현기』「현수보살품」의 석문이 혜광의 문장인 것을 뒷받침해 준다. 즉 혜광은 전후가 어지러이 모순되는 듯이 보이는 것이야말로 원교의 원교다운 이유라고 하며, "가까운 일을 들어"서 그러한 "현묘한 취지를 비춘다"는 것에서 『화엄경』의 진면목을 보는 것이지만, 『수현기』는 혜광의 이러한 견해를 그대로 채용하고 있는 것이다.

그런데 혜광의 이러한 생각이 앞에서 본 탁사현법생해문(託事顯法生解門)의 설명과 비슷하다는 것은 분명하다. 무엇인가에 의탁하여 법을 설하지 않는 경전은 없기 때문에 '어떤 것에 기탁하여 법을 드러내 이해를 내게 한다[託事顯法生解]'라는 것이 특히 중요하며 십현문의 마지막에 있는 것에는 그만큼의 이유가 있을 것이다. 따라서 탁사현법생해문은 혜광의 원교 개념을 배경으로 성립한 것으로 생각해야 할 것이다. 그리고 『수현기』와 마찬가지로 혜광의 사상에 직접 의거하는 점으로 볼

때, 『일승십현문』에는 초기 지엄의 사상과 공통하는 부분이 있을 것이다. 십현문이 정돈된 『오교장』에서는 십현문 전체의 구조와 그것을 지탱하는 기초 논리에 전적으로 주안점이 두어져 있는 것에 대해서, 『일승십현문』의 설명은 십현문 각각이 어떤 상황하에 성립했는가를 이야기해 주는 요소를 포함하고 있는 것처럼 생각된다.

다음으로 십현문의 교리 가운데 교의·이사·해행·인과·인법·분제경위(分齊境位)·법지사제(法智師弟)·주반의정(主伴依正)·역순체용(逆順體用)·수생근욕성(隨生根欲性)으로 구성된 10의와 혜광의 관계를 고찰하고자 한다. 이것들 가운데 전반의 5의는 동시에 구족되어야 할 불가분의 대대관계를 열거한 것이고, 뒤의 5의는 주로 그것들 상대 간의 관계를 보이는 것처럼 생각되지만, 이 전반의 5의가 다음에 보는 것처럼 『수현기』 권1상에서 설해지는 종취설의 4문과 매우 흡사하다는 것은 이미 기무라 기요타카가 지적한 대로이다.[39]

교설을 해석한 후에 언어로서 보이는 의도에는 두 가지가 있다. 첫째는 종합이고, 둘째는 구별이다. '종합'이란 인과연기이실(因果緣起理實)이어서 이실을 종취로 한다. 구별하면 네 가지 문이 있다. 첫째는 교의가 상대하여 그것으로 근본의 취지를 분별한다. 둘째는 대상과 수행이고, 셋째는 이와 사이고, 넷째는 인과 과이다. 교설을 근본의 입장으로 하고, 뜻을 취지로 한다. 대상은 근본의 입장으로 하고 행위를 취지로 한다. 사를 근본의 입장으로 하고 이(理)를 취지로 한다. 인을 근본의 입장으로 하고, 과를 취지로 한다. (釋教下所詮宗趣者, 有其二種. 一總, 二別. 總謂因果緣起理實理實爲宗趣. 別有四門. 一教義相對以辨宗趣. 二境行. 三理事. 四因果. 教爲宗, 義爲趣. 境爲

---

39) 木村, 注2, 앞의 책, pp.452~453.

宗, 行爲趣. 事爲宗, 理爲趣. 因爲宗, 果爲趣.)(T35.14c)

이 가운데 '인과연기이실(因果緣起理實)'을 종취로 하는 것은 말할
것도 없이 혜광의 설에 의한 것이다.[40] 기무라는 종취를 총별이문으로
나누어 별의 4문을 논하는 것에 대해서는 어디까지 혜광의 설에 영향
을 받는 것인지는 분명하지 않지만, 종취설의 관련이나 총별로 나누어
설명하는 방식은 차치하더라도 이들 4문을 열어서 그 상대 관계를 설
하는 것은 이미 혜광에게 있었다고 생각하고 있다. 앞에서 본 혜광소의
단간에 "그러나 행위는 그것만으로 성립하지 않고, 반드시 대상에 의탁
하여 발한다"라고 하여 경과 행이 불가분의 관계에 있음을 강조하는 것
도 그 일례라고 할 수 있을 것이다.

또한 『일승십현문』에서는 교의에 대해서

> 의라는 것은, 교설은 즉 통상과 별상에 통한다. 삼승과 오승의 교설은
> 즉 별교로써 별의를 논한 것이다. 이치를 증득하여 교설을 잊어버리
> 는 이유는, 만약 이 통종에 들어가면 교설이 곧 의이며 이로써 동시
> 에 상응하기 때문이다. (所言義者, 敎卽通相別相. 三乘五乘之敎, 卽以
> 別敎論別義. 所以得理而忘敎. 若入此通宗, 而敎卽義, 以同時相應故
> 也.)(T45.515c)

라고 서술하며, "교가 곧 의[敎卽義]"를 설하는 입장을 통종(通宗)이라
고 부르고 있는 것에 주목할 필요가 있다. 이것은 "이치를 증득하여 교
설을 잊어버린다"는 득의망상(得意忘象)에 대한 비판일 것이지만, 화엄

---

40) 法藏, 『探玄記』에는「依光統師, 以因果理實爲宗」(T35.120a)이라고 되어 있지만,
『華嚴經文義綱目』에서는「今依光統師, 以因果緣起理實爲宗趣」(T35.495a)라고 한
다.

신앙은 전통적으로 『화엄경』 독송을 수행의 축으로 했기 때문에, 경문의 깊은 곳에 숨어 있는 도리[理]를 체득하면 반복이 많은 단조로운 경전, 난해하고 모순으로 가득 찬 경전의 문구 등에 집착하지 않아도 좋다는 입장에는 반발하지 않을 수 없었을 것이다.

통종에 대해서는 『공목장』 권4에 "선덕이 이미 통별이교를 말하였다. 아직 해석한 것을 보지 못하였다[前德已述通別二敎, 而未見釋相]"[41]라고 되어 있어서 일반적으로 두순의 설로 생각되어 왔다.[42] 사카모토 유키오는 자기 스승의 교판에 대해서 "아직 해석한 것을 보지 못하였다"라고 하는 것은 부자연스럽다고 반대한다.[43] 사카모토는 더 나아가 견등(見登)의 『일승성불묘의(一乘成佛妙義)』 가운데 혜광의 스승인 불타삼장(佛陀三藏)이 삼승별교·통교·통종이라는 교판을 세운 것이 소개되어 있고, 또한 지엄이 불타삼장의 통종 내용을 고쳤다는 기록이 있는 것에 주의를 기울여,[44] '지엄은 혜광의 저서를 통해서 불타삼장의 교판을 알았던 것은 아닐까'라고 추측하고 있다.[45] 이미 본 것처럼 "뜻은 진실한 근본으로부터 일어나면서도 세상을 버리지 않는다"라는 입장을 '일승통종'이라고 칭하는 『수현기』 권1하의 문장이 다름 아닌 혜광소로부터 인용한 것이라고 생각되는 것은 사카모토의 추측을 뒷받침할 수 있을 것이다. 교의나 이사가 불가분이라는 것을 강조하고, 『화엄경』은

41) 『孔目章』 卷4, T45.586a.
42) 結城令聞, 「華嚴の初祖杜順と法界觀門の著者との問題」(『印佛硏』18-1, 1969. 12), pp.33~34. 高峯了州, 『華嚴孔目章解說』(南都佛敎硏究會, 1964), p.220. 木村, 注2, 앞의 책, p.440.
43) 坂本, 注14, 앞의 책, p.126.
44) 『一乘成佛妙義』, 「問, 佛陀三藏依楞伽經所說說通大乘宗通大乘故, 立宗等敎. 何故儼師楞伽經不攝通宗中. 答. 文依楞伽經而義意趣取華嚴爲通宗. 此師如是通三藏義也」(T45.786a).
45) 坂本, 注14, 앞의 책, p.127.

그것들의 모든 뜻을 동시에 겸해서 갖추어 있다고 설명하는 것은 혜광소의 영향에 의한 것으로 생각해도 좋을 것이다.

다만, 불타삼장 찬으로 불리는 지론종 문헌인 『화엄양권지귀』(가나자와문고 소장)은 전 장에서 본 것처럼 통종과 통교를 설할 뿐 별교도 일승도 설하지 않는다. 또한 '여래장진심의 도리를 최고 궁극으로 삼는' 곳도 보이지 않기 때문에 혜광소에서 전하였다고 추측되는 불타삼장의 사상과 『화엄양권지귀』의 내용은 반드시 일치하지는 않는 것에 주의할 필요가 있다. 또한 『일승성불묘의』에서 인용하는 『법경론(法鏡論)』에는 '삼승별교'[46]라는 표현이 있는 것처럼 지론종 문헌에서 별교·통교·통종의 3교판은 별교에 대해서는 통상 '삼승별교'로 부르며, 『일승십현문』처럼 '삼승오승의 교설'을 별교의 내용으로 하는 예는 아직 찾을 수 없다. 물론 오승이라는 개념 자체는 일찍부터 사용된 일반적인 용례이지만, 지엄이 오승이라는 분류를 사용한 것은 최만년의 『공목장』 「일승삼승의장」뿐이다.[47]

한편 『일승십현문』은 첫머리에 "이 화엄 한 부 경의 근본사상[宗]에 대해서, 법계연기가 관통함을 밝히면 자체인(自體因)과 과(果)에 지나지 않는다"(514b)라고 단언하며, 지론종의 전통적 입장인 자체인과를 강조하는 것으로 논의를 시작하지만 지엄의 저작에서는 이렇게까지 자체인과의 입장을 명확히 밝힌 곳은 없다. 『일승십현문』은 또한 지엄의 다른 저작 이상으로 별교·통교·통종의 3교판을 활용하고 있는 것으로 볼 때, 전통적인 지론교학과 지엄 만년의 교학을 합한 성격을 가지고 있는 것으로 보인다.

---

46) 『一乘成佛妙義』, T45.784c.
47) 中條道昭, 「智儼の敎判說について」(『駒澤大學佛敎學部論集』9, 1978. 11), pp.256~257.

4. 혜명(慧命) 『상현부(詳玄賦)』와의 유사성

십현문에 통하는 점이 보이는 것에 북주의 선성사 혜명(仙城寺慧命,[48] 531~568)의 『상현부』가 있다. 지엄이 십현문의 구상을 얻는 데 시사를 받았는지는 분명하지 않지만, 적어도 『일승십현문』에서의 십현문의 설명에 대해서 생각할 때, 『상현부』가 중요한 실마리를 제공해 주는 것은 사실이다.[49] 여기서 우선 혜명에 대한 지엄의 평가를 검토하고,

---

48) 『續高僧傳』 卷17 習禪篇之2에 北周河陽仙城山善光寺釋慧命의 전기가 있고 (T50.561a-562b), 또 卷16의 慧意傳(560b), 卷28의 慧超傳(687b)에도 혜명에 관한 기사가 보인다. 이것들에 의하면 혜명은 양의 대통5년(中大通3년, 531)에 상주(湘州) 장사(長沙)에서 태어나, 15세에 『법화경』을 암송하고, 출가 후는 특정한 스승을 모시지 않고 방등, 보현 등의 참법을 수행하고, 『화엄경』에 의해 도를 밝혔다고 한다. 양자강을 건너 북으로 가서 사광(思光)·선로(先路)라는 두 사람의 선사를 따라서 후에 하양(河陽)의 선성산(仙城山)에 머물렀지만, 선성산에 들어가기 전에 지의(智顗)나 혜초(慧超)등과 함께 광주 대소산(光州大蘇山)의 혜사(慧思) 선사에게 사사했던 시기가 있었던 것으로 보이며, 깊이 선심(禪心)을 맛본 것으로는 혜사의 이름이 높았지만, 문장이 높고 우아하고 법칙이 있는 유려함에서는 혜명이 뛰어났다고 한다. 선성산에 들어간 후로는 학도가 운집하고 이름이 남북에 퍼져 북주의 천화(天和)3년(568), 좌선하여 서쪽을 향하여 부처를 염하면서 입적하였다. 저서에 『대품의장(大品義章)』, 『융심론(融心論)』, 『환원경(還源鏡)』, 『행로난(行路難)』, 『상현부』 등이 있고, 당시의 식자들은 모두 이것을 암송했는데 문장의 뜻이 깊고 난해했기 때문에 주해를 덧붙인 것이 있고, 세간 사람들은 이것을 기뻐했다고 한다. 『상현부』에 대해서는 기무라 기요타카의 연구가 있으며 화엄교학의 무진연기를 생각나게 하는 표현이 보인다는 것이 지적되어 있다.(注2, 앞의 책, pp.283~290). 다만, 지엄이 어느 때 『상현부』를 알았는지, 또 십현문에 대한 영향 등에 대해서는 언급하지 않았다.

49) 『공목장』의 이러한 기술이 원인이 되었다고 생각되지만, 혜명의 저작이 화엄교학과 마찬가지의 교리를 전개했다는 것은 화엄종에서는 상식이었던 것 같다. 법장의 제자 문초(文超)는 『화엄경의초』 제10의 일문에서는, 「一卽一切一切卽一, 暎徹無礙, 自在難思」의 상즉에 대해서는 「智者禪師及門人等, 並如止觀中說. 遷禪師命禪師可禪師等, 並如自觀門中說」(高峯了州, 『華嚴思想史』527a)라고 하는 것처럼 지의, 그 문인(관정?), 담천, 혜명, 혜가 등이 각각 관문(觀門)에서 같은 무애의를 설했다고 한다. 그 외에 고려 균여는 『석화엄교분기원통초』 권8에서 「中卽二門, 則儼師以前, 杜順和尚法界觀.慧明(命)禪師詳玄賦等, 旣已論也」(H4.449a)라고 단언한

이어 『상현부』와 『일승십현문』의 기술을 비교해 본다.

지엄은 『공목장』 권4 「융회삼승결현명일승묘취(融會三乘決顯明一乘之妙趣)」라는 제목의 장에서 해인삼매에 근거를 둔 '일승동별의'에 대해서 논하고 있다.

> 전대의 존자가 말씀하셨다. "일승의 심원하고 광대함을 생각하고 여러 가지 현상이 다양한 것을 찬탄한다. 진과 속은 다르다 해도 본체는 동일하고, 범과 성은 별도라고 해도 도는 합해 있다"라고. 이것은 선인이 이미 그 취지에 통달했음에 다름이 아니다. 지금까지 든 것은 간략하게 일승의 근본적 입장의 모습을 개설한 것이다. (前德云, 惟一乘之淵曠, 嗟萬像[50]之繁雜, 眞俗異而體同, 凡聖分而道合者, 此則先人已通斯趣耳. 上來所擧, 略開一乘宗序之狀相也.)(T45,586c)

라고 설하는데, "일승의 심원하고 광대함을 생각하고 여러 가지 현상이 다양한 것을 찬탄한다. 진과 속은 다르다 해도 본체는 동일하고, 범과 성은 별도라고 해도 도는 합해 있다"라는 선덕의 말은 『상현부』 첫머리의 말과 다르지 않다. 지엄은 혜명이 동별이교로부터 성립되는 '일승의 묘취'에 통효해 있다고 명언한 것이다. 『공목장』은 지엄의 최만년 저작이고, 게다가 이 「융회장」은 그 결론이라고 할 만한 장이기 때문에 이러한 평가의 중요성은 이해될 것이다. 다만, 『수현기』나 『오십요문답』에서는 혜명에 대한 언급을 볼 수 없기 때문에, 지엄이 『상현부』를 안 시기가 『수현기』 저작 이전인지 아닌지에 대해서는 알 수 없다. 『상현부』에 대해서는 후인의 주석이 있어 크게 기뻐했다고 전해며, 『능가사자기』의

다. 징관의 영향이 강한 균여와는 달리 문초는 두순을 언급하지 않는 것이 주목된다.

50) 『弘明集』 所載 『詳玄賦』(T52,340a)에서는 '像'이 '相'으로 되어 있다.

승찬(僧粲) 전에는 그 하나인 『상현전(詳玄傳)』이 인용되어 있지만,[51] 여기서는 『광홍명집』 소재의 『상현부』 본문[52]만을 보기로 한다.

상현부   선상산 석혜명

일승의 심원하고 광대함을 생각하고 여러 가지 현상이 다양한 것을 찬탄한다. 진과 속은 다르다 해도 본체는 동일하고, 범과 성은 별도라고 해도 도는 합해 있다. 스승과 친구의 유훈을 계승하여 경론의 뛰어난 대승의 가르침을 빌리고, 먼지와 같은 얕은 식견을 다해서 그 장소에서 생각나는 대로의 언어로 지식 있는 분들께 묻는다. 어떤 꿈틀하는 산 것들이 망망한 법계에 있고, 본성은 깊은 미묘함을 끝까지 다하면서 점점 밝혀지고, 도리는 적정의 경지에 있지만 점점 밝아진다. 이미 공도 아니고 유도 아니다. 또한 존재하는 것도 하지 않는 것도 아니다. 비밀을 미륵에게 말하고, 명부의 세계를 노자에게 꺼내 놓고 기뻐하며 똑같이 허한 존재양상을 억지로 극한까지 밀고 가서 만유를 총괄하여 망으로 삼는다. 일을 잡아서는 미혹하기 쉽고, 아주 가까우면서도 알기 어렵다.

      詳玄賦   仙城山釋慧命

惟一乘之淵曠, 嗟萬相之繁雜, 眞俗異而體同, 凡聖分而道合. 承師友之遺訓, 藉經論之乘芳, 罄塵庸之小識, 請興言於大方. 何群類之蠢蠢,

---

51) 柳田聖山, 禪の語錄 2 『初期の禪史 I』(筑摩書房, 1971), pp.173~185. 야나기다도 『상현부』와 그 주석인 승찬의 『상현전』이 화엄사상에 가깝다는 것을 강조하고 있다. 다만, 승찬전(僧粲傳)은 명확하지 않은 점이 많고, 『상현전』의 저자에 대해서는 검토를 필요로 하기 때문에 여기서는 그 가운데 가장 화엄적인 부분을 드는 데 그친다. 「注云, 此明祕密緣起, 帝網法界, 一卽一切, 參而不同. 所以然者, 相無自實, 起必依眞. 眞理旣融, 相亦無礙. 故巨細雖懸, 猶鏡像之相入. 彼此云異, 若殊色之交形. 一卽一切, 一切卽一. 緣起無礙. 理理數然也. 故知大千彌廣, 處塵而不窄, 三世長久, 入促略以能容」(同, p.147).
52) 송·원·명의 3본, 구 송본, 및 『능가사자기』의 인용문에는 각기 다소 문장의 동이가 있지만, 내용에 관련된 것은 아니다. '識'을 '織'으로 하거나, '眼'을 '眠'으로 하는 것 같은 명백한 오자를 고친 것 외에는 『광홍명집』 소재의 본문(T52.340ac)을 따른다.

處法界之茫茫, 性窮幽而彌曉, 理至寂而逾彰. 旣非空而非有, 又若存而若亡. 談祕密於慈氏, 歡冥於伯陽, 湛一虛而致極, 總萬有以爲綱. 雖卽事而易迷, 亦至近而難識. 非名言之所顯, 豈情智而能測. 口欲辨而詞喪, 心將緣而慮息.

언어를 나타내는 것이 아닌 이상, 무엇 때문에 상식으로 측량할 수 있을까. 입으로 논하려고 하면 언어가 없어지고, 마음으로 움직이려 하면 생각이 멈춘다. 그러므로 일음이면서 널리 알리는 작용이 있고, 미묘한 진리를 세 번 설법하는 (여래의) 힘은 8가지 특색이 있는 여래의 소리를 법문의 형태로 남김이 없으며, 달변을 맑은 경지 가운데서 그만두게 한다. 그 끝을 물으면, 텅 비어서 가서 멈추는 데가 없고, 어렴풋하여 끝이 없다. 무시로부터 흐름을 발하고, 무종으로 궁극에 이른다. 지해와 미혹은 이것에 의해 동등하게 관통해 있고, 염정은 여기서 함께 녹아 들어간다. 공유를 꿰어서 조용해지고, 우주를 포괄하여 관통한다.

故雖一音遍告之能, 三轉窮微之力, 莫不停八梵于寂泊之門, 輟四辨于恬淡之域. 尋其涯也, 谿乎無際, 眇乎無窮. 源於無始, 極於無終. 解惑以之齊貫, 染淨於此俱融. 該空有而闃寂, 括宇宙以通同.

그 작용을 논하면, 하나이면서 많음이 가능하고, 조용하면서 어지러운 것도 있을 수 있다. 만물이 다른 형태를 뽑아내서 많은 사람들의 마음의 별별의 관점과 향방을 드러내 보인다. 윤회와 얽혀서 맺어지고, 많은 장애가 될 정도로 속박을 일으킨다. 미오에 따라서 통하거나 막히고, 혼돈과 밝음을 좇아 집산한다. 네 가지 부류의 사람들은 이것에 의해 윤회에 떠내려가고 육도세계는 이것에 의해서 넓어진다. 삼현십성은 끊어짐이 없이 계속되고, 이지(二智)와 오안은 밝게 빛난다. 부침을 다스려 함께 가라앉고, 위순을 나누어 분기한다. 본체에는 잘못이 없으며 옳다는 구별이 없고, 무상을 사용하면서 하지 않는다. 순금은 반지나 (금의) 팔찌를 구별하지 않고, 깊은 물은 연속하는 파도를 신경 쓰지 않는 것이다. 그러므로 명칭과 작용이 서로 섞이고, 분쟁을 일으키는 것이다.

論其用也, 一而能多, 靜而能亂. 挺萬類之殊形, 吐群情之別觀, 結五往之盤根, 起十纏之羅絆, 隨迷悟而通塞, 逐昏明而集散. 四流因之漂蕩, 六道以之悠漫. 三賢十聖曖以連綿, 二智五眼曄而暉煥. 渾升沈而共壑, 派違順以分岐. 體無非而是, 用無相而不爲. 若純金不隔於環釧, 等積水不憚於漣漪. 故令名用誼雜, 集起紛馳.

사물의 형상은 많은 수레가 수레자국을 달리하듯 다르지만, 도리는 천개의 수레바퀴가 둥글다는 점이 공통된 것과 같다. 무애를 연기 가운데 관찰하고, 생각하기 어려운 것이 사람들이 본성에 있는 것을 믿는다. 마치 보전에 늘어뜨린 구슬과 같고, 보옥으로 된 높은 전각에 걸린 거울과 같다. 저것과 이것이 다르면서 상호 서로 들어가고, 분홍이나 자주로 나눠지면서 상호 비추어 낸다. 법은 마음과 인식대상으로 나누어지는 것이 없고, 사람은 범부와 성인을 떨어뜨려 놓지 않는다. 사람들이 자타에 정체되지만, 사물의 형상은 삿됨과 올바름을 머금지 않는다. 무엇 때문에 거대한 것과 미세한 것이 차이가 있겠는가. 그러므로 상호 섞여 들어가 상대를 자신 가운데 보호하고 유지한다. 작은 원자가 대우주를 머금고 찰나가 과거·현재·미래를 총괄한다. 이러한 말들이 믿어지지 않는 것을 걱정하여 제망을 예로 들어 의심을 제거한다. 생각해 보니 보안이어야 비로소 그러한 존재양상을 보는 것이 가능하다. 어떻게 미혹된 견해를 가진 자가 알 수 있겠는가? 다수의 회자에서 설해진 깊고 깊은 경문을 바라보고, 많은 성인들이 남긴 규범을 보고, 상제보살을 동쪽 시장에서 보고, 선재동자를 남국에서 사모한다. 많은 도시를 지나가서 선지식이 끌어주어 미혹을 떨친다. 처음에는 문수로부터 (순례의) 명령을 받고, 드디어는 문수가 보이는 근본의 입장에 귀의하였다. 몸은 무한의 세계로 가지만, 다리는 기원에서 움직이지 않는다. …… 깨달음은 처음의 행위를 버리지 않고,

어둠은 최초의 밝음을 거부하지 않는다. 번뇌의 적들을 파괴하는 것
을 생각하고, 다수의 군세를 청한다.

事若萬軫殊轍, 理則千輪共規. 觀無礙於緣起, 信難思於物性. 猶寶殿
之垂珠, 若瑤台之懸鏡. 彼此異而相入, 紅紫分而交映. 法無定於心境,
人靡隔於凡聖. 物不滯於自他, 事莫擁於邪正. 何巨細之殊越, 遂參互
而容持. 隣虛含大千之界, 刹那總三世之時. 懼斯言之少信, 借帝網以
除疑. 蓋普眼而能矚. 豈惑識以知之. 覩九會53)之玄文, 覽萬聖之貽則,
睒常啼於東市, 慕善財於南國. 歷多城而進, 法衆師而遣惑. 始承命於
文殊, 終歸宗於妙德. 雖遊形於法界, 未動足於祇園. …… 道莫遺於始
行, 暗弗拒於初明. 擬六賊其方潰, 冀十軍之可乎.

사(辭) 왈. 어두운 구름은 모여서는 흩어지고, 마음의 강물은 탁하면
나아가 맑아진다. 본성의 바다에는 증감이 없지만, 행위의 달에는 채
우고 결핍됨이 있다. 토끼의 다리는 짧아서 (강을 건널 수 없다고) 의
심하고, 미세한 털은 가볍게 취급될까 걱정한다. 산을 만드는 데는 첫
삽부터 시작한다. 곤륜 같은 거대한 산도 성취할 수 있다고 열망하는
것이다.

辭曰, 昏雲聚還散, 心河濁更淸. 性海無增減, 行月有虧盈. 疑兎足致
淺, 懼鴻毛之見輕, 爲山託於始簣. 庶崑崙之可成.(T52.340a-c)

혜명은 대승의 제 경전을 존중하며, 『금광명경』 「삼신품」이나 『십이문
론』 「관작자품(觀作者品)」 등에 보이는 금과 반지의 비유, 『능가경』의 물

---

53) 여러 본 모두 '九會'로 되어 있지만, '八會'의 오사. 혹은 당역을 자주 접했던 후인
이 개변했다고 생각되지만, 당역 이전의 성립으로 생각되는 돈황 출토의 『화엄약
소』(北80, 辰53)의 권1에서도 '序與下九會', '九會之中'(敦煌寶藏56.332下)으로 되
어 있고, 『國淸百錄』에도 '七處九會'(T46.795b)로 되어 있는 것을 생각하면, 예부
터 직역을 9회로 하는 해석이 있었을 가능성도 부정할 수 없다. 따라서 '七處九會'
의 말이 보인다고 해서 『일승십현문』을 후대의 작으로 하는 것은 무리이다.

과 파도의 비유, 혹은 『유마경』 「부사의품」이나 『화엄경』에서 설하는 무애하게 서로 참여하는 사상 등에 의해 진실 세계와 현상 세계의 상즉을 논하며, 『대품반야경』의 상제보살(常啼菩薩)과 『화엄경』 선재동자의 수행을 찬탄하고, 최후에 『열반경』 「월유품(月喻品)」의 비유와 삼수도하(三獸渡河)의 비유 등을 인용하면서 실천에의 결의를 서술하고 있지만, 『화엄경』에 의해 도를 밝혔다고 하는 만큼 전체적으로는 『화엄경』의 색채가 농후하다고 할 수 있다.

여기서 주목되는 것은 "깨달음은 처음의 행위를 버리지 않고[道莫遺於始行]"의 구는 혜광 『화엄경소』의 문으로 추측되는 "깊은 근본사상은 그윽한 모습을 버리지 않고, 원만한 깨달음은 처음의 문을 골라내지 않는다[沖宗不遺玄想, 圓道不簡於始門]"를 약초한 것 같다는 것이다. 혜명이 북지에서 배운 6세기 중반은 법상(法上, 495~580)이나 도빙(道憑, 488~559)이 활약하던 지론교학의 전성기였기 때문에 『상현부』에 초기 지론종의 교학이 반영되었다고 해도 이상하지 않다. 그 가운데서도 "무애를 연기 가운데서 관찰한다"라는 것은 무애의 근거를 신통이 아니라, 연기의 존재양상 자체에서 구하고 있다는 점에서, 지론교학과 지론교학을 계승한 화엄교학의 기본적 입장과 일치한다. '무애'라는 말은 법상의 『십지론의소』 권3[54])을 비롯하여, 돈황 출토의 지론종 문헌에 아주 많이 보이며, 영유(靈裕, 518~605)의 『화엄경문의기』에서는 "선재의 수행이 만족하여 원만하고 자재롭게 통하고 장애도 없고 걸림도 없다[善財修行滿足, 圓通自在, 無障無礙]"[55])라고 하는 것처럼 선재동자의

---

54) 『十地論義記』 卷3, T85.773b.
55) 『華嚴經文義記』 卷6, 續藏1-88-1.18右下. 이와 유사한 표현이 『수현기』 「십지품」석에 많이 보인다. (卷3下, T35.59c 등).

수행에서 인과연기가 '무장무애'함이 강조되어 있다.

더 나아가서 흥미 깊은 것은 『상현부』에는 십현문에 상당하는 내용이나 서로 통하는 표현이 많이 포함되어 있으며, 특히 『일승십현문』에서의 설명과 대응하는 곳도 적지 않다는 것이다. 이하 양자를 대조한다.

	『一乘十玄門』	『詳玄賦』
1	동시구족상응문이란 것은, 교의·이사 등이 동시인 것을 상론한 것이다. …… 인과동시조차 이미 이와 같다. …… 묻는다, …… 무시무종이라면, 무엇에 의해서 인과나 교의 등을 설할 수 있는가. 답한다. 지혜의 구별에 의하기 때문이다. …… (同時具足相應門者, 卽具明教義理事等同時也. …… 因果同時旣如此. …… 問. …… 無始無終, 何緣得辨因果教義等. 答. 以隨智差別故, ……)	무시로부터 근원을 발하고, 무종으로 궁극에 이른다. 지해와 미혹은 이것에 의해 동등하게 관통해 있고, 염정은 여기서 함께 녹아 들어간다. (源乎無始, 極乎無終. 解惑以之齊貫, 染淨於玆俱融.)
2	인다라망경계문이라는 것은 이것은 비유에 의해서 보이는 것이다. …… 마치 많은 거울의 모습이 하나의 거울 가운데 보이는 것과 같다. …… 마치 제망에서는 하나의 구슬을 들어 올리면 많은 구슬이 그 가운데 나타나는 것과 같다. (因陀羅網境界門者, 此約譬以明. …… 猶如衆鏡之影見一鏡中. …… 猶如帝網擧一珠爲首, 衆珠現中.)	마치 보전에 늘어뜨린 구슬과 같고, 보옥으로 된 높은 전각에 걸린 거울과 같다. 저것과 이것이 다르면서 상호 서로 들어가고, 분홍이나 자주로 나눠지면서 상호 비추어 낸다. …… 이러한 말들이 믿어지지 않는 것을 걱정하여 제망을 예로 들어 의심을 제거한다. (猶殿之垂珠, 若瑤台之懸鏡. 彼此異而相入, 紅紫分而交映. …… 懼斯言之少信, 借帝網以除疑.)

3	비밀은현구성이란 이것은 연기의 입장에서 설한 것이다. …… 또한 「월유품」에서 말한다. "여기서는 반월의 달을 보고, 다른 곳에서는 만월을 보지만 저 달의 본성은 실제로는 차거나 모자람이 없다"라고. 그러므로 비밀이라 칭한다. (祕密隱顯俱成者, 此約緣起說. …… 亦如月喩品云, 此方見半分他方見滿而彼月性實無虧盈. 所以稱祕密.)	또한 존재하는 것도 하지 않는 것도 아니다. 비밀을 미륵에게 말하고, …… 본성의 바다에는 증감이 없지만, 행위의 달에는 채우고 결핍됨이 있다. (又若存而若亡. 談祕密於慈氏, …… 性海無增減, 行月有虧盈.)
4	미세상용안립문이란 이것은 특징에 의해서 설한 것이다. …… 일체세계가 일미진 가운데 들어가지만, 세계는 중첩되지 않고, 또한 이산도 하지 않는다. (微細相容安立門者, 此就相說. …… 一切世界入一微塵中, 世界不積聚, 亦復不離散.)	무엇 때문에 거대한 것과 미세한 것이 차이가 있겠는가. 그러므로 상호 섞여 들어가 (상대를 자신 가운데) 보호하고 유지한다. 작은 원자가 대우주를 머금고…… (何巨細之殊越, 遂參互而容持. 隣虛含大千之界, ……)
5	십세격법이성문이란 이것은 삼세의 입장에 의한다. …… 무진무진겁이 일순간이 되는 것이 가능하다. (十世隔法異成門者, 此約三世. …… 無盡無盡劫能作一念頃.)	찰나가 과거·현재·미래를 총괄한다. (刹那總三世之時.)

6	제장순잡구덕문이란 여러 바라밀의 관점으로부터 설한 것이다.(『대품반야경』의 일심에 만행을 갖추고 있다는 설이나 육도상섭설을 비판하여 화엄의 우위를 설함) (諸藏純雜具德門者, 此約諸度門說.)	(『대반야경』의 상제보살의 행위와 『화엄경』 선재동사의 행위를 찬탄)
7	일다상용부동문이란 이것은 도리의 입장에서 설한 것이다. 하나가 많음에 들어가고 많음이 하나에 들어가기 때문에 상용이라고 이름한다. 즉 본체에는 전후가 없고, 게다가 하나와 많음이라는 존재양상을 잃지 않는다. 그러므로 "같지 않다"고 말하는 것이다. (一多相容不同門者, 此約理說. 以一入多多入一故, 名相容. 卽體無前後, 而不失一多之相. 故曰, 不同.)	그 작용을 논하면, 하나이면서 많음이 가능하고, 조용하면서 어지러운 것도 있을 수 있다. …… 사물의 형상은 많은 수레가 수레자국을 달리하듯 다르지만, 도리는 천개의 수레바퀴가 모두 둥근 것과 같다. (論其用也, 一而能多. 靜而能亂. …… 事若萬軫殊轍, 理則千輪共規.)
8	제법상즉자재문이란 이것은 작용의 입장에서 설한 것이다. …… 그러므로 일즉일체이고, 진인 면과 무진의 면이 성립된다. (諸法相卽自在門者, 此約用說. …… 故一卽一切, 成其盡復無盡.)	그 작용을 논하면, 하나이면서 많음이 가능하고, 조용하면서 어지러운 것도 있을 수 있다. …… 순금은 반지나 (금의) 팔찌를 구별하지 않고, 깊은 물은 연속하는 파도를 신경 쓰지 않는 것이다. (論其用也, 一而能多. 靜而能亂. …… 若純金不隔於環釧, 等積水不憚於漣漪.)

9	유심회전선성문이란 마음의 입장에서 설한 것이다. …… 심 외에 별도의 대상은 없다. 그러므로 유심이라고 한다. (唯心廻轉善成門者, 此約心說. …… 心外無別境, 故言唯心.)	법은 마음과 인식대상으로 나누어지는 것이 없고, (法無定於心境.)
10	탁사현법생해문이란 지혜의 입장에서 설한 것이다. (託事顯法生解門者, 此約智說.)	(이러한 말들이 믿어지지 않는 것을 걱정하여 제망을 예를 들어 의심을 제거한다.) (懼斯言之少信, 借帝網以除疑.)

양자를 비교해 보면『일승십현문』에는 존재[有]의 면이 강조되어 있고, 반면『상현부』에서는 부정적인 표현이 많이 사용된다는 것을 알 수 있다.『일승십현문』이 동시라고 설하고, 유심(唯心)이라고 설하는 대신에,『상현부』에서는 무시무종이라고 말하고, "법은 마음과 인식대상으로 나누어지는 것이 없다"라고 서술한다. 그러나 양자가 상당히 공통된 문제를 다루고 있는 것은 확실하다[56]. 그 외에 인다라망경계문, 비밀은현구성문, 미세상용안립문, 일다상용부동문 등은 표현과 내용 면에서, 제법상즉자재문과는 내용 면에서 각각 공통점이 보인다.[57] 물론 제장순잡구덕문이나 탁사현법생해문처럼 상당하는 부분을 찾을 수 없거나, 상당하는 부분이 있는 경우에도 중점을 달리 두는 점이 있기는 하지만, 겨우 900자도 되지 않는『상현부』가운데 이 정도 십현문과 근사

---

56)『搜玄記』卷2下에는「爲方便事不定心境及理事, 非一法故也」(T35.43a)라고 되어 있고, "方便事은 心과 境, 理와 事에 정해지지" 않은 것이 설해져 있다.

57)『孔目章』卷4에「所有敎義, 一卽一切, 一切卽一, 如帝網喩無盡不同」(T45.587c)라고 되어 있고, 기타 많은 곳에서도 마찬가지이다.

한 요소가 발견된다는 것은 주목할 만하다.

다만, 여기서 문제가 되는 것은,

> 제석천의 망을 비유로 삼는 것은, 우선 이 제망의 모습은 무엇을 모습으로 하는가를 알 필요가 있다. 마치 많은 거울이 서로 비추어 내는 것처럼 많은 거울의 영상이 하나의 거울 가운데 보인다. 이와 같이 비추어진 영상 가운데 또한 많은 영상이, 하나하나의 영상 가운데 또 많은 영상을 비추어 낸다. 즉 중중으로 영상을 나타내고, 무진 위에 무진을 성립시킨다.
> 문: 이 종은 상입을 보이지만 신력을 논하지 않는다. 자체는 늘 그렇다고 한다면, 이것은 서로 녹아 경계가 없고 무시무종이다. 무엇에 의해서 인과·교의 등을 논하는 것이 가능한가.
> 답: 지혜의 구별이라는 비유에 의해서 하나를 들어 주로 삼으면, 나머지는 반이 된다. 마치 제석망에서는 하나의 구슬을 최초에 들어 올리면, 많은 구슬 가운데 나타나는 것과 같은 것이다. 하나의 구슬이 그런 것처럼 일체의 구슬이 나타나는 것도 또한 그러하다. (帝釋殿網爲喻者, 須先識此帝網之相, 以何爲相. 猶如衆鏡相照, 衆鏡之影見一鏡中. 如是影中復現衆影, 一一影中復現衆影. 卽重重現影, 成其無盡復無盡也. 問. 若此宗明相入不論神力, 乃言自體常如此者, 斯則渾無疆界, 無始無終. 何緣得辨因果敎義等. 答. 以隨智差別喻, 擧一爲主, 餘卽爲伴. 猶如帝網擧一珠爲首, 衆珠現中. 如一珠卽爾, 一切珠現亦如是.)(T45.516b)

라고 되어 있는 것처럼 『일승십현문』이 신통력에 의한 상입을 부정하고, 뭇 거울의 비유를 들어서 '무진 또한 무진'이라는 점을 강조하는 것을 들 수 있다. '무진 위에 무진' 혹은 '중중무진'이라는 말은 법장 초기 저작인 『오교장』이나 이후의 저작에서는 자주 사용하지만, 지엄이나 의상, 원효의 현존 문헌에서는 발견되지 않는 말이다. 물론 지엄에 그러한 사유가 없었을 수는 없고, 특히 만년의 저작에서는 화엄은 무진의 법문이라는 것을 수차례 강조하고, 인다라망과 같이 무진이다, 라고까지 표현하지만, '무진'이라는 한 단어로 그러한 양상을 설할 뿐이고,[58] '무진 또한 무진' 혹은 '중중무진' 등의 표현을 사용한 곳은 없다. 또한 의상은 지엄의 입적 전에 저술한 『일승법계도』에서 10전의 비유를 논할 때,

> 이 때문에 알아두는 것이 좋다. 일 가운데 십이 있고, 십 가운데 일이 있어 서로 수용하여 들어가되 방해가 없으며, 나아가 모순되지 않는다. 하나의 문 가운데 10문을 갖추는 것을 나타낸다. 그러므로 중지를 보이는 것이다. 한 문 가운데 무진의 의미가 있다. 한 문이 그러한 것처럼 다른 것도 또한 그러하다. (是故當知, 一中十, 十中一, 相容無礙, 仍不相違. 現一門中具足十門, 故明中智. 一門中有無盡義. 如一門, 餘亦如是.)(T45,714c)

라고 하는 것처럼 "한 문 가운데 무진의 뜻이 있고, 한 문과 같이 나머지도 역시 이와 같다"라고까지 설하고 있지만, '무진 위에 무진' 혹은 '중중무진'이라고 하는 말 자체는 사용하지 않는다.

이러한 것은 『법계도』에서 동체문과 이체문을 설하지 않은 것과 관계가 있을 것이다. 『탐현기』에서 "이체의 상입에 동체의 상입을 띠고 있기 때문에 중중무진제망문이 있는 것이다"[59]라고 명언하는 것처럼, 중중무진이라는 사태를 명확히 설명하기 위해서는 동체이체라는 관점이 필

---

58) 『探玄記』 卷1, T35.125a.
59) 「同體」는 혜원이 여러 곳에서 사용하는 용어이다. 또한 돈황 출토의 『華嚴略疏』 (北80, 辰53)권1에서는 '自體因果'와 '異體因果'가 대비적으로 되어 있듯이 '異體'라는 말을 사용한다(敦煌寶藏56.332上).

요한 것이다. 『오교장』이 동체문의 설명에 들어가서 처음으로 '중중무진'이라는 말을 사용한 것은 위와 같은 사정을 반영한 것이다. 따라서 『오교장』에 비하면 정리되지 않았지만, 동체문과 이체문을 설하고, '중중무진'이라는 용어를 사용하지는 않은 채 '무진 위에 무진'이라고 서술하는 『일승십현문』은 『오교장』과 친근한 사상임이 인정된다. 다만, 이것은 의상과 법장이 지엄의 사상의 어떤 부분을 중시했느냐와도 관련 있는 문제이기 때문에, 이것만을 보고 동체문·이체문을 법장의 창설이라고 볼 수는 없다.[60] 예를 들어, 『수현기』에 이미 유력무력 등의 인문 6의가 보이지만, 『법계도』에서는 이에 대해서는 언급하지 않는다. 한편, 『수현기』 권1하에서는,

> 또한 이 가운데 상하에 두 문장의 동이가 있다. 첫째는 일중다이다. 일수 가운데 다를 보기 때문이다. 다중일이다. 십수 가운데 일을 보기 때문이다. 또한 일즉다이다. 일수가 즉 다이므로 일을 보지 않기 때문이다. 다즉일이다. 다수가 즉 일이며 다를 보지 않기 때문이다. 이것으로 준할 수 있다. 또한 사에 즉하여 일다를 분별하며, 둘째는 다른 사로서 일다를 분별한다. 생각할 수 있을 것이다. (又此中上下有二文同異. 一者, 一中多, 一數中見多故. 多中一者, 十數中見一故. 又一卽多者, 一數卽多而不見一故. 多卽一者, 多數卽一而不見多也. 此可準之. 又卽事辨一多. 二異事辨一多. 可思之.)(T35,27b)

라고 하여, 단순히 일과 다의 상즉을 설할 뿐만 아니라, 『법계도』의

> 문: 한 문에 십을 다 포섭하는가, 다 포섭하지 못하는가?

---

60) 한편, 의상계의 작으로 생각되는 『화엄경문답』에서는 자세한 설명이 없지만, '중중무진'이란 말을 사용하고(T45,600a), 동체·이체에 대해서도 논하고 있다 (604b).

답: 다하기도 하고, 다하지 못하기도 하다. 왜 그런가 하면, 다함을 필요로 하면 다함이고, 다하지 못함을 필요로 하면 다하지 못함이기 때문이다. 그 뜻은 무엇인가? 하나의 사로써 일다를 분별하면 다하고, 다른 사로써 일다를 분별하면 부진이다. (問. 一門中攝十盡不盡不. 答. 盡不盡. 所以者何. 須盡卽盡, 須不盡卽不盡故. 其義云何. 以一事辨一多故盡, 以異事辨一多故卽不盡.)(T45,714c)

라는 부분에 상당하는 내용이 극히 간결한 문체로 설해져 있고, 진과 부진의 이와 같은 관계는 만년의『공목장』에서는 여러 곳에서 설해진다. 또한『법계도』의 위 부분은『오교장』에서는 동체문 가운데 포함되어 있다. 이와 같이『수현기』에서는 동체문·이체문을 나누지 않고, 10수를 세는 것을 설하지 않지만,『수현기』의 단계에서 이미 상당히 자세히 논의되었던 것이다. 이러한 사상은 만년이 되면 한층 발전한 형태로, 또한 비유 등에 의해 알기 쉬운 형태로 제자들에게 전해졌을 것이다. 지엄이 사용한 것이 확실한 10전의 비유도 의상이나 원효나 법장의 저작에 보일 뿐, 지엄의 저서 자체에는 보이지 않는 것을 기억해야 할 것이다.또한 법장에게는 의상 이외에도 회제(懷濟)와 같은 뛰어난 형제 제자가 있었기 때문에 법장의 사상에 대해서 생각할 때는 이러한 인물들에 대해서도 고려할 필요가 있다.[61)]

---

61)『華嚴經傳記』권3은「門人懷濟. 賢首. …… 懷濟秀而不實, 早從冥冥」(T51,164a)라고 되어 있는 것처럼 법장의 형제자로 생각되는 회제(懷濟)를 높이 평가하고, 그가 일찍 죽은 것을 아쉬워하고 있다. 의상에게『법계도』가 있는 것처럼 회제에게도 스스로의 견해에 의해 지엄의 설을 정리한 저작 내지는 노트류가 있었을 것이다.『義天錄』권1에 법장의「화장세계해관 1권」과 나란히「華藏世界海主伴圖敍一卷回濟述」(T55,1166c)로 기록되어 있는 回濟는 실은 懷濟로 그의「華藏世界海主伴圖敍」라는 책은 지엄이 작성했다고 하는「蓮華藏世界圖」(『華嚴經傳記』卷三, T51,163c)의 의의를 미려한 문체로 설명한 것이 아닌가 생각된다.

5. 『일승십현문』의 비판 대상

『상현부』가 무시무종을 설하고, "이해와 미혹은 이것에 의해 동등하게 관통해 있고, 염정은 여기서 함께 녹아들어 간다"[62]라고 설하여 무차별을 강조하는 것에 대해서, 『일승십현문』이 구분을 강조하면서 인과동시를 설하고 있는 것은 이미 언급했는데, 『일승십현문』은 이 점에 대해서 다음과 같이 말한다.

> 지금 우선 인과동시에 근거한다는 것은, 만약 소승으로 인과를 설한다면 즉 인을 움직여서 이로써 과를 성취하며 인이 멸할 때 비로소 과가 성립한다. 만약 대승에 근거하면 인과는 동시에 얻을 수 있지만 그 무진을 밝히지 못한다. 집의 연으로 집을 성립하는 것과 비슷하다. 인과가 동시에 성립하지만 나머지 사물을 성립하는 것이 아니다. 원인에 친소가 있기 때문에 다함이 있음을 성립하는 것이다. 만약 통종으로 인과를 밝힌다면 소연을 들어서 친연에 들어간다. 그러므로 집이 성립할 때 일체법이 일시에 성립하는 것과 같다. 만약 한 법이라도 성립하지 않는다면 이 집은 성립할 수 없다. (今且據因果同時者, 若小乘說因果者, 卽轉因以成果, 因滅始果成. 若據大乘, 因果亦得同時, 而不彰其無盡. 如似舍緣以成舍. 因果同時成而不成餘物. 以因有親疎故, 所以成有盡. 若通宗明因果者, 擧疎緣以入親. 是故如舍成時, 一切法皆一時成. 若有一法不成者, 此舍亦不成.)(T45.516a)

즉, 어떤 법이 성립할 때에는 일체의 법이 어떤 형태로든 그 성립에 관계하는 점을 중시하고, 그러한 일체법을 주요 원인 혹은 작용이 약

---

62) S613V에서는 '十地圓道'를 설명한 부분에 '染淨斯融'(敦煌寶藏5.138下)으로 되어 있고, '染淨俱融'이라고 하는 지론종의 수행관을 나타내는 말이라는 것을 알 수 있다.

한 연 등으로 분류하는 것 없이, 모두 친인(親因)으로 보고, 그러한 인과 과의 상의상대를 설해서 인과동시를 강조하는 것이다. 따라서 과가 성립할 때는 원인도 성립하기 때문에, 즉 일체의 법이 성립하는 것이고, 역으로 한 법도 성립하지 않을 때는 일체법으로부터 성립하는 인과 전체가 성립하지 않게 된다. 『일승십현문』에서는 이러한 논의에 의하여 초발심보살과 부처의 인과동시를 설하지만, 위와 같은 주장은 집의 비유를 포함해서 모두 『오교장』의 육상원융의에도 보이며, 보다 상세한 논의가 전개되고 있다.

한편, 위의 인용에서는 그러한 입장을 '통종'으로 칭하는 것으로도 알 수 있듯이, 이것은 『화엄양권지귀』 혹은 같은 입장을 취하는 혜광 등의 주장에 근거한 것이다. 다만 『양권지귀』에서는 코끼리왕이 뒤를 돌아볼 때와 같이 머리를 조금이라도 돌려보려고 하면 몸 전체가 향하지 않으면 안 된다는 비유로 말하는 것도 화엄교학에서는 『십지경론』의 6상설을 축으로 하면서 상세한 교리를 설하는 유식설을 원용함으로써 일즉일체를 설명하였음을 알 수 있다.

인연의 친소를 논하여 인과동시설을 설하는 것은 『수현기』, 『오십요문답』, 『공목장』 모두에서 보이며, 지엄이 이 문제를 얼마나 중시했는지 알 수 있다. 특히 만년의 저술인 『오십요문답』에서는 『성유식론』의 삼법전전인과동시(三法展轉因果同時)설을 인용한 후에

이것은 인과의 친소 영역을 드러내고 있어 명확하다. 그 6의와 앞의 인과·이사가 서로 성립하고, 나아가 6법에 의해서 이것을 나타낸다. 소위 총합이고, 전체로서 인과를 성립시킨다. 둘째는 구별이다. 별도로 총합을 성립시킨다. …… 이 문장은 삼승에 있고, 일승이 되어 처음으로 완성한다. 무엇 때문인가? 법계와 일치하기 때문이다. (此顯

因果親疎分齊明善也. 其六義及前因果理事相成, 更以六法顯之. 所謂
總, 總成因果也. 二別, 義別成總故. …… 此文在三乘, 一乘方究竟.
何以故. 稱法界故.)(T45.531c)

라고 설하여 친소의 영역을 설하는 점에서는 뛰어나다고 신역의 유식설
을 상찬하기까지 한다. 또한 인과설을 6상에 의해 설명한 후에 이러한
인과설은 "법계와 일치하는" 일승에서야말로 궁극적인 설이 된다고 말
하는 것은 대승에서도 인과동시를 설하지만 무진을 나타내지 못한다는
점을 강조하는 『일승십현문』의 동시인과구족상응문의 설명과 자세가
일치한다. 게다가 『일승십현문』에는 신역 유식설을 활용한 곳이 없다는
것은 중요하다.

한편 『일승십현문』에서 말하듯이 인과동시를 설하면서 무진을 나타
내지 못하는 대승은 직접적으로는 『공목장』 권1에서

상호 원인이 된다는 것은 동시에 서로 인과가 되는 것이지만, 마치 갈
대의 묶음과 같다. 또한 빛과 불꽃은 별도의 시간에 있지 않은 것과
같다. 이 문장은 삼승에 있고, 일승이 되어 처음으로 완성한다. ……
일승교에 의하면, 일체의 인연·이사·교의·인법·인과 등을 갖추고 있
다. 또한 총합에는 인연이 있다고는 해도, 일즉일체, 일체즉일이어서
노사나불의 보현행의 원인이 인과를 성취하는 것이고, 삼승 등과는
다르다. (互爲因者, 同時互爲因果, 猶如蘆束. 亦如光焰不在別時. 此
文在三乘, 一乘方究竟. …… 依一乘敎, 具一切因緣理事敎義人法因
果等. 又總雖有因緣乃至一卽一切一切卽一, 盧舍那佛普賢行因成就
因果, 與三乘等別.)(T45.540a)

라고 서술하는 것처럼 묶어 놓은 갈대의 비유나 불빛, 불의 심지의 비

유에 의해 인과동시를 강조하는 『섭대승론』63)을 가리킬 것이다. 지엄은 인과의 양상을 밝히면서 인과동시를 설하는 유식설을 높이 평가한다. 다만, 유식의 인과동시설은 오직 아리야식과 염오법이 상호 인과가 된다고 설하는 것이고, 염연기를 밝히는 것이기 때문에, 이것을 일반화해서 제법 간의 관계에 적용하고, 특히 보현행을 행하는 원인으로서의 보살과 결과로서의 부처와의 인과를 입증하려고 하였다. 유식설을 일반화하는 것은 인의 6의에서도 보이며, 지엄의 특징이라고 해도 좋다.

또한 『일승십현문』에서는 인과동시이며 나아가 인과인 것을 잃어버리지 않는 이유를 설명할 때, 『십지경론』을 인용하여,

> 『지론』에서 말하는 것처럼 연의 두 종류에 의해 두 종을 시현하는 때, 인의 뜻에 의하면 인이라고 이름하고, 과에 의하면 과라고 이름한다. 어찌 인과를 잃어버리겠는가. 그리고 이미 인과동시라고 말한 이상, 어찌 잃어버린다고 말할 수 있는가? 만약 잃어버렸다면, 어떻게 인과동시라고 이름할 수 있겠는가? 인과동시는 이미 이와 같으니, 교의·이사 등의 동시도 또한 그러하다. (如地論云, 依緣二種義示現二種時, 依因義者名爲因, 依果義者名爲果. 豈得失於因果耶. 又且旣言因果同時, 那得言失. 若其失者何名因果同時耶. 因果同時旣如此, 敎義理事等同時亦然.)(T45.516a)

라고 설하지만, 『수현기』의 제6 현전지의 석에서는 친인과 소연과의 관계를 논하여 인과동시를 설한 후에 『십지경론』의 위의 문장을 인용하

---

63) 眞諦訳 『攝大乘論』上卷(T31.115a), 同 『攝大乘論釋』 卷2(同, 163b). 한편, 「華嚴攝論, 尋常講說」(『續高僧傳』 卷25, T50.654a)이라고 되어 있는 것처럼, 지엄은 『화엄경』과 『섭대승론』을 축으로 하고 있다. 따라서 『섭대승론』을 빼고 지엄의 사상을 논할 수는 없다.

고, 나아가『십지경론』가운데 보이는『중론』의 게를 인용하여, 연기에 의해서 성립하는 연생법이 원인과 부즉불리이며, 게다가 단과 상의 오류를 벗어나있다는 것을 강조한다.[64] 즉『일승십현문』의 동시구족상응문의 설명은 지엄의 근본사상과 중첩되며, 그 인과동시설은 세친의 연기설(공관)[65]을 답습하고 있다.

여기서 주목되는 것은 "인과동시는 이미 이와 같으니, 교의·이사 등의 동시도 또한 그렇다"라고 하는 것처럼,『일승십현문』은 교의·이사·해행·인과·인법·분제경위(分齊境位)·법지사제(法智師弟)·주반의정(主伴依正)·역순체용(逆順體用)·수생근욕성(隨生根欲性)이라는 10의 가운데, 인과가 동시인 것에 의해서 동시구족상응문 전체를 대표하는 것이다. 이것은 동시구족상응문이라는 개념이야말로 인과동시라는 사상을 좇고, 일반화하는 과정 중에 형성된다는 것을 시사한다고 생각된다.

물론 동시구족이라는 사유는 '교설과 의의', '경계와 행위', '이치와 현상', '원인과 결과'라는 혜광의 4문 상대 등의 사상을 계승한 것이겠지만, 동시구족문의 중심이 된 것은, 그리고 동시구족상응문을 총론하는 십현문 전체의 중심이 된 것은 이 인과동시의 사상이었다고 생각된다. 지엄의 교학에서 '부정' 개념, 특히 시간의 '부정'이라는 개념이 얼마나 중요한 역할을 하는지에 대해서는 앞 절에서 본 대로이지만, 지엄의 특

---

64) 『捜玄記』卷3下, 「所依觀門者, 以同時生理爲此觀體. 此親疎二因俱同時. …… 問. 果因同時, 卽別體過. 若前後生, 因不生果. 答. 我立因果異彼二失. 由是同時異第二失. 爲是因果異第一失. 此非逆觀. 去情說也. 只顯俗諦理, 非第一義. 所以知同時. 故論云, 有二種義故, 緣事示現. 云何二義. 一是因義, 二是果義. 緣事示現者, 依緣二種義示現二種時. 如是餘因緣分自生因二宗義緣事當知. 又論引注論偈, 云……」(T35.65b). 문장 가운데 '論'은『十地經論』卷8, T26.168c의 문장이다.

65)『十地經論』에 보이는 세친의 공관 및 화엄교학의 공관에 대해서는 坂本, 注29, 앞의 책, pp.586~598 참조.

색으로 말할 수 있는 교학은 시간의 개념을 좇는 과정에서 생겨난 것처럼 보인다. 『일승십현문』은 지엄의 그러한 경향을 반영하고 있다.

그런데 『일승십현문』에서는 일면에서는 높이 평가하면서도, 일승의 법문에는 미치지 못하다는 형태로 『섭대승론』에 대한 비판 한정이 설해지고 있지만, 그 외에 주요한 것으로서 『대품반야경』에 대한 비판을 볼수 있다. 우선 제장순잡구덕문에서는

> 제6의 제장순잡구덕문이라는 것은 이것은 여러 바라밀의 입장에서 설한 것이다. 왜 그런가 하면, 만약 하나의 보시바라밀에 나아가면 일체 만법은 모두 보시문이라고 이름한다. 그러므로 순이라고 이름한다. 게다가 이 시문은 여러 바라밀 등의 행위를 갖춘다. 그러므로 잡이라고 이름한다. 이와 같이 순과 잡은 서로 방해하지 않는다. 그러므로 구덕이라고 이름한다. 『대품반야경』「일념품」에서 말한다. "처음부터 마지막에 이르기까지, 일념을 벗어나지 않는다"라고. 그러므로 순이라고 이름한다. 게다가 일념 가운데 만행을 갖추어 있기 때문에 잡이라고 이름 붙인다. 그렇다고는 해도, 그 가운데 순과 잡의 뜻은 별도이다. 왜 그런가 하면 저 『(대품반야)경』의 일념 등은 함께 상응할수 없고, 연기의 덕용을 나타내지 못하기 때문이다. (第六諸藏純雜具德門者, 此約諸度門說. 何者如以就一施門者, 一切萬法皆悉名施, 所以名純. 而此施門卽具諸度等行, 故名爲雜. 如是純之與雜不相妨礙, 故名具德. 如大品經一念品明, 從始至終不出一念, 卽名爲純, 而此一念之中具於萬行, 卽名爲雜. 雖爾而與此中純雜義別. 何者, 如彼經一念者, 同是無得相應, 不明緣起德用.)(T45.517a-b)

라고 되어 있는 것처럼 『대품반야경』「일념품」의 일심구만행(一心具萬行)설[66]을 비판하면서 논의가 진행되는 것을 주목할 필요가 있다. 보

---

66) 『大品般若經』 卷23, 一念品, T8.386b-392b.

시라는 관점에서 보면, 일체의 법이 보시이고, 게다가 보시바라밀 가운데 일체의 바라밀행을 포함한다는 화엄의 입장을 강조하고, 또한『대품반야경』의 「일념품」은 일념에 만행을 갖추지만 '연기의 덕용'을 나타내지 못한다고 비판하기는 하지만, 본문에서는 십현문 가운데 다른 문의 설명과는 달리 화엄 법문의 특징을 보여 주어야 할『화엄경』의 인용은 전혀 보이지 않는다.

『오교장』은 여러 대승경전을 빈번히 인용하면서 십현문을 설명하는『일승십현문』과 달리, 십현문의 논술에 있어서는『화엄경』만을 활용하지만, 그『오교장』조차도 제장순잡구덕문을 설명할 때만큼은『화엄경』으로부터의 인용이 없는 것은 이 제장순잡구덕문이『화엄경』독자의 내용으로부터 만들어진 것보다는 화엄적인 일즉일체에 가까운 내용을 설하는 대승경의 주장을 들어서,『화엄경』에는 이보다 더 고도한 설이 이야기된다는 것을 강조하기 위해서 구상되었음을 보여 주는 것은 아닐까. 즉 무소득이 되어야만 반야바라밀을 행할 때에 일념 가운데 80수형호를 구족한다고 설하는『대품반야경』「일념품」의 일즉일체적 주장 등이 근거가 되어서 이 제장순잡구덕문이 설해졌다는 의미가 될 것이다. 법장의 신십현에서 제장순잡구덕문이 생략된 것은 당연하다고 해도 좋다.

한편『속고승전』에서는 지의가 혜사를 대신하여『대품반야경』을 강의할 때, 이 일념품에 이르러서 의문을 갖자, 혜사는 이 부분이 법화원돈의 취지와는 다르다고 가르쳤다는 기사가 보이지만,[67] 제장순잡구덕문의 존재는『화엄경』을 특별히 여기려 하는 사람들이 천태와 같은 문제

---

67)『續高僧傳』卷17, 慧思傳, T50.563b. 佐藤哲英,『天台大師の硏究』(百華苑, 1961), pp.32~35.

에 직면했다는 것을 시사한다.

또한 제법상즉자재문에서는 이『대품반야경』의 일심구만행설에 대한 비판과 평행하는 것으로서 일념성불을 설하는 습선자들에 대한 비판이 보인다. 제법상즉자재문에서는 삼승의 다겁의 수행은 일승의 일념에도 미치지 못한다고 설한 후에

> 좌선해서 마음을 막 정돈하기 시작한 사람들이 다만 마음을 조용하게 하는 것으로서 성불이라고 말하는 것은, 이것은 또한 부처가 달성되었다고 생각하더라도 완벽한 성불은 될 수 없다. 여러 강은 모두 물이지만, 아직 대해의 물과 동일할 수가 없는 것과 같다. (至如初坐用心之徒但取靜心卽言成佛者, 此亦謂佛成在而不得是圓極之成. 如諸江河得亦是水, 未得同於大海之水.)(T45.518a)

라고 설하고 있지만, 이것은 '조용한 마음[靜心]'을 바로 성불이라고 설하는 일파를 비판한 것이라고 생각된다. '처음으로 앉아 마음을 쓰는 무리[初坐用心之徒]'라는 것은『능가사자기』도신조에 보이는 선사의 정의 '뛰어난 선자로 마음 사용법을 터득한 사람[好禪用心之人]'[68]과 비슷한 표현이다.

또한『일승십현문』의 10수의 비유가 설해진 곳에서는,

> 그러므로 경에서 "일도 또한 일이 아니다. 여러 수를 부정하려 하기 때문이다. 얕은 지식의 사람은 하나를 보고 하나라고 한다"라고 말한다. (故經云, 一亦不爲一, 爲欲破諸數. 淺智者著諸法, 見一以爲一也.)(T45.514c)

---

68) 柳田, 注51, 앞의 책, p.205.

라고 하는 것처럼 선종과 깊은 관련을 보이는 위작『법구경』[69]을 인용하는 것도 이러한 것과 관계가 있다고 생각된다.『일승십현문』은 돈오를 설하는 습선자들, 구체적으로는 신흥의 동산법문을 의식하고 있다고 생각된다.『공목장』에서는 '수도의 초문'으로서 다양한 관법을 소개하는데, 그 가운데 '벽관(壁觀)'을 들고 있다. 또한 권2의 통관장(通觀章)에서는,

지금, 통관의 뜻, 대략 제가의 설을 소개한다. 당연하지만 같지 않다. 어떤 사람은 실성은 무분별에 수순하기 때문에 상을 그만두고 적정의 경지에 대응하는 것이 바로 정의이고 그 경지에 머물고 다시 나아가지 않는 것이 부처라고 말한다고 설한다. (今爲通觀義, 略出諸家說. 理不同一. 有說, 實性順無分別, 息相應寂, 卽爲正義, 住不復進, 將謂是佛.)(T45.550b)

라고 하는 것처럼 "상을 그만두고 적정의 경지에 대응하는 것[息相應寂]"을 주장하고 그러한 경지를 가지고 바로 '부처'와 동등하다는 입장을 비판적으로 소개하기 때문에, 지엄이 그러한 입장을 알고 있었다는 것은 틀림없다. 그러나『공목장』은 만년의 작이며,『수현기』에는 그러한 기술이 보이지 않기 때문에, 어느 시기부터 이러한 비판이 시작되었는지는 명확하지 않다.『법화현의』권1상에서

만약 관심하는 사람이라면 '마음이야말로 그것이 (부처)이고, 자기는

---

69) 위작『法句經』의 게에 「一亦不爲一爲欲破諸數淺智之所聞見一以爲一」 (T85.1435a)이라고 되어 있다.『법구경』과 선종의 관계에 대해서는 水野弘元,「僞作の法句經について」(『駒澤大學佛敎學部紀要』19, 1961. 3). 木村淸孝,「僞作『佛說法句經』再考」(『佛敎學』25, 1988. 12). 岡部和雄,「法句經」(牧田諦亮·福井文雅編, 講座敦煌7『敦煌と中國佛敎』, 大藏出版社, 1984) 참조.

부처와 동등하다'라고 생각하며 전혀 경론을 보려고도 하지 않고 증상만에 빠진다. (若觀心人謂卽心而是, 己則均佛, 都不尋經論, 墮增上滿.)(T33.686a)

라고 서술하고 있는 것처럼, 일찍부터 북지선사 가운데는 이러한 주장을 하는 자들이 있었겠지만, 지엄의 저작에서 이러한 습선자 비판이 보이는 것은 최만년의 저술인 『공목장』에서이다.

6. 결론

지금까지 고찰했던 것처럼 『일승십현문』은 지엄의 사상을 축으로 해서 형성되었고, 더 나아가 지엄의 교학이 어떻게 형성되었는지를 이야기해 주는 기술이 상당히 포함되어 있다. 본서에서는 지엄의 다른 저작 이상으로 지론종의 전통설이 뿌리 깊게 남아 있다. 그러나 한편으로는 본서에서는 지엄 만년의 사상이 보이며, 오히려 『오교장』에 가까운 주장도 보이기 때문에, 지엄의 초기작으로 보는 것에는 문제가 있다고 생각한다. 또한 본서를 직접 인용하는 문헌이 8세기 이후에 한정된다는 것은 본서가 독립된 책으로서 널리 유포된 것이 늦다는 것을 시사한다.

이러한 것을 고려하면, 본서는 지론종 전통을 몸에 익힌 인물이 지엄 만년의 강의의 필록 등을 모본으로 하여 정리한 것이 아닐까 생각된다. 의상의 『법계도』나 법장의 『오교장』이 각각 자신의 관심에 근거하여 지엄의 교학을 정리한 것처럼, 『일승십현문』은 지엄의 '설'을 누군가가 자기 것처럼 '기(記)'한 것이 아닐까. 다만, 그 인물은 그다지 유명하지 않

았기 때문에, 혹은 찬자명이 기록되지 않았기 때문에, 유포될 때에 두
순을 신격화하는 경향과 맞물려서 「두순설·지엄기」로 되어 있었다고
추측된다.

제3장 신라의 화엄사상

제1절 의상 귀국 이전의 상황

1. 한국불교의 『화엄경』 수용

먼저 한반도에서의 『화엄경』 수용의 역사를 간단히 살펴보고자 한다. 현존 자료에 의하면 화엄에 정통했음이 분명한 한국의 승려 중에서 가장 이른 시대의 인물은 강남에 북지의 삼론교학을 펴서 '화엄·삼론은 최고의 명가(名家)'[1]라고 불렸던 고구려의 승랑(僧朗, −512−)이다.

요동 출신의 승랑은 요동에 인접한 '황룡(黃龍)(연(燕) 지역의 옛 호칭)'에 유학한 후에 남지로 건너갔는데,[2] 승랑의 스승으로 불리는 법도(法度, 437~500) 역시 황룡 출신인 점,[3] 또한 승랑의 제자 승전(僧詮)과 혼동되었을 가능성이 있는 요서(遼西)의 승전(僧詮)도 황룡에서 장육의 금상(金像)을 만들고 나중에 남쪽으로 건너가 오(吳)에 들어가서

---

1) 『高僧傳』 권8, 僧朗傳, T50.380c.
2) 『三論祖師傳集』, 佛全111, 傳記叢書, 519c.
3) 『高僧傳』 권8, 法度傳, T50.380b.

다시 "인중금상(人中金像)을 만들었다"고 전해지는 점[4]이 주목된다. 이 '인중'이란 '인중법계(人中法界)'의 줄임말로, 몸 안에 다양한 세계나 해와 달 등을 저장하고 있는 노사나불을 가리킨다는 것이 요시무라 레이(吉村怜)에 의해 지적되었다.[5] 이상의 기술로부터 황룡에서는 『화엄경』 신앙이 성행했다고 추측된다. 승랑이 고구려에서 이미 『화엄경』을 배웠는지는 분명하지 않지만 『화엄경』을 본격적으로 연구한 것은 황룡 유학 시대라고 보아도 좋을 것이다.

『고승전』에서는 중국 땅에서 장구(章句)를 나누어 『화엄경』 전체를 강의한 것은 현창(玄暢, 416~484)이 최초라고 한다. 현창도 승랑과 마찬가지로 삼론과 화엄에 정통했으며, 북지에서 강남으로 건너간 승려였기 때문에[6] 당시 북지의 『화엄경』 연구는 삼론학과 결합되어 있었음을 알 수 있다.[7] 또한 북위(北魏)의 세종(世宗, 재위, 499~515)은 늑나마제에게 언제나 『화엄경』을 강의시켰다고 전해지는데,[8] 이에 대해서 오초에니치(横超慧日)는 당시 불교계에서 『화엄경』이 여러 경전 중에서 가장 높이 평가되었음을 보여 주는 사례라고 설명하고 있다.[9] 황룡의 화엄학은 그러한 북위 불교를 수용한 것으로 생각된다. 북조의 조상명(造像銘)을 분석한 사토 치스이(佐藤智水)가 지적한 것처럼, 북위에서 불

---

4) 『高僧傳』 권7, 僧詮傳, T50.369c.
5) 吉村怜, 『中國佛教圖像の研究』, 「盧舎那法界人中像の研究」(東方書店, 1983).
6) 『高僧傳』 권8, 玄暢傳, T50.377ac.
7) 삼론교학의 한국 전파에 대해서는, 石井, 「朝鮮佛教における三論教學」(平井俊榮監修 『三論教學の 研究』, 春秋社, 1990). 同, 「佛教の朝鮮的變容」(鎌田茂雄編, 『佛教の受容と變容−韓國篇』, 佼成出版社, 1991) 참조.
8) 『續高僧傳』 卷1, 菩提流支傳, T50.429a.
9) 横超慧日, 「北魏佛教の基本的課題」(横超編, 『北魏佛教の研究』, 法藏館, 1970), pp.41~42.

교의 흥성은 황제 숭배와 맞물린 형태로 진행되었기 때문에,[10] 북위의 『화엄경』 신앙이나 연구도 어떤 형태로든 황제 숭배와 연결되었을 가능성이 있다.

무제(武齊) 7년(574)에는 고구려의 승상 왕고덕(王高德)이 승려 의연(義淵)을 북제(北齊)에 파견하여, 승통이었던 법상(法上, 495~580)에게 『십지경론』의 전래자와 그 밖의 문제에 대해 질문을 시켰다고 하고 있기 때문에,[11] 고구려에 당시 북지의 주류 교학이었던 지론종 남도파(南道派)[12]의 교학이 유입되었다는 것은 의심의 여지가 없다. 지론교학은 정영사 혜원(523~592) 만년 무렵에 『섭대승론』의 교리를 받아들여 점차 유식연구의 성격을 강하게 띠게 된 것 같은데, 그러한 최신 동향도 고구려에 소개되었을 것이다. 한반도의 불교 선진국이던 고구려로부터 불교를 배운 신라는 중국불교를 직접 도입하게 된 이후에도 고구려 불교의 영향을 받았기 때문에, 6세기 후반에는 신라에도 중국과 고구려 양쪽에서 지론종 남도파의 교학이 전해진 것으로 생각된다.

또한 6세기 말에서 7세기 중엽에 걸쳐 고구려 승려의 활약이 두드러

---

10) 佐藤智水, 「北朝造像銘考」(『史學雜誌』 86-10, 1977. 10). 또한 佐藤氏는 '皇帝의 奉爲'를 노래하는 북위의 조상명에는 석가불과 미륵보살이 많고, 노사나불상이 등장하는 것은 東魏 武定 3년(545)부터인데, 이를 『화엄경』의 유포와 관련된 것으로 보고 있지만(p.16), 북위 시대에 유행한 지론교학의 소의처인 『십지경』에서 주존은 석가모니불이고, 初唐의 지엄에 이르러서도 일체의 가르침은 '모두 석가불의 海印定力'에 의한 것이라고 명언하고 있으며(『五十要問答』 卷上, T45.520b), 의상·법장도 모두 이 정의를 따르고 있다는 것은 간과할 수 없다. 석가불에 비해 노사나불의 조상 시기가 늦고 그 수도 적은 것이 『화엄경』이 유행하지 않았음을 나타내는 것은 아니다.

11) 『續高僧傳』 卷8, 法上傳, T50.485b.

12) 종파를 연상시키는 지론종이나 지론사라는 호칭이 실정에 맞지 않으며 적절하지 않다는 점에 대해서는, 吉津宜英, 「地論師といった呼稱に對して」(『駒澤大學佛教學部研究紀要』 31, 1973. 3) 참조.

졌는데, 강남에서는 실공(實公, -601-)과 인공(印公, -603-)이란 존칭으로 불렸던 두 사람의 고구려 출신 승려가 삼론 등을 강의했다. 법랑(法朗)의 제자인 모산(茅山)의 명(明) 법사(생몰연대 미상)에게 사사한 법민(法敏, 579~645)은 23세에 '고려의 실공'에게 삼론을 배웠는데, 실공이 죽게 되자 고려의 인공이 "촉(蜀)으로 올라가서 강론"했기 때문에, 강남에서의 삼론 강론이 "법석의 열기가 식어 흩어졌다[凋散]"[13]고 되어 있으므로, 실공과 인공이 강남 삼론교학 중 한 쪽의 중심이었음을 알 수 있다. 법장은 『탐현기』에서 강남의 인(印) 법사와 민(敏) 법사가 '석가경(釋迦經)'인 굴곡교(屈曲敎)와 '노사나경(盧舍那經)'인 평등교(平等敎)의 2교를 설했다고 기술하고 있는데[14], 『화엄경』은 평등교이고 다른 경전들은 '석가의 굴곡'이라고 보는 견해는 예로부터 삼론종의 해석이었다는 것은 사카모토 유키오(坂本幸男)가 지적하고 있다.[15] 나중에 설명할 의상의 『일승법계도(一乘法界圖)』가 문자 그대로 굴곡진 형태로 쓰인 시가 중심을 이루고 있고, 게다가 실제로 '굴곡'이란 말을 사용하고 있음을 볼 때에, 의상은 인 법사와 법민의 2교판을 알고 있었거나, 혹은 삼론종의 다른 스승의 저작 등을 통해서 평등·굴곡의 2교판을 알고 있었다고 생각된다. 다만 알게 된 것이 신라에 있었을 때의 일인지, 입당한 후의 일인지는 분명하지 않다. 인 법사의 『화엄경소』가 고구려나 신라에 전해졌는지도 분명하지는 않다.

신라의 『화엄경』 수용에 관해서는 『삼국유사』의 「자장정률(慈藏定律)」조의 기술을 수용하여 일반적으로 자장(-649-)이 최초로 오대산 신

---

13) 『續高僧傳』 卷15, 法敏傳, T50.538c.
14) 『探玄記』 卷1, T45.111b.
15) 坂本幸男, 『華嚴敎學の硏究』(平樂寺書店, 1956), p.188 이하.

앙이나 문수신앙 등과 함께 『화엄경』을 도입했다고 본다. 그러나 고려시대의 편저인 『삼국유사』에는 사실로 받아들이기 어려운 기술이 적지 않다. 예를 들어 「자장정률」에서는 원녕사(元寧寺)의 낙성식에서 자장이 『화엄경』의 계송을 강의하자 52명의 여인이 나타나서 "증명인으로서 들었"기 때문에, 그 기념으로 52그루의 나무를 심고 지식수(知識樹)라고 불렀다고 하지만[16], 『화엄경』「입법계품」에 나오는 선지식이 52인 또는 53인이 된 것은 영륭(永隆) 원년(680)에 일조(日照)가 번역을 보충한 이후의 일이다. 52라는 숫자는 어쩌면 보살의 52계위에 근거한 것인지도 모르지만, 어찌되었든 『삼국유사』의 자장과 『화엄경』과의 관계에 관한 기술에 대해서는 오대산에서 문수에게 수기를 받았다는 일화를 포함하여 신중하게 검토할 필요가 있을 것이다.

2. 신라의 지론교학

1) 지론교학의 유포

고구려보다 늦었겠지만 지론교학은 신라에도 이른 시기에 들어간 것 같다. 8세기 전반부터 중엽 사이에 그것도 중엽에 가까운 시기의 저작인 황룡사 표원(表員)의 『화엄경문의요결문답(華嚴經文義要決問答)』[17]이나 8세기 중엽 이후의 저작인 견등(見登)의 『화엄일승성불묘의(華嚴

---

16) 『三國遺事』卷4, T49.1005c.
17) 『要決問答』은 『刊定記』나 『大乘權實義』 등 慧苑(673?~743?)의 저서를 인용하고 있고, 일본에서는 勝寶 3년(751)에 서사되었기 때문에 성립은 730~745년 즈음일 것이다.

一乘成佛妙義)』[18)]가 신라의 유식이나 화엄교학이 흥성한 이후의 저작
이면서도 지론계 승려의 설을 중요시하여 문제로 삼고 있는 것은 신라
에서 지론계 교학 전통이 뿌리 깊게 자리 잡고 있음을 보여 주는 것이
라 할 수 있다.

특히 『요결문답』은 『화엄경』의 중요한 문제에 관하여, 혜광(慧光,
468~537), 담준(曇遵, -551-), 영변(靈辯, 477~522), 진제삼장
(499~569), 정영사 혜원(523~592), 지엄(602~668), 원측(613~696),
원효(617~686), 의상(625~702), 법장(643~712), 혜원(慧苑,
673?~743?) 등의 학설 및 경력 미상의 름사(懍師)의 학설을 인용·약
출하여 소개하고 있어 당시 신라의 지론교학 및 화엄교학의 경향을 이
해하는 데에 대단히 귀중한 자료이다.[19)]

이 중에서 인용 횟수가 가장 많은 것은 법장이고, 눈에 띄게 긴 인용
이 이루어지는 것은 름사(『법경론(法鏡論)』)이며, 혜원(慧遠)·원효·혜원
(慧苑) 등의 논사들도 다수 인용되고 있는데, 중요한 곳에서 인용하는
방법으로부터 판단하면 법장, 원효, 름사의 3인의 설을 주축으로 삼고
있는 것으로 보인다. 다만 특정 승려의 설을 많이 활용하는 것과 그 승
려에게 경의를 품고 있는 것이 반드시 일치하지는 않는다.

예를 들어 법장·혜원(慧苑) 등은 '법장사(法藏師)', '장사(藏師)', '혜원

---

18) 見登은 『大乘起信論同異略集』에서 8세기 중엽에 활약한 太賢의 저작을 인용하
고 있지만 澄觀(738~839)의 저작은 인용하지 않기 때문에 『一乘成佛妙義』의 성
립은 9세기 초가 하한선이 된다.

19) 『要決問答』에 관한 포괄적인 연구로서는 김인덕, 「表員과 華嚴學」(불교문화연구
소 편 『韓國華嚴思想硏究』, 동국대학교 출판부, 1982)이 있다. 이 논문은 『요결문
답』의 내용을 정리하고 있어 유익하다. 다만 름사의 학문 계통 등에 대해서는 언
급하지 않고, 또한 름사의 二乘三乘.二種一乘說로 소개하는 부분(p.141)은 름사
의 설이 아니라 법장 설을 일부 소개한 곳이다(『探玄記』卷1, 114bc). 름사의 설
은 "『법경론』과 같다"고 되어 있을 뿐 여기에서는 인용되지 않고 있다.

사(慧苑師)', '원사(苑師)' 등으로 부르거나, '장운(藏云)', '원운(苑云)'의
형태로 인용하는 일도 많은데, 이에 반해 혜원(慧遠)은 첫 부분에서 '수
혜원법사(隋慧遠法師)'라고 부르고서 이후에는 거의 언제나 '원공(遠公)'
이라 칭하고 있어 혜원에 대한 표원의 존경심을 엿볼 수 있다. 원효에
대해서는 '효운(曉云)'이라는 표기도 보이지만, '원효사(元曉師)', '효사
(曉師)'의 예가 많고, '효공(曉公)'이라고 호칭하는 곳도 몇 군데서 보이
기 때문에 원효도 존경받고 있었다고 생각된다. 한편 의상에 관해서는
'의상사(義相師)'로 2회 인용되고 있을 뿐이다. 더욱이 그중에서 한 번
은 김상현[20]이 지적한 대로, 수전(數錢)의 비유에 관한 법장의 해석을
간추린 부분의 세주에서,

> 의상사가 "중문 가운데는 위로 오고 아래로 가며, 즉문 가운데는 위
> 로 가고 아래로 온다" 하였으나, 전후의 말에 착오가 있다. 그러므로
> 활용하지 않는다. (義相師云, 中門中向上來, 向下去, 卽門中向上去,
> 向下來. 前後言錯. 故不用也.)(續藏1-12-4.331右下)

라고 기술하여, 의상의 수전에 관한 해석은 앞뒤가 모순되기 때문에 사
용하지 않는다고 언명하고 있기 때문에, 김상현이 말했듯이 표원은 원
효 계통의 승려임을 알 수 있다. 지엄에게 유래하는 수전의 법을 신라
에 전한 것은 의상이기 때문에, 이러한 냉담한 태도는 주목할 만하다.
다만 『요결문답』에 '효운'이라는 표기도 사용하는 것으로 알 수 있듯이
여기서 말하는 원효 계통이란 어디까지나 학문적인 것에 지나지 않으
며, 원효를 조사로 삼는 종파를 의미하지 않는다는 것에 주의할 필요가

---

20) 김상현, 「新羅華嚴學僧의 系譜와 活動」(佛敎史學會編, 『韓國華嚴思想史硏究』,
  민족사, 서울, 1988), p.53.

있다. 이것은 의상 계통에서 의상과 그 스승인 지엄을 절대시하여 거의 언제나 '상화상(相和尙)', '엄공(儼公)'이나 그 밖의 존칭으로 부르며, 특히 지엄을 때로는 '엄존자(儼尊者)', '운화존자(雲華尊者)'라고까지 부르며 존숭의 뜻을 나타내는 것과는 대조적이다.

문제의 름사(懍師)에 대해서 『요결문답』에서는 '름사', '름법사' 이외에, 그냥 '름운'으로 인용하는 경우가 다른 승려에 비해 많다. 름사의 설을 그처럼 많이 인용하고, 또한 중요한 곳에서 사용하면서도 그다지 경의를 표하지 않는 것처럼 보이는 것이 의아하지만, 고려 균여의 『삼보장원통기(三寶章圓通記)』에서는 '름공(懍公)'으로 부르고 있어[21], 름사가 누구인지 알고서 존칭하고 있는 것으로 보인다.

2) 름사(懍師)를 둘러싼 문제

름사에 대해서는 기사사(耆闍寺)의 안름(安廩, 507~583)으로 보는 설[22], 신라의 경흥(憬興)으로 보는 설[23], 그리고 경력 미상의 인물로 보는 설[24]이 있는데, 아오키 타카시(靑木隆)는 름사에 대해서 "지론종 남도파의 법통을 잇고 있으며, 지의 시대와 그다지 멀지 않은 시대의 인

---

21) 『三寶章圓通記』 上卷, H4.161b.
22) 최근의 예로는 高翊晉, 『韓國古代佛敎思想史』(동국대학교 출판부, 서울, 1989), p.344. 필자도 「理理相卽說の形成」(『フィロソフィア』76, 1989. 3), p.99에서 安廩으로 추측하였다.
23) 조명기, 『新羅佛敎의 理念과 歷史』(신태양사, 서울, 1962), p.216. 민영규, 「新羅章疏錄長編」(白性郁博士頌壽記念事業委員會編, 『白性郁博士頌壽記念佛敎學論文集』, 동국대학교 출판부, 서울, 1959), p.363.
24) 東國大學佛敎文化硏究所編, 『韓國佛書解題辭典』(國書刊行會, 1982)에서는 일단 경흥의 저작으로서 열거하면서도 경흥설에 의문을 표하고 있다(p.43).

물일 것이다"라고 추측하고 있다.[25] 이와 같이 해석이 나뉘는 것은 름
사에 관해서 다양한 표기가 이루어진 것도 그 원인 중 하나라고 할 수
있다.

한국 문헌의 경우, 표원의 『요결문답』에서는 '름사(懍師)', '름법사(懍
法師)', '름(懍)', 견등의 『화엄일승성불묘의』에서는 '법표사(法標師)'[26],
균여의 『삼보장원통기』에서는 '름공(懍公)'으로 표기하고 있고, 일본 문
헌의 경우, 주료(壽靈)의 『오교장지사(五教章指事)』에서는 '돈법사(惇法
師)'[27], 젠주(善珠)의 『범망경약초(梵網經略抄)』에는 '름사(懍師)'라고 되
어 있지만 다른 본에는 '경사(憬師)'[28], 『동역전등목록(東域傳燈目錄)』
잡술록(雜述錄)에서는 '황법사(惶法師)'라고 하지만 다른 본에는 '경법
사(憬法師)'[29]라고 하는 등 표기가 실로 다양하다.

이 중에서 '경(憬)'으로 되어 있는 한 본에 근거한 경흥설에 관해서 보
자면, 경흥을 '흥사(興師)'로 부르는 것은 문제가 없지만 '경사(憬師)'로
부르는 것은 부자연스러울 뿐 아니라, 신역의 번역어를 사용하지 않는
름사를 신역 유식의 추종자이면서 지론교학의 영향이 그다지 보이지
않는 경흥과 동일시하는 것은 무리가 있다.

또한 안름설에 관해서는 『법경론』에 보이는 지론종 남도파의 연집설
(緣集說)이나 행위설이 천태교학에 끼친 영향을 지적한 아오키는, 『요결

---

25) 青木隆, 「『維摩經文疏』における智顗の四土說」(『早稻田大學大學院文學研究科紀
要別冊』11[哲學.史學篇], 1985. 1), p.56. 「中國地論宗における緣集說の展開」(『フィ
ロソフィア』75, 1987), p.157.
26) 『華嚴一乘成佛妙義』, T45.784c, 785c.
27) 『五教章指事』 中卷末, T72.252c.
28) 『梵網經略抄』, T71.254. 여기에서 인용되는 문장은 보살계에 관한 것이기 때문
에 『법경론』의 저자 름사와는 다를 가능서도 있다.
29) 『東域傳燈目錄』 雜述錄, T55.1163b.

문답』에서 안름이 기사(耆闍)법사의 명칭으로 불렸고, 표원이 기사법사 안름과 름사를 다른 인물로 본 것 같다고 하는 점, 또한 안름의 교판은 6종판이기 때문에 『법경론』이 설하는 별교·통교·통종의 3교판과는 다르다는 점을 들어 의문을 제기한다.[30] 그러나 기사법사로 불린 곳[31]은 안름을 기사법사라고 칭하는 법장의 『오교장』 내지는 『오교장』을 계승한 혜원(慧苑) 『간정기(刊定記)』의 기술을 간추린 것에 지나지 않기 때문에, 이것만으로는 름사·안름 별인설의 이유로서 불충분하다고 할 수 있다.

또한 안름의 교판이 6종판이어서 별교·통교·통종의 분류와는 다르다는 점에 대해서는, 『대승의장』의 부류로 생각되는 돈황 출토 지론종 남도파 문헌, S613V[32]가 름사와 마찬가지로 별교·통교·통종의 분류를 사용하면서 동시에 지론종의 대표적인 교판인 4종판을 사용하는 점, 3종연집설을 채용하는 정영사 혜원이 성문장·보살장(돈입·점오)의 2장판(二藏判)과 입성종(立性宗)·파성종(破性宗)·파상종(破相宗)·현실종(顯實宗)의 4종판을 사용하는 것에서도 알 수 있듯이 한 사람이 다른 분류법을 병용한다고 해도 이상할 것은 없다.

다만 아오키가 지적한 지의의 저작 중에 보이는 지론종 남도파의 교학과 『법경론』의 복잡한 분류를 비교하면, 름사를 지의(智顗, 538~597)보다 30살 이상 연장자이면서 양(梁)의 무제에게 초청되어 『화엄경』을 강의하고, 진(陳) 문제에게 초청되어 『대집경』을 강의한 저명

---

30) 青木, 「天台行位說の形成に關する考察」(三崎良周編, 『日本·中國佛教思想とその 展開』, 山喜房佛書林, 1992), p.52. 연집설에 대해서는 주25의 논문 참조.
31) 續藏1-12-4.350左上.
32) 본서에 대해서는 古泉圓順, 「敦煌出土佛典注釋書の『圓宗』」(『IBU國際佛教大學 文學部紀要』15, 1983. 3) 참조.

한 안름(安廩, 507~583)으로 보기보다는, 아오키가 말하듯 "지의의 시대와 그다지 멀지 않는 시대의 인물", 그것도 약간 후대의 인물로 보는 것이 자연스러울 것으로 생각되기도 한다. 다만 그 경우에 문제가 되는 것은 『일승성불묘의』가 법표(法標)에 관하여 "불타삼장을 의지하여 스승으로 삼았다[依佛陀三藏爲師]"[33)라고 기술한 점이다. "스승으로 삼았다"라는 말을 "직접 사사하지 않았지만 그 설에 경복하여 스승으로 우러러 보았다"라는 의미에서 사용한 예는 찾을 수 없기 때문에, 견등의 기술이 맞는 것이라면, 름사는 불타삼장도 머물렀던 소림사에서 불타삼장의 제자인 혜광(慧光)에게 십지의 뜻을 배운 안름[34)의 세대가 아니고서는 "불타삼장을 의지하여 스승으로 삼았다"라고 하기 어렵다. 다만 이 경우에 름사의 구체적인 이름은 '안름(安懍=安廩)'이 아니라, '법름(法懍)'이 된다.[35) 홍인(弘忍) 문하의 혜안(慧安)이 도안(道安)으로 불렸고 또한 장수했기 때문에 노안(老安)이라고도 불렸던 것처럼, 동일 인물이 '승(僧)~', '법(法)~', '담(曇: dharma의 음사)~', '도(道)~', '慧(혜)~' 등의 다른 이름으로 불린 예는 매우 많기 때문에, 법름은 안름의 별칭이었을 가능성도 부정할 수 없다.

또한 불타삼장에 대해서도 『화엄경』의 번역자인 불타발타라(佛陀跋陀羅), 혜광의 스승이었던 불타 선사(佛陀禪師), 『섭대승론』의 역자인 불타선다(佛陀扇多) 등이 혼동되는 경우가 있을 뿐 아니라,[36) 인도나 서

역의 승려로 'Buddha~'라고 불린 승려는 많기 때문에 특정하기가 어려운데, 『일승성불묘의』에서는 혜광의 스승이면서 름사와 마찬가지로 별교·통교·통종의 분류를 설했다고 여겨지는 불타 선사로서 다루고 있는 것 같다. 이와 같이 안름설도 안름부정설도 의문점이 많아 어느 쪽도 결정적인 것은 아니지만, 확실한 자료가 발견되기 전까지는 일단 안름으로 보고자 한다.

다만 름사에 관하여 '름(懍)', '표(標)', '경(憬)', '돈(惇)'의 다양한 표기가 존재하는 것에 대해서는 필사할 때에 생긴 오류로 보아 문제가 없을 것이다. 『법경론』의 이른 시기의 사본에서 '름(懍)'이라는 글자는 별로 일반적이지 않은 이체자이거나 오독하기 쉬운 행초체(行草體)로 쓰인 것으로 생각된다. 실제로 도다이지(東大寺) 도서관 소장의 『화엄경문의요결문답(華嚴經文義要決問答)』 사본 중에서 권1의 「육상의(六相義)」에서는 '름법사'의 '름(懍)' 자가 '회(懷)' 자로 읽힐 수 있는 행서로 쓰여 있고, 그 오른쪽에 다른 사람의 글씨로 '름(懍)'이라고 적혀 있다.

이와 같이 름사에 대해서는 의문점이 많지만, 『문답요결』이나 『일승성불묘의』에 인용된 인용문을 보면, 신역의 번역어나 지엄·법장 등의 화엄교학 특유의 용어는 사용되지 않았기 때문에 7세기 중엽 이전의 인물임에는 틀림없다.

아오키는 연집설을 근거로 지론종 남도파의 인물로 추측했지만, 『법경론』은 『요결문답』에서 십지 명칭의 유래나 십지의 체 등 십지에 관한 부분에서 자주 인용될 뿐 아니라, 길장이 "십지사는 육상의에 집착한다"고 비판할 정도로[37] 지론사가 활발히 사용한 육상에 대해서는, "름

---

37) 『百論疏』中之中, T42.271c.

법사는 여러 문을 널리 서술했으나, 번잡한 말이기 때문에 생략한다[懷法師諸門廣述 繁言故略之]"[38]라고 얘기될 정도로 상세하게 논의를 전개한 듯한 서술을 볼 때도 이를 추측할 수 있다. 『요결문답』에서는 '원공(遠公)'이라고 존칭이 사용되었던 혜원과 달리, '름공(懷公)'이라는 표기가 없을 뿐 아니라, '름운(懷云)'의 형태로 인용하는 사례가 다른 논사에 비해 꽤 많은 것은 이상하지만, 앞서 언급한 것처럼 고려 균여의 『삼보장원통기』 상권에서는 '름공(懷公)'이라는 존칭을 쓰면서 다음과 같이 설하고 있다.

> 름공이 말했다. 첫째의 셋은 교도. 다음의 셋은 증도. 다음의 셋은 부주도. 뒤의 하나는 총결하여 흥륭하게 한 것이다. 광통이 말하는 앞의 셋은, 앞의 름공의 해석과 같다. 넷째는 본체에 합치하는 것을 밝혔으니 즉, 앞의 셋은 이해를 따라 구별이 있고, 이것은 일미를 밝힌 것이다. 자체의 진실한 깨달음을 이름하여 불보라 하고, 진실한 본성이 평등함을 이름하여 법보라 하며, 제일의의 화합을 승보라고 이름한다. (懷公云, 初三敎道. 次三證道. 次三不住道. 後一總結紹隆. 光統云前三同前懷公釋. 第四明稱體, 謂前三隨解差別, 此明一味. 自體眞覺名爲佛寶. 實性平等名爲法寶. 第一義和合名爲僧寶.)(H4.161b)

이것은 『화엄경』 「명법품(明法品)」의 '흥륭삼보(興隆三寶)'에 관한 여러 구절을 해석한 것으로, 광통(光統)율사 혜광의 인용문 중에서 "앞의 셋은 앞의 름공의 해석과 같다[前三同前懷公釋]"는 것은 혜광 자신의 말이 아니라 균여가 보충한 것일 텐데, 제4 부분의 해석을 제외하면

---

38) 『要決問答』 卷1, 續藏1-12-4.330左上. 후대 사람의 손길이 가미되었지만 기본적으로는 혜원의 저작으로 생각되는 『대승의장』의 六種相門義(T44.524ab)에서는 '諸門廣述'이라고 말해질 정도로 諸門을 나누어 상세히 논하고 있지는 않다.

름공이 지론종 남도파의 조사인 광통과 같은 해석을 하고 있는 것이 주목된다. '영유(靈裕)-정연(㲆淵)-지정(智正)-지엄(智儼)'의 계보에서 지론종 남도파의 학문 계통을 계승하는 지엄도 『수현기』에서는 이 부분을 교도·증도·부주도의 3도로 해석하고 있어,[39] 이 또한 름사가 지론종 남도파 계열의 학승임을 추측케 하는 이유 중 하나이다.

또한 『일승성불묘의』에서는 「초회심교문(初迴心敎門)」의 행위에 대해서 기술할 때에, '기운(記云)'의 형태로 『법경론』의 설을 소개하고 이어 지엄의 『오십요문답(五十要問答)』의 설을 인용한 후에 '혜경덕(慧鏡德)'의 '승건립삼승공행십지지본(昇建立三乘共行十地之本)'의 설에 대해서 "바로 이것은 법표사가 설명한 것이다"라고 말하고 있는데,[40] 여기서의 혜경(慧鏡)은 『의천록』에 『기신론기』 3권의 저자로 보이는 혜경일 것이다.[41] 『의천록』에서 『기신론』의 주석 부분은 용수·지개(智愷)·혜원(慧遠)·담천(曇遷)·지엄·원효·망명(亡名)·응진(應眞)·혜경(慧鏡)·법장(法藏)으로 나열하며 연대순으로 배열되었다고 생각되기 때문에, 혜경은 원효(617~686)와 법장(634~712) 사이 세대의 인물, 즉 의상(625~702)과 거의 동시대의 승려가 된다. 또한 『총수록』과 그 밖의 다른 문헌에서 나타나는 것처럼 신라불교 문헌에서 '~덕'의 호칭은 신라의 승려일 경우가 거의 대부분이기 때문에, 혜경을 신라승으로 보아도 좋을 것이다. 즉 혜경은 의상과 동시대의 신라승으로, 름사 계통의 지론교학에 근거하여 『기신론』의 주석을 저술한 승려인 것이다. 신역 유식이나 지엄의 화엄교학이 도입되기 직전의 신라에서 주류는 섭론 계통

---

39) 『搜玄記』卷2上, T35.37a.
40) 『華嚴一乘成佛妙義』, T45.748c.
41) 『義天錄』卷3, T55.1175a. 『一乘成佛妙義』에서 말하는 '記'란 아마도 이 『起信論記』일 것이다.

의 학문이었다고 생각되며 지론교학과 융합된 것으로 보인다.

3) 름사의 교학적 특징

그렇다면 그 름사의 교학이란 어떠한 특징을 가지고 있었던 것일까? 견등의 『일승성불묘의』에서 인용되는 『법경론』의 문장에서는 천태교학에서 말하는 오품제자와는 내용이 다르지만, 별교·통교·통종의 3교판을 써서 수다함과·사다함과·아나함과·아라한과·벽지불과의 5과를 가리켜 오품제자라 칭한다. 이들 별교의 성인을 통교의 십신(十信) 이전이라는 낮은 위치에 배대하고 있다.[42] 『일승성불묘의』에서 『법경론』의 저자(법표사=름사)가 불타삼장을 스승으로 삼았다고 설명하고 불타삼장의 통종·통교의 교판에 대해서 소개하는 것에서 알 수 있듯이, 름사는 불타삼장의 설을 계승하고 있는 것이다. 실제로 불타삼장의 찬술로 불리는 가나자와문고 소장의 『화엄경양권지귀(華嚴經兩卷旨歸)』에서는 『열반경』·『법화경』 등을 통교대승, 『화엄경』을 통종대승으로 하는 교판을 사용하며, 「성기품」에서 말하는 '가명보살(假名菩薩)'은 '점교의 기', 즉 통교 근기의 사람을 가리키며, 그러한 근기에 대해서는 "만일 삼아승지의 수행을 채우고, 더 나아가 회심한다면 돈교대승의 신위(信位)를 얻는다. 만일 회심하지 않으면 믿지도 않고 듣지도 않음으로 인해 일천제라고 불리게 된다"고 단언하고, 통종인 '돈교대승'에 들어갈 경우

---

42) 『一乘成佛妙義』, T45.785ab. 靑木는 五停心觀. 五方便. 五品弟子 등 『법경론』이 사용하는 용어가 천태 行位說의 용어와 유사한 점이 있으며, 또한 通敎의 佛이 通宗에 들어가 이루는 '信滿의 佛'은 화엄교학에서 말하는 信滿成佛說과는 달리 낮은 곳에 위치한다는 점 등을 지적하고 있다(주30의 논문, p.49).

는 '신위'에 들게 된다고 주장한다.[43] 『화엄경양권지귀』나 『법경론』이 언제 성립했는가는 차치하고, 천태교학의 과두무인설(果頭無人說)은 이 두 저서에 보이는 것과 같은 지론종의 교판이나 행위설에 대한 반발로서 성립한 것으로 보인다. 『화엄일승성불묘의』에서는 위의 인용 부분 바로 뒤에서, 『화엄경』에 나오는 '가명(假名보살)'이라는 용어를 지엄이 해석했을 때에는 불타삼장의 설을 회통했기 때문에 논쟁이 일어나지 않았지만, 법장의 해석의 경우에는 논쟁이 생겼다고 전하고 있는데,[44] 이 문제에 관한 논쟁은 신라에서 활발하게 이루어졌을 뿐 아니라, 일본에도 전해져서 도다이지 주료(壽靈)의 『오교장지사(五敎章指事)』이후에는 『법화경』 해석과 천태교의와의 관련을 포함하여 격렬한 논의가 있었던 상황을 엿볼 수 있다.[45]

불타삼장에 관해서는 『총수록』에서도 『십지경론』 근본입(根本入)의 구절 해석을 둘러싸고 "체에 합치하는 문혜는 원종(圓宗)의 이치와 상응한다"라는 불타삼장의 설이 인용되고 있는데,[46] 이 구절은 『화엄경양권지귀』에서 찾을 수가 있다.[47] 이러한 것을 볼 때에 신라에는 불타삼장-법표(름사)… 혜경이라고 하는 사상적인 계보가 있었던 것은 분명하며, 또한 균여가 전하는 전승에서 의상은 법장과 같은 해석을 취하고 있다고 하므로, 주류는 아니었겠지만 불타삼장…… 지엄·의상·법장이라고 하는 계보에 불타삼장의 사상이 흘러들어간 것을 알 수 있다.

또한 『법경론』과 마찬가지로 오품제자라는 말을 사용하면서 통교·통

43) 『華嚴兩卷旨歸』 卷下, 41左.
44) 『一乘成佛妙義』, T45.785c-786a.
45) 본서 제6장 참조.
46) 『叢髓錄』 卷上之2, T45.738c.
47) 『華嚴兩卷旨歸』 卷上, 4左.

종의 분류를 쓰고 있는 문헌으로서 돈황 출토 펠리오 문헌 P2823B가 있다. 이 P2823B는 같은 종류의 두 문헌의 단간을 합친 것으로, 불교의 우주관에 근거하여 세계의 모습이나 지옥에서 불(佛)에 이르기까지의 행위에 대해서 지론종의 입장에서 간단한 설명을 더하고, 마지막에 그 행위를 도시한 것이다. 전반의 문헌에는 도중에 '법계도'라는 제목이 붙여져 있기 때문에, 후반의 문헌 마지막에 있는 그림도 '법계도'로 불러야 할 것이다. 이 중에서 후반의 단간은 『법경론』과 설명 방식이 유사하여 공통의 학문 계통에 속하는 것으로 생각된다. 그 후반의 단간은 '원교(圓敎)', '원종(圓宗)'이라는 말을 사용하고 있는 점에서 흥미로운데, 불신(佛身)에 대해서는,

> 법신불……법성을 체로 하고, 자체연집을 몸으로 함
> 보신불……일체종묘지를 체로하고, 무위연집을 몸으로 함
> 응신불……대비를 체로 하고, 32상 80종호의 유위연집을 몸으로 함
> 삼신은 원융불이하여……법계연집을 몸으로 함.
> (法身佛……法性爲體, 自體緣集爲身[48]
> 報身佛……一切種妙智爲體, 無爲緣集爲身
> 應身佛……大悲爲體, 三十二相八十種好有爲緣集爲身[49]
> 三身圓融不二……法界緣集身.)

으로 구분하면서, 『십지경론』에 근거한 법보응의 삼신설을 전개하고 각각에 자체연집·무위연집·유위연집을 배대하고서, 나아가 이 3종신이 '원융불이'인 것이 법계연집신이라고 설명하고 있다. 즉 유위연집·무위

---

48) 사본에는 '法性爲躰自緣集'으로 되어 있지만, '法性爲躰自躰緣集'의 誤寫일 것이다.

49) 사본에는 '有爲爲集緣集爲身'으로 되어 있지만, '爲集'은 衍字로 보고 생략했다.

연집·자체연집·법계연집의 4종 연집[50]을 설하는 름사와 같은 4종연집 설이 보이는 것이다. 그 밖에도 공통점이 많은데, 주목할 것은『법경론』 과 P2823B이 모두 행위를 논할 때에『대집경』을 사용하는 것이다.

『법경론』에서는 십신의 삼위(三位)를 설하는 곳에서 인용하고 있고,[51] P2823B의 '법계도' 말미의 그림에서는 가장 윗부분에 그려진 '삼계'라 는 글자 아래에 "중간대보방 중에서 대집경을 설함[中間大寶房中說大 集經]"이라고 작은 글자로 쓰여 있다. 후반의 단간에서 명칭을 들어 인 용되는 것은『십지경론』뿐이며, 이 그림에서는 도종성(道種性)·습종성 (習種性)·성종성(性種性)이라고 하는『영락경(瓔珞經)』의 용어도 그림의 계위 중에서 사용되고 있지만, 그림 안에서 경명이 제시되는 것은 '적멸 도량(寂滅道場)'이라는 글자 밑에 '초회에『화엄경』을 설함[初會說華嚴 經]'이라고 적혀 있는『화엄경』과 이『대집경』뿐이기 때문에, 이 두 경전 이 중요시되었음을 알 수 있다.

기사사의 안름이『대집경』을 제6의 원종으로 보는 6종교(六種敎)를 세운 것은 유명한데, 고이즈미 엔쥰(古泉圓順)은 552년에서 얼마 지나 지 않아 성립한 돈황 출토 지론종 문헌인 S6388(『승만경』의 주석서) 및 같은 계통의 S613V에서는『대집경』을 원융을 설하는 최고의 경전으로 간주하여 '원교' 내지는 '원종'으로 칭하고 있음을 지적하여『법화현의』 에서 지의가 '북지사(北地師)'를 비판한 말 중에 "법계는 화엄에 있지 않 고, 원종은 오로지 대집만을 지시하는 것이 아니다[法界不在華嚴圓宗 不偏指大集]"라고 한 것이 있는데, 이것은 당시 북토(北土) 지론사 중에

---

50) 懷師의 緣集說에 대해서는 靑木「中國地論宗에 있어서의 緣集說의 展開」(주25 의 논문) 이외에, 坂本幸男,『大乘佛敎의 硏究』,「法界緣起의 歷史的形成」(平樂寺書 店, 1980), pp.66~69에서 역사적인 흐름을 개관하고 있다.
51)『華嚴一乘成佛妙義』, T45.785b.

『대집경』을 '원종'으로 판석하는 학승의 무리가 많았음을 나타내는 것이리라"라고 설명하고 있다.[52] S6388과 S613V에서는 『대집경』(내지는 '대집의 흐름'으로서의 『승만경』), 『화엄경』, 『열반경』 등을 특별하게 보고 이 순서를 존중하고 있는데, 『화엄경』을 활발히 인용하는 S613V가 『대집경』, 『화엄경』, 『열반경』의 세 경전을 '통종'이라 칭하여 높게 평가하면서, 『법경론』과 마찬가지로 별교·통교·통종의 분류를 사용하는 것은 흥미롭다. 『일승성불묘의』가 인용하는 『법경론』의 문장은 통종이 어떤 경전을 가리키는가에 대해 언명하지 않는데, 『법경론』도 이러한 학문 계통이나 그 주변에서 발생한 것으로 생각된다.

한편, 보살의 행위를 설할 때에 『대집경』을 사용하는 경향의 전형적인 예는 돈황에서 출토된 두 본의 『대승오문십지실상론(大乘五門十地實相論)』의 단간(北8377 [露13], 北8378 [騰6])일 것이다. 北8378은 예서체가 남아 있는 서풍으로 보아 북조기의 서사로 생각되는데, 이 『대승오문십지실상론』도 또한 연집을 설하는 지론종의 문헌이다. 그중에서 전반과 후반을 결여하고 있는 北8377 단간은 『십지경론』 제8지에 있어 '입무장애법계도(入無障礙法界道)'가 설해지는 그 앞부분의 해석에서 시작되고, 전반을 결여하고 있는 北8378 단간은 법계나 연기 등의 문제에 중점을 두면서 『대집경』 보당분(寶幢分)을 주석하고 있어, 『대집경』이야말로 십지의 실상을 드러내는 것으로 생각하고 있었음을 알 수 있다.

또한 신라에 유학하여 원효와 법장의 저작을 대량으로 가지고 돌아와 텐표(天平) 12년(740)에 일본에서 처음으로 『화엄경』을 강의한 다이안지(大安寺) 신조(審詳)의 장서 중에 『오문실상론(五門實相論)』이 있는

---

52) 古泉, 주32, 앞의 논문, p.40.

데, 텐표쇼호(天平勝寶) 6년(754)에 서사된 기록이 있다.[53] 이것도 신라에서는 8세기 초에는 『대집경』을 중시하는 계통의 지론종 문헌이 여전히 중시되었다는 증거 중 하나라 할 것이다. 또한 『화엄경』만이 해인삼매(海印三昧)에 의해 드러난 법문이라고 지엄이 주장을 하자, 지적국통(智積國統)이라 불린 승려가 『대집경』도 해인삼매를 설한다고 지적하여 논난하였기 때문에, 지엄이 해인에는 5종이 있음을 설하게 됐다는 전승이 고려의 문헌에 보인다.[54] 지적이라는 인물은 승려의 전기에는 보이지 않아 이 전승에 대해서 의심스러운 점이 있지만, 이 또한 『대집경』을 존중하는 계통의 지론교학이 신라에 흘러들어 갔음을 나타낸다고 할 것이다.

이것은 법장의 찬술이라고 전해지지만, 실제로는 의상 계통의 저작인 『화엄경문답』에서 '오문론자(五門論者)'라는 인물의 설이 문제시되는 것에 의해서도 뒷받침된다. 『화엄경문답』 상권에서는,

문: 오문론자 등은 자체연기의 입장에서 원명구덕·무애자재의를 밝혔는데, 지엄사의 별교일승보법과는 어떤 차이가 있는가?
답: 이 뜻은 구별하기 어렵다. 그러나 약간의 방편이 있다. 즉, 저 스님들은 상이 융합하여 특정의 본성을 떠난 본체라는 교설에서 무애

---

53) 堀池春峰, 『南都佛教史의 研究(上) 東大寺篇』, 「華嚴經講說より見たる良辯と審詳」(法藏館, 1980), p.423. 審詳은 의상의 『일승법계도』도 가지고 귀국했지만, 이후의 일본 화엄교학의 경향으로 볼 때에 원효 계통의 학승으로 생각하는 것이 좋다. 또한 『義天錄』 卷1에는 杜順의 찬술로서 『十門實相觀』이라는 책이 보이는데 (T55,1166c), 중국에서 성립한 것인지 한국에서 성립한 것인지는 분명하지 않지만 본서는 아마도 화엄교학과 가까운 교학을 설하는 『大乘五門十地實相論』이나 이와 유사한 제목과 내용의 책에 근거하면서, 대항하기 위해 만들어진 위작일 것이다.
54) 『法界圖記叢髓錄』 卷下之1, T45,750c-751a. 均如 『釋華嚴教分記圓通鈔』 卷1, H4,246ac.

자재의를 밝힌다. 양상에 근거하여 여여무애의를 밝히는 것이 아니므로 동교의 영역에 존재한다. 이들 스님들은 즉 양상에 근거하여 무장애의 의미를 보여 주기 때문에 별교의 영역에 해당할 뿐이다.

문: 여래장 자체에 대해서는 자체 가운데 무애자재의를 밝히는 것은, 즉 이것은 숙교 등의 뜻이다. 어째서 동교의 영역이 되는가?

답: 이 스님들은 별교의 영역이 아니기 때문이다. 일승별교의 의미는 여래장의 상의 부분에서 보이는 것이다. 이쪽 스님들의 취지는 다만 여래장의 체에 대해서 논할 뿐이지만, 일승의 이런 취지와 같기 때문에 동교의 영역일 뿐이다.

(問. 五門論者等, 約自體緣起中, 明圓明具德無礙自在義. 與儼師別教一乘普法何別乎. 答. 此義難別. 然少有方便. 謂彼師等約相融離性自體門 明無凝自在義. 非卽約相事明如如無礙義55)故, 在於同教分齊. 此師等卽約相事明無障礙義故, 當別教分齊耳.

問. 如來藏自體中明無礙自在, 卽是熟教等義. 何故爲同教分齊乎. 答. 此師等不別教分齊故. 一乘別教義, 在於藏相明也. 此義但在於藏體門, 同一乘是義故, 同教分齊耳.)(T45.602bc)

라고 설하여, '오문론자'들이, "이 뜻은 구별하기 어렵다"고 할 정도로, 지엄의 일승보법과 유사한 '무애자재의'를 설하고 있음을 알 수 있다. 고바야시 지츠겐(小林實玄)은 『화엄경문답』을 전승 그대로 법장의 저작으로 보고서, '오문론자'란 "신수(神秀)에게 귀속되는 『대승오방편문(大乘五方便門)』『대승무생방편문(大乘無生方便門)』으로 생각된다"라고 하여, 당시 법장이 동산법문(東山法門)을 의식하고 있었다고 주장하지

---

55) '如如無礙'라는 말은 지엄·의상·법장의 화엄교학에서는 보이지 않는 것으로, 오히려 지엄이 비판하고 있던, 일체를 '如'로 환원시키고 相卽을 설하는 사상을 떠올리게 한다. 신라에서는 예부터 전해진 지론교학의 틀에서 지엄의 교학을 이해하려던 경향이 강했던 것으로 생각된다.

만,[56] 『대승오방편문』뿐 아니라, 북종(北宗) 문헌에서 '자체연기에 근거하여…… 무애자재의'를 설한 것은 현재로서는 찾을 수 없다. 자체연기란 앞서 본 자체연집과 거의 같은 뜻의 표현으로서 지론종의 용어일 것이다. 실제로 영유(靈裕, 528~605)의 『화엄경문의기(華嚴經文義記)』에는 '자체연기법(自體緣起法)'이라는 말이 보인다.[57] '자체연기'와 같은 취지의 말로 아오키가 인용하지 않은 것에는 S613V의 내용과 유사한 『승만경』의 주석서 S6388에 '자체인과(自體因果)'라는 말이 나오며, 또한 같은 돈황 출토 문헌 『화엄약소(華嚴略疏)』(北80, 辰53)의 단간에도 '자체인과'라는 말이 보이는 것 이외에,[58] 가나자와문고의 『화엄경양권지귀』에도 '자체인과'라는 말이 나온다.[59]

또한 『화엄경문답』은 '오문론자'에 대해서 '상융이성자체문(相融離性自體門)에 입각하여 무애자재의를 밝힐' 뿐이라고 평가하지만, 『화엄경양권지귀』에서는 상(相)이 융합할 뿐 체(體)는 융합하지 않은 무애의를 '상융무애의(相融無礙義)'라고 부르며, '체융무애(體融無礙)'의 『화엄경』에는 미치지 못함을 강조하고 있고,[60] S613V에서도 '상융'과 '체융'을 구별하고 있다.[61] 이로 보아 '오문론자'는 역시 지론 계통의 승려로서, 『대승오문십지실상론』의 저자이거나, 또는 이와 유사한 제목과 내용의 책을 저술하고 지엄의 교학과 구별하기 어려운 무애의를 전개한 인물로

56) 小林實玄, 「『華嚴三昧觀』の硏究 - 法界觀に關する法藏の加說とその周邊」(『印佛硏』24-1, 1975. 12), pp.326~327.
57) 『華嚴經文義記』卷6, 續藏1-88-1.13左下.
58) 敦煌寶藏56.331下. 商務印書館編, 『敦煌遺書總目索引』(北京, 1962)이 이 사본을 지엄의 「略疏」(『搜玄記』)로 보는 것은 오류이다.
59) 『華嚴經兩卷旨歸』卷下, 50左.
60) 同, 卷下, 34左.
61) S613V, 敦煌寶藏5.139下.

보는 것이 타당할 것이다. 그리고 그 계통의 주장을 하던 사람이 당시 신라에 있었을 것이다.

또한 고바야시가 '오문론자'를 동산법문으로 본 것은 단순히 '오문론자'와 '오방편문'이라는 명칭상의 유사성에 의한 것만은 아니며, 내용 면에서도 어느 정도 공통된다고 생각되는 점이 있다는 것도 하나의 이유가 되었을 것이다. 실제로 『능가사자기(楞伽師資記)』 등을 비롯한 북종선의 문헌은 '무상(無相)'을 설하면서, 한편으로는 '무애(無礙)'의 경지를 강조하고 그것도 『화엄경』이나 『십지경론』을 인용하여 무애를 설하는 것이 적지 않다. 『고승전』 10권의 습선편(習禪篇)은 매우 빈약한 것이지만, 찬술자인 혜교(慧皎, 479~554)가 말미의 찬탄의 말에서,

> 그러나 선의 작용이 현저한 것은 신통에 속한다. 그러므로 삼천세계를 모공에 들이고, 사해를 고정시켜 치즈처럼 만들고, 석벽을 통과해도 막힘이 없고, 사람들을 잡아 올려 남김이 없다. (然禪用爲顯, 屬在神通. 故使三千宅乎毛孔, 四海結爲凝酥, 過石壁而無壅, 摯大衆而弗遺.)(T50,400c)

라고 기술하는 것에서 알 수 있듯이 양대(梁代)에 있어 선은 무애한 신통력과 연결되어 받아들여져서, 삼천세계가 모공에 들어간다고 설하는 『화엄경』이나 석벽을 자유롭게 통과한다고 설하는 『십지경』(『화엄경』「십지품」) 등의 기술이 다른 경의 불가사의해탈의 기술과 더불어 선의 경지를 표현하는 것으로 중시되었던 것 같다. 이러한 경향은 북지에서도 마찬가지였을 것이다. 이는 북지의 다양한 계통의 습선자들이나 도신(道信)·홍인(弘忍)의 문하를 포함한 동산법문의 무애의를 생각할 때에 『화엄경』이나 『십지경론』에 관한 교학의 영향을 고려할 필요가 있음을

나타내는 것이다. 북지의 습선자들도 혜가(慧可)나 그 문하는 업도(鄴都)나 낙양을 중심으로 활동한 이상 당시 북지교학의 영향을 받았을 터이고, 야기 노부요시(八木信佳)가 지적했듯이 천축의 승려인 보리달마에게만 배우고 다른 영향을 받지 않았다고 하는 것은 불가능하며,[62] 당시 북지의 주요 교학은 지론교학 및 삼론·사론교학이었고 둘 다『화엄경』과 관계가 깊은 것임은 간과할 수 없다. 야기 노부요시는 단계적인 십지설을 부정하는『능가경』이나『사익경(思益經)』에 근거하여 무상대승(無相大乘)을 주장하는 북지의 선사들에 주목하여, 당시『능가경』을 연구했던 것은 혜가 계통 이외에는 거의 대부분이 혜광(慧光) 계통에 속한다는 것에 주목하였다.[63] 이 두 계통 사이에 전혀 교섭이 없었다고는 생각하기 어렵다.

또한 오키모토 카츠미(沖本克巳)는 보리달마의 이입(理入)·행입(行入)의 이입설(二入說)을, 길장의『대승현론』이 '지론사'의 설로 인용하는 "불성에는 두 종류가 있다. 첫째는 이성(理性)이고, 둘째는 행성(行性)이다. 이(理)는 사물로 만들어진 것이 아니기 때문에 본유라고 한다. 행은 수행에 의하여 성취하는 것이기 때문에 시유라고 한다[佛性有二種. 一是理性, 二是行性. 理非物造故言本有, 行籍修成故言始有]"의 2종불성설, 또는 승조(僧稠)의『대승심행론(大乘心行論)』의 "작에는 두 종류가 있다. 첫째는 외부로부터 이문에 들어감이다. 둘째는 이(理)로부터 작용을 일으키는 문이다[作有二種, 一從外入理門, 二從理起用門]" 등

---

62) 八木信佳, 「楞伽宗考」(『佛教學セミナー』14, 1971. 10), p.50.
63) 同, 55쪽. 智正의『華嚴經疏』뿐 아니라,『華嚴兩卷旨歸』도『楞伽經』의 宗通.說通說을 사용하며, 그 밖에 '五法三自性'의 항목을 설정하는 S613V에서는 별교는 통종에서 보면 '指月捨相'의 존재라고 하는 등, 지론종 남도파의 교판에서는『능가경』이 중요한 역할을 한다.

의 설과 비교하여 고찰해야 한다고 지적하고 있다.[64] 당나라 중기 이후 소위 선종이 화엄교학을 수용했다는 것은 널리 알려진 사실인데,[65] 그 것은 초기 선종의 교리와 지론교학의 친연성을 나타내는 것이라 볼 수 있다.

다만 여기서 주의할 것은 지론종이라고 해도 실제로는 『십지경론』의 체계를 기초 학문으로 하는 학문 계통에 지나지 않는다는 점이다. 오늘 날 지론종의 승려라 불리는 사람에는 『속고승전』이 제시하듯이 의해(義解)의 승려도 있으며 선사와 율사도 있고, 또한 그것들을 혼자서 겸학 하는 승려도 적지 않기 때문에, 오로지 교학에 몰두하여 여래장연기설 이나 심식설(心識說)에 관해 상세하게 논하는 정영사 혜원의 이미지에 의해서 지론종을 판단하면 안 된다. 또한 의해의 승려라 하더라도 『십 지경』이나 『화엄경』을 가장 존중했다고는 단정할 수 없다. 돈황 출토의 지론종 문헌 중에서 『대집경』을 중시하는 것은 『대승오문십지실상론』 이외에도 존재하며, 그중에는 S6388과 S613V와 같이 『화엄경』 이상으 로 『대집경』을 중시하는 것조차 확인된다. 고이즈미에 따르면 S6388은 550년까지 서사된 것이고, S613V은 552년 이후 이와 가까운 시기에 서 사된 것이라고 하는데,[66] S613V는

> 일승의 양상은, 『무량의경』에서는 교설이 하나임을 보였다. (부처의) 원만한 음성은 둘이 없기 때문이다. 『대품반야경』에서는 도리가 하나

---

64) 沖本, 「初期の習禪者達」(『佛教學』12, 1981. 10), p.35.
65) 그러한 관계를 고찰하기 위한 시도로서는 鎌田茂雄, 『禪典籍內華嚴資料集成』(東京大學東洋文化研究所, 1984)을 들 수 있는데, 화엄교학의 영향을 받은 것처럼 보 이는 부분 중에 실제로는 지론교학의 영향이나 초기 선종에서의 독자적인 화엄 연구의 결과인 경우도 적지 않을 것이다.
66) 古泉, 주32, 앞의 논문, pp.38~39.

임을 보였다. 진성이 반야이기 때문이다. 『법화경』에서는 행위의 일을 보였다. 이것은 도빙법사의 설이다. (一乘之相. 無量義經中明教一. 圓音無二故也. 大品中明理一. 眞性般若也. 法華中明行一. 是道憑法師說也.)(敦煌寶藏5.143上)

라고 기술하고, 이하에서 점돈원(漸頓圓)의 '세 가지 교상'에 관해 논하고 있는데, 혜광의 제자로서 '빙사(憑師)의 법상(法相), 상공(법상(法上)을 말함)의 문구는 일대의 드문 보배'라고까지 평가된 도빙(道憑, 488~559)의 일승해석을 인용하는 점이 주목된다. 이 도빙의 제자가 보산대주굴(寶山大住窟)을 연 영유(518~605)이며, 이후 영유-정연-지정-지엄의 계보가 이어지는 것이다.

한편 『속고승전』에 의하면 『대집경』을 학습하거나 강설했다고 전해지는 승려로서는 담란(曇鸞, 476~542)[67]·안름(安廩, 507~583)[68]·보단(寶彖, 512~561)[69]·영유[70]·혜용(慧勇, 515~582)[71]·우두법융(牛頭法融, 594~657)[72]·현완(玄琬, 561~635)[73] 등이 있다.

담란은 처음에 사론을 배웠지만 『십지경론』의 역자인 보리류지(菩提流支)로부터 가르침을 받았고,[74] 보단은 성실론 계통, 혜용과 법융은

---

67) 『續高僧傳』권6, 曇鸞傳, T50.470a.
68) 『續高僧傳』권7, 安廩傳, T50.480b. 이 安廩과 다음의 寶彖에 대해서, 牧田諦亮·諏訪義純編, 『唐高僧傳索引(中)』(平樂寺書店, 1975)의 서명 색인 항목에는 누락되어 있다. 경명 '大集'을 '많이 모은다'고 읽은 것일까.
69) 『續高僧傳』권8, 寶彖傳, T50.487a.
70) 『續高僧傳』권9, 靈裕傳, T50.497c.
71) 『續高僧傳』권7, 慧勇傳, T50.478b.
72) 『續高僧傳』권26, 法融傳, T50.604b.
73) 『續高僧傳』권22, 玄琬傳, T50.616a.
74) 望月信亨, 『支那浄土教理史』(法藏館, 1942), pp.70~71에서는 전승을 의심하여 보리류지의 제자인 道場(道長)에게 사사했다고 추측하고 있다. 이 道場이 지론종 북도파의 조사로 불리는 道寵과 동년배의 다른 인물이거나 혹은 동일 인물일 가

삼론 계통, 안름과 영유는 지론남도 계통, 현완은 혜광 문하에서 담준 (曇遵)에게 사사한 담천의 제자로서 담준의 손제자라는 점에서 지론남 도 계통이면서 『섭대승론』의 유식학을 중심으로 하였다. 이들 승려 가 운데서 담란의 저작에 『화엄경』과 『십지경론』의 인용이 많은 것은 유명 하며,[75] 안름은 양의 무제에게 초청받아 『화엄경』을 강의하였고, 영유 는 『화엄경문의기』를 저술하였다. 혜용은 『화엄』, 『열반』, 『방등』, 『대집』, 『대품』을 각 이십 번씩 강의하였으며, 현완은 『법화』, 『대집』, 『능가』, 『승 만』, 『지론』, 『중론』, 『백론』 등을 담천(曇遷)에게 배웠다.

이와 같이 『대집경』 연구자 중에 『화엄경』이나 『십지경론』을 배우거나 강설하는 승려가 많았다는 것은 주목할 만하다.[76] 그중에서 『대집경』의 소(疏)를 완성한 것으로 전해지는 이는 영유뿐인데, 영유는 불법의 상 주를 염원하여 개착한 보산대주성굴(寶山大住聖窟)의 석벽에 『법화경』, 『승만경』 및 그 밖의 여러 경전과 불명과 더불어서 『대집경』 월장분(月 藏分)의 구절을 새겨 넣고 있어 『대집경』에 대한 존경의 태도를 엿볼 수 있다.[77] 영유는 저명한 승려로서 당시 불교계에 대한 영향은 지대했던 것 같다. 다만 연집설에 의해 판단하자면 름사는 지론종 남도계라 하더 라도 영유와 다소 학문 계통이 달랐던 것 같다는 점은 아오키에 의해

능성에 대해서는, 里道德雄, 「地論宗北道派の成立と消長 - 道寵傳を中心とする一小 見」(『大倉山論集』14, 1979. 12), pp.154~162.

75) 大谷光眞, 「曇鸞と華嚴思想」(石田允之博士古稀記念論文集刊行會編, 『石田允之博 士古稀記念論文集 浄土敎の 研究』, 永田文昌堂, 1982).

76) 曇鸞을 비롯하여 이 승려들의 대부분은 外典과 관련이 깊은 인물이다. 이것은 『대집경』의 혼합적인 특징과 관계가 있는 것일까. 검토할 필요가 있다. 본서 제2부 제2장 제2절 참조.

77) 常盤大定, 『支那佛教の研究 第一』, 「隋の靈裕と三階敎の七階佛名」(春秋社, 1938. 第3版, 松柏館, 1943), pp.183~188. 한편 『화엄경』의 경문은 새겨 넣지 않 았다.

지적되었다.[78]

　이상으로 설명한 것처럼, 름사는 지론종 남도계의 인물로, 영유와는 계통이 조금 달랐을 가능성이 있지만, 『대집경』을 중시하는 경향 속에서 『대집경』을 사용하여 행위설을 전개한 계통의 승려라는 것은 분명하다. 또한 그의 저작이 8세기가 되어서도 신라에서 중시되어 혜광이나 혜원 등의 저작과 함께 활발히 사용되었던 것으로부터, 신라에는 복수의 지론교학 계통이 들어와 있었으며 연구가 성행했음을 알 수 있다. 사카모토는 원효의 유위(有爲)·무위(無爲)·역유위역무위(亦有爲亦無爲)·비유위비무위(非有爲非無爲)의 사법계설이 "『법경론』의 연기법계를 정리하고 개량하여 얻은 것으로 생각된다"고 추측하지만,[79] 신라에 일찍부터 복수의 지론교학 계통이 전해졌다고 한다면 원효에게 영향을 끼친 지론종 문헌은 반드시 름사의 『법경론』에 한정되지 않을 것이다.

　또한 지론종의 영향을 담고 있는 지엄과 의상의 저작이 절대시되었던 한반도에서는 이 두 스승의 저작을 이해하기 위해서라는 사정도 있었겠지만, 지론종 문헌은 고려시대에도 상당히 읽혔던 것 같다. 균여의 다수의 주석을 보면 알 수 있듯이, 『수현기』가 지론사의 저작에서 인용하고 있는 것으로 생각되는 말에 대해서도 상세하게 주석을 하고 있는 것은 그러한 옛 문헌이 전해지고 있었다는 증거라 할 수 있다.

---

78) 青木, 「中國地論宗における緣集說の展開」(주25의 논문), pp.153~159.
79) 坂本, 주50의 논문, p.9.

제2절 원효의 교학

1. 머리말

신라불교의 기조를 이루는 것은 화회(和會)의 사상이다. 이것은 반드시 비판의 결여를 의미하지는 않는다. 실제로 신라의 승려는 중국이나 자국의 대덕들의 설을 대담하게 비판하고 있고, 그러한 비판은 자신의 학문 계통에 속하는 선덕(先德)의 설에까지 미치는 경우도 드물지 않았다.

그러나 그러한 경우에 있어서도 경이나 논에 보이는 이설(異說)에 대해서는 어떤 형태로든 회통이 이루어지는 것이 일반적이다. 경론의 설은 모두 도리가 있는 것으로 존중되어서, 다른 설이 존재하는 것은 교설 양상[說相]의 차이로 받아들였다. 중생의 근기에 따른 것이라고 보는 경우에도 경론 자체의 높고 낮은 가치를 논하기보다는 각 경전의 입장 차이를 분명하게 하는 쪽으로 힘을 쏟았던 것이다. 자신이 믿는 경론 이외에는 일체 인정하지 않고 논쟁 상대가 의존하는 경론에 대해서는 가치가 없는 것으로서 멸시하는 태도는 지론 계통 중에서도 통종을 특히 중시하는 자들, 신역의 유식설을 신봉하던 사람들의 일부, 『화엄경』 지상주의 입장을 취한 의상 계통의 일부에서 보이기는 하지만, 결국 표면에서 사라진 것 같다. 의상 계통에서도 고려의 균여가 원효를 언제나 '효공(曉公)', '효사(曉師)' 등으로 존칭했던 것이 상징하듯이 『화엄경』 지상주의의 입장을 고수하면서도 여러 설을 회통하는 방향으로 향했던 것으로 생각된다.

신라불교가 이러한 특색을 구축하는 데에 힘이 된 것은 원측

(613~696), 원효(617~686), 태현(-753-) 등이다. 특히 '화쟁'을 일생의 목표로 삼은 원효의 사상이 후대에 끼친 영향은 지대하다. 그 원효의 사상을 뒷받침한 것이 『기신론』이었다. 원효는 『기신론』과 함께 살았으며, 원효 사상의 진전을 『기신론』에 대한 해석의 진전이라 해도 과언은 아니다.

2. 신역을 둘러싼 논쟁

『기신론』의 전파에 대해서는 불분명한 점이 많지만, 중국에서 이른 시기에 『기신론』을 강독한 여러 학승들은 모두가 『섭대승론』을 강설한 사람들이었다. 가시와기 히로오(柏木弘雄)는 그 경우에 중점이 『섭대승론』에 놓인 것이라고 보고 있다.[1] 이것은 돈황 출토의 『섭대승론』 주석서에서도 확인할 수 있다.[2] 섭론종 중에서는 『기신론』이나 『능가경』에 의존하지 않고 『섭대승론석』에 의해서만 해석을 하려던 도기(道基)[3]와 같은 사람도 있었지만, 지론종의 영향도 있었기에 여래장사상을 강하게 주장하는 『기신론』을 점차 중시해 갔다는 것은 틀림없다. 대부분의 섭론종 사람들이 『열반경』의 열렬한 강설자였으므로 이것은 당연하다고

---

1) 柏木弘雄, 『大乘起信論の研究』(春秋社, 1981), pp.203~204.
2) T85 수록. 宇井伯壽, 『西域佛典の研究』(巌波書店, 1969)에 그 疏들의 단간의 개설과 번역이 실려 있다. 그중에서 『攝大乘論抄』, 『攝大乘論章』 卷1, 『攝論章』 卷1, 『攝大乘義章』 卷4에는 『기신론』이 인용되어 있고 특히 『攝大乘論章』 卷1은 『기신론』에 의거하는 바가 많지만, 다른 疏에서는 『기신론』을 특별히 중시했던 모습은 보이지 않는다.
3) 勝又俊教, 「攝論宗教學の一斷面-特に道基の學說を中心として」(『日本佛教學會年報』26, 1961. 3).

말할 수 있다. 특히 영윤(靈潤)은 『열반』의 정의(正義)는 오직 이 한 사람으로 끝'이라고까지 칭송되었던 영윤에게 『기신론』 주석서가 있고, 『섭대승론』의 아리야식을 해석할 때에 『기신론』의 교리를 끌어들인 것은 대단히 흥미롭다.[4]

정관(貞觀) 19년(645)에 장안에 들어온 현장이 그가 가지고 온 경론을 계속해서 번역하기 시작했을 때에, 증의(證義)의 필두로서 역경장에 있으면서 무불성(無佛性)의 문제를 비롯한 14가지 의문을 발표하여 신역의 설을 정면에서 비판했던 승려가 바로 영윤이었다. 영윤은 무불성의 중생이 있다고 하는 것을 마설(魔說)이라 단정하고, 실유불성(悉有佛性)을 설하는 옛 경론이야말로 진정한 대승의 설이라고 주장했다. 현장의 제자인 신태(神泰)는 영윤을 법을 비방하는 자라고 부르며 격렬하게 비난하였다. 여기에 반론을 제기하며 영윤을 변호한 의영(義榮)은 신라 승려라고 한다.[5] 영윤은 수나라 말기에 대외기관인 홍려시(鴻臚寺)에서 '삼한(三韓)을 교수(敎授)[6]하였으므로 일찍부터 한반도 승려와 관련이 있었던 것 같다. 영윤이 『십사문의(十四門義)』를 저술한 시기는 분명하지 않지만, 오성각별을 명확하게 설하는 경론 중에서 『유가론』은 정관 22년(648), 『불지경론(佛地經論)』은 그 다음 해에 번역되었기 때문에,[7] 이러한 논쟁 자체는 현장의 번역 개시와 거의 동시에 발생했다고

---

4) 영윤에게 『기신론』 소가 있었던 것은 『續高僧傳』 卷15의 靈潤傳(T50.546c)에 보인다. 영윤의 아리야식설에 대해서는 勝又, 주3의 논문, pp.81~83 참조.

5) 常盤大定, 『佛性の硏究』(丙午出版, 1930), pp.220~240. 또한 義榮이 반론의 책을 지었던 것이 중국에서의 일인지 신라에서의 일인지 분명하지 않지만, 장안 등에서 활약하던 신라 승려에 대해서는 그 저작이 일찍 신라에도 유입되었기 때문에 본고에서는 신라 본토뿐 아니라 중국에서의 신라승의 활약도 신라불교의 일부로 다룬다.

6) 『續高僧傳』 卷15, 靈潤傳, T50.546a.

7) 桑山正進·袴谷憲昭, 『玄奘』(大藏出版, 1981) 중의 '역출리스트'(pp.249~259) 참

보아도 문제가 없다. 영윤 등이 일으킨 파문은 현장에 관한 화려한 소문과 함께 빠르게 신라에 전해졌을 것이다.

현장의 역장에 신라 출신의 인재들이 다수 참가했다는 것은 잘 알려져 있다. 신역의 경론과 교의는 유학승들에 의해서 대량으로 그것도 단기간에 신라에 전해졌을 것으로 생각된다. 유학승뿐 아니라 신라 본토의 유식학이 높은 수준에 있었다는 것은 다른 학설에 매우 엄격했던 자은이 신라 순경(順憬)의 설을 상당히 높게 평가했다는 것에서도 알 수 있다.[8] 그 순경이 『화엄경』의 신만성불설(信滿成佛說)을 비난한 죄 때문에 산 채로 지옥에 떨어졌다는 전승이 있는 것[9]은 신라에서 신역 유식가(新譯唯識家)와 화엄종과의 대립의 격렬함을 얘기하는 것이라 하겠다.

신역의 교의를 배우면서 공유양종(空有兩宗)의 회통을 시도하고, 불성설에 대해 동정을 표한 원측의 교학도 그 고향인 신라에 전해졌다. 그것을 뒤쫓기라도 하듯이 자은이나 그 문하에 의한 공격도 자은 계통의 유학승에 의해서 전해진 듯하다. 원측의 주저인 『성유식론소』나 그 이후의 저작인 『해심밀경소』가 저술된 것은 현장의 만년에 가까운 시기로 보이는데, 그 이전에도 원측과 같은 주장은 있었을 것이다. 장로인 영윤이 신역을 전혀 인정하지 않고, 기(基)와 같은 젊은 세대에서 신역에 경도된 무리가 배출된 이상, 중간 세대에는 절충으로 기울어진 자가 적지 않았을 것이다. 원측을 신역 쪽의 절충파라 한다면, 원측보다 조금 윗세대에 구역 쪽의 절충파가 있었다고도 생각할 수 있다. 실제로 지

조. 이하 신역 경론의 역출 연대는 모두 이 책에 의거함.

8) 『因明入正理論疏』 卷中, T44.16ab. 富貴原章信, 「判比量論の硏究」(神田喜一郞, 『判比量論』所收, 私家版, 1967), pp.68~69.

9) 『宋高僧傳』 卷44, 順憬傳, T50.728a.

엄 등은 그중 하나라고 볼 수 있다.[10]

어찌되었건, 신역이 불러온 대립·논쟁은 곧바로 신라에도 전해져서 재현되었다고 생각된다. 게다가 통일 전후 신라의 불교는 국가불교의 색채가 강했을 뿐 아니라, 유학승들은 각자의 씨족 등의 힘을 배경으로 한 듯하니, 불교의 논쟁이 정치적인 대립과 얽힐 우려도 있었을 것이다. 그러한 혼란기의 초기에 등장한 이가 원효이다.

3. 화쟁의 근거로서의 『기신론』

원효의 출신에 대해서 『송고승전』에서는 소년기라고 기술할 뿐, 그 동기나 출가 후의 수학 상황은 분명하지 않은데,[11] 여기서는 다음의 것에 유의하면 될 것이다. 첫째는 여러 전승이 일치하여 전하는 것처럼, 원효는 각지를 유학하여 폭넓게 학식을 익혔다는 것이다. 다른 하나는 자기의 사상을 형성하기 위한 시기인 30대에 신역 경론과 조우하여 신역을 둘러싼 격렬한 논쟁을 견문했다는 것이다. 현장이 장안으로 돌아와 번역 활동을 개시한 정관 19년(645)은 원효 29세의 해에 해당한다.

원효가 그러한 논쟁을 어떻게 보았는가에 대해서는, 여래 십호 중에서 '무상사(無上師)'를 해석한 『영락본업경소(瓔珞本業經疏)』 권하의 문장에 잘 나타나 있다.

---

10) 의상은 지엄 문하이지만 신역 유식에 거의 관심을 보이지 않았기 때문에, 구역 쪽의 절충파로 분류할 수는 없다.

11) 『宋高僧傳』 卷4, 元曉傳, T50.730ab. 원효의 전기에 대해서는, 金暎泰, 「傳記의 說話를 통해 본 元曉硏究」(『佛敎學報』17, 1980. 10), pp.33~76에 종래의 연구 성과가 정리되어 있다.

또한 상사(上士)를 이름하여 쟁송(諍訟)이라고 한다. 무상사에게는 쟁송이 없다. 여래는 무쟁(無諍)이다. 그러므로 부처를 무상사라고 부른다. (續藏1-61-3.258左下)

원효에 의하면 중간 이하의 인물은 물론이고, 상사조차도 '쟁송'을 면하지 못한다고 한다. 부처만이 다툼에서 멀어질 수 있기 때문에 무상사라 칭한다는 것이다. 물론 원효는 "상사는 도를 열면 힘써 이를 행한다"고 설하는 『노자』를 바탕으로, 무상사인 부처를 『노자』의 상사보다 상위에 위치시키고 있는 것인데, 무상사를 이와 같이 이해하는 예는 원효외에는 없을 것이다.

여기서 불타를 무쟁의 사(士)로 규정하는 이상, 불타에 이르는 길은 '쟁송'에서 멀어지는 길이 아니면 안 될 것이다. 원효가 구한 것은 대립을 떠난 진실의 세계를 나타내면서 동시에 다양한 이설을 모순 없이 설명할 수 있는 사상이었을 것이다. 그러한 사상을 모색하기 시작했을 무렵 큰 존재로 다가왔던 것이 『기신론』이었다. 『기신론』은 유심·유식설, 공불공(空不空)의 사상, 불신론, 지관, 발심수행의 단계, 아미타 신앙등 대승의 중요한 문제를 다수 도입하고, 이를 여래장사상의 입장에서 체계화하고 있기 때문에 회통의 근거를 구하기 쉬웠을 것으로 생각된다. 원효의 이른 시기의 저작으로 생각되는 『대승기신론별기』(이하 『별기』라 약칭)는 서문에 해당하는 「술의대의문(述意大意門)」에서 다음과 같이 말한다.

이것은 여러 논의 근본이 되는 주장[祖宗], 뭇 쟁론을 평가하는 주인[評主]이라 한다. 서술한 바는 넓지만 간략하게 말할 수 있다. 2문을 일심으로 열어 마라백팔(魔羅百八)의 넓은 가르침을 총괄하였으며,

현상의 물든 것[相染]에서 본성의 깨끗함[性淨]을 보여 유사십오(踰闍十五)의 깊은 뜻을 널리 종합하였다. 그 밖의 곡림일미(鵠林一味)의 종지, 취산무이(鷲山無二)의 취지, 『금고(金鼓)』·『동성(同性)』의 삼신극과(三身極果), 『화엄』·『영락』의 사계위[四階]의 깊은 원인, 『대품』·『대집』의 넓고 호탕하며 지극한 도리, 『일장(日藏)』·『월장(月藏)』의 은밀한 현문(玄門)에 이르기까지 모든 이러한 것들 가운데 여러 경전의 핵심을 하나로 꿰뚫은 것은 오직 이 기신론뿐이구나. (T44.226b)

"여러 경전의 핵심을 하나로 꿰뚫은 것은 오직 이 기신론뿐이구나[衆典肝心 一以貫之者 其唯此論乎]"라는 말에서 의지할 지침을 발견한 원효 자신의 기쁨과 자신감이 느껴질 것이다.

원효의 많은 저작 중에서도 이 시기 만큼 열정이 담긴 문장은 보이지 않는다. 이후의 저작인 『대승기신론소』(이하 『해동소』로 약칭)에서는 위의 부분을 포함하여 「술론대의문(述論大意門)」의 내용을 4분의 3정도로 줄여서 기술하고 있는데, 문장이 정리되어 있는 만큼 생기는 사라진 것처럼 보인다. 이 두 저작 사이에 상당한 세월이 흐른 것이다.

4. 저작의 성립 순서

『별기』가 『해동소』의 초고라는 것은 일찍부터 지적되었지만, 원효의 저작이 어떤 순서로 성립하였고, 그 사상이 어떻게 전개되었는가에 대해서는 거의 논의되지 않은 것으로 생각된다. 이것은 종래의 연구가 원효 사상의 일반적인 특징, 저서 각각의 내용, 화엄종과 정토종의 관계, 혹은 전기 연구 등을 중심으로 하는 것이었기 때문일 것이다. 따라서 원효 자신의 저작 및 신역 경전의 인용이나 참조를 참고로 하여 작성한 도표를 시안으로 아래에 소개하도록 한다.[12]

도표에서 알 수 있듯이 원효는 『기신론』 연구에서 출발하였고, 논 안의 개개의 문제에 관해 『일도장(一道章)』과 『이장의(二障義)』를 저술하는 한편, 『기신론』과 사상적으로 가까운 경전에 주석을 하고, 이후 다시 『기신론』에 몰두하고 있다. 『해동소』는 『별기』를 조금 확장한 것이 아니며, 거기에는 장년기의 연찬 성과가 담겨 있는 것이다.

『일도장』은 현존하지 않지만 일문(逸文)을 살펴보면 『기신론』의 '분별발취도상(分別發趣道相)'에 근거하여 종성이나 계위의 문제를 논한 저서인 것 같다. 『이장의』는 『정영소(浄影疏)』에서 "이장의 뜻은 헤아리기 어렵도다"라고 감탄하여 장대한 주석을 붙인 '번뇌애(煩惱礙)'와 '지애(智礙)', 즉 번뇌장과 소지장의 문제를 상세히 논한 역작이다. 모두 다 『기신론』을 대표하는 구역 경론의 설과 신역 경론의 설과의 차이를 제시하고, 이를 회통하려 했던 것이다. 이미 지적한 대로 정창원문서(正倉院文書)에서 『기신론일도장(起信論一道章)』 『기신론이장장(起信論二障章)』으로 불렸다는 사실[13]은 두 저서의 성격을 잘 나타내고 있다.

---

12) '如二障義中廣分別也'라는 기술이 후대의 주기일 경우, 혹은 '如別記說'이라 할 때의 '別記'가 『기신론별기』 이외의 저작을 가리킬 경우도 생각할 수 있기 때문에 인용 관계만으로 판단하는 것은 위험하지만, 참조 방식이나 개개의 저작 내용에서 볼 때에도, 이 시안과 같은 순서로 큰 문제는 없다고 생각한다. 다만 어떤 경의 종요라고 칭하는 저작이 언제나 『疏』의 玄義分을 가리킨다고는 할 수 없고, 게다가 『楞伽經宗要』, 『本業經疏』, 『不增不減經疏』 등의 전후 관계 및 『해동소』 이후의 저작의 전후 관계는 불분명하다.

13) 石田茂作, 『寫經より見たる奈良朝佛教の研究』, 「奈良朝現在一切經目録」(東洋文庫, 1930), p.126. 또한 正倉院文書의 조사를 포함하여 『二障義』에 대해서는, 橫超慧日, 「元曉의 二障義에 대해서」(『東方學報』, 東京, 第11冊. 나중에 橫超慧日·村松法文, 『新羅元曉撰二障義』, 「研究篇」, 平樂寺書店, 1979년에 재수록), pp.142~154 참조. 또한 『一道章』에 대해서는 橫超·村松의 책에 대한 吉津宜英의

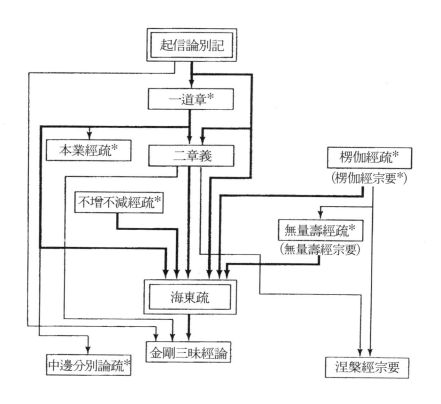

大慧度經宗要*

判比量論*(671). 이 해에 의상(義湘) 귀국

(成唯識論 처음 인용)

普法章*

華嚴經疏*(華嚴經宗要*) } 의상이 전한 지엄의 수전유를 소개함.

1) 지인(知印)은 자작의 인용 내지 참조를 나타낸다.

2) 굵은 선은 특히 「해동소」와 관계가 깊은 저작이다.

3) *은 현존하지 않거나 혹은 그 일부나 일문밖에 남아 있지 않은 저작이다.

또한『별기』가 인용하는『해심밀경』,『불지경』,『유가론』,『현양성교론』,『아바달마잡집론』등은 모두 정관 23년(649)까지 번역된 경론이다. 이들 경론이 2년 후에 신라에 전해져서 원효가 자유롭게 인용할 수 있을 정도로 숙달하기까지 3년밖에 걸리지 않았다고 한다면,『별기』가 성립한 것은 영휘(永徽) 5년(654)으로 원효 38세 때가 되는데, 실제로는 그 것보다 몇 년 후라고 생각해야 할 것이다.『이장의』에서는 나아가『섭대승론세친석(攝大乘論世親釋)』(649년 역출)을 인용한다.『해동소』에서는『광백론(廣百論)』(650년 역출)을 추가할 뿐으로 인용하는 경전은 앞의 두 저서와 크게 다르지 않다. 다만『해동소』가 참조하라고 지시하는『양권무량수경료간(兩卷無量壽經料簡)』에서는『구사론』(654년 역출)을 인용하고 있고,『미륵상생경소종요(彌勒上生經疏宗要)』에도『구사론』의 명칭이 보인다. 한편『중변분별론소』에서는『대비바사론』(659년 역출)을 인용하고, 함형(咸亨) 2년(671)의 저작이라고 스스로가 기술하는『판비량론』에서는『성유식론』(659년 역출)을 인용한다. 또한 의상에 의해 전해진 지엄의 '수전(數錢)의 비유'에 대해 언급하는『보법장(普法章)』과『화엄경종요』는 의상이 귀국한 함형 2년(671) 이후의 저작, 즉 55세 이후의 저작이 된다.

이상으로부터『해동소』는『성유식론』을 인용하는『판비량론』에 조금 앞선 시기, 즉 50세 전후에 저술된 것으로 생각된다. 제7식의 성격을 비롯하여 유식설에 관해 정치한 논의를 전개하는『성유식론』을 알고 있었다면『해동소』가 다른 경론의 설과 회통을 시도하지 않았을 리가 없다.『성유식론』을 소의로 삼는 원측이나 자은의 주저(主著)가 원효의 눈

서평(『佛敎學セミナー』34, 1981. 10), p.64 참조.

에 들어왔더라도 그것은 『해동소』 성립 이후의 일로, 원효의 주요 저작이 상당히 저술된 이후가 될 것이다. 또한 『해동소』 이후의 저작인 『금강삼매경론』은 신역 경론에 대해서는 『유가론』이나 『해심밀경』 등의 극히 일부의 것만 인용하고, 게다가 후반이 되면 구역을 포함하여 인용이 극단적으로 적어지는데, 이것은 충분한 자료를 갖지 않고서 급하게 쓰였다는 것을 의미할 것이다.

5. 『기신론』에 관련된 저작의 특색

1) 『기신론별기』의 특색

『별기』는 『기신론』의 5분(五分) 중에서 「입의분」과 「해석분」을 해석할 뿐으로 「인연분(因緣分)」, 「수행신심분(修行信心分)」, 「권수이익분(權修利益分)」에 대해서는 거의 설명을 하지 않는다. 이것은 「술론대의문」의 말미에 "간략하게 강령(綱領)을 들어 스스로를 위해 기술했을 뿐이다. 굳이 세상에 선통(宣通)함을 바라지 않는다"[14]라고 기술하는 것처럼, 주로 자기의 연구를 위해 쓴 것이기 때문일 것이다. 원효는 관심이 있는 문제에 전력으로 몰두하였을 뿐, 『기신론』 전체에 걸쳐 상세한 주석을 쓸 의도는 없었던 것이다. 그러나 자신이 아직 미숙하다는 것을 잘 자각하고 있었다고 해도, 상세한 주를 단 부분에 관해서는 상당한 자신감을 갖고 있었다는 것은 틀림없었을 것이다. 지극히 겸손한 태도라

---

14) 『大乘起信論別記』 本, T44.226b.

면 위와 같은 말을 일부러 남길 리가 없으며, 하물며 후대의 저작 중에서 '별기'를 참조하라고 지시할 리도 없다.[15] 『별기』에는 원효의 특징적인 사상이 거의 대부분 담겨 있는 것이다.

그러한 사상 중에서 가장 중요한 것은 유와 무에 관한 편집(偏執)을 일체 쟁론의 근본으로 보는 사고일 것이다. 심진여문(心眞如門)과 심생멸문(心生滅門)이 '서로 떨어지지 않음[相離]'을 주석하면서 『별기』에서는 '진여문 중에 포섭되는 사법(事法)은 분별성이다…… 심생멸문 중에서 설하는 사법은 의타성이다'라는 독자의 설을 제시하고, 이 두 법이 불일불이(不一不異)임을 설명한 후에 다음과 같이 말한다.

> 『섭론』에서 설하는 것과 같다. 삼성(三性)이 서로 전제가 되니 "다르지도 않고 다르지 않은 것도 아니다. 실로 이와 같이 설해야 한다"라고. 만일 능히 이 삼성의 불일불이의 뜻을 이해하면 백가의 쟁론이 화합하지 않음이 없다. (T44.227c)

즉 의타기성이나 분별성을 단순히 유나 무로 보지 않고, 그 '불일불이의 뜻'을 이해할 수 있다면 모든 쟁론을 회통할 수 있다고 하는 것이다. 원효는 『영락본업경소』에서는 인연에 의한 유무의 뜻을 밝히면 "일체의 난문(難問)도 회통되지 않음이 없다"[16]고 단언하고 있다.

여기서 중요한 것은 삼성설이나 연기에 있어서의 비유비무(非有非無)의 문제가 궁극적인 진리로서 의식되었을 뿐 아니라, 반드시 회통의 근거로서 파악되고 있다는 것이다. 원효는 비유비무의 중도를 시사함으로써 각각의 경론이 각종 문제에 대해서 유·무·비유비무 중에서 어느 측

---

15) 『別記』의 본래 명칭은 『大乘起信論私記』였다고 생각된다.
16) 『瓔珞本業經』 卷下, 續藏1-61-2.58左下.

면에서 논하고 있는가, 또한 논쟁자들이 경론의 어느 부분에 집착하여 다투고 있는가를 분명히 하고자 한 것이다.

예를 들어 업식(業識)·전식(轉識)·현식(現識)의 삼식을 주석하는 부분에서는 이것들이 모두 제8아리야식 안에 있다고 하고, 『능가경』, 『유가론』, 『중변분별론』 등을 인용하여 아리야식(阿梨耶識)의 소연(所緣)의 넓고 좁음에 관한 이설을 들고서, 다음과 같이 말한다.

> 이와 같이 서로 어긋나니 어떻게 화회(和會)되는가? 답한다. 이것은 서로 어긋나지 않는다. 왜인가. 오직 이와 같은 법을 조건으로 할 뿐이라고는 말하지 않았기 때문이다. 묻는다. 비록 서로 어긋나지 않는다고 하더라도 같지 않은 것은 있다. 같지 않다는 것의 뜻을 들어볼 수 있겠는가? 답한다. 같지 않다는 뜻에는 각각 도리가 있다. …… 치우쳐 한 곳에 집착하여 두루 통하는 법[通方]의 설을 비방해서는 안 될 것이다. 잠시 방론(傍論)을 멈추고 지금은 본문[17]을 주석하려 한다. (T44.235c)

즉 대립하는 것처럼 보이는 여러 학설들은 각각 도리를 가지고 있어서 결코 모순되지 않으므로 한 곳만 집착하여 깊은 의미가 있는 교설을 비방해서는 안 된다고 경고하는 것이다.

또한 "잠시 방론을 멈추고 지금은 본문을 주석하겠다"라는 문장에 주목할 필요가 있다. 원효는 여기서 『기신론』의 해석에서 벗어나기까지 해서 아리야식의 소연에 관한 논쟁을 회통하려 한 것이다. 이로부터 『별기』가 저술되었던 당시의 상황을 미루어 알 수 있을 것이다. 후년의 저작인 『해동소』에서는 업식·전식·현식의 삼식에 관해서는 간단하게 설

---

17) T에는 '大'로 되어 있으나 佛敎大系本에 의거하여 '本'으로 고침.

명을 할 뿐이며, 아리야식의 소연을 둘러싼 논의는 하지 않는다.[18] 또한 앞서 본 불일불이에 관한 논의도 『해동소』에서는 생략되며, 이와 같은 예는 그 밖에도 몇 가지 확인된다. 이 점에 있어 『해동소』는 『별기』보다 간결한 주석이 된 것이다.

한편 "두루 통하는 설을 비방해서는 안 된다"라는 것은 주로 신역만을 받드는 사람들에 대한 경고이겠지만, 편견을 고집해서는 안 된다는 점은 『기신론』을 존중하는 사람에 대해서도 얘기하고 있는 듯하다. 『별기』는 '심(제8식)'에 대해서 "업혹(業惑)을 분별하는 바이다. 이숙의 법이기 때문에"라고 설하는 자와, 심체(心體) 그대로가 무명에 의해 움직여진다고 설하는 자에 대해서 다음과 같이 평한다.

> 평하여 말하니, 두 스승이 설하는 바는 모두 도리가 있다. 모두 성인의 교설에서 설한 바에 의거하기 때문이다. 왜냐하면 만일 현료문에 의하면 앞의 설과 같은 것이 좋다. 이것은 『유가론』 등의 뜻을 얻고 있기 때문이다. 만일 은밀문에 의한다면 뒤의 설과 같은 것이 좋다. 이 『기신론』 등의 뜻을 얻기 때문이다. 치우쳐서 한쪽만을 집착해서는 안 된다. 또한 말한 그대로 뜻을 취해서는 안 된다. 왜 그러한가. 만일 첫 번째 설이 드러내는 것처럼 뜻을 취하면, 즉 이것은 법아견(法我見)이며, 만일 뒤의 설과 같이 뜻을 취하면, 즉 인아집(人我執)이라 하기 때문이다. 그 두 뜻은 모두 설해서는 안 된다. 설해서는 안 된다 하지만 또한 설해야 한다. 그러한 바가 없다고는 하나 그렇지 않다는 것이 아니기 때문이다. (T44.239a)

여기서는 경론의 이설이 아니라, 두 스승의 해석이 각각 "도리가 있

---

18) 『海東疏』는 心生滅門을 해석할 때에, 阿梨耶識의 '翻名과 釋義'에 대해서는 『楞伽經宗要』로 설명을 미루고 있다(T32.961a).

다"고 말하고 있는데, 그것은 현료문·은밀문의 입장을 말하는 것에 지나지 않는다. 『기신론』에 근거한 설이라고 해도 각각의 문구를 문자 그대로 이해하다 보면 『기신론』의 대치사집(対治邪執)의 장에서 경고하듯이 인아견(人我見)과 법아견(法我見)에 빠지게 되는 것이다. 각종 경론을 동등하게 존중하면서 문자에 집착해서는 안 된다는 것에서 『능가경』에 친숙했던 원효의 면목을 볼 수가 있다. 원효가 이것도 좋고 저것도 좋다는 식의 단순한 절충가에 머무르지 않았던 것은 이러한 입장에 의한 바가 크다. 혹은 경론은 달을 가리키는 손에 지나지 않는다고 보았기 때문에, 모든 경론을 평등하게 다루었다고도 할 수 있지만, 득의망상(得意忘象)에 대한 지향과 경전에 대한 존경과 믿음이 그때그때 남달리 강하게 작용했던 것이 실제 모습이 아니었을까.

한편 위에 인용한 문장에서는 양 사의 해석 둘 다 성인의 교설에 근거해서 각각의 입장으로부터 설했기 때문에, 어느 쪽에도 도리가 있기는 하지만, 한쪽에만 집착하여 문자 그대로 이해해서는 안 된다고 하고서, 그러한 '뜻[義]'은 불가설이면서도 가설이라고 하고 있는데, 그 이유에 해당하는 "그러한 바가 없다고는 하나 그렇지 않다는 것도 아니기 때문이다[以雖無所然而非不然故]"의 부분은

도는 가는 것에 의해 만들어지고, 사람들은 무언가를 그렇게 생각함에 따라 그렇다고 한다. 어느 것을 그렇다고 하는가. 그러한 것을 그렇다고 한다. 어느 것을 그렇지 않다고 하는가. 그렇지 않은 것을 그렇지 않다고 한다. 어느 것을 좋다고 하는가. 좋다고 하는 것을 좋다고 한다. 어느 것을 불가하다고 하는가. 불가인 것을 불가라고 한다. 사람들에게는 원래 그렇다고 하는 것이 있고, 사람들에게는 원래 가하다고 하는 것이 있다. 그렇다고 하지 않는 사람은 없다. 가능하다고

하지 않는 사람은 없다. (道行之而成,物謂之而然. 惡乎然. 然於然. 惡
乎不然. 不然於不然. 惡乎可. 可乎可. 惡乎不可. 不可乎不可. 物固有
所然,物固有所可. 無物不然,無物不可.)

라고 설하고 있는데, 이는 사물이 그러하지 않은 것은 없다고 하는『장
자(莊子)』「제물론」편의 논의를 바탕으로 한 것이다.[19]『대승기신론별기』
의 이러한 주장은『대승기신론소』에도 그대로 수용되고 있고, 게다가
이 "그러한 바가 없다고는 하나 그렇지 않다는 것도 아니기 때문이다"
라는 논리는 다른 저작에서도 회통의 근거로서 종종 인용되고 있다.[20]
따라서 이 논리를 원효의 화쟁사상을 지탱하는 기둥 중 하나로 보아도
좋지만, 원효가『장자』의 사상을 그대로 수용한 것은 아니다. 승의불가
설(勝義不可說)을 전제로 하여 현료·은밀의 두 문을 열고, 시설(施設)
로서 여러 학설의 특징을 논하는 등, 어디까지나 불교의 입장에 서서
논을 펴고 있다. "그러한 바가 없다고는 하나 그렇지 않다는 것도 아니
기 때문이다"라는 논리는 이제설(二諦說)이나 공유상즉설(空有相卽說)
등에 의해서 뒷받침되고 있는 것이다. 시비의 상대성을 지적하고, 대립
을 넘어야 한다고 설하는『장자』의 논의는 위와 같은 틀 속에 편입되었
다고 할 수 있다. 그러나『장자』에 친숙하였고, 게다가 그것을 자기의 독
자적인 입장으로 끌어들여 이해함으로써 원효는 성급한 시비의 판단을
싫어하는 경향을 강화해 갔을 것임에는 틀림없다.

---

19) 이러한 취지는 齊物論篇의 다른 부분에도 보일 뿐 아니라, 莊子·秋水篇·莊子寓言
   篇에서도 전개되고 있으며, 그러한 부분의 전후에 '和'가 설해지는 일이 많다. 다
   만 화쟁이라는 말의 직접적인 전거는 보살계 부류일 것이다.
20) 이 말은『해동소』에서는 생략되어 있지만, 그 밖에『二障義』·『大慧度經宗要』·
   『菩薩戒本私記』·『涅槃經宗要』·『十門和諍論』·『金剛三昧經論』 등의 많은 저작에
   서 확인된다.

이 점은 원효에게 큰 영향을 끼친 길장[21]과 비교할 때에 더욱 명확해 진다. 길장은 『금강반야소』 권1에서 『금강반야경』의 '종(宗)'에 관한 여러 설을 소개하며,

문: 이와 같은 설 등에서 어느 것이 진실인가?
답: 어떤 사람이 말했다. "모두 도리가 있다. 다 부처의 말이기 때문 이다." 어떤 사람이 말했다. "이러한 제 설은 모두 다 반야의 뜻을 잃 은 것이다." 또 어떤 사람이 말했다. "오직 나의 해석만이 옳고 나머 지 해석은 모두 그르다."라고 장엄사 승민이 말했다. "원인을 (예리한) 금강이라 이름하지만, 결과는 금강이 아니다. 원인의 단계에서 미혹 을 끊었고 과의 단계에서는 끊지 않기 때문이다." 개선사 지장이 말했 다. "인과 과는 함께 금강이다. 인도 과도 함께 혹을 끊기 때문이다. …… 다음으로 묻는다. 만약 장엄이 옳다면 개선이 그르다. 개선이 역 시 스스로가 옳다고 하면, 장엄이 그르다. 이것도 역시 하나의 시비이 다. 저것도 역시 하나의 시비이다. 결국 누가 옳은 것인가?"(問. 如斯 等說何者是實. 答. 有人言, 皆有道理. 悉是佛語故. 有人言. 如此諸說 竝悉失般若意. 又有人言, 唯我一解是, 餘釋盡非. 如莊嚴云, 因名金 剛, 果非金剛. 以因中斷惑, 果地不斷. 開善云, 因果倶金剛, 因果倶斷 惑……次問. 若言莊嚴爲是, 開善爲非, 開善亦以開善爲是, 莊嚴爲非. 此亦一是非, 彼亦一是非, 竟誰是耶.)(T33,87a-88a)

라고 설명한 후에, '반야의 현종(玄宗)'은 '무소주(無所住)'이기 때문에 하나의 설에 집착하는 것은 반야를 이해하지 못한 것이라고 단언하고

---

21) 길장이 원효에게 영향을 끼친 것에 관해서는, 金昌奭, 「元曉の敎判資料に現れた 吉藏との關係について」(『印佛研』28-2, 1980. 3). 徐輔鐵, 「法華宗要における元曉 の和諍思想」(『駒澤大學佛敎學部論集』16, 1985). 平井俊榮, 『法華玄論の註釋的硏 究』(春秋社, 1987), pp.101~108. 石井, 「朝鮮佛敎における三論敎學」(平井俊榮監 修, 『三論敎學の硏究』, 春秋社, 1990), pp.469~476.

있다. 길장은 『장자』 「제물론」편의 "이쪽도 역시 하나의 옳고 그름이 있고, 저쪽도 역시 하나의 옳고 그름이 있다[彼亦一是非, 此亦一是非]"라는 구절을 바탕으로 하면서 반야는 시비를 초월한 것이라고 주장하고 있는데, 이것은 실제로는 자설만을 옳다고 하는 '장엄(莊嚴)', '개선(開善)', 즉 승민(僧旻)과 지장(智藏) 등에 대해 통렬하게 비판하는 것이다.

한편 앞의 『대승기신론별기』의 주장이 「제물론」편에서의 인용도 포함하여, 길장의 위와 같은 논의를 정리하여 정형화했다는 것은 분명할 것이다. 다만 길장에게는 자설에 집착하는 여러 논사 및 그들의 설에 대한 비판이라는 측면이 강했던 것에 반해, 원효의 경우는 여러 학설이 '옳다'의 측면을 강하게 앞세우고 있다. 예를 들면 『열반경종요』에서는 불성에 관한 육가(六家)의 설을 들고서,

> 다음으로 시비를 판별하면, 이 여러 논사의 설은 모두 옳고, 그르다. 그 까닭은 불성은 그러하지도 않고, 그러하지 않은 것도 아니기 때문이다. 그렇지 않기 때문에 여러 학설은 모두 그르다. 그렇지 않은 것도 아니기 때문에 모든 뜻이 모두 옳다. (T38.249b)

라고 설명하며, 제설을 일단 부정하면서 동시에 모두 긍정하는 형태를 취하고 있는데, 여기에서도 긍정의 면이 강하다. 또한 『열반경종요』의 다른 부분이나 다른 저작에서는 '그름'의 측면은 언급을 하지 않고, '이러이러한 관점에서 보면'이라는 조건을 붙이기는 하지만 여러 학설의 '옳음'의 측면만을 강조하고 있는 경우가 훨씬 많다. 이것은 「제물론」편이 성인에 대해서 "만물을 모두 그러하다고 하고, 이로써 서로 감싼다"라고 설명하는 것과도 관계가 있을 것이다.

원효의 이러한 경향을 생각할 때에 간과할 수 없는 것으로 『보살계본

지범요기(菩薩戒本持犯要記)』가 있다. 원효는 주로 자찬훼타(自讚毀他)
의 문제를 들어 계정혜 삼학에 대해 각각 예를 나열하면서 자찬훼타의
폐해를 논하는데,[22] 이 저서는 스스로 잊지 않도록 보살계의 핵심을 기
록한 것이기 때문에 여기에서 설하는 예는 단순한 설명이라기보다는 원
효의 마음가짐과 주변 상황을 반영한 것으로 보아야 할 것이다. 재기
넘치던 자유인 원효가 일부 승려의 '훼타'의 대상이 되었으리란 것은 생
각하기 어렵지 않다.

예를 '바른 계[正戒]'를 굳게 지키고 그렇지 못한 다른 사람을 업신여
기는 승려는 승려 전반에 대한 세속인의 존경과 신심을 잃게 하여, 자
기 혼자에게만 귀의시키기 때문에 '보살광대심계(菩薩廣大心戒)'에 어
긋난다고 설하는 곳 등은 원효가 업신여김을 받는 쪽이 속해 있었음을
나타낼 것이다.[23] 아마도 원효는 계율 이외에도 불교의 상식적인 입장
에서 보면 비난을 받아도 어쩔 수 없는 면을 몇 가지 지니고 있었을 것
이다. 혹은 정치적인 사정이나 그 밖의 관계로 인해 자신은 자유롭게
행동하지만, 유력한 승려들에 대해서는 정면으로 비판해 가는 입장에
있었다고도 생각할 수 있다.

『보살계본지범요기』에서는 자찬훼타뿐 아니라, 자훼찬타(自毀讚他)에
대해서도 다양한 경우로 나누어서 그 득실을 논하고 있는데, 위에서 설
명한 것과 같은 복잡한 상황에 있는 사람이 자찬훼타와 자훼찬타의 두
극단을 떠나서 자찬훼타계의 정신을 살리려 한다면 성급한 시비 판단

---

22) 『菩薩戒本持犯要記』, T45.919a. 法藏의 『梵網經菩薩戒本疏』 卷3의 自讚毀他戒
   第7의 설명 중에서 '三學'에 대해서 설명하는 부분은 『菩薩戒本持犯要記』에 의거
   한 것으로 생각된다.
23) 이것은 전기 등에 보이지만, 각각의 사실에 대해서는 원효 자신의 저작과 대조하
   여 사실과 전기를 구별할 필요가 있다.

을 피하고 각각의 입장 차이를 분명히 하는 방법이 요구될 것이다. 길 장에게 큰 영향을 받으면서도 그 기본적인 학풍인 파사즉현정(破邪卽顯正)을 취하지 않은 것은 원래의 경향에 더하여 이상과 같은 사정이 있었으리라 생각된다. 또한 경주 감산사(甘山寺)의 「아미타여래조상기(阿彌陀如來造像記)」(720년)에서 원주(願主)인 김지성은 "무착의 진종을 우러러 사모하고, 때때로 유가의 논을 읽으며, 장주의 현묘한 도를 겸하여 사랑하고, 매일 매일 소요의 편을 열람한다[仰慕無著眞宗, 時時讀瑜伽之論, 兼愛莊周玄道, 日日覧逍遥之篇]"라고 기술하고 있다.[24] 720년은 원효 사후 34년에 해당하는데, 이 조상기에 의하면 김지성은 유식계통의 불교와 『장자』에 친숙하여 위화감을 느끼지 않았던 것 같다. 원효도 교양으로서는 김지성과 가까운 면이 있었을 것이다.

다음으로 주목할 것은 현존하는 『기신론』의 주석 중에서는 처음으로 인명(因明)을 사용하는 점을 들 수 있다. 『별기』는 삼세[三細: 무명업상(無明業相), 능견상(能見相), 경계상(境界相)]와 육추[六麤: 지상(智相), 상속상(相續相), 집취상(執取相), 계명자상(計名字相), 기업상(起業相), 업계고상(業繫苦相)]를 해석할 때에 지상(智相)에 대해서는 "지상을 말하면 이것은 제7식으로, 추 가운데 첫 번째이다"라고 설하고서, 다음과 같은 문답을 전개하고 있다.

> 문: 이 제7식이 단지 마음[心]을 대상으로 할 뿐 아니라, 또한 경계도 대상으로 함을 어떻게 알 수 있는가?
> 답: 이것에 두 가지 증명이 있다. 첫째는 비량도리(比量道理)에 의하고, 둘째는 성언량(聖言量)에 의한다. 비량도리란, 이 의근은 반드시

---

24) 許興植, 『韓國金石全文(古代)』(亜細亜文化社, 서울, 1984), pp.127~128.

의식과 똑같은 경계를 대상으로 한다. 이것은 종(宗)을 세운 것이다. 그 의식은 불공(不共)의 소의(所依)이기 때문이다. 이것은 인(因)을 분별한 것이다. 무릇 이 불공소의는 반드시 능의(能依)와 경계를 같이 한다. 안근 등과 같다. 이것은 동품(同品)을 따라서 말한 것이다. 혹은 동일한 것을 대상으로 하지 않는다면 반드시 불공의 소의가 아니다. 차제멸(次第滅)과 같다. 의근 등은 멀리 떨어짐으로써 말하는 것이다. 이와 같은 종과 인과 유에는 과실이 없다. 그러므로 알라. 의근도 또한 육진(六塵)을 대상으로 삼는다는 것을. (T44.234b)

즉 원효에 의하면, 제7식(말라식으로서의 의근)은 통설과는 달리 심인 아리야식만을 대상으로 하여 작용하는 것이 아니라, 제7식을 불공의(不共依)로 삼는 의식과 마찬가지로 육진(六境)도 대상으로 한다는 것이다.[25] 능의(能依)인 의식이 '일체법'을 대상으로 하는 이상 소의(所依)인 제7식도 '일체법'을 대상으로 할 것이라는 것이 그 이유이다. 원효는 나아가 '일체법'이라 하는 이상 자기 자신도 포함된다고 보고 자증분의 문제를 언급한 후에, 성교량으로서 7식[=7종식]이 경계에 의해 움직이게 된다고 설하는 『사권능가』와 『십권능가』를 인용한다. 이로부터 알 수 있듯이 원효의 유식설은 『능가경』에 의존하는 면이 많다.[26]

『기신론』의 삼세와 육추를 팔식설에 배대하여 설하는 것은 『담연소

---

25) 원효는 이 시점에서는 『성유식론』을 보지 않았기 때문에 제7식이 阿賴耶識의 見分만을 반연하는 것인가, 相分도 반연하는 것인가의 문제에 대해서는 깊이 고려하지 않았던 것 같다. 또한 같은 곳에 '莊嚴論云, 已說求染淨, 次說成唯識偈……釋曰, 上半者, 成唯識人'(T44.234c)이라 되어 있는 것은 『大乘莊嚴經論』 권2에 있는 取意(T31.599a) 및 그 주석이기 때문에 佛敎大系本과 같이 '求唯識'으로 수정되어야 한다.

26) 『楞伽經』이 설하는 7식(7種識)이 후대의 8식설만큼 명확하게 규정되지는 않았다는 것에 대해서는, 舟橋尙哉, 『初期唯識思想の硏究』(國書刊行會, 1976), pp.128~131.

(曇延疏)』이래의 전통이다. 다만 담연의 경우는 그 이후의 주석자들과 달리 그 대응시키는 방식이 느슨하며, 그것은 『섭대승론』에서의 팔식 규정의 느슨함을 반영한 것이었다.[27] 그러나 원효의 경우는 그렇지 않다. 『성유식론』은 아직 보지 않았으나 신역의 진전된 유식설이나 그것에 대한 제가의 해석을 배우는 중이었던 만큼, '경계에 의해 마음이 일어나고, 애(愛)와 불애(不愛)를 분별'[28]한다고 정의되는 『기신론』의 지상(智相)을 제7식에 배대하기에는 상당한 무리함이 발생하게 되었다. 여기서 원효는 신역 유식 중에서도 초기 단계에 속하는 『현양성교론』이 "의식이란 소위 아뢰야식의 종자로부터 생기는 것이다. 의근에 의해서 그것과 함께 작동하여 일체의 공(共)·불공(不供)의 법을 대상으로 하며, 요별을 성(性)으로 한다"[29]라고 설한 점 등에 주목하여 의식의 소의인 의근도 일체법을 대상으로 한다고 설하고, 제7식을 『기신론』의 지상 쪽으로 억지로 끌어들인 것이다.

　이로써 『기신론』의 삼세육추설은 신역 유식의 팔식설과 비교할 수 있는 것, 그것도 원효에 의하면 신역보다도 포괄적인 설이 되었다. 신역에서의 제7식 해석은 『기신론』이 설하는 지상(智相) 작용 가운데 일부에 대해 설명한 것일 수밖에 없기 때문이다. 『기신론』으로 대표되는 여래장 사상의 경론이 신역 경론의 설을 포괄하는 형태로 양자가 모순 없이 성

---

27) 吉津宜英, 「法藏『大乘起信論義記』の硏究」(『駒澤大學佛教學部論集』11, 1980. 11), pp.143~145.
28) 『大乘起信論』, T32.577a.
29) 『顯揚聖教論』卷1, T32.480c. 『海東疏』에서는 신역 유식설에 의거하여 '大乘意根, 卽是末那'(T44.212c)라고 언명하고 있다. 『현양성교론』은 매우 문제가 많은 책인데(向井亮, 「『顯揚聖教論』と『瑜伽論』」, 『佛敎學』8, 1979. 10), 『현양성교론』이 설하는 '의근'을 제7마나식으로 간주해서는 안 된다는 것은, 宇井伯壽, 『印度哲學硏究第六』(甲子社, 1930), pp.739~740.

립하는 상황이야말로, 원효에게 있어 가장 바람직한 것이었다. 이러한 태도는 『이장의』에도 계승된다. 『이장의』에서는 『기신론』 등의 설을 은밀문이라 하고, 신역의 설을 현료문이라 하고 있는데, 은밀문은 현료문을 포함하는 것으로 간주되는 것이다.

다만 여기서 주의할 점은 오초 에니치가 지적하듯이, 은밀문과 현료문의 구별은 원효에게 있어 경론의 이설을 회통하기 위한 하나의 관점에 지나지 않는다는 것이다. 원효가 현료문을 근기가 낮은 사람을 위한 낮은 가르침으로 보고 경시하는 일은 없었던 것이다.[30] 그만큼 신구의 불교를 회통하는 틀, 그것도 『기신론』의 사상을 중심으로 회통할 수 있는 틀만큼은 절대로 고수하지 않으면 안 되었다. 작용이 미세한 제7식에 대해서 논하는 이상, 당연한 것이지만 최신의 학문이었던 인명을 사용하면서까지 제7식을 『기신론』의 지상 쪽으로 끌어들이려 했던 것은 이상과 같은 이유 때문이다.

이에 대해 법장은 『기신론』에서는 제7식을 설하지 않는다는 객관적인 해석을 제시하는데,[31] 그러한 해석은 제7식이나 이숙식(異熟識)으로서의 아뢰야식에 대해서 상세히 논하는 신역 유식설 등을 법수(法數)의 학에 익숙한 우법 이승을 유인하기 위한 시교(始敎)에 지나지 않는다고 보고, 여래장 계통의 종교(終敎)와 준별하려는 법장의 강력한 교판의식과 무관하지 않다.[32] 원효뿐 아니라 법장에 대해서도 각각의 특색은 사

---

30) 橫超, 주13의 논문, pp.147~149 참조.
31) 『大乘起信論義記』卷中末, T44.263a. 『기신론』에 말나식은 설해지지 않는다는 것에 대해서는, 平川彰, 「阿梨耶識と阿賴耶識」(『佛敎學』8, 1979. 10), pp.7~13 참조.
32) 法藏은 어구의 해석 등에 대해서는 원효의 해석에 따르는 경우가 많지만 신역 유식설을 가능한 한 배제하려 한다. 이 점에 대해서는, 吉津, 주27의 논문, p.148 이하 참조.

실 제약에 지나지 않다. 혹은 원효를 따라서 특색과 제약의 '불일불이'의 뜻'을 밝히는 것이 중요하다고 해야 할지도 모른다.

『별기』에서 소위 심분설(心分說)을 언급하고 자증분(自證分)에 대해서 논하고 있음을 이미 설명했다. 『별기』에서는 나아가 『기신론』에서 삼계유심을 강조하여 "마음으로 마음을 보면 얻을 만한 모습이 없다"라고 설하는 부분을 논의하여 '심과 심법'에는 자증분이 있어 스스로의 체를 증득할 수 있다고 설하는 『집량론(集量論)』과의 회통을 시도하고 있다. 『별기』에서는 견분(見分)은 상분(相分)을 보는 것처럼 스스로를 볼 수는 없지만 자증분이라는 다른 '작용'에 의해 스스로의 체(體)를 보기 때문에 마음이 마음을 본다고 설하는 『집량분』과 마음은 마음을 보지 않는다고 하는 『기신론』이나 『십권능가』와는 모순되지 않는다고 단언한다.[33] 그리고 『집량론』의 논주는 '가유(假有)'의 입장에 있고, 『기신론』 등은 '가무(假無)'의 입장에 있다고 하면서 다음과 같이 말한다.

> 가유는 당연히 유가 아니므로 무를 움직이지 않는다. 가무는 당연히 무가 아니므로 유를 파괴하지 않는다. 유를 파괴하지 않으므로 완연(宛然)히 유이다. 무를 움직이지 않음으로 완연히 무이다. 그러므로 이와 같이 깊고 깊은 인연도리는 고요하여 의지할 바 없으며 확트여 있으니 장애가 없다. 어찌 잘못된 논쟁을 그 사이에 넣을 수 있는가. (T44.236b)

가유와 가무의 상즉을 설함으로써 회통이 이루어지는 것인데, '완연'

---

33) 『大乘起信論別記』末, T44.236ab. 여기에 보이는 『集量論』의 인용이나 心分說을 둘러싼 논의는 『佛地經論』卷3(T26.303ab)에 의거하고 있다. 또한 『佛地經論』에는 證自證分도 설해지지만, 원효는 인정하지 않은 것 같으며, 『判比量論』도 '當知, 第四分, 有言而無義'(神田, 주8의 책, pp.11~12)라고 단언하고 있다.

이라는 말의 사용에서 알 수 있듯이, 여기에는 삼론종의 영향이 보인다.[34] 원효는 이설을 회통하는 근거로서 삼론종의 상즉설을 사용한 것이다.

이상과 같이 가장 이른 시기의 저작인 『별기』에는 원효 사상의 특색이 이미 많이 나타나고 있다. 말하자면 원효는 처음부터 원효로서 출발한 것이다. 그러면서도 원효는 『별기』를 저술하는 중에 개개의 문제에 대해서 연구할 필요가 있다는 점, 특히 신역 경론의 설을 확실히 다시 배워서 정리할 필요가 있음을 느꼈을 것이다. 『일도장』과 『이장의』는 그러한 자각으로 이루어진 작업이다.

2) 『이장의』의 특색

『이장의』는 단혹(斷惑)의 문제에 대해서 신역과 구역의 설을 들어 전자를 현료문, 후자를 은밀문이라 부르며 각각의 특징을 논하고 회통을 시도한 책이다. 오초 에니치는 본 책이 저술된 이유에 대해서, 은밀문에서는 인법(人法)의 2집인 번뇌애와 지애가 본말의 관계가 되어 상의상생(相依相生)한다고 설함에 반해, 현료문에서는 번뇌장과 소지장은 각각 내부에서 현행(現行)과 종자(種子)를 상생한다고 설할 뿐으로, 인집과 법집의 상호관계에 대해서는 설명이 없기 때문이라고 한다.[35] 원효

---

34) 유무가 '宛然'히 相卽한다고 설하는 것은 周顒 이후 삼론종의 전통이라고 한다. 末光愛正, 「牛頭宗에 끼친 三論宗의 영향-相卽·無礙思想」(『宗學硏究』 第23號, 1981. 3), pp.243~244 참조. 또한 김하우, 「三論과 華嚴系(元曉·法藏系)의 轉悟方式」(『철학연구』 제7집, 1982. 4)에서는 吉藏·元曉·法藏의 有無(空有)에 관한 논의가 비교·검토되고 있다.
35) 橫超, 주13의 논문, pp.146~147.

는 이 점을 분명히 하기 위해 신구의 경론을 다시 읽는 중에 신역의 유식설뿐 아니라『기신론』에 대한 이해도 깊어진 듯하다.

그 한 예로서 "홀연히 염(念)이 일어남을 이름하여 무명이라 한다"는 유명한 문장에 대한 해석을 들 수 있다. 이 '홀연'이라는 말에 대해서는『담연소』와『정영소』뿐 아니라『별기』에도 상세한 주석은 보이지 않는다. 그런데『이장의』에서는『영락본업경』의 "그 주지(住地) 전에는 다시 법이 일어남이 없기 때문에, 무시무명주지(無始無明住地)라고 한다"는 문장을 인용한 후에『기신론』의 문구 '홀연염기(忽然念起)'를 들고, 이 두 문장은 "이것은 종으로 시절의 전후를 뜻하는 것이 아니며, 오직 횡으로 거침과 미세함의 연기를 논하는 것이다"[36]라고 단언한다. '홀연'이라는 말은 시간적인 흐름 속에서 돌연히 발생함을 의미하는 것이 아니라, 연기의 구조가 그와 같이 되어 있어 시원(始原)을 물을 수 없음을 나타내고 있다고 해석하는 것이다. 이러한 명쾌한 해석은『해동소』에도 계승된다.『해동소』에서는 "이 무명의 상(相)은『이장의』에서 널리 분별한 바와 같다"[37]고 기술하며 구체적인 설명을『이장의』에 돌리고 있다.

『해동소』에서는 나아가 번뇌애와 지애의 문제 및『별기』에서도 설한 제7식의 소연 문제에 관하여 그 설명을『이장의』에 돌린다. 전자의 문제에 대해서는『이장의』전체가 그 해답인 셈인데, 후자에 대해서도 흥미로운 기술이 보인다. 원효는 먼저,

> 문: 위에 말나(末那)는 일체법을 대상으로 한다고 설하는 것은 무슨 도리로 증명할 수 있는 것인가?
> 답: 논리적 증명의 도리[證成道理]에는 대략 2종이 있다. 먼저는 비량

---

36)『二障義』, 横超·村松, 주13의 책, 본문편, p.22.
37)『海東疏』卷上, T44.215a.『二障義』, 横超·村松, 주13의 책, 본문편, p.63.

을 세우고, 후에 성언을 인용한다. 비량 중에 또한 2종이 있다. 첫째
는 능입정(能立正), 둘째는 능파사(能破邪)이다. 먼저 능입이란 제7말
나는 의식이 발생할 때에 반드시 같은 대상[境]을 같이 한다. 불공의
소의이기 때문이다. 무릇 불공의 소의는 능의가 발생할 때에 반드시
대상을 같이 한다. 마치 눈 등과 같이. (T44.215a)

라고 말한다. 그리고 말나식이 반드시 의식과 소연을 같이 하는 것은
아니라는 두 가지 비량을 소개하고, 이것들에는 결정상위(決定相違)의
과실이 있기 때문에 옳지 않다고 비판한 후에, 성언량으로서 7식이 경
계의 바람에 의해 움직인다고 설하는『사권능가』를 인용하고, 『기신론』
과의 관련에 대해서는 '피론기(彼論記)', 즉『별기』로 설명을 돌리고 있
다.『기신론』이『능가경』에 근거하고 있음을 강조하는 것은 위작설에 대
한 반론이라는 의미도 있겠지만, 여기서 특히 주의할 것은 논리적 증명
의 도리에 관해 비량과 성언량만을 들고, 현량(現量)을 언급하지 않았
다는 것이다.『인명입정리론(因明入正理論)』이 정관 21년(647)에 번역된
이후 인명이 큰 관심을 모아 신라 출신의 승려를 포함한 많은 승려들이
인명에 관한 책의 소(疏)를 저술하였고, 원효는 여러 곳에서 인명을 사
용하고 있으며, 또한『인명입정리론기』 등을 저술하고 있는 것을 생각해
보더라도, 능립과 능파를 설하는 위의 문장을 쓴 시점, 또는 그 이전의
『별기』의 시점에서 원효는 이미 인명에 강한 관심을 보이고 있다. 그럼
에도 불구하고『이장의』는 신인명(新因明)의 현비이량설(現比二量說)을
채용하지 않을 뿐 아니라,『해심밀경』이 논리적 증명의 도리의 내용으로
하고 있는 통상적인 현량·비량·성교량의 3량 중에서 현량을 제외하기
에 이른 것이다. 성현의 가르침을 중시하는 중국의 승려는 성교량을 비
량 안에 포함시켜 따로 설정하지 않는 신인명에 대해서 곤혹스러워했다

고 하는데,[38] 원효의 경우는 나아가 신역과 구역을 회통하지 않으면 안 된다는 사정이 더해졌기 때문에 이와 같이 특수한 해석이 나왔다고 생각된다.[39] 그리고 이 특이한 해석에 의해서 무리하게 제7식이 제8식만을 연으로 하는 것은 아니다, 라는 명제를 증명한 것이다.

3) 『해동소』의 특색

지금까지 보았듯이, 『별기』나 『이장의』에서는 제7식의 소연 문제, 무명과 아리야식의 관계 등을 비롯한 미망의 세계에 대한 해명에 중점이 놓여 있었다. 이 시기에 저술된 다른 저작 중에도 이러한 문제가 논의되고 회통이 시도되었을 것이다. 『해동소』는 물론 그러한 문제의식을 계승하고 있지만, 여기에는 새로운 요소가 더해지고 있다. 그것은 불신론 (佛身論)과 지관(止觀)과 정토(淨土)에 대한 관심이다. 원효는 미망의 세계에 대한 해명에 힘을 기울여, 신구의 경론을 비교하여 읽어 나가는 사이에 불타의 광대한 세계나 그곳에 이르기 위한 실천과 신앙에 마음이 끌리게 된 것으로 생각된다.

먼저 불신론에 관해서는, 『별기』에서는 언급하지 않았던 귀경게에 대해 『해동소』는 긴 주석을 붙이고 불타의 '심덕(心德)'과 '색덕(色德)'에 대

---

38) 현장 문하에 의한 因明의 수용방식에 대해서는, 武邑尙邦, 「シナ·日本の因明思想」(『講座佛敎思想第二卷 認識論·論理學』, 理想社, 1974), pp.311~333. 또한 법장은 『探玄記』卷3에서 證成道理로서 比量과 現量만을 들고 있다(T35.148b).

39) 비량을 사용하면 바른 명제는 하나로 정해져 버리기 때문에 원효의 회통 입장과는 모순된다. 따라서 비량을 사용하는 것은 절대로 양보할 수 없는 경우에 한정한다고 생각되지만, 『十門和諍論』에서는 비량을 사용하여 회통을 꾀하고 있다. 한편 『兩卷無量壽經宗要』에서는 "다만 실로 우러러 믿어야 한다. 비량을 세워서는 안 된다"(T37.131b)와 같이도 말하고 있어, 비량에 대한 원효의 해석에는 검토할 점이 많다.

해 상세히 논하고 있다. 귀경게를 주석하는 것이기 때문에 불타의 덕에 대해서 말하는 것은 당연하다 하겠지만, 그렇기 때문에 『별기』가 "처음의 귀경게와 인연분은 문장의 양상을 알 수 있을 것이다"[40]라는 한 구절로 처리하고 있는 것은 이상하게 생각된다. "이제 방론을 멈추고 지금은 본문을 주석한다"고 할 정도로 본문에서 벗어나기까지 하여 자세한 논의를 전개했던 정열이 당시에 불타의 덕을 향하지는 않았던 것이며, 읽으면 의미를 알 수 있는 귀경게는 무시되었던 것이다.

같은 예는 '분별발취도상(分別發趣道相)'의 증발심(證發心)을 해석한 부분에서도 보인다. 『별기』는 이에 대해 한 마디도 언급하지 않는 데 비해, 『해동소』는 견불에 관한 『섭대승론』의 문구와 선정에 관한 『미륵소문경』의 문구를 인용한 후에, 『기신론』에서 말하는 '무구심(無垢心)'이란 근기가 성숙해졌음을 가리키는 것으로 일반적인 경론과 같이 선정 중에서만 불타를 본다고 설하는 것은 아니라고 언명하고 있다. 『기신론』에 의하면 "번뇌의 마음 가운데"에서 견불하는 것도 가능하고, 고도의 선정에 의하지 않고서도 발심할 수 있다고 원효는 주장하는 것이다.[41] 이 한 가지 사례를 보더라도 원효가 학해(學解) 중심의 불교에서 벗어나 불타의 세계를 추구하기 시작했음을 알 수 있다. 더구나 이러한 태도는 『별기』뿐 아니라 『정영소』에도 보이지 않는다. 아무리 중시되었다고 해도 지론종의 승려에게 『기신론』은 『십지경론』이나 『섭대승론』 정도의 권위를 갖지 못했으며, 교리의 요점이 잘 정리된 편리한 논서에 지나지 않았던 것이 아닐까.

한편 불타의 세계를 구하기 시작한 원효가 가능한 수단으로서 주목

---

40) 『大乘起信論別記』本, T44.226b.
41) 『海東疏』卷下, T44.221b.

한 것은 『기신론』에 설해지는 지관의 실천과 정토의 신앙이다. 원효는 「인연분」에서 중생의 '의혹'을 제거하기 위해 이 논서를 쓴다고 설명하는 부분을 주석하면서 '의혹'을 2종으로 나눈다. 첫째는 보살과 중생이 일체(一體)라면 보살은 사홍서원을 세워서 중생을 구제할 필요가 없고 또한 별체(別體)라면 동체대비를 일으킬 수 없기 때문에, 어느 경우에도 발심하는 것이 불가능하다는 의혹이다. 다른 하나는 여래가 세운 많은 법문 중에서 어느 법문에 의해서 발심하여 수행해야 할 것인가라는 의혹이다. 이에 대해서 원효는 "이 2종의 의혹을 제거하기 위해 일심법을 세워서 2종의 문을 연다"라고 설명하고 그 일심의 법에 대해서 다음과 같이 설한다.

> 일심의 법을 세운다는 것은 그 처음의 의혹을 제거하기 위한 것이다. 대승의 법을 밝히자면 오직 일심이 있을 뿐이다. 일심 이외에 나아가 다른 법은 없다. 다만 무명이 있어 스스로의 일심에 미혹되어, 여러 파도를 일으켜서 육도에 유전한다. 육도의 파도를 일으킨다고 하더라도 일심의 바다를 벗어나지는 않는다. 진실로 일심이 움직여서 육도가 되기 때문에 널리 구제한다는 서원을 발할 수 있다. 육도는 일심을 벗어나지 않기 때문에 능히 동체의 대비를 일으킬 수 있다. 이와 같이 의혹을 제거하면 큰 마음을 일으킬 수 있는 것이다. (T44.204b)

다음으로 2종의 문에 대해서 이렇게 말한다.

> 2종의 문을 연다는 것은 두 번째 의혹을 제거하는 것이다. 여러 교문을 밝히니 중생이 많다 하지만 처음 수행에 들어감에 2문을 벗어나지 않는다. 진여문에 의거하여 지행(止行)을 닦고 생멸문에 의거하여 관행(觀行)을 일으킨다. 지관을 함께 운용하니[止觀雙運] 만행이 여기에 갖추어져 있다. 이 두 문에 들어가면 모든 문에 모두 통달한다. 이와

같이 의혹을 제거하면 능히 수행을 일으킬 수 있다. (T44.204b)

즉 대승에서는 제법이 모두 일심으로 수렴되기 때문에 심진여문과 심생멸문에 의해 지와 관을 행하면 일체의 행이 모두 그 안에 포함된다는 것이다. 그리하여 일심이문(一心二門)을 설하는『기신론』은 문자 그대로 '뭇 경전의 핵심을 하나로 관통하는 것'이 되었다.『십지경론』이나『섭대승론』을 보충하기 위해 학습되었을『기신론』이 이제는 역으로 그러한 경론들조차도 포함하면서, 모든 실천을 내포하는 것이 되었다.『기신론』을 이 정도로 높이 평가한 것은 중국과 한국에서 원효가 처음일 것이다. 원효가 발심수행을 중시하고, 그것이『기신론』해석에도 반영되어 있다는 것은 이미 지적되었지만,[42] 실천을 중심으로 교리를 체계화하는 것이『해동소』의 특색이다. 이러한 경향은 후년이 될수록 더욱 현저해졌다고 생각된다.

「수행신심분」가운데 지관을 해석할 때,『해동소』가『천태소지관』을 대폭 인용하고 있다는 것은 유명하다.『해동소』는 먼저『유가론』의 지관 설명을 인용하고서, 이것은 성문의 지관법이지만 "이 법으로써 대승의 경계로 나아가면 즉 대승의 지관이 되기 때문에"[43]라고 설하며 회통을 꾀하고 있다. 지금까지 회통이 시도될 때에 미세한 교리적 차이에 대해서 보통은 각각 다른 입장에서 설해지기 때문에 모순되지 않는다고 하였다면, 여기서는 구체적인 실천에 관해서 회통이 시도된다는 것이 주목할 점이다.

---

42) 鎌田茂雄,「新羅元曉の唯識思想」(『伊藤眞城·田中順照兩教授頌德記念佛教學論文集』, 東方出版, 1979), pp.355~364.
43)『海東疏』卷下, T44.222b.

다음으로 「수행심신분」의 마지막에 설해지는 왕생정토의 문제에 대해서 『해동소』에서는 자세한 설명을 '『무량수(無量壽)』의 요간(料簡)'으로 돌리고는 있지만, "아직 법신을 보지 못하였다고 왕생을 얻을 수 없는 것은 아니다"라고 설하면서, 『기신론』의 진의가 진여법신을 관할 수 없는 범부의 왕생을 설하는 데에 있다고 강조하고 있는데,[44] 여기서 그 정토관의 특징을 볼 수 있다. 현행의 『무량수경종요』는 『소』의 현의분(玄義分)에 해당되지만, 여기서도 『기신론』은 중요한 역할을 한다. 원효에게 있어 『기신론』은 '부수적으로 정토를 밝히는[傍明淨土]' 논서가 아니라, 정토경전조차도 포함한 모든 대승경전을 뒷받침하는 논서였던 것이다.

4) 결론

지금까지 본 것처럼 수학시절에 신역 불교를 둘러싼 논쟁을 보고 들은 원효는 그러한 논쟁을 회통하기 위한 소의처를 『기신론』에서 발견하였다. 『기신론』은 대승불교의 중요한 사상을 풍부히 담고 있고, 여래장 사상의 입장에서 체계화하고 있기 때문에 회통의 근거를 구하기 좋았다. 원효는 『기신론』을 중심으로 신구의 경론을 배우면서 화쟁의 사상과 방법을 확립하고 먼저 『별기』를 저술했다. 이어서 개개의 문제에 대

---

44) 『海東疏』 卷下, T44.225c. 여기서 말하는 '無量壽料簡'이란 『兩卷無量壽經宗要』를 가리키는데, 실제로는 정토왕생에 관한 설명을 모두 이 책으로 미루고 있다고 생각해도 좋을 것이다. 또한 종래에는 원효의 정토사상이 지엄의 영향을 받았다고 얘기되었지만, 그러한 통설이 오류라는 것은 梯信曉, 「元曉の淨土教思想について―『兩卷無量壽經宗要』を中心として」(三崎良周編, 『日本.中國佛教思想과 그 展開』, 山喜房佛書林, 1992).

해 신구의 여러 학설을 다시 정리할 필요성을 느꼈고, 『기신론』의 구성에 근거하여 『일도장』과 『이장의』를 저술하는 한편, 『기신론』과 사상적으로 가까운 경론을 정독하여 주석을 만들었다. 이러한 과정 속에서 신구의 불교에 대한 이해를 심화시킨 원효는 차츰 불타의 광대한 세계와 그곳에 도달하기 위한 실천에 마음이 끌리게 되었다. 그리하여 원효는 다시금 『기신론』에 몰두하여 실천의 측면을 강하게 의식하면서 일심이문을 재해석하고, 일체의 교리와 수행의 총괄을 시도했다. 그러나 『해동소』가 『별기』보다 간략하게 되어 있는 부분이나 자신의 다른 저작에 설명을 미루는 부분이 적지 않음을 볼 때에, 원효에게는 자기 학문의 모든 것을 담을 방대한 주석서를 쓸 의도는 없었던 것으로 보인다. 물론 그때까지의 연구 성과는 『해동소』 안에 담겨져 있지만, 그때그때의 문제의식, 계속해서 유입되는 신역 경론과 중국의 주석서, 나아가 아마도 주위의 정치적·사회적 상황 등이 언제나 원효를 부추겨서 『기신론』의 주석에 전념하는 것을 허락하지 않았던 것으로 보인다.

6. 『해동소』 이후의 연구 상황

『해동소』 이후의 상황에 대해서 간단히 소개하도록 한다. 중요한 것은 의상(625~702)의 귀국(671)에 의해 지엄의 교학이 유입된 것이다. 의상의 『일승법계도』에 대한 주석을 집성한 『법계도기총수록(法界圖記叢髓錄)』은 '고사운(古辭云)'이라 하여 원효가 의상과 만났을 때 의상의 교시에 의해 "시각이 본각과 같은 것은 범(凡)인가, 성(聖)인가?" 등의 세 가지 의문을 해결했다고 하는 전승을 전하고 있다.[45] 이것이 어느 정도 오래된 전승인가는 분명하지 않지만, 원효가 후배 의상을 통해 화엄교학을 배웠고, 또한 의상 문하 중에서 원효 사상의 영향을 받은 자도 있었던 것은 사실이다.[46] 그리고 그 원효의 사상에 힘입은 바가 많았던 법장이 「기해동서(寄海東書)」라 불리는 간곡한 편지[47]와 함께 『대승기신론의기(大乘起信論義記)』(이하 『의기』라 약칭)『오교장』, 『탐현기』 등을 사형인 의상 앞으로 보내오게 되자, 신라의 『기신론』 연구는 새로운 국면을 맞이하게 된다. 이후에도 『기신론』 자체의 연구는 계속되었지만, 중점은 『의기』나 『해동소』, 『별기』에 대한 해석으로 옮겨지게 되었고, 법장이나 원효의 다른 저작도 많이 참조하게 되었던 것 같다. 특히 원효의 계통에서 이러한 경향이 현저했다.

8세기에 활약했던 태현(太賢)은 원측의 흐름을 계승하는 유식학도이면서 원측이나 자은의 설을 공평하게 다루어, 각각 취할 것은 취하고 버릴 것은 버리는 엄정한 태도를 보였다.[48] 그 태현의 저서 『대승기신론의약탐기(大乘起信論義略探記)』에는 법장이나 원효의 저작을 인용하거나 간추려서 설명을 대신하는 일도 많았고, 게다가 "편벽되게 한곳을

---

45) 『法界圖記叢髓錄』 卷下之一, T45.752b.
46) 均如, 『釋華嚴敎分記圓通鈔』 卷8, 「謂曉公華嚴宗要云, 此數錢法門, 儼法師所出, 亦有道理, 故今取之. 又曉師普法記云, 所言如數錢者, 謂智儼法師所說之義, 義相法師所傳之辭」(韓佛全4.448c), 同, 『釋華嚴旨歸圓通鈔』 卷下, 「道甲章, 曉公云, 小之大義能容大, 大之小義入小中之義」(韓佛全4.143a)이라 되어 있듯이, 원효는 의상이 전한 數錢의 법을 사용하고, 또한 의상의 제자인 道身은 원효의 해석을 전하고 있다.
47) 神田喜一郎, 「唐賢首大師眞蹟『寄新羅義湘法師書』考」(第三回國際佛敎學術會議資料, 中外日報社, 1980.7)에서는 天授三年(691) 正月(11월)에 쓰인 것으로 추측하고 있다(p.14).
48) 羽溪了諦, 「唯識宗の異派」(『宗敎硏究』新1-4, 1931. 4. 나중에 『羽溪了諦博士米壽記念佛敎論說集』, 大東出版社, 1971년에 재수록), pp.93~96 참조.

고집하여 두루 융통한 설을 비난해서는 안 된다"는 원효의 말까지 그대로 인용되어 있다.[49] 이를 보면 태현은『기신론』에는『기신론』나름의 입장이 있음을 인정하고 있었던 것으로 생각된다. 다수의 경론에 주석을 써서 그 이전의 교학을 집대성하는 모습을 보인 태현이 이러한 견해를 보인 것의 의미는 크다.

태현 뒤에 나온 견등은『대승기신론동이략집(大乘起信論同異略集)』을 저술하여『기신론』과 유식설의 동이를 상세히 논하고 있다. 원효를 청구(靑丘=신라)의 용으로 보아 구룡(丘龍)이라 하고, 법장을 위나라(중국)의 코끼리로 보고 위상(魏象)으로 칭하여 이 두 스승을 깊이 존경하였고, 또한 태현의 유식설도 활발히 원용하고 있지만, 기신·화엄·유식은 각각 '종(宗)'으로 삼는 것이 다르다고 하여, 각각의 입장을 인정하는 점에 특징이 있다.

이와 같이 원효 이후의『기신론』연구는『기신론』자체보다도 법장이나 원효 등의 주석을 연구하는 형태가 되었던 것 같다. 여기에 이르러 원효가 격렬한 논쟁 속에서『기신론』을 소의처로 하여 쌓아올린 화쟁의 사상은 학습해야 할 대상으로 바뀌었고, 때로는 그 해석을 둘러싸고 논쟁을 낳게 되었던 것이다.

---

49)『大乘起信論內義略探記』, T44.417c. 단 태현은『成唯識論學記』에서 원효의 유식설에 종종 비판을 가하고 있다.

제3절 의상의 화엄교학
-『화엄일승법계도』의 성립 배경

1. 머리말

신라 화엄에 관한 연구는 최근 급격히 관심이 높아지고 있다. 교리의 측면뿐 아니라, 신라 화엄이 이룬 정치적인 역할에 관해서도 다양한 설이 제시되기에 이르렀다. 그러나 신라 화엄의 제 문헌에 대해서는 이본(異本)의 교합, 일문(逸文)의 집성, 전거의 조사 등의 문헌학적 연구가 충분히 이루어지지 않았고, 게다가 제 문헌의 성립 순서, 성립 시대, 성립 당시의 상황, 사상의 영향 관계 등의 기초적인 면도 거의 밝혀지지 않은 것이 현 상황이다. 그러한 기초적인 연구가 불충분한 채로 논의를 거듭해도 기대를 만족시키는 성과는 얻어지지 않을 것이다. 그러므로 여기서는 그러한 기초적인 연구의 일환으로 신라 화엄교학의 출발점이 된 의상(625~702)의『화엄일승법계도(華嚴一乘法界圖)』(이하『법계도』) 를 주제로, 당시의 사상적인 상황이나 의상이 비판 대상으로 삼았던 사상 내지는 그룹을 검토함으로써『법계도』의 성립 배경에 대해서 고찰하고자 한다. 또한『법계도』의 시게(詩偈)는 한국에서는 불교의식에 있어 회향 전에 반드시 제창할 정도로 중요시되면서도, 굴곡을 거듭하는 특이한 형태에 대해서는 지금까지 상세한 연구가 이루어지지 않았기 때문에, 형태의 유래에 대해서도 고찰을 시도한다.

2. 반시(盤詩)의 형식

『일승법계도』는 총장(總章) 원년(668) 7월 15일이라는 후기를 지니고 있어 성립 시기는 분명하다. 스승인 지엄이 입적한 것은 그 해 10월 29일이므로 스승의 재세 중에 지은 『법계도』는 지엄 교학의 색채가 강해서 지엄의 교학을 자기 나름대로 정리한 것을 보아야 한다는 점은 연구자들이 일치하여 인정하고 있다. 다만 『법계도』의 서두에 있는 시게의 특이한 형식(옆의 그림 참조)에 대해서는 정리된 연구가 없다. 한국에서는 불교의식에서 회향 전에 이 시게가 독송되는 것이 통례이며, 이 시게의 굴곡에 따른 형태로 행도(行道)하는 일이 있을 정도로 존중되고 있지만, 의상의 독창적인 것으로 유례가 없다고 보는 사람이 많지만 이에 대한 상세한 연구가 없기 때문에 특이한 형식이 탄생한 배경에 대해서 개관하고자 한다.

바탕의 눈을 따라 좌우로 반복해서 꺾어 가면서 읽어 나가는 『법계도』 형식의 직접적인 모본은 중국의 회문시(回文詩)일 것이다. 의상 자신이 『법계도』의 서두에서 이 시를 '반시(盤詩)'(빙빙 돌면서 읽는 형식의 시)'(T45.711a)라고 부르고 있는데, 회문시의 대표로 얘기되는 '반중시(盤中詩)', 즉 전진(前秦)의 소(蘇) 씨가 비단에 짜서 만든 복잡한 형식의 시가 '선기도(璇璣圖)'라고 불렸다는 점은 간과할 수 없다. 『법계도』의 시게에 대해서는 '법성'이라는 말로 시작하고 있어 한국에서는 일반적으로 '법성게'라고 불리지만, 원래는 이 시가 「일승법계도」이며, "지금부터 글을 풀이하고자 한다"(711a)라는 말이 나타내듯이, '장욕석문(將欲釋文)' 이하는 「일승법계도」의 해석문인 것이다. 대정장본의 말미에 보이는 「법계도장(法界圖章)」(716a)이라는 제목은 『법계도』에 대한 주석의

一－微－塵－中－合－十　　初－発－心－時－便－正－覚－生－死
一｜量－無－是－即－方　　成｜益｜宝｜雨｜議｜思｜不｜意　涅
即｜劫｜遠｜劫｜念｜一　　別｜生｜仏｜普｜賢｜大｜人｜如　槃
多｜九｜量｜即｜一｜切　　隔｜満｜十｜海｜入｜能｜境｜出　常
切｜世｜無｜無｜念｜塵　　乱｜虚｜別｜印｜三｜味｜中｜繁　共
一｜十｜是｜如｜亦｜中　　雑｜空｜分｜無｜然｜冥｜事｜理－和
即｜世｜互｜相｜即｜仍－不　衆｜生｜随｜器｜得｜利｜益－是
一｜相｜二｜無｜融｜円－性←法　叵｜際｜本｜還｜者｜行－故
一｜諸｜智｜所｜知｜非｜余　仏｜息｜尽｜宝｜華｜厳｜法－界
一｜中｜法｜証｜甚｜性｜真｜境　為｜忘｜随｜家｜帰｜意｜如－実
中｜多｜不｜切｜深｜極｜微｜妙　名｜無｜分｜得｜資｜如｜捉　宝
多｜切｜動｜一｜絶｜相｜無｜不　必｜羅｜陀｜以｜糧｜巧　殿
一－一－本－来－寂－無－名　守　不－不－得－無－縁－善　窮
中－一－成－縁－随－性－自　来－旧－床－道－中－際－実－坐

집성인 『법계도기총수록(法界圖記叢髓錄)』에 실려 있는 본문에는 보이지 않아 후대 사람이 삽입했다는 의심도 있지만, 시게 부분을 「법계도」라 부르고 해석문을 『법계도장(法界圖章)』이라고 부르는 텍스트가 있었음을 알려 주는 자료가 된다. 또한 그 시게에 대한 주석을 집성한 것이 『법계도기총수록』이라고 불렸던 것도 시게를 '법계도'라 부르고, 주석을 '법계도기'라 불렀음을 나타내는 것이라 할 수 있다. 다만 아마도 이른 시기부터 시게와 석문을 합친 전체를 『화엄일승법계도』나 『일승법계도』 등으로 부르게 되었을 것이다.

중국에서는 거울 뒤나 주반(酒盤) 등에 보이는 길상구(吉祥句) 중에 회문 형식의 것이 있었던 것 같은데, 문자 유희를 즐기는 나라였기에 이런 종류의 시는 어느 시대에도 환영받았다고 생각된다. 특히 『반감도(盤鑑圖)』에 대해서는 측텐무후가 붙인 서문이 현존하며, 그 가운데에서 이 시에 대해 "세상에 많이 전해진다"[1]라고 쓰는 것으로 보아, 당나라 시대에 유행했었다는 것을 알 수 있다. 『법계도』 성립에 가까운 시기에는, 당나라 초기 사걸(四傑) 중 한 사람으로서 명성이 높고 말법사상에 철저했던 것으로 알려진 불교 시인 왕발(王勃)이, 해남(海南)의 여인이 만들었다고 하는 청룡열차의 궤도처럼 구불구불한 형태로 기록된 「반감도」에 대해서 상원(上元) 2년(675) 11월 7일에 서문을 지었다.[2]

또한 『회문유취(回文類聚)』의 보유(補遺)에서는 "교묘한 사상이 있

---

1) 大周天册金輪皇帝製 「璇璣圖敍」(『回文類聚』 卷1, 『四庫全書』 集部, 總集類).
2) 王勃, 「鬐鑑圖敍」(『回文類聚』 卷2, 『四庫全書』 集部, 總集類). 王勃의 말법사상에 대해서는, 荒井健, 「初唐の文學者と佛教 - 王勃を中心として」(福永光司編, 『中國中世의 宗教와 文化』, 京都大學人文科學研究所, 1982) 참조. 王勃의 시는 한국에서도 환영받은 것 같으며, 후대에는 언문에 의한 訓을 붙인 「釋迦如來成道記」가 간행되었다(金天鶴, 「唐太原王勃撰 『釋迦如來成道記』 譯解」, 莊峰 金知見博士師友錄刊行會, 『東과 西의 思惟世界: 莊峰金知見博士華甲記念師友錄』, 서울, 1991).

다고 해도 결국에는 이단의 길이 된다"고 하여 유교의 입장에서 비판을 가하면서도 후대의 교훈을 위해 달마의 「진성게(眞性偈)」와 당 태종의 회문(回文)을 수록하고 있다. 전자는 '원시종상묘극진리성정연리공망조적신지정명(圓始終常妙極眞離性情緣理空忘照寂身至淨明)'의 20자를 둥글게 배치한 것으로 "돌아가면서 이를 읽으면 40수가 된다"고 하듯이 임의의 글자부터 다섯 글자를 읽어 나가고, 한 글자 건너 뛰어 다시 같은 방식으로 반복하여 읽어 나가면 40수가 되는 것이다. 후자는 25행의 5자구를 도너츠 형태로 둥글게 배치하고 있는데, '천수(千首)'라는 주기가 나타내듯이 다양한 독법이 가능하도록 고안되었다. 양자 모두 물론 위작이겠지만, 「진성게」에 대해서 스즈키 테츠오(鈴木哲雄)는 어구가 교학적이며 후대 선승의 시와는 다르다는 점에서 "경증으로 이치를 추구한 아주 초기의 선으로 보아야 할 것이다"[3]라고 설명하고 있다. 자구의 내용으로 보아 북종(北宗) 계통의 것으로 생각되는데, 20자 중에서 '원상묘극진성정연리공망적(圓常妙極眞性情緣理空忘寂)'의 12자까지가 『법계도』 시게에서 확인되는 것은 초기 선종과 『법계도』의 사상적 친연성을 나타내는 것으로 주목할 만하다.

또한 스즈키는 『의천록』 권1에,

法界觀一卷 旋渡頌付	法順述	
(中略)		
釋旋渡頌一卷	椎勁述(T55.1166b)	

이라 되어 있는 것에 주목하여, 『법계관(法界觀)』에 붙어 있던 『선복

3) 鈴木哲雄, 「特異な禪詩『眞性偈』」(『印佛硏』21-1, 1972. 12), p.319.

송(旋復頌)』의 내용은 불분명하지만, '선복(旋復)'은 '소용돌이'나 '돌다'의 의미이기 때문에 이것도 회문을 의미할 것이라고 추측하고 있다.[4] 회문인 것은 틀림없겠지만, 굳이 '선복'이라 한 것은 나선(螺線)형으로 기록되었기 때문이 아닐까. 중심에서 나선형으로 넓어져 가는 회문시에는 『회문유취』 권2에 수록되어 있는 송대 상세창(桑世昌)의 '반중시(盤中詩)' 등의 예가 있다. 또한 이 '선복송'에 대해서 법장의 제자인 정법사(静法寺) 혜원(慧苑)이 그것의 주석으로 생각되는 『화엄선복장(華嚴旋復章)』(일실)을 저술하고 있는 것[5]은 앞의 『법계도장』이라는 명칭에 대해 생각할 때에 도움이 된다.

이상으로 알 수 있듯이 『법계도』 시계의 특수한 형식은 당대에 유행하던 다양한 형태의 회문시, 그것도 아마 불교적인 내용의 것을 의식하여 만든 것으로 추측된다. 「진성계」에 대해서는 『법계도』와의 전후관계가 분명하지 않지만, 불교적인 내용의 회문시 중에는 불법의 핵심적인 뜻과 깨달음의 경지를 간결한 시로 정리한 습선자들의 시도 포함되었을 가능성이 높다. 처음과 끝이 이어지는 형식의 회문시는 '초발심시변성정각(初發心時便成正覺)'이라 설하는 『화엄경』을 존중하는 자들 뿐 아니라, 번잡하여 단계적인 교의를 싫어하는 습선자에게도 적합한 것으로 생각되었을 것이기 때문이다. 다만 『법계도』가 구불구불한 형식을 취한 것은 앞서 말했듯이 삼론계통의 평등·굴곡의 2교판을 의식한 것도 그 한 이유라고 할 것이다.

---

4) 鈴木, 주3의 논문, p.319.
5) 『東域傳燈目錄』에는 10권으로 되어 있다(T55,1146c). 또한 「旋復頌」 자체가 『宗鏡錄』 卷4(T48,435bc)에 인용되어 있다는 것에 대해서는 木村清孝 의 지적이 있다(『初期中國華嚴思想の研究』, 春秋社, 1977, p.369). 다만 木村는 '旋復'의 의미에 대해서는 언급하지 않는다.

또한 완전한 나선형은 아니지만, 불보살의 그림 주변을 돌면서 넓어져 가는 형태로 글자를 배치한 것으로 다라니의 판화가 있다. 기쿠타케 준이치(菊竹淳一)가 소개하는 돈황 출토의 판화[6] 중에서 「대수구다라니륜만다라도(大隨求陀羅尼輪曼茶羅圖)」, 「관세음천전다라니만다라도(觀世音千轉陀羅尼曼陀羅圖)」, 「관세음천전다라니만다라도(觀世音千轉陀羅尼曼茶羅圖)」, 「구산난다라니(救産難陀羅尼)」 등은 원 안에 그려진 본존을 중심으로 나선형으로 범자 다라니를 배치하고 있고, 「무량수불제다라니륜도(無量壽佛諸陀羅尼輪圖)」에서는 사각 안에 그려진 본존을 둘러싸고 사각의 나선형에 범자를 배치하고 있다. 이것들은 10세기 후반의 것으로 추측되는데, 일본에서는 텐표호지(天平寶字) 7년(764)에 『무구정광다라니(無垢淨光陀羅尼)』와 그 밖의 것을 인쇄한 백만탑다라니(百萬塔陀羅尼)가 나라의 여러 절에 봉납되어 있으므로, 간단한 형태의 목판의 경우 중국에서는 더욱 일찍부터 있었을 것이다.[7] 즉 의상의 유학시절은 목판 인쇄가 매우 활발하게 이루어진 시기였으며, 인쇄술은 당시 최첨단의 기술이었던 것이다. 7세기 중반 이전에 성립한 것으로 추측되는 위작 『법구경』이 '삼라만상이 한 법으로 인쇄된 것이다(參羅及萬象 一法之所印)[8]라고 설하듯이, 글의 처음부터 끝까지

---

6) 菊竹淳一, 「敦煌の佛教版画 - 大英博物館とParis 國立圖書館の收藏品を中心として」(『佛教藝術』第101, 1975. 4).

7) 확인하지 못했으나, 8세기 초 장안의 묘실에서 『隨求卽得陀羅尼』의 한역 문자만을 사각의 나선형으로 인쇄한 것이 발견되어, 현존하는 것으로는 이것이 세계 최고의 인쇄물이라고 중국인 학자가 주장하고 있다고 한다.

8) 『法句經』, T85.1435a. '一法'이란 불교에서 말하는 '法'과 인쇄의 바탕이 되는 표본으로서의 '法'을 이중으로 나타내고 있다고 생각된다. 위작 『법구경』에 대한 최신 연구로서는, 木村淸孝, 「僞作『法句經』再考」(『佛敎學』25, 1988. 12). 또한 선종과 관계가 깊다고 얘기되는 『법구경』의 이 구절이 杜順說智儼記라고 불리는 『一乘十玄門』에 인용되고 있는 것, 그리고 『일승십현문』에 습선자에 대한 비판이 보인다

를 한 번에 인쇄할 수 있는 목판, 그것도 한 글자 안에 무량한 의미를 포함한다고 하는 다라니 목판의 존재는, '해인삼매동시병현(海印三昧同時炳現)'을 제창하고 『화엄경』은 원교이면서 '일승무애다라니문(一乘無礙陀羅尼門)'⁹⁾이라고 주장하는 지엄의 제자에게 스승의 교학을 간결하게 표현할 수 있는 무엇보다도 바람직한 형식으로 생각되었을 것이다.

또한 지엄이 위와 같은 주장을 한 것은, 지엄에게 있어 "저 일승별교(一乘別敎)로써 일승의 문의(文義)를 나타낸다"고 생각되던 「보현(普賢)·성기(性起)」의 여러 품들과는 달리, 분명히 삼승교와 비슷한 교리를 설하고 있는 「십지품」의 취급에 곤란함을 느껴, "십지 중의 글은 즉 일승원교로써 삼승교에 맞춰 이로써 일승별교 교설을 드러낸다"¹⁰⁾라고 해석하여, 『화엄경』이 삼승을 포함하여 무한하게 다양한 법문을 원만하게 담고 있다는 점에서 『화엄경』의 불공성(不共性), 독창성을 발견하게 이르렀기 때문이다. 「십지품」은 일체의 문자가 범어의 자모(字母)인 '초장(初章)' 안에 포섭되듯이 십지는 '일체 불법의 근본'임을 설하고 있는데,¹¹⁾ 만년의 지엄은 그러한 논의를 삼승일승 등의 법문에 배대시켜, 「십지품」은 "문장 중에서 실담(悉曇)의 자음으로 무진(無盡)의 회(會)를 성립한다"는 점을 강조하기에 이르렀다.¹²⁾

또한 『법계도기총수록』이 전하는 '고기(古記)'에 의하면 세친은 육상방편(六相方便)에 의해 일승의 의미를 밝히려 했지만, 천축 사람들이 이

는 것은 제2장 제3절에서 지적했는데, 『일승십현문』은 『법계도』와 마찬가지로 지론교학의 영향을 나타내는 과도기적인 문헌으로 S613V과 유사한 부분이 있다.
9) 『孔目章』 卷4, 一乘三乘義章, T45.586a.
10) 同, 卷4, T45.586a.
11) 『華嚴經』 卷23, 「十地品」, T9.543c.
12) 『孔目章』 卷4, 融會三乘決顯明一乘之妙趣, T45.586a.

해하지 못했기 때문에 천축 사람이라면 누구라도 알고 있는 '실담장(悉曇章), 총지(總持)의 법'으로 육상을 이해시켰다고 지엄이 말했다고 한다. "그런데 동토의 사람은 그 실담·총지의 법을 이해하지 못한다. 그러므로 운화(雲華)존자가 그가 배운 바의 수전(數錢)의 법으로 가르쳐 보였다"[13]라고 '고기'는 전하고 있다. 실제로는 육상을 설하는 세친의 『십지경론』까지 언급할 필요도 없이 「십지품」(『십지경』) 자체가 초장(初章)의 비유를 들고 있기 때문에 위의 전승은 의상이 '일승무애다라니문'인 『화엄경』의 요체를 간결하게 정리한 시게를 인도의 다라니에 가장 비슷한 회문시의 형식을 취해 만든 사정을 나타내는 것이라 할 수 있다.

『법계도』는 『공목장(孔目章)』의 영향을 받아서 「십지품」(『십지경』) 및 『십지경론』의 다라니설을 중시하여,

> 첫째, 연기의 체라는 것은, 즉 이것은 일승다라니법이며, 일즉일체이고 일체즉일인 장애가 없는 법계이다. (初言緣起體者, 即是一乘陀羅尼法. 一卽一切, 一切卽一, 無障礙法法界也.)(T45.712中)

라고 단언하는 것을 비롯하여 여러 곳에서 다라니의 의의를 강조하고 있을 정도이기 때문에, 그 의미에서도 다라니의 인쇄에는 관심을 가지고 있었을 것이다. 의상이 '일승법계도합시일인(一乘法界圖合詩一印)'(716a)이라 하여 이 시게를 '인(印)'으로 칭하는 것은 우연이 아니다. 즉 의상은 이 시게의 특수한 형식을 포함하여 일종의 다라니로서 제작한 것이며, 머지않아 고국에서 인쇄되어 널리 퍼지기를 기대했던 것이 아닐까. 실제로 『삼국유사』의 「의상전교(義湘傳敎)」의 항목에서 『법계도』

---

13) 『法界圖記叢髓錄』, T45.卷下之2, T45.760b.

는 사람들이 "다투어 몸에 차고 다니는 보배였다"[14]라고 기술하고 있을
뿐, 다투어 읽었다고 하지 않은 것은 시게만을 몸에 지닌 사람이 많았
음을 보여 주는 것이라 할 수 있다. 즉 『법계도』에 대한 주석을 집성한
『법계도기총수록』이 보여 주듯이, 의상 문하의 승려들은 시게뿐 아니라
석문 부분도 읽고 활발히 연구를 거듭했겠지만, 재가신자나 공부하지
못한 승려 등은 이 시게만을 몸에 지니고 독송하거나, 혹은 단지 부적

---

14) 『三國遺事』 卷4, T49.1006a. 의상 당시의 신라에서 『법계도』를 수용할 기반이
   될 정도로 회문시가 유행했는가에 대해서는 분명하지 않다. 다만 『법계도』의 시
   게와 같은 형식의 회문시로, 신라와 관계될 가능성이 있는 것이 하나 존재한다.
   즉 神異僧으로, 侯景의 난에 의해 梁이 멸망할 것을 예언했다고 얘기되는 '寶誌'
   화상의 작품으로 불리는 '野馬台詩'이다. '野馬台詩'는 일본의 쇠망을 예언하는 讖
   詩로 이해되었고, 그 百王思想은 말법사상과 더불어 중세 일본의 귀족을 불안에
   빠뜨렸다고 알려져 있는데, 平安 중기에는 京都의 公家 사이에서 유포되었던 것
   같다(大森志郎, 「眞吉備入唐傳說と野馬台詩の信仰」, 『日本文化史論考』, 創文社,
   1975. 筧久美子, 「'野馬台詩'のいたずら」, 『日本史研究』299, 1987. 7. 今谷明, 『室町
   の王權』, 中央公論社, 1990, p.148 등). '耶馬台詩'를 옳다고 여겨지는 독법으로 읽
   으면 다음과 같다. 「東海姬氏國 百世作天巧 右司爲輔翼 衡主建元功 初興治法事 終
   成祭祖宗 本枝周天壤 君臣定始(治) 終谷塡田孫走 魚膾生羽翔 葛後干戈動 中微
   (徵)子孫昌 白竜(瀧)游失水 窘(蒼)急寄故(胡)城 黃鷄代人食 黑鼠喰牛腸 丹水流
   盡後 天命在三公 百王流畢竭 猿犬稱英雄 星流飛野外 鐘鼓喧國中 靑丘與赤土 茫茫
   遂爲空.」 이 시에 대해서는 의상이 지엄의 시를 바르게 읽었다는 전승과 마찬가지
   로, 나중에는 吉備眞吉備가 유학하던 당에서 학력을 시험받을 때에 신불에게 기
   원하자 거미가 읽는 순서를 알려 주었다는 등의 전승까지 생겨났다. 해석은 예부
   터 다양하며, 근세 이후에는 일본에서 만들어진 위작으로 보는 것이 일반적이지
   만, "망망하여 마침내 空이 된다"는 구절 중에 '靑丘'의 경우는 차치하더라도 '赤
   土'가 "망망하여 마침내 空이 된다"는 것은 기묘하다. 여기서 말하는 '적토'란 특
   정 국가나 지역을 가리킨다고 보는 것이 자연스러울 것이다. '靑丘'는 신라의 美稱
   이고, '赤縣'은 중국의 美稱임을 생각한다면, 이것은 신라와 중국이 전란에 의해
   함께 멸망함을 예언한 시로 볼 수 있지 않을까. 의상이 입당했을 무렵, 당과 백제
   (-664)·고구려(-668)·신라가 복잡한 合從連衡을 반복하며 국가의 존망을 걸고
   다투었던 시대였기에, 백제나 고구려 말기에는 다양한 讖緯가 행해졌던 것 같다.
   그러한 당시 한반도의 諸國이라면 모르겠지만, 대규모의 전란을 경험한 적이 없는
   平安 전기의 일본에서 이러한 시가 지어졌다고는 생각하기 어렵다. 만일 일본에서
   성립한 것이라면, 비슷한 내용의 회문시를 졸렬하게 개변한 것으로 보인다.

으로서 휴대했을 것으로 생각된다. 다만 민간에까지 퍼진 것은 의상이 귀국한 직후가 아니라, 의상 계통이 세력을 확립한 이후의 일로 보이며 인쇄된 시기도 분명하지 않다.

또한 돈황 출토의 지론종 문헌 중에도 『법계도』라 불리는 사본 (P2832B)이 있는데, 이것은 지옥에서 불타에 이르기까지의 계제에 간단한 설명을 더하여 도시한 것임에 비해, 의상의 『법계도』는 법계의 진정한 모습인 무장애의 세계를 나타내려 한 것으로 직접적인 관계는 없을 것이다.

3. 의상의 지론교학

『법계도』에 관해서는, 지엄이 지은 시에 붉은 점을 찍어서 바른 독법의 순서를 나타내었더니 "그대는 법성을 궁구하여 증명하고 불타의 의취에 도달했다. 주석을 지어야 마땅할 것이다"라고 명하고, 여러 번 주석을 짓고는 불전에서 불태우고 마지막에 남은 글이 현재 전해지는 시게라고 하거나, 의상이 꿈에서 신인(神人)의 지시를 받아 쓴 『대의장(大義章)』을 지엄에게 보이고 필삭을 청하자 지엄이 의상과 함께 불전에 나아가 기원하고 불태우니 210자가 남아 지엄의 명에 의해 이것을 빙글빙글 도는 구문으로 하였다는 등의 전승이 있지만,[15] 그러한 후대의 전승에 대해서는 『법계도』의 내용과 모순되지 않는지 신중하게 검토할 필요가 있을 것이다.

---

15) 均如, 『法界圖圓通記』 卷上, H4.1ab.

먼저 『법계도』의 특징은 "『화엄경』 및 십지론에 의하여 원교의 종요를 표현했다[依華嚴經及十地論, 表圓敎宗要]"(716a)라고 스스로가 언명하듯이, 『십지경론』의 영향, 즉 지론교학의 영향이 강한 점에 있다. 앞서 본 '다라니'와 '인(印)'이라는 말에 대해서도 『십지경』의 "다라니문을 잘 얻어 파괴되지 않기 때문이며, 법계지의 도장으로 잘 찍기 때문이다[善得陀羅尼門不壞故, 法界智印善印故]"[16] 등의 기술을 바탕으로 한 것인 듯하다. 『법계도』에서는 '연기의 체'인 '일승다라니법'에 관해 설명하는 부분에서, 12인연을 설하는 『십지경론』의 문장을 2군데 연속해서 인용하고, 이것들이 삼승의 의미라고 하면서도 '일승의 소목(所目)'이기 때문에 일승에 통한다고 한 후에, 일승의 특징인 '전후이면서 전후 없음'이라는 본연의 모습을 『십지경론』의 육상설에 의해 설명한다. 이 부분은 『십지경론』의 인용을 포함하여 『공목장』 「행교량자비내연기장(行校量慈悲[內緣起章)」에서의 인용으로,[17] 지론종의 경전 해석법이었던 육상설을 중생과 불타의 관계 등 '사(事)'의 세계까지 미치는 광의의 것으로 본 것은 분명 지엄이지만,[18] 의상은 다른 곳에도 전적으로 『십지경론』을 인용하며 『화엄경』 자체의 인용은 적다. 의상은 지엄의 교학을 통해 『십지경론』을 다시 배워서 『십지경』 「십지품」을 중심으로 『화엄경』의 무애 세계를 밝히려고 했던 것으로 생각된다. 의상이 철저한 별교일승지상주의자로 『화엄경』을 존중한 것은 의심의 여지가 없지만, 적어도 『법계도』의 작성 시점에서 의상의 교학은 『화엄경』의 「보현품」·「성기품」·「입법계품」 등을 중심으로 한 것은 아니었다. 지론의 전통 속에서 성장한 혜원

---

16) 『十地經論』 卷1, T26.126a.
17) 『孔目章』 卷3, 「行校量慈悲內緣起章」, T45.563c.
18) 伊藤瑞叡, 『華嚴菩薩道の基礎的研究』, 「六相說の思想と展開」(平樂寺書店, 1988), pp.653~667.

등의 번잡한 교학에 불만을 갖고 있던 지엄이 지론종의 소의이기도 한 「십지품」(『십지경』) 및 『십지경론』보다도, 『화엄경』의 불공(不共)의 교리를 설하는 「성기품」·「보현품」 등을 높게 평가하는 한편, 「십지품」 등과 같이 삼승에 공통되는 가르침도 포함하고 있는 점을 원교로서의 『화엄경』의 특징으로 보고 그러한 특징의 근거를 『십지경론』의 육상설에서 구하는 다소 거북한 해석을 시도한 것과 달리, 의상에게는 『십지경론』이나 「십지품」(『십지경』)에 대해 지엄과 같은 굴절된 생각은 없었던 것처럼 보인다.

또한 『섭대승론』은 중요시하지 않아서 『법계도』에서 삼성(三性)·삼무성(三無性)설을 둘러싼 논의에서 간단히 다루는 정도에 그친다. 이러한 것을 생각하면, '화엄과 섭론을 늘상 강설하였다[華嚴攝論, 尋常講說]'라고 하여[19] 화엄과 유식의 연구를 두 개의 기둥으로 삼았던 지엄의 문하에서 의상이 어느 정도 오랫동안 배웠을까 하는 의문이 든다. 『오십요문답』이나 『공목장』 등 지엄의 만년 저작에서 『잡집론』·『성유식론』·『유가론』 등이 실제로 빈번하게 인용되어 대단히 중요하게 다루어지고 있음에도 불구하고, 의상은 그러한 경론에 거의 관심을 보이지 않는다. 이것은 신역 유식설과의 미세한 동이(同異)가 아니라, 스스로에게 가장 뛰어나다고 생각되는 것에만 관심을 기울였던 증거라 할 수 있다. 이러한 경향은 섭론교학을 기초로[20] 신역 유식설과의 동이를 회통하기 위해 노력했던 원효와는 크게 차이가 난다. 입당 이전 의상의 학계는 알

---

19) 『續高僧傳』卷25, T50.654a.
20) 장휘옥은 斷簡을 제외하면 원효의 현존하는 저작이 모두 현장 역의 경론을 인용하고 있다고 한다. 다만 『섭대승론』에 대해서는 『判比量論』 이외의 저작에서는 반드시 진제 역만을 사용하고 있다고 지적하고 있다(章輝玉, 「元曉の傳記」, 鎌田茂雄博士還曆記念論集『中國の佛敎と文化』, 大藏出版, 1988, p.770).

수 없지만 지론교학을 배웠을 것이라는 점은 충분히 생각할 수 있다. 또한 입당했을 때에도 대부분의 기간을 지엄 문하에서 배우며 지냈던 것이 아니라, 장안이나 종남산(終南山)에서 지론 계통의 승려 등에게 사사한 후에 가장 만년의 지엄과 만난 후, 지엄의 학문에 경도되어 집중적으로 배웠을 가능성도 부정할 수 없다.

여기서 수에서 당에 걸쳐서 한국의 승려를 가르쳤던 중국 승려의 기록을 보면, 대외 기관이었던 장안의 홍려시(鴻臚寺)에서는 정영사 혜원에게 사사하여 『열반경』을 배우고 담천에게 섭론을 배운 정업(靜業)이 대업(大業) 4년(606)에 "번승(蕃僧)을 가르쳤다"[21]고 되어 있으며, 혜원에게 사사하려 했으나 이루지 못하고 섭론과 십지를 배워서 정영사에서 강설한 정장(靜藏)은 대업 9년(613)에 초대되어 "동번(東蕃)을 가르쳤다"[22]고 하였고, 지론 남도파의 계보로 이어지며 열반·섭론에 능통하고 『기신론』에 대해서도 소를 지은 영윤은 대업 10년(614)에 "삼한(三韓)을 가르쳤다"라고 했고,[23] 신형(神逈)도 같은 해에 『대지도론』을 강의하고 "삼한 제방의 사(士)에 가르침을 열었다"[24]라고 하는 한편, 홍려사 이외에서는 정관 16년(642)에 죽은 승변(僧辨)이 『섭대승론』과 그 밖의 유식학을 강의하여, "대해 안과 밖의 승려들이 중국과 오랑캐가 섞여서 만 리 길을 멀다하지 않고 바람을 맞아가며 참예했다"[25]고 하며, '성실·비담·화엄·지론'에 정통하고 섭론과 열반에 뛰어났던 법상(法常, 576~654)은 자장을 비롯하여 헤아릴 수 없을 정도의 '동번서번(東蕃

---

21) 『續高僧傳』 卷12, 靜業傳, T50.17c.
22) 『續高僧傳』 卷13, 靜藏傳, T50.523b.
23) 『續高僧傳』 卷15, 靈潤傳, T50.546a.
24) 『續高僧傳』 卷13, 神逈傳, T50.526a.
25) 『續高僧傳』 卷15, 僧辯傳, T50.540b.

西蕃)'을 가르쳤다고 한다.[26] 이러한 기술에 의해 수에서 초당에 걸쳐 중국불교의 기초학이 『성실론』과 삼론사론·지론 등에서 『섭대승론』을 중심으로 하는 유식교학으로 옮겨갔다는 것, 게다가 그 계보는 지론종 남도파의 계보와 상당히 겹친다는 것을 알 수 있다.

  도선(道宣)에 의하면, 혜원의 제자로 개황(開皇) 17년(597)에 십지중주(十地衆主)가 된 혜천(慧遷)이 무덕(武德)년간(-626)의 말기에 죽은 이후, 장안에서는 십지를 개강하는 자에 관해 듣지 못했다고 하고 있다.[27] 이것은 혜천의 십지 교학을 찬탄한 것이며, 대사(大寺)에서 많은 사람을 모아 강의하는 일이 없어졌다는 것이지만, 『십지경』이나 『십지경론』의 강론이 완전히 사라졌다는 것을 의미하지는 않을 것이다. 혜원의 『대승의장』 등은 그 백과사전적인 특징도 있었기 때문인지, 신역 유식이 활성화된 이후에도 활발히 제 종의 학승에 의해 활용되었고, 자은 등은 빈번하게 혜원의 교학을 비판할 정도였기 때문에, 지론교학이 완전히 연구되지 않았다고는 생각할 수 없다. 다만 장안 학문의 주류는 『섭론』을 중심으로 하는 유식으로 옮겨갔고, 옛 지론교학은 종남산 등에 남았을 것이다. 위의 정장(靜藏)의 제자인 도산(道刪)이 도선에게 "종남 지상(終南至相)에 머물러 세상에 그 이름이 높았다"[28]고 평가되는 것에서 알 수 있듯이 종남산, 특히 지상사(至相寺) 주변에서는 지론교학의 전통이 남아 있었던 것 같다. 후세 코가쿠(布施浩岳)는 초당(初唐)의 지론 연구 쇠퇴에 대해서 언급할 때에, "그 일부는 종남산을 중심으로 잔존하여 지론종 성립 이전 및 당초의 옛 형태를 전승하면서 발전시

---

26) 『續高僧傳』 卷15, 法常傳, T50.541a.
27) 『續高僧傳』 卷12, 慧遷傳, T50.520b.
28) 『續高僧傳』 卷13, 静藏傳, T50.523b.

켰으며, 후에 화엄종이 된 것은 곧 이 계통이다"라고 기술하고 있다.[29] 그러나 지상사에 머물던 지정(智正)이나 지엄이 『섭대승론』과 『능가경』에 관한 저작을 저술했던 것이 나타내듯이 중심은 섭론교학 쪽으로 옮겨갔었을 것이다.

4. 『법계도』의 비판 대상

1) 동산법문(東山法門)에 대한 비판

『법계도』 내용의 대부분은 지엄 저서의 요약이며, 의상 독자의 사상이 드러나는 곳은 적다. 그러한 독자적 사상은 삼승을 비판한 것에 집중되어 나타나지만, 삼승 비판은 실제로는 삼승으로 불리는 경전 자체가 아니라 그러한 경론을 신봉하여 활동하는 사람들을 가리킨다고 보아야 한다. 『법계도』는 제목에 '일승'이라는 말을 쓰고 있는 것에서도 알 수 있듯이 삼승가에게 대항하여 화엄일승을 강조하고 있지만, 그 삼승이 구체적으로 어느 그룹을 가리키는가에 대해서는 지금까지 거의 밝혀진 바가 없다. 여기서 삼승을 비판한 부분을 보면, 일승과 삼승의 단혹의 차이를 논하여, 일승의 '구래성불(舊來成佛)'의 입장을 강조한 곳에서 다음과 같이 말한다.

---

29) 布施, 『涅槃宗の硏究』(叢文閣, 1942. 國書刊行會復刊, 1973), p.477. 본서는 명저이지만, 열반종·지론종·섭론종 등을 종파로서 다루고, 학승이 자종을 수호하기 위해 활동했다는 식의 서술을 하는 등, 종파의식이 너무 강한 것이 난점이다. 동산법문, 만년의 지엄의 주변과 의상의 문하, 자은과 그 문하 등에 대해서는 종파의 측면도 지니고 있지만, 지론종이나 열반종을 그와 같은 종파로 볼 수는 없다.

문: 미혹을 끊는다는 것은 무엇입니까?

답: 『십지경론』에서 설한다. "처음도 아니고 중간도 나중도 아니다"라고. 처음과 중간과 나중에 취하기 때문이다. 어떻게 끊는가? 허공과 같이 한다. 이렇게 끊기 때문에 아직 끊기 전은 끊음이라고 하지 않는다. 현재 끊은 이후를 이름하여 예부터 끊음이라고 한다. 오히려 깨달음과 같기 때문에 잠잘 때와 깨어 있을 때가 같지 않은 것이다. …… 그러므로 경에서 말하길 "보살법 가운데 한 법도 줄어드는 것을 볼 수 없고, 청정법 가운데 한 법도 늘어가는 것을 볼 수 없다"라는 것이다. 어떤 사람이 설명하여 말하길, "이와 같은 등의 경문은 이(理)에 즉하여 설한 것에 근거하며, 사(事)에 즉하여 설한 것에 근거한 것이 아니다"라고 하였다. 만약 삼승의 방편교문에 의하면 이와 같은 뜻에 합치한다. 만약 일승의 여실교문에 의거하면 그 도리를 다한 것이 아니다. 이와 사는 깜깜한 듯하여 하나로 분별이 없다. 본체와 작용은 원융하여 항상 중도에 존재한다. 스스로의 사 이외에 어디에서 이를 얻을 수 있겠는가? (問. 斷惑云何. 答. 如地論說, '非初非中後'. 前中後取故. 云何斷. 如虛空. 如是斷故. 未斷已還, 不名爲斷. 現斷已去, 名爲舊來斷也. 猶如覺故睡悟不同. …… 是故, 經言, '菩薩法中, 不見一法減. 清浄法中, 不見一法增'. 有人說言, '如是等經文, 約卽理說. 非卽事說. 若約三乘方便教門, 合有此義. 若依一乘如實教門, 不盡其理. 理事冥然, 一無分別. 體用圓融, 常在中道. 自事以外, 何處得理.) (T45.714b)

문: 삼승교 가운데도 공적하면서 항상 작용하고, 작용하면서 항상 공적한 이와 같은 뜻이 있습니다. 무엇 때문에 위에서는 오로지 이에 즉함에 편중된 법문이고, 사에 즉하지 않아서 자재하지 못하다고 합니까?

답: 이와 사가 상즉하기 때문에 이러한 취지가 있다. 사와 사가 상즉하는 것을 말하는 것이 아니다. 무엇 때문인가 하면, 삼승교 가운데서는 분별의 병을 고치고자 사를 모아서 이에 들어가게 하는 것을 입장으로

하고 있기 때문이다. 만약 별교일승에 의하면, 이와 이가 상즉하고, 또한 사와 사가 상즉한다. 또한 이와 사가 상즉하고, 또한 각각이 상즉하지 않는 것도 가능하고, 또한 상즉하는 것도 가능하다. 무엇 때문인가 하면, 中卽이 같지 않기 때문이다. 또한 이의 인다라니를 갖추고 있기 때문이고, 사의 인다라니 등의 법문도 갖추었기 때문이다. 십불과 보현의 법계의 영역 가운데는 이와 같은 방해가 없는 법계 법문이 갖추어져 있다. …… 만약 연기실상다라니법을 관찰하고자 하면, 먼저 십전을 세는 법을 깨달아야 할 것이다. (問. 三乘教中, 亦有寂而常用, 用而常寂, 如是等義. 何故上言偏卽理門, 不卽事中不自在也. 答. 理事相卽故, 有如是義. 非謂事事相卽. 何以故. 三乘教中, 欲治分別病, 會事入理爲宗故. 若依別教一乘, 理理相卽, 亦事事相卽. 亦得理事相卽. 亦得各各不相卽. 亦得相卽. 何以故. 中卽不同故. 亦有具足理因陀羅尼, 及事因陀羅尼等法門故. 十佛普賢法界宅中, 有如是等無障礙法界法門, 極自在故. …… 若欲觀緣起實相陀羅尼法者, 先應覺數十錢法.) (T45.714b)

즉 성불을 처음에 성취된 것[始成]으로 보는 입장을 『십지경론』의 "처음도 아니고 중간도 나중도 아니다[非初非中後]"의 구절[30]에 의해 부정하고, 나아가 "보살법 가운데 한 법도 줄어드는 것을 볼 수 없고, 청정법 가운데 한 법도 늘어가는 것을 볼 수 없다"를 설하는 '경'의 문장을 인용하여 "이와 같은 경문은 이에 즉함에 입각하여 설하는(본래적인 '이'의 측면에 관해 논하는 입장에서 설명한 것이다)" 것으로서, "사에 즉하여 설하는 것이 아니다(현실의 사태에 관해서 설하는 것이 아니다)"라고 주장하는 '어떤 사람[有人]'에 대해서는, 그것은 '삼승방편 교문'에 근거한 해석에 지나지 않는다고 단언한다. 다만 삼승이라 해도

---

30) 『十地經論』 卷2, T26.132b.

수행자(=보살)가 그대로 불타이며 불타가 그대로 수행자라는 법문이 있는 한, 삼승은 '이'의 측면만을 논하는 것이고, '사'에 있어서 '자재'하지 않다고 단정할 수는 없을 것이라고 의문을 드러낸다. 그러자 그것에 답하여, 삼승의 수행자와 불타에 대해서 그와 같은 관계임을 설하는 것은 '이사상즉'에 의거한 것으로 최종적으로는 '이'로 돌아가게 하기 위한 것에 지나지 않으며, 이와 이, 사와 사, 이와 사의 상즉·불상즉이 자유로운 인다라망(因陀羅網)과 같은 무장애를 설하는 화엄 별교일승의 법문과는 크게 다르다고 주장하는 것이다.

위의 인용문 중에서 '경'에 관해서는, 『국역일체경』의 『법계도』 역주[31]에서 『화엄경』「십명품(十明品)」의,

> 일체법에 다 성품이 있지 않음을 알며, 일체법에 오고 감이 없음을 알며, 일체법에 다름이 없음을 알며, 일체법이 둘도 아니고 둘이 아님도 아님을 알며, 일체법이 무아임을 알며, 일체법이 비교할 수 없음을 알며, 일체법이 태어나지 않음을 알며, 일체법이 소멸하지 않음을 알며, 일체법이 온 곳이 없고 가서 도달할 곳도 없음을 알며, 일체법이 파괴되지 않음을 알며, 일체법에 진실되지 않지 않음을 알며, 일체법이 일상이며 무상임을 알며, 일체법이 존재하지 않음을 알며, 일체법이 없지 않음을 안다. (知一切法悉無有性. 知一切法無來無去. 知一切法無別異. 知一切法不二非不二. 知一切法無我. 知一切法無比. 知一切法不生. 知一切法不滅. 知一切法無所從來, 去無所至. 知一切法無壞. 知一切法非不實. 知一切法一相無相. 知一切法非有. 知一切法非無.)(T9.579c)

의 부분을 들고서 나아가 『불지경론』 권5의 기술,

---

31) 鎌田茂雄, 『國譯一切經.諸宗部四上』(大東出版社, 1979), p.247.

이 보살은 일체법이 생겨나지도 소멸하지도 않으며 인연으로 존재함을 관찰한다. 논에서 말한다. "일체법은 생겨나지도 소멸하지도 않는다"라는 것은 청정법 가운데 늘어가는 것을 볼 수 없고, 번뇌망상 가운데서 소멸하는 것을 볼 수 없다는 것이다. 인연으로 모여 생기하기 때문이다. 저 청정(법) 가운데는 한 법도 늘어날 수 없고, 저 번뇌의 망상 가운데서는 한 법도 소멸할 수 없다. (是菩薩觀一切法不生不滅因緣而有. 論曰. 一切法不生不滅者, 於清浄法中不見增, 於煩惱妄想中不見減. 因緣集生故. 彼清浄中, 無一法可增, 彼煩惱妄想中, 無一法可減.)(T26.158b)

를 들고 있다. 『화엄경』에는 용어도 내용도 공통되는 곳이 없기 때문에, 『불지경론』을 출전으로 보아도 좋을 것이다. 다만 그렇게 되면 『불지경론』에서 '처음도 중간도 나중도 없는'의 '구래성불'을 설하는 것이 되어버린다. 『법계도』의 이 부분은 『화엄경』의 구래성불설을 드러내야 하는 곳이기 때문에 『국역일체경』이 『화엄경』에서 출전을 구하여 그것을 먼저 밝히는 것은 당연하다. 모두 성불하는 것을 인정하지 않는 신역 유식가가 『불지경론』의 이 부분을 교증으로 사용했기 때문에, 의상이 반발하여 같은 곳을 거론한 것일까.[32] 만일 『화엄경』에서 출전을 구한다면 『법계도』가 바로 앞의 부분에서 "무엇이 끊음인가 허공과 같다[云何斷. 如虛空]"라고 말하고 있으므로,

불자여, 여래신 가운데서 일체 중생이 보리심을 발하며, 보살행을 수행하며, 이 위없는 깨달음을 성취하는 것을 다 본다. 나아가 일체중생

---

32) 『법계도』에서는 신역 경론에 거의 관심을 보이지 않고 있음에도 불구하고, 『佛地經論』의 인용이 많은 것은 의문이며 검토를 필요로 한다. 또한 무량의 중생이 성불해도 중생계에 증감이 없다는 것은 『文殊說般若經』卷上에서도 강조되고 있다(T8.726c).

이 적멸하여 열반에 도달한 것을 보는 것도 또한 이와 같다. 모두 다 일성이며 그것은 무성이기 때문이다. …… 비유하면 허공계는 세계가 성립해도 괴멸해도 항상 늘어나거나 줄어들지 않는다. 왜냐하면 허공은 생기하거나 소멸하지 않기 때문이다. 여래·응공·정등각은 보리를 완성하든 완성하지 않든 항상 늘어나거나 줄어들지 않는다."(佛子, 如來身中, 悉見一切衆生發菩提心, 修菩薩行, 成等正覺. 乃至見一切衆生寂滅涅槃, 亦復如是. 皆悉一性以無性故. …… 譬如虛空界, 世界若成若敗, 常無增減. 何以故. 虛空無生滅故. 如來應供等正覺, 菩提若成未成, 常無增減.)(T9.627a)

라고 되어 있듯이, '허공'을 비유로 삼고 있는 「성기품」의 기술 등을 언급해야 할 것이다. 아마도 의상은 『화엄경』의 이러한 기술을 염두에 두면서 신역경론을 사용하는 사람들을 비판하여 위와 같이 썼다고 생각한다. 즉 『법계도』의 이 부분의 전후는 비판하려는 마음이 앞서서 구성이 갖추어지지 않았던 것이다. 어쨌든 간에, '어떤 사람'이란 이불성(理佛性)과 행불성(行佛性)을 구별하여 행불성의 결과인 '사(事)'로서의 불타의 과덕(果德)과 인(因)을 완전히 별개의 것으로 보고 오성각별을 설한 신역 유식가들로 보아도 무방할 것이다. 만년의 지엄도 『공목장』「수명품수명차별장(壽命品壽命差別章)」에서 "대승초교에서는 불상응은 이(理)이며 사(事)가 아니다"33)라고 기술하듯이, '이'를 설할 뿐이고 '사'의 측면을 부정하려는 사람들에 대해서는 신역 유식가에 해당하는 대승초교에 위치시키고 있다.

다만 불성에 관해서 이성(理性)·행성(行性)을 설하는 것은 지론종의 전통이며, 일승가(一乘家)의 경우에도 "모든 사람은 이(理)로서의 불성

---

33) 『孔目章』卷4, T45.576a.

을 가지고 있는 이상, 장래에 반드시 사(事)로서의 불과를 얻을 것이다"
라고 설하는 것이 일반적이기 때문에, 중생의 현재 상태에 관해서 이의
측면밖에 인정하지 않는 인물, 그것도 신역 유식가가 오성각별설의 근
거로 삼는 『불지경론』 등에서도 위와 같은 내용을 읽어 내어 개성설(皆
成說)을 주장하는 인물이 있었을 가능성은 있다. 그러한 인물이라면
『화엄경』에 대해서도 이의 불성을 설하는 것으로 보아, 다른 불성·여래
장 계통의 경전과 같이 취급할 것이므로, 지엄의 문하로서는 명백한 오
성각별논자보다도 오히려 그러한 형태의 개성(皆成) 논자 쪽이 성가신
상대였을 것이다.

그런데 문제는 "삼승교 가운데도 공적하면서 항상 작용하고, 작용하
면서 항상 공적한 이와 같은 뜻이 있다. 무엇 때문에 위에서 말하길 오
로지 이에 즉함에 편중된 법문, 사에 즉하지 않아서 자재하지 못하다고
하는가?"라고 의문을 제기하는 부분이다. 이것은 이사무애를 설하는
종교(終敎)의 법문을 가리키는 듯한데, '적이상용, 용이상적(寂而常用,
用而常寂)'이라는 표현 자체는 실제로는 『대승무생방편문(大乘無生方便
門)』에서,

> 본체와 작용은 명확하게 나눠진다. 생각을 떠난 것을 체라고 이름한
> 다. 보고, 듣고, 깨닫고, 아는 것이 작용이다. 적멸의 상태에 있으면서
> 항상 작용하고, 작용하면서 항상 적멸의 상태에 있다. 작용이야말로
> 적멸이다. 모습을 떠난 것을 적멸이라 이름하고, 적멸의 상태에서 지
> 혜로 관찰하고, 관찰하면서 적정의 상태이다. 적멸이면서 지혜로 관찰
> 하는 것은 본성으로 인하여 현상을 일으키는 것에 해당하고, 지혜로
> 관찰하면서 적정한 것은 양상을 수렴하여 본성에 귀의시키는 것이다.
> 펼치면 우주에 넓어지고, 모으면 즉 모두 터럭 끝에 수렴된다. (體用

分明. 離念名體, 見聞覺知是用. 寂而常用, 用而常寂. 卽用卽寂. 離相
名寂, 寂照照寂. 寂照者, 因性起相, 照寂者, 攝相歸性, 舒則彌淪法
界, 卷則總在於毛端.)(T85.1274b)

이라고 설하고 있듯이, 북종선의 문헌인 『대승무생방편문』과 동 계통의
이본군(異本群)[34]과 같은 선(禪) 문헌에서 종종 발견된다. 물론 '적(寂)'
과 '조(照)'를 대비하여 논하는 것은 『영락경』 권하의 「석의품(釋義品)」
말미에서 「불모품(佛母品)」의 서두에 걸친 부분이,

> 그러므로 불장이고, 일체법을 적정 그대로 비춘다고 이름한다. 부처
> 로부터 이하 일체보살은 지혜로 비추면서 적정의 상태이다. 그러므로
> 불자야. 나는 옛날 제4선 가운데 있을 때, 8억의 범천왕을 위해 선정
> 에 있으면서 지혜를 밝히는 것을 설했다. 여래는 무심이며 양상이 없
> 고, 일체법을 적정 그대로 지혜로 관찰한다. …… 적정이면서 지혜로
> 관찰하고, 관찰하면서 적정하다는 의미는 무엇입니까. (故名佛藏而寂
> 照一切法. 自佛以下一切菩薩照寂. 是故佛子, 吾昔第四禪中, 爲八億
> 梵天王, 說寂照. 如來無心無色而寂照一切法. …… 寂照照寂之義復
> 云何.)(T24.1018b)

라고 설하는 것에 근거하고 있다. 또한 '~이면서도 항상'이라는 역설적
인 관습 표현 자체는 중국에서는 예부터 선호되었고, 『마하지관』 등에
도 "지가 체의 진에 즉하면 비추면서 항상 적정하며, 지가 수연에 즉하
면, 적정하면서 항상 비춘다[止卽體眞, 照而常寂, 止卽隨緣, 寂而常
照]"[35]라는 표현이 보이는데, 위의 인용문이 나타내듯이 『영락경』에 따

---

34) 같은 계통의 諸本에 대해서는, 伊吹敦, 「『大乘五方便』の諸本について」(『南都佛
    敎』65, 1991. 3).
35) 『摩訶止觀』 卷5上, T46.58a.

라서 '적(寂)'과 '조(照)'를 논하는 것이 보통이며, 이 점은 지엄의 저작에서도 예외가 아니다.[36] 이것을 '적(寂)'과 '용(用)'으로 논하면서, 게다가 '적이상용 용이상적(寂而常用 用而常寂)'이라는 대구를 사용하는 예로서는, 다음에 보이는 것처럼 『조론(肇論)』의 「반야무지론(般若無知論)」이 있다.

> 작용하면서 그대로 적정이고, 적정이면서 그대로 작용이어서, 작용과 적정은 본체가 하나이다. 같은 근원에서 나와서 이름이 다르다. 작용이 없는 적정은 전혀 없다. 그러하면서 작용을 주로 삼는 것이다. (用卽寂, 寂卽用, 用寂體一. 同出而異名. 更無用之寂. 而主於用也.) (T45.154c)

그러나 의상과 그 문하는 『조론』이나 그 계통의 저작을 인용하지 않기 때문에, '적'과 '용'의 상즉을 설하는 것은 『조론』에 직접 의거하는 것이 아니라, 의상의 입당 시기에 『조론』 등을 존중하던 그룹, 즉 삼론종이나 선종의 영향으로 보아야 할 것이다.

또한 『법계도』의 위의 인용문에 보이는 '삼승방편교문'이라는 말은 의상의 『법계도』보다 조금 일찍 저술된 지엄의 『공목장』 권1의 일승삼승의 장(一乘三乘義章)에 보이는데, 거기에서는 『능가경』의 '무분별리상일승(無分別離相一乘)'을 소개한 후에,

> 만약 돈교의 입장이라면 즉 일체의 수행의 위지는 어느 것도 불가설이다. 모습이 없기 때문이다. 이것은 삼승방편설에 근거한 것이다. 만

---

36) '照寂寂照'라는 말은 『搜玄記』의 단계에서 이미 나온다(卷2上, T35.34a). 또한 돈황 출토 『十地義記』 卷1에는 '大士寂用俱行'(T85.236c)이라는 말이 보이지만, 본서의 성립 시기는 분명하지 않다.

약 일승원통의 교설에 근거하면 취의에 의거하여 자재하여 종합적인 존재 방식과 개별의 존재 방식이 서로 성립한다. (若約頓教, 卽一切行位, 皆不可說, 以無相故. 此擄三乘方便說. 若依一乘圓通之敎, 由義自在, 總別相成.)(T45.537c)

이라 기술하여, 일체행위를 '불가설'로 보는 돈교(頓敎)의 입장과 "의미에 의거하여 자재하여 총상과 별상이 상호 성립한다"는 『화엄경』과의 차이를 강조한다. 지엄은 만법의 진실된 모습으로 생각하기 쉬운 '무상(無相)'을 실은 삼승의 방편이라고 언명하면서, 돈교를 고정적인 분별을 버리게 하여 『화엄경』이 나타내는 무한하게 다양한 존재의 모습에 깨달아 들어가게 하기 위한 수단으로 간주하는 것이다. 만년에 지엄이 설하는 돈교는 단계적인 행위설을 일체 부정하는 '불가설', '무상'의 입장을 가리키는 것에 주의해야 할 것이다.

이와 같이 '삼승방편교문'이라는 비판적인 규정은 『공목장』에 있어서 점교(漸敎)인 대승초교뿐 아니라, 돈교를 포함할 수 있는 것이었다. 『법계도』의 그 '삼승방편교문'이 지엄의 그러한 자세를 수용한다는 것은 분명할 것이다. 소승이나 신역 유식설과 같이 화엄교학과 완전히 대립하는 주장이 아니라, 화엄교학에 가까운 설, 즉 '이사상즉(理事相卽)'적인 논의를 전개하거나, 혹은 '무상'의 실천을 배경으로 하면서 중생과 불타의 구별을 부정하는 자들과 자신의 입장과의 차이를 강조하려 했기 때문에, 이와 이, 사와 사, 이와 사 사이의 자유로운 상즉·불상즉 등의 독자 주장이 이루어지게 된 것으로 생각된다. 실제로 『법계도』에서 신역 유식 비판으로 생각되는 부분은 매우 적으며 삼승비판의 대부분은 화엄에 가까운 입장, 즉 종교와 돈교에 대한 것이다. 이것은 만년의 지엄의 경우도 마찬가지여서, 신역 유식설에 대해서는 『오십요문답』에서 이미 화엄교학 안에 거의 다 편입시켰기 때문인지, 마지막 저서인 『공목장』에서는 신역 유식설보다 오히려 화엄교학에 가까운 사상을 강하게 의식하고 있는 것으로 보인다. 『법계도』는 지엄이 죽기 2개월 전의 저작이기 때문에, 『법계도』의 비판 대상에 대해서 검토할 때에는 '무상', '불가설'을 설하는 습선자들에 대한 지엄의 그와 같은 자세에 주의하지 않으면 안 된다.

그런데 『공목장』에서 그와 같은 기술을 찾아보면, 권2의 통관장(通觀章)에서는 '이언설상(離言說相)'의 '일행삼매(一行三昧)'를 돈교와 같은 것으로 보고 있는데,[37] '일행삼매'란 말할 것도 없이 동산법문[38]을 상징하는 말인 것이다. 이 점에 관하여 고바야시 엔쇼(小林圓照)가 1976년에 발표한 논문 「일행삼매론」에서 『공목장』의 일행삼매는 선종의 일행삼매를 가리킨다고 한 것[39]은 대단히 중요한 지적이었다. 다만 이 논문은 선종을 비롯한 당시 불교 여러 학파에서의 일행삼매 양상 전반을 드러내는 것이 주목적이었기 때문에, 『공목장』에서의 일행삼매 용례에 대해서는 "동산법문, 혹은 신수(神秀)·혜능(慧能) 시대의 선 이해의 하나의 지표"가 될 수 있다는 것을 시사하는 정도에 그치고 있어, 『공목장』의 용례와 선종 문헌에서의 용례를 대조하지는 않았다. 그렇기 때문인지, 고바야시의 이 지적은 화엄교학의 연구자에 의해서 주목되지 않았다.

예를 들어 최근 간행된 요시즈 히데요시(吉津宜英)의 『화엄일승사

---

37) 『孔目章』 卷2, 通觀章, T45.550a.
38) 東山法門은 협의로서는 弘忍의 법문을 가리키는 말이지만, 이하에서는 弘忍뿐 아니라 道信도 포함하여 동산법문이라 부른다.
39) 小林圓照, 「一行三昧論」(『日本佛教學會年報』41, 1976. 3), pp.168~169.

상의 연구(華嚴一乘思想の硏究)』에서는 지엄 만년의 오교판이 확립된 최대의 이유는 "현장 문하의 기(基, 窺基, 632~683)의 활약과 그 교학 형성에 대한 비판일 것으로 생각한다"[40]고 하고 있고, 또한 기무라 기요타카(木村淸孝)의 『중국화엄사상사(中國華嚴思想史)』에서는 지엄이 만년에 불가설을 강조한 돈교에 대해서는 "교판의 범주에서 제외하는 것도 가능하다. 아니, 어떤 측면에서 말하면 오히려 그 편이 적절하다"라고 한 후에, 돈교는 점교와 원교와의 차이를 두드러지게 하는 것으로, 가설(可說)의 점교와 불가설(不可說)의 돈교를 포함하면서 초월하는 일승원교 경지와 계위의 특질을 밝히기 위해 도입된 것이라고 하였다.[41] 이것은 아마도 화엄교학의 일인자였던 사카모토 유키오(坂本幸男)가 "어떤 측면에서 생각해 보면, 화엄의 오교판이 성립하게 된 주된 이유는 현장에 의해 전해진 유식설에 전불교학 체계 내에서 어떤 지위를 부여할 것인가라는 문제를 해결하려 했던 결과라고 볼 수 있다고 생각한다"[42]라고 기술한 것이 통설이 되었기 때문이라고 생각된다. 사카모토의 견해가 지지되고 있는 이유는, 신역 유식설에 배대된 대승초교라는 말이 확인되는 시점이 지엄 만년의 저작에서부터인 것에 비해, 돈교의 경우는 27세의 저작인 『수현기』의 단계에서 이미 '점돈원(漸頓圓)'이라는 3교판의 일부로서 등장하고 있는 것도 하나의 원인이 되었다고 할 수 있다.

---

40) 吉津宜英, 『華嚴禪の思想史的硏究』(大東出版社, 1991), p.30. 다만 吉津은 법장에 관해서는 『探玄記』의 단계에서의 돈교에 대해서 동산법문의 유행 때문에 '禪의 頓悟를 상정하지 않았다고 단정할 수는 없다'고 말한다(同, 『華嚴一乘思想の硏究』, 大東出版社, 1991, p.287).

41) 木村淸孝, 『中國華嚴思想史』(平樂寺書店, 1992), p.88.

42) 坂本幸男, 『華嚴敎學の硏究』(平樂寺書店, 1956), pp.402~403.

그러나 지금까지 본 것처럼, 만년의 돈교는 지론종 가운데 점돈원 3
교판의 한 부분인 돈교와는 완전히 다르다. 게다가 같은 만년의 저작
인『오십요문답』에서 돈교는 거의 문제시되지 않고, 마지막 저작인『공
목장』에 들어서 크게 다루어지고 있기 때문에, 돈교라고 칭하는 사상을
신봉하는 그룹은 지엄의 가장 만년에 급격하게 주목받게 되었다고 보
아야 할 것이다.

이 그룹에 대해서 검토할 때에 단서가 되는 것은 홍인(弘忍)의 중요
한 제자 중 한 사람인 혜안(慧安, 582~707)이다. 그는 인덕(麟德) 원
년(664)에 종남산 석벽(石璧)에 머물던 때에, 그의 신이함을 들은 황제
로부터의 부름에 응하지 않았다고 전하는『송고승전』의 기술이다.[43] 실
제로 고종(高宗)의 부름을 받았는가 아닌가의 문제는 차치하고, 혜안이
인덕 원년 전후로 종남산에 머물러 주목을 받았던 것이 사실이라면,
이것은 바로 지엄의 가장 만년으로『공목장』이 저술된 시기와 겹친다.
북종 관계의 문헌에는 장안과 낙양에 동산법문을 널리 퍼뜨린 인물로
법여(法如)나 신수(神秀)라 불리는 자가 있지만, 그러한 기술은 법여나
신수의 법계에 속하는 사람이 "장안과 낙양에 본격적으로 동산법문을
펴서 황제의 부름을 받은 것은 우리 법계의 ~ 스승이 최초다"라고 주
장하기 위한 것으로 보아야 할 것이다. 지엄보다 1년 먼저 입적했고, 지
엄과 같이 종남산에 머물던 도선이 만년이 되어 대폭적으로 증보한『속
고승전』습선편의 글에서 보리달마를 찬탄하여, "대승벽관(大乘壁觀)

---

43) 『宋高僧傳』卷18, 慧安傳, T50.823b. 또한 나중의 일이지만, 終南山에는 藍田의
    義福, 惠福이 있었고, 神秀도 장안에 갔을 때에 종남산에 머물렀던 적이 있었던
    것 같다는 점(柳田聖山,『禪の語錄 2 初期の禪史 I』, 筑摩書房, 1971, p.298)을 고
    려하면, '동산법문'이 장안에 진출하기 이전부터 종남산은 동산법문 승려의 활동
    거점이 아니었을까 생각된다.

의 공업(功業)이 가장 높다. 재세의 학류(學流)로 우러러 귀의하는 자가 문전성시를 이루었다"고까지 평하는 한편, 달마의 진의를 체득하지 않은 습선자들의 거슬리는 행동을 비난했던 것[44]은 법여나 신수와 같은 거물은 아니더라도 동산법문을 신봉하는 자들이 도선의 재세 중에 장안, 낙양이나 종남산에서 적극적으로 활동하기 시작하여 주목을 받았던 것을 나타내는 것으로밖에 생각할 수 없다. 동산법문의 주장을 기록한 짧은 저작 등도 물론 유포되기 시작했을 것이다. 선종사 연구자는 당대(唐代) 선종의 무리와 마찬가지로, 황제의 부름을 받았는가 여부를 지나치게 중시하고 있는 것은 아닐까. 또한 「숭산회선사고대덕도안선사비명(崇山會善寺故大德道安禪師碑銘)」에서는 "처음으로 산문이 널리 천하에 두루함을 얻었다[得始山門徧於天下也]"[45]라고 하여 동산법문을 천하에 알린 공로자는 혜안이라고 하는데, 이 기술의 경우도 혜안 혼자서 동산법문을 천하에 널리 폈다고 이해해서는 안 될 것이다. 어찌되었건, 『문수설반야경(文殊說般若經)』의 일행삼매에 의거한다고 얘기되는 동산법문이 지엄이나 도선의 가장 만년 무렵에 급격하게 주목을 받게 된 것은 의심의 여지가 없다.

그 일행삼매에 대해서『공목장』3권의「초명십지품십지장(初明十地品十地章)」에서는 다음과 같이 설하고 있다.

제4 돈교의 입장에서 나타내는 것은 다만 한 문이 있을 뿐이다. 소위 무상이다. 왜인가. 일행삼매에 의하기 때문이다. 저 일미의 진여에 의해 성립하기 때문에 많은 다른 형태의 법문이 있다고 설할 수 없다. 성불도 또한 그렇다. 일체의 것으로부터 모두 떠난 것을 부처라고 이

---

44)『續高僧傳』卷20, T50.596c.
45)『全唐文』卷396.

름한다. (第四約頓教明者. 唯有一門. 所謂無相. 何以故. 由成一行三
昧故. 乘彼一味眞如所成故. 不可說有諸異相門. 成佛亦如此. 一切俱
離, 是名佛也.)(T45.561a)

즉 돈교에는 '무상(無相)'의 한 문이 있을 뿐인데 그것은 일행삼매를
행하기 위한 것이고, 또한 일미(一味)의 진여에 오름으로써 무상에 도
달하기 위한 것으로, 무상 이외의 법문은 없다. 성불에 관해서도 마찬
가지여서, 일체의 분별을 떠난 상태를 그대로 불타라고 부른다. 이것이
「십지장」이 설하는 돈교의 내용이다. 위의 인용문에 대응하는 기술은
북종선의 문헌에 종종 보이며, 예를 들어『능가사자기(楞伽師資記)』의
도신(道信)의 항목에서 상당히 대응되는 부분을 찾을 수 있다.[46)]

먼저 '무상'의 한 문이 있을 뿐이라는 점에 대해서는, 도신의 항목에
서 '무상'이라는 말이 확인된다. 즉 "무량의(無量義)란 한 법에서 나온
다. 그 한 법이란 곧 무상이다"라고 설하는『무량의경』의 문장을 인용
한 후에,

좌선할 때는 식심이 막 움직이기 시작하는 것을 자각해야 한다. 식심
이 그때 그때 흐르지만, 오고 감에 따라서 모두 알도록 시킨다. 금강
의 지혜로 엄격하게 점검하고, 마치 초목이 무언가 특별하게 아는 것

---

46) 이하의 논술은『楞伽師資記』의 道信 항목이 실제로 도신이 설한 말이나 도신의
저작에서 인용한 것임을 논증하려는 것은 아니다. 여기에서는 도신의 항목을, 지
엄 만년에 어떤 사상이 신흥 습선자 그룹의 주장으로서 인식되었던가를 알기 위
한 재료로 다룬다. 또한 本節에서는 주로 동산법문에 대한 비판에 대해서 검토하
는데,『공목장』이 "先人, 이미 저 (『華嚴經』의) 종지에 통하였다(T45.586c)"고 언
명하여 인용하는 慧命의『詳玄賦』가,『楞伽師資記』에서는 璨禪師의 주석으로 간
주되는『詳玄傳』에 포함된 형태로 나오는 점, 또한 후술하듯이 의상이 동산법문
에 반발하는 동시에 어떤 부분에서는 공감하고 있는 것에서도 알 수 있듯이, 개개
의 요소에 대해서는 사상적으로 상당히 유사한 부분도 있었음을 간과할 수 없다.

이 없는 것처럼 알아도 알려지는 것이 없고, 그렇게 되어야 일체지라고 이름 붙이는 것이다. 이것이 보살의 일상법문이다.(坐時當覺識心初動. 運運流注, 隨其來去, 皆令知之. 以金剛恵徴責, 猶如草木無所別知, 知所無知, 乃名一切智. 此是菩薩一相法門.)(T85.1287b)

라고 주장하고 있어, '무상'이야말로 근본이며 보살의 '일상법문(一相法門)'임이 강조되고 있다. 다음으로 '일행삼매'에 대해서는 아래에 인용하는 도신의 항목에서 매우 유명한 부분으로『문수설반야경』의 일행삼매설이 소개된다.

저 도신법사는 다시 선문을 열고 천하에 유행시켰다. 저서에『보살계법』한 책이 있다. 그리고『제입도안심요방편법문』이 있고, 기연과 능력이 성숙한 사람을 위해서 설하였다. "나의 이 법요는『능가경』에서 말하는 '제불심제일(諸佛心第一)'"에 의한다.『문수설반야경』에서 말하는 "문수사리가 말한다. 세존이시여. 어떻게 일행삼매라고 이름하는 것입니까. 부처가 말한다. 법계는 일상(一相)이다. 생각을 법계에 집중시키는 이것을 일행삼매라고 이름한다. 만약 선남자·선녀인이 일행삼매를 실천하고자 하면, 우선 반야바라밀의 교설을 듣고, 가르침대로 수행하면, 그 후에 일행삼매에 들어가는 것이 가능하다. 법계라는 대상은 불퇴이고 불괴이며 부사의이고, 장애가 없는 무상이다. 선남자·선녀인이여, 일행삼매에 들어가려거든 아무것도 없는 조용한 곳에 있고, 산란한 마음을 버리고, 표상을 파악하지 않고 마음을 한 부처에 집중시켜, 오직 명자를 외우고, 부처가 있는 방향에 대해서 자세를 올바로 향하고, 한 부처에 대해 한 순간 한 순간 이어지면, 과거·미래·현재의 모든 부처를 볼 수 있다. 왜 그런가. 한 부처를 염하는 공덕은 무량무변하고, 또한 무량제불의 공덕이 둘이 아니어서 부사의한 것과 같기 때문이다. 부처와 법은 똑같이 무분별이고, 모두 하나의 진여에 올라타서 최정각을 완성하며, 무량의 공덕, 무량의 변재를 갖춘다. 이와 같이 일행삼매에 들어가는 자는 갠지스 강의 모래 수만큼 많은 모든 불법계의 무량한 차이의 모습을 전부 안다. 몸도 마음도 다리를 올리거나 내리거나 항상 도량에 있으며, 하는 것 모두가 보리가 된다. (其信禪師再敞禪門, 宇內流布. 有菩薩戒法一本, 及制入道安心要方便法門, 爲有緣根熟者說, 我此法要, 依楞伽經諸佛心第一. …… 文殊說般若經云, 文殊師利言, 世尊, 云何名一行三昧. 佛言. 法界一相. 繫念法界, 是名一行三昧. 若善男子善女人, 欲入一行三昧, 當先聞般若波羅蜜, 如說修行, 然後能入一行三昧. 如法界緣, 不退不壞不思議, 無礙無相. 善男子善女人, 欲入一行三昧, 應處空閑, 捨諸亂意, 不取相貌, 繫心一佛, 專稱名字, 隨佛方便所, 端身正向, 能於一佛念念相續, 卽是念中能見過去未來現在諸佛. 何以故. 念一佛功德無量無邊, 亦與無量諸佛功德無二不思議[47]. 佛法等無分別, 皆乘一如成最正覺. 悉具無量功德無量辯才. 如是入一行三昧者, 盡知恒河沙諸佛法界無量差別相. 夫身心方寸, 舉足下足, 常在道場. 施爲舉動, 皆是菩提.)(T85.1286c-1287a)

게다가 여기에는 "모두 하나의 진여[一如]에 올라타서 최정각(最正覺)을 완성하며"라는 말이 보이는데, 이것이 『공목장』에서 말하는 "그 일미진여에 올라타서 완성하는 것이기 때문에"에 해당할 것이다.[48] 또한 『공목장』의 "여러 이상의 문[諸異相門]이 있다고 설해서는 안 된다"라는 부분은 위의 인용문 중에서 "이와 같이 일행삼매에 들어가는 자는 갠지스 강의 모래 수만큼 많은 모든 불법계 무량한 차이의 모습을 전부

---

47) 염불의 공덕이 무량인 이상, 一佛을 염하는 공덕과 무량의 불타를 염하는 공덕은 모두 무량하여 동등하다 것은 일종의 '무량의 패러독스(paradox, 역설)'로, 중국에서 말하는 名家의 논의에 가깝다. 법장의 교리 등도 그러한데, 隋唐의 불교에는 『莊子』, 「天下篇」의 해석 등을 통하여 六朝 이래로 존속해 왔던 이러한 패러독스에 대해 지적인 흥미를 지속적으로 수용했다고 생각되는 부분이 있다.

48) 『孔目章』이 말하는 '一味眞如'란, 화엄일승의 진여와는 구별되는 삼승의 진여로서 부정적인 의미로 사용된다. 『공목장』의 진여설에 대해서는, 中條道昭, 「智儼の教判について」(『駒澤大學佛敎學部論集』9, 1978. 11).

안다"라는 것과 같은 취지로 보아도 좋을 것이다. 「십지품십지장」의 돈교 정의의 마지막 부분인 "일체가 함께 떠난다. 이것을 불타라고 부른다"라는 구절에 대해서 도신의 항목에는 해당하는 문구가 없지만 문제가 많은 구나발타라(求那跋陀羅) 항목에는,

> 진실의 본성에 합치한 자는 생사와 열반이 구별이 있다고 보지 않는다. 범부와 성인은 다름이 없고, 대상과 보는 측의 지혜는 둘이 아니다. 이와 사는 함께 서로 녹아들어 가고 진과 속은 동동하게 관찰하고, 염과 정은 일여이다. 부처와 중생은 본래 평등하여 같다. 『능가경』에서 말한다. "열반 등은 전혀 없고, 열반한 부처도 없다. 부처의 열반도 없다. 지각과 지각되는 측을 벗어나, 존재하든 존재하지 않든지 이 두 가지는 모두 벗어난다."(會實性者, 不見生死涅槃有別. 凡聖無異, 境智無二. 理事俱融, 眞俗齊觀, 染淨一如. 佛與衆生, 本來平等一際. 楞伽經云, 一切無涅槃無有涅槃佛, 無有佛涅槃. 遠離覺所覺. 若有若無有, 是二悉俱離.)(T85.1284b)

라고 되어 있듯이, 불타와 중생의 평등을 강조하면서 『능가경』의 문장을 인용한 곳에 "모두 벗어난다[悉俱離]"라는 단어가 보이며, 여기에서도 '일여(一如)'라는 용어가 사용되고 있다.

다음으로 앞에서 본 『공목장』 권2의 「범행품명통관장(梵行品明通觀章)」에서 통관(通觀)이란 '일무분별지정(一無分別智定)'이라고 단언하고, 이 관은 '이언설상불가설(離言說相不可說)'을 이루는 것으로 일행삼매의 입장이며, 그 가르침에 의해서 얻어지는 경지는 돈교와 같다고 평하고 있는데, '무분별'을 행하는 것과 일행삼매와의 관계에 대해서는, 앞의 도신조의 인용문 중에서 "부처와 법은 똑같이 무분별이고, 모두 하나의 진여에 올라타서 최정각을 완성하며, 무량의 공덕, 무량의 변재를

갖춘다. 이와 같이 일행삼매에 들어가는 자는[佛法等無分別, 皆乘一如 成最正覺, 悉具無量功德無量辯才, 如是入一行三昧者]……"이라고 설해 진 것과 같다. 또한 도신조 중에서 『화엄경』 「이세간품」의 경문을 인용 하여 일념이 무량겁, 일방이 무량방임을 강조하는 부분에서는 나아가 "무량한 중생을 멸도시키지만, 실로 중생이 멸도를 얻은 자는 없다"고 설하는 『금강반야경』의 문장[49]을 인용하여,

> 초지에 있는 보살은 당초는 일체공을 깨닫고, 후에 일체불공을 깨닫
> 는다. 이것은 즉 무분별지이다. 또한 색이 바로 공이고, 색이 멸하여
> 공이 되는 것이 아니고, 색의 본성이 공이다. (所初地菩薩初證一切
> 空, 後證得一切不空. 卽是無分別智. 亦是色卽是空, 非色滅空, 色性是
> 空.)(T85.1287c)

이라고 설하여, 일행삼매와는 직접적인 관계가 없지만 '무분별지'라는 말이 보인다. 이와 같이 『공목장』이 일행삼매에 관해 설명하는 점은 『능 가사자기』의 주장, 특히 도신의 항목과 잘 대응되는 것이다. 이로 보아

---

49) 『金剛般若經』, T8.749a에서 取意함. 지엄의 저작으로 전해지는 『金剛般若波
羅蜜經疏』는 『금강반야경』이 일승의 경전이 아님을 강조하는 것에 주된 목적
이 있었다. 본서에 대해서 지엄의 찬술이라는 전승이 의심되지는 않았지만, 釋
題 안에 '琳音云'(T33.239)이라 하면서 '金剛'의 범어를 제시하고 있는 것은 慧琳
(738~820)의 『일체경음의』에 의한 것이며, 또한 세주에서 建中 3年(782)에 당에
온 般若三藏의 『守護國界經』을 인용(239c)하는 것도 시대가 너무 내려가기 때문
에, 본서는 적어도 현행본에 관해서는 지엄의 저작으로 볼 수 없다. 다만 吉津宜英
이 지적하듯이, 교판 등은 지엄의 다른 저작과 공통되는 점이 있기 때문에(吉津,
주40의 앞의 책, pp.32~34), 지엄의 疏나 강의에 근거하여 증광되거나 작성되었
을 가능성도 있다. 아마 이것도 습선자의 일부가 『금강반야경』을 존중하여 일승
이라 주장했던 것에 대한 화엄 측의 반발일 것이다. 비판 부분은 다음과 같음. '此
經所爲, 名同小乘. 所有法門, 主伴不具. 所述文義, 唯局一方. 唯說理門, 逐其解行.
以此爲驗非卽一乘. 若從所流, 皆依一起'(239a). '(경명에 보이는) 佛者, 此旣三乘
敎故, 佛是化身佛'(239c). '今此經宗唯揀小乘, 義局大乘及一乘義也'(241a).

지엄은 동산법문에 대해서 단순히 소문을 들은 정도가 아니라, 도신의 저작이나 도신의 주장에 근거하는 동산법문의 문헌을 직접 보았던 것으로 생각된다. 참고로 『능가사자기』에서 '무분별'이라는 말이 나오는 다른 한 예는 다음의 부분이다.

> 이입이란, 즉 교에 의해 근본의 입장을 깨닫고, 살아 있는 것은 범부도 성인도 동일한 진성에 근본을 두지만, 다만 밖으로부터 온 더러움에 덮여 버려 진성이 나타나지 않은 채 있는 것을 깊이 믿는 것이다. 만약 망을 버리고 진에 귀착하고, 벽관을 하며 꼼짝 않고 머물며, 자기도 타인도 없고, 범부도 성인도 똑같은 상태에서 견고하게 머물러 이동하지 않고, 언설의 가르침에 전혀 따르지 않으면 그야말로 진리와 부사의하게 합일하여 분별하는 것이 없고, 적연하여 언어가 없어지니 이것을 이입이라고 이름한다. (理入者, 謂藉教悟宗, 深信含生凡聖同一眞性, 但爲客塵妄覆, 不能顯了. 若也捨妄歸眞, 凝住壁觀, 無自他, 凡聖等一, 堅住不移, 更不隨於言教, 此即與眞理冥符, 無有分別, 寂然無名, 名之理入.)(T85.1285a)

즉 『이입사행론』에서 이입·벽관을 설하는 문장을 인용한 부분인데, 『공목장』 권2의 제9 「회향초보별시종차별리사제관의장(迴向初普別始終差別理事諸觀義章)」이 '초발심입도지법(初發心入道之法)'으로서 '진여관·통관·유식관·공관·무상관·불성관·여래장관·벽관·맹관(盲觀)'[50] 및 그 밖의 다른 관을 열거하고 있는 것은 잘 알려져 있다.

또한 앞서 본 것과 같이 『공목장』 권1의 「일승삼승의장」에서는, 일체의 행위는 '무상'이므로 '불가설'이라 주장하는 돈교에 대해서 "이것은

---

50) 『孔目章』 卷2, 諸觀義章, T45.559ab.

삼승방편에 의거하여 설한다"⁵¹⁾고 평하였다. 「일승삼승의장」을 포함하여『공목장』권1의 앞의 몇 장에서는 각각의 장 말미에 '적조조적일상진여(寂照照寂一相眞如)'는 삼승 중에서 대승종교의 뜻이라고 설하고, 별교일승의 무한하게 다양한 진여와는 다르다는 것을 집요하리만큼 반복하여 강조하고 있는데,⁵²⁾ '적조조적'이 대승종교만의 사상은 아니다.『공목장』권1의 「일체제법승음보살게수립전법륜장(一切諸法勝音菩薩偈首立轉法輪章)」이 '숙교종의(熟教終義)'와 돈교에 관해 '유일진여(唯一眞如)'를 세워 논하는 것에서 알 수 있듯이,⁵³⁾ '적조조적일상진여'라는 말은 돈교에도 해당되는 비판인 것이다. 실제로 신수 등이 빈번하게 '적조조적'을 강조한 탓인지, 법장의 『탐현기』에서는 '조즉적(照卽寂)'의 입장이 종교가 아니라 돈교에 배대되기에 이르렀다.⁵⁴⁾ 이것은 '적조조적'의

---

51) 同, 卷1, T45.537c.

52) 대정장본에서는 各章에서 거듭하여 반복되는 이 강조 부분을, '及三乘終教. 寂照照寂一相眞如并初教門. 染浄卽空愚法. 小乘苦諦之教. 所詮實法……'으로 읽고 있지만, '及三乘終教寂照照寂一相眞如, 并初教門染浄卽空, 愚法小乘所詮有爲無爲……'로 읽어야 한다(538c, 539a, 539b, 540ab). 대정장의 구두점에 오류가 많다는 것은 잘 알려진 일이지만, 법장의 저작에 비해서 그다지 연구되지 않았던 지엄의 저작의 경우에는 특히 문제가 많다. 또한 眞如를 一味나 一相으로 보는 예로서는, 『十地經論』卷1에서 六相이 설해지기 직전 부분에 '眞如觀. 一味相故'(T26.126c)라고 나온다. 이러한 점이야말로 지엄이 「十地品(十地經)」에 대해 굴절된 감정을 가지지 않을 수 없었던 이유이며, 법장의 후년 교학에서는 육상설이 사라져 버린 이유일 것이다.

53)『孔目章』卷2, 轉法輪章, T45.538c. 그 바로 다음에서는 '頓教는 그 위에 속하여, 本教의 뜻을 나누어 갖고 있다'고 설하고 있는데, 돈교에 대해서 '本教', 즉 별교일승의 교의를 부분적으로 가지고 있음을 인정하는 등 높이 평가하고 있어, 「십지품」이나『십지경론』뿐 아니라, 돈교에 대해서도 지엄의 평가는 흔들렸음을 알 수 있다. 오히려 지엄은 모든 경론의 설을 복수의 관점에서 바라보고 있었던 듯하며, 그러한 태도가 同別二教의 개념을 난해한 것으로 만들었다고 생각된다.

54)『探玄記』卷16, T45.410c. 법장에 대해서는, 『五教章』의 돈교가 선종을 가리킨다는 것에 관해 八木信佳가 지적하고 있는데(八木,「楞伽宗考」,『佛教學セミナー』14, 1971. 10), 법장의 돈교가 '南北禪宗'을 가리킨다는 것은 이미 澄觀이나 宗密이 지적한 바였음에도 불구하고, 현대 화엄교학 연구자가 이를 채용하지 않는 것

사상이 지엄부터는 종교에 머무른다고 간주한 승려들, 오늘날의 용어로 말하면 지론사 등으로 불린 불성·여래장을 신봉하던 학승들과, '무상', '이상(離相)'을 강조하는 습선자들의 양쪽에서 중시되었음을 나타내는 것인데, 이 두 계통은 실제로 어느 정도 겹치고 있으며, 또한 '적조조적'이라는 문구는 차츰 돈오를 주장하는 선종의 입장을 상징하는 말이 되어 갔던 것으로 보인다.

2) 여여무애의(如如無礙義)에 대한 비판

'적(寂)'과 '조(照)' 또는 '상(常)'과 '용(用)'의 대비를 빈번하게 사용하여 논했는지는 분명하지 않지만, 『법계도』가 비판하는 '삼승방편교문'에는 화엄에 가까운 종교가 배대되는 법문도 포함되어 있다. 그것은 지론 계통의 설로 생각되는 '이(理)의 인다라'설이다. 『법계도』의 위의 인용문에서는, 별교일승에서 이와 이, 사와 사, 이와 사의 자유로운 상즉·불상즉이 성립하는 이유로서, (1) "중즉부동(中卽不同)이기 때문에", (2) "또한 이의 인다라 및 사의 인다라 등의 법문을 구족함이 있기 때문에", (3) "십불보현법계택(十佛普賢法界宅) 중에 이와 같은 무장애법계 법문의 지극한 자재함이 있기 때문에"라는 세 가지 이유를 들고 있

은 화엄교학의 일인자인 坂本幸男가 "법장 등의 돈교는 반드시 선종을 예상하는 것이 아니라 오히려 경전 중의 遮詮的인 표현에 대해서 설한 것이었는데, 때마침 징관이나 종밀이 선종을 배운 관계로 선종의 영향을 벗어나지 못하여 특히 돈교에 선종을 배대했기 때문이다"(주42, 앞의 책, p.258)라고 설명하였기 때문이다. 坂本이 이와 같이 설한 것은 坂本 당시에 북종선 연구가 진전되지 않아 징관·종밀 등의 주장은 비역사적인 것이라고 생각되었기 때문일 것이다. 실제로 법장의 돈교를 '南宗'에 배대하는 것은 적절하지 않다. 또한 坂本이 지적하듯이 법장은 돈교에 대해서 설명할 때에 경전에 입각하여 일반적으로 설하고 있는데, 이것은 현실 세력으로서의 선종을 무시하려는 태도가 반영된 것으로 생각할 수 있다.

다. 그중에서 (2)의 "또한 이의 인다라 및 사의 인다라 등의 법문을 구족함이 있기 때문에"라는 주장이 이루어진 것은 물론 그와 같은 법문이 갖추어지지 않은 삼승과의 차이를 강조하기 위한 것인데, '인다라니(因陀羅尼)'라는 것은 '인드라망(Indra-jāla)'과 '다라니(dhāraṇī)'를 무리하게 합성한 것으로, 정규의 범어는 아니다. 이것도 또한 의상이 입당하여 일찍부터 지엄에게 사사하여 그 문하에서 계속 학습을 했다는 통설을 의심케 하는 재료 중 하나이다. 『법계도』에 대해서는 지엄의 문하에서 오랫동안 배운 의상의 "졸업 논문이라고도 할 수 있는 것"[55]으로 보는 설도 있지만, 『화엄경』의 범본과 한역을 대조해 볼수록 범어에 능통했던 지엄이 확인했다고 한다면, 이와 같이 파격적인 조어를 허락했을 것이라고는 생각되지 않기 때문에 '졸업 논문'이란 비유일 뿐이고, 실제로는 천화(遷化)를 앞둔 노령의 지엄에게 제시하여 면밀한 가르침을 받은 것은 아닐 것이다. 그와 같이 파격적인 조어를 만들어 의상이 이이(理理)·사사(事事)·이사(理事)의 상즉(相卽)·불상즉(不相卽)을 근거 지우려 했던 이유는 이의 인다라망, 즉 이와 이의 자재한 상즉·불상즉을 설하는 사상에 대해서 그것만으로는 삼승에 그친다는 것을 주장하고 싶었기 때문이라고 생각한다. 종래에 의상 사상의 최대의 특징은 이(理)에 구별을 인정하여 사사무애가 아닌 '이이상즉(理理相卽)'을 설하는 것이라고 간주되어 왔다.[56] "이(理)에는 분한이 없다"라는 견해

---

55) 坂本, 주42, 앞의 책, p.423.
56) 理理相卽을 설하는 것은 신라 화엄만의 특색으로 여겨져 왔지만, 일본에서 理와 理의 상즉을 설하는 일은 있었던 것 같다. 東大寺圖書館所藏, 『華嚴三論兩宗論題』이라는 사본은 제목 그대로 화엄종과 삼론종의 논의 항목을 採錄하여 이-로-하(イロハ)의 순서로 배열한 것인데, 그중에 화엄종 측의 '리(リ)' 항목에는 '龍女成佛' '理理圓融'이라고 되어 있다. 또한 실제로 '理理圓融'이라는 논제로 논의가 진행되었다는 것은 논의용의 메모로 생각되는 『理理圓融』이라는 제목의 小部의 사

를 근거로 하여 이사무애를 설하고, 그 이사무애에 기초하여 사사무애를 설하는 4종법계설과의 차이가 강조되어 온 것이다. 그러나 '이이상즉'은 지론 계통에서는 오래 전부터 있던 사상이다. '이이상즉'이라는 말 자체는 차치하고, 이이상즉에 해당하는 사상을 설하는 문헌은 결코 적지 않다. 예를 들어 6세기 중반에 성립한 S613V에서는, 통종에 대해서 "일리일체리(一理一切理)로, 이로써 다하지 않음이 없다"고 언명하고, 『화엄경』보다 상위에 위치하는 최고의 법문으로서 "무장애에 의거하여 원교의 행을 나타낸다"고 하는 『대집경』에 관하여, "무차별의 차별, 차별의 무차별, 인다라망과 같이 융동무애(融同無礙)함이 어찌 원궁(圓窮)의 실(實)이 아니겠는가"라고 단언하고 있다.[57] 『마하지관』 권3하의 점돈의 관심(觀心)을 설한 부분에서 『화엄경』 「성기품」의 파진출경(破塵出經)의 비유를 인용한 뒤에,

> 여래는 옛날, 일찍이 점과 돈의 관심을 행하여 치우친 법문도 완벽한 법문도 체득하고, …… 지금은 다만 한 법에 의해서 일체법을 포섭한 다는 것은, 하나의 도리에 일체의 도리, 일체의 미혹, 일체의 지혜, 일체의 행위, 일체의 위지, 일체의 교설을 포섭한다는 것이다. (如來往昔曾作漸頓觀心偏圓具足……. 今直以一法攝一切法者, 一理攝一切理 一切惑一切智一切行一切位一切教也.)(T46.32a)

라고 설하고 있는 것은 지론교학의 영향일 것이다. 그리고 다른 사람도 아닌 지엄 역시 『수현기』에서 '이(理)·사(土)·신(身)·교(敎)·법(法)·행

본이 2부(그중에 일부는 實英의 저작)가 존재한다는 것에서도 알 수 있다. 모두 의상에 대해 언급하는 곳은 없으며, 의상 계통의 영향이라고는 생각되지 않기 때문에, 어떤 경위에서 논의의 제목이 붙여졌는지 알 수 없다. 아울러 『華嚴三論兩宗論題』에서 '事事無礙'는 논제가 되지 않는다.

57) S613V, 敦煌寶藏5.140a.

(行)·시(時)·사(事)'의 여덟 문을 들고서 "보현분제의 영역을 여덟 문에 의해 인다라를 밝힌다"[58]라고 기술하고 있어, 인의 인다라망과 사의 인다라망을 설하고 있는 것이다. 나아가 의상과 동세대에서는 젊은 나이로 현장의 역장에서 활약하였고, 신역경론도 활용하여 활발히 불성론을 전개한 법보(法寶, 627?~705?)가 『일승불성구경론(一乘佛性究竟論)』 권3에서 불성에 대해 다음과 같이 설하고 있다.

즉, 한 법 가운데 일체법이 있는 것은 일체법 가운데 한 법이 있는 것과 같다. (한 법의 진)여와 (일체법의 진)여는 둘이 아니기 때문이다. 만약 진을 포섭하여 속에 따른다면, 즉 색의 여, 비색의 여, 중생의 여, 미륵의 여, 유정의 무정의 여는 같지 않다. 만약 속을 포섭하여 진에 따르게 하면, 즉 색과 비색은 다른 것이 없고, 정과 비정은 다른 것이 없다. 만약, 여에 대해서 법을 논하면, 일체법 가운데 일체법의 여가 있다. 그러므로 일체법 가운데는 일체법이 있고, 인다라망과 비슷하다. 만약 이 점으로부터 말하자면, 살아 있는 것과 무정물을 모두 불성이 있다고 말한다. 만약 부처의 진체가 있다면, 부처의 가능성으로서의 원인이 있기 때문에, 불성을 가진 자라고 이름한다. 살아 있는 것과 비정도 또한 구별이 있지 않다. 『열반경』은 갖가지 살아 있는 것의 각각의 미래 과에 대해서, 그 원인의 본체를 설하고, 미래 과의 성질이 있는 것을 불성이라고 이름한다. 그러므로 이것은 살아 있는 것이며, 무정의 사물은 아니다. …… 만약 사실로서의 불성에 대해서라면, 무정은 불성이 아니다. 살아 있는 것의 원인 가운데 과를 설한다. 일체의 살아 있는 것은 전부 그대로 불성이기 때문이다. (卽一法中有一切法, 如一切法中有一法. 如如無二故. 攝眞從俗, 卽色如非色如衆生如彌勒如有情如無情如不同. 若攝俗從眞, 卽色非色無異, 情

非情無異. 若就如辯法, 一切法中有一切法如. 故一切法中, 有一切法. 似因陀羅網. 若以此言之, 卽情無情皆名有佛性. 若以有佛眞體, 有佛理因故, 名有佛性. 情與非情亦無有別. 涅槃經就別別有情, 各各當果, 說其因體, 有當果性, 名有佛性. 故是有情, 非無情也. …… 若事佛性, 無情非佛性. 有情因中說果. 一切衆生, 擧體是佛性故.)(續藏1-95-4.376左下)

즉 '여(如)'에 착목하면 만법이 똑같이 '여'라는 점에서 일즉일체인 것이 마치 인다라망과 같지만, '사불성(事佛性)'에 대해 말하면 기와나 돌과 같은 무정물에는 불성이 없고, 『열반경』에 의하면 중생의 경우는 '인중설과(因中說果)'로서 불성이 있다고 설해진다는 것이다. 이것은 바로 이의 인다라망의 주장인 것이다. 의상이 비판 대상으로 의식했던 인물이 법보인지, 법보와 같은 계통 중에 조금 앞 세대의 승려[59]인지는 분명하지 않지만, 『법계도』가 별교일승에서는 '이(理)의 인다라망'에 의해 이이상즉할 뿐 아니라, '사(事)의 인다라망'에 의해 '사사상즉'한다고 주장하는 것은 위의 법보와 같은 주장에 대한 반론일 것이다. 중생은 성불의 인으로서의 불성을 지니고 있는 것이 아니라, 사실로서 성불해 있는 것이며 불타와 같은 과덕을 실제로 '사(事)'로서 지니고 있다고 의상

---

59) 靈潤은 理性과 行性을 구별하여 無佛性을 설하는 입장에 반대하여, 『화엄경』 「性起品」의 '如來具足의 智慧, (중생)의 몸 안에 있어, 게다가 知見하지 못한다'고 설하는 부분의 전후를 인용하고서, '이 경문에 의하니, 실로 중생의 마음 안에 지혜를 구족함을 이름하여 불성이라 한다고 설한다. 어찌 오직 理뿐이겠는가'라고 단언하고 있어, 事의 측면을 인정한 예로서 주목된다. 다만 이 뒤의 부분에서는 佛果와의 동일성을 단적으로 강조하는 「성기품」과 같은 초기 불성·여래장설이 아니라 『열반경』, 『능가경』, 『승만경』, 『보성론』, 『불성론』 등과 같은 다채로운 경론을 들어 논의하면서, 최종적으로는 '理性이 있으면 行性이 있다'는 점을 강조하며(最澄, 『法華秀句』 卷中本, 『傳敎大師全集』 第3卷, pp.54~55), 事의 측면을 '반드시 실로 얻어지는 것이므로'라고 하면서 미래로 미루고 있다. 또한 법장은 명백히 '法寶'의 一乘義를 비판하고 있다(吉津, 주40의 앞의 책, pp.311~316).

은 주장하는 것이다.

화엄교학에 가까운 일즉일체의 무애의를 설하면서도 『화엄경』을 다른 경전과 같은 위상으로 다루거나, 혹은 『열반경』과 그 밖의 경전의 하위에 두려는 사람들은 꽤나 많았던 것 같은데, 그러한 사람들이 『화엄경』을 활발히 사용하면 사용할수록, 『화엄경』을 홀로 존귀한 것으로 보는 지엄과 그 문도들은 그러한 사람들이 설하는 무애의와 화엄교학에서의 무애의의 차이를 강조하지 않을 수 없었을 것이다. 『법계도』가 '사(事)'의 측면을 강조하여 중생이 '사(事)'로써 '구래성불'을 다 마쳤다고 주장하는 이유이다. 사(事)의 측면에서 상즉함을 지향하는 것은 지엄의 『수현기』의 육상해석에서 이미 보이는데, '구래성불'이나 '사사상즉'의 표현을 써서 화엄의 독자성을 강하게 주장하게 된 것은 의상 세대부터라고 보아도 좋을 것이다. 다만 지엄도 만년의 강의 등에서 그러한 언어 표현을 썼을 가능성은 있다.

또한 법보와 같이 "A는 본래 여이며, B도 본래 여이다. 그러므로 A는 곧 B이다"라는 논의는 정영사 혜원이 육상 중에 동상(同相)을 해석할 때에 "색(色)·고(苦) 등의 위에 모두 무상(無常)(의 도리)가 있다. 이를 이름하여 동(同)이라 한다"[60]고 하여, '무상' 등의 이(理)의 측면에서 색과 고 등의 '사'와의 동일을 설한 것과 같은 것이다. 특히 제법의 체인 진여에 대해서는 '여여(如如)'라는 역어를 사용하면 법보와 같이 'A의 여

---

60) 慧遠, 『大乘義章』 卷3, 六種相門義, T44.524a. 또한 「六種相門義」의 바로 앞 항목인 「五法三自性義」에서는 '如如'에 의한 一即一切가 설해지고 있는 것(523ab)에서 알 수 있듯이, 이 입장은 『능가경』에 근거하는 바가 있었던 것 같다. 또한 지론 계통인 '懷法師'는 '法界緣起, 通則法界緣起爲體, 總相以道爲體, 別相以二諦爲體, 同相以如如爲體, ……'(『要決問答』 卷1, 續藏1-12-4.329右上)이라 설하고 있어 여여의 논의를 육상 중의 同相에 의해 설명하고 있다.

=B의 여'라는 논법을 쓰기가 쉽다. 앞서 본 『화엄경문답』이 지엄의 설에 가까워 구별하기 어렵다고 했던 오문론자의 설을 "양상[相事]에 입각하여 여여무애의(如如無礙義)를 밝히는 것이 아니다"라고 했던 점, 즉 '사(事)'의 측면에서 그대로 상즉을 설하는 것이 아니라, '여(如)(=理)'의 측면으로 환원하여 무애를 논하는 것으로서 평가되었던 점을 상기해야 할 것이다.

게다가 그와 같이 이에 근거한 여여무애의는 북종 문헌에서도 종종 발견된다. 예를 들어 『대승무생방편문(大乘無生方便門)』에는,

> 마음을 떠나면 심여이고, 색을 떠나면 색여이다. 심과 색과 함께 여이어서 이것이 즉 깨달음의 완성이고, 깨달음의 완성은 그대로 여래다. (離心心如, 離色色如. 心色倶如, 卽是覺滿. 覺滿卽是如來.) (T85,1274a)

라고 되어 있으며, 그 밖에 『유마경』의 불가사의해탈에 대해서 다음과 같이 말한다.

> 유마힐이 "다만 사리불과 제불과 보살만이 해탈이 있고, 불가사의라고 이름한다"라고 말했다.
> 문: 불가사의는 무엇인가?
> 답: 마음으로 생각하지 않고, 입으로 논하지 않는 것이다. 마음으로 심여를 생각하지 않고, 입으로 구여를 논하지 않는다. 마음이 속박으로부터 벗어나면, 마음이 해탈을 얻는다. 입이 색여를 논하지 않으면, 색이 해탈을 얻는다. 심과 색이 함께 속박으로부터 멀어지는 것을 불가사의해탈이라고 이름한다. 만약 보살이 이 해탈에 머무르면, 수미는 높고 넓다고 해도 겨자씨 가운데 들어가고, 증감하는 것이 없다. 수미산왕은 본래의 모습은 원래대로이기 때문이다.

문: 수미가 겨자 가운데 들어가 증감이 없다는 것은 무슨 뜻인가?
답: 수미산은 색이고 겨자씨도 또한 색이다. 심에 심여를 생각하지 않고, 수미산과 겨자씨는 함께 색여이고 동일한 여의 존재양상이며 증감하는 것이 없고 수미산왕의 본래의 모습은 원래대로이다. 오직 구제될 만한 자가 수미산이 겨자씨에 들어가 증감하는 것이 없음을 본다. (維摩詰言, 唯舍利弗諸佛菩薩有解脫, 名不可思議. 問. 是没是不思不議. 答. 心不思, 口不議. 心不思心如, 口不議口如. 心離繫縛, 心得解脫. 口不議色如. 色離繫縛, 色得解脫. 心色俱離繫縛, 是名不可思議解脫. 若菩薩住是解脫者, 以須彌之高廣納於芥子中, 無所增減. 須彌山王, 本相如故. 問. 是没是須彌納芥子中, 無所增減. 答. 須彌是色, 芥子亦是色. 心不思心如, 須彌芥子俱是色如, 同一如相, 無所增減, 須彌山王本相如故. 唯應度者乃見, 須彌入芥子中無所增減.) (T85.1277ab)

그리고 이어지는 내용에서 대소상입(大小相入)은 불가사의해탈의 방식을 설하고 있는데, 불사(不思)에 의해 분별을 떠나 만법이 모두 여(如)라고 하는 것에 대소상입의 근거를 인정하고 있다. 이로부터 동산법문의 무리가 불가사의해탈을 설명하기 위한 목적 때문에도 지론 계통의 여여무애의를 도입한 것을 알 수 있다. 다만 이 인용문 바로 뒤에,

어떻게 하면 수미산이 겨자씨에 들어가는 것을 보는가. 마음에 생각이 없으면, 수미산과 겨자씨의 대소의 상을 보지 않는다. 또한 들어가는 것이 있는 것을 보지 않고, 들어가지 않는 것이 있음을 보지 않는다. 이처럼 보는 것을 진실한 보는 법이라고 이름한다. 생각하는 것이 없으면 표상도 없다. 표상이 없으면 들어가는 것도 들어가지 않는 것도 없다. …… 성문조차 깨달아 마치며, 수미산과 겨자씨도 본성은 공인 것을 보면, 어떻게 들어가고 들어가지 않기도 하겠는가. 이것을 수미산이 겨자씨 가운데 들어가는 것이라 이름한다. 이것을 불가사의해

탈법문이라고 이름한다. (作没生乃見須彌入芥子. 心不思, 則不見須彌
芥子大小相. 亦不見有入. 不見有不入. 作如是見, 乃名眞見. 無思則無
相, 無相則無入無不入. …… 聲聞已悟了, 見須彌芥子本性空, 則何入,
何不入. 是名乃見須彌入芥子中. 是名不思議解脫法門.)(T85.1277b)

이라 설하여, '무상(無相)'의 입장에 서서 '입(入)'과 '불입(不入)'을 보지
않는 것이 바로 진실로 보는 것이라는 논의를 전개한다. 이와 같이 무
상을 강조하는 입장과 무애를 강조하는 것은 모순되지 않으며, 지엄의
가장 만년에는 무상을 설하는 습선자들 중에 위와 같은 주장을 하는
자가 있었던 것으로 생각된다. 이 문제에 대해서 사유의 단초가 되는
것이 거듭 설명했던『공목장』의 통관장이다.

　통관장에서는 일행삼매 등의 통관이 돈교와 같다고 하고, 초교에도
'즉공(卽空)'을 통관하는 경우가 있다고 한 후에, 통관에 대해 "요약하
여 제가의 설을 제시한다"고 하며 세 가지 설을 제시하고 있다.[61] 첫째
는, '식상응적(息相應寂)'의 경지를 그대로 불타라 하는 입장. 이것은 부
정적인 면이 강한 습선자의 주장일 것이다. 둘째는 '일무분별지정(一無
分別智定)'으로 앞서 본 일행삼매의 입장이다. 셋째는, '그 법성을 논하
면 일체가 모두 여'라고 보는 입장이다. 이 세 가지 학설에 대해서 다카
미네 료슈(高峯了州)에 의하면, 무상종(無相宗)·법상종·법성종의 3종
을 가리킨다고 보는 설, 또는 (1) 삼론종, (2) 북종선과 섭론종, (3) 법
상종과 지론종의 세 가지 입장을 지시한다고 보는 설이 있다고 한다.[62]
개개의 종파에 기계적으로 할당하는 것은 적절하지 않지만, 그중에서

---

61)『孔目章』卷2, 通觀章, T45.550b.
62) 高峯了州,『孔目章解說』(南都佛敎硏究會, 1974), p.65에 의하면『孔目章會錄』卷
　 5, 36丁에 기입되어 있다고 하는데, 실제로 확인하지 못했음.

'식상응적'의 입장을 무상종이나 삼론종으로 보는 해석, 또한 두 번째 입장을 북종선으로 보는 해석에는 타당한 점이 있다. 혜가(慧可)의 제자 중에 화선사(和禪師)의 계통에서는 "삼론과 선이 당시 교리적으로나 실천의 측면에서 비교적 일체시되었다"[63]라는 점은 히라이 슌에이(平井俊榮)가 지적한 바이며, 『법화현의』가 북지선사의 무상대승설(無相大乘說)의 전거로서 인용하는 『능가경』과 『사익경』의 문장이, 『오교장』의 돈교 정의에서 단계적인 행위설을 부정하는 것으로서 인용하는 『능가경』과 『사익경』의 문장과 완전히 같은 부분이라는 것은 이미 야기 노부요시(八木信佳)가 지적하였다.[64]

다음으로 두 번째 입장에 관해 말하자면 일행삼매는 동산법문의 간판이다. 그리고 세 번째 입장은 "그 법성을 논하면 일체는 모두 여이다"라고 하고, 나아가 '무이무별 일체개공(無二無別, 一切皆空)'이야말로 제법의 본성이라고 하고, "무명번뇌 등은 곧 여(如)에 의해 이루어진다"라고 논하기에 이르고 있는데, 『능가사자기』도신의 항목에서 "만 가지 미혹이 모두 여이다[萬惑皆如]"라고 단언하는 점에 대해서는 이미 서술하였다. 일체를 '여'로 보는 입장은 단지 『유마경』 등의 사상 자체가 아니라, 그러한 사상을 실천하려 했던 현실의 세력을 의식한 것으로 보아야 할 것이다. 이 세 가지 '제가의 학설' 자체는 의해(義解)의 학승의 해

---

63) 平井, 『中國般若思想史硏究 - 吉藏と三論學派』(春秋社, 1976), p.283.
64) 八木, 주54의 앞의 논문. 八木는 나아가 道宣이 『續高僧傳』習禪篇의 논에서 僧稠와 菩提達摩를 비교 논평하여, 보리달마에 관해 "大乘壁觀, 功業最高"라고 찬탄하면서도, "아침에 禪門에 들어가 저녁에는 그 術을 펴고, 서로 전하여 각각 근원을 궁구히 하였다고 말하는" 무리의 존재를 지적하여 비판하는 것을 慧可의 계통이라고 본다. 또한 이 혜가 계통으로 생각되는 '北地禪師'의 후예가 弘忍 이래의 동산법문과 어떤 관계에 있었는가에 대해서는 분명하지 않아, 금후의 과제로 삼고자 한다.

석일 수도 있겠으나, 통관장에서는 나아가 『기신론』이 무명과 진여의 관계에 대해 논한 부분을 언급하고서 이러한 학설들을 "만일 명목상 일승의 이름이 붙여져 있다면, 또한 일승에 들어간다"라고 편의상 인정하면서도 이어서 『보성론』이 '공란의중생(空亂意衆生)'에 대해 분류한 부분[65]을 언급하여 "관행을 닦는 자, 마땅히 비교하여 결택해야 한다"[66]라고 기술하여 끝맺고 있는 것에서 알 수 있듯이, 지엄은 실제로는 그러한 설을 체득하려고 '관행을 닦는' 사람을 대상으로 논하고 있는 것이다. 즉 통관장은 여나 공에 치우치는 경향이 있는 통관을 주장하고 실천하는 자들에 대한 경고인 것이다. 지엄에 의하면 진정한 통관은 『공목장』 전체의 결론인 권4의 「융회삼승결현일승지묘취(融會三乘決顯一乘之妙趣)」에서,

> 또한 『불성론』은 저 통관을 보여 준다. 통관은 여러 미혹을 멸한다. 관통하여 여러 도리를 깨닫고, 관통하여 여러 행위를 하며, 관통하여 여러 과를 얻는다. 이것은 일승동교의 입장으로 말한 것이다. 만약 일승별교라면, 즉 관통하고, 관통하고, 관통하고, 관통하고, 관통하고, 관통하고, 관통하고, 관통하고, 관통하고, 관통해서 법계의 궁극에 이른다고 말한다. (又佛性論明其通觀. 通觀滅諸惑. 通證諸理, 通成諸行, 通剋諸果. 此約一乘同敎言. 若一乘別敎說. 卽是通通通通通通通通通通窮法界也.)(T45.589b)

라고 설해지고 있듯이, 무한히 다양한 법계를 무한히 통관하는 별교일승이 아니라면 실천할 수 없다.

『법계도』가 전개하고 있는 '삼승방편교문'에 대한 비판은 위와 같이 지

---

65) 『寶性論』 卷4, T31.840a.
66) 『孔目章』 卷2, 通觀章, T45.55b.

엄의 저작에서 동교일승의 측면에서 다룰 수 있는 입장도 포함하고 있다. 다만 『법계도』에서는, 여러 설을 삼승으로 규정하면서도 한편으로는 다양한 관점에서 별교일승으로 이어지는 측면을 보려고 한 지엄과는 달리, 별교일승과 삼승의 차이를 강조하여 별교일승의 우월성을 설하고 있다.[67] 그렇다면 의상은 '사사상즉'을 화엄 최고의 법문으로 주장하고 있는가에 대해 말하면 결코 그렇지 않다. 앞의 『법계도』의 인용문이 나타내듯이, 의상에 의하면 별교일승의 법문이란 이와 이, 사와 사, 이와 사 사이의 상즉·불상즉이 자재함을 의미한다. '사사상즉'은 물론 화엄의 불공(不共) 법문으로서 존중되지만, 나아가 더욱 중요한 것은 『화엄경』에는 '사사상즉'조차 포함하는 일체의 교의가 담겨 있다는 것이다. 따라서 의상교학의 특징을 이이상즉설에서 구하는 것은 잘못된 것이며, 또한 『법계도』에 대해서 이 부분은 종교의 이사무애법계를 설하고 있고, 여기서부터 그 뒤는 화엄 궁극의 입장인 사사무애법계에 해당한다는 식의 해석을 하는 것은 적절하지 않다.[68] 이러한 사정은 법장에게도 마찬가지이다. 법장의 진찬으로서 의심의 여지가 없는 저작에서는 '사사무애'라는 말을 사용한 것이 없고, 또한 '사사무애'에 해당하는 법문을 화엄 최고의 법문이라 부르는 곳도 없다. 물론 법장의 저작에는 '사사무애'에 해당하는 사상이 나오고, '사사상재(事事相在)', '사사상섭(事事相攝)' 등으로 불리면서 다양한 각도에서 논의되고 있다. 그러나

---

67) 의상에게는 법장과 마찬가지로 同敎一乘의 측면이 약하고 別敎一乘만을 지향하는 경향이 있다는 점에 대해서는, 吉津의 지적이 있다(주49의 앞의 책, pp.93~96). 다만 이하에서 설명하는 바와 같이, 의상은 실제로는 비판의 대상이었던 교리를 채용하고 있다는 것에도 주의해야 할 것이다.
68) 신현숙, 「義湘의 華嚴法界緣起와 空觀」(『如山柳炳德博士華甲紀念韓國哲學宗敎思想史』, 서울, 1990) 등이 그 대표적인 예이다.

후년의 저작인 『탐현기』의 명교체(明敎體)의 십문[69]도 후반은

제6 이사무애문(理事無礙門)
제7 사융상섭문(事融相攝門)
제8 제망중중문(帝網重重門)
제9 해인병현문(海印炳現門)
제10 주반원비문(主伴圓備門)

의 배열로 구성되어 있어, 최고의 입장은 '사융상섭문'이 아니라 '주반원
비문'인 것이다. 『국역일체경』의 주에서는 '사사'의 '상재'와 '상시(相是)'를
설하는 제7문에 대해서 "사사무애에 의거하여 교체(敎體)를 밝힌다"[70]
고 설명하는데, 그렇게 되면 사사무애는 일곱 번째 경지가 되어 버릴
것이다. 『국역일체경』은 제7문에서 제10문까지의 전체가 사사무애에 해
당한다고 보는 것이겠지만, 『탐현기』가 제7문에서 제10문까지를 '사사무
애'의 입장이라고 명확하게 규정하지 않는다는 것에 주의해야 한다. 실
제로 '사사무애'라는 용어를 사용하여 '사사무애'를 화엄의 입장으로 강
조하는 것은 법장의 제자인 혜원부터이며, 그러한 경향을 수용하여 체
계화한 이가 징관(澄觀)[71] 그리고 징관의 설과 법장의 설을 정리하여
오늘날까지 지속되는 통설로 만든 이가 교넨(凝然)인 것이다. 4종법계
설에 의해 의상이나 법장의 사상을 설명하는 것은 오류이다.[72]
　의상이나 법장의 이러한 자세는 물론 지엄의 사상에 근거하는 것인

---

69) 『探玄記』 卷1, T45.117c-120a.
70) 坂本幸男, 『國譯一切經.經疏部六 華嚴經探玄記一』(大東出版社, 1937), p.94.
71) 慧苑과 澄觀의 事事無礙法界說에 대해서는, 坂本, 주42의 앞의 논문,
　　pp.71~100.
72) 『五敎章』이 四種法界說적인 발상과는 무관한 것임은 제3장 제1절에서 후술한다.

데, 지엄은 만년의 저작에서 별교일승인 화엄의 법문이 무한히 다양함을 강조하여, 삼승의 '일상고문(一相孤門)'의 법문과는 다르다고 역설하지만, 별교일승의 특징을 '무진'이라는 말로 드러내고 있을 뿐, 이이상즉이나 사사상즉에 해당하는 내용을 상세히 설하는 곳은 없다. 지엄의 별교일승사상을 계승하면서 『화엄경』의 '무진'의 존재 방식을 보다 분명히 하여 '무진'의 이유를 추구해 간 것은 제자인 의상이나 법장 등의 손에 맡겨진 일이었던 것이다. 화엄교학의 특징으로 생각되고 있는 것은 실은 그러한 사정에 의해, 즉 법상종 비판을 계기로 한 것이 아니라, 화엄교학에 가까운 여래장 계통 사상의 비판을 시도하는 과정에서 성립한 것이 많다. 『수현기』에 이미 보이는 사상이라 해도, 지엄의 만년에 이르러서 명확한 형태로 의식하게 된 것도 적지 않을 것이다.

5. 지엄 교학과의 차이

의상의 '삼승방편교문' 비판의 시도는 성공했다고 하기 어렵다. 왜냐하면 돈교나 종교에 해당하는 입장을 비판하는 의상 자신이 비판 대상 쪽으로 한 걸음 내딛었기 때문이다. 『법계도』가 동산법문의 설로 생각되는 '적이상용(寂而常用), 용이상적(用而常寂)'의 주장을 '삼승방편교문'으로 규정한 것은 살펴본 바와 같지만, 『법계도』는 인분가설(因分可說)·과분불가설(果分不可說)에 해당하는 문제에 대해서,

문: 만약 그렇다면, 스스로 중시하여 호지하고 있는 것을 중생을 위해 설하면 지말과 다르지 않다. 흔히 차이가 있는 것인가.

답: 그럴 수 있다. 만약 깨달은 내용이 언어로 있다면 지말과 다르지 않다. 언설이 깨달음에 있으면 근본과 다르지 않기 때문에 작용하면서 항상 적정이 된다. 설해도 설하지 않고, 지말과 다르지 않기 때문에 적정이면서 항상 작용하는 것이 된다. 설하지 않아도 도리어 설하고, 설해도 도리어 설하지 않은 것이기 때문에 설하지 않은 것은 그야말로 설하지 않은 것이 아니다. (若如是者, 以自所護, 爲衆生說. 與末不異. 尋常差別耶. 答. 得其義. 若爲所證在言, 與末不異. 言說在證, 與本不異. 與本不異故, 用而常寂. 說而不說, 與末不異故, 寂而常用. 不說而說, 不說而說故, 不說卽非不說.)(T45.713c)

이라 설하면서 적과 용에 대해 논의하였다. 이 때문에 위의 인용문의 조금 뒷부분에서는,

> 문: …… 이것은 즉 본과 말이 서로 도와서, 명칭과 의미가 서로 대상이 되고, 중생을 이끌어 스스로 이름 없는 진리의 근원으로 돌아가게 하는 것이고, 교화하는 측도 교화 받는 측도 종요는 여기에 있다.
> 문: 이 뜻은 돈교의 입장에 해당한다. 왜 여기서 설하는가.
> 답: 위와 같이 설했지만, 설과 불설은 동등하여 구별이 없다. 왜 그런가. 모두가 실덕이기 때문에 비방과 힐난의 여지가 없지만 또한 분별함을 막기 위해서 삼승에 준하여 설한 것이다. 생각해 보면, 이것은 지자의 뛰어난 작용이다. (問. …… 此卽本末相資, 名義互客, 開導衆生, 令致自還無名眞源, 能化所化, 宗要在此. 問. 此義義當頓敎宗. 何故此間說. 答. 如上說, 說與不說, 等無差別. 何以故. 總是實德故, 無有妨難. 且護分別故, 順三乘說. 蓋是智者勝妙能也.)(713c—714a)

이라 되어 있듯이, "모두 다 실덕이기 때문에 비방과 힐난의 여지가 없지만, 또한 분별함을 막기 위해 삼승에 준하여 설한 것이다"라는 이유를 들어 삼승인 돈교의 논의를 사용하는 것에 대해 변명을 하기에 이

른 것이다. 그리고 변명을 했기 때문인지, 조금 뒤에서 무분별에 대해 주석한 부분에서는 '적용일상(寂用一相)'(715b)이라는 말이 화엄의 입장으로서 거리낌 없이 언명되고 있다.

또한 의상은 "명칭과 의미가 서로 대상이 됨"을 밝히는 것은 "이름 없는 진리의 근원으로 돌아가게 하기" 위한 수단으로 보고, "종요(宗要)는 여기에 있다"고까지 단언하고 있는데, 이것은 매우 문제가 많은 표현이다. '명의호객(名義互客)'의 문제에 대해서는 지엄도 『오십요문답』에서 『섭대승론』에 근거하여 상세한 설명을 하고 있는데, "이 가르침은 삼승에 있다. 또한 일승에서 사용할 수 있다"[73]라고 기술하고 있다. 그러나 지엄에게 '명의호객'의 뜻이 일승일 수 있는 것은 "작용[用]이 법계에 응하기 때문에"라고 되어 있듯이, 일승이 일체의 명칭과 뜻의 무한하게 다양한 조합을 모두 포함하기 때문이며, 어디까지나 '무진'의 입장이 중심이 되고 있다. 또한 『공목장』의 일승삼승장에서 여러 교설의 명칭과 의미의 관계에 대해 논하는 부분[74]에서 무명(無名)의 가르침은 다음과 같이 배대되어 있다.

小乘	…………	'有名之敎詮有名之義'
初敎廻心	…………	'有名之敎詮有名之義, 有名之敎, 詮無名之義'
熟敎	…………	'有名之敎目有名之義, 有名之敎目無名之義'
頓敎	…………	'無名之敎顯無名之義'(一實三昧)
圓敎(見聞位)	…………	'有名之敎攝有名之義, 無名之敎顯無名之義'
圓敎	…………	'有名之敎顯有名之義, 有名之敎顯無名之義, 無名之敎顯無名之義'

---

73)『五十要問答』卷下, T45.530c.
74)『孔目章』卷1, T45.537ab.

여기에서도 중요한 것은 원교는 "의미를 포섭하는 것이 무진"이라는 점이며, 이언절상(離言絶相)의 돈교는 무진의 원교의 범위에 수렴되어 버린다. 이에 비해 의상은 "명칭과 의미가 서로 객이 된다"는 것을 궁구하여 그러한 대립을 벗어난 "이름 없는 진리의 근원"에 도달하고자 하는 것이다. 『법계도』에서는 시게의 부분에서 '행자환본제(行者還本際)'라는 말을 사용하고 있는데, '환원'을 지향하는 것은 지엄에게는 보이지 않는다. 지엄에게도 '환원'이라는 말이 단 한 번 나오는데, 『오십요문답』권상에서,

　　지금 불지에 의해서 본성을 잘 깨닫고, 상을 쉬고 근원에 돌아가, 가르침의 체계를 설계하는 것은 모두 부처의 지혜이다. 부처를 시작으로 하는 것이므로 부처를 떠나서 그 외에 한 법도 없다. (今由佛智善覺本性, 息相還源, 設教綱維, 皆是佛智, 擄佛爲始, 離佛以外無有一法也.)(T45.521b)

이라 설하는 것처럼, 분별을 버리고 근본인 불지를 지향한다는 의미로 사용하고 있어, '무명의 진원으로 돌아간다'라는 노장(老莊)적인 발상과는 다르다. 의상은 지엄에 의한 습선자 비판을 계승하여 돈교는 삼승임을 강조하고 있지만, 신흥 동산법문에 의해 본연의 실천적인 성격을 자극받았기 때문인지, 실천에 관한 맥락에서는 절언리상(絶言離相)의 법문을 지향하려는 경향이 보이는 것이다. 돈교는 원교 내용의 일부이기도 하며, 또한 지엄의 교학에 의하면 '일승의 이름이 붙여져 있다'는 점에서 일승일 수 있기에, 일승의 무진에 이르는 '방편'으로서는 돈교적인 수행이 허용된다는 것도 의상으로 하여금 돈교 쪽으로 접근하게 한 이유였을 것이다.

이 밖에도 그러한 예는 많으니, 의상은 "'연기'라는 한 마디 말 중에 모든 법이 둘이 아님이 곧 드러나 있다. 어째서 많은 문이 필요한가?"라고 자문한 후에, "본체를 알면 곧 그러하다. 멀리서 구할 필요가 없다"고 답하고서, "따라서 경에 이르기를"이라고 하고 "음욕과 분노와 어리석음의 성품이 곧 보리이다"라고 설하는 '경'을 인용하고 있는데(712c), 이것은 앞에서 본 '만혹개여(萬惑皆如)'의 사상이며, 돈교인 『유마경』을 사용한 논의인 것이다. 의상의 이러한 경향은 귀국 후에도 더욱 강해졌던 것으로 생각된다. 예를 들어 『법계도기총수록』 권하의 2에서는,

> 『도신장』에서 말한다. "일승의 연기법은 분별의 마음이 미치는 곳이 아니다. 분별의 마음이 미치지는 않아도 멀리서 구할 필요는 없다. 분별의 마음을 뒤집으면 그대로 그렇다.
> 문: 분별의 마음을 뒤집는 방편은 무엇이 있는가.
> 답: 방편은 무한히 많지만, 그 요점은 무엇을 보아도 마음을 집착시키지 않는 것이다."(道身章云, 一乘緣起法, 非情所及. 雖非情及而不遠求. 反情卽是. 問. 反情方便云何. 答. 方便無量, 而其要者, 隨所見處不著心.)(T45,753c)

이라 되어 있듯이, 의상의 제자 도신이 스승과의 문답을 수록한 『도신장』이 인용되고 있는데, 여기서는 세간적인 상식이 미칠 수 없는 '일승 연기법'을 체득하는 '방편'으로서 '불착심(不著心)'이 강조되고 있는 것이 주목된다. '방편무량'이라는 것은 '오방편(五方便)' 등과 같은 한정에 대한 비판인데, '그 핵심'이 어떤 대상을 보아도 "마음에 집착하지 않는다"라고 하는 점에 있는 이상, 현실의 실천으로서는 '이상(離相)'을 지향하는 습선자와 다르지 않다.

또한 『법계도』는 이이·사사·이사의 상즉·불상즉을 설하는 곳에서는

이(理)에 치우쳐 있다 하여 '삼승방편교문'을 비판하고, '일승여실교문(一乘如實教門)'에 대해서는 "이와 사가 구별이 없으니 오로지 무분별이다. 체와 용이 원융하여 항상 중도에 있으니, 스스로의 사(事) 이외에 어디에서 이(理)를 얻겠는가?"라고 주장하고 있지만, 이것 또한 지엄의 교학과 약간 다르다. 먼저 '일무분별(一無分別)'이란 지엄이 통관장에서 '일무분별지정(一無分別智定)'이며 "언설의 상을 떠났다"고 규정한 일행삼매의 입장으로, 삼승인 돈교의 법문인 것이다.

'체용원융(體用圓融)'이라는 표현에 대해서는 『수현기』에 있어 점돈원의 가르침에 의한 수행 순서를 논한 곳에서는, "처음에는 점이며, 이로써 믿음을 낳는다. 다음은 돈이며, 이로써 행을 이룬다. 다음은 원이며, 이로써 체와 용을 이룬다"[75]라고 되어 있어 원교에 의해서 '체용'이 원만히 갖추어 짐을 설하는데, 『수현기』의 이 부분의 전후에는 혜광이나 지정(智正)의 소 등 지론 계통의 문헌에서 인용한 것이 많은 부분이고, 여기도 인용 내지는 취의로 생각되는 부분으로, 이후에 지엄이 이러한 형태로 체용의 원융을 설하는 것은 별로 없다. 또한 그 '체용원융'이라는 말에 이어지는 "항상 중도에 있다"라는 말도 지엄에게는 별로 보이지 않는 표현으로, 지론 계통이나 삼론 계통 사상의 영향을 떠올리게 한다. 사실 S613V에서는 『화엄경』 등 통종 법문의 우월함을 설한 후에, "통교 중에는 일체삼보(一體三寶)가 없고, 항상하는 중도의 도리가 성립되지 않는다"라고 단언하여 '상중도(常中道)'인 통종과의 차이를 강조하고 있다. 또한 『대승오문십지실상론(大乘五門十地實相論)』(北8377, 露43) 제9지의 해석에서는 "불상부단(不常不斷), 중도연기(中道緣起)"라

---

75) 『捜玄記』 卷1上, T35.15b.

는 말도 보인다. 즉 의상에게는 전통적인 지론교학의 영향이 강하게 남아 있으며, 지론교학에 근거하면서도 그 교학을 넘어서고자 힘겹게 싸우는 스승 지엄 이상으로 옛 교학을 떨쳐내지 못한 부분이 보이는 것이다.

지금까지 의상은 지엄의 교학을 충실히 계승한다고 생각되어져 왔다. 김지견은 지엄이 의상에게 시게와 해설을 짓게 한 것은 "한 종파의 사상적인 기둥으로서의 후계자로 지정한 것을 의미한다"라고 하고서, 지엄 사후에 의상이 귀국한 배경에는 의상을 배척하려는 중국 승려들의 책동이 있었다고까지 상상하기에 이르렀다.[76] 그러나 이것은 소위 신회(神會)의 시점에 의해서 의상을 혜능(慧能)에 빗대어 정통으로 보고, 법장을 신수(神秀)에 중첩시키는 것과 같다 하지 않을 수 없다. 의상이 지엄을 존숭하여 스승의 교학에 충실히 따르려 한 것은 사실이지만, 지금까지 보아 왔듯이 의상의 교학은 스승의 교학과는 상당히 다른 점이 있다. 그것은 의상과 마찬가지로 지엄을 존숭하면서도 자기 나름의 교학을 수립했던 법장의 교학과 지엄 교학이 다른 것보다 작을지도 모르지만, 의상 자신이 믿고 있던 것보다는 훨씬 큰 것이었음에는 틀림이 없다. 신라의 의상과 강거계(康居系) 3세인 두 제자 다 지엄의 의도를 살려 나가고자 의도하면서도 결과적으로는 각각 다른 길을 걸으면서 지엄으로부터 멀어져 갔다고 보아야 할 것이다.

---

76) 金知見, 「義相傳再考」(『印佛研』40-2, 1992. 3), 『華嚴經傳記』는 지엄이 27세에 『搜玄記』를 저술한 것을 '立敎分宗'(T51.163c)이라고 부르지만, 이것은 교판을 세웠다는 의미에 지나지 않으며, 이 시기부터 지엄이 "一宗을 이끄는 입장에 섰다"라는 식의 종파적인 견해(木村, 주5의 앞의 책, p.374)는 오류이다.

6. 결론

이상으로 본 것과 같이 의상은 입당 전부터 지론교학을 배웠던 것으로 보일 뿐 아니라, 입당 이후에도 지론교학의 연구를 거듭해 나갔을 가능성이 높다. 지엄에게 사사하여 마음을 기울여 그 교학을 열심히 배웠다는 것은 사실이지만, 『화엄경』과 『섭대승론』을 두 기둥으로 삼은 지엄의 교학 중에서 후자인 유식교학에 대해서는 그다지 관심을 갖지 않았던 것으로 보인다. 또한 가장 만년의 지엄은 신역 유식설을 스스로의 교학 안에 위치시키려는 시도를 계속해 나감과 동시에, 적극적인 활동을 개시했던 신흥의 동산법문, 그리고 지엄의 화엄교학에 가까운 무장애의를 전개했던 불성·여래장사상 계통의 승려들을 강하게 의식하여 『화엄경』의 법문은 '무진'이라는 점을 더욱더 강조하면서, 그러한 교학과의 차이를 분명히 하고자 노력했던 것으로 생각된다. 그러한 지엄의 입장을 계승하려 했던 의상은 동산법문이나 불성·여래장사상 계통의 무장애의를 이(理)에 치우친 '삼승방편교문'으로 규정하고, '사(事)'로서의 구래성불(舊來成佛)을 주장하며, 이(理)와 이(理), 사(事)와 사(事), 이(理)와 사(事)의 자재로운 상즉·불상즉을 설하고, 『화엄경』이 무진의 법문임을 강조했다. 다만 그러한 실천적인 성격 때문인지, 돈교로 간주되는 동산법문의 실천성에 마음이 끌리는 점이 있었던 것 같다. 다만 그러한 경향은 삼승의 교문을 무진의 일승원교 안에 포섭하려 했던 지엄의 교학에서 얻은 부분이 있었을 것이다. 그 때문에 의상은 실제로 동산법문 쪽으로 상당히 나아가긴 했지만, 한편으로는 지엄 이전의 전통적인 지론교학의 영향을 받았기 때문에 지엄교학의 계승을 지향하면서도 실제로는 독특한 교학을 이루는 결과를 낳았다. 의상은 그 독자적인 교학이 스승의 가르침을 충실하게 통합한 것이라고 믿으면서 이를 시게(詩偈)로 정리했다.

그리고 당대에 유행하여 불교적인 내용까지도 유포시켰던 회문시, 또는 당시의 최신 기술이었던 목판에 의한 다라니의 인쇄에 착목하여 그것들을 익히면서 시게를 자신의 교학에 어울린다고 생각되는 형식에 담아내고 해석문을 지었다. 그리하여 『법계일승도』가 성립한 것이다.

제4절 이이상즉설(理理相即說)의 형성

1. 머리말

의상(625~702)의 이이상즉설에 대해서는 사카모토 유키오(坂本幸男)가 일찍이 착목하여 그 특이한 사상을 소개하였다. 그 후에 Gimello와 한종만이 이이상즉설의 의의를 논하였고, 또한 기무라 기요타카(木村淸孝)가 의상 및 그 문하의 이이상즉설에 대해서 자세히 검토하는 한편, 최근에는 이즈츠 토시히코(井筒俊彦) 박사가 수피즘 철학과 비교를 하는 등, 그 특이한 설에 대한 관심이 고조되고 있다.[1] 그러나 이이상즉설이 형성된 사정에 대해서는 연구가 이루어지지 않고 있고, 게다가 이이상즉설의 이와 이사무애의 이의 차이가 밝혀지지 않는 등 이이상즉설 자체에 대해서도 애매한 점이 아직 남아 있다고 할 수 있다. 따라서 여기서는 주로 지론종 육상설의 역사적 전개 속에서 이이상즉설의 형성 과정을 추적하여 그 의의를 밝히고자 한다. 또한 이이상즉설에서의 이와 화엄교학의 전통적인 입장으로 간주되는 이사무애에서의 이의 차이를 밝힘으로써, 이사무애설의 형성 과정에 대해서도 아울러 고찰하고자 한다.

---

1) 坂本幸男, 『華嚴敎學の硏究』, 第2篇 第4章 「新羅義湘の敎學」(法藏館, 1956). Robert M. Gimello, "The Meaning of `Li' in the Thought of Uisang"(第三回國際佛敎學術會議, 發表要旨. 1980). 韓鍾萬, 「華嚴思想과 禪門形成」(第四回國際佛敎學術會議, 發表要旨, 1981). 木村淸孝, 「韓國佛敎における理理相即論の展開」(『南都佛敎』49, 1982. 12). 井筒俊彦, 「事事無礙·理理無礙(上·下)」(『思想』 733·735, 1985. 7·9)

2. 의상의 이이상즉설과 지엄의 교학

이이상즉설을 설한 의상의 『화엄일승법계도』(이하 『법계도』로 약칭)
의 말미에는 '총장원년칠월십오일기(總章元年七月十五日記)'(T45.716上)
라는 기록이 있다. 스승 지엄(602~668)은 동년 10월 11일에 장안의 청
정사(清淨寺)에서 입적하였기 때문에, 본서는 그보다 약 3개월 전에 저
술되었다. 의상은 마지막까지 스승을 곁에서 모시고 있었기 때문에, 『법
계도』에는 지엄의 만년의 사상이 상당히 반영되어 있으리라 생각된다.
『법계도』가 마지막 부분에서 삼승과의 차이에 대해, "나머지 상세한 뜻
은 경·론·소·초·공목·문답 등에서 분별하는 것과 같다"(716a)라고 기
술하는 것은 『화엄경』이나 『십지경론』 등의 경론 및 화엄에 관한 다양한
형식의 논서를 참조하라는 것이지만, 실제로는 인도의 경론 이외에 주
로 『화엄경소(搜玄記)』·『입법계품초(入法界品抄)』·『공목장(孔目章)』·『오
십요문답(五十要問答)』 등 지엄의 저작을 가리키는 것은 분명하다. 『법
계도』는 의상의 저작이 틀림없으나, 그것은 존경하는 스승의 가르침을
자기 나름의 입장에서 정리한 것, 또는 스승의 가르침을 지침으로 삼아
『화엄경』이나 『십지경론』의 진의를 자기 나름대로 재고찰한 성격의 저서
로 보아야 할 것이다. 법장의 초기 저작인 『오교장』이 십현문(十玄門)의
설명 뒤에 "자세한 것은 경·론·소·초·공목·문답 중에 풀이하는 것과
같다"[2]라는 기술로써 나타내듯이, 『오교장』의 경우에도 사정은 마찬가
지일 것이다. 적어도 저술을 시작할 무렵의 법장 자신은 스승의 의도를
이어가고 있다고 생각했던 것이다. 화엄교학 형성에 있어 지엄이 차지하

---

2) 『五教章』 卷4, T45.507b.

는 위치는 대단히 큰 것이었다.

그런데 그 『법계도』에서는 보살이 미혹을 다 끊고 복지(福智)를 다 성취하고서 나서야 비로소 '구래성불(舊來成佛)'[3]이나 번뇌의 '구래단(舊來斷)'이라 할 수 있으며, 그 이전에는 '불성(不成)', '미단(未斷)'이지만, 실상의 관점에서 말하면 '부증불감 본래부동'이라 설하고, 교증으로써 "보살법 가운데는 한 법도 줄어드는 것을 볼 수 없고, 청정법 중에 한 법도 증가하는 것을 볼 수 없다[菩薩法中, 不見一法滅, 淸淨法中, 不見一法增]"의 경문을 들고서 다음과 같은 문답을 제시한다.

> 어떤 사람이 설했다. "이들 경의 문장은 이(理)의 입장에서 설한 것으로 사상(事相)에 나아가 설한 것은 아니다. 만약 삼승 방편의 가르침에 의하면, 이 취지는 있을 수 있다. 만약 일승 진실에 적합한 가르침에 의하면 도리를 다하지 못한 것이다. 이와 사는 분명하지 않게 서로 녹아들어 오직 구별이 없기 때문이다. 본체와 작용은 완전히 서로 녹아들면서도 항상 중도가 되어 있다. 사상 이외에 어디에서 이를 얻을 수 있겠는가." (有人說言. 如是等經文, 約理說, 非卽事說. 若約三乘方便敎門, 合有此義. 若依一乘如實敎門, 不盡其理. 理事(冥)然, 一無分別. 體用圓融, 常在中道. 自事以外, 何處得理.)(T45.714b)

즉 '어떤 사람'에 의하면 이러한 경문은 "이의 입장에서 설한 것", 즉 중생이 본래 가지고 있는 성불의 가능성에 착목하여 설한 것에 지나지 않으며, 중생이 실제로 '구래성불'해 있다고 설하는 것은 아니라는 점이다. 이에 대해서 의상은 삼승방편교문(三乘方便敎門)의 경우는 그렇게

---

3) 舊來成佛에 대해서는 『法界圖記叢髓錄』이 인용하는 「道身章」에서는 '從古是佛 而發心時方知是佛耳'(T45.726中)라 설하고, 『古記』에서는 '不修衆生已成佛義'와 '已成諸佛本不修義'의 두 가지 뜻을 인정하면서 六相으로 해석하고 있다(同, 730b).

말할 수 있으나, 일승여실교문(一乘如實敎門)의 경우 그러한 논의는 맞지 않으며, 이와 사는 혼연하게 융합되어 있어 '무분별'이고, 체와 용은 원융하여 언제나 중도에 있기 때문에, 사를 떠나 이는 존재하지 않는다고 언명하고 있다. '무분별'이라는 것은 이와 사의 구별이 없음을 인식하는 자의 측면에 중점을 두고 설하는 것이리라.

『법계도』는 위의 인용문에 이어서 삼승이 '이사상즉'에 머무는 이유로,

> 무엇 때문인가. 삼승교에서는 분별의 병을 치료하기 위해 사상을 포섭하여 이에 들어가는 것을 입장으로 하기 때문이다. 만약 별교일승에 의하면, 이와 이가 상즉하고, 또한 사와 사도 상즉하며, 또한 각각이 상즉하지 않는 것도 얻을 수 있고, 또한 상즉하는 것도 얻을 수 있다. (何以故. 三乘敎中, 欲治分別病, 會事入理爲宗故. 若依別敎一乘, 理理相卽, 亦得事事相卽, 亦得各各不相卽, 亦得相卽.)(T45,714b)

라고 설명하여, 삼승은 "분별의 병을 고치기 위해, 사상을 포섭하여 이(理)로 들어가는 것을 입장으로 하기" 때문이라고 설하고 있다. 한편 별교일승의 경우는 이와 이, 사와 사, 이와 사가 모두 자재로이 상즉할 수 있고, 상즉하지 않는 것도 가능하다는 것이 의상의 견해이다. 따라서 사로서의 '구래성불', 즉 사로서의 중생과 사로서의 성불(불과인 보리)의 상즉도 그 한 예로서 당연히 성립하게 된다. 『화엄경』에서는 일체중생에 대해 성불이 가능함을 비유에 의해 시사하는 것이 아니라, 자각하거나 하지 않거나에 관계없이 중생은 이미 불타의 보리 자체를 실제로 갖추고 있다고 설한다는 것이 의상의 주장이다. 다만 위의 인용문에서는 상즉과 더불어 불상즉도 가능함을 나타내고 있기 때문에 사사의 불상

즉, 즉 '구래성불'이라 할 수 없는 경우가 있다는 것도 『화엄경』에는 설해지고 있는 셈이 된다. 오히려 여기에서는 사로서의 '구래성불'에 머물지 않고, 이와 사의 파악 방식 자체를 초월하려 한다고 할 수 있다. 이이상즉은 이와 사를 미분화의 상태로 파악하는 일승에서, 분화된 이와 사의 무한한 조합으로서의 상즉과 불상즉 모두가 동시적으로, 그리고 자재하게 성립할 수 있음을 강조하기 위하여 그 조합의 하나로서 표명된 것으로, 이이상즉을 강조하는 것이 의상의 진정한 목적은 아니다. 기무라 박사는 이 점에 대해서, 의상은 "궁극적인 사실을 이사혼연일체로 보고" 있고, "의상에게 있어서는 이라 불리고, 사라고 일컬어지는 때에 그 이와 사는 이미 궁극적인 사실로부터 멀어진 것, 각각이 궁극적인 사실의 일면을 대응적인 형태로서 추상화한 것에 지나지 않는다고 볼 수 있다"[4]고 적절하게 지적하고 있다.

다만 그것은 의상의 독자적인 사상이 아니며, 지엄 만년의 저작인 『오십요문답』에서,

> 만약 실리에 의거하면, 일체의 연기는 법계를 떠나지 않고, 성립된 이와 사는 법계의 작용이 된다. (若據實理, 一切緣起不離法界, 所成理事是法界能.)(T45.522c)

라고 설하는 등, 이사의 근저에 법계를 두는 용례가 이미 확인된다. 즉 이(理)의 관점에서 말하면 법계가 일체 연기의 근저에 있고, 개별적인 연기에서의 이와 사는 모두 법계의 현현이라고 지엄은 설하는 것이다. 여기서 말하는 법계는 일체의 법이 발생할 때에 그 근원이 되는 존재를

---

4) 木村, 주1, 앞의 논문, pp.9~10.

가리키는 것인데, 『법계도』에서 설하는 '이사명연 일무분별(理事冥然 一無分別)'이란 소위 이사무애가 아니라 지엄이 말하는 근원적인 법계를 가리키며, 한편 '이이상즉'은 개별적인 연기 속에 구족되어 있는 무수한 이와 사 중에서 이와 이의 관계라는 하나의 형태만을 언급하는 것으로 생각할 수 있다.

또한 『오십요문답』이 "만일 실리에 의거한다면"이라고 말할 때의 이(理)는 『법계도』의 "그 이(理)를 다하지 않고"라는 경우의 이와 마찬가지로 도리라든가 진정한 모습 등의 뜻이며, 이와 사를 대비하는 경우의 이는 아니다.[5] 지엄의 저작에는 "이(理)에 의하면 일승의 이사(理事)는⋯⋯."이라는 표현이 많은데, 의상이 그러한 표현이나 발상을 수용한 것으로 생각된다.

『법계도』에서는 이와 사를 다양하게 조합한 상즉과 불상즉이 성립하는 원인으로 일승에서는 "이의 인다라 및 사의 인다라 등의 법문을 구족한다"[6]는 등의 이유를 들고서, '연기실상다라니법', 즉 상즉과 불상즉의 자재로운 모습을 알기 위한 방편으로 '십전을 세는 법'을 설하고 있다. 그중에서 이사의 자재로운 상즉을 인다라망에 의탁하여 설하는 것도 지엄의 저서에서는 많이 발견된다. 예를 들어 『공목장』의 회향진여장에서는 별교일승에서의 진여에 대해서,

---

5) '不盡其理'이란 이것으로는 도리를 다하지 않는다는 뜻으로, 理와 事를 대비하는 경우의 理와는 다르다는 것에 대해서는, 木村가 지적하고 있다(주1의 앞의 논문, p.9). "중국 화엄교학에서는 어떤 의미든지 理에 한정을 두는 것을 인정하지 않고, 일관되게 그 보편성이 선양되었다"(p.8)라는 인식은 이하에서 설명하는 것과 같이 오류이지만, 이 논문에는 理도 事도 실제로는 '多義的'임을 지적하는 등, 유익한 지적을 포함하고 있다.
6) 대정장본 『법계도』 텍스트는 오류가 많기 때문에, 이 부분은 『法界圖記叢髓錄』에서 인용하는 텍스트에 의함.

이와 사에 완전히 통하여, 무진의 인다라 및 미세의 존재 방식을 완전히 포함하였다. (圓通理事, 統含無盡因陀羅及微細等.)(T45.558c)

이라 설하고, 또한 같은 제4권에 수록된 「화엄경일승분제의(華嚴經一乘分齊義)」에서는,

즉 대경의 본에 의하면, 보이는 의미의 문의 모습은 즉, 이와 사를 용해하여 합하여 자재하고, 모든 교의가 일즉일체, 일체즉일이어서, 제망의 비유가 무진이고 같지 않은 것과 같은 것이다. (卽依大經本, 所顯義門相, 卽容融理事自在, 所有敎義, 一卽一切, 一切卽一, 如帝網喻無盡不同.)(T45.587c)

이라 주장한다. '문장은 간결하고 뜻은 풍부하다[文簡義豊]'라고 얘기되는 지엄의 문장인 만큼 너무 간결하여 알기 어렵지만, 이 '원통이사(圓通理事)'나 '용융이사자재(容融理事自在)' 등의 구절에는 교와 의의 경우와 마찬가지로, 무수한 이와 무수한 사가 인다라망과 같이 서로 상즉해 있음이 제시되고 있는 것으로 생각된다. 왜냐하면 지엄은 『수현기』의 단계에서 일체의 이사 등을 포함하는 십현문을 설하고 있는데, 그중에 인다라망경계문이 포함되어 있다는 것이 주목되기 때문이다.

실제로 이(理)에 무수한 구별을 인정하고, 그 다양성을 강조한 예도 지엄 27세 때의 저작으로 알려진 『수현기』에서 이미 확인된다.

『수현기』에서는 소승의 육인사연(六因四緣)이나 삼승의 십인이십인(十因二十因) 등의 설을 소개하고서,

만약 일승에 의하면, 각각 법에 응하여 인을 분별하고, 하나하나의 인연·이사는 각별이어서 법계와 동등하다. (若依一乘, 隨法辯因. 爲

——因緣理事各別, 與法界等.)(T35,66c)

라고 설하여, 개별적인 인연[緣起]은 각각의 법계와 동등한, 무한의 이와 사를 포함하고 있음이 강조되고 있다. 그러한 입장은 만년이 되어도 지속되고 있으며『오십요문답』상권의「불상응의」에서도,

> 일승의 불상응의 취지는 명수는 법계와 동등하고 이(理)도 또한 무궁이어서 법계와 같다. (一乘不相應義, 名數與法界等, 理亦無窮如法界也.)(T45,524a)

이라 하여 이가 무한임을 강조하는 예가 보인다. 또한 위의 두 인용문에 보이는 법계란, 법의 근원으로서의 뜻이 아니라 연기로서 나타나 있는 일체법·일체세계의 의미일 것이다.

　의상은 이이상즉을 포함하는 논의에 이어서 십전을 세는 법을 제시하고 있는데, 이 수전의 법이 지엄이 고안한 것임은 여러 자료가 전하는 바이며, 특히『법계도기총수록』에서, 세친은『십지경론』중에 천축의 사람들에게 육상의 의미를 이해시키고자 세상 사람들이 널리 알고 있는 실담장(悉曇章)의 예를 들었고, 지엄은 동토(東土)의 사람들에게 그 '실담장총지지법(悉曇章總持之法)'을 이해시키기 위해 수전의 법을 사용했다고 기록되어 있어,[7] 그 성립 사정을 전하고 있다. 지엄의 가장 만년의 저서인『공목장』에서도「십지품」은 '실담의 자음(字音)'에 의해서 하나 속에 많음을 포함하는 것을 보이는 삼승의 가르침에 의탁하여 무진의 '일승무애다라니문'을 나타낸다고 설할 뿐으로, 수전의 비유를 들고

---

7)『法界圖記叢髓錄』卷下之2, T45,760b.

있지 않은 것[8])에서 볼 때에 수전의 비유는 강의를 할 때에 초학자를 위해 방편으로서 사용했던 것에 지나지 않았고, 화엄의 면목을 잘 드러내는 것으로 중시된 것은 제자들의 세대부터였던 것이 아닐까 생각된다.[9]

3. 이이상즉설 출현의 배경

지금까지 설명한 것처럼, 이이상즉을 둘러싼 의상의 주장은 지엄의 저서나 강의 때에 설해진 비유 등에 근거하는 것이었다. 다만 지엄의 주요 저작은 거의 현존하고 있음에도 불구하고 거기에는 이이상즉·사사상즉, 또는 이의 인다라·사의 인다라 등과 유사한 용어는 보이지 않는다. 따라서 그것들을 술어로서 명확하게 제창하여 그것들의 상즉의 모습에 대해 예를 들어 자세히 논하게 된 것은, 위에서 설명한 것처럼 '어떤 사람'들의 비판을 계기로 한 것이라고 생각해야 할 것이다. 즉 지엄에게는 이이상즉이나 사사상즉은 당연한 것이었고, 오히려 별교일승에서 이나 사는 무진이고 원통이며, 또한 그것들은 '법계소성(法界所成)'임 등을 강조하는 쪽에 역점이 있었던 것으로 생각된다. 그러한 지엄을 입장을 계승하면서도 화엄종의 설에 대한 비판에 대응하여 사사상즉이나 이이상즉을 명확하게 주장하고 그 근거를 제시하려고 노력했던 것은 만년의 지엄의 뜻을 계승한 의상이나 법장 등의 일이었을 것이다.

---

8) 『孔目章』 卷4, T45.586a. 承杜順說智儼撰로 전해지는 『一乘十玄門』에는 十錢의 비유가 보이지만, 본서의 성립에는 문제가 있다는 것은 본서 제2장 제3절 참조.
9) 다만 이 비유는 지나치게 卽物的으로 받아들여져서, 중국에서는 이른 단계에 사라진 것 같다.

지엄이 만년이 되어서 그러한 문제가 일어났다는 것은 법장의 찬술로 여겨지는 『화엄문답』에서도 엿볼 수 있다. 본서는 의상의 말을 그 문도가 기록한 것으로 추측되는데,[10] 본서에서는 오문론자(五門論者)가 '자체연기(自體緣起)'의 입장에서 '원명구덕무애자재의(圓明具德無礙自在義)'를 밝히는 것이 '스승 지엄의 별교일승의 보법(普法)'과 어떻게 다른가 하는 의문에 대해서 다음과 같이 대답한다.

> 답: 이 취지는 구별하기 어렵다. 그러나 약간 방편이 있다. 즉, 저 스승은 상융리성자체문입장에서 무애자재의 의미를 보인다. 사상(事相)의 입장에서 여여무애의 뜻을 보이는 것이 아니기 때문에 동교의 영역에 있다. 이 스승은 사상의 입장에서 무장애의 뜻을 보이기 때문에 별교의 영역에 상당할 뿐이다. (答. 此義難別. 然少有方便. 謂彼師等約相融離性自體門, 明無礙自在義. 非卽約相事明如如無礙義故, 在於同敎分齊. 此師等卽約相明無障礙義故, 當別敎分齊耳.)(T45,602b)

즉 이 둘은 구별하기 어렵지만, 구분하는 수단이 있다고 하면서 "상융리성자체문(相融離性自體門)에 입각하여 무애자재의 뜻을 밝히는" 것이 오문론자의 주장으로 동교의 입장이고, "사상(事相)에 입각하여 여여무애를 밝히는" 것이 지엄의 별교의 입장이라고 설하고 있다. 여기서 자체문(自體門)이란 지론종의 유위·무위·자체의 3종 연기에 근거한 주장일 것이므로, 오문론자는 지론종의 승려나 지론종에 영향을 받은 인물로 생각된다. 지론종의 교학에 의거하는 바가 컸던 지엄의 사상과 공통되는 부분이 있는 것은 그 때문일 것이다. "이 뜻 구별하기 어렵다"고 하여 유사성을 인정하면서, 차이점을 강조하지 않으면 안 되었던 것

---

10) 본서, 제1부 제3장 제3절 참조.

은 지엄이 "문장은 간결하고 뜻은 풍부하다"고 불리는 저작들에서 그러한 문제에 대해서 상세히 설명하지 않았음을 나타내는 것이다. 그렇기 때문에 의상이나 법장 등은 차이를 분명히 하지 않으면 안 되었던 것이다. 화엄종은 혜원(慧遠) 등의 지론종 교학을 넘어서는 것으로서 성립했음은 잘 알려져 있지만, 지론종이 언제나 혜원 등의 교학에 한정되는 것은 아니다. 지론종 남도파가 화엄종에, 그리고 북도파와 섭론종이 법상종에 흡수되었다는 것은 불교사의 대략적인 도식에 지나지 않는 것으로, 육조(六朝) 말기 이후의 불교에서 최대의 기초학이었던 지론종 교학은 끊임없이 변화를 거듭하고 때로는 반발을 부르면서도 주위의 다양한 학파에 영향을 지속적으로 끼쳤다고 생각된다. 화엄종의 성립과 동시에 사라져 버린 것은 결코 아니었다. 지엄의 교학이 알려지게 되면서, 지엄이나 그 주변 사람들은 신흥의 법상종뿐 아니라,『십지경론』과『화엄종』을 존중하여 무애를 설하는 지론종이나 그 밖의 무애를 설하는 학파의 주장과 비판, 게다가 이사라는 관점에서의 주장이나 비판에 대해서도 진지하게 대처하지 않을 수 없게 되었다고 생각된다. 오문론자란 돈황 문헌 중에 단간이 남아 있는『대승오문실상론(大乘五門實相論)』[11](북8377[로(露)43])의 저자, 혹은 유사한 명칭의 저서에서 이들과 같은 주장을 전개했던 사람이나 사람들을 가리키는 것일 텐데, 신라에 유학하여 나라 시대에 처음으로『화엄경』을 개강한 신조(審詳)의 저서 중에『오문실상론』이라는 이름이 보이는 것[12]은 그러한 주장이 상당히 유포되어서 신라에서도 알려지게 되었음을 나타내는 것이라 할

---

11) 본서, 제2부 제2장 제1절 참조.
12) 審詳의 所持本에 대해서는, 堀池春峰,『南都佛教史の研究(上)』,「大安寺審詳師教錄」(法藏館, 1980), p.423.

수 있다.

4. 『법계관문』과의 관련성

두순의 찬술로 여겨지는 『법계관문』의 이사무애관(理事無礙觀)에서
는 널리 알려져 있듯이, 모든 사(事) 중에는 무변이며 불가분인 이(理)
가 침투해 있고, 또한 사는 무자성이기 때문에 불가분인 이(理)와 같이
편만하다고 하여, 이사무애를 제창하고 있다. 한편 『법계도』의 주장은
"만일 별교일승에 의한다면 이이상즉하고 또한 사사상즉하며 또한 이
사상즉함을 얻고, 또한 각각이 상즉하지 않음을 얻고, 또한 상즉함을
얻는다"라는 것이었다. 즉 『법계관문』에서는 이가 불가분이라는 것을
근본 이유로 삼고서 이와 사의 무애가 어떻게 가능한가를 입증하려 하
는 것에 비해, 『법계도』에서는 일승에 있어서 무수한 이가 상정되고 그
러한 이와 이의 상즉과 불상즉이 모두 성립한다는 점이 강조되었던 것
에 주목해야 할 것이다. 즉 소위 이사무애에서의 이와 의상의 이이상즉
에서의 이는 성격이 다른 것이다.

불가분의 이(理)에 관한 간단한 예로서는 『출삼장기집(出三藏記集)』에
수록되어 있는 작자 미상의 「수능엄삼매경주서(首楞嚴三昧經注序)」에,

> 적정인 이유는 분할하여 설할 수 없다. …… 만약 궁극의 이가 분할된
> 다면, 그러한 것은 궁극이 아니다. (所以寂者, 未可得而分也. …… 若
> 至理之可分, 斯非至極也.)(T55,49c-50a)

이라 되어 있는데, 지극한 이치[至理]를 불가분이라고 설하는 이러한

주장이 도생(道生) 돈오설의 선구라는 것은 탕용동(湯用彤)이 이미 지적하였다.[13] 위의 인용문이 왕필(王弼) 『노자주』에 있는 '유분즉실기극의(有分則失其極矣)'에 의거하고 있다는 것은 말할 필요도 없지만, 이와 같은 표현은 지엄과 의상의 저작에는 보이지 않을 뿐 아니라, 법장의 초기 저서인 『오교장』에도 사용되지 않는다.

한편, 『오교장』 이후의 시론이나 노트로 생각되는 『화엄경명법품내립삼보장(華嚴經明法品內立三寶章)』[14]과 『법계관문』에는 보이면서도 지엄이나 의상의 저작에는 보이지 않는 '진리(眞理)', '전사지리(全事之理)', '전리지사(全理之事)' 및 그 밖에 중요한 용어가 여기저기로 나뉘어서 빈번하게 나오는 것 이외에, 이사분무문(理事分無門)에서는 이가 '무분한'이라고도 설해지고 있다. 다만 이사분무문에서는 이(理)에 대해서 '무분한', '비무분한', '구분무분(具分無分)', '구비분무분(俱非分無分)'의 4구를 만들고, 이어서 사에 대해서도 마찬가지로 4구를 만들고 있어, 분과 무분의 두 측면이 동일하게 인정되고 있다. '무분한'이라는 점만이 강조되는 것은 아니다. 이 점에서 의상의 상즉·불상즉론과 유사한 성격을 지니고 있다고 할 수 있다. 다만 『오교장』과 『탐현기』를 연결하는 과도기의 저작으로 생각되는 『화엄경지귀(華嚴經指歸)』에서는 하나의 사안에 이를 다 포섭하지 않는다면 "곧 진리에 분한이 있다는 과실이 있을 것이다"[15]라고 되어 있어 '무분한'의 측면만이 강조되고 있고, 후년의

---

13) 湯用彤, 『漢魏兩晉南北朝佛教史』(1938), p.657. 중국불교에서의 理에 대해서는 伊藤隆壽, 『中國佛教의 批判的研究』(大藏出版社, 1992)에서 상세히 논하고 있다.

14) 본서가 초고로서 『大乘起信論別記』와 공통되는 부분이 있다는 점에 대해서는, 宇衛康弘, 「法藏에 있어서의 二諦說」(『駒澤大學大學院佛教學研究會年報』16, 1983. 5) 참조.

15) 『華嚴經旨歸』, T45.595b.

저작이나 제자 세대의 저작으로 추측되는 『유심법계기(遊心法界記)』의 이성융통문(理性融通門)에서도 "진(眞)은 분한이 아니므로"[16]라는 점만 강조되고 있다. 법장의 제자인 혜원(慧苑)에게는 그러한 경향이 더욱 현저해졌고, 징관(澄觀)에 와서는 4종법계설이 확립되기에 이르렀다. 이것은 이(理)의 불가분성에 의한 이사무애 및 사사무애의 논증이 앞 장에서 설명한 것과 같은 비판에 대응하려는 시도로서 지엄의 만년 이후에 시간을 들여 성립하여 활발해졌다는 것, 그리고 그러한 불가분의 이가 '진리', '진' 등으로 불렸던 것에서도 알 수 있듯이, 그 과정에서 이의 개념이 변했다는 것을 추측케 해준다. 따라서 이이상즉의 사상에 대해서는 불가분의 이(理)를 '무분한지리(無分限之理)', '진리(眞理)', '무변진리(無邊眞理)', '무변리성(無邊理性)' 등으로 부르고 '무애'를 강조하는 『법계관문』, 그것도 『오교장』 이후의 법장과 사상이 유사한 『법계관문』 이외에서 그 선례를 구하지 않으면 안 된다.

다만 근본이며 평등한 이가 편만하여 사로서 현현해 있다는 사상, 즉 법성융통(法性融通)의 사유가 법장 이전에 존재하지 않았던 것은 아니다. 예를 들어 『공목장』에서는,

> 또한 같은 본체가 지탱하는 것에 근거하여 인과를 밝힌다. 이성은 본체가 서로 융합하여 원인이면 원인이 되고, 결과이면 결과가 된다. 그 본성은 평등하고 인연에 의해 설한다. 일승에서는 완전하여 모든 덕을 갖추었으며, 삼승은 즉 일상고문일 뿐이다. (又如同體依持, 以明因果. 理性體融, 在因爲因, 在果爲果. 其性平等, 攄緣以說. 在一乘卽圓明具德. 居三乘則一相孤門.)(T45,586b)

---

16) 『遊心法界記』, T45,647c.

이라 설하고 있어, 이성(理性)이 융통하여 인이 되고 과가 된다고 설하는 경우에도, 일승에 있어서 그 이성은 무한한 덕을 갖추고 있음이 비해, 삼승에 있어서는 개별적인 법의 배후에 고요한 이성을 볼 뿐인 '일상고문(一相孤門)'이라고 언명되고 있다. 다만 여기서는 이가 아니라 '이성(理性)'으로 되어 있어 '성(性)'이라는 글자가 더해져 있고, 또한 '이성'이 불가분이라는 것이 논의되지는 않는다는 점에 주의해야 한다. 또한 '이성체융(理性體融)'의 사상은 '동체의지(同體依持)'라는 말이 나타내듯이 혜원의 동체연기설(同體緣起說)에 근거하고 있는데, 혜원은 그와 같이 융통하는 본체에 대해서는, 불성·진성·여래장·법계와 그 밖의 많은 명칭으로 부르고 있지만, 이(理)나 진리라는 말을 사용하면서 또한 불가분을 그 특성으로 강조한 예는 없다.

5. 불타삼장(佛陀三藏)과 초기 지론종의 이이상즉설

『법계도기총수록』에서는 『법계도』가 인용하는 『십지경론』의 섭입(攝入)의 해석, "첫째는 섭입니다. 들어서 얻을 수 있는 지혜 가운데 일체의 선근을 포섭하기 때문이다[一者攝入, 聞惠中攝一切善根故]"[17]라는 구절을 해석하는 중에 다음과 같은 『법기(法記)』의 문장을 들고 있다.

『법기』에서 말한다. "……들어서 얻을 수 있는 지혜 가운데 일체의 선근을 포섭한다는 것은, 불타삼장은 "본체에 합치하여 들어서 얻을 수 있는 지혜는 원종의 도리를 포섭한다. 이(理)와 서로 결합하는 것을

---

17) 『十地經論』卷1, T26.124c.

존중하는 것이다"라고 한다." (法記云, …… 聞惠中攝一切善根者, 佛陀三藏云, 稱體聞惠攝圓宗理. 與理相應爲可貴也ㄹ上.)(T45.738c)

즉 불타삼장은 '문혜'란 '체와 합치하는[稱體] 문혜'이며, 그와 같은 문혜가 "일체의 선근을 포섭한다"라는 것은 원종의 이(理)를 포섭함을 말한다고 한다. 그리고 불타삼장은 이(理)와 상응하는 것을 귀히 여겨야 할 것이라고 설하고 있다. 칭체의 문혜가 원종의 이를 포섭한다는 의미는 알기 어려우나, 교법을 들음으로써 법계에 부합하는 것에서 생기는 문혜야말로 모든 수행의 근본이며, 이 문혜 속에 이후 수행의 과정에서 얻어지는 일체의 선근이 포함된다는 의미일 것이다. '여리상응(與理相應)'이란 수행자가 일체의 선근을 몸에 지니는 것을 가리키는 것으로 보인다.

즉 여기서 말하는 이(理)란 수행에 의해 깨달아야 하는 많은 뜻을 말하며, 사의 배후에 있는 유일한 본성의 의미는 아닐 것이다. 또한 이 '상응'이라는 말에는 뒤에 나오는 사사무애설에서의 무애와 같은 내용은 포함되지 않는 것으로 생각된다. 아울러 위의 『십지경론』의 '섭입'의 구절은 육상이 설해지는 부분으로, 이 '섭입'은 '총(總)'을 나타내고 있다는 것에 주의해야 할 필요가 있다.

이 '불타삼장운(佛陀三藏云)'으로 인용되는 문장이 가나자와문고(金澤文庫) 소장의 삼장불타 찬술 『화엄경양권지귀(華嚴經兩卷旨歸)』에 나온다는 것은 다카미네 료슈(高峯了州)에 의해 지적되었다.[18] 또한 이른

---

18) 高峯, 『華嚴論集』, 「華嚴經兩卷旨歸について」(國書刊行會, 1976), p.499. 또한 拙稿, 「理理相卽說の形成」(『フィロフィア』 76, 1989. 3), p.94에서는 『華嚴經兩卷旨歸』를 지론교학의 영향이 미치기 이전의 저작으로 보는 高峯의 학설에 찬동하면서도 『십지경론』의 영향이 있다고 보고, 『십지경론』이 역출되고 얼마 후의 저작으로 추

시기의 지론종 문헌에서는 많은 이(理)의 통합을 설하는 것도 종종 발견된다.

예를 들어 법상(法上)의 『십지론의소(十地論義疏)』에서는 '일교(一敎)'와 '일체교(一切敎)'가 '융통[融]'함을 강조한 후에,

> 다만, 하나의 가르침을 들면 갖추어지지 않는 교설은 없고, 총괄할 수 없는 이(理)는 없다. (但擧一敎, 無敎不備, 而無理不統.)(T85.764b)

이라 설명하고 있어, 하나의 가르침 속에 어떤 가르침이라도, 어떤 이(理)라도 포함되지 않음이 없다고 설하고 있다. 가마타 시게오(鎌田茂雄) 박사는 이 부분을 "모든 것을 하나의 진리로 통일할 수 있다는 원(圓)의 입장"[19]이라고 해석하고 있는데, 이것은 이를 유일의 진리로 보는 이사무애의 사유에 이끌린 해석이라 할 수 있다. 여기서는 어느 하나의 가르침을 취하더라도 그 안에는 다른 일체의 가르침이 포함되어 있고, 그에 따라서 개별적인 가르침이 드러내는 개별적인 이(理)도 모두 포함된다고 설하는 것에 지나지 않으며, 유일하며 특별한 진리라는 것은 고려되지 않고 있다.

정했지만, 본서 제1부 제2장에서 설명한 것처럼 『兩卷旨歸』은 隋 이후의 저작이기 때문에 정정한다.

19) 鎌田, 『中國佛教思想史硏究』(東京大學出版會, 1969), p.273. 또한 一理 안에 일체의 理와 그 밖의 것이 섭수된다는 것은 『摩訶止觀』 卷3下(T46.32上)이나 S613V 등에도 보인다.

6. 정영사 혜원의 육상설

정영사 혜원의 육상설에 대해서는 이미 많은 연구가 있는데, '이(理)
에 입각하여 육상을 설명하는' 것이며, 사사무애의 근거로서의 육상설
에 이르는 전 단계에 있는 것이라고 지적되고 있다.[20] 그러나 이이상즉
설과의 관계에 대해서는 언급이 없고, 게다가 개별적인 이와 이사무애
에서의 유일하며 불가분의 이와의 차이가 명확하지 않기 때문에, 애매
한 해석에 머무르고 있는 것으로 생각된다. 먼저『대승의장』의「6종상
문의(六種相門義)」에서는 육상에 대해서 개설한 후에, 육상을 사(事)의
해석에 적용하는 것을 금한『십지경론』의 "사(事)를 제외한다. 사란 말
하자면 음계입 등이다"라는 문장에 대해서 다음과 같이 설명하고 있다.

> 음·계·입 등은 서로 전제 구조가 되면, 사항은 개별적이고 격리되어
> 서, 이러한 6의를 갖추고 있지 않다. 그러므로 제외한다. 만약 사상을
> 포섭하여 체의에 따르게 하면 음·계·입 등도 하나하나 가운데 모두
> 무한의 6상의 법문을 갖춘다. (陰界入等, 彼此相望, 事別隔礙, 不具
> 斯六. 所以除之. 若攝事相, 以從體義, 陰界入等, 一一之中, 皆具無量
> 六相門也.)(T44.524a)

즉 사(事)의 양상과 양상은 '격애(隔礙)'되어 있기 때문에 육상을 갖
추고 있지 않지만, '체의(體義)', 즉 사의 본성이 갖추고 있는 성질에 대
해서 말하면, '무량한 육상문'을 갖추고 있다는 것이다. 그리고 혜원은

---

20) 湯次了榮,『華嚴大系』(法林館, 1915), pp.520~523. 최근의 연구로는 伊藤瑞叡,
『華嚴菩薩道の基礎的研究』의 제5장 제4절(平樂寺書店, 1988)에 지론종 계통의
해석이 정리되어 있다. 혜원의 육상 해석이 어떻게 성립했는가에 대해서는 지금까
지 연구되지 않았지만,『大乘義章』,「如實際法性義」의 기술로 보아『大智度論』卷
32의 如·法性·實際에 관한 설명에 의존하는 바가 많다고 생각된다.

오음의 대표인 색을 예로 들어 다음과 같이 말하고 있다.

하나의 색 등도 본체를 같이하여 무수의 불법을 지닌다. 즉 고·무상·
부정·허가·공무아 등의 모든 불법이다. 이러한 여러 법은 의미는 별
도이어도 체는 같아서 상호 연의 의해 집성하며, 그것과 본체를 같이
하는 일체불법을 모아 하나의 색을 만든다. '색'을 총합이라고 이름한
다. 이 총합 가운데 무량의 불법을 전개하는 것이다. 색은 그 법에 따
라 무량하다. 즉 고색·무상색·부정색·명용색·공무아색, 나아가서는
진실연기색까지이다. 이러한 무량의 구별이 있는 색을 개별이라고 이
름한다. (如一色陰, 同體具有恒沙佛法. 謂苦無常不淨虛假空無我等一
切佛法. 是等諸法, 義別體同, 互相緣集, 攝彼同體一切佛法, 以成一
色. 色名爲總. 就此總中, 開出無量佛法. 色隨彼法, 則有無量. 所謂苦
色無常色不淨色名用色空無我色乃至眞實緣起色. 如是無量差別之色,
是名爲別.)(T44. 524a)

즉 하나의 색에는 고·무상·부정·허가·공·무아 등 '일체의 불법'
이 갖추어져 있어 이 법들이 '서로 연집하여' 하나의 색을 이루기 때문
에 그 하나의 색이 '총합'이며, 또한 법의 측면에서 말하면 고색·무상
색·부정색 및 그 밖의 색이 있어 무량한 색의 구별이 있게 되는데, 이
를 '개별'이라 한다고 설한다. 혜원은 나중에 동·이·성·괴의 4상에 대
해서 논의를 하는데, 그러한 의미로서의 '불법'을 이(理)라고 한다면, 여
기서는 이이상응(理理相應)이 설해지는 것이 된다. 실제로 혜원은 『십
지경론의기』의 육상설 해석 부분에서, "사법은 개별적이라 하더라도,
이의(理義)는 동등하게 통한다"[21]고 설하고, 이보다 조금 더 뒷부분에
서 '무아지리(無我之理)', '무아리(無我理)'라는 용어를 사용할 뿐 아니라

---

21) 『十地經論義記』 卷1, 續藏1-71-2.151左上.

도, '법의(法義)'라는 말을 해석할 때 "법은 가르침이다. 의미는 이(理)이다"(153a)라고 설명하고 있다. 따라서 '부득상리(不得相離)'가 상즉이라면 '의문수이(義門雖異)'는 불상즉이 되어, 이이(理理)의 상즉과 불상즉이 설해지게 되는 것이다. 게다가 '항사의 불법', '무량한 불법' 등이 얘기되고 있으므로, 구별된 무진의 이가 인정되고 있는 것이다. 이것들이 이이상즉설의 선례라는 점이 간과되어, 의상의 이이상즉설의 특이함을 강조해 온 것은 이이상즉설의 이를 소위 이사무애에서의 불가분의 이와 혼동했기 때문이다.

아울러 혜원은 『대승의장』 「육종상문의」에서

> 이 6은 정말로 대승의 근본이고, 자재롭게 두루미치는 현묘한 존재양상이다. 만약 이 취지를 잘 이해할 수 있다면, 하나라든가 다르다든가에 대한 집착은 완전히 없어져 버리고 흔적도 없다. 6상의 의의는 대략 설하면 이와 같다. (此六乃是大乘之淵綱, 圓通之妙門. 若能善會斯趣, 一異等執, 逈然無迹. 六相之義, 略辯如是.)(T44,524b)

라고 매듭짓고 있어, 육상이야말로 일(一)과 다(多)를 자재롭게 두루 미치는 현묘한 존재양상이라고 명언하고 있다. 전술한 바와 같이 지엄의 '원통이사(圓通理事)'의 설, 그리고 지엄의 교학에 근거한 의상의 이이상즉설이 혜원의 이와 같은 육상 해석에 근원을 두고 있다는 것은 분명하다.

7. 결론

이상에서 설명한 것처럼, 지론종에서는 일찍부터 이의 구별을 인정하고, 나아가 하나의 법문 안에 많은 이가 갖추어져 있음이 중시되어, '사를 제외한다'고 말해지는 육상의 해석을 중심으로 하여 이와 사의 문제가 논의되어 왔다.[22] 특히 혜원에 이르러서는 '사를 제외한다'는 제약에 묶여 있으면서도 이이상즉에 해당하는 내용과 더불어, 사사상즉의 전 단계라 부를 수 있는 해석이 내려지게 되었다. 이러한 교리를 수용한 지엄은 사사무애에 해당하는 사상을 『화엄경』의 특징으로 파악하고, 또한 이사(理事)를 법계소성(法界所成)으로 보고, 별교일승에서 개별적인 연기는 무진의 이와 사를 포함한다는 점을 강조하는 방향으로 갔다. 그러한 해석에 대한 비판에 대응하기 위하여, 상즉에 관한 자세한 설명과 더불어 사와 이의 자재로운 상즉과 불상즉이라는 틀 속에 등장한 것이 의상의 이이상즉설이다. 이이상즉이라는 말 자체는 확실히 의상 이전에는 보이지 않지만, 이 설은 지론종 전통을 수용하면서 만년의 지엄의 뜻을 진전시킨 형태로서 표명된 것으로, 전통적인 이사무애설에서의 '무분한'이면서 유일한 이의 개념을 개변시켜 발생한 특이한 사상은 아니다. 의상은 사사상즉이나 이이상즉을 논증함에 그치지 않고 그 불상즉도 인정하고 있어, 지엄과 마찬가지로 이와 사라는 인식 방법의 배후에 있는 이사불가분의 법계를 언제나 지향하고 있었던 것으로 생각된다.

한편 이(理)의 '무분한'을 강조함으로써 이사무애를 설하는 것은 불확실한 점이 많은 『법계관문』을 제외하면 법장 시험기의 저작인 『삼보장』부터이며, 그 등장은 이이상즉설보다 오히려 늦다. 소위 법성융통에 해

---

22) 돈황 출토 『攝大乘論疏』 권7에 '又名本定體無分別智能證理與理成一'(T85.994c)이라는 기술이 보인다(宇井伯壽, 『西域佛典の研究』, 巖波書店, 1969, p.63). 이 문헌이 신역 이전의 저작인 것은 확실하지만, 지론종과의 관계 등은 분명하지 않아 검토할 필요가 있다.

당하는 사상도 지론종에서는 이미 설해지고 있었지만, 이사무애설에서의 '무분한'의 이(理)에 부여된 성격에는 『기신론』 등의 여래장사상을 연구하는 중에 발생하게 된 진여의 해석이나, 혹은 도생의 저작 및 그 밖의 것을 매개로 도입된 중국사상에서의 이의 개념도 포함되어 있는 것으로 생각된다. 즉 이이상즉에서의 개개의 이(理)야말로 지론종 이래로 이의 주류였던 것이고, 이의 개념이 변화한 것은 사실 이사무애에서의 이(理)였던 것이다.

법장의 제자인 정법사 혜원 이후에는, 이의 다의성이 유지되면서도 그 '무분한'의 이가 전면으로 등장하게 되어 이사무애를 주축으로 하는 4종법계설이 성립하게 되었는데, 이사무애에서의 이의 문제에 대해서는 『법계관문』이나 법장 저작의 성립 연대, 중국사상과의 관계 등도 함께 검토할 필요가 있을 것이다.

제5절 『화엄경문답』의 여러 문제

1. 머리말

법장(643~712) 찬으로 되어 있는 『화엄경문답』 2권은 성기(性起)나 연기(緣起)에 대해서 그의 다른 저술에서는 볼 수 없을 정도로 깊이 고찰한다. 이런 이유로 『화엄경문답』은 일본 화엄종에서 매우 중시되었다. 현대의 연구자도 성기에 대하여 논할 때에는 보통 본서의 기술을 참조한다. 그러나 본서에 대해서는 헤이안 시대부터 위작설이 제기되었지만,[1] 아직까지 해결되지 못하였고, 최근에 요시즈 요시히데(吉津宜英)가 신라 성립의 가능성을 시사하였다.[2] 요시즈의 견해는 타당하다고 생각되지만 추측에 그치고 있다. 이에 본 절에서는 『화엄경문답』의 성립 사정을 밝히고 아울러 본서의 의의와 이후에 미친 영향에 대해 고찰하고자 한다.

2. 위작설을 둘러싼 문제

현존하는 문헌 가운데 헤이안 시대 중기의 저술로서 법상교학을 비

---

1) 진위를 둘러싼 논쟁에 대해서는 鎌田茂雄, 「法藏撰華嚴經問答について」(『印佛研』 7-2, 1959. 3)에서 개설하였다.
2) 吉津宜英, 「緣起と性起」(『東洋學術研究』 22-2, 1983. 11), p.61. 同, 「舊來成佛について ― 性起思想研究の一視點」(『印佛研』 32-1, 1983. 12), p.243.

판하고 일승설을 강조한 조슌(增春)의 『일승의사기(一乘義私記)』[3]에서 처음으로 위작설이 제기된다. 본서는 텐랴쿠(天曆) 연간(947~957)에 성립되었는데, 조슌은 『오교장』 권실차별조에서 삼승에 대해서는 "자위 구경처(自位究竟處)에 도달하기 때문에, 나중에 모두 별교일승에 진입 한다"[4]라고 서술되어 있는 점을 문제 삼아, 이것은 삼승을 수행하는 가운데 일승의 근기가 성숙한 단계에서 별교일승에 전입(轉入)한다고 설하는 것이며, "삼승교에 의해 삼승의 부처를 성취한 사람이 다시 별 교에 회심하여 들어가 일승의 부처를 성취한다고 말하는 것은 아니다" 라고 주장한다. 그리고 "왜 향상문답(香象問答)에서는 삼승의 끝은 부 처가 되지만, 다시 일승에 들어간다고 하는가"라고 자문하며 『화엄경문 답』의 문장을 인용한다. 『화엄경문답』을 『향상문답』이라고 칭하는 것은 신라 견등의 『일승성불묘의』에 의한 것이겠지만, 조슌은 『화엄경문답』은 '오교사(五敎師)'의 저작이 아니라는 '고덕'의 설을 인용한 후, 법장의 저 술이지만 "문장을 분해하여 의미로서 읽어야 한다"는 고덕의 설을 소개 하며, 읽는 방법에 대해서 다음과 같이 해석을 시도한다.

> 삼승의 보살은 일승의 행위와 이해를 일으키면, 삼승의 가르침은 임 시의 것이었음을 깨닫고 불과의 위지에까지 이르러 별교일승에 들어 간다는 것이다. 삼승의 가르침에 의해 성불한 사람이 나아가 또한 별 교일승에 들어가 성불하는 것을 말하는 것이 아니다. (三乘菩薩, 起 一乘行解, 悟三乘敎權, 往至乎佛果位, 而廻入別敎一乘云事也. 非謂 依三乘敎成佛人, 更亦廻入別敎一乘成佛也.)(T72.35a)

---

3) 高原淳尙, 「增春『一乘義私記』の華嚴學について」(『印佛硏』 38-2, 1990. 3), pp.37~39.
4) 『五敎章』 卷1, T45.477b.

즉, 삼승보살이 삼승의 불과에 도달하고 나서 별교일승에 회입한다고는 하나, 그것은 "일승의 실천과 이해를 일으켜"서 성불한다고 보는 것이며, 『화엄경문답』을 위작이라고 하는 사람도, 위와 같이 행간의 의미를 읽어내는 사람도 삼승교에 의한 성불을 인정하지 않고, 성불은 일승교에 의해서만 가능하다고 보는 점에서는 일치한다. 조슌은 후자의 설에 대해서 더욱 상세히 설명을 덧붙이고 있기 때문에 아마도 후자의 설을 따르는 것으로 보인다.

다음에 교넨(凝然, 1240~1321)은 『오교장통로기(五教章通路記)』 권6에서 『화엄경문답』의 윗부분을 인용하면서,

> 이 『문답』 2권의 제목 아래에 '법장 찬'이라고 한다. 그러나 문장은 졸렬하고 구독점도 정확하지 않다. 현수의 평상시의 장이나 소의 문장·구독과 비슷하지 않다. 현수대사의 문장은 간략하고 또한 요점이 잡혀 있고, 정밀하며 또한 아름답다. 읽으면 그 의미를 알 수 있으며, 이해할 수 있으면 취지를 파악할 수 있다. …… 지금 이 『문답』은 그것과는 반대로, 정신없고 조악하다. 종조의 문장이라고는 말하기 어렵다. (此問答二卷題下云法藏撰. 然文言卑拙, 句逗雜亂. 不似賢首常途章疏文言句逗. 賢首大師所製文章, 簡而又要, 精而又美. 隨讀得意, 隨解領旨. …… 今此問答, 與彼相反, 俚而又野. 難言祖文.)(T72.333c)

라고 되어 있는 것처럼, 문장이 졸렬하여 법장의 것이라고는 생각되지 않는다고 서술한다. 그리고 법장의 설을 제자가 정리하였을 것으로도 추정할 수는 있지만, 굉관(宏觀)·문초(文超)·지광(智光)·종일(宗一)·혜영(慧英)·혜화(慧花) 등의 제자는 모두 법장처럼 뛰어난 문장을 쓴다고 하면서, "혹은 후인이 저술하고, 화엄종의 이름을 빌린 것이 아닐까?"라고 의문을 제기한다. 그럼에도 불구하고 교넨은 위의 인용문 직후에

조슌의 『일승의사기』 등을 언급하면서, 『화엄경문답』에는 '중요한 요점'을 적시하고 있기 때문에 고덕들이 예로부터 '화회'하여 사용하였다며, 자기도 이러한 예를 따른다고 언명한다.[5] 즉, 조슌이 제시한 두 가지 설 가운데 후자의 설을 취하고 있다. 『화엄경문답』을 많이 사용한 묘에(明惠, 1173~1232)나 단에이(湛睿, 1271~1346) 등이 이러한 문제가 있었음을 몰랐을 리 없지만 위작설에 대해서는 언급하지 않는다.

이에 대하여 에도 말기의 학승 호에이(芳英, 1764~1828)는 『탐현기 남기록(探玄記南紀錄)』 권1에서 위작설을 정면으로 비판하였다. 호에이는 법장의 저작 가운데 최초기에 저술되었기 때문에 『화엄경문답』의 문장이 다듬어지지 않은 것이라고 주장하였다.[6] 호에이의 설에 착안한 가마타 시케오는 인용서, 용어, 문장의 격식 세 가지에 대한 검토를 통해 『화엄경문답』은 거의가 지엄의 사상에 근거하고 있기 때문에 호에이가 설한 것처럼 법장의 초기작이라고 보는 것이 타당하다고 말한다. 다만 가마타는 "그렇지만 연구가 더욱 진행되면 위작설의 결정적인 논증도 찾을 수 있다는 것을 부정할 수는 없다"[7]라고 하여 단정을 피하고 있다. 한편, 진찬을 의심하는 요시즈 요시히데는 본서는 지엄의 영향하에 신라에서 편집된 것이며, 법장 찬이라고 한 것은 편집할 때 법장의 저작도 참작했었기 때문일 것이라고 추정한다.[8] 위작설과 진찬설의 개요는 이상과 같다. 이하 문체와 사상을 통해 문제를 점검한다.

---

5) 『五敎章通路記』 卷6, T72.334a.
6) 『探玄記南紀錄』 卷1, 日藏(華嚴部章疏).1550a.
7) 鎌田, 주1, 앞의 논문, p.641.
8) 吉津, 주2, 앞의 논문, 「舊來成佛について」, p.243. 법장의 저작을 그대로 인용한 예는 찾을 수 없다.

3. 문체의 문제점

먼저 문체에 대해서는 교넨도 말하고 있는 것처럼 매우 조잡하며, 중국 학승의 문장이라고는 도저히 생각하기 어렵다. 교넨이 법장 제자들의 문장과도 닮지 않았다고 한 것은 신라 또는 일본에서 성립된 것을 시사한 것은 아닐까. 『화엄경문답』의 문체에는 소위 일본풍의 문장인 듯한 느낌이 든다. 예를 들면 스스로의 당과(當果)인 미래불이 현재의 자신을 교화하기 때문에 다른 부처가 아닌 자체불(自體佛)을 예배하라는 독특한 설이 있다[이하 배자체불설(拜自體佛說)이라고 칭함]. 그 설에서는 다음과 같이 서술한다.

> 문: 스스로의 미래불이 오히려 스스로의 현재를 교화한다는 것은 어떤 문장에 의해 알 수 있는가.
> 답: 『영락경』 가운데 제8지 보살이 "내 몸의 장래 과인 여러 부처가 머리를 쓰다듬고 설법하는 것을 본다"고 말하고 있기 때문이다 이미 그 설명은 확실함을 아는 것이 좋다. 또한 이미 여러 경전마다 "삼세의 부처를 예배하기 때문에 여러 죄업이 소멸한다"라고 말하니 미래의 제불은 무엇이 되겠는가.
> 문: 이것은 이미 성불한 다른 부처를 예배하는 것이다. 무엇 때문에 자신은 아직 성불하지 못하는가.
> 답: 다른 부처를 예배하는 의미가 없는 것은 아니다. 그러나 먼 존재로 가까운 관계는 아니다. 그것은 왜인가. 대체로 여러 부처가 중생을 위해서 부처의 덕을 설하는 것의 의도는 중생에게 중생 자신도 또한 그 결과를 얻도록 수행시키기 위해서이다. 이 때문에 중생은 스스로가 장래에 얻을 과덕을 깨닫는 것이고, 그것을 얻기 위해서 신명을 아끼지 않고 수행하는 것이지, 타인의 불과를 얻기 위해서 수행하는 것은 아니다. 이 때문에 정말로 지금의 자기를 발심시켜서 수행시키

는 부처는 오직 자신의 장래에 얻는 결과로서의 부처이고, 이미 부처가 되었어도 그것은 그 이외의 부처가 아닌 것이다. 이 취지를 의심하면 안 된다. …… 또한 이 나의 본성불은 그야말로 일체법계의 유정과 무정 가운데 어떤 것에도 어떤 것에도 정말로 존재한다. 한 물건이라도 내 본체의 불이 아닌 것은 없기 때문이다. 만약 자체불을 예배할 수 있다면, 어떤 것에도 예배하지 않는 것은 없다. 이것도 또한 매우 중요한 요점이다. (問. 自未來佛還化自現在者, 以何文知乎. 答. 瓔珞經中第八地菩薩云, 自見己身當果, 諸佛摩頂說法故. 已其說灼然, 可知. 又旣諸經經每云, 三世佛拜故諸罪業滅, 未來諸佛者何爲乎也. 問. 此他已成佛拜, 何爲自未成佛乎. 答. 拜他佛之義非無, 而遠疎非近親. 所以者何. 汎諸佛爲衆生說佛德, 意爲欲令衆生自亦得彼果故令修行, 是故衆生證自當來所得之果德, 爲欲得彼故不惜身命修行, 非爲得他佛果故修行, 是故正今吾令發心修行佛, 但吾當果, 已成佛, 非他佛也, 此義不疑怪也. …… 又此吾性佛者, 卽於一切法界有情無情中, 全全卽在. 無非一物吾體佛故. 若能拜自體佛者, 無物不所拜. 此亦甚大要也.) (T45.604c-605a)

한 번 봐서 알 수 있듯이 순수한 문장이 아니다. 이는 강의를 필기한 것 같으며, 한문으로서도 이상하다. 첫 질문 가운데 "삼세불배고(三世佛拜故)"에 대해서는 문맥으로 보아 "삼세의 부처를 예배하기 때문에"로 읽을 수밖에 없을 것이다. 또 마지막 부분에 "정금오령발심수행불(正今吾令發心修行佛)"이라고 하는 것은, '바로 지금, 나를 발심수행하게 하는 부처', 혹은 '바로 지금의 나를 발심수행하게 하는 부처'의 의미일 것이다. 바로 뒤에 "평등무차별의 과덕 모두 지금의 나를 교화하여 수행하게 한다[平等無差別果德 皆化今吾令修行]"라고 한 것을 보아 여기에서는 '지금의 나를'이라고 읽어야 될 것 같지만, 아무튼 어느 쪽이나 파격적인 어법이다. 만약 사역형이라면 '영아발심수행(令我發心修行)'이라는 형태가 되어야 할 것이다. 현행본에서는 꽤 어순이 뒤섞인 듯하지만, 이러한 예는 다른 데서도 많이 보이기 때문에,[9] 단순한 오사로 보기도 어렵다. 『화엄경문답』은 정규 한문에 익숙하지 못한 인물에 의해서 쓰여졌다.

이 추측을 뒷받침하는 유력한 자료가 『법계도기총수록』 권상의 일(卷上之一)에 보인다. 이 책은 신라 화엄종의 시조 의상(義湘, 625~702)의 『일승법계도』에 대한 여러 주석을 집성한 것인데, 화엄의 십불에 대한 주석 부분에 다음과 같은 내용이 있다.

> 『추혈문답』에서 말한다. "문: 스스로의 미래불이 오히려 스스로의 현재를 교화한다는 것은 어느 문장에 의하는가. 답: 『영락경』 제팔지보살이 스스로 나의 몸의 장래 얻을 과인 여러불이 머리를 쓰다듬고 설법한다고 말하기 때문에, 성교의 교설은 명확하다. 아는 것이 좋을 것이다. 또한 여러 경전이 '삼세제불을 예배하기 때문에 여러 죄업이 소멸한다고 말하고 있는' 이상 미래의 여러 부처는 무엇이 되는가.
> 문: 이것은 다른 이미 성취한 부처를 예배한다는 의미이다. 무엇 때문에 자신은 아직 부처가 되지 않았는가.
> 답: 다른 부처를 예배하는 의미가 없는 것은 아니지만, 멀리 있어 소원하다. 그 이유는 대체로 여러 부처가 중생을 위해서 불덕을 설법하는 것은, 그 의도는 중생에게 스스로도 또한 과를 얻게 하고 수행하도록 하기 위함이다. 그 때문에 중생은 자신이 장래에 얻을 과덕을 희망하고, 그것을 얻기 위해서 신명을 아끼지 않고 수행하는 것이어서, 다른 부처의 결과를 얻기 위해서 수행하는 것은 아니다. 그 때문에 그

---

9) 예를 들어, 卷下末2의 '云何正信佛言乎'(612c) 등은 "바르게 부처를 믿는다'는 것은 어떤 존재 방법을 말하는가" 정도의 뜻이지만, 이것들은 일본의 변체한문의 어순과 같다.

야말로 자신을 발심하여 수행시키는 부처는 다만 자신이 장래 얻을 결과의 부처이고, 이미 부처가 되었어도, 그것은 다른 부처는 아닌 것이다. 이 의미를 의심해서는 안 된다. …… 또한 이 나의 부처는 일체 법계의 유정·무정 가운데 어느 것에나 존재한다. 한 물건이라도 나의 체불 아닌 것이 없기 때문이다. 만약 자체불을 예배할 수 있다면, 어떤 것이든 예배하지 않는 것은 없다. 이것도 또한 매우 중요한 요점이다."(錐穴問答云, 問, 自未來佛還化自現在者, 以何文知乎. 答. 瓔珞經 第八地菩薩云, 自見己身當果, 諸佛摩頂說法故, 則聖說炳然. 可知 又 旣諸經云, 三世諸佛拜啓故諸罪業滅, 未來諸佛者何乎. 問. 此他已成 佛拜義, 何爲自未成佛乎. 答. 拜他佛之義非無而遠疎. 所以者, 汎諸佛 爲衆生說法佛德, 意爲欲衆生自亦得彼果故令修行, 是故衆生望自當 來所得之果德, 爲欲得彼不惜身命修行, 不爲得他佛果故修行, 是故正 令吾發心修行佛, 但吾當果已成佛, 非他佛也, 此義不疑怪也. …… 又 此吾佛, 於一切法界有情無情中, 全全卽作在. 無一物非吾體佛故. 若 能拜自體佛者, 無物不所拜. 此甚大要.)(T45.759ab)

즉 『추혈문답(錐穴問答)』에는 『화엄경문답』에서 문제된 부분과 거의 일치하는 문장이 보인다. '정금오령발심수행불(正今吾令發心修行佛)'을 '정령오발심수행불(正令吾發心修行佛)'로 쓰고 '무비일물오체불고(無非 一物吾體佛故)'를 '무일물비오체불고(無一物非吾體佛故)'라고 쓰는 등, 『추혈문답』 쪽이 어느 정도 문장이 정리된 듯하지만, 일본의 변체한문을 생각나게 하는 파격의 한문이라는 것은 양자 모두 같다.

그런데 이 『추혈문답』이라는 책은 의상의 고제인 지통이 스승의 말을 기록한 것이며, 『의천록(義天錄)』에서는 『요의문답(要義問答)』으로 칭하는데,[10] 흥미로운 것은 『의천록』에서는 제자가 의상의 말을 기록한 그러

---

10) 『義天錄』 卷1, T55.1167b.

한 저작에 대해 다음과 같이 비판한다.

단지 당시 편집한 자는 아직 문장이 정교하지 않기 때문에 장구를 품
위 없게 만들었고, 신라의 언어를 섞었다. 혹은 훌륭한 가르침이 퍼져
가는 최초여서 상대에 응해서 설하려고 노력한 것에 지나지 않는다.
장래의 군자는 문장에 윤색을 가하는 것이 좋을 것이다. (但當時集
者, 未善文體, 遂致章句鄙野, 雜以方言. 或是大教濫觴, 務在隨機耳.
將來君子, 宜加潤色.)(T55.1167b)

결국, 당시 한문에 익숙하지 못한 자가 편집했기 때문에 문장에 품위
가 없을 뿐 아니라 신라의 '방언'이 섞여 있다고 하는 것이다. 『추혈문답』
이상으로 구어적인 『화엄경문답』에는 위의 비판이 딱 들어맞는다. 주지
하는 바와 같이, 한국어의 어법은 일본어의 어법과 극히 유사하다. 신
라의 방언을 섞어 쓰여진 한문이라면 우리들 일본사람이 일본풍의 느
낌이 난다고 해도 이상할 것은 없다.[11] 『화엄경문답』은 『추혈문답』과 깊
은 관계가 있다고 보는 것이 자연스러울 것이다.

그러나 『화엄경문답』과 『추혈문답』을 단순한 이본이라고 생각할 수는
없다. 『추혈문답』 즉, 『지통기』는 현존하지 않고, 『법계도기총수록』이나
고려 균여 저작 중에 인용될 뿐으로, 그러한 일문은 극히 일부를 제외
하고는 『화엄경문답』과 일치하지 않는다.

한편 『추혈문답』과 마찬가지로 의상의 제자인 도신(道身)이 스승과의
문답을 기록한 『도신장』에도 『화엄경문답』과 공통되는 부분이 보인다.

---

11) 이런 예는 강의의 필록을 한문으로 고친 균여의 저작에도 다수 보이는데, 김지견
은 균여 저작은 "이두문 조사 등을 그대로 사용하고 있는 부분도 적지 않다"고 지
적한다(金知見, 「均如大師華嚴學全書解題」, 後樂, 서울: 1977, p.25).

『도신장』에서 말한다. "일승의 연기법은 분별이 미치는 곳은 아니다. 분별이 미치는 곳은 아니지만, 멀리서 구하지 않는다. 분별을 등지면 그야말로 그것이다.

문: 분별을 등지는 방편은 무엇인가.

답: 방편은 무한하지만, 그 요점은 무엇을 보아도 마음을 집착시키지 않는 것이 그것이다. 무엇을 들어도 문장대로 받아들이지 않는 것이다."(道身章云, 一乘緣起法, 非情所及. 雖非情及而不遠求. 反情卽是. 問. 反情方便如何. 答. 方便無量, 而其要者, 隨所見處, 不著心爲是. 隨所聞法, 不取如文.)(T45.753c)

한편, 『화엄경문답』은 다음과 같다.

일승의 연기법은 분별이 미치는 곳이 아니다. 분별이 미치는 곳이 아니지만 멀리서 구하지 않는다. 분별을 등지면 그야말로 그것이다. …… 방편은 무한하지만, 요점을 말하면, 무엇을 보아도 그야말로 마음을 집착시키지 않는 것이 그것이다. 무엇을 들어도, 들은 대로 받아들이지 않고, 그러한 언어의 유래를 이해한다. 또한 법의 실성을 이해한다. (一乘緣起之法, 非計情所及. 雖非計情所及, 而不遠求. 返情卽是也. …… 方便無量, 而其要言之, 隨所見處, 卽不著心爲是. 隨所聞之法不取如聞. 卽能解其所由. 又卽解法實性也.)(T45.609a)

즉, 완전히 같은 내용이며, 게다가 『화엄경문답』 쪽이 문답의 분위기가 남아 있다. 이상과 같이 『화엄경문답』 중에는 의상의 제자들의 필록과 거의 같은 문구가 보인다. 여기서 주의할 것은, 의상의 강설을 기록한 것은 지통과 도신 두 사람에게만 국한되지 않는다는 점이다. 『송고승전』 권4 「당신라국의상전」에서는 많은 제자들이 각기 의상의 설을 마무리하여 책을 지었다고 전한다. 그것들은 『도신장』처럼 필록한 제자의 이름으로 호칭되기도 하고, 혹은 『추혈문답』처럼 그것을 기록한 지명으로 불리기도 했다.[12] 이와 같은 취지의 기사는 『삼국유사』권4 「의상전교조」에서도 보이는데, 여기서는 지통이 『추동기』를 지었다고 기록하고 있다.[13] 이러한 기술을 감안할 때 의상의 문답을 기록한 책은 이외에도 몇 부가 더 있었을 것이다. 균여의 저작이나 『총수록』에서 '고기(古記)' 혹은 '고사(古辭)'라고 하여 인용하는 기술에는, 의상의 손제자나 그 후대 승려들의 저작 또는 전승뿐 아니라, 『도신장』이나 『추혈문답』과 같은 직제자의 필록도 포함되어 있을 것이다. 『화엄경문답』은 그것들 중 하나이든가 그것들을 편찬해서 만들어졌을 가능성이 농후하다.

　이와 같은 추정은 『화엄경문답』에 의상 특유의 용어가 많이 보이는 것으로도 뒷받침된다. 예를 들면, 이 책의 첫 부분에는 '오척의사(五尺義事)', '오척의리(五尺義理)'라는 문구가 보이는데,[14] 자신의 몸을 의미하는 '오척'은 『총수록』이 전하는 바와 같이, 실천을 존중하는 의상이 자주 사용했다고 전해지는 말이다.

　　『고기』에서는 "표훈덕이 의상화상에게 말했다. 무주라는 것은 어떤 것입니까. 화상은 말했다. 즉 자신의 범부로서의 오척신이 과거·현재·미래에 걸쳐 부동인 것이 무주라는 것이다"라고 말했다. (古記云, 表訓德問相和尚言, 云何無住. 和尚曰, 卽我凡夫五尺身稱於三際而不動者, 是無住也.)(T45.721c)

　　『고기』에서 말했다. "의상화상이 태백산의 대로방에 머물던 때, 진정·지통 등을 위해서 수행자가 십불을 보고자 하면, 우선 안목통 등을

---

12) 『宋高僧傳』 卷4, T50.729bc.
13) 『三國遺事』 卷4, T49.1007a.
14) 『華嚴經問答』 卷上, T45.598c.

만들어야 한다고 설했다.

문: 안목이란 무엇인가. 화상이 말했다. 『화엄경』을 자신의 안목으로 하면, 문문구구는 모두 십불이 된다. 이것 이외에 부처를 관찰하고자 하는 자는 무한이 다시 태어난다 해도 결국 볼 수 없는 것이다. 화상이 말했다. (『화엄경』에) "무착불이란 세간에 안주하여 정각 성취했기 때문이다"라는 것은, 금일의 내 오척의 신을 세간이라고 이름하는 것이다. 이 몸이 허공과 같이 법계에 편만하고 도달하지 않는 곳이 없다. 그러므로 "정각, 세간에 안주한다"라고 하는 것이다. …… "지불이란, 수순하기 때문이다"라는 것은 법계의 무수한 제법은 무진이라고 해도 만약 해인에 의해 인을 찍으면 하나의 해인정의 법이 된다. …… "심불이란, 안주하기 때문이다"라는 것은 마음을 머물게 하면 그야말로 부처이고, 마음을 일으키면 부처가 아니다. …… 그 때문에 마음이 안주하면 법계의 제법은 나의 오척신에 나타나는 것이다." (古記云, 相和尙住大白山大蘆房時, 爲眞定智通等, 說行人欲見十佛者, 應先作眼目通等. 問. 云何是眼目耶. 和尙云, 以花嚴經爲自眼目. 所謂文文句句皆是十佛. 自此以外求觀佛者, 生生劫劫終不見也. 和尙曰, 所謂無著佛安住世間成正覺故者, 今日吾五尺身名爲世間. 此身遍滿虛空法界, 無處不至. 故曰正覺安住世間故. …… 持佛隨順故者, 法界森羅諸法, 雖云無盡, 若以海印印定, 則一海印定法. …… 心佛安住故者, 息心卽佛, 起心非佛. …… 是故, 心安住則法界諸法現於五尺身也.)(T45.758ab)

즉, 『화엄경』의 문구를 자신의 몸에 적용시켜 체해(體解)하려는 것이고, 여기에서 전개되고 있는 것과 같은, 자신의 몸에 맞춘 논의는 법장의 이론적인 저작 중에서는 발견할 수가 없다. 또한 의상과 법장의 스승인 지엄(智儼, 602~668)도 '오척'이라는 말은 사용하지 않는다.

이와 같이, 문체와 용어의 특징을 통해 볼 때 『화엄경문답』은 의상의 계통과 관계가 깊은 것을 알 수 있다. 『화엄경문답』 중에서도 배자체불설을 설한 전후의 문장에는 특히 파격적인 글이 눈에 띄는데, 이것은 중요한 내용일수록 신라의 '방언'으로 설한 강의나 문답의 필기를 그대로 사용하여 윤문을 최소화했다는 의미가 아닐까.

4. 의상 사상과의 공통점

다음에는 사상의 측면에서, 의상의 사상과 유사한 점에 대하여 고찰한다. 『화엄경문답』은 '엄사'의 설을 자주 인용하며 지엄의 영향이 농후한 것은 이미 가마타가 지적한 바이지만, 『화엄경문답』에는 지엄의 저작에는 보이지 않거나 간결하게 시사되었을 뿐 명확히 설명되지 않은 몇 가지 사상이 전개된다. 그러한 사상 가운데, 가장 문제가 되는 것은 삼승인은 성불한 후에야 드디어 일승에 회입한다고 하는 극과회심[果轉]의 문제일 것이다. 『화엄경문답』에서는 삼승인은 수행의 어느 단계에서 일승에 회입하느냐는 질문에 대하여 이렇게 답하고 있다.

> 답: 부정이다. …… 만약 근기가 뛰어난 사람은 방편의 가르침을 듣고서 방편의 의미를 알고, 곧 일승에 들어간다. 또한 교설을 듣고 방편의 의미를 알지 못하고, 가르침대로 수행하는 사람도 있다. 그러한 종류의 사람에게는 많은 종류가 있고, 근기가 성숙한 곳에서 일승의 위지에 들어간다. 가장 둔근의 사람은 들은 가르침대로 수행하여 스스로의 수행위의 궁극의 결과에 이르러, 비로소 일승의 (최하위인) 견문위에 들어간다. (答. 不定. …… 若利根人始聞方便敎, 卽知方便之意, 卽入一乘. 又有聞敎不知方便之意, 如敎修行人. 此中有多品類, 隨根熟處入一乘位. 最鈍根人如所聞敎, 至自究竟果, 方廻入一乘見聞位.) (T45,601a)

즉, 삼승인이 일승으로 전환하는 위는 근기에 따라서 각기 다르며, '최둔군인(最鈍根人)'은 '자위구경과(自位究竟果)'에 이르러 드디어 일승에 들어간다고 하지만, 그 '자위구경과'를 삼승의 불과로 간주하고 있는 것은 다음 문답에서도 분명하다.

> 문: 어떻게 삼승의 극지에서 부처가 된 후 또 일승에 들어가는 것을 아는가.
> 답: 『법화경』에서 이미 삼거의 장소에 이르러, 드디어 또한 마차를 구한다고 말하기 때문이다. 부처는 거기서 한 대의 마차를 주었기 때문이다. 저 삼거의 장소는 삼승의 과에 비유되기 때문이다. 그렇지 않을 리가 없다. (問. 何知三乘極爲佛而還入一乘也. 答. 如法華經云. 既至三車處, 方又索車故. 佛乃與一車故. 彼三車處卽三乘果喻故. 不可不爾也.)(T45,601b)

결국, 이 답에 의하면, 삼승에는 삼종의 사람이 있는 것이 된다. 가장 뛰어난 근기는 방편교를 듣고 바로 방편이라는 것을 알고 일승에 들어가는 것이며, 다음 근기는 삼승교에 따라 수행하는 중에 근기가 성숙하여 일승으로 전환하여 들어간다. 그리고 가장 우둔한 근기는 방편교를 듣고도 방편이라는 것을 깨닫지 못한 채 가르침 그대로 수행을 거듭하여, 삼승의 불과를 얻은 후에 드디어 일승의 견문위에 회입한다는 것이다.

이것은 말할 것도 없이 『화엄경양권지귀』나 『법경론(法鏡論)』에서 보이는 것과 같은 지론종의 행위설, 즉 별교에 의해 수행하여 부처가 된 후에 통교에 전환하여 들어가고, 통교에 의해 수행하여 부처가 된 후에는 통종인 '신위'에 들어간다는 주장에 바탕을 둔 것이다. 이러한 행위설은 『화엄경』을 절대시하는 의상이나 법장의 공감을 얻게 되었다고 생각되지만, 법장의 경우는, 이와 같은 주장을 명확하게 설한 곳이 없다. 앞에서 본 것처럼, 초기작인 『오교장』의 권실차별조에서는 삼승인은 "자위구경처에 이르기 때문에 후에 모두 별교일승에 진입한다"라고 서술하여 삼승의 불과에 이르러서 별교일승으로 전환하여 들어가는 것을 인정하는 듯하지만 명언하지 않는다. 또 후년의 『탐현기』 권1의 제4 교소피기(敎所被機)에서는 다음과 같이 애매한 표현을 쓰고 있다.

인위라는 것은 즉, 저 앞과 같은 공교의 보살이 저 가르침 가운데 많은 시간을 들여 심원한 이해를 배양하고, 수행 단계의 근원을 끝까지 이해한다. 그러면 보현법계를 얻을 수 있는 것이 틀림없다. "무량억나 유타겁 동안 이 경을 믿지 않는다"라고 말한 이상, 이 겁수를 지나면 반드시 믿고 수용하는 것을 알 수 있다. 이 보법을 벗어나면 성불을 얻는 다른 경로는 없기 때문이다. 경전에서 저 자는 그 겁수를 지나고도 역시 믿지 않는다고 말하지 않기 때문이다.

문: 만약 그가 십지에 달하기 전에 겁수를 지나 반드시 믿고 수용한다면, 즉 초지부터 2종은 다르지 않은 것이 된다. 어떻게 저 믿는 자에게 십지가 없을 수 있겠는가.

답: 저 가르침 가운데는 단계적인 수행의 십지가 있고, 서서히 불과에까지 이르는 것이며, 그 근기를 성장시켜서 성숙시키는 것이다. 가장 늦은 자는 이 겁수에 이르러 반드시 믿음에 들어갈 것이다.

(引爲者, 謂彼如前共敎菩薩, 於彼敎中, 多時長養深解. 窮徹行布敎源. 卽當得此普賢法界. 旣云, 無量億那由他劫不信此經, 卽知過此劫數, 必當信受. 以離此普法. 更無餘路得成佛故. 經不說彼過此數猶不信故. 問. 若彼地前過彼劫數. 必信受者. 卽知地上二宗不別. 豈彼所信無十地耶. 答. 於彼敎中, 具有行布十地, 漸次乃至佛果, 長養彼根器, 務令成熟. 極遲之者, 至此劫數, 定當信入.)(T35.117ab)

즉, 「성기품」은 무량억나유타겁에 걸쳐서 이 경을 믿지 않는 자가 존재한다고 서술하고 있기에, 역으로 말하면, 무량억나유타겁을 지나면 반드시 『화엄경』을 믿고 지니게 되는 것이어서, '보법'인 일승 이외에서 성불한다는 것은 있을 수 없다는 것이다. 이것은 법장의 곤혹스러운 해석이라고 할 수 있다. 그렇다면, 십지 이전의 단계에서 이 겁수를 지나지에 들어가면, 초지 이상에서는 일승과 삼승의 구별이 없는 것이 된다. 이 때문에 삼승에는 십지의 단계가 없느냐는 질문이 나온다. 법장은 이에 대해서 삼승에는 '항포'의 십지가 있어서 초지로부터 불과에 이르는 단계가 있고, 그 십지를 나아가는 과정에서 "저 근기를 장양시키고, 성숙시킨다"고 말한다. 근기가 뛰어난 자는 도중에서 차례차례 일승으로 전환하여 들어가지만, '가장 늦은 자'라도 그 단계를 경과할 때, 이 무량억나유타라고 하는 겁수가 차면 반드시 일승으로 전환하여 들어간다고 하는 것이 법장의 주장이다. 무량억나유타겁이고 삼아승지겁은 아니라는 점에서 삼승에서의 성불은 인정되지 않는 듯하지만, 문장이 분명하지 않고 애매하다. 이에 대하여 사카모토 유키오『탐현기』의 이곳에 대한 주석에는, "이것은 인전과전(因轉果轉)의 문제로서, 고래로 논의 주제의 하나이다"라고 서술하고, "증도문에서는 인전의 의미가 되어 과전을 허용하지 않지만, 교도문에 있어서는 과전을 설한다"고 해석한다.[15]

즉 진실의 깨달음을 논하는 증도문에서는 삼승에 의한 성불은 인정하지 않지만, 교화의 방편인 교도문에서는 가설로서 삼승에는 초지에서 십지·불과까지의 행위가 있어서 불과에 도달하는 자를 인정하고,

---

15) 『國譯一切經, 經疏部六 華嚴經探玄記一』(大同出版社, 1937), p.83.

그러한 자가 더 나아가 일승으로 전환하는 것을 인정한다는 것이다. 확실히 법장은 '항포'의 십지와 그렇지 않은 십지를 구별하고 있으나, 법장 자신이 '증도문', '교도문'이라는 분류를 사용하여 논하고 있다는 의미는 아니다. 법장이 통교의 십지는 시설에 불과하며 수행자는 모두 도중에서 별교 내지 원교로 전환하기 때문에 통교의 십지를 거쳐 불과에 이른 자는 없다는 천태교학의 과두무인(果頭無人)설을 법장이 의식하고 있는 것은 확실하지만, 천태와 같은 형태로는 분명히 하지는 않는다. 단지 법장은 화엄일승의 독존성을 강조하는 결과, 『화엄경』의 법문인 별교일승 이외에서의 성불은 있을 수 없다는 자세를 가지게 된 것으로 생각된다. 실제로, 법장의 제자 문초는 '최고로 늦은' 자도 초지에 도달하면 일승으로 전환하여 들어간다고 단언하기에 이른다.[16]

이에 대하여, 신라 의상의 문도는 삼승의 불과를 얻은 후에 일승으로 전환하여 들어감, 즉 '극과회심'을 강조한다. 고려 균여의 『석화엄교분기원통초』는 이 문제에 관하여 다음과 같은 일화를 전하고 있다.

법장은 삼승교에 의해 수행하여 부처가 되었어도 『화엄경』을 믿지 않으면, 가명보살에 불과하다고 설하자, 세인이나 유력한 승의 반발을 초래하여 칙명에 의해 강남으로 유배되었다. 난항을 거듭하는 『80화엄』 번역에 참가하기 위해 법장은 자신의 주장을 감추고 『탐현기』의 석문을 저술하고, 『화엄경문의강목』을 『탐현기』의 현담으로 대신하여 다른 저작과 함께 의상에게 보냈다. 의적 등 법상종에서 전환한 지 얼마 안 된 터라 의상의 '극과회심'설을 믿지 않은 제자들은, 법장의 이러한 저작을 증거로 삼아 의상에게 설을 고치도록 요구하였다. 의상은 이 부분은 법

---

16) 同, 注61, p.84.

장이 '일삼화회'라는 깊은 뜻을 갖고 저술한 것이며 법장의 진의가 아니라고 하며 제자를 중국에 파견했더니, 법장이 진의를 나타낸『탐현기』의 현담 부분을 보냈고, 이에 의적 등은 의문이 풀렸다.[17] 이 일화는 시기 등을 포함하여 몇 가지 오류가 있어서 이대로는 믿기 어려우나,[18] 이러한 일화가 생길 정도로 '극과회심'설을 둘러싸고 신라에서 논쟁이 있었다는 것을 보여 준다는 점에서 중요하다. 실제 8세기 중반 이후에 활약한 신라의 견등은 법장의 가명보살의 의미를 둘러싸고 '쟁론'이 있었음을 소개하면서 이 문제에 대해 상세히 논하고 있을 정도이다.[19] 삼승의 부처가 일승으로 전환하여 들어간다고 단언하는『화엄경문답』은, 신라의 그러한 상황 중에서 생겨난 것이리라. 극과회심 이외에 의상 계통의 사상과 공통되는 점으로서는, 방편을 중시하여 '반정(返情)'을 설하는 점을 들 수 있다.『화엄경문답』에서는 일승의 연기에 대해 이렇게 말한다.

> 일승의 연기법은 분별이 미치는 곳이 아니다. 분별이 미치는 곳이 아니지만 멀리서 구하지 않는다. 분별을 등지면 그야말로 그것이다.
> 문: 분별을 등지는 것은 그 방편을 알 수 없다. 어떤가. 방편은 무한이 있지만, 요점을 말하면, 무엇을 보아도 그야말로 마음을 집착시키지 않는 것이 그것이다. 무엇을 들어도, 들은 대로 받아들이지 않고, 그러한 언어의 유래를 이해한다. 또한 법의 실성을 이해한다. (一乘緣

---

17)『釋華嚴敎分記圓通鈔』卷1, H4.256c-257a.
18) 예를 들면,『古辭』에 의하면 法藏은 難航하고 있던『八十華嚴』의 飜譯에 參加하기 위해서 굳이 본래의 主張을 숨겨 著作을 하고서, 그것들을 義湘에게 보냈다고 하지만, 法藏이 義湘에게 보낸 自著의 一覽 중에는『華嚴經問答』은 包含되지 않았고, 義湘에게 편지를 보낸 天授 2年(691)은,『八十華嚴』의 譯出을 시작한 證聖 元年(695)의 4년 전에 해당한다.
19)『一乘成佛妙義』, T45.786a.

起之法, 非計情所及. 雖非計情所及, 而不遠求. 返情卽是也. 問. 言返情者, 不知其方便. 云何. 答. 雖方便無量, 而其要言之, 隨所見處卽不著心爲是. 隨所聞之法, 不取如聞, 卽能解其所由. 又卽解法實性也.)
(T45.609a)

즉, 일승의 연기는 상식으로는 도저히 파악하기 어렵지만, 그렇다고 멀리서 구할 필요는 없다. '반정(返情)'하면, 즉 상식적인 분별을 버리면 체득할 수 있다는 것이다. 그리고 '반정'하기 위한 방법은 무량하게 있으나, 중요한 것은 어떤 대상에 대해서도 "마음을 집착시키지" 않으면 '법의 실성'을 이해할 수 있다는 것이다. '불취여문(不取如聞)'은, 법문에 대해서는 문자의 배후에 있는 진의를 깨달아야 하며 들은 대로 이해하여 일일이 문구에 집착하는 일이 없도록 하는 의미일 것이다. 따라서 "들는 대로는 취하지 않는다"라고 읽어야겠지만, 이것도 정규 한문의 어순은 아니다. 그런데 한문의 파격까지 포함하여, 같은 주장이 『법계도기총수록』 권하2에 인용된 『도신장』에 보인다.

> 『도신장』에서 말한다. 일승의 연기법은 분별이 미치는 곳이 아니다. 분별이 미치는 곳이 아니지만 멀리서 구하지 않는다. 분별을 등지면 그야말로 그것이다.
> 문: 분별에 등지는 것은 그 방편을 알 수 없다. 어떤가. 방편은 무한이 있지만, 요점을 말하면, 무엇을 보아도 그야말로 마음을 집착시키지 않는 것이 그것이다. 무엇을 들어도, 문장대로 받아들이지 않는다.
> (道身章云, 一乘緣起法, 非情所及. 雖非情所及而不遠求. 反情卽是. 問. 反情方便云何. 答. 方便無量, 而其要者, 隨所見處不著心爲是. 隨所聞法不取如文.)(T45.753c)

여기서는 '불취여문(不取如文)'이라고 되어 있으나, 한문으로는 '불여

문취(不如文取)'라고 해야 될 것이다. 또 '반정(返情)'에 대해서는 상식적인 분별을 떠난다는 의미일 것이니까, 『도신장』처럼 '반정(反情)'이 더 적절하다. 이것은 의상이 강조한 실천법이며, 지엄의 『오십요문답』에서 '차지위정(遮止謂情)'이라고 한 것을 계승한 것임에 틀림없다.[20] '방편무량'이라는 것은 동산법문이 '5방편'을 내세운 것처럼, 각각의 입장에서 특정 방편을 최상의 것으로 선전하던 것에 대한 비판일 것이나, '그 요점'이 어떠한 대상을 보아도 "마음을 집착시키지 않음"에 있는 이상, 현실의 실천으로서는 '이상(離相)'을 목표하는 습선자와 다를 바가 없게 될 것이다. 『오교장』도 '반정'을 설하고 있으나 『중론』의 8불과 화엄교학의 연기인문육의법을 비교하여,

> 또한 8불은 분별의 마음에 등지면 도리가 자연히 드러난다는 입장이고, 6의는 도리를 나타내면 분별의 마음은 자연히 없어진다는 입장이다. (又八不約反情理自顯, 六義據顯理情自亡.)(T45.502c)

라고 하는 것처럼 부정적인 성격이 강한 '반정(反情)'을 내세우는 8불과 긍정적 입장에서 '현리'를 내세우는 6의와의 차이를 설하는 등, 교학상의 논의에 머물고 있다. 의상처럼 몸에 즉하여 '반정'을 실천해 가려는 자세는 법장에게는 보이지 않는다.

또 앞에서 보았듯이 『총수록』에서 인용한 '고기'에서 의상은 화엄십불 중의 심불을 해석할 때 "마음을 쉬면 그대로 부처이고, 마음을 일으키면 부처가 아니다[息心卽佛 起心非佛]"[21]라고 하여 선종을 떠오르게 하는 주장을 하고 있다. '고기'나 '고사'라고 불리는 기술은, 도신이나 지

---

20) 『五十要問答』, T45.524a.
21) 『叢髓錄』 卷下之二, T45.758b.

통과 같은 직제자의 기록이라고 단정할 수는 없지만, 이미 본 것처럼, 의상은 동산법문에 관심을 두고 그 실천적인 성격에 대해서 공감하는 부분이 있었던 것 같으므로 동산법문 내지 돈오를 주장한 북지 수선자들의 주장을 사용한다는 것은 이상한 일이 아니다. 『오교장』의 「수행시분」에서 돈교에 대해 설할 때, "단일념불생 즉시불고(但一念不生 卽是佛故)"[22]라 기술하고, 같은 주장을 소개하고 있으나, 법장은 돈교의 그러한 주장보다도 '제겁상입'하는 원교의 뛰어난 점을 강조하는 쪽에 중점을 두고 있어, '식심(息心)'을 실천해 가자는 자세는 보이지 않는다.

또한, 『총수록』의 '고기'에 보이는 십불 해석 가운데, '지불' 부분에서는 "'지불이란, 수순하기 때문이다'라는 것은 법계의 무수한 제법은 무진이라고 해도 만약 해인에 의해 인을 찍으면 하나의 해인정의 법이 된다[持佛隨順故者 法界森羅諸法 雖云無盡 若似海印印定 則一海印定法]"라고 설하고 있는데 이것은 명백히 선종과 관계가 깊다고 하는 위작 『법구경』 중,

> 만약 마음을 망령되이 움직이지 않도록 할 수 있다면 그 정진에는 끝이 없다.
> 만약 여러 삼매를 배운다면 그것은 망동이고 좌선이 아니다.
> 마음은 대상에 따라서 흘러간다. 그렇다면 무엇 때문에 선정이라고 이름 붙일 수 있는가.
> 만물 및 무수의 양상은 하나의 법을 찍은 것이다.
> 무엇 때문에 하나의 법에서 종종의 견해가 생기하는가. 하나도 역시 하나가 아니다.
> (하나라고 하는 것은) 여러 수를 부정하려 하기 때문이다. 지혜가 얕

---

22) 『五敎章』, T45.491a.

은 자는 저 하나를 보고 하나라고 한다. (若能心不妄, 精進無有崖.
若學諸三昧, 是動非坐禪. 心隨境界流 云何名爲定. 參羅及萬像, 一法
之所印. 云何一法中, 如生種種見. 一亦不爲一, 爲欲破諸數. 淺智之所
聞, 見一以爲一.)(T85.1435a)

라고 설하는 유명한 게송을 근거로 한 것으로 생각된다. 지엄의 강의
필록을 기반으로 하면서도 지론교학의 강한 영향하에 있었던 자가 스
스로의 견해로 정리했다고 생각되는 『일승십현문』이, "다만 정심을 취
하여 곧 성불한다고 말한다"와 같이 "처음으로 앉아 마음을 쓰는 무리
[初坐用心之徒]"를 비판하는[23] 한편, 앞에서 인용한 『법구경』 문장의 최
후 부분인 "하나도 역시 하나가 아니다. 여러 수를 부정하려 하기 때문
이다. 지혜가 얕은 자는 저 하나를 보고 하나라고 한다[爲欲破諸數 淺
智之所聞 見一以爲一]"를 자신의 입장으로 인용하는 것을 기억나게 할
것이다.[24] 징관·종밀을 기다릴 것도 없이, 지엄 최만년에는 지엄과 그
문하는 동산법문을 강하게 의식하지 않을 수 없는 상황이었을 것이다.

5. 삼계교와의 관계

『화엄경문답』에는 삼계교 술어가 수차례 보인다. 예를 들어 보면, 권
하에서는 높은 경지의 수행자도 지옥에 떨어지는 일이 있다고 하면서
다음과 같이 기술하고 있다.

---

23)『一乘十玄門』, T45.518a.
24) 同, T45.514c.

문: 대해·대행 등의 8대인 등은 실천하는 행법이 극히 미세하지만, 세간에서 존재를 원하기 때문에 일천제의 세계에 빠지고 무진의 아비지옥 등에 빠지는 것은 그 의미는 어떤 것인가.

답: 이들 사람은 맨 아래로부터 종성 등의 아래에 들어가 (……) 선행이 없는 사람들의 동료로 분류된다. 즉 제3계의 사람은 그 행위는 극히 미세하지만 세간에서의 존재를 원하는 병이 있고, 그러므로 출세의 올바른 선근이 되지 않는다.

문: 어떤 것이 세간의 모든 물건을 원하는 병인가.

답: 이 병에는 거친 것과 미세한 것이 있다. 거친 것은 알 수 있을 것이다. 미세한 것은 만약 심원한 교법과 스승의 미묘한 도리를 들으면, 스스로 분별의 마음으로 이것저것 생각을 굴려서 관찰하고, 곧 불법은 이런 것이라고 하고, 법의 구별을 내놓고 만다. 자심은 자신이 견문한 것에 멈추기 때문에 사유와 수행에 의한 지혜를 얻지 못하고, 출세간의 무분별지를 방해하기 때문에 세간에서의 존재를 원한다고 이름하는 것이다.

(問. 大解大行等八大人等, 所行之行法, 甚極微細. 而樂世有, 趣闡提道, 墮無盡阿鼻地獄等者, 其義云何. 答. 此人等, 從末入種性等下, 至世間毛里無正善人等列. 即第三階人, 其行雖極細, 而有樂世有之病, 故不得出世正善根也. 問. 何等樂世有之病乎. 答. 此病有麤世. 麤可知. 細者, 設聞甚深教法及師語極細理, 以自分別心尋伺觀察, 即計佛法如是, 即見法分齊. 自心住於其見聞處故, 不得思修慧, 及障出世無分別智故, 名爲樂世有.)(T45,612b)

즉, 대해·대행의 성자들이 행하는 바는 극히 미세하지만, "세유를 즐기는" 경향이 있기 때문에, 일천제의 몸이 되어 지옥에 떨어지는 일이 있다는 것이다. 특히 '제삼계인'은 출세를 위한 선근을 얻을 수 없다는 것이 강조되고 있다.

"세유를 즐긴다"고 하는 것은 세간적인 존재에 집착한다는 보통의 의미와 미세한 의미가 있는데, 후자는 깊은 가르침이나 스승의 말씀을 들어도 자기의 협소한 견문의 잣대로 마음대로 분별할 뿐으로, 문혜·사혜를 얻지 못하며 무분별지의 장애가 되는 것을 가리킨다고 한다. 이 '제삼계인'이 삼계교의 말법관에 의한 용어라는 것은 이미 가마타가 지적하고 있으나,[25] "세유를 즐긴다"는 것의 '추'의 측면에 대해서는 무진장 등의 운영에 힘을 쏟아온 삼계교 사람들을 염두에 두고 있는 것은 아닐까. 초당에 삼계교가 자주 금압을 받을 정도로 유행하고, 빈자 구제를 위한 것이라고는 하지만, 방대한 재물을 관리하고 있었던 것은 잘 알려져 있다. 또 지엄은 손익이나 선악의 문제를 논한 『공목장』 권2의 「명법품내통의오승정기해행손익분제의(明法品內通依五乘定其解行損益分齊義)」에서,

> 나아가서는 이익과 세간에서의 존재 등을 구하지 않는 경지에 이르기까지 어느 것도 손해와 이익이 있다. (乃至不求利樂世有等, 並有損益.)(T45.552c)

라고 기술하고 있으나, 이 장은 "말세에는 악이 많다"는 것을 설하고, 교설의 삿됨과 바름은 근기에 따라 정해지지 않음을 논하는 등 삼계교를 떠오르게 하는 용어를 많이 사용하면서 논의하고 있으며, '세유'라는 표현에는 삼계교의 이미지가 강한 것도 알 수 있다.

또한 "세유를 즐긴다"의 '세밀한' 한 측면은 깊은 교설에 대해서 분별의 마음을 일으켜 교법에 구분이 있다고 보는 것이라고 하면서, 그러한

25) 鎌田, 注1, 앞의 논문, p.639.

분별을 배격하는 것에서 보경을 설한 삼계교에 통하는 점을 찾을 수 있다. 게다가 『화엄경문답』에서 "세유를 즐긴다"라고 하는 것과 같은 잘못을 떨치는 방법으로서 강조하고 있는 것에 다음과 같은 것이 있다.

> 만약 자기의 마음으로 헤아리는 가운데 진리에 이를 수 없으면, 오직 존중하면서 불세계의 것으로 맡겨 버리고, 자기 마음의 이해 범위로 두지 않는다. 오직 부처만이 알 수 있는 것이고, 자신의 경지가 아니라고 한다. 그런 사람이야말로 부처의 지혜를 깊이 믿는 사람이다. (若自心以不能計處中至者, 仰推於佛, 不自爲己[26]心之分. 唯佛所知, 非我境界. 如是人, 乃深信佛智慧者也.)(T45.612b)

첫머리의 구는 "만약 자기의 마음으로 헤아려 생각할 수가 없는 부분에 관해서는"의 뜻을 신라풍의 한문으로 기술한 것 같다. 요컨대, 이 부분은 경문을 자기 마음대로 이것저것으로 분별하는 것을 멈추고, 부처의 경계이기 때문에 자신은 알 수 없다고 하는 사람이야말로 참으로 부처를 깊이 믿는 사람이라는 뜻일 텐데, 문제는 『화엄경문답』에서는 다음에서 보는 바와 같이, "지금 내 몸 전체인 여래장불[今吾身全體如來藏佛]"이라는 점을 강조한다는 데 있다. '전체'라는 것은 '거체(擧體)'와 같은 것으로 '완전히 그대로'를 의미하는 당의 구어 표현이지만, 이 '여래장불'이라는 말이 삼계교의 용어라는 것은 잘 알려져 있다.[27] 게다가, 이 여래장불은 『공목장』 「여래상해품상해장」에서 1身에서 10身에 이르는 각종의 불신설을 논할 때, "말하자면, 첫 수의 부처가 다름 아닌 여래장

---

26) 『대정장』이 '已'라고 지은 것은 잘못이다. 寫本에는 '已·己·巳'는 거의 區別되지 않으나, 활자로 할 경우는 현행의 용자법에 따를 필요가 있을 것이다.

27) 矢吹慶輝, 『三階教の硏究』(岩波書店, 1927), p.401 이하.

불이다[謂一數佛 卽如來藏佛]"[28]라고 서술하여 첫머리에서 소개하고 있다. 지엄의 최종적 입장은 물론 『화엄경』의 십신이지만, 『화엄경문답』에서는 중생이 고과를 받는 것은 고에서 벗어나려 하는 마음을 일으키려고 하기 때문인데, 부처의 자비의 발로라고 서술하는 곳에서는

> 중생의 괴로움은 오직 여래장불이 만든 것이다. 다른 법으로는 중생의 고보(苦報)를 만들 수 없기 때문이다. 경에서는 말한다. "당연한 존재법칙으로서 많은 괴로움을 심는다"고. (衆生諸苦, 但以如來藏佛作. 無餘法能作衆生苦報故. 經云, 法種衆苦也.)(T45,610b)

라고 서술하고 있다. 여기서 인용되고 있는 『승만경』「자성청정장」[29]에서는, 여래장은 고통을 싫어하고 열반을 얻게 하도록 "법으로 여러 고(苦)를 심는다"고 설하고 있는 것이기 때문에, 단지 '여래장'이라고 하면 좋을 것을 『화엄경문답』에서는 '여래장불'을 강조하고 있는 것에 주목해야 할 것이다. 『화엄경문답』에서는 위의 인용문에 이어 여래장의 작용에 대해서 논한 다음, 이것은 종교의 입장에서 기술한 것이라며, 『화엄경』의 성기 설명으로 이어진다. 『법계도』에서 돈교와 별교일승의 차이를 강조하면서도 실천으로서는 돈교적인 수행을 중시한 것처럼, 『화엄경문답』에서는 종교의 여래장설과 일승의 성기설의 차이를 강조하면서, 현실을 자각한다는 입장에서는 삼계교에 근거하는 여래장불이라는 개념을 중시한다고 봐도 좋을 것이다. 또 한 곳에서 '여래장불'이라는 용어가 사용되는데, 이곳은 문체로 볼 때에 배자체불설을 주장한 부분이다.

> 혹은 지금 나의 몸 전체가 여래장불이라는 등이 그렇다. 지금의 자신

---

28) 『孔目章』 卷4, T45,580a.
29) 『勝鬘經』, T12,222b.

은 정말로 자신의 본성불[性佛]을 대상으로 한다. 그대로 그러함이면서 그러함을 알지 못하기 때문에 슬픔이나 괴이함이 일어나는 것으로, 그 때문에 진심으로 수행하여 미혹을 고치려고 한다. 이 때문에 자신을 교화하는 부처는 정말로 나의 체불이라는 것을 관찰하고, 멀리서 타불을 구하지 말아라. 이 뜻은 바른 관법을 행하는 자들의 필수적인 요점이다. 또한 나의 본성불[性佛]은 정말로 일체법계의 유정·비정 가운데 어느 것에도 어느 것에도 존재한다. 한 물건이라도 나의 체불 아닌 것이 없기 때문이다. 만약 자체불을 예배할 수 있다면, 예배하지 않는 것은 없다. 이것은 또한 매우 중요한 점이다. 항상 이것을 사유해야 할 것이다. (或今吾身全體如來藏佛等是也. 今吾卽緣吾性佛. 以卽是而不知故, 悲怪發. 至心修行欲返迷. 是故, 其觀化吾佛, 卽是吾體佛, 非遠求他佛. 此義其正觀行者大要也. 又此吾性佛者, 卽於一切法界有情非情中, 全全卽在. 無非一物吾體佛故. 若能拜自體佛者, 無物不所拜. 此亦甚大要也. 常可思惟之.)(T45,605a)

여기서 문답의 답자는 현재의 내 몸이 "전체(완전히 그대로) 여래장불"이므로 자신을 교화시켜 주는 부처는 이 자체불에 다름 아니라고 하며, 먼 밖에서 부처를 구하지 않는 것이 "관행자에게 가장 중요한 점"이라고 한다. 그리고 이 '자체불'은 법성이며 "일체법계의 유정과 무정" 모두에게 편만하기 때문에 '자체불'을 예배하면, 이 세계에 예배하지 않는 대상이 없으니 이 것도 "매우 중요한 점"이라고 단언하고 있다. 모든 사람을 여래장불로 보고, 일체의 사람을 두루 예배하는 보경을 행하던 삼계교에서는, 『열반경』에 바탕을 두고 무정물[非情]인 '흙, 나무, 기와, 돌'의 불성을 인정하지 않은 듯하지만,[30] 『화엄경문답』에서는 무정물까지 부처로 보았으며, 더구나 그것들은 결국은 '자체불'이기 때문에, 자

---

30) 矢吹, 注27, 앞의 책, 414a.

체불에 예배하게 되면 예배하지 않은 대상은 없다고 설하는 것이다. 이 것은 일체의 사람들에게 예배하는 삼계교, 혹은 『법화경』의 「상불경보 살품」의 주장을 진일보하여, 예배의 대상을 일체세계 그 자체까지 넓게 한 것이라고 말할 수 있다. 일승에서는 "일체중생은 환경세계와 인간세 계를 통하며 모두 성불한다"고 설하고, 중생뿐만 아니라 국토 같은 무 정물까지 성불한다는 것은 이미 지엄이 강조한 바이며,[31] 또 법장도 별 교일승의 종성은 "환경세계와 인간세계에 공통되어 삼세간에 빠짐없다" 는 것을 강조하고 있으나,[32] 『화엄경문답』처럼 내 몸에 즉하여 논의하지 는 않는다. 한편 『총수록』에 인용된 『도신장』에서는 다음과 같은 문답이 전한다.

> 문: 삼세간이 모두 부처라면 초목을 취하여 이용하면 불신을 해치는 죄를 얻게 되는가?
> 답: 부처라는 점에서 말하면 모두 부처이지만, 살아 있다는 점에서 말하면 모두가 부처는 아니다. 베었다고 해도 어떤 죄가 있겠는가. (問. 三世間皆是佛者, 草木取用則害佛身得罪耶. 答. 以佛言雖皆是佛, 以衆生云, 都非是佛. 斷有何罪.)(T45.727a)

즉, 삼세간이 모두 부처라면, 초목을 취하면 불신을 해한 것이니 죄 를 받느냐는 질문에 대해, 의상은 부처라는 관점에서 본다면 일체는 부 처가 되지만, 생물이라는 관점에서 본다면, 초목도 포함한 그것들 다 생물이지 부처는 아니기 때문에 취해서 사용해도 상관없다고 답한다. 여기에는 화엄교학을 단순한 교리에 그치지 않고, 일상생활에서 실천

---

31) 『五十要問答』卷上, T45.519c.
32) 『五敎章』卷2, T45.488a.

해 가려는 기백조차 느낄 수 있을 것이다.

또한 처음에 본 것처럼, 『화엄경문답』의 이 '자체불'의 논의가 『총수록』에 인용된 『추혈문답』의 문장과 거의 같다. 이러한 사실은 여래장불 논의를 포함하여 의상의 사상임을 보여 주는 예이다. 자체불 사상은 의상 문파에서는 극히 중시된 것 같다. 『총수록』에서는 앞의 『추혈문답』의 문장에 이어, 『자체불관론』이라는 책의 인용을 통해서 이 문제를 논한 단행본까지 지었던 것을 알 수 있다. 단지 여기서 주의할 것은, 자신의 입장에 가까운 사상이라면 『화엄경』 이외에 『영락경』 등에서 찾아내 적극적으로 활용하지만, 이 경우 그것들과 화엄교학과의 차이를 명확하지 않으면 안 된다는 점이다. 『화엄경문답』에서 몇 가지 개념에 대해 상세한 논의를 전개하고, 일승과 삼승의 차이를 강조하고 있는 것은, 이러한 사정도 한 원인일 것이다. 더구나 그와 같이 차이를 강조하면서 지엄 교학에는 보이지 않는 사상, 혹은 지엄에게 있었다 해도 명확치 않았던 사상이 전개된 것은 아닐까 생각된다.

6. 『석마하연론(釋摩訶衍論)』에 미친 영향

그러한 예의 하나로서, 상속 문제에 대해 고찰한다. 『화엄경문답』은 불신에 대해 논의할 때, 삼승교에서는 "단 하나의 진여법신으로 단 하나의 체이며 둘이 없다는 의미[一眞如法身一體無二의 義]"밖에 모른다고 비판하고, 일승의 부처는 "별별상속하여 사사문의 가운데[別別相續 事事門中]"에 존재하여 자재하다고 강조한다. 즉, 화엄일승의 십불은 일체중생과 함께 아득한 이전에 성불한 것이고, 게다가 성불한 후에도 실제로 수행하여, 미혹을 끊고, 일체중생과 함께 성불하여 "부처와 중생은 동일한 연기적 존재"를 성립한다고 설명한다(600a). 지엄의 만년 저작에서도 "일승법의 뜻은 성불할 때는 일체중생과 함께 동시동시동시동시동시동시동시동시동시에 성불하고, 후후후후후후후후후후에 모두 새롭게 새롭게 미혹을 끊고, 또 학지에 머물지 않고 정각을 성취한다"[33]라고 설하고 있지만, 더 이상 상세한 설명은 없다. 모든 것을 법성에 환원시킨 상황에서 중생과 부처와의 평등성을 설하는 것이 아니고, 한 사람 한 사람의 중생에 대해 구체적인 '상속'을 착안하면서, 사실로서의 구래성불과 자재로운 염염단혹을 주장하는 데는 나름의 이유가 있었다. 즉 "이 뜻을 구별하기 어렵다"라고 할 정도로 지엄의 교학에 가까운 '원명구덕무애자재의'를 설하던 '오문론자'(602b) 등과 시급하게 사상적 차이를 명확히 할 필요가 있었고, 『화엄경문답』은 이러한 입장에 서 있었던 것이다. 법장의 저작에서 이 문제는 보다 일반화되었고 이론적인 것으로 변했다. 따라서 개개 중생의 '상속'에 대해서 집요하게 논의하는 것은 의상계 신라 화엄의 특징인 것이다.

이것은 일단일체단(一斷一切斷)의 문제에 대해서도 말할 수 있다. 일단일체단에 대해서는 수행자가 하나의 번뇌를 멸했을 때, 다른 번뇌도 모두 멸한다고 하는 입장과 한 사람의 수행자가 번뇌를 멸하면 일체의 중생의 번뇌도 멸한다고 하는 입장이 있어서, 가마쿠라 시대에 일본의 화엄가 사이에서 많은 논쟁이 있었던 문제인데, 후자의 입장은 『화엄경문답』에서 유래한다. 더욱이 『화엄경문답』에서 이 문제는 중생의 본연의 모습 자체에 관련된 형태로 논의된다. 『화엄경문답』은 부처의 입장에서

---

33) 『孔目章』 卷4, T45.586c.

중생을 보면 "나의 몸이 완전히 이것이다"라고 보이지만, 중생은 "부질없이 모든 고통을 받고" 있기 때문에, 부처는 "동체대비를 일으켜 중생을 버리지 않고", 중생과 "같이 수행하고, 같이 성취하며, 같이 고통 받으며, 같이 좋아하고, 잠시도 버리는 때가 없다"는 것을 강조한 후 다음과 같이 기술한다.

> 문: 한 사람이 수행하면 일체인이 성불한다는 그 뜻은 무엇인가.
> 답: 이것은 연기의 사람이라는 입장에서 설한 것이기 때문이다. 한 사람이 곧 일체인이고, 일체인이 곧 한 사람이기 때문이다. 수행이라는 입장에서 말하자면 역시 그렇다. 한 수행이 일체의 수행이고, 일체의 수행이 한 수행이기 때문에 동일하게 얻는다고 말하는 것이다. (問. 一人修行, 一切人皆成佛. 其義云何. 答. 此約緣起之人說故, 一人卽一切人, 一切人卽一人故. 修言亦爾. 一修一切修, 一切修一修故, 同得云也.)(T45,600b)

한 사람이 수행하면 일체 사람이 성불한다고 하는 것은 "연기의 사람에 준하여 설할" 경우, 즉 상의상관 하여 맞물린 존재인 일체중생을 볼 경우에 말할 수 있는 것이다. 이것은 '수행'이라는 관점에서도 똑같이 말할 수 있다고 하는 것이다. '수언(修言)'이란 "수행이라는 입장에서 말하자면"의 의미일 것이다. 『총수록』에 인용된 『법기』에서는 "만약 마음이라는 점에서 말할 때는 일체제법은 이 마음 아닌 것이 없고, …… 다만 마음이라는 점에서 본다면 단지 이 마음뿐이다. …… 그러므로 마음이라는 점에서 본다면 모든 것이 마음 아닌 것이 없다. …… 그러므로 색이라는 점에서 말한다면 모든 것이 색 아님이 없다[若心言時一切諸法無不是心 …… 但心見時 但是心耳 …… 故以心見時無物不心

…… 故色云時 無物不色]"³⁴⁾라고 서술하는 것처럼 예의 어법을 갖가지 표기를 사용하여 표현하려고 한 것에서 알 수 있는 것처럼, 신라 문헌에는 자주 보이는 용법이다. 또 이 '시(時)'는 '~라면'이라는 가정을 나타내는 말이어서, 균여 저작 등에서는 자주 보이는 것이며, 일본어의 'ば'에 가깝다.

『화엄경문답』은 이 문제에 대하여 재차 간단한 문답을 보인 후, "한 사람이 악을 행하니, 나머지 사람들이 천상에 태어나다"라는 문제를 들어 '선이 곧 악'이라는 논의를 전개하는데, 이것은 『법계도』에서,

> 연기 한 마디 가운데 제법이 둘이 없이 곧 명확하게 나타날 뿐이다. 무엇 때문에 다문을 필요로 하는가.
> 답: 체를 이해하는 그대로 이것이다. 멀리서 구할 필요가 없다. 그러므로 경에서 말한다. "음욕, 번뇌, 어리석음이 그대로 이것이 보리이다"라고. (緣起一言中, 諸法無二. 即顯了耳. 何須多門. 答. 體解即是. 不須遠求. 是故經言. 婬惱癡性即是菩提.)(T45.712c)

라고 논한 것에 가깝다. 『법계도』의 이 부분에도 "멀리서 구할 필요가 없다"고 단언하고 있는 점에 주의할 필요가 있다.

이 '상속'을 문제로 하여 일단일체단을 설하는 것은, 신라의 위작이라고 생각되는 『석마하연론』에서도 보인다. 『석마하연론』은 본각과 시각에 대해 '자종결단'과 '망별결단(望別決斷)'으로 나누어 논하는데, 전자에 대해서 아래와 같이 되어 있다.

> 자종결단이라는 것은, 이 논의 정종이다. 일체중생이 동일한 상속이며 차별이 없음을 드러내 보이고자 하기 때문이다. 그러므로 한 수행

---

34) 『叢髓錄』 卷下之2, T45.757b.

자가 무시의 무명을 구경에 끊을 때 일체중생이 역시 다 끊을 수 있는 것이다. 한 수행자가 시각을 완성했을 때, 일체중생도 동일하게 완성할 수 있는 것이다. (自宗決斷者, 此論正宗. 爲欲顯示一切衆生同一相續, 無差別故. 是故可得一修行者無始無明究竟斷時, 一切衆生亦同斷盡. 一修行者滿始覺時, 一切衆生亦同得滿.)(T32.619a)

이것 또한 『화엄경문답』이나 신라의 다른 문헌과 공통되는 파격적인 한문이지만, 『화엄경문답』의 일단일체단의 논의를 『기신론』의 해석에 전용하고 있는 것은 명백하다. 이러한 예는 얼마든지 들 수가 있다. 『석마하연론』에 원효나 법장의 영향이 보이는 것은 이미 모리타 류센(森田龍僊)이 지적한 대로이다. 그러나 이상한 한문을 사용하여 기이한 주장을 전개하는 『석마하연론』은 틀에 짜인 미려한 문체로 세세한 구별을 전개하는 원효나 법장과 다르며, 오히려 실천적이었던 의상계의 사상에 의거하는 부분이 적지 않다. 『화엄경문답』은 법장 찬이라고 되어 있었기에, 일본에서 중요시되어 교학상의 논쟁을 불러 일으켰다. 특히, 『화엄경문답』에서 논하는 것처럼 문제를 스스로 몸에 즉하여 수용하고, 또 『법계도』에 관심을 품고 그 사상을 적극적으로 활용한 것은 일본 화엄교학사상에서도 가장 실천적이었던 묘에(明惠) 한 사람이었다는 사실은 『화엄경문답』이나 의상의 교학 성격을 고려하는 데도 중요할 것이다. 그리고 『화엄경문답』이나 의상계의 사상을 원용한 『석마하연론』을 중요시하고, 현교와 밀교를 구분할 때에 가장 요긴한 곳에서 사용한 것은 묘에와 같이 더할 나위 없이 실천적이며 화엄교학에 정통했던 구카이(空海)였다는 사실의 의미는 크다.

7. 성립 배경과 유포 상황

이상으로 서술한 바와 같이, 『화엄경문답』에는 본 책에서 인용한 『수현기』나 『공목장』을 비롯한 지엄의 사상에 덧붙여, 의상의 사상 내지는 의상 문파가 강조하는 의상의 사상과 공통되는 내용을 많이 포함하고 있으며, 『도신장』이나 『추혈문답』 등 의상의 제자들이 스승의 말씀을 필록한 저술과도 문체가 극히 유사하다. 지엄의 저작이나 의상의 『법계도』에서는 보이지 않고, 법장 저작에서만 보이는 술어는 『화엄경문답』에서는 거의 찾아 볼 수가 없다.³⁵⁾ 이것은 『화엄경문답』의 내용이 『오교장』이나 『탐현기』를 보기 이전에 성립된 것을 의미하는 것은 아닐까. 의상이 신라에 귀국한 후 법장이 서간과 함께 자신의 저작을 신라에 송부할 때까지 대략 20년이 경과한다. 이것은 스승의 설을 소화하고 스스로 독자적인 설을 세우는 데에 충분한 시간이다. 신라는 최신의 신역 유식을 수용했으니, 『화엄경문답』을 포함하여 의상계의 저작에는 신역 유식과의 세세한 차이를 논증하려는 의식은 별로 보이지 않는다. 이러한 점으로 보자면 의상계의 최대의 논적은 화엄교학과 유사한 주장을 하는 지론사가 아니었을까 생각된다. 그러한 지론사, 내지는 그런 지론교학의 소양 상에 유식설을 받아들였던 사람들이 문제였던 것이 아닐까.

끝으로, 『화엄경문답』이 법장 찬으로 되었을 시기에 대해 생각해 보고자 한다. 우선 요시즈는 이 책이 법장 찬으로 된 것은 편집 시에 법장의 저작도 참조되었기 때문이라고 추측하고 있으나 이 책에 법장의 영향은 보이지 않는다고 생각된다. 따라서 법장 찬이라고 된 것은 이

---

35) '重重無盡'이란 말이 보이고(600a), 同體·異體에 대하여 논하고 있지만(604b), 『五敎章』에 보이는 것 같은 상세한 설명은 보이지 않는다.

책이 정리된 후가 되지 않으면 안 된다.

또한 의상이나 그 직제자의 재세 시에 이 책이 법장의 작으로 되었다는 것은 생각하기 어렵기 때문에, 법장 찬으로 된 것은 의상의 사후로부터 적어도 20~30년은 지나야만 한다. 가마타는 이시다 모사쿠(石田茂作)의 『사경으로 본 나라조 불교의 연구』에서 근거하여, 나라 시대에 「화엄경문답 이권 법장(華嚴經問答 二卷 法藏)」이 서사되어 있다고 하지만,[36] 텐표쇼호(天平勝寶) 3년(751) 서사의 「화엄경문답 일권(華嚴經問答 一卷)」은 지엄 찬이라 적혀 있고, 『화엄오십요문답』 2권인 것이 명백하고 이것을 법장 찬이라고 전하는 『화엄경문답』에 해당시키는 것은 이시다의 추측에 지나지 않는다. 1권이라고 한 것은 권수의 잘못이거나 혹은 상하 어느 쪽 권만이 전래되어 있던 것으로 생각된다. 중국·한국의 주된 화엄 장소는 나라 시대에는 상당히 서사되었음에도 『화엄경문답』이 서사되어 있지 않았던 것은 아직 전해져 있지 않았을 가능성이 높기 때문이다.

또한 신라 문헌 가운데 원효의 것이 왕성히 서사되었음에도 『도신장』이나 『추혈문답』은 나라 시대에도 그 이후도 서사된 흔적이 없는 것으로 보아, 당시 내조한 신라승이나 신조(審詳), 그 밖의 신라로 유학한 일본승들은 의상 계통에 대해서는 중시하지 않았던 것으로 생각된다. 이것은 고려 의천이 의상의 문파를 경시하고, 『의천록』에는 의상계 문헌으로 지통의 『요의문답』(추혈문답)과 도신의 『일승문답』(『도신장』) 2부를 수록했을 뿐이다. 게다가 앞에서 서술한 것처럼 이들 책은 방언을 섞은 조잡한 것으로 후대의 사람이 윤색해 주기 바란다는 주기까지 덧붙인

---

36) 鎌田, 注1, 앞의 논문, p.641. 石田茂作, 『寫經より見たる奈良朝佛敎の硏究』, 「奈良朝一切經疏目錄」(東洋文庫, 1930), p.96.

것과 비슷한 상황이라 하겠다. 어느 쪽이건, 『화엄경문답』이 법장 찬으로 된 것은 『일승성불묘의』가 쓰여진 조금 전의 시기, 일본으로 말하면, 나라조 후반쯤의 일이다.

법장 찬이 된 이유는 두 가지로 볼 수 있다. 하나는, 처음에는 찬호나 제명이 없는 노트 같은 것이었기 때문에 후에 잘못하여 법장작이라고 된 경우이다. 『총수록』이나 균여의 저작을 통해서 알 수 있는 것처럼, 의상의 문답을 적은 다른 문헌은 다수 있었고, 그러한 문답은 의상에게 보내온 법장 저작의 해석을 둘러싸고 상당수 만들어졌을 것이다. 그러한 기록과 혼동되어 '법장사의 뜻에 관한 문답'이란 의미에서 『법장문답』 등으로 불리게 된 가능성은 충분히 있다. 이것을 정리된 명칭으로 하면, 법장 찬 『화엄경문답』이라고 하게 될 것이다. 또 하나는 이 책이 '극과회심'에 대해 상설하고 있는 점에 착안하여, 그러한 입장에 선 사람이 굳이 법장 찬이라고 선전하여 권위를 세우려 한 경우이다. 그러나 현존의 자료만으로는 명확한 결론을 내리기는 곤란하다.

한편 법장 찬이라는 명칭의 『화엄경문답』이 일본의 목록에 보이는 것은 엔키(延喜) 14년(914)에 찬술된 엔초(圓超)의 『화엄종장소목록』이 최초이다. 한편 이 책은 중국이나 한국의 목록에는 전혀 수록되어 있지 않다. 다만, 신라에서는 원효를 청구의 용이라 칭하고, 법장을 위상(魏象) 내지 향상(香象)이라 칭하여 이 두 사람을 지침으로 삼는 신라 견등의 『일승성불묘의』에서는 '향상문답'이라는 이름으로 인용하고 있고, 8세기 후반 이후에는 신라에서도 다소 유포된 것을 알 수 있다.

제6절 원효의 화엄교학

1 머리말

의상 귀국 이전까지 원효는『화엄경』을 그다지 중시하지 않은 듯하다.
초기 저작인『기신론별기』의 첫 부분에서는

> 서술한 바는 넓지만 간략하게 말할 수 있다. 2문을 일심으로 열어 마
> 라백팔(魔羅百八)의 넓은 가르침을 총괄하였으며, 현상의 물든 것[相
> 染]에서 본성의 깨끗함[性淨]을 보여 유사십오(踰闍十五)의 깊은 뜻
> 을 널리 종합하였다. 그 밖의 곡림일미(鵠林一味)의 종지, 취산무이
> (鷲山無二)의 취지,『금고(金鼓)』·『동성(同性)』의 삼신극과(三身極果),
> 『화엄』·『영락』의 사계위[四階]의 깊은 원인,『대품』·『대집』의 넓고 호탕
> 하며 지극한 도리,『일장(日藏)』·『월장(月藏)』의 은밀한 현문(玄門)에
> 이르기까지 모든 이러한 것들 가운데 여러 경전의 핵심을 하나로 꿰
> 뚫은 것은 오직 이 기신론뿐이구나. (所述雖廣, 可略而言, 開二門於
> 一心, 栝摩羅百八之廣誥, 示性淨於相染, 普綜踰闍十五之幽致, 至如
> 鵠林一味之宗, 鷲山, 無二之趣, 金鼓同性三身之極果, 花嚴瓔珞四階
> 之深因, 大品大集曠蕩之至道, 日藏月藏祕密之玄門, 凡此等輩衆典肝
> 心一以貫之者, 其唯此論乎.)(T44.226b)

라고 하는 것처럼『기신론』은 "『화엄경』·영락경에 설해진 4계위의 깊은
원인"을 포함한 여러 법문을 모두를 겸해서 갖추었다고 서술하는 등,
『기신론』이 대승제경의 교의를 포함하고 있다고 하여 그 의의를 강조하
고 있다.『화엄경』은 그들 경전의 하나에 지나지 않는 것이다. 원효의 교
학을 집대성했다고 말할 수 있는『대승기신론소』에서도 위의 인용은 그

대로 수록된다. 원효의 사유가 바뀌지 않았음을 알 수 있다. 물론 이것은 『기신론』의 주석에서 볼 수 있는 기술이고, 다른 경전을 주석할 때는 그 경전이 얼마나 훌륭한지 강조하는 것이 원효의 기술방식이기 때문에 위 기술만을 보고 『화엄경』에 대한 평가가 낮았다고는 말할 수 없다. 하지만, 『기신론별기』와 『해동소』뿐 아니라, 의상 귀국 이전에 저술된 원효의 저작에 『화엄경』을 특히 중시했다고 생각되는 곳은 없으며, 『화엄경』을 다수 인용하는 문헌도 거의 없다.

아주 희박한 예이지만 『영락본업경소』에서 원효는 『화엄경』과 『십지경론』을 여러 곳에서 인용한다. 그것도 『화엄경』에 대해서는 여러 품에서 폭넓게 인용함으로써 원효가 『화엄경』 전체에 대해 충분한 지식이 있었음을 보여 준다. 나아가 『화엄경』을 '대경'이라는 명칭으로 부르는 것도 발견되지만, 『열반경』이 아니라 『화엄경』을 '대경'이라고 부르는 예로 볼 때, 『영락경』을 『화엄경』의 지류로 보는 전통에 근거한 호칭이라고 생각된다. 앞의 『기신론별기』의 인용에서는 "『화엄경』·영락경에 설해진 4계위의 깊은 원인"이라고 서술하여 『화엄경』과 『영락경』을 병칭하지만, "『화엄경』·영락경에 설해진 4계위의 깊은 원인"이라는 것은 『화엄경』과 『영락경』에 설해진 초아승지겁·제2아승지겁·제3아승지겁·백대겁이라는 4단계의 끝없이 긴 수행을 거쳐서 무상의 불과를 얻는 데 이르는 원인이 되는 보살의 심원한 인행이라는 의미일 것이다. 이것은 양 경전이 함께 보살의 행위설을 설하고 있기 때문이지만, 원효는 『화엄경』과 『영락경』을 보살의 행위를 설하는 동류의 경전으로 다루고 있는 것이다. 『영락경』은 『화엄경』의 행위설, 나아가서는 『화엄경』의 영향을 받아 성립한 『범망경』 및 그 외의 경전에 기반을 두고 만들어진 중국 성립의 경전이기 때문에 『화엄경』과 교설의 양상이 비슷한 것은 당연하지만, 『영락경』

을 『화엄경』과 동류로 다루는 것은 『화엄경』만을 별교일승으로 하는 지엄이 가장 배척하는 것이었다. 지엄은 27세작인 『수현기』 권1하에서

> 문: 무엇 때문에 『영락경』은 도리에 들어가는 것에 대해서 서원이 많고, 이 경전은 현상에 대한 서원이 많은가.
> 답: 이 경전은 일승교에 따름으로 현상에 존재할 때 이익이 크며, 『영락경』은 삼승교에 따름으로 도리에 존재할 때 이익이 많은 것이다.
> (問. 何故瓔珞經對入理處願多, 此經對事願多者. 答. 此經順一乘敎在事益大, 瓔珞經順三乘敎, 在理益即多也.)(T35.30c)

라고 서술하여 『영락경』은 삼승에 따르는 것이라고 단언하여 일승인 『화엄경』과의 차이를 강조하는 것을 비롯하여, 이후 저서 가운데서도 『영락경』과 『범망경』은 『화엄경』과 교설의 양상이 비슷할 뿐 실제로는 삼승 경전에 지나지 않는 것을 자주 강조한다. 가장 만년의 『공목장』에서는 일부러 「석영락본업범망이경현화엄경일승분제의(釋瓔珞本業梵網二經顯華嚴經一乘分齊義)」라는 장을 만들어서 『영락경』이나 『범망경』은 『화엄경』과 같은 10수를 잘 사용하지만, 일승이며 원교인 『화엄경』과는 달리 삼승 경전에 지나지 않음을 역설할 정도이다. 『영락경』이나 『범망경』에 대한 이와 같은 강한 반발을 통해 『영락경』이나 『범망경』을 『화엄경』과 같은 반열로 다루는 사람들이 당시 꽤 세력을 유지하고 있었음을 알 수 있다.

실제 지론종 계통이라고 생각되는 돈황 출토의 『화엄약소』 권3의 단간(S2694)[1]에서는 『영락경』과 『범망경』을 자주 사용하여 행위를 설한

---

[1] 商務印書館編, 『敦煌遺書總目索引』(北京, 1962), p.460에서 이 서를 지엄의 '略疏'라고 한 것은 잘못이다.

다. 의상도 스승에 따라『법계도』에서는 "『영락경』의 10번 인연은 삼승의에 포섭된다"[2]고 서술하지만, 그러한 의상의 해석을 수용한『총수록』에서는『화엄경』의 10번 문답과『영락경』의 10번 문답의 차이에 대해서 의상의 직제자인 진정(眞定)과 표훈(表訓) 그리고 손제자 신림(神琳)의 해석을 소개한다.[3] 이러한 점으로 볼 때, 이 문제가 중요했다는 것, 즉 당시 신라에서『영락경』이 얼마나 중시되었는가를 알 수 있다.

한편, 의상 자신은 지엄 교학의 강요를 지키면서도 지엄보다는『영락경』을 중시하려 했던 흔적이 있다. 의상의 강의를 기록한 지통(智通)『추혈문답(錐穴問答)』에는 제8지의 보살은 스스로 장래의 결과인 부처에 의해 마정수기를 받는 모습을 본다고 설하는『영락경』에 의해, 현재 자신을 교화하는 것은 다른 것이 아닌 자신의 당과불이라는 사상이 보인다.[4] 이 사상은 법장의『화엄경문답』에도 보이지만,[5] 이 문헌은 의상계의 신라 문헌으로 생각된다.[6]

한편, 지엄의 교학은 그러한 상식을 부정하는 것이기 때문에 모든 이설·논쟁을 화생시키려는 원효가 그러한 지엄의 설을 들어서 회통을 시도하지 않는 것은『영락본업경소』를 저술할 때는 지엄의 교학을 알지 못했기 때문이라고밖에 생각되지 않는다. 지엄은 소박한 학승이었고 현장처럼 외국까지 이름을 떨친 인물은 아니었다는 것을 생각하면, 원효가 지엄의 교학을 안 것은 의상 귀국 이후로 보는 것이 자연스럽다.[7] 비교

---

2)『法界圖』, T45.712c.
3)『叢髓錄』卷下之1, T45.747c.
4)『叢髓錄』卷下之2, T45.759a.
5)『華嚴經問答』卷上, T45.604c-605a.
6) 본서, 제3장 제4절 참조.
7) 본서, 제3장 제2절 참조. 원효는 지엄의 정토사상으로부터 영향을 받았다고 하지만, 梯信曉는 정토사상의 측면으로부터 이 문제를 논의하고, 의상 귀국 이전의 원

적 원효의 후기작인『열반경종요』에서도 교판을 부정하는 최후의 부분
에서『화엄경』을 돈교로 하는 유규(劉虬)의 2교판을 소개하는 데 그치
고 지엄의 교판을 언급하지 않는다.[8] 따라서 원효가 지엄의 교학을 안
것은 현존하는 주요 저작이 거의 쓰여진 이후가 된다.

원효의 저작 가운데『대혜도경종요(大慧度經宗要)』에서는『화엄경』
의 인용이 약간 많은 편이고, 높이 평가되는 드문 예인데, "마땅히 알
아야 할 것이다. 이 경(『대혜도경』)은 저『화엄』과 같이 무상무용(無上
無容) 구경의 요의이다"[9]라는 표현이 있는 것처럼, 반야경전과『화엄경』
을 함께 '구경요의'로 하고 있어,『화엄경』만을 평가하는 것은 아니다. 또
한 이『대혜도경종요』에는 용삭(龍朔) 3년(663)에 번역된 방대한『대반
야경』을 인용하기 때문에 번역된 해부터 적어도 수년은 후에 성립된 것
이고, 의상 귀국 직후의 시기에 저술되었을 가능성도 있다.

『화엄경』에 대한 평가가 두드러지게 높은 것은 그 저작의 중간에 입
적했다고 전해지는『화엄경소』의 서와 같이 의상 귀국 이후임이 분명한
저작에 한정된다.

효 저작에는 지엄의 정토사상의 영향을 생각나게 하는 면은 보이지 않는다고 논
증한다. 梯, 「元暁の佛土論について」(『印佛研』34-1, 1991. 12). 同, 「元暁の淨土教
思想について-『兩卷無量壽經宗要』を中心として」(三崎良周編, 『日本・中國佛教思
想とその展開』, 山喜房佛書林, 1992). 한편 梯는 후자에서 石井公成, 「新羅佛教に
おける『大乘起信論』の意義-元暁の解釋を中心として」(平川彰編, 『如来藏と大乘起
信論』, 春秋社, 1990)에 의하면『成唯識論』을 소의로 하는 法相宗의 교리를 원효
에게 전한 것은 의상이라고 서술하고 있지만(p.186), 拙論에서는 원효가『成唯識
論』등을 안 것은 상당히 후대라는 것을 지적했을 뿐,『成唯識論』및 慈恩이나 圓
測의 주석 등을 의상이 가지고 와서 원효에게 전했다고까지는 서술하지 않았다.
8)『涅槃經宗要』, T38.257bc.
9)『大慧度經宗要』, T33.74a.

2. 『화엄경소』 서(序)와 『장자』의 사상

원효의 『화엄경소』에 대해서는 「광명각품」 일부밖에 남아 있지 않고, 표원(表員)의 『화엄경문의요결문답(華嚴經文義要決問答)』 및 그 외 화엄 관련 문헌 가운데 단편적으로 인용되어 있을 뿐이다. 『탐현기』에서 법장이 원효의 교판을 소개하고 있으며,[10] 종래는 이것에 의해서 원효의 화엄경관을 논해 왔지만, 법장은 어떤 학승도 『화엄경』을 가장 존중했다고 쓰기 때문에 믿기 어렵다. 그래서 여기서는 지금까지 그다지 다루지 않았던 『화엄경소』의 서(序)에 대해서 검토하고자 한다. 『화엄경소』 서(序)에서는 『화엄경』은 '무장무애법계법문'임을 강조하고, 일념 가운데 무변의 삼세를 넣어 시방세계를 일미진 가운데 넣는다고 서술한 후에 다음과 같이 서술한다.

> 이와 같은 도술을 어떻게 생각할 수 있겠는가. 그러나 저 문에 의거하여 이로써 이 일을 관찰하면 이것은 하루 세 번 문 밖으로 나가는 것과 같고, 10인이 함께 당 내의 넓은 뜰에 앉아 있는 것과 같다. 어찌 신기한 일이겠는가. 하물며 수미가 겨자씨에 들어가는 것은 쌀알이 큰 창고에 들어가는 것과 같고, 방장 내에 중좌가 있는 것은 우주 내에 만물이 있는 것과 같은 것이다. 안으로 아주 넓은 데에 들어가니 어찌 족함이 논란이 되겠는가. 이에 봉황이 청운에 날아올라 아래로 산악이 낮음을 보는 것과 같으며 하백이 대해에 도달하여 산하의 좁음을 부끄럽게 돌아보는 것과 같으며 배우는 자는 이 경의 넓은 문에 들어가서 바야흐로 일찍이 배웠던 것이 좁음을 알 것이다. 그러므로 짧은 날개의 새는 산림에 숨어 형태를 기르고, 미미한 고기는 졸졸 흐르는 물에 숨어 본성을 안정하게 한다. 낮고 가까운 교문으로서

---

10) 『探玄記』 卷1, T35.111ab.

는 또한 그칠 수 없는 이유이다. (斯等道術, 豈可思議. 然依彼門, 用看此事, 猶是一日三出門外, 十人共坐堂內俓[11]然之域. 有何奇特. 況乎須彌入於芥子者, 稊米[12]入於大倉也. 方丈內乎衆座者, 宇宙內於萬物也. 內入甚寬, 何足爲難乎哉. 若乃鳳皇翔于靑雲, 下觀山岳之卑. 河伯屆乎大海, 顧羞川河之狹. 學者入乎此經普門, 方知曾學之齷齪也. 然短翮之鳥, 庇山林而養形, 微鯗之魚, 潛涓流而安性. 所以淺近敎門, 亦不可已之耳.)(H1.495ab)

즉 그러한 무장무애의 존재 방식은 상상도 할 수 없는 것이지만, 화엄의 법문으로부터 보자면 아무런 부사의도 없는 것이고, 하루에 세 번 문 밖에 나가거나, 넓은 당내에 10인이 앉아 있는 것으로 너무 간단한 것이다. 그래서 수미를 겨자씨에 넣는 것은 몇 알의 쌀을 큰 창고에 넣는 것과 같은 것이고, 방장에 많은 자리를 거두어들인 것 등도 만물을 우주 가운데 넣는 것과 같은 것으로 아무런 어려움도 없다고 단언하는 것이다. 수미와 겨자씨, 그리고 방장과 중좌의 비유가 『유마경』에 의한 것임은 두말할 것도 없고, 『화엄경소』의 서(序)인 이상 『화엄경』을 상찬하는 것은 당연한 것이라고는 해도, 위와 같은 표현을 보자면, 『유마경』에서 설하는 경지는 『화엄경』의 '무장무애'의 법문에는 아주 멀리 미치지 못한다는 인상을 줄 것이다. 이러한 표현이 가능한 것은 『유마경』으로 대표되는 돈교를 낮게 평가하고, 『화엄경』을 특별시하는 의상의 영향에 의한 것으로 생각할 수 있다. 다만, 이러한 서술방식에 대해서는 경을 상찬할 만한 서의 기술이라는 점을 잊어서는 안 될 것이다. 원효

---

11) 『韓國佛敎全書』의 교감에서는 '俓'은 '經'의 잘못인가라고 의심하지만, 어느 쪽도 적절하지 않다. 전후의 문맥으로 봤을 때, 여기서는 넓고 넓은 모습을 나타내는 말이 오지 않으면 안 된다.

12) 『韓國佛敎全書』에 '稊来'로 한 것은 잘못이다.

가 『유마경』 및 그 외의 경을 한결같이 낮게 보려는 것은 아니다. 『요결문답』에 보이는 원효의 『화엄경소』의 일부로 생각되는 일문에서는 이 겨자씨와 수미의 문제에 대해서 논하면서 『화엄경』과 『유마경』을 동등하게 다루고 있는 듯한 곳도 있기 때문이다.[13]

한편, 원효가 배웠던 지엄의 교학은 의상의 해석을 통해서라는 것을 주의할 필요가 있다. 서(序)에서 『화엄경』의 무장무애의 세계를 강조한 후에 "생사는 열반이고, 열반은 생사이다[生死爲涅槃, 涅槃爲生死]"라고 설해져 있는 것은 『법계도』의 게(偈) '생사열반상공화(生死涅槃常共和)'[14]에 근거를 둔 것이겠지만, "생사는 열반이고, 열반은 생사이다"라는 주장은 『유마경』 등에서 설한 것이고, 지엄은 그러한 방식에는 관심을 보이지 않았다.

그런데 위의 인용문에서 하나 주목할 것은 『장자』로부터의 인용이 많다는 사실이다. 우선 몇 톨의 쌀을 큰 창고에 넣고, 우주 가운데 만물을 넣는 것이라는 곳에 대해서는 『장자』 「추수(秋水)」편에,

> 사해가 천지간에 존재함을 생각하면, 작은 구멍이 큰 못에 있는 것과 비슷하지 않겠는가. 중국이 해내에 있는 것을 생각하면, 몇 톨의 쌀이 큰 창고에 있는 것과 비슷하지 않겠는가. 물건을 부르는 것은 수만이지만, 사람이 처하는 곳은 하나이다. (計四海之在天地之間也, 不似礨空之在大澤乎. 計中國之在海內, 不似稊米之在太倉乎. 號物之數萬, 人處一焉.)

라고 설하고,

---

13) 『要決問答』 卷二, 續藏1-12-4.337左上-左下.
14) 『法界圖』, T45.711a.

진리의 관점으로 보면, 사물에는 귀천이 없다. …… 다르다는 관점으로 보면, 크다는 관점에서 이것은 크다고 하면, 만물은 크지 않은 것이 없다. 작다는 관점에서 작다고 하면, 만물은 작지 않은 것이 없다. 이것에 의해서 천지는 쌀 한 톨에 지나지 않음을 알 수 있다. 터럭 끝이 언덕이나 산과 같다는 것을 알 수 있다. 차이가 분명하다. …… 그러한 취지에서 보면, 그렇다고 하는 관점에서 그렇다고 한다면, 만물은 그렇지 않은 것이 없고, 잘못되었다는 관점에서 보면, 만물은 잘못되어 있지 않은 것이 없다. (以道觀之, 物無貴賤. …… 以差觀之, 因其所大而大之, 則萬物莫不大. 因其所小而小之, 則萬物莫不小. 知天地之爲稊米也, 知毫末之爲丘山也, 則差數覩矣. …… 以趣觀之, 因其所然而然之, 則萬物莫不然. 因其所非而非之, 則萬物莫不非.)

라고 설하는 곳도 있다. 그리고 봉황이 청운에 날아가 산악의 낮음을 내려다보는 것은 말할 것도 없이 『장자』 「소요유(逍遙遊)」편에서 설하는 "푸른 하늘을 등에 지고" 남쪽으로 날아가는 붕새의 비유에 근거한 것이고, 하백이 대해로 흘러가서 강의 작음을 부끄러워한다는 것은 물론 「추수」편에 의한다. 날개가 작은 새는 산림에서 쉬려고 하는 것은 구만리 높이 올라 비약하는 붕새를 조소하고, 느릅나무 같은 낮은 나무의 가지에 필사적으로 날아가려 하거나, 쑥 사이를 달리며 자족하는 작은 새들을 그린 「소요유」편의 기술에 근거한다고 말할 수 있다.

이와 같이 원효는 『장자』를 활용하면서 『화엄경』의 장대하고 자재한 세계를 칭송하고 『화엄경』 이외의 "얕고 가까운 교문"은 낮은 근기에 응하기 위해 필요하다고 설한다. 장자는 장대한 세계를 이해할 수 없는 소인을 조소하면서, 각각의 능력에 맞게 생활할 것을 설하고, 특히, 곽상 주에서는 자족의 측면을 강조하고 있는 것이 잘 알려져 있는데, 원효는 그러한 두 측면을 이용하여, 『화엄경』과 일체제경의 관계를 설정하려고 하였다. 이러한 서(序)와 현담에서는 현학의 언어를 자주 사용하고 화려한 문장을 사용하는 것이 통례인데, 원효의『화엄경소』서(序)의 경우에는『화엄경』의 내용 내지는 의상을 통해서 전해 받은 지엄의 교학 내용의 면에서도『장자』와 공통되는 점이 있는 듯이 생각되기 때문에,『장자』가 선택된 것은 아닐까. 만년의 지엄 저작에는『장자』에 근거한 논의가 있지만, 원효가 초기 저작에서 이미『장자』를 활용하고 있는 것을 볼 때, 원효가 일찍부터『장자』와 친근해져 있었던 것은 분명하며, 이러한『장자』의 인용에 대해서는 원효 자신의 판단으로 보아야 할 것이다. 실제로 지엄의 교학을 신라에 전한 의상이나 그 문류에는『장자』를 비롯하여 중국 고전의 직접적인 영향을 거의 찾을 수 없다.

위의 인용문 바로 뒤에 원효가『화엄경』을 '원만무상돈교법륜(圓滿無上頓敎法輪)'이라고 규정하는 것은 원교라는 점만을 강조하여 돈교를『화엄경』으로부터 분리하고 돈교를 낮게 규정하려고 한 법장과는 다르며, 돈교를 중심으로 하여 원(圓)의 성격을 인정한 것이고, 원효는 지론종의 전통에 근거하여 지엄 교학을 수용한 것을 알 수 있다. 지엄은 의상에게는 절대적인 스승이지만, 지엄과 같이 담천 계통의 섭론종에 통효하고 지엄 이상으로『장자』및 그 외의 중국 고전에 친근해져 있었던 원효의 입장에서 보자면, 지엄은 공감할 수 있는 부분이 적지 않았던 동시대의 선배 정도의 인상이었을 것이다. 화쟁을 축으로 하는 원효의 자세가 지엄의 교학에 의해 크게 변화했다고는 생각하기 어렵다.

제4장 법장의 화엄교학

제1절 무궁(無窮)과 중중무진(重重無盡)

1. 머리말

A가 존재하기 위해서는 B가 필요하며, B가 존재하기 위해서는 C가, 그리고 C가 존재하기 위해서는 D가 필요하다는 식으로 끝없이 이어지는 상태, 혹은 그러한 설명 방법을 인도에서는 anavasthā라고 부른다. 중국에서는 이 말을 '무궁(無窮)'이라고 번역했다. 무궁이라는 번역어가 선택된 것은 논리에 관한 다양한 논의를 전개하고 있는 『장자(莊子)』의 「제물론」편에서

> 추는 그 고리 가운데 위치하여서 무한(의 회전)에 응할 수 있다. 옳다고 하는 것은 하나의 무한이고, 잘못이라고 하는 것도 하나의 무한이다. (樞始得其環中, 以應無窮. 是亦一無窮, 非亦一無窮也.)

라고 설하여 옳고 그름 등은 상대적인 것이며 아무리 한정하려고 해도 끝이 없는 것임을 강조하고 있는 것을 비롯해 「제물론」편 이외에서도

종종 무궁이라는 말을 사용하여 무한한 상태에 대해 말하고 있는 것이 보인다. 무궁은 이른바 무한소급이며, 논리상 오류이기 때문에 인도불교는 물론이고 중국불교에서도 엄격히 배척했다. 길장(吉藏) 등은 『중관론소(中觀論疏)』에서 무궁을 다섯 가지로 분류하고 그것이 오류인 까닭을 자세히 논하고 있을 정도이다.[1] 더욱이 현장(玄奘)이 인명(因明) 논서를 포함한 경론을 차례로 번역하면서 논리상 오류가 한층 더 강하게 의식되었을 것이다. 예를 들면 호법(護法)의 『대승광백론석론(大乘廣百論釋論)』 권7에서는

> 즉 저 대상의 특징에는 크게 나누어 두 가지가 있다. 첫째는 형태가 있어 부딪치는 물체. 둘째는 부딪치지 않는 것이다. 형태가 있어서 부딪치는 대상은 어느 것이나 분해할 수 있다. 형태가 있어 부딪치기 때문이다. 집과 같은 것이고, 숲과 같은 것이다. 분해하면 그야말로 공으로 돌아간다. 혹은 무한 소급의 과실이 된다. 이 때문에 집착하여 실유라고 하면 안 된다. 형태가 없어 부딪치지 않는 대상은 이것 또한 실유가 아니다. 형태가 없어서 부딪치지 않기 때문이다. 눈병에 의해 보이는 공화와 같은 것이다. …… 또한 집착하는 대상인 하나하나의 것에는 여러 가지 측면에 의해 많은 성질이 있다. 만약 실유라면 그러한 성질은 모순될 것이다. 나아가 분해하면 공이 되지만, 혹은 무한소급이 된다. (謂彼境相略有二種. 一有質礙. 二無質礙. 有質礙境, 皆可分析. 有質礙故. 如舍如林. 析卽歸空, 或無窮過. 是故不可執爲實有. 無質礙境, 亦非實有. 無質礙故. 猶若空花. …… 又所執境一一法上, 隨諸義門, 有衆多性. 若是實有, 應互相違. 復析歸空, 或無窮過.)
> (T31.225a)

1) 『중관론소』 권3에서는 무궁을 변종(遍從)·변생(遍生)·역추(逆推)·순추(順推)·상생(常生)의 다섯 종류로 나누어 논한다(T42.42b).

라고 설하지만 물질적인 크기를 가지는 것에 대해서는 무한히 미세하게 나눈다면 공(空)으로 돌아가든가, 무궁의 오류에 빠지든가 하며, 한편 물질적인 크기를 가지지 않는 것에 대해서는 '허공의 꽃[空花]'과 같이 허망한 것에 지나지 않는다고 설하여 법의 참모습인 연기는 그러한 무궁의 오류에서 벗어나 있다고 강조한다. 신역 유식(唯識)을 따르는 자가 이러한 주장을 바탕으로 삼아 다른 파의 주장을 격렬하게 공격한 것은 말할 필요도 없다.

그런데 그 신역 전성기에 무궁이야말로 연기의 참모습이라고 단언한 책이 나타났다. 바로 법장(643~712)의 『화엄오교장(華嚴五教章)』[2]이 그것이다. 법장은 삼승(三乘) 법문은 화엄의 무진(無盡) 법문에 멀리 미치지 못한다고 설한 후에 다음과 같이 단언한다.

> 왜 그런가. 삼승은 이 무한소급을 과실로 보기 때문이다. 그러나 일승은 무한소급을 진실의 특질로 볼 뿐이다. (何以故. 三乘以此無窮爲過失故. 然此一乘以無窮爲實德故耳.)(T45.507b)

즉 삼승은 무궁을 오류로 삼지만 별교일승에서는 "무궁으로써 참된 덕으로 삼을 뿐"이라고 단언하는 것이다. 이러한 주장의 배경에 모든 법이 복잡하게 상즉하는, 무한히 다양한 관계를 파악하려고 한 지엄(智儼)의 교학이 있는 것은 말할 필요도 없다. 실제로 지엄은 '무궁'의 말을 긍정적인 의미로 사용한다. 『오십요문답(五十要問答)』 권상의 「불상응의(不相應義)」에서는 대(大)와 소(小)는 고정된 것이 아님을 지적한

---

2) 『화엄경오교장』(이하 『오교장』)에 대해서는 이른바 화본(和本)이 오래된 모습을 전한다고 생각되지만 편의상 이 글에서는 송본(宋本)에 의한 대정장본을 사용한다. 또 장(章)의 제목이나 법문의 명칭에 대해서는 화본·송본에 구애받지 않고 일반적인 명칭을 따른다.

후에 다음과 같이 말한다.

> 일승과 삼승이 법수를 세운 것은, 분별의 마음을 그치고자 하기 때문
> 이다. 만약 대와 소가 상호 얻을 수 있다면 무한소급의 과실이 된다.
> 명칭과 구문이 법과 대응하지 않는 것은, 구체적으로는『잡집론』등에
> 해설되어 있다. 일승의 불상응의 취지에서는 개개의 명수는 (무한의)
> 법계와 동등하고, 원리도 또한 무한인 것이 법계와 같다. (一乘三乘
> 立法數等, 欲遮止謂情故也. 若大小相得, 卽無窮過. 名與句不相應者,
> 具解在雜集論等. 一乘不相應義, 名數與法界等. 理亦無窮如法界也.)
> (T45,524a)

즉 일승삼승이 법수를 세우는 것은 상식적인 분별을 버리게 하기 위
한 것으로 일반적으로는 "대소가 서로 얻을 수 있다면" '무궁의 오류'에
빠지지만 법수가 법계와 같이 무한히 다양한 일승에서는 원리[理]도 법
계와 같이 '무궁'하다고 하는 것이다. 뒤의 '무궁'은 anavasthā의 무궁이
아니라 "끝이 없다" 또는 "고정된 것으로 파악될 수 없다"는 뜻이겠지만
소(小)나 대(大)의 상태에 대해서 논하는 것을 포함하여 이러한 용례에
가장 가까운 것은

> 원래 물질의 양은 무한이다. 시간은 멈추지 않고, 물질의 구분은 무
> 상이어서 끝도 시작도 결정되지 않기 때문이다. 그 때문에 큰 지혜를
> 가진 자는 원근을 관찰한다. 그러므로 작아도 적지 않고, 커도 많지
> 않다. 양은 무한임을 알기 때문이다. (夫物量無窮. 時無止, 分無常,
> 終始無故. 是故, 大知觀於遠近. 故小而不寡, 大而不多, 知量無窮.)

이라고 하여 사물의 '양(量)'은 대(大)나 소(小)라는 상식적인 구별로는
파악할 수 없는 '무궁'의 것으로서, '크게 아는[大知]' 사람만이 그러한

참모습을 안다고 논하는 『장자』의 「추수」편의 논의일 것이다. 이것은 옳고 그름과 그 밖의 대립을 여의어야 함을 설하는 「제물론」편의 입장을 계승한 논의이지만 담천(曇遷)의 『망시비론(亡是非論)』과 그 밖의 저작을 통해서 지엄이 『장자』 사상의 영향을 받았다는 점은 이미 지적되었으며[3] 지엄은 만년에 『장자』 그 자체를 즐겼던 것은 아닐까라고 생각된다. 법장의 주장은 그러한 만년의 지엄 사상을 바탕으로 했을 것이다. 다만 지엄의 저작에는 이외에도 '무궁'의 말을 '무한'의 의미로서 긍정적으로 사용하는 곳도 있지만[4] anavasthā로서 무궁이야말로 연기의 참모습이라는 도발적인 표현은 사용하지 않는다. 법장의 가장 이른 시기의 저술인 『오교장』은 법장 이전의 교학을 재정리하고서 대담하게 앞으로 나아가려고 하고 있으며 거기에는 혈기마저 느껴진다. 그래서 여기에서는 『오교장』의 근간을 이루는 「의리분제장(義理分齊章)」의 내용을 재검토하여 법장이 독자의 교학을 확립하는 과정에서 무궁의 개념이 얼마나 중요한 역할을 하고 있는지를 밝히고자 한다.

2. 「의리분제장(義理分齊章)」의 구성

「의리분제장」은 유식의 삼성설(三性說)을 수정한 삼성동이의(三性同異義), 종자의 6의(六義)를 일반화한 연기인문육의법(緣起因門六義法),

---

3) 본서, 제1부 제2장 제2절 참조.
4) 지엄은 『孔目章』 권1에서 "在十智中, 交絡互爲主伴, 深淺狹廣染淨理事, 是卽無窮."(T45.539a)이라고 설하지만 여기에서 말하는 '무궁'은 무한의 뜻으로서 흔히 말하는 무궁과는 의미가 다른 것이다. 다만 지엄이 화엄의 입장을 보일 때 '무궁'이라는 말을 사용한 것은 법장에게 큰 암시가 되었을 것이다.

유명한 동전 10개의 비유를 포함하는 십현연기무애법문의(十玄緣起無礙法門義), 그리고 지론종의 경전 해석법을 일승의 연기설로 전환시킨 육상원융의(六相圓融義)로 구성되어 있다. 이 가운데 인(因)의 6의(六義), 십현문, 그리고 육상에 대해서는 지엄이 이미 『수현기(搜玄記)』에서 그 골격을 구축했지만 인의 6의에 공(空)과 유(有)의 관계에 의해서 상즉(相卽)을, 유력(有力)과 무력(無力)의 관계에 의해서 상입(相入)을 설명하고 상즉과 상입을 십현문의 기초 이론이 되도록 한 것은 법장의 연구일 것이다. 법장이 새롭게 삼성동이의를 세워서 공유(空有)의 문제를 논한 것은 유(有)의 입장에 선 호법(護法)의 설과 공(空)의 입장에 선 청변(淸辯)의 설을 회통시키기 위한 것뿐만 아니라[5] 인의 6의로는 충분하지 않았던 공유불이(空有不二)의 논의를 보완함으로써 상즉의 근거를 만들려 했기 때문이라고 생각한다.

　그 삼성동이의는 동이(同異)의 논의 방식[6]을 보면 분명히 알 수 있듯이 총별동이성괴(總別同異成壞)의 육상을 설하는 지론종의 육상설을 배경으로 한다. 또 인의 6의에 대해서는 "육상으로써 융섭하여 그것을 취한다"[7]고 설해져 있고 또한 십현문에 관해서는 "마땅히 육상방편으로써 그것을 회통해야 한다"[8]고 한다. 즉 「의리분제장」은 유식의 법문인 삼성설과 종자의 6의를 육상의 입장에서 재해석하여 상즉과 상입의 근거를 만들고 그 바탕에서 중중무진의 연기를 설하는 것을 목적으로 하는 것이다. 「의리분제장」을 떠받치고 있는 것은 육상설이라고 말해도

<hr>

5) 호법과 청변의 입장을 회통하려는 시도는 이미 원측(圓測)의 『해심밀경소(解深密經疏)』와 『불설반야바라밀다심경소(佛說般若波羅蜜多心經疏)』의 여러 곳에 보인다.
6) 『五教章』 권4(T45.499a-501c).
7) 같은 책, 권4(T45.502c).
8) 같은 책, 권4(T45.507b).

좋다. 이것은 육상의 뜻을 깊이 탐구함으로써 깨달았다고 전해지는 지엄의 학풍을 이었기 때문일 것이다. 법장은 마지막의 육상원융의를 설할 때에는 거꾸로 유력무력이나 상즉상입 등의 개념을 가지고 와서 화엄교학에서 육상설의 의미를 명확하게 하려고 노력한다. 그런데 후기의 저작인『탐현기(探玄記)』현담(玄談) 부분에서는 육상설에 근거한 발상이 여러 곳에 보이지만 그것들은 오로지 화엄종의 용어로써 표현되는데다가 육상에 관해서는『오교장』의 육상원융의와 같이 독립된 항목은 세우지 않는다. 지론종의 경전 해석법이었던 육상설은 지엄이 일승의 연기를 분명히 하는 방편으로 삼은 후에 법장이 활용하면서 완전히 화엄교학 안에 흡수되어 간다.

앞의 과정에서 알 수 있듯이 화엄종의 연기설은 지론종과 섭론종의 교학이 교차한 지점에서 생겨난다. 적어도 지엄이나 의상의 저작과 법장의『오교장』에는 이(理)의 나눌 수 없는 성질[不可分性]을 전제로 해야만 이사무애가 성립하고 그 이사무애가 기초가 되어서 사사무애가 성립한다는 4종법계적인 표현은 전혀 보이지 않는다.[9] 법장의 경우 공유(空有)의 문제가 이(理)와 사(事)의 관계로 대체되는 경향이 나오는 것은『오교장』에서『탐현기』로 가는 중의 과도기적 저술이라고 생각되는『화엄경지귀(華嚴經旨歸)』나 그 전후 시기의 연구 메모와 같은 느낌이 있는『화엄삼보장(華嚴三寶章)』등부터일 것이다. 4종법계설에 보이는

---

9) 법장에게 그러한 논의가 보이지 않는 점은 遠藤孝次郎,「華嚴無盡論」(『東京學藝大學研究報告』17, 1966. 3)이 지적하고 있지만 이것은 지엄·의상도 같다. 또 S613V가 "情有分限, 以之爲量, 理無分限, 名爲無量."(敦煌寶藏5.141上)이라고 설하고 있는 것을 보면 이(理)의 나눌 수 없는 성질을 강조하는 논의는 지론종에서 상당히 이루어져 있었다고 생각된다. 법장의 교리는 지론의 전통교학에 복귀하는 부분이 적지 않다.

것과 같은 형태로 이(理)와 사(事)의 관계가 상세하게 논해지고 또 이사무애와 그것과 유사한 말이 사용되는 것은 화엄종에 한정해서 말하면 두순(杜順, 557~640)의 작으로 전해지는 『법계관문(法界觀門)』단 1종을 제외하고는 모두 『오교장』보다 나중에 성립된 책이다.[10] 『오교장』의 내용을 설명할 때는 사법계(事法界)·이법계(理法界)·이사무애법계(理事無礙法界)·사사무애법계(事事無礙法界)의 사법계로 이루어지는 4종법계설에 기반하여 이 부분은 사사무애법계 등이라고 말하는 것이 일반적이지만 『오교장』 자체는 이사무애로부터 사사무애로라고 하는 발상과는 관계가 없다. 이상의 것은 『법계관문』의 성격과 성립 시기를 생각하는 데에도 중요하다.

3. 연기인문육의법(緣起因門六義法)의 검토

인(因)의 6의(六義)는 공유력부대연(空有力不待緣)·공유력대연(空有力待緣)·공무력대연(空無力待緣)·유유력부대연(有有力不待緣)·유유력

---

10) 육조(六朝) 말부터 당(唐) 초에 걸쳐서 성행한 강남의소가(江南義疏家)는 논가계(論家系), 소가계(疏家系) 모두 함께 불교학을 구사하고 삼현호석(三玄互釋)의 입장을 취했다고 추정되지만(藤原高男, 「江南義疏家の二派に関する一考察」, 『日本中國學會報』12, 1960) 그 논가계의 역(易)의 주석 일문(佚文) 중에 "理事融通无㝵"(앞의 글, p.18)의 말이 보이는 것은 매우 흥미롭다. 또 법장의 사상과 역(易)의 유사함에 대해서는 Whalen Lai, "The *I-Ching* and the formation of the Hua-yen Philosophy," *Journal of Chinese Philosophy*, vol.7(1980), pp.245~258(중문역은 「《易經》與華嚴宗學說的形成」, 『中國哲學史研究』, 1984. 4)에서 지적하고 있지만 논지에 다소 무리가 보인다. 또 山田史生, 「法蔵の理事無礙について-『大乘起信論義記』を中心に」(『集刊東洋學』52, 1984 . 11)은 역(易)과의 관계에 대해서는 언급하지 않지만 Lai의 논문이 지적하고 있는 것과 마찬가지의 특징을 법장의 저작 중에서 찾아내어 분석하고 있어서 유익하다.

대연(有有力待緣)·유무력대연(有無力待緣)의 6의로 이루어진다. 『오교장』의 기술에 근거하여 인의 6의 및 인의 6의와 대응하는 여러 경론의 개념을 이 글과 관계되는 범위에서 도시하면 아래와 같다.

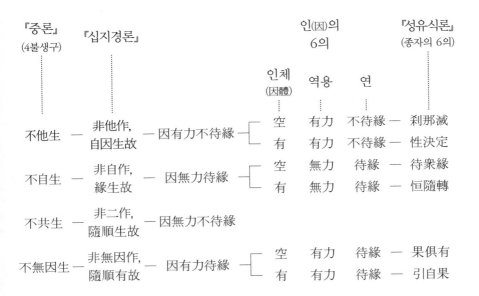

27세 때 지은 것으로 전해지는 지엄의 『수현기』에서 인의 6의는 진제(眞諦) 역 『섭대승론(攝大乘論)』에 보이는 종자의 6의와 대비되고 있을 뿐이다. 그러나 인의 6의는 제6지(地)의 인연관을 풀이하는 부분에서 설해지기 때문에 지엄이 『십지경론(十地經論)』의 4구를 고려한 것은 틀림없을 것이다.

『십지경론』의 4구는 『중론(中論)』의 4불생구(四不生句)를 긍정적인 면에서 다시 파악한 것이다. 즉 과(果)는 자기 자신에게서 생겨나는 것도 아니고 남에게서 생겨나는 것도 아니라고 하는 것처럼 『중론』에서는 어디까지나 부정적인 형식으로 설해지는 것에 반해서 『십지경론』에서는 과가 인(因)으로부터 생겨났다는 점에서는 연(緣)이 발생시켰다고 말할 수 없고, 또 연을 기다려 생겨났다는 점에서는 인이 발생시켰다고 말할 수 없는 것처럼 복수의 관점을 도입함으로써 긍정적인 면도 인정하려고 하는 것이다. 인의 6의는 그러한 『십지경론』의 4구에 입각하여 연기의 구조를 보이려고 하는 시도이다.[11]

여기에서 우선 눈에 띄는 것은 인을 공과 유의 두 측면에서 바라보는 점일 것이다. 인의 6의에서 '공(空)'은 찰나멸(刹那滅)이나 무자성(無自性) 같은 부정적인 면을 가리키고 '유(有)'는 법으로서의 긍정적인 면을 가리키기 때문에 하나의 인을 상반된 두 측면에서 바라보는 것이다.

다음으로 인의 작용에 주목한 규정인 유력(有力)과 무력(無力)은 인의 6의에서는 어디까지나 공과 유의 두 측면에 대해서 설해지고 있다는 점을 잊으면 안 된다. 예를 들어 '공유력(空有力)'이란 공(空)으로서의 측면이 나타나고 게다가 그 측면이 원인으로서 적극적으로 작용하고 있는 상태를 가리키며, '공무력(空無力)'이란 공(空)으로서의 측면이 나타나지만 그 측면이 원인으로서 적극적으로 작용하지 않는 상태를 가리킨다. 이것들은 각각 하나의 상태만을 가리키는 한정된 규정이기 때문에 '공무력'은 문자 그대로 '공무력'인 것에 지나지 않고 그 경우 그 원인인 유(有)의 측면이 유력이 되는 것을 함의하지 않는다.

이상의 설명으로 알 수 있듯이 유력·무력은 현실의 힘을 가리키는 개념이 아니다. 아무리 작용이 약한 법이라고 해도 보는 방식에 따라서는 유력의 원인으로 간주될 수 있다. 어떠한 법도 결과 성립에 관여되어 있다고 한다면 우선 생각나는 것은 "자신을 제외하고 남[他]은 능작

---

11) 坂本幸男, 『華嚴教學の研究』 第2部·第3篇·第3章, 「空觀展開の一斷面」(平樂寺書店, 1956).

(能作)이다(svato 'nye kāraṇam hetuḥ)"[12]라고 하는 능작인(能作因)의 정의일 것이다. 물론 결과 자체를 제외한 나머지 일체법이 그 결과의 원인이라고 말할 수 있어도, 능작인이라는 경우는 강력한 원인을 배제하는 것이 보통이다. 그리고 능작인은 또한 둘로 나뉘어, 결과 형성에 조금 역할을 한다고 하는 정도의 법은 유력능작인이라고 하고, 결과가 성립하는 데 방해는 하지 않는 정도로 결과와 실질적으로는 거의 관계없는 법은 무력능작인이라고 하지만, 이러한 정의로부터 알 수 있듯이 유력능작인과 무력능작인의 경계는 분명하지 않다. 한편 인의 6의는 『십지경론』의 4구를 근거로 하고 있기 때문에 그 가운데 인유력부대연(因有力不待緣)과 인무력대연(因無力待緣)에 포함되는 4의에서는 어떤 원인을 유력 혹인 무력으로 규정하는 경우, 그 규정은 철저한 것이 되지 않을 수 없다. 원인이 유력으로 간주될 때는 그 원인이 철저히 유력으로서 다른 모든 연은 완전히 무력이 되고, 역으로 모든 연이 유력으로 간주될 때는 연이 철저히 유력으로서 원인 쪽은 완전히 무력한 것이 된다. 이러한 점에서는 능작인의 유력무력과는 상당히 차이가 있는데다 능작인을 유력과 무력으로 나누는 것은 현존 문헌에서 보는 한 『보소(寶疏)』이후의 일인 것으로 생각되기 때문에 지엄이 능작인을 고려하여 인의 6의를 창안했다고는 단정하기 어렵다.[13] 그러나 인의 6의에서

---

12) 玄奘譯,『俱舍論』卷六(T29.30a). P. Pradhan, ed., *Abhidharmakosabhasya of Vasubandhu*, Tibetan Sanskrit Works Series, 8(Patna: K. P. Jayaswal Research Institute, 1967), p.82. l.23.

13) 법보(法寶)『구사론소(俱舍論疏)』권6에서는 '유력인(有力因)', '무력인(無力因)'으로 부르고 있다.(T41.556b) 젊은 지엄이 공부했을 진제 역『구사론』권4에서는 능작인은 '수조인(隨造因)'으로 번역되어 있고 수조인이 결과의 형성에 역할을 하는 경우는 '유능생력(有能生力)'인 경우뿐이다. 다만 활동이 약한 경우의 비유 중에는 '무력'의 말도 보인다(T29.189a-b).

모든 연은 일체법으로까지 확장되기 때문에 무위법도 포함한 일체법이 하나의 결과 형성에 관여되어 있다고 보는 점에서 그 둘이 공통되는 성격을 가지고 있는 점은 주목할 만하다. 다만 법장이 '전유력(全有力)' 혹은 '전무력(全無力)'이라는 말을 사용하고 있는 것[14]을 볼 때 능작인에서 유력과 무력의 차이를 의식하여 강조하려고 했던 것은 틀림없다.

이와 같은 인의 6의를 이용해서 연기의 구조를 해명하려고 한 법장은 연기인문육의법을 마무리할 때에 다음과 같이 말한다.

> 삼승의 아뢰야식인 여래장법의 무아의 원인에는 여섯 가지로 명칭과 의미는 있지만, 주와 반이 갖추어져 있지 않다. 일승 보현의 원만한 원인에는 주반이 갖추어져 있고, 무진연기이므로 완성된다. 또한 공유의 뜻에 의해서 상즉의 면이 있다. 유력·무력의 의미에 의해서 상입의 측면이 있다. 연을 필요로 하는 경우와 그렇지 않은 경우에 의해서 동체문과 이체문이 있다. 이들 의미의 문에 의해서 털구멍에 광대한 국토를 넣는 것 등이 가능하다. 생각하여 이해해야 할 것이다. (若三乘賴耶識如來藏法無我因中, 有六義名義, 而主伴不具. 若一乘普賢圓因中, 具足主伴, 無盡緣起方究竟也. 又由空有義故, 有相卽門也. 由有力無力義故, 有相入門也. 由有待緣不待緣義故, 有同體門異體門也. 由有此等義門故, 得毛孔容刹海事也. 思之可解.)(T45,503a)

이러한 언설을 보면 법장이 어떠한 사태를 대상으로 하고 있었는지가 분명해진다. 연기에 대해서 생각할 때 법장이 우선 떠올렸던 것은 12연기 등이 아니라 어떠한 털구멍을 취해 보아도 그중에 무수한 세계가 있어서 장애가 없는 불가사의한 사태이다. 이것은 물론 법장이 이러한 불가사의한 사태를 상술하는 『화엄경』이야말로 연기의 참 모습을 보

---

14) 『오교장』 권4(T45,502c).

여 준다고 생각하는 것에 기인한다. 경에 설해지는 그러한 불가사의한 사태에 대해서 법장은 십현문 가운데 인다라망경계문(因陀羅網境界門)에서

> 이것들은 모두 실제이고, 신통 변화에 의해서 성립하는 것이 아니다. 이것은 여리여지 가운데의 여량경계이다. 그 외의 신통력에 의한 변화 등은 이 예에 들어가지 않는다. 왜 그런가. 이것은 모두 법성의 실덕으로 본래의 존재 방식으로서 그렇기 때문이다. (此等並是實義, 非變化成. 此是如理如智中如量境界也. 其餘變化等者, 不入此例. 何以故. 此並是法性實德, 法爾如是.)(T45.506a)

라고 설하여 신통에 의한 것이 아님을 강조하고 "이것은 모두 법성의 참된 덕으로서 법이 그러하여 이와 같다"고까지 단언하고 있다.

위와 같은 주장은 겨자씨에 수미산이 들어가고 사대해의 물을 한 털 구멍에 넣는다고 설하는 『유마경』 등의 부사의해탈 법문과 『화엄경』의 차이를 강조한 것으로 보는 점에서 종래의 해석은 일치한다. 그러나 의도는 그것만이 아닐 것이다. 특정 경론에 대한 비판은 실제로는 그 경전들을 받드는 사람들에 대한 비판인 경우가 적지 않다. 『화엄경』 중의 부사의한 사태에 대해서는 부처님의 '신력'에 의한다고 경 스스로가 설하고 있는 곳이 적지 않음[15]에도 불구하고 그것들은 결코 단순한 신변이 아니라 모두 연기에 바탕한 것이라고 법장이 주장하는 것은 선정에 의한 신통력을 중시해서 대소상즉의 경지를 높이 주창한 사람들을 의

---

15) 『화엄경』 권3, 「노사나불품」에서는 세계해 성립의 여덟 가지 원인 중 하나로서 '法應如是故'(T9.409c)를 들고 있다. 이러한 곳이 법장의 법이설(法爾說)의 근거가 되었겠지만 여기에서도 여덟 가지 원인 중 첫 번째는 '如來神力故'이다. 불가사의한 사태의 원인으로 '신력(神力)'만을 강조하고 있는 것은 너무 많아서 셀 수 없다.

식한 것은 아닐까? 『양고승전(梁高僧傳)』권10의 습선편(習禪篇)은 내용이 매우 빈약하지만 찬자인 혜교(慧皎, 497~554)가 말미의 논찬(論贊)에서

> 그러나 선의 작용이 현저한 것은 신통에 속한다. 그러므로 삼천세계의 털구멍에 들어가고, 사해를 묶어 치즈로 만들며, 석벽을 통과함에 방해됨이 없고, 사람들을 잡아 남김이 없다. (然禪用爲顯, 屬在神通. 故使三千宅乎毛孔, 四海結爲凝酥, 過石壁而無壅, 摰大衆而弗遺.) (T50,400c)

라고 설하고 있는 것으로부터도 알 수 있는 것처럼 양(梁) 시기에 선(禪)은 무애한 신통력과 결부되어서 받아들여졌으며 삼천세계가 털구멍에 들어간다고 설하는 『화엄경』이나 돌담을 자유롭게 통과한다고 설하는 『십지경』(「십지품」) 등의 기술이 다른 경전의 불가사의해탈에 대한 기술과 함께 선(禪)의 경지를 나타내는 것으로서 중시되고 있었던 것으로 보인다. 이러한 경향은 북지(北地)에서도 마찬가지였을 것이다. 북종선의 여러 문헌이 『화엄경』이나 『십지경론』을 자주 인용하고 있는 것처럼 그러한 사람들은 『화엄경』을 『유마경』 등과 같은 부류의 불가사의해탈을 설하는 경전으로 보고 활발히 인용했을 것이기 때문에 동산법문에 속하는 사람들이나 지론교학에 기반하면서 습선(習禪)에 힘쓰던 사람들이 왕성하게 활동을 시작하자 『화엄경』을 최고로 삼는 자들로서는 이제까지 이상으로 『화엄경』의 특징을 강조하지 않으면 안 되게 되었다고 생각된다. 『화엄경』 중의 불가사의한 사태를 연기에 즉하여 생각한다는 자세는 이미 지엄에 의해서 확립된 것으로 특히 만년의 지엄은 그러한 자세를 계속 강조한 것으로 생각되지만 그 이유는 신통을 중시하는 습선자

들이 대두했기 때문이라고 생각된다.[16] 『화엄경』 중의 불가사의한 사태는 모두 법이 그러한 것으로 신통이 아니라고까지 단언할 때 법장이 생각했던 것은 『화엄경』과 『유마경』의 차이뿐만이 아니었을 것이다.

1) 상즉의 근거

앞서 살펴본 것처럼 연기인문육의법에서는 "또 공유의 뜻에 말미암기 때문에 상즉문이 있다"고 설해져 있다. 상즉이라는 개념은 "공유의 두 문은 서로 떨어지지 않기 때문에"[17]라는 것을 근거로 하고 있다. 여기에서 말하는 공이란 A의 부정적인 측면을, 그리고 유란 B의 긍정적인 측면을 가리킨다. 역으로 공이 B의 부정적인 면을 나타낼 때, 유는 A의 긍정적인 면을 나타내게 된다. A와 B는 각각 긍정적인 면과 부정적인 면을 가지고 있으며 그 둘의 면이 각각 상대측의 반대면과 둘이 아닌 것으로부터 A와 B의 상즉이 성립한다. 그렇지만 법장의 이러한 설명만으로는 A와 B라는 조합이 아니면 안 되는 이유가 분명하지 않기 때문에 아래에서 이 점에 대해서 생각해 본다.

우선 공과 유의 '즉'이 말해지는 것은 공과 유가 본래 다른 것이 아니라 '한 법'의 두 측면으로서 관점이 다른 것에 지나지 않기 때문이다. 공과 유라는 서로 다른 것이 차츰 가까워져 하나가 되는 것은 아니다. A라면 A라는 하나의 법에 대해서만 공유가 둘이 아님이 말해지기 때문에 이것을 A와 B라는 두 법에 대해서 적용하는 경우 A와 B는 AB로부터 이루어지는 하나로 합쳐진 법에서 공과 유의 두 측면으로 되지 않

---

16) 본서, 제1부 제3장 제3절 참조.
17) 『오교장』 권4(T45.502c).

으면 안 될 것이다. 공과 유는 인의 6의에서 인과 연에 관련된 규정이 기 때문에 A가 인이고 B가 연인 경우를 생각해 보자. 이 경우는 A와 B 에 의해서 형성되는 결과가 있기 때문에 A와 B는 하나의 인연이 되고 인A와 연B는 인연을 형성하는 데에서 불가분의 관계를 가지게 되어 인 A가 유일 때 연B는 공이 되므로 A의 측면만 표면에 나타나고(B가 A에 즉함), 또 인A가 공일 때 연B가 유가 되어 B의 측면만 표면에 나타나서 (A가 B에 즉함) A와 B가 상즉하여 결과를 발생시키게 된다.[18] "두 개의 유와 두 개의 공, 각각 갖추지 않는 까닭에 저들 상즉하지 않음이 없 다"라고 분명히 말해지는 것처럼 인과 연이 함께 유인 경우나 인과 연 이 함께 공인 경우를 법장은 허용하지 않는다. 유의 측면이 전면적으로 나타나든가 전면적으로 나타나지 않든가, 공의 측면이 전면적으로 나타 나든가, 전면적으로 나타나지 않든가라고 하는 것처럼 관점에 따라서 전(全)이나 무(無)가 분명히 나뉘고 인이 70퍼센트의 힘이고 연이 30퍼 센트의 힘 등이라는 중간적인 상황은 허용되지 않는다. 법장은 그러한 상황에 대해서는 언급을 피하고 이미 하나로 합쳐진 법으로 간주되는 것을 두 개의 측면으로 나눈다. 그런 상태에서 공유는 서로 여의지 않 는다는 이유로 한 쪽의 측면이 유인 경우는 다른 한 쪽의 측면은 공이 되어 공유가 둘이 아니며, 한 쪽의 측면이 공인 경우는 다른 한 쪽의

---

18) 따라서 상즉의 경우에서 A와 B는 세속의 A와 B가 아니다. "A는 A가 아니어야만 A이다"라는 이른바 즉비(卽非)의 논리에 적용하여 말하면 "(상즉의 경우에) A는 (세속의 경우에서 실체로서의) A가 아니어야만 (B와 상즉할 수 있는) A이다"라고 표현할 수 있을 것이다. 그러나 이처럼 논의의 레벨(단계)을 나누어 버리면 즉비 의 논리가 지니는 충격의 힘을 잃어버리게 된다. 이 점은 상즉의 경우도 마찬가지 로 서로 다른 집합에서 계형의 단절에 의해서 생기는 충격을 이용해서 상식적인 분별을 뒤흔드는 것이야말로 중요한 점이다. 다만 이러한 조작은 지적인 유희에 떨 어질 위험성도 크다.

측면이 유가 되어 공유가 둘이 아니라고 하는 것이다. 결국 법장의 주장은 A와 B라는 법을 인연이라는 하나의 법으로 할 경우, 즉 결과의 존재를 전제로 한 상태에서의 논의로서 그처럼 하나의 법으로 된 것을 자의적으로 복수의 관점으로부터 살펴본 것에 지나지 않는다.

인과 과의 사이에서 상즉을 설할 때는 인과 과가 서로 유가 되고 공이 되며 여기에서도 '공유의 뜻'에 의해서 상즉이 성립된다는 원칙은 지켜지고 있다. 다만 이러한 경우 혼란을 피하기 위해서인지 법장은 인과과에 의해서 형성되는 하나의 법을 과로 부르지는 않고 '하나의 연기'[19]라고 칭한다.

어찌되었든 법장에게 전혀 관계없는 것들 사이에서 상즉은 성립하지 않는다. 어떠한 총체가 전제가 되어야만 그 총체를 이루는 법A와 법B가 공유의 상즉을 매개로 하여 상즉하는 것이다. 역으로 말하면 A와 B가 하나의 법으로 합쳐진다고 간주된다면 결국 A와 B가 어떤 밀접한 관계를 가지는 것 같은 장면이 상정되기만 하면 A와 B는 얼마나 거리가 멀게 보여져도 상즉한다. 게다가 이 경우 B는 A 이외의 법이라면 단수든 복수든 전혀 관계없기 때문에, 일체 법을 총체로 보면 B는 A 이외의 일체법으로까지 확장할 수 있다. 하나와 일체의 상즉이 설해지는 이유이다.

이 정도 되면 A와 B라는 특정 조합이 아니면 안 되는 이유가 없어진다. 즉, 어떠한 것을 선택해도 그 둘 사이에 상즉이 성립하는 것은 명백할 것이다. 그렇다기보다는 법장의 입장에서라면 모든 것은 이미 상

---

19) 제법상즉자재문(諸法相卽自在門)이 "地論云, 以信地菩薩乃至與不思議佛法爲一緣起, 以六相總別等義而之括."(T45,505c)이라고 설하는 것은 『십지경론』이 육상(六相)을 논한 곳(T26,124c)의 취의이다.

즉하고 있다. 이러한 조합의 자유는 실은 총체의 선택 방법의 자의성을 의미한다. 수없이 많은 상즉의 관계 가운데 하나의 티끌과 일체 불국토의 상즉, 하나의 행과 일체 행의 상즉 등, 특정의 상즉을 선택하는 기준은 선택하는 측의 의사, 가치관에 의한 것이다. 그리고 화엄종에게 가장 가치가 있는 것은 『화엄경』에서 설해지는 불가사의한 상즉, 특히 인으로서의 중생 내지 초발심보살과 과로서의 부처의 상즉인 것은 말할 필요도 없을 것이다.[20]

2) 상입의 근거

"역무력(力無力)의 뜻이 있기 때문에 상입문이 있다"는 앞의 설명이 보여 주듯이 상입문은 작용이라는 관점에서 모든 법의 관계를 설하는 것이다. 그때 어떤 숨겨진 총체가 전제가 되는 것은 상즉의 경우와 다르지 않다.

인의 6의에서 유력과 무력은 결과를 형성할 때의 작용의 상태만을 문제로 삼는 점은 능작인과 같다. 그래서 A와 B로부터 형성되는 결과의 원인을 가령 A의 힘으로 볼 때는 A는 아무리 작용이 약한 것이라고 하더라도 철저하게 유력이 되고, 한편 B는 아무리 작용이 강한 것이라고 하더라도 철저히 무력이 된다. 이 경우 B는 단수이거나 A 이외의 일체법이거나 차이가 없는 것은 상즉문의 경우와 같지만, 그러한 A와 B가 본래 어느 정도의 힘을 가지고 또 결과 형성에 실제로 어느 정도의

---

20) 이것이 『화엄경』에 상즉이라는 말이 사용된다는 의미는 아니다. 「입법계품」에서는 samavasaraṇa 혹은 anyonya-samavasaraṇa 등의 말이 상입으로 번역되어 있지만 荻原雲来編 · 辻直四郎監修, 『梵和大辭典』(鈴木學術財団, 1936~1963)에는 『화엄경』에 한정하지 않고 상즉에 직접 해당하는 범어는 수록되어 있지 않다.

비율로 힘을 미치는가는 전혀 문제가 되지 않는다. 중요한 것은 어떤 경우에 A가 B의 힘을 생성시키는 결정권을 가지고 있는가, 보다 정확하게 말하면 결정권을 가지고 있다고 인정되는가이다. 이것은 무력능작인의 응용으로 볼 수는 없을까? 무력능작인은 결과가 성립할 때 방해를 하지 않는다는 정도의 소극적인 존재이지만 그것을 "만약 방해한다면 결과는 적어도 지금의 모습대로는 존재할 수 없을 터이다"라는 식으로 달리 읽으면 법장의 유력무력의 개념과 더욱 가깝게 된다. 이미 하나로 합쳐져 성립되어 있는 사태를 상정하고 가능성도 고려하면서 개개의 요소와 요인의 역할을 살펴 나가면 아비달마에서는 무력능작인 정도의 원인이 결정적인 힘을 가지고, 즉 전유력(全有力)의 법으로서 중심에 부상하게 된다. 따라서 A와 B에 의해서 형성되는 C라는 결과가 있는 경우 A는 아무리 작용이 약한 존재라고 하더라도 A가 만약 전유력으로 간주될 때는 나머지 B는 전무력이 되고 말며 결과를 형성할 때 작용한 힘은 A에 지배되어 흡수되는 모양이 되어(B가 A에 '들어감') 이렇게 상입이 성립한다.

이상으로부터 '상입'이라는 말이 어떠한 상황을 나타내는지 분명해졌을 것이다. '입(入)'이란 B 그 자체가 실제로 A 속으로 들어가는 것이 아니다. A와 B가 앞과 같은 관계에 있음을 알아차리는 것을 의미한다. 법장이 설하는 상입이란 솟아오르는 수없이 많은 불국토가 아득한 공간을 넘어 앞을 다투듯이 부처의 한 털구멍이든 한 티끌 속으로 들어간다고 하는 역동적인 과정이 아니다. 법장이 설하는 상입이란 이미 성립되어 있는 상태, 혹은 하나로 합쳐진 것으로 상정된 사태를 관조할 때 바라보는 하나의 방법에 지나지 않는다.[21] 그러나 유력무력이 어디까지나 결과에 대한 작용 상태의 규정이라는 점을 잊어버리면 A와 B의 관계만 주목이 되고, 그 둘 사이에서 실제로 힘의 주고받음이 이루어지는 것처럼 보일 것이다. 더욱이 유력무력이 작용이라는 관점에 의한 규정이라는 점을 잊어버리면 B의 힘이 아니라 B 그 자체가 A 속으로 '들어가는' 것처럼 생각될 것이다.[22] 법장은 그와 같은 이론으로써 『화엄경』 중의 불가사의한 사태를 설명하려고 하는 것이다.

4. 동체문(同體門)과 무궁(無窮)

난해한 『오교장』 중에서도 전통적으로 어려운 곳으로 알려진 동체문과 이체문에 대해서는 "대연(待緣)과 부대연(不待緣)의 뜻이 있는 까닭에 동체문과 이체문이 있다"고 설해져 있다. 이 두 문 중에서 '대연'의 뜻에 의해서 성립하는 이체문은 앞서 본 것처럼 '인과 연'의 관계에 있는 법, 넓게는 어떠한 형태로든 관련이 있는 모든 법을 각각 다른 존재

---

21) 사법 그 자체가 상즉하는 이상, '依法而立'의 시간도 상즉하지 않을 수 없다[十世隔法異成門]는 이유에 의해서 『오교장』에서는 시간을 달리 하는 모든 법은 다 동일 평면상에 놓여지고 그 사이의 논리적 관계만을 좇는 것이 가능하게 된다. 또 법장의 시간론은 『華嚴經旨歸』와 『華嚴三寶章』에 이르러 더욱 진전을 이룬다.

22) 법장은 미리 "又以用收體, 更無別體. 故唯相入. 以體收用, 無別用故, 唯是相卽."(503b)이라고 설하고 있고 삼론종의 체용상즉론을 이용하여 이 점을 회통하고 있다. 화엄에 관한 많은 개설서는 인의 6의로부터 상즉상입으로 옮기는 단계에서 상황이 크게 변하는 것을 명확하게 의식하고 있지 않고 또 상술한 것과 같은 총체의 의의와 구별을 눈치채지 못한 채 비유에 의거하여 설하고 있기 때문에 그 상즉이나 상입에 관한 설명은 상당히 치우친, 때로는 잘못된 것이 되고 만다. 십수(十數)의 비유는 하나로부터 열까지의 수가 서로 과가 되고 인을 갖추는 것과 같은 경우, 즉 자연수의 체계를 전제로 한 하나의 비유에 지나지 않는다.

로 보고 그 모든 법의 관계를 설해 가는 입장을 가리킨다. 이제까지 고찰해 온 것은 이체문의 상즉상입이다. 한편 '부대연'의 뜻에 의해서 성립하는 동체문의 경우는 "스스로 덕을 갖추기 때문에"[23] 상대를 필요로 하지 않는다고 말해진다. 결국 자기 안에 다른 일체를 포함하고 있다고 보는 입장으로 외부의 존재에 대해서는 생각하지 않는 입장이다. 그런데 이 동체문에 대해서도 상즉과 상입이 설해지기 때문에 기이하다고 말할 수밖에 없을 것이다. 동체문에 관해서 일찍부터 다양한 해석이 행해지고 논쟁이 이루어진 것은 당연할 것이다. 그러나 법장이 일승은 무궁(無窮)을 '실덕(實德)'으로 한다고 단언한 것에 주목하면 동체문의 특징을 분명하게 파악할 수 있지 않을까? 이제까지 봐 온 것처럼 십현문의 근거가 되는 기초 이론 가운데 삼성동이의와 연기인문육의법에서는 무궁에 대해 언급하지 않았다. 그렇다면 무궁은 이 십현연기무애법문의에서 주장될 것이다. 실제로 "무릇 법계연기는 곧 자재무궁하다"[24]라는 선언으로 시작하는 십현연기무애법문의에서도 동전 열 개의 비유를 이용하면서 이체문의 상입·상즉을 설하는 부분이 아니라 동체문의 상입·상즉을 설하는 부분에서 처음으로 '무궁'의 말이 보이고 또 십현문 중 제법상즉자재문(諸法相卽自在門)에서도 "동체의 한 문에서 자재무궁의 덕을 구족할 뿐"[25]이라고 설해져 있는 것은 무시하기 어렵다. 거기에서 무궁이 될 것 같은 상태에 주의하면서 동체문에 대한 『오교장』의 기술을 검토한다.

---

23) 『오교장』 권4(T45.503b). '덕(德)'이라는 말이 보여 주는 것처럼 이러한 논의는 원래 중생이 부처의 덕을 갖추고 있다는 것의 논증으로 행해져 나중에 연기 일반으로 확장된 것이다.
24) 『오교장』 권4(T45.503a).
25) 『오교장』 권4(T45.505b).

십현무애연기의의 처음에서 열 개 동전의 비유를 사용하며 동체문에
대해 설명하는 곳에서는 매우 복잡하고 애매한 논의가 전개되기 때문
에 십현문 가운데 제법상즉문에서 동체문에 대해서 언급하고 있는 곳
을 보고자 한다. 이곳의 설명에는 무궁으로서의 동체문의 성립 사정을
살펴볼 수 있는 기술이 보이기 때문이다. 우선 제법상즉자재문에서는
"만약 동체문을 기준으로 하면 곧 스스로 구족하여 일체의 법을 포섭
한다"고 설한다. 이것은 그 바로 앞부분에서,

> 또 말한다. 하나의 수행 단계에서 일체 계위의 공덕을 포섭한다. 이
> 때문에 하나를 얻으면 일체를 얻는다. 또 말한다. 하나는 곧 다이고,
> 다는 곧 하나임을 알기 위해서이다. 십신 최후 종심의 단계에서 부처
> 가 된다는 것은 다름 아닌 그것이다. (又云, 在於一地普攝一切諸地
> 功德也. 是故, 得一卽得一切. 又云, 知一卽多多卽一故也. 十信終心
> 卽作佛者, 卽是事也.)(T45.505b)

라고 설해져 있는 것처럼, 하나의 지(地)에서 일체의 지(地)의 공덕을 포
함한다는 지론종의 전통적인 입장에 기반한 것으로 신만성불(信滿成
佛) 혹은 초발심시변성정각(初發心時便成正覺)의 입장에 연결되는 것이
지만 여기에서는 하나에 일체의 공덕을 포함한다고 하는 것으로서 일
즉일체가 되는 것뿐이다. 그런데 법장은 "만약 동체문을 기준으로 하면
곧 스스로 구족하여 일체의 법을 포섭한다"고 설한 후에 "그런데 이 자
신의 일체가 다시 스스로 서로 즉입하여 중중무진하기 때문에"라고 설
한다. 즉 하나 안에 포함된 일체에 대해서 말하면 그 가운데 어느 하나
를 선택해서 보더라도 남은 부분도 또한 일즉일체의 관계에 있고, 하나
가운데 포함된 일체는 더욱이 또 상입하기 때문에 중중무진하다는 것

이다. 일체가 상입하는 모습에 대해서는 상상하기 어렵기 때문에 4상 (四相) 또는 3상(三相)설과 비교하면서 생각해 보자. 설일체유부에서는 무상한 존재인 유위법이 미래·현재·과거로 이동해 가는 것은 그 법을 생기게 하고 머물게 하고 바뀌게 하고 없어지게 하는 힘에 의한 것이라고 생각하고 그것들을 실체시하여 생·주·이·멸(生·住·異·滅) 또는 생 상·주상·이상·멸상(生相·住相·異相·滅相)으로 불렀다. 그러나 생상 과 같은 존재를 생각하면, 그 생상을 생기게 하고 머물게 하고 없어지게 하는 것이 필요하게 되고 더욱이 "생상을 생기게 하는 생상을 생기게 하는 생상"이 필요하게 되어 무궁에 빠지고 만다. 유부가 이 문제 해결에 고심[26]하고 또 중관파나 경량부가 바로 이 지점을 날카롭게 지적한 것은 잘 알려져 있다. 『중론(中論)』의 「관삼상품(觀三相品)」에서는 생주멸의 삼상설을 취하여 비판하고 있지만 청목(靑目)은 그 세 번째 게송을 해석하여,

> 만약 생·주·멸에 나아가 유위의 모습이 있다고 말하면, 생에 나아가 생이 있고, 주가 있고, 멸이 있는 것이 된다. 이러한 세 가지 모습에는 또 나아가 (세 가지) 모습이 있음에 틀림없다. 만약 그렇다면 무궁할 것이다. (若謂生住滅更有有爲相者, 生更有生有住有滅. 如是三相復應 更有相. 若爾則無窮.)(T30.9b)

라고 설하여 그러한 논의는 무궁으로 될 수밖에 없음을 지적한다. 동체

---

26) 『大毘婆沙論』 권39에는 "許此無窮, 亦無有失. 三世廣博, 豈無住處."(T27.200c-) 라고 하며 법장과 마찬가지로 무궁을 인정하는 극히 특이한 설이 보이지만 여기 의 화자는 "又同一刹那故, 無無窮失."라고 설하여 회통을 시도한다. 『대비바사론』 에서는 이상의 설에 이어서 '餘師'의 설로서 생(生)은 생생(生生)과 생생생(生生 生)을 생기게 하고 생생은 생(生)만을 생기게 하기 때문에 무궁에 빠지지 않는다 고 하는 유부의 정통설을 소개하여 무궁에 관하여 상세한 논의가 전개되고 있다.

문의 경우는 일즉일체라는 사태를 통해서 하나 가운데 포함된 일체 중에 어느 하나를 취해서 보아도 또 일즉일체라는 관계가 적용되기 때문에 3상이나 4상과 같이 무궁에 빠지지 않을 수 없는 것은 명백할 것이다.

또, 『대지도론』 권18에서는 인(因)에 대해서 논할 때,

> 이 원인에는 또 원인이 있게 된다. 이와 같이 되면 무한소급이 된다. 만약 무한소급이 되면 원인이 없는 것이 된다. …… 제법에 집착이 없는 이것이 해탈의 모습이다. 눈앞의 일체법은 무애임을 아는 것, 이것이 부처의 모습이다. (此因復應有因. 如是則無窮. 若無窮則無因. …… 不著諸法, 是爲解脫相. 現前知一切法無礙, 是爲佛相.) (T25.194bc)

라고 설하여 인(因)이 무궁이면 원인이 없는 것과 같다고 한다. 단견과 상견, 혹은 원인 없음과 동일한 무궁 등이라는 고정적인 견해로 모든 법을 보는 자는 모든 법에 집착하는 자가 되지만 모든 법에 집착하지 않는 것이 '해탈'의 특징으로 "일체법은 장애가 없"고 고정적인 분별에 의해서는 파악할 수 없음을 체득하는 것이 부처의 특징이라고 설하는 것이다. 한편 법장은 그러한 '무애'의 본질을 역으로 무궁에서 도출한다. 아마도 법장은 그러한 무궁을 오류로밖에 볼 수 없었던 것은 지(智)가 불충분하기 때문이고 별교일승에서는 그러한 무궁의 사태를 일거에 파악할 수 있다고 주장하는 것이겠지만 법장이 그처럼 무궁을 긍정적으로 다루게 된 것은 지엄의 경우 이상으로 『장자』의 영향이 있었기 때문은 아닐까? 예를 들면 『장자』의 「칙양(則陽)」편에서는 도(道)를 체득한 대진인(戴晉人)이 작은 싸움에 집착하는 위왕(魏王)을 설득하기

위해 유명한 달팽이 뿔 위의 싸움 비유를 설한 후에 다음과 같은 문답을 펼친다.

말한다: 청하건대 임금을 위해 이것을 실증해 보겠습니다. 임금께서 사방과 상하에 끝이 있다고 생각하십니까. 임금이 말했다: 끝이 없소이다. 말한다: 그러므로 마음이 끝없는 세계에서 노닐게 하는 것을 알고, 역으로 이 알고 있는 나라에 있으면, 있는지 없는지 모르는 것과 같은 것이 아니겠습니까. 임금이 말했다: 그 말대로이다. 말한다: 이 알고 있는 나라 가운데 위가 있고, 위 가운데 양의 도읍이 있고, 그 양 가운데 왕이 있습니다. 왕과 (달팽이 뿔 위에 있는) 만씨와의 다른 점이 있습니까. 임금은 말했다: 다른 점은 없소이다. (曰. 臣請爲君實之. 君以意在四方上下有窮乎. 君曰. 無窮. 曰. 知遊心於無窮, 而反在通達之國. 若存若亡乎. 君曰. 然. 曰. 通達之中有魏. 於魏中有梁. 於梁中有王. 王與蠻氏有辨乎. 君曰. 無辨.)

즉 우주는 '무궁'한 것으로 그러한 '무궁'한 세계에 '마음을 노닐'면 광대한 우주 가운데 위나라가 있고 그 위나라 가운데 양(梁)의 수도가 있으며 그 양의 수도 가운데 군왕이 있어서 전쟁을 할까 하지 말까 라고 하며 소동을 피우는 것은 실로 옹졸한 이야기로 보인다고 대진인은 논하고 있다. 여기에서 '무궁'한 것은 광대한 우주로서 "우주 가운데 위나라가 있고 위나라 가운데 양 수도가 있고 양 수도 가운데 왕이 있고……", 혹은 "달팽이 뿔 위에 작은 나라가 있고, 그 나라 가운데……" 라고 하는 것처럼 작은 세계 가운데 더욱 작은 세계를 발견해 가는 방식을 가리켜서 무궁이라고 부르는 것은 아니지만 무궁을 체득할 수 있는 자야말로 도(道)를 궁구한 자라고 하는 논의가 행해지고 있는 점은 간과할 수 없다. 위 인용문 가운데 "마음이 끝없는 세계에서 노닐다[遊

心無窮]"이라는 부분은 법장 이후 화엄교학에서라면 "유심법계(遊心法界)"로 고치는 것도 가능할 것이다.

또 무궁이라는 말 자체는 사용하지 않지만 『장자』에서는 무궁에 관한 논의가 이 이외에도 보인다. 예를 들면 『장자』 「천하(天下)」편에서는 1척(尺)의 몽둥이[捶]를 매일 반으로 꺾어 가면 매일매일 짧아질 뿐 영원히 끝나지 않는다는 역설을 소개하고 있다. 무한의 문제에 관심을 가지고 자주 무한에 대해서 언급하는 여산 혜원(廬山慧遠, 334~416)은 『대승대의장(大乘大義章)』 권하에서 『대지도론』에 보이는 석공(析空)의 문제를 다룰 때 그 '척추(尺捶)'의 논의를 비판하고 있지만 혜원이라면 법장이 설하는 동체문은 무궁인 것으로 비판했을 것이다. 무한히 잘게 자르고 찢어서 작아지는 것뿐인 석공(析空)이나 통상의 무궁과 달리 『오교장』의 동체문에서 설해지는 무궁은 일즉일체에서 하나 가운데 포함된 일체 모든 법 가운데 어떤 하나를 취해서 보더라도 다른 법과 또 일즉일체가 되고 더욱이 그러한 일즉일체 가운데 어느 하나를 취해서 보더라도 다시 다른 법과 일즉일체가 된다는 방식으로 무궁을 이루어 가기 때문에 화려한 인상을 주지만 무궁인 점은 변하지 않는다. 그러나 법장은 동체문이 무궁인 것을 스스로 인정한 상태에서 무궁이야말로 일승의 법계연기의 특징이라고 주장하는 것이다.

또 법장은 그 문구 조금 뒤에서 다음과 같이 설한다.

> 문: 만약 한 문 가운데 일체를 구족하고 무진이기에 자재한다면, 다른 문은 어떤 역할을 하는가.
> 답: 다른 문은 허공과 같다. 왜 그런가. 동체라는 한 문에서는 모두 일체를 포섭하고, 다하지 않음이 없기 때문이다.
> 문: 이 동체 가운데 포섭되는 일체라는 것은 다만 자신의 문 가운데

일체를 포섭할 뿐이다. 무엇 때문에 다른 문 가운데의 일체를 포섭할
수 있는가.

답: 스스로 일체를 포섭하는 이상, 또한 다른 하나하나의 문 가운데
무한의 일체를 포섭한다. 이와 같이 중중으로 법계를 다하여 가는 것
이다. (問. 若一門中, 卽具足一切, 無盡自在者, 餘門何用爲. 答. 餘門
如虛空. 何以故. 同體一門, 並攝一切, 無不盡故. 問. 此同體中所攝一
切者, 但應攝自門中一切. 豈可攝餘門中一切耶. 答. 旣攝自一切, 復攝
餘一一門中無盡一切. 如是重重窮其法界也.)(T45.505b)

첫 질문은 동체문의 입장에서는 하나 안에 일체가 포함되기 때문에
하나를 설하면 다른 것은 필요가 없을 것이라는 질문이다. 이에 대해서
법장은 동체문에서 "다른 문은 허공과 같다"고 답한다. 즉 하나의 문
을 취해서 일즉일체를 논할 때는 다른 문에 대해서는 고려하지 않기 때
문에 다른 문은 '허공'과 같아서 유무는 의식되지 않는 상태라고 법장
은 설하는 것이다. 다만 그렇게 말하면서도 법장은 "스스로 일체를 포
섭하는 이상, 또한 다른 하나하나의 문 가운데 무한의 일체를 포섭한
다"(p.505b)라고 설한다. 의상의 『법계도』는 동체·이체로 나누어 논하
는 것 자체가 없지만

문: 한 문 가운데 십을 다 포괄하는가, 그렇지 않은가?

답: 다하기도 하고, 다하지 못하기도 한다. 이유는 무엇인가? 다할 필
요가 있을 때는 다하고, 다할 필요가 없을 때는 다하지 않기 때문이
다. 그것은 어떠한 것인가. 하나의 사항에 의해 일다를 설명하기 때
문에 다하고, 다른 사항에 의해서 일다를 설명하기 때문에 다하지 않
는 것이다. (問. 一門中攝十盡不. 答. 盡不盡. 所以者何. 須盡卽盡, 須
不盡卽不盡故. 其義云何. 以一事辨一多故卽盡, 以異事辨一多故卽不
盡.)(T45.714c)

라고 하여 이것과 가까운 논의가 보인다. 아마도 지엄이 강의할 때 설했을 것이다. 『오교장』의 경우 동체문은 자기 안에 일체를 포함하고 그 일체 안의 하나하나가 다시 일체를 포함한다고 설할 뿐만 아니라, 진실한 동체문에서는 하나가 자기 안에 포함하는 일체 안의 하나하나가 이미 중중무진이라고 논하기 때문에, 하나와 다른 아홉과의 관계를 논하는 이체문과는 달리 "지금 이 동체는 하나 가운데 스스로 열을 갖춘다. 앞뒤의 다른 문과 대비하여 설하는 것이 아니다"(504b)라고 하는 십현연기무애문의 첫머리의 동체문 정의와는 다르다. 이체문을 전제로 한 상태에서의 동체문이 될 것이다. 이로 인해 전통적인 주석에서는 이 문제를 다루기 어려워한 것처럼 보이지만 이것에 대해서는 지론종의 기본적 입장인 '원융도위(圓融道位)'의 사상을 생각하면 이해할 수 있지 않을까?

지론종에서는 일즉일체에 해당하는 사상을 설하여 수행의 낮은 단계에서 일체 공덕을 갖춤을 강조하면서도 무상(無相)을 설하고 불가설을 주장하는 돈교의 부류와 달리 제1장에서 본 것처럼 단계적인 행위설을 버리지 않았다. 단계적인 행위의 각 지위에서 부처의 과덕이 원통한 점이 강조되며 무진을 강조하는 지엄에게도 그 입장은 일관되어 있다. 『공목장』「융회장(融會章)」은

> 그러므로 『화엄경』 가운데는 신·해·행 등의 모든 위지는 신이라는 한 마디를 들면 신위가 되고, 위지 가운데 포함되는 것이 전체가 되며 해·행·이사 등의 일체 법문이 된다. 또한 전후의 모든 위지의 법상이 같지 않음을 간별해 버리고, 그리고 보안의 경계인 일승무애다라니문과 합치한다. 이러한 훌륭한 수단에 의해서, 한 마디로 말하자면, 현묘하고 또 현묘하다고 말하는 방법밖에 없다. (故華嚴中, 信解行等諸

位, 以信一言, 成其信位, 位中所含, 卽通成解行理事等一切法門. 亦簡
前後諸位法相不同, 及會普眼境界一乘無礙陀羅尼門. 據斯聖巧, 一言
之下, 玄復玄耳.)(T45. 586a)

라고 설하여 『화엄경』의 신해행(信解行) 등의 여러 지위에 대해서는 신
(信)의 관점에서 보면 모두 신(信)의 법문이 되어 그중에 해행이사(解行
理事) 등 일체법문이 포함된다고 분명히 말하고 있다. 해(解)의 관점에
서 봐도, 행(行)의 관점에서 봐도 똑같이 말할 수 있다. 즉 지엄은 일즉
일체적인 입장과 단계적인 수행의 계위를 인정하는 입장을 융회하는 것
으로, 말하자면 각 지위마다 일체 지위의 공덕을 이룬다고 하는 위위
성불설(位位成佛說)이라고도 하는 입장을 주장하는 것이다. 지엄은 그
런 모습을 '일승무애다라니문(一乘無礙陀羅尼門)'이라고 부르고 『노자
(老子)』를 모방하여 "현묘하고 또 현묘할 뿐[玄復玄耳]"이라고 평하고 있
지만 '현묘함[玄]'이란 계위가 낮은 단계에서 일체 공덕을 포함하는 것
이며 "현묘하고 또 현묘함"에 대해서는 그러한 '현묘'한 존재 방식이 각
지위에 대해서 들어맞는 것을 지적하는 것이다. 십현문을 설하는 『수현
기』의 제목에서 '현(玄)'이란 실은 이 '현묘하고 또 현묘'한 모습을 '현' 한
글자로 표현한 것이지만 그러한 입장이 명확하게 된 것은 말년쯤이 아
닐까라고 생각한다. 법장은 이러한 지엄 말년의 주장을 이어받아서 초
발심시변성정각(初發心時便成正覺)에서도 위위성불(位位成佛)의 측면
에 대해서도 단순한 일즉일체가 아니라 하나가 포함하는 일체 중 어느
하나를 취해 보아도 이미 일즉일체가 되어 있는 것으로서 '중중'(重重)
을 강조하는 방향으로 나아간 것은 아닐까?

거기에서 법장은 동체문에 대해서는 하나의 문 가운데 무궁으로서의

일체를 갖춘다고 설할 뿐만 아니라 이것을 다른 하나하나의 문에 적용하여 "다른 하나하나의 문"도 마찬가지라고 하고 거기에 이러한 상태를 하나 가운데 일체를 포함한다고 하는 동체문의 정의에 적용시키기 때문에 이 경우 하나 가운데 포함되는 일체에 대해서는 그중의 어떤 하나를 취해도 이미 동체문에 의해서 중중무진이 되어 있는 하나가 모여서 일체가 된다. 그래서 법장은 최초의 문 가운데 "다른 하나하나의 문 가운데 다함없는 일체를 포섭한다"고 설하고서 일승에서는 "이와 같이 겹겹으로 그 법계를 다한다"고 주장한 것으로 생각된다. 이것이 무궁에 무궁을 포갠 것이 아니고 무엇일까? 유부는 생(生) 위에 생생(生生)을 세우는 것에 그치고 호법은 자증분 위에 증자증분을 세우는 것에 그쳐서 각각 회통을 시도하면서 자신의 설에는 무궁의 과실이 없다고 주장하지만 법장은 무궁을 극한까지 밀고 나간다. 현대에 이르기까지 주석가들이 화엄은 무진의 법문인 이상 무궁이 되는 것은 당연하다고 이해한 것은 아마도 사실에 반하여 말하는 것으로 보인다.[27] 법장은 무궁의 개념을 의도적으로 활용하여 복잡하게 뒤엉킨 무궁이 형성되는 방향으로 논리를 전개하면서 자신의 교학을 형성해 간 것으로 생각된다. 동전 열 개의 비유에 의지하여 동체문을 설한 부분이 난해하여 이해하기 어려운 부분이 있는 것은 이러한 사정과 관계가 없지는 않을 것이다.

또 혜원(慧遠, 523~592)의 『유마경의기(維摩經義記)』에서는 사상(四相)을 풀이할 때 전후의 사상·동시별체(同時別體)의 사상·동시동체(同

---

27) 현대의 연구자도 마찬가지로, 鎌田茂雄은 "법장의 일즉일체 사상은 소연호응의 (所緣互應義), 무진연기(無盡緣起) 사상의 당연한 귀결이다"라고 설하고 있다. 『中國華嚴思想史の硏究』(東京大學出版會, 1965), p.255.

時同體)의 사상이라는 3종의 해석을 보여 준다.[28] 또 돈황 출토 지론 종 문헌 S613V에서도 '동시사상의(同時四相義)'[29]라는 항목이 있어 간단한 설명이 행해지는 것을 보아도 이 문제가 6세기에는 중요시되었다는 것을 알 수 있다. 『유마경의기』에서 동시동체의 사상은 사상을 한 법의 네 측면으로 취하는 것이고 법장의 동체문과는 크게 다르지만, 법장이 동체문에서 무궁의 개념을 활용하기에 이른 것은 혜원의 사상설이 하나의 계기가 된 것으로 생각된다. 동체문의 전제가 되는 부대연(不待緣) 가운데 최초의 공유력부대연(空有力不待緣)이 사상과 마찬가지로 찰나멸의 문제를 다루고 있는 것은 앞의 추측을 뒷받침한다. 또 삼세 가운데 각각 과거·현재·미래의 삼세가 있다고 설하는 십세격법이성문(十世隔法異成門)은 법장의 주의를 삼성설이나 사상설의 문제점으로 돌렸을 것이다.

그러나 법장의 이러한 주장은 별교일승의 법계연기가 가지는 복잡미묘함을 강조하는 것이 될지언정 수행과는 직접 연결되지 않는다. 법장의 교학은 실천 중에서 생겨난 것이 아니다. 같은 무한론이어도 『능가사자기(楞伽師資記)』 도신(道信) 조목의 "일불을 염하는 공덕이 무량무변하고 또한 무량의 제불공덕이 무이부사의하다[念一佛功德無量無邊, 亦與無量諸佛功德無二不思議.]"라는 논의[30]라면 무량한 모든 부처를 염(念)하는 공덕은 무량하지만 한 부처를 염하는 공덕도 무량하다. 무량하다는 점에서 차이가 없기 때문에 안심하고 한 부처를 필사적으로 염하자는 형식으로 수행을 지원하는 이론이 될 수 있는 것과는 다르다

28) 『維摩經義記』 권2말 (T38.461c).
29) S613V, 『敦煌寶藏』 5·138上.
30) 柳田聖山, 『禪の語録 2 初期の禪史 I』(筑摩書房, 1971), p.186.

는 점에 주의해야 할 것이다.

또 무궁을 역이용하여 교리를 전개하는 것은 법장의 고안이겠지만 중중무진에 가까운 논의는 당시 이미 있었다고 생각된다. 천태의 십계 호구(十界互具) 사상을 비롯하여 삼계교의 일문(佚文)에 "일체중생은 내 몸과 상호 더불어 십중으로 자타에 편만함을 짓는다[一切衆生互與 我身作十重遍自他]"[31]라고 설하고 있는 것이 그 일례이다. 법장의 특색 은 『장자』의 무궁 개념을 응용하여 그러한 중중으로 겹쳐가는 방식을 동체문·이체문 외의 분류를 써서 상세히 분석하는 바일 것이다. 앞에 서 기술한 것처럼 중중으로 겹쳐가는 방식에 대해서는 수학의 대입을 생각나게 하지만, 법장은 『범망경보살계본소(梵網經菩薩戒本疏)』에서 는 『범망경』이 금하고 있는 산술의 학습을 교양으로 간주하여 능력 있 는 사람에 관해서는 학습을 인정[32]하는데, 이러한 것으로 볼 때 산술 에 어느 정도 정통했다고 생각된다. 중국에서 대표적인 산술서인 『구장 산술(九章算術)』에는 십수(十數)의 비유나 동체문·이체문에 그대로 해 당하는 문제는 보이지 않지만 법장의 사상, 특히 무한에 관한 논의에 대해서 생각하면 당나라 산술과의 관련을 검토할 필요가 있을 것이다.

5. 무궁(無窮)과 법이(法爾)

『오교장』의 제법상즉자재문에서는 초발심보살의 일념공덕이 무량하 여 부처조차 설해 마칠 수 없다고 하는 『화엄경』의 글을 인용한 후, "저

---

31) 矢吹慶輝, 『三階教の研究』(岩波書店, 1927), 「別篇」 제17단편, p.217.
32) 『梵網經菩薩戒本疏』(T40.646a).

동체문 중에서 동전 하나에 곧 중중무진의 뜻을 얻는 것이 곧 그 일이다"(505b)라고 설한다. 화엄교학의 대명사와 같은 말인 중중무진은 앞의 인용문이 보여 주듯이 본래는 동체문에 대해서 설해진 말이다.[33] 지엄이나 의상도 화엄이 무진 법문인 것을 강조하고 있지만 중중무진이라는 개념 자체는 『오교장』의 동체문 부분에서 처음으로 자세히 설명되고 있다.[34] 또 십현문의 설명 중에 사용되는 경우도 앞과 같이 동체문과 관련하여 논해지는 경우가 많다. 법장의 동체문은 무궁의 개념을 활용함으로써 성립된 것이다. 법장 자신은 앞의 인용문 바로 다음에 "동체의 한 문 중에 자재무궁의 덕을 구족한다"고 명확하게 말하고 있다. 중중무진이란 무궁의 한 형태인 것이다.

그러나 앞서 본 것처럼 중중무진이라는 말에 의해서 설명되는 경 가운데 불가사의한 사태에 대해서는 "이것은 함께 이 법성의 실덕, 법이(法爾)로서 이와 같다"고 단정한다. 지엄·의상이 계속해서 사용한 '실덕(實德)'이라는 말을 사용한 것은 고정적인 속성과 혼동되는 것을 염려하여 법성의 무한한 덕은 일체법의 상즉상입의 관계 속에서만 나타나

---

33) 坂本幸男은 "다시 이것을 중중무진으로 무애이게 하는 데에는 다시 이체문의 상즉상입을 동체문에 넣어서 논하는 것이 필요하다"(『大乘佛敎の硏究』, 「同體緣起の構造とその意義」, 大東出版社, 1980, p.57)라고 지적하고 있지만 무궁에 대해서는 언급하고 있지 않다.
34) 의상계의 저술로 생각되는 『화엄경문답』은 『법계도』와 다르게 동체·이체를 설하고(T45.604b), '重重無盡'의 말도 보이지만(p.600a) 설명은 거의 없는 데다가 양쪽 모두 부처와 중생의 관계에 관한 구체적인 논의 부분에서 사용되고 있어서 『오교장』을 본 후의 논의라고는 생각되지 않는다. 아마도 만년의 지엄이 강의할 때 이러한 말들을 사용했고, 이것을 법장이 전개시킨 것으로 보인다. 『오교장』 이후의 저술에서는 B를 동체로서 포함하는 것 같은 A이기 때문에, 비로소 이체문으로서의 B와 관계를 가질 수 있다는 동체·이체의 관계와 이 두 문의 중첩의 형식이 정식화되고 분류되기에 이른다. 『오교장』의 동체문·이체문의 논의는 아직 고찰 단계이다.

게 되는 것을 강조하기 위한 것으로 보인다. 중중무진에 대해서 개개의 법의 덕(특질)이란 다른 모든 법과의 관계하는 방법 이외에는 없다. 그렇다기보다 그곳에서 법은 그러한 것으로 존재하는 것이다. 근원적인 실체를 상정하지 않고 모든 것을 관계로 보고자 하는 이상, 그것도 항상 일체법 중에서의 모습을 복수의 시점으로부터 조망해 가고자 하는 이상, 관계의 무한한 연쇄, 즉 무궁에 직면하지 않을 수 없다. 법장은 어느 법을 중심으로 본 무한의 연쇄를 하나의 '무진'으로서 한정하여 대상화하려고 한다. 그 순간에 그러한 '무진', 즉 다른 법이 그 외에도 무수하게 있어 '무한의 무진'이라는 것을 생각하지 않으면 안 되는 문제가 생기지만, 무궁을 두려워하지 않는 법장은 중중무진이야말로 일승의 입장이라고 단언하는 것이다.

그러나 법장은 왜 모든 법이 중중으로 관계를 맺는다는 연기의 도리야말로 법이(法爾)라고 주장하지 않고 그러한 연기에 의해 생기는 개개의 사태를 '법이'라고 하는 것일까? 여기에서 우리는 상즉과 상입이 세속의 입장에서의 물리적인 현상이 아니라 모든 법이 이미 그러한 것으로 있는 모습을 의미하고 있는 것을 생각해 내야 할 것이다. 모든 것이 상즉하고 있다고 하면 화려하게 들리지만 이것은 한 편으로는 실체관의 부정으로서 상즉이나 상입이라는 관점에서 모든 법에 고정적인 본질이 없음을 보여 주려고 한 것이라고 말할 수 있다. "팔불(八不)은 차전(遮詮)에 의거하고 육의(六義)는 표전(表詮)을 기준으로 한다"(502c)라고 하는 법장의 말은 인의 6의를 근거로 성립된 화엄의 연기설과 팔불을 축으로 하는『중론』의 공관과의 관계를 법장 나름대로 요약한 것이다.『화엄경』중의 불가사의한 사태는 법장에 의하면 불생을 구현시킨 것이다. 법장이 중중무진한 개개의 사태를 법이(法爾)라고 부르는 것은 앞과 같은 사정에 의한 것이라고 생각한다. 『화엄경』 중의 그러한 기술을 법이(法爾)라고 부르는 예는 의상의 『화엄일승법계도』에도 보이지만, 의상은 초발심보살과 불지(佛地)의 상즉을 취하여 "일체 연생법에는 작자가 없으며 이루는 자가 없고 아는 자가 없다"는 도리를 '제법법이(諸法法爾)'[35]로 부른다. 이에 반해 법장은 중중무진의 상태를 가리켜 법이(法爾)라고 부르고 여래장사상과의 차이를 부각시키려고 하는 것이다. 여래장사상의 출발점이자 여래장계 경론에서 활발히 인용되는 『여래장경』이 "일체중생여래지장(一切衆生如來之藏)"이라는 모습을 '법이(法爾)'라고 선언한 것은 잘 알려져 있지만[36] 각 계통의 경론이 자신의 근본적인 주장을 설할 때의 핵심 문구인 '법이(法爾)'라는 말을 법장은 중중무진과 관련하여 사용하고 있는 것이다.

그러나 중중무진이 법이(法爾)가 되면 다양한 문제가 생기게 된다. 지엄은 염과 정으로 변하는 여래장연기를 배제하고 오직 청정인 성기를 설했지만 중중무진이 법이(法爾)라면 번뇌나 악에 관련된 일체 제법도 포함하게 될 것이다. 법이(法爾)여야 할 중중무진의 세계가 부처의 "해인삼매에 의해 밝게 동시에 현현하여 이루어진다"(505a)고 하는 모순도 남는다. 또 중중무진의 사태가 만약 법이(法爾)라면 그것은 "부처는 세상에 출현하는 것도 출현하지 않는 것도 아닌" 불변인 것으로 확립되지 않으면 안 될 것이다. 법장이 설하는 법이(法爾)는 『화엄경』의 총정(總定)인 해인삼매, 심지어는 그러한 해인삼매를 뒷받침하는 부처의 원력에 의해서 뒷받침되는 것일까? 아니면 세계는 법이(法爾)로서 중중무진

---

35) 『법계도』(T45.715b).
36) 『大方等如來藏經』(T16.457c). 이 선언의 의의에 대해서는 高崎直道, 『如來藏思想の形成』(春秋社, 1974), p.41 참조.

이고 그러한 모습을 보이는 경이 해인삼매 중에서 설해지는 것에 불과한 것일까? 아니, 본래 중중무진이 법이(法爾)라고 한다면 현실에는 어떠한 수행을 해야만 하는 것일까? 『오교장』에서는 이러한 점에 대해서 깊이 고찰하는 모습은 보이지 않는다. 한편 『화엄경』이 설해진 이유로서 첫 번째로 법이(法爾)를, 두 번째로 원력을 들고, 이후에 여덟 개의 이유를 열거하는 『탐현기』에서는 첫 번째 이유인 법이(法爾)를 "모든 부처의 법이(法爾)"로 규정한다.[37] 즉 경 가운데의 불가사의한 사태와 경을 설한다는 행위를 함께 법이(法爾)로 중첩시킴으로써 모두를 법이(法爾)로 귀속시키려는 것이다. 그러나 그 시도가 충분히 성공했다고 말하기는 어렵다. 법이(法爾)의 문제는 만년의 법장에게도 과제로 남아 있었던 것으로 생각된다.

또한 『오교장』은 보통이라면 무량 내지 무수라고 말할 곳에서도 자주 무궁(無窮)이라는 말을 사용하는 것에 비해서 그 이후의 저술에서는 무궁이야말로 '실덕'(實德)이라고 하는 표현이 전혀 인정되지 않는다. 그뿐만 아니라 부처의 교화가 무궁하다고 설하는 경우조차도 무궁이라는 말을 가능한 한 사용하지 않고 끝내려고 하는 부분이 있다. 이것은 쓸모없는 오해와 반발을 피하기 위한 것이겠지만 중중무진과 같은 화엄종 독자의 용어가 확립된 이후는 그러한 용어만으로 논의가 가능하게된 점도 보여 준다. 어떤 교리가 완성되면 그 생성의 비밀이 숨어 버리기 십상인 것은 육상을 다룰 때 본 것과 같지만 이 점은 무궁의 경우도

---

37) 『탐현기』 권1(T35.108a). "모든 부처의 법이(法爾)"는 법장이 만든 말이 아니라 『열반경』(남본)에도 용례가 보인다. 高崎直道는 티베트어 역 saṅs rgyas rnams kyi chos ñid로부터 그 원어를 buddhānāṃ dharmatā로 추정한다(高崎, 주36, 앞의 책, p.171). 이것은 『화엄경』의 역자인 불타발타라 역, 『여래장경』의 용어이기도 하다.

예외가 아니다. 무궁이라는 위험한 사다리는, 법장이 중중무진의 높이
에 올라오자마자, 법이(法爾) 그 외의 과제를 남긴 채로 제거된 것이다.

제2절 사사무애설의 재검토

1. 문제의 소재

전통적인 화엄교학에 의하면 화엄교학이란 사법계(事法界)·이법계(理法界)·이사무애법계(理事無礙法界)·사사무애법계(事事無礙法界)라는 4종법계를 설하고 그 정점인 사사무애법계를 자기의 입장으로 하는 것으로 여겨져 왔다. 그러나 화엄교학의 대성자라고 여겨지는 법장의 저술에는 4종법계의 분류가 설해지지 않는다. 그뿐만 아니라 법장은 위작(僞作)이라고 얘기되는 『망진환원관(妄盡還源觀)』을 제외하면 '사사무애'라는 말 자체를 한 번도 사용하지 않는다.[1] 법장은 사사무애에 해당하는 사상을 다른 말로 설한 것일까? 아니면 사사무애를 구경의 입장으로 하지 않았던 것일까?

『망진환원관』 이외에 현존 문헌 중 가장 이른 시기에 '사사무애'의 말을 사용하는 것은 법장의 제자인 정법사 혜원(靜法寺慧苑)의 『간정기(刊定記)』이다. 『간정기』는 '4종법계(四種法界)'라는 말 자체는 사용하지 않지만 이사무애·사사무애를 설하고 이사무애법계·사사무애법계라는 말도 사용한다. 그러나 혜원은 이사무애와 사사무애를 구별하면서 교판을 세울 때에는 사사무애에 해당하는 가르침을 두지 않는다. 이사무애와 사사무애를 합한 것을 진구분만교(眞具分滿教)로 칭하여 최고의 가르침으로 하고, 진구분만교와 달리 진여수연을 인정하지 않는 진일분

---

1) 遠藤孝次郎, 「華嚴無盡論」, 『東京學藝大學研究報告』 17, 1966. 3, p.14.

만교(眞一分滿敎)와 구별하는 것에 그치고 있다. 이 점에 대해서 사카모토 유키오(坂本幸男)는 다음과 같이 평하였다.

> 진구분만교 중에 이사무애와 사사무애의 두 문을 구분하면서도 이것을 교(敎)라고 표현할 수 없었던 점은 교판으로서 불완전하다는 혐의를 면하지 못할 것이다. 왜냐하면 화엄학의 가장 중요한 특징은 종교(終敎)의 이사무애 이외에 원교의 사사무애를 건립하는 것에 비견됨에도 불구하고 그것을 교판상에 충분히 반영하지 못했기 때문이다.[2]

혜원은 스승인 법장의 설을 자주 비판하고 수정한 인물이지만 『간정기』는 당역(唐譯) 『화엄경』의 주석 작성 중에 입적한 법장의 뒤를 이어서 저술한 것이기 때문에 법장 만년의 사상을 충분히 알고 있던 상태에서 쓰여진 것이다. 그 『간정기』가 신역 유식설 등과 대립하는 가운데 법장 이상으로 진여수연의 뜻을 중시하게 되었다고 해도 사사무애를 독립된 가르침으로서 자리매김하지 않은 것은 의미가 크다.

게다가 이러한 경향은 똑같이 법장의 제자인 문초(文超)에게도 발견된다. 문초의 『화엄경의초(華嚴經義鈔)』는 일문이 남아 있을 뿐이지만 그 해석의 경향에 대해서 타카미네 료슈(高峯了州)는 다음과 같이 말한다.

> 대개의 설해진 바는, 불신(佛身)과 중생·삼성(三性)·이제(二諦)·색공(色空)·심경(心境) 등의 무애원융자재를 설하는 부분이 보통 이사무애적 입장에서 논해지고 특히 해인삼매로써 진여의 불변수연의 뜻에 의해서 해석하는 것처럼 오히려 사사무애적 사상이 아직 충분히 다 설해지지 않았다고 말할 수 있을 것이다.[3]

---

2) 坂本幸男, 『華嚴敎學の研究』, 제5장 「慧苑の四種敎判論」(平樂寺書店, 1956), p.294.
3) 高峯了州, 『華嚴學論集』, 「文超法師の華嚴經義鈔について」(國書刊行會, 1976), p.512.

즉 여기에서도 진여수연의 뜻이 매우 중요한 역할을 하고 있으며 사사무애와의 구분이 명확하지 않다. 게다가 현존하는 부분에는 사사무애의 말이 사용되지 않는다. 그러나, 화엄교학이 확립되기 이전이라면 몰라도 법장의 제자, 그것도 6사(六師)라 칭해지는 대표적인 6명의 제자 중, 저작이 전해지고 있는 혜원과 문초 2명의『화엄경』주석이 모두 상기와 같은 성격의 것이라는 것은 도대체 무엇을 의미하는가?

문초에 대해서 예를 하나 더, 징관이 인용하는 일문을 들어본다.

> 둘째로 화엄삼매에 대해서는 『소』에 "만행은 꽃으로 장식한 것처럼 법신을 꾸미기 때문이다. 기타의 점에 대해서는 별도로 설한다"라고 하는 것은 『유망집』의 설명이다. "대체로 10관이 있다. 첫째, 섭상귀진관, 둘째, 상진증실관, 셋째, 상실무애관, 넷째 수상섭생관, 다섯째, 연기상수관, 여섯째 미세용섭관, 일곱째, 일다상즉관, 여덟째, 제망중중관, 아홉째, 주반원융관, 열째, 과해평등관"이다. 그러나 이 10관은 4법계를 녹여 합친 것이다. 처음의 둘은 이법계이다. 언제나 다르지 않다. 셋째는 사리무애법계이다. 넷째는 수사법계이다. 다음의 다섯째는 사사무애법계이다. …… 이 제10관은 깨달음의 세계이며 언어를 초월해 있고, 앞의 네 가지를 다 포함한 궁극의 경지이다. (第二華嚴三昧, 疏「萬行如華嚴法身故. 餘如別說」者, 遺忘集說, 「略有十觀. 一攝相歸眞觀. 二相盡証實觀. 三相實無礙觀. 四隨相攝生觀. 五緣起相收觀. 六微細容攝觀. 七一多相卽觀. 八帝網重重觀. 九主伴圓融觀. 十果海平等觀」. 然此十觀融四法界. 初二理法界, 始終不異. 三卽事理無礙法界. 四卽隨事法界. 次五卽事事無礙法界. …… 其第十觀果海絶言, 通爲前四之極.)(『演義鈔』卷35, T36.271a)

4종법계로 모든 것을 나누려고 하는 징관은『유망집(遺忘集)』(華嚴經義鈔)이 설하는 10관(十觀)에 대해서도 4종법계에 대응시켜서 설명하려고 하지만 제1관과 제2관은 이법계, 제3관은 사리무애법계, 제4관은 사법계, 제5관부터 제9관까지는 사사무애법계, 제10관은 '과해절언(果海絕言)'으로 이 4법계 전체의 궁극이라는 억지스러운 배대가 잘 보여주듯이 문초의 10관이 4종법계의 체계와는 무관한 것으로서 구상되었다는 점은 명백할 것이다. 문초의 10관에 사사무애에 상당하는 내용이 많이 포함되어 있는 것은 사실이지만 미세상용(微細相容)·일다상즉(一多相卽)·제망중중(帝網重重)이라는 이른바 사사무애적인 관(觀)보다 제10의 과해평등관(果海平等觀) 쪽이 존중되고 있는 것은 의심의 여지가 없다. 게다가 이 과해평등관은 징관이 "통틀어 앞의 넷의 궁극의 경지가 된다"고 설하여 직전의 4법계가 의지하는 곳임을 지적하고 있는 것처럼 4법계를 구성하는 제1부터 제9까지의 관 전체의 "궁극이 되"고 또 역으로 그 관(觀)들을 밑받침하는 것이 되고 있는 점은 명백하다. 즉 문초는 이른바 사사무애적인 상태의 선양에 힘을 쏟으면서도 그러한 상태조차도 일부로서 포함해 버리는 것 같은 통합적인 상태를 고차원의 것으로서 존중하고 있는 것이다.

여기에서 주목할 만한 것은 이미 앞 장에서 본 것처럼 법장의 사형인 의상이 다음과 같이 설하고 있는 점이다.

> 만약 별교일승에 의하면, 이와 이가 상즉하고, 또한 사와 사가 상즉한다. 또한 이와 사가 상즉한다. 또한 각각이 상즉하지 않는 것도 가능하다. 또한 상즉하는 것도 가능하다. 무엇 때문인가 하면, 중과 즉이 같지 않기 때문이다. 또한 이의 인다라니를 갖추고 있기 때문이고, 사의 인다라니 등의 법문도 갖추었기 때문이다. 십불과 보현의 법계의 영역 가운데는 이와 같은 방해가 없는 법계법문이 갖추어져 있어서 극히 자재하기 때문이다. …… 만약 연기실상다라니법을 관찰하고자

하면, 먼저 십전을 세는 법을 깨달아야 할 것이다. (若依別敎一乘, 理理相卽, 亦事事相卽. 亦得理事相卽. 亦得各各不相卽. 亦得相卽. 何以故. 中卽不同故. 亦有具足理因陀羅尼, 及事因陀羅尼等法門故. 十佛普賢法界宅中, 有如是等無障礙法界法門, 極自在故. …… 若欲觀緣起實相陀羅尼法者, 先應覺數十錢法.)(『일승법계도』, T45.714b)

이 부분은 의상 독자의 설인 이이상즉(理理相卽)의 이론을 설하는 것으로 알려져 왔지만, 여기에서 중요한 것은 의상이 사사무애에 해당하는 '사사상즉'이라는 말을 사용하면서 그 '사사상즉'을 최고의 입장인 별교일승의 법문으로 삼고 있지는 않다는 것이다. 의상은 이(理)와 이(理), 사(事)와 사(事), 이(理)와 사(事)의 조합이 자유롭게 상즉하고 상즉하지 않는 상태야말로 별교일승의 특징이라고 하고 그러한 상태를 '무장애법계법문(無障礙法界法門)' 내지 '연기실상다라니(緣起實相陀羅尼)'라고 부르는 것이다. 이 '무장애법계'란 『대집경(大集經)』이야말로 '무장애'의 입장에서 원교를 명확하게 하는 것이라고 하는 사람들의 주장[4]도 포함해서 매우 다양했던 지론종 남도파의 법계설을 계승한 것이라고 생각되지만 의상은 '무장애'의 상태를 최고의 것으로 하는 남도파의 도식은 바꾸지 않은 채 이(理)와 이(理), 사(事)와 사(事), 이(理)와 사(事)의 조합이 어느 것이나 자유롭게 상즉·불상즉한다고 하는 점에서 『화엄경』 독자의 무장애의 상태를 발견하고 그 특징을 강조한 것으로 보인다.[5]

---

4) 石井公成, 「『大集經』尊重派の地論師)」(『駒沢短期大學研究紀要』23, 1995. 3).
5) 상즉·불상즉이라는 점도, S613V가 "差別無差別, 如因陀羅網. 融同無礙者, 寧非圓窮之實哉"(敦煌寶藏5.139下-140上)라고 설하고 있는 것처럼 차별·무차별이 동시에 병존하여 인다라망과 같다고 하는 남도파의 주장을 계승하고 있는 면이 있을 것이다. 石井, 「敦煌出土の地論宗諸文献」(『印佛研』42-2, 1994. 3). 본서, 제2부 제2장 제1절.

이러한 주장은 스승인 지엄의 사상에 기반한 것으로 생각된다. 예를 들면 지엄은 가장 만년의 저작인 『공목장』 권2의 「회향진여장(廻向眞如章)」에서 일승의 진여를 별교문과 동교문으로 나누고 별교문에 대해서

> 별교문이라는 것은, 이와 사에 완전히 통하여, 무진의 인다라 및 미세의 존재 방식을 완전히 포함하였다. (別教門者, 謂圓通理事, 統含無盡因陀羅及微細等.)(T45.558c)

라고 설한다. 지엄의 문장은 간략하고 또 난해한 것으로 익히 알려져 있는데 위 인용문은 그 전형이지만 "원통이사, 통함무진인다라급미세(圓通理事, 統含無盡因陀羅及微細)"라는 간결한 표현은 아마도 위에서 본 것과 같은 의상의 주장을 포함하고 있는 것으로 생각된다. 지엄은 사사무애라는 말이나 그것과 비슷한 말은 사용하고 있지 않지만 『공목장』에서 초교(初敎)는 '즉공(卽空)', 종교(終敎)는 '즉여(卽如)', 일승별교는 '무진(無盡)', '무량(無量)'이라는 규정을 여러 곳에서 반복하고 있다. 이를 보면 지엄이 별교의 '이사(理事)'를 언급하는 경우는 이(理)와 이(理), 사(事)와 사(事), 이(理)와 사(事) 등의 다양한 조합을 인다라망처럼 자유롭게 포함하는 사태를 상정한 것이라고 생각된다. 사사무애를 의미하는 것 같은 사(事)의 인다라망이라는 것을 설하는 『법계도』가 지엄이 입적하기 직전에 쓰여진 것을 염두에 두어야만 할 것이다. 스승인 지엄이 애매하게, 혹은 너무 간략하게 말한 점을 명확히 하고 다른 학파의 교학과의 차이를 밝히는 것이야말로 지엄의 제자의 일이었을 것이다.

또 앞에서는 징관이 4종법계를 내세워서 사사무애를 강조한 것을 다루었지만, 그러한 징관에게조차 그 사사무애설은 배후에 숨은 이사무

애를 바탕으로 하는 것으로 교학 전체로서는 이사무애의 색채가 짙다고 말해진다.[6] 실제로 징관은 4종법계설을 왕성하게 사용하는 한편 이통현(李通玄)의 영향을 받아서 근원적인 이심(理心)의 세계인 일진법계(一眞法界)를 설하는 일도 많지만[7] 그 경우 사사무애법계는 일진법계와 어느 정도 겹치면서 일진법계 안에 포함되어 버리고 만다. 제5조라고 하는 종밀에 대해서는 『원각경(圓覺經)』에 기반하여 화엄교학을 큰 폭으로 변질시켜 버렸기 때문에 여기에서는 논하지 않지만, 그 교학이 징관 이상으로 이사무애의 색채가 강한 것은 잘 알려져 있다.

2. 법장의 경우

그렇다면 화엄교학을 대성하여 사사무애의 사상을 확립했어야 할 법장은 어떠한가? 우선 법장이 그의 저술에서 사사무애라는 말을 전혀 사용하지 않는 것은 앞서 서술한 바와 같다. 이 점에 대해서 최근 기무라 기요타카(木村清孝)는

---

6) 鎌田茂雄, 『中國華嚴思想史の硏究』(東京大學出版會, 1965), p.421.
7) 小島岱山, 「李通玄の一眞法界論」(『華嚴學硏究』 4, 1995). 小島岱山은 사사무애를 그 입장으로 하는 법장의 종남산계 화엄과 영변에게서 비롯된 오대산계 화엄을 구별하면서 본성인 공무(空無)의 이치 중에 무진의 연기를 설하는 입장, 즉 이사무애를 궁극의 입장이라고 하는 오대산계 화엄이야말로 중국 화엄교학의 본류였다는 것을 강조하고, 오대산계 화엄이었던 이통현의 사상을 기초로 이 두 흐름을 통합한 것이 징관이었다고 한다(小島, 「五台山系華嚴思想の特質と展開」, 同, 「新たなゐ中國華嚴思想史-五台山系華嚴思想と終南山系華嚴思想」, 모두 『華嚴學硏究』3, 1991. 5). 현지 조사에 기반하여 종래의 상식을 뒤집은 것은 小島의 공적이지만, 법장을 포함한 종남산계 화엄의 조사들조차 이른바 사사무애를 명확히 설하지 않았다는 것은 종래의 화엄사상사의 전면적인 수정의 필요성을 보여 주는 것이다.

법장이 이른바 '사사무애'의 사태에 관해서 그 말이 직접적으로는 나타낼 수 없는 '연기'의 전체성이나, 그 배후에 있어 그것을 지지하는 진리·진실을 항상 의식하고, 그것을 근거로 하면서, 궁극의 연기의 모습을 해명하려고 하고 있던 것을 알 수 있다. 아마도 법장에게는, '사사무애'라고 하는, 개개의 사물·사상(事象) 상호의 관계를 전면에 내세운 표현을 생각해 내는 발상 그 자체가 없었을 것이다. 이것이 나오는 것은 다음 세대 이후에 속하는 것이다. 우리는 법장의 진리관을 '사사무애'라는 말에 의해 총괄하는 것에 신중하지 않으면 안 될 것이다.[8]

라고 주의를 촉구하였다. 이것은 매우 시사하는 바가 많은 지적이라고 할 수 있다. 법장은 『기신론』을 상세하게 연구함으로써 『기신론』으로 대표된다고 법장이 생각했던 진여수연의 사상, 즉 이사무애의 입장과 『화엄경』 독자의 입장인 사사무애의 차이를 다른 조사(祖師)들 이상으로 의식하고 분명하게 하려고 노력했던 것은 확실하지만 이른바 사사무애를 무조건 구경으로 하는 것이 아니라 사형인 의상과 비슷한 생각을 품고 있었던 흔적이 있다. 예를 들면 의상의 특이한 주장이라고 생각되어 온 이이상즉의 주장마저 포함하여 의상의 설에 매우 가까운 논의가 『화엄명법품내입삼보장(華嚴明法品內立三寶章)』에 보인다. 『오교장』 이후의 시론(試論)을 편집한 것으로 생각되는 이 책의 「이제무애문(二諦無礙門)」에서 법장은 다음과 같이 설한다.

이사즉부즉문이라 함은, 이 문에서는 이와 사는 상즉하거나 상즉하지 않거나 방해 없이 상호 융통하여 상즉하는 경우와 상즉하지 않는 경우에 각각 4구가 있다. 처음에 상즉하지 않는 4구는 첫째는 두 사

---

8) 木村清孝, 『中國華嚴思想史』(平樂寺書店, 1992), p.159.

상이 상즉하지 않는다. 작용을 가하는 사상끼리 장애되기 때문이다. 둘째는 두 사상의 원리가 상즉하지 않는다. 둘이 아니기 때문이다. 셋째는 이와 사가 상즉하지 않는다. 원리는 적정하여 움직이지 않기 때문이다. 넷째는 사와 이가 상즉하지 않는다. 사는 움직임이고 적정하지 않기 때문이다. 둘째, 상즉하는 가운데의 4구는 첫째는 사가 이에 즉한다. 연기는 무성이기 때문이다. 둘째는 이가 사에 즉한다. 이가 수연하여 사가 성립하기 때문이다. 셋째는 두 사상의 이가 상즉한다. 표상을 실성으로 귀착시키기 때문이다. 넷째는 두 사상이 상즉한다. 이에 즉한 사이고, 별도의 사상은 없기 때문이다. 이 때문에 사상은 이(理)가 그렇듯이 장애가 없다. (理事卽不卽門者, 此中理事相卽不相卽, 無礙融通, 各有四句. 初不卽中四句者, 一二事不相卽. 以緣相事礙故. 二二事之理不相卽. 以無二故. 三理事不相卽. 以理靜非動故. 四事理不相卽. 以事動非靜故. 二相卽中四句者, 一事卽理. 以緣起無性故. 二理卽事. 以理隨緣事得立故. 三二事之理相卽. 以約詮會實故. 四二事相卽. 以卽理之事無別事故. 是故事如理而無礙.)(『華嚴明法品內立三寶章』卷下,「二諦無礙門」第七, T45,625b)

즉 의상과 마찬가지로 상즉과 불상즉의 다양한 상태를 논하는 것으로 "二事之理相卽"이라고 있는 것처럼 이이상즉하는 경우를 다룬 후에 사사무애 중의 한정된 경우에 해당하는 '二事相卽'도 언급하지만 법장은 '이사(二事)'가 '상즉'하는 것은 "이(理)에 즉하는 사(事)에는 별다른 [고정적인] 사(事)가 없기 때문"이고 바로 그렇기 때문에 "사(事)는 이(理)가 그렇듯이 무애"하게 된다고 하는 것이다. 여기에서는 분명히 사사무애가 설해지면서 '이사무애(二事無礙)' 내지 '사사무애(事事無礙)'라는 직접적인 표현이 쓰이지 않고, 무애라는 말은 이(理)와 사(事)의 상즉과 불상즉의 다양한 상태가 동시에 병존하여 '융통무애'하다는 곳과

사(事)와 이(理)가 그렇듯이 '무애'하게 된다는 곳에서 쓰일 뿐이라는 점
이 주목된다. 지엄이나 그 문하에서는 '무애'라는 말을 이(理)와 관련된
경우에 사용하는 것이 본래의 형태였다고 생각된다. 과도기의 저술이라
고는 해도, 사사무애를 강조한 사람이라고 생각되어 온 법장이 이사상
즉문과 별도로 사사상즉문을 세우지 않고 '이사즉부즉문(理事卽不卽
門)'이라는 틀 안에서 이사상즉과 사사상즉을 설하고 있는 것은 주목할
만하다.

물론 법장은 화엄 독자의 법문으로서 사사무애적인 상태를 강조한
다. 특히 만년이 되면 그 경향이 강해지지만 그 교학의 정점에 위치하
는『탐현기』의 십중유식에서는,

7 이사구융(七理事俱融). ……
8 융사상입(八融事相入). ……
9 전사상즉(九全事相卽). ……
10 제망무애(十帝網無礙). …… 한 문 가운데조차 이러한 중첩이 있
어서 다함이 없는 이상, 다른 하나하나의 문도 모두 각각이 그렇다.
…… 뒤의 세 문은 원교 가운데 별교의 입장으로 설해져 있다. 전체
로서 십문을 갖추는 것은 동교의 입장에서 설한 것이다. (旣一門中如
是重重不可窮盡. 餘一一門皆各如是. …… 後三門約圓敎中別敎說. 總
具十門, 約同敎說.)(『探玄記』卷13, T35.347ac)

라고 있는 것처럼 이사구융(理事俱融)이라고 말해지는 이사무애의 상
태와 사사무애의 상태를 명확하게 구별하고 후자에 속하는 8·9·10의
세 문만이 원교중의 별교라고 하여『화엄경』독자의 법문인 것을 명확
하게 설하고 있다. 그러나 이러한 별교지상주의 입장을 강하게 내세우
면서도 한편으로는 동교의 입장에 서면 이사무애에 해당하는 제7의 이

사구유(理事俱有)도 포함하여 제1문부터 제10문까지의 모든 것이 『화엄경』에 포함된다고 인정하는 것도 무시할 수 없다. 결국 의상이라면 이이상즉이나 사사상즉이라는 『화엄경』 독자의 법문도 모두 포함한 상즉·불상즉의 자재한 상태야말로 별교일승인 『화엄경』의 특색이 된다. 하지만 『탐현기』에서는 『화엄경』에만 설해지는 사사무애적인 상태야말로 별교의 특색이라고 강조하고, 이사무애와 같이 다른 경론도 설하는 법문을 포함하여 일체의 법문을 『화엄경』이 포함한다는 사태에 대해서는 동교에 지나지 않는다고 하여 경시한다. 그러나 『화엄경』이 모든 법문을 포함한다고 하는 전통으로부터 완전히 벗어나지는 않고 있다. 법장은 단순한 사사무애와의 차이를 분명히 하기 위해서 별교에서는 중중무진인 것을 논증하려고 하는 것 이외에 『기신론』을 소재로 해서 종교(終敎)의 이사무애의 상태를 분명히 하려고 하지만, 그러한 시도가 곧바로 사사무애설의 확립으로는 연결되지 않는다.

3. 결론

이와 같이 보게 되면 중국 화엄종의 조사로 일컬어지는 인물 중 사사무애를 무조건 최고의 입장으로 한 사람은 단 한 명도 없었다는 것을 알 수 있다. 이러한 조사들은 실제로는 사사무애라는 표현을 하지 않거나 사용한다고 해도 어느 정도 애매함·불철저함을 동반하고 있고, 이른바 사사무애 그 자체보다도 그러한 상태도 포함하는 통합적인 상태를 지향하고 있는 경우가 많다. 그 결과, 그들의 교학에서는 이(理)와 사(事)가 자재한 상즉의 세계, 말하자면 통합적인 이사무애의 세계 중에 이른바 사사무애와 이른바 이사무애가 포함되는 형태가 되어 있지만, 법장 이후의 조사들은 그러한 구조를 명확하게 의식하지 못한 채 법장이 『기신론』 가운데서 찾아내어 종교(終敎)의 입장으로 한 진여수연의 사상을, 성기와의 관계도 있지만, 통합적인 이사무애의 세계에도 해당시킨 것으로 보인다. 이른바 사사무애를 화엄교학의 최고의 입장으로서 조금의 의심도 하지 않은 것은 상당히 후대에 접어들어서의 일일 가능성이 높다.

제3절 화엄교학의 귀결
−법장의 보살계관

1. 보살계에 대한 동경

화엄종 조사 가운데 "화엄섭론을 늘 강설했다"고 전해지는 지엄에게는 『화엄경』과 『섭대승론』이, 또는 선종 전성기인 중당시대에 태어난 징관에게는 화엄과 선이 두 축이 되어 그 교학이나 수행을 지지해 왔고, 종밀의 경우는 더 여기에 『원각경』이 더해진다. 이와 대조적으로 법장의 경우는 『화엄경』과 보살계를 탐구하는 것을 생애의 목적으로 했다고 생각된다. 법장 『범망경보살계본소(梵網經菩薩戒本疏)』 권1에서 보살계가 중국에 상당 기간 전해지지 않은 것을 한탄하면서 다음과 같이 서술한다.

> 나는 작은 마음밖에 갖고 있지 못하지만, 이 뛰어난 행위를 바라여 항상 그것이 없는 것을 탄식하고 서방에 구하기를 원했다. 결국 구하지 못했지만, 마음은 금치 못하였다. 뒤에 대장경을 상세히 찾아서 남아 있는 자취를 모아 담아, 『보살비니장』 20권을 편집했다. (藏雖有微心, 冀茲勝行, 每慨其斥闕, 志願西求. 既不果遂, 情莫能已. 後備尋藏經, 捃撫遺躅, 集菩薩毘尼藏二十卷.)(T40,605b)

즉, 자신은 보살계를 실천하고자 원해서 항상 그것이 갖추어지지 않은 것을 슬퍼하여 서역에서 구했지만, 결과를 얻지 못한 후에도 포기하지 않고, 일체경을 면밀히 조사하여 보살계에 관한 곳을 찾아서 『보살비니장(菩薩毘尼藏)』20권을 찬술하였다. 법장의 저작은 늘 형식에 끼워 맞추어 철학적인 논의를 반복해 가는 식이며, 위에서 볼 수 있듯이 스스로의 생각을 드러내 보이는 곳은 거의 찾을 수 없다.

　그것도 보살계에 관한 법장의 이러한 존중 태도가 일찍부터 있었다는 것은 비서소감(祕書少監)이었던 염조은(閻朝隱)이 법장이 입적한 후 얼마 되지 않아 찬한 「대당대천복사고대덕강장법사지비(大唐大薦福寺故大德康藏法師之碑)」의 비명 가운데

> 연중 내내 진심을 격려하고, 하루 가운데 계행을 실천했다. 16살이 되어 손가락 하나를 아육왕의 사리탑전에 태워 공양했다. …… 오직 성인이 귀의하는 바이며 오직 황제가 회향하는 바이다. 이에 황제의 명이 내려져 보살계사가 되었다. (終年以勵堅貞, 竭日而修戒行. 年甫十六, 煉一指於阿育王舍利塔前, 以伸供養. …… 惟聖之所歸依, 惟皇之所廻向. 爰降綸旨爲菩薩戒師.)(T50.280b)

라고 하며, 또한 최치원(崔致遠)의 『당대천복사고사주번경대덕법장화상전(唐大薦福寺故寺主翻經大德法藏和尙傳)』에

> 법장이 16살 때, 손가락 하나를 아육왕의 사리탑 앞에서 태우고 공양했다. 다음해 산에 들어가 불교를 배웠다. 우연히 부모가 병환을 앓아 집에 돌아가 봉사하고 오랜 기간 힘을 쏟았다. 바라문에게 나아가 장년이 되어 보살계를 받기를 청하였다. 총장 연간의 처음, 법장은 아직 거사였다. 어떤 사람이 서방의 승에게 말했다. "이 수행자는 『화엄경』을 독송하고, 아울러 『범망경』을 강의할 수 있다." 그 노인은 놀라며 "다만 『화엄경』을 독송하는 것만으로도 공덕은 측량할 수 없는데, 하물며 의미를 해석할 수 있다면 더욱 말할 것도 없다. 일부러 계를 받을 필요는 없다"고 말했다. (藏年十六, 鍊一指於阿育王舍利塔

前, 以申法供. 越翌載因入山學道. 屬慈親不餘, 歸奉庭闈, 綿歷歲時, 能竭其力. 就婆羅門長年請授菩薩戒. 總章初, 藏猶爲居士. 或謂西僧 曰. 是行者, 誦華嚴, 兼善講梵網. 曳愕且唶曰, 但持華嚴, 功用難測, 矧解義耶. 無煩別授.)(T50.283b)

라고 되어 있어 알 수 있다. 이러한 기술에 의하면, 법장은 16살 때 아육왕 사리탑 앞에서 손가락 하나를 불태워 공양했다고 하는데 이것은 사실이고, 또한 최치원의 전기가 아주 정확하고 크게 신뢰할 수 있다는 것에 대해서는 법장이 손가락을 태웠던 법문사(法門寺)에 현지조사를 했던 가마타 시게오(鎌田茂雄)가 밝혔다.[1] 다만, 가마타는 법장이 소지 공양한 것은 『법화경』「약왕보살본사품」의 영향이라고 하지만,[2] 약왕보살의 이야기는 당시는 상식으로서 정착되어 있었다고 보이기 때문에 그 의미에서는 『법화경』 영향이 있었던 것은 틀림없지만, 염조은이나 최치원의 서풍 및 법장이 여러 저술에서 『법화경』을 될 수 있는 대로 낮추어 보려고 한 것을 보면, 소지공양이라는 행위는 오히려 보살계와 관련이 깊다고 생각된다. 특히, 최치원의 기술은 소지공양의 기사, 병든 부모를 위해 극진히 공양한 기사, 인도에서 온 승려에 보살계를 받기 위해 간청했다는 기사, 그리고 보살계에 대한 조예가 깊어서 인도승도 감탄했다는 기사 등을 계속해서 써내려가는 점으로, 효를 강조하고, 또 몸이나 팔이나 손가락을 태워서 여러 부처에게 공양하지 않으면 출가보살이 아니라고 단언하는 『범망경』을 의식하면서, 법장을 위대한 보살계사로 묘사했다고 생각된다. 총장 연간(668~9) 초에 젊은 거사의 몸이면서 이미 『범망경』을 잘 강의할 수 있었다는 기술은 중요하다.

---

1) 鎌田茂雄, 「法藏と法門寺」(『印佛研』38-1, 1989. 12), pp.232~237.
2) 鎌田, 注1, 앞의 논문, p.235.

위에서 말한 '바라문'에 대해서는 명확하지 않지만, 아마도 바라문삼장 등으로 불린 서역승이 있었을 것이다. 그리고 법장은 도진(道進)이 보살계의 수계를 거부한 담무참(曇無讖)에게 열심히 계속 청하여 드디어 소원을 이룬 것[3]처럼, 바라문이라는 인물에게 보살계를 받도록 반복해서 청했을 것이다. 바라문이 보살계에 대해서는 『화엄경』을 수지하면 족하다고 말하는 것은 호은정(胡恩貞) 『대방광불화엄경감응전』 가운데 「법장전」에서 이 일화에 대해서

> 그때 승려들은 삼장에게 "이 동자는 대승인 『화엄경』을 독송할 수 있고, 그 의미를 해석할 수 있다"고 말했다. 삼장은 경탄해서 말했다. "화엄일승은 여러 부처들의 비장이며 만나기 어렵다. 하물며 그 의미를 이해한다니! 만약 『화엄경』「정행품」만 독송한다 해도 그 사람은 이미 보살의 깨끗한 계를 갖추고 있는 것이 된다. 새로이 보살계를 받을 필요는 없다"라고. (時衆白三藏言, 此童子誦得華嚴大乘, 兼解其義. 三藏驚嘆曰. 華嚴一乘, 是諸佛祕藏, 難可遭遇. 況通其義. 若有人誦華嚴淨行一品, 其人已得菩薩淨戒具足. 不復更受菩薩戒.)(T51.175a)

라고 말하는 것처럼 「정행품」[4]을 가리키는 듯하지만, 『화엄경』「정행품」은 보살의 마음가짐으로써 인도에서 생활할 때의 여러 가지 장면에서 중생의 성도를 마음으로 서원해야 한다는 것을 설하는 것이다. 그러나 당대(唐代)의 중국인이 제약이 많은 사회에서 불교에 따라 생활하고,

---

3) 『高僧傳』卷2, 曇無讖傳, T50.336c.
4) 「淨行品」에 대해서는, 平川彰, 「華嚴經に見られる初期大乘佛敎徒の宗敎生活」(中村元編, 『華嚴思想』法藏館, 1960. 뒤에 平川彰著作集7 『淨土思想と大乘戒』, 春秋社, 1990 수록). 물론 중국에서도 「淨行品」을 존중한 사람들이 많다. 房山石經을 발원한 靜琬(?~639)은 大業十二年(616)부터 唐 貞觀二年(628)에 걸쳐 雷音洞에서 諸經을 刻할 때 『華嚴經』에 대해서는 淨行品菩薩百四十偈를 각하고 있다(塚本善隆, 「房山雲居寺研究」, 『東方學報』 第五冊副刊, 1943).

또한 실제 이타행을 실천해 가기 위한 지침으로 삼기에는 구체적 지시가 결핍되었다는 흠이 있다. 아마도 법장은 보살계를 단순한 이상 또는 지식으로 생각하는 것에 만족하지 않고, 비구의 250계와 그 주석에 상당하는, 혹은 그것을 훨씬 넘어서는 정도로 상세하고, 나아가 중국에서 실행할 수 있는 보살계를 필요로 했을 것이다.

한편, 최치원의 전기에서 법장은 출가 전 젊은 시절에 이미 『화엄경』을 독송하고 『범망경』을 강의할 수 있었지만, 『감응전』에서는 『범망경』에 대해서는 언급하지 않고, 『화엄경』을 독송할 뿐 아니라 강의도 하였다고 한다. 『감응전』은 『화엄경』의 영험을 설하는 것이 목적이었기 때문에 원래의 자료에서 『범망경』 부분을 생략했을 것이다. 『화엄경』 자체는 그다지 일승을 강조하지 않음에도 불구하고 삼장이 '화엄일승' 등 화엄교학 용어를 사용하는 것이 이상한데 아마도 화엄교학에 기반하여 윤색되었던 것 같다. 한편, 최치원은 『화엄경』에 대해서는 "화엄을 독송한" 것만 적고 있지만, 서역승은 "다만, 화엄을 갖고 있는 것만으로도 공용을 헤아릴 수 없다. 하물며 뜻을 이해하는 데 있어서랴"라고 놀랐다고 하기 때문에, 당시 법장이 강의를 할 수 있을 정도로 『화엄경』의 뜻에 통효해 있었던 것은 확실하다. 그런 의미에서는 오히려 『감응전』 쪽이 고형이고, 법장에게 『범망경보살계본소』가 있어 보살계사로 활약했던 것으로부터 최치원이 "범망경 강의도 겸했다"를 끼워 넣었다고 생각하는 것도 가능하다. 그러나 그렇다고 해도 앞에서 본 법장의 술회에 의하면 일찍부터 보살계에 관심을 가진 것은 사실이기 때문에 학구적인 법장이 당시 유행하고 있던 『범망경』에 무관심했을 것이라고는 생각하기 어렵다.

16살에 소지공양 했던 법장은 소신공양을 설하는 『범망경』 제16경계

에 대해서 법장 이전과는 상당히 다르게 해석을 한다. 비교하면 다음
과 같다.

(1) 智顗, "또 해석한다. 이것은 비유의 말이다[又解, 是擧況之
辭]."(『菩薩戒義疏』卷下, T40.576a)

(2) 義寂, "처음에 어려운 일을 설하여 그 마음을 시험하고, 뒤에 정
법을 설하여 이해시키는 것이다[初說苦事以試其心, 後說正法以開
其解]."(『菩薩戒本疏』卷下, T40.675c)

(3) 勝莊, "어떤 사람이 말했다. 재가보살이 소신하고 신명을 던지게
이르지만, 출가보살은 이러한 것을 행할 리가 없다. 왜 그런가. 보
살의 행위가 아니기 때문이다. 몸은 태우지 않는다. 성스러운 경
전을 지키는 사람들에게 이익을 주기 위해서이다. …… 즉, 이것은
극단적인 말이며, 반드시 절대로 몸을 버리고서 비로소 보살이 된
다는 것은 아니다[一云, 在家菩薩燒身乃至身命. 非出家菩薩能行
是事. 所以者何. 非威儀故. 爲護聖經利益有情故, 不燒身. …… 卽
是極之辭. 未必一切要須捨身方成菩薩]."(『梵網經述記』卷一, 續藏
1-60-2.135左下)

(4) 法藏, "즉 위로는 제불에 공양하고, 아래로는 중생을 구한다는 이
두 가지에 대해서 신명을 아끼지 않는다. 또는 위로는 법을 구하고
무거운 은혜를 짊어지기 위해서이다. 아래로는 중생을 불쌍히 여
기고 비원을 채우기 위해서이다. 또한 출가는 무거운 법으로써 향
화를 존중하지 않는다. 반드시 신명에 의해서 공양하는 것은 희
견보살이 팔을 태워 공양하는 것과 같다. 살아 있는 것에 대해서
(몸을 던져) 굶주린 호랑이를 구하는 것이고, 살타왕자 등이나 다
른 무수한 제보살 등과 같은 것이다. 어느 것이나 알아두어야 한
다[謂上供諸佛, 下濟衆生, 於此二處, 不惜身命. 又以上爲求法, 荷
重恩故. 下愍衆生, 滿悲願故. 又以出家重法不貴香華. 要以身命而
供養, 如喜見菩薩燒臂供養等. 爲衆生中濟餓虎等, 如薩䳲王子等,

及餘無量諸菩薩等. 並應當知]."(『梵網經菩薩戒本疏』卷二, 惜法
規利戒第十六, T40.641c)

즉, 법장 이외의 주석자들은 『범망경』이 몸을 태워서 공양하라고 말
하고 있는 것은 예라든가 결심이 얼마나 강한지 시험하기 위해 말한 것
이라든가, 출가보살이 몸을 공양하는 것만으로는 보살행을 할 수 없기
때문에, 반드시 몸을 버리지 않으면 보살이 아니라는 의미는 아니라는
등 온건한 해석을 하고 있다. 이에 반해, 법장은 이들 주석서를 알고 있
고, 자주 참조했음에도 불구하고 이 부분에 관해서는 제불을 공양하
고 중생을 구하고, 또 법을 구하기 위해서는 보살은 목숨을 아까워하지
않고 몸으로 공양한다고 서술하여 액면 그대로 이해한다. 실제로 몸이
나 팔이나 손가락을 태워 공양하는 것을 부정하지 않는 것이다. 이것은
그들의 체험이나 동행하는 사람들의 존재를 배경으로 한 것은 아닐까.
"신명을 아끼지 않고[不惜身命]"라는 말과, 희견보살(喜見菩薩)의 이름
을 드는 것으로부터 『법화경』이 중시되고 있는 것은 알 수 있지만, 희견
보살은 여기서는 보살계의 실천자로서 인식되고 있었다고 보아야 할 것
이다.

2. 비한인(非漢人) 내지는 비한인계의 불교

몸을 던져 보살계 실천에 노력하는 사람들은 육조 이래 적지 않았
던 것 같다. 『범망경』 자체가 손가락을 태우고 자신의 피부를 깎아서 사
경하지 않는 사람은 보살이 아니라는 격한 기술을 포함하고 있다. 그런

데 이러한 격렬함은 「정행품」 신봉자에게서도 볼 수 있고, 당대 이후 송(宋) 전역(錢易)의 「서호소경사결정행사집총서(西湖昭慶寺結净行舍集總序)」에서 "손가락을 찔러 피를 채취하여 먹물과 섞고, 서법을 모사하여 화엄정행 한 품을 쓰되 한 자에 세 번 절을 한다[刺指取血和墨, 寫模法式, 書華嚴净行一品, 一字三作禮……]"[5]라고 설하는 것을 보면, 그러한 보살계 존중의 전통이 뿌리 깊다는 것을 엿볼 수 있다. 다만, 보살계는 목숨을 던져야 한다는 격렬한 종교 실천임과 동시에 일상 도덕으로서의 일면을 가지고 있고, 특히 인도 이외의 지역에서는 때로는 국왕에의 복종과 존경을 설하는 국민 도덕으로서 기능했던 경우도 무시할 수 없다.[6]

한민족과 달리 유교 전통을 가지고 있지 않은 사회, 또는 유교가 유포됐어도 깊이 뿌리내리지 못한 사회에서는 보살계가 일상생활 전부를 규제하는 규범이 될 수 있었다는 것은 신라나 고대 일본에서는 유교 그대로가 아니고 유교를 수용한 불교가 국민 도덕이 되었던 것으로도 추찰할 수 있다.[7] 법장에 대해서는 강거계(康居系)라고는 해도 중국에 건너온 것은 조부의 시대이기 때문인지,[8] 종래 연구에서는 중국승으로서 이해될 뿐, 강거계라는 것과 그 사상적 특색과의 관계를 염두에 둔 것은 없었던 것 같다.[9] 그러나 상인으로 재주가 많고, 세계 각지에 진

---

5) 『圓宗文類』 卷22, H4.640b-641a.
6) 橫超慧日, 『中國佛敎の硏究第一』, 「中國佛敎における國家意識」(法藏館, 1958) 참조.
7) 新羅의 예에 대해서는 石井, 「佛敎の朝鮮的變容」(鎌田茂雄編, 『講座佛敎の受容と變容5 韓國篇』, 佼成出版社, 1990), pp.88~89 참조.
8) 閻朝隱, 「大唐大薦福寺故大德康藏法師之碑」, T50.280b. 崔致遠, 『唐大薦福寺故寺主翻經大德法藏和尚傳』, T50.281a.
9) 法藏傳記에 관한 최근의 연구로서는 다음 두 저술이 있다. 鍵主良敬·木村淸孝, 『法藏』 제2장 「生涯」(大藏出版, 1991). 吉津宜英, 『華嚴一乘思想の硏究』 제2장 제

출했던 강거 출신 사람이 중국에서 활약하는 길은 상인·군인·승려이
고,[10] 실제 법장도 아버지와 동생이 모두 무관으로 활약했었기 때문에,
그 가정 내에서의 교육은 고국의 풍습이 약간은 남아 있었다고 생각된
다. 어머니는 윤 씨로 한족이었던 것 같고,[11] 젊은 시절 수행했었다고
추정되는 지역은 옹주(雍州) 내로 한정되는 것으로도 아마도 장안(長
安)에서 태어났다고 생각된다.[12] 그러나 당시의 장안은 국제도시였다는
사실을 놓쳐서는 안 된다.

원래 지엄(602~668) 문하 중에 저작을 남겨 후세에 큰 영향을 미
친 것은 강거계의 법장과 신라의 의상(625~702) 두 사람이다. 그 법
장이 영향을 받으면서 비판한 것은 우전 위지계(于闐尉遲系)인 기(基,
632~682)와 신라의 원효(617~686)[13]이고, 그 기가 신랄하게 비판한
것은 신라 출신의 서명사 원측(613~696)이었다는 것은 당시 장안이나
낙양(洛陽) 등 도시 불교의 성격을 생각할 때 중요하다.

법장의 스승이었던 지엄 자신도 서역으로 가는 입구였던 난주(蘭州)
와 장안의 중간지였던 천수(天水)를 본관으로 하고, 조부가 아버지 대
에 중원(中原)으로 옮겨온 것으로 추측된다. 서역에는 체내에 각종 세
계를 저장한 노사나불상이나 그러한 화상이 빈번히 제작되었던 것 같

2절 「法藏の傳記について」(大東出版社, 1991). 후자는 여러 전기류에 대해서 비판
적으로 검토하고 있어 유익하다.
10) 向達, 『唐代長安與西域文明』(新華書店, 1957), pp.13~17.
11) 鍵主·木村, 注9, 앞의 책, p.48.
12) 向達, 注10, 앞의 책, p.16.
13) 法藏의 『起信論義記』가 元曉 『海東疏』에 크게 기반을 두기 때문에 종래 원효가
법장에게 영향을 미친 점만 강조되었지만, 실제로는 『華嚴經』을 특별시하지 않
고, 여러 대승경전을 동등하게 존중하는 원효를 법장이 주요 비판 대상의 한 사
람으로 했다는 것은 吉津宜英가 지적하고 있다(吉津, 注9, 앞의 책, pp.316~326,
518~529).

지만,[14] 화축으로 생각되는『연화장세계도』한 포를 만든 지엄이 천수를 본관으로 하는 것 외에,[15]『화엄경』을 강의하여 이름이 높은『연화장세계해관』을 저술하여 연화장세계로의 왕생을 서원한 영간(靈幹, 535~612)이 천수보다 더 서쪽에 위치한 금성적도(金城狄道) 사람이었다[16]는 것은 흥미롭다. 영간의 생질이고, 영간에게 양육되어 뒤에 승광사(勝光寺)에 머물며『화엄경』을 강의하여 장안에서 널리 알려졌다고하는 영변(靈辨, 586~663)은 영간과 함께 이씨(李氏)를 속성으로 하지만, 조부의 이름은 용양(龍驤), 아버지 이름은 능가(楞伽)이어서 한인의 이름으로 생각되지는 않는다.[17] 성이 이씨인 것으로 보아 불교신도인 비한족이었던지 비한족의 피를 나누는 씨족이 아니었나 생각된다. 그것도 영간의 아버지는 감찰(監察)을 맡았던 낙주(洛州)의 녹사참군(錄事參軍)에 임해져서 낙양(洛陽)으로 이주하였는데, 이것은 지엄의아버지가 신주(申州)의 녹사참군이었던 것과 부합한다. 영간·영변·지엄등은 비슷한 처지였다고 볼 수 있다. 지상사(至相寺)에 와 있던 범승이범문을 가르치자 바로 능숙했다는 전승, 또는 실제로는 저작 가운데서『화엄경』역본과 범본 비교를 시도했던 것 등이 지엄이 비한족이었다는증거는 될 수 없지만, 중원에서 태어났다고는 해도 약간은 서부 지역문화의 영향을 교육 받고 자랐다고 해도 이상하지 않을 것이다.[18]

---

14) 松本栄一,『燉煌画の研究』(東方文化學院東京研究所, 1937), pp.189~195, 291~315.
15)『華嚴經傳記』卷3, T51.163bc.
16)『續高僧傳』卷12, T50.518ac.
17)『續高僧傳』卷12, T50.518c.
18)『華嚴經傳記』는 天水出身으로 젊어서 출가하여『華嚴經』독송을 업으로 하여如法하게 서사했다고 하는 德圓에 대해서 "氏族을 알 수 없다"고 하고 있지만, 비한족계였던가는 확실하지 않다.『續高僧傳』과『宋高僧傳』에 보이는 승려로 天水를 본관으로 하는 승려 가운데 靖玄(T50.502a), 端甫(741a), 愛同(796a), 慧立

범어에 능통했던 것은 법장도 마찬가지이지만, 최치원의 『당대천복사
고사주번경대덕법장화상전』에 의하면 법장은 반란이 일어났을 때 전승
을 기원하고, 보상을 거부한 결과, 동생인 강보장(康寶藏)이 유격장군
행위위용평부좌과의도위(遊擊將軍行威衛隆平府左果毅都尉)라는 계위
로 승진했다는 것[19]외에 『화엄경전기』 본문은 강거계인 강아록산(康阿
錄山) 등의 영험담을 소개하고, 그 강아록산이 법장에게 『화엄경』 강설
을 의뢰했다는 이야기로 끝나는[20]것을 봐도, 법장이 출가 후에도 가족
과의 관계를 유지했고, 또는 강거계 사람들과 교유했다는 것을 알 수
있다.

그러한 법장의 사상이 한인의 집에서 태어나 어려서부터 유서를 배
우고, 뒤에 불교로 전향한 승려 등의 사상과 성격과 다른 것은 당연할
것이다. 중국에서는 지엄이나 법장의 이론적인 저작보다도 중국 고전을
활용하는 이통현·징관·종밀 등의 저작이 널리 유포되는 것은 이러한
상황과 관계 없다고는 생각되지 않는다.

(813a) 등 속성이 명확하지 않은 인물은 모두 趙氏이고, 內侍上柱國이었던 趙思
侃도 天水人이었다(761b)는 것으로 보아, 조씨는 天水에서 유력한 일족이었던 것
을 알 수 있다. 이 조씨가 이 지방 호족과 통혼했는지 알 수 없지만, 지엄의 경우
와 마찬가지로 어머니가 범승을 꿈에서 보고 나왔다고 하는 전승이 있는 端甫에
대해서는 "높은 이마 깊은 눈, 큰 턱, 네모난 입, 키 6척5촌[高顙深目, 大頤方口, 長
六尺五寸]"이라고 전해지기 때문에 호족의 피가 들어갔을 가능성도 있다. 혹은 지
엄도 같지 않았을까.

19) 『唐大薦福寺故寺主翻經大德法藏和尚傳』, T50.283b. 現行本에는 「張東之의 叛
逆」이라고 되어 있지만, 이것은 道忠, 『新刊賢首碑傳正誤』(T50.288)가 지적하는
것처럼 神龍元年(705)에 張易之의 난의 잘못이다. 한편, 北天竺出身의 般若三藏
의 경우도, 형 羅好心은 唐王朝에서 일했던 군인이고, 般若三藏의 譯經事業을 원
조하고, 『大乘理趣六波羅蜜多經』譯의 완성을 上表하는 등의 일을 한다(『宋高僧
傳』卷2, 「唐洛京智慧傳」, T50.716c).

20) 『華嚴經傳記』卷4, T51.171c-172a. 이 부분은 법장의 문인이 추가했을 가능성
도 있다.

지엄이 담천의 『망시비론』 등을 통해서 『장자』나 곽상의 사상을 수용한 것은 앞장에서 지적한 대로이다. 또 그의 저작인 『수현기』의 제목으로 알 수 있듯이 현학의 영향을 받고 있는 부분이 있다는 것은 틀림없다. 지엄의 저작에서는 화려한 문장으로 쓰이는 것이 관례인 저술 첫 부분인 현담 부분을 빼고는 중국 고전의 인용은 극히 적다. 이것은 법장도 마찬가지이다. 즉 지엄과 법장은 유교나 현학의 전통 가운데 자라서 문장을 쓰면 자연히 고전을 답습하여 화려한 문장이 되어 버리는 중국승과는 다르다. 지엄이나 법장이 『장자』 내지는 『장자』의 영향을 받은 중국의 불교 문헌에 흥미를 보이는 것은 그들이 스스로 지향하는 사상과 공통된다. 이것은 교리를 전개할 때 참고하기 위해서이지만 또한 지적인 흥미도 컸다고 생각된다. 파르티아계인 길장의 교리에 관해서는 인도적인 성격을 지닌 면이 있다는 것이 자주 지적되지만, 법장의 화엄교학에 관해서는 천태교학과 나란히 중국불교의 정화로 해석되어, 인도불교와의 차이만 강조되는 것은 적절하지 않다. 물론 지엄이나 법장은 중국어로 사고하고, 중국불교의 일원임에는 틀림없다. 또한 법장의 경우, 북조 호족황제들이 유교화한 것처럼 철저하게 중국화를 지향했을지도 모른다. 그러나 그러한 경우는 그러한 지향에 주의하면서 교학을 검토하지 않으면, 당시 중국불교의 국제성과 다양성이 명확해지지 않는다.

한편, 법장은 『범망경보살계본소』 첫 부분에서 "항사의 계품"은 삼취정계에 포함되며 보살계야말로 보살이 걸어가야 하는 "도량의 직로"(602b)라고까지 단언하고 나서 『범망경』의 설명으로 들어간다. 하지만, 법장의 스승인 지엄은 보살계의 대표적인 경전인 『범망경』을 중시하지 않는다. 역으로 『범망경』은 『화엄경』과 설명이 비슷하지만 삼승경전에 지나지 않고, 일승경전은 아니라고 여러 곳에서 강조하고 있을 정도 이다.[21] 따라서 범망계를 중시하는 것은 법장 개인 판단에 의한 것으로 보아도 좋겠지만, 보살계는 일상생활의 규범이기 때문에 보살계에 대한 주석에서는 주석자 자신의 생활태도나 주석자를 둘러싼 상황이 반영되지 않을 수 없을 것이다. 그래서 여기서는 법장의 『범망경보살계본소』를 검토하고, 강거계 중국승이었던 법장의 사상 및 생활과 어떤 관련이 있는지 고찰한다.

3. 『범망경보살계본소(梵網經菩薩戒本疏)』의 현실주의

『보살계본소』에서 우선 주목할 것은, 10중계에서는 '통국(通局)', 48 경계에서는 '통색(通塞)'이라고 칭하는 단을 세우고, 계를 지키는 것이 불가능하다 해도 파계해서는 안 된다는 예를 모든 계에 보이고 있는 것, 그것도 상당히 구체적으로 논하고 있는 점이다. 이것은 보살계를 저 멀리 존재하여 존중해야만 하는 이상적인 것으로 보지 않고, 그 하나하나의 조항을 가능한 범위에서 충실히 실천해 가는 태도를 나타낸다고 생각된다. 보살의 자세를 설하는 보살계 가운데는 실제는 실행하기 어려운 조항이 적지 않기 때문이다. 그러나 나쁘게 말하면 법장은 대승불교 신자에 대해서 이런 저런 경우에는 계를 지키지 않아도 된다는 보증을 주려고 했다는 것이 될 수도 있다.

---

21) 그러한 논의의 집대성이 최만년 작인 『孔目章』卷4의 「釋瓔珞本業經梵網二經顯華嚴經一乘分齊義」이다. 법장은 겉으로는 『梵網經』을 『華嚴經』과 같은 경전으로 다룬 곳은 없다.

예를 들어, 불능구생계(不能救生戒)의 주에서는 보살은 스스로 목숨을 버리더라도 중생을 구해야 하기 때문에 이 계가 제정되었다고 서술한 뒤에 법장은 다음과 같이 말한다.

> 왕의 명령이 절대적인 경우에는 구할 수 없기 때문에 죄는 없다. …… 만약 스스로가 중병에 걸렸거나 힘이 없을 경우에는 (구하려고 해도) 소용없이 목숨을 잃을 뿐이고, 결국은 도움이 안 된다. 이것도 위의 경우에 준해서 죄를 범한 것이 아닌 것이 될 것이다. 상기의 예에 반하는 것은 모두 죄이다. (王力自在, 救不得故, 無罪也. …… 若自重病, 若無勢力, 徒自殞命, 終無有益. 准應無犯. 反上皆犯.)(T40.643b)

즉, 왕권이 강대하여 제약이 엄한 경우는 구할 수 없기 때문에 방법이 없다고 한다. 이것은 죽을죄를 지은 죄인 등을 구할 수 없다는 것을 상정했을 것이다. 법장은 또한 자기가 중병이 있어서 힘이 없을 경우는 상대를 도우려고 해도 이쪽의 생명을 헛되이 잃을 뿐 결국 아무것도 아니게 된다는 등 그야말로 깔끔하게 마무리한다. 같은 취지로 서술한 곳은 그 외에도 많이 있지만 이러한 현실주의적인 경향이야말로 본 문헌의 최대 특징이라고 말할 수 있다.

한편 대승의 정법을 버리고, "삿된 견해인 2승·외도·속전·아비담·잡론·서기(書記)" 등을 배우는 것을 금지한 제24경계에 대해서는 법장 이전의 여러 승려들은 당연히 외도·소승 등에 중점을 두고 이 경계를 해석하고 있고, 그것들을 배우는 것이 허락되는 것은 그러한 가르침에 익숙해 있는 사람들을 교화하기 위해서 배우는 경우에 한정되는 방향으로 간결하게 해석하는 데 그친다. 그러나, 법장은 마지막 「서기(書記)」라는 점에 대해서도 착안하여 설명하고, 특히 「기(記)」에 대해서는 "산수를 배우고, 곡식의 양을 기록하는 등"이라고 설명한 후, 이러한 대승 정법 이외의 학문에 대해서는 "만약 정신에 여유가 있다면 분수에 따라 약간 알기 때문에 도리로서 잃는 것이 없어야 한다"고 말해 총명하지 않은데 "진실을 버리고 거짓을 배우"는 것은 보살계에 반하는 것이라고 한다 (646a). "배우고 여유가 있다면"이라는 것은 『논어』「학이(學而)」에서

> 스승이 말씀하셨다. 제자는 집에 들어가면 효를 행하고, 나와서는 윗 사람을 공손하게 따르고, 깊이 삼가 신의를 지키며, 널리 사람들을 사랑하여 인을 가까이 하고, 행하고 나서 여력이 있으면 학문을 배운 다. (子曰. 弟子, 入則孝, 出則弟, 謹而信, 汎愛衆而親仁, 行有餘力, 則以學文.)

를 답습한 것일 테지만, 법장은 제사(諸師)의 해석과 달리, '외도나 이승과 세속 사람들을 교화하기 위해서 배운다면'이라는 조건은 붙이지 않는다는 것에 주목할 만하다. 게다가 이승·외도·아비담 등의 해에 대해서는 물론 「속전」에 대해서도 "세속의 시서는 그것을 배우면 도에 방해된다"고 평하고, 「서」에 대해서는 "서점(書点)에 빠져서 배우면 그것으로써 광의(光儀)를 잃는다"고 하여 그 해를 지적하면서, "산수를 배우고, 곡식의 양을 기록하는 등"이라고 설명되는 「기」에 대해서는 구체적인 해를 지적하지 않고 있다. 법장은 산수와 같은 술에 대해서는 그쪽에 전념하지 않는 한 그다지 해가 된다고는 생각하지 않았던 것 같다.

『논어』를 답습하는 기술이 보이는 것은 성인이면서 많은 기예에 정통하여 스스로 "천한 일[鄙事]에 다능(多能)"[22]이라고 인정했던 공자의 이미지를 이용하려고 했던 것으로 생각된다. 이것은 산수를 비롯하여 갖

---

22) 『論語』子罕篇.

가지 술을 통해 활약했던 불교신자들, 그것도 특히 강거인이나 강거계의 상인·관리 등을 의식했던 것은 아닐까.

또 『오교장』에서는 십전의 비유를 둘러싼 부분에서 수에 관해서 복잡한 논의를 전개하고 있는 것을 볼 때, 법장 자신은 꽤 산술에 통효해 있던 것을 알 수 있다.[23] 적어도 법장은 이상적인 보살계 실천자 및 그 정반대의 악인만을 상정하여 논의하고 있는 것은 아니고, 그 중간에 위치하는 다양한 계층의 신자들의 일상생활을 고려하면서 『보살계본소』를 저술했다는 것만큼은 사실이다.

법장은 또한 수계비의계(受戒非儀戒)의 주에서는 이 계에서 출가자는 재가자를 예배해서는 안 된다고 설하는 것은 몸으로 예배하는 것을 경계한 것에 지나지 않는다고 한다. "마음으로 존경하여도 도리로서 범하는 것은 없다"(652b)는 것은 법장의 해석이다. 뒤에서 서술하는 것처럼 법장은 도선의 영향을 받는 면이 있지만, 사문불배의 입장을 관철하기 위해서 격렬하게 운동을 전개했던 도선에 비하면 법장의 이러한 태도는 상당히 타협적이라고 해야 할 것이다.

이 점에 대해서는 방삼보계(謗三寶戒)의 주 가운데 흥미로운 곳이 보인다. 법장은 제법이 공이기 때문에 악인이 삼보를 비난하는 것을 신경 쓸 필요는 없느냐는 질문에 다음과 같이 답한다.

> 답: 진공은 연기의 업과를 파괴하지 않는다. 이 때문에 신분의 차이는 확실하게 존재한다. 만약 이것을 부정하여 공이라고 한다면, 그것

---

23) 十錢의 비유는 지엄이 설한 것이기 때문에 지엄도 또한 법장과 마찬가지 교양을 가지고 있었다고 추측된다. 智儼이나 法藏, 특히 법장의 사상을 정확히 이해하기 위해서는 당시 산술과의 관계를 밝힐 필요가 있다. 한편, 역학은 산술과 관계있는 부분이 있음을 놓치면 안 된다.

은 악취공이고 외도의 견해이다. 『열반경』에서는 오백바라문이 비방하여 "일체개공이라면 도대체 어디에 부처의 보리 등이 있는가" 등으로 말하였다. 이 비방에 의해 왕이 그들을 죽였지만, 복을 얻을 뿐 무죄였다. 너는 지금 무엇 때문에 그들과 같이 되는 것을 바라려고 하는가. (答. 眞空不壞緣起業果. 是故尊卑宛然. 若壞此爲空, 是惡取空外道見也. 如涅槃經五百婆羅門謗云, 一切皆空, 何處更有佛菩提等. 由此謗故, 王殺彼類, 得福無罪. 汝今豈欲同彼類耶.)(T40.633c)

즉, 제법은 공이기 때문에 '완연(宛然)'하게 존재한다는 삼론종의 공유상즉 사상을 가지고 와서 삼보를 존경할 것, 인과를 두려워할 것을 설하고 있다. 현실문제에 관해서 서술하는 이상 당연하겠지만, 법장이 승려나 재가신자의 존재 방식에 대해서 논하는 경우, 공보다도 유의 측면이 강조되는 경향이 있다.

예를 들면, 앉는 자리 순서의 문제를 논한 중좌괴의계(衆坐乖儀戒)의 주에서는 남녀승속에 관계없이 보살계를 받은 순으로 앉아야 한다는 '어떤 사람'[24]의 설을 비판하고, 법장은 다음과 같이 말한다.

나의 해석은 그렇지 않다. 비구들 가운데서도 자연히 상하의 차이가 있고, 다른 무리들도 모두 그렇다. 즉 대소의 구별은 확실히 존재하는 것이다. 남·여와 출가·속인은 섞여서 앉지 않는다. (今解不爾. 比丘衆中自辨尊卑, 餘衆皆爾. 是則大小宛然. 男女道俗不相和雜.)(T40.651c)

여기서도 '존비'가 문제시되어, "남녀도속은 서로 화잡하지 말 것"이라고 주장되는 점에 주의를 기울일 필요가 있다. 비구·비구니·우바새·

---

24) 小寺文穎, 「傳教大師の一乘戒源流考」(天台學會編, 『傳教大師研究』, 宗祖大師千百五十年遠忌事務局, 1973)에서 '有人'은 원효이지 않을까 추측하고 있다.

우바이의 4중의 순으로 정하고, 비구 가운데에서도 승랍에 따라서 존비가 결정되고, 앉는 차례가 결정되는 것처럼 남녀도속은 나누어 앉아야 한다고 법장은 주장한다. 다만, 승계의 승랍 순서와 보살계의 승랍 순서와 어느 쪽이 우선하는가의 문제를 비롯해, 앉는 차례에 대해서는 귀찮은 문제가 많을 텐데 그것들에 대해서는 전혀 논하지 않는다.

보살계만을 기준으로 하는 '어떤 사람'과는 달리, 비구계의 승랍 순서를 중시하는 법장이 비구계 자체를 존중하는 것은 당연할 것이다. 실제 『보살계본소』에서는 보살계의 의의를 강조하는 한편, 소승계의 엄수를 설하고 있는 점일 것이다. 10중계 가운데 도계(盜戒)를 해석하는 부분에서는 '도심(盜心)'에 관한 율의 제문을 인용한 후

> 이러한 여러 문장은 율전에 실려 있다고 해도 마음에 관한 미세한 위반이기 때문에 보살의 마음 가운데 정계에 극히 합치한다. 그러므로 수록해서 여기에 붙인다. 수행자는 진심으로 이 계를 지키기를 바란다. (如是諸文, 雖在律論, 然意地細犯, 極順菩薩內心淨戒. 故錄附之. 冀修行者, 誠而護焉.)(T40,618c)

라고 설해, "마음에 관한 미세한 위반이기 때문에 보살의 마음 가운데 정계에 극히 합치한다"라는 이유로, 이러한 율의 규정을 지키는 수행자에게 요청하고 있다. 도선(道宣, 596~667)이 분통대승설(分通大乘說)을 제창하고, 소승계에 대승의 성격을 부여하려고 고려한 것은 잘 알려져 있지만, 법장은 도선에 호응하듯이 소승계 가운데 보살계와 공통되는 부분을 찾아내려고 한 것이다. 법장은 그 외에도 계체(戒體)에 대해서 설할 때, 비색비심설(非色非心說)과 나란히 종자계체설(種子戒體說)을 내놓는(607c) 등 도선의 설에 따른 곳이 적지 않다. 법장이 인용하

는 소승 율의 문장은 대부분 이미 도선 저작 가운데 인용되어 있다. 이 '도심(盜心)'에 관한 논의에서도 "이 한 문은 실덕의 사람도 아직 면할 수 없는" 곳이라는 『사분율행사초(四分律行事鈔)』의 설[25]을 계승한 것이다.

한편, '존비'의 순을 중시하는 법장의 이러한 입장은 당연하겠지만, 사람은 각각 '분(分)'을 지켜야 한다는 주장으로 마무리한다. 고금계계(故禁戒戒)의 대한 주에서는 "왕의 물과 땅을 먹는" 재가는 모두 세금을 내어야 함에도 승려가 세를 내지 않는 것은 '계행'에 전념하기 위해서이기 때문에 계를 지키지 않는 승려는 왕의 땅을 걷거나 그 물을 마실 '분(分)'이 안 된다고 법장은 말하면서, "분수없이 이용하는 것, 어찌 이것이 도적이 아니겠는가"(653c)라고 단언하고 있다. 화엄사상에 담천 등을 경유하여 곽상의 영향이 보인다는 것은 이미 지적되었지만, 법장이 말하는 '분'은 자기의 '분'에 안주하여 자득해야 하는 것을 설하는 곽상의 사상[26]보다 한층 더 현실적이다.

한편, '분'이란 말은 사용하지 않지만, 같은 취지의 논의는 도계(盜戒)에 대한 해석에서도 보인다. 법장은 출가시키면 국세가 줄어들고, 국왕에게 손해를 입히게 되기 때문에 죄가 무겁지만, "만약 이것이 실제 수도를 실천하는 사람이라면, 복이 국왕을 도와주는 것이 세금으로 내는 재물보다 많다"(618b)고 서술하고 있다. 이러한 기술로부터 알 수 있듯이, 법장은 강력한 왕력의 지배하에서 발언하고 있는 것이다.

앞의 인용문에서는 『열반경』을 예로 들어, 삼보가 공이라면 비방한다고 죄가 되지 않는다고 주장하는 바라문을 국왕이 살해에도 무죄이며

---

25) 『四分律行事鈔』 卷中一, T40.59a.
26) 戶川芳郎, 「郭象の政治思想とその『莊子注』」(『日本中國學會報』18, 1966. 10).

복을 얻을 뿐이다. 너희들은 그러한 바라문처럼 되고 싶은가라고 독한 말도 토해내고 있다. 이것 등은 국왕 측에 몸을 둔 자의 말이라고 해도 좋을 것이다. 다만, 『화엄경감응전(華嚴經感應傳)』에 의하면 법장은 천수(天授) 2년(691)에 증주(曾州)에서 『화엄경』을 강의했을 때 도사(道士)들과 논쟁하기 때문에, 위의 바라문의 비유에 대해서는 도교 측으로부터 공격을 상정해서 서술했을 가능성도 있다. 도사와의 설왕설래한 것에 대해 전하는 일화는 『보살계본소』에 보이는 것 같은 법장의 교리와 실천이 일치하는 점에서 매우 흥미롭기 때문에 간단히 보기로 한다.

『화엄경감응전』에 의하면 법장이 증주(曾州)에서 『화엄경』을 강의했을 때, 청강하던 도사가 법장은 도교의 주존을 비방하였다고 홍도관(弘道觀)의 관주(觀主)에게 고하자, 관주는 다음 날 아침 30여인의 도사를 데리고 강의하는 곳에 와서 강의만으로 족할텐데 왜 도교를 논하는가 힐문했다고 한다. 법장은 이에 대해 "빈도는 스스로 화엄을 강의할 뿐 다른 것을 훼손하는 논의를 한 적이 없다"고 대답하고 있다. 관주가 일체 가르침은 평등하지 않는가 논난하자, 법장은 "제법은 평등하기도 하고 불평등하기도 하다"고 말하며, 진제에 대해서 말하자면 일체제법이 평등하지만, 속제에서는 "선이 있고 악이 있으며, 존이 있고, 비가 있으며, 사(邪)가 있고 정(正)이 있다. 어찌 평등하기만 하겠는가"라고 단언했다고 한다. 이것에 격노한 도사가 여래에 대해 독을 품어 해를 입히는 언사를 내뱉자 도사는 다음날 머리와 눈썹이 빠지고, 전신에 부스럼이 나서 삼보에 귀의해서 법장에게 애원하고, 『화엄경』을 수지하고 백번을 독송하기를 서원했다. 독송하기를 10번에 이르기 전에 본래대로 회복되었는데, 이 사건에 대해서는 "증주의 도속, 견문하지 않은

이 없"을 정도로 유명하다고 한다.[27]

이 일화에는 과장이 있기 때문에 여기서 법장이 서술했다고 하는 것은 바로 『보살계본소』 가운데 보이는 주장에 다름 아니라는 것이 주목된다. 법장은 자찬훼타(自讚毁他)하지 않도록 노력하고, 일체제법의 평등을 설하면서도, 현실에 대해서는 선악·존비·사정이 별도임을 분명히 해야 함을 강조한 것이다.

그렇다고는 하지만, 법장은 악인은 죽여도 무죄라는 『열반경』이나 유가계의 주장에 대해서 늘 찬성하는 것은 아니다. 법상계인 신라 의적은 『보살계본소』 권상에서 살계(殺戒)를 주석할 때, "성문은 단지 닫고 여는 것이 없어도, 대사는 이익이 있으면 곧 연다"고 말한 뒤에

> 「보살지」에서 "……내가 만약 악인의 생명을 빼앗으면 지옥에 떨어질 것이다. 만약 무간지옥에 떨어지는 행을 멈추지 않으면, 그 악인은 매우 심한 고통을 받게 될 것이다. 나는 오히려 그를 죽이고 지옥에 떨어질지언정, 그가 무간의 고통을 받게 하지 않겠다. 이렇게 보살은 서원하고 생각하여 저 사람에 대해서 혹은 선의의 마음으로 혹은 선악을 의식하지 않은 채, 이러한 사항들을 분별하여 미래를 위해서 깊이 참괴를 하고 연민의 마음으로 저 생명을 끊는다. 그 이유에 의해 보살계에서는 위범하는 것이 없고 많은 공덕이 생한다"고 말한다. (菩薩地曰, …… 我若斷彼惡衆生生命, 當墮地獄. 如其不斷無間業成, 當受大苦. 我寧殺彼墮那落迦, 終不令其受無間苦. 如是菩薩意樂思惟, 於彼衆生, 或以善心, 或無記心知是事已, 爲當來故, 深生慚愧, 以憐愍心而斷彼命. 由此因緣, 於菩薩戒, 無所違犯, 生多功德.)(T40,664b)

라고 설하여, 같은 법상종의 승장(勝莊)은 『범망경술기』 권上之末에서

---

27) 『華嚴經感應傳』, T51.176ab.

보살계에서는 이익이 있다고 보이면, 살생도 또한 허용한다. 그러므로 『유가론』 41권에서 말한다.(菩薩戒中, 若見利益, 亦許殺生. 故瑜伽論 四一云)……(續藏1-60-2,117左)

라고 설하는 것처럼 두 사람이 함께 선심 혹은 무기심에 의해 사태를 잘 파악하고, 슬픈 마음으로 할 수 없이 악인을 죽이는 것은 무죄이고, 오히려 많은 공덕을 생기게 한다는 『유가론』 보살지[28]의 문장을 두 사람 모두 인용하면서 성문계와는 다르다고 강조한다. 반면에, 법장은 살생의 업을 두려워해야 한다고 매우 세세하게 설명한 후

(선악을 의식하지 않은) 무기심이라면, 혹은 위반은 아니다. 무기는 업을 형성하지 않기 때문이다. 혹은 업이 남는다고도 한다. 역시 응보를 얻기 때문이다. 예를 들면, 산에서 사는 비구가 돌을 밀어서 개미를 죽이고 말았다고 하자. 개미는 멧돼지의 몸을 받아서 또한 돌을 밀어서 그 비구를 죽인다. 각각 무기심이지만, 확실하지 않은 채 응보를 받는다. 이것이야말로 계 자체는 범하지 않았지만, 살생의 업이 이렇게 멸하지 않기 때문에 가볍게 여겨서는 안 된다. 세간에는 어리석은 사람들이 있어 벌레가 들어간 물을 마셔 버린다. "나는 다만 물을 마셨을 뿐 원래 벌레를 죽이지 않았다. 벌레가 스스로 죽은 것이다. 원래 나의 잘못은 아니다"라고 말한다. 이것은 업의 존재 방식을 알지 못하고, 성인의 가르침을 보지 않았기 때문에 깊이 슬퍼해야 하나니 오직 어리석은 일임을. (無記心者, 或不成犯. 以無記不成業故. 或亦有業. 以還得報故. 如山居比丘, 推石殺蟻. 蟻受猪身, 還推石害彼比丘. 各無記心·冥然受報. 此即於戒雖爲不犯, 然殺業如茲不亡故, 不可輕也. 世有愚人, 飮用虫水日. 云我但用水, 本不害蟲. 虫若自亡. 固非我咎. 此不識業道, 不見聖敎, 深可悲, 一愚矣.)(T40,611b)

---

28) 『瑜伽論』卷41, 本地分中菩薩地第十五初持瑜伽處戒品第12, T30,517b.

라고 하여, 무기심에 의한 살생이라도 업이 발생해 응보를 받는다고 하여, 살생의 업을 두려워해야함을 설한다.[29] 이것은 유가계나 『열반경』의 유행에 의해 보살의 살생을 당연시하는 풍조, 또는 새로운 경론에 의하면 무기의 경우는 허용된다는 등 간단하게 논하는 학해적인 풍조에 반발하여 업의 미묘함을 강조하는 것이 아닐까. "깊이 슬퍼해야 하나니 오직 어리석은 일임을"이라는 표현에서 법장이 격분하는 모습을 읽을 수 있다. 다만 무기심에서도 얻을 수 있는 업에 관해서는 상세한 설명이 없다.[30]

법장은 이 조금 앞부분에서는 늙어 병으로 고생하는 부모를 안락사시키는 것을 인정한 『파사론(婆沙論)』의 일절을 인용하고(611b), 보살에 의한 살생을 부정하지는 않지만, 단순히 무죄라고 설하는 것은 아닌데, 그 부분의 조금 앞에서는

> 다만, 대비에 의해서 그 심한 고통으로부터 구해도, 스스로의 고를 피할 수 없기 때문이니 위반을 범한 것은 아니다. (但以大悲救彼極苦, 不避自苦故, 亦無犯.)(T40.611a)

라고 말하는 것처럼 자기는 어떤 고를 받아도 좋다는 각오를 전제하고 있는 것이다. 이것은 앞에서 본 것처럼 의적이나 승장이 인용하는 유가계에서도 설해져 있었지만, 승장 등에게는 보살에 의한 살생의 공덕 면만 앞에 나오고, '허용함'이라는 면이 너무 부각된 것처럼 법장은 생각

---

29) 그의 주장은 신라 太賢에게도 계승되는 것 외에(『梵網經古迹記』卷下本, 快意殺生戒第一), 증광된 형태로『日本靈異記』卷下序에도 보이고 널리 유포된 것을 알 수 있다. 가장 최초의 전거는『資持記』일 것이다.
30) 이러한 점으로 이 『梵網經菩薩戒本疏』는 단순한『소』라기보다는 일종의 설화집으로서의 성격도 있지만, 아마도『菩薩毘尼藏』을 원용하는 부분이 많을 것이다.

했던 것 같다.

한편, 의적이나 승장, 특히 승장은 『범망경』 하나하나의 조항을 해석할 때, 거의 항상 『유가론』에서 인용하고 있고, 오히려 유가계를 현창하는 듯이 생각되는 것은 요시즈 요시히데(吉津宜英)가 지적하였다.[31] 또한 기무라 센쇼(木村宣彰)도 원효가 범망계를 중시하면서 유가계를 그 안에 엮어 넣어 회통하려고 했음을 지적하고, 신역이 유행하는 가운데 일어난 "유가계의 출현이야말로 범망계 중시의 풍조를 탄생시킨" 것은 아닐까 추측한다.[32] 이것은 타당한 생각이다. 원효와 달리 교판적으로 집요하게 신역 유식을 비판하여 낮게 평가하려고 한 법장은 때로 유가계도 참조하지만, 대체로 승장이나 의적 설을 비판하면서 범망계를 선양하려고 했다.

다만, 법장의 스승인 지엄이 『화엄경』은 일승, 『범망경』은 설상이 비슷할 뿐 삼승경전이라고 명언한 것은 잘 알려져 있지만, 법장도 기본적으로는 그 입장을 계승하였기 때문에 『화엄경』과 『범망경』을 동일시하지 않고, 차이에 대해서도 언급하고 있다. 또 요시즈가 지적한 것처럼 다른 주석자들이 자주 『화엄경』을 인용하여 설명하는 것에 대해서 법장은 『화엄경』의 인용을 최대한 피하는 듯이 보인다.[33] 즉, 그 정도 보살계를 동경하면서 법장은 『범망경』 자체에 대해서는 『화엄경』보다 낮은 것으로 보고, 또한 한편 유가계를 선양하는 풍조에 대해서는 『범망

---

31) 吉津宜英,「法藏以前の『梵網經』諸注釋書について」(『駒沢大學佛教學部研究紀要』 47, 1989. 3), p.111. 뒤에 吉津, 注9, 앞의 책에 재수록.
32) 木村宣彰,「多羅戒本と達摩戒本」(佐々木教悟編, 『戒律思想の研究』平樂寺書店, 1981).
33) 吉津宜英,「法藏『梵網經菩薩戒本疏』について」(鎌田茂雄博士還曆記念論集『中國の佛教と文化』大藏出版, 1988), pp.274~277. 吉津, 注9, 앞의 책에 재수록.

경』을 높이려고 했는데, 이러한 자세에 대해서『기신론의기』에서 여래장연기종인『기신론』내용이 법상종의 신역 유식설보다 매우 높은 내용이라고 함과 동시에『화엄경』에는 따라오지 못하는 것을 시사하려고 했다는 것과 마찬가지라고 하는 요시즈의 지적[34]은 매우 중요하다. 법장의 저작 가운데『화엄경』보다 낮게 평가되는 경론에 대한 주석 등은 모두 이러한 어정쩡한 성격을 가지고 있어『송고승전』의 법장전이『기신론의기』를 법장의 대표작으로 하는 것처럼 법장의 의도는 파악하기 어렵고 오해되기 십상이다. 이러한 상황은 실은『화엄경』에 대해서도 마찬가지이다. 법장은『탐현기』권1「부류전역(部類傳譯)」에서는『화엄경』을 항본(恒本)·상본·대본·중본·하본·약본의 6종으로 나누며, 법계에 편만하는 항본이나 대보살의 다라니력이 아니면 수지할 수 없는 대본의 뛰어남을 찬양하고, 약본인 60권본은 용수가 용궁에서 보았다고 하는 상본·중본·하본이라는 삼본 가운데 하본이고, 상본을 요약한 것이라고 설해진다. 60화엄본『화엄경』은 아무리 존중하고 믿어야 할 것이라도 하근의 중생들을 위한 요약본에 지나지 않는다. 게다가 별교일승의 교의의 심원함을 강조한 저작 가운데서 중기 이후의 저작에서는 초기작인『오교장』의 주장이었던 무궁의 설이 모습을 감추고, 극과회심의 문제 등 논의를 불러일으키기 쉬운 문제에 대해서 애매한 표현을 사용하고 있기 때문에 어떤 저작도 어정쩡한 입장으로 쓰여져 굴절된 표현을 하고 있다.

『범망경보살계본소』의 경우, 더 나아가 재가신자를 포함하여 넓은 범위의 사람들을 고려하지 않으면 안 된다는 요소가 더해졌다.『범망경보

---

34) 吉津, 注9, 앞의 책, pp.527~528.

살계본소』의 성립 연대는 명확하지 않지만, 천수 원년(天授元年)(691) 12월 28일에 쓰였다고 추정되는[35] 편지와 함께 의상에게 보낸 7부의 저작은 미완성인 양권을 제외한『탐현기』20권,『오교장』3권,『현의장 등잡의』1권,『별번화엄경중범어(別翻華嚴經中梵語)』1권,『기신론의기』 2권,『십이문소』1권,『법계무차별론소』1권 등이어서 법장의 주요 저작 이 상당히 포함되어 있지만 여기서는『범망경보살계본소』의 명칭은 보 이지 않기 때문에 본 문헌의 성립은 그 이후일 것이다. 즉 본 문헌은 법 장 화엄교학이 거의 완성된 중기 이후의 작으로 보아도 좋다.

그가 비를 내리게 하는 효능이 있었던 것에 감동한 중종과 예종의 청을 받아들여 보살계사가 된 것은 법장 만년의 일이지만, 법장은 그 이전에 자주 비를 기원하고, 혹은 전승을 기원하여 효능을 발휘했고, 또『화엄경』강의 중에 여러 신이를 출현시키는 등 조정이나 당시 사람 들한테 이름이 알려져 있었고, 전술했듯이 보살계에 대한 열의와 조예 에 대해서는 일찍부터 유명했던 것 같다. 그 때문에 중기 이후 법장의 보살계에 대한 발언은 주목을 끌었다고 생각된다. 그만큼 법장으로서 는 사회의 동향이나 스스로를 둘러싼 상황을 강하게 의식하면서 주석 을 진행하지 않으면 안 되었을 것이다. '왕력자재(王力自在)'를 강조하는 것이 많은 것은 그러한 상황에서 나타났다고 생각되지만, 법장은 불교 측에 대한 규제의 필요성을 설하기까지 한다.『범망경』가운데 세속 권 력이 불교자에 대해서 우위에 서서 규제하는 것을 금했던 제47계의 비 법입제계(非法立制戒)는 송원명 3본에서는

---

35) 神田喜一郎,「唐賢首大師眞蹟『寄新羅義湘法師書』考」(第三回國際佛敎學術會議資 料, 於龍谷大學, 1980. 7), p.15.

만약에 불자여, 모두가 신심을 가지고 불계를 받는다면, 만약 국왕·태자·백관·사부의 제자들이 스스로 존귀함을 파괴함을 자랑하며 불교의 계율을 파멸하고, 분명히 법률을 만들어 나의 제자들을 제약하고, 출가·행도를 허용하지 않고, 또한 부처의 형상이나 불탑·경율을 만드는 것을 인정하지 않고, 관리인을 두어 신도를 규제하고, 호적을 만들어 승려를 등록하고, 보살의 비구를 땅에 세우고, 백의의 속인이 높은 자리에 오르며, 널리 비법을 행하는 것이 병사나 노예가 주인을 섬기듯이 한다면, 그러나 보살은 그야말로 일체의 사람의 공양을 받을 만하다. 그럼에도 오히려 관청을 위해서 분주하게 사역당한다면, 법도 없고, 율도 없는 것이다. 만약 국왕이나 백관이 서원하여 불계를 받으려고 한다면, 이와 같이 삼보를 파괴하는 죄를 지어서는 안 된다. 만약 일부러 지어서 법을 파괴한다면, 경구죄를 범한 것이 된다. (若佛子, 皆以信心受佛戒者, 若國王太子百官四部弟子, 自恃高貴破滅佛法戒律, 明作制法制我弟子, 不聽出家行道, 亦不聽造立形像佛塔經律, 立統官制衆, 使安籍記僧, 菩薩比丘地立, 白衣高座, 廣行非法, 如兵奴事主, 而菩薩正應受一切人供養, 而反爲官走使, 非法非律. 若國王百官, 好以受佛戒者, 莫作是破三寶之罪. 若故作破法者, 犯輕垢罪.)

로 되어 있어 지의(智顗)의 『보살계경의소(菩薩戒經義疏)』 권하에서는 이 문장에 준해서 해석하고 있지만, 고려본에는 위의 밑줄 친 부분이 없고, 법장의 『범망경보살계본소』에도 이 부분에 대한 주석이 결여되어 있는 것은 이미 모치즈키 신코(望月信亨)가 지적한 바 있다. 모치즈키는 비법립제계(非法立制戒)의 이러한 기술은 북위시대에 승니에 대한 규제나 왕자의 태도를 비난한 『인왕경』에 기반을 둔 것으로 이 부분을 삭제하는 것은 『범망경』 원의에 반하는 것이라고 지적하고 있다.[36] 게다

---

36) 望月信亨, 『佛教經典成立史論』(法藏館, 1946), pp.467~468.

가 법장은 그렇게 개정된 텍스트를 이용할 뿐 아니라, 이 계에 관해서는 극히 간략한 설명으로 끝내고, 이런 문제에 대해 깊이 들어가는 것을 피하는 것처럼 생각된다. 또한 통색(通塞) 부분에서 법장은

> 예외의 허가와 금지에 대해서는, 만약 악인을 잡아서 출가시키지 않는다거나, 조상을 만들어서 팔려 하는 것을 허용하지 않는 경우는 당연하지만, 위반이 아니다. 그 이외에는 모두 위반이다. (通塞者, 若制惡人不令出家, 不聽造像將賣, 理應不犯. 餘皆犯.)(T40.654c)

라고 되어 있는 것처럼 악인이 출가하는 것을 막고 조상을 판매하는 행위를 금지하는 조건이긴 하지만, 이러한 부분을 볼 때 법장은 당시 권력자들을 의식하면서 본 문헌을 저술했다고 추측된다. 본 문헌에는 법장의 저작에는 드문 비근한 예나 일화가 적지 않게 보이는 것은 보살계의 성격이기 때문에 본 문헌이 속인이 포함된 청중을 상대로 한 강의를 정리했다는 것을 보여 주는 것일 테지만, 그 청중 가운데는 혹은 본소의 독자로 예상되는 사람들 가운데는 불교를 규제할 수 있는 입장의 사람들이 포함되어 있다는 것은 틀림없을 것이다. 앞에서 교리 면에서 법장이 어정쩡한 입장에 서서 저술하는 사정을 보았는데, 『범망경보살계본소』에 대해서도 마찬가지이다. 법장은 보살계를 실천해야 한다고 강조하면서 한편으로는 그 제한을 설정하는 것이다. 법장은 지방 산중의 절에서 수행하면서 순수하게 불교교리에 기반을 두고 중국 사회의 존재 방식을 비판하고, 국가에 의한 불교 규제를 정면으로 비판하며 활동한 인물은 아니다.

다만, 본서는 법장의 중기 이후의 작이고, 『화엄경』에 직접 관련된 저작은 거의 쓰인 후의 작이어서 법장의 화엄교학은 거의 완성되어 있었

을 것이다. 그러한 시기에 젊었을 때부터 존중해 왔던 보살계에 대해서 주석한 것이기 때문에, 아무리 제약이 있는 상황이라 해도 법장이 계속해 왔던 보살계관과 그다지 동떨어진 해석을 하리라고는 생각하기 어렵다. 또 『화엄경』과 직접 관련된 저작에 대해서는 별교일승 교의의 심원함을 강조하는 법장도 현실생활에서는 법계에 중중무진하여 편만하는 것은 불가능하고, 극히 한정된 형태로 행동할 수밖에 없기 때문에 그 현실주의적인 『범망경보살계본소』에는 법장의 평소의 보살계관이나 행동양식이 상당히 반영되었다고 생각해도 좋을 것이다.

그 한 예는 앞에서 도사와의 논쟁에 관해서 보았지만, 별교일승 교의를 고양하고 돈교와의 차이를 강조했던 의상이 실제로는 돈교적인 수행에 주의를 기울였던 것처럼 법장도 일상생활에서는 범망계를, 즉 화엄교학에 의하면 삼승경전으로 규정되는 『범망경』의 계를 자기 나름대로 『화엄경』에 끌어들여서 해석하여 실천하려고 노력했을 것이다. 그만큼 이 『범망경보살계본소』에서 일승·삼승에 관한 논의를 전혀 하고 있지 않은 것은[37] 의미가 크다.

4. 살생과 효의 문제

법장이 평소에 강하게 의식했다고 생각되는 덕목의 하나가 '효'이다. 첫 부분에서도 언급한 것처럼 법장의 전기는 법장이 얼마나 효자였던가를 강조하는 것 외에 『감응전』에 의하면 법장은 천수 원년(690)에 증

---

37) 吉津, 注9, 앞의 책, p.610.

주의 조모를 찾아가 그 지역 장관에게 청을 받아『화엄경』을 강의한 것은,[38] 법장이 출가 후에도 가족을 고려했던 일례이다. 최치원이 동생 강보장에 관해서 "동생 보장도 충효로써 알려졌다. 이것을 족성인연(族姓因緣)이라고 말한다"[39]고 서술하고 있는 것은 무언가의 자료에 기반을 두었을 것이고, 효는 바로 법장을 낳은 강씨의 가훈이었다고 생각된다. 물론 효를 존중하는 것은 중국의 전통이지만, 법장을 낳은 강씨가 효를 존중하는 것은 당시 평균적인 한인 씨족 이상의 것일 가능성도 있다. 그러한 가정에서 자라 법장이 많은 보살계 가운데서도 '효순'을 근본으로 하는 중국 성립의『범망경』에 공감을 느낀 것은 당연할 것이다. 그러한 법장이 '왕력자재'의 사회에서 어떤 행동을 했을까를 보기 위해 생명에 관한 조항을 검토하고자 한다.

우선, 살생을 금한 살계(殺戒)의 해석에서 법장은 살계의 성립 이유에 대해서 다음과 같이 말한다(편의상 항목별로 행을 나눴다).

> 초편의 살계 제1······ 처음으로 이 계를 정한 의도는 대략 10가지 의도가 있다.
> 첫째, 생명을 끊는 것은 업이 무겁기 때문이다. 이 무거운 업을 지고 있으면, 수행의 도에 들어갈 수가 없다. 이 때문에 대소의 이승과 출가·속인의 여러 계에서도 모두 다 금지하고 있다.
> 둘째, 대비심을 해치기 때문이다.『유가론』에서 "만약 보살은 무엇을 체로 하는가를 묻는다면, 답해서 말한다. 대비가 체가 되면 살아 있는 사물들을 위해 몸까지 버린다. 하물며 그 생명을 빼앗을 수 있는가"라고 말했다.
> 셋째, 은혜·양육에 등지기 때문이다. 뒤편 문장에서 "육도의 중생은

---

38)『華嚴感應傳』, T51.176a.
39)『唐大薦福寺故寺主翻經大德法藏和尚傳』, T51.281a.

모두 나의 부모이다. 한없는 전생 가운데 거기로부터 태어나지 않는 것은 없다"라고 말한다. 무엇 때문에 해를 입힐 수 있겠는가.

넷째, 뛰어난 연을 등지기 때문이다. 『대지도론』에서 "혹은 개미가 자기보다 먼저 성불하고 그 구제를 입는 경우가 있다. 이것은 알기 어렵다. 만약 그 개미의 생명을 해치면, 그와 무연이 되고 구제를 받을 수 없다"고 말한다.

다섯째, 함께 불성이 있으며, 모두 장래의 법기이기 때문이다. 불경보살이 깊이 중생을 존경하고, 존경하지 않는 경우조차 없었다. 무엇 때문에 해를 입히는 것이 있어 좋겠는가.

여섯째, 보살의 무외의 보시에 등지기 때문이다. ……

일곱째, 사섭행에 등지기 때문이다. ……

여덟째, 보물을 등지기 때문이다. ……

아홉째, 보은을 위해서이다. 즉 보살의 대행은 살아 있는 것에 의해 가능하다. 그냥이라도 보은을 생각해야 하거늘 무엇 때문에 해를 입히는 것이 가능한가.

열째, 법이 때문이다. 삼세의 제불은 대대로의 일, 당연이 그렇게 해야 하는 도리로서 해를 입히려고는 생각하지 않고, 살아 있는 것에 이익을 주기 때문이다.

(初篇殺戒第一…… 初制意者, 略由十意.

一由斷生命, 業道重故. 負此重業, 不堪入道. 是故, 大小二乘, 道俗諸戒, 皆悉同制.

二由違害大悲心故. 『瑜伽』云, 「若有問言, 菩薩以何爲體, 答言. 大悲爲體, 尙須爲物捨身. 況害彼命」.

三背恩養故. 下文云, 「六道衆生皆我父母. 生生無不從是而生」. 豈得害也.

四乖勝緣故. 『智論』云, 「或可蟻子在前成佛, 蒙其濟度. 此事難知. 若害其彼命, 與彼無緣, 不蒙救也」.

五並有佛性, 悉爲當來法器. 如不輕菩薩深敬衆生, 尙無不敬. 豈容有害.

六違失菩薩無畏施故. ……

七乖四攝行故. ……
八損過寶故. ……
九爲報恩故. 謂菩薩大行, 依衆生得. 尙念報恩, 寧容加害.
十法爾故. 三世諸佛, 家業法爾, 不念加害, 利益衆生故也.)(T40,609c)

살생을 금하는 첫 번째 이유는 살생은 업이 무겁기 때문이다. 가장
중요한 것은 업을 두려워해야 한다는 것이다. 둘째로 보살의 대비 정
신에 등진다고 하는 이유가 보인다. 그래서 셋째는 중생은 모두 전생
의 부모였기 때문에 그 중생을 해치는 것은 '은혜와 양육[恩養]'을 등지
는 것이 된다고 하며 효의 입장이 강조된다. 다음 네 번째 이유는 유정
을 죽이면 윤회의 과정에서 그 유정이 먼저 성불한 경우 구제를 받을
수 없다는 것이다. 다섯 번째 이유로는 불성을 가진 중생을 해하면 안
된다는 이유가 제시되어 있지만, 설명은 간단하다. 원효로부터 매우 큰
영향을 받고 있음에도 불구하고, 『보살계본사기』 권상에서

> 대승에는 세 가지 설이 있다. 첫째는, 법계를 생명의 기관이라고 한
> 다. 둘째는 아뢰야식을 생명의 기관이라고 한다. 셋째는 아뢰야식의
> 분위 가운데 임시로 세워서 명근으로 한다. 뒤의 두 설 가운데, 만약
> 통문의 입장이라면 처음의 설이 좋고, 만약 별도의 입장이라면 뒤의
> 설도 역시 좋다. …… (若大乘有三說. 一云, 法界爲命根. 一云, 賴耶
> 識爲命根. 一云, 賴耶識分位中假立以爲命根. 後二說中, 若就通門者,
> 初說好, 若約別者, 後說亦好. ……)(續藏1-95-1,114右下)

라고 설하는 원효처럼 대승에서의 명근은 법계라는 설은 제시하지 않
고, 또한 아뢰야식과 명근의 관계도 구체적으로 설하지 않는다. 법장의
목숨에 대한 정의를 다음과 같다.

셋째로 명칭을 해석한다. 숨의 바람을 생이라고 이름한다. 마음에 의해 마음이 구른다. 그것을 끊어 버려 이어지지 않는 것을 살생이라고 이름한다. 계라는 것은 행동을 고치는 행위이다. 고치는 대상에 의해 이름을 붙이면 살계라고 한다. 『열반경』에서 말한다. (a) "중생의 불성은 오온 가운데 있다. 만약 오음을 파괴한다면 살생이라고 한다. 만약 살생이 있다면 나쁜 세계에 떨어진다." (b) "숨에는 세 가지가 있다. 과거와 현재는 죽일 수 없다. 미래를 막기 때문에 죽임이라고 이름한다." (c) "원래 살아 있는 것은 출입하는 숨을 말한다. 출입하는 숨을 끊으면 죽임이라고 한다. 우리들의 여러 부처님도 또한 세속에 따라서 죽임이라고 이름한다." …… [第三釋名. 息風名生. 依身心轉. 隔斷不續名爲殺生. 戒者是能治之行. 從所治爲名故殺戒. 『涅槃經』云, (a)「衆生佛性住五陰中. 若壞五陰名曰殺生. 若有殺生卽墮惡道」(b)「息有三種. 過去現在則不可殺. 遮未來故名殺」(c)「夫衆生者, 名出入息. 斷出入息故名爲殺. 我等諸佛亦隨俗說名爲殺.」……]

문: 죽임은 이미 그렇다. 연에 따라서 일어나기 때문에 고정된 본성이 없다. 고정된 본성이 없기 때문에 죄가 있는 것은 없는 것과 다르지 않다. 답: 고정된 본성이 없기 때문에 죄를 얻는다. 또한 고정된 본성이 없기 때문에 응보를 얻는다. 일체의 법은 모두 그렇다. (問. 殺旣爾. 從緣必無自性. 無自性故, 應無有罪. 答. 有無自性故得罪. 還無自性得報. 一切法皆爾.)

문: 자심이 변화해서 중생이 되기 때문에 자살하면 실제의 중생의 죽음은 없다. 무엇 때문에 죄가 있는가. 답: 스스로의 마음이 변화하여 죄가 되는 것이다. 중생의 미래 응보도 마찬가지이며, 죄를 받는 것도 또한 그렇다는 것을 알아야 한다. (問. 旣自心變衆生, 還自殺者, 無實衆生死. 何因有罪. 答. 還自心變罪. 如衆生來報, 受罪當知亦爾.)

문: 죽이는 행위의 본성은 공이기 때문에 죽여도 틀림없이 무죄가 된다. 답: 공이라는 것은 죄를 고치는 것이다. 공이라고 알면 반드시 죽이지 않는다. 죽이는 것은 반드시 공을 이해하지 못했기 때문이다. 그

러므로 또한 죄가 있다. 만약 무죄라고 하여 죄를 지으면 사견이기 때문에 죄는 다른 때보다 틀림없이 무겁게 된다. 무엇 때문에 무죄라고 말하려고 하는가. (問. 知殺性空, 殺應無罪. 答. 空是罪治. 知空必不殺. 殺必不了空. 故亦有罪. 若謂無罪而作罪者, 以邪見故, 罪應重於餘. 何得言無罪.)(T40.610ab)

법장은 위와 같이 『열반경』에 따라서 '숨바람[息風]'을 목숨의 본질로한다. 즉, 목숨이란 연에 의해서 생긴 몸과 마음의 활동이며, 타인에 의해 끊어져 버릴 가능성이 있는 현실의 숨인 것이다. 영원한 목숨이라는 것은 생각할 수 없다. 그 점에서는 명근이라는 것은 수론(數論)이 설하는 것처럼 특별한 것은 아니고, "물질과 마음이 연속해서 유지하여 계속 이어져 끊어지지 않는 것[色心連持, 相續不斷]" 이외의 그 어떤 것도 아니라고 하는 천태의 입장에 가깝다.[40] 법장은 이어서 『열반경』에서 불성과 살생의 관계를 설한 부분을 인용한 후 중생은 무자성이기 때문에 죽여도 죄는 없다는 것은 틀렸다 하며, 무자성이기 때문에 죄가 성립하고 무자성이기 때문에 응보가 있을 수 있다고 말하면서 『중론』을 의식한 것 같은 논의를 전개한다.

그리고 중생은 자신의 마음이 변한 것이기 때문에 죽여도 죄가 없는 것이 아니라는 질문에 대해서는 그것은 마음이 미래의 응보를 변하여 짓는 것이라고 설한다. 그리고 살생은 본래공이라고 알면 죄는 없는 것이냐는 질문에 대해서는 업이 공한 것을 관찰하는 것은 죄를 대치하기 위해서이고, 정말 공이라고 아는 자는 죽이지 않는다고 짜증까지 느낄 수 있는 어조로 답하고 있다. 공의 의미를 알면 죽이지 않는다는 것

---

40) 智顗, 『菩薩戒義疏』 卷下, T40.572a.

은 살생을 통렬하게 후회하고, 무상의 참 의미를 안다면 살생을 저지르는 일은 없다고 한탄한 『열반경』의 아도세왕의 말, "내가 본래부터 이처럼 알았다면, 즉 죄를 짓지 않았으니"[번역문 (c)]를 답습한 것으로 보인다. 법장은 공이라고 알면서 죽이는 것은 그렇지 않는 경우보다 죄가 무겁다고 하여 강하게 반발하는 것이다.

이처럼 법장은 불성과의 관계에 대해서는 여래장사상 계통의 논서가 아니라 『열반경』을 자주 인용한다. 다만 보면 알 수 있듯이, 상주해야 할 불성을 지닌 중생을 왜 죽일 수 있는가라는 논의를 전개하는 곳에서 인용하면서, 고를 대신해서 락을, 그리고 무아에 대신해서 진아를 설하는 『열반경』 본래의 주장을 무시한 형태로 인용하고 있다.

(a) 이러한 불성은 결국 끊을 수 없다. 만약 본성을 끊는 것이 가능하다는 그러한 도리는 없기 때문이다. …… 가섭보살은 또 부처에게 아뢰었다. "세존이여, 만약 죽이는 것이 없다면 불선의 업도 없게 되지 않겠습니까"라고. 부처는 가섭보살에게 말했다. "실제로는 살생이 있다. 왜인가. 선남자여. 중생의 불성은 오온 가운데 있다. 만약 오온을 파괴하면 살생이라고 이름한다. 만약 살생이 있다면, 즉 악취에 떨어진다. …… 오온의 모습은 동작 외에 다름이 아니다. 동작의 모습은 마치 돌이나 모래에 구멍을 내거나 파괴하거나 할 수 있는 것과 같다. 불성의 진아는 예를 들면 금강이 파괴되지 않는 것과 같다. 이런 의미가 있기 때문에 오온을 파괴하는 것은 살생이라고 이름한다. 선남자여. 반드시 불법은 이처럼 불가사의하다고 알아야 한다"라고. [(a) 如是佛性終不可斷. 性若可斷無有是處. …… 迦葉菩薩復白佛言. 世尊, 若無殺者, 應當無有不善之業. 佛告迦葉菩薩. 實有殺生. 何以故. 善男子. 衆生佛性住五陰中. 若壞五陰, 名曰殺生. 若有殺生, 卽墮惡趣. …… 五陰之相, 卽是起作. 起作之相, 猶如石沙可穿可壞. 佛性眞我, 譬如金剛不可毀壞. 以是義故, 壞五陰者, 名爲殺生. 善男子. 必定當知

佛法如是不可思議.](南本『涅槃經』卷八,「如來性品」, T12.649bc)

(b) 대왕이여. 색에는 3가지 종류가 있습니다. 과거와 미래와 현재의 색입니다. 과거와 현재는 해를 입힐 수 없습니다. 왜인가 하면, 과거는 지나 버리기 때문입니다. 현재는 순간순간 소멸해 가기 때문입니다. 미래를 막기 때문에 죽임이라고 이름합니다. [(b) 大王. 色有三種. 過去未來現在. 過去現在則不可害. 何以故, 過去過去故. 現在念念滅故. 遮未來故, 名之爲殺.](同, 卷十八,「梵行品」, T12.726c)

(c) "대왕이여. 원래 중생이란 출입의 숨이라고 이름합니다. 출입의 식을 끊기 때문에 죽임이라고 말합니다. 대왕이여. 색은 무상입니다. 색의 인연도 또한 무상입니다. 무상의 원인으로부터 색이 생깁니다. 상이라는 것은 어떤 것입니까. 나아가 식은 무상입니다. …… 무상이기 때문에 고이고, 고이기 때문에 공입니다. 공이기 때문에 무아입니다. 무상·고·공무아이면 죽임을 당하는 것은 없습니다. 무상을 죽여서 상주하는 열반을 얻을 때, 고를 죽여서 락을 얻으며, 공을 죽여서 실을 얻으며, 무아를 죽여서 진아를 얻습니다. 대왕이여. 만약 무상·고·공무아를 죽인다면, 아(아트만)와 마찬가지입니다. 아트만은 또한 무상·고·공무아를 죽여도 지옥에 떨어지지 않습니다. 당신은 어떻게 들어가겠습니까." 그때 아사세왕은 부처가 설하는 것처럼 색을 관찰하고 내지 식을 관찰했다. 그 관찰을 끝내고 부처에게 아뢰었다. "세존이시여, 나는 지금 비로소 색은 무상임을 알았고, 나아가 식은 무상임을 알았습니다. 내가 원래부터 이와 같이 알고 있었다면 죄를 짓지 않았을 것입니다."(大王. 夫衆生者, 名出入息. 斷出入息故名爲殺. 大王. 色是無常. 色之因緣亦是無常. 從無常因生色, 云何常. 乃至, 識是無常. …… 以無常故苦, 以苦故空. 以空故無我. 若是無常苦空無我, 爲何所殺. 殺於無常者, 得常涅槃, 殺苦得樂, 殺空得實, 殺於無我, 而得眞我. 大王. 若殺無常苦空無我者, 則與我同. 我亦殺於無常苦空無

我, 不入地獄. 汝云何入. 爾時, 阿闍世王, 如佛所說觀色乃至觀識. 作是觀已, 卽白佛言. 世尊, 我今始知色是無常, 乃至識是無常. 我本若能如是知者, 則不作罪.)(同, 卷十八, 「梵行品」, T12.727c)

(c) 부분에서는 내쉬는 숨이 목숨이고, 그것은 무상이고 죽여도 죄가 없다는 곳에 일부를 인용한 후에 역으로 공이라고 알고 살생해서는 안 된다는 논의를 전개하고 있는 것은 주의를 요한다.

한편, 법장은 공을 관찰하는 것은 죄의 대치라고 설했는데, 무자성공은 고를 참는 경우에도 언급되며, 법장은 타인으로부터 맞았을 때의 마음가짐에 대해서 이렇게 설한다.

> 또한 때림은 연에 의해서 일어나는 것으로, 반드시 고정된 본성이 없다. 고정된 본성이 없기 때문에 궁극적으로는 공이다. 때리는 쪽도 때림을 당하는 쪽도 존재하지 않기 때문에, 인내라는 것도 성립할 수 없다. 무엇 때문에 화가 있을 수 있겠는가. 『법구경』에서 말한다. "성냄등은 아지랑이와 같음을 알면, 참음도 참아야 됨도 없다."(又打從緣起, 必無自性. 無自性故, 則畢竟空. 能打所打旣無所有, 忍尙不立. 何得瞋. 法句經云. 知瞋等陽炎, 忍亦無所忍.)(T40.633a)

즉 사람에게 맞아도 모두가 무자성공이라고 관찰하여 화내면 안 된다는 것이다. 이처럼 『범망경보살계본소』에서는 불교의 여러 가지 교리는 살생이나 성냄을 벗어나게 하기 위한 수단으로서 강조하며, 무자성공과 다른 교리의 관계가 어떤지, 무자성공 외의 교리를 따진다면 어떤지 등에 대해서는 더 이상 논구하지 않는다.

그런데, 『열반경』의 상락아정적인 표현은 피하고 있다고는 해도, 『범망경』에 따라서 불성설을 취하는 이상은 역시 불성과 생명의 관계에 대

해서 논구하지 않으면 안 된다. 실제로 도계(盜戒)의 해석에서는

> 이 불성에는 두 가지 의미가 있기 때문에, 두 가지 마음을 생기시킨
> 다. 첫째는 상주의이다. 경에서 "그 약은 본래 맛은 산중에 머물러 있
> 다"고 말한다. 이 본성이 청정이라는 면에서 본 것이다. 효순의 마음
> 을 생기시켜 존경한다. …… 둘째는 수연이라는 측면으로 본 것이다.
> 경에서 "이 흘러가는 곳에 따라서 갖가지 맛을 낸다"라고 하였다. 이
> 것은 그 오염된 면을 성립하는 입장이다. 그러므로 자비심을 내어 구
> 제한다. …… 둘째에는 이 능의와 잠염에 대해서도 또한 두 가지 의미
> 가 있다. 첫째는 연의 의해서 성립하여 존재하는 것과 비슷하다. 둘째
> 는 본성이 없어서 공 외에 다름이 아닌 것이다. 이 염법에 그대로 공
> 이라는 의미가 있기 때문에, 근거가 되는 불성은 항상 청정하여 변화
> 가 없다. 이 염법에 사유(似有)의 측면이 있기 때문에, 근거가 되는 불
> 성에 연에 응하여 염이 되는 측면이 있는 것이다. (此佛性有二義故,
> 生二心也. 一常住義. 經云, 其藥本味停住山中. 約此本性淸淨義故,
> 生孝順心而尊敬. …… 二約隨緣義. 經云, 隨其流處成種種味. 約此
> 成染義. 故生慈悲心而救度. …… 二是能依雜染亦二義. 一緣成似有
> 義. 二無性卽空義. 由此染法有卽空義, 所依佛性常淨不反[變]. 由此
> 染法有似有義故, 所依佛性隨緣成染也.)(T40.620b)

라고 하는 것처럼 『열반경』을 인용하면서 불성수연의 사상을 설하는 곳
도 약간이긴 해도 볼 수 있다. 여기서는 불성은 혜원의 경우와 동일하
게 중생의 존재론적인 기반이라고 생각되지만, 중생에게 상주하는 불
성이 있는 것을 보고 효순의 마음을 일으켜 존경하고, 불성이 수연하
여 속세에 찌든 중생으로서 살아가는 것을 보고 자비심을 일으킨다고
설하고 있기 때문에 무자성공의 경우와 마찬가지로 불성설, 그것은 역
학(易學) 등의 영향을 받아서 법장소에는 불변·수연의 도식으로 정리

된 불성설은 중생에 대한 효순과 자비의 실천을 일으키기 위한 방법이 되고 있다는 것을 알 수 있다. 그 외에는 배정향사계(背正向邪戒)의 해석에서

> 불성을 끊는다는 것은 여기에는 두 가지가 있다. 첫째는 삿된 법을 배우는 것에 의해서 몸 가운데 불성이 연을 결핍해 버려 지혜 등의 만행을 생기할 수 없게 된다. 이것은 공능을 막기 때문에 끊는 것이다. 둘째는 이 삿된 법을 배우면 세간의 사람들이 대승행을 하지 못하게 하기 때문에 부처의 종성을 끊는다고 말한다. (斷佛性者, 此有二義. 一由習邪法, 令身中佛性闕緣故, 不得生於智等萬行. 此則遮其功能故云斷也. 二習此邪法, 令於世間大乘不行, 名斷佛種姓.)(T40,646a)

라고 하는 것처럼 삿된 견해를 배우면 불성의 기능작용을 방해한다든가, 부처의 종성을 끊는 것이 된다는 점이 설명되어 있을 뿐이다. 시작도 없는 불성과 무상인 목숨의 관계에 대해서는 자세히 설하지 않는다. 법장은 『탐현기』 권13에서는

> 중음의 시간 가운데, 일어나 움직여 애착의 마음이 생긴다. 그러므로 욕심이 생기한다고 말한다. 이 마음이 일어날 때, 본식 가운데 각각의 식의 종자도 동시에 일어난다. 오온을 생기할 때 이 생을 구하는 마음도 멸하여 다만 본식이 가라라 등에 기탁한다. 씨앗이 파괴되어 싹이 생기는 것과 같다. (從中陰內, 起求生愛心, 故云生欲心. 此心起時, 與本識中識支種子同時起. 至生陰時, 此求生心滅, 唯本識託歌邏羅等. 如種壞牙生等.)(T35,347c)

라고 하는 것처럼 생명과 아뢰야식의 관계, 가라라의 존재 등에 대해서도 언급한다. 하지만, 그 『범망경보살계본소』에서는 상당히 상세한 주석

을 달면서도, 그러한 문제에 대해서는 자세하지 않다. 실천 면에서는 그러한 논의는 불필요하며, 일반적인 교리를 보여 살생에 의한 업의 무거움이나 자비의 필요성을 강조하면 충분하다고 생각했던 것 같다. 원래 『탐현기』도 그 이상의 언급은 없으며, 교의의 중심도 아니다.

한편, 자비심에 대해서는 『탐현기』 권7에서는 대수고(代受苦)에 관한 두 가지 해석을 들고 난 후,

> 이 위의 두 가지 해석은 종교에 의거한다. 다섯째는 보살의 이 서원에 의해 진여와 합치한다. 저 중생의 고통 또한 연에 의해 성립되어 있어 고정된 본성이 없고, 그것이야말로 진여이다. 진여와 일치하는 서원은 반대로 모르게 진여와 다르지 않은 고통이 된다. 이러한 융통을 또한 대(代, 대신)라고 이름한다. 이것은 동체의 원력에 따른 입장이다. 여섯째는 보현은 법계를 몸으로 함으로써 일체중생은 모두 법계이다. 정말로 중생이 고통을 받는 것은 항상 보현(의 고통)이기 때문에 대신이라고 이름한다. (此上二釋, 依終敎. 五由菩薩此願契同眞如. 彼衆生苦亦緣成無性, 卽是眞如. 以同如之願, 還潛至卽眞之苦. 依此融通, 亦名代也. 此約同體願力. 六由普賢以法界爲身, 一切衆生皆是法界. 卽衆生受苦常是普賢故名代.)(T35.246a)

라고 하는 것처럼 무자성 혹은 법계를 매개로 해서 보현이 일체중생의 고(苦)를 받는 것, 즉 보현의 대수고(代受苦)를 설하고 있다. 이러한 주장은 삼매를 전제로 하며, 이것이야말로 별교일승의 입장인 고도의 이타행이 될 테지만, 삼매 가운데서 일체중생을 자유롭게 구하는 장면을 관찰하는 수행자가 아니라,[41] 제약이 많은 현실 사회에서 사는 사람들을 대

---

41) 三昧 가운데 관찰되는 관념적 이상은 출정한 사람도 포함해서 그러한 이상을 현실에 그대로 실천하려고 하는 사람, 상식적으로 해석하는 자, 아주 곡해하는 사람, 이용하려는 사람 등의 행동을 통해서, 생각지도 못한 현실적인 작용을 하는

상으로 하는 『범망경보살계본소』에는 그러한 논의는 보이지 않는다.

생명에 관한 문제로는 그 외에 윤회에 관한 문제가 있다. 『범망경』은 주지하다시피 윤회와 효사상을 결합하여 일체중생은 자기의 예전의 부모이기 때문에 효양을 다해야 한다는 것을 강조하지만, 법장은 이 점을 매우 중시하여 자주 언급하고 있다. 그러나 승장의 『범망경술기』 권3에서는 『유가론』를 인용하여

> 일체의 남자는 모두 나의 부모라고 하는 것은, 즉 무한의 과거로부터 일체의 살아 있는 것은 다시 태어나고 태어나서 서로 부·모·아들·딸이 되어 왔다는 것이다. 그러므로 『유가론』 제9권에서 말한다. "이러한 중생은 일찍이 나의 엄마였다. 나도 또한 끝없는 긴 기간에 걸쳐 그의 엄마였다. 이러한 중생은 일찍이 나의 아버지였다. 나도 끝없는 긴 기간에 걸쳐 그의 아버지였다."(一切男子皆是我父母等者, 謂無始來一切有情展轉互爲父母男女. 故瑜伽論第九卷云, …… 如是衆生曾爲我母. 我亦長夜曾爲彼母. 如是衆生曾爲我父. 我亦長夜曾爲彼父.)(續藏1-60-2.136左下)

라고 하며 중생은 윤회를 반복하는 가운데 서로 부모가 되고 자식이 된다고 단언하고 있다. 실제 무한의 윤회를 생각하면, 그런 결론에 이르지 않을 수 없고, 『대보적경』 육가장자회제19(郁伽長者會第十九) 등에서도

> 일체의 중생은 일찍이 나의 아들이었고, 나도 또한 저 중생의 아들이었다.
> (一切衆生曾爲我子, 我亦是彼衆生子.)(T11.475c)

것이 있기 때문에, 이상 그 자체를 가지고 있는 사회적 성격, 관념성 및 그 이상이 실제로 실현된 사회적·역사적 역할 등에 대해서 구별해서 논할 필요가 있다.

(sarvasatvāpi mama putrā abhūvan/ ahaṃ ca sarvasatvānām putro 'bhūvan/) (Ugradattaparipṛcchā. Vaidya, ed., Śikṣāsamuccaya, p.15, l.14-15)
모든 중생은 또한 나의 아들이었다. 그리고 나도 모든 중생의 아들이었다.

라고 명언하는 것처럼, 인도에서는 이러한 주장을 전개하는 경론이 많다. 게다가 그 경론들은 그렇기 때문에 중생을 죽여서는 부모를 죽인 것이라고 설할 뿐 아니라, 윤회 가운데 서로 부모자식이 되는 것을 무한히 반복하기 때문에 금세의 부모자식 관계에 집착하지 말고 출가하여 불도를 닦고 윤회로부터 벗어나라고 설하는 것도 적지 않다. 그러나 법장은 승장과는 달리 서로 부모자식이 된다고 하는 경전은 인용하지 않고, 그러한 주장에 대해서는 전혀 언급하지 않는다. 이것은 효순을 강조하는 『범망경』 해석으로서는 불필요할 뿐 아니라, 서로 반복해서 부모 자식이 되는 것을 강조하면, 중국에서 최고의 원리는 효를 흔드는 것이 되기 때문이 아닐까? 중국인이 자기의 부모에 대해서 "부모라도 과거세에는 나의 아들이었던 적도 있다"는 등을 생각하게 되면, 예의 체계가 붕괴할 것이다. 나아가 그 관계가 군신관계에 적용되면, "황제라고 해도 과거세에는 나의 신하였던 적이 있다"라는 주장이 성립되어 버린다. 상대론에 선 『장자』의 「외물」편에서 "서로 군신이 된다고 해도 그것은 그때이다. 세를 바꾸면 서로 천시할 것도 없다"고 설하는 것은 군신관계에 있는 특정 왕조 안의 일이고, 왕조가 바뀌면 상하의 구별이 없다고 하는 것이어서 어디까지나 금세의 일이지만, 이러한 입장을 윤회에 끼워맞추면, 더욱 더 과격하게 군신관계를 부정하는 것이 될 것이다. 시대에 따라서 정도의 차이는 있지만, 불교는 늘 보수적인 유교도로부터, 또는 승려의 타락을 싫어하고 불교가 국가경제에 미치는 폐해를 중시하는 사람들로부터 비판을 받았으며, 당대에는 도교측으로부터의 논란도 성했기 때문에 불교의 비사회적인 성격에 대한 비판을 초래하는 해석은 꺼려했을 것이다. 또한 효심이 돈독했을 법장의 경우, 부모는 과거세에서는 자신의 아들이었던 적이 있다는 기술은 실감이 없었을지도 모른다. 육식을 금하는 조목을 해석하는 경우에도『능가경』등에서는 육식을 먹으려고 할 때는 내 아들의 고기라고 생각을 품으라고 설하지만, 배고픈 양친이나 조부모를 봉양하기 위해서는 자신의 살과 자식의 살을 드리는 것이 효라고 여겨진 중국에서 살아온 법장은 그러한 경문을 직접 인용하는 경우는 없다.

다만, 그 정도 효를 강조하는 법장이지만, 부모를 죽인 경우에 대해서는

> 경에서 말했다. "원한을 가지고 원한으로 갚으면, 원한은 언제가 되어도 끝나기 어렵다. 다만 원한을 없애지만 원한은 멈출 뿐이다"라고. …… 문: 만약 그렇다면 보살은 스스로의 부모에게 어떻게 효를 할 수 있는가. 답: 적이 만약 아직 부모를 해하지 않았다면 예를 들어 자신을 미진처럼 갈아서라도 무량의 시간이 지나도록 효행에 힘쓰고, 옹호해야 한다. 만약 그 부모가 이미 해를 입었다면, 숙업이 있기 때문에 적에게 보복해도 이익이 없다. 나아가 인명을 크게 손상하게 되니 원한이 계속해서 끊어지지 않는다. (經云, 以怨報怨, 怨終叵盡. 唯有無怨, 怨乃息耳. …… 問. 若爾菩薩, 於自父母何成孝耶. 答. 怨若未害, 縱碎自身猶如微塵, 經無量劫, 要當孝行, 以存護養. 如其父母已被害訖, 卽是宿業, 酬彼無益. 更招大損, 怨怨不絕.)(T40.639b)

라고 설하여, 보복으로 현세에서의 효를 하는 것보다 불살생을 중시하

고 있다. 원한으로 원한을 갚는 것으로는 싸움이 그치지 않는다는 유명한 『법구경』의 문장을 인용한 후, 부모가 목숨이 있는 경우에는 자신의 몸이 부서져서 가루가 되더라도 무량겁에 걸쳐 효양을 다 해야 하지만, 죽임을 당하면 숙업이기 때문에 보복해서는 안 된다고 단언한다. 같은 취지의 주장은 무자인수원계(無慈忍酬怨戒)의 해석에서도 보이며, 거기서는 불교와 '속례(俗禮)'와는 다른 것을 강조하고, 복수하면 오히려 죄를 낳는다고 하여 "그 임금과 아버지를 몰락시키는 것은 영겁토록 해야 한다. 어찌 효도가 이루어지겠는가"(644a)라고 서술한다.

이상으로 『범망경보살계본소』에서는 목숨이란 어디까지나 조건에 의해서 생겨나고, 또 멸하는 것이며, 영원한 생명은 생각하지 않는다는 것을 알 수 있다. 중생의 목숨은 수행을 가능하게 하고, 보리에 향하게 하는 점에서 귀중한 것이라고 말하지만, 목숨은 오히려 가능성으로서 생각하였다고 말해도 좋을 것이다. 그 때문에 그러한 가능성으로서 존재하는 목숨을 멸하는 것은 그 보다 더 없는 무거운 업이 되어 엄하게 훈계하는 것이다. "보리심을 발할 수 있는 중생을 해하는 것은 업도 무거움을 더한다. 사람과 축생을 가리지 않는다"(611a)[42]라고 단언하는 것은 목숨이 있는 것은 모두 보리에 향해야 하는 존재로서 인식되기 때문일 것이다. 다만, 중생의 고를 구하고, 보리에 가까이 가는 목적을 위해서는 스스로 지옥에 떨어질 각오를 하고 때로는 살인도 인정되며, 또는 보살로서 살아가는 이상은 자신의 생명을 던져서라도 제불을 공양하고 다른 중생을 구하며, 법을 구해야 한다는 것이 강조되어 있다. 그러나 한편으로는 효과가 없는 경우에는 마음먹고 목숨을 버리는

---

42) 한편, 菩薩戒는 사람과 축생을 구별하지 않는다는 것은 吉藏, 『勝鬘寶窟』 등도 「大乘不有簡衆. 故奴婢畜生解佛語者皆得受戒」(T37.21b)라고 강조하고 있다.

것을 경계하도록 깨우친 점이 있다는 것도 주목된다. 또한 윤회는 당연
히 인정되지만, 『범망경』에 따라 일체중생은 예부터 나의 부모이기 때
문에 효행을 다하라는 점이 강조될 뿐, 일체중생이 나의 아들이었다는
가능성은 전혀 언급이 안 된다. 법장이 생각했던 것은 어디까지나 중
국사회에서 생명이 귀중하다는 것, 살생을 두려워해야 한다는 것을 설
하는 점에 있다고 할 것이다. 즉 법장은 보살행의 전형으로서 보살계의
실천을 설하며, 제약이 많은 사회에서 살아가는 승속의 사람들에게 계
를 지킬 수 있는 범위를 보이고, 또한 국가의 중추에 있는 사람들에 대
해서는 조건을 붙여 불교에 대한 규제를 인정하였다. 도선은 소승계와
대승계를 회통하려 했고, 원효는 『유가론』계 계본과 『범망경』 계본의 회
통을 시도했지만,[43] 법장의 목표는 보살계를 중국사회에 무리 없이 수
용하게 하는 데 있었다고 말할 수 있다. 법장은 '효'를 역설하고, 사자의
추선(追善)을 설하는 『범망경』에서 불교에 대한 규제를 금했던 부분같
은 반권력적인 요소를 법장은 완전히 씻어내어 드디어 중국적인 경전으
로 만든 것이다.

5. 『화엄경』과의 관계

『보살계본소』의 현실주의적인 경향, 타협적 성격에 대해서는 지금까
지 검토한 대로이지만, 실은 법장이 격렬한 비판을 억제하려는 것이야
말로 법장이 의도하는 바였다고 보이는 대목이 있다. 예를 들어, 자찬

---

43) 木村, 注32, 앞의 논문 참조.

훼타계(自讚毀他戒)의 주에서는 원효의 『보살계본지범요기』에 의거하면서, 자찬훼타의 해(害)에 대해서 매우 상세히 설하며, 타인을 비판하는 것이 허락되는 것은 교화를 위해 '성냄과 오만[瞋慢]'을 떠나 논난하는 경우에만 한한다고 말한다. 또 화를 내는 것을 금지한 고진계(故瞋戒)의 주에서는

> 여타의 계는 모두 예외를 허용하지만, 이 계만은 없는 것은 화가 수행을 방해하는 과실이 깊기 때문이다. (餘戒皆有開通, 此戒独無者, 以瞋障道過深故.)(T40,633a)

라고 하는 것처럼 다른 계에서는 모두 '개통(開通)'이 있음에도 불구하고, 이 계에 한해서는 예외를 두지 않는 것은,[44] 진에(瞋恚)의 마음처럼 불도를 방해하는 것은 없기 때문이다. 『범망경보살계본소』에서는 고진계(故瞋戒)와 자찬훼타계(自讚毀他戒)라는 두 계는 자주 언급되며 중요한 역할을 다했다. 또 현실생활에서도 법장이 자찬훼타를 피하려고 한 것은 도사와의 논쟁에서 자술한 점이다.

『화엄경』에서는 보살계를 설하는 것은 「정행품」뿐 아니라, 「십지품」이 구지에서 십선도(十善道)가 삼취정계의 형태로 제시되고, 「십회향품」에서는 삼취정계의 말이 보이는 등 초기 대승계가 정리된 형태로 설해져 있고,[45] 대승계경으로서의 성격을 지니고 있지만, 다름 아닌 「보현보살행품」의 첫 부분에서 "하나의 진에심을 일으키면 일체악 가운데 이 악보다 더한 것은 없다"고 단언하는 것은 주목할 만하다. 「보현보살행품」

---

44) 실제로는 背正向邪戒에서도 "이 계는 전혀 듣지 않고"(638b)라고 서술되어 있다.
45) 平川彰, 「初期大乘佛敎の戒學としての十善道」(芳村修基編, 『佛敎敎団の硏究』百華苑, 1968) 참조.

은 이하 진에의 해악을 강조한 후에 다음과 같이 설하고 있다.

> 불자여, 나는 보살이 하나의 화내는 마음을 초월하기 위해서 단 하나
> 의 악법조차 가진 것을 보지 못했다. 불자여, 이 때문에 보살마하살
> 은 하루 빨리 보살행을 갖추려고 하면, 10가지 정법을 수습해야 한
> 다. 무엇을 열 가지라고 하는가. 즉 일체중생을 버리지 않고, 제보살
> 에 대해서 여래의 생각을 품고, 항상 일체의 불법을 비방하지 않는 것
> 이다. (佛子, 我不見有一惡法出過菩薩一瞋恚心. 佛子, 是故菩薩摩訶
> 薩, 欲疾具菩薩行者, 應當修習十種正法. 何等爲十. 所謂不捨一切衆
> 生, 於諸菩薩, 生如來想, 常不誹謗一切佛法.)(T9.607b)

즉, '진에심(瞋恚心)'이 악의 근본으로 간주되어, 그 대치를 위해 일
체의 불법을 비방하지 않는 등의 열 가지 정법이 설해진다. 법장이 진
에의 마음을 다스리는 것을 중시하고, 사회나 타종의 불법을 비판하지
않는 것은 이러한 사정도 겹쳤다고 생각된다. 화내는 마음으로 비판하
는 것을 엄중히 경계하고 그것도 화내는 마음을 다스리면서 유익한 비
판을 전개하는 것이 곤란하다면 비판 그 자체가 억제되어야 하는 것은
자연스럽다. 법장은 법상종의 교학 등을 비판하였다고 하지만, 실제로
는 격렬한 논난의 언사를 사용하는 경우는 극히 드물다. 다만, 이렇게
격렬한 논난 대신에 법장은 상대방의 주장을 자신의 사정에 맞추어 변
환시키고, 자신의 체계 가운데 들여놓는 경향이 있다. 『탐현기』에서 선
대의 여러 교판을 소개할 때, 이들은 "다함께 당시의 법장(法將)으로서
훌륭하게 깨달음이 인간을 넘어섰다[英悟絶倫]"[46)]라고 칭송하여 그들
제사의 영험을 소개하지만, 광택사 법운, 혜사, 지의, 길장 등에 대해서

---

46) 『探玄記』 卷1, T35.111b.

도『화엄경』을 가장 존중해서 최상의 경전으로 간주했다 등의 서술방식을 취하고 있는 것이 그 전형적인 예이다. 하지만, 그렇게 존숭했던『화엄경』과 일찍부터 열렬하게 동경했던 보살계의 결합은 이러한 형식으로밖에는 실현될 수 없었던 것일까.『보살계본소』의 매우 구체적인 기술을 읽고, 또『탐현기』에서「정행품」에 대해서는 간략하게 주석한 것을 보면, 법장이 얼마나 당대 중국사회에서 실천할 수 있는 상세한 보살계를 구했던가, 그것도『화엄경』교리에 기반을 둔 구체적인 보살계를 구했던가를 새삼 통감하게 된다. 법장은 교리를 설할 때도 일상생활에서의 실천에서도 마지막까지 어정쩡한 상황을 벗어나지 못했던 것 같다.

제5장 신라 화엄사상 전개의 일측면(一側面)
- 『석마하연론』의 성립 배경 -

제1절 『석마하연론』의 성립 배경

1. 머리말

쿠카이(空海)가 위작 논쟁이 있었던 『석마하연론』(이하 『석론』이라고 줄임)을 대담하게 활용해서 교판을 세우고 밀교와 현교의 차이를 강조한 뒤로 『석론』은 밀교 내지 현교를 겸한 논서로 의용(依用)되었다. 다이쇼에서 쇼와 초기에 걸쳐서 다시 위작 논쟁이 활발해졌고, 쇼와 10년(1935)에는 모리타 류센(森田龍僊) 씨의 방대한 저서 『석마하연론지연구(釋摩訶衍論之研究)』가 간행되어 『석론』과 그 이전 논서의 관계가 상당 부분 밝혀졌지만, 쿠카이의 해석을 떠나 『석론』 그 자체에 대해 객관적으로 재고하는 작업은 이후에도 그다지 진척되지 않았다. 특히 그것이 성립된 배경에 대해서는 전혀 밝혀진 바가 없는 것이 실정이다.[1] 따

---

[1] 『釋論(석마하연론)』의 성립에 관한 연구 상황에 대해서는 中村正文,「釋摩訶衍論の成立に関する諸資料」(平川彰編, 『佛敎硏究の諸問題』, 山喜房佛書林, 1987) 참조. 柏木弘雄,「釋摩訶衍論の構想」(高崎直道博士還曆記念論集『インド學佛敎學論集』, 春秋社, 1987)은 『석론』의 구상을 이해하기 위한 준비 작업으로서 그 형태적

라서 이 장에서는 『석론』의 독자적인 설의 근거가 된 경론이나 주석서 등을 조사함으로써 『석론』이 성립된 당시의 배경과 작자의 의도에 대해 고찰하고자 한다.

결론부터 말하자면, 『석론』 본래의 의도는 신라의 당시의 여러 설을 회통하는 것에 있었다고 본다. 즉 논쟁의 근원이 된 여러 경론의 이설은 전부 근기에 따른 것으로 결코 모순되지 않으며 모두 동등한 가치가 있다는 사실을 강조함으로써, 당시의 논쟁, 특히 『기신론』을 둘러싼 논쟁을 그치게 하는 것이 목적이었을 것이다. 이러한 견해는 『석론』이 특이한 표현을 늘어놓아 밀교 내지 밀교와 가까운 독자적인 설의 우위를 설한다고 보는 종래의 해석과 정반대인 것처럼 보이지만, 회통을 목적으로 한다는 것과 특이한 설을 늘어놓는 것은 양립할 수 있다. 논쟁의 조정자로 등장한 인물이 자신의 평소 견해를 거침없이 주장하거나, 때로 논쟁의 당사자보다 격한 말을 뱉는 등의 예는 흔히 있다. 어쩌면 그런 독주(獨奏)를 하고 싶어서 일부러 조정을 하는 면도 있을지 모르겠지만, 『석론』의 표면적인 출발점이 어디까지나 여러 설의 회통에 있었다는 것을 간과한다면 『석론』의 구성이 이해가 되지 않을 것이다.

다음으로 주의할 점은, 『석론』의 독자적인 사상으로 보이는 것 가운데 상당 부분이 신라의 논서, 혹은 신라와 관계 깊은 논서 중에 보인다는 사실이다. 주지하다시피 『석론』이 신라에서 성립했다는 설은 일찍부터 있었다. 그리고 모리타 씨가 『석론』의 내용이 원효의 『금강삼매경론』과 유사한 점, 또 "꼭 작자로 가정하는 것은 아니나 그 나라 청구(靑丘) 사문 태현(太賢)의 문체가 논과 무척 비슷하다"라는 등을 지적하

특징에 주목하고 있으며 유익하다.

여,[2] 신라에서 성립했을 가능성을 다시금 시사했음에도 불구하고, 이후로도 진찬설을 주장하는 연구자가 있고, 위작설을 취하면서도 실제로는 신라에서 성립했다는 점을 전혀 고려하지 않은 논문이 적지 않았다. 또 신라에서 성립했다고 주장하는 모리타 씨도 쿠카이의 해석에서 자유롭지 못한 데다, 모리타 씨가 언급하지 않은 중요한 자료도 아직 많이 남아 있기 때문에, 이러한 점에 유의하면서 『석론』이 성립한 배경에 대해서 살펴보고자 한다.

또한 『석론』에 법장의 저작이 인용되기 때문에 그 성립이 법장(643~712)의 가장 말년부터 가이묘(戒明)가 일본에 가지고 온(780년 전후) 사이라는 것은 확실하지만, 현 단계에서는 성립 연대를 특정하는 것은 어렵기 때문에, 성립 연대에 대해서는 여기서는 취급하지 않는다.

2. 논을 만든 목적

『석론』을 읽으면 제일 먼저 눈에 띄는 것이 다양한 경론의 설을 소개한 뒤에 "상위(相違)의 과실이 있지 않다"(T32.594b), "상위의 과실이 없다"(594c)라고 해서 회통을 시도하는 부분이 많다는 점일 것이다. 여기서 말하는 '상위(viruddha)'란 모순을 의미하는 술어로 양립을 허락하지 않는 상황임을 나타내는데, "마명(馬鳴)이 스스로 통달해서 말하

---

2) 森田龍儼, 『釋摩訶衍論之研究』(山城屋文政堂, 1935), pp.790~792. 森田가 예를 든 부분에 대해서 말하면, 특히 태현의 문체와 비슷하다고 하기는 어렵다. 또 사상 면에서 봐도 온건한 절충파의 학승이었던 태현과 『석론』은 전혀 다르다. 다만 아래에 검토하듯이, 『석론』의 문장이 중국인이 쓴 한문으로 보이지 않는 것이 사실이다.

기를"(599b) 등의 형식으로 회통이 이루어지는 경우도 있고, 또 "평등해서 논쟁이 없기 때문에"(596a)와 같은 표현, 혹은 "논쟁과 비방을 제거해서 없애는 문[除遣諍論誹謗門]"(598a), "개통하고 회석하여 논난을 없애는 문[開通會釋消難門]"(649c)처럼 회통을 목적으로 하는 항목도 적지 않다. 또 주목할 점은 『석론』에서 특이하다고 여겨지는 설의 대부분이 이러한 '회통' 부분에 보인다는 것이다.

우선 첫머리에서 귀경게를 해석하는 형식으로 『석론』을 저술한 이유를 말하는 부분에 다음과 같이 말한다(편의상 번호를 붙인다).

> 논에서 말한다. "지금 이 논을 지어서, 거듭해서 마하연을 해석한다.
> (1) 스스로의 스승의 그 본체가 심오함을 나타내기 위해서이다. ……
>   사고할 수 있는 경지를 초월해 있기 때문이다.
> (2) 혹은 근기가 뛰어난 중생과 둔한 근기의 중생을 이끌어서 빨리
>   입문시키고, 단계적으로 나아가는 위지를 보이고 심오한 소전의
>   이치이기에 들어가도록 하기 때문이다.
> (3) 혹은 스승의 교화로 키우심이 극히 깊고 무겁기 때문이다. 조금
>   이나마 스승의 큰 은혜에 보답하기 위해서이다.
> (4) 혹은 몰래 미래의 중생이 백천의 쟁론을 일으키고, 논의 근본 입
>   장을 무너뜨리는 것을 관찰했기 때문이다.
> (5) 혹은 친히 작자의 의도를 들었기 때문이다."
> (論曰. 今造此論重釋摩訶衍, (1) 爲欲顯示自師其體深玄…… 超思惟
> 境故. (2) 或爲欲令利鈍衆生開頓入門, 顯漸進位, 趣入甚深所詮理故.
> (3) 或由師亭毒極深重故, 小分爲報師大恩故. (4) 或祕觀察當來衆生,
> 起百千諍, 壞論宗故. (5) 或親聽受阿世耶故.)(T32.592b)

위의 다섯 가지 이유 가운데, '스스로의 스승'의 본체가 "심오함을 나타내 보이기 위해서이다"라고 하는 (1)은 현장 역 『구사론』 첫머리에 "스

스로의 스승의 본체가 존귀해서 모든 성중을 뛰어넘는 것을 나타내기 위함이다[爲顯自師其體尊高, 超諸聖衆故]"[3]라고 해서 논을 지은 의도를 보인 부분 등에 근거했을 것이다. 『구사론』이 말하는 '스스로의 스승'은 석존을 말하는데, 『석론』에서 말하는 '스스로의 스승'은 마명을 가리키는 것으로 보인다. (2)는 중생을 깊은 이치로 이끌기 위해서라는 것이고, (3)은 스승이신 세존의 은혜에 보답하기 위해서이니, 이상의 (1), (2), (3)은 모두 일반적인 이유이고, 아울러 논으로서의 체재를 갖추는 역할을 수행하고 있는 것으로 보인다. 한편 (4)의 "혹은 몰래 미래의 중생이 백천의 쟁론을 일으키고, 논의 근본 입장을 무너뜨리는 것을 관찰했기 때문이다"라는 부분은 표현이 무척 구체적이어서 간과할 수 없다. 여기서는 용수가 훗날 『기신론』을 둘러싸고 사람들이 "백천의 논쟁을 일으켜" 『기신론』의 본래의 뜻을 잃을 것을 예견해서 『석론』을 지었다고 하고 있지만, 경론에 보이는 이러한 기술은 실제로는 보통 그 경론이 만들어진 당시의 상황을 반영하는 것이다. 『석론』이 지어졌을 당시 『기신론』을 둘러싸고 격렬한 논쟁이 벌어졌다는 것은 의심의 여지가 없다. 또 "후대의 중생이 『기신론』을 비방할 테니"라고 말하지 않고 "백천의 논쟁을 일으켜서 논의 근본 입장을 무너뜨리는 것을 관찰했기 때문에" 이 『석론』을 만들었다고 말하는 것은, 『석론』의 작가가 『기신론』에 대한 신역 유식학도들의 비판뿐만 아니라 『기신론』 존중파 내부의 어구 해석을 둘러싼 논쟁에 대해서도 깊이 우려하고 있었다는 것을 보여 준다고 생각한다. 『석론』이 원효의 『해동소』나 법장의 『기신론의기』를 인용하는 것에서도 알 수 있듯이, 당시는 『기신론』에 관한 많은 소가 유행하

---

3) 玄奘譯, 『俱舍論』 卷1, T29.1a

고 연구된 것으로 보여, 학파에 따른 미세한 해석 차이도 눈에 띄기 시작했을 것이다.

또 『기신론』에 근거해서 중국에서 성립된 가짜 경론이 환영받고 있었다는 점도 간과할 수 없다. 그 대표적인 『점찰경』에 대해서는 중국에서는 청주(靑州, 산동성) 등에서 『점찰경』에 기초한 탑참법(塔懺法)이 유행해서 위경에 근거한 사법(邪法)으로서 금지된 사실이 유명한데, 진평왕 22년(600)에 귀국한 원광(圓光)이 우매한 자를 이끄는 수단으로서 점찰법회를 전파한 이래 『점찰경』이 얼마나 존중되었는지는 『삼국유사』 여기저기에서 볼 수 있다.[4] 『여래장사기』, 『여래장경소』의 저자인 원광은 『기신론』의 교리와 점법을 결합한 이 『점찰경』[5] 속에서 여래장 사상에 근거한 간편한 실천 방법을 발견한 것이리라. 원효도 『열반경종요』에서 『점찰경』의 이름을 들어 "자성적정이 곧 열반이다"라고 설하는 부분을 인용하고 있다.[6] 그런 상황이라면 『기신론』에 대한 관심이 높아지고 다양한 해석이 생기는 것은 당연할 것이다.

논을 지은 이유 중 (5)의 "혹은 친히 아세야(阿世耶)를 들었기 때문에"란, 용수가 마명으로부터 직접 '아세야(asaya, 意樂)', 즉 『기신론』을 지은 의도에 대해 들었기 때문에 그 해석을 저술했다는 것을 말한다. 말하자면 이 『석론』이야말로 마명의 진의에 근거한 권위 있는 해석이라고 말하는 것이다.

그리고 (3)의 "스승께서 정독(亭毒, 교화로 키우심)이 매우 깊고 무겁기 때문에, 조금이라도 스승의 큰 은혜에 보답하기 위해서"란, 마명의

---

4) 金暎泰, 「新羅의 占察法會와 眞表의 敎法硏究」(『佛敎學報』9, 1972. 10). 蔡印幻, 『新羅佛敎戒律思想硏究』(國書刊行會, 1977), pp.158~159.
5) 柏木弘雄, 『大乘起信論의 硏究』(春秋社, 1981), pp.219~234.
6) 『涅槃經宗要』, T38.241c.

교화의 덕을 칭송하고 그 은혜에 보답하려고 지었다는 것인데, 교화의 덕이란 구체적으로는 『기신론』의 작성을 가리킬 것이다.

(2)의 "근기가 뛰어난 중생과 둔한 근기의 중생으로 하여금…… 소전 (所詮)의 이치에 들어가도록 하기 위해서"라는 것도, 단순히 중생을 깨달음으로 향하게 하려는 것이 아니라, '심오한 소전의 이치', 즉 『기신론』의 간결한 문장 속에 숨어 있는 심원한 이치를 이해하게 위한 것이라는 점이 중요할 것이다. 즉 논을 지은 의도를 서술한 이 부분은 마명의 진의를 이해하지 않고 문자에 휘둘려 논쟁에 빠지는 것을 경고한다고 할 수 있다.

『석론』은 (귀경게와) 논을 지은 이유에 대해 설한 뒤, 논(論)과 장(藏) 의 종류에 대해서 독자적으로 분류하며 『기신론』이 어느 종류에 속하는지를 논한다. 이어서 『기신론』의 소의로서 주로 가공의 경전으로 이루어진 백 종류가 넘는 경의 이름을 들고, 또 마명이 여섯 명 있었다는 주장을 한 뒤, 수많은 가공의 경론을 인용하며 『기신론』을 해석하는데, 중요한 것은 마명 6인설의 첫머리에 있는 다음과 같은 송이다.

> 전체 6인의 마명이 있다. 경전이 다른 기술을 하고 있기 때문이다. 그러나 상대의 능력에 따라 응하기 때문에 모순의 과실은 없다. (總有六馬鳴, 契經異說故. 然隨機應故, 無有相違失.)(T32.594b)

즉 여러 경전이 연대와 사적이 다른 여섯 명의 마명의 모습을 전하고 있는데, 마명은 근기에 따라서 화현했기 때문에 저들 기술에는 결코 '상위(모순)의 과실'은 없다는 것이다. 『기신론』은 그러한 마명 가운데 한 사람이 지은 것이니 마명의 진찬에는 틀림이 없다는 것이 『석론』이 말하고자 하는 것이다. 이 점을 강조하기 위해서는 여러 경에 보이는 마명에 관한 내용이 다양하면 할수록 유리해진다.

실제로 『석론』은 이 직후에 법장의 『기신론의기』에도 인용되는 『마하마야계경(摩訶摩耶契經)(불승도리천위모설법경)』의 문장을 들고, 또 다섯 가지 가공의 경전의 문장을 인용하며 여러 시대의 다양한 마명의 모습을 보인 뒤, "이와 같이 여러 경이 각각 달리 설하지만, 근기에 따라 응현하기 때문에 상위의 과실은 없다"(594c)라고 결론짓는다. 결론은 항상 회통이다. 바꾸어 말하면, 이와 같은 형식을 지키는 한, 즉 경론에서 인용한다는 형식을 취하고 회통이라는 말로 마무리하기만 하면 무슨 주장을 해도 인정된다는 것이다.

『석론』은 이런 자유를 넘칠 정도로 활용해서 스스로의 독특한 주장을 마음껏 전개하고 있는데, 이것은 회통이 단순한 수단에 불과했다는 것을 의미하지 않는다. 『석론』에서 회통은 최우선 전제 혹은 기본적인 틀이고, 『석론』의 작자는 심지어 회통이라는 형식을 통하지 않고는 자신의 견해를 말할 수 없는 것처럼 보인다. 즉 작자는 그만큼 회통이라는 형식에 익숙해져 있고, 또 실제로 그 정도로 회통이 필요한 상황에 놓여 있었다고 생각된다.

『석론』에는 『기신론』을 둘러싼 논쟁을 회통하는 것, 그리고 회통이라는 형식을 통해서 자신의 독특한 견해를 끊임없이 늘어놓는 것이 모순 없이 병존한 것으로 보인다. 『석론』을 읽을 때는 가공의 경론이 끊임없이 열거되는 점에 놀라고 그 이상한 제목이나 황당무계한 내용에 시선을 빼앗기기 십상이지만, 위에서 말한 상황을 이해하지 못한다면 그들 가공의 경전의 주장에 휘둘리게 될 것이다.

위경까지는 만들지 않더라도 『기신론』을 중심으로 해서 이러한 회통의 입장을 가장 강하게 밀고 나간 사람은 말할 것도 없이 신라의 원효이다. 모리타는『석론』의 전거를 상세하게 조사해서,『석론』이 법장의『기신론의기』와 함께 원효의『해동소』의 영향을 받았다는 점을 지적했다. 하지만『석론』에서 아주 중요한 역할을 수행하고 있는『금강삼매경』에 대해서는『석론』이 경명을 들어 인용하는 부분만 대조했고, 원효의『금강삼매경론』에 대해서는 내용이 유사한 부분이 많다고 했을 뿐 자세한 비교는 이루어지지 않았기 때문에, 이하『금강삼매경』및『금강삼매경론』과의 관계에 대해서 검토하고자 한다.

3.『금강삼매경』과『금강삼매경론』의 의용

먼저『금강삼매경』에 대해서 살펴보자.『금강삼매경』에 대해서는 미즈노 고겐(水野弘元)이 당대(唐代) 초에 초기 선종의 주장을 비롯해서 당시에 유행하고 있던 많은 불교 교리를 정리해서 만든 위경이라고 하며, 현장(玄奘)의 번역어를 사용하고 원효(617~686)의 주석이 있다는 사실에 근거해서 성립 연대를 650~665년경이라고 추정했다.

미즈노 씨에 따르면,『송고승전』에는 왕비의 약을 구하기 위해 당에 간 신라왕의 사신에게 용왕이 종이 다발을 내리면서 신라의 성자 대안(大安)으로 하여금 이어붙이고 원효 법사에게 강석하게 하면 왕비의 병이 나을 것이라고 하였다. 그렇게 한 결과 여러 가지 경위가 있은 뒤 왕비의 병이 낫고 원효의 소(疏) 3권이 완성되었다고 전하고 있기 때문에 제작된 곳은 산동 지방이나 요동 지방일 테지만 신라였을 가능성도 없

지는 않다고 한다.[7]

또 기무라 센쇼(木村宣彰)는 그러한 일화나 『금강삼매경』이 유포된 상황으로 보아 이 경전은 대안이나 원효의 주변 사람에 의해 만들어진 것이라고 말한다.[8] 신라에서 성립했는지의 여부는 단정하기 어렵지만, 이 경전이 이른 시기에 신라에서 유행하고 있었다는 것은 틀림없다. 미즈노 씨는 중국에서는 지승(智昇)의 『개원석교록(開元釋敎錄)』(730년)에 경명이 보이는 것을 제외하면 종밀이나 연수 등 주로 선종 관련 문헌에 인용되고 있는 점에 주의하는데, 『석론』의 경우도 마찬가지이지만, 전기가 불확실한 성법(聖法)과 법민(法敏)을 제외하면 종밀이 중국에서는 가장 이른 시기에 인용하고 있는 점이 흥미롭다. 『법구경』이나 『원각경』 등을 포함한 여래장계의 이들 위경은 선과 화엄이 교류하는 가운데 태어나서 그 계통에 전해진 것으로 생각된다.[9]

『금강삼매경』은 본래 여러 학파의 교리의 요약집이라는 성격을 띠고 있었는데, 그 주석인 원효의 『금강삼매경론』은 원효의 다른 저작과 마찬가지로 여기저기서 회통을 시도하고 있으며, 『금강삼매경』에 보이는 모든 설이 다른 경론의 설과 모순되지 않는다는 것을 강조한다. 여래장설에 입각한 『금강삼매경』 자체가 종종 『기신론』을 원용하고 있는 데다, 원효는 그의 교학의 중심인 『기신론』의 교리에 근거해서 해석을 하고 있기 때문에, 『기신론』의 주석이라는 형식을 취하고 있는 『석론』으로서는 『금강삼매경』과 『금강삼매경론』이 무척 의지가 되었을 것이다. 『석론』은

---

7) 水野弘元, 「菩提達摩の二入四行說と金剛三昧經」(『駒沢大學研究紀要』13, 1955. 3).
8) 木村宣彰, 「金剛三昧經論の眞僞問題」(『佛教學研究』18-2, 1976. 2).
9) 여기서 말하는 禪이나 화엄은 소위 선종과 종남산계 화엄종만을 의미하는 것이 아니라, 무상대승(無相大乘)을 설하는 북지의 선사들을 포함한 習禪者들의 그룹이나 지론·삼론계 화엄사상도 포함한다.

이 『금강삼매경』을 '금강삼매경'의 이름으로 한 번 든 외에 '금강삼매계경(金剛三昧契經)'이라는 이름으로 네 차례 인용하고 있는데, 그것들은 전부 현행본과 일치한다. 또 『석론』에는 『대본금강삼매계경』이라는 경이 한 번 인용되고 있는데, 『석론』에서 『대본~』이라는 형태로 인용되는 경전은 『능가경』, 『유마경』, 『화엄경』 등 모두 『석론』이 중시하는 경전뿐이기 때문에, 『금강삼매경』을 중시했다는 것을 알 수 있다.

『석론』에서의 『금강삼매경』 인용 가운데, 권2에서는 『금강삼매경』이 설하는 '문어(文語)'와 '의어(義語)'의 구분, 즉 말뿐인 허망한 설과 '뜻'을 전달하는 진실한 설을 구별한 대목을 인용하고 나서, 『석론』의 독자적 5종 언설을 설해서 "진리에 대해 말할 수 있는" 언설이 있다는 것을 주장한다(605c~606a). 『석론』 첫머리의 "마명보살이 지은 논은 그 수가 몇인가? 문(文)이 몇이고 의(義)가 몇인가?"(592c)라는 문답도 『금강삼매경』의 이러한 구분에 근거한 것으로 보인다.

그런데 『석론』이 설하는 5종 언설은 주지하다시피 밀교가 과분가설(果分可說)의 가르침이라는 근거의 하나가 되어 왔지만, 『석론』의 의도는 진언밀교를 끌어들이는 통상의 해석과는 상당히 다르다. 『기신론』에서 "진여라고 하지만 상(相)이 있지 않다"라든가 "언설의 상(相)을 떠나서"라고 설하는 것은, 진여가 중생의 통상의 언어, 즉 허망 언설[文語]로는 표현할 수 없다는 것을 보이기 위해서이고, 한편 "언설의 극치이다. 말로써 말을 부정한다"라고 하는 것은 "바로 진여무상(眞如無相)의 인연을 보인다"는 것이 『석론』의 해석 의도이다. 『석론』은 『기신론』 중에 모순이라고 생각되는 대목, 다양하게 해석이 되어 논쟁이 있었을 대목을 설명하기 위해 5종 언설이라는 분류를 가져온 것으로, 바로 그래서 그 뒤에 유마의 침묵은 "여(如)의 말로써 여(如)를 설한" 것이라는 『대본유마계경』이라는 가공의 경전을 인용한 것이다. 말하자면 마명보살의 진찬인 이『기신론』은 다양한 성격의 언어를 구별해서 쓰고 있고 그 내용에 모순이 없다는 것이『석론』이 강조하고자 하는 바이며, 과분불가설인 현교의 경론과 별개로 법신불이 그 자내증(自內證)을 그대로 설한 과분가설[10]의 밀교가 있다고 주장한 것은 아니다.

이 외에『석론』이 경명을 들지 않고『금강삼매경』이나『금강삼매경론』의 사상을 이용하는 부분은 매우 많으며, 또 그것들은 모두 중요하다. 예를 들어『석론』의 근본개념인 불이마하연(不二摩訶衍)의 사상은 '불이(不二)'라는 말에서도 알 수 있듯이『유마경』에 근거한 것임은 말할 것도 없지만,『금강삼매경』이나『금강삼매경론』의 영향을 받은 부분도 적지 않다. 먼저『석론』중에 불이마하연에 대해 설한 부분을 정리하면 다음과 같다.

(1) 불이마하연(不二摩訶衍)에는 인연이 없다. (601c)
(2) 불이마하연은 성덕원만해이고, 불·보살·이승(二乘)·일체이생(一切異生) 등을 얻는다. (同上)
(3) 다른 법문을 설하지 않고, 단 한 법만을 설하는 경우는 불이마하연의 한 법을 설한다. (602c)
(4) 불이마하연의 법은 불이마하연의 법일 뿐. 명(明)인가 무명인가

---

10) 또 인분가설 과분불가설이『오교장』의 입장이지만,『탐현기』권10에서는 과분인 의대(義大)에 대해서도 가설과 불가설의 면을 인정하고 인분인 설대(說大)에도 가설과 불가설의 면을 인정한다(T35.295c). 의상 문하의 신라 화엄에서는 과분을 증분이라고 부르고 인분을 교분이라고 하고, "증분 역시 가설이고, 교분 역시 불가설이다"(『총수록』권下1, T45.754a)라고 단언한다. 이것은 세제(世諦)에도 가설의 면과 불가설(可說·不可說)의 면이 있고, 진제(眞諦)에도 불가설의 면과 가설의 면이 있다고 말하는『大乘玄論』권1(T45.23c) 등으로 대표되는 삼론종의 의론에 근거한 것으로 보이는데, 지엄의 강의 등에서는 이미 이러한 논의가 있었을 것으로 생각된다.

말하자면……. [침묵] (637c)

(5) 불이마하연인 원원해(圓圓海)는 일반의 제불보다 뛰어나 제불을
성취한다. (668a)

한편『금강삼매경』및『금강삼매경론』에서는 5종의 경지를 설한 뒤 진
여에 대해서 다음과 같이 말한다.

경에서 말한다.
"선남자여, 이 법(진여)은 인도 아니고 연도 아니며, 지혜 자체의 작용
이기 때문에……."
논에서 말한다.
"이것은 총이고, 완벽이 융합하여 불이가 되는 경지를 성립시킨다.
…… 만약 하나의 법이고 불이라는 법문이라면 인과는 불이이고, 마
음과 대상도 구별이 없다." [經曰, 善男子, 是法(眞如), 非因非緣. 智自
用故. …… 論曰, 此是總成圓融不二. …… 若就一法不二之門, 卽因果
不二, 心境無別.](T34.995a)

위의 내용이『석론』의 (1)에 해당하는 것은 분명하다. 불이마하연은
『기신론』이 설하는 마하연을 독자적 관점에서 다시 규정한 것으로, 결
국 '마하연의 본체'이라고 불리는 심진여(心眞如)에 덧붙인 것이기 때문
에, 불이마하연에 대해서 설할 때『금강삼매경』에서 진여에 대해 말한
부분이나 그 부분에 대한 원효의 주석을 사용하는 것은 이상할 것이
없다. 또 원효의 주석 가운데 보이는 '원융불이(圓融不二)'라는 말은 위
인용문의 조금 앞에서『금강삼매경』자신이 사용하고 있다.[11]
다음으로『석론』에서 일체의 근거라고 일컫는 '성덕원만해(性德圓滿

---

11)『金剛三昧經』, T9.371b.

海)'라는 말에 대해서는 『오교장』에 '성해원명(性海圓明)', '성해구덕문(性海具德門)'[12] 등의 유사한 말이 보이며, 그 밖에 『금강삼매경론』에도 흥미로운 기술이 있다.

> 경에서 말한다. …… "이러한 한 일이 육바라밀의 행을 포섭한다. 이 것이 부처의 광대한 보리·일체지이다."
> 논에서 말한다. …… "이러한 육위에 포함되는 여러 행위는 모두 일각 (一覺)이 포섭하는 것이다. 그러므로 '한 일이 육바라밀을 포섭한다' 고 한다. 단지 보살만이 이 본각에 돌아가는 것이 아니라, 모든 부처 의 완벽한 지혜도 이 바다로 돌아간다. 그러므로 '광대한 보리살반야' 라고 한다."(經曰, …… 如是一事通攝六行, 是佛菩提薩般若海. 論曰, …… 如是六位所有諸行, 皆是一覺之所攝成. 故言「一事通攝六行」. 非但菩薩歸此本覺, 諸佛圓智同歸此海. 故言「是佛菩提薩般若海」.) (T34.991ab)

『금강삼매경』이 반야해를 제불의 근원이라고 하는 것은 반야를 수행 이나 깨달음의 근본으로 하는 반야경전의 전승에 따른 것인데, 원효의 "모든 부처의 완벽한 지혜 역시 이 바다로 돌아간다"라는 표현은 (2)와 (5)를 연상시킨다.

또 위의 『금강삼매경론』의 인용문 중에 보이는 '일각(一覺)'이라는 말 은 『금강삼매경』에서 자주 쓰이는 표현이다. 원효는 이 말이 '일심본각 여래장의(一心本覺如來藏義)'를 가리킨다고 하며, "일체중생은 본각이 하나이다. 그러므로 일각이라고 한다"[13] 또는 "본각과 시각이 둘이 아

---

12) 『五教章』 卷第2, T45.485b.
13) 『金剛三昧經論』, T34.964bc.

니기 때문에 일각이라고 한다"[14]라고 해석한다. 『석론』이 '일각'이라는 말을 써서 논하는 대목이 바로 오중 문답에 들어가는 발단부에 해당한다. 『석론』은 『대종지현문본론(大宗地玄文本論)』이라는 논을 인용해서 본각이 하나임을 설한 다음,

> 일체중생은 무한의 과거 이래 모두 본각을 가지고, 버려서 여읜 때가 없다면, 무엇 때문에 중생에게 먼저 성불하는 자가 있고, 뒤에 성불하는 자가 있으며, 지금 성불하는 자가 있고, …… 무한의 구별이 있는가. 함께 하나의 각을 가지고 있다면 모두 일시에 발심하여 수행하여 무상의 깨달음에 도달해야 할 것이다. (一切衆生, 從無始來, 皆有本覺, 無捨離時, 何故衆生, 先有成佛, 後有成佛, 今有成佛, …… 無量差別. 同有一覺, 皆悉一時發心修行, 到無上道.)(T32,637b)

라고 해서, 그렇다면 어째서 성불에 선후가 있는가 하는 의문을 파격적인 형식의 한문으로[15] 제기한다. 이어서 『석론』은 5종의 경지를 들어, 첫 번째부터 네 번째 경지에 대해서 "무명의 범주이며 명(明)의 분위(分位)가 아니다"라고 해서 차례차례 부정하는데, 5종의 경지를 둘러싼 논의도 아래에 보듯이 『금강삼매경』에 보인다.

> 사리불이 말한다. "일체의 중생은 일천제의 천제의 마음으로부터 시작해서 어떤 위에 머물러도 여래여래의 실상에 이르는 것이 가능합니까." 부처가 말했다. "천제의 마음으로부터 여래여래의 실상에 이르기까지는 5개 등의 위에 머문다. 첫째는 신위. …… 다섯째는 사위(捨位)이다. …… 선남자여. 5위는 하나의 각이어서, 원래 이(利)로부터 들어

---

14) 同, T34.979c.
15) '先有成佛, 後有成佛, 今有成佛'이라는 것은 신라나 일본에 보이는 변체 한문으로, 본래는 '有先成佛者'라고 해야 할 것이다.

간다. 만약 중생을 교화하여 그 본래의 처에 정착하게 한다면…… 그 생각은 적멸하여 적멸은 이러한 것이다. 다라니의 여러 가지 덕은 만법을 관통하고 완벽하게 서로 용해되어 둘이 아니고, 불가사의하다. 이 법은 마하반야바라밀에 다름 아님을 알아야 할 것이다. …… 이 법은 원인도 아니고 조건도 아니다. 지혜가 스스로 작용하기 때문이다. (舍利弗言. 一切衆生, 從一闡提 闡提之心 住何等位, 得至如來如來實相. 佛言. 從闡提心 乃至如來如來實相, 住五等位. 一者信位. …… 五者捨位. …… 善男子, 五位一覺從本利入. 若化衆生從其本處. …… 是念寂滅, 寂滅是如. 總持諸德, 該羅萬法, 圓融不二, 不可思議. 當知是法, 卽是摩訶般若波羅蜜. …… 是法非因非緣. 智自用故.)(T9.371ab)

즉 『금강삼매경』은 일천제심(一闡提心)에서부터 '여래여래실상(如來如來實相)'인 결과의 세계에 이르는 다섯 가지의 위지를 설한다. 그리고 중생을 교화하는 경우는 "그 본처(本處)에 따를 것"을 강조하는데, 주지하는 바와 같이 『석론』의 오중 문답의 두 번째 문답의 결론이 "이와 같은 본래의 자리가 무명의 범주이며 명의 분위(分位)가 아니다"(637c)라는 것이다. 각각의 경지의 내용이 다르기는 하지만 이러한 유사점도 간과할 수 없다.

이밖에 『석론』이 문자의 차이를 설하는 『도품계경(道品契經)』이라는 가공의 경전을 인용하는 것은, 『금강삼매경』이 문어와 의어의 차이를 설하기 직전에 '37도품법' 등의 명수(名數)와 의(義)의 관계를 논하는 부분[16]에 근거한다. 또 『금강계경(金剛契經)』이라는 경전을 50의 인장(因藏)과 1의 과장(果藏)을 설하는 경전으로서 소개하는 것(593a)은 『금강삼매경론』이 "또 '금강반야'는 인과에 통하고 '금강삼매'는 과의 경

---

16) 『金剛三昧經』, T9.371a. 이러한 각 경전의 작성 방법에 대해서는 石井, 「『釋摩訶衍論』における架空經典」(『佛敎學』25, 1988. 12) 참조.

지에 있다"[17]고 설한 것을 근거로 했을 것이다. 이처럼 『석론』이 사상이나 구성의 측면과 용어의 측면에 있어서『금강삼매경』이나『금강삼매경론』에 의지하고 있는 부분이 많은 것은 확실하다. 특히 오중 문답의 전후는『금강삼매경』및『금강삼매경론』의 영향이 강한 것으로 보인다.

그리고 모치즈키 신코(望月信亨)는 『석론』 중에 보이는 여래장불(如來藏佛) 등의 용어가 삼계교의 용어라는 것에서, 『석론』은 탄압을 받고 있던 삼계교의 무리가 종파를 전파하기 위해 용수에게 가탁해서 만든 것이라고 말한다.[18] 하지만 여래장불 등의 용어는 이미『금강삼매경』에 보인다.[19] 또 의상의 문도들이 존숭하던 지엄이 사용하고, 의상계의 저작으로 뒤에 법장 찬이라고 알려지게 된『화엄경문답』에도 나오는 것으로 보건대, 신라에서는 삼계교의 용어로서가 아니라 일반적인 용어로 받아들여지게 되었을 것이다.

4. 의상계 사상과의 관계

시오이리 료추(塩入亮忠)는 「국역일체경」 해제에서 『석론』이 신라에서 찬술되었다는 설의 근거로 권9에 나오는 다라니의 특이한 문자가 신라의 문자와 비슷한 점이 있다는 것을 들고 있다. 신라 문자가 무엇을 가리키는지 확실하지 않다. 이두를 말한다면 이두는 일본 가나의 원형으로서 글자 자체가 한자와 다르지 않으며, 한글의 옛 형태를 말한다면

---

17)『金剛三昧經論』, T34.961c.
18) 望月信亨,『大乘起信論之硏究』(金尾文淵堂, 1921), p.254.
19)『金剛三昧經』, T9.370b.

한글은 훨씬 후대인 세종 28년(1445)에 만들어지므로, 어느 쪽도 해당 사항이 없다. 특이한 문자에 대해서는 모리타가 지적했듯이, 측천 문자처럼 한자에서 변형된 것으로 보아야 할 것이다.[20] "저 지관문(止觀門)을 수행하고자 하는 사람은 반드시 [圖]자륜을 극복해야 한다"(656b)라고 하는 것에서도 알 수 있듯이, 그 문자는 몸에 익히는 것으로 간주되었다는 점, 또 문자의 모양으로 봐서 도교의 부적 내지 그런 영향을 받은 위경류의 영향도 고려해야 할 것이다. 아무튼 문자의 측면만 가지고 신라 찬술을 입증할 수는 없지만, 내용에 관해서는 아래에 보듯이 신라의 논서와 공통된 점이 적지 않다.

먼저 현밀을 결판하는 근거가 되어 온 권10의 원원해(圓圓海)와 제불의 우열을 둘러싼 논의를 살펴보자.『석론』은『기신론』말미에 있는 회향게의 "제불의 깊고 깊음과 광대한 뜻을 내가 지금 분에 따라 총지해서 설한다[諸佛甚深廣大義 我今隨分總持說]"[21] 중에 '제불'을 불이마하연이라고 해석하고 불이마하연은 일반적으로 말하는 제불보다 뛰어나다고 주장하며,『대본화엄계경(大本花嚴契經)』이라는 가공의 경전을 인용한다.

대본의『화엄계경』에서는 이렇게 설하고 있다. 그 원원해는 제불을 얻는다. 뛰어나기 때문이다. 그 일체의 부처는 원원해를 성취할 수 없다. 열등하기 때문이다. (大本花嚴契經中作如是說. 其圓圓海得[22]諸佛.

---

20) 森田, 注2, 앞의 책, pp.746~749.
21)『起信論』, T32.583b.
22) 이 부분에 대해서는 텍스트마다 상당한 차이가 있다. 高野山本에 따라서 '圓圓海德諸佛勝. 其一切佛不能成就圓圓海. 劣故'라고 끊어서 "圓圓海德의 諸佛은 홀륭하다"고 읽고, '圓圓海德의 諸佛'은 밀교의 부처를 가리킨다고 해석하는 것이 진언종의 전통인데, '勝故'와 '劣故'가 대응하는 등의 어법 면에서 보나, 또 고려본·石山寺本 텍스트 및 중국 여러 논사의 주석에서 보나, 본문에서 보인 형태가 본래

勝故. 其一切佛不能成就圓圓海. 劣故.)(T32.668a)

　　즉 『대본화엄계경』에 따르면, 원원해는 뛰어나기 때문에 일체불을 성취하지만, 일체불은 열등하기 때문에 원원해를 성취하지 못한다는 것이다. 이어서 『석론』은 "노사나불은 삼종세간을 그 신심(身心)으로 한다"(668a)고 설하는 『분류화엄계경(分流花嚴契經)』이라는 경전을 인용하고, 삼종 세간이 일체법을 포함하는 것이라면 부처의 신심은 원원해를 포함해야 하지 않느냐고 의문을 제기한 뒤, "포함과 포함하지 못함 때문이다. 따라서 과실이 없다"(668a)라고 해서 회통한다. 말하자면 『석론』은 불이마하연에 다름 아닌 원원해를 일체불의 근원으로 보고, 『기신론』을 그 불이마하연을 "분에 따라 총지해서 설한" 논서로 간주하기 때문에, 『기신론』의 회향게 가운데 나오는 '제불'이라는 말을 말 그대로의 '제불'로 보지 못하는 것이다. "제불의 깊고 깊음과 광대한 뜻"이라고 할 때의 '제불'이란 어디까지나 "지극히 오묘하고 깊고 깊어 독존인"(601c)인 불이마하연이어야 한다. 하지만 화엄교학의 영향을 받은 『석론』으로서는 일체법인 삼종 세간을 포함하는 『화엄경』의 비로자나불을 무시할 수 없기 때문에 이처럼 회통을 하게 된 것이다.

　　삼종 세간의 각 명칭에 대해서는 경론이나 학파에 따라 다소의 차이가 있는데, 『석론』에서는 "무엇을 삼종 세간이라고 하는가. 첫째는 중생세간, 둘째는 기세간, 셋째는 지정각세간이다"(622a)라고 명언하는 것에서도 알 수 있듯이, 화엄종의 삼종 세간설의 명칭을 사용한다. 화엄교학의 영향은 그러한 용어에만 그치지 않는다. 예를 들어 의상의 『일승법계도』에서는 화엄일승의 교의를 하나의 커다란 인(印) 안에 구불구

―――――――――

의 형태일 것이다. '得'과 '德'의 통용은 돈황 문헌 등에는 가끔 보인다.

불하게 회문(回文)을 새긴 시(詩)의 형식으로 보인 이유에 대해서 이렇게 말한다.

문: 무엇 때문에 인에 의합니까.
답: 석가여래의 교설의 망이 포섭하는 삼종 세간은 해인삼매로부터 샘솟아 출현하는 것을 나타내려고 하기 때문이다. 소위 삼종 세간은 첫째는 물질의 세간, 둘째는 살아 있는 것의 세간, 셋째는 정확한 깨달음의 지혜의 세간이다. …… 삼종 세간은 법을 더 포섭하기 때문에 다른 것을 논하지 않는다. 자세한 의미에 대해서는 『화엄경』이 설하는 대로이다. (問. 何以故依印. 答. 欲表釋迦如來敎網所攝三種世間, 從海印三昧 㵱出現顯故. 所謂三種世間, 一器世間, 二衆生世間, 三智正覺世間. …… 三種世間攝盡法故, 不論餘者. 廣義者, 如華嚴經說.) (T45.711ab)

여기서는 지론교학의 전통에 근거해서 석가여래의 다양한 교법에 대해 논하고 있는데, 해인삼매를 원원해로 바꾸면 『석론』과 마찬가지로 과해, 불, "법을 모두 포함하는" 삼종 세간, 일체법 등의 상섭 관계를 논한 것으로 볼 수 있다. 총장(總章) 원년(668)에 만들어진 『법계도』는 의상 문하의 화엄교학의 성전으로, 일찍부터 다양한 주석이 만들어져 유포된 듯하다.

그런데 『석론』이 인용하는 『분류화엄계경』에 따르면 "노사나불은 삼종 세간을 그 신심(身心)으로 한다"고 하는데, 현행 『화엄경』에 똑같은 문구는 보이지 않는다. 『탐현기』 권3의 「노사나품」의 주석도 "이 사나불은 보신(報身)에 한정되지 않는다. 기세간을 비롯한 삼종 세간에 통하고, 십신(十身)을 갖추기 때문이다"[23]라고 설할 뿐, '신심'이라는 말은 사

---

23) 『探玄記』 卷3, T35.146c.

용하지 않는다. 한편 『법계도』, 『법계도』에 대한 다양한 주석, 그리고 의상의 말이나 일화를 수록한 『법계도기총수록』에는 이 말이 자주 쓰인다. 예를 들어 『법계도기총수록』이 인용하는 『도신장(道身章)』은 의상의 제자 도신이 스승의 말을 기록한 것으로, 법장이 의상에게 보낸 저작에 대한 질문도 들어 있는 듯한데, 거기에 다음과 같이 말한다.

> 『도신장』에서 말한다. 문: "삼세간을 부처의 신심으로 하는 것은 불신은 극히 넓기 때문에 중생 등은 부처의 신심 가운데 있는 것을 말하는가." 답: "⋯⋯"(道身章云, 問, 三世間爲佛身心者, 佛身大寬故衆生等在佛身心耶. ⋯⋯ 答, ⋯⋯)(T45,726b)

도신의 이 질문은 『탐현기』의 「성기품」 주석에,

> 다만 과 가운데에 삼세간을 갖춘다. 이 때문에 중생도 또한 이것에 포섭된다. ⋯⋯ 『열반』에서 말한다. "불성이 아닌 것은 초목 등을 말한다"라고. 만약 원교라면 불성과 성기는 모두 자기 자신과 외부 세계에 통한다. ⋯⋯ 이 때문에 성불하면 삼세간을 갖춰져 있어, 국토신 등은 모두 불신인 것이다. (但以果中具三世間, 是故衆生亦此所攝. ⋯⋯ 涅槃云非佛性者謂草木等. 若圓敎中佛性及性起皆通依正. ⋯⋯ 是故成佛具三世間, 國土身等皆是佛身.)(T35,405c)

라고 한 문제에 대한 질문으로 보이는데, 『탐현기』에는 '신심'이라는 말이 쓰이지 않은 점에 주의할 필요가 있다. 그 밖에 『법계도기총수록』이 인용하는 문헌에는 삼종 세간과 부처의 신심의 포섭관계에 대해서 논한 부분이 적지 않다.

또한 도신보다 후대이지만 『법계도』의 주석인 『법기(法記)』에서는 해인에 대해서 다음과 같이 말한다.

해인으로 나타난 삼세간은 교분이다. 삼세간을 포섭하는 해인, 이것
은 즉 증분이다. (海印所現三世間是教分也. 攝三世間之海印, 卽是證
分也.)(T45.752c)

여기서 증분이라고 불리는 "삼종 세간을 포함하는 해인"이 『석론』이
과해로서 강조하는 원원해에 해당하는 것은 분명하다. 신라에서 의상
이래 해인을 둘러싸고 활발한 논의가 있었다는 사실은 잘 알려져 있
다.[24] 『법기』와 『석론』의 전후 관계는 확실하지 않지만, 『석론』의 성립은
지금까지 서술한 신라 화엄교학의 동향과 무관하지 않다고 본다.

한편 위와 같은 『석론』의 논의에서는 현행 『화엄경』을 상정한 것으로
보이는 『분류화엄계경』의 설과 『석론』의 작자와 입장이 가까운 『대본화
엄계경』의 설의 차이에 대해서 "포함과 포함하지 않음이기 때문에 과실
이 없다"라고 회통했는데, 『일승법계도』에서는 일문과 십문의 상섭 관계
에 대해서 다음과 같이 말한다.

> 문: 한 문 가운데 십을 다 포괄하는가, 그렇지 않은가?
> 답: 다하기도 하고, 다하지 못하기도 한다. 이유는 무엇인가? 다할 필
> 요가 있을 때는 다하고, 다할 필요가 없을 때는 다하지 않기 때문이
> 다. …… 이 하나의 사구는 잘못과 옳지 않은 것으로부터 보호한다.
> (問. 一門中攝十盡不. 答. 盡不盡. 所以者何. 須盡卽盡, 須不盡卽不盡
> 故. …… 是一四句, 護過失非.)(T45.714c)

즉 '다함[盡]'의 관점에서 보면 한 문 안에 십문을 전부 포함하고 '다
하지 못함[不盡]'의 관점에서 보면 포함하지 않기 때문에 모순의 과실이
없다는 것이다. 이러한 논법은 의상이 종종 사용한 것으로 『법계도기총

---

24) 木村淸孝, 『初期中國華嚴思想の硏究』(平樂寺書店, 1977), pp.487~507.

수록』은 진과 부진을 둘러싼 지론교학 내부의 논의를 계승한 것으로 보인다. "포함하거나 포함하지 않기 때문에 과실이 없다"라고 설하는 『석론』은 의상 문하의 이러한 경향과 공통적인 것이 있다.

다른 예를 들어보자. 『석론』은 오중 문답 직전에, 무명이 하나라면 "일체 중생의 번뇌가 다할 때 나머지 일체 중생도 모두 다해야 한다"(637a), 또는 "마찬가지로 하나의 깨달음이 있다면 모두 동시에 발심 수행해서 무상도에 이르러야 한다"(637b)라는 등의 의문을 제기한 뒤, 중생의 발심이나 수행에 선후의 구별이 있는 이유를 설하고 오중 문답으로 넘어간다. 그리고 이것은 유각문(有覺門)의 입장이라고 말하고, 무각문(無覺門)의 입장에 대해서 다음과 같이 말한다.

> 무엇 때문에 일체중생은 본각이 있지 않은가. 본각이 없기 때문이다. 왜 본각이 없는가. 중생이 없기 때문이다. 왜 중생이 없는가. 본각이 없기 때문이다. 이 두 문에 따라서 널리 통달해야 한다. (何故一切衆生無有本覺耶. 無本覺故. 何故無本覺耶. 無衆生故. 何故無衆生耶. 無本覺故. 率此二門應廣通達.)(T32.637c)

즉 무각문에 서면 본각도 없고 중생도 없다고 말해서, 본각을 상정하는 것에서 생기는 모순을 회통한다. 『석론』이 유각문과 무각문이라는 '두 가지 문'에 따라 모든 문제에 대처한다는 점에 주의할 필요가 있다. 진언종의 교학에 따르면 삼론종·천태종·화엄종 등의 교학은 『석론』에서 "무명의 측면이며, 명의 분위가 아니다"라고 단정하는 네 번째까지의 단계에 불과하고, "불이마하연법은 오직 불이마하연일 뿐이다. 이러한 불이마하연법은 과연 명인가 무명인가"(637c)라고 하는 다섯 번째 입장이야말로 '명의 분위'이고 과분가설의 밀교를 가리킨다고 하는데, 『석론』은 다섯 번째 입장을 '명의 분위'라고 말하지 않는다. 『석론』의 불이 마하연설에 크게 영향을 끼친 것으로 보이는 길장이 『정명현론(淨名玄論)』에서는 뭇사람의 불이, 문수의 불이, 유마의 침묵에 의한 불이라는 세 가지 불이의 단계를 논하고,[25] 또 『유마경의소』의 「입불이법문품(入不二法門品)」의 주석에서 "만약 명을 보고 명이라고 하면 이는 곧 무명이다. 따라서 명 또한 취해서는 안 된다는 것을 알아야 한다"[26]라고 단언하는 것을 보면, 오중 문답의 다섯 번째 단계는 명과 무명을 대립하는 것으로 보는 분별 그 자체를 떠난 경지임을 알 수 있다.

『석론』은 오중 문답의 조금 앞부분에서도 중생에게 본각이 있는지 없는지에 대해 논하는데,

> 일체중생에 모두 본각이 있지만, 중생이면서 본각이 없는 것도 있다. 모두 도리가 있기 때문이다. 왜 그런가. 대각존자가 이와 같이 설했기 때문이다. 그 의미는 무엇인가. 일체중생은 무한의 과거로부터 본각을 갖추고 있으며, 무한의 과거로부터 본각이 없기 때문이다. (一切衆生皆有本覺. 有衆生數而無本覺. 皆有理故. 所以者何. 大覺尊者, 如是說故. 此義云何. 一切衆生從無始來具足本覺, 從無始來無本覺故.)(T32,636c)

라고 하듯이, 모든 중생에게 본각이 있다고 하는 설과 없다고 하는 설에는 모두 '도리'가 있다고 하고, "일체 중생은 무한의 과거로부터 본각을 갖추고 있으며, 무한의 과거로부터 본각이 없기 때문이다"라고 하는 대각존자(大覺尊者, 석존?)라는 인물의 말을 인용해서, 어느 입장에

---

25) 『淨名玄論』 卷1, T38,853bc.
26) 『維摩經義疏』 卷5, T38,976c. 校異에는 '見明無明'이라고 되어 있는데, '見明爲明 (明을 보고 明이라고 하면)'이라도 '見明無明(明과 無明을 보면)'이라도 明과 無明을 대립하는 것으로 보는 점은 같기 때문에 의미에 차이는 없다.

도 집착해서는 안 된다는 것을 강조하며 회통한다. 또 『석론』은 본각이 일체로서 중생에게 편만해 있다면 일체 중생에게 그것과 다른 각은 없게 되므로 중생은 하나가 될 테고, 또 본각을 갖는 중생이 여럿이라면 본각은 하나일 수 없다는 의문을 제기한다. 그리고 마명이 지었다고 하는 『대종지현문본론(大宗地玄文本論)』과 『허공지지론(虛空地地論)』, 그리고 『문수사리제일신력수승자비원만허공공덕계경(文殊師利第一神力殊勝慈悲圓滿虛空功德契經)』 등의 가공의 경론을 인용하면서 이들 문제를 회통한다. 이것은 본각을 인정하는 입장이나 인정하지 않는 입장, 혹은 본각을 인정하는 경우라도 유의 면을 강조하는 입장과 유무를 떠났다고 하는 입장 등을 회통하기 위해서겠지만, 대립하는 견해를 "모두 도리가 있어서"라는 이유로 회통하는 것은 원효를 따라한 것으로 보인다. 다만 원효가 다른 계통의 경론을 폭넓게 인용해서 다양한 형태로 회통을 시도했던 것과 달리, 『석론』은 가공의 경론을 열거해서 회통에 힘썼다.

또 『석론』 권3에서는 '일단일체단(一斷一切斷)'의 문제를 논하는데, "일체 중생이 동일상속(同一相續)으로 차별이 없음을 현시"하는 '자종결단(自宗決斷)'과 중생과 무상존(無上尊)의 차이를 설하는 '망별결단(望別決斷)'의 두 가지 입장을 보이고, 어느 입장에 대해서도 '모순의 과실이 없다'(619a)고 회통하며 마친다. 이 일단일체단의 문제와 회통에 대해서는 『도신장』에 다음과 같이 나온다.

또한 도신이 말했다. 어떤 문장에서는 하나를 끊으면 일체가 끊어진다고 말한다. 어떤 문장에서는 실제로는 끊어지는 것은 없다고 말한다. 그쪽이 옳다면, 이쪽은 잘못이 된다. 이쪽이 옳다면, 그쪽은 잘못이 된다. 어떻게 조정하는가. 답: 덕의 측면으로부터 말하면, 처음부터 장애가 없으며, 미혹의 측면으로부터 보자면, 무한의 덕이 덮여 있는 것이다. (又道身云, 有文云, 一斷一切斷. 有文云, 實無所斷. 彼是則此非, 此是則彼非. 云何會通. 答. 以德言之, 從始無障. 以惑望之, 覆無盡德.)(T45.729c)

『도신장』의 "미혹으로 그것을 보면"이라는 말은 『석론』의 '망별결단'을 연상시키는데, 『도신장』의 이 인용문도 한쪽 입장만을 옳다고 하는 것이 아니라 회통의 방법을 문제로 하는 점에 주의할 필요가 있다. 중국에서는 인도나 서역에서 계속해서 들어오는 경론의 제설에 대해 교판으로 대처하려고 했지만, 그러한 중국의 교판을 포함한 최신의 제 설을 대량으로 그것도 단기간에 받아들여야 했던 신라에서는 어쩌면 중국 이상으로 제 설의 회통에 힘쓰지 않을 수 없었을 것이다.

또한 『석론』이 설하는 일체 중생의 동일상속, 혹은 동시발심·동시단결 등의 문제에 대해서는 『화엄경문답』도 다루고 있다. 법장이 찬했다고 전해진 이 책이 실제로는 의상계의 저작이라는 것은 이미 언급했다. 『석론』은 어구를 설명할 때는 법장의 『기신론의기』에 따르는 경우가 많다는 것은 모리타가 이미 지적했는데,[27] 근본이 되는 사상 자체에 대해서는 의상계를 따르는 부분이 많은 것으로 보인다. 물론 『석론』이 의상계 사상을 전면적으로 따르는 것은 아니다. 의상계가 『화엄경』을 절대시하는 것과 달리, 『석론』은 『화엄경』을 지침으로 하기는커녕 여러 경론의 설이 얼마나 모순되지 않는지를 강조했다. 『석론』은 원효의 회통 방법과 의상계의 문제의식을 따르면서도 독자적인 논의를 전개했다고 할 수 있다.

---

27) 森田, 注2, 앞의 책, pp.788~790.

5. 『석마하연론』의 성립 배경

『석론』이 이와 같은 입장에서 논의를 전개한 것은, 앞서 언급했듯이 당시의 상황이 "백천의 쟁론을 일으키고 논의 근본 입장을 무너뜨리는 것"처럼 보였기 때문일 것이다. 『석론』에는 『기신론』 자체가 아니라 『기신론』에 대한 다양한 해석에 대해서 논하는 것 같은 부분이 적지 않다. 『석론』이 등장한 배경에는 『기신론』에 관한 연구의 진전과 세분화가 있다. 태현(太賢)의 『대승기신론내의약탐기(大乘起信論內義略探記)』나 이 책을 인용하는 견등의 『대승기신론동이약집(大乘起信論同異略集)』 등에 보이듯이, 8세기 중엽까지 신라에서의 『기신론』 연구는 『기신론』의 주석, 그중에서도 주로 원효와 법장의 소를 연구하고, 『기신론』과 유식설의 공통점과 차이점을 논하는 것이 대세였던 것으로 생각된다. 이것은 당이나 신라 유식학파에서의 『성유식론』의 연구가 8세기 중엽에는 자은이나 원측의 소를 연구하고 비판하는 데 그치게 된 것과 같은 맥락이다. 학파가 확립함에 따라 '종(근본적인 주장, 입장)'뿐만 아니라 작은 해석 차이도 큰 문제가 되어 논쟁을 하고 회통을 하게 되었을 것이다.

그런 예의 하나로 심식설의 문제가 있다. 법장은 『기신론의기』에서 『기신론』의 육상은 전부 의식(意識)에 속하며 마나식은 설하지 않았다고 명언한다.[28] 그런데 법장이 참조한 원효의 『해동소』는 지상(智相)을 마나식이라고 해석하고, 여러 경론을 인용해서 새로 들어온 유식설과 『능가경』의 영향을 받은 『기신론』의 심식설을 회통하는 데 힘쓰며, 특히 마나식과 의식의 관계에 대해서 자세히 논한다.[29] 원효와 법장의 설을

---

28) 『起信論義記』 卷中末, T44.263a.
29) 본서, 제3장 제2절 참조.

계승한 『석론』은 '별본[一本]의 분류능가(分流楞伽)'나 '대본능가'라는 경전을 계속 인용하면서 이러한 마나식의 문제에 대해 자세히 논할 뿐만 아니라, 『본지계경(本地契經)』이라는 가공의 경전을 인용해서 '대마나식(大末那識)' 등을 설하기에 이른다. 이것을 봐도 심식설의 문제, 특히 마나식과 의식의 관계에 대한 문제는 가공의 경론을 열거해서 회통하는 방법을 취하게 한 주요한 원인의 하나였다고 추측할 수 있다.

먼저 법장의 설을 계승하는 예를 들면,

> 이러한 육상은 모두 의식지의 것으로, 다른 식의 법이 아니다. 그것은 무엇인가. 대본의 경에서 이렇게 설하고 있기 때문이다. 이 결택분은 어떤 경을 해석하는 것인가. 『능가경』이다. (如是六相皆意識地非餘識法. 所以者何. 大本經中如是說故, 此決擇分當釋何經. 謂楞伽經.) (T32.626b)

라고 해서, '대본경(大本經)'이라는 것을 교증으로 해서 지상(智相) 등의 육상을 모두 의식의 작용이라고 해석하는 것을 들 수 있다. '대본경'이란, 이 인용문의 앞뒤에 『대본능가계경』이라는 경을 인용하는 것으로 봐서 대본 『능가경』을 가리킨다고 생각한다. 이어서 『석론』은 『기신론』의 육상이 『능가경』에 근거한다고 하고, '분류능가계경'이라는 이름으로 『사권능가』 권1의 물과 파도의 비유를 인용한 다음, "이 마나식은 바로 의식 미세의 분위로 본체가 없다"고 주장한다. 또 『석론』은 '별본의 분류능가'라는 이름으로 『사권능가』의 '진식, 현식, 분별사식' 및 『십권능가』의 '요별식, 분별사식'이라는 분류를 보이고, 또 '별본의 분류능가'에서 인용한다는 형식으로 '업식, 전식, 현식, 분별사식'이라는 독특한 분류를 보인다. 이것은 『칠권능가』 권1의 "여러 식에 세 가지 상이 있다. 즉

전상, 업상, 진상이다. 대혜여, 식에 대해 구체적으로 설하면 여덟 가지가 있지만 요약하면 두 가지 뿐이니 즉 현식과 분별사식이다"[30]를 바꾼 것으로 보인다. 그리고 『하등능가(何等楞伽)』 등 네 가지 『능가경』의 이름을 들어 "이 네 가지 경전은 위가(僞假)의 설이기 때문에 귀의할 것이 못 된다"고 그럴듯하게 경고한 다음, "저 10만 6천의 온타남송(嗢陀南頌)으로 만들어진 대본능가에 따라 이 세 경의 이상(異相)을 건립하고 회석(會釋)해야 한다"고 해서 『대본능가』의 입장에서 세 가지 본의 다른 심식설을 회통한다.

그중에 첫 번째 '분류능가'가 설하는 분별사식에 대해서, 『석론』은 "이 것은 오직 의식이다. 추분(麁分)이 의식이고 세분(細分)이 곧 마나이기 때문이다"라고 설해서, 분별사식을 7식 전체에 대응시킨 다음 "강한 의식을 들어 약한 마나를 보이고, 다만 의식이라고 할 뿐"이라고 한다. 즉 이 '분류능가'의 경우는 분별사식 중에 작용이 강한 제6 의식을 대표로 든 것뿐, 의식이라는 말 속에는 작용이 미세한 마나식도 포함되어 있다고 『석론』은 주장하는 것이다. 그리고 두 번째 '분류능가'의 분별사식에 대해서도 "이것은 곧 의식의 세분에 포함되는 마나식이다"라고 말한다. "문장의 양상이 분명하기 때문"이라는 이유를 들 뿐 설명은 생략하고 있지만, 여기서도 첫 번째와 마찬가지로, 의식으로 총칭되는 분별사식 속에 제6 의식과 마나식을 포함시키는 것이다.

이처럼 『석론』은 우선 『기신론』의 육상을 모두 의식의 한 측면으로 보는 법장의 설을 인정한다. 다만 이때 세 본의 '분류능가'가 마나식에 대해서는 언급하지 않은 것처럼 보이지만, 『대본능가』에 따르면 의식이라

---

30) 『七卷楞伽』 卷1, T16.593b.

는 말 속에 마나식이 포함되어 있으며, 이들 세 본의 『능가경』을 소의로 하는 『기신론』도 실은 의식이라는 말 속에 마나식을 포함하고 있음을 밝힘으로써 원효의 해석과 회통한다.

또 『석론』은 『대본능가』나 그것에 근거한다고 하는 『분류능가』 등을 인용해서 마나식의 문제를 논하는데, 뒤에도 언급하겠지만 그것은 마나식에 관한 원효의 특별한 해석과 회통하기 위해서다. 우선 『석론』은 종래의 논의를 이어서 "7식은 마나와 의식을 통틀어 하나로 하므로, 추와 세가 다르기는 하지만 단 하나의 식"이라고 마무리를 한 뒤에 다음과 같이 말한다.

> 『법계법륜계경』에서는 이렇게 설한다. 제6 의식이 6개의 대상을 분별할 때, 반드시 마나식을 근거기관으로 하여 처음으로 생기하는 것이 가능하다. 그러므로, 의식은 근거로 하는 측이 될 수밖에 없으며, 저 마나식은 근거가 되는 측이 되어야 한다. 근거로 하는 측과 근거가 되는 측은 한 종류일 수는 없다. 무엇 때문에 지금 일체여서 구별이 없다고 설하는가. 경의 의의는 별도로 있기 때문에 모순의 과실은 없다. (法界法輪契經中作如是說. 第六意識分別六塵境界時中, 必依末那爲所依根方得生起. 是故意識當是能依, 彼末那識當是所依. 能依所依, 不能一種. 何故今說一體無別. 經意別故, 無相違過.)(T32.627c)

즉 제6 의식은 반드시 마나를 소의로 해서 생기한다고 하는 『법계법륜계경』이라는 경전을 인용해서, 의식이 능의이고 마나가 소의라면 일체라고 할 수 없지 않느냐는 의문을 제기한 뒤에 "경의 뜻이 다르기 때문에 모순의 과실이 없다"며 언제나처럼 회통으로 마무리한다. 이어서 또 '분류능가'와 『대본능가』를 인용해서 다양한 해석을 소개하고 나서 "따라서 제7 마나는 육진을 끌어들여 대상으로 삼아서 전변하는 뜻이 이미 성립하였다"라고 하는데, 이것은 지상(智相)을 제7식으로 규정하고 "제7식은 다만 심[아리야식]을 대상으로 할 뿐만 아니라 경계도 대상으로 한다"[31]라고 설하는 원효의 해석을 옹호하는 것이다.

다만 『석론』은 한편으로,

> 또 다음으로 만약 중생이 있어, 경의 '현식'은 마나에 다름 아니다. 그러므로 의식을 원인으로 한다고 설하려 하는 것은 바보 같은 것이다. 이 말은 지남이 되는 것일 수 없다. (復次若有衆生, 經現識者卽是末那, 是故意識以之爲因. 咄哉此言不可指南.)(T32.627c)

라고 하듯이, 『능가경』이 설하는 현식은 마나이며 의식이 그것을 인으로 한다는 설을 격렬하게 비판한다. 회통이 아니라 비판을 한 것은 이것이 경이나 논에 나오는 말이 아니라 "만약 어떤 중생이"라는 표현에서 알 수 있듯이 당시 승려의 설이기 때문이겠지만, 회통을 취지로 하는 『석론』이 이런 격한 표현을 사용하는 일은 매우 드물다. 이것을 봐도 『기신론』에서의 마나식과 의식의 문제가 당시 얼마나 중요했는지 추측할 수 있다. 『석론』 중에 비판이 보이는 또 한 곳은 권4에서 무명업상(無明業相)·능견상(能見相)·업계상(境界相)에 관해서 말하는 부분이다.

> 만약 중생이 갖가지 언어를 사용하여 이 부분에 대해서 꾸미려는 말을 한다면, 어리석은 일이다. 하루 종일 말해도 명확히 설할 수 없다. (若有衆生須種種辭綺語此處, 咄哉終日不堪了說.)(T32.626b)

여기에서도 인용문 직전에는 다양한 해석을 들고 "모순의 과실이 없

---

31) 『起信論別記』 末, T44.234b.

다"라고 회통한다. 이렇게 『석론』이 작성된 당시에 심식설을 둘러싸고 무척 세세하게 논의가 이루어졌고 『기신론』에 관한 연구가 활발했다는 것을 엿볼 수 있다. 종래의 『석론』 연구는 『석론』을 『기신론의기』나 『해동소』 등 현존하는 『기신론』 주석서와 간단하게 비교할 뿐, 『석론』에만 보이는 해석에 대해서는 전부 『석론』의 독창이라고 해석하는 경향이 있는데, 이것은 당시의 『기신론』 연구의 활발함을 간과한 것이다.

하지만 연구가 진전한다는 것은 한편으로 번쇄한 훈고 주석으로 가는 길이기도 하다. 특히 신역 유식설과의 비교가 활발해지면서 번뇌론을 비롯한 유식의 번쇄한 교리 쪽으로 가게 되고, 여래장설이 지닌 본래의 종교성을 잃어버릴 염려도 나올 것이다. 실제로 이것은 중국의 지론종이 걸어온 길이며, 지론종의 그런 교학에 불만을 품은 지엄이 열반뿐 아니라 생사 쪽으로도 전변하는 여래장이 아니라 오직 청정한 성기를 강조하게 된 원인이기도 하다. 신라에는 의상에 의해 그러한 지엄의 교학이 들어왔지만, 전통이었던 섭론 교학에 더해 신역 유식의 교학이 활발해졌고 또 원효와 같은 회통파의 영향도 큰데다, 원효의 영향을 받으면서도 다른 해석을 보인 법장의 저작이 대량으로 들어와 연구되었기 때문에, 『석론』의 작자는 지엄과 마찬가지 문제에 직면하게 되었을 것이다. 다만 『화엄경』을 최고로 하는 교판 중에 여래장 사상이나 신역 유식설의 순서를 정하고 자리매김한 지엄과 달리, 원효의 화쟁 사상을 이은 『석론』은 각 주장의 근거가 되는 여러 경론의 이설에 대해 동등하게 도리가 있는 것으로서 우열을 매기지 않고 회통한다. 『석론』은 중시하는 네 경전, 즉 『화엄경』·『능가경』·『유마경』·『금강삼매경』에 대해서는 각각 대본이라고 부르는 가공의 경전을 상정하고 거기서 인용하는 형식으로 자신의 입장에 근접한 주장을 펼치는데, 그때도 대본은 올바르고 심원한 가르침이고 그 일부가 세상에 알려졌을 뿐인 '분류'의 계경이나 다른 경은 열등하다고 해서 현행하는 경론을 부정하거나 우열을 논한 곳은 단 한 군데도 없다.

그저 회통하는 것이 목적이었다면, 가공의 경전을 인용하더라도 여러 경론의 설을 섞어서 자신의 주장에 맞게 문장을 바꿔서 중요한 문제에만 자연스럽게 인용할 수도 있었을 것이다. 가공의 경전을 끊임없이 열거해서 이상한 주장을 전개하는 『석론』의 경우는 가공의 경전을 만드는 것 자체가 목적이 된 것 같은 느낌이 있다. 엄밀함을 자랑하는 신역 유식파가 도입된 이래, 종래의 '경왈'이라든가 '논운'이라는 자유로운 인용 대신 경론의 이름이나 품명, 때로 권수까지 들면서 여러 역본의 텍스트의 차이나 미묘한 해석의 차이까지 언급하는 습관이 퍼진 듯한데, 『석론』은 그러한 엄밀함이나 텍스트에 대한 집착을 역이용해서 미지의 경론에서 인용하는 형식으로 원하는 것을 마음대로 말하는 자유를 즐기는 것처럼 보인다. 물론 『석론』의 작자는 『기신론』 연구의 진전과 함께 생긴 세세한 해석의 차이를 회통하기 위해서, 그런 다양한 해석들이 근거로 하는 경론의 이설은 근기에 따른 것으로 모순되지 않는다는 것을 보이기 위해 가공의 경론을 인용하는 방법을 썼겠지만, 그러한 작업을 진행하면서 종래의 경론이나 그에 대한 주석의 제약에서 벗어나 평소의 견해나 사람들을 놀라게 하는 다양한 기발한 설, 혹은 언어유희에 가까운 문장이나 용어를 마음대로 늘어놓는 것 자체가 즐거워진 것은 아닐까. 특히 산스크리트어풍의 엉뚱한 말을 보면 그런 느낌을 갖지 않을 수 없다.

하지만 그러한 가공의 경전을 인용하는 경우도 항상 회통으로 끝난다는 점, 특히 『기신론』을 둘러싼 논쟁을 회통하는 듯한 모양새로 끝난다는 점은 중요하다. 『석론』의 작자에 따르면, 『기신론』은 모든 불법을 아우르고 있기 때문에 교리상 어떤 문제가 있으면 그것은 간결한 형식일지라도 반드시 『기신론』 속에 해답이 보일 것이고, 또 그 소의가 된 경이나 마명의 다른 저작 안에 자세히 논해져야 한다. 즉 『기신론』 내부의 모순을 둘러싼 논쟁이든 『기신론』과 다른 경론과의 모순을 둘러싼 논쟁이든, 모든 논쟁은 『기신론』의 진의를 이해하기만 하면 해소될 일이다. 『석론』의 작자가 당시의 불교 연구 방식에 대해 불만을 품고 이것저것 모색한 결과, 『석론』이 『기신론』의 주석이라는 틀에 그치지 않은 것은 사실이지만, 원효의 화쟁 사상의 영향이 강한 『석론』의 근거는 어디까지나 『기신론』이었고, 그것을 대신할 새로운 체계적인 교설을 발견하지는 못했을 거라고 생각한다. 그러한 『석론』이 일본에서는 현밀결판의 전거가 되기에 이르렀지만, 같은 책이 시대나 나라에 따라서 완전히 상반된 역할을 수행한 것은 불교사에도 종종 보이는 일로 이상할 것이 없다.

제2절 불이마하연(不二摩訶衍)의 성립

1. 머리말

『석론』에 대해 말할 때는 보통 그 독특함이 강조되곤 한다. 그도 그럴 것이 가공의 경론의 이름을 열거하면서 그 안에 나온다는 문장을 계속 인용하고, 범어의 음사어와 흡사한 말을 난용하며, 또 나쁜 귀신을 쫓는 다라니라고 해서 측천문자도 아니고 도교의 부적도 아닌 기묘한 문자를 늘어놓는 등 형식 면에서도 일반적인 위경과 전혀 다르다. 게다가 그러한 형식 속에서 매우 특이한 문체로 전개되는 주장 자체도 유례없는 것이 적지 않기 때문에 독특한 문헌이라고 불리는 것도 당연하다. 하지만 아무리 독특한 책이더라도 다른 문헌에 전혀 근거하지 않고 10권이나 되는 책을 만들어 내는 것은 불가능하다. 『석론』은 독자적인 입장에서 대폭 수정했을지라도, 용어나 내용 면에서 그 이전의 문헌을 기초로 했음은 말할 것도 없다.

하지만 『석론』에 관한 기존의 연구는 구카이의 교학에 미친 영향이 중심이 되었기 때문에 다른 문헌과의 비교가 충분히 이루어지지 않았다. 비교하더라도 혜원이나 원효나 법장이 저술한 『기신론』 주석과의 차이를 조사해서 『석론』의 해석이 얼마나 독자적인지를 강조하는 데 그치는 것이 많았다. 모리타 류센(森田龍僊)은 방대한 저서 『석마하연론지연구(釋摩訶衍論之硏究)』에서 원효의 『금강삼매경론』과의 관계에 대해 언급하기는 했으나, "원효의 금강삼매론과 유사한 점이 많지만 비교하자면 번쇄하기 때문에 지금은 생략한다"[1]라는 한마디에 그친 것은 전통의 제약 때문일 것이다. 필자도 모리타의 지적을 이어받아 원효의 영향을 조사하고 의상 내지 의상계 사상과의 공통점을 지적하는 등[2] 『석론』의 전거를 찾으려고 노력했지만 부분적인 해명에 그쳤다. 특히 『석론』의 근본 교의인 불이마하연법 및 양중(兩重)의 8종 마하연의 본법이라고 불리는 16소입법(所入法)과 양중의 능입문법(能入門法)이라고 불리는 16능입문(能入門)을 합한 33종 법문에 대해서는, 가시와기 히로오(柏木弘雄)가 『기신론』의 교설 전체를 분류한 것이 아니라 어디까지나 입의분(立義分)의 한 구절과 회향게를 해석하는 것을 목적으로 구상한 것이라는 점을 지적해서 『유마경』의 「입불이법문품」의 영향을 시사하고 있지만,[3] 그 이상 깊이 들어간 연구는 보이지 않는다.

따라서 이 절에서는 불이마하연설을 형성하는 데에 영향을 끼친 교학을 검토하면서 『석론』이 선행 문헌에 얼마나 많은 영향을 받았는지를 밝히고자 한다.

2. 불이마하연설과 『유마경』 「입불이법문품」

『석론』은 이설을 조율하는 데 힘쓴 원효의 영향을 받아서 『기신론』과 여러 경론의 교설의 차이나 『기신론』에 관한 해석 차이 등을 둘러싼 논

---

1) 森田龍僊, 『釋摩訶衍論之硏究』(山城屋文政堂, 1935), p.792.
2) 石井公成, 「『釋摩訶衍論』の成立事情」(鎌田茂雄博士還曆記念論集 『中國の佛敎と文化』, 大藏出版, 1988). 본서 제1부 제5장 제1절.
3) 柏木弘雄, 「釋摩訶衍論の構想」(高崎直道博士還曆記念論集 『インド學佛敎學論集』, 春秋社, 1987), p.499.

쟁을 회통하기 위해 만들어졌다고 추측된다는 점, 그리고 『석론』의 저자는 회통의 형식을 통해서만 자설을 전개할 수 있을 정도로 회통에 익숙한 것으로 보인다는 점은 앞서 말한 바와 같다.[4] 『석론』이 그런 논쟁을 얼마나 우려했는지에 대해서는 서두에서 논을 지은 이유를 말할 때 그 네 번째 이유로,

> 혹은 몰래 미래의 중생이 백천의 쟁론을 일으키고, 논의 근본 입장을 무너뜨리는 것을 관찰했기 때문이다. (或祕觀察當來衆生, 起百千諍壞論宗故.)(T32.592b)

라고 해서, 미래의 중생이 "백천의 쟁론을 일으켜 논(『기신론』)의 근본 입장을 무너뜨릴" 것을 예견했기 때문이라는 이유를 든 것에서도 추측할 수 있다. 마치 예언 같은 이러한 내용은 물론 실상은 이 문헌이 저술된 당시의 상황을 반영하고 있다. 『석론』은 여러 대목에서 이설(異說)을 회통하고 있는데,

> 만약 중생이 갖가지 언어를 사용하여 이 부분에 대해서 꾸미려는 말을 한다면, 어리석은 일이다. 하루 종일 말해도 명확히 설할 수 없다. [若有衆生須種種辭綺語此處(無明業相·能見相·境界相), 咄哉終日不堪了說.](T32.626b)

---

4) 石井公成, 「『釋摩訶衍論』における架空經典」(『佛敎學』25, 1988. 12). 덧붙이자면 『三身本有契經』은 眞諦三藏 『金光明經疏』의 설이라는 「此經示三身本有, 顯四德無生」(慧沼 『金光明最勝王經疏』 卷1, T39.176c)이래의 전통에 따르는 것이라고 본다. 이 설은 신라 勝莊 『金光明最勝王經疏』에서도 인용한다. 『금광명경』에는 '如如如如智'(T16.408b)나 攝不攝에 관한 논의(同, 415c)도 보이며, 『석론』에 대한 영향이 크다. 『석론』의 저자는 아마 원효 등에 의한 『금광명경』의 주석을 보았을 것이다. 또한 慧沼는 오직 因으로서의 三身本有를 인정하고 果에 대해서는 인정하지 않지만, 『석론』은 「法身應化之三身, 如舒伊字圓現前, 常樂我淨之四德, 如入達池具出生」(T32.668b)이라고 한다.

또 다음으로 만약 중생이 있어, 경의 '현식'은 마나에 다름 아니다. 그러므로 의식을 원인으로 한다고 설하려 하는 것은 바보 같은 것이다. 이 말은 지남이 되는 것일 수 없다. (復次若有衆生, 經現識者卽是末那, 是故意識以之爲因. 咄哉此言不可指南.)(T32.627c)

라고 하듯, 『기신론』에 관한 여러 해석에 대해 격하게 비판하는 부분도 없잖아 있어서, 당시의 논쟁이 격렬했음을 알 수 있다.

위의 인용문 가운데, 전자는 어째서 무명에 의해 불각(不覺)의 마음이 움직여 여러 식이 전변하는가 하는 문제를 논한 부분이고, 후자는 가공의 『대본능가(大本楞伽)』를 포함한 각종 『능가경』의 심식설과의 차이점에 주의하면서 여러 식의 존재 방식에 대해서 설한 부분이다. 따라서 이러한 문제에 관한 여러 해석이 비판을 받는다는 것은 "보살이 구경지에도 다 알지 못하고 오직 부처만이 온전히 다 아는",[5] "무명의 훈습이 일으키는 식"[6]에 대해서 굳이 설명하려는, 특히 유식설을 이용해서 이것저것 설명하려는 시도가 활발했음을 보여 준다. 『기신론』의 교리는 안 그래도 논쟁을 일으키기 쉬운 데다 신역 유식과 구역 유식의 논쟁이 겹쳐지고, 『기신론』에 대한 원효나 법장의 소에 또 말석(末釋)이 붙게 되면 『기신론』의 해석을 둘러싼 논쟁이 점점 복잡해져서 사소한 문제를 둘러싸고 격렬하게 다투게 되었으리라는 것은 쉽게 상상이 간다.

그러한 논쟁을 비판하며 "진여나 무명의 작용은 오직 부처가 아는 경지이니 중생은 논쟁을 그만두라"고 주장하는 것은 간단하다. 하지만 『기신론』 입의분에서는 진여가 "언설의 상(相)을 떠나고 명자(名字)의 상을 떠나 있다"는 것을 인정하면서도 "다만 일심이기 때문에 진여라고

---

5) 『起信論』, T32.577c.
6) 同, T32.577b.

한다"고 해서, 진여라는 말을 쓰는 것은 "언설의 극치, 말로써 말을 부정하기" 위해서라고 하며, 일부러 진여를 "언설에 의해 분별"해서 심식설에 연결해서 다양한 논의를 전개하는 등, 『기신론』 스스로 그런 까다로운 문제에 발을 들여놓았다는 사정이 있다. 따라서 진여나 무명이 부처의 영역이기 때문에 전혀 말할 수 없다고 하면, 『기신론』의 의도를 밝히고 그에 따라 『기신론』을 둘러싼 논쟁을 조정하는 시도는 불가능할 것이다.

여기서 『기신론』의 진의를 밝히고 진여와 무명의 관계에 대해 말로 이야기하는 것을 보증하는 교리, 그것도 학승의 해석이 아니라 부처의 교설이 필요해진다. 진여와 무명의 관련을 상대적인 입장에서 설하는 생멸문이나 진여를 말로 설하는 진여문 중의 의언진여의 측면뿐만 아니라 언어를 끊은 절언진여의 측면까지 말로 설하는 이상 '가설(可說)'인 '인분'에 속한다고 보고 수행종인해(修行種因海) 속으로 분류하려는 이상, 그런 영역을 넘어선 진정한 과의 세계가 필요하지 않을 수 없다. 따라서 말할 수 있는 것과 말할 수 없는 것의 대비를 잘 설하는 경론이 요구되었다. 그 결과 입불이법문에 대해 31인의 보살이 각자 견해를 말하고, 문수가 그러한 언설을 부정하는 것이야말로 입불이법문이라고 논하며, 마지막으로 문수의 질문을 받은 유마가 침묵하고 답하지 않자 이것이야말로 진정한 입불이라고 문수가 칭송했다는 『유마경』「입불이법문품」이 주목을 받게 된다. 또 정영사 혜원은 『유마경의기』에서 32번째의 문수의 입장에 대해서 『기신론』의 교리를 이용해서 "말로써 말을 부정해서 불이를 드러내는"[7] 것이라고 명언하며, 혜원의 『유마경의기』를 참조

---

7) 慧遠, 『維摩經義記』 卷第4, T38.498b.

한 것으로 보이는 길장의『유마경의소』도 "문수는 말을 빌려 말을 부정한다"[8]고 설한다. 그렇다면 침묵으로써 불이를 체현한 유마의 대답은 32인의 보살의 대답보다 뛰어난 것으로 칭송을 받았으니, "말로써 말을 부정하는" 입장, 즉 절언진여를 넘어선 입장이라고 볼 수 있을 것이다.『석론』이『유마경의기』를 보았는지의 여부는 확실하지 않지만 혜원의 입장은『기신론』을 중시하는 지론사와 그 영향을 받은 사람들의 소에 계승되었을 테니,『석론』의 저자는 틀림없이 위와 같은 해석을 보았을 것이다. 또『석론』이 의거하고 있는『금강삼매경론』의 저자 원효가 길장에게서 얼마나 많은 영향을 받았는지는 잘 알려져 있다.[9]

그런데『유마경』「입불이법문품」의 주제는 입불이이고, 한편『기신론』은 마하연에 대해 설한다. 따라서『석론』의 불이마하연의 개념이 태어나려면 이 불이와 마하연을 결합하지 않으면 안 된다. 그리고 간혹『유마경』「입불이법문품」을 언급하며 불이라는 점을 강조하며 마하연에 대해 자세히 설하는 대승 문헌이 존재한다. 즉『석론』의 제목의 유래를 연상시키는 「석마하연품」이 있는『대지도론』이다. 「석마하연품」은 '대승'이라는 번역어를 쓰지 않고 '마하연'이라는 음사어를 쓰고 있는데, 그것은 mahāyāna가 소위 대승의 가르침이라는 의미 외에 그러한 대승의 다양한 가르침을 낳는 근본이라는 의미 등 여러 의미를 포함하는 것을 고

---

8) 吉藏,『維摩經義疏』卷第6, T38,978a. 길장은 혜원의 저서를 참조하면서 그 이름을 밝히지 않는 경향이 있는 것은 古泉圓順,「敦煌出土佛典注釋書の『圓宗』」(『I B U四天王寺國際佛教大學文學部紀要』15, 1983. 3), p.46 참조.
9) 金昌奭,「元曉の教判資料に現われた吉藏との関係について」(『印度學佛教學研究』28-2, 1980. 3). 徐輔鐵,「法華宗要における元曉の和諍思想」(『駒沢大學佛教學部論集』16, 1985. 10). 平井俊榮,『法華玄論の註釋的研究』(春秋社, 1987), pp.101~108. 石井公成,「朝鮮佛教における三論教學」(平井俊榮監修,『三論教學の研究』, 春秋社, 1990), pp.469~476.

려하고, 특히 근본으로서의 지혜 그 자체라는 면을 강조하기 위해 음사어를 그대로 쓴 것으로 보인다.[10] 『기신론』은 『대지도론』과 달리 여래장 사상에 중점을 두기는 하지만, 서명에서만 '대승'이라고 할 뿐 본문에서는 일관되게 '마하연'이라는 말을 쓰면서 마하연에 대해서 다양한 시점에서 설하는 것은 같은 의도에 근거한 것으로 보인다. 그러한 『기신론』의 마하연을 주석하려는 『석론』의 저자가 마하연이라는 음사어를 그대로 사용한 「석마하연품」에 주목하는 것은 당연하다.

그리고 『대지도론』의 서(序)에서 "이로써 마명은 정법의 나머지 기간에 일어나고 용수는 상법(像法)의 마지막에 태어난다"[11]고 해서, 이 '두 거장'이 아니고서는 도를 배우는 자의 잘못을 바로잡을 수 없다고 하는 등, 마명과 용수를 대표적인 보살로 강조한다는 점이 주목된다. 『석론』의 저자가 후세의 중생들이 오해하거나 논쟁을 일으키는 것을 막기 위해 용수가 『기신론』의 진의를 설명한다는 구도, 그것도 마명 자신의 저작을 포함하는 여러 경론을 인용하면서 설명하는 도식을 고안한 데는 이상과 같은 배경이 있을 것이다. 또 "마명보살이 만일 그 본질을 극복하면 대광명불(大光明佛)이다"(594c)라고 하는 등, 마명을 부처의 위치로 끌어올린 것은 단순히 권위를 부여하기 위해서라기보다, 앞서 언급했듯이 "오직 부처만이 온전히 알 수 있는" 문제에 대해 보살이 쓴 『기신론』이 자세히 논하고 있는 점에 대한 변명이기도 할 것이다. 또 『대지

---

10) 松本史朗는 『승만경』을 번역할 때, 구나발타라가 '대승'이라는 역어와 '마하연'이라는 음사어를 쓴 것에 주목해서, 음사어를 쓰는 것은 제법의 기체(基體, locus)라는 것을 강조하기 위해서가 아닐까 하고 추측한다(『緣起と空-如來藏思想批判』, 大藏出版, 1989, p.310). 『대지도론』의 경우, '대승인(大乘人)', '마하연인(摩訶衍人)' 등이 혼재되어 통일되어 있지 않은데, 『기신론』의 마하연(摩訶衍)은 여래장 사상에 가까운 경우에 '마하연(摩訶衍)'이라고 부르는 것이 많다.

11) 『大智度論』序, T25.57b.

도론』 권46, 「석마하연품」에서는 보살도인 육바라밀을 설하는 것은 모
두 마하연이라고 한다고 하며,

　　소위『본기경』·『단일체중생의경』·『화수경』·『법화경』·『운경』·『대운경』·
　　『법운경』·『미륵문경』·『육바라밀경』·『마하반야바라밀경』, 이러한 무량
　　무변한 무수의 경전, 혹은 불설, 혹은 변화신인 부처의 설, 혹은 대보
　　살의 설, 혹은 성문의 설, 혹은 여러 깨달은 천신의 설, 이것들이 화
　　합한 것도 모두 마하연이라고 이름한다. (所謂本起經·斷一切衆生疑
　　經·華手經·法華經·雲經·大雲經·法雲經·彌勒問經·六波羅蜜經·摩
　　訶般若波羅蜜經·如是等無量無邊阿僧祇經, 或佛說或化佛說, 或大菩
　　薩說或聲聞說, 或諸得道天說, 是事和合皆名摩訶衍.)(T25.394b)

라고 설하여, 마하연을 설하는 "무량무변한 무수의 경전"이 있다고 하
는데, 이러한 점은『석론』이 마하연을 여러 종류로 분류하는 점이나 마
하연을 밝히는 많은 가공의 경전을 열거하는 방식에도 영향을 끼쳤을
가능성이 있다.

3. 불이마하연설과 길장의 불이관

　『석론』에 인용된 가공의 경전에 대해서는 앞 장에서 다소 검토했는
데, 여기서는 불이마하연에 관한 것을 살펴보자.
　『석론』 권1에서는『석론』의 소의경으로서, 실재하는 10개 경전에 90개
의 가공의 경전을 더한 100종류의 경의 이름을 들고 있다. 그 가운데
83번째로『일도청정경(一道淸淨經)』이라는 경전이 등장한다. '일도청정'
이라는 말에 대해서는 권2에,

심진여문에는 10가지 이름이 있다. 무엇이 10가지인가? 첫째는 여래
장문이라고 이름한다. 잡란이 없기 때문이다. 둘째는 불이평등문이라
고 이름한다. 차별이 없기 때문이다. 셋째는 일도청정문이라고 이름
한다. 달리 나눠진 길이 없기 때문이다. (心眞如門有十種名. 云何爲十.
一者, 名爲如來藏門. 無雜亂故. 二者, 名爲不二平等門. 無差別故. 三
者, 名爲一道淸淨門. 無異岐故.)(T32.604a)

라고 설한다. 이것은 심진여의 열 가지 별명 가운데 세 번째인 '일도청
정문(一道淸淨門)' 중에 보이는데, 두 번째인 '불이평등문(不二平等門)'
에 이어서 나오며, 중요한 개념으로 취급되었음을 알 수 있다. 『열반경』
「성행품(聖行品)」에는 제일의제(第一義諦)에 이어서 실제(實諦)를 설하
는 대목에,

선남자여. 실제라는 것은 대승이라고 이름한다. 대승이 아니면 실제
라고 이름할 수 없다. 선남자여. 실제는 부처가 설하신 것으로 마귀가
설한 것이 아니다. 만약 마설이고 불설이 아니면, 실제라고 이름하지
못한다. 선남자여. 실제는 일도이고 청정하며 둘이 없는 것이다. 선남
자여. 상이 있고, 낙이 있고, 아가 있고, 정이 있다. 이것이 정말로 실
제의 의미가 된다. (善男子. 實諦者名曰大乘. 非大乘者不名實諦. 善男
子. 實諦者是佛所說, 非魔所說. 若是魔說非佛說者不名實諦. 善男子.
實諦者一道淸淨無有二也. 善男子, 有常有樂有我有淨, 是則名爲實諦
之義.)(南本『涅槃經』第十二, 聖行品之二. T12.685ab)

라고 하는데, '일도청정문'이라는 말은 "일도이고 청정이며 둘이 없는"
실제에 대해서 논한 이 대목에 근거한 것으로 생각된다.

여기서 주의할 점은 '일도청정'이라는 말을 중시하고, 또 '불이'라는
말과 결합해서 사용한 예가 『열반경』을 매우 중시한 길장의 저작에 더

러 보인다는 사실이다.[12] 예를 들어 『유마경의소』 권5의 「입불이법문품」
의 해석은 "일도청정이다. 따라서 불이라고 이름한다"(T38.975a)라는
말로 시작한다.

또한 『석론』의 소의경이라는 100개 경전 가운데 21번째인 『중실경(中
實經)』(593c)은 위에서 언급한 심진여의 열 가지 별명을 설하기 앞서 2
종 본법(本法)의 열 가지 이름을 열거하는데, 여섯 번째 이름을 '여래
장', 일곱 번째 이름을 '일법계', 여덟 번째 이름을 '마하연', 아홉 번째
이름을 '중실', 열 번째 이름을 '일심'이라고 열거하는 가운데, 아홉 번째
인 '중실' 부분에서 『중실계경(中實契經)』으로 인용된다. 이 '중실'에 대
해서도 길장은 『정명현론』 권1에서,

> 불이의 문이라 함은 중실의 도리이고, 일도청정이기 때문에 불이라고
> 말한다. (不二之門, 則中實之理, 以一道清淨. 故云不二.)(T38.855c)

라고 말해서 불이와 결합한다. 이 중실은 경론의 역어로는 거의 쓰이지
않는 말이다. 길장은 '중도실상(中道實相)'이라는 뜻으로 사용하면서 불
이와 결합한 것 같은데, 『석론』은 그 말을 중요한 개념으로 사용한다.

물론 불이를 설한 경론은 많고, 중국에서도 불이를 강조한 학승은
얼마든지 있었을 것이다. 그중에 특히 길장에 주목하는 것은 길장이
불이를 일체 교설의 근본으로 간주하기 때문이다. 예를 들어 『정명현
론』 권1은 다음과 같이 말한다(구성을 알기 쉽도록 행을 바꾼다).

> 유마힐의 부사의해탈의 근본이란, 불이법문을 말한다. 그런 이유는

---

12) 吉藏의 『涅槃經』의 인용과 그 의의에 대해서는 平井俊榮, 『中國般若思想史研究
－吉藏と三論學派』 제3장 제4절 「吉藏における『涅槃經』引用の形態と特質」(春秋
社, 1976) 참조.

본체가 불이인 존재 방식에 의하기 때문이다. 그러므로 무이의 지혜가 있다. …… 그러므로 상대에 응하여 교화하는 것이 자재한 것이다. 그러므로 경은 말한다. "문수는 도리로서 항상 그러하고, 법왕은 다만 한 법에 기본을 둔다. 일체에 대해서 장애가 없는 사람은 단지 한 가지 길에 의해 윤회로부터 벗어난다." 그러므로 불이는 많은 성인의 근원이라는 것을 알 수 있다. …… 일도청정이다. 그러므로 불이라고 한다. 진실의 극치는 궤범으로 할 만하다. 그러므로 법이라고 한다. 궁극의 존재 방식은 장애 없이 통한다. 그러므로 문이라고 칭한다. 생각하니, 이것은 많은 가르침을 묶어놓은 요지이며, 많은 성인들을 총괄하는 영묘한 건물이다. ……

불이에는 대개 3가지 분류가 있다.

첫째는 뭇사람이 불이라고 말하면서, 불이는 무언이라는 것을 알지 못한다. 소위 '하'의 위지이다.

둘째는 문수가 불이는 무언이라는 것을 보이지만, 역시 무언이라고 말한다. 소위 '중'의 위지이다.

셋째는 유마는 침묵한 채로, 불이는 무언이라는 것을 간파하고 게다라 무언이라고 말하지 않는다. 소위 '상'의 위지이다.

진실한 깨달음의 세계는 사구를 초월해 있다. 그러므로 궁극의 성인은 그 때문에 침묵한다. 불이를 궁극으로 하는 의도는 여기에 있다. (維摩詰不思議解脫本者, 謂不二法門. 所以然者, 由體不二之道, 故有無二之智, …… 故能適化無方. 是以經云, 「文殊法常爾, 法王唯一法, 一切無礙人, 一道出生死」. 故知不二爲衆聖之原. …… 一道淸淨, 故名不二. 眞極可軌, 所以云法. 至妙虛通, 故稱爲門. 蓋是總衆敎之旨歸, 統群聖之靈府. …… 大論不二, 凡有三品. 一衆人言於不二, 未明不二無言. 所謂下也. 二文殊雖明不二無言, 而猶言於無言. 所謂中也. 三淨名杜默鑒不二無言 而能無言於無言. 所謂上也. 良以道超四句, 故至聖以之沖黙. 不二爲極, 意在於斯.)(『淨名玄論』卷一, T38.853bc)

즉 길장은 유마의 부사의해탈은 불이법문에 근거한다고 하며, 불이를 체득하면 '무이(無二)의 지혜'를 얻기 때문에 자재한 교화를 펼칠 수 있게 된다고 한다.[13] 그리고 "일체무애인은 일도에 생사를 벗어난다"는 『화엄경』「명난품(明難品)」의 유명한 구절[14]을 인용해서, '불이'야말로 "뭇 성인의 근원"이라고 강조하는데, 직후에 "일도청정이므로 불이라고 한다"라는 말에서 알 수 있듯이, 불이란 다름 아닌 일도청정인 것이다. 길장이 설하는 불이는 부정적인 개념이 아니라 『열반경』의 '일도'의 주장과 결합된 근원적인 것이라는 점에 주의해야 한다. 길장에 따르면 '일도청정'인 불이, 특히 유마의 침묵으로 표현되는 불이야말로 "모든 가르침을 아우르는 뜻이 돌아갈 곳, 뭇 성인을 아우르는 영적인 집"이며 모든 교설과 '뭇 성인'은 이 불이를 근본으로 하는 것이다.[15] 그리고 31인의 보살이 불이에 대해서 자신의 견해를 말한 것은 불이가 무언(無言)임을 밝히지 않았기 때문에 3품 중에 하품, 문수는 불이가 무언이라는 것을 밝히기는 하지만 무언임을 말했기 때문에 중품이며, 유마는 불이가 무언이라는 것을 체득하면서도 무언이라고 말하지 않았기 때문에 상품이라고 하고, 불이를 '극치[極]'라고 하는 것은 "진실한 깨달음의 세계는 사구를 초월해 있다. 그러므로 궁극의 성인은 그 때문에 침묵한다"라는 점에 있다고 주장한다.

위의 인용문 가운데 '뭇 성인'이라는 말은 보살뿐만 아니라 부처도 포

---

13) 이것은 길장의 기본적인 생각이며 『維摩經義疏』에서도 같은 주장을 말한다.

14) 원문에는 '一切無礙人'(『華嚴經』 卷第5, 明難品, T9.429b).

15) 大西龍峰, 「淨名玄論釋証(五)」(『曹洞宗研究員研究生研究紀要』 19, 1988. 7). 또한 길장의 이러한 불이관이 『유마경』의 본래 뜻과 다르다는 것에 대해서는, 大鹿實秋, 「嘉祥大師の不二觀」(勝又俊敎博士古稀念論集 『大乘佛敎から密敎へ』, 春秋社, 1981) 참조.

함할 것이다. 반야경전은 일반적으로 제불과 보살이 모두 반야바라밀에 의해 무상의 지혜를 얻을 수 있으며 반야야말로 일체 불보살의 근본이라는 것을 강조하는데, 위에서 본『대지도론』「석마하연품」은 "반야바라밀과 마하연은 같은 뜻이고 단지 이름이 다를 뿐"(T25.394b)이라고 단언한다. 그런 마하연을『기신론』이 근본으로 하는 여래장계의 마하연과 맞추고 유마가 보인 불이와 결합하면 제불의 근원으로서의 불이마하연이라는 개념이 완성하는 것이다.

『석론』은 그러한 근원으로서의 불이마하연에 대해서 다음과 같이 말한다.

> 무엇 때문에 불이마하연법에는 인연이 없는가. 이 법은 극히 미묘하고 심오하여 뛰어나게 존귀하며, 근기를 벗어나 있기 때문이다. 무엇 때문에 근기를 벗어나 있는가. 근기가 없기 때문이다. 무엇 때문에 건립하는 것을 활용하는가. 건립이 아니기 때문이다. 이 마하연법은 제불에 의해서 얻어지는가. 제불을 얻는 것이 가능하다. 제불은 얻는 것인가. 그렇지 않기 때문이다. 보살과 이승과 일체의 살아 있는 것도 또한 그렇다. 성덕원만해라는 것은 그것이다. 이유는 무엇인가. 근기를 벗어나 있기 때문이다. 교설을 벗어나 있기 때문이다. (何故不二摩訶衍法無因緣耶. 是法極妙甚深獨尊, 離機根故. 何故離機根. 無機根故. 何須建立. 非建立故. 是摩訶衍法諸佛所得耶. 能得於諸佛. 諸佛得不故. 菩薩二乘一切異生亦復如是. 性德圓滿海是焉. 所以者何. 離機根故. 離敎說故.)(T32.601c)

즉 불이마하연은 인연을 떠나 있다고 하고, 그것은 근기를 떠난 극묘한 법이기 때문이라고 논한다. 불이마하연이 근기를 떠나 있다면 왜 불이마하연이라는 법문을 건립하느냐는 질문에 대해서는 "건립이 아니기 때문"이라고 답하고, 교화할 대상을 고려해서 법문을 마련하는 일반적인 건립과는 다르다고 말한다. 그리고 이 불이마하연은 제불을 얻지만 제불은 불이마하연을 증득하지 못한다고 해서, 불이마하연은 과의 세계인 성덕원만해 자체로 근기나 교설을 떠난 절대적인 존재라는 것을 강조한다. 진언종의 전통적인 해석에 따르면 진여문의 제불은 원원해덕(圓圓海德)의 제불, 즉 불이의 법불(法佛)을 얻지 못하고 거꾸로 불이의 법불이 그것을 얻는다고 하는데, 이것은 불이마하연을 밀교의 제불로 보기 때문에 생긴 해석이지 『석론』 자체는 그런 주장을 하지 않는다. 『석론』에서 성덕원만해인 불이마하연은 어디까지나 제불의 근원이며 부처는 아니다. 위의 인용문 가운데 불이마하연에 "인연이 없다"고 하는 부분에 대해서는, 『금강삼매경』 권하에 '원융불이'인 마하반야바라밀에 대해,

> 사리불이 말한다. "세존이 말씀하신 대로입니다. 사상(事象) 이전에 있으며, 본리(本利)를 취합니다. 이 생각은 적멸이고, 적멸은 진여입니다. 여러 덕을 포함하고, 만법을 관통하여 완벽히 서로 녹아들어가 불이이고 불가사의합니다. 이 법은 정말로 마하반야바라밀에 다름 아니며 대신주이고, 대명주이며, 무상주이고 무등등주이라고 알아야 합니다." 부처가 말한다. "그대로이다. 그대로이다. 진여는 공성이고, 고정된 본성은 공이라는 지혜의 불[火]은 모든 번뇌의 속박을 다 태웠고, 평등평등하다. 등각의 세 가지 수행의 위, 묘각의 세 가지 불신이 9식 가운데서 확실하여 명정(明淨)하며 모든 그림자가 없다. 선남자여. 이 법은 원인이 아니고 조건도 아니고 지혜가 스스로 활용하기 때문이다."(舍利弗言. 如尊所說. 在事之先, 取以本利. 是念寂滅. 寂滅是如. 總持諸德, 該羅萬法, 圓融不二, 不可思議. 當知是法, 卽是摩訶般若波羅蜜. 是大神呪, 是大明呪, 是無上呪, 是無等等呪. 佛言. 如

是如是. 眞如空性, 性空智火, 燒滅諸結, 平等平等, 等覺三地, 妙覺三身, 於九識¹⁶⁾中皎然明淨, 無有諸影. 善男子: 是法非因非緣, 智自用故.)(T9.371b)

라고 해서 "이 법은 원인이 아니고 조건도 아니다"라고 설하는 부분에 근거할 것이다. 또 근원으로서의 원원해가 제불을 얻는다는 점에 대해서는, 위에 인용한 『금강삼매경』에서 바로 다음에 나오는 '이 불보리살반야해[佛菩提薩般若海]'라는 말에 대해,

다만 보살만이 이 본각에 귀착할 뿐 아니라, 제불의 완벽한 지혜도 마찬가지로 이 바다에 귀착한다. 그러므로 "이것은 불과 보리살반야해이다"라고 말한다. (非但菩薩歸此本覺, 諸佛圓智同歸此海. 故言「是佛菩提薩般若海」)(T34.991b)

라고 해석하는 것이 주목된다. '제불의 완벽한 지혜'가 함께 돌아가는 '이 바다'란 『금강삼매경』이 설하는 '불보리살반야해'를 가리키며, 원효는 '반야해덕의 제불'이 일반적인 제불보다 뛰어나다고 설하는 것은 아니다. 여기에도 반야야말로 부처를 낳는 근원이라는 원칙이 일관되어 있다.¹⁷⁾

그렇다면 『석론』 말미에 보이는 섭불섭(攝不攝) 문답에 대해서는 어떻게 설명할지 의문이 생길 것이다. 『석론』 권10은 『기신론』 말미에 나오는 '제불심심광대의(諸佛甚深廣大義)'로 시작하는 회향게를 해석하면서,

---

16) 『淨名玄論』 卷第1에서는 「有人言, 不二法門謂阿摩羅識自性淸淨心」(T38.856c)이라고 설해서, 제9식인 阿摩羅識을 중심으로 해서 해석한 사람들이 있었다는 것을 알 수 있다. 『석론』이 9식을 넘어서 제10식을 설하는 것은 이러한 사람들의 불이 해석을 고려한 것이라는 것도 생각된다.

17) 단, 『금강삼매경론』에서는 '歸此海'라고 해서 '歸' 자를 쓰는 것에서 알 수 있듯이, 노장 사상에 기초한 還源 사상이 들어 있어 이미 순수한 반야 사상은 아니다.

제불이라는 것은 불이마하연의 법이다. 그것은 왜인가. 이 불이의 법을 저 부처와 비교하면, 그 덕이 뛰어나기 때문이다. 대본의 『화엄계경』에서는 이렇게 설하고 있다. "그 원원해는 제불을 얻는다. 뛰어나기 때문이다. 그 일체의 부처는 원원해를 성취할 수 없다. 열등하기 때문이다"라고. (言諸佛者, 則是不二摩訶衍法. 所以者何. 此不二法形於彼佛其德勝故. 大本花嚴契經中作如是說. 其圓圓海得諸佛. 勝故. 其一切佛不能成就圓圓海. 劣故.)(T32,668a)

라고 해서, 회향게에서 말하는 '제불'이란 흔히 말하는 제불이 아니라 불이마하연법을 가리킨다고 주장한다. 그리고 '심심'은 양중의 8종 마하연법에 해당하고 '광대의'는 양중의 능입문법(能入門法)에 해당한다고 해서, 회향게의 첫머리에 직접 만든 33법문을 넣어 해석을 시도한다. 그리고 회향게에 나오는 '제불'을 흔히 말하는 제불이 아니라 불이마하연법이라고 하는 이유에 대해서는, 대본 『화엄계경』이라는 경전이 "원원해는 뛰어나기 때문에 제불을 얻을 수 있다. 저 일체불은 열등하기 때문에 원원해를 성취하지 못한다"고 설하기 때문이라고 한다. 하지만 이것은 회향게에서 말하는 '제불'이 실은 불이마하연법을 가리킨다고 말하기 위해 인용했을 뿐, 불이마하연법에 다름 아닌 뛰어난 '제불'이 존재한다고 주장하는 것은 아니다. 뛰어난 제불의 존재를 강조하는 이러한 해석이 생긴 것은 "원원해덕의 제불은 뛰어나다. 저 일체불은 원원해를 성취하지 못한다. 열등하기 때문이다[圓圓海德諸佛勝. 其一切佛不能成就圓圓海. 劣故]"라고 되어 있는 고야산본 텍스트에 근거하는데, 이것은 일반적인 제불보다 뛰어난 원원해덕의 제불을 밀교의 제불이라고 해석한 인물 혹은 그런 해석에 근거해서 원 텍스트를 고야산본 형태로 바꾼 인물이 있었기 때문이다.

또한 『기신론』 회향게에 보이는 '제불'이 흔히 말하는 제불이 아니라 불이마하연법을 가리킨다고 하는 『석론』의 해석은,

> "선남자여. 이 때문에 나는 제 경 가운데 12인연을 보는 사람을 만나면, 그것은 법을 보는 것 이외에 다름 아니며, 법을 보는 자는 정말로 부처를 보고, 부처라는 것은 정말로 불성이라고 설하였다. 왜인가. 일체의 제불은 이것을 본성으로 하고 있기 때문이다." …… 그때, 사자후보살마하살은 부처에게 아뢰었다. "세존이여. 만약 부처와 불성이 구별이 없다면, 일체의 중생은 무엇 때문에 수도하는 것입니까……." 라고. (善男子, 是故我於諸經中說 若有人見十二因緣, 卽是見法, 見法者卽是見佛, 佛者卽是佛性. 何以故. 一切諸佛以此爲性. …… 爾時師子吼菩薩摩訶薩白佛言, 世尊, 若佛與佛性無差別者, 一切衆生何用修道. ……)(『涅槃經』卷二五, T12.768c)

라고 하듯이, 그 배후에 모든 경전이 "법을 보는 자는 부처를 본다"라고 할 때의 '부처'가 실은 일체제불의 본체인 불성을 가리킨다는 『열반경』의 주장이 있다. 『열반경』 혹은 그 해석이 『석론』에 지대한 영향을 미쳤음을 알 수 있다.

그런데 『석론』이 불이마하연법이라는 법문의 이름을 들면서 "건립이 아니기 때문에", 즉 중생을 교화하기 위한 법문으로 건립된 것이 아니라고 주장하는 것은, 망상에 의한 건립을 경계하는 『사권능가경』 등의 주장을 의식했기 때문일 것이다. 또 반야계 사상에 근거해서 '건립'이라는 고정적인 형식을 부정하기 위한 것도 있을 것이다. 한편 문맥은 다르지만 『대지도론』에 보이는 『마하반야바라밀경』 「실제품」은 중생과 실제가 다르지 않다는 것을 강조하며,

부처는 수보리에게 고했다. "……진실의 존재 방식과 중생의 존재 방식은 다르지 않다. …… 보살마하살이 반야바라밀을 행할 때, 진실한 존재 방식의 법을 파괴하지 않고 중생을 진실의 존재 방식 가운데 세운다"라고. 수보리는 부처에게 아뢰었다. "세존이시여, 만약 진실의 존재 방식이야말로 중생의 존재 방식이라면 보살은 진실의 존재 방식을 진실의 존재 방식 가운데 건립할 수 있게 됩니다. 세존이시여. 만약 진실의 존재 방식을 진실의 존재 방식 가운데 건립한다면, 본성을 본성 가운데 건립하는 것이 됩니다."…… 부처는 수보리에게 고했다. "진실의 존재 방식은 진실의 존재 방식 가운데는 건립할 수 없다. 본성은 본성 가운데 건립할 수 없다. 수보리여. 지금 보살마하살이 반야바라밀을 행할 때, 방편력에 의해서 중생을 진실의 존재 방식 가운데 세운다. 진실의 존재 방식도 또한 중생의 존재 방식도 다르지 않다. 진실의 존재 방식과 중생의 존재 방식은 무이무별이다."(佛告須菩提. …… 實際衆生際不異. …… 菩薩摩訶薩行般若波羅蜜時, 以不壞實際法立衆生於實際中. 須菩提白佛言. 世尊. 若實際卽是衆生際, 菩薩則爲建立實際於實際. 世尊. 若建立實際於實際, 則爲建立自性於自性. …… 佛告須菩提. 實際不可建立於實際, 自性不可建立於自性. 須菩提. 今菩薩摩訶薩行般若波羅蜜時, 以方便力故建立衆生於實際. 實際亦不異衆生際. 實際衆生際無二無別.)(『大智度論』 卷第九十; 釋實際品, T8,692c-693a)

라고 하듯이, 건립의 옳고 그름에 대해 논하는데, 이 부분도 '건립이 아닌' 불이마하연이라는 설에 대해 생각할 때 시사하는 바가 크다. 위의 인용문에서는 보살이 중생을 실제 속에 건립하려고 하는 것은 실제를 실제 속에 건립하는 셈인데, 실제가 실제를 건립하는 것은 불가능하지 않느냐는 질문에 대해, 부처는 실제가 실제를 건립하는 것이 불가능하다는 것을 인정한 다음, 반야바라밀을 닦는 보살은 방편력에 의해 일부러 중생을 실제 속에 건립한다고 대답한다. 무이무별(無二無別)의 입장에 서면 모든 것이 실제이고 중생과 실제라는 대립은 있을 수 없기 때문에, 굳이 건립한다면 실제가 실제를 건립하게 되며, 그런 일은 불가능하지만 보살은 방편력에 의해 이 양자를 임시로 별개로 보고, 굳이 중생을 실제 속에 건립하려고 한다는 것이다. 다시 말해서 중생과 실제가 별개가 아니라고 보는 입장에 서면 건립이라는 사태는 성립할 수 없다.

　이 경문에 대해서 『대지도론』은,

> 중생과 진실의 존재 방식이 다르지 않다면, 하나도 또한 얻을 수 없다. 만약 이것이 일이라면, 진실의 존재 방식의 양상을 파괴하는 것이된다. 그것은 왜인가. 이 하나의 성질이 존재하게 되기 때문이다. 보살은 이 두 가지 법이 하나도 없고 둘도 없다고 본다. 또한 하나가 아닌것도 없고, 또한 둘이 아닌 것도 없다고 본다. 철저하게 적멸하며, 언어만의 잘못된 논의도, 형태도 없다. (衆生實際不異一亦不可得. 若是一則壞實際相. 所以者何. 得是一性故. 菩薩知是二法不一不二亦不不一亦不不二畢竟寂滅, 無戲論相.)(同, 卷90, T25.697b)

라고 해서, 중생과 실제가 다르지 않다고 해도 하나로 볼 수는 없으며, 이 두 가지는 하나도 아니고 둘도 아니고, 하나가 아닌 것도 아니고 둘이 아닌 것(불이)도 아니라는 부정의 방법으로 논한다. 결론적으로 진정한 존재 방식은 "철저하게 적멸[畢竟寂滅]"이고 "언어만의 잘못된 논의도 형태도 없는 것[無戲論相]"이다. 하나로 보는가 불이로 보는가 하는 논의는 아무리 치밀하게 고찰해도 언어의 분별에 그치는 한 희론으로 간주된다. 『석론』의 저자가 『대지도론』을 자세히 보았다고는 생각하지 않지만, 강요서 혹은 『대지도론』을 인용하는 문헌을 통해서 이러한 사고에 익숙해 있었다는 것은 의심의 여지가 없다.

『석론』은 그렇게 규정된, 언어에 의해 분별할 수 없는 불이마하연의 성격을 밝히기 위해, 권5에서 문답을 이어간다. 먼저 일체중생이 본각을 가지고 있고 본각을 버리지 않는다면, 어째서 성불에 선후가 있고, 수행을 하는 자와 그렇지 않은 자가 있으며, 총명한 자와 우둔한 자의 차이가 있는가 하는 문제를 제기한 뒤에 다음과 같이 논한다.

> 함께 동일한 깨달음을 가지고 있다면, 어떤 사람이라도 일시에 발심해서 수행해서 무상의 깨달음에 이를 것이다. (同有一覺皆悉一時發心修行到無上道.)(T32.637b)

모든 중생이 동등하게 '일각(一覺)'[18]을 가지고 있다면 동시에 발심하고 수행해서 무상도(無上道)에 이르러야 하지 않느냐는 문제이다. 이것은 『기신론』의 진여훈습 부분을 요약한 것인데, 『석론』은 이 문제에 대해 『기신론』의 문장에 근거해서 "본각불성에 강(强)과 열(劣)의 구별이 있기 때문"이라는 이유와 "무명번뇌에 후(厚)와 박(薄)이 다르기 때문"이라는 이유를 들어 모두 적절하지 않다고 한 다음, 수행자의 존재 방식의 다섯 단계, 즉 명과 무명을 접하는 방식을 소개하고 그런 존재 방식은 명의 분위인지 무명인지를 묻는다(편의상 행을 나눴다).

(1) 만약 그렇다면 일체행자는 일체의 악을 끊고, 일체의 선을 수행하고, 십지를 넘어서 무상의 위지에 이르며, 삼신을 완성시켜 사덕을 얻는다. 이러한 행자는 무명의 영역으로, 깨달음의 영역은 아니다. (若如是者一切行者, 斷一切惡修一切善, 超於十地到無上地, 圓滿三身具

---

18) 『기신론』에는 보이지 않는 '一覺'이라는 말을 사용하는 것은 注2 위의 논문에서 지적했듯이 『금강삼매경』 및 『금강삼매경론』이 계속 이 말을 사용하기 때문일 것이다.

足四德. …… 如是行者爲啊無明分位非明分位.)

(2) 만약 그렇다면 청정한 본각은 무한의 과거로부터 수행을 보지 않고, 다른 힘을 얻지 않고, 본성의 덕이 원만하고, 본래의 지혜가 갖추어져 있으며, 또한 사구를 넘어 또한 오변을 벗어난다. 자연이라는 언어도 자연일 수 없으며, 청정한 마음도 청정일 수 없이 오직 절리해 있다. 이러한 경지는 무명의 변역이고, 깨달음의 영역은 아니다. (若爾淸淨本覺從無始來, 不觀修行非得他力, 性德圓滿本智具足, 亦出四句亦離五邊, 自然之言不能自然, 淸淨之心不能淸淨, 絕絕離離. 如是本處爲明無明邊域非明分位.)

(3) 만약 그렇다면, 일법계심은 모든 부정을 벗어나고, 모든 긍정에 등지며, 중간도 없고 중간도 없는 천을 등지며, 천을 등진다. 물이 흘러가는 듯한 뛰어난 회화술도 다리가 부러져 멈추고, 생각해 내는 역량도 손이 없어져 멈춘다. 이러한 일심은 깨달음인가 무명인가. 이러한 일심은 무명의 영역으로 깨달음의 영역은 아니다. (若爾一法界心非百非背千是, 非中非中背天背天演水之談足斷而止, 審慮之量手亡而住. 如是一心爲明無明. 如是一心無明邊域非明分位.)

(4) 삼자일심의 마하연법은 하나도 하나일 수가 없지만, 임시로 하나에 들일 수 있으며, 마음은 마음일 수 없지만, 임시로 마음에 들일 수 있다. 실제는 내가 아니지만, 이름을 붙여 나라고 부르며, 또한 자신은 아니지만 부르면 자신과 일치한다. 만약 내가 성립한다면 진실의 나는 없고, 만약 자기라고 칭할 수 있다면 진실한 자기는 아니다. 오직 현묘하고 오직 심원하다. 이러한 뛰어난 경지는 깨달음인가 무명인가. 이러한 뛰어난 경지는 무명의 영역으로 깨달음의 영역은 아니다. (三自一心摩訶衍法, 一不能一假能入一心不能心假能入心, 實非我名而目於我, 亦非自唱而契於自, 如我立名而非實我, 如自得唱而非實自. 玄玄又玄 遠遠又遠. 如是勝處爲明無明. 如是勝處無明邊域非明分位.)

(5) 불이마하연법은 다만 불이마하연법일 뿐이다. 이러한 불이마하연법은 깨달음인가 무명인가. (不二摩訶衍法, 唯是不二摩訶衍法. 如是

不二摩訶衍法爲明無明.) (T32, 637c)

　오중문답으로 알려진 이 문답에 대해 진언교학에서는 앞의 네 가지 입장을 현교의 법상·삼론·천태·화엄 4종에 대응시키고, 다섯 번째인 불이마하연이야말로 법신의 설법을 인정하는 진언밀교의 입장을 보여준다고 해서 현밀을 구분하는 근거로 삼아 왔다. 하지만 그것은 구카이의 독자적인 해석에 근거하는 것이다. 『석론』 자체는 독특한 주장을 독특한 문체로 활발하게 전개하고 있기는 하지만, 교리의 기본적인 부분에 대해서는 길장·원효·의상·법장 등의 교학의 틀을 그다지 벗어나지 않았다. 앞의 네 가지 문답에 대해서는 부정에 부정을 더한 매우 높은 경지인 것처럼 묘사하지만 모두 무명의 영역으로 '깨달음의 영역'이 아니라고 단정한다. 하지만 그 이유는 말하지 않는다. 그리고 궁극적인 입장으로 보이는 다섯 번째 문답에서는 "이러한 불이마하연법은 깨달음인가 무명인가"라는 질문을 던질 뿐 답은 없다. 『석론』이 『유마경』 「입불이품」에 근거해서 논의하고 있다는 것을 생각하면, 위 부분을 이해하기 위해서는 『유마경』 「입불이품」에 대한 여러 주석과 비교해야 하지만 그 당연한 작업이 이루어지지 않았다. 길장의 『유마경의소』 「입불이법문품」의 해석에는 다음과 같은 흥미로운 기술이 보인다.

　　십지사가 말한다. "진과 망이란 동체이고, 망을 수렴해서 진을 성립시킨다. 그러므로 불이다."라고 말한다. 물을 움직이면 파도가 되어 파도와 물은 동체이고, 또한 파도를 멈추게 하면 물이 되는 것을 불이라고 이름하는 것이다. 지금 말한다. 그렇지 않다. 문장에서 "깨달음도 취해서는 안 된다"라고 말한다. 즉 이것은 양쪽 다 버리는 것으로, 양자를 함께 수렴하여 성립시키는 것은 아니다. 만약 무명의 실성을 깨닿는다면, 그것은 깨달음에 다름 아니다. 그러므로 불이라고 말하는 것이다. 만약 깨달음과 무명을 보았다면, 무명에 다름 아니다. 그러므로 깨달음도 또한 취해서는 안 된다. (十地師云. 眞妄同體, 會妄成眞, 故云不二. 如動水成波, 波與水同體, 還息波成水, 名爲不二. 今謂不然. 文云, 明亦不可取. 則是兩捨. 非會成. 若了悟無明實性卽是爲明. 故云不二. 若見明無明, 便是無明. 故知明亦不可取也.)(『維摩經義疏』卷第5, T38.976c)

즉 길장은 진과 망이 동체라는 입장에 서서 물과 파도의 비유를 들어, 허망한 파도가 멎어 참된 물로 돌아간 상태를 불이라고 하는 지론사의 주장을 비판한다. 31의 보살의 한 사람인 뇌천(雷天) 보살이,

깨달음과 무명을 둘이라고 한다. 무명의 실성은 깨달음에 다름 아니다. 깨달음도 또한 취해서는 안 된다. 일체의 구별을 벗어나기 때문이다. (明無明爲二. 無明實性卽是明. 明亦不可取離一切數.)(『維摩詰所說經』卷中, T14.551a)

라고 해서 "깨달음[明] 또한 취해서는 안 된다"고 설하는 점에 주목해서, 진과 망을 대립하는 것으로 보는 것이 다름 아닌 무명이므로 명에 집착해서 명을 취하려고 해서는 안 된다고 논하는 것이다. 『유마경의소』의 인용문 중에 "만약 깨달음과 무명을 보았다면[若見明無明] 무명에 다름 아니다"라는 부분은 이본에는 "만약 깨달음을 보고 깨달음이라고 하면[若見明爲明] 이는 곧 무명이다"라고 되어 있는데, 그 의미에는 큰 차이가 없다. 양쪽 모두 명과 무명을 대립하는 것으로 보고 명을 택하는 입장에 대해 비판하는 것이다.

불이에 관한 길장의 이런 해석을 오중문답에 대응하면, 앞의 네 가

지 입장에 대해서는 아무리 심원하다고 해도 명과 무명을 대립하는 것으로 보고 명에 집착하는 이상 무명의 영역에 그친다고 판정하는 것을 알 수 있다. 다섯 번째 입장의 경우는, 유마와 마찬가지로 질문에 대해 말로 답하지 않고 침묵을 지킴으로써 불이마하연의 진정한 존재 방식을 보이고, 그 불이마하연을 기반으로 하는 『기신론』의 본각과 무명의 관계를 제대로 해명했다고 간주되는 것이다.

『석론』이 유마의 침묵을 높이 평가한다는 것은 다음에서도 알 수 있다. 즉 진리에 대해 말할 수 있는 언설이 있는가, 허망한 언설을 어떻게 부정하는가의 문제를 논하고 나서,

> 대본의 『유마힐계경』에서는 이렇게 설했다. "…… 나와 같은 대중을 위해 언설을 벗어난 언설로 불이가 아닌 불이를 설하고, 임시 설의 오염됨을 제거해 주십시오." 여기에서 유마힐은 묵연히 설하는 바가 없었다. 문수는 유마를 찬탄하여 말했다. "좋구나 좋구나. 거사여. 진여란 말에 의해 진여를 설하고, 진여의 귀에 의해 진여를 들려주는구나. 좋구나 좋구나. 이것이야말로 진실한 불이법문이다. 이러한 것이 정말로 진실불이의 법의 체이기 때문이다"라고. (大本維摩詰契經中作如是說. …… 爲我等大衆, 離言說言說說非不二不二, 除遣假說之垢. 於是維摩詰默然無所說. 爾時文殊讚維摩言, 善哉善哉居士. 如言說如如耳聽如. 善哉善哉. 斯乃眞實不二法門. 斯乃眞實不二法體故.)(T32,606c)

라고 해서 대본 『유마힐계경』이라는 경전을 인용해서, 「입불이품」과 마찬가지로, 침묵을 지킨 유마에 대해 문수로 하여금 칭송하게 한다. "언설을 벗어난 언설로 불이가 아닌 불이를 설하고, 임시 설의 오염됨을 제거해 주십시오"는 문수의 부탁에 대해 유마는 침묵을 지키는데, 문수는 이것이 "진여란 말에 의해 진여를 설하고, 진여의 귀에 의해 진여

를 들려주는" 것이라며 칭송한다. 즉 대립을 떠나 불이라는 말까지 떠난 침묵의 세계야말로 '진실한 불이법문'인 것이다. 앞서 본 길장의 『정명현론』이 유마의 침묵을 얼마나 높이 평가했는지 떠오를 것이다. 이것을 『석론』의 불이마하연에 적용하면 어떻게 될까. 오중 문답의 제5에서는 "불이마하연법은 다만 불이마하연법일 뿐이다"라고 단언한다. 여기서는 명과 무명, 본각과 무명, 진여와 무명의 대치, 혹은 지혜[智]와 그것이 아는 것으로서의 불이마하연이라는 대치를 언급하면서 불이를 설하는 것이 아니라는 점에 주의해야 한다. 아무리 부정을 거듭한다 해도 대립을 문제로 하는 이상 대립에서 벗어날 수 없기 때문에, 대치를 언급하는 것을 신중하게 피한 것이다.

『석론』은 말로 표현할 수 없다는 진여에 대해서 다양한 입장에서 말하기도 하고 말하는 것을 부정하기도 하는 『기신론』의 진여문에 대한 해석을 마무리하면서, 특정한 입장의 언어관을 절대시해서 다른 입장의 언설을 비난해서는 안 된다고 하며 다음과 같이 설한다.

> 만약 그렇다면 진여문에서는 언설과 생각은 어떤 모습인가. 말한다. "어떤 사람이 말한 것은 상의 음성도 아니고, 무상의 음성도 아니다. 즉 설한 것도 설해지는 것도 없고, 진여 그대로 설하는 것이다"라고. (若爾眞如門中, 言說及念, 何等相耶. 謂有言說, 非常音聲非無常音聲. 謂無能說可說如如如說.)(T32,607b)

즉 진여문 속에 언설이나 생각[念]이 있다고 하면, 그것은 상주(常住)의 음성도 무상(無常)한 음성도 아니고 언설을 떠난 '여여여설(如如如說)'이라고 한다. '여여여설'의 예로서는, 위에서 본 대본 『유마힐계경』의 "진여란 말에 의해 진여를 설하고, 진여의 귀에 의해 진여를 들려주는"

유마의 침묵의 세계를 생각했을 것이다. 『기신론』의 진여문을 넘어 있다는 불이마하연에 대해서도 이러한 흐름 속에 논하고 있으니, 『금강삼매경』이 설하는 '여여여설'의 연장선에서 보아야 할 것이다.

다시 오중 문답으로 돌아가자. 명과 무명의 관계에 대해서 불이마하연을 정점으로 하는 다섯 단계를 상정하는 발상은 어디에서 얻었을까? 명인지 무명인지 묻는 것 자체가 무명의 영역에 멈춰 있는 증거라는 생각이 길장의 「입불이품」 해석 속에도 보이기 때문에, 다섯 단계에 대해서도 마찬가지라고 추측할 수 있다. 그런 대목을 찾아보면 『정명현론』 속에 다음과 같은 문장이 있다.

> 대개 두 가지 것을 들면, 대략 5단계가 있다. 처음에는 두 가지 법을 이(二)라고 한다. 공과 유 등의 것이다. 둘째는 공과 유를 이(二)라고 한다. 공유를 불이라고 하는 것이 아니다. 이 이와 불이가 상대하여 또한 이를 성립시킨다. 셋째는 이와 불이를 모두 이라고 한다. 이도 아니고 불이도 아니어서 비로소 불이라고 이름한다. 이 이와 불이가 상대하여 또한 이를 성립시킨다. 넷째는 지금까지의 6구를 모두 이라고 이름한다. 이가 아닌 것도 아니고, 불이가 아닌 것도 아닌 것을 불이라고 이름한다. 이 이와 불이가 상대하여, 또한 이를 성립시킨다. 다섯째는 마음을 일으켜 생각을 움직이는 것을 없애지 않는다. '그러므로' 이(二)라고 한다. 만약 마음을 생기시키고 생각을 움직임을 없앤다면, 비로소 불이라고 이름을 붙인다. 즉 이 없애는 것과 없애지 않는 것이 또한 이를 성립시킨다. 그러므로 스스로의 이 이외에 도리로서 부족한 것이 없고, 연이면서 다하지 않음이 없고, 관찰이면서 청정해지지 않는 것은 없다.
> 문: 이 다섯 단계를 끊어 버린다면, 어떤 법문에 수렴됩니까.
> 답: 이 다섯 단계를 끊는 것은 모두 불이의 의미를 밝히는 것이다. 만약 끊어진 바를 세 문으로 나눈다면, 만약 다섯 단계의 법체를 끊는

것은 초문에 속한다. 만약 다섯 단계라는 말을 끊는다면 제2문에 귀착한다. 다섯 단계에 대해 언어를 빌려 보이는 것을 끊는다면 제3문이다. (總取諸二, 凡有五階. 初以兩法爲二. 如空有等. 二者, 以空有爲二, 非空有爲不二. 此二不二相對, 還復成二. 三者, 二與不二, 皆名爲二. 非二非不二, 方名不二. 此二不二相對. 還復成二. 四者, 上來六句皆名爲二, 非非二非非二, 名爲不二. 此二不二相對, 還復是成二. 五者, 不泯生心動念, 故名爲二. 若泯生心動念, 方名不二. 卽此泯不泯, 還復成二. 故自二之外, 無更有法. 但唱不二, 卽敎無不周. 理無不足, 緣無不盡. 觀無不淨. 問. 絕此五階, 何門所攝. 答. 絕此五階, 通是釋不二義. 若欲分三門所絕異者, 若絕五階法體, 則屬初門. 若絕五階之言, 歸於第二. 絕五階之借言, 則第三門.)(『淨名玄論』第一, T38.855b)

즉 무엇을 불이로 보는가에 따라 다섯 단계로 나누어진다. 다섯 번째 단계에서는 불이란 무엇인가 하는 마음을 일으키는 것이 이(二)이고 그런 분별하는 마음을 일으키지 않는 것이야말로 불이라는 입장을 보이는데, 모든 단계가 결국 이와 불이라는 대비를 통해 성립되기 때문에, 불이라고 하면 그 안에 모든 교리(敎理)가 포함된다고 설하는 것이다. 그리고 이 다섯 단계를 끊는 것은 말로써 불이를 분별하는 첫 번째 문, 문수처럼 불이는 말이 없음을 말로 보이는 제2문, 유마처럼 침묵에 의해 불이 그 자체를 보여 주는 제3문 가운데 어디에 속하는지를 묻고, 다섯 단계의 법체를 부정하는 것이 첫 번째 문, 다섯 단계의 언설을 부정하는 것이 제2문, 다섯 단계의 언설을 부정하는 방법 자체를 침묵으로 극복하는 것이 제3문이라고 한다.

오중 문답은 이상과 같은 다섯 단계의 형식 및 다섯 단계의 부정의 형식에 따른 3문의 분류와는 일치하지 않지만, 본각과 무명이 관계하는 방식에 대해서 다섯 가지 입장을 설정한다. (1) 무명을 점점 끊음으로써 본각의 명(明)을 얻는 입장, (2) 본각의 본래성을 강조하는 입장, (3) 본각과 무명의 대립적인 견해를 계속해서 부정해 가는 입장, (4) 말에 의한 표현의 한계를 지적하는 것, (5) 대립을 떠난 침묵에 의해 불이 마하연을 설시하는 것으로 발전하는 것을 보면, 공통점이 적지 않은 것에 주의하지 않을 수 없다. 『석론』이 대본 『유마힐계경』이라는 경전을 인용하는 것은 앞에서 보았지만, 문수가 유마에게 "언설을 떠난 언설로 불이가 아닌 불이를 설하고, 임시 설의 오염됨을 없애기를" 부탁하는 가운데 '불이가 아닌 불이'란, 아마 위의 인용문 중 "이도 아니고 불이도 아니어서 비로소 불이라고 이름한다"는 등의 부분을 참고한 것으로 생각된다.

진여에 대한 믿음에 근거해서 수행자가 다섯 가지 위(位)로 나아가는 것, 게다가 각각의 위를 오중 문답과 마찬가지로 '본처(本處)'라고 부르는 것은 『금강삼매경』에 보이는 것으로, 『석론』에 대한 『금강삼매경』의 영향이 엿보인다는 것은 이미 지적했는데, 『금강삼매경』의 5위나 『금강삼매경론』의 해당 부분에서는 "말로써 말을 부정한다"라는 문제는 논하지 않는다.

> 내가 설하는 것은 뜻의 언어로 문장이 아니다. 중생이 설하는 것은 문장어로 뜻이 아니다. …… 뜻의 언어에서는 공과 불공을 진실한 것으로 하고, 실과 부실을 공으로 한다. 두 가지 모습을 떠나 중간에도 해당하지 않고, 중간도 아닌 법은 삼상을 벗어난다. 대상이 되는 것을 보지 않고 진여 그대로 설한다. …… 이 생각은 적멸하고, 적멸은 진여이다. 모든 덕을 품고 만법을 관통하여 완벽히 서로 용해되어 불이이며, 불가사의하다. …… 이것이 마하반야바라밀에 다름 아니다. (我所說者, 義語非文. 衆生說者, 文語非義. …… 如義語者, 實空不空, 空

實不實. 離於二相, 中間不中, 不中之法離於三相. 不見處所, 如如如說.
…… 是念寂滅, 寂滅是如. 總持諸德, 該羅萬法, 圓融不二, 不可思議.
…… 卽是摩訶般若波羅蜜.)(『金剛三昧經』, T9.371ab)

라고 하듯이, 진리를 말할 수 있는 '의어(義語)'와 중생의 망어인 '문어
(文語)'를 구별해서 『석론』의 '여여여설'의 근본이 된 '여여여설'이라는 개
념을 제시하고 '원융불이'를 설하기는 하지만, '불이'라고 하는 것은 '마
하반야바라밀'이지 마하연이 아니다. 그런데 위의 인용문 가운데 '불가
사의'라는 점에 『유마경』의 불가사의해탈을 비추어 불이의 문제를 추급
(追及)하고 '마하반야바라밀'을 『대지도론』에서 동의어라고 하는 '마하
연'으로 치환하면, 불이마하연의 개념이 성립할 수 있지 않을까? 『금강
삼매경』의 '불견처소(不見處所)'에 대해서 원효는,

> 즉 그 가운데서는 마음도 언어도 표현하는 수단도 없기 때문에, "처
> 소를 볼 수 없다"고 말한다. 이러한 언어는 언어를 초월한 의미와 잘
> 합치한다. 그러므로 무의미한 문장과는 다르다. (卽於其中心言路絕
> 故, 言「不見處所」. 如是妙契絕言之義, 所以不同無義之文.)(『金剛三昧
> 經論』卷下, T34.992c)

라고 해서 '절언의 뜻'이라고 해석하는데, 그러한 '절언'의 예로서는 「입
불이법문품」의 유마를 떠올릴 수 있다.
　따라서 오중 문답에 대해서는 『금강삼매경』이나 『금강삼매경론』 외에
도 『유마경』 「입불이법문품」과 관련된 문헌의 영향을 생각해야 할 것이
다. 그러한 문헌으로 현존하는 것 중에는 길장의 『정명현론』과 『유마경
의소』가 가장 『석론』의 설상(說相)에 가까운데, 길장의 영향을 받은 『유
마경』의 주석이 있다면 『석론』의 저자가 그것을 보았을 가능성도 있다.

어쨌든 지금까지 논했듯이, 『석론』의 독자적인 법문이라고 불리는 33법문의 도식이나 33법문의 정점을 이루는 불이마하연의 사상이 『유마경』 「입불이품」에 근거한다는 것, 특히 길장 내지 그 계통의 주석에 근거하는 점이 많다는 것은 확실할 것이다.

4. 결론

지금까지 보았듯이 『석론』의 저자에게 가장 필요했던 것은, 유마의 침묵에 해당하는 불이마하연, 문수에 의한 언설의 부정에 해당하는 부분, 그리고 불이라고 하는 다양한 대비, 예를 들어 본각과 무명의 대비에 관한 개개의 논의라는 세 가지에 다름 아니다. 즉 진여와 무명의 관계나, 언어를 떠나 있어야(절언) 하는 진여에 대해서 어떻게 말할 수 있는가 하는 『기신론』 속 해당 부분이나, 그러한 대목을 둘러싼 논쟁을 회통하는 것은 『정명현론』의 세 가지 문의 도식으로 해결된다. 『석론』의 저자가 다양한 법문, 특히 독특한 내용의 법문이 다수 존재하는 것을 강조하는 것은, 격한 논쟁을 부르는 『기신론』의 개개의 교설은 그러한 법문의 하나에 불과하다는 것을 밝히고 마명의 진의를 알면 논쟁은 사라진다고 생각했기 때문일 것이다. 이 경우에 다른 입장[異門]의 수가 많을수록 좋고, 또 입불이법문의 32인의 보살에 맞추기 위해서, 『석론』의 저자는 불이마하연 외에 32법문이라는 많은 법문의 존재를 설해서 결국 33종 법문의 구성에 이르렀을 것이다.[19]

---

19) 그 32법문을 양중의 8종 마하연의 本法이라고 불리는 16소입법과 양중의 능입문법이라고 불리는 16능입문이라고 하듯이, 8을 기본으로 하는 형식으로 한 것

그런데 이들 법문은 『기신론』의 개개의 부분을 해석하려는 필요에서 생긴 것이 아니기 때문에, 당연히 내용을 동반하지는 않았다. 『기신론』의 해석분(解釋分)을 해석할 때 33법문 가운데 일체(一體)마하연·삼자(三自)마하연·진여문·생멸문의 4종만을 배당해서 해석하고, 다른 29종의 법문은 마명의 다른 아홉 개 논에서 설해진다고 해서 설명을 생략할 수밖에 없었던 것도 무리가 아니다. 오히려 『기신론』이 모순된 내용을 말하는 것처럼 보이는 것은 실은 다른 입장을 포함하고 있기 때문이고, 그러한 『기신론』 속의 이문 외에도 매우 많은 이문이 존재한다는 것을 강조하기 위해서는 33법문을 전부 설명해서는 안 되었던 것이다.

그리고 중요한 불이마하연에 대해서는 언어를 넘어선 것이기 때문에 말로 자세히 설명할 수 없다. 그 결과, 마명은 불교 문학의 대가인 것도 있어서인지, 화려한 용어와 문체(라고 『석론』의 저자가 믿은 독선적이고 졸렬한 용어나 문체)로 극단적인 주장이나 사람을 놀라게 하는 주장을 하고, 게다가 수많은 가공의 경전을 열거하게 된 것이다. 중요한 능입과 소입의 16문에 대해서도 다양한 이설이 있다는 것만 밝히면 되기 때문에, 그 법문들의 우열이나 법문 간의 관계 등은 물론 문제가 되지 않는다. 능입의 16문이나 소입의 16문의 경우도 각각의 법문은 자세히 설명하지 않은 채, "평등해서 평등이며 하나이고, 모두 별도의 차이는 없다. 각 제법을 포괄하기 때문에 그러나 전혀 섞여 잡스러운 것은 없다" [平

은, 『정명현론』에서는 다양한 二를 부정하는 입장이 『중론』의 팔불(八不)에 대응하는 것도 관계 있을지도 모른다. 『정명현론』에서는 앞서 본 '中實의 理'와 '一道清淨'을 설한 부분에서, "問. 若歷泯諸二, 屬初門者, 中論明八不, 泯於八法, 但屬初門. 則不二之門深, 中觀之旨淺. 答. 不二之門, 則中實之理. 以一道清淨. 故云不二. 遠離二邊, 目之爲中. 中對偏以受稱. 不二待二以得名. 約義不同, 體無有異"(『淨名玄論』卷第1, T38.855c)라고 해서 이 문제를 회통한다.

等平等一, 皆無有別異, 各攝諸法故, 然終不雜亂.](T32.600c, 602a)라
는 같은 송으로 모두 평등하다고 선언하는 것으로 마친다.

　이러한 독특한 형식과 문체, 그것도 특별한 열정에 의해 전개되는 형
식과 문체를 지탱하는 것은 불이마하연이고, 그 불이마하연을 체현하
는 것은 지금까지 검토한 바에 따르면 불이를 체현한 침묵으로 여러 견
해의 대립을 가라앉혔다는 유마일 텐데, 희한하게 유마에 대해 특별히
동경하는 모습은 보이지 않는다. 그것은 『유마경』이 아무리 중요한 역
할을 수행했다고 해도 『석론』의 저자에게 『유마경』은 어디까지나 자신의
『기신론』 해석에 필요한 소재에 지나지 않았다는 것을 보여 주는 것이
아닐까.

제6장 일본의 초기 화엄교학

- 주료(壽靈)『오교장지사(五教章指事)』의 성립 경위 -

1. 머리말

천태와 진언 두 종파가 "모두 나라 조 화엄의 역사적·교학사적인 사명을 계승해서 완성되었다는 것"은 일찍이 시마지 다이토(島地大等) 스님이 강조한 바 있다.[1] 하지만 그 뒤에 도다이지(東大寺)의 대불이나 여러 원(院)의 건립, 사경소의 구성 등에 관한 역사적 연구가 많이 정밀해지기는 했지만, 화엄교학에 대한 연구는 거의 진전이 없었다고 생각한다. 이 장에서는『화엄경』의 강의가 열린 전후 상황을 고찰하고 도다이지 주료의『오교장지사』의 내용을 검토함으로써, 나라 시대 말에서 헤이안 시대 초에 걸친 화엄교학의 특징을 밝히고자 한다.

2.『화엄경』개강 전후의 상황

일본에서의『화엄경』강의의 효시는 텐표(天平) 12년(740) 10월 8일

---

[1] 島地大等, 『教理と史論』, 「東大寺壽靈の華嚴學に就て」(中山書房, 1931), p.246.

곤쇼지(金鐘寺)에서 열린 강의이다. 『동대사요록(東大寺要録)』에 수록된 「동대사화엄별공연기(東大寺華嚴別供緣起)」 및 『원융요의집(圓融要義集)』에 따르면, 이 강의는 쇼무(聖武) 천황의 후원을 받아서 시작된 것이다. 「동대사화엄별공연기」는 다음과 같이 말한다.

> (로벤) 승정은 일찍이 꿈을 꾸었다. 동방의 허공 사미가 내려와서 승정의 앞에 서서, 그 몸에 자색 가사와 푸른색 치마를 입었다. "곤치 스님을 모셔 견색보살 앞에서 『화엄경』 강의를 청하시오"라고 고하여 말했다. 꿈을 깨서 곧 간고지로 가서, 곤치 스님께 청했다. 그 대덕은 말했다. "나는 지혜가 없는 사람입니다. 다만 신라에 유학한 학생 신조대덕을 초청하여 강설을 부탁하시오." 그래서 승정은 세 번이나 신조대덕에 부탁하여 강설을 부탁하려고 했다. 그래도 사퇴하여 오지 않았다. 그래서 승정은 궁중에 아뢰어 비로소 개강하는 데 이르렀다. [(良辨)僧正曽見夢, 東方虛空沙彌下立僧正前, 其身着紫袈裟青裳. 告言, 請嚴智師, 羂索菩薩前, 講華嚴經. 覺則至元興寺, 請嚴智師. 其大德云, 我無智人. 但屈請新羅學生審詳大德而講說. 則僧正三度請審祥大德. 猶辭不向. 遂僧正以聞内裏, 方向聞開講.](『東大寺要録[2]』諸宗章第五, 157)

즉 로벤(良辨)은 꿈속에서 곤치(嚴智)에게 『화엄경』을 강의하게 하라는 계시를 받고[3] 간고지(元興寺)에 가서 곤치에게 강의를 부탁했지만,

---

2) 筒井英舜 校訂 『東大寺要録』(全國書房, 1944. 國書刊行會復刊, 1971). 이후의 인용은 전부 같은 책에 따른다.
3) 꿈의 계시[夢告] 부분을 후세에 가탁된 것으로 보는 호리이케 하루미네는 자색 가사를 입은 승려의 꿈의 계시라는 것은 玄昉이 교시한 사실을 말하기 꺼려 적었을 것이라고 추측하는데(堀池, 「華嚴經講說より見たる良辨と審詳」, 『南都佛敎』31, 1973. 12, p.391), 화엄과 관련된 사적이 없으며 또 직제자에서 화엄학자가 나오지 않은 玄昉이 같은 義淵의 一門이라고는 하지만, 金鐘寺의 良辨에게 화엄 연구의 필요성을 설한다는 것은 부자연스러워 따르기 어렵다.

곤치는 한사코 사양하며 대신 신조(審詳)를 적극 추천했다. 그리고 신조에게 세 번 거절당한 뒤 천황에게 아뢰어 겨우 강의를 열게 되었다는 것이다. 그리고 이 강의는,

> 텐표 12년 경진 10월 8일, 곤쇼잔지에서 천황를 위하여 신조 스님을 초청해서 처음으로 『화엄경』을 강의하게 하였다. 그 해는 천황은 40세가 되는 해로 축하의 강경을 설시한 것이다. 처음으로 강의했을 때, 위에서 자색 구름이 나타났다. 천황은 빛을 보고 기뻐하며 바로 색이 있는 천을 천필 정도 보시했다. 천황·황후 등이 절의 승려들에게 보시한 것은 셀 수 없었다. (天平十二年庚辰十月八日, 金鐘山寺, 奉爲聖朝, 請審祥師, 初講花嚴經. 其年天皇御年四十, 滿賀之設講. 初講時上現紫雲. 帝光見喜, 則施彩帛千餘疋. 天皇皇后等, 施入衆等, 不可數量.)(同, 157)

라고 하듯이, "성조(聖朝)를 위하여", 즉 쇼무 천황의 장수를 기원하기 위한 것으로, 상서로운 조짐을 보고 기뻐한 천황과 황후가 많은 공물을 시주했다고 한다.[4] 그리고 텐표 15년(743)에는 노사나불을 건립하라는 조칙을 내리고, 이듬해에는 『화엄경』 강설에 대한 일종의 연구소[5]로 추정되는 지식화엄별공(知識華嚴別供)을 조칙에 의해 창설한데다 논 200정을 시주한 것을 보면, 쇼무 천황의 비호가 화엄교학의 흥륭에 얼마나 큰 힘이 되었는지 놀라지 않을 수 없다. 강의를 열었을 때 복사(複師)의 필두를 맡고 후에 강사가 된 고후쿠지(興福寺)의 지쿤(慈

---

4) 『一乘開心論』 卷下는 상서로운 조짐에 대해서는, 「初開講時, 堂上現紫雲. 天皇皇后等先幸見賀, 施入御衣等, 其数叵測. 又奉綵帛千餘匹」(T72.13c)라고 하는데, 이쪽이 오래된 전승의 모습을 남기고 있을 것이다. 현행 「別供緣起」에는 상당히 문자의 혼란이 있는 듯하다.

5) 堀池春峰, 「金鐘寺考」(『南都佛敎』2, 1955. 5), p.163.

訓), 텐표 18년(746)에 강사가 된 간고지의 곤치 등, 최고 수준의 학승들이 잇달아 초빙되어 활약한 것은, 신조의 경우와 마찬가지로 쇼무 천황의 권위를 배경으로 해서 로벤이 마련한 것이다.

여기서 한 가지 생각해야 할 것은 법상종 승려인 로벤이 왜『화엄경』에 그렇게까지 힘을 썼는가 하는 점이다. 이 점에 대해서는 그의 스승인 의연(기엔, 義淵)이 화엄도 중시하는 신라 법상학의 흐름을 잇고 있기 때문이라는 것이 통설이다. 하지만 그것은 배경이라고 할 수는 있지만, 로벤이 그 시기에 화엄학의 흥륭을 위해 마음을 쓴 이유에 대한 설명은 되지 않는다. 확실히 기엔의 제자 중에 상족(上足)이라고 불린 일곱 제자 가운데에는 로벤 외에도 대불개안 공양 때 강사를 맡은 류손(隆尊) 율사도 있다. 또 상족의 한 사람인 로빈(良敏)은 위에서 말한 지쿤을 키웠다. 하지만 (1) 삼계유심을 설하는『화엄경』을 법상종의 소의경의 하나로서 존중하고, 참고를 위해 지론종 등의 논서를 연구하는 것, (2) 지론종이나 화엄종 등 여래장 계의 학문을 어느 정도 평가하고, 법상교학과의 회통을 도모하는 것, (3) 신라 내지 당의 화엄교학을 받들어 일승을 선양하는 것은 무척 다른 일이다. 기엔 문하에 법상과 화엄을 겸학하는 사람이 많았다는 것은 사실이겠지만, 로벤을 비롯한 문하의 한 사람 한 사람이 위의 어느 부류에 속하며, 언제쯤 어떻게 변화했는지 혹은 변화하지 않았는지는 확실하지 않다.

본래 로벤 자신이 화엄교학에 대한 소양이 그리 많지 않았다는 것은, 『화엄경』개강 이후에 로벤 또는 로벤과 관계있는 여러 시설이 계속해서 화엄 관련 서적을 신조나 지쿤 등으로부터 빌려서 필사한 것을 봐도 짐작할 수 있다. 그런 종류의 기록이 증가한 것을 지금까지는 화엄교학이 발흥한 증거라고 해 왔지만, 반대로 생각하면 당시에 로벤이나 그 주변 사람들의 화엄교학이 불충분했다는 것을 보여 준다고 할 수 있다. 로벤이 끝까지 『화엄경』의 강사나 복사를 맡지 않았던 것은 전적으로 운영을 담당했기 때문이기도 하지만, 로벤이 교리보다도 참회[悔過]나 실무 방면을 전문으로 한 것은 그의 행적을 봐도 의심의 여지가 없다. 현존하는 자료에 따르는 한, 로벤뿐만 아니라 로벤의 직제자 중에도 화엄 관련 저작을 쓴 사람은 없다. 화엄 강사가 됐다고 알려진 사람은 지쿄(智憬)[6]뿐이고, 지쿤이나 다이안지(大安寺) 게이슌(慶俊)처럼 화엄 강사로서 이름을 날린 학승은 나오지 않은 듯하다. 오히려 짓추(實忠)나 안칸(安寬)과 같은 실무나 치병에 능한 승려를 배출한 점이 주목된다.

또 로벤이 9인의 지행승(智行僧)의 한 사람으로서 창건 이래 머문 것으로 추정되는 곤쇼지는 본래 쇼무 천황의 황태자의 명복을 빌기 위해 건립되어 황후궁의 두터운 비호를 받았고, 겐조태상(元正太上) 천황의 병의 쾌유를 기원하는 등, 황실과 결부된 활동을 통해서 곤코묘지(金光明寺), 그리고 도다이지로 발전한 사찰이다.[7] 로벤이 화엄을 존중한 것은 이러한 상황 속에서 생각할 필요가 있다. 로벤이 『화엄경』에 마음을 기울인 것은 사실이지만, 그것은 화엄 교학 자체에 대한 관심이라기보다 그때까지 일본에서 강설된 적 없는 방대한 대승경전, 그것도 쇼무 천황이 갑자기 관심을 기울이게 된 『화엄경』을 강설함으로써 『화엄경』의 영력이 "성조를 위해" 발휘되기를 기대했기 때문이 아닐까. 곤쇼지에서 『화엄경』의 강의를 연 것은 호리이케 슌포(堀池春峰)가 말했듯이, 같은 해 2월의 '지시키지(智識寺) 행재와 천황·황후의 노사나불에 대한

---

6) 平野不退, 「天平期に於ける戒律受容の一齣」(『龍谷史譚』83, 1983. 11).
7) 堀池, 注5, 앞의 논문, pp.181~182.

관심[8])에 근거하는 바가 큰 것 같다.

쇼무 천황이 노사나불에 관심을 가지게 된 것은, 지시키지의 노사나불상이 크고 훌륭한 데다 그것이 지식(知識)들의 협력에 의해 건립되었다는 사실에 놀랐기 때문이라고 한다. 대불 건립의 조칙에 보이듯, 쇼무 천황이 "널리 법계에 이르도록 짐이 지식이 되어" 거대한 노사나불상을 만들고자 한 점, 그리고 지식화엄별공을 창설한 사실 등으로 봐서, 위의 추측은 타당하다고 생각된다. 하지만 지식들이 근본으로 하는 것은 『화엄경』만이 아니다. 그 시기에 『대반야경』·『유가론』 등의 필사, 탑사와 불상의 건립, 그리고 다리 건설 등의 토목사업이 지식들의 협력을 받아 활발하게 이루어졌다는 사실은 잘 알려져 있다.[9]) 지시키지의 노사나불 건립은 일찍부터 그런 전통을 유지해 온 지시키지를 중심으로 하는 지식들의 활동의 일환이라고 보아야 할 것이다. 지시키지의 노사나불상을 건립할 때에 당연히 『화엄경』의 심오함을 설하고 노사나불의 의의를 강조했겠지만, 지식들의 협력 활동과 『화엄경』 신앙과의 관계를 지나치게 중시하는 것은 적절하지 않다. 이 점은 대불 건립의 조서의 경우도 마찬가지로, "널리 법계에 이르도록 짐이 지식이 되어"라는 부분을 「입법계품」의 선지식에 근거한 것으로 해석하고 여기에서 『화엄경』 독자의 사상을 읽어내도 좋은지는 의문이다. 이 조서에 대해서

---

8) 堀池, 注5, 앞의 논문, p.391.

9) 天平 11년(739)에 河内의 萬福법사가 발원한 『大般若經』 서사는 그 일례인데, 이 萬福이 바로 河内의 智識寺에 머무르고 있었다고 보이는 점(井上薰, 「南都六宗と民間佛教」, 中村元·笠原一男·金岡秀友編, 『アジア佛教史 日本篇 I 飛鳥·奈良佛教』, 佼成出版社, 1972, pp.262~263), 그리고 萬福의 유업을 이은 花影 선사에 대해서 天平僧寶 6년(754) 9월 29일자 『大般若經』 제430권의 奧書에 "四弘之願, 發於說槁, 一乘之業, 繼於般若"이라고 적혀 있는 것은 『大般若經』과 일승사상의 연관을 보여 주는 점이고, 또 일승을 신종하는 승려가 사회활동에 힘쓴 흔치 않은 예로서 주목된다. 萬福과 花影은 삼론계의 승일 수도 있다.

는 "전체적으로『화엄경』의 사상이 드러난다"[10]고 하지만, 사실 개개의 많은 부분에서 그 이전의 사경의 발원문 등과 유사한 표현을 볼 수 있으며,[11]『화엄경』독자의 요소라고 할 수 있는 것은 노사나불을 언급한 부분뿐이라고 해도 과언이 아니다.

말하자면 쇼무 천황의『화엄경』에 대한 관심은 바로 노사나불의 위신력에 있었으며, 경전 속에 보이는 일즉일체와 같은 내용을 모두 노사나불의 위신력에 의한 것으로 이해했다고 생각된다.[12] 무츠노(陸奧)국 오다(小田)군에서 금이 나왔을 때 즉시 도다이지에 행행(行幸)해서 건립 중인 노사나불 앞에서 스스로를 '삼보(三寶)의 종[奴]'이라고 칭하고, 금을 노사나불이 내린 것이라고 감사하는 선명(宣命)을 내려 낭독하게 한 것은 그 좋은 예이다. 또 코켄(孝謙) 천황의 시대가 되는데, 텐표호지(天平寶字) 원년(757) 7월 다치바나노 나라마로(橘奈良麻呂)의 난 때,

> 또한 노사나여래, 관세음보살, 호법의 범왕·제석·사대천왕의 불가사의한 위신력에 의해서 반역하는 나쁜 무리들이 드러나자 모두 죄로 다스렸다. (又盧舍那如來, 觀世音菩薩, 護法梵王帝釋四大天王乃不可思議威神力爾依氏志此逆在惡奴等等, 顯出而悉罪爾伏.)(『續日本紀』天平說字元年七月戊午条)

---

10) 家永三郎,『上代佛教思想研究』,「東大寺の佛身をめぐる諸問題」(畝傍書房, 1942), p.109. 또『화엄경』과 관련된 문헌 가운데 무애 사상을 강조하는 것은, 징관의 영향을 받아 '사리무애 일다상융'을 설하는 구카이의「爲知識華嚴會願文」이 최초일 것이다. 다만 구카이는 참된 사사무애는 진언종 이외는 있을 수 없다고 보고, 화엄에는 '사리무애'만을 인정하였다고 생각된다.

11) 예를 들어 詔의「諸知識者, 發至誠心, 令人招福」이라는 부분은 天平 6년에 서사된 勅願經『觀世音菩薩授記經』의 奥書에 "讀之者, 以至誠心, 上爲國家, 下及生類, 乞索百年, 祈禱萬福"이라고 하는 것에 가깝다.

12) 이런 생각은『화엄경』자체의 사상과 잘 맞는다.

라는 선명을 발하고, 또 진고게이운(神護景雲) 3년(769) 5월, 아가타노 이누카이노 아네메(縣犬養姉女) 등이 유배될 때도 "노사나여래, 최승왕경, 관세음보살, 호법의 범왕·제석·사대천왕·불가사의한 위신력" 덕분에 '불미스러운 일'이 전부 발각된 것을 감사하는 선명을 발한 것[13]은 아버지인 쇼무 천황의 노사나불 관(觀)을 계승한 것이라고 볼 수 있을 것이다. 즉 그들은 노사나불에 대해『최승왕경』이나 호법의 선신과 마찬가지의 위력을 기대했다. 텐표 6년(734)에 호류지(法隆寺)와 관계가 있었던 것으로 보이는 호조(法藏) 지식이라는 인물이『대반야경』과 당역『화엄경』각 1부를 '천조를 위해' 조성하는 것,[14] 또 텐표 14년(742)에는 다이안지 도지(道慈)가 사주(寺主)인 교기(敎義) 등과 함께 10대(7대의 오자로 추정)의 천황을 위해 제작한 '대반야사처십육도상(大般若四處十六圖像)'과 '화엄칠처구회도상(華嚴七處九會圖像)'을 만든 것은[15] 당시『화엄경』, 특히 새로 들어온 당역이 어떤 힘을 갖는 경전으로 받아들여졌는지를 잘 보여 준다. 쇼무 천황의『화엄경』신앙, 특히 노사나불에 대한 깊은 귀의는 이러한 시대의 흐름과 무관할 수 없었을 것이다.

다만 텐표쇼보(天平勝寶) 원년(749)에 '『화엄경』을 근본으로 하라'는 조칙이 나온 것을 보면,『대반야경』이나『최승왕경』등과의 차별이 뚜렷했을 것이다. 보다 정확히는,『화엄경』이 모든 경전의 근본이므로 존귀하다는 것을 쇼무 천황에게 강조한 인물이 있었을 것이다. 그런 인물로서는, 도다이지를 확립한 근본이라는 뜻으로 보이는, 근본승정(根本僧正)이라고 불린 로벤이 가장 적합할 것이다. 또한 쇼무 천황이『화엄경』

---

13)『續日本紀』, 神護景雲3년 5월 丙申条.
14)「法隆寺伽藍緣起并流記資材牒」.
15)「大安寺伽藍緣起流記資材帳」.

을 근본 법륜의 일승이라고 하는 길장의 '삼전법륜설'[16]을 언제 알았는지는 확실하지 않지만, 쇼무 천황이 일찍이 일승의 존귀함을 알고 있었다는 것은 아래에 인용하는 텐표 6년(734)에 칙원(勅願)에 의해 필사한 『관세음보살수기경(觀世音菩薩授記經)』의 지어[17]에 보인다.

> 짐은 치세의 틈을 내서 훌륭한 고전을 읽었지만, 몸을 다해 목숨을 연장하고, 편안하게 잠자고 일할 수 있도록 하는 것은 경전이나 사서 가운데 불교가 최상이다. 이에 삼보를 높이 모시고 서원하여 일승에 귀의하고, 일체경을 공경하고 서사하여 권축이 이미 만들어졌다. 이것을 읽는 자는 지성심을 가지고, 위로는 국가를 위하고 아래로는 살아 있는 것에 이르러 백념의 목숨을 구하고 만복을 기도한다. 이것을 듣는 자는 무량겁 동안 악취에 떨어지지 않고 이 속박의 그물로부터 벗어나 함께 피안에 오를 것이니라. (朕以萬乘之暇, 披覽典籍, 全身延命, 安眠存業者, 經史之中, 釋教最上. 由是仰憑三說, 歸依一乘, 敬寫一切經, 卷軸已訖. 讀之者, 以至誠心, 上爲國家, 下及生類, 乞稟百年, 祈禱萬福. 聞之者, 無量劫間, 不墮惡趣, 遠離此網, 俱登彼岸.)

즉, "몸을 다해 목숨을 연장하며 백성을 편안하게 잠자고 일할 수 있도록 하는 것"을 불교에 기대해서 일승에 귀의하고, 일체경을 필사함으로써 사람들에게 경론을 보고 듣는 기회를 늘리며 공덕을 얻게 해서 함께 깨달음에 이르기를 기원하는 것이다. 이것은 쇼무 천황의 불교관을 단적으로 보여 주는 것이라고 볼 수 있다. 이 조칙을 아래에 인용하는 텐표쇼호 원년(749)의 『화엄경』을 근본으로 하라'는 조칙과 비교하면, 전자에서의 '일승'이 후자에서는 『화엄경』으로 바뀌었을 뿐 골격은

---

16) 길장의 삼전법륜설에 대해서는 平井俊榮, 『中國般若思想史研究 - 吉藏と三論學派』(春秋社, 1976), pp.506~514 참조.
17) 田中瑰堂, 『日本寫經綜鑑』(三明社, 1953), p.124.

그대로라는 것을 알 수 있다.

서원을 발원해서 말씀하셨다. "『화엄경』을 근본으로 하고, 일체의 대승·소승의 경·율·논·초·소·장 등을 반드시 전독하여 강설해서 모두 경을 다 읽게 하고, 멀리 일월을 기한하여 미래제를 다하기를. 지금은 그러므로 이들 재물을 여러 사원에 보시한다. 바라는 것은 태상천황인 사미 쇼만을 여러 부처가 옹호하고 법락이 몸에 배어들어 병이 사라지고 수명이 연장하여 일체의 여러 원을 모두 만족시켜 불법을 영원히 존속시키며 군생을 구하고, 천하가 태평하고 만민이 즐겁고 법계의 유정이 함께 불도를 성취하기를."(發御願曰, 以花嚴經爲本, 一切大乘小乘證成經律論抄疏章等, 必爲轉讀講說, 悉令盡竟, 遠限日月, 窮未來際. 今故以茲資物, 敬捨諸寺. 所冀, 太上天皇沙彌勝滿, 諸佛擁護, 法樂薰質, 萬病消除, 壽命延長, 一切所願, 皆使滿足, 令法久住, 拔濟群生, 天下太平, 兆民快樂, 法界有情, 共成佛道.)(『續日本紀』天平勝宝元年閏五月二十日条)

또한 이에나가 사부로(家永三郎)는 위의 『관세음보살수기경』 속의 "일승에 귀의한다"는 문장을 화엄일승을 가리키는 것으로 보고, 쇼무 천황의 신앙이 화엄일승으로 일관되어 있다고 말한다.[18] 그 '일승'을 화엄일승으로 한정할 수 있는지는 의심스럽지만, 『화엄경』의 강의가 열린 뒤로 일승이 화엄일승으로 대표되어 점점 중시된 것은 분명할 것이다.

이 점에 대해서 교넨(凝然)은 『삼국불법전통연기(三國佛法傳通緣起)』에서 다음과 같이 말한다.

(쇼무) 천황은 도다이지를 비롯하여 제 대사(大寺)에서 6종의 가르침을 널리 알리게 했다. 그 가운데 『대화엄경』은 근본법륜이고, 여래

---

18) 家永, 注10, 앞의 책, p.109.

가 성도하여 제27일의 교설이다. 깨달음의 제왕(부처)과 인간의 국왕이 최초에 함께 숭배한 것은 이 화엄일승뿐이다. 그러므로 칙명에 의해서 "현재도 실로 그러하다. 어찌 괴이하게 생각하거나 원망을 품겠는가. 이 취지에 찬동하는 자는 반발하지 말고 물러가지 말고 열심히 노력해서 이 일승의 대의를 배우고 깨닫기를."[(聖武)天皇, 以東大寺爲首, 於諸大寺弘六宗敎. 厥中大華嚴經是根本法輪, 如來成道第二七日說. 覺帝人王最初同崇, 乃斯華嚴一乘而已. 故勅詔曰, 當今實爾, 何生恠恨. 願同趣者, 莫撥莫退, 勤勤學悟此一乘之大義已上.](佛全 101·115c)

위 문장 중에 "그러므로 칙명에 이르기를"의 앞까지는, 아래의 인용문에서 볼 수 있듯이 『화엄경』개강에서 "50여 년" 뒤에 만들어진 『원융요의집(圓融要義集)』의 일문[19]의 내용과 거의 같다.

그렇기 때문에 대단월이며 승천하신 존령(돌아가신 쇼무 천황)은 도다이지를 비롯하여 여러 대사에 6종의 가르침을 넓히는 가운데 이 『화엄경』은 가장 근본인 법륜이다. 여래가 성도하여 제27일에 설한 것은 이것을 말하는 것이 아닌가. 이것으로 알 수 있다. 깨달음의 제왕과 인간의 왕이 최초에 함께 존숭한 것은 이 『화엄경』의 일승인 것이다. (爾乃大檀主登天尊靈, 東大寺爲首, 於諸大寺, 建立六宗敎中, 斯華嚴經者, 最爲根本法輪也. 如來成道二七日說, 謂之此乎. 旣知, 覺帝人王最初同崇, 斯華嚴一乘也.)

교넨이 『원융요의집』에 근거해서 썼다는 것은 다니 세이고(谷省悟) 씨가 지적했는데,[20] 문맥으로 보건대 조칙에는 인용 부분 바로 앞에 "깨

---

19) 谷省悟, 「圓融要義集の逸文 – 華嚴宗の草創に關する資料」(『南都佛敎』 3, 1957. 5), p.60~61.
20) 同, p.61.

달음의 제왕과 인간의 왕이 최초에 함께 존숭한 것은 바로 이 화엄일승뿐이다"라는 문장과 같은 취지를 말했으리라고 본다. "깨달음의 제왕과 인간의 왕이 최초에 함께 존숭한 것"이란, 『화엄경』이 '깨달음의 왕'인 붓다가 성도한 뒤의 최초의 설법이자 이후의 설법의 근본이 되는 가장 중요한 설법이며, '인간의 왕'인 '일체 세계의 모든 왕'[21]들이 그 회좌(會座)에 모여 성도 후의 붓다를 공양하고 법문을 들은 것을 가리킬 것이다. 따라서 "현재도 실로 그러하다"란 현재의 인간의 왕인 쇼무 천황이 존숭한다는 것을 의미하는 것이 되고, 그것이 화엄일승을 공경해야 하는 유력한 이유가 되는 것이다. 아니면 "현재도 실로 그러하다"란 이승이나 삼승이 『화엄경』을 전혀 이해하지 못했다는 말에 관한 것인지도 모른다. 어쨌든 조칙에서 "어찌 괴이하게 생각하거나 원망을 품겠는가"라고 해서 이상하게 생각하지 않도록 강하게 경고하고, 비방하거나 물리치지 말고 오직 '일승의 대의(大義)'를 배울 것을 요구하는 점은 중요하다. 물론 화엄을 공부해야 하는 사람은 '뜻을 같이 하기를 원하는 자'[22]에 한정되어 있기는 하지만, 다소의 저항을 예상하지 않았다면 이렇게까지 강한 문장을 쓰지는 않았을 것이다. 화엄교학의 흥륭은 국가 사업으로서 강한 결의를 가지고 이루어진 것이다.

이러한 방침이 얼마나 강력한 것이었는지에 대해서는 천장육본종서(天長六本宗書)의 하나인 고묘(護命)의 『대승법상연신장(大乘法相研神章)』 권3의 기술이 참고가 될 것이다. 법상종의 석학인 고묘는 약현제

---

21) 『화엄경』世間浄眼品에서 盧舎那佛品의 첫머리에 걸쳐 이 말이 보인다(T9.405a).
22) 이 '趣'는 연화장세계를 가리킬 것이다. 다만 "趣를 같이 하려고 바란다"란 단순히 같은 정토에 태어나고 싶다는 것이 아니라 법륭사 금당석가삼존광배명이 "隨奉三主…… 逢共彼岸"라고 되어 있는 것과 마찬가지로 정토에서도 모시고 싶다고 바란다면이라는 뜻으로 군신의 개념이 정토에까지 보이는 것이 아닐까.

종각이문(略顯諸宗各異門)에서 각 종들의 요의에 대해 서술하는데, 논적인 화엄종에 대해서는 첫머리에 다음과 같이 명언한다.

> 화엄종이 오늘날 가장 중요하다. 내가 이 일본의 대승세계에서 성인인 왕이 대대로 삼보를 존중하고, 현신이 (선조의) 자취를 이어서 네 부류의 백성을 안심시켜 왔다. …… 그런 이유로 『대방광불화엄경』은 부처가 성도해서 제27일에 최초로 설한 것이고, 대승의 근본이며 정리의 원천이다. (華嚴一宗, 今辰最要. 我此日本大乘世界, 聖王重代崇仰三說, 賢臣繼跡安四民. …… 爾乃大方広佛華嚴經者, 是佛成道第二七日最初所說, 大乘之本, 正理之源.)(T71.19a)

이 책이 진상된 텐초(天長) 7년(830)은 『화엄경』의 강의가 열리고 90년이나 지난 시기임에도 불구하고, 여전히 "화엄종이 오늘날 가장 중요하다"라는 인식이 있으며 '최초의 설'인 『화엄경』의 특별한 의의를 강조한다. 게다가 고묘는 화엄종의 실유불성설은 청목이나 무착의 '근본사상'과 다르다고 하면서도, "법의 도리를 묻고 자세히 종을 정하면 모두 어긋남이 없다"[23]라고 하여 회통을 시도한다. 또 연기인문육의법(緣起因門六義法)처럼 유식설에 근거하고 있는 설에 대해서는 유식설의 입장에서 평가를 하기도 한다.[24]

고묘(護命)는 천태종을 대할 때에 비하면 조심스럽기는 하지만, 화엄종의 설에 대해 비판하기도 하고 결코 회통만 하지는 않았다. 예를 들어 법장이나 혜원의 교판에 대해서는 『해심밀경』의 삼시교판과 일치하는 부분만을 인정하고 나머지는 근거가 없다고 한다.[25] 말하자면 고묘

---

23) 『大乘法相研神章』 권3, T71.19b.
24) 同, 卷3, T71.20ab.
25) 同, 卷3, T71.18c.

는 『화엄경』을 중시하고 쇼무 천황 이래의 전통을 고려해서 화엄종의 특별한 위치를 인정하고 때로 회통을 시도하기도 했지만, 자신의 기본적인 입장은 결코 무너뜨리지 않았다. 쇼무 천황 당시나 이후의 법상학도 중에는 자은 계통의 법상종의 교의를 지키려는 자, 혹은 원효계 유식학의 영향을 받아서 일승설과 회통을 시도한 자, 혹은 화엄종으로 전향한 자 등 다양한 사람들이 있었겠지만, 신라계 법상학의 영향이 컸다는 점을 생각하면, 가장 많았던 것은 고묘를 다소 온화하게 한 것 같은 승려들이 아니었을까. 적어도 쇼무 천황이나 고켄(孝謙)[쇼토쿠(稱德)] 천황 재세시에는 화엄교학을 공공연히 비판하는 것은 금기시됐을 것이다. 그것은 간무(桓武) 천황의 비호 아래 제 종 장로들의 찬동을 얻었다는 형식으로 천태종이 독립했을 때의 상황을 생각하면 쉽게 상상할 수 있다.

　법상종에서는 직접적인 비판을 피하고 『화엄경』이 유심을 설하는 대승경전이라는 것을 강조하고, 회통파는 두 종의 교설의 차이는 관점의 차이에 불과하다는 것을 꾸준히 역설했을 것이다. 하지만 화엄을 주로 배운 자, 혹은 전통적으로 『화엄경』을 존중하고 법상종에 대해 비판적인 삼론종 등에서 화엄교학으로 옮겨간 자들 중에서는 화엄일승이 뛰어나다는 것을 소리 높여 말하는 사람이 점점 나오기 시작한 것 같다. 『화엄경』의 강의가 열리고 '50여 년' 뒤에 저술된 『원융요의집』은 다음과 같이 말한다.

　　『대방광불화엄경』은 별도로 보법에 알맞은 근기들을 유인하는 원만한 교설의 극치이고, 함께 삼승 각각의 집착을 없애는 근본일승이다. …… 지난 텐표 12년 저 스승을 모시고 함께 수도의 명승들을 모아 곤쇼도량을 시작으로 이 일승을 강연했다. …… 천황은 이것에 의해

서 서원을 발하고, 이 일승을 매우 존중했다. …… 그러므로 알 수 있
다. 깨달음의 제왕과 인간의 국왕이 최초에 존중한 것은 이 화엄일승
이다. (大方広佛華嚴經者, 別引普法大機之圓滿極致, 同彈三乘之各
執之根本一乘. …… 仍以去天平十二年, 屈請其師, 並集京城名僧, 方
始金鐘道場, 講演此一乘. …… 天皇由是, 乃發弘誓, 於此一乘, 極爲
尊重. …… 旣知, 覺帝人王最初同崇, 斯華嚴一乘也.)[26]

즉 여기에는 화엄이 근본의 일승이고 쇼무 천황이 이 화엄일승에 귀
의했다는 사실을 끊임없이 되풀이해서 강조하고 있다. 『원융요의집』은
800자도 채 안 되는 일문인데, 그 속에 일승이라는 말을 여덟 번이나
사용하고 있다. 이것은 '대단월'인 쇼무 천황의 권위를 빌려서 삼승의
가르침인 법상종을, 나아가 '근본일승'인 『화엄경』 외의 일승 경전을 신
봉하는 자들을 제압하려는 목적으로 보인다. 단순히 일승을 설한 것이
아니라 '이 일승'을 강조한 점에 주의해야 할 것이다. 나라 조 중기에서
헤이안 시대 초엽에 걸친 불교도에게 『화엄경』은 쇼무 천황이 숭앙한
노사나불의 경전이며, 특히 화엄종 승려에게는 무엇보다도 모든 가르침
의 근본인 화엄일승을 설하는 경전이었다.

3. 『오교장지사』의 성립 연대

앞 장에서는 신흥의 화엄교학을 전공하는 학도가 화엄일승을 절대
시해서 삼승의 가르침을 비판하고, 『화엄경』 이외의 일승 경전을 경시하

---

26) 谷, 注19, 앞의 논문, pp.60~61.

기 시작했다는 것을 지적했다. 이러한 풍조를 반영하는 것이 도다이지 주료의 『오교장지사』(이하 『지사』로 줄인다)이다. 이 저서는 법장의 『오교장』에 대한 현존하는 주석서 가운데 중국과 한국을 통틀어서 가장 오래된 데다 간결하면서도 설명이 적절해서 예부터 존중되어 왔는데, 저자인 주료의 전기나 본서(本書)의 성립 연대에 대해서는 알려지지 않은 점이 많다. 따라서 여기서는 기존의 설을 소개하면서 검토를 시도한다.

우선 유스기 료에이(湯次了榮) 씨는 "도다이지 초지(草紙)에 따르면 로벤의 상족(上足)이라고 한다"[27]고 하는데, 『도다이지초지』라는 것이 무슨 책이며 어느 시기의 전승인지 확실하지 않은 데다, 가마쿠라 이전의 다른 책 중에도 그런 설을 전하는 것은 없다.

다음으로 시마지 다이토(島地大等) 씨는 엔초(圓超)의 『화엄종장소병인명록(華嚴宗章疏幷因明錄)』을 비롯한 옛 기록에 전부 '도다이지 주료'라고 되어 있는 것을 근거로 해서, 에이초(永超)의 『동역전등목록(東域傳燈目錄)』에 보이는 '고후쿠지 주료 찬(興福寺壽令撰)'이라는 기록은 잘못이라고 한다.[28] 하지만 앞 장에서 보았듯이, 신조나 지쿤은 다른 절에서 모셔와서 도다이지에서 강설을 했고 지쿤은 뒤에 고후쿠지의 초대 별당(別當)이 되었다. 또 텐표 14년에 사미로서 로벤 문하에 있던 지쿄의 경우 후대의 목록에 '고후쿠지 지쿄'[29]라고 하는 것 등을 생각하면, 주료가 도다이지에 머물렀던 것은 사실이겠지만, 본래 고후쿠지를 본사로 했거나 혹은 단기간 고후쿠지에 머문 적이 있었다고 봐도 이상하지 않다. 에이초가 고후쿠지의 승려이기 때문에 고후쿠지와의 관계

---

27) 湯次了栄, 『華嚴大系』(法林館, 1915. 國書刊行會復刻, 1975), p.115.
28) 島地, 注1, 앞의 책, p.226.
29) 井上光貞, 『新訂日本淨土教成立史の研究』(山川出版社, 1975), pp.64~65.

를 우선해서 기록했을 가능성도 있다. 뒤에 언급하겠지만, 주료가 고후쿠지의 지쿤을 화엄교학의 대가라고 숭앙하는 것도 주료가 고후쿠지와 관계가 있었다는 것을 추측하게 하는 요인의 하나다. 또 에이초는 주료를 '수령(壽令)'이라고 하는데, 아이즈(會津)의 도쿠이치(德一)를 득일(得一), 덕일(德溢), 덕일(德壹)이라고 적거나 다이안지의 게이슌(慶俊)을 경준(敬俊)이라고 적는 등의 예는 당시 얼마든지 있기 때문에 다른 사람이라고 말하기는 어렵다.

다음은 『지사』의 성립 연대에 대해서 살펴보자. 시마지(島地)는 『지사』가 감진(鑑眞)이 들여왔다고 하는 천태의 장소(章疏)를 인용하지만 구카이가 가져온 징관의 소는 인용하지 않는 것에서, 감진의 입조(758)부터 구카이의 귀국(806) 사이에 성립한 것으로 보고 있다.[30] 여기에 대해 이시이 교도(石井敎道)는 텐초(天長) 연간(824~834)에 성립된 후키(普機)의 『화엄종일승개심론』이나 텐랴쿠(天曆) 연간(947~957)에 성립된 조슌(增春)의 『화엄일승의사기』에도 징관의 소가 인용되지 않은 점을 지적하며, 징관을 인용하지 않는 것이 구카이가 귀국하기 전에 성립했다는 증거가 될 수는 없다고 반박했다.

또 이시이는 『지사』에 보이는 삼승 비판은 나라 조에서는 생각하기 힘들다고 하며, 도다이지 해제회(解除會)의 표백문 가운데 '다이안지 주료 대덕'이라는 이름이 있는 것에서 『지사』의 저자 주료를 해제회가 창시된 엔기(延喜) 원년(901) 무렵의 인물로 상정한다.[31] 물론 징관의 소를 인용하지 않는다는 이유만 가지고 구카이 귀국 이전에 성립했다고 단정할 수는 없지만, 그렇다고 성립 연대를 엔기 연간까지 끌어내리는

---

30) 島地, 注1, 앞의 책, p.227.
31) 石井敎道,「壽靈の生存年代と其敎學」(『佛敎大學學報』29, 1944. 3), pp.12~20.

것도 생각해 볼 문제다. 『지사』는 이설을 주장하는 '미자(迷者)'를 비판할 때 화엄 관련 저술을 짓지 않은 지쿤을 화엄의 대가라고 칭송하고 지쿤 등에게 "모두 이러한 설이 없다"[32]고 단언하는 것을 보면, 주료는 지쿤이 키운 제자거나, 적어도 지쿤의 강의를 들은 적이 있는 사람일 것이다. 실제로, 후키는 『일승개심론』에서 자신의 스승인 초사이(長歲)에 대해 무척 칭송하고 있으며,[33] 시대는 내려가지만 교넨(1240~1321)도 『삼국불법전통연기』에서 스승 소쇼(宗性)를 칭송하며 화엄종사의 종결이라고 한다.[34] 엔기 무렵의 승려가 직계 스승이나 다른 저명한 학자를 두고, 아무 저작도 남기지 않은 150년이나 앞선 승려의 설에 의지한다는 것은 아무래도 자연스럽지 않다. 『지사』는 지쿤에 대해서 '이 땅의 고덕 쿤 승도[此土古德訓僧都]'라고 부르고 있는데, 시마지가 지적했듯이 혜원은 자신의 스승인 법장에 대해 '고덕'이라고 적고 있다.[35] 자신의 스승이 승려이고 만수를 누리고 입적해서 몇 년 이상 지났다면 그 스승을 '고덕'이라고 불러도 결코 이상하지 않다.

지쿤은 보구(寶龜) 8년(777)에 87세의 고령으로 입적했고, 그 해는 『화엄경』의 강의를 연 지 37년째에 해당하기 때문에 화엄을 종(宗)으로 해서 자란 젊은 세대는 중견이 되어 있었을 것이다. 그 뒤 또 몇 년이 지나면 그 다음 세대도 활약하기 시작할 것이다. 그런 시기라면 틀림없이 화엄을 전공하는 학도나 화엄을 겸학하는 승려들 사이에, 혹은 사찰이나 학계에 따라서 화엄에 대한 해석 차이도 눈에 띄기 시작했을 것이다. 삼승을 비판하고 『오교장』에 관한 이설을 비난하는 『지사』는 지

---

32) 『指事』上卷本, T72.212c.
33) 『華嚴一乘開心論』卷下, T72.4a.
34) 『三國佛法伝通縁起』卷中, 佛全, 22c~23a.
35) 島地, 注1, 앞의 책, p.229.

쿤이 입적한 몇 년 뒤라면 만들어졌을 가능성이 있다. 시마지는 『지사』가 '미혹이 있는 자[有迷者]'를 비판할 때 "단지 현교(現敎)가 없다고 하는 것이 아니라, 가르침을 주는 스승도 없다"고 말하는 점에 주목해서, 이것은 스스로 지쿤의 직속 제자라는 것을 자랑한 것이라고 해석했는데,[36] 탁견이라고 할 수 있다.

주료가 지쿤으로부터 가르침을 받았다고 하면 『지사』의 성립의 하한은 자연히 정해진다. 지쿤이 입적했을 때 주료가 30세였다고 하고 60세에 『지사』를 지었다고 하면, 그것은 홍인(弘仁) 8년(807)의 일로, 사이초가 『조권실경(照權實經)』을 지어 덕일과 논쟁을 시작한 해인데 아마 성립은 보다 빠를 것이다. 따라서 『지사』는 통설대로 나라 조 말기에서 헤이안 시대 초기에 걸쳐서 성립했다고 보는 것이 타당하다. 주료에 관한 기록이 전혀 남아 있지 않은 것은 그가 순수한 학승으로 사무(寺務)나 정치 방면에서 활약하지 않아서가 아닐까. 『지사』에는 삼승을 비판하는 내용이 있지만 법상종에서 직접 반론하는 모습은 보이지 않는다. 이것은 화엄종이 갖는 특수한 위치 외에 본서가 미완성이었다는 점도 관계가 있을 것이다. 본서의 후반에는 '……라고 말하는 것은[言……者]'라는 형식으로 『오교장』의 본문을 인용하기만 하고 주석을 달지 않은 부분이 많이 보인다. 주료의 이러한 미완의 저술을 세상에 널리 알렸으리라고는 생각되지 않는다. 아마도 수정을 거치지 않은 채 제자에서 제자로 전해지는 사이에 뛰어난 주석으로 알려지게 됐을 것이다. 다만 시마지가 지적한 바와 같이, 주료의 '제불은 고통을 받는다[諸佛受苦]' 등의 사설(邪說)을 주장했기 때문에 몸이 문드러져서 죽었다는 일

---

36) 同, p.229.

화를 안넨(安然, 831~902)이 전하고 있는데,[37] 이것은 주료가 후대의 법상종도에 의해 적으로 지목된 증거라고 할 수 있을 것이다.

하지만 뒤에 다시 말하겠지만, 주료가 가장 힘을 기울여 공격한 것은 법상종의 교의가 아니라 화엄학 내부의 이설이었다고 생각한다. 이 추측이 맞다면『지사』를 저술한 가장 큰 목적은 신조와 지쿤 이래의 정통적인 해석을 보임으로써 그런 이설을 논파하는 데에 있었다고 할 수 있을 것이다. 삼승과의 논쟁보다도 일승 내부의 논쟁이 치열했던 것을 이상하다 할 수도 있지만, 같은 분파 내부의 싸움이 외적과의 싸움보다 격해지곤 하는 것은 어디서나 볼 수 있는 일이다. 실제로 나라 조 말엽부터 간고지의 법상학도와 고후쿠지의 법상학도 사이에서 논쟁이 활발했던 사실은 고후쿠지의 젠안(漸安)이『법상등명기(法相燈明記)』의 첫머리에

우리 일본에 불법이 유행한 것은 히로니와노 천황 13년 임신이며, 코닌 6년 을미세까지 합쳐서 268년이 된다. 그 간에는 간고지와 코후쿠지의 두 사원의 선덕의 교리의 논쟁이 이미 해를 거듭했으나, 아직까지 멈추지 않는다. 지금 28조를 기록하여 후대에 유행시켜 그 양방의 주장을 보인다. (吾日本朝佛法流行, 從廣庭天皇十三年壬申至弘仁六年乙未歲, 合二百六十八歲. 其中間元興興福二寺先德, 諍法相義, 已逕年數, 于今未息. 今勒二八条, 流行於後生, 示其兩途.)(T71,48c)

---

37) 同, pp.256~260.「諸佛受苦」와 가까운 주장을 하는 것은 이하에 보듯이 실은 壽靈이『指事』속에서 비판하고 있는 '유미자'이고, 게다가『指事』를 보는 한, '유미자'는 그렇게까지 말하지 않았다. 당시의 법상종도는 壽靈이 그런 설을 주장했다고 오해했을 것이다. 다만『華嚴兩卷旨歸』나『華嚴經問答』등에서는 삼승에 대해서는 부처라도 매우 낮게 다루기 때문에 이러한 것에 근거해서「諸佛受苦」와 같은 주장을 한 자가 있었으리라고 충분히 생각된다.

라고 하는 것에서도 알 수 있다. 코닌 6년의 시점에 "이미 해를 거듭했으나 아직까지 그치지 않는다"고 하는 것을 보면, 그 뿌리가 상당히 깊었다는 것을 알 수 있다. 고후쿠지의 닌슈(仁秀) 등은 인명에 관한 '당대 말학'의 해석을 비판하면서 "매우 가소롭다"[38]라고 평하고 있는데, 이 문제는 『법상등명기』에서도 제일 자세히 다루고 있다.[39] 또 삼론종에서도 다이안지의 안초(安澄, 763~814)가 간고지의 지코(智光)의 설을 비판적으로 다루었다는 사실이 지적되어 있다.[40] 그 시기가 되어 법상종과 화엄종 각각의 내부에서 논쟁이 활발했다는 것은 불교 연구가 단순한 수용 단계에서 교의를 고정하는 단계로 나아갔으며, 각 사찰이나 종파, 혹은 다른 법계(法系) 간의 경쟁의식이 고조되기 시작했음을 의미하는 것으로 보인다. 화엄교학을 포함해서 일본에서의 교리 연구는 다분히 정치적인 의도 아래 진행되기는 했지만, 연구가 진척됨에 따라 교리가 독립하기 시작했다. 법상종의 경우 그런 경향이 얼마나 강했는지는 거듭되는 칙령에도 불구하고 삼론종과의 논쟁이 전혀 그치지 않았다는 사실이 잘 보여 준다. 삼승가와 일승가 사이의 논쟁과 법상·화엄·삼론 등 여러 종파 내부의 논쟁 중에 어느 쪽이 먼저 시작됐는지는 확실하지 않지만, 논쟁이 격렬해지기 시작한 것은 거의 같은 시기라고 볼 수 있을 것이다.

그런데 연구가 활발했다고는 해도 민간에는 화엄교학의 영향이 미치지 않았던 것 같다. 현존하는 기록에 근거하는 한, 호국 경전인 『최승왕경』과 마찬가지로 민간에서 『화엄경』이 사경된 기록은 극히 적다. 『화엄

---

38) 『掌珍論導』, T65.267c.
39) 『法相燈明記』, T71.49b~50a.
40) 末木文美士, 「元興寺智光の生涯と著述」(『佛教學』14, 1982. 10), p.54.

경』의 필사를 발원한 인물은 앞서 언급한 호조 지식이라는 인물을 제외하면, 쇼무 천황, 중궁 미야코(中宮宮子), 로벤, 감진 등, 국가나 불교계의 중심에 있는 사람들에 한정되어 있었다.[41] 그에 반해『대반야경』이나『유가론』등은 각지에서 자주 필사되었다. 그 밖에『해심밀경』이나『법화현찬』과 같은 서적이 필사된 예도 있는데, 이것은 법상종 승려가 지도를 맡았기 때문일 것이다. 이들 경전의 필사는 단순히 공덕을 구하기 위한 것으로, 조상숭배 신앙 등과 관련된 주술적인 요소를 포함한 것이기는 하지만, 오성각별을 설하는 법상종도는 보살계를 실천한다는 의미에서인지 적극적으로 민중 속으로 들어갔다. 그에 비해『지사』로 대표되는 화엄교학은 일승을 설하는 학파이기는 하지만, 학문 불교의 틀을 벗어나 민간에 포교하지는 않은 것으로 보인다.

4. 일승의 선양

『지사』에 보이는 일승에 대한 규정은 당연히 오직 법장의 해석에 따르고 있다. 예를 들어 '화엄일승교분기'라는 제목을 해석할 때, '일승'에 대해서는,

> 일승이라는 것은 여러 가지 뜻이 있다. 첫째는 삼을 남기는 일[存三之一]이다.『반야경』등과 같다. 삼승의 의심과 집착을 깨지 않고, 또한

---

41) 鬼頭淸明,「奈良時代民間寫經についての二·三の問題」(『南都佛敎』31, 1983. 12), p.71.「法隆寺緣起流記資材帳」에는 天平 7년에 法藏知識이라는 인물이『大般若經』과 함께『華嚴經』1부 80권을 '敬造'했다는 기사가 보이고, 아마 知識經이겠지만, 이것도 '奉爲天朝'를 위한 것으로, 일족의 연명이나 추선에 대한 언급은 전혀 없다.

이승의 행위와 결과를 모아 수렴하지 않는다. 다만, 오직 공리에 착안하여 일승을 설하는 것이다. 10가지 일승 등과 같다. 둘째는 삼을 부정하는 일[遮三之一]이다. 『법화경』 등과 같은 것이다. 이승의 행위와 결과를 모아 수렴하여, 삼승의 각각의 집착을 누르며, 일승을 설하기 때문이다. 셋째는 직접 나타내는 일[直顯之一]이다. 『화엄경』 등과 같다. 이승과 대립하지 않는다. 부정할 만한 것이 없기 때문이다. 대보살을 위하여 직접 법계의 성불의 존재 방식을 보이기 때문이다. 지금은 이러한 일승의 의미를 든다. 그러므로 일승이라고 이름하는 것이다. (言一乘者, 有其多義. 一存三之一. 如般若經. 不破三乘之疑執. 亦不會二乘之行果, 唯就空理, 說一乘故. 如十義一乘等. 二遮三之一. 如法華經等. 會二乘之行果, 遮三乘之別執, 說一乘故. 三直顯之一. 如華嚴經. 不對二乘, 無可破故. 爲大菩薩, 直示法界成佛儀故. 今標如是一乘義, 故名一乘矣.)(T72.201a)

라고 하는데, 이것은 『탐현기』 권1의,

일승에 세 가지가 있는 것은, 첫째는 삼을 남기는 일이다. 『심밀해탈경』 등이다. 둘째는 삼을 부정하는 일이다. 『법화경』 등이다. 셋째는 본체를 드러내는 일이다. 『화엄경』 등이다. (一乘三者, 一存三之一. 如深密等說. 二遮三之一. 如法華等. 三表體之一. 如華嚴等.)(T35.114c)

라는 분류를 답습해서 설명을 덧붙인 것에 불과하다. 다만 『탐현기』에 "본체를 드러내는[表體之一]"이라고 되어 있는 것을 "직접 나타내는 일승[直顯之一]"으로 바꾸고, "화엄 등과 같다"를 "『화엄경』과 같다"라고 하는 등, 의미를 명확하게 하려고 주의를 기울였다. 특히 후자의 경우, "화엄 등과 같다"라고 하면 『화엄경』만을 가리키는지 그 밖에 다른 경전도 포함하는지 애매해지기 때문에 『지사』와 같은 규정이 필요한 것이다.

물론 이런 시도는 법장의 진의를 분명하게 하려는 의도에서 비롯된 것이고, 그런 점에서는 조술에 그쳤다고 할 수 있다. 『지사』는 서명을 밝히지 않고 법장의 문장을 인용하거나 발췌해서 설명을 대신하는 일이 적지 않다. 따라서 법장의 사상과 주료 자신의 해석의 미묘한 차이점을 알기 위해서는, 우선 법장의 저작을 인용하는 부분이 어디인지를 파악해야 한다. 시마지는 『지사』가 『해심밀경』과 『화엄경』의 열 가지 차이를 열거한 뒤에 "방편을 고수하면 진실에 위배되고, 방편으로 돌아가면 심히 슬퍼할 일"이라고 설하고, 또 『백유경』을 인용하면서 "이 경전은 곧 금구(부처)의 좋은 결정으로 방편과 진실이 분명하다. 모든 설을 그쳐야 한다"[42]고 설한 점에 주목해서, "심상치 않은" 어조로 법상유식을 비판했다고 평했다.[43] 하지만 사실 이 부분은 『탐현기』에 거의 그대로 보인다. 『지사』가 덧붙인 것은 『해심밀경』과 『화엄경』의 열 가지 차이에 관한 부분뿐이다.[44] 법상유식을 비판한 것은 사실이지만 스스로 격하게 "심히 슬퍼할 일이다"와 같은 말을 하지는 않았다.

따라서 주료의 사상은 위의 열 가지 차이점을 말한 대목에서 찾아야 하지만, 그 전에 위와 같이 해석한 이유에 대해 생각해 보자. 이 대목은 『오교장』의 서고금입교(敍古今立敎) 가운데, 현장삼장의 삼종교(三種敎)를 소개한 부분으로, 『오교장』 권1에서는 다음과 같이 평한다.

---

42) 『指事』上卷末, T72.223ab.
43) 島地, 注1, 앞의 책, p.243.
44) 高原淳尚 씨는 이 열 가지 차이에 대해서도 慧苑, 『大乘權實義』 등에서 인용한 것이 아닌가 하고 추측하고 있다(高原, 「壽靈『五敎章指事』の敎學的性格につい て」, 『南都佛敎』60, 1988. 12, pp.6~7).

이 삼법륜 가운데에는 다만 소승과 시교와 종교의 두 교만을 포괄하고 별교일승은 포괄하지 않는다. (此三法輪中, 但攝小乘及始終二敎, 不攝別敎一乘.)(T45.481a)

이에 따르면 『해심밀경』을 대표로 하는 지법륜(持法輪)의 모든 경론은 대승시교뿐만 아니라 대승종교도 겸하게 되어, 『해심밀경』을 시교로 분류한 『탐현기』[45]와 모순을 일으키게 된다. 그래서 『지사』는 '성불불성불문(成佛不成佛門)'의 관점에서 말하면 시교지만, '공불공문(空不空門)'의 관점에서 말하면 종교라고 회통하고, 『해심밀경』과 『화엄경』의 열 가지 차이점을 들어 별교일승의 특징을 밝히려고 했다. 말하자면 『지사』는 무엇보다 법장의 사상을 통일적으로 파악하기 위해 힘을 기울였으며, 그 과정에서 법상유식과의 차이점이 강조된 것이다.

단 법장의 사상을 해석할 때 신라의 학장의 설을 많이 원용하는데, 이 점은 당시의 화엄학의 특징이라고 할 수 있다. 예를 들어 『오교장』은 대승인도 일승에 회입한다고 설하는데, 『지사』는,

문: 만약 삼승의 인과를 모두 방편이기 때문에 일승에 귀착한다면, 한 가지 인에 귀착하는가, 한 가지 과에 귀착하는가. (問. 若說三乘因果皆是方便故歸一乘者, 爲歸一因, 爲歸一果.)(T72.208ab)

라고 자문한 뒤, "원효가 해석하기를"이라고 해서, 한 가지 인[一因]에 돌아가기 때문에 결국 한 가지 과[一果]에 돌아간다고 하는 원효 『법화종요』의 문장을 인용한다. 그리고 "만약 이러한 내용에 따라 장주(章主)의 뜻을 해석하면"이라는 전제 아래, 권교대승은 일승의 원인(圓因)

---

45) 『探玄記』 卷1, 「始敎者, 以深密經中, 第二時第三時敎同許定性二乘俱不成佛故, 今号之總爲一敎」(T35.115c).

에 돌아간다고 설한다. 여기서 "만약 이러한 내용에 따르면"과 같은 표현은, 같은 내용을 설하는 명문(明文)이 법장의 문장 속에 보이지 않아 해석에 자신이 없다는 것을 나타내는 듯하다. 『섭대승론』의 별의의취(別義意趣)를 해석할 때 지엄이 『오십요문답』에서 제10의인 '구경(究竟)'을 제외하는 점에 관해서 『지사』가 "아직 그 이유를 모르겠다"면서, 원효의 『능가경종요』의 설을 소개한 뒤,

> 만약 이 설에 준하면, 제10의 구경은 밀의의 일승이 아니니 현료의 일승이기 때문이다. 나는 문답의 뜻을 의심하지만, 만약 이 설대로라면 제10구경의 일승이라고 설하지 못한다. (若准此說, 第十究竟, 非密義一乘, 而爲顯了一乘故. 今疑問答意, 若此說故, 不說第十究竟一乘.)(T72.216c)

라고 설하는 것도 좋은 예이다. 『지사』에는 많은 인용이 보이지만 위와 같은 형태의 인용은 많지 않다. 원효 외에는 『법화경』의 삼거(三車)를 둘러싼 자은과 법장의 설을 논평한 현일(玄一)의 『법화경소』가 그런 형태로 인용되고 있는데,[46] 현일도 원효와 마찬가지로 신라의 학승이라는 사실[47]을 간과할 수 없다. 『지사』는 어디까지나 법장의 사상을 밝히려고 했으며, 법장의 설과 다른 경우는 법장의 제자 혜원의 설이라고 해도 과감하게 배척하고, 법장의 사상을 해석할 때 신라 승의 해석에 따르는 경우가 적지 않았다. 이것은 신라에 유학한 신조 이래의 경향인 듯하다. 다만 인용된 것은 유식에 정통한 것으로 보이는 신라 승뿐이고, 의상과 그 제자들의 저작은 전혀 인용되지 않았다는 점에 주의할

---

46) 『指事』上卷本, T72.204c~205a.
47) 東國大學佛敎文化硏究所編, 『韓國佛書解題辭典』(國書刊行會, 1982), pp.51~52.

필요가 있다. 이것 또한 신조 이래의 전통이었을 것이다.

한편 『해심밀경』과 『화엄경』의 차이에 대해, 『지사』는 진여, 심식, 유식, 불성, 승문, 행위, 시절, 공간, 불신, 상호의 열 가지 문으로 나누어 논하는데, 그중에 『지사』가 가장 자세히 논하는 것은 다섯 번째인 승문(乘門)이다. 이것으로 일승과 삼승의 문제야말로 『지사』의 근간이라는 것을 알 수 있다. 화엄이라고 하면 사사무애나 상즉상입과 같은 논의가 떠오르지만, 당시의 사람들에게 화엄은 무엇보다도 일승의 가르침이었으며 심오한 교리는 일승의 내용의 일부에 지나지 않았다.

하지만 일승을 설하는 것이 『화엄경』만은 아니다. 『화엄경』보다 훨씬 자세하고 능숙하게 일승을 설하는 『법화경』의 존재를 무시할 수 없었던 법장은, 『법화경』을 별교일승인 『화엄경』과는 다른 동교일승이라고 규정하고 『화엄경』 아래에 놓으려고 했다.[48] 그런데 일본화엄의 삼일논쟁은 중국이나 한국의 삼일논쟁을 계승한 만큼 『법화경』의 해석을 중심으로 해서 전개된 감이 있다. 중국에서의 『오교장』 주석과 달리, 『지사』는 『법화경』의 소나 『법화경』에 대해 설한 문헌을 상당수 인용하고 있다. 중국 찬술로서는 천태의 『대본사교의』 『법화문구』, 길장의 『법화통략』, 『법화의소』, 자은의 『법화현찬』, 지주(智周)의 『법화현찬섭석』 등이 보이고, 그 밖에 영범(靈範)의 저서(아마도 『법화경』의 소)를 인용하고, 혜원의 『대승권실의』를 참고로 했다. 신라에서는 원효의 『법화종요』 등의 저작 외에, 의적(義寂), 현범(玄範), 의일(義一), 현일(玄一) 등의 설이 소개된다. 일본에서는 성덕 태자의 『법화의소』를 '어제(御製)', '상국운(上宮云)', '상궁왕운(上宮王云)'이라고 해서 인용 혹은 참고한다. 그 밖에 전기가

---

48) 법장의 이러한 경향에 대해서는 吉津宜英, 『華嚴一乘思想の硏究』(大東出版社, 1991), p.246.

확실하지 않은 영사(榮師)[49]의『소』도 인용되어, 당시에『법화경』연구가 활발했음을 엿볼 수 있다. 또 신라의 여러 학승의 인용 중에는『지사』에만 보이는 것도 다수 포함되어 있어서, 『지사』의 자료적 가치는 매우 높다고 할 수 있다.

5. 천태 교의의 중시

신라의 학승, 특히 원효의 설을 중시하는 것은 신조 이래의 전통이겠지만,『지사』에는 새로운 요소가 추가되었다. 그것은 천태 교의에 대한 지대한 관심이다.『오교장』은 건립일승의 첫머리에,

> 그러나 이 일승 교의의 구분은 열면 두 문이다. 첫째는 별교, 둘째는 동교이다. (然此一乘敎義分齊, 開爲二門. 一別敎, 二同敎.)(T45.477a)

라고 설하는데,『지사』는 이 부분을 해석할 때 우선 '원통지법(圓通之法)'은 '동별이교'에 의해 "취하여 회통한다"는 지엄의『공목장』의 문장을 인용한 다음,『대본사교의』를 인용해서 '동'과 '별'에 대한 지의(智顗)의 해석을 소개한다.『지사』는 그 직후에 별교와 동교에 관한『공목장』의 문장을 인용하면서 거기에 따라서 해석한다고 한다.[50] 이처럼 지의와 지엄의 설을 상통하는 것으로 본 것은 아래에 인용하는『공목장』권

---

49)『東域伝灯目録』의『法華經』항목에는 "同疏七巻道榮撰内云賛述可入三論宗", 또 "同經略賛五巻沼撰或云玄榮本余錄云照師出傳法院錄惠沼與惠照別人也然可尋"(T55.1149b)이라고 되어 있다.『藥師本願經疏』을 저술한 '百濟義榮師'(同.1152b)는 아닐 것이다.

50)『指事』上巻本, T72.202ab.

4의 문구에서도 짐작할 수 있다.

> 전덕이 이미 통별의 이교를 설했지만, 아직 해석을 보지 못하였다. 지
> 금 이치에 의해 그것을 구하면 통과 동은 의미로서는 별도의 취지는
> 아니다. (前德已述通別二敎, 而未見釋相. 今以理求之, 通之與同, 義
> 無別趣也.)(T45.586a)

지엄은 전덕(前德)이 통별이교에 대해 자세히 설한 저작을 보지는 못
했지만, 이치로 판단하면 전덕이 말한 통과 별이라는 구분이 화엄의 동
별이교와 다르지 않다고 말하는 것이다. 이 '전덕'이 누구를 가리키는지
에 대해서는 여러 가지 설이 있는데, 『지사』는 지의라고 본 것 같다.

『지사』가 천태의 교의를 중시한 예는 그 밖에도 많이 볼 수 있다. 예
를 들어 법장의 오교판을 해석할 때, 오교는 천태의 사교에 돈교를 더
한 것에 불과하다고 설하는 혜원의 설을 소개하는데, 혜원이 천태의 삼
장교(三藏敎)라는 명목을 비판하자,

> 생각하여 말한다. 지의 스님의 의도를 보면, 4교의 문장과 뜻은 혼란
> 되어 있는 듯하지만, 의리를 궁구하여 결정한 것이고 정말로 혼란은
> 없다. 자세한 의미를 보자면 옹호할 수 있다. 번잡하게 될 것을 염려
> 해서 (증거 등의 기술을) 집록하지 않는다. (案云, 見顗師意, 四敎文
> 義, 雖似相濫, 窮定義理, 良無濫失. 細見其義, 可救釋也. 恐繁不集.)
> (T72.222b)

라고 해서, "뜻과 이치를 궁구하여 결정한 것이고, 정말로 혼란은 없다"
라고 단언한다. "번쇄함을 염려해서 집록하지 않는다"라는 것은 주료가
얼마나 천태의 장소에 통달했는지를 보여 주는데, 법장의 제자 혜원을
비판하면서까지 지의를 변호한 사실에 주목할 필요가 있을 것이다. 아

무리 법장의 진의를 밝히려고 노력했다고는 하지만, 이렇게까지 『법화경』과 천태 교의를 중시하면 법장의 의도에서는 벗어날 수밖에 없었을 것이다. 법장은 지의를 존경해서 여러 곳에서 칭송하고 있는데, 아래에 인용하는 『탐현기』 권1의 천태 교판을 소개하는 대목에서도 볼 수 있듯 이 법장의 천태 해석에는 상당히 무리가 있다.

> 진나라의 남악혜사 선사와 지자 선사 등은 4교를 세웠다. 첫째는 삼장교, …… 셋째는 별교라 이름한다. 또한 돈교라고도 이름한다. 즉 여러 대승경 가운데 설해진 법문의 도리는 소승에는 적용하지 않는 것이 그 설이다. 넷째는 원교라고 이름하고, 또한 비밀교라고도 이름한다. 즉 법계자재하여 모두를 완벽히 갖추고 일즉일체, 일체즉일의 장애가 없는 법문이며, 또한 『화엄경』 등의 그것이다. (陳朝南嶽思禪師·智者禪師等立四教. 一三藏教, …… 三名別教, 亦名頓教. 謂諸大乘經中所說法門道理, 不通小乘等者是也. 四名圓教. 亦名祕密教. 謂法界自在具足圓滿, 一卽一切一切卽一無礙法門. 亦華嚴等是也.) (T35.111a)

여기서 알 수 있듯이, 법장은 천태의 교판을 고치고, 혜사나 지의가 『화엄경』을 원교라고 부르며 중시한 것 같이 표현하며, 『법화경』에 대해서는 이름조차 들지 않는다. 동교일승의 항목에서 가끔 『법화경』을 인용하기는 하지만, 다른 여러 경론의 인용을 교묘하게 분배해서 『법화경』에만 의존하는 듯한 인상을 주지 않으려고 주의를 기울인다. 또 『탐현기』에서도 『법화경』은 "차이를 파하여 일을 밝힘[破異明一]" 혹은 "삼을 부정하는[遮三]" 일승이라고 불리며 『화엄경』과는 구별된다.[51] 거기에 비해 『지사』는 그러한 틀을 지키려고 하면서도 이 두 경전의 밀접한

---

51) 『探玄記』 卷一, T35.114bc.

관계를 강조하려고 한다. "법화를 믿지 못하는 사람은 화엄을 믿지 못한다"고 단언하고, "반대로 법화를 믿는 사람은 화엄을 믿는다는 것을 확실히 알아야 한다"[52]고 거침없이 단정하는 것에서 『지사』의 특징을 볼 수 있다.

사경 기록을 보면, 신라에 유학한 신조의 장서 가운데 『법화경』 관련 서적[53]은 다음과 같다.

법화경	8권	구마라집 역
법화경소	10권	규기
同 요략(要略)	1권	원효
동 자석기(字釋記)	1권	담첩(曇捷)
동 료간(料簡)	1권	의적(義寂)
동 현의	1권	
동 현담	1권	
동 의기	1권	
법화약술	1권	원효
법화론술기	1권	의적
법화론소	2권	
법화론술기	2권	
동 술기	2권	

이 중에는 중복된 것도 있을 테고 기록에서 빠진 것도 있겠지만, 이 목록을 보는 한 신조는 유식계 논자의 저작, 특히 신라승의 저작을 많이 가지고 있고 천태계 서적은 보이지 않는다는 것에 주목할 수 있다. 당시 신라에서는 천태가 성하지 않았으며, 원효도 천태의 장소를 거의

---

52) 『指事』上卷本, T72.212a, 212c에도 같은 취지의 문장이 있다.
53) 堀池, 注3, 앞의 논문, pp.128~135.

활용하지 않았다.[54) 따라서 『법화경』을 『화엄경』과 마찬가지로 존중하는 점은 모든 대승경전을 공평하게 존중하는 원효의 영향도 있겠지만, 『법화경』의 의의를 특별히 강하게 역설하면서 천태의 교의를 도입하는 것은 신조 이후에 나온 경향이라고 볼 수 있을 것이다.

한편 도다이지에서 『법화경』을 중시한 것은 『화엄경』의 경우와 마찬가지로 로벤에서 비롯되었다고 한다.

> 『법화연기』에서 말한다. "승정들은 존경하여 이렇게 생각했다. 하늘은 만물을 낳지만, 한 사람만 존귀하다고 한다. 부처는 5승을 설하지만, 일승을 근본으로 한다. 그러므로 한 사람인 천황을 위해서 일승경을 강의하고, 납시어 법회를 장식해 주신 후한 덕에 보답하고, 천하를 덮는 두터운 은총에 보응한다. 지난 텐표 18년 병술 3월, 말씀드리는 것조차 황송함이 지극한 대웅대성천황·고켄황제·닌쇼태후가 당각을 장엄하고, 번개를 나열하고 법연을 설시하여 명승들을 초청하고, 방편문을 열어서 진실의 상을 보였다. 이 법회를 텐표 18년에 행한 이래 현재의 조와 13년에 이르기까지 지난해를 합하면 101년이다. 연월은 오래 지났지만, 법회는 항상 새롭다" 등이다. (法花緣起云, 僧正大綱敬作是念. 天生萬物, 一人爲尊. 佛說五乘, 一乘爲本. 故奉爲一人講一乘經, 莊嚴照臨之鴻德, 報答覆備之厚恩. 以去天平十八年丙戌三月, 奉爲掛畏大雄大聖天皇·孝謙皇帝·仁聖大后, 莊嚴堂閣. 羅列幡蓋, 敷設法筵, 屈請名僧, 開方便門, 示眞實相. 自起此法會其天平十八年以來, 迄此承和十三年, 所經之年合一百一歲也. 雖年代古過, 而法會常新等文.)(『東大寺要録』諸會章第五, 123-124)

---

54) 원효는 『涅槃經宗要』에서 智顗에 관한 일화를 소개하고 『海東疏』에서 智顗의 이름을 들지 않고 『天台小止觀』을 略抄하고 있을 뿐이다. 『天台小止觀』의 인용에 대해서는 그 本이 된 책에서의 인용이라고도 생각된다.

이 '법화연기'라는 기록이 신빙성이 없다는 것은 호리이케 슌포(堀池春峰)가 지적한 바 있다. 하지만 호리이케도 인정하듯이, 텐표 18년(746)에는 '로벤대덕의 원하는 바'에 따라『법화경』이 2부 필사된 것, 또 텐표쇼보 3년(751)에는 법화사 비구니 젠코(善光)의 기일에 쓰기 위해 도다이지 삼강(三綱)이『법화경』을 필사하고자 견색당(羂索堂)의 지교가 사경소에 신청했다[55]는 사실은 간과할 수 없다. 텐표 18년에 도다이지에서 쇼무 천황을 모시고 성대한 법화회가 열렸다는 것은 의심스럽기는 하지만, 조와(承和) 13년(846)까지 꾸준히 이어졌다는 법화회가 로벤 재세 중에, 아마도『화엄경』의 경우와 마찬가지로 "성조를 위해서" 고명한 승려를 초빙해서 시작되었을 가능성이 높다. 또 감진이 일본에 온 뒤로 천태 교의에 대한 관심이 높아졌으며, 그런 의미에서『법화경』에 대한 관심이 새롭게 생겼으리라는 것도 짐작할 수 있다.

천태의 교의가 주목된 이유의 하나는 아마 쇼토쿠 태자가 혜사의 후신(後身)이라는 설일 것이다. 도다이지에서는『성덕태자전』을 저술한 묘이츠(明一, 728~798)가 유명한데, 묘이츠의 후배에 해당하는 것으로 보이는 주료가『칠대기(七代記)』를 인용해서 혜사후신설을 설하는 것[56]은『지사(指事)』가 천태를 중시하는 경향과 무관하지 않을 것이다.『지사(指事)』는 방편품의 '사구(四衢)'의 비유를 해석할 때, 규기, 혜원(慧苑), 현범(玄範), 영범(靈範) 등의 해석을 인용한 다음,

장안(章安) 관정이 기록한『법화문구』와 쇼토쿠 태자가 제작하신 소에서 말하는 '사구'라는 것은 대승의 사섭·사등에 비유한 것이다. 무

---

55) 堀池, 注5, 앞의 논문, pp.165~166.
56)『指事』上卷末, "七代記云, 應化之語不妄也. 往生之身不謬也. 所以生於倭之王家, 哀衿百姓, 梁棟三說."(T72.223bc)

엇인가 하면, 삼승인이 대승심을 발하여 중생을 교화하려는 근기이기 때문이다. (灌頂記并御製云, 四衢, 譬大乘四攝四等. 言三乘人發大乘 心化衆生之機)(T72.207c)

라고 결론짓는다. 이것은 인용할 때의 통례로 마지막에 인용한 설을 가장 권위 있는 것으로 인정한 것이 틀림없다. 게다가 관정(灌頂)이 기록한 『법화문구』와 성덕 태자의 『법화의소』를 '관정기병어제(灌頂記并御製)'라고 병기하는 것은 양자에 공통점을 발견했기 때문일 것이다. 『지사(指事)』는 다른 곳에서도,

이것에 의해서 삼거를 알 수 있는 것이라는 것은 해석하는 자가 이 것 이것이라고 말하고, 대승기 스님은…… 라고 말하고, 장안 관정은 기록하여…… 라고 말하고, 상궁은…… 라고 말한다. (言以此得知 三車者, 釋者云云, 大乘基師云, …… 灌頂記云, …… 上宮云, ……) (T72.207ab)

라고 하고, 또

본래 바랐던 바가 아니라고 하는 것은, 장안 관정의 『법화문구』에서 말한다. "원래는 양·사슴·큰 소를 구하여서 분단생사로부터 벗어나려고 원했지만, 지금 백우를 얻어서 변역도 벗어났기 때문에 원래 바라고 있었던 것을 넘어섰으니 어떻게 기뻐하지 않을 수 있는가"라고. 상궁왕은 말한다. "원래 바랐던 바가 아니라고 하는 것은, 예를 들면 원래는 바라고 있지 않았는데, 일불과를 지금 갑자기 얻은 것이다"라고. (言非本望者, 灌頂記云, 本求羊鹿大牛, 期出分段. 今得白牛, 遣出 變易. 過本所望, 豈不歡喜. 上宮王云, 非本所望者, 譬非本所望, 一佛 果今忽得也.)(T72.210b)

라고 설하는 등, 『법화문구』와 성덕 태자의 『법화의소』를 병기하고 아무 비평도 가하지 않고 기준이 되는 설로 삼는 것은, 성덕 태자와 천태 교의의 관계를 확신하고 있었던 증거라고 할 수 있다. 『지사』의 저자에게 『법화경』 및 천태 교의의 존중과 성덕 태자 신앙은 떼려야 뗄 수 없는 것이었다고 생각된다.

하지만 천태 교의가 중시된 것은 물론 태자 신앙 때문만은 아니었다. 바로 『오교장』을 해석하기 위해 필요했기 때문에 천태 교의를 활발히 이용한 것이다.

6. 화엄 지상주의자에 대한 비판

『지사』에서는 '유운(有云)', '유설(有說)', '유인운(有人云)'이라는 형식으로 이설을 소개하고 있는데, 이들 설은 거의 다 부정된다. 특히 '유미지(有迷者)'라고 불리는 자에 대해서는 강하게 공격하는데, 주목할 것은 이것들은 모두 『오교장』에 대한 해석에 관한 것으로 화엄학도의 이설이라는 점이다. 또 '유미자'들의 해석은 일승과 삼승에 관한 논의에 집중되어 있다. 이것을 봐도 당시의 화엄학도가 이 문제에 대해 얼마나 관심을 기울이고 있었는지 알 수 있다. 그중에서도 중심이 되는 것은 삼승인이 일승에 회입하는 문제이다. 이하 이 점에 대해 검토하고자 한다.

우선 『오교장』은 건립일승의 항목에서 『법화경』「방편품」의 삼거의 비유를 들어 다음과 같이 말한다.

문: 2승은 각각 작은 결과를 얻고 있다. 무엇 때문에 계 외에서 더 구하는 것인가.

답: 소승에 의해서 말하면, 교설이 있고 행과 과가 있다. 지금 대승에 의해서 말하면, 옛날은 다만 언교가 있었어도 실행의 과는 없었기 때문이다. 그러므로 삼거는 공하여 없다고 하는 것이다. 만약 자종의 입장으로부터 말한다면, 어느 것이나 과를 얻는다. 만약 얻지 못한다면 어떻게 출세하겠는가. 지금 함께 얻지 못했다는 것은 일승을 대비한 것이 때문이다. 이 때문에 진실의 존재 방식으로 임시의 존재 방식을 비추면 방편의 상이 다 없어진다. 그러므로 모두 실재로서 수용할 수 없는 것이다. 저 삼승 사람들 일승에 들이고자 하기 때문에 대승에서도 또한 회입이라는 것을 설하는 것이다. (問. 二乘各得小果, 何以界外更索耶. 答. 依小乘云, 有教有行果. 今依大乘云, 昔日但有言教無實行果故, 故云三車空無. 若望自宗, 並皆得果. 若不得者, 如何出世. 今言俱不得者, 以望一乘故. 是故以實映權, 則方便相盡, 故皆無得也. 爲欲得彼三乘人入一乘故, 是故大乘亦說廻也.)(T45,477b)

즉, 어쨌거나 삼계를 떠날 수 있었기 때문에, 이승과 삼승 모두 자신이 주장으로 삼는 곳에서 보면 과(果)를 얻은 것이 되지만, 일승에서 보면 진정한 과의 획득이라고는 할 수 없다는 것이다. 그리고 삼승교의 역할은 중생을 삼계 밖으로 이끌어서 일승에 회입시키는 것이므로, 삼승에 있는 대승의 보살에 대해서도 '자위구경처(自位究竟處)'에 도달한 뒤 "모두 나아가 별교일승에 들어간다"고 하는 것이다. 그래서 삼승 보살의 '자위구경처'가 어떤 계위를 가리키는지가 문제가 된다.

이 점에 대해서 『지사』가 삼승에 있는 대승은 결국 일승의 인(因)에 돌아가는지 일승의 과(果)에 돌아가는지를 자문하고, 원효의 『법화종요』를 원용해서 인에 돌아간다고 결론지은 것은 앞서 보았다. 또 『지사』는 삼승에 있는 보살에 대해서 다음과 같이 말한다.

만약 보살이 있어 저 가르침에 의하기 때문에 현상세계의 정상에 있는 부처에게 원하여 발심하여 수행한다. 이러한 원행은 일승을 완비한 원인에 귀착하는데, 저 이승과 같이 아직 불과에 이르지 못했기 때문이다. (若有菩薩, 依彼教故, 望色頂佛, 發心修行. 如是願行, 歸於一乘圓因, 同彼二乘, 未至佛果故.)(T72, 208b)

즉, 삼승 보살은 이승과 마찬가지로 불과를 얻지 못했다고 하는데, 여기서 '저 이승과 마찬가지로 아직 불과에 이르지 못했기 때문이다'라는 것은 『법화종요』의 문장을 그대로 인용한 것이다.

그런데 삼승이 절대 불과를 얻지 못한다고 하면, 일승 외에는 성불이 불가능하다는 말이 된다. 그래서 삼승 보살의 '자위구경처'가 도대체 어느 계위를 가리키는지, 그리고 그러한 과에 도달한 보살이 일승에 회입하면 어느 정도의 계위에 위치하는가 하는 의문이 생길 것이다. 『지사』는 고덕(古德)의 설이나 여러 경론 속의 설, 또 의적(義寂)의 설을 인용하고 나서, 화엄학 내부의 것으로 보이는 세 가지 이설을 들어서 각각 비판한다.

먼저 첫 번째 설에 대해서 이렇게 말한다.

어떤 사람이 설하여 말한다. "다만, 삼승교에 의하면, 일승의 근기가 성숙한 곳을 궁극으로 한다." 비판하여 말한다. "만약 다만 근기가 성숙한 것을 궁극이라고 이름한다면, [일승 가운데 수행의 위지(位地)가] 퇴보한 범부도 일승의 근기 성숙했기 때문에 또한 스스로의 입장에서 위지의 궁극이라고 하는 것이 가능하지 않은가. 만약 그렇다면 연에 의해서 수행 단계가 퇴보해서 본래의 발심을 잊고 있는데 어떻게 궁극이라고 할 수 있는가……. 또한 이승위에 대해서는 이미 궁극에 달해 있다. 무엇 때문에 스스로 위지의 궁극이라고 말하지 않는가"라고. 이 때문에 근기의 숙과 미숙과는 관계가 없고, 전체로서 출세의 이익을 얻은 단계를 스스로의 위지의 구경이라고 하는 것이 『오교장』의 본의에 맞다. (有說云, 唯依三乘教, 一乘根機熟, 以爲究竟. 難云, 若唯根機熟名究竟者, 退位凡夫, 一乘根熟, 亦可言爲自位究竟. 若言爾者, 隨緣退墮, 忘本發心, 何爲究竟. …… 又二乘位, 已究竟. 如何不言自位究竟. 是故不論熟未熟, 總得出世益, 爲自位究竟, 深契當章主本意.)(T72.209a)

즉 '유설(有說)'은 삼승교에 의해 일승의 근기가 익은 때를 구경이라고 하는데, 『지사』는 이것을 비판해서 일승에 들어간 뒤 퇴보한 자도 구경으로 간주하느냐고 반론한다. 그리고 이승인의 경우는 삼승교에 의지하지 않아도 출세의 공덕을 얻기 때문에 '유설'은 타당하지 않다고 한다. 이 '유설'은 일승의 입장에 서 있는 것은 확실한데다 『오교장』에 대한 해석이기 때문에, 화엄학도의 설로 보아야 할 것이다. 그러한 '유설'에 대해서 『지사』가 상당히 강한 어조로 비판하는 것은, 『오교장』에 대한 연구가 활발해짐에 따라서 일본 화엄종 내부에서 해석의 차이가 생기기 시작했음을 보여 주는 것이라고 생각된다. '유설'이라고 불리는 것 중에는 중국이나 신라의 승려의 설도 포함되어 있었을 텐데, 그러한 설 가운데 어느 것을 취할지가 문제가 되었다는 것 자체가 일본의 화엄 연구가 진전했다는 것을 의미한다.

다음의 '유설'에 대해서 『지사』는 이렇게 말한다.

어떤 사람이 말했다. "삼승의 보살은 십지 전의 위지에 있고, 아직 분단생사를 벗어나 있지 않는데도 제7지의 출세간에서 스스로의 위지의 법을 얻고 있다. 그렇기 때문에 궁극으로 삼는다. 왜 그런가. 임시로 오승에 맞추어 십지의 상을 나타내는 것이다. 제7지의 법은 삼승보살에 가탁했기 때문이다. 이것은 단순히 부처님의 말과 다를 뿐만 아니라 도리에도 어긋난다"라고. 지금 비판해서 말한다. …… (有說云, 三乘菩薩, 居地前位, 未出分段, 而得第七地出世間自位法. 故名爲究竟. 何以故. 寄於五乘, 顯十地相, 以第七地法, 寄三乘菩薩故. 此非直佛言, 亦違道理也. 今徵難云, ……)(T72.209a)

'유설'은 삼승 보살이 제7지를 구경으로 한다고 주장하는데, 이 설에 대해 『지사』는 앞의 경우보다 한층 더 격하게 비판한다. "이것은 단순히 부처님의 말과 다를 뿐만 아니라 도리에도 어긋난다"라는 격한 어조에 주의할 필요가 있다. 『지사』는 제7지를 삼승의 구경이라고 한다면 일승은 8, 9, 10지밖에 없게 된다는 등의 '네 가지 과실'을 들어 열띤 반론을 전개한다.

하지만 『지사』가 가장 격하게 공격하는 것은 다음의 '유미자'의 해석이다.

어떤 미혹된 자가 말한다. "삼승의 보살은 저 임시의 가르침에 의해서 수행해서 십지를 채워 불과를 깨닫고, 후에 근기가 성숙해서 비로소 일승에 들어간다. 이 때문에 불과의 위지를 스스로 수행위 위의 궁극의 장소로 삼는다"라고. …… 또 말한다. "삼승의 불과는 일승과 비교하면 완전히 유류의 어리석은 범부이기 때문에, 더 나아가 일승에 들어간다. 일승에 들어가기 위해서 일승을 견문하는 (가장 아래의) 위지에 어떻게든 들어가게 한다. 견문의 위에 해당하기 때문에 악취에 떨어진다." 이와 같이 이것저것 서술하고 있으며, 상세히 말할 수 없을 정도이다. (有迷者云, 三乘菩薩, 依彼權敎, 修滿十地, 證得佛果, 後根機熟, 方入一乘. 是故, 佛果位以爲自位究竟處. …… 又云, 三乘佛果, 望於一乘, 更爲有漏愚痴凡夫故, 更廻一乘. 以入一乘故, 預一乘見聞位. 由預見聞位故, 退墮惡趣如是云云. 不能具述.)(T72.209bc)

'유미자'에 따르면, 삼승의 보살은 '권교'인 삼승의 범위에서 성불하지만 그 불과는 일승에서 보면 "유루의 어리석은 범부"에 해당하는 낮은 레벨에 지나지 않으며, 삼승의 불과를 얻고 나서 일승에 회입하는 경우는 가장 낮은 계위인 견문위에 해당하기 때문에 악취에 떨어지는 일도 있다고 한다. 이런 설명을 보면 '유미자'가 별교일승인 『화엄경』을 절대시하고, 삼승 중의 대승은 조잡한 방편교(方便敎)에 지나지 않는다고 생각한 것이 분명하다. 세주에서 "이와 같이 이것저것 서술하고 있으며, 상세히 말할 수 없을 정도이다"라고 하는 것을 보면, '유미자'는 이러한 취지의 논의를 상세하게 전개했음을 알 수 있다. 일승 외에는 성불을 인정하지 않는 이러한 설에 『지사』가 반발하는 것은 당연하다고 할 수 있다. 『지사』는 다음과 같이 반론한다.

> 몰래 성인의 가르침에 의해서 저들의 주장을 찾아보면, 여러 성인의 가르침과 모두 대응하지 않는다. 또한 여러 옛 주석을 찾아봐도 어느 것도 대립된다. 부처의 가르침과 다르며 또한 많은 주석과도 다르다. 누가 뭇 경전과 어긋나고 어리석은 마음으로 주장한 것을 믿겠는가. 다만 진실과 임시의 교의에 미혹되기 때문에 잘못해서 어리석은 마음으로 망령된 견해를 서술하여 세간의 지혜의 눈을 소멸시키고 출세의 선근을 영원히 끊어 버리는 것이다. 현재는 일천제의 꼭대기이고, 장래는 무간지옥에서 고(苦)를 받을 것이다. 법을 비방한 중죄에는 이것보다 더한 것은 없다. 여러 지혜 있는 자들이여, 잘못해서 이것을 인정하면 완전히 성인의 가르침을 부정하는 것이 될 것이다. 도리에 어긋난 이상, 논파할 필요가 없고 당장 중지시켜야 한다. (竊依聖教, 驗求彼義, 與諸聖敎皆不相應. 又勘諸古迹, 亦共相違. 旣違佛敎, 亦違群釋. 誰背群典, 獨信愚情. 但此迷權實之敎義, 謬述愚情之妄義, 遂滅世間慧眼, 永斷出世善根. 現爲闡提頂, 當招無間苦. 謗法重罪, 亦

莫過斯. 願諸智者, 謬而許之, 都無聖敎. 旣違道理, 不足破難. 直可諫
止.)(T72.209c)

　미혹된 자에 대해서 경전이나 여러 논사의 해석과 다른 '망령된 견해'
로, 무엇보다도 해롭고 "법을 비방하는 중죄 역시 이보다 더한 것은 없
다"고 평하고 나서, "논파할 필요가 없고, 당장 중지시켜야 한다"고까지
말한다. 그 뒤에도 이 '유미자'에 대한 비판이 보이는데, 그 공격은 이
상할 정도로 격렬하다. 아마 『지사』는 이 '유미자'의 설을 논파하기 위해
쓰인 것으로 보인다. 『지사』에 있는 특징 있는 설의 대부분은 '유미자'의
설과 관련된 대목에 보인다.

　예를 들어 일승과 삼승의 근기의 차이를 설한 『오교장』의 근연수자차
별(根緣受者差別)에서는,

　　근연수자차별이라는 것은 이 『화엄경』의 「성기품」에서 말한다. "무량억
　　나유타겁 동안 6바라밀을 수행하고, 도품의 선근을 실천해도, 또 이
　　경을 듣지 않고, 들어도 믿어 따르지 않으면, 이것들은 역시 가명보살
　　이라고 이름한다"라고. 해석해서 말한다. 이것은 삼승보살의 근기가
　　미숙하기 때문이다. …… 이것은 일승의 궁극의 법과 비교하기 위해서
　　이다. 그 때문에 저것을 가명이라고 이름하지만, 만약 스스로의 종의
　　입장이라면 또한 진실이 된다. 이 문장의 의미는 『화엄경』은 별교일승
　　이고, 비유도 다른 것과는 다르다는 것을 보여 주는 것이다. (根緣受
　　者差別者, 如此經性起品云, 無量億那由他劫行六波羅蜜, 修習道品善
　　根, 未聞此經, 雖聞不信隨順, 是等尙爲假名菩薩. 解云, 此明三乘菩
　　薩根未熟故. …… 以望一乘究竟法故. 是故說彼以爲假名, 若望自宗,
　　亦眞實也. 此文意, 明華嚴是別敎一乘, 喻不同彼也.)(T45.478a)

라고 한다. 『오교장』은 무량억나유타겁이라는 시간 동안 육바라밀을 수

행해도『화엄경』을 알지 못하고 또 알고 있어도 믿지 않는 보살은 '가명보살'이라 한다고 설하는『화엄경』「성기품」의 문장을 실마리로 해서 앞서 본 '자위구경처'의 문제를 논하고 있는데,『지사』는 이 부분을 해석할 때도 '유미자'의 설을 공격한다.

어떤 미혹자가 말한다. "무량억나유타겁은 삼아승지겁으로 이름한다. 삼지겁을 거쳐 불과를 얻은 사람을 가명보살이라고 이름한다"라고. 지금 이것을 비판해서 말한다. "만약 그렇다면 가명불이라고 이름해야 한다. 또한 옛 철인이 깊이 여러 성전을 탐구하여 수행의 계위를 정하고 말대에 유통시켰다. 말대의 어리석은 남자가 무엇 때문에 정신 나간 마음을 일으켜서 이 문장을 믿지 않고, 오히려 망설에 미혹되는가." (有迷者云, 無量億那由他劫, 名爲三阿僧祇劫也. 經三祇劫得佛果人, 名假名菩薩. 今難之云, 若爾, 可云假名佛. 又上古哲人, 探諸聖典, 斷定階位, 流通末代. 末葉愚夫, 何發誑心, 不信此文, 返迷妄說.)(T72.212b)

즉 '유미자'는 「성기품」이 말하는 '가명보살'이란 3아승지겁에 걸쳐 수행을 쌓아서 삼승의 불과를 얻은 사람을 가리킨다고 본다. 이것에 대해『지사』는 만일 그렇다면 「성기품」은 '가명불'이라고 해야 한다고 하며, 그러한 '망설'은 '상고의 철인'이 경전을 정독해서 세운 계위설을 모욕하는 것이라고 논박한다. 그리고『보적경』과『법화경』에도, 그리고 '상고의 경소'에도 '유미자' 같은 설은 보이지 않는다고 하며 다음과 같이 말한다.

혜사 선사·지자 선사는 영취산에서 법을 듣고, 현재까지 외우고 있다. 그래서 장소를 만들고 말대에 유통시켰다. 저 장소에서는 이러한 설이 없다. (如思禪師·智者禪師, 靈山聽法, 憶在於今. 即作章疏, 流通末代. 彼章疏中, 不作是說.)(T72.212c)

'상고의 경소'의 대표로 혜사와 지의의 '장소'를 든 것은 중요하다. "저
장소 중에는 이런 설이 없다"라고 단언하는 것은, 주료가 천태의 주요
한 저작을 전부 보았다는 증거라고 할 수 있다. 『지사』에 담연의 저작이
인용되지 않은 것을 보면, 주료는 그 시점에서는 담연의 저작 가운데
화엄교학을 비판하는 내용을 아직 보지 못한 모양으로, 그만큼 천태와
화엄의 일치를 설하기가 쉬웠을 것이다.[57]

물론 『지사』가 주장으로 삼는 것은 화엄이기 때문에, 마지막 근거는
다음과 같이 화엄교학의 논사에게서 찾는다.

> 또한 이 나라의 고덕, 지쿤승도 등은 나라 가운데 알려지고, 학문은
> 육종에 통효해 있다. 가까이는 신조법사에게 배우고, 멀리는 법장법
> 사에 의하여 저 일승종을 전했지만, 모두 이러한 설은 없었다. 지금
> 그대는 누구에 의거해서 이 망설을 펼치는가. 다만 현존하는 교설이
> 없기 때문일 뿐 아니라 가르침을 준 스승도 없다. 어리석은 남자의 이
> 망령된 견해는 무엇에 의해 건립된 것인가. (又此土古德, 訓僧都等,
> 名高一朝, 學普六宗. 近受詳法師, 遠依藏法師, 傳彼一乘宗, 都無如
> 是說. 今汝依誰爲此妄說. 非直無現教, 亦無教授師. 愚夫妄義, 由何
> 建立.)(T72.212c)

즉 "가까이는 신조법사를 잇고 멀리로는 법장 법사에 근거해서, 저
일승종을 전한" 고덕 지쿤 승도에게 이러한 망설은 없다고 단정한다.

---

57) 담연의 인용이 보이지 않는다는 것만으로 사이초 입당 이전에 만들어졌다고 할
수 없지만, 이 정도로 천태교의에 관심을 갖는 주료가 담연의 저작을 알고 있었다
면 뭔가 반응을 보이지 않았으리라고는 생각하기 어렵다. 또 사이초가 『華嚴經』
을 爾前의 方便教라고 부르게 되고, 또 大乘戒를 둘러싸고 南都教團과 대립하게
되었을 무렵이라면 주료가 이렇게 순순히 천태교의를 지남으로 할 수 있었을지
의문이다. 이러한 점에서 보면 『指事』는 늦어도 弘仁 연간(810~)이전에 만들어졌
고 아마 延曆 연간(782~806)에 성립했다고 생각한다.

이것은 앞서 언급한 시마지의 지적처럼, 주료 자신이 지쿤의 직계이기 때문에 『화엄경』의 강의를 처음 연 신조의 학문을 전하는 것을 자랑스러워 한 것이라고 볼 수 있다. "지금 그대는 누구에 의거해서 이 망설을 펼치는가? 또한 가르침을 준 스승이 없다"라는 말에서 알 수 있듯이, '유미자'는 그러한 사승(師承) 관계조차 없는 것이다.

그런데 '유미자'와 같은 주장이 또 있다. 법장의 찬술로 전해진 『화엄경문답』에서는, 삼승인에 대해서 "근기가 가장 둔한 사람은 들은 가르침대로 자신의 구경의 과에 이르고 나서 일승의 견문위에 회입한다"[58]고 단언하고, 아래와 같이 『법화경』의 문장에 의거해 논증한다.

> 문: 어떻게 삼승의 극지에서 부처가 된 후 또 일승에 들어가는 것을 아는가.
> 답: 『법화경』에서 이미 삼거의 장소에 이르러, 비로소 또한 마차를 구한다고 말하기 때문이다. 부처는 거기서 한 대의 마차를 주었기 때문이다. 저 삼거의 장소는 삼승의 과에 비유되기 때문이다. 그렇지 않을 리가 없다. (問. 何知三乘極爲佛還入一乘也. 答. 如法華經云, 旣至三車處, 方又索車故, 佛乃與一車故, 彼三車處卽三乘果喩故, 不可不爾也.)(T45.601b)

이 『화엄경문답』은 법장이 지은 것이 아니라 의상계의 저작으로 보이는데, 『화엄경문답』의 입장을 계승하고 있는 고려의 균여는 『석화엄교분기원통초』 속에서 같은 문제를 다루면서 '고사운(古辭云)'이라고 해서 흥미로운 전승을 전하고 있다. 그것에 따르면 법장은 삼승의 부처도 『화엄경』을 믿지 않으면 '가명보살'에 불과하다고 주장했기 때문에, 사

람들과 복례(復禮) 법사 등의 노여움을 사서 칙명에 의해 강남에 유배되었다고 한다. 그리고 법장은 난항하고 있는 『팔십화엄』의 번역에 참가하기 위해서 『탐현기』의 현담 부분을 "감추고" 자신의 주장을 겉으로 내지 않은 채 『화엄경강목』을 저술했으며, 그것을 『탐현기』 현담의 대신으로 해서 『탐현기』의 석문과 함께 신라의 의상에게 보냈다. 그러자 법상종에서 갓 전향해서 의상의 '극과회심의 뜻'을 믿지 않았던 의적을 비롯한 제자들이 법장의 그런 저작을 방패로 삼아 의상에게 주장을 바꾸도록 요구했는데, 이윽고 법장이 진의를 보인 『탐현기』의 현담 부분을 보내오자 그들은 의상의 설에 굴복했다고 한다.[59] 이 전승에는 시일 등의 오류가 있기 때문에 그 내용을 전부 믿을 수는 없지만, 신라에서 '극과회심의 뜻'을 둘러싼 논쟁이 있었다는 것은 사실일 것이다. 의상과 제자들의 문답을 기록한 『도신장(道身章)』에도 이런 문제가 나오는데, 질문을 받은 의상은 『탐현기』에 보이는 애매한 내용에 대해서 "깊은 뜻이 있다. 일(一)과 삼(三)을 화해해서 논할 따름이다"라고 말한다.[60] 또 법장과 원효를 존경해서 『화엄경문답』을 인용하고 있는 신라 견등의 『화엄일승성불묘의』도 법장의 가명보살의 해석을 둘러싸고 '논쟁'이 있었다는 사실을 전하고 있다.[61] 『지사』는 "그대는 누구에 의거해서 이런 망설을 펼치는가?"라고 비난했는데, '유미자'는 의상계의 해석에 근거해서 위와 같이 주장했을 것이다. 『지사』에 미친 원효의 영향의 지대함은 이미 본 대로인데, 『지사』의 어조로 봐서 '유미자'와 같은 입장에 있던 자는 당시 일본에서는 소수파였던 것으로 추측된다. 따라서 일본의 화엄

---

59) 『釋華嚴教分記圓通鈔』卷1, H4.256c~257a.
60) 同, 257c~258a.
61) 『華嚴一乘成佛妙義』, T45.785c~786a.

종에 관해서 '원효나 의상의 영향'이라고 일률적으로 논해서는 안 된다. 신조의 장서 중에 『일승법계도』가 들어 있기는 하지만, 『지사』에는 의상의 설이 단 한 차례도 인용되지 않았다. 이것은 신조의 장서에 들어 있던 『요결문답』이 원효를 중시하고 의상의 설에 대해서는 매우 냉담하게 취급하는 것과 공통된 경향이다.

『지사』나 신라의 여러 논사들이 이 문제에 대해서는 『탐현기』를 인용해서 논하기 때문에, 여기서는 『탐현기』의 해당 부분에 대해서 살펴보고자 한다. 우선 「성기품」을 해석하는 부분에서는, 아무리 오랜 시간을 육바라밀을 실천하는 데에 힘써도 『화엄경』을 믿지 않는 자는 가명보살이라고 한다는 경문에 대해 다음과 같이 말한다.

> 문: 이들 믿지 않는 자는 어떤 위지의 보살인가.
> 답: 문장에서 구체적으로 단정하지 않지만, 그 겁수를 생각할 때, 일만 이상으로 아승지겁 미만이기에 삼현위의 사람임에 틀림없다.
> 문: 나아가 어떤 위지에 이르면 이것을 믿는가.
> 답: 극단적인 사람은 이 위지에 이르러 반드시 일승법에 들어간다. 끝내 이것을 믿지 않는 증지는 없다. …… 가명보살이라는 것은 다만 임시의 교설에 의해서 수행하고 아직 일승의 진실을 얻지 못한 것이다. (問. 此等不信, 是何位菩薩. 答. 文無正斷, 准其劫數, 十千已過僧祇未滿, 應是三賢位人. 問. 更至何位則能信此. 答. 極至此位, 必定信入此一乘法. 終無證地而不信此. …… 言假名菩薩者, 但依權敎修行, 未得一乘實行也.)(T35.417b)

즉 '가명보살'이란 삼승의 가르침에 따라 수행하는 자를 말하는데, "일만 이상 아승지 미만"의 시간에 걸쳐서 수행한다는 점에서 십주·십행·십회향의 삼현위(三賢位)에 있는 사람이라고 보아야 하며, 초지에 도달하면 반드시 일승에 들어간다고 한다. 한편 「성기품」의 해석보다 나중에 만들어진 것으로 추정되는[62] 『탐현기』 권1의 현담 부분에서는 "이 보법(普法)을 떠나 다른 길을 통해서는 성불을 얻을 수 없다"고 설한 다음 아래와 같이 말한다.

> 문: 만약 십지 전에 저 겁수를 지나 반드시 믿는다면 정말로 지상에 서는 2종의 구별이 없다. 어찌하여 저 믿는 곳에는 십지가 없겠는가.
> 답: 저 가르침의 명칭 가운데는 수행의 단계로서의 10지를 갖추고 있으며, 서서히 불과에 이르고, 그 근기를 제대로 기르고 성숙시킨다. 가장 늦은 자는 이 겁수에 이르러 반드시 (일승에) 진입할 수 있다. 빠른 자는 정해지지 않았다. 이것에 준해서 알 수 있을 것이다. (問. 若彼地前過彼劫數, 必信受者, 卽地上二宗不別. 豈彼所信無十地耶. 答. 於彼敎名中, 具有行布十地, 漸次乃至佛果, 長養彼根機, 務令成熟. 極遲之者, 至此劫數, 定當信入. 如其疾者, 是卽不定. 可准知耳.)
> (T35.117b)

이것은 삼승인이 초지에 이르러 일승에 회입한다고 하면 초지 이상에는 삼승과 일승의 구별이 없어지는데, 삼승에 십지가 없다고 할 수 있는가 하는 의문이다. 이것에 대해 법장은 별교일승의 원융의 십지에 대비되는 단계적인 '항포(行布)의 십지'라는 개념을 들어, 삼승의 십지는 항포의 십지이며 계위로서는 일단 초지부터 불과까지 갖추고 있다고 한다. 그래서 삼승의 근기를 가진 사람을 '기르고', '성숙'하게 해서 일승에

---

62) 법장이 의상에게 서간을 보낸 것은 天授 3년(691)이라고 추정되고 있는데(神田喜一郎, 「唐賢首大師眞蹟『寄新羅義湘法師書』考」, 國際佛敎學術會議資料, 1980. 7, p.15), 서간에 덧붙여 보낸 自著 목록에는 「華嚴經探玄記二十卷, 兩卷未成」이라고 되어 있고, 한편 현행 『探玄記』 卷一의 현담 부분에는 695년 이후의 신역이 적혀 있기 때문에, 현담 부분은 『探玄記』의 주석을 완성하고 나서 마지막에 쓰인 것으로 보인다. 균여가 소개한 일화는 이러한 사실이 기초가 되어 있을 것이다.

들어가게 하고, '가장 늦은 자'라도 '이 겁수', 즉 「성기품」이 말하는 '무량 억나유타겁' 동안 수행하면 반드시 일승에 전입하며, 빠른 자는 그 전 의 어느 단계에서 일승에 전입한다고 주장하는 것이다.

다만 이 문장은 "그 근기를 기른다"고 할 때의 '그 근기'를 어떻게 해 석하느냐에 따라 전체의 의미가 크게 달라진다. 즉 삼승의 근기를 가진 자로 아직 수행을 거듭하지 않은 자라고 본다면, 그런 자를 삼현위까지 이끌고 초지 이후에 일승에 전입시킨다는 것이 된다. 하지만 '그 근기'를 삼승의 불과에까지 도달한 자라고 보면, 삼승인에 대해서는 삼승에서 수행해서 부처가 된 자를 더욱 '기르고', '성숙'하게 해서 마침내 일승에 전입시키는 것이 된다. 별교일승과 삼승의 구별을 강조하는 균여는 물 론 후자의 입장을 취한다.

의상은, 위에서 본 『도신장』의 문답에 따르면 「성기품」의 이 부분에 대 한 법장의 해석은 '일삼화회(一三和會)'라는 '깊은 뜻'을 가지고 쓴 것이 라고 지적하고, "어떤 이는 신초(信初)에 (일승을) 견문하고, 어떤 이는 삼현위에서, 어떤 이는 초지·2지 내지 극과 등 일정하지 않다"고 해서 삼승의 부처가 된 뒤의 전입도 인정하지만, "사실 삼승의 극과는 이 삼 현위에 있다"고 설한다.[63] 삼승인은 부처가 된 뒤에 겨우 일승에 전입 한다고 명언하는 『화엄경문답』과는 조금 다르지만, 삼승의 십지를 명목 만으로 보지 않고 극과인 불과에서 일승을 견문한다거나 일승으로 전 입하는 것을 인정하는 점이 주목된다. 후대의 용어[64]로 표현하면, 증도 문(證道門)에서는 삼승에서의 성불을 인정하지 않고 인의 단계에서 일 승에 전입한다는 인전(因轉)의 입장을 주장하고, 교도문(敎道門)에서는

---

63) 『釋華嚴教分記圓通鈔』卷1, H4.258a.
64) 『國譯一切經·經疏部6 華嚴經探玄記 1』(大東出版社, 1937), p.83.

삼승에도 십지가 있다고 해서, 삼승인은 극과인 부처에 도달한 뒤에 겨우 일승에 전입한다는 과전(果轉)의 입장을 주장한 것이다.

이에 비해 법장의 경우는, 『탐현기』를 보는 한, 천태의 설, 즉 통교의 십지는 방편으로 세운 것에 불과하며, 통교의 보살은 중간에 '피섭(被攝)'되어 별원(別圓)으로 바뀌기 때문에 통교의 십지를 거쳐서 불지에 들어가는 자는 없다는 과두무인설(果頭無人說)을 도입한 것처럼 보인다. 그런 의미에서는 『지사』가 천태 교의를 적극 써서 해석하는 것은 당연하다고 할 수 있다. 하지만 법장은 『오교장』의 단계에서는 과전을 인정하고 있었던 것 같고, 또 이후의 저작에서 천태 교의를 이용하는 경우도 『화엄경』만을 진정한 일승으로 하는 자신의 입장을 집어넣어, 고친 뒤에 사용한다.

따라서 『지사』처럼 천태 교의와의 친연성을 강조하고 『법화경』의 중요성을 말하면 법장의 의도에서는 멀어지게 될 것이다. 사이초는 『오교장』이나 『기신론』의 '소' 등을 읽고 천태가 존중할 만하다는 것을 알았다고 전하는데,[65] 그가 어떤 풍조 속에서 『오교장』 등을 읽었는가 하는 점을 고려해야 할 것이다. 『지사』는 신조·지쿤의 직계임을 자랑하는 화엄 주류파의 주석이었다. 천태 교의의 존중과 결부된 『지사』의 쇼토쿠 태자 신앙은 사이초보다 선구가 되는 것이고, 『화엄경』을 독존으로 하는 '유미자'의 한 경전만을 지상으로 여기는 입장에서 『화엄경』을 『법화경』으로 바꾸면 후년의 사이초와 통한다.

또한 『석마하연론』은 신라에서 성립된 위작으로 『화엄경문답』과도 통하는 점이 있는데,[66] 구카이는 『석마하연론』의 논의를 이용해서 『화엄

---

65) 『叡山大師伝』(『傳教大師全集』第5卷, 付録), p.5.
66) 본서, 제1부 제5장 제1절 참조.

경』 등 현교의 부처를 '무명의 가장자리'에 머무는 열등한 것이라고 해석하고 그 위에 밀교의 부처를 올려놓았다. 말하자면 천태와 진언 두 종파의 싹은 일승과 삼승을 둘러싼 화엄종 내부의 논쟁 속에서 찾을 수 있다.

여기서 『지사』로 돌아가자. 『지사』는 '유미자'가 『오교장』의 '자위구경처'라는 말을 삼승의 불과라고 해석하는 것을 비판하면서 당연히 『탐현기』 「성기품」의 해석을 이용한다. 또 다른 곳에서는,

> 고덕이 말한다. 지극한 자는 삼현위에 이르러 반드시 일승을 믿는다. …… 고덕이 말한다. 아직 궁극의 위에 이르지 못했어도, 삼승교에 의해서 업으로 얽힌 삼계를 벗어나기 때문에 출세의 이익을 얻는다. 삼승교의 이익은 이미 완성된 것이기 때문이다. …… 또한 설해서 말한다. 다만 삼계 내의 근기에게 설하여 출세의 이익을 얻게 하고, 그것을 궁극으로 한다고. 또 말한다. 삼승인 등으로 삼거를 구하기 때문에, 문외에 이른 자는 정말로 삼승에 의해서 함께 세간을 나와서 스스로 수행위를 완성시킨다. 이것은 바로 4지 이후부터 7지에 이르기까지 여기에 해당하는 것이다. (古德云, 極至三賢位, 必定信一乘. …… 古德云, 雖未到極位, 依彼三乘教, 出繫業三界, 得出世益, 故三乘教益, 已究竟故. …… 又說云, 唯說界內機, 令得出世益, 卽以爲究竟. 又云, 三乘人他爲求三車, 出至門外者, 卽三乘俱出世間自位究竟也. 卽是此中四地以去至七地是也.)(T72.208bc)

라고 하듯이, '자위구경처'의 해석에 관해서 고덕의 설을 집중적으로 인용한다. 고덕의 설은 그 밖에 연화장 세계를 해석하는 곳에서 한 번 인용한 것이 전부이기 때문에,[67] 『지사』가 '자위구경처'의 문제에 얼마나

---

67) 『指事』下卷末, T72.279a.

힘을 기울였는지 알 수 있다. 이 고덕이란 지쿤을 가리킬 텐데, 강의했을 때의 메모나 간단한 필기 같은 것이 남아 있었을 수도 있다. 여기서 고덕의 설 가운데는 신조나 그 밖의 승려의 설도 섞여 있었으리라고 생각된다. 다만 고덕의 설 가운데 천태 교의와 관련된 부분은 보이지 않기 때문에, 고덕의 단계에서 천태 교의를 이용했는지의 여부는 확실하지 않다.

그런데 『지사』가 '유미자'를 격렬하게 비난한 것은, '유미자'의 주장이 일승 밖에서의 성불을 허용하고 『법화경』을 경시했기 때문이다. 『오교장』의 동교일승의 부분을 해석한 곳에서 『지사』는 다음과 같이 말한다.

> 혹은 어떤 사람이 이 뜻에 미혹해서 말한다. "법화일승은 삼승 가운데 크기 때문에 동교일승이라고 이름한다. 화엄일승은 삼승 외의 일승이기 때문에 별교일승이라고 이름한다. 이것은 일승에 두 가지 의미가 있는 것을 알지 못하기 때문에 이러한 미혹을 일으킨 것에 지나지 않는다."(或有惑此義云, 法華一乘, 以三中大故, 名同敎一乘. 華嚴一乘, 以三外一故, 名別敎一乘. 此不知一乘二義故, 致是惑耳.)
> (T72.211b)

즉 『법화경』을 삼승교 중의 대승이라고 보고 동교일승에 불과하다고 하며 별교일승인 『화엄경』과 구별하려는 자를 비판하는데, 아래에 보이듯이 『법화경』에도 별교일승의 요소가 있고 『화엄경』에도 동교일승의 요소가 있다는 것을 강조하는 것이 『지사』의 특징이다.

> 문: …… 『법화』에도 또한 별교가 있고, 『화엄경』도 또한 동교의 의가 있다. 무엇 때문에 『법화』를 동교의 일승이라고 이름하고, 『화엄』을 별교일승이라고 칭하는가.

답: 어느 면이 많은가를 두고 동과 별이라고 칭하는 것이다. 즉 『법화』
에는 동의 측면이 많고, 별의 측면을 적게 설하므로 동교라고 칭한다.
또한 삼승과 일승을 화합해서 설하기 때문이다. 『화엄경』에서는 별교
의 측면이 많고, 동교의 측면이 적다. 그러므로 별교라고 이름한다.
(問. …… 法華中亦說別教義. 華嚴經亦有同教義. 何以故法華名同教
一, 華嚴目別教一. 答. 約多分義目同別耳. 謂法華中多同義, 少說別義,
故目同教. 又三乘一乘和合說故. 華嚴經中, 別教義多, 同教義少, 故名
別教.)(T72.211b)

『지사』가 "삼승과 일승을 화합해서 설하는" 『법화경』을 중시하고, 가
명보살에 대해서 해석할 때는 『탐현기』 중에서는, 의상이 '일삼화회'라
는 '깊은 뜻'에 입각한 것이라고 평한 대목을 근거로 하는 점은 흥미롭
다. 『지사』는 『화엄경』과 『법화경』을 엄격히 구별하는 균여와는 입장이
완전히 다르다. 그렇기 때문에 『법화경』의 신자를 가명보살로 보는 입장
에 대해서는,

생각해서 말한다. 『법화』를 믿지 않는 사람은 『화엄』을 믿지 않는다.
이것에 반해서 명확하게 알 수 있다. 『법화』를 믿는 사람은 즉 『화엄』
을 믿는다는 것을, 혹은 어떤 사람이 이 뜻에 미혹되어 "『법화』를 신
수하는 자는 무량억나유타겁 동안에 6바라밀을 수행하고, 그래도 『화
엄경』을 믿지 않는다"라고 말하는 것은 다만 석가 일대의 성스러운 가
르침에 어두울 뿐 아니라, 또한 『오교장』의 문의에 대해서 장님처럼
어두운 것이다. 바라건대 여러 지혜 있는 자들이여, 함께 슬픔을 드
리우기를. (案云, 以不信法華人, 不信華嚴故. 反此明知, 信法華人卽
信華嚴. 或有惑此義云, 信受法華, 無量億劫修行六度, 猶不信受華嚴
經者, 非直迷惑一代聖教, 亦爲聾盲此章文義. 願諸智者, 共垂愍矣.)
(T72.211c-212a)

라며 격렬하게 비난한다. 여기서 비난을 받는 것은 '유미자'일 테니, 이하 '유미자'에 대해서 살펴보자.

우선 '유미자'를 법상학도라고 본 이시이 교도는 『지사』의 격한 비판에 주목해서, 이러한 격렬한 삼일논쟁은 헤이안 시대 이후에 한정된다며 『지사』의 성립을 후대로 늦추려고 했다.[68] 한편 아이즈(會津)의 덕일이 화엄을 비판한 점에 주목한 다케 가쿠초(武覺超)는 '유미자'를 덕일일 것이라고 추측했다.[69] 하지만 지금까지 보았듯이, '유미자'는 주료 등보다 훨씬 더 열렬한 화엄지상주의자이지 법상학도가 아니다. 만약 법상학도라면, "『오교장』의 주장을 끝까지 밀고 나가면 이러한 망설이 된다"라고 해서 화엄종을 공격한 것이 된다. 하지만 그렇다면 왜 삼승설의 타당성을 강조하지 않았을까? 『지사』에서 삼승설의 타당성을 강조해서 일승을 공격하는 자를 '유운', '유미자'라고 불러 비판한 부분은 보이지 않는다. 또 다케 가쿠초는 덕일이 법장의 가명보살의 해석을 비판한다고 하지만, 덕일의 『중변의경(中邊義鏡)』의 해당 문장은 아래에 드는 『오교장찬석』 제5에 인용되는 부분이다.

> 그대가 인용하는 곳의 문장은 지전의 보살이고, 지상의 보살은 아니다. 즉 지전의 범부 보살은 무량억나유타겁 동안에 청문하여 『화엄경』을 수지했다고 해도 역시 가명보살이라고 이름하며, 진실의 보살이라고는 하지 않는다. …… 법장사는 공과 불공의 뜻을 알지 못하고, 망령되게 『화엄경』을 가리켜 불공교라고 이름하였고, 다만 별교일승이라고 이름했다. 이것은 매우 어리석은 일이다. 무엇 때문에 그렇게 알수 있는가. 그대가 인용하는 곳의 문장 아래에 말한다. "……이들 문

---

68) 石井教道, 注31, 앞의 논문, pp.18~19.
69) 武覺超, 「五敎章壽靈疏の成立に関する一考察」(『天台學報』12, 1971. 10), pp.67~70.

장에 준하여, 삼현의 보살과 등지의 보살을 상대시켜 비교하는 것에
의해서 가명으로 하거나 진실로 하는 것을 알아야 한다. 삼승보살을
가명으로 하고, 일승보살을 진실로 이름하는 것은 아니다." 이상. (汝
所引文, 是地前菩薩, 非地上菩薩. 謂地前凡夫菩薩, 無量億那由他劫,
雖聽聞受持花嚴, 而猶爲假名菩薩, 不爲眞實菩薩. …… 法藏師不知共
不共義, 而妄指花嚴名不共敎, 獨名別敎一乘. 此甚愚痴也. 何以得知.
汝所引文下云, …… 准此等文, 當知三賢菩薩登地菩薩相對校量以爲
假名, 以爲眞實. 非謂三乘菩薩名爲假名, 一乘菩薩名爲眞實已上.)(佛全
11.71c-72a)

덕일이 법장을 비판하고 있는 것은 사실이지만, 덕일은 법장의 문장
을 원용해서 "삼승의 보살을 가명보살이라고 하고 일승의 보살을 진실
이라고 한다"고 설하는 것은 '그대'의 착오일 뿐, 『화엄경』에서는 삼현위
의 보살을 가명, 초지 이상의 보살을 진실이라고 부른다고 해서, '그대'
라는 인물을 비판한 것에 지나지 않는다.[70] 삼승가인 덕일이 삼승의 극
과인 부처에게까지 별교일승인 『화엄경』을 믿지 않으면 가명보살에 불
과하다고 말할 리는 없는 것이다. '유미자'란 역시 화엄을 종으로 하는
학승으로, 의상계 사상의 영향을 받아서 『화엄경』을 절대시한 인물이
라고 보아야 한다. 도다이지나 고후쿠지에는 신조나 지쿤의 영향도 있
어서 『지사』와 같은 입장이 주류를 차지하고 있었을 테니, '유미자'는 그

---

70) 德一의 일문 가운데 보이는 화엄 비판에 대해서는 田村晃裕, 「湛睿と德一-『五敎
   章纂釋』における德一の引用をめぐって」(『金澤文庫硏究』18-12, 1972. 12) 참조. 田
   村 씨에 따르면, 德一이 비판하는 '汝'란 사이초이겠지만, 사이초의 현존하는 저작
   중에는 그런 문장은 없다고 한다. 또한 『五敎章』의 根緣受者差別의 문제를 해석
   할 때 『五敎章纂釋』은 말미에 「兩卷旨歸下云三藏佛陀又名法業」이라고 해서 『兩卷
   旨歸』의 이름만 들고 있는 것으로 보아 湛睿는 『華嚴兩卷旨歸』를 이런 문제를 논
   한 선구적인 책으로 간주했다고 보인다.

외의 절의 승려였으리라고 생각된다. 삼승을 매우 낮게 평가하는 것으로 보아, 신라 유식 등의 영향을 받지 않은 계통, 예를 들면 삼론과 화엄에 정통한 다이안지 게이슌 등의 계통이 떠오르지만 이것은 추측의 영역에 그친다.[71]

7. 화엄 연구의 진전과 폐해

지금까지 보았듯이, 『지사』는 법상 교의 자체에 대해서는 법장의 비판을 그대로 약초(略抄)하는 것에 그치고, 오히려 화엄학도 내부의 이설을 논파하는 데 힘을 기울였다. 이설을 논파할 때는 오로지 일승과 삼승의 해석을 중심으로 하고, 특히 화엄을 절대시하고 『법화경』을 경시하는 '유미자'의 설을 최고의 망설로 배척했다. 다만 『지사』에서는 "어떤 이는…… 라 하고, 어떤 이는…… 라 한다. 이제 해석하건대(有云…… 有云…… 今解云)", "어떤 이는…… 라 하고, 어떤 이는…… 라 말한다. 생각하건대(有說……有說……案云)"라는 형식으로 여러 설을 열거하고 마지막에 자신의 해석을 말하는 곳이 꽤 많고, 그런 부분에서는 '유설'을 비판하는 경우가 많기는 하지만, 단순히 이설로서 열거되기도 하고 혹은 그런 설을 따르는 부분도 적지만 보인다. 이것은 『오교장』

---

71) 慶俊 문하에서 화엄에 정통한 것이 분명한 승으로는 신라에서 성립한 『釋摩訶衍論』을 가져온 戒明이 있다. 大安寺에는 審詳 외에도 화엄의 章疏를 들여왔다고 하는 道璿이 한때 머물렀고, 삼론종의 세력이 강했던 것도 있어서 화엄 연구가 꽤 활발했을 것이다. 『三國佛法傳通緣起』에서는 藥師寺·西大寺·元興寺에서도 화엄이 연구됐는데, 특히 약시지가 활발했다고 전하는데, 약시지는 慈訓 문하의 正義나 明哲이 중심이고, 또 元興寺는 法相을 兼學한 隆尊이 머물렀던 절이기 때문에 화엄을 지상으로 하는 '유미자'와 같은 자가 나올 가능성은 적을 것이다.

이 화엄 교학의 강요서로서, 각 사찰에서 강의하고 활발하게 연구되었다는 것을 보여 준다고 할 수 있다. 엔랴쿠(延曆) 25년(806)에는 각 종파의 연분도자(年分度者)의 수를 정한 태상관부(太上官符)가 발포되었는데, 화엄종에 대해 "아울러 오교·지귀·강목을 읽게 한다"라고 해서 배워야 할 서적의 필두로 『오교장』을 들고 있는 것 역시 그러한 상황을 반영한 것이다. 그 밖에 배워야 하는 『화엄경지귀』와 『화엄경강목』도 모두 법장의 저작이라는 점이 주목된다.

또한 『지사』가 '유설'을 채용하고 있는 예도 적지만 보인다. 예를 들어 『지사』는 법장의 오교판이 어떤 경전에 준거해서 세워졌는지 스스로 묻고,

> 답: 어떤 사람이 말한다. "근거가 되는 경은 없다고 해도, 법과 뜻에 구별이 있기 때문에 이 오교를 건립한다. 대승 기사(基師) 등은 근거가 되는 경은 없지만, 언어가 간략하고 어의가 넓은 등 4문에 의해서 제 교를 판정하고 요의와 불요의로 삼는다."(答. 有云, 雖無正敎, 以由法義差別故, 建立此五敎. 如大乘基師, 雖無正敎, 以言略語広等四門, 決判諸敎, 爲了不了.)(T72.224a)

라고 말한다. 특정 경전에 근거한 것은 아니지만, 자은이 경전의 근거가 없는 것에 대해 네 가지 입장을 설정해서 여러 경론을 결판하고 있는 것과 마찬가지로, 먼저 '법과 뜻'의 차이에 따라 오교를 건립했다는 주장을 한 것이다. 이 주장이 법상종 측의 비판이 아니라는 것은 확실할 것이다. 그런데 『지사』는 또,

> 어떤 사람이 설했다. 『심밀』, 『능가』, 『법화』 등에 의해서 이 오교를 세웠다. 즉 『심밀경』에 의해서 최초의 3교를 세우고, …… 아직 돈의 뜻을 보이지 못하기 때문에, 이 때문에 『능가』 등의 경에 의해서 돈점

의 이교를 세웠다. …… 거기에 점교 가운데 삼교를 열고, 돈교 하나를 더해서 4교로 했다. 그러나 이 돈교는 일승이라고는 해도 삼승에 의해 얻을 수 있는 것이기 때문에 삼승에 포함된다. 아울러 삼승교로서 아직 별교일승을 나타내지 못한다. 이 때문에 『법화』는 일승과 삼승의 2교를 건립한다. 앞의 4교는 방편을 열은 삼승교이고, 지금 일실의 가르침은 진실을 보여 주는 일승교이다. 그렇기 때문에 앞의 삼승 가운데 4교를 열고, 지금의 일실을 더해서 오교로 한 것이다. (有說, 依深密楞伽法華等, 立此五敎. 謂由深密經, 建立初三敎, …… 未顯頓義故, 是故楞伽等經, 建立漸頓二敎. …… 乃漸中開三敎, 加一頓敎, 以爲四敎. 然此頓敎, 雖爲一乘而爲三乘之所得故, 屬三乘攝. 共爲三乘敎, 未顯別敎一. 是故法華建立一乘三乘二敎. 前四敎, 以爲開方便之三乘敎, 今一實, 名爲示眞實之一乘敎. 爾乃前三乘中, 開四敎加今一實, 爲五敎也.)(T72.234ab)

라는 '유설'을 소개하고 그것을 지지해서 "이(理)와 교(敎)가 분명하다. 어찌 敎가 없겠는가?"라고 결론지어 앞의 주장을 비판한다. 즉 『해심밀경』의 삼시교에 따라 첫 3교를 건립하고 『능가경』에 따라 돈교를 더하고 『법화경』에 따라 원교를 세워 5교로 했다는 '유설'을 인정하는 것이다. 이것은 『지사』가 앞서 소개한 혜원의 설, 즉 화엄의 5교는 천태의 4교에 돈교를 더한 것이라는 『간정기』의 주장과 다르지만, 모두 『법화경』을 중시한다는 점이 주목된다. 게다가 이 '유설' 가운데 『해심밀경』의 삼시교에 따라 첫 3교를 건립했다는 점은 앞의 『대승법상연신장(大乘法相研神章)』의 주장과 일치한다. 『지사』는 화엄을 절대시하는 '유미자'보다 법상종의 주장을 고려하면서 『법화경』을 중시하는 '유설'을 더 평가한다. 여기서 『지사』와 가까운 입장을 취하는 자가 그 밖에도 있었다는 것을 알 수 있다.

다만 처음에 말했듯이 『지사』가 '유설'에 따르는 것은 드물고, 『오교장』의 해석에 관한 이설에 대해서는 사상과 관련되지 않은 극히 사소한 사항에 대해서도 강한 반발을 보인다. 이런 점에서 보면, 『지사』가 만들어질 당시는 조사(祖師)의 문헌, 구체적으로 법장의 저작을 주된 연구대상으로 해서 세세한 점에 이르기까지 해석의 시비를 따지는 훈고 주석의 시대에 들어가고 있었다고 할 수 있을 것이다. 사실 『지사』 이후의 화엄종은 정밀한 색채[精彩]를 잃었고, 가마쿠라 시대에 다시 연구가 활발해지기까지 새로운 진전은 보이지 않는다. 법상종과의 대립을 강화하고 천태종의와의 근소한 차이를 지적하는 정도에 불과하다. 예를 들어 텐랴쿠(天曆) 연간(947~957)에 저술된 조슌(增春)의 『화엄일승의사기(華嚴一乘義私記)』는 대개 『지사』의 강격(綱格)을 따르고 있고, 극과 회심의 문제에 대해서도 고덕의 설을 인용해서 부정할 뿐이다.[72] 가마쿠라 시대가 되면 조에이(盛譽)의 『화엄수경(華嚴手鏡)』 등에서 징관의 설을 인용해서 회통을 시도하고 있는데, 일반적으로 헤이안 시대의 화엄학도는 종래의 전통에 묶여 있던 탓인지 징관에 대해서 주의를 기울이지 않는 사람이 많다. 구카이가 당에서 얻은 두순이나 징관의 저작을 활용한 것, 사이초가 구카이가 들여온 화엄장소(華嚴章疏)에 관심을 기울여서 바로 열람을 신청한 것에 비하면 소극적이라고 하지 않을 수 없다. 천태·진언의 두 종이 화엄종을 뛰어넘은 것은 당연하다고 할 수 있다.

---

72) 『華嚴一乘義私記』, 佛全, 455~456.

제7장 쇼무 천황의 조칙에 보이는 서원과 저주

1. 머리말

쇼무 천황의 신앙에 대해서는 불분명한 점이 많다. 그중에서도 우선 문제가 되는 것으로 '금광명사천왕호국지사(金光明四天王護國之寺)'인 국분사의 창건을 이끈 『금광명최승왕경』(이하 『최승왕경』)[1] 신앙과, 대불 건립으로 상징되는 『화엄경』 신앙의 관계를 들 수 있다. 쇼무 천황은 "만일 짐이 제 때에 조성을 마치지 못하면, 바라건대 내세에 몸을 바꾸어 이어서 만들고자 한다"[2]라고 할 정도로 대불 건립에 열정을 기울였다. 하지만 현존하는 기록을 보면, 『최승왕경』이나 『관음경』 등의 경우와는 달리, 기내(畿內)의 여러 대사(大寺)나 전국의 사찰에 『화엄경』만을 필사하거나 독송하라는 명을 내리지도 않았고, 석가상이나 관음상의 경우와 달리 전국의 사찰에 노사나불상을 안치하게 하지도 않았다.

---

1) 『最勝王經』이하의 諸譯을 총칭할 때는 金光明經이라고 한다.
2) 『續日本紀』 권21, 天平寶字二年八月戊申(九日)条, 勝寶感神聖武皇帝諡議. 이하, 인용문의 구독점 및 훈독은 모두 필자에 의한다. 또한 이 말은 10丈 크기의 미륵불을 벼랑에 새기기로 마음먹고 僧護가 임종 전에 '吾之所造本不期一生成辨. 第二身中其願剋果'라고 기원했다는 기록(『고승전』 권13, 釋僧護傳, T50.412a)에 근거하고 있는 것 같다.

쇼무 천황은 양위하기 직전인 텐표쇼보 원년 윤 5월 계축(20일)에 다이안지·약시지·간고지·도다이지 등 기내의 12개 사찰에 "『화엄경』을 근본으로 한다[花嚴經爲本]"는 조칙을 내렸다. 그런데 뒤에 논하겠지만 이것은 『화엄경』을 중심으로 일체경을 전독하고 강독하라고 명한 것으로, 실제로 『화엄경』을 강의한 사찰은 드물었으리라 생각한다. 『화엄경』은 진역이 60권, 당역이 80권에 달하는 방대한 경전이지만, 쇼무 천황 치세 중에 여러 차례 600권 『대반야경』의 필사나 독송을 전국에 명령했던 것을 생각하면, 각국에 『화엄경』을 몇 부쯤 필사하고 독송하게 하는 것은 충분히 가능했을 것이다. 그렇다면 쇼무 천황은 『최승왕경』이나 『대반야경』으로 대표되는 호국경전과 『화엄경』의 관계를 어떻게 이해했을까? 또 쇼무 천황의 막강한 비호 아래 화엄교학이 흥륭했다고 하는데,[3] 과연 노사나불과 『화엄경』과 화엄교학의 삼자는 일체로 받아들여졌을까?

쇼무 치세는 나라마다 신들에 대한 국가적인 관리가 강화된 시기이기도 했다. 일이 있을 때마다 여러 신들에게 공물을 바치고 기도하게 하고, 혹은 국분사를 조영하기에 앞서 각 나라의 '신궁'을 수리하도록 명한 쇼무 천황은 천신지신[天神地祇]을 이끌어 대불 건립을 돕고자 한다고 하는 우사(宇佐)의 하치만신(八幡神)을 과도하게 후대했을 뿐만 아니라, 무츠노국(陸奧國)에서 금이 나왔을 때는 노사나불이 내리셨다며 감사하는 선명(宣命)을 대불전에 올리고, 이어서 내린 양위의 선명 속에서는 삼보와 함께 천신지신과 역대 천황의 영에도 감사를 올렸다. 쇼무 천황은 불교와 신기(神祇)의 관계, 그리고 신앙과 정치의 관계를

---

3) 본서, 제6장 참조.

어떻게 이해하고 있었을까?

　이런 모든 문제에 답을 하는 것은 쉽지 않겠지만, 본고에서는 쇼무 천황의 대표적인 조칙에 보이는 서원과 저주를 검토함으로써 쇼무 천황의 신앙의 중심에 신지 신앙과 결합된 『최승왕경』 신앙이 있었다는 점을 지적해서, 상기의 여러 문제를 고찰하기 위한 기본적인 입장을 제시하고 문제의 일부를 밝히고자 한다. 또 조칙류는 일반적으로 문장이 뛰어난 신하가 초안을 작성하고, 거기에 광명 황후를 비롯한 그때그때의 유력한 귀족이나 승려들의 건의와 희망이 들어가는 것은 말할 것도 없다. 하지만 강력한 전제군주였던 쇼무 천황이 그 정도로 열의를 기울인 일이니만큼 그의 의향을 벗어난 조칙이 만들어져 허가되었다고는 생각할 수 없기 때문에, 조칙의 내용에 대해서는 최종적으로 쇼무 천황 자신에게 책임이 있는 것으로 본다.

2. 국분사 창건의 칙서

　국분사의 기원이나 성격을 둘러싼 문제에 대해서는 여러 설이 있어서 아직 결론에 이르지 못하고 있다. 다만 금광명호국 및 법화멸죄의 사찰로서의 국분사에 대해서는, 후지와라 히로츠구(藤原廣嗣)의 난으로 인한 충격이 있었다는 점을 중시해서 "사천왕에 의해 국가를 옹호하고, 삿된 신하를 박멸하고 군신의 질서가 유지되기를 염원"하기 위해 발원되었다는 이노우에 가오루의 설에 따라, 후지와라 히로츠구의 난이 일어난 이듬해인 텐표 13년(741)에 내려진 것으로 보기로 한다.[4] 이노우에와 마찬가지로 히로츠구의 난의 영향을 중시하는 다무라 엔초(田村圓澄)는, 쇼무 천황의 뒤를 이어 즉위해야 하는 여성 황태자 아베 내친왕(阿倍內親王)에게는 『최승왕경』의 경의 위신력에 의한 옹호를 기원할 필요가 있었다는 것을 지적하는데,[5] 이 점은 아래에 검토하는 저주의 내용에 보이듯이 복잡한 문제를 안고 있다.

그런데 『유취삼대격(類聚三代格)』에도 국분사 창건에 대한 칙서가 있어서 『속일본기』에 실린 조칙보다 오래된 형태로 추정되는데, 그곳에는 계속되는 흉작과 역병 등의 재해에 대해서 "참담함과 부끄러움이 교차하여 수고롭게 나를 벌할 뿐이다"라고 유교 풍으로 자신의 부덕을 한탄한다. 다만 『최승왕경』에 따라 금광명호국 사찰을 창건하려던 때의 칙서인 만큼, 『최승왕경』을 신봉하고 정법에 따라 나라를 통치하지 않으면 기근·질병·적의 침략 등이 끊이지 않는다고 해서 인왕(人王)을 경계하게 하는 『최승왕경』「왕법정론품(王法正論品)」 등의 내용도 유교의 논리와 함께 쇼무 천황에게는 뼈아프게 다가왔을 것이다. 쇼무 천황이 『최승왕경』을 존숭하는 이유로 제왕학이라고도 할 수 있는 '나라를 다스리는 방법(治國法要)'이 있었기 때문이라고 하는 다무라 엔초의 지적[6]은 타당하다. 『최승왕경』「왕법정론품」에 유교적인 번역이나 보족으로 보이

---

4) 井上薰, 『奈良朝佛教史の研究』 제2장 제2절 「國分寺僧尼寺建立勅發布と藤原廣嗣の亂」(吉川弘文館, 1966). 또 角田文衛가 井上설을 비롯한 통설이 국분사와 곤코묘지를 동일시하는 것을 비판해서 차이를 지적하는 등(『王朝史の軌跡』, 「國分寺研究の課題」, 學燈社, 1983, p.20 이하), 검토해야 할 문제는 많지만 여기서는 그러한 문제는 다루지 않는다.

5) 田村圓澄, 「國分寺創建考」(『南都佛教』 46, 1981. 8), p.74.

6) 田村, 注5의 논문, p.74.

는 부분이 적지 않다는 사실은 이미 지적된 바 있다.[7]

이어지는 조칙 내용은, 전 해에 "천하에 신궁을 늘리고" 나라마다 장륙(丈六) 석가존상을 1체씩을 만들게 하고 『대반야경』을 1부씩 서사하게 하자 그 효험이 뚜렷했다면서 감사를 표한다. 그리고 "경전에 이르기를"이라고 해서, 사천왕이 『최승왕경』을 유포하게 하는 천황을 우리가 수호하고 모든 재난과 장애를 없애겠노라고 서원하는 내용을 『최승왕경』 「멸업장품(滅業障品)」에서 요약해서 인용한 다음, 각 나라에 7층탑을 1기씩 세우고 『최승왕경』과 『법화경』을 10부씩 서사하고 쇼무 천황 자신이 필사할 금자 『최승왕경』 1부를 탑마다 안치하겠다고 하며, 그럼으로써 불법이 흥륭하고 "옹호의 은혜가 유(幽)와 명(冥)을 덮어 영원히 가득하기를"[8] 기원한다. '옹호'는 『최승왕경』에서 사천왕이 천황과 국토를 수호한다고 설할 때 반복해서 사용되는 말인데, 현세 사람들을 가리키는 '명'의 세계뿐만 아니라 죽은 자의 영이나 그 밖에 눈에 보이지 않는 자들로 이루어진 '유'의 세계에 대해서도 '옹호의 은혜'가 미쳐서 "영원히 가득하기를" 기원하는 것이다. 『일본서기』 등에 보이는 '유명'에 대한 옛 풀이는 '신과 사람 모두'이지만, 여기서는 아래의 서원 속에 이름이 열거되는 죽은 자들을 염두에 둔 것으로 보인다. 이 시기의 조

---

7) 『최승왕경』이 그 이전의 『금광명경』에 비해서 호국적인 부분이 증광되고 한역할 때 중국적인 사상이 혼입된 점에 대해서는 金岡秀友, 「金光明經の帝王觀とそのシナ·日本的受容」(『佛敎史學』6-4, 1957. 10) 참조. 또한 八重樫直比古는 王法正論品에는 正法에 대한 구체적인 내용이 보이지 않기 때문에 더욱 나라를 뛰어넘어 보편적으로 쓰일 수 있다고 지적한다(八重樫, 「義淨譯『金光明最勝王經』, 「王法正論品」覺書」, 『ノートルダム淸心女子大學紀要〔文化學篇〕』11-1, 1987. 3, pp.64~65). 『금광명경』의 역할을 중시하고 『금광명경』과 신기신앙의 관련에 주목하는 점 등에서 필자는 많은 부분 八重樫과 견해가 일치한다.
8) 이 부분이 玄昉이 서사한 『千手千眼經』의 지어와 일치하는 것은 速水侑가 지적한 바 있다(速水, 『觀音信仰』, 塙書房, 1970), pp.29~30.

칙에 '항(恒)', '영(永)', '상(常)' 등의 말이 자주 나오는 점은 주목할 만하다. 마지막으로 조칙은 탑을 조성하는 사찰은 반드시 좋은 땅을 골라서 장엄하고 청정을 유지하라고 지방관[國司]에게 명령한다.

또 위의 조칙과 동시에 나온 것인지는 확실하지 않지만, 『유취삼대격』에는 "또 여러 가지 서원이 있다"고 하며 다음과 같은 원을 열거한다.

하나. 지방마다 승사와 니사(尼寺)에 각 수전(水田) 10정(町)을 보시.

하나. 지방마다에 승사를 조성하고, 반드시 20인의 승려를 둔다. 그 사원을 금광명사천왕호국의 절이라고 이름한다. 니사(尼寺)에는 10명의 비구니를 둔다. 법화멸죄의 절이라고 이름한다. 양사(兩寺)는 함께 교단의 계를 받고 만약 사람이 모자랄 경우, 즉시 충원해야 한다. 그 승니는 매월 8일에 반드시 『최승왕경』을 강독하고, 반월마다 계갈마를 외운다.

하나. 여러 지방은 위의 절을 두고, 매월 6재일에 공사 함께 고기잡이나 사냥 그리고 살생을 해서는 안 된다. 지방관 등은 점검하지 않으면 안 된다.

하나. 천신지신이 함께 온화하고 순조로워서 항상 복과 행복을 가지고 오며 영원히 나라를 수호할 수 있도록 해 주소서.

하나. 원하옵건대, 국가 개벽 이후 선제들의 존령이 영원히 보배 구슬의 숲에 가시고 함께 보배 나라에 가실 수 있도록 하여 주소서.

하나. 원하옵건대, 태상천황, 대부인의 후지와라 씨족 그리고 황후 후지와라 씨족, 황태자 이하 친황 및 정2위우대신 타치바나노 모로에 츠쿠네 등에게 이르기까지 함께 이 복을 받아서 함께 피안에 갈 수 있도록 해 주소서.

하나. 원하옵건대, 후지와라 씨족의 전후 태정대신 및 황후인 전의 종1위 다치바나 씨족의 부인의 영혼이 항상 돌아가신 황제를 모시고, 정토에 함께 하며 영원히 후대를 돌보시고 항상 성조를 지키며, 나아가 고대 이래 지금에 이르기까지 몸이 대신이 되어

충성을 다해서 나라에 봉사하는 자 및 현재의 자손은 함께 이
공덕에 의해서 각각 선조의 일을 잇고, 군신의 예를 지키며, 영
원히 조부의 이름을 계승하고 널리 살아 있는 것들에까지 미치
고, 서민까지 모두 포함하여 함께 애착의 그물로부터 벗어나 다
같이 염오된 세계로부터 벗어나기를 바라옵나이다.

하나. 원하옵건대, 만약 악군이나 삿된 신하가 이 원을 부수거든, 그
사람 및 자손은 반드시 재화를 입고 몇 번 대대로 불법이 없는
곳에 태어나기를.

텐표 13년 연차 신미 2월 14일

一, 每國僧寺尼寺, 各可施水田一十町.

一, 每國造僧寺, 必令有廿僧. 其寺名爲金光明四天王護國之寺. 尼寺
一十尼. 其寺名爲法華 滅罪寺. 兩寺相共宜受敎戒, 若有闕者, 即
須補滿. 其僧尼, 每月八日, 必應轉讀最勝王經. 每至半月, 誦戒羯
磨.

一, 諸國置上件寺者, 每月六齋日, 公私不得魚獵殺生, 國司等恒加檢
校.

一, 願天神地祇, 共相和順, 恒將福慶, 永護國家.

一, 願開闢已降先帝尊靈, 長幸珠林, 同遊寶刹.

一, 願 太上天皇, 大夫人藤原氏, 及皇后藤原氏, 皇太子已下, 親王及
正二位右大臣橘諸兄宿禰等, 同資此福, 俱向彼岸.

一, 願藤原氏先後太政大臣, 及皇后先從一位橘氏大夫人之靈識, 恒奉
先帝, 而陪遊淨土, 長 顧後代, 而常衛聖朝, 乃至自古已來, 至於
今日, 身爲大臣, 竭忠奉國者, 及見在子孫, 俱因此福, 各繼前範,
堅守君臣之禮, 長紹父祖之名, 廣洽群生通該庶品, 同辭愛網, 共
出塵籠.

一, 願若惡君邪臣, 犯破此願者, 彼人及子孫, 必遇災禍, 世々長生無佛
法處.

天平十三年年次辛巳二月十四日(『類聚三代格』卷三, 國分寺事)

위의 세 항목은 금광명호국의 사찰과 법화멸죄의 사찰9)을 창건해서

9) 法華滅罪之寺를 건립하는 목적에 대해 통상 죄 많은 여인을 구제해서 성불하게
   하기 위해서라고 하지만 납득하기 어렵다. 여인성불을 말하는 것이라면 바로 『최
   승왕경』 「滅業障品」에는 福寶光明이라는 여인이 『최승왕경』을 수지한 공덕으로
   여러 생에 걸쳐 전륜왕이 되고 결국 정각을 얻었다는 내용도 있다(417a). 持統, 元
   明, 元正 등 여제를 배출한 시대, 특히 天平 10년 정월에는 전례가 없는 내친왕의
   태자 봉위가 실시되어 머지않아 여제가 탄생하려고 하는 때였으니, 참으로 적절
   한 내용이라고 할 수 있을 것이다. 그만큼 일반 여성의 성불을 원할 때는 적절하
   지 않을지도 모르지만, 또 민간에서 罪福을 설하는 경우라면 모를까, 여인이 죄
   많은 존재라는 것을 그 시기에 국가가 굳이 강조할 필요가 있었을까.
   히로츠구의 난 때, 모든 나라에 관세음보살상 1구를 만들고 『관세음경』을 10권
   서사하게 한 것, 그리고 金光明護國之寺·法華滅罪之寺 창건의 조칙을 내린 직후
   에 히로츠구의 난 때 청해서 영험을 본 우사하치만(宇佐八幡)에 祕錦冠 한 개, 금
   자 『최승왕경』과 『법화경』 각 1부 등을 봉납한 것을 보면, 법화멸죄란 죄 많은 여
   인을 구제한다기보다 모든 죄를 없애서 천하를 평안하게 하는 것을 주로 하며 『최
   승왕경』을 보조하는 것이라고 생각할 수 있다. 『고승전』 法献傳에는 于闐에서 「觀
   世音滅罪呪及調達品」을 얻었다는 기술이 보여(권13, T50.411c), 일본에서 멸죄라
   고 할 때는 주로 天津罪·國津罪에 해당하는 내용이었다고 생각된다. 『법화경』의
   영향을 받은 『최승왕경』은 『법화경』과 유사한 점이 있으며(壬生台舜, 佛典講座13
   『金光明經』, 大蔵出版社, 1987, p.15), 또한 참회멸죄를 설하는 경전이다. 金光明四
   天王護國之寺·法華滅罪之寺는 함께 이 두 경전을 안치하고 있고, 金光明四天王護
   國之寺인 東大寺에서는 法華會도 열고 있다. 한 사찰의 이름에 오직 하나의 경전
   과 하나의 효능을 쓰는 것은 그 의도상 金光明四天王法華(觀世音菩薩)滅罪護國
   之寺라고 해야 하지만, 한 사찰에 함께 살 수 없는 비구와 비구니를 나누어, 자비
   가 가득한 부모를 慈父悲母라고 하듯이 영략호현(影略互顯)에 의해 이름을 나눈
   것으로 볼 수 있을 것이다. 國分寺에도 멸죄, 國分尼寺에도 호국의 뜻이 담겨 있다
   고 보는 것이 자연스럽다. 당시 대중의 신앙을 모으고 있던 밀교계의 관음경류는
   『법화경』 「普門品」으로 대표되었을 것이다.
   承和 6년(839) 6월 28일의 太政官符에서 國分尼寺가 최근 「法華妙典」을 강의하
   지 않는 것을 나무라고, 안거 때 『법화경』을 강설해서 "無二無三의 훌륭한 이치를
   우리나라에 열어 보이고, 재앙을 없애고 복을 심는 대업을 널리 백성들에게 입히
   도록" 명한 것(『類聚三代格』 권3, 國分寺事)은, 法華滅罪之寺가 여인성불을 주목
   적으로 한다는 규정이 전파되지 않았다는 증거의 하나이다. 돈황사본 중에 『懺悔
   滅罪金光明經傳』(S4487)이나 그것과 유사한 『금광명경』의 영험기가 보이는 것에
   서 알 수 있듯이, 중국의 민간에서는 『금광명경』은 죄를 멸하고 복을 부르는 경전
   으로 널리 이용되고 있었다.

두 사찰을 중심으로 봉불의 선행을 하고자 한다는 원이고, 나머지는 그 공덕을 전제로 한 원이다. 즉 천신지신이 "온화하고 순조로워서[和順]"[10)]해서 "영원히 나라를 수호하기를" 기원한다. 그리고 대대의 천황의 영이 정토에 왕생하기를 기원하고, 존명하는 태상 천황, 황태부인인 후지와라노 미야코, 후지와라노 후히토의 딸인 고묘(光明) 황후, 황태자 아베 내친왕과 배다른 친왕들, 사성(賜姓) 귀족인 다치바나노 모로에 등이 반드시 피안에 이르길 기원한다. 또 이어지는 원에서는 후지와라노 가마타리·후히토의 영혼 및 모로에의 어머니로 후히토의 아내가 된 아다카이노이누카이노 미치요(県犬養三千代)의 영혼이 먼저 돌아가신 황제를 따라 정토에 가고 후대를 보살피고 조정을 지켜주기를 기원한다. 이어서 과거에 대신이었던 자나 충성을 바친 신하들과 그 자손들에 대해서는 이생의 공덕에 따라 조상의 이름을 업고 계속 충성을 다하며 가문이 영원히 이어지기를 기원한다. 그 밖에 서민에 대해서는 속세에서 벗어날 수 있기를 기원한다. 또 이런 원에 위배되는 "악군이나 삿된 신하"와 그 자손에 대해서는 "반드시 재화를 입고 대대로 불법이

---

10) 大己貴神이 「夫葦原中國, 本自荒芒. 至盤石草木, 咸能強暴. 然吾已摧伏, 莫不和順」(『日本書紀』神代卷上)이라고 말하듯이, 상대(上代)의 신들의 대부분은 '和順' 하지 않고 난폭했다. 천신지신뿐만 아니라 천황을 지키는 伊勢大神이나 草薙의 검조차 때로 저주를 부르는 경우가 있었다는 것을 기억해야 한다. 그런 점에서 『마하바라타』에 나오는 두르가 여신의 내용에 근거한다는 『최승왕경』 大辨才天女品에서 대변재천녀가 "또한 온화하게 참으면서 폭악하게 된다"(T16.437a)라는 성격을 보이는 것이 흥미롭다. 중국·한국·일본의 불교의 영향을 논할 때, 불교 본래의 사상과 불전 속에 들어 있는 인도·서역·중국의 신앙과 습속을 구별할 필요가 있다. 후자 쪽이 자국의 신앙·습속과 공통된 것, 혹은 자국의 문화에 잠재적으로 존재하고 지향하고 있던 요소를 명확하게 보여 주는 것으로 환영 받는 경우가 적지 않기 때문이다. 또 '和順'이라는 말은 사람에게도 사용되는데, 『속일본기』 권14, 天平 13년 5월 27일조에 "官長에게 실례를 범하고 서로 和順하지 않았다"고 해서 두 사람의 하급관리를 해임한 일례가 보인다.

없는 곳에 태어나기를 기원"하면서 마친다.

후지와라 가문의 비중이 큰 것은 정치의 실권을 장악해 온 유력 씨족이었기 때문만은 아닐 것이다. 무치마로(武智麻呂)를 비롯한 후히토의 네 아들을 모두 천연두로 잃고 또 집안에서 히로츠구 같은 반역자가 나온 것을 두려워한 후지와라 가문(실제로는 후히토의 봉호를 상속한 고묘 황후[11])이 후히토에게 내려진 5천 호의 봉호를 반납하겠다고 하자, 쇼무 천황은 2천 호를 다시 후지와라 가문에 내리고 3천 호는 국분사 장륙 석가상 건립의 자금으로 쓰도록 명한다.[12] 이런 경위가 세상에 알려진 이상, 국분사 창건은 국가사업인 동시에 후지와라 가문의 참회의 행위이자 향후의 충성을 맹세하는 증거와도 같은 성격을 함께 가지게 되었다는 점을 주목할 수 있다.

그리고 위의 서원은 히로츠구의 난에 대해서는 언급하지 않고, 오히려 후지와라 가문의 공신이나 후지와라 가문 출신의 부인들에게 현세뿐 아니라 정토에 간 뒤에도 '영원히' 황제를 가까이 모시고 왕생한 뒤에는 후세를 돌보아 나라를 지킬 것을 요구한다. 이것은 후지와라 가문에서 다시는 히로츠구와 같은 불충한 자가 나와서는 안 되며, 가마타리나 후히토 등을 본받아 천황을 보좌하기 위해 영원히 노력해야 한다는 것을 의미한다. 거꾸로 말하면, 이 서원에는 현세든 정토에서든 천황을 가까이에서 보필하는 것은 후지와라 가문 외에 없다는 것을 반란의 여운이 가시기 전에 천하에 알리려는 목적도 있었음을 알 수 있다.

그런데 기존의 연구는 이 점을 간과한 것 같다. 천신지신이 영원히 지키는 '나라'란 구체적으로는 천황 개인을 가리키지만, 국토와 백성뿐

---

11) 林睦朗, 『光明皇后』(吉川弘文館, 1961), pp.148~149.
12) 『續日本記』권14, 天平 13년 春正月丁酉(15일)조.

만 아니라 후지와라 가문을 최고의 외척으로 하는 당시의 정치 체제
까지 포함한 일체의 체현자로서의 천황이라고 보아야 할 것이다. 『최승
왕경』「멸업장품」에는 "대신들이 천황을 보좌함에 네 가지 공덕이 있
다. …… 둘째는 항상 인간 세상의 왕을 위해 마음에 사랑을 거듭한다.
…… 넷째는 수명이 늘어나고 평안하고 즐겁다"[13]라는 내용도 보인다.
후지와라 가문과 같은 대신 집안의 자손은 『최승왕경』을 신봉하고, 천
황의 『최승왕경』 유포 사업에 협력하면 위와 같은 공덕이 기대되는 것이
다. 『최승왕경』은 호국 경전, 특히 호왕의 성격이 강한 경전으로 알려져
있는데, 그 혜택을 입는 것은 천황만이 아니다.

「사천왕호국품」에는 이 경의 주문을 수지하는 자는 "출세를 원한다면
뜻이 이루어지지 않는 것이 없다"[14]고 하는 내용도 보인다. 하지만 주지
하는 바와 같이, 텐표 원년(729)의 나가야오(長屋王) 사건 이래, 주살
술[厭魅], 저주에 대한 금지가 엄격해졌다. 하위 귀족들이 호국의 성격
이 강한 『최승왕경』을 국가가 아닌 개인의 '출세[官榮]'를 위해 대량으로
필사하거나 독송하면 그것은 주살술과 마찬가지 행위로 간주될 우려가
있었을 것이다. 사경 활동이 활발하고, 게다가 국가를 위한 것이라는
사경이 많았던 시대임에도 불구하고, 민간에서 『최승왕경』의 필사를 발
원한 예가 보이지 않는다는 것[15]은 주목할 만하다.

---

13) 『最勝王經』 권3, 滅業藏品, T16.417b.
14) 同, 권6, 四天王護國品, T16.431b. 梵文텍스트(Johannes Nobel, hrsg.,
   *Suvarṇaprabhāsottamasūtra. Das Goldglanz-sūtra, Ein Sanskrittext
   des Mahayana-Buddhismus nach den handschriften und mit hilfe der
   tibetischen und chinesischen Übertragungen*, Leipzig, 1937, VI. Catur-
   mahārāja-parivarta)에는 해당하는 부분이 없다.
15) 鬼頭淸明, 「奈良時代民間寫經についての二, 三の問題」(『南都佛教』31, 1976. 12),
   p.71.

또한 충성을 다하는 일은 후지와라 가문뿐만 아니라 "대신의 몸이 되어 충성을 다해 나라를 받드는 자"의 살아 있는 모든 자손들에게도 요구된다. 그런데 자손은 그렇다 치고 조상에 대해서도 "함께 이 복으로 인해서", 즉 이번 국분사 창건의 공덕에 의해 "[자손이] 각각의 전례에 따라 군신의 예를 지키고 오래도록 조상의 이름을 잇기를" 기원하는 것은 얼핏 이상하게 보일 수도 있다. 하지만 자손이 조상의 빛나는 이름을 업고 그 직책을 받들어[16] "군신의 예를 지켜" 안태(安泰) 속에 오래도록 가문을 존속해 가는 것은, 자손뿐만 아니라 조상의 영혼에게도 더할 나위 없이 바람직한 일일 것이다. 조상과 자손 모두에게 "함께 이 복으로 인해서" 그런 바람직한 상태가 영원히 지속되기를 기원하는 것은 그래서일 것이다.

따라서 쇼무 천황을 충실히 모시고 후지와라 가문처럼 불교 유포를 통한 천황의 호국 사업에 적극 협력하는 것은 천황에게 충성하고 조상에게 효도하는 행위가 된다. 서원 가운데 "각각의 전례에 따라 군신의 예를 지키고 오래도록 조상의 이름을 잇는다"라는 말은, 칙령이 나오기 거의 20년 전인 요로(養老) 4년(720), 즉 쇼무 천황이 황태자였을 때 국가의 바탕으로서 찬하여 상표하고, 『일본서기』에서 확립된 각 씨족의 계보나 역할을 전제로 한 것이라고 생각해야 할 것이다. 쇼무 천황이 일찍부터 불교를 숭상하기는 했지만, 『일본서기』의 입장에서 보는 역사와 정치사상을 배우며 자랐다는 사실을 잊어서는 안 된다. 이 칙령이 나오고 8년이 지난 텐표쇼보 원년(749) 4월, 쇼무 천황은 대불 앞에 황족과 여러 신하가 모인 가운데 선명(宣命)을 내린다. 우선 미치노(陸奥)

---

16) 씨족의 이름을 등에 업는 것에 대해서는, 吉村武彦, 「仕奉と貢納」(朝尾直弘·網野善彦·山口啓二他編, 『日本の社會史』 제4권, 岩波書店, 1986) 참조.

국에서 금이 나온 상서로운 징조를 삼보와 천신지신 및 '천황의 영혼'에게 감사하고 이것을 계기로 양위한다고 말한 뒤, '충성을 다한 신하들'의 예를 차례로 들고, 그런 조상을 본받아 새로운 천황을 충실히 모시도록 모든 씨족에게 훈계하고, 오토모(大伴)와 사에키(佐伯) 두 씨족에 대해서 "바다에 가면 물에 젖은 시체, 산에 가면 풀이 무성한 시체가 되더라도, 왕 옆에 가서 죽고 싶으니, 편안히는 죽지 않는다고 하며 오는 사람 등"이라고 칭송하고 '조상의 마음'을 "잊지 말고 밝고 깨끗한 마음을 가지고 모시라"고 명한다.[17] 위의 서원에서 말한 "각각의 전례에 따라 군신의 예를 지키고 오래도록 조상의 이름을 잇는다"라는 말은 그러한 심정을 한문으로 간결하게 표현한 것이라고 본다.

또한 쇼무 천황 당시에 천황을 보좌하여 충성을 다한다는 것은, 신하가 각자의 직분을 충실히 수행함으로써 쇼무 천황의 변덕스러운 천도(遷都)에 따라서 호국의 대업으로서 실시된 다양한 봉불 사업을 원활하게 진행하게 해서 결코 걸림이 없음을 의미했을 것이다. 직분을 게을리 하거나 다퉈서는 안 되며, 또 "현재의 급선무는 관직과 부역을 줄이고 위와 아래가 마음을 하나로 합쳐 오직 농사에 전념하는 것"[18]이라고 간언해서도 안 된다. 이처럼 불교, 유교, 재래의 신앙, 습속 할 것

---

17) 『續日本記』 권17, 天平勝寶 원년 4월 甲午 朔条. 상대(上代)의 宣命 등에 자주 보이는 이런 종류의 표현이 『인왕경』이나 『금광명경』과 관련이 있다는 점에 대해서는, 西義雄, 「日本古典に重視される浄明心説の出典につき-神道の自覺を高めた護國二經典」(『大倉山論集』18, 1985. 8), 大畑正一, 「聖武天皇の浄佛國土-佛敎々典のうえからみて」(木代修一先生喜壽記念論文集 2 『日本文化の社會的基盤』雄山閣出版, 1976), p.15 참조. 또한 『일본서기』에서 사찰을 '충효의 실천에 의해 건립되고 그것을 계속 맹세하는 장소로서 경영되는' 것이라고 묘사하는 점에 대해서는, 八重樫直比古 , 「『日本書紀』の佛敎觀」(『政治經濟史學』200, 1983. 3), p.399.
18) 『續日本記』 권36, 寶龜11년 3월 辛巳(16일)조. 光仁 천황에게 올린 上策의 한 구절.

없이 모든 가르침의 덕목은 곤코묘지(金光明寺) 창건이 지향하는 방향으로 집약되어 갔다. 부처를 받들고 법을 전파하는 실천을 기원하는 쇼무 천황의 서원은 국가의 평안과 사람들, 특히 자신과 가까운 지배층들의 왕생을 기원하는 동시에, 한편으로는 종교적인 권위를 배경으로 천황을 보좌하는 것은 어디까지나 후지와라 가문이며, 후지와라 가문을 비롯한 모든 신하들은 조상을 본받아서 충과 효를 다해야 함을 다시금 신하들에게 강요하는 것이기도 했다. 『일본서기』가 강조한 것처럼 군신의 예를 어지럽혀서 몰락한 경우는 소가 씨족의 예가 있고, 특히 사천왕의 위력에 의해 몰락한 경우는 모노노베노 모리야(物部守屋)의 예가 있다. 여러 서원을 무너뜨리는 악인과 그 자손은 "반드시 재화를 입어 세세 오래도록 불법이 없는 곳에 태어나기를"이라는 저주의 배경에는 그런 전제가 있다.

부처가 세상에 출현했을 당시나 부처가 남긴 가르침이 실천되던 세상이라면, 축생이나 지옥에 있는 중생도 그 교화를 입거나 환생을 거듭하다 보면 불교에 귀의해서 고에서 벗어나 왕생할 가능성이 있겠지만, "대대로 오래도록 불법이 없는 곳에 태어나"면 고에서 벗어날 방법이 전혀 없다. 대승경전이 흔히 강조하듯, 불법을 가까이 할 수 없는 곳에 태어나는 것은 더할 수 없이 무서운 일이다.[19]

저주의 부분에서는 "반드시 재화를 만나는" 자에 대해서는 언급하지 않는다. 하지만 조칙이 인용하는 『최승왕경』의 내용을 보면, 단순한 자

---

19) 天平 6년에 칙원을 내려 서사하게 한 『觀世音菩薩授記經』 지어에 '歸依一乘'이라는 말이 나오는 것에서, 쇼무 천황이 국분사를 창건할 때 이미 일승을 받들고 있었다는 것을 알 수 있다. 다만 일승경전에는 일승의 법을 듣지 못하는 근기가 열등한 중생이나 일승을 비방하여 비참한 처지에 떨어지는 자에 대한 언급이 적지 않다.

업자득이 아니라 사천왕 등이 직접 멸하게 하거나, 혹은 사악한 귀신이나 저주로 가득한 이 세상에서 선신이 저버리고 '옹호'하지 않아서 여러 가지 방식으로 재난이 미친다고 생각한 것 같다. 히로츠구의 난 때 츠쿠시(筑紫)의 사람들에게 내린 조칙에 "반역자 히로츠구는…… 신명의 저버림을 받아 머지않아 몰락할 것이다"[20]라고 하는 것도 그런 생각의 발로다. 고대에 병이나 재해는 물리적인 현상이 아니라 어떤 두려운 존재가 일으키는 것이며, 풍년이나 전승 또한 힘 있는 존재가 가져오는 것이었다는 사실을 잊어서는 안 된다.

따라서 그런 두렵고 위력 있는 것을 제어할 수 있는 방법, 혹은 그들을 물리칠 수 있는 더욱 힘 있는 존재를 중시한 것이다. 지옥에서 구제되는 것이 얼마나 힘든 일인지를 강조하는 것은 달리 말하면 지옥에 대한 공포를 심어 주는 것이기도 하다. 마찬가지로 "악몽, 귀신, 동물을 이용한 주술[고독(蠱毒)], 주살술, 주술, 죽은 뒤 살아나 해를 가하는 일[起屍] 등의 모든 악이나 장애와 어려움이 올 때 전부 제거할 것이다"[21]라고 설하는 『최승왕경』을 비롯해서 『관음경』, 『약사경』 등 원수의 저주나 주살술을 물리칠 수 있다고 설하는 경전을 신봉하는 것은, 한편으로는 그런 강력한 경전에 의지하지 않으면 적의 저주에 패하리라는 공포심을 증가시켰을 것이다. 당시에 간혹 발생한 저주 사건은 대부분 정적(政敵)에 의한 것이었는데, 죄인의 악랄함을 강조하면 할수록 그런

---

20) 『續日本記』 권13, 天平 12년 9월 癸丑(29일)조. 또한 廣嗣는 스스로를 간신을 제거하는 충신이라고 믿고 끊임없이 천신지신에게 기원했는데, 죽고 얼마 지나지 않아서 규슈에서 히로츠구의 '逆魂'이 활동한다는 소식이 전해지고 조정도 진혼을 배려한 것은 나라 말기에서부터 헤이안 초기에 걸쳐 성행했던 怨靈 사상의 선구로서 주목된다(長洋一, 「藤原廣嗣の怨靈覺書－太宰府文化の側面」, 『歴史評論』 417, 1985. 1).

21) 『最勝王經』 권7, 大辨才天女品, T16.434c.

저주의 무서움도 강조되기 때문에, 저주 사건을 기획하거나 그 사건으로 이익을 얻는 자들도 내심 저주의 두려움에 떨었을 것이다.

그래서 쇼무 천황의 서원에 따라 매월 각국의 국분사와 국분니사에서 승려들이 향을 올리고 『최승왕경』을 독송했는데, 그중 「사천왕호국품」에는 다음과 같은 내용이 있다.

> 우리들 사천왕 및 권속의 야차의 여러 신들, …… 이 무상의 대법시주가 감로의 맛으로써 우리들을 충족시켜 주었습니다. 이 때문에 우리들은 이 왕을 옹호하고, 쇠약해지거나 병에 걸림을 제거하고, 안온을 얻게 합니다. 그리고 그 궁전과 도시와 국토로부터 모든 악재를 다 소멸시킬 것입니다. (我等四王及眷屬藥叉諸神, …… 因是無上大法施主, 以甘露味, 充足於我, 是故, 我等擁護是王, 除其衰患, 令得安穩. 及其宮殿城邑國土, 諸惡災變悉令消滅.)(T16,429c)[22]

> 세존이시여. 우리들 사천왕과 무량의 천신과 야차의 대중, 섬부주 내 모든 천신들은, 이 원인에 의해 위없는 감로의 법미를 마실 수가 있으며, 대위덕세력의 광명을 얻어, 갖추어지지 않는 것이 없습니다. (世尊, 我等四王, 無量天神藥叉之衆, 瞻部洲內所有天神, 以是因緣, 得服無上甘露法味, 獲大威德勢力光明, 無不具足.)(同,430b)[23]

즉 사천왕과 시종들, 그리고 염부제의 모든 '천신(天神, deva, 신)'들은 위없는 '감로법미(甘露法味, dharmāmṛtarasa)'로 '충족되고(saṃtarpita)' '대위덕세력광명(大威德勢力光明)'[24]을 얻어 '무상대법(無

---

22) Nobel, op. cit., p.93, ll.4-9.
23) ibid. p.96, ll.10-16.
24) 이 부분의 한역은 모두 동의어가 이어지는 범문 텍스트의 내용을 요약한 형식으로 되어 있어서 (혹은 범문에 증광이 있었거나) 단어가 일일이 대응하지는 않지만, 범문에는 ojas, tejas 등 '에너지'를 의미하는 말이 많이 사용되었고, 한역도

上大法)의 시주(施主)'인 쇼무 천황을 옹호하고 국토를 평안하게 하고 오곡을 풍성하게 하며, 또한 저주를 포함해서 쇼무 천황의 원을 훼손시키는 모든 '악재'를 소멸하게 된다. 『금광명경』을 독송하는 일이 사천왕에게 힘을 싣거나 키워서 활발하게 활동하게 한다는 것은 『금광명경』의 모든 역본이 반복해서 강조하는 내용인데, 『금광명경』이 유행함에 따라 일본의 천신지신이나 영혼들 역시 그런 도식 속에 편입되었다는 것을 놓치면 안 된다. 보다 정확히 말하자면, 일본의 신들은 그런 도식 속에 편입할 수 있는 모습, 혹시 불교 안에 수용되지 않는 경우라도 그런 도식에 대응하는 모습을 가질 수 있도록 변화해 갔다고 할 수 있다. 『속일본기』에는 텐표 9년 무렵 가뭄과 역병이 유행했을 때 쇼무 천황이 신기(神祇)에 제를 올렸지만 효과가 없었다고 말했다는 기록이 두 건 보이는데, 우에다 마사아키(上田正昭)는 그것을 근거로 "신기를 불신하는 조짐도 현저해졌다"[25]고 한다. 하지만 구마가이 야스타카(熊谷保孝)가 비판하듯이 그것은 지나친 해석이며, 쇼무 천황은 오히려 신기의 가호를 얻지 못한 자신의 부덕을 자책한 것으로 보인다.[26] 다만 구마가이는 국분사 창건의 조칙을 뒷받침하는 것이 "오히려 민족종교적인 심정이었다"고 하는 이노우에 미츠사다(井上光貞)의 주장[27]을 계승해서 "기존의 신기 신앙과 다를 바 없다"는 점을 강조하고 있는데,[28] 그 '기존의 신기

그런 느낌을 전하려고 했다. 이들 용어를 굳이 일본식으로 표현하자면 'ke' 혹은 'tama'가 될 것이다.

25) 上田正昭, 「神階昇敍の背景」(井上薰敎授退官記念會編, 『日本古代の國家と宗敎』 吉川弘文館, 1980), p.138.

26) 熊谷保孝, 『律令國家と佛敎』 제4장 「奈良時代中期の神祇」(第一書房, 1982), p.121.

27) 井上光貞, 『日本古代の國家と佛敎』(岩波書店, 1971), p.55.

28) 熊谷, 주26의 책, p.119.

신앙'이란 중국 사상이나 불교의 영향 아래 명확한 모습을 취하게 된 텐무(天武)·지토(持統) 이후의 신기 신앙, 특히 8세기에 들어서 불교의 색채가 한층 짙어지기 시작한 국가적 신기 신앙이었다는 것을 잊어서는 안 된다.

칙원(勅願)의 저주는, 이것이 입서원문(立誓願文)이라면 7층탑마다 안치할 금자(金字)『최승왕경』의 필사를 마칠 때까지는 절대로 어떤 일을 하지 않겠다든가, 국분사 조영을 완성하지 못하면 내세에 어떤 괴로움도 달게 받겠다는 등, 자기 자신에 관한 맹세가 된다. 쇼무 천황은 건강이 좋지 않았기 때문에 실행하지 못할 것을 걱정했을지도 모르지만, 다음 천황이 자신의 뒤를 이어 국분사를 완성하고 국가에 안태를 가져오지 않는다면 자신은 정토에 태어나거나 정각을 얻는 일이 없으리라는 식의 맹세도 가능했을 것이다. 자신의 이 서원을 깨뜨리는 자에게 재난이 미치고 그 자손이 멸하기를 비는 것은 원문(願文)의 통례는 아니다. 맹세를 깨뜨린 당사자와 그 자손의 멸망을 말하는 것은 나카다 가오루(中田薫)가 지적하듯이, 오히려 중국 고대 이래의 서맹(誓盟)에 흔히 보이는 형식이다.[29]

서맹에 대해서는, 나카다 등의 연구를 이어서 요시모토 미치오(吉本道雄)가 그 형식을 분류했다. 그중 '함께 서맹하는 자 한쪽 편의 의무가

---

29) 中田薫, 「起請文雑考」(『法制史論集』 제3권, 岩波書店, 1943). 이 논문에서는 이러한 문제를 동서고금에 걸쳐 폭넓게 고찰하고 있다. 쇼무 천황의 저주에 대해서는, 天平勝寶 원년에 大安寺에 쌀과 비단을 보시했을 때의 칙원문이나 같은 해에 弘福寺에 보시했을 때의 칙원문을 인용하며 "佛道의 흥륭을 가로막는 후대의 모든 군신들에 대한 저주"라는 것 등을 간단히 지적하는 데 그쳤지만(p.980, p.1002), 서약과 저주의 관계를 이해하는 방식 등, 본고는 이 논문에서 큰 가르침을 얻었다.

되는 계약'³⁰⁾의 예로 인용되는 『좌전(左傳)』 양공(襄公) 10년의 기사에
는,

> 옛날, 평왕이 동천하고 나의 7성의 사람들은 왕을 따라 제사의 희생
> 을 단단히 준비했다. 왕은 이것을 의지했고 적마의 털로 만든 깃발을
> 수여하며 서맹하여 "대대로 직을 잃지 않도록"이라고 말했다. (昔, 平
> 王東遷, 吾七姓, 從王姓用備具. 王賴之, 賜之駬旄盟, 曰, 世世無失
> 職.)

라고 한다. 동정(東征) 이후의 충실한 씨족들에게 "대대로 직을 잃지
않도록" 훈계하는 점은, 『일본서기』를 통해서 이런 의식을 이어받은 쇼
무 천황의 조칙 가운데 "각각의 전례에 따라 군신의 예를 지켜 오래도
록 조상의 이름을 잇는다"라는 내용과 일치한다.

한편 신하가 충성을 맹세해서 스스로를 저주하는 것은 『일본서기』에
도 다양한 서맹의 예가 보인다. 우선 빈다츠(敏達) 10년 윤2월조에는
에미시(蝦夷)가 하츠세가와(泊瀬川) 중류에서 물로 입을 헹구고 미와산
(三輪山)을 향해서 다음과 같이 맹세했다는 기사가 보인다.

> 우리들 에미시는 지금부터 이후 자자손손(고어로는 '태어난 아이가

---

30) 吉本道雅, 「春秋載書考」(『東洋史研究』43-4, 1985. 3), p.610. 원문은 한문을 풀
   었다. 그 밖에 이 문제를 다룬 논문은 滋賀秀三, 「中國上代の刑罰についての一考
   察－誓と盟を手がかりとして」(『石井良助先生還曆祝賀 法制史論集』, 創文社, 1986)
   이 있다. 또 상대뿐만 아니라 당대에도 盟文의 예는 많다. 중국 외의 예를 들면,
   麟德2년(665) 8월의 「扶餘與新羅盟文」에서는 먼저 맹약을 하게 된 경위에 대해
   서술하고, 혼인을 맺고 희생을 바치고 맹세한 다음, 그것을 어긴 경우에 대해 다
   음과 같이 말한다. 若有背叛不恆, 二三其德, 興兵動衆, 侵犯邊陲, 明神鑑之, 百快
   是降, 子孫不育, 社稷無守, 禋祠磨滅, 罔有遺餘. 故作金書鐵券, 藏之宗廟. 子孫萬
   代, 無敢或犯, 神之聽之, 是饗是福.(『唐大詔令集』 권129, 盟文). 여기서의 誓盟은
   서로 맹세한다는 점에서 쇼무 천황의 저주와는 다르다.

80세까지 이어진다'고 한다), 청명심을 가지고 천황을 모시겠습니다. 우리들은 만약 서맹에 배반한다면 천지의 제신 및 천황의 영혼이 우리들의 종족을 멸망시켜 주십시오. (臣等蝦夷, 自今以後, 子々孫々, 古語云生児八十綿連. 用淸明心, 事奉天闕. 臣等若違盟者, 天地諸神及天皇靈, 絶滅臣種矣.)

이 기사의 진위는 의문시되어 왔지만, 구마가이 기미오(熊谷公男)에 따르면 이 기록에는 한문화하는 과정의 문식(文飾)이 보이기는 하지만 사실로서 대체로 신뢰할 만하다고 한다.[31]

또 『일본서기』는 임신(壬申)의 난 직전의 긴박한 분위기를 다음과 같이 묘사한다.

오토모 황자는 궁중의 서쪽 전각의 직물 불상 앞에 있었다. 좌대신 소가노 아카에노 오미(蘇我赤兄臣)·우대신 나카토미노 가네무라지(中臣金連)·소가노 하타야스노 오미(蘇我果安臣)·고세노 히토 오미(巨勢人臣)·기노 오오히토노 오미(紀大人臣)가 기다리고 있었다. 오토모 황자는 손에 향로를 들고, 먼저 일어서 서맹하여 "여섯 사람이 마음을 같이하여 천화의 조를 받는다. 만약 다른 사람이 있다면 반드시 천벌을 받을 것이니라" 등을 말하였다. 여기에서 좌대신 소가노 아카에노 오미 등이 손에 향로를 들고 차례로 피의 눈물을 흘리며 서맹하여 "신 등 다섯 사람은 전하를 따라 천황의 조를 받겠습니다. 만약 다른 사람이 있다면, 사천왕이 칠 것이고 천신지신이 주벌할 것입니다. 33천이여. 이 일을 증명해 주십시오. 자손은 틀림없이 끊길 것이고, 가문은 반드시 망할 것이다" 등을 말하였다. …… 임술(壬戌), 다섯 신

---

31) 熊谷, 「熊襲の誓約」(『奈良古代史論集』1, 1985). 天皇靈에 대해서는 同, 「古代王權とタマ(靈)-「天皇靈」을中心として」(『日本史研究』308, 1988. 4) 참조. 또 서약을 할 때 몸을 청결하게 하고 입을 헹구는 것은 세계 각지에 보이는 풍습인데, 『금광명경』도 바라문의 풍습에 따라 참회에 앞서 목욕하는 법을 설한다.

하는 오토모 황자의 말씀을 받들고 천황 앞에서 맹서하였다. (大友皇子, 在於內裏西殿織佛像前. 左大臣蘇我赤兄臣·右大臣中臣金連·蘇我果安臣·巨勢人臣·紀大人臣侍焉. 大友皇子, 手執香鑪, 先起誓盟曰, 六人同心, 奉天皇詔. 若有違者, 必被天罰, 云々. 於是, 左大臣蘇我赤兄臣等, 手執香鑪, 隨次而起, 泣血[32]誓盟曰, 臣等五人, 隨於殿下, 奉天皇詔. 若有違者, 四天王打, 天神地祇, 亦復誅罰. 三十三天, 證知此事. 子孫當絕, 家門必亡, 云々. …… 壬戌, 五臣, 奉大友皇子, 盟天皇前.)(天智十年十一月丙辰 및 壬戌条)

즉 오토모(大友) 황자와 다섯 명의 신하가 불상 앞에서 순서대로 향로를 받들고 천황의 조칙에 어긋날 때는 천신지신이나 사천왕의 벌을 받으리라고 맹세하면서 33천에 증명[證知][33]을 구하고, 얼마 지나서 천황 앞에서 다시 서약을 한다. 향로를 들고 맹세하는 것은, 후지와라 노리히코(藤原典彦)가 지적하듯이 『금광명경』 「사천왕품」을 근거로 할 것이다.[34] 또 『일본서기』 사이메이(齊明) 조의 기사에 남쪽 정원에 돌로 수미산의 형상을 만들어 도화라인(都貨羅人), 에미시(蝦夷), 숙진인(肅眞人)등 이역인들을 대접한 예가 보이는데, 구마가이와 이마이즈미 다카오(今泉隆雄)는 수미산이 사천왕 등이 사는 산이라는 점에서 사천왕

---

32) '泣血', 즉 피눈물을 흘리며 진심으로 운다는 것은 중국적인 표현에 따랐을 뿐, 서약을 할 때 희생을 죽이는 중국과 달리 피를 싫어하는 일본에서는 일반적으로 피를 사용하지 않았다. 栗原朋信, 『上代日本対外関係の研究』, 「犧牲禮についての一考察－とくに古代と中國の場合」(吉川弘文館, 1978) 참조.

33) '證知'는 경전을 한역할 때 만들어진 용어로, 상대방의 말이 맞다고 인정하는 것을 뜻한다.

34) 藤原典彦, 「古代における誓約の場」(橫田健一先生古稀記念會 『文化史論叢(上)』 創元社, 1987), p.1000. 또 이 논문은 孝養太子像이라고 불리는 일련의 聖德太子像이 실은 향을 공양하는 모습을 그린 것이라는 점, 그리고 수미산 앞의 서약의 도달점이 도다이지 국분사라는 점을 지적한다.

등을 증인으로 삼아 천황에게 올리는 일종의 복속의례의 역할을 수행했을 가능성을 지적한다.[35] 그것이 사실이라면, 사천왕이 가세해서 모리야(守屋)가 멸망했다는 이야기나 사천왕 앞에서 맹세하는 위의 내용이 보여 주듯, 사천왕 신앙은 일본에 불교가 수용되는 과정에서 일찍부터 중요한 위치를 차지하고 있었으며, 적어도 『일본서기』를 편찬한 사람들은 천황가와 불교의 관계를 사천왕 신앙을 중심으로, 즉 『금광명경』을 중심으로 해서 보고 있었을 것이다.[36]

또 『일본서기』에서는 텐무 천황이 황후와 여섯 명의 배다른 황자들을 모아 "함께 정원에서 서맹하여", 자신의 사후에 황위를 둘러싸고 다투지 않도록 했다고 전하는데, 서맹의 내용은 다음과 같다.

> 즉, 구사카베 황자는, 먼저 나아가 맹서하여 말했다. "천신지신 및 천황, 증명해 주십시오. 우리 형제 모두와 10여인의 황자는 각각 이복으로부터 태어났습니다. 그러나 어머니의 같고 다름에 상관없이, 천황의 칙명에 따라 서로 도와 거스르는 일은 하지 않습니다. 만약 오늘 이후 이 서맹을 잊는다면, 신명은 멸망하고, 자손은 끊어질 것입니다. 잊어서는 안 되며, 잃어서도 안 됩니다." 5인의 황자는 순서에 따라서 다투어 서맹을 하였다. 그 후에 천황이 말씀하셨다. "짐의 자식들은 각각 모친이 다르게 태어났다. 그러나 지금은 한 사람의 어머니가 함께

---

35) 熊谷, 주31의 논문. 今泉隆雄, 「蝦夷の朝貢と饗給」(高橋富雄編, 『東北古代史の研究』, 吉川弘文館, 1986). 藤原, 주34의 논문.

36) 『일본서기』의 불교 기사가 『금광명경』적인 사고를 기초로 해서 편찬되었다는 점에 대해서는 堀一郎, 『日本佛敎史論』 제1편 제4장 「佛敎の金光明經的摂受」(目黒書房, 1940)가 일찍이 지적한 것을 비롯해서 그 밖에도 『금광명경』의 영향이 지적되어 있다. 이것은 종래 지적된 것 이상으로 『일본서기』에 미친 『금광명경』의 영향이 크다는 것을 보여 주는 것이다. 앞으로 그런 부분 중에 어디가 편찬 당시의 보충이고 어디까지가 역사적 사실인지 엄밀하게 검토할 필요가 있을 것이다.

낳아서 귀여워하는 듯하다." 그래서 6인의 황자를 품에 보듬고, 서원하여 말했다. "만약 이 서맹과 다르게 된다면, 즉시 짐의 몸을 멸망시키시옵소서." 황후가 맹서한 것도 천황과 같은 것이었다. (則草壁皇子尊, 先進盟曰, 天神地祇及天皇證也. 吾兄弟長幼, 幷十餘王, 各出于異腹. 然不別同異, 俱隨天皇勅, 而相扶無忤. 若自今以後, 不如此盟者, 身命亡之, 子孫絕之. 非忘非失矣. 五皇子, 以次相盟如先. 然後天皇曰, 朕男等, 各異腹而生. 然今如一母同産慈之. 則被襟抱其六皇子. 因以盟曰, 若有違茲盟者, 忽亡朕身. 皇后之盟, 且如天皇.)(天武八年五月乙酉条)

이 서약의 장에 불교의 신이 등장하지 않는 것은, 천황과 황후와 황자들만의 서약이기 때문에, 『논어』「위정」편의 말을 응용해서 말하면 "귀신이 아니라 그에게 맹세할" 필요가 없어서였는지도 모르겠다. 불교는 씨족신 등을 달리 하는 모든 국가의 사람들에게 통하는 권위였다.

쇼무 천황의 조칙도 크게는 이러한 서맹을 계승하고 있다는 점은 이미 지적된 바 있는데,[37] 구사카베(草壁) 황자의 직계이면서도 국분사 창건의 조칙의 저주는 이러한 자기 저주의 형식을 취하지 않는다는 점이 주목된다. 『일본영이기』에는 쇼무 천황이 후지와라노 나카마로(藤原仲麻呂)를 불러서 아베 내친왕과 후나도오(道祖王) 두 사람에게 천하를 다스리게 하라고 이르고 우케히(일본 고대의 점술—역자)의 어주(御酒)를 마시게 하고 "만약 짐이 멀리 칙명을 잃으면 천지가 서로 미워하여 큰 해를 입을 것이다. 그대는 지금 서약하라"고 명하고, 나카마로가 그에 따라 "만일 내가 훗날 조칙을 어기면 천신지신이 진노해서 큰 화를

---

37) 中田, 주29의 논문.

입어 몸을 망치고 목숨을 잃을 것이다"[38]라고 서약했다는 이야기가 보인다. 설화라고는 하지만 당시의 분위기와 쇼무 천황의 이미지를 잘 전하고 있다. 여기서는 천황이 조칙의 준수를 맹세하라고 명하고 신하가 천신지신 앞에 맹세한다는 형식을 취하고 있으며, 자기 저주의 형식을 띤다.

국분사 조영은 천황 앞에 후지와라 가문의 충성을 맹세하기 위한 사적인 조영이 아니기 때문에 "다시 히로츠구와 같은 자가 나오면 사천왕에 의해 몰락해도 할 수 없다"라고 맹세하지 않는 것은 당연하지만, 쇼무 천황이 최고의 권위인 삼보 앞에서 『최승왕경』의 유통을 맹세하는 것뿐이었다면 저주는 오직 자신에 대해서였을 것이다. 혹은 후지와라 가문이나 다른 가문에 복종을 명하는 것뿐이었다면 저주가 그들에게 내리기를 빌었을 것이다.

하지만 국분사 창건에 대한 조칙 속 저주의 형식이 위에서 언급한 어떤 서약과도 다른 데에는 다음과 같은 이유가 있다. 첫째, 국분사 창건은 천황과 후지와라 가문의 공동사업이기 때문에, 광명 황후가 충성을 맹세하는 측과 맹세하게 하는 측 양쪽에 속해 있었다. 둘째, 자신만의 서약이라기보다는 황태자 아베 내친왕 및 다음의 천황 후보자를 포함하는 황자나 황친들, 그리고 그들을 보필하는 모든 관료들에 대해 명령하는 성격이 강해서, 황자와 황친 및 여러 신하들은 이 조칙에 따라 복종을 서약할 것이 요구되었다. 셋째, 황친이나 여러 신하들은 굳이 서약을 하지 않더라도 조칙인 이상 받아들여야 하는 것으로 자동적으로 서약에 참가하는 것으로 여겼다. 이런 여러 가지 사정이 얽혀 있었

---

38) 『日本靈異記』 권下, 제38.

기 때문인지, 일찍이 텐무 천황은 동한(東漢) 씨족의 여러 죄를 지적하면서도 "크나큰 은혜를 내려서" 용서하고 "씨족이 몰락하는 것을 바라지 않는다. 이제부터 위반하는 자가 있으면 반드시 용서하지 않을 것이다"[39]라고 엄하게 경고하는 데 그쳤다.

그것은 동한 씨족의 공적을 고려한 것도 있겠지만, 아베 내친왕을 지지해야 하는 외척인 후지와라 씨족은 동한 씨족과는 비교가 안 될 정도로 천황 가문과 결속이 굳은 데다 스스로 조심하는 태도를 보이고 있었기 때문에, 조칙 속에 이름을 들어 경고하지 않고 일반적으로 신하의 마음가짐으로써 충성을 확인하는 모양새를 취했는지도 모른다. 그만큼 거대해진 후지와라 씨족으로서는 절대 제2의 히로츠구를 내지 않겠다고 맹세하는 것은 꺼려졌을 것이다. 조칙에서 씨족 전체가 아니라 배신한 신하와 그 직계 자손을 멸한다고 한정한 점이 흥미롭다. 또 '악군(惡君)'이라는 조건이 있기는 하지만 천황도 저주의 대상으로 삼은 점은 즉위를 앞둔 아이코 아베 내친왕도 예외가 아니라는 것을 보임으로써 대의로 친족을 멸한다는 각오를 피력했다는 점에서 자기 저주와 비슷한 모습을 띤다고 할 수 있다.

당시는 구사카베 황자 계통이 아닌 황친들이 후지와라 외의 가문이나 후지와라 가문 내부에 있는 불평분자와 결속해서 아베 내친왕의 즉위를 방해하거나, 아베 내친왕이 즉위한 뒤에도 독신 여성 황제의 뒤를 이을 후계자의 자리를 둘러싸고 골육상쟁을 일으킬 위험이 있었다. 실제로 불과 9년 뒤인 텐표호지(天平寶字) 원년(757)에는, 오토모 가문과 사에키 가문의 제의로 나가야노 오키미(長屋王)의 유복자인 기부미

---

39) 『日本書紀』 권29, 天武 천황 6년 6월조.

오(黃文王)를 군주로 세우려고 한 다치바나노 나라마로(橘奈良麻呂)의 계획이 실현됐다. 그 밖에도 교신(行信) 사건을 비롯한 여러 주살술[厭魅]사건이 빈발한 것을 봐도, 국분사 창건의 조칙이 만들어질 당시에 이미 그러한 우려가 상당히 강했다는 것을 짐작할 수 있다. 그래서 "이 원을 어기는" '악군사신'이 "세세 오래도록 불법이 없는 곳에 태어나"도록 강하게 저주한 것이다. '악군사신'이 모든 원을 무너뜨린다는 가설은 먼 미래의 이야기가 아니다. "만약 악군사신이 있어서"라는 말은 사실은 황친이나 여러 신하들에게 "만약 그대들이"라고 경고한 것이다.

어쩌면 중국이나 한국에 저주의 내용이 보이는 기진명(寄進銘) 등이 있어서 단순히 그 형식을 모방한 것인지도 모른다. 하지만 그렇다고 하더라도 각각 큰 위기감을 가지고 있던 쇼무 천황과 고묘 황후가 『일본서기』 등에는 없는 서약의 형식을 취했다는 사실은 중요하다. 그리고 사천왕 등의 위력을 배경으로 하여, 타인에 대한 저주를 위주로 하는 서원의 형식은 이후의 이런 종류의 문서나 사사(寺社)의 영토 분쟁을 둘러싼 위작 문서 등의 나쁜 전례가 되었다.[40]

또 서원의 말미에 일체의 유정이 깨달음을 얻기를 원한다고 하는 말은 인도의 기진명 이래의 상투구이다. 일본에도 호류지 금동 석가상의 명(銘)문에 이미 '법계함식(法界含識)'의 깨달음을 기원하는 내용이 나오기 때문에, 국분사 창건의 조칙에서 그 말이 어느 정도의 현실성을 가지고 있었는지는 의문이다. 불법을 전파해서 공덕을 쌓는 것이 천황

---

40) 예를 들자면 도다이지의 칙서 동판이 후대에 만들어졌다는 것은 鈴木景二, 「聖武天皇勅書銅板と東大寺」(『奈良史學』 5호, 1987. 12), 中井眞孝, 「『延曆僧錄』聖武天皇傳と國分寺建立」(竹田聽州博士還曆記念會編, 『日本宗敎の歷史と民俗』, 隆文館, 1976) 참조.

과 천황을 보좌하는 후지와라 가문 등 유력한 문중의 역할임에 비해서, 지방 호족이나 일반 서민에 대해서는 먼 미래의 성불을 형식적으로 기원한 것에 불과하다. 또 그런 사람들은 구제의 대상으로 볼 뿐 협력을 기대하지는 않는다.

그런데 국분사 창건이 진척되지 않아 조급해진 쇼무 천황은 텐표 19년(747)에,

> 여러 지방 관리들은 태만해서 행하지 않는다. 어떤 곳의 절은 불편하고, 어떤 절은 아직 사원을 창립하지도 않았다. 생각건대, 천지의 이변이 하나 둘씩 나타나게 된 것은 혹 이 때문일까. (諸國司等, 怠緩不行. 或處寺不便, 或猶未開基. 以爲天地災異, 一二顯來, 蓋由此乎.)(『續日本紀』卷17, 天平十九年十一月己卯条)

라고 해서, 천재지변의 원인을 국분사 조영에 힘쓰지 않는 지방관의 태만으로 돌리고, 3년 이내에 완성하라고 명하면서 감독관을 파견함과 동시에, 제대로 완성하는 자에 대해서는 "자손 대대로 군령관(郡領司)에 임명"할 것을 약속함으로써 국분사 창건 사업에 지방 호족이 참가하는 것을 인정하게 되었다. 이것은 텐표 15년의 대불 건립의 조칙 이후의 일로, 모든 사람을 지식으로 삼아 대불을 건립하려는 자세와도 통한다. 또 위와 같이 질책한 것은, 정법으로 나라를 다스리지 않고 악인을 보고도 방치하면 선신(善神)이 국왕을 저버린다고 하는 『최승왕경』왕법정론(王法正論)의 설에 따랐을 것이다.

이상과 같은 서원과 저주의 결합은 쇼무 천황의 조칙 속에 많이 보인다. 따라서 이 두 가지는 불가분의 것으로 고찰하지 않으면 안 된다.

3. 대불 건립의 조칙

국분사 창건의 조칙이 있던 이듬해(742) 10월 15일에는 대불 건립의 조칙이 내린다. 이 조칙에 관해서는 많은 연구가 있는데, 당연히 『화엄경』 내지 화엄교학과 관련해서 해석되는 것이 많고, 이에나가 사부로 (家永三郎) 등은 "전체적으로 『화엄경』의 사상이 드러난다"[41]고까지 말한다. 하지만 조칙 속에는 '노사나불' 외에는 『화엄경』 특유의 표현으로 보이는 말이 없고, 지엄에서 출발해서 법장과 신라의 의상으로 이어진 중국 화엄교학이나 신라 원효의 독특한 화엄학을 떠올리게 하는 용어도 전혀 보이지 않는다. 노사나불을 숭상하고 『화엄경』과 가까워짐에 따라 법계유정이라는 관념을 현실성을 띠고 받아들이게 된 것은 사실이겠지만, 조칙이 『화엄경』 사상으로만 이루어졌다고는 할 수 없을 것이다. 이하, 조칙에는 국분사를 뒷받침하는 기둥인 『최승왕경』과 『법화경』의 사상을 따르는 부분이 있으며 또 오하라에(大祓)와도 통하는 면이 있다는 점을 지적하고자 한다.

먼저 조칙을 인용하면 다음과 같다.

> 조에서 말한다. "짐은 박덕하면서도 송구스럽게 대위를 받아, 뜻을 넓게 구하고, 사람들을 위무하는 것에 두었다. 국토의 끝까지 이미 인과 서로 가득 차 있지만, 천하에는 아직 불교의 법은에 닿지 못한 자들이 있다. 삼보의 위령에게 기대어, 하늘과 땅이 함께 편안하고, 만대가 이어지는 공덕 있는 복업을 닦아, 동물·식물이 모두 번영하는 것을 마음으로부터 서원한다. 여기에 텐표 15년 세차 계미 10월 15일에

---

41) 家永三郎, 「東大寺大佛の佛身をめぐる諸問題」(『上代佛教思想史研究』 畝傍書房, 1942), p.109.

보살의 대원을 발하여, 노사나불의 금동불상 한 체를 조성한다. 나라 안의 동을 다 날라 상을 주조하고, 큰 산을 깎아 당을 준비하고, 널리 법계에 미쳐 짐의 지식(불교사업 동료)으로 하며, 함께 이익을 입고, 함께 보리에 도달하도록 하고자 한다. 원래 천하의 부를 지닌 것은 짐이고, 천하의 권위를 갖추고 유지하는 것도 짐이다. 이 부와 권세로써 이 존상을 조성하면, 사업이 이루어지기 쉽지만, 마음은 도달하기 어렵다. 다만, 아마도 쓸데없이 사람들에게 고통을 줄 뿐으로 부사의한 기적을 얻을 수 없다. 혹은 비방을 만들어 내고, 오히려 그 자들을 죄에 떨어지게 할 것이다. 그러므로 나의 의도를 아는 자는 정중히 지성심을 내어, 각각 복을 부르도록 하라. 매일 노사나불에 삼배하고, 스스로 각각 노사나불을 조성한다는 마음을 모으거라. 만약 더욱더 마음에 서원하여 풀 한포기, 흙 한 줌으로 조상을 도울 자가 있으면, 그 생각대로 들어라. 지방이나 군 등의 역인들은 이 일을 이용하여 백성에게 손을 입히고, 무리하게 수탈해서는 안 된다. 가깝고 멀리 포고하여 짐의 의도를 알게 하거라." (詔曰. 朕以薄德, 恭承大位, 志存兼濟, 勤撫人物. 雖率土之濱, 已霑仁恕, 而普天之下, 未洽法恩. 誠欲頼三寶之威靈, 乾坤相泰, 修萬代之福業, 動植咸榮. 粤以天平十五年歲次癸未十月十五日, 發菩薩大願, 奉造盧舍那佛金銅佛一軀. 盡國銅而鎔象, 削大山而以構堂, 廣及法界, 爲朕知識, 遂使同蒙利益, 共致菩提. 夫有天下之富者朕也, 有天下之勢者朕也. 以此富勢, 造此尊像, 事也易成, 心也難至. 但恐徒有勞人, 無能感聖. 或生誹謗, 反墮罪辜. 是故預知識者, 懇發至誠, 各招介福. 宜每日三拜盧舍那佛. 自當存念, 各造盧舍那佛也. 如更有人情願持一枝草一把土, 助造像者, 恣聽之. 國郡等司, 莫因此事, 侵擾百姓, 強令收斂. 布告遐邇, 知朕意焉.)(『續日本紀』卷十五, 天平十五年十月十五日条.)

이 조칙에서 가장 중요한 것은 "삼보의 위령(威靈)에 기대어, …… 만대(萬代)가 이어지는 공덕 있는 복업(福業)을 닦음"으로써, 즉 노사나불상을 건립해서 오래도록 공양하는 공덕에 의해 '삼보의 위령'이 발휘되고, 그 결과 "하늘과 땅이 함께 평안하고…… 동물과 식물이 모두 번영하는" 상태가 오래 계속되기를 기원한다는 점이다. 이 "삼보의 위령에 기댄다"라는 말은 텐무 천황이 병에 걸렸을 때 내린 조칙 가운데 "바라건대 삼보의 위력에 기대어 신체가 편안하기를 원한다"[42]라는 구, 혹은 쇼무 천황과 광명 황후 사이에 태어난 한 살 된 황태자가 병에 걸렸을 때 관음상 177구를 만들고 『관음경』 177부를 필사해서 "예불을 드리고 경을 전독"하게 했을 당시 쇼무 천황이 내린 조칙 속의 "삼보의 위력이 아니고서 어찌 능히 근심에서 벗어나겠는가"[43]라는 말과 마찬가지로, 필사적인 바람이 깃든 말이라고 할 수 있다. 이 조칙에서는 불안한 세태 속에 삼보에 매달려 국가의 평안과 살아 있는 모든 것의 번영을 기원하고 있는데, 후반의 "부사의한 기적을 얻는다"는 구가 보여 주듯이, 영험이라고 할 수 있는 극적인 개선, 또는 천황을 옹호하는 상징으로서의 길상을 간절하게 바라는 점이 주목된다. 여기서는 '삼보의 위령', 구체적으로는 노사나불의 위신력에 극적인 효과를 기대하는 것이다. 길상을 숭상하는 것은 중국 사상이지만, 국분사 창건의 조칙에 인용된 『최승왕경』의 「멸업장품」에는 『최승왕경』을 숭상하는 천황에게 "상서로움을 감응하게 한다"[44]라는 중국적인 표현도 보인다. 『화엄경』은 다

---

42) 『日本書紀』 권29, 朱鳥 원년 6월조.
43) 『續日本記』 권10, 神亀 5년 8월 21조.
44) 『最勝王經』 「멸죄장품」, T16.417b. 『合部金光明經』, 「업장멸품」이나 범문 텍스트에 해당하는 부분은 보이지 않는다. 한역 『금광명경』은 시대가 내려갈수록 중국적인 개변이 더해져서 국왕을 중심으로 하는 경향이 강해지는데, 이러한 길상을 설하는 『최승왕경』이 중시된 것은 당시 사람들이 일본의 신에게도 길상을 기대했다는 것을 의미한다. 재래의 지방신만으로는 만족을 하지 못하게 된 것이다. 또한 쇼무 천황 시대의 최대의 길상은 陸奧에서 금이 나온 것일 것이다. 『최승왕경』, 「사천왕호국품」은 "지성으로 발원하여 삼보를 공양하는 데도 재물이 부족해서"

양한 신기한 현상을 가리켜 주로 삼매 속에서 관하는 내용, 즉 경을 독송하는 중에 삼매에 들어가서 생기는 일이라고 하기 때문에, 한 개의 티끌 속에 모든 불국토가 들어간다는 식의 비현실적인 표현이 많으며, 『화엄경』을 독송하게 하는 현실세계의 천황에게 특정한 길상을 내린다는 발상은 보이지 않는다. 또 『화엄경전기』와 같은 중국의 영험기에도 천황 옹호와 관련된 일화는 거의 없다.

한편 쇼무 천황은 지식들이 협력해서 만든 가와치국(河內國) 지시키지(智識寺)의 거대한 노사나불상에 참배하고 나서 "짐도 만들고자 했다"[45]고 하니, 노사나불이 어떤 부처이며 『화엄경』이 어떤 경전인지 지식사의 승려나 궁중에 출사하는 학승들에게 물었을 것이다. 쇼무 천황은 즉위한 뒤로 불안한 세태 속에서 『대반야경』, 『금광명경』, 『최승왕경』, 『법화경』, 『금강반야경』, 『관세음경』, 『인왕경』, 『오곡성숙경』 등을 계속 독송하게 했지만 효과가 없거나 있더라도 일시적인 것이 많았기 때문에, 항상 이들 경전의 본래의 힘을 발휘할 수 있는 의례나 승려, 또는 보다 강력한 경전을 찾았을 것이다. 따라서 노사나불이나 『화엄경』에 대해서는 사천왕 신앙, 『최승왕경』 신앙이라는 입장에서 관심을 가졌다고 보는 것이 자연스러울 것이다. 실제로 『화엄경』 자체는 천황이 수지(受持)한다는 점을 강조하지 않지만, 쇼무 천황은 화엄교학을 연구하도록 명하는 조칙 속에서 『화엄경』은 천황이 최초로 숭상한 경전이라는 사실을 강조한다. 또 쇼무 천황이 병에 걸렸을 때 간병하는 선사들

___

곤란한 이는 주문을 외우면 다문천(多聞天)이 그 소원을 이루어 준다고 한다(권 6, 431上). 뜻밖에 금이 나온 것을 기뻐한 쇼무 천황은 노사나불에 대한 신앙뿐 아니라 『최승왕경』이나 사천왕, 그리고 일본의 여러 신에 대한 신앙도 깊어졌을 것이다.
45) 『續日本記』 권17, 天平勝寶 원년 12월 丁亥(27일)조.

이 연화장세계의 시간의 유구함을 설한 『화엄경』 「수명품」을 독송한 것은 쇼무 천황의 연명을 기원하고 그것이 이루어지지 않을 경우 연화장세계에 왕생하기를 염원한 것이겠지만, 이러한 사실은 쇼무 천황 자신과 주위 사람들이 모두 『화엄경』을 종래의 호국·연명의 입장에서 보았다는 것을 보여 준다고 할 수 있다.

그런 관점에서 『화엄경』을 보면, 우선 『화엄경』 첫 품인 「세간정안품」에서는 읽는 이가 어안이 벙벙해질 정도로 많은 보살과 금강역사 외에도 도량신, 무수한 귀신왕, 무수한 삼십삼천왕 등, 자연현상을 신격화한 신들을 비롯한 모든 신들이 집회에 참가해서 노사나불의 공덕을 찬탄한다. 이어지는 「노사나불품」의 도입부에는 노사나불의 신력에 감탄한 보살들과 '세계의 모든 왕'이 부처의 세계를 알기를 발원하고, 보살들이 부처께 공양하고 나서 부처의 세계를 보고 싶다고 간청하자, 부처가 신력에 의해 걸림 없는 일체의 '연화장장엄세계해'를 보여 주었다고 한다. 또 「노사나불품」은 한 개의 티끌 속에 일체의 국토를 넣어 무수한 부처가 무수한 중생을 교화하는 모습을 자유자재로 드러내는 등의 수많은 불가사의한 현상은 노사나불의 위신력·원력·자재력 등의 발로라고 설한다. 『최승왕경』이나 『법화경』의 첫머리에도 수많은 신들이 등장하지만, 범신론적인 것으로 말하자면 『화엄경』에 미치지 못한다. 따라서 『화엄경』의 첫머리를 독송하는 것은 법계의 '신명장(神名帳)'을 읽는 것과도 같다. 즉 노사나불은 어마어마하게 많은 부처와 신들과 국토를 마음대로 움직일 수 있는 위신력을 소유해서 모든 신과 왕들이 그저 찬탄할 수밖에 없는 막강한 부처로 묘사된다. 『화엄경』이 특별히 호국이나 천황 옹호를 설하는 것도 아니고 현세의 이익을 가져오는 강력한 주문을 알려주는 것도 아닌데 그렇게까지 중시된 것은, 삼계유심·성기와 같은 법문 때문이 아니라 위에서 말한 점에 힘입은 바가 컸다고밖에 볼 수 없다.

쇼도쿠(稱德) 천황 대에는, 텐표호지(天平寶字) 원년(757) 7월 12일, 다치바나노 나라마로의 모반에 대한 처리가 끝났을 때 모든 관리와 기내의 촌장 이상의 백성들에게 다음과 같은 선명(宣命)을 내린다.

> 이것은 진실로 천지신이 자비로움으로 보호해 주시고, 말씀 올리는 것도 황송하기 그지없이 개국 이래 천황의 대위령들이 더렵혀진 자들을 싫어하셔서 없애 주신 것에 의해서, 또한 노사나여래·관세음보살·호법의 범왕·제석·사대천왕의 불가사의한 위신력의 힘에 의해 이 반역하는 나쁜 자들을 노정시켜 모두에게 죄를 덮어쓰게 했던 것이다. (『續日本紀』卷20, 天平寶字元年七月十二日条)

그리고 5년 뒤, 아가타노 이누카이노 아네메(県犬養姉女) 등의 저주가 발각됐을 때의 선명은 다음과 같다.

> 그러나 노사나여래·최승왕경·관세음보살·호법의 선신, 범왕·제석·사대천왕의 불가사의한 위신력, 말씀 올리기도 황송하기 그지없는 개국 이래의 천황의 위령, 천지신들이 도와 보호해 주신 힘에 의해서 그들 무리들이 더럽게 음모한 주살술의 일이 모두 다 발각되었다. (同, 卷29, 神護景雲三年五月二十九日条)

즉 노사나불이 위의 선명에서는 불교의 위신력의 필두이고 뒤의 선명에서는 천황령이나 천신지신보다 앞에 등장하는데, 이것은 아버지 쇼무 천황 이래의 노사나불관을 계승한 것으로 보인다. 전자에서는 노사나불, 관세음보살, 사천왕을 포함하는 호법의 선신들을 열거해서 부처·보살·제천의 순서로 되어 있고, 후자에서는 노사나불, 『최승왕경』, 관세음보살과 사천왕을 포함하는 호법의 선신들이라고 해서 부처·법(경전)·승(대승이기 때문에 보살) 삼보의 순서로 나와서, 양쪽 모두『최승왕경』신앙과 관음 신앙 위에 노사나불이 있다. 특히 후자는 노사나불이 역대의 천황의 영령이나 천신지신의 위에 있다고 명언한다. 황위를 위협하는 사건을 해결한 뒤에 발표한 선명이, 나라 시대를 통틀어 활발히 독송되던『대반야경』,『인왕반야경』,『금강반야경』,『약사경』등이 아닌,『화엄경』,『최승왕경』,『법화경』의 세 경전과 거기에 나오는 불보살[46]에 감사한다는 형식을 취하는 것은, 금광명호국지사와 법화멸죄지사의 창건, 노사나불의 건립, "『화엄경』을 근본으로 한다"는 조칙에 따른 일체경의 독송과 강설이라는 일련의 봉불 사업이 일시적인 효과가 아니라 '영구적인' 효과를 바라고 실시되었다는 것을 보여 준다.

　위에서 인용한 쇼토쿠 천황의 선명에서『최승왕경』의 이름을 드는 것은,『최승왕경』서품에 "이 경전의 위력에 의해(tejasā cāsya sūtrasya)"[47]라고 하는 것을 비롯해서 여러 곳에서 '경의 힘'을 강조하고 있기 때문이다. 국분사 조영을 추진하고 있던 쇼무 천황이 각별한 열의를 기울여 거대한 노사나불상을 만들려고 한 것은 중국이나 서역의 대불의 영향도 있었겠지만, 오랜 세월 신앙해 온『금광명경』의 힘이라기보다는『최승왕경』의 힘을 보다 강력하게 발휘하게 하는 위령(威靈)을 노사나불에

---

46) 쇼무 천황 대부터 이미 십일면·천수·불공(不空) 등 밀교적인 變化觀音에 대한 신앙이 높아진 듯한데, 여기서 말하는 관세음은『법화경』「보문품」(『관음경』)에 보이는 관음으로 대표되며, 쇼무 천황의 칙원 사업에 따른 공덕이라고 감사한 것으로 생각해 둔다. 孝謙 천황은 그 시호에서도 알 수 있듯이 쇼무 천황을 사모해서 '효'를 강조한 천황으로 효와 추선을 설했고, 鑑眞 등의 영향도 있어서 노사나불을 교주로 하는『범망경』을 존숭했으며, 또 집집마다 한 권의『孝經』을 구비하라고 명했다는 것이 주목된다.
47)『最勝王經』권1, 서품, T16.404a. Nobel, op. cit., p.3, l.8.

서 발견했기 때문이라고 보는 것이 타당할 것이다. 당초의 계획과 달리 대불이 야마토국에 있는 금광명사천왕호국지사인 도다이지에 건립된 뒤에도 쇼무 천황이 도다이지의 이름을 화엄비로사나사라고 고치거나 각국에 화엄사를 창건하지 않은 것은 곤코묘지를 창건할 때의 서원을 지키기 위해서이기도 하겠지만, 노사나불의 위신력을 금광명사천왕호국의 힘과 경쟁하는 것이 아니라 그 근저에서 그들을 보다 강력하게 하는 것으로 이해했다는 것을 보여 준다. 『금광명경』 신앙 자체는 일본의 신기(神祇)를 부정하는 것이 아니라 『금광명경』을 독송하고 강설하는 공덕으로 불교의 선신들과 일본의 신기의 힘을 발휘하게 하는 것이 목적이었고, 『화엄경』, 특히 노사나불은 『최승왕경』의 경의 힘이나 여러 보살과 선신들의 힘의 근저에 있는, 위력 가득한 존재로 여겨졌을 것이다. 『최승왕경』 「부촉품」에서는 마왕이 "만약 이 경을 설하는 자가 있으면 모든 마가 소식을 들을 것이고 부처의 위신력에 의해 내가 그를 옹호할 것이다"[48]라고 설한다. 이밖에도 같은 취지의 기술이 많은데, 노사나불 신앙이 『최승왕경』과 만나면 '부처'라고 불리는 석존의 배후에 다시 노사나불을 상정하게 될 것이다.

또 오하타 쇼이치(大畑正一)는 노사나불이 시방세계에 대광명을 펼쳐서 일체 중생을 조복하고 해탈하게 하며 바다와 같은 지혜로 일체의 법문을 비춘다고 하는 「노사나불품」의 기술에 주목해서, "이 경전에서 강조하는 것은 정법에 의해 이 나라를 청정하게 하는 것"이며, "보현보살의 원력은 일체 중생의 제근(안·이·비·설·신·의)을 청정하게 함으로써 무량의 부처를 공경하고 공양하는 데에 있다"고 한다. 그리고 『법화

---

48) 『最勝王經』 권10, 「부촉품」, T16.456b.

경』, 『최승왕경』, 『화엄경』 세 경전은 청정을 강조하는 점에서 공통되는데, 당시의 즉위의 선명에 보이는 관인의 바람직한 모습인 '맑고 깨끗한 마음'과도 통해서, 불국토도 그런 청정한 마음으로 만들어진다는 것, 노사나불은 '불교의 통일의 상징'이라는 것 등에 주목하고 있다.[49] 화엄 신앙도 호국불교와 무관하지 않으니 율령제에서의 관리의 윤리와 통하는 면을 지적하는 것은 타당하지만, 노사나불을 특별히 중시한 이유를 '청정'이라는 점만으로 설명할 수는 없을 것이다.

또 '상징'이라는 것을 강조하면 노사나불의 위신력이 신선함을 잃을 우려가 있다. 열렬한 사천왕 신앙의 소유자였던 쇼무 천황에게 "하늘과 땅이 함께 평안하고…… 동물과 식물이 함께 번영"하는 바람직한 상태는 불법을 흥하게 한 공덕에 따라 삼보의 근원인 노사나불의 절대적인 위신력이 가져오는 것, 보다 직접적으로는 활력을 더한 사천왕 등 불법을 옹호하는 선신과 일본의 천신지신 등에 의해 생기는 것이었을 것이다. 당시 조정에 있던 사람들에게, 불교의 신과 일본의 신을 막론하고 개성이 풍부하고 무서운 힘을 가지고 있는 신들은 개개의 사람들보다 훨씬 현실감이 있는 존재로 느껴졌을 것이다.

총국분사인 도다이지의 노사나불을 중심으로 각국의 국분사를 사사무애적으로 상즉상입시켜서 이 세상을 연화장세계로 만드는 것이 도다이지와 국분사의 목적이었다고 하는 해석이 언제쯤 생겼는지는 확실하지 않지만, 이에나가 사부로가 지적하듯이, 적어도 쇼무나 효겸 천황 대에는 그런 사상을 명확하게 언급하지 않았다.[50] 또 "동물과 식물이 함께 번영한다"는 등의 구는 왕의 어진 덕[仁德]이 널리 미치는 것을 칭

---

49) 大畑, 주17의 논문, pp.14~15.
50) 家永, 주41의 책.

송할 때 자주 쓰이는 일반적인 한문 표현이며, 『화엄경』 고유의 사상은
아니다.[51]

　노사나불상을 만들 때 대불 건립의 조칙은 "널리 법계에 이르도록
짐의 지식으로 한다"고 선언하고 있는데, 공덕을 법계 중생에게 회향
한다는 말은 인도에서부터 기진명이나 회향문에 자주 쓰이는 상투적인
표현이다.[52] 다만 법계라든가 법계 중생이라는 말을 현실성 있는 것으
로 느끼게 한다는 점에서, 많은 의미를 포함하는 법계에 대해서 다양
한 측면에서 반복해서 설하는 『화엄경』을 따를 경전이 없을 것이다. 하
지만 「노사나불품」 등에서 수행자는 법을 가르쳐 주는 선지식과 친근해
야 한다는 취지의 문장은 자주 보이지만, 천황이 일체 중생을 자발적인
봉불 사업 집단의 동료로서 '지식'으로 삼는다는 발상은 물론 없다. 「입
법계품」에서 선재동자를 인도하는 선지식들의 경우도 마찬가지다. 또
자발적인 봉불 사업 집단으로서의 지식은 법상종 계통을 중심으로 해
서 나라 시대에 상당히 활발했으며, 그들은 법상종이 중시하는 경론의
필사를 비롯해서 다양한 활동을 하고 있었기 때문에, "널리 법계에 이
르도록 짐의 지식으로 한다"라고 하는, 왕이 따를 수 있는 지식이라는
발상은 『화엄경』에서는 찾아볼 수 없다.

　한편 앞서 본 『최승왕경』 「사천왕호국품」에는,

　　세존이시여. 우리들 사천왕 및 다른 권속, 야차의 여러 신들은 모두
　　일심으로 저 인간의 왕과 함께 선지식이 되겠습니다. 이 무상의 대법

---

51) 유교뿐만 아니라 도교에도 예가 있어서, 劉宋 무렵에 성립되었다는 『太上洞淵神
　　呪經』에는, "願天皇東治, 眞聖佐時, 幽冥感沢, 動植咸宜, 淳和盛長, 保守洪基."(正
　　統道藏10, 298a)라는 서원이 보인다. 덕(德)이 '유와 명'의 세계와 '동식물'에게까
　　지 미치기를 원하는 발상은 보편적이었다.
52) 静谷正雄, 『インド佛教碑銘目錄』(平樂寺書店, 1979), pp.159~198.

시주가 감로의 맛으로써 우리를 충족시켜 주었습니다. 이 때문에 우리들은 이 왕을 옹호하고, 쇠약함 제거하고 안온을 얻게 하여, 그리고 그 궁전·성읍·국토의 모든 악재를 변화시켜서 모두 소멸시킬 것입니다. (世尊, 我等四王, 及餘眷屬藥叉諸神, 皆當一心共彼人王爲善知識. 因是無上大法施主, 以甘露味充足於我, 是故, 我等擁護是王, 除其衰得安穩, 及其宮殿城邑國土諸惡災, 變而悉消滅.)(T16.429c)

이라고 해서, 사천왕을 비롯한 많은 신들이 정법, 즉 『최승왕경』을 전파하기 위해, 『최승왕경』을 받드는 "저 인왕과 함께 선지식(kalyāṇamitrasahāyaka, 善友·良友)이 되고자 한다"[53]고 맹세하는 장면이 있다. 대불 건립의 조칙은 그런 내용을 바탕으로 해서 "널리 법계에 이르도록 짐의 지식으로 한다"고 선언한 것이다.

텐표 19년경에 우사의 하치만에서 다음과 같은 신탁이 내려온다.

신인 나 자신은 천지지신을 불러 반드시 성취해 드리고자 합니다. 실현할 수 없다면, 동탕(銅湯)을 물로 만들고, 내 몸을 초목토에 변화시켜 장애 없이 성취하게 할 것입니다. (『續日本紀』天平勝寶元年十二月廿七日条)

이것은 예부터 『금광명경』과 관련이 있었다. 거기에 히로츠구의 난 때 보인 효험으로 금자(金字)『최승왕경』을 하사받은 우사 하치만의 신관들이 재빨리 상황을 살피고 건립의 조칙에 호응해서, 「사천왕호국품」에 가끔 보이는 "우리들 사왕(四王) 및 무량 백천의 천신(天神)과 모든 호국의 옛 선신",[54] "무량의 천신 야차중, 염부주의 모든 천신"[55]이라는

53) Nobel, op. cit., p.92, ll.6-7.
54) 『最勝王經』권6, 「사천왕호국품」, 430a.
55) 同, 430b.

대목을 일본의 천신지신에 적용해서, 사천왕을 흉내내어 스스로를 천신지신의 총괄자라 자처하고 대불 건립의 지식에 참가하는 것을 신탁이라는 형식으로 주장했다고 생각한다. 『일본영이기』에 "모든 귀신을 불러들여"[56] 산에서 산으로 다리를 건너려고 한 엔노오즈노(役小角)가 잡혔다는 전설이 전하듯, 민간에서 신들을 '꾀어' 대대적인 일을 벌이는 것은 용서받지 못할 일이었지만, 국가사업에 협력하는 일이라면 불손하다고 나무라지 않고 오히려 칭찬을 했다. 당시 하치만신을 혼다(譽田)황자라고 하는 설이 정착하기 시작한 것도 있지만, 그 뒤 조정에서 우사 하치만에 대해 과도하게 후대한 것을 보면, 우사 하치만의 위와 같은 대응이 대불 건립의 조칙이 의도한 지식의 존재 방식과 보기 좋게 일치했다는 것을 알 수 있다. 야에가시 나오히코(八重樫直比古)는 건립의 조칙에서는 "『법계』의 구성원이라는 명목 아래 일본 고유의 신들(모든 신기)도 지식 권진(불법을 널리 알리는 공동체 구성원-역자)으로 구성하려고 한 것으로 보인다"[57]라고 하는데, 『최승왕경』의 기술이 그의 추측을 뒷받침한다고 할 수 있다.

텐표 9년(737)에는 "국가에 영험이 있는 신 중에 아직 폐백을 받지 못한 신은 모두 합동폐백에 포함시키"려고 하급신관 하후리베(祝部)에게 벼슬을 내리고, 또 사자를 기내(畿內)와 7개 도(道)에 보내어 여러 신사를 만들었다.[58] 그 밖에 텐표 연간에는 신에게 계위를 내리기 시작해서,[59] 일본 각지의 신들을 율령국가의 지배 아래에 두고 그 힘을 국

56) 『日本靈異記』 권上, 제28.
57) 八重樫, 「古代國家における神佛関係-東大寺大佛造営をめぐって」(『ノートルダム清心女子大學紀要〔文化學篇〕』1-1, 1977. 3).
58) 『續日本記』 권12, 天平 9년 8월 甲寅(13일)조, 11월 癸酉(3일)조.
59) 上田, 주25의 논문.

가를 위해 발휘하게 한 시기이기도 했다는 사실을 간과할 수 없다. "널리 법계에 이르도록"이라는 말의 의도는 바로 제신, 사람, 자연 등 모든 것을 포함하는 것으로서의 법계 전체를 아우르려는 것이며, 기내 및 각국 사람들 모두라는 의미는 아니다.

대불 건립의 조칙에는 국분사 창건의 조칙에서처럼 뚜렷한 저주는 보이지 않지만, "만약 비방하는 자가 있으면" 이하의 기술은 주목할 만하다. 즉 여기에서는 건립의 의의도 밝히지 않은 채 천황의 권한으로 억지로 만들게 하면, 공연히 사람들을 괴롭힐 뿐 오히려 비방하는 자가 나와서 그들에게 죄를 짓게 하는 결과가 될 것을 우려하고 있다. 바꾸어 말하면, 대불 건립의 의미를 이해하지 않고 비방하는 자는 죄에 떨어질 수 있다는 것을 경고하고 있는 것이다. 그들은 노사나불을 원망하는 것은 말할 것도 없고 쇼무 천황을 탓하더라도 결국은 노사나불이나 『화엄경』을 비방하는 것이 되어 지옥에 떨어질 수밖에 없다. 경전의 내용을 이해하지 않고 비방하는 자가 얼마나 비참한 지경에 이르는지에 대해서는 『법화경』 「비유품」에 자세히 나와 있고, 그 밖의 여러 경전과 영험기 류가 끊임없이 강조하고 있다. 따라서 지식의 일원으로서 불상 제작에 참여하는 자는 날마다 노사나불에 삼배하고 다름 아닌 자신이 제작하고 있다는 것을 생각함으로써, 즉 자신의 보살행이라는 생각으로 임함으로써 각자 공덕을 얻는 것이 요청되고 있다.

다만 이 원문은 당시에 일반적으로 실시되고 있던 민간의 지식들에 의한 사경 등과 달리 자발적인 행위가 아니라 천황이 선포한 것이기[60]

---

60) 다만 민간에서도 정도의 차이가 있었을 것이다. 도래계 씨족은 다소 달랐겠지만, 정신적으로 독립한 개인이 자발적으로 지식에 참가할 수 있을 정도로 씨족 사회의 구속이 느슨해졌다고는 생각하지 않는다. 어느 정도 자발적으로 참가할 수 있었다면, 그는 씨족에서 책임 있는 지위에 있거나 씨족 사회에서 떨어져 나온 자였

때문에, 실제로는 '칙명'의 기능을 가지고 있었다. 사람들에게 호소해서 지식을 모으는 것이 아니라, 모든 존재를 '짐의 지식'이라고 규정하고 나서 그들의 자발적인 협력을 구한 것이다. 이것은 아래의 두 인용문에서도 볼 수 있다.

〔天平十六年冬十月〕 또한 백관에게 칙을 내려 지식화엄별공을 건설하기 시작했다. (又勅降百寮, 始建知識華嚴別供.)(『東大寺要錄』[61] 卷一, 本願章, p.13)

어떤 일기에서 말한다. …… "이것에 의해서 태정대신에게 명하고, 지식에 협력을 구하는 명령을 5기 7도의 지방에 내렸다. 한 그루의 나무, 한 줌의 흙이라고 가지고 와서 내놓으려고 하는 자는 기내에 풀이 바람에 흩날리듯이 칙명에 답하여 다투어 진상하였다." (或曰記云, 由之勅太政大臣, 下知識宣旨於五畿七道諸國. 縱雖一木一塊, 持來可令奉加者, 畿內如草靡風, 應勅命競進.)(同, 卷二, 緣起章, p.45)

하지만 삼배를 하라는 명령이 널리 실행되지 않았다는 것은 『동대사요록』에 실린 아래의 잡격(雜格)[62]의 내용을 보면 알 수 있다.

(율령) 잡격 규정 가운데 불법승 가운데의 권에서 말한다.
반드시 노사나불을 예배하여 명호를 3번 외워야 한다.
삼가 안을 내면, 텐표 15년 10월 15일 칙을 내려 말한다. "진실로 보살의 대원을 발하여, 공경하여 금동노사나불상 한 체를 주조하려고 하면, 널리 법계에 미쳐 짐의 지식으로 삼는다. 각각의 자신이 이 존

을 것이다.
61) 簡井英俊校訂, 『東大寺要錄』(全國書房, 1944. 國書刊行會再刊, 1971). 이하 同.
62) 雜格에 대해서는 鬼頭淸明, 「奈良時代の格と院政期の東大寺」(靑木和夫先生還曆記念會編, 『日本古代の政治と文化』吉川弘文館, 1987), pp.147~149 참조.

상을 조성한다고 생각하도록. 천하의 여러 사원에서는 노사나불의 명
호를 하루 6회, 3번씩 외우고, 예배해야 한다. 지금 많은 사람들이 마
음을 기울이지 않는다고 들었다. 반드시 칙의 취지를 따라 승강의 명
령을 발하고, 그것을 (각각의 지방)의 국사(國師)에 기탁하여 국사는
부신을 받고 (각 절의) 삼강에게 지시한다. 반드시 염하여 노사나불
의 불명을 외우게 하고 이구동성으로 6시에 3창시킨다. 서원을 이름
에 따라서 수명을 연장하고 덕을 성취하여 죄를 멸하고 복을 늘린다
[延罪滅福]. 태어나서는 항상 뛰어난 지위에 오르고, 천재와 땅의 괴
상한 일을 얇은 얼음이 봄날을 만나듯이 녹고, 달마다의 화와 때때로
의 흉사 마른 잎이 가을바람을 만나듯이 날아가 버리도록. 이러한 취
지를 받아 검사하여 게으름이 없도록 하라." 이상 격의 문장.

(雜格中佛法僧中卷云々

應必禮拜盧舍那佛名號三遍事.

謹案天平十五年十月十五日, 勅偁, 誠發菩薩大願, 敬造鑄金銅盧舍那
佛像一體, 廣及法界爲朕知識, 各當存念造此尊像, 天下諸寺, 盧舍那
佛名號六時三遍, 應禮拜者, 今聞多不存心. 必依嚴旨, 僧綱發擧, 以
屬國師, 國師承符, 約束三綱. 必令念宣盧舍那之佛名, 異口同音, 齊六
時而三唱. 當使願隨名, 廣壽逐德, 延罪滅福. 生恒居勝位, 天災地妖,
若薄氷逢春日, 月禍時凶, 如枯葉之遇秋風. 宜承此旨, 校檢无怠. 已
上搭文.)(同, 卷七, 雜事章, p.262)

즉 대불 건립의 조칙을 내려 호소했음에도 불구하고 모든 사찰에서
는 "그다지 신경을 쓰지 않는" 상황이었기 때문에, "지엄한 칙의 취지"
승강(僧綱)이 국사(國師)에게 지시하고 국사가 각국 사찰의 삼강(三綱)
에게 지시해서 반드시 노사나불의 명호를 외우라고 명하고 그 공덕을
역설하고 있다.

대불 건립의 조칙은 지식에게 "매일 노사나불 앞에 삼배"하라고 말

했을 뿐인데, 사원 등에는 노사나불의 명호를 6시마다 세 번 염하며 예불을 올리라는 명령이 되었다. 예불을 위한 간단한 화상 류가 있었는 지는 모르겠지만, 노사나불의 화상이나 자수를 대량으로 작성하고 배 부하라고 지시한 기록도 없고 그런 것의 단편도 남아 있지 않은 것을 보면, 조칙이 명령한 것은 관음신앙을 따라한 것으로 보이는 명호의 칭 념과 예불뿐이었다고 생각한다. 앞서 천재지변이 끊이지 않는 것에 대 해 국분사 조영에 적극적으로 임하지 않은 지방관의 태만이라고 질책했 듯이, 여기서는 효험이 없는 것을 전국의 여러 사찰에서 노사나불의 칭 념과 예불을 칙명대로 행하지 않았기 때문이라고 해서 승강 이하를 질 책한 것으로 보인다. 화엄과 관계가 깊은 다이안지(大安寺) 등에서는 노 사나불의 명호를 염했을 가능성이 있지만, 법상종 세력이 강했던 사찰 이나 노사나불의 의의가 알려지지 않은 지방의 사찰에서는 '지식선지 (知識宣旨)'가 철저하지 않았을 것이다.

그리고 여기에서는 명호를 염하라고만 하고 『화엄경』의 독송에 대해 서는 언급하지 않은 점이 주목된다. 쇼무 천황은 노사나불에 대한 신 앙이 그토록 깊었음에도 불구하고, 각국의 사찰에 노사나불의 화상이 나 자수를 조속히 안치하라거나 『화엄경』만이라도 전독하라는 명령은 내리지 않았다. 물론 대불 건립의 조칙을 내린 직후에는 불가능했을지 도 모르지만, 이후 임종하기까지 13년 동안 한 번도 그런 명령을 내리 지 않았다는 것은 이상하다. 이세신궁에 대한 사적인 제사가 엄격히 금 지되었던 것과 같은 맥락이었을지도 모른다. 어쨌든 노사나의 대불은 어디까지나 쇼무 천황의 칙원의 부처이고, 도다이지가 국가의 씨족사원 과 같은 성격을 지니고 있었으며, 『최승왕경』 및 『법화경』과 떼려야 뗄 수 없는 관계로 숭상되고 있었다는 것은 확실하다.

또 본래 자발적인 봉불 사업 조직이던 '지식'이 국가적인 조직으로 바뀐 예는 고려의 『삼국유사』에 보인다. 신라의 문수신앙의 성지인 명주(溟州) 오대산에 관한 일화를 기록한 '대산오만진신(台山五萬眞身)' 조에 다음과 같은 내용이 나온다.

> 대왕은 스스로 백료를 이끌고 산에 이르러 전당을 건립했다. 그리고 흙으로 빚은 문수대성을 만들어 당중에 안치했다. 영변 등의 다섯 사람에게 오랫동안 『화엄경』을 전독시키고, 화엄사를 결성시켜 장년에 걸쳐 비용을 공급하고, 매년 춘추에 각각 산에 가까운 주와 현의 창고의 세금을 백석·맑은 기름을 한 석 내는 것을 오랫동안 규칙으로 했다. (大王親率百寮到山, 営構殿堂. 並塑泥像文殊大聖, 安于堂中. 以靈卞等五員, 長轉華嚴經, 仍結爲華嚴社, 長年供費, 每歲春秋, 各給近山州縣倉租一百石·淨油一石, 以爲恒規.)(『三國遺事』卷三, 台山五萬眞身)

즉, 신라의 효명(孝明) 태자와 보천(寶川) 태자가 전쟁을 피해 오대산에 피신해 있었는데 후에 효명 태자가 불리어 즉위했다. 효명 태자는 705년 3월에 산중에 진여원(眞如院)을 개창하게 하고, 백관들을 데리고 다시 오대산에 찾아가서 문수상을 안치하고, 영변(靈卞) 등 다섯 명의 지식에게 오래도록 『화엄경』을 전독하라고 하고, 화엄사(華嚴社)를 결성하게 하며 그 비용을 내렸다고 한다.[63]

그리고 『삼국유사』는 산에 남은 보천 태자가 수행하는 모습을 전하고, 그가 임종할 때 "앞으로 절에서 행하는 일은 국가를 돕는 일"이라는 말을 남겼다고 하며, 오대의 각 원(院)에 안치할 본존, 다섯 명의 복

---

63) 李杏九, 「韓國佛敎における華嚴信仰の展開 - 華嚴法會を中心として」(『朝鮮學報』 114, 1985. 1) 참조.

전(福田)이 독송할 경, 회과(悔過)의 종류, 그리고 조직해야 하는 사(社)의 이름에 대해 언급한다. 정리하면 아래와 같다.

동대(원통사) 관음상, 주독팔권금경·인왕반야·천수주, 야념관음예참.
남대(금강사) 지장상, 주독지장경, 금강반야, 야념점찰예참.
서대(수정사) 무량수불상, 주독법화, 야념미타예참.
북대(백련사) 석가상, 무량수여래, 주독불보은경·열반경, 야념열반예참.
중대(화엄사) 문수상, 주독화엄·육백반야, 야념문수예참.
보천암(법륜사) 비로자나삼존상, (주)장전장경, 야념화엄신중. 매년개백일화엄회.

[東台(圓通社) 觀音像, 晝讀八卷金經[64]·仁王般若·千手呪, 夜念觀音禮懺.
南台(金剛社) 地藏像, 晝讀地藏經, 金剛般若, 夜念占察禮懺.
西台(水精社) 無量壽佛像, 晝讀法華, 夜念彌陀禮懺.
北台(白蓮社) 釋迦像, 無量壽如來, 晝讀佛報恩經·涅槃經, 夜念涅槃禮懺.
中台(華嚴社) 文殊像, 晝讀華嚴·六百般若, 夜念文殊禮懺.
寶川庵(法輪社) 毗盧遮那三尊像, (晝)長轉藏經,[65] 夜念華嚴神衆. 每年開百日華嚴會.]

---

64) 李杏九, 주63의 논문에 '八卷金剛, 仁王, 般若千手呪'라고 하는 것은 이하에 말하듯이 잘못이다.
65) 원문은 '安圓像毗盧遮那三尊及大藏經. 福田五員. 長門藏經. 夜念華嚴神衆'. 일반적으로 '長門藏經을 읽는다'는 뜻으로 해석되지만, 그런 경전이 없기 때문에 '長轉(大)藏經'의 잘못으로 보인다. 덧붙이자면 金思燁, 『完譯三國遺事』(朝日新聞社, 1976)에는, '自性無所有(자성, 즉 고정적인 본질·실체[svabhāva]는 결코 존재하지 않는다)'를 "자성은 아무것도 가지고 있지 않다"(p.296)라고 해석하거나 '長轉華嚴經(『화엄경』을 영원히 전독하게 한다)'을 "『화엄경』을 길게 (두루마리에) 轉寫시켜"(p.299)라고 해석하는 등, 불교 관계 기사에 초보적인 실수가 많다. 기초문헌이니만큼 각 분야의 전문가들의 공동연구에 기초한 정확한 역주가 이루어지기를 바란다.

즉 화엄 신앙을 중심에 놓고 호국 경전을 위주로 당시에 효험이 있는 것으로 신앙의 대상이 된 주요 경전과 활발하게 실시되던 예참을 전부 모아서, 각 원마다 승려 다섯 명으로 하여금 항상 독송과 회과를 맡아 '국가의 일'을 기원하게 하고자 한다는 것이다. 그중에 동대에서 독송하는 '팔권금경(八卷金經)'은 『합부금광명경(合部金光明經)』 8권을 가리키는 것으로 보인다.

한편 보천 태자는 자신의 주거인 보천암이나 말사로 보이는 문수갑사(文殊岬寺)에 대해,

> 보천암은 새롭게 화장사로 창건하고, 원상의 비로자나삼존 및 대장경을 안치하고, 복전으로서 5사람을 두고 오랫동안 대장경을 독송하고 밤은 화엄신중을 염하며 매년 화엄회를 백일 설치하고, 법륜사라 이름했다. 이 화장사를 오대산의 본사로 하고, 견고하게 호지하며, 정행의 본 전승들은 향화를 계속 올리면, 그 때문에 국왕은 수명이 길어지고, 인민은 편안하며, 문무는 평화로우며, 백곡이 풍부하게 열매를 맺을 것이리라.
> 또한 아래 원의 문수갑사를 더하여 사의 중심으로 하고, 복전의 승 7인, 주야로 항상 화엄신중예참을 행한다. 이상의 37인의 재에 쓸 금품이나 옷의 비용은 하서부의 도대의 8주의 세금으로 충장하고, 4사의 비용으로 한다. 대대로 군주는 잊지 말고 준행하면 다행일 것이다.
> (寶川庵改創華藏寺, 安圓像毗盧遮那三尊及大藏經, 福田五員, 長轉藏經, 夜念華嚴神衆, 每年設華嚴會一百日, 稱名法輪社. 以此華藏寺爲五台社之本寺, 堅固護持, 命淨行福田, 鎭長香火, 則國王千秋, 人民安泰, 文虎和平, 百穀豊穰矣.
> 又加排下院文殊岬寺爲社之都會, 福田七員, 晝夜常行華嚴神衆禮懺. 上件三十七員, 齋料衣費, 以河西府道內八州之稅, 充爲四事之資, 代代君主, 不忘遵行幸矣.)(『三國遺事』 卷三, 台山五萬眞身)

라고 해서, 보천암에서 화엄사(華藏寺)로 이름을 바꾸어 5원(院)의 본사로 삼고, 문수갑사를 이들 사(社)의 중심으로 해서 밤낮으로 화엄 신중(神衆)을 염하라고 명령했다고 한다. 또 그 비용에 대해서는 '대대의 군주'에게 주의 세금으로 유지할 것을 요청했다. 이것은 중국의 오대산에서 북제 무렵에 8개 주의 세금을 나누어 사찰에 있는 많은 '산중들의 의복과 약에 드는 비용'에 충당한 것[66]을 따라한 것으로 보이는데, 국가를 진호(鎭護)하는 면이 강화된 점을 주목할 수 있다.

『삼국유사』는 후대에 편찬된 데다 위 인용문 앞뒤의 기사에 연대 상 모순이 보이는 등 문제가 있어서 문헌 비판이 필요한데, 의정(義淨)이 번역한 『최승왕경』(703년 역)이나 당시 활발하게 번역되던 밀교계 관음 경전의 이름이 보이지 않는 것으로 봐서, 위의 일화는 7세기 말부터 8세기 초의 신라 화엄 신앙의 일면을 전하고 있는 것으로 볼 수 있다. 이 것은 항상 오대산에서 『화엄경』을 강의하고 있는 문수를 친견하기를 열망하는 문수 신앙(오대산 신앙)이나 자발적인 신앙단체를 조직해서『화엄경』을 독송하고 법회를 여는[67] 중국의 화엄 신앙의 방식과 국가 옹호를 위한 쇼무 천황의 노사나불 신앙을 연결한다는 점에서 매우 흥미롭다. 우선 같은 뜻을 모아 사(社)를 조직해서 문수의 성지인 오대산을

---

66) 法藏,『華嚴經傳記』권1, T50.157a. 또 정치하게 교리를 연구하는 지엄·법장 등 종남산계 화엄교학과 별개로, 종교적인 오대산계 화엄사상이 있었다는 점에 대해서는 小島岱山,「五台山系華嚴思想の特質と展開」(『華嚴學研究』3, 1992. 5)를 참조.

67) 육조 이래 중국에서 華嚴齋會가 성행했던 사실에 대해서는 鎌田茂雄,『中國華嚴思想史の研究』제1장 제3절「華嚴齋會の成立」(東京大學出版會, 1970), 張愛順,「華嚴結社について-その思想的背景」(『宗敎研究』279호, 1989년 3월) 참조. 또 장 교수가 발견한 새로운 자료『結淨社集』은 화엄결사에 참가한 10세기 중국 사대부들의 시를 모은 것으로『圓宗文類』의 22권의 누락을 보충하는 귀중한 자료이다. 이 책의 복사본을 제구카이 준 장 교수에게 감사를 표한다.

신앙하고 문수를 친견하기를 기원하며 『화엄경』을 독송한다는, 중국의 화엄 신앙을 계승한 지식 영변(靈卞) 등은 아마 사를 조직해서 서로 격려하면서 명주의 오대산에서 문수를 친견하기를 기원하며 『화엄경』을 독송했을 테고, 효명 태자는 국가에서 비용을 대서 국가 진호를 위한 사를 조직하고 영속시키려고 했을 것이다.

또 보천 태자나 그 후계자를 자처하는 사람들은 그런 경향을 강화하기 위해서 오대의 각 원의 본존과 수행법을 정하고, 특히 화엄 신중의 예참을 중시해서 『화엄경』을 중심으로 했으며, 5개 원(院)과 2개 사(寺) 각각의 독송과 회과의 공덕에 따라 국왕의 장수와 백성의 평안을 빌고, 그 비용을 주의 세금으로 충당하도록 간언하고 대대의 국왕이 준수하기를 빌었을 것이다.

화엄 신중은 『화엄경』에 보이는 여러 신들로, 그들에 대한 신앙은 신라불교의 특징 중 하나다.[68] 이 일화에서 국왕의 역할을 한층 강화하고, 문수, 보현, 노사나불의 삼존이 아니라 노사나불만을 절대적으로 신앙하고, 화엄 신중을 사천왕과 그 밖에 『최승왕경』의 선신 및 일본의 천신지신에 대입하고, 지식의 범위를 확장해서 "널리 법계에 이르도록" 『화엄경』 등을 독송하고, 회과에 힘쓰는 '복전(福田)'이라고 불리는 승려들을 화엄종 등의 관승(官僧)으로 하면, 쇼무 천황의 화엄 신앙이 될 것이다.

중국에서도 법장의 요청에 따라 2개 도(都), 오대산, 오(吳), 월(越)의 도합 다섯 곳에 화엄사를 조영해서 국가를 진호하는 경향으로 나아간 것으로 보이는데, 텐표 연간에 일본과 신라가 대립하던 상황을 생각하

---

68) 李杏九, 주63의 논문 참조.

면 쇼무 천황이 신라 화엄 신앙의 형태를 그대로 따라했다고는 생각되지 않지만, 신라 오대산을 둘러싼 위의 일화나, 의상이 왕명에 따라 이른바 화엄십찰을 지정했다는 전승이 전하듯이, 화엄 신앙이 호국불교로 변화하고 재래 신앙과 습합한 측면도 아마 중국보다는 신라의 영향이 컸음을 알 수 있다. 신라로 간 유학승, 신라를 경유해서 신라 배로 입당한 유학승, 혹은 도래계 씨족에게서 간접적인 영향을 받았다고 볼 수 있다.[69]

대불 건립의 조칙에서는 "풀 한 포기, 흙 한 줌"으로 불상 제작을 도우려는 사람도 높이 사고 있다. 불교에서 이것과 가장 가까운 것은, 진흙 등으로 탑이나 불상을 만들거나 혹은 장난으로 "초목이나 붓, 혹은 손톱으로 불상을 그리는 것" 같은 행위도 보살행으로서 언젠가 불도를 이루는 인(因)이 된다고 설하는 『법화경』「방편품」의 만선동귀(萬善同歸)의 사상이 있다. 굳이 『법화경』을 들 것도 없이 "풀 한 포기, 흙 한 줌"이라는 표현은 당시 다양한 지식의 원문 등에 보이는 상용구였는지도 모르지만, 적어도 『화엄경』에만 보이는 사상은 아니었다는 점은 확실하다.

어쨌든 그런 정도의 조력도 적극적으로 인정한 대불 건립 사업은 국분사를 창건하는 단계에서는 국가사업의 혜택을 입기만 하던 지방 호족이나 서민에게까지 미치게 됐는데, 전국 규모로 모든 사람들에게 국가적 종교에 참가하는 것을 의무화한 전례가 있다. 텐무 천황 5년(677)에 "전국에서 대해재회"를 실시했을 때는 국조(國造)들에게 각자 다양

---

69) 智識寺를 비롯해서 慈訓이나 慶俊 등 화엄과 관련된 인물 가운데 도래인이 많았다는 것(井上光貞,『日本古代思想史の研究』,「王仁の後裔氏族と其の佛敎」, 岩波書店, 1982)과 宇佐八幡이 도래계의 신이라는 사실 등은 잘 알려져 있다. 도래계 씨족의 불교의 특색에 대해서는 별고에서 논할 예정이다.

한 공물을 보내라고 명령한 것 외에도, "또 각 가구마다 마 1필"을 내라고 명했다.[70] 모든 가구가 오하라에(大祓)에 참가하는 형식으로, 온 나라의 죄라는 죄를 전부 씻어 없앤다는 것인데, "풀 한 포기, 흙 한 줌"도 좋으니 자발적으로 지식물(知識物, 대불 건립을 위한 물건)을 보시하라고 권하는 대불 건립의 조칙은 대상의 단위를 가구에서 개인으로 바꾸고 범위를 일본의 모든 나라에서 법계로 확장했다고 볼 수 있다. 당시는 외국의 승려가 꾸준히 일본에 왔다. 특히 텐표 8년(736)에 인도승 보리선나(菩提遷那), 참파승 붓테츠(佛哲), 당승 도선(道璿) 등이 내조했다. 또 대불개안 후의 감진의 내조를 쇼무 천황의 덕망이 외국에까지 미친 증거라고 자랑스럽게 여겼다는 것은 정창원에 모신 『국가진보장(國家珍寶帳)』의 광명 황후의 원문에서도 볼 수 있다. "널리 법계에 이르도록"이라는 경우는, 관념으로서는 일본 주변의 모든 나라를 포함해서 그 밖의 천신지신, 나아가 생명 있는 모든 것을 상정했을 것이다. 이것은 대불개안회에서 중요한 역할을 맡은 승려들의 다양한 국적에서도 추측할 수 있다.

오하라에란 죄를 씻어 버리는 것으로, 불교에서 말하면 불상 조성이나 공양이 아니라 회과에 해당한다. 위에 언급한 광명 황후의 원문에 "귀의하면 죄를 멸하는 것이 무량하고, 공양하면 복을 얻는 것이 위없다"[71]라는 말에서 알 수 있듯이, 죄를 멸하는 것[滅罪]과 복을 부르는 것[招福]을 같은 것으로 받아들인 것 같다. 히라오카 조카이(平岡定海)는 "하라에, 독경, 회과 모두 공통된 사상 아래 든 기원의 방법이었

---

70) 『日本書紀』天武 5년(677) 辛亥(16일)조.
71) 『國家珍寶帳』光明皇后願文(『大日本古文書』4).

다"[72]고 하는데, 그것은 종래의 관념인 '죄'나 '더러움'을 처리해서 천하를 평안하게 하기 위해 비슷한 문제를 다룬 불교 경전이나 중국사상을 선택해서 그런 사상의 영향 아래 오하라에를 그러한 형태로 완성했기 때문인 듯하다. 아오키 기겐(青木紀元)의 일련의 연구가 보여 주듯이, 오하라에의 사(詞)를 비롯한 축사(祝詞) 류에는 불교의 영향이 다분하다.[73]

이처럼 쇼무 천황의 사업은 규모는 달라도 근본적인 입장은 같다. 즉 즉위 5년에 여러 나라에 사신을 보내 『금광명경』과 『인왕경』을 설하게 하고, 이듬해 8월 15일에 아스카데라(飛鳥寺)에 재(齋)를 마련해서 일체경을 전독하게 하고 다음날 각국에 모든 가구가 참가하는 형식으로 오하라에(대해제)를 실시하도록 명령한 텐무 천황, 그리고 그 텐무 천황이 병에 걸렸을 때 궁중에서 『관음경』 200권을 읽게 하고, 즉위 8년에는 『금광명경』 100부를 모든 나라에 보내 정월 상현의 독송을 정례화한 지토 천황의 정책을 계승한 것이다.

또 대불개안이 실시된 텐표쇼호 4년(752)은 국분사 창건의 조칙이나 대불 건립의 조칙이 내린 당시와 상황은 다르지만, 개안회 때 노사나불 앞에 올린 시는 국분사 창건의 조칙이 내렸을 때와 같은 상황이 계속되고 있었음을 잘 보여 준다. 『동대사요록』에 개안회의 순서에 이어서 실린 칠언시 '공양사나불가사(供養舍那佛歌辭)'는 다음과 같다.

하나의 연화향수해가 있고,
10세계로 나뉘어 무변에 가득 찬

---

72) 平岡定海, 「奈良時代における神佛関係について」(『密教文化』 71, 72호, 1965. 4), p.18.
73) 青木紀元, 『祝詞古傳承の研究』(國書刊行會, 1985). 경전이 도입된 시기와 수용 방식을 조사하는 것은 오늘날 祝詞의 성립 연대를 고찰하는 데 도움이 될 것이다.

꽃마다에 몸을 나타내 묘리를 설하고,
어디에서도 설하여 좋은 인연을 여시는
삼명의 보살의 지혜의 눈은,
중생의 업장을 속박을 멸한다.
우리 황제는 비로자나의 덕을 칭송하고,
뭇 신하는 법당 앞에서 춤을 추며
본 적 없는 보배로운 꽃이 선명한 색을 피우고,
평상시에는 없는 보배나무를 향연이 덮는다.
이 선을 닦아 백성에게 베풀고,
충심은 더욱 정결하게 함께 하늘을 받드니
국가가 기울지 않고 만대에 이어지고,
거듭 황위를 이어도 천 년 동안 계속 비추리
(有一蓮花香水海　　分十世界滿無邊
　每華顯身敷妙理　　觸處示說啓芳緣
　三明菩薩智恵眼　　能滅衆生業障纏
　我皇稱讚舍那德　　群臣儛踏法堂前
　未見珍花開綵色　　非常寶樹覆香煙
　以茲修善施百姓　　忠心轉潔共承天
　宗社不傾連萬代　　重雖繼日照千年)

『東大寺要錄』권2, 供養章, pp.50～51)

이 시는 연화장세계의 훌륭함과 노사나불의 덕을 찬탄하고 삼명(三明)을 얻은 보살(보현보살로 추정)의 지혜가 "능히 중생의 업장을 멸"한다는 것을 노래하고 있는데, 여기서 주목할 것은 불상을 만든 공덕이 '백성'에게까지 미친다는 것, 그리고 '종묘사직'의 영속과 쇼무 천황의 장수를 기원할 뿐만 아니라 모든 신하들에 대해서 "충심이 더욱 맑아져서 함께 하늘을 받들기"를 기원한다는 점일 것이다. '하늘을 받든다[承

天]'는 말은 물론 『역경』 곤괘(坤卦)의 「문언전(文言傳)」에 나오는 신하의 도리에 대한 아래에 인용하는 유명한 구를 기본으로 한다.

> 만물을 품어 안고 교화가 크게 행해진다. 곤의 도는 따르는 것인가. 하늘의 명령을 받아 때때로 행한다. 선을 거듭하는 가문은 반드시 나머지 경사가 있으며, 불선을 거듭하는 가문은 반드시 재앙이 있다. 신하가 그 군을 죽이고, 아들이 그 아비를 죽이는 것은 일조일석에 일어난 일이 아니다. (含萬物而化光. 坤道其順乎. 承天而時行. 積善之家, 必有餘慶. 積不善之家, 必有餘殃. 臣弑其君, 子弑其父, 非一朝一夕之故.)

"뭇 신하가 법당 앞에서 춤을 춘다"라고 하듯이, 당일은 정월처럼 예복을 갖추어 입은 황족과 신하가 늘어서 있고 그 앞에서 다이카구메즈즈무(大歌久米頭々儛)·다테후시춤(楯伏儛), 당악, 고려악, 도라악(度羅樂)·린유악(林邑樂) 등 국내외의 다양한 가무가 펼쳐지는데, 대불이 발원된 텐표 15년(743) 5월 3일, 아베 내친왕에게 몸소 5절의 춤을 추게 했을 때의 조칙 가운데 "단순히 노는 것이 아니라 세상 사람에게 군신의 도리에 대해 가르침을 내리는 것"[74]이라고 밝히고 있듯이, 조정에서 주최하는 무악은 군신의 도리를 천하에 보여 주는 것이었다. 복속의례(服屬儀禮)의 성격이 있다고 지적되는 구메무(久米儛)와 다테후시무(楯伏儛)를 비롯해서 노사나불의 앞에서 차례차례 펼쳐지는 여러 나라의 춤은 불교의 공양과 유교의 예악과 일본 재래의 습속을 합한 것으로, "널리 법계에 이른다"고 하는 쇼무 천황의 지식들을 대표해서 노사나불을 공양하고 시주인 쇼무 천황에게 충성을 맹세하며 그의 장수를 기

---

74) 『續日本記』 권15, 天平 15년 5월 癸卯(3일)조.

원하는 것이었을 것이다.[75] 그런 입장도 텐무·지토 이래의 전통을 계승한 것으로 보인다.

또 이 시의 아래에 실린, 같은 날에 지은 오언시와 서(序)는 개안회의 성대한 정경을 묘사하고 나서 다음과 같이 말한다.

> 토지는 용궁의 법회와 비슷하고, 있는 사람들은 녹야원의 법연의 참례자들과 비슷하다. 그래서 처음 알 수 있다. 성황의 수명은 일겁이 지나고 돌이 마모되는 기간을 1년으로 하는 것을. (地似龍宮會 人疑 鹿苑筵 方知聖皇 壽劫石以爲年)

즉 개안회가 열리는 곳을 용궁에, 모인 사람들을 부처가 처음 법을 설한 녹야원의 청중에 비유한 뒤에 쇼무 천황의 장수를 축원한다. 이 부분은 텍스트에 따라 차이가 많기 때문에 신중히 검토할 필요가 있는데, 이 문장에 근거한 것으로 보이는 조간(貞觀) 3년(861)의 공양회의 원문이 개안회의 모습을 서술하면서 "도솔의 하생을 모방한다"[76]라고 하는 것을 보면 '용궁회'는 '용화회(龍華會)'의 잘못인 것 같다. 용수가 용궁에서 『화엄경』을 얻었다는 전승도 있지만, 90일 동안 혼자 읽고 터득했다[77]고 했으니 '회(會)'라고 할 수는 없을 것이다.

어쨌든 이곳을 연화장세계와 같다고 칭송하지 않는 점이 주목된다. 『화엄경』「수명품」에 따르면 연화장세계는 아미타불의 극락세계나 다른

---

75) 宮城洋一郎, 「東大寺大佛開眼供養の一考察」(『木村武夫先生喜壽記念 日本佛敎史の硏究』, 永田文昌堂, 1986)은 개안공양이 국가적 사업이었다는 점과 춤에 복속 의례의 성격이 있었다는 점을 강조한다. 다만 久米舞와 楯伏舞부터 보인 것은 그것이 복속을 의미해서(251쪽)만이 아니라, 그곳이 천황이 있는 장소라는 것을 보이고, 또 각국의 춤을 보이기에 앞서 먼저 땅을 진정시킨다는 의미도 있었을 것이다.
76) 『東大寺要錄』 권3, 供養章之餘, p.77.
77) 法藏 『探玄記』 권1, 部類傳譯, T35.122b.

많은 불국토에서 한없이 떨어져 있는 유구한 정토이다. 그래서 중국 화엄종의 실질적인 개조인 지엄은 먼저 극락세계에 왕생한 다음에 차례로 정토를 옮겨 최종적으로 연화장세계에 태어나기를 바랐다고 하며,[78] 화엄교학에 따르면 연화장세계는 미륵의 정토 등에 비해 훨씬 더 왕생하기 어려운 세계였다. 또『화엄경』「노사나불품」은 연화장세계가 수미산이나 강이나 나무나 구름, 기타 다양한 모습을 한 무수한 세계가 아무런 걸림 없이 자재하게 상입하는 곳이라는 것을 자주 강조한다. 도다이지의 화려한 장엄을 '연화장의 보물 궁전'에 비유하지만,[79] 그런 연화장세계를 어떻게 이 세상에 실현할 수 있을까. 쇼무 천황 당시에 연화장세계는 노사나불을 중심으로 하는 무장무애한 세계, 한없이 긴 수명을 얻어 대보살들과 함께 노사나불의 자재한 설법을 직접 들을 수 있는 이상세계이며, 한없이 큰 공덕으로 마침내 왕생할 수 있는 정토였을 것이다. 나라 조 이후, 연화장세계에 왕생하기를 기원하는 신앙이 확대되지 않은 것은 연화장세계가 너무나 관념적인 정토인 데다, 쇼무 천황의 정토라는 인상이 강했던 것도 그 원인의 하나였으리라고 생각한다.[80]

---

78) 法藏『華嚴經傳記』권3, T50.163c.
79) 『東大寺要錄』권4, 諸院章第四의 첫머리의 序에서는 도다이지를 '법계도량'이라고 하고 '不運普賢無盡之行, 自詣蓮華之寶殿, 不開文殊大智之悟, 面見盧舍那之境界'(p.89)라는 등 미사여구를 늘어놓은 다음 여러 院에 관한 古자료를 열거하는데, 序 자체는 가마쿠라 시대에 만들어졌을 것이다.
80) 쇼무 천황의 장례 의식이 "부처님께 바치는 것과 같이"(『續日本記』天平勝寶 8년 5월 19일조) 했다는 것은 잘 알려져 있다. 이것은 쇼무 천황이 점점 노사나불과 동일시되었기 때문이기도 하지만, 가장 큰 원인은 역시『最勝王經』「依空滿願品」의 '若有供養是經典, 我等亦當恭敬供養, 如佛不異'(426下), 『화엄경』, 「노사나불품」의 '若有菩薩, 修普賢行, 常能履行, 淸净法界, 當知是等, 功德如佛'(대정9, 410上)이라는 기술에 근거했을 것이다. 『延曆僧錄』의 단계에 가면 황제즉여래설에 입각해서 '皇輪佛輪齊轉'(『東大寺要錄』권1, 本願章, pp.17~18)이라고 칭송하게 된다.

4. 『화엄경』을 근본으로 한다'는 조칙

쇼무 천황이 양위를 선언한 직후인 텐표쇼호 원년(749) 윤5월 20일에 내린 조칙은 『화엄경』을 근본으로 하는' 조칙으로 알려져 있다. 그 속에서 쇼무 천황은 다이안지·약쿠시지·간고지·고후쿠지·도다이지 등 기내의 12개 사찰[81]에 많은 공물과 전답을 보시하라고 하고 "『화엄경』을 근본으로 한다"고 명언하고 나서, 그 공물을 자금으로 해서 일체의 경론소초소장(經論疏抄疏章)을 독송 강설하라고 명령한다. 여기서는 나라 시대 사본으로 쇼무 천황의 친필로 '칙'이라고 적혀 있는, 헤이덴지(平田寺) 소장의 칙서에 의거한다. 이 칙서에는 받는 이의 이름은 지워져 있지만 다이안지에 보낸 것으로 추정된다.

> 오백 필, 면(綿) 일천 돈, 포(布) 일천 단
> 벼(稻) 일십만 근, 간전지(墾田地) 일백 정
> 앞의 것을 바쳐 『화엄경』을 근본으로 삼아 대승과 소승의 모든 경율론초소장을 반드시 전독하고 강설해서 모두가 다 끝나도록 하라. 멀리 일월이 있는 한까지 미래의 끝까지 공경하여 저 절에 들이고 영원히 학승의 비용분으로 하라. 이 서원에 의해 태상천황인 사미 쇼만을 제불이 옹호하고, 법락이 몸에 훈습하여 만병이 사라지고 수명이 연장되고 일체의 소원이 모두 만족되게 하여 법을 오래 머물게 하고, 군생을 구하여 천하는 태평하게 되고, 천황의 백성들이 쾌락하고 법계의

---

81) 『八幡宇佐宮御託宣集』에는 天平感寶 원년 6월 23일 조에 '豊前國彌勒寺分'에 대해 같은 내용의 칙서가 수록되어 있다. 角田文衛 씨는 이에 따라 "지방의 모든 사원에 같은 취지의 칙명으로 인한 보시가 있었다"(角田, 「天平感寶元年聖武天皇勅書考證」, 『考古學論叢』11, 1939)고 하는데, 미륵사는 히로츠구의 난이나 대불과 관련이 깊은 우사하치만과 일체가 되는 특별한 사원이기 때문에, 지방의 여러 사원과 동급으로 논할 수는 없을 것이다.

유정이 함께 불도를 성취할 수 있도록 하여 주옵소서. 또 서원하니, 이 후대의 도에 어긋나는 왕이나 사악한 신하가 나와 만약 범하여 장애가 되어 이 서원을 행하지 않으면, 이 사람은 반드시 시방삼세의 일체제불보살과 일체의 성현을 모욕한 죄를 얻어 결국은 대지지옥에 떨어져 무수겁 동안 영원히 벗어나는 일이 없도록 하여 주옵소서. 또한 시방의 일체제천인 범왕·제석·사천대왕·천룡팔부·금강밀적·호법호탑대선신왕 및 보천 국토의 대력을 가진 천신지신과 7묘의 존령, 아울러 보좌하여 공을 세운 대신장군의 위령 등이 오랫동안 자손이 멸하도록 하여 주옵소서. 만약 범하는 것이 없더라도 공경하고 근행하는 자는 대대로 복을 거듭하여 자손은 번영하게 해주시고 함께 더럽혀진 이 세계를 벗어나 빨리 깨달음의 언덕에 이르게 하여 주옵소서.

텐표간보 원년 윤5월 20일

「칙」
「봉 칙」 정1위 행좌대신겸 대재사 다치바나노 츠쿠네 「모로에」
우대신 종2위 후지와라노 아소미 「토미나리」
대승도법사 「신교」

伍百定 綿壱仟屯 布壱仟端
稻壱拾萬斤 墾田地壱佰町
以前捧上件物, 以花嚴經爲本, 一切大乘小乘經律論抄疏章等, 必爲轉讀講說, 悉令盡竟. 遠限 日月, 窮未來際, 敬納彼寺, 永爲學分. 依此發願太上天皇沙彌勝滿, 諸佛擁護, 法樂薰質, 萬病消除, 壽命延長, 一切所願, 皆使滿足, 令法久住, 拔濟群生, 天下太平, 兆民快樂, 法界有情, 共成佛道. 復誓其後代有不道之主, 邪賊之臣, 若犯若障而不行者, 是人必得破辱十方三世一切諸佛菩薩一切賢聖之罪, 終當落大地地獄, 無數劫中, 永無出離. 復十方一切諸天, 梵王·帝釋·四天大王·天龍八部·金剛密迹·護法護塔大善神王, 及普天率土有大力天神地祇·

七廟尊靈, 幷佐命立功大臣將軍之靈等, 共起大禍, 永滅子孫. 若不犯
觸, 敬懃行者, 世世累福, 紹隆子孫, 共出塵域城, 早登覺岸.

天平感寶元年閏五月廿日

「勅」
「奉 勅」正一位行左大臣兼大宰師橘宿禰「諸兄」
右大臣從二位藤原朝臣「豊成」
大僧都法師「行信」

　즉 이 조칙에서는 대량의 공물과 전답을 보시해서 그것을 자금으로
해서 여러 경율론과 주석을 영구적으로 전독·강설하게 함으로써 쇼무
천황의 연명과 그의 소원의 성취, 그리고 모든 백성의 안락, 나아가 법
계유정의 깨달음을 기원함과 동시에, 이 원을 훼손하는 후대의 "도에
어긋나는 왕이나 사악한 신하"는 지옥에 떨어질 수밖에 없으며, 사천
왕 등 무서운 힘을 가진 신들이나 혼령이 그 자손을 절멸시키리라고 경
고하고 있다. 이것을 국분사의 조칙과 비교하면 기본적인 구조는 같다.
다만 쇼무 천황의 건강이 악화됐기 때문인지, 천황가나 그 주변 사람들
의 추선(追善) 내지 정토왕생에 대한 언급은 없고 쇼무 천황 개인의 연
명과 소원의 성취를 첫 번째로 하고 있으며, 악인에게 벌을 주는 호법
의 선신들의 이름이 열거되고 저주가 강화된 점이 주목된다. 그리고 '소
원'의 주된 내용은, 앞에서 본 『일본영이기』의 일화에 보이는 것처럼, 아
베 내친왕이 무사히 즉위하고 즉위한 뒤에는 황위 계승을 둘러싼 다툼
이 없기를 기원하는 것으로 보인다. 이전의 조칙과 달리 '모든 원'이라고
만 하고 내용을 밝히지 않은 것은 당시에 아베 내친왕 이후 황위를 둘
러싸고 상황이 복잡했음을 보여 준다.

그리고 이 조칙에서는 불법흥륭에 따른 바람직한 결과에 대해서는 '제불의 옹호'라고 하는데, 악인의 자손이 받는 벌에 대해서는 여러 천이나 일본의 신들이나 권세 있는 인물들의 영(靈)이 하는 것으로 한정한다는 점에 주의할 필요가 있다. 즉 불교가 전래한 당시 부처를 앙화를 가져오는 외래의 신으로 간주한 것과 달리, 이제 모든 신과 혼령을 초월해 있고 적극적인 의미의 선을 행할 뿐 악인을 벌주는 일에는 직접 관여하지 않는 것으로 보게 된 것이다.

저주 대목에 보이는 '금강밀적(金剛密迹)'은 『최승왕경』에서는 '금강밀주(金剛密主)'라고 번역하기 때문에 여기서는 구역 『금광명경』에 따른 것으로 보인다. '천룡팔부'라는 표현은 『법화경』에 나온다. 호탑(護塔)에 대해서는 확실하지 않지만, 호법과 마찬가지로 위대한 선신의 왕[大善神王]을 수식하는 말로 보인다. "천자를 도와 공을 세운 대신과 장군의 영"이라고 하는 가운데, '대신'이란 국분사의 조칙에도 언급된 가마타리나 후히토 등을 가리키는 것 같다. '장군'은 『금광명경』에는 '대장군(mahayākṣasenāpati, 대야차장군)'[82]이라고 번역되기도 한다. 중국에서 성했던 대장군 신앙을 고려했는지도 모르겠지만, "천자를 도와 공을 세운 대신과 장군의 위령"이라고 하는 것을 보면, 여기서는 천황에게 충성을 다한 일본의 실재하는 대신이나 장군의 영령을 생각한 것으로 보인다. 위력 있는 신과 영이라면 뭐든지 좋은 것이 아니라, 어디까지나 천황에 대한 충성이 있는, 혹은 종묘의 영령처럼 천황 가문과 직접적인 관련이 있는 신격이라는 것이 첫 번째 조건일 것이다. 이것은 무서운 신들의 이름을 무턱대고 나열해서 복종을 맹세하거나 저주하는

---

82) 『最勝王經』 권6, Nobel, op. cit., p.91, l.16.

후대의 문헌과 다른 점으로, 사천왕을 대표로 하는 불법을 수호하는 신들이 종묘의 영령과 마찬가지로 천황과 인연이 깊고 천황을 수호하는 일을 주로 하는 것으로 간주되었음을 의미한다. 하지만 『최승왕경』에 한정해서 말하면, 이들 호법의 신들은 『최승왕경』을 독송·강설하게 하는 천황만을 지키기 때문에, 『최승왕경』을 유포하는 데 힘쓰지 않는 천황은 "마땅히 갖은 재화가 따르고 국위 또한 상실"[83]하게 된다. 『최승왕경』을 유포하는 데 힘쓰지 않고 정법에 따라 나라를 다스리지 않는 자는 대대의 천황의 혈통을 잇지 않고 종묘에 제를 올리지 않는 자와 마찬가지로, 천황의 자격을 잃게 된다.[84]

한편 "『화엄경』을 근본으로 삼아 대승과 소승의 모든 경율론초소장을 반드시 전독하고 강설해서 모두가 다 끝나도록"이라는 부분에서 주의할 것은, 『화엄경』만을 독송하고 강설하라고 명한 것이 아니고 화엄교학에 따라 일체의 경율론을 강설하라고 명한 것도 아니라는 점이다. 중국 화엄종의 실질적인 개조인 지엄은 말년의 저술 『공목장』의 증화엄경용교분제의(證華嚴經用敎分齊義)에서 『화엄경』을 이해하기 위해 참고할 만한 일곱 가지 문헌으로 경·논·소·장·초·문답·잡공목을 들고 있다.[85] 소 이하는 주로 지엄 자신의 저작을 가리키는데, 제자 의상과

---

83) 『最勝王經』 권6, p.430a. 또 "흑백의 두 무지개는 불길한 조짐을 나타낸다[黑白二虹表不祥相]"를 비롯해서 그 앞뒤에 보이는 재해에 대한 언급의 대부분은 중국적인 것으로, 범문과 대응하지 않는다. Nobel, op. cit., p.92, ll.13-.

84) 후대의 一世一代의 仁王會가 즉위의 大嘗會와 같은 역할을 수행한 것은 이것과 같은 사상에 근거할 것이다. 중국에서 성립된 『인왕반야경』은 말할 것도 없지만, 인도에서도 반야 경전은 일찍부터 반야(prajñā-pāramitā)를 주술적인 위력을 갖는 것으로 존숭하려고 하는 경향이 있었으며, 교리의 발전과 주술화의 강화는 동일선상에 있는 것으로 보인다.

85) 智儼, 『孔目章』 권4, T45.588a. 의상의 『화엄일승법계도』에서는 '經論疏抄孔目問答'(同, 716a), 법장의 『五敎章』 卷中之三에서는 '經論疏鈔孔目及問答'(佛敎大系

법장 모두 이 지시를 따랐다. 한편 "『화엄경』을 근본으로 하는" 조칙은, 『화엄경』을 개강한 뒤로 시간이 흘렀고 화엄교학에 대한 지식도 다소 늘었을 텐데, 위와 같은 분류를 취하지는 않았다. 또 경을 전독하고 강설한다고 하면 쇼무 천황 대에 자주 전독·강설을 명한 『금광명경』·『최승왕경』·『인왕경』·『대반야경』·『법화경』·『금강반야경』·『약사경』, 밀교계의 관음경전 등 호국 내지 연명에 관한 경전 류가 당연히 중요한 위치를 차지했을 것이다.

그런데 도다이지의 화엄종은 갓 창설되었고 소위 화엄교학 자체는 별로 전파되지 않았으며 『화엄경』을 강설할 수 있는 승려도 극히 드물었으니, 저 경들을 화엄교학의 입장에서 강설하는 것은 불가능하다. 하물며 다른 경론, 즉 법상종·삼론종·율종 등의 입장에서 저술된 수많은 장과 소 등을 화엄교학의 입장에서 강설하는 것이 가능할 리 만무하다. 그렇다면 "『화엄경』을 근본으로 한다" 이하는, 일체경이 부처가 깨달음을 얻고 제일 먼저 설한 『화엄경』을 근본으로 하고 있다는 이해를 바탕으로 『화엄경』을 비롯한 일체의 경율론을 독송하고, 중국이나 한국에서 저술된 각 종파의 다양한 장소(章疏) 등의 문헌을 참고해서 그들 경율론을 강설해서 아무리 시간이 걸리더라도 모든 경율론을 전부 독송하고 강설하라고 명령한 것으로 이해해야 한다. 우선은 일체경 내지 주요한 경전을 항상 전독하고 몇몇 경율론을 강설하는 정도에 그쳤을 것이다. 말하자면 그것은 공덕을 바라고 행하는 대대적인 사경이나 특정 경전의 독송과 마찬가지로 일체경을 독송하고 강설하라고 명령한 것이지, 『화엄경』만을 독송하고 강설하라거나 화엄종만을 흥륭시키라고

_____

本, pp.147~148).

명한 것이 아니라는 점에 주의해야 한다.[86]

또한 "근본으로 한다"란, 법장이 『탐현기』 첫머리에서 『화엄경』이 설해진 이유를 열 가지로 보인, '법이고(法爾故), 원력고(願力故), 기감고(機感故), 위본고(爲本故), 현덕고(顯德故), 현위고(顯位故), 개발고(開發故), 견문고(見聞故), 성행고(成行故), 득과고(得果故)' 중에 네 번째에 해당하는 '위본'에 근거했을 것이다. 구체적인 내용은 다음과 같다.

> 넷째, 근본으로 하는 것은, 근기에 따르고자 서서히 지말의 가르침을 부여하기 때문이다. 최초에 우선 본법을 보이고, 후에 비로소 이것에 의해서 지말을 일으키는 것을 보이는 것이다. 이 때문에 최초에 이 경법을 설하고, 그 후에 처음으로 녹야원에서 서서히 지말인 소승의 법을 설한 것이다. (四爲本故者, 謂將欲逐機漸施末敎故. 宜明最初先示本法, 後依此方起末, 是故最初說此經法, 然後方於鹿園處漸說枝末小乘法也.)(T35, 107c)

즉 법장에 따르면 『화엄경』이 최초로 설해진 것은, 먼저 근본의 법을 보이고 이것을 기본으로 해서 중생의 근기에 따른 여러 지말(枝末)의 법륜을 설하기 위해서였다고 한다. 이런 생각은 최초로 설해진 『화엄경』을 근본 법륜, 『화엄경』에서 『법화경』 전까지를 지말 법륜, 『법화경』과 『열반경』을 다시 근본 법륜을 설하는 섭말귀본(攝末歸本) 법륜이라고 한 길장의 삼륜설에 기초한 것이기 때문에, 삼론종 승려뿐 아니라 삼론이나 법상에 소양이 있는 당시의 승속에게는 익숙했을 것이다. 종

---

86) 일체경의 독송은 修多羅衆의 존재와 관계가 있는데, 수다라중에 대해서는 新川登龜男, 「修多羅衆論」(竹內理三博士記念, 『續律令國家と貴族社會』, 吉川弘文館, 1978) 참조. 이 문제에 대해서는 앞서 본 寶川庵에서의 대장경 독송이 참고가 될 것이다.

파를 불문하고 널리 읽혔다는 길장의 『법화현론』은 근본 법륜에 대해서 "일승교가 근본이고 삼승교는 지말"[87]이라고 했고, 중국 삼론종에서는 『화엄유의』를 지은 길장 이전부터 전통적으로 화엄 연구가 활발했다. 또 다이안지는 삼론학의 중심이면서 화엄에 정통한 승려들이 많이 머물러 "『화엄경』 신앙의 중심지"이기도 했는데, 도다이지의 『화엄경』 강설을 "물심양면으로" 도와서[88] 화엄교학을 발전시키는 데 큰 역할을 수행한 것으로 보인다.

다만 텐표 12년(740)의 『화엄경』 개강을 시작으로 화엄교학을 연구하게 되었다고 하지만, 쇼무 천황의 화엄 신앙에 관한 기록은 '쇼호(勝寶)의 감응신 쇼무 황제'라는 시호에도 보이듯이 길상에 관한 것이 많다. 문수 신앙, 문수·보현·노사나불의 삼존 신앙, 지옥행을 피하기 위해 유심게를 중시하는 중국적인 화엄 신앙, 혹은 성기·법계연기·유심설과 같은 화엄교학의 주요 법문에 대한 관심이 드러나는 내용이 거의 없는 것을 보면, 화엄교학의 이해도 부분적으로는 사람 중의 왕이라는 입장에 맞추어진 상당히 특수한 것이었을 가능성이 있다. 조와(承和)

---

87) 吉藏, 『法華玄論』 권1, T34.366a.
88) 渡邊晃宏, 「天平感寶元(749)年大安寺における花嚴經書寫について」(『日本歷史』 278, 1985. 11), p.38. 또 大安寺에서는 天平 14년에는 大安寺의 道慈가 寺主인 教義 등과 함께 "十代(七代?)의 천황을 위해서" '大般若四處十六會図像', '華嚴七處九會図像'을 만들었는데, 九會로 이루어진 것을 보면 당역을 사용한 것을 알 수 있다. 養老 6년 11월에는 元正 천황이 太上天皇(元明)을 추선하기 위해 『화엄경』 80권·『대집경』 60권·『열반경』 40권·『大菩薩藏經』 20권·『관세음경』 200권을 서사하게 하고, 텐표 6년에는 法藏知識이라는 인물이 "天朝을 위해서" 만든 『대반야경』과 『화엄경』 각1부를 법륭사에 봉납하고, 같은 해 12월 23일의 優婆塞貢進解에 따르면 船連次麻呂가 『花嚴經壱部八十卷』을 읽을 수 있다고 하는 것 등을 보면, 당시에는 측천무후의 서문을 포함한 새로 들어온 당역 『화엄경』에 대한 관심이 선행한 것 같다. 진역 『화엄경』을 연구하기 시작한 것은 신조가 『화엄경』을 강의하기 시작한 뒤였을 것이다.

13년(846)에 찬술된 도다이지의 『법화회연기(法花會緣起)』는 텐표 18년 (746)에 법화회를 시작했을 때의 사정에 대해 다음과 같이 서술한다.

> 승정과 대강은 삼가 이렇게 생각했다. 하늘은 만물을 태어나게 하지 만, 한 사람만을 존경하는 존재로 하며, 부처는 오승을 설했지만 일 승을 근본으로 한다. 그러므로 한 사람의 (천황)을 위해서 일승경을 강하고, 납시어 주신 위대한 은덕에 응보하고 싶다. (僧正大綱敬作是 念. 天生萬物, 一人爲尊, 佛說五乘, 一乘爲本. 故奉爲一人, 講一乘經, 莊嚴照臨之鴻德.)(『東大寺要錄』諸會章第五, p.123)

로벤은 만인 중에 가장 높은 천황을 위해, 5승 가운데 '근본'으로서 천황에게 어울리는 일승의 교의를 설해서 법회에 왕림하는 큰 은혜에 보응해야 한다고 생각했다고 한다. 이 기록처럼 실제로 텐표 18년에 쇼무 천황을 맞이해서 성대한 법화회가 열렸는지에 대해서는 논의의 여지가 있지만,[89] 여기서는 적어도 헤이안 초기의 도다이지에 이러한 일승관이 있었다는 사실에 주목하고자 한다. 이것은 『동대사화엄별공연기』에,

> 승정은 임종 때, 오직 화엄일승을 스도 천황에게 부촉했다. 천황이 공경하여 받들고, 대대로 지녀 끊어지지 않도록 한 것은 또한 그러한 힘 덕택이었던 것이다. (僧正臨終時, 偏以花嚴一乘, 付屬崇道天皇. 々 々敬受, 傳持不斷, 亦其力也.)(同, 諸宗章第六, p.157)

라고 해서, 로벤이 임종을 앞두고 화엄일승을 스도(崇道) 천황, 즉 도다이지에 머무르며 활약했던 사와라(早良) 친왕에게 의탁한 것, 그 결과 화엄일승이 쇼무 이하 대대의 천황이 받드는 교의로 전지(傳持) 되었음

---

89) 掘池春峰, 『南都佛教史の研究(上) 東大寺篇』(法藏館, 1980), p.42.

을 강조하고 있는 것과도 통한다. 또 『화엄경』 개강에서 50여 년 뒤에 저술된 『원융요의집』은 '화엄일승'이야말로 삼승의 집착에서 벗어나게 하는 '근본 일승'이고 쇼무 천황이 '이 일승'을 '매우 존숭'했으며, 이 화엄일승이야말로 붓다가 최초로 법을 설했을 때 '인왕'이 받들어 믿은 바라는 것 등을 되풀이해서 강조한다.[90] 즉 로벤을 계승한 사람들은 『화엄경』을 인왕이 받들어야 하는 경전인 『최승왕경』과 마찬가지로 혹은 그 이상으로 인왕에게 합당한 경전으로 보았으며, 근본인 화엄일승이야 말로 대대의 천황이 전지해야 하는 교의라는 점을 강조하고자 했다. 아마 대불 건립 당시에도 도다이지의 승려는 쇼무 천황에게 그런 면에서 화엄일승의 뛰어남을 설파했을 것이다.

하지만 아무리 심오하다고 해도, 모든 사람이 똑같이 성불할 수 있다고 설하는 일승의 교의가 과연 천황에게 합당한 것으로 받아들여지고, 『최승왕경』의 위력이나 사천왕의 옹호를 빌던 천황의 마음을 얻을 수 있었을까. 쇼무 천황이 화엄일승에 마음을 기울인 것이 사실이라면, 그것은 근본이라고 불리는 화엄일승이 노사나불의 위신력과 겹쳐서 매료될 정도로 위력을 갖는 것으로 여겨졌다는 것을 의미할 것이다. 일승을 높이 제창하는 중국의 화엄교학과 달리, 『화엄경』 자체에서 일승은 그다지 강조되지도 않고 중요한 위치를 차지하지도 않는다. 하지만 『법화경』을 비롯한 모든 대승경전이 설하는 일승(ekayāna)은 모든 중생이 성불할 수 있다고 설하는 가르침을 의미할 뿐만 아니라, 근기에 따른 다양한 가르침의 원천임과 동시에, 최종적으로 지향해야 할 목표인 '불성(buddhatva, tathāgatatva)', 불지(佛智)라는 결과의 측면을 갖는

---

90) 谷省悟, 「圓融要義集の逸文 - 華嚴宗の草創に関する資料」(『南都佛教』3, 1957. 5), pp.60~61.

예[91]가 있으며, 신앙과 숭배의 대상이 되기도 한다. 이 '불성'이라는 면을 강조하면, '삼보의 위령', 즉 삼보를 삼보로 만드는 원인인 힘으로 가득한 존재라는 성격을 갖게 될 것이다. 『법화경』의 영향을 받은 『최승왕경』은 여러 곳에서 '정법'을 강조하는데, 그 밖에 「사천왕호국품」에는,

> 이것(『최승왕경』)을 들을 수 있는 것에 의해 정법의 물, 감로의 상미가 너희들(사천왕)의 신심세력을 증가시키고, 정진용맹시켜서 복덕의 위광을 모두 충만시킨다. [由得聞此(『最勝王經』), 正法之水·甘露上味, 增益汝等(四天王)身心勢力·精進勇猛, 福德威光, 悉令充滿.] (T16.428a)

등과 같은 내용도 많이 보인다.[92] 이 '정법'을 『최승왕경』과 『법화경』을 쌍으로 해서 국가 불교의 기둥으로 삼았던 당시의 상식에 따라 일승이라고 해석하고 특히 『화엄경』을 '근본일승'으로서 강조했다고 하면, 화엄 일승은 사천왕 등 선신의 활동을 뒷받침하는 근원적인 것, 또한 인왕이 수지하기에 합당한 위력 있는 것이 될 것이다. 닌묘(仁明) 천황이 승화 3년(836)에 내린 조칙에 "신토(神道)를 호지(護持)하는 것은 일승의 힘보다 못하다"라고 명언하고 "국내의 유명한 신사마다 『법화경』 1부를 독송하게 하라"고 명한 것[93]은 사이초 이래의 법화 일승 신앙에 근거한 것이지만, 그 싹은 이미 쇼무 천황 시대부터 있었다고 할 수 있다.

---

91) 일승이 가르침의 의미에 그치지 않는 점에 대해서는 平川彰, 『初期大乘と法華思想』 제2편 제3장 「法華經における「一乘」の意味」(春秋社, 1989), pp.397~398, pp.419~420 참조. 일승에 '불지(佛智)'의 성격이 있다는 점에 대해서는 勝呂信靜, 「インド佛敎と法華思想との關連」(坂本幸男編, 『法華經の思想と文化』, 平樂寺書店, 1965), p.446 참조.
92) 이 '정법(正法)'에 해당하는 말이 범문에서는 dharma(p.75, l.12)이지만, 한역할 때 그 경전의 중심이 되는 dharma를 '정법(正法)'이라고 번역하는 예가 많다.
93) 『續日本後紀』承和 3년(836).

5. 결론

쇼무 천황이 믿은 호국불교는 불교와 중국 사상의 영향을 받아 모습을 갖추어 가고 있던 국가적 신기 신앙과 밀접하게 결부되어 있었다. 이와 같은 『최승왕경』을 중심으로 한 호국불교는 경전을 독송하고 강설함으로써 일본적인 의미에서의 '죄'를 없애고, 거기에 호법의 선신이나 재래의 신기의 활력을 더해서 천황 옹호와 국가안태와 풍년 등을 기원했다. 또 불법을 흥륭하게 한 공덕에 따라 선조의 추선과 자신의 왕생을 기원함과 동시에, 그런 원에 동반하는 강력한 저주를 통해 신하에게 충성을 강요하는 권위의 원천이기도 했다. 거기에 새롭게 더해진 화엄 신앙은 노사나불을 사천왕 등의 힘을 뒷받침하는 근본적이고 강력한 위신력의 구현으로 보고, 『화엄경』 속에서 모든 교법의 근본으로서의 일승, 특히 힘이 가득한 '삼보의 위령'과 같은 일승을 발견해서 그러한 교학을 인왕의 입장에서 해석하려는 것으로, 종래의 호국불교의 토대 위에 서서 그 규모를 확대한 것이었다고 생각한다. 그리고 이것은 큰 흐름 속에서 보면 텐무·지토 두 천황의 종교 정책을 계승하고 강화한 것이다.

그런 의미에서 쇼무 천황의 화엄 신앙은 『최승왕경』을 대표로 하는 전통적인 호국 불교라는 바다에 떠 있는 빙산에 불과했지만, 그 빙산은 대불이나 도다이지라는 모습으로 국가 재정이 기울 정도로 커졌으며, 쇼무 천황의 후원 속에 화엄교학이 발전하고 계단(戒壇)까지 설립되자 더욱 거대화됐다. 나라 조 이후에 성장한 천태종과 진언종의 경우는, 화엄과 마찬가지로 호국 불교라는 바다를 모태로 삼아 때로 재래 신앙에까지 뿌리를 뻗어 양분을 흡수한 것처럼 보이지만, 사이초는 법화일승과 구원실성(久遠實成)의 석존을, 구카이는 금강승과 밀교의 노사나불인 대일여래를 각각 화엄일승과 화엄의 노사나불의 근저에 위치시키고, 양자 모두 독특한 계율을 주장한다. 칙원의 노사나불과 칙원에 의해 흥륭한 화엄교학, 그리고 조칙에 의해 설립된 계단이라는 두꺼운 빙산을 관통하는 과정에서 자신을 단련시키지 않고서는, 천태와 진언 두 종파가 쇼무 천황으로 대표되는 텐무계 제 천황의 사적을 극복하려는 시대의 요구에 부응할 만한 이론적이고도 실천적인 '종파'가 되는 것은 불가능했을 것이다.

제2부
지론종의 문헌들

제1장 『칠종예법(七種禮法)』

1. 머리말

도선(道宣, 596~667)은 용삭(龍朔) 3년(661)에 서명사(西明寺)에서 지은 『석문귀경의(釋門歸敬儀)』 권하 위용유의편(威容有儀篇) 제8에서, 늑나삼장(勒那三藏)이 중국 예불 의례의 허술함을 한탄해서 세상에 보였다는 『칠종예법』을 소개하며 그 내용을 발췌했다. 『칠종예법』은 불분명한 점이 많기는 하지만,[1] 도선 이전의 예불의 기본이 되는 사상을 보여 주는 매우 귀중한 자료다. 여기서는 주로 여래장 사상과 관련해서 고찰하고자 한다.

---

1) 『七種禮法』에 관한 연구는 많지 않지만, 德田明本, 『律宗概論』 제6장 제5절 「七種禮敬」(百華苑, 1969)이 율종의 입장에서 간단히 설명하고 있다. 또 柳田聖山, 「ダルマ禪とその背景」(橫超慧日 편, 『北魏佛教の研究』, 法藏館, 1970)은 습선자와 여래장 사상의 관련이라는 측면에서 본서의 의의를 간략하게 논하고 있어서 도움이 된다. 또 德田와 柳田는 각각 『釋門歸敬儀』와 『法苑珠林』에 의거하면서 두 인용문을 비교하지 않아서, 도쿠다는 전통적인 설에 따라 늑나마제의 찬술로 보고, 야나기다는 번역으로 취급한다(야나기다 논문에 대해서는 織田顯祐의 가르침에 따랐다).

2. 『칠종예법』을 인용하는 문헌들

먼저 『칠종예법』이 전승된 경위에 대해서 살펴보자. 이 문헌의 완본은 전하지 않고, 앞서 말한 도선의 발췌 외에도 도세(道世, ~668?)가 『법원주림(法苑珠林)』 권제20의 치경편(致敬篇) 제9, 제5 명사정(明邪正) 항에서 인용하고 있다. 도세는 도선과 마찬가지로 『칠종예법』이 만들어진 배경에 대해 간단히 소개하고 본문을 발췌하고 있는데, 아래에 보듯이 그 서술이 도선의 것보다 좀 더 자세하다.

석문귀경의 (釋門歸敬儀)	늑나삼장은 이 어리석은 범부들을 보고 비심이 안으로 충문하여 그 자들을 위하여 『칠종예법』을 저술했다. 아주 상세하기 때문에 약초하여 여기에 기록한다. (勒那三藏見此下凡, 悲心內充, 爲出七種禮法. 文極周委, 鈔略出之.)(T45.864a)
법원주림 (法苑珠林)	이 예법의 기원을 찾으면, 제나라 초에 서국삼장으로 그 이름을 늑나라고 하는 자가 있어, 이런 어리석은 범부가 야만적인 땅에 살고, 예의에 자세하지 않고, 마음은 원숭이나 말과 같은 것을 보고, 비심이 안에서 넘쳐, 그들을 위해서 『칠종예법』을 번역했다. 문장은 광범위하지만, 요점을 따라서 이것을 발췌하면 조잡한 것으로부터 미세한 것으로 움직이고, 조잡한 것은 삿됨으로 삼고, 미세한 것은 올바른 것으로 삼는다. 그러므로 계급에는 7종이 있지만, 본의는 뒤의 셋에 있다. (源此禮法, 於齊代之初, 有西国三藏厥名勒那, 觀此下凡, 居在辺鄙, 不閑禮儀, 情同猴馬, 悲心內溢, 爲翻七種禮法. 文雖広周, 逐要出之, 從麁至細, 對麁爲邪, 對細爲正. 故階級有七, 意存後三也.)(T53.435a)

이렇게 간단히 소개하는 대목에서도 어구가 완전히 일치하는 것을 보면, 그들이 봤던 텍스트에는 성립 배경에 대해 언급한 일종의 서문이 달려 있었음을 알 수 있다. 또 "글이 매우 광범위하면서도 자세하다"고 하지만, 발췌한 내용이 거의 다 일치하는 것에서 『칠종예법』의 양이 그리 많지 않았음을 짐작할 수 있다. 도세가 선배 도선의 발췌를 참고했거나, 혹은 당시 이미 위에 인용한 문장이 들어 있는 발췌본이 유포되어 있었을지도 모른다. 도선과 도세의 발췌 중에 표현이 다른 부분에 대해서는, 원문을 대폭 요약해서 독특한 미문으로 바꾸는 도선의 습관을 생각하면 도세의 서술이 보다 원형을 유지하는 것으로 보이고, 여러 계통의 텍스트가 유포되어 있었을 가능성도 무시할 수 없다.

그 밖에 지엄(602~668)의 『공목장』도 『칠종예법』을 참고한 것으로 보인다. 『화엄경』「명호품」에는 시방세계에 문수보살 등이 찾아와서 부처님께 예불을 올린다는 내용이 나온다. 지엄은 『공목장』 권1의 제2회 「명호품」 예불의식장(禮佛儀式章)에서 그 대목을 해석하는데, 신구의 삼업에 의한 예불을 설하는 중에 의업의 예불을 (1) 성과례(成過禮), (2) 상사례(相似禮), (3) 경덕례(敬德禮), (4) 참멸과례(懺滅過禮), (5) 회향중생례(廻向衆生禮), (6) 회향보리례(廻向菩提禮), (7) 회향실제례(廻向實際禮)의 일곱 종류로 나누어 간단히 설명한다.[2] 교넨(凝然)은 『공목장발오기(孔目章發悟記)』 권10에서 첫 번째의 성과례에 대해 "늑나마제(勒那漫提) 삼장의 7종 예법 가운데 아만례(我慢禮)에 해당한다"고 지적하고,

---

2) 『孔目章』 권1, T45.540bc. 『探玄記』는 「명호품」의 이 부분을 해석할 때, "敬儀에 일곱 가지가 있다. 공목장에서 말하는 것과 같다"(T35.169c)라고 해서, 『공목장』으로 설명을 돌린다. 高峯了州, 『華嚴孔目章解說』(南都佛敎硏究會, 1964)에서는 이 부분을 해석할 때 『칠종예법』과의 관계에 대해서는 언급하지 않았다.

이『칠종례』는 늑나의『칠례』와 대체로 다음과 같이 그 의미가 비슷하다. 다만, 제4의 멸과는 그와 같지 않다. (此七種禮, 與勒那七禮, 多分如次, 其義相似, 但第四滅過, 與彼不同.)(佛全11.127)

라고 유사점을 지적한다. 또『화엄경전기』잡술부에 따르면, 지엄에게『화엄공양십문의식(華嚴供養十門儀式)』이라는 저서가 있어서 일본에도 전해졌다고 한다.[3] 그런데 징관이『화엄경소』권27에서,

늑나삼장은『칠종례』를 설한다. 지금 뒤의 세 가지를 더해서 완벽하게 10으로 했다. (勒那三藏說七種禮, 今加後三以成圓十.)(T35.706b)

라고 설하듯이,『화엄공양십문의식』도 징관의 10례와 마찬가지로 늑나삼장의 7종 예법에 근거한 것으로 보인다.

7종 예법은 그 밖에 종밀의『원각경초』등에도 자주 언급되며 연수의『종경록』등에도 인용이 보인다. 다만 종밀과 연수의 경우는 도선이나 도세의 발췌를 약초한 것으로 보이기 때문에 여기서는 다루지 않는다. 당 초기의 여러 학승 중에서도 사분율을 강의한 도선과 도세와 지론종 남도파의 지엄이 사분율종 및 지론종 남도파의 개조가 된 혜광(468~537)의 스승인 늑나마제가 지었다는 문헌을 참고했다는 점에 주목할 필요가 있다. 번역이라고 하면서도『법원주림』의 발췌에서는『대지도론』에서 인용했다고 하는 문장 외에도,

서방에서는 석가라고 하는 것처럼, 이 중국에서는 능인이라고 한다. 무엇 때문에 일불로서 능인 아닌 자가 있겠는가. (如西云釋迦, 此云能

---

3)『華嚴經傳記』권5, T51.172b. 木村清孝,『初期中國華嚴思想の研究』(春秋社, 1977), p.404.

仁. 豈有一佛非能仁也.)(T53.435c)

라고 해서 중국어를 의식한 설명을 덧붙이는 등 미심쩍은 점은 많지만, 적어도 이 문헌이 혜광 계통에서 전해 내려온 점은 확실하다고 본다.

3. 여래장 사상에 근거한 예불

『칠종예법』의 내용을 검토하기에 앞서 7종예의 명칭을 열거하면 다음과 같다.

	『석문귀경의』	『법원주림』
1	아만례(我慢禮)	아만교심례(我慢憍心禮)
2	창화례(唱和禮)	창화구명례(唱和求名禮)
3	신심공경례(身心恭敬禮)	신심공경례(身心恭敬禮)
4	발지청정해달불경계례 (發智淸淨解達佛境界禮)	발지청정례(發智淸淨禮)
5	편입법계례경공양 (遍入法界禮敬供養)	편입법계례(遍入法界禮)
6	정관례(正觀禮)	정관례(正觀禮)
7	실상삼보자타평등례 (實相三寶自他平等禮)	실상평등례(實相平等禮)

명칭에 관한 한, 한눈에도 『법원주림』이 형식이 갖추어져 있다는 것을 알 수 있다. 7종 예법의 배열을 살펴보면, 예라고 부르기 부족하고, 이름뿐인 첫 번째와 두 번째 예에서 시작해서, 지혜를 동반하지 않는

세 번째 예로 가고, 네 번째와 다섯 번째 예에서는 법신과 자신의 신심의 관계를 강조하고, 여섯 번째에서는 다름 아닌 자신의 불성에 예를 올려야 한다고 한다. 그리고 일곱 번째 예에 이르면 자타의 대립을 버려야 하고 부처를 예의 대상으로 보는 것이 잘못이라고까지 단언하며, 이런 대담한 주장에 대해 비난하는 범부가 있을 것이라고 덧붙인다. 말하자면 형식뿐인 삿된 예에서 시작해서 지혜를 동반하지 않는 신(信)뿐인 예로 가고, 여래장 사상에 근거한 예를 거쳐서, 능과 소를 떠난 무상평등한 예에 도달하는 것이다.[4]

필자는 『기신론』에 관한 연구 중에 『칠종예법』과의 관계를 다룬 것은 보지 못했다. 다만 『법원주림』의 인용문(435c)이나 그 약초로 보이는 『종경록』 권23의 인용문[5]에 한정되기는 하지만, 『칠종예법』에는 '본각'이라는 말도 보인다. 『법원주림』의 발췌에 다음과 같은 내용이 있다.

> 제6에 정관수계례는 이것은 자체자신불을 가리킨다. 다른 대상인 타인의 몸인 부처에 향하지 않는다. 왜인가. 일체중생은 자연히 불성평등본각을 가지고 있으며, 법계에 수순하고, 연기가 왕성하다. 다만, 미혹 때문에 다만 타신을 존경하고, 자기의 불성에 대해서는 함부로 인식하여 악이라고 칭한다. 예를 들어, 이 행을 실천해도 항상 치우치거나 잘못하거나 한다. 만약 내가 몸을 극악이며 무불성이라고 안다면, 만약 타신을 존경해도 결국은 무익하다. 중생은 미혹되어 있고, 미미한 선을 발해도 전 세계를 들어 타신을 공양하는 것뿐이다. 무한의 과거 이래 아직까지 일등·일향·일례·일식도 자신의 불성을 위해 공양하는 것이 없다. 만약 지혜에 의해 본각을 돌아보면, 해탈은 금

---

4) 『칠종예법』이 혜능의 無相戒와 통하는 점이 있다는 지적은 야나기다, 주1)의 앞 논문에도 보인다(同, p.165).
5) 『宗鏡錄』 권23, T48.541c.

세 기대된다. 그러므로 『유마경』에서 말한다. "만약 스스로 자신의 몸의 실상을 관찰하면 불을 관찰하는 것과 마찬가지이다"라고. …… 자신의 마음이 청정하면 자성주불성이다. 힘에 응하여 지혜를 수행해 가는 것은 인출불성이다. 삼아승지겁이 가득차서 결과가 완전히 얻어지면 그야말로 지득과불성이다. …… 불성을 보려고 한다면 반드시 자신의 부처를 관찰해야 한다. 법과 승에 대해서도 마찬가지이다. 본체는 같아서 둘이 아니다. 이것을 정관례라고 이름한다. (第六正觀修誠禮者, 此明自身佛.[6] 不緣他境他身佛. 何以故. 一切衆生自有佛性平等本覺, 隨順法界, 緣起熾然. 但爲迷故, 唯敬他身, 己身佛性, 妄忍爲惡. 縱修此行, 常爲偏倒. 若知己身極惡無佛性者, 縱敬他身, 終成無益. 衆生迷惑, 雖發微善, 唯將法界供養他身. 無始已来, 未曾將一燈一香一禮一喰供養己身佛性. 若能反照本覺, 則解脫有期. 故維摩經云, 如自觀身實相, 觀佛亦然. …… 己心淸淨, 則是自性住佛性. 隨力修明是引出佛性. 三祇果圓, 卽是至得果佛性. …… 欲見佛性, 要觀己佛. 法僧亦爾. 體同無二. 是名正觀禮也.)(T53,435c)

또 삿된 예법[邪禮]인 첫 번째와 두 번째 예를 제외하면, 앞서 언급한 예불의 발전 양상에는 『기신론』의 삼종 발심과 유사한 면이 있어서, 『칠종예법』과 진제 역(혹은 진제 역이라고 전하는) 경론과의 친연관계를 엿볼 수 있다. 대표적인 예로 삼종 불성에 대한 언급을 들 수 있다. 현존하는 경론 중에 삼종 불성을 논하는 것은 진제 역 『섭대승론석』(자성주불성·인출불성·지득과불성)과 『불성론』(주자성불성·인출성·지득성)뿐인데, 『칠종예법』에 나오는 명칭이 『섭대승론석』과 일치한다. '자성(自性)'이나 '주(住)'와 같은 일반적인 용어를 조합한 경우라면 모르지만, '인출

---

6) "이것은 自體自身佛을 밝힌다"고 해도 의미가 통하지만, '自體'가 '自禮'의 잘못일 경우는 "이것은 스스로 자신불에 예를 표함을 밝힌다"라고 해석할 수 있다.

(引出)'이나 '지득과(至得果)'와 같은 역어를 다른 역자가 우연히 똑같이 사용했다고는 생각하기 힘들다. 『칠종예법』과 진제 역은 어느 한쪽이 다른 쪽을 참고했다고 볼 수밖에 없다. '반조(反照)'나 '본각(本覺)'이라는 용어도 원측이 진제삼장의 『구식장(九識章)』을 인용하거나 『구식장』을 근거로 해설할 때 가끔 보이는 말이다.[7] 예를 들어 『인왕경소』에서는,

> 진제삼장은 전체 9식을 세웠다. 첫째는 아마라식이고, 진여본각을 본성으로 한다. 번뇌에 얽힌 가운데 있는 것을 여래장이라고 이름하고, 얽히지 않은 것은 법신이라고 이름한다. 아마라식은 중국에서는 무구식이라고 한다. 『구식장』에 있는 대로이다.
> 해석해서 말한다. 본각이 자기의 본체를 돌아보는 것이 제9식이다.
> (眞諦三藏總立九識. 一阿摩羅識, 眞如本覺爲性. 在纏名如来藏, 出纏名法身. 阿摩羅識, 此云無垢識. 如九識章.)(T33.400b)
> 解云, 本覺反照自體第九識.)(同, 380b)

라고 말하고, 『해심밀경소』에서도,

> 제9 아마라식은 중국에서는 무구식이라고 하며 진여를 본체로 한다. 하나의 진여에 두 가지 의미가 있다. 첫째는 대상이 되는 것을 진여 및 실제 등이라고 이름한다. 둘째는 작용의 측면을 무구식이라고 하며 또한 본각이라고 이름한다. 또한 아마라식이 자체를 지혜로써 돌아보는 것을 말한다. (第九阿摩羅識, 此云無垢識, 眞如爲體. 於一眞如有其二義. 一所緣境名爲眞如及實際等. 二能緣義名無垢識, 亦名本覺. 又云阿摩羅識反照自體.)(續藏1-34-4.360左上-左下)

라고 설한다. 만약 『칠종예법』이 진제삼장의 『구식장』 내지 진제삼장 역

---

7) 宇井伯壽, 『印度哲學研究(第6)』(甲子書房, 1930), p.70.

이라고 전하는 『기신론』 이전에 성립했고 '본각'이 도세(혹은 그 이전의 약초)가 덧붙인 말이 아니라면, '본각'은 『칠종예법』에 처음 나온 것이다. 반대로 진제 역이 먼저 있었다면, 『칠종예법』은 늑나마제 시대는 물론이고 혜광이 죽고 적어도 10수년 이상 지난 뒤에 성립한 것이 된다. 이 경우에 당 초기에 활약한 도선과 지엄 등이 말년의 저작이라고 하는 것에서 성립의 하한선을 알 수 있다. 진제삼장 이후에 성립했을 가능성이 크다.

어쨌든 『열반경』 등을 인용하며 자신 안의 불성을 깨달아야 한다고 강조하는 『칠종예법』이 여래장계의 경론을 자유자재로 구사하는 것은 사실이며, 그 역자 혹은 저자라고 불리는 늑나삼장을 『보성론』을 번역한 늑나마제라고 이해해 온 것도 당연하다고 할 수 있다. 예를 들어 다섯 번째 예에는 다음과 같이 말한다.

석문귀경의	행자는 다음과 같이 관상한다. 자기의 신심법은 원래 법계 불의 법신 외에 없다고. 또 다음과 같이 안다. 제불의 신심법은 내 몸 외에 없다고. 그런데 이해를 일으키는 자신은 일체신으로서 법계에 편만하고 통달한 이것을 법계부증불감청정법문이라고 이름한다. (行者想觀, 自己身心法, 從本已來, 不在法界佛法身外. 亦知, 諸佛身心法不在我身外, 夫發解冠達自身一切身遍滿法界, 是名法界不增不減清淨法門.)(T45.865ab)
법원주림	정말로 행자가 상관(想觀)하는 자신의 신심 등의 법은 원래 법계를 떠나 있지 않다. 제불의 몸 외에 있지 않다. 또한 제불의 몸 안에 있지 않고, [제불신도] 또한 자기의 바깥에 있지 않다. 또한 자신의 안에 있지도 않다. 자성이 평등하며 본래부터 증감이 없다. (良由行者自己身心等法, 從本已來, 不離法界. 不在諸佛身外, 亦不在諸佛身内, [諸佛身] 亦不在我外, 亦不在我内, 自性平等, 本無增減.)(T53.435b)

두 인용문은 표현이 긍정적이냐 부정적이냐의 차이는 있지만, 『불성론』의 능섭장(能攝藏)과 소섭장(所攝藏) 사상과 같다는 점은 분명하다.

여래장 사상과의 관련에 대해서는, 일곱 번째 예의 말미에 평등례의 입장을 밝히는 가운데,

> 『문수예문』에서 말한다. "불생불멸이기 때문에 관찰되지 않는 것에 경례한다."(文殊禮文云, 不生不滅故, 敬禮無所觀.)(T53.436a)

라고 해서, '문수예문'이라는 이름으로 담무참 역『여래장엄지혜광명입일체불경계경(如來莊嚴智惠光明入一切佛境界經)』 권하의 게[8]를 인용하고 있는 것을 주목할 수 있다. 이 경전은 넓은 의미에서는 여래장 사상계에 속하지만, 『성기경』에 근거해서 법신의 편재를 강조하고 있으며, 화엄교학과 마찬가지로 과(果)의 측면이 강하다고 한다.[9] '일법일체법(一法一切法)'[10]이라는 형식으로 일다상즉을 강조하는 한편, 『칠종예법』에 인용된 게의 앞뒤에 능과 소의 분별을 떠난 예불에 대해서 역설하고, 위의 인용문 바로 다음에도 "항상 평등에 들어가기 때문에 관찰되지 않는 것에 경례한다[常入平等故, 敬禮無所觀]"라고 한다. '실상(實相)'이라는 말은 보이지 않지만, 이 경전이 칠종예 중에서도 제7 실상평등례[實相三寶自他平等禮]의 근거가 되고 나아가 『칠종예법』 전체의 근거가 되었다는 점은 분명하여, 『칠종예법』에 중대한 영향을 미쳤음을 알 수

---

8) 『如來莊嚴智惠光明入一切佛境界經』 卷下, T12.247c. 또 돈황사본에는 『文殊師利無相十禮』(T85)가 전하는데, 문수에 근거한 무상례가 유포되어 있었다는 것을 추측할 수 있다(『文殊師利無相十禮』에 대해서는 吉津宜英의 가르침에 따랐다).
9) 高崎直道, 『如來藏思想の形成』 제4장 제1절 「『智光明莊嚴經』」(春秋社, 1974), pp.615~6, pp.630~3.
10) 『如來莊嚴智惠光明入一切佛境界經』 권하, T12.246c.

있다.

또한 『화엄경』이나 『십지경론』을 근간으로 하는 지론종 남도파 중에 실상의 개념을 중시하는 이들이 있었다는 사실은, 스스로 '원종실상법문(圓宗實相法門)'[11]을 설한다고 하는 『화엄경양권지귀』나 제목에 실상이 들어가는 『대승오문실상론(大乘五門實相論)』, 『대승오문십지실상론(大乘五門十地實相論)』 등을 봐도 알 수 있으며,[12] 지론종의 영향을 받은 의상이 『법계도』에서 무장무애의 법계문을 '연기실상다라니법'[13]이라고 불렀다는 것과도 무관하지 않다.

그 밖에도 『칠종예법』은 네 번째 예에서는 일불일체불(一佛一切佛)을 말하고, 다섯 번째 예에서는,

> 방 하나에 백 천의 거울을 걸어놓고, 어떤 사람이 거울을 보면, 거울에는 모두 (자기의) 모습이 나타난다. 불신은 청정하며 밝기는 거울을 넘어서 있다. (거울에 비추인 모습이) 상호 상대방으로 들어가서 비춰지지 않는 거울이 없고 모습은 비춰지지 않는 것이 없다. 다른 거울을 총섭하는 것을 총으로 하고, 다른 거울에 들어가는 것을 별로 한다. 한 몸조차 그렇다. 일체법계의 범부와 성인의 몸 및 공양구는 모두 수희를 도와서 모두에게 공양한다. (如一室中懸百千鏡, 有人觀鏡, 鏡皆像現. 佛身淸淨, 明逾彼鏡. 迭相涉入, 鏡無不照, 影無不現. 此則攝他爲總, 入他爲別. 一身旣爾. 乃至一切法界凡聖之身, 及供養之具, 皆助隨喜, 悉同供養.)(T45.865b)

---

11) 『華嚴經兩卷旨歸』 권상, 1左.
12) 『大乘五門實相論』, 『大乘五門十地實相論』에 대해서는 본서 제2부 제2장 제1절 참조.
13) 『一乘法界圖』 T45.714b.

라고 해서 이른바 경상원융(鏡像圓融)의 비유를 든다.[14] 여기서 "타자를 아우르는 것이 총(總)이고 타자에 들어가는 것이 별(別)이다"라는 말은 육상의 총상과 별상을 의식한 해석으로, 이 또한 『칠종예법』이 지론계 내지 지론교학의 영향을 받았다는 것을 보여 준다. 늑나삼장에 대해 지론종 조사로 『화엄경』의 달인이라고 불린 늑나마제라고 이해해 온 것은 당연하다고 할 수 있다.

4. 성립의 배경

마지막으로 『칠종예법』이 성립된 배경에 대해서 살펴보자. 우선 작자가 누구든, 이 문헌의 목적이 예불의 근거를 보이고 불성의 존재를 자각하게 해서 자타를 평등한 경지로 나가게 하는 것이었음은 의심할 여지가 없다. 그리고 도선과 도세의 인용문 모두 다섯 번째 예와 여섯 번째 예의 분량이 가장 많은 것을 봐도 여래장 사상을 주요 단서로 하고 있었다는 것을 알 수 있다. 또 '자신불(自身佛)'을 예배하는 의의만을 설하고 구체적인 방법에 대해서는 거의 말하지 않은 것은, 『칠종예법』이 비판한 것이 실제로는 중국불교도의 허술한 예불 형식이 아니라 불성설을 교의의 중심으로 하지 않고 유상(有相)의 예배에 그친 점이었다고 볼 수 있을 것이다. 도세의 인용문에는 다음과 같은 격한 말도 보인다.

---

14) 여래장사상계의 경론에서는 흔히 중생의 마음을 거울에 비유하는데, 앞서 말한 『入佛境界經』에서는 『七種禮法』의 비유와 마찬가지로 법신을 거울에 비유하는 부분도 보인다(240c). 또 鏡像佛은 佛名경전류에 자주 보인다. 廣川堯敏, 「敦煌出土七階佛名經について-三階敎と淨土敎の交渉」(『宗敎硏究』55-4, 1982. 3), p.102. 아마 서역의 석굴의 장엄이나 의례가 반영되었을 것이다.

다만, 미혹 때문에 오직 타신을 존경하고, 자기의 불성에 대해서는 함부로 인식하여 악이라고 칭한다. 예를 들어, 이 행을 실천해도 항상 치우치거나 잘못하거나 한다. 만약 내가 몸을 극악이며 무불성이라고 안다면, 만약 타신을 존경해도 결국은 무익하다. (但爲迷故唯敬他身, 己身佛性妄認爲惡. 縱修此行, 常爲偏倒. 若知己身極惡無佛性者, 縱敬他身, 終成無益.)(T53.435c)

이것이 보경인악(普敬認惡)을 설하는 삼계교에 대한 비판이라면, 『칠종예법』의 성립은 수대 말 이후가 될 것이다. 도선의 인용문에서는 자신의 불성의 존엄함을 담담하게 말한 것뿐이고, 도세가 이런 문장을 덧붙였다고 보기는 어렵다. 아마도 이 문헌이 성립한 배경에는 삼계교의 유행에 대한 비판이 있었을 것이다.

『칠종예법』을 저술한 인물의 학계는 위에서 말한 것처럼 지론종 남도파일 가능성이 크다. 다만 진제삼장의 역경이나 교학에 관한 관심이 많은 점을 보면, 섭론종 교학과의 융합을 강화하고 있던 계통일지도 모른다. 상세한 검토는 향후의 연구로 미룬다.

제2장 돈황에서 출토된 지론종 문헌

제1절 혜원 계통 이외의 지론종 문헌

1. 혜원 계통 이외의 지론사의 교판

　가나자와문고가 소장하고 있는 (稱名寺依託本) 삼장불타 찬『화엄경
양권지귀』는 수대 말기 내지 당대 초기에 불명(佛名) 신앙이 유행하던
가운데 성립한 지론종 남도파의 문헌으로 생각된다. 이『화엄경양권지
귀』에 보이는 교판의 특색은 (1)『능가경』의 종통(宗通)·설통(說通)설에
근거해서 화엄의 법문을 '통종(通宗)'이라고 부르며『화엄경』을 특별히
존숭한다는 점, (2) 화엄의 법문을 돈교의 위치에 놓고 '원종(圓宗)'이라
고도 부른다는 점, (3) 점교인『법화경』이나『열반경』과 같은 통교에서
수행하는 자는 삼아승지겁의 수행을 이룬다 해도 회심해서 통종인 돈
교대승에 들어가면 가장 낮은 신(信)의 계위에 불과하며 전입(轉入)하지
않는 경우는 일천제라고 주장하는 점 등이 있다.[1] 이 중에서도 다른 대

---

1) 본서, 제1부 제2장 참조.

승에서 화엄으로 전입하는 문제는 한중일 화엄에서 격렬한 논쟁을 부른 문제이므로,『화엄경양권지귀』는 화엄종보다 앞선『화엄경』지상주의의 선구의 하나라고 볼 수 있다.

여기서 주목할 만한 것은 통종·원종을 시작으로 하는『화엄경양권지귀』의 교판은 천태 문헌에서 지론사의 주장이라고 소개하고 교판하는 여러 교판과 공통적인 부분이 있다는 점이다. 천태 문헌에서는 다음과 같이 말한다.

> 여섯째는 불타삼장과 학사 광통이 논한 것으로, 4종 교판이다. 첫째, 인연종이다. 아비담의 6인 4연을 가리킨다. 둘째, 가명종이다.『성실론』의 3가를 가리킨다. 셋째, 광상종이다.『대품』과 삼론을 가리킨다. 넷째, 상종이다.『열반경』,『화엄경』등을 가리킨다. 상주인 불성, 본유로서 존재하여 적정하다. 일곱째는 어떤 이는 오종교를 열었다. 네 가지 의미는 앞에서 본 것과 다르지 않다. 나아가『화엄경』을 가리켜 법계종으로 한다. 즉 호신사의 자궤대승이 사용한 것이다. 여덟째에는 어떤 이는 광통설을 칭송하면서 그 4종에는 속하지 않는 것이 있다고 하여, 더 나아가 6종을 열었다.『법화경』의 만선동귀의 설을 가리키며 제불이 법이 오래된 후에 반드시 진실을 설하는 것을 진종이라고 이름하였다.『대집경』의 염과 정이 함께 녹아들어가 법계에 널리 편만하는 것을 원종이라고 이름한다. 다른 4종은 앞에서 언급한 대로이다. 즉 이것은 기사사 름사가 사용한 것이다. (六者, 佛馱三藏學士光統所辨, 四宗判教. 一因緣宗. 指毘曇六因四緣. 二假名宗. 指成論三假. 三誑相宗. 指大品三論. 四常宗. 指涅槃華嚴等. 常住佛性本有湛然也. 七者, 有師開五宗教. 四義不異前. 更指華嚴爲法界宗. 卽護身自軌大乘所用也. 八者, 有人稱光統云, 四宗有所不收, 更開六宗. 指法華萬善同歸, 諸佛法久後, 要當說眞實, 名爲眞宗. 大集染淨俱融法界圓普, 名爲圓宗. 餘四宗如前. 卽是耆闍凜師所用.)(『法華玄義』卷第10上,

T33.801b)

법계는『화엄경』뿐 아니며, 원종은 다만『대집경』을 가리키는 것만은 아니다. (法界不獨華嚴, 圓宗不偏指大集.)(同, 卷第九上, 806a)

지론사는『화엄경』을 원종이라고 부르며,『법화경』을 부진종이라고 한다. (地人呼華嚴爲圓宗, 法華爲不眞宗.)(『法華文句』卷第九上, T34.125c)

진종을 통종이라고 하는데, '종'이란 말은 정말로 진과 부진에 통하는가? ……
답:『능가경』에서 말한다. "설통은 동몽을 가르치고, 종통은 보살을 가르친다"라고. 그러므로 진종을 통종이라고 하는 것이다. (眞宗爲通宗者, 宗卽通眞不眞. …… 答曰. 楞伽經云, 說通敎童蒙, 宗通敎菩薩. 故以眞宗爲通宗也.)(『四敎義』卷第一, T46.125c).

통종임을 자부하는 이들 교판은 불타삼장에게 사사했다는 법표(法標)의 주장[2] 속에 나오고, 그 밖에 돈황에서 출토된 지론종 문헌에 많이 보인다. 지론종의 교학이라고 하면 흔히 정영사 혜원의『대승의장』,『기신론소』,『십지론의기』등의 저작이 떠오르지만, 혜원은 대승경전에 우열을 매기는 것을 좋아하지 않아서 모든 경전을 동등하게 존중하려고 했으며 경전의 우열을 논하는 다양한 교판은 지론종의 다른 계통에서 주장한 것 같다. 그중에서도『대집경』을 존중하는 계통이 상당히 유력했던 것 같다. 예를 들어 고이즈미 엔준(古泉圓順)에 따르면, 550년에 필사되었다고 하는 S6388, 그리고 552년 이후, 그것도 552년부터

---

2) 新羅 見登의『一乘成佛妙義』에서 인용. T45.785c.

몇 년 뒤쯤 필사되었다고 하는 S613V는 모두 자신의 입장을 통종, 원종, 원교 등으로 부르며 『대집경』을 존중하는 지론종의 문헌이다.[3] 『승만경』의 주석인 S6388은 『승만경』이야말로 '원(圓) 중의 원(圓)', 즉 원교 중의 원교라고 하며, 그 이유를 『승만경』은 "대집경에서 흘러나온 물줄기이기 때문"[4]이라고 한다. 즉 『대집경』이 근본이라는 것이다.

실제로 S6388은 『대집경』은 '자체인과'를 종(宗)으로 하고 있다고 하여 모든 경전 중에 최고의 위치에 올려놓는다. '자체인과'는 혜광 이래 지론종의 전통적인 개념으로 화엄종에 가서도 지엄의 초기 저작 속에 사용되는데, 본래는 『화엄경』 「성기품」이나 「입법계품」에서 부증불감의 인과의 존재 방식을 표현하는 개념이었다. 아마도 『대집경』이 중시됨에 따라 『대집경』이야말로 진정한 자체인과를 밝히는 것이라고 간주된 것 같다. 한편 S6388은 "하지만 종(宗)은 각각 셋을 갖추고 있다. 셋을 나누려고 하여 서로 한 가지 종을 들 뿐이다"[5]라고 말해, 『열반경』・『화엄경』・『대집경』이 모두 원종이고, 이 세 경전은 자류(自類)인과・자종(自種)인과・자체(自體)인과를 모두 갖추고 있으며, 어느 측면이 강한가에 따라서 『열반경』에 자류인과를, 『화엄경』에 자종인과를, 『대집경』에 자체인과를 배당한 것에 지나지 않는다고 한다. 이것은 『화엄경』이 전통적으로 자체인과라는 개념과 관련이 깊었다는 사실을 반영한 것으로 보인다.

---

3) 古泉圓順, 「敦煌出土佛典注釋書の『圓宗』」(『IBU四天王寺國際佛教大學文學部紀要』15, 1983. 3). 후루이즈미는 스타인 문서 중에 지금까지 본 범위에서는 '원종' 혹은 '원교'라는 말이 보이는 것은 S6388과 S613V뿐이라고 하는데, 스타인 문서에서는 그 밖에 S3441이나 S2734에도 보이며, 펠리오 문서에서는 P2832B 등에도 보인다.
4) 敦煌寶藏45, 656下.
5) 敦煌寶藏45, 656下.

『열반경』·『화엄경』·『대집경』을 원종으로 하는 것은 같은 학계에 속한 S613V도 마찬가지로, 고이즈미가 이 두 책에 보이는 주장이 천태가 비판한 지론사의 주장이라고 지적한 점은 중요하다. 연집설 및 행위설의 전개라는 관점에서 천태 교학과 지론종의 교리를 비교 검토하고 있는 아오키 다카시(青木隆)는 지의가 소개하고 비판하는 지론사의 교리에 정영사 혜원의 교리와 일치하지 않는 것이 많다는 사실에서, 지의에게 영향을 미친 것이 법상에서 혜원에 이르는 계통의 지론교학이 아니라, 도빙(道憑)에서 영유에 이르는 계통의 연집설이 아닌지 추정했는데,[6] 이 S613V가 일승에 관한 도빙의 설을 인용해서 자신의 입장으로 삼고 있는 것은 아오키의 추정을 뒷받침한다고 할 수 있다.

2. 천태의 행위설과의 관계

여기서 돈황에서 출토된 지론종 문헌에 보이는 행위설과 천태 교의의 관계에 대해서 살펴보자. 먼저 S3441는 아래와 같은 행위설을 취한다.

삼승별교
　성문승
　연각승(벽지불승)
　보살승
통교일승

---

6) 青木隆,「天台行位說形成の問題-52階位說をめぐって」(『早稻田大學大學院文學研究科紀要別册[哲學·史學편]』12, 1986. 1). 青木隆,「中國地論宗における緣集說の問題」(『フィロソフィア』75, 1988. 3), 青木隆,「天台行位說の形成に関する考察」(三崎良州編,『日本·中國佛敎思想とその展開』, 山喜房佛書林, 1992).

십신보살

　　습종성유십주보살(習種性有十住菩薩)

　　성종성유십행보살(性種性有十行菩薩)

　　도종성유십회향보살(道種性有十廻向菩薩)

　　성종성유십지보살 (性種性有十地菩薩)

　　십일등각지 (十一等覺地)

　　십이묘각지(十二妙覺地)

통종대승

　　일천제위

　　습종성위십주보살

　　성종성위십행보살

　　도종성위십회향보살

　　성종성위십지보살

　　등각성위무구지

　　묘각성위불

　그리고 『화엄경양권지귀』와 마찬가지로 통종을 믿지 않는 일천제의 존재를 언급하면서 통교에서 통종으로의 전입(轉入)에 대해 논한다. 또 십지에 대해서는 다음과 같이 말한다.

　　제3은 통교일승보살의 위지를 열거한다. …… 처음에는 환희지이다. …… 영원히 사견을 끊는 지이다. …… 둘째는 이구지이다. …… 욕애에 머무는 것을 끊는 지이다. 셋째는 명지이다. …… 색에 머무는 것을 끊는 지이다. 제4는 통종대승의 입도 차제를 밝힌다. …… 셋째는 명지이다. …… 이 전반의 3지를 수다원이라고 이름한다. 신인의 상품에 해당한다. 넷째는 염지이다. …… 3지는 인에 수순하기 때문에 사다함이라고 이름한다. 순인은 하품이다. …… 여섯째는 현전지이다. …… 앞의 6지는 제2의인 법사의 지이다. 일곱째는 원행지이다. ……

제3의인 법사의 지이다. …… 제6의 등각성위는 무구지이다. …… 이
것과 법운지는 제4의인 법사의 지이다. (第三列通教一乘菩薩位地.
…… 初歡喜地. …… 永斷見地, …… 二離垢地. …… 斷欲愛住地. 三
明地. …… 斷色住地. 第四列通宗大乘入道次第. …… 三明地. ……
自前三地, 名須陁洹. 信忍上品. 四炎地. …… 三地順忍, 名斯陀含.
順忍下品. …… 六現前地. …… 自前六地, 是第二依法師. 七遠行地.
…… 第三依法師. …… 第六等覺性位無垢地. …… 此及法雲是第四依
法師.)(『三界圖』S3441, 敦煌寶藏28, 470上－473上)

이것은 바로 『사교의』 권10에서,

> 지론사의 통교에서는 위지를 판정해서 말한다. 초지는 사견을 끊고,
> 2지에서 애욕을 끊고, 3지에서는 색애를 끊는다고 한다. 지론사의 통
> 종에서는 위지를 판정하여 3지의 단견을 수다원이라고 이름한다. 4지
> 부터 6지에 이르기까지를 사다함이라고 이름한다. 제2의인 법사이다.
> 7지를 아나함이라고 이름한다. 제3의인 법사이다. 10지·등각을 아라
> 한이라고 이름한다. 이것은 제4의 법사이다. (地論師通教判位云, 初
> 地斷見, 二地斷 欲愛, 三地斷色愛. 地論師通宗判位, 有用三地斷見,
> 名須陀洹. 從四地至六地, 名斯陀含. 第二依法師. 七地名阿那含. 第三
> 依法師. 十地等覺名阿羅漢. 是第四依法師.)(T46,759b)

라고 하고 있는 지론사의 설과 거의 같다.

S3441, S2734, P2832B 등은 모두 '삼계도'나 '법계도'라고 불리는 종
류의 문헌인데, P2832B의 경우는 말미에 행위를 보여 주는 간단한 그
림이 달려 있다. 이들 문헌은 각각의 교판에 근거해서 세계의 구조, 혹
은 지옥이나 일천제에서 등각·묘각에 이르는 행위를 정리하고 간단하
게 설명한 것으로, 『대승의장』과 같은 강요서에서 세계관이나 행위설

부분만 발췌 증보해서 단독 유포한 것으로 볼 수 있다. 이러한 '삼계도'나 '법계도'의 특징으로는 아오키가 지론종 남도파의 교의라고 추정한 연집설을 설한다는 점, 『인왕경』을 이용해서 42계위설을 도입하는 점, 별교·통교·통종의 교판을 이용해서 통종의 첫머리에 통종을 믿지 않는 일천제라는 계위를 설정한 점, 또 천태의 행위설과는 다르지만 별교에서 통교로의 전입과 통교에서 통종으로의 전입의 문제를 논하며, 천태교학과는 위치가 다르지만 5품 제자의 계위를 설정하고 있다는 점 등을 들 수 있다. 이런 문헌의 존재는, 지의가 지론사의 행위설을 비판적으로 도입해서 독자의 체계를 형성했다고 하는 아오키의 추론을 입증한다고 할 수 있다. 특히 아래의 S3441의 내용이 주목할 만하다.

> 세제…… 제일의제…… 중도일실제…… 이 삼제는 평등하다……. 자체의 수행과 본유에 대해서, 만약 위지의 관점에서 판정하면, 습종성이 나타내는 것은 유위연집이다. 성종성이 나타내는 것은 무위연집이다. 도종성이 나타내는 것은 자체연집이다. 초지 이상은 법계연집행을 나타낸다. 이 등각을 완성시키는 것은 법계무장애행을 나타낸다. …… 부처에게 삼종신이 있다 첫째는 법신불이다. 이미 법성을 본체로 하고, 자체연집을 몸으로 한다. 둘째는 보신불이다. 일체의 묘지를 본체로 한다. 무위연집을 몸으로 한다. 셋째는 응신불이다. 대비를 체로 한다. 32상·80종호가 있으며, 유위연집을 몸으로 한다. 이 3종신이 원융해서 불이인 것이 즉 법계연집이다. (世諦…… 第一義諦…… 中道一實諦…… 三諦平等……. 自體修有中, 若約位判, 習種顯有爲緣集行. 性種顯無爲緣集行. 道種顯自體緣集行. 初地已上, 顯法界緣集行. 全此等覺, 顯法界無障导行. …… 佛有三種身. 一者, 法身佛. 已法性爲躰, 自體緣集爲身. 二者, 報身佛. 一切種妙智爲體, 無爲緣集爲身. 三者, 應身佛. 以大悲爲體, 三十二相八十種好有爲緣集爲身. 此三種身圓融不二, 卽是法界緣集身也.)(敦煌寶藏28,4870下)

이 돈황 문헌이 남도파의 계통을 넘어서 널리 읽혔다는 사실은 말미에 삼종반야를 소재로 선사와 여인이 주고받은 시[應酬詩]가 달려 있는 것에서도 짐작할 수 있다. 이 시는 라사의 종론(宗論)을 전하는 S2672 등의 문헌의 말미에도 달려 있어서, 습선자들 사이에서 인기가 있었던 것으로 보인다.[7]

3. 결론

'삼계도'류든 S613V와 같은 『대승의장』류에 속하는 것이든, 이런 편리한 문헌은 학승의 비망록 내지 초심자를 위한 교과서로서 학파의 틀을 넘어 널리 읽혔을 것으로 생각된다. 또 널리 유포된 만큼 지론종 남도파의 교판을 납득하지 못하는 사람들은 더욱 반발할 수밖에 없었을지도 모른다. 하지만 화엄종의 지엄을 비롯한 사람들이 그것을 비판하면서도 기초 교학의 많은 부분을 지론종의 문헌에서 도입했다는 사실을 간과할 수 없다. 돈황에서 출토된 지론종 남도파의 문헌, 특히 정영사 혜원의 계통과는 다른 계통의 문헌을 연구하는 것은 지론교학 자체를 연구하는 데 필요할 뿐만 아니라 육조 말에서 수당에 걸친 불교학 전체를 해명하기 위한 매우 중요한 작업이 될 것이다.[8]

---

7) 이 應酬詩(「揚州覬禪師遊山偶石室見一女獨枕一床贈詩一首」)에 대해서는 P·드미에빌의 번역이 있다. 드미에빌, 「『神會語錄』とチベット宗論」(『研究報告(第1冊)』, 花園大學國際禪學研究所, 1988), 주69.
8) 돈황 출토 지론종 문헌에 관한 최근 연구사에 대해서는 石井公成, 「[學界動向] 敦煌文獻中の地論宗諸文獻の研究」(『駒澤短期大學佛教論集』1, 1995. 10) 참조.

제2절 『대집경』을 존숭하는 계통의 지론종 문헌

1. 중국에서의 『대집경』 수용

지금까지 『대집경』에 관해서는 주로 말법사상이 언급되곤 했다. 하지만 말법을 설하는 월장분(月藏分)은 수(隋)의 나련제야사(那連提耶舍)의 번역이고, 세상에 알려지게 된 것은 비교적 후대의 일이다. 그렇다면 수대 초엽까지 『대집경』을 중시하던 사람들은 말법사상 이외의 부분에 끌린 것이 분명한데, 그것은 아마도 천태 지의가 북국선사(北國禪師)의 수행에 대해 설하고 있는 통명관(通明觀)일 것이다.[1] 지의는 초기 작품인 『석선바라밀차제법문(釋禪波羅蜜次第法門)』 권8에서 다음과 같이 말한다.

> 이 선을 이름해서 통명관(通明觀)이라고 하는 이유는 이 관방(觀方)의 법은 『대집경』에 나오기 때문이다. 문장에 특별한 명목은 없지만, 북국의 제 선사가 수행하고 있다. …… 어떤 사람이 설하여 말한다. "『화엄경』에 이 명목이 있다. 통이라는 것은 즉 처음의 수습이 통하여 3사를 관찰하는 것이다. 만약 숨을 관찰할 때, 통하여 색과 심을 관찰한다. 만약 색을 관찰하고, 나아가 심을 관찰한다고 설할 때도 마찬가지이다. 이 법은 명정하여 심안을 열 수 있고 어둠에 가려진 저것이 없게 된다. 하나를 관찰해서 셋에 통달한다. 철저하게 간파하여 장

---

1) 通明觀과 『大集經』의 관계에 대해서는 板本廣博, 「諸法無爭三昧法門と大集經」(『印佛研』28-1, 1979. 12), 同, 「『大集經』と南岳慧思」(『叡山學院研究紀要』4, 1981. 10), 多田孝正, 「『次第法門』所出의'北國禪師'의'通明觀'」(『宗教研究』50-1, 1976. 6) 등의 연구가 있다.

애가 없다. 그러므로 통명이라고 이름한다. 또한 다음으로 이 선을 확실히 수행하면, 반드시 6신통과 3명을 발할 수 있기 때문이다. 『대집경』에서는 법행비구가 이 선을 닦았을 때, 신통을 얻으려고 하면 곧얻는다. 지금 통이라는 것은 그야말로 6신통을 얻기 때문이다. 명이라는 것은 그야말로 3명을 생기게 할 수 있는 것이다. 이것은 원인 가운데에서 결과를 설하는 것이기 때문에 통명관이라고 한다. …… 어떻게 해서 수행하는가라고 하면, 처음의 안심으로부터 숨·색·마음세 가지가 모두 분별이 없음을 관찰해야 한다. 3사를 관하는 자는 반드시 우선 숨길을 관찰해야 한다. …… 다음으로 색의 진여를 관하는행자는, …… 그때, 마음에는 분별이 없고 그야말로 색의 진여에 도달한다. 다음으로 심의 진여를 관하는 행자는……"(所以此禪名爲通明觀者, 此觀方法出大集經. 文無別名目, 北国諸禪師修. …… 或有說言, 華嚴經有此名目. 所言通者, 謂從初修習卽通觀三事. 若觀息時, 卽通照色心. 若觀色乃至心亦如是. 此法明淨, 能開心眼, 無諸暗蔽. 既觀一達三. 徹見無閡. 故名通明. 復次善修此禪, 必定能發六通三明故. 大集經明法行比丘修此禪時, 欲得神通卽能得之. 今言通者, 卽是能得六通. 明者, 卽是能生三明. 此因中說果故, 言通明觀…… 云何修行者, 從初安心, 卽觀於息色心三事俱無分別. 觀三事者, 必須先觀息道. …… 次觀色如行者, …… 尔時心無分別, 卽達色如. 次觀心如行者. ……)(T46.529ac)

즉, 『대집경』에 통명이라는 이름이 나오지는 않지만 통명관은 『대집경』에 근거한 관법이다. 숨·색·심의 어느 하나를 관찰할 때, 이 '3사' 전체의 존재 방식을 관통하여 밝히려고 노력하면 심안이 열려서 일체법을 밝힐 수 있기 때문에 '통명'이라고 부른다고 한다. 또 여섯 가지 통(通)과 세 가지 명(明)을 얻기 때문에 '통명'이라고 한다고도 해서, 신통의 측면을 강조한 설도 소개한다. 그리고 지의는 이 관법을 수행할 때식·색·심의 '3사'가 모두 '무분별'임을 관한다고 해서, 『대집경』 권22의 문장을 인용하면서 색의 진정한 존재 방식인 '색여(色如)'와 심의 진정한 존재 방식인 '심여(心如)'를 밝히는 관법의 과정에 대해서 말하는데, 색의 진정한 존재 방식을 '색여'라고 부른 예가 『대집경』의 이 대목에는 보이지 않는다.

한편 시대는 내려가지만 북종선의 문헌인 『대승무생방편문(大乘無生方便門)』에서는,

> 마음을 벗어나는 것이 마음의 진여이고, 색을 벗어나는 것이 색의 진여이다. 마음과 색이 함께 진여가 되면, 그야말로 깨달음의 완성이며, 완성된 깨달음이 곧 여래이다. (離心心如, 離色色如. 心色俱如, 即是覺滿. 覺滿即是如来.)(T85.1274a)

유마힐은 말한다. "오직 사리불이여. 제불·보살에게 해탈이 있는 것을 불가사의라고 이름한다"고.
문: 무엇이 불가사의일까요.
답: 마음에서 생각하지 말고, 입으로 논의하지 말라. 마음이 생각하지 않는 것이 심의 진여, 입으로 논의하지 않는 것이 구의 진여이다. 마음이 속박을 벗어나면, 마음이 해탈을 얻는다. 입으로 색의 진여를 논하지 않으면, 색은 속박으로부터 벗어나고, 색은 해탈을 얻는다. 마음과 색이 함께 속박을 벗어나는 것을 불가사의해탈이라고 이름한다. 만약 보살이 이 해탈에 머무르면 높고 넓은 수미산을 겨자씨 속에 넣고도 증감하는 것이 없다. 수미산왕은 본래의 모습 그대로이기 때문이다.
문: 수미산이 겨자씨 가운데 수렴되고도 증감하는 것이 없다는 것을 어떤 것인가?
답: 수미산은 색이고, 겨자씨도 또한 색이다. 마음이 생각하지 않는

것이 심의 진여, 수미산과 겨자씨가 함께 색의 진여이고, 동일진여의 모습이고 증감하는 것이 없기 때문에, 수미산왕은 본래의 모습이 진여이기 때문이다. 오직 제도될 사람만이 수미산이 겨자씨 속으로 들어가 증감이 없는 것을 볼 것이다. (維摩詰言, 唯舍利弗諸佛菩薩有解脫, 名不可思議. 問. 是没是不思不議. 答. 心不思, 口不議. 心不思心如, 口不議口如. 心離繫縛, 心得解脫. 口不議色如, 色離繫縛, 色得解脫. 心色俱離繫縛, 是名不可思議解脫. 若菩薩住是解脫者, 以須彌之高広納於芥子中, 無所增減. 須彌山王, 本相如故. 問. 是没是須彌納芥子中, 無所增減. 答. 須彌是色, 芥子亦是色. 心不思心如, 須彌芥子俱是色如, 同一如相, 無所增減, 須彌山王本相如故. 唯應度者, 乃見, 須彌入芥子中無所增減.)(T85.1277ab)

이라고 해서, 구마라집의 역경에 종종 보이는 '색여'라는 용어를 '심여'와 관련지어 논한다. 특히 조그만 겨자씨 안에 수미산이 들어가는데 늘거나 줄지 않는다는 『유마경』의 불가사의해탈과 연결해서 설하는 점이 주목된다. 앞서 든 『대집경』에서는 색의 진정한 존재 방식을 '색여'가 아니라 '색진상(色眞相)'이라고 부르는데, '색상(色相)을 멀리 떠나[서 색진상에 통달하]면 신통을 획득한다'(T13.160c)라고 해서, 식·색·심을 관해서 그 진정한 존재 방식에 통달하면 신통을 얻을 수 있다는 점을 강조하고 있는 것을 보면, 북국선사의 통명관은 일즉일체적인 불가사의해탈을 체득해서 신통을 획득하려는 의도에 근거한다는 것을 알 수 있다. 즉 북국선사가 『대집경』에서 추구한 것은 대소가 상즉하는 경지, 그리고 그 경지를 체득해서 신통을 발휘할 수 있는 수선법이었다. 북종선의 문헌에 비슷한 표현이 보이는 것은 그런 수선법이 후대의 북종선에도 일부 계승되었음을 보여 준다.

여기서 주목할 만한 것은 『대집경』을 존숭해서 '원종'이라고 불렀다고 전해지는 기사사 안름(安懍)의 교판이다. 『법화현의』권제10상에서는 남북의 여러 논사들의 교판을 열거하며 비판하는데, 광통율사 혜광을 비롯한 지론사들의 교판에 대해서 다음과 같이 말한다.

여섯째는 불타삼장과 학사 광통이 논한 것으로, 4종 교판이다. 첫째, 인연종이다. 아비담의 6인 4연을 가리킨다. 둘째, 가명종이다. 『성실론』의 3가를 가리킨다. 셋째, 광상종이다. 『대품』과 삼론을 가리킨다. 넷째, 상종이다. 『열반경』, 『화엄경』 등을 가리킨다. 상주인 불성, 본유로서 존재하여 적정하다. 일곱째는 어떤 이는 오종교를 열었다. 네 가지 의미는 앞에서 본 것과 다르지 않다. 나아가 『화엄경』을 가리켜 법계종으로 한다. 즉 호신사의 자궤대승이 사용한 것이다. 여덟째에는 어떤 이는 광통설을 칭송하면서 그 4종에는 속하지 않는 것이 있다고 하여, 더 나아가 6종을 열었다. 『법화경』의 만선동귀의 설을 가리키며 제불은 법이 오래지 않아 후에 반드시 진실을 설하는 것을 진종이라고 이름하였다. 『대집경』의 염과 정이 함께 녹아들어가 법계에 널리 편만하는 것을 원종이라고 이름한다. 다른 4종은 앞에서 언급한 대로이다. 즉 이것은 기사사 름사가 사용한 것이다. (六者, 佛䭾三藏學士光統所辨, 四宗判敎. 一因緣宗. 指毘曇六因四緣. 二假名宗. 指成論三假. 三誑相宗. 指大品三論. 四常宗. 指涅槃華嚴等. 常住佛性本有湛然也. 七者, 有師開五宗敎. 四義不異前. 更指華嚴爲法界宗. 卽護身自軌大乘所用也. 八者, 有人稱光統云, 四宗有所不收, 更開六宗. 指法華萬善同歸, 諸佛法久後, 要當說眞實, 名爲眞宗. 大集染淨俱融法界圓普, 名爲圓宗. 餘四宗如前. 卽是耆闍凜師所用.)(『法華玄義』卷第10上, T33.801b)

북지에서 남지로 건너간 안름의 교판에 따르면, 『대집경』은 '염정구융(染淨俱融), 법계원보(法界圓普)'를 특징으로 하기 때문에 '원종'이라고 한다는 것에 주의할 필요가 있을 것이다. 여기에는 그 배경에 여래장 경전의 유행이 있으며, 수선의 구체적인 방법이 아니라 번뇌에 싸인 범부와 청정한 깨달음의 지혜의 관계를 해명하는 경전이 무엇인가 하는 교리적인 입장이 우선시되기 때문에 '염정구융(染淨俱融)'이 먼저 나온다. 하지만 이어지는 '법계원보(法界圓普)'라는 말에서 알 수 있듯이, 여기에도 일즉일체적인 편만한 존재 방식이 『대집경』의 특징으로 간주된다. 지론종에서는 이런 견해가 널리 알려진 듯하다. 지론종 남도파의 불교 강요서 S613V[2]는,

> 원래 여래대성이 세상에 나타나신 이유는 자신이 얻은 것을 중생에게 전하기 위해서이다. 그러나 그 얻은 것은 가르침으로서 한없이 다르고, 어떻게 이름하여 구분할 수가 있을까. 일생의 전후라는 점으로부터 보자면, 대개 3종을 벗어나지 않는다. 그 셋은 무엇인가. 하나는 삼승별교, 둘은 통교, 셋은 통종이다. 별교라는 것은 아비담이나 『성실론』이 논하는 소론(疎論)이 그것이고, 통교는 『법화경』의 회삼귀일이 그것이다. 통종교라는 것은 『열반경』, 『화엄경』, 『대집경』이 논하고 있는 본체의 양상이 그것이다. 앞에서 '통'이라고 설한 것은, 상이 서로 융합하기 때문에 '통'인 것이다. 지금 '통'을 설한 것은 체가 서로 융합하기 때문에 '통'인 것이다. 그러나 본체의 실질을 궁구하여 보면, 그 취의는 가르침은 하나이고, (여래의) 원음은 불이를 입장으로 한다는 것이다. …… 일체가 일체의 체인 것……. 일체라는 것은 『화엄경』이다. 일체의 체라는 것은 『열반경』 외에 다름 아니다. 본체가 나타나지 않는 것은 『대집경』에 다름 아니다. 그러나 『열반경』은 상에 기본을 두고, 점교의 행을 보인다. 이것은 유여 또는 무여이다. 『화엄경』은 본체에 대해서 돈·원의 교와 행을 논하고 있다. 이것은 필경 또는 필경이 아니다. 『대집경』은 무애의 관점에서 원교의 행을 보이고, 이것은

2) 古泉圓順, 「敦煌出土佛典注釋書の『圓宗』」(『IBU四天王寺國際佛教大學文學部紀要』15, 1983. 3).

비밀의 입장이다. 생각하니 돈교에 의해서 점교를 논하고 있고, 구별이 있으면서 구별이 없는 것으로 그야말로 점에 의해서 돈을 보인 것이고, 무차별의 차별이며, 차별이면서 무차별인 것으로 인다라망처럼 서로 융합되어 장애가 없다. 어찌 원궁의 실이 아니겠는가. (夫如来大聖, 所以興於世者, 將欲以己所得, 伝示衆生故也. 然其所得, 教別塵沙, 豈容限目. 如約以辨一代始終, 要不出三. 其三者何. 一是三乘別教. 二是通教. 三是通宗教. 言別教者, 謂毘曇·成實, 所辨疏論者是. 言通教者, 如法華, 會三歸一者是. 言通宗教者, 謂涅槃·華嚴·大集, 所辨體狀者是. 前言通者, 相融故通. 今之辨通, 體融故通. 然究之體實, 旨明教一, 圓音不二爲宗. …… 一體一切體. …… 言一體卽是華嚴. 一切體卽是涅槃. 體無不彰卽是大集. 然涅槃擴相, 明漸教行, 是有餘無餘. 華嚴就體, 辨頓圓教行. 是必【畢】竟不必【畢】竟. 大集拠無障礙, 以彰圓教行, 是祕密. 蓋是頓以辨漸, 差別而無差別, 卽漸以明頓, 無差別之差別. 差別無差別, 如因陀羅網, 融同無礙者, 寧非圓窮之實哉.)(敦煌寶藏5.139下-140上)

이라고 해서, 『대집경』은 '융동무애(融同無碍)'를 역설한다. "인다라망처럼 융동무애함이 어찌 원궁(圓窮)의 실(實)이 아니겠는가"라는 말이 나타내듯이, S613V의 저자는 『대집경』을 인다라망 등의 비유를 써서 끊임없이 일즉일체를 설하는 『화엄경』보다 더 『화엄경』적인 뛰어난 경전으로 본다.

이상으로 알 수 있듯이, 북지에 있어서 『대집경』은 수선에 있어서나 교리적으로나 '무장무애'를 설하는 경전으로 간주된 것 같다. 위의 인용문에서는 『대집경』이 『화엄경』보다 상위에 놓이지만, 첫머리에서 본 『석선바라밀차제법문』에 따르면 통명관은 『대집경』이 아니라 『화엄경』에서 유래한다는 설도 있다. 그렇다면 『화엄경』과 『대집경』은 가까운 경전으로 간주되었고, 어느 쪽이 뛰어난지에 대해서 논란이 있었을 것이다.
S613V는 『대집경』을 최고의 경전으로 보는데,

> 십지의 원도는……. 염과 실을 섞었고, 염과 정이 이처럼 서로 용해되
> 어 있다. …… 덕행이 완비되어 있는 것을 원이라 이름하는 것이다. (十
> 地圓道……. 雜染實者, 染淨斯融也. …… 德行滿足, 是名之爲圓也.)

이라고 하여, 「십지품」을 포함하고 있는 『화엄경』보다 오히려 『대집경』이
'염정'이 융합하는 십지의 '원도(圓道)'의 특징을 잘 보여 준다고 생각했
음을 알 수 있다. 아마도 『대집경』의 연구는 『십지경론』이나 『화엄경』 연
구와 관련이 깊었으며, 북지의 그런 계통을 중심으로 해서 교리와 수선
양면에서 중시된 것으로 보인다. 『화엄경』을 중시하고 수선과 관련이 있
던 것은 북지에서는 지론종과 삼론종과 사론종 등이 있는데, 삼론교학
을 대성한 길장의 『화엄유의』에서,

> 두 부처는 함께 인과를 나타내 보이고, 각각 구별하면서 구별이 없다
> 는 뜻과 구별이 없으면서 구별한다는 뜻이 있다. (二佛同明因果, 各有
> 差別無差別·無差別差別義.)(敦煌寶藏5.138下)

라고 해서 위의 S613V에서 설한 '차별무차별'의 논의를 인용하는 점이
흥미롭다.

2. 『대집경』을 존숭하는 파의 『대집경』 주석

『속고승전』에 따르면, 초당 이전에 『대집경』을 강의하거나 소를 저술

한 승려들은 아래와 같다.

[담란] 강남 도은거라는 자가 방술(方術)에 귀착한 바를 계승하고……
가는 데마다 그를 따랐다. …… 명산에 가서 방술에 의해 치료를 수
행하고자 하여.

[혜용] 화엄, 열반, 방등, 대집, 대품을 각 20번, 지론, 중론, 백론, 십
이문론을 각각 35번 강의하였다.

[안름] 즉『입신서(入神書)』한 수(首),『통력』3권을 지었다. 지리풍수
의 도는 전수하지 않는 것이 없었다. 사람됨은 노장사상을 좋아하고,
일찍부터 유교경전과 역사에 통효해 있었다. 또한 태일의 점을 잘 했
고, 손자·오기의 병법을 이해했다. ……『화엄경』을 강의했다.

[보단] 처음에는 도사의 동자였고, 불법을 배우지 않았다. …… 외전
과 불경을 계속 강의하고 교육했다. …… 또한 의술의 처방을 집성했
고, 여러 병고를 잘 고쳤다. …… 뒤에『열반법경』,『법화경』등의 소를
지었다.

[영유] 밤에는 정리를 이야기하고, 낮에는 속서를 읽었다. …… 점치
는 책을 한 권 지었고, 이것에 의해서 점쳐주게 하고 댓가를 받았다.
…… 처음에『십지경』의 소 4권,『지지경』,『유마경』,『반야경』의 소를
각각 양권씩,『화엄경』의 소 및『지귀』를 합하여 9권, ……『장기』,『노
강식』,『경조위상록』,『의결부금법』,『문단수충서』, ……

[법융] 불굴사에서, …… 7장의 경을 그림이 있다. 첫째는 불경. 둘째
는 도서. 셋째는 불교사서. 넷째는 속전의 사서. 다섯째는 의방과 도
부. …… 즉 내전과 외전을 찾아 구하여 읽었고, 어두운 게 없었다.

[현완] 담천 선사에게 사사하여,『섭론』을 배웠고, ……『법화경』,『대
집경』,『능가경』,『승만경』,『지론』,『중론』,『백론』등 어떤 것이나 다 잘
알았다.

[曇鸞] 承江南陶隱居者方術所歸, …… 遂往從之. …… 欲往名山依方
修治.

[慧勇] 講花嚴涅槃方等大集大品, 各二十遍. 智論中百十二門論, 各三十五遍.

[安廩] 乃製入神書一首·洞曆三卷. 青鳥之道, 莫不伝芳. …… 而性好老莊. 早達經史. 又善太一之能, 並解孫吳之術. …… 講花嚴經.

[宝彖] 初道士童子, 未學佛法. …… 外典佛經相續訓導. …… 又鈔集医方, 療諸疾苦. …… 後製涅槃法花等疏.

[靈裕] 夜談正理, 晝読俗書. …… 造卜書一卷, 令占之取価. …… 初造十地疏四卷. 地持維摩波若疏各兩卷. 華嚴疏及旨歸合九卷. …… 莊記老綱式經兆緯相録医決符禁法文斷水虫序…….

[法融] 佛窟寺, …… 有七藏經画. 一佛經. 二道書. 三佛經史. 四俗經史. 五医方図符. …… 於卽內外尋閲, 不謝昏暁.

[玄琬] 於曇遷禪師稟學攝論, …… 法華大集楞伽勝鬘地論中百等, 並資承茂實.

이 중에 담란은 사론, 보단은 『성실론』, 혜용과 법융은 삼론을 배웠는데, 안름·보단·영유 세 명, 혹은 혜광 문하의 담준(曇遵)의 제자인 담천(曇遷)에게 배운 현완까지 포함하면 네 명이 지론종 남도파의 계보에 있는 승려이며, 담란도 『십지경론』을 번역한 보리유지에게 가르침을 받았다는 사실을 간과할 수 없다. 또 위의 인용문에 보이듯이 이들 승려 중에 중국의 전통사상, 그것도 유교적인 것뿐만 아니라 점술·풍수·의술·병법 기타 방술[方伎]이나 위서(緯書) 등의 소양을 갖춘 자가 많고 도교와 관련이 있는 사람도 있었다는 점은 주목할 만하다. 이것은 "공(空)사상에 입각해서 여기에 밀교적 요소와 통속 신앙을 비롯한 많은 사상과 신앙을 배분해서 법상을 설하는 것을 주로 하는"[3] 『대집경』

---

3) 蓮澤成淳, 「大方等大集經解題」(『國譯一切經印度撰述部大集部1』, 1930), p.18.

의 복잡성[4]을 잘 보여 준다고 할 수 있다.

어쨌든 『대집경』을 존숭하는 사람들이 지론계, 특히 남도파가 주력이었던 것은 확실하다. 그러한 경향을 보여 주는 귀중한 자료로 돈황사본 중의 『대승오문실상론』(北8378[騰六])의 단간이 있다. 예서 느낌이 짙은 서체와 고체의 문자로 봐서 수 이전인 북조 기에 서사된 것으로 보인다. 이 사본은 『대집경』 보당분(寶幢分)의 경문을 요약 발췌해서 간단한 주석을 붙이고 있는데, 아마도 『대집경』에 관한 주석으로는 현존하는 유일한 문헌이라고 생각된다. 「불가설보살품」의 중간에서 시작해서 보당분의 처음인 「마고품(魔苦品)」으로 가서 「왕고품(往古品)」, 「마조복품(魔調伏品)」이 나오고, 보당분 중의 「상품(相品)」의 중간에 끝난다. 수대에 삽입된 「허공장품」에 대한 주석이 없다는 사실도 성립 시기를 수 이전으로 추정할 수 있는 근거의 하나다.

이 사본은 「불가설보살품」에 '법계실성'에 대해 설하는 부분(『대집경』 권제13, T13. 87s)에 대해서 다음과 같이 말한다.

> 성문도 삼공의 관문을 얻으면, 법계의 실상과 비슷하다. 이 때문에 인용하여 증거로 삼았다. …… 여래와 성문은 구별이 있지만, 그 법계체성은 언어는 비밀스럽고 이치는 현묘하여 실제로는 구별이 없다. (聲聞得三空觀門, 與法界實相相似. 是故引来爲証. …… 如來聲聞, 而有差別, 法界躰性, 言祕理妙, 實無差別.)(敦煌寶藏110.117a)

즉, S613V와 마찬가지로 구분이 있으면서도 없다고 하는 '차별·무차별'의 논리를 사용해서 여래와 성문의 평등을 논한다. 또 계속해서,

---

4) 『대집경』과 도교의 관계에 대해서는 靑木隆, 「『次第法門』における一, 二の問題」(『印佛研』 38-1, 1989. 12), 同, 「護身命思想と道敎」(『印佛研』 42-1, 1993. 12) 참조.

천자여. 만약 어떤 사람이 "나는 다르고, 부처도 다르다"라고 한다면, 이 사람은 (잘못된) 분별을 일으키는 것을 알 수 있어야 한다. 이것은 마구니의 제자이다. 만약 어떤 사람이 "나는 평등하게 일체 제법을 관찰했더니 모두가 평등하고 중생도 평등하고 여래도 평등하다"고 한다면, 이러한 사람은 평등이어서 이렇게 알면 마계로부터 벗어날 수 있다. (天子, 若有人言我異佛異, 當知是人行於分別. 是魔弟子. 若有說言以我平等觀一切諸法, 悉皆平等, 衆生平等, 如来平等, 如是之人, 此是平等, 如是知以能過魔界.)(同, 110.117上)

라고 해서, 중생과 부처의 평등을 강조한다. 이때 주장의 근거가 되는 것이 '법계실상', '법계체성(法界體性)'으로, 이 사본에서는 '법계실상', '법계체성'의 입장에 서서 제법의 '차별'인 동시에 '무차별'한 존재 방식을 파악하는 것이 요청된다. 특히 키워드로 보이는 '법계실상'이라는 말이 자주 나오는데, 동의어도 많아서 '법계체성' 외에도 '법계원도(法界圓道)…… 실상원도(實相圓道)'(동, 125) 등의 용어가 사용된다.

『화엄경』에서 '도위(道位)'를 '원통(圓通)'하다고 보는 것은 지론종 초기이래의 견해인데, 돈황본『십지의기』권1에는 '도(道)'란 자체가 통하는 것이 도이다'(T85.237a)라고 하며, 그 밖에 '원도'라는 말 자체도 앞서 언급한 S613V에 '십지원도(十地圓道)'라고 나온다. 또 지엄은 지론종 남도파의 개조 혜광의『화엄경소』를 읽고 깨달은 바가 있어 27세 때 저술한, 소위 화엄교학의 출발점이 된『수현기』권1에서 다음과 같이 말한다.

만약 궁실법계(窮實法界)·부증불감·무장애연기·자체심심·비밀과도(祕密果道)의 입장으로부터라면, 처음에는 원, 다음은 돈, 나중에는 점이 된다. 그 이유는 그야말로 심원한 입장은 아주 깊이 있는 생각을 버리지 않고, 원만한 깨달음은 초보의 단계를 버리지 않는 것이다. 그러므로 사례는 비근한 것이어도 세밀하며, 낮은 곳으로부터 가장 깊은 곳에 이르러서 드디어 궁극이 된다. 그러므로 처음에는 원을 보여서 견문시키고, 다음으로 돈을 나타내서 수희시키며, 다음으로 점을 설하고 덕과 믿음과 행을 나타낸다. 이것은 원교의 입장에서 셋을 보인 것에 지나지 않는다. (若約窮實法界不增不減無障礙緣起自體甚深祕密果道時, 卽初圓, 次頓, 後漸也. 所以爾者, 正以沖宗不遣於玄想, 圓道不簡於始門. 是以事雖近而至密, 淺至極深方窮. 故初示圓令見聞, 次章頓令隨喜, 後辨漸階位顯德信行也. 此卽約圓以明三耳.)(T35.15c)

'원도'가 '시문(始門: 수행의 최초의 단계)'에도 두루 통한다는 것을 강조하는데, 그 앞뒤는 이미 지적한 것처럼,[5] 혜광의 『화엄경소』에서 발초(拔抄)한 것으로 보인다. 즉 『대승오문실상론』은 지엄과 마찬가지로 혜광 내지 혜광 계통의 사상에 근거하고 있다. 앞서 인용한, 천태에서 지론사들의 교판을 소개하는 것을 보면, 혜광 계통에서는 이러한 교리를 연구하는 과정에서 경전을 분류했고, 그런 분류가 경전의 우열을 둘러싼 논의로 발전한 결과, 『화엄경』을 존중하는 부류와 『대집경』을 존중하는 부류가 생겨났다는 것을 알 수 있다. 그리고 그런 경향에 반대해서, 대승 경전은 평등해서 가치에 우열이 없다는 것을 강조한 것이 정영사 혜원과 그 제자의 계통이었을 것이다. 지론종이라고 하면 흔히 『대승의장』으로 대표되는 정영사 혜원의 저작을 떠올리지만, 북지의 유력한 학파였던 지론종에는 다양한 계통이 있었다는 사실을 기억해야 한다.

이 『대승오문실상론』이 여러 곳에서 『십지경론』을 인용하고 있는 점, 그리고 이것과 이름도 교리도 비슷한 돈황사본 『대승오문십지실상론』(권6의 단간이 현존. 北8377[露43])이 바로 『십지경론』에 의거한 『십지

---

5) 본서, 제1부 제2장 제1절 참조.

경』의 주석이라는 것을 생각하면, 구마라집 이래 활발했던 공·반야에 입각한 실상 논의가 지론종에서는 여래장 사상을 전제로 해서 십지원통의 진정한 존재 방식, 즉 부처와 평등한 수행자가 걸어야 할 것으로서의 십지의 존재 방식을 탐구하는 것으로 바뀌어 간 것이 분명하다.

이것은 『대승오문실상론』『대승오문십지실상의』와 이름이 비슷한 돈황사본 『인왕반야실상론』 권제2의 단간(대정85 소수)에서도 볼 수 있다. 이 사본은 츠마부키 나오라에 따르면 육조풍의 서체로 6세기보다 내려가지 않는 것으로 알려져 있으며, '구마라집 시대의 구 삼론계에 속하는 것'으로 추정되고 있는데,[6] 『범망경』·『영락경』 등을 인용하는 것을 봐도, 구마라집과 가까운 시대의 문헌이라고 보기에는 무리가 있다. 게다가 내용의 중심을 이루는 것은 위에서 말한 것과 같은 여래장 사상이고,

> 본체는 유연해서 연에 따라서 작용하지만, 본성은 변하지 않는다.
> (自體調柔, 雖從緣用而性不改.)(T85,160b)
> 삼계중생을 위해서라는 것은 이타행 가운데 진실의 연집을 일으키는 것이다. (爲三界衆生者, 利他行中, 起眞實緣集.)(동.165c)

등과 같이, 지론종 남도파에서 활발히 사용하는 자체인과의 사상이나 '연집'이라는 용어가 보인다. 또,

> 이 때문에 관행을 행하면, 장애가 전혀 없고, 대천세계를 널리 덮는다. …… 장애가 없는 행위가 허공과 평등하여 대응하고 있는 것을 나타낸다. …… 하나의 꽃이 무량의 꽃에 들어가고, 무량의 꽃이 하나의 꽃에 들어가는 것은, 자리의 장애가 없는 행위임을 보인다. 하나의 불토가 무량의 불토에 들어가고, 무량의 불토가 하나의 불토에 들어가

---

6) 妻木直良, 「敦煌本仁王般若實相論に就て」(『宗敎硏究』 新3-2, 1925), p.82.

는 것은 국토의 본체 자체가 장애가 없음을 보여 주는 것이다. 하나의 모공과 같은 작은 국토가 무량의 모공의 국토에 들어가는 것은 광대하여 장애가 없음을 보여 준다. 무량의 수미산, 무량의 대해가 하나의 겨자씨 가운데 들어가는 것은 대소가 장애가 없는 것을 보여 준다. …… 세계 불가사의라는 것은 장애가 없는 법계의 행위를 말한다. (是故, 總擧觀行, 無障無礙, 遍覆大千. …… 顯無障礙行與虛空平等相應也. …… 一花入無量花, 無量花入一花者, 自利無障礙行也. 一佛土入無量佛土, 無量佛土入一佛土者, 直明土體無障礙. 一毛孔土入無量毛孔土者, 明広大無障礙也. 無量須彌無量大海入一芥子中者, 明大小無障礙. …… 世界不可思議者, 法界無障礙行也.)(T85,160bc)

라는 부분으로 대표되듯이, 『인왕반야실상론』은 『유마경』의 부사의해탈 등을 의식한 '무장애'를 강조하고, 『대집경』을 존숭해서 '무장무애'를 설한 S613V 등과 공통된 성격을 가지고 있다. 여러 지론종 문헌과 달리 아리야식 등을 언급하지는 않는다. 하지만 단간이기 때문에 다른 곳에서 설했을 가능성도 있고, 남도파 문헌에는 가나자와문고에 소장되어 있는 『화엄경양권지귀』처럼 아리야식을 언급하지 않는 것도 있기 때문에, 이것만 가지고 판단할 수는 없다. 어쨌든 이 논서는 지론종 남도파로 대표되는, 여래장 사상에 근거해서 십지를 연구하는 풍조가 활발해진 시대에 성립한 것이 틀림없다.

3. 결론

이상으로 본 것처럼, 지론종 남도파에서 『대집경』을 존숭하는 파는 '무장애', '무장무애'라는 점을 강조했는데, 『대집경』 자체가 확실히 이런 점을 강조하는 경전이다. 여러 곳에서 무애를 설한 것 외에도 다양한 문맥에서 무애라는 말을 사용하고 있고, 또 신통·다라니·선관[禪觀: 사마타(舍摩他)·비파사나(毘婆舍那)]·본성청정의 주장 등과 결부해서 사용한다. 특히 혜사가 집중해서 인용하는 허공목분(虛空目分)은 그러한 경향을 대표하는 것이다. 북국선사라고 불리는 습선자들이 『대집경』에 의거한 것은 이런 점 때문일 것이다. '무애'라는 말 자체에 대해서 말하자면, 『화엄경』보다도 『대집경』이 더 강조하는 것처럼 보이기도 한다. 『대집경』 연구가 『화엄경』이나 『십지경론』 연구를 이어받아 활발해진 것 같다는 것은 앞서 말한 바와 같지만, 『대집경』을 존숭하는 지론사들이 제법 유력해졌기 때문에 무애에 관한 그들의 주장이 거꾸로 『화엄경』 존중파에 영향을 미치고, 나아가 화엄종의 교학 속에 도입되었을 가능성도 충분히 생각할 수 있다. 경전에 대한 우리의 이미지가 후대에 형성된 것일 가능성이 많다는 점에 주의해야 한다.

제3부
자료편

—

불타삼장, 『화엄경양권지귀』 교주

범 례

　교정 텍스트의 한자는 통용자로 고쳤으며 내용에 맞추어 개행하였고 구독점을 붙였다. 단에이의 것으로 생각되는 구결은 간략하고 첫 부분 밖에 붙어 있지 않으며 오류가 많기 때문에 기입하지 않았다. 쪽의 표시에 대해서는 사본을 접했을 때의 편의를 고려하여 각각 쪽(앞과 뒤)이 시작하는 부분에 붙였다. 참고로 아래에 과문을 붙였지만, 이것은 『양권지귀』의 분과에 약간 보충한 것이다.

『華嚴經兩卷旨歸』科文

〔本文〕

(覆表紙)

湛 睿

華嚴兩卷旨歸卷上 并卷下

(1右)

大方廣佛華嚴經就法明二佛之名 卷上

〔Ⅰ 二果와 二佛〕

　　初佛就對治修成[1]果明佛.

　　後佛就法界解脫[2]果明佛.

〔Ⅱ 二佛에 歸依함〕

　　南無[3]虛空功德清淨微塵等目端正功德相光明花波頭摩瑠璃光寶體香

---

1) '對治修成'이란 말은 지엄 『수현기』의 과단에 보이며, 「명난품」에서 「성기품」에 이르기까지의 수인계과생해분(修因契果生解分) 가운데, 「명난품」에서 「불소상광명공덕품」까지를 '방편대치수성인과(方便對治修成因果)'로 칭한다(T35.28a).

2) 표원 『화엄경문의요결문답』 권3에 인용된 름사(懍師)의 4종법계설에서는 평등연집법계를 '법계연집', '법계무장애', '법계해탈'의 3종으로 나눈다. 지론종의 연집설에 대해서는 靑木隆, 「中國地論宗における緣集說の展開」(『フィロソフィア』75, 1988. 3)참조.

3) 이하의 2불의 명칭은 사나굴다(闍那崛多)역, 『십이불명신주교량공덕제장멸죄경(十二佛名神呪校量功德除障滅罪經)』의 첫머리(T21.860c-861a)및 同, 『오천불명

最上香供養訖種種莊嚴頂髻無量無邊日月光明願力莊嚴變化莊嚴法界出
生無障礙王如來

　　南無毫[4]相日月光明花寶蓮花堅如金剛身毘　(1左)　盧遮那無障礙眼圓滿
十方放光普照一切佛刹相王如來

〔Ⅲ 初佛의 이름을 해석함〕

　「南無虛空功德淸淨微塵等目」
　初道場會說二品. 初品明圓宗[5]實性法門圓宗實相法門曠圓周極故, 云

신주제장멸죄경(五千佛名神呪除障滅罪經)』(T14.318ab)의 첫머리에 보인다. 돈황
본 삼계교 문헌인 『칠계불명(七階佛名)』에서 『십이불명신주교량공덕제장멸죄경』
으로부터 이 두 부처의 이름과 명호를 외우며 예배하는 공덕을 설한 곳을 인용하
고 있고, 세주(細注)에 「此二十五佛後二佛名號出十二佛名神呪校量功德除罪經」
이라고 하는(矢吹慶輝, 『三階敎の硏究』, 岩波書店, 1927, p.516. 같은 책, 「三階敎
殘卷」, pp.182~183) 것 외에 지승(智昇)『집제경례참의(集諸經禮懺儀)』 권상에
인용되어 있으며(T47.464c), 그 외에도 돈황 출토의 예참문에는 이 2불의 이름이
보이는 경우가 많다. 이것들에 대해서는 廣川堯敏, 「敦煌出土七階佛名經について
－三階敎と淨土敎との交渉」(『宗敎硏究』55-4[통권251호], 1982. 3)에 정리되어 있
다. 한편 돈황 출토의 『현재시방천오백불명병잡불동호(現在十方千五百佛名竝雜佛
同號)』(T85.1448c) 및 의정 역의 『불설칭찬여래공덕신주경』(T21.863ab)에도 이
2부처의 이름의 이역으로 생각되는 것이 보이는데, 『십이불명신주교량공덕제장멸
죄경』 및 『오천불명신주제장멸죄경』의 12불명은 티베트 역의 『성십이불대승경(聖
十二佛大乘經)』의 12불명과 거의 일치한다(神林隆淨, 「十二佛名神呪校量功德除障
滅罪經」解說, 『불서해설대사전』 제5권, 1933, p.184.).
4) '豪'를 '毫'로 고침. 본 사본에서는 '毫'가 모두 '豪'로 되어 있기 때문에 이하 일일이
　주기하지 않는다. 다만, 『칠계불명』(矢吹, 注3, 앞의 책, p.516)에서도 후불의 이
　름이 '豪'로 되어 있는 것을 비롯하여, 돈황사본에서는 '毫'를 '豪'로 표기하는 예
　가 많다.
5) '圓宗'이란 말은 550년경까지 필사되었다고 추측되는, 돈황 출토의 『승만경』주석
　(S6388)18행에 보인다.(敦煌寶藏45.656下) 동 사본이 지론종 계통인 것에 대해
　서는 古泉圓順, 「敦煌出土佛典注釋書の『圓宗』」(『I BU四天王寺國際佛敎大學文學
　部紀要』15, 1983. 3)참조.

「功德淸淨」.「微塵等目[6]」者, 是世間淨眼品. 乃是眼目之異名. 言「淨眼」者, 果德處在障累, 修入緣中而體無染, 名爲「淨眼」.

「端正功德相 (2右) 光明華」, 盧舍那佛品明果德. 十種世界, 則是十位德相. 云「諸佛深智功德海, 充滿無量無邊刹[7]」, 卽是十種智以爲正報.「不可思議佛刹海, 於無量劫令淸淨[8]」, 卽是十世界以爲依報. 明大乘義, 身無異土之身, 土無異身之土. 國土身則報之然也. 故云「端正功德相」.

「光明花」者, 則是本末相成中,「須彌山微塵等風輪, 持一切香水海. 彼香水海中, 有大蓮 (2左) 華, 名香幢光明莊嚴, 持蓮花藏莊嚴世界海[9]」. 彼衆香水各有蓮花, 持世界故, 名「光明花」. 言「持世界」者, 此香水海上有不可說佛刹微塵數世界性住此. 是並持無量世界, 明應身[10]土. 一々世界始從蓮花上, 過塵數世界, 有一佛刹. 過塵數世界, 有一佛刹. 如是上持十二佛刹, 明報身土. 次上一香水海, 持一世界性. 如是上有塵數香水海及世界性, 明法身土. 如一方 (3右) 上持, 並持十方, 亦然. 是盧舍那佛常轉法輪處[11].

「波頭摩瑠璃光」, 一切世界如來, 不離百億道場會, 之於百億普光, 第

---

6) '等目'이란 말은 「세간정안품」에는 보이지 않고, 80화엄의 「십정품」에 상당하는 축법호 역, 『등목보살소문삼매경』(T10.575c)에 보인다.
7) 진역 『화엄경』 卷3, 「노사나불품」, T9.409b. 이하 단순히 『화엄경』이라고 기록한다.
8) 同, 卷3, 「노사나불품」, 409b.
9) 同, 卷3, 「노사나불품」, 412b, 약출.
10) 이하 '응신', '보신', '법신'의 불국토가 설해지는 제·법보응의 삼신은 『십지경론』 卷3의 「一切佛者, 有三種佛. 一應身佛, 二報身佛, 三法身佛」(T26.139b)에 의할 것이다.
11) 『화엄경』 卷4, 「노사나불품」, 415a.

二會說信位六品, 明因行起修之始. 初名號品, 身業[12]輪化迴邪[13]歸正. 一四天下稱佛名, 有一萬三千大千世界稱佛名. 有百億萬十方一切世界, 一々世界稱佛名. 各有百億萬明如來殊形並現曠周法界. 四諦品, 口業輪化, 發生明解. 一三 (3左) 千大千世界, 四諦名有四十億百千那由他. 十方一切世界, 一々世界, 四諦名各有四十億百千那由他. 隨諸衆生所應調伏, 作如是說. 光明覺品, 意業輪化, 令其起行, 正明敎授敎誡義.「爾[14]時世尊, 從兩足相輪, 放百億光明, 初照三千世界, 百億閻浮提, 乃至百億色究竟天, 皆悉顯現. 次[15]照百世界, 次照千世界, 次照萬, 次百萬, 次一億, 次十億, 次照百億, 乃至百千億 (4右) 那由他不可數無分齊[16]不可說虛空法界等. 一切十方世界, 亦復如是. 一[17]々世界中, 百億閻浮提普光會, 見佛坐蓮花藏師子之坐, 各有十佛世界塵數菩薩眷屬圍遶. 以佛神力, 十方各見一大菩薩, 各與十方世界塵數菩薩眷屬俱來詣佛所, 謂文殊師利等. 一切十方世界, 亦復如是」. 但光明漸次而照故, 名「瑠璃」.

「光」下, 明難淨行賢首所化之機.

「寶體香」, 一切世界 (4左) 如來, 從百億普光會, 昇百億須彌頂, 第三會

---

12) 이하,「명호품」을 부처의 신업에 의한 교화,「사제품」을 구업에 의한 교화,「광명각품」을 의업에 의한 교화로 하는데, 이 배당은『수현기』卷1下,「명호품」의 來意와 같다(T35.167a). 한편, 돈황 출토의『화엄약소』,「명호품」석(北80, 敦煌寶藏56.3339上)및『대승의장』풍의 문헌 S613V의 말미(敦煌法藏5.144上)에도 같은 來意가 보인다.『양권지귀』와 용어의 면에서 가장 가까운 문헌은 이 S613V일 것이다. 이 사본에 대해서는 注5, 古泉 논문을 참조.
13) 본 사본에서는 '邪' 자는, '邪'의 행초체라기보다는 '耶'에 가까운 자체로 쓰여져 있다. 혹은 음이 공통되는 듯. 이하 일일이 주기하지 않는다.
14) 이하,『화엄경』卷5,「여래광명각품」, 422b.
15) 현행의『화엄경』에는 "次照百世界…… 亦復如是"에 해당하는 부분은 없다.
16) '濟'를 '齊'로 고침.
17) 이하『화엄경』卷5,「여래광명각품」, 423ab에서 취의.

說十住六品, 明稱[18] 體聞惠攝圓宗理, 相應可珍如寶.

「最上香」, 一切世界如來, 從百億須彌頂, 昇百億夜摩天, 第四會說十行四品. 此是空天無礙之初故, 言「最上」. 解行薰[19]資, 名之爲「香」.

「供養訖種種莊嚴頂髻」, 一切世界如來, 從百億夜摩天, 昇百億兜率天, 第五會說十迴向三品.「供養已[20]種種莊嚴」者,「爾[21] (5右) 時兜率陀天王, 遥見佛來, 卽於殿上, 敷如意寶藏師子之坐, 所謂百萬億寶蘭楯百萬億寶羅網以覆其上, 百萬億花旗以張其上, 如是等有六十七百萬億寶等供養, 百萬億黑沈水香普薰十方, 如是等有七十八百億香等供養, 百萬億花雲, 如是等有卅一百萬億雲等供養, 百萬億天寶幢, 如是有卅八百萬億幢幡等供養, 百萬億天雜寶衣以敷其上, 有一十百萬億 (5左) 寶衣等供養, 百萬億天幢寶鈴出微妙音, 有五十百萬億寶鈴等供養, 百萬億神力自在, 百萬億淸淨檀波羅蜜, 百萬億諸深法門, 如是有三十一百萬億供養, 百萬億諸天神王恭敬禮拜. 如是有四十四百萬億供養, 百萬億菩薩, 頂戴護持, 百萬億花手菩薩, 雨一切花. 百萬億香手菩薩, 雨一切香. 如是有二十九百萬億供養. 合有 (6右) 二百九十八百萬億供具. 爾[22]時兜率陀天王,

---

18) 『법계도총수록』 卷上之二에 인용된 『법기』에서 "佛陀三藏云, 稱體聞惠攝圓宗理 與理相應爲可貴已上"(T45.738c)라고 설하는 것은 이곳을 가리킨다. 법상, 『십지론의소』 卷1의 "習種聞位是聞惠. 以爲聲聞. 習種解行, 據位而言, 未得眞空. 但與理相應, 以爲覺. 今得證相應, 過於此位. 以之爲勝"(T85.675c)이라는 논의도 이러한 주장을 계승한 것인가. 한편, '稱體'의 의미에 대해서는 법상의 『십지론의소』에서 "諸佛稱法界得圓用"(T85.765c)이나 "一切衆生, 皆以法界爲體"(同, 672a)등의 기술이 참고될 것이다.

19) '勳'을 '薰'으로 고침. '薰'이 '勳'으로 된 예는 돈황사본에서는 자주 볼 수 있다. 이하 일일이 주기하지 않는다.

20) 사본에는 '己'로 되어 있지만, '己, 已, 巳'는 사본에서는 엄밀히 구별되지 않는 것이 보통이기 때문에 이하 표점 텍스트에서는 문맥에 응하여 적절한 글자를 적용하며, 일일이 주기하기 하지 않는다.

21) 이하, 『화엄경』 卷13, 「如來昇兜率天宮一切寶殿品」, 478c~484c의 기술을 약출함.

22) 同, 卷13, 「여래승도솔천궁일체보전품」, 481b 이하.

爲如來敷高坐竟, 與不可計阿僧祇兜率陀天子, 奉迎如來, 雨阿僧祇上妙諸花, 供養如來. 無數億那由他天子, 各從身出阿僧祇種々色花, 供養如來. 無有窮盡不可說億那由他菩薩, 於兜率天宮, 一切波羅蜜所起一切華旒普覆法界出過諸天所供養上供養如來. 爾[23]時一切諸天衆及他方來諸天子衆, 并 (6左) 不可數諸佛刹一切菩薩, 見如來報身, 其身無量不可思議. 見佛法身, 普至一切衆生, 無有分齊. 見佛應身, 示現色身, 不可思議. 等觀衆生心無所著, 見佛化身充滿一切世間, 一々化身普放無量智慧光明. 爾[24]時世尊, 以佛莊嚴而自莊嚴, 而昇一切寶莊嚴殿如意寶藏師子之座, 結伽趺坐故, 云「供養種々莊嚴」. 世間行滿故, 云「頂髻」.

十[25]迴向結會 (7右) 中, 十方諸來菩薩言, 「我[26]等世界亦說此法. 衆會亦如是. 名味句身亦如是」. 又十地云「無有諸佛國土, 不說十地[27]」者, 明理敎大同, 十方齊轉故. 一切世界會々之中, 皆明百億無量無邊日月光明.

一切世界如來, 從百億兜率天, 昇百億他化自在天, 第六會說十地等, 有十一品.

「日月光明」者, 則是初地雲台加請中, 「爾時釋迦牟尼佛, 從眉間白毫相放菩薩力光 (7左) 明. 百千阿僧祇光, 以爲眷屬, 普照十方諸佛世界, 靡不周遍. 三惡道苦, 皆得休息. 悉照十方諸佛大會說法之衆, 顯現如來不思議力. 是衆光明, 遍照十方諸佛大會諸菩薩身, 已於上虛空中, 成大光明

---

23) 同, 卷13, 「여래승도솔천궁일체보전품」, 482bc의 취의. "法身普至一切衆生, 無有分齊"라는 구문이 있고 "其身無量不可稱數", "示現色身不可思議"라고 되어 있을 뿐, '보신' 및 '화신'이란 말은 없다.
24) 同, 卷13, 「여래승도솔천궁일체보전품」, 484c.
25) '下'를 '十'으로 고침.
26) 『화엄경』 卷22, 「십회향품」, 540a의 취의.
27) 卷23, 「십지품(초지)」, 543a, "我不見有諸佛國土不說是十地"의 취의.

雲台[28]」, 明以方便教顯成於證如月. 「十方諸佛, 亦復如是. 從眉間白毫,
俱放菩薩力光明, 百千阿僧祇光, 以爲眷屬, 普現如來不思議力, 悉照一
切諸 (8右) 佛大會, 及娑婆世界釋迦牟尼佛一切大衆, 幷金剛藏菩薩及師
子座. 照已, 於上虛空中, 成大光明雲台[29]」, 明以證之因體顯成於教如
日故, 云「無量無邊日月光明願力莊嚴」. 則是八地大願成滿, 隨順法流.
「佛[30]子, 是菩薩隨順是地. 以本[31]願力故. 又諸佛爲現其身, 住在諸地法
流水中, 與如來智慧, 爲作因緣. 諸佛皆作是言, 『善哉善哉, 善男子. 汝
(8左) 得是第一忍, 順一切佛法. 善男子, 我有十力四無所畏十八不共法. 汝
今未得爲得. 是故勤加精進. 亦莫捨此忍門. 又善男子, 汝應念本所願,
欲利益衆生, 欲得不可議智慧門. 善男子, 十方無量國土, 無量衆生, 無
量諸法差別. 汝應如實通達是事, 隨順如是智. 是菩薩諸佛, 與如是等無
量無邊起智慧門因緣, 以此無量門故, 是 (9右) 菩薩能起無量智業, 皆悉
成就』」, 明初地菩薩願得不思議智, 今八地法流水中, 皆悉成就故, 云「願
力莊嚴」.

「變化莊嚴」, 卽是九地十地變化智. 九地中, 「是菩薩處於法座, 或以一
音欲令一切悉得解了. 已得解了, 或以種々音聲欲, 令一切各得開解. 得
開解, 或以黙然但放光明欲令一切各得解法, 卽解法. 或以一切毛孔皆出
法音, 或三千大千世界所 (9左) 有色無色物, 皆出法音. 或以一音周滿法界,
欲令得解, 卽皆得解[32]」. 十地中菩薩, 「或於一念中, 現不可說不可說世
界微塵身, 於一々身中示無量手, 以一々手執恒沙蓮華以嚴諸佛, 塗香末

---

28) 同, 卷23, 「십지품」(초지), 544a.
29) 同, 卷23, 「십지품」(초지), 544a.
30) 同, 卷26, 「십지품」(팔지), 564c, 일부 생략.
31) '大'를 '本'으로 고침.
32) 『화엄경』 卷26, 「십지품」(구지), 569b.

香衣服幢蓋寶物, 如是一切莊嚴之具, 皆以手執, 供養諸佛. 於一々身, 亦復如是. 又一々身化塵頭, 於一々頭有塵舌. 以是神力, 讚嘆諸佛. 如是等 (10右) 事, 於念念中, 遍滿十方[33]」. 明九地菩薩口業說法神變化自在, 十地菩薩三業化用念々曠周故, 云「變化莊嚴」. 卽攝十明等五品後方便行.

「法界出生無障礙王如來」, 明修成門中稱法界故, 云「法界出生」也. 「無障礙王如來」者, 卽是不思議品. 明法佛者,「一切諸佛, 色身淸淨無量無邊, 超出世間. 一切諸佛, 無礙眼無量無邊, 淸淨平 (10左) 等覺一切法. 一切諸佛, 無礙耳無量無邊, 分別一切衆生音聲. 一切諸佛, 鼻入無量無邊, 淸淨究竟一切佛自在, 到於彼岸. 一切諸佛, 廣長舌相無量無邊, 出妙音聲普聞法界. 一切諸佛, 意業無量無邊, 三世無礙[34]」. 此是法身六根.「一切諸佛界中, 須彌山王金剛圍山一切大海一切諸山及一切衆生, 於毛孔悉能容持, 盡未來際劫, 一切衆生悉不自 (11右) 知我住何所. 除佛神力. 一毛孔悉持一切衆生, 遍遊十方無量世界, 行住坐臥, 而諸如來不生苦惱厭惓之心, 威儀無異[35]」, 此明法身神通.

相海品明報佛者,「如來頂上有大人相, 名曰明淨. 三十二相寶以爲莊嚴, 普放無量大光明網, 遍照一切十方世界[36]」.「佛子, 於佛身中, 有如是等十蓮華藏世界海塵數佛大人相[37]」. 此明報身小相.

光明功德品明應身者, (11左)「佛告寶手菩薩言,『如來應供等正覺, 有隨形好, 名曰海王. 彼出光明, 名曰明淨. 七[38]百萬阿僧祇光以爲眷屬[39]」.

---

33) 同, 卷27,「십지품」(십지), 573c.
34) 同, 卷30,「불부사의법품」, 590c, 일부 생략.
35) 同, 卷31,「불부사의법품」, 598a, 일부 생략.
36) 同, 卷32,「여래상해품」, 601a.
37) 同, 卷32,「여래상해품」, 605a.
38) '十'을 '七'로 고침.
39)『화엄경』卷30,「불소상광명공덕품」, 605a.

經何故略明一好, 廣明化用者, 欲明衆好化被, 廣周法界, 起容限目故也.[40] 此明應身. 總明稱體果自在如王, 卽攝下普賢行品明稱體因故, 云「法界出生無障礙王如來」.

〔IV 後佛의 이름을 해석함〕

第二佛名「南無白毫相日月光明花」. 卽是性起品, 明因果體, 出生 (12右) 前六位. 修成因果生微.[41] 離世間六位淳熟[42]因果, 出法界中六位解脫因果. 序中,「如來眉間白毫相中, 放大光明, 名曰明如來法. 無量億那由他阿僧祇光, 以爲眷屬, 普照十方一切世界, 圍遶十迊,[43] 顯現如來無量自在, 覺悟無數億那由他諸菩薩衆. 一切世界六種震動, 除滅一切諸惡道苦, 映蔽[44]一切諸魔光明. 猶若聚墨,[45] 顯現一切如來菩提, 顯現一切諸佛大衆, (12左) 究竟莊嚴, 普照法界虛空界等一切世界. 復還圍遶一切菩薩大衆已, 入如來性起妙德菩薩頂[46]」, 明證道行如日.「如來口中, 放大光明, 名無礙無畏, 無量億那由他阿僧祇光以爲眷屬, 普照十方一切世界,

---

40) "起容限目故也"의 부분은 의미 불명. S613V 가운데 '三敎行相'의 "敎別塵沙, 豈容限目"(敦煌寶藏五, 139下)등의 문구로부터 볼 때, '起'는 '豈'의 동음에 의한 잘못인가?

41) '生微'라는 것은 다음의 '淳熟'에 대가 되는 말이고, 근기가 성숙하지 않은 것을 가리키는가?

42) '淳就'로 되어 있지만, 지엄 『수현기』,「이세간품」석에 "以因果淳熟,功歸化主故也"(T35.82c)라고 되어 있는 것 외에 법상, 『십지론의소』卷3에 "行體淳熟……淳熟無礙"(T85.773b), 또한 靈裕, 『화엄경문의기』卷6에 "自他淳熟"(續藏1-88-1.9右上)으로 되어 있고, 그 외에도 같은 예가 많기 때문에 '淳熟'으로 고침.

43) '迊'의 字는 T本에는 모두 '匝'으로 되어 있다. 이하 일일이 주기하지 않는다.

44) '蘇'을 '蔽'로 고침.

45) '黑'을 '墨'으로 고침.

46) 『화엄경』卷33,「보왕여래성기품」, 611b. 『양권지귀』가 이 전후에서 '序' 내지 '正宗'으로 말하는 것은 『화엄경』 전체가 아니라 각 품 내부의 과단이다.

囲遶十迊餘如上說, 入普賢菩薩摩訶薩口[47]」, 明敎道行如月. 故云「毫相
日月光明花寶蓮花」.

正宗中, 明十地因行.「佛子, 以十種無量無百千阿僧祇因緣, 成等 (13
右) 正覺, 出興于世. 何等爲十: 一者, 發無量菩提之心, 不捨一切衆生. 二
者, 過去無數劫, 修諸善根,[48] 正直[49]深心. 三者, 無量慈悲救護衆生. 四
者, 行無量行, 不退大願. 五者, 修無量功德無厭足. 六者, 恭敬供養無
量諸佛, 敎化衆生. 七者, 出生無量方便智慧. 八者, 成就無量諸功德藏.
九者, 具足無量莊嚴智慧. 十者, 分別演說無量諸法實[50]義. 佛子, 如是
等十種無量無數百 (13左) 千阿僧祇法門, 成等正覺, 出興世[51]」, 明妙花可
珍如寶故,「寶蓮花」.

「堅如金剛身」, 明如來果德十種身口意菩提涅槃行故. 經云,「佛子, 如
來示現般涅槃時, 先入不動三昧. 入三昧已, 於一々身, 各放無量億[52]千
那由他大光明, 一々光明各出無量阿僧祇妙寶蓮花. 一々蓮華各有不可說
々々々妙寶花鬚.[53] 一々花鬚[54]各有寶師子座,[55] 一々座[56]上各有如來結
跏[57]趺坐. 彼時, (14右) 所現諸如來身, 悉與一切衆生數等. 功德具足, 相
好莊嚴, 究竟本願. 時有衆生善根就者, 見[58]如來身, 心皆調伏, 稟受道

---

47) 同, 卷33,「보여래성기품」, 611c.
48)『화엄경』에 의해 '菩提'를 '善根'으로 고침.
49) '眞'을 '直'으로 고침.
50) '寶'는 '實'의 오사로 보고 고침.
51)『화엄경』卷33,「보왕여래성기품」, 612bc.
52) '德'을 '億'으로 고침.
53) '髻'를 '鬚'로 고침.
54) 위와 같음.
55) '坐'를 '座'로 고침.
56) 위와 같음.
57) '跏'의 자를 보충함.
58) '如來'의 앞에 '見'을 보충함.

化. 彼如來身, 究竟安住, 盡未來際, 隨一切衆生, 所應受化, 未曾失時.
彼如來身, 無有處所, 非實非虛. 如來但欲究竟過去諸大願故, 欲令衆生
長養諸善根故, 應現其身, 常住不滅[59]故, 云「堅如金剛身」.

「毘盧遮 (14左) 那無障礙眼」, 一切世界如來, 從百億化他天, 還重會百億
普光法堂, 第七會說離世間品. 淳熟修滿, 明因果相, 自覺道備.「毘盧遮
那」者, 名常寂光. 卽是自體內明.「無障礙眼」者, 卽是智融無礙. 正以體
發於用故, 普[60]惠菩薩二百問. 正智融無礙瑩發自中, 相無不彰, 理無不
顯故, 普賢菩薩二千答.[61]

「圓滿十方放光普[62]照一切佛刹相王如來」, (15右) 一切世界如來, 從百億
普光法堂, 詣百億祇洹[63]林, 第八會說入法界品. 法界門中稱法界, 明因
果用, 覺他道備.「圓滿十方」者, 序中, 如[64]來入師子奮迅三昧, 祇洹廣
博, 明有爲淨土. 虛[65]空莊嚴, 無爲淨土. 重[66]閣廣博, 無二淨土. 何以
故. 如來善根不可思議故. 如來自淨土, 不可思議故. 如來威神, 不可思
議故. 如來一身充滿一切法界自在, 不可思議故. 一切佛 (15左) 刹莊嚴入
一佛身不可思議故. 一塵中, 現一切佛一切法界不可思議故. 一毛孔中,

---

59) 『화엄경』卷36, 「보왕여래성기품」, 628c - 629a.

60) 同, 卷36, 「이세간품」, 631c 이하.

61) 同, 卷36, 632c -. 한편, "普賢菩薩二千答"이라는 말 및 그 말의 의의에 대해서는
『화엄경전기』卷1 '支流第四'가 『화엄경』의 이역을 열거하는 가운데, "普賢菩薩答
難二千經是離世間品吳代失訳"(T51.155c)이라는 기술을 상기하게 한다.

62) '照' 앞에 '普'를 보충함.

63) '桓'을 '洹'으로 고침. 이하 일일이 주기하지 않음.

64) 『화엄경』卷44, 「입법계품」, 677a, 취의.

65) 『화엄경』卷44, 「입법계품」, 677bc, 취의.

66) 同, 卷44, 677c -, 취의. 단에이(湛睿)는 『탐현기』에서 "光統云, 嚴空表無爲緣起.
嚴園表有爲緣起. 嚴閣顯自體緣起也"(T35.444b)라고 하는 혜광의 삼연기설은 본
책의 '有爲淨土·無爲淨土·無二淨土'의 3정토설에 기본을 둔다고 한다(『演義鈔纂
釋』卷6, T57.91c).

盡過去際一切如來次第顯現不可思議故. 放一光明, 照一切刹, 不可思議[67]故. 如來一毛孔中, 出一切佛刹微塵等化身雲充滿一切世界, 不可思議故. 如來一毛孔中, 現一切佛刹成壞, 不可思議故. 如此, 祇樹給孤独園, 見嚴淨佛刹一切法界虛空界. 一切世界所見嚴淨, 亦復如是. (16右) 如來充滿, 來詣祇洹, 菩薩充滿一切如來大衆海故, 云「圓滿十方」也.

「放光普[68]照一切佛刹相王如來」者, 是正宗中, 「爾時世尊, 欲令諸菩薩安住師子奮迅三昧故, 放眉間白毫相光名普照三世法界門. 不可說世界微塵等光明, 以爲眷屬, 照十方一切世界海. 時祇洹林菩薩大衆普雲集者, 悉見一切法界虛空界等一切佛刹, 種々色種種清淨種々安住種々形. 如是等一切 (16左) 世界諸大菩薩, 現坐道場. 菩薩圍遶, 諸天供養成等正覺. 見於不可說佛刹微塵等諸眷屬中, 出妙音聲, 充滿法界, 轉淨法輪[69]」, 此是法界解脫果佛刹.

「文殊師利童子, 從善安住樓閣出[70]」以下訖, 未明法界解脫因佛刹. 「爾時, 文殊師利菩薩摩訶薩, 承佛神力, 觀察十方, 欲讚嘆祇洹林中無量莊嚴以偈日,

　　　觀察祇洹中 如來自在力

　　　一切境界出 無量功德雲 (17右)

　　　無量淨妙色 種々而莊嚴

　　　皆悉普照現 十方諸佛刹

　　　佛子身毛孔 出佛音聲雲

　　　種々寶莊嚴 充滿十方刹

---

67) '議' 자를 보충함.
68) '普' 자를 보충함.
69) 『화엄경』 卷45, 「입법계품」, 638c - 684a.
70) 同, 卷45, 686c.

其身如梵王 威儀[71]常安静

遍遊十方刹 演出妙音聲

如來毛孔出 不可思議身

皆悉如普賢 衆妙相莊嚴

菩薩普成就 三世功德海

充滿於虛空 出生莊嚴雲[72]

於此祇洹中 演出妙音聲

普說一切衆 善淨業果報

一一境界中 悉現佛刹海

三世諸如來 無量自在力 (17左)

如來毛孔中 一切諸世界

微塵等佛刹 皆悉分別現

一切境界中 出生諸佛雲

無量善方便 度脫一切衆

花雲香炎雲 清淨摩尼寶

種々莊嚴雲 充滿於十方

三世一切佛 莊嚴妙道場

於此祇洹林 一切悉顯現

普賢等佛子 無量種莊嚴

衆生等劫中 所修嚴淨刹

如是諸世界 悉現祇洹林[73]」

---

71) '議'를 '儀'로 고침.
72) '云'을 '雲'으로 고침. 오사가 아니고, 원본의 약자를 그대로 필사한 것인가.
73) 卷45, 「입법계품」, 685c‑686a. 한편, 사본이 "明因果依正願在祇洹放"으로 끊고, '放'까지를 게송으로 표기한 것을 고침.

明因果依正. 願在祇洹, 放光照一切佛刹相王如來名. 善[74]男子善女
人, 犯四重五 (18右) 逆, 誹謗方等, 及犯波羅夷罪, 假使如[75]閻浮提裏,
地變爲微塵, 一々微塵成於一劫. 此人有若干劫罪, 若誦此佛名, 禮一拜
者, 得除滅. 況復日夜受持讀誦. 此人功德, 不可思議.

〔V 諸經略釋〕

若就諸經略釋, 復有四義一者, 權信. 二者, 讀誦.
三者, 書寫. 四者, 權修.

〔1 權信〕

第一信者, 得大功德, 生如來家.『花嚴』賢首品云,

「今我說菩薩 功德中[76]少分

如鳥履虛空證法 如地一微塵[77]敎法」

「若[78]以三千大千界 (18左) 頂戴一劫身不動

彼之所作未爲難 信是[79]法者爲甚難

大千塵數衆生類 一切供養諸樂具

彼之功德未爲勝 信是法者爲殊勝

---

74) '善男子' 이하, "是人功德不可思議"까지 일부 문자가 같지 않은 것을 제외하면『십
이불명신주교량공덕제장멸죄경』(T21.861a)의 기술과 일치한다.
75) 벌레 먹어 판독이 어렵지만,『십이불명신주교량공덕제장멸죄경』(T21·861a)에
의해 '如'로 함.
76) '中' 자를 보충함.
77)『화엄경』卷6,「현수보살품」, 433a.
78)『화엄경』卷7,「현수보살품」, 441a. '信施法者' 이하를 게송으로 표기한 것을 고
쳤다.
79) '施'를 '是'로 고침.

若以掌持十佛刹 於虛空中住一劫

彼之所作未爲難 信是法者爲甚難

十佛刹塵衆生類 一切供養諸樂具

彼之功德未爲勝 (19右) 信是法者爲殊勝

十刹塵數諸如來 一切恭敬而供養

若能受持此[80]品者 功德於彼爲最勝」

十行偈云,

「不可思議劫 供養無量佛

若能解此義 功德勝於彼

難施無量刹 滿中諸珍寶

若不解此義 終不成正覺[81]」

十地品云,「金剛藏言,『佛子, 是菩薩所行集一切智慧功德法 (19左) 門品. 若不深種善根, 不能得聞』. 問言,『佛子, 若得聞者, 是人爲得幾所福』. 答言,『隨佛所有智慧勢力. 如是發薩波若心, 所緣攝福德, 是人得聞此法門, 所得福德, 亦復如是. 何以故. 若無菩薩心, 聞是法門, 不能信解受持. 何況以身修習, 能成是事. 故當知, 是人隨順一切種智, 得聞信解受持修行[82]』」. (20右)

性起品云,「佛子, 此經如是. 不入一切衆生之手.[83] 唯除如來法王眞子. 從諸如來種性家生, 種如來相善根者. 若無此等佛之眞子, 斯經則滅. 何以故. 一切聲聞緣覺, 不聞此經. 何況受持書寫解說. 無有是[84]處. 唯除

---

80) '此々'의 '々'를 제외함.
81) 알 수 없다. 현행의 「십행품」에는 없다.
82) 『화엄경』卷27, 「십지품」(제10지), 575bc.
83) '乎'를 '手'로 고침.
84) '是' 자를 보충함.

菩薩摩訶薩, 能自誦持書寫經卷. 佛子, 是故, 菩薩摩訶薩聞此經者, 歡喜恭敬頂戴受持. 何以故. 菩薩摩訶薩深信樂此經, 少作方便, 必決定得無上菩提[85]」.

〔2 讀誦〕

第二明『華嚴』是普賢願行法, 諸佛 (20左) 同行. 讀誦者, 具足淨戒, 障無不除. 『普賢觀經』云,「爾[86]時行者, 若欲具菩薩戒者, 應合掌在空閑處,[87] 遍禮十方佛懺悔諸罪. 自說己過, 然静處白十方佛, 而作是言.『諸佛世尊常住在世, 我業障故, 難信方等見佛不了. 今歸依佛.[88] 唯願釋迦牟尼正遍知世尊, 爲我和上, 文殊師利具大智惠者, 願以智慧受我清淨諸菩薩法. 彌勒菩薩勝大慈日, (21右) 憐愍我故,[89] 亦應聽我受菩薩法. 十方諸佛, 現爲我[90]證. 諸大菩薩, 各稱其名, 是勝大士, 覆護衆生, 卽護我等, 今日受持方等經典. 乃至失[91]命, 設墮地獄受無量苦, 終不毀謗諸佛正法. 以是因緣[92]功德力故, 今釋迦牟尼佛, 爲我和上, 文殊師利, 爲我阿闍梨, 當來彌勒願受我法, 十方諸佛, 願證知我. 大德諸菩薩, 願爲我

---

85) 『화엄경』 卷36, 「보왕여래성기품」, 6630a.
86) 『관보현행법경』, T9.393c-394b. 이하 동경의 인용 부분은 오자가 많은 본 사본 가운데서도 특히 잘못이 많다. 한편, 보현원행법·독송·보살계·참회·멸죄로 이어지는 이 전후의 기술은 두순의 실천을 생각할 때 시사하는 바가 많다.
87) '處所'의 '所'를 제거함.
88) '佛'을 보충함.
89) '故'를 보충함.
90) '我'를 보충함.
91) '告'를 '失'로 고침.
92) '終'을 '緣'으로 고침.

伴. 我今歸依大乘經典[93]甚深妙義, 歸依佛, 歸依法, 歸依僧』. (21左) 如是
三說歸依三寶已, 次當自誓受六重法. 受六重法已, 次當懇修無礙梵行.
發廣濟心, 受八重法. 立此誓已, 於空閑處, 燒衆名香, 散華供養一切諸
佛及諸菩薩大乘方等, 而作是言『我於今日發菩提心, 以此功德, 普度一
切[94]』. 作是語已, 復更頂禮一切諸佛及諸菩薩, 思方等義. [95] 我一日乃至
三七日, 若出家在家, 不須和上, 不用諸 (22右) 師, 不白羯摩, 受持讀誦大
乘經[96]典力故, 普賢菩薩觀發行故, 是十方佛正法眼目,[97] 因由是法, 自
然成就五分法身, 戒定惠解脫解脫知見. 諸佛如來, 從此法生. 於大乘經
得受記別, 是故智者, 若聲聞毀破三歸及五戒八戒比丘戒比丘尼戒沙彌
戒沙彌尼戒, 及摩尼戒, 及諸威儀, 愚癡不善惡邪[98]心故, 多犯諸戒威儀
法. 若欲除滅[99]令無過患, 還爲比丘與沙門法, (22左) 當勤讀誦方等經典,
思第一義甚深空法, 令此空惠與心相應. 當知, 此人於念々頃, 一切罪垢
亦盡無餘. 是名具足沙門法[100]式具諸威儀. 應受人天一切供養. 若優婆
塞犯諸威儀, 作不善事者, 所謂說佛法過惡, 論說[101]四衆所犯惡事, 偸
盜淫[102]洗無有慚愧. 若欲懺悔滅諸罪者, 當勤讀誦方等經典, 思第一義.
若王者大臣婆羅門居士長者宰官, (23右) 是諸人等, 貪求無厭, 作五逆罪,
謗方等經, 具十惡業, 是大惡報, 應墮惡道, 過於暴雨, 必當墮阿鼻地獄.

---

93) '興'을 '典'으로 고침.
94) '一切'의 뒤에 '作是語已復更頂禮一切'라는 중복 부분을 생략함.
95) '義'를 보충함.
96) '經典'을 보충함.
97) '目'을 보충함.
98) '恥'를 '邪'로 고침.
99) '戒'를 '滅'로 고침.
100) '法戒威儀'를 '法式具諸威儀'로 고침.
101) '謂'를 '說'로 고침.
102) '淫洗'를 '淫洗'로 고침.

若欲滅除此業障者, 應生慚愧懺悔諸罪. 云何名爲刹利居士懺悔法. 刹利居士懺悔法者, 但當正心, 不謗三寶, 不障出家. 不爲梵行人作惡留難. 應繫念修六念[103]法. 亦當供給供養持大乘者. 不[104]必禮拜, 應當憶念甚深經第一義空. 思是法 (23左) 者, 名刹利居士修第一懺悔. 第二懺悔者, 孝[105]養父母, 恭敬師長, 是名修第二懺悔. 第三懺悔者, 正法治國, 不邪枉[106]人民, 是名修第三懺悔. 第四懺悔者, 於六斎日, 勅諸境内力所及處, 令行不殺, 修如是法, 是名修第四懺悔. 第五懺悔者, 但當深信因果, 信一實道, 知佛不滅, 是名修第五懺悔. 佛告阿難, 於未來世, 若有修習如此人, 著慚愧服,[107] 諸佛護助, (24右) 不久當成阿耨多羅三藐三菩提. 說是語時, 十千[108]天子得法眼淨, 彌勒菩薩等諸大菩薩, 及以阿難, 聞佛所說, 歡喜奉行.

〔3 書寫〕

第三書寫, 得大功德, 滅大重罪.『信力入印[109]法門經』普光會訖, 是華嚴別伝.[110]「佛[111]告文殊師利,『若有善男子善女人, 於一切世界微塵數

---

103) '和敬'을 '念法'으로 고침.
104) '亦'을 '不'로 고침.
105) '孝順'을 '孝養'로 고침.
106) '耶往'을 '邪枉'로 고침.
107) '眼'을 '服'으로 고침.
108) '七'을 '千'으로 고침.
109) '仰'을 '印'으로 고침.
110) 曇摩流支 譯,『信力入印法門經』을「화엄별전」으로 하는 설은 법장『화엄경전기』권1 '支流第四'에서는 "信力入印法門經五卷(元魏南天竺曇摩流支魏云希法譯) 右件經, 古德相伝云, 是華嚴別品. 詳其文句, 始終總無華嚴流類. 近勘梵本, 亦無此品. 請後人詳究"(T51.156a)라고 되어 있는 것처럼 '古德相伝'의 설로 되어 있다. 다만 법장은 동 경전은『화엄경』과는 관계없다고 한다. '近勘梵本'이라 함은 당역『화엄

衆生, 日々以天甘露百味飲食及天衣服臥具湯藥, 給施供養. 如是乃至阿僧祇恒河沙數世界微塵 (24左) 等數劫海給施供養. 文殊師利, 若復有善男子善女人, 於一優婆塞不信餘尊, 持十善業道, 攝取彼人, 生如是心, 此是學佛諸戒行人. 乃至一日以一人食施, 文殊師利, 此福勝前無量阿僧祇. 於一比丘一日以一食施. 於一於一信行人, 一日以一食施. 於一法行人, 一日以一食施. 於八中一人, 一日以一食施. 次第校[112]量如前. 若有善男子善女人, 於一切 (25右) 世界微塵數諸行人, 日々以天甘露百味飲食及天衣[113]服臥具湯藥, 奉施供養, 如是乃至阿僧祇恒河沙數世界微塵等數劫海, 而供養之. 文殊師利, 若復有若善男子善女人, 於一須陀恒向, 攝取彼人, 乃至一日以一食施, 文殊師利, 此福勝前無量阿僧祇. 於一須陀恒, 一日以一食. 於一斯陀含向, 一日以一食施. 於一斯陀含, 一日以一食[114]施. 於一阿那含向, 一日 (25左) 以一食施. 於一阿那含, 一日以一食施. 於一阿羅漢向, 一日以一食施. 於一阿羅漢, 一日以一食施. 於辟支佛向, 一日以一食施. 於一辟支佛, 一日以一食施. 次第校量, 勝前如前, 無量阿僧祇. 文殊師利, 若有善男子善女人, 於一切世界微塵數諸辟支佛, 日日以天甘露百味飲食及天衣服臥具湯藥, 奉施供養, 如是乃至阿僧祇恒沙數世界微塵等數劫海, (26右) 而供養之. 文殊師利, 若復有善男子善女人, 見於壁[115]上一画佛像, 或經帙[116]中見画佛像, 文殊師利, 此福

경』의 범본을 가리킨다.

111) 담마류지 역, 『신력입인법문경』 卷5, T10,956b-. 이하, 동경을 약출하면서, 8쪽에 걸쳐 장문으로 인용이 이어진다.

112) '依服'을 '衣服'으로 고침. 이하 일일이 주기하지 않는다.

113) '敎量'을 '校量'으로 고침. 이하 일일이 주기하지 않는다. 이 부분은 취의.

114) '日'을 '食'으로 고침.

115) '辟'을 '壁'으로 고침.

116) '扶'를 '帙'로 고침.

勝前無量阿僧祇. 何況合掌, 若以一花奉施佛像, 或以一香, 或以末香, 或以塗香, 或燃一灯. 文殊師利, 此福勝前無量阿僧祇. 文殊師利, 若有善男子善女人, 於一恒河沙等世界諸如來及聲聞僧, 日日以天甘露百味飲食及天衣服臥具湯藥, (26左) 奉施共食, 乃至無邊阿僧祇恒河沙數世界微塵等數劫海, 而供養之. 文殊師利, 若復善男子善女人, 於一羊車乘行菩薩得直心人, 隨一善根能作佛種. 攝取彼菩薩, 乃至一日以麁飲食, 一施其人, 文殊師利, 此福勝前無量阿僧祇. 文殊師利, 若善男子善女人, 一切世界微塵數諸羊車乘行菩薩人, 日々以天甘露百味飲食及天衣服臥 (27右) 具湯藥, 奉施供養, 如是乃至阿僧祇恒河沙數世界微塵等數劫海, 而供養之. 文殊師利, 若復有善男子善女人, 於一象乘行菩薩人, 隨一善根能作佛種. 攝取彼人乃至一日以一食施, 文殊師利, 此福勝前無量阿僧祇. 於一日月乘行菩薩, 一日以一食施. 於一聲聞乘神通行菩薩, 一日以一食施. 於一如來神通行菩薩, 一日以一食施. 如 (27左) 此, 次第校量如前, 勝前無量阿僧祇. [117)

大方廣佛華嚴經兩卷旨歸卷下三藏佛陀撰. 又名法藥. 就法明二佛之名.

文殊師利, 若善男子善女人, 於一切世界微塵數諸如來神通行菩薩摩訶薩, 日々以天甘露百味飲食及天衣服臥具湯藥, 奉施供養, 如是乃至阿僧祇恒河沙數世界微塵等劫海, (28右) 而供養之. 文殊師利, 若復有善男子善女人, 於此法門, 能自書寫, 若令他書寫, 文殊師利, 此福勝前無量阿僧祇. 文殊師利, 不善業罪亦如是說. 應當知, 文殊師利, 如是羊車

---

117) 여기서 『신력입인법문경』 인용 도중에서 상권이 끝난다. 내용에 의한 분권이 아니다.

乘行人鳥乘行人日月乘行人聲聞乘神通行人菩薩，乃至爲畜生道，令生善
根．若善男子善女人，起微瞋心，根相變異，乃至畜生，障一善根．文殊
師利，此罪過前無量阿僧祇．文殊師利，(28左) 若有善男子善女人，於十方
世界，一切微塵數諸衆生排[118]却其眼，劫[119]奪一切資生財物．文殊師利，
若復有善男子善女人，於一菩薩所，起欺慢心罵辱毀訾．文殊師利，此罪
過前無量阿僧祇．文殊師利，若有男子女人，於一菩薩，乃至微少，隨何因
緣，以欺慢心，罵辱毀訾．彼男子女人，墮大叫[120]喚地獄之中，身形大小，
五百由旬，有五百頭，於一々頭有 (29右) 五百口，於一々口有五百舌，於一
々舌有五百犁，以耕其舌．文殊師利，若有男子女人，於三千世界所有衆
生，若以刀杖斫打殺之，劫奪一切資生財物．文殊師利，若復有男子女人，
於菩薩所，生欺慢心，起瞋恨意．文殊師利，此罪過前無量阿僧祇．文殊
師利，若有男子女人，起於惡心，不生[121]衆生安穩之心．於恒河沙等一切
諸世界，一々世界一々閻浮提恒河 (29左) 沙等諸阿羅漢，盡皆殺害．恒河
沙等諸佛如來七寶塔廟七寶蘭楯寶幢幡蓋，皆悉破壞，盡令消滅．文殊
師利，若復有男子女人，於信大乘菩薩，乃至微小，隨何因緣，生欺慢心，
瞋罵毀訾．文殊師利，此罪過前無量阿僧祇．何以故．以從菩薩生諸佛
故．以從菩薩不斷諸佛如來種故．若其有人謗菩薩者，彼人名爲謗佛謗
法．何以故．以 (30右) 不異法有菩薩故．諸菩薩即是法故．文殊師利，若
有男子女人，於十方世界一切世界一切衆生，以瞋恚心，繫縛安置黑闇地

---

118) T본에는 '挑'(968a)로 되어 있지만, 잘못이다.
119) '却'을 '劫'으로 고침.
120) '哭'을 '叫'로 고침.
121) '不衆生々安穩心'이라고 된 것을 고침.

獄. 文殊師利, 若復有男子女人, 瞋於菩薩, 乃至迴[122]身異方看頃.[123] 文殊師利, 此罪過前無量阿僧祇. 文殊師利, 若有男子女人, 於一切閻浮提, 一切衆生所有資生一切財物, 悉皆奪[124]盡. 文殊師利, 若復有男子女人, 隨一菩薩, 若 (30左) 好若惡, 以瞋恨心, 罵辱毀訾. 文殊師利, 此罪過前無量阿僧祇. 文殊師利, 譬如須彌山王勝於諸山, 光明照曜. 勝者, 所謂高下廣狹.

文殊師利, 如是菩薩, 信此法門, 十方世界一切世界微塵等數諸菩薩中, 最勝最上. 何以故. 若有菩薩信此法門, 五波羅蜜所起功德, 一切善根, 阿僧祇劫之所修行, 信此法門, 其福爲勝. 所謂勝者, 高下廣狹. (31右) 文殊師利, 若有男子女人, 於十方世界微塵菩薩, 令發菩提心. 文殊師利, 若復有善[125]男子善女人, 信此法門, 是出世間法. 文殊師利, 此福[126]勝前無量阿僧祇. 文殊師利, 若有善男子善女人, 一切衆生, 信此法門, 令發菩提心. 文殊師利 ,若復有善男子女人, 信此法門, 信已書寫, 若教他書寫, 若自身誦, 若教[127]他誦, 乃至經帙[128]書寫信敬, 受持供養, 灯然香華[129]末 (31左) 香塗香花鬘, 供養此法門者, 文殊師利, 此福勝前無量阿僧祇. 文殊師利, 若有善男子女人, 一切世界所有衆生住聲聞道, 一々衆生, 皆與無量阿僧祇轉輪聖王住處善根, 及與[130]生天勝妙善根, 盡皆斷

---

122) '典'을 '迴'로 고침.
123) '須'를 '頃'으로 고침. 이 전후는 의미가 명확하지 않다. 『신력입인법문경』 자체에 문자의 혼란이 있나(958b).
124) '奮'을 '奪'로 고침.
125) '善' 자를 보충함.
126) '種'을 '福'으로 고침.
127) '敎' 자를 보충함.
128) '扶'을 '帙'로 고침.
129) '香末香'을 '香華末香'으로 고침.
130) '與' 뒤의 '衆' 자를 생략함.

滅. 文殊師利, 若復有異人, 於一菩薩摩訶薩, 障[131]一善根. 文殊師利,
此罪過前無量阿僧祇. 何況瞋恚, 罵辱毁訾. 文殊師利, 若有男子女人,
(32右) 恒河沙等諸佛塔廟,[132] 破壞焚[133]燒. 文殊師利, 若復有男子女人,
於信大乘菩薩衆生, 起瞋恚心, 罵辱[134]毁訾. 文殊師利, 此罪過前無量
阿僧祇. 何以故. 以從菩薩生諸佛故. 以從諸佛有塔廟[135]故. 以因佛有一
切世間諸天人故. 是故, 供養諸菩薩者, 卽是供養諸佛如來. 若有供養諸
菩薩者, 卽是供養三世諸佛. 毁訾菩薩, 卽是毁訾三世諸佛. 文殊師利,
(32左) 若有善男子善女人, 若欲得依無上供養諸如來者, 應當供養諸菩薩
也. 文殊師利, 若城邑聚落等中, 或有一億, 或有千億, 或有百千億無量
無邊阿僧祇菩薩, 於此法門, 不生信心, 彼諸菩薩, 若有王乱, 或有[136]業
乱, 或有水難, 或有險難, 或有大難, 或有財難. 而彼城邑聚落等中, 有
一菩薩, 信此法門, 而彼菩薩有阿僧祇罪業, 皆盡遠離 (33右) 諸難. 然此
菩薩, 於彼城邑聚落等中, 無有王難, 無有業難, 無有水難, 無有險難,
無有火難, 無有賊難, 無惡衆生不信此法難. 菩薩若信此法門者, 阿僧祇
劫所有衆罪, 應入地獄畜生餓鬼, 卽現身滅. 然彼菩薩有阿僧祇不可說
劫阿鼻地獄極重罪業, 卽現身滅. 一切諸難, 悉皆消盡. 若十卄若三十
劫, 有阿鼻地獄極重罪業, 卽現身中皆得消滅. 何以故. 大功德 (33左) 積
聚集故. 文殊師利, 如大水[137]池廣百由旬, 彼池中水具足八味, 若有人以

---

131) ‘彰’을 ‘障’으로 고침.
132) ‘廣’을 ’廟’로 고침.
133) ‘梵’을 ‘焚’으로 고침.
134) ‘辱’ 자를 보충함.
135) ‘廣’을 ’廟’로 고침.
136) ‘有’ 자를 보충함.
137) ‘火’를 ’水’로 고침.

一波羅毒, 著彼池中, 乃至千[138]斤, 卽無毒気. 何以故. 以得大水多聚集故. 文殊師利, 如是雖有無量無邊諸惡罪業, 應墮地獄畜生餓鬼滿一劫住, 而卽消滅. 何以故. 信此法門, 有大功德無量無邊故」.

〔4 權修〕

第四權修頓教大乘. 若住漸教二乘, 爲障道業. 『梵網經』云, 「若佛[139]子, 有經律大乘 (34右) 法正見正性正法身, 而不能勤學修智, 而捨七寶, 反[140]學邪見二乘外道俗典阿毘曇雜論書記, 是斷佛性障道因緣. 非道行菩薩道者故, 作犯輕垢罪[141]」.

經權修大乘[142]者, 有其三義. _{一者. 宗別 二者. 權條 三者. 學之先後也.}

〔4-1 宗別〕

初言宗別者, 一者通宗大乘, 二者通教大乘. 『楞伽經』云, 「一[143]者宗通, 二者說通. 宗[144]者, 爲修行者, 說者, 示童蒙」.

---

138) '仃'을 '斤'으로 고침.
139) '佛佛子'의 '佛'을 생략함.
140) '及'을 '反'으로 고침.
141) 『범망경』卷4, 제24경계, T24.1006c, 취의.
142) 「이세간품」까지를 권수(權修)로 하는 과단. 돈황 출토 『화엄약소』卷1에 보임 (北80, 敦煌寶藏56.331下).
143) 구나발타라 역, 『능가아발다라보경』卷3 「一切佛語心品」제3, "佛告大慧, 一切聲聞緣覺菩薩有二種通相. 謂宗通及說通"(T16.499b)의 취의. 『능가경』에 의해 종통·설통설을 이용하여 『화엄경』을 위치시키는 것은 『원종문류』에 인용된 지정 『화엄경소』卷1 단간에 보임(順高, 『起信論本疏聽集記』卷3本, 佛全 134c). 다만, 지정은 통종대승·통교대승이라는 분류는 하지 않는다.
144) 『능가아발다라보경』卷3, "謂我二種通宗通及言言說者授童蒙宗爲修行

初言「宗通」者, 卽通宗[145]大乘. 如『花嚴』頓敎, 爲 (34左) 正修行者故, 云「宗爲修行者」.

第二「說通」者, 說名非義, 以敎頓處. 卽是通敎大乘. 如『涅槃』漸敎, 爲始修之機[146]故, 云「說者, 示童蒙」. 如『法花經』明大牛之車者, 此是通敎大乘. 凡牛迴頭, 得旎[147]脊百上, 明通敎大乘相融[148]體不融. 故變[149]淨土中, 明除穢以顯淨. 卽是相融無礙義.『花嚴經』明文殊師利如象[150]王迴觀察善財者, 卽是通宗大乘. (35右) 凡象[151]不得迴頭卽通身俱迴, 表通宗大乘體融無礙故. 變淨土中, 明卽穢以顯淨, 卽體融無礙義故.『華嚴』賢首品云,「求大乘者猶[152]爲易能信是法爲甚難[153]」.「求大乘者[154]猶爲易」者, 此是漸敎大乘. 亦名通敎. 明有爲無爲, 以爲敎法. 顯會中道, 以爲

者"(503ab)의 취의.

145) 불타삼장이『능가경』의 종통·설통설에 의해『화엄경』을 통종대승으로 위치시켰다는 기술이 견등,『화엄일승성불묘의』(T45.785c-786a)에 보인다. 또한 앞의 S613V에서는 여러 곳에서 통종·통교라는 교판을 사용한다.

146) '幾'를 '機'로 고침. 이하 일일이 주기하지 않는다.

147) 이 전후는 의미가 명확하지 않다. 문자의 혼란일 것이다. 이하의 문장에 보이는 '象王'의 비유의 해석 등을 고려하면, "대체로 소는 몸 전체를 뒤로 향하지 않고도 머리를 돌리면 등골 위에 머리가 올라올 정도 뒤를 향하는 것이 가능하다"는 뜻인가.

148) '相融'과 '體融'을 통종·통교과 관련시켜 논하는 것은 S613V의 제175행 전후에 보인다.

149) "變淨土中, 明除穢以顯淨"라는 것은 「입법계품」 첫머리에서 석가모니불이 예토인 사바세계의 기원림을 '金剛寶地淸淨莊嚴' 정토로 변화시킨 것(「입법계품」, 677a-)을 가리킬 것이다.

150) '䳒'를 '象'으로 고침. '象→像→䳒'로 오사된 것인가?「입법계품」의 "爾時文殊師利, 如象王迴, 觀善財童子"(卷46, 689b)부분을 법장이 "身首俱迴如象王者, 現身攝受"(『탐현기』卷18, T35.454a)라고 해석함으로써 그 의미가 밝혀졌다.

151) '䳒'을 '象'으로 고침.

152) '由'를 '者猶'로 고침. '者'는 탈자. '由'와 '猶'는 음통일 것이다.

153)『화엄경』卷7,「현수보살품」, 441a.

154) '由'를 '者猶'로 고침. 注152 참조.

旨法. 因無常果常, 明敎相假名之機我[155]執對治法. 漸敎二乘及以諸論,
以爲多聞不能對治無常因行, 令使不爲 (35左) 生滅所遷, 不入一切種智故,
『花嚴』明難品, 喩通敎之機. 經云,「譬如有良医, 具智諸方薬, 自疾不能
救, 多聞亦如是[156]」. 明頓敎菩薩圓通[157]道位, 體通始終, 本除相應緣起
行, 能集一切動智故, 十地金剛藏言,「佛子, 是菩薩所[158]集一切智慧功
德法門品. 若不深種善根, 不能得聞[159]」. 又[160]法界品云,「本性清淨一切
種智, 超出一切諸障礙山. 隨所應化, 皆悉普照[161]」. 又『花嚴』性 (36右) 起
品云,「佛子, 如來應供等正覺, 不爲菩薩演說顯現如來究竟涅槃. 何以
故. 欲令諸菩薩於一念中普見三世一切諸佛悉現前故, 出生一切如來妙
色. 又復不起二不二相. 何以故. 菩薩摩訶薩, 遠離諸相, 無染著故. 佛
子, 但如來欲令衆生歡喜故, 出現於世. 欲令衆生憂悲感慕故, 示現涅
槃.其實如來無有出世, 亦無涅槃. 何以故. 如來 (36左) 常住,[162] 如法界
故. 爲化衆生, 示現涅槃. 能信是法, 爲甚難[163]」者, 卽是『花嚴』頓敎大

---

155) '幾我修'를 '機我執'로 고침.
156) 卷5,「명난품」, 429a.
157) 『화엄경』에서의 '道位'는 '圓通'하다고 보는 것은 지론종 초기작으로 보이는 돈
황본 『십지의기』卷1に "道者, 自體通爲道也"(T85.237a)에도 보이며, 지엄 『수현
기』卷1下에 "圓道不揀始門"(T35.15c)이라고 보이지만, 이 전후가 혜광의 『화엄경
소』의 인용으로 생각되는 것은 石井,「『一乘十玄門』の諸問題」(『佛教學』12, 1981.
10, pp.92~93. 본 책에서는 제2장 제3절)참조.
158) '所'자를 보충함.
159) 卷27,「십지품」(제10지), 575b.
160) '又法界品'이라는 표현이 이하 수차례 보인다. 그 가운데에는 '入'을 '又'로 오기
한 예도 있다고 생각되는데, 확인할 방법이 없기 때문에 모두 사본대로 한다.
161) 『화엄경』卷55,「입법계품」, 748a.
162) '位'를 '住'로 고침.
163) 卷36,「보왕여래성기품」, 628b.

乘. 亦名通宗. 明我法[164]圓通衆生身中, 悉有三種佛性智慧. 一名一切智者, 名照理智性. 照圓通照一切法門教道因, 成未來敢報佛. 二名無師智者, 眞覺開明瑩[165]發自中證道因, 成未來敢法佛. 三名無礙智者, 圓融無礙智者, 圓融無礙不住道智, 成 (37右) 未來敢應佛. 明此三種, 凡時三智爲本. 成聖時三智爲今成. 如微塵出經卷,[166] 體無增減.[167] 眞性緣起,[168] 行體總名平等般若智. 若法而言之, 乃是實性實相法故. 故小相光明功德品, 無障礙教音, 告諸天子言, 「如我音聲, 不從東方南方西方北方四維上下來, 諸天子聲非生滅. 諸天子, 如我所出音聲, 於無量劫, 不可窮盡. 諸天子, 若謂[169] (37左) 音聲有去來者, 卽墮邊見. 一切諸佛, 不說斷常. 除爲衆生, 方便說法. 諸天子, 如我天聲, 十方世界, 隨所應化, 皆悉得聞[170]」, 正以稱無障礙教性離[171]法成佛故, 因果俱常.

---

164) 이하의 三智도 포함하여 "如來智慧無處不至. 何以故. 無有衆生無衆生身如來智慧不具足者. 但衆生顚倒, 不知如來智. 遠離顚倒, 起一切智·無師智·無礙智"(『화엄경』 卷35, 「보왕여래성기품」, 623c)의 취의.

165) '堂'을 '瑩'으로 고침.

166) 『화엄경』 卷35, 「보왕여래성기품」, 624a의 취의.

167) 同, "菩提無性故, 無增無減"(627a) 등의 취의인가.

168) '眞性緣起'라는 말은 『대승의장』 卷1 「불성의」(T44.474b), 同 「이제의」(483b) 등을 비롯하여 혜원의 여러 저술에 빈출하며, 돈황본 『십지의기』 卷1(T85.238a) 등에도 보인다.

169) '誦'을 '謂'로 고침.

170) 『화엄경』 卷32, 「불소상공덕품」, 605c-606a의 약출.

171) '性離'란 말은 『십지경론』 卷2, "自性離煩惱故. 非先有後時離故"(T26.131c)에 의하는가? 법상의 『십지론의소』 卷1에서는 "眞實決定者, 自體眞覺性離緣得. …… 非始造終成"(T85.765c)라고 되어 있고, 지엄의 『수현기』 卷5下에서도 "性離有爲無爲爲相"(T35.106a) 등의 용례가 보인다.

〔4-2 權修〕

　　第二權修者,『花嚴經』明法品云「示現童蒙點[172]惠所行[173]」者, 明權漸
敎之機, 令修頓敎正修之行. 又云「佛敎莊嚴, 皆能攝取諸點惠[174]」者, 明
以頓敎自嚴, 攝取堪入頓敎正 (38右) 修之器故, 名「攝取」.「諸點惠」者, 迴
向品偈云,「無量無數劫, 常行無上施, 若能化一人, 功德超於彼[175]」. 又
普賢行品云「樂著童蒙障[176]」者, 明久來瞋恚心故, 樂著漸敎童蒙之法. 法
界品, 彌[177]勒對大衆權學善財言, '諸善男子, 世間有能發起無上菩提心
者, 甚爲希有. 若發心已, 如是精進求佛法者, 亦甚希有. 如是樂欲淨菩
薩道, 具菩薩行, (38左) 不惜身命, 求善知識, 不違[178]其敎, 集菩提分, 不
貪利養, 不捨菩薩正直之心, 不著家業, 不染五欲, 不戀父母及諸親族,
但樂專修一切種智. 如是之人, 倍復希有. 諸善男子, 若有菩薩如是學者,
則能究竟菩薩所行, 成滿大願, 近佛菩提,[179] 淨一切刹, 敎化衆生, 深入
法界, 具足一切諸波羅蜜, 廣菩薩行, 畢本意性, 出於魔業, 値遇一切諸
善智 (39右) 識, 於一生中, 能具普賢菩薩行. 其有欲得如是法者, 當如善財
之所修學[180]」. 以偈嘆善財, 言「建立正法幢, 顯現佛功德, 除滅惡道苦,

---

172) '點'을 '黠'으로 고침.
173)『화엄경』卷10,「명법품」, 461a.
174) '點'을 '黠'으로 고침.
175)『화엄경』卷10, 461c.
176)「십회향품」의 게송에는 보이지 않지만,「십회향품」직전의 품인, 卷14,「도솔천궁
　　보살운집찬불품」, 486ab에 보인다. 인용의 지시가 맞지 않는 것은 이곳뿐이다.
177)「보현보살품」, '不樂佛法障. 習童蒙障. 樂小乘障. 不樂大乘障'(卷33, 607a)의 취
　　의인가.
178) '連'을 '違'로 고침.
179) '薩'을 '提'로 고침.
180)『화엄경』卷58,「입법계품」, 772c-773a의 초출(抄出).

開諸善趣門, 能詣諸導師, 覩[181]見佛妙身, 聞持彼[182]密敎, 專求點[183]惠師[184]」. 彌勒讚歎善財發菩提心中, '譬如金翅鳥初[185]生時, 其眼明淨, 有大勢力, 大小諸鳥, 所不能及. 菩薩摩訶薩, 亦復如是. 生如來家, 發菩(39左)提心, 惠眼明淨, 有大勢力. 聲聞緣覺, 於百千劫, 修習智慧, 所[186]不能及. 譬如有人, 善入大海, 而不没溺, 摩伽羅魚, 所不能害. 菩薩摩訶薩, 亦復如是. 以菩提心入生死海, 不爲生死之所染汚. 亦不證實際. 聲聞緣覺摩伽羅魚, 所不能害. 譬如有人服食甘露, 一切衆患所不能害. 菩薩摩訶薩, 亦復如是. 服菩提心甘露法藥, 不墮聲聞緣 (40右) 覺之地. 起修習大悲, 滿足[187]行. 譬如金剛器杖,[188] 一切衆生乃至摩訶那伽, 不能執持. 除那羅延力. 菩提[189]之心, 亦復如是. 聲聞緣覺, 不能受持. 除諸菩薩摩訶薩[190]」.

〔4-3 學의 先後〕

第三學之先後者, 衆生不解, 謂要從漸敎緣覺道. 佛意不然. 如來初成道, 先放光明名淨境界, 能嚴淨三千世界. 此世界中, 若有無漏諸辟[191]支

---

181) '都'를 '覩'로 고침.
182) '波羅密敎'를 '彼密敎'로 고침.
183) '點'을 '點'로 고침.
184) 『화엄경』 卷58, 「입법계품」, 774ab.
185) '初' 뒤의 '照' 자를 삭제함.
186) '所'를 보충함.
187) '尺'을 '足'으로 고침.
188) '林'을 '杖'으로 고침.
189) '提' 자를 보충함.
190) 『화엄경』 卷59, 「입법계품」, 778c-779a의 초출.
191) '譬'을 '辟'으로 고침.

佛, (40左) 覺斯光者, 卽捨壽命. 若不覺者, 光明力敢徒買[192]他方餘世界中. 第二七日, 卽說『華嚴』頓敎大乘經. 初修行因之以果, 皆悉不聽, 發小乘心. 終法界行成, 亦有通攝之義. 到七々日, 始從鹿土終至雙林, 始說三乘漸敎.

〔4-3-1 先依漸敎修行〕

先依漸敎修行者, 如『花嚴』性起品云, 「佛子, 菩薩摩訶薩, 雖無量億那由他劫, 行六波羅蜜, (41右) 修習道品善根, 不[193]聞此經, 雖聞不信受持隨順, 是等猶爲假名菩薩. 不從如來種性家生[194]」. 此是漸敎之機. 縱使三阿僧祇修滿, 若更迴心, 得入頓敎大乘信位. 若不迴心, 以不信不聞故, 所名一闡提. 又法界品, 彌勒菩薩, 告善財言「善財, 當知, 我所顯說, 皆是普賢菩薩所行. 應當了知, 近善知識. 過去諸佛, 專求菩 (41左) 提, 修習此行. 於無量劫, 諸有爲中, 受無量苦. 猶不值遇過去諸佛. 不具是行[195]」者, 明漸敎二乘佛不具頓敎普賢性離因行. 計依漸敎二乘, 修行成佛返遲故.『涅槃經』中, 說法欲至深義以言「非諸聲聞緣覺所知[196]」故. 下瑠璃中, 佛告文殊師利, 「莫入甚深空定. 大衆鈍故[197]」. 又明對治有爲因果故. 以恒河沙爲數. 經初列衆, 一恒, (42右) 二恒[198]漸增者, 卽是漸敎之相. 唯明眞應二身.

---

192) '徒照' 혹은 '徒遷' 등의 잘못일 것이다.
193) '木'을 '不'로 고침.
194) 『화엄경』 卷36, 「보왕여래성기품」, 630a.
195) 『화엄경』 卷58, 「입법계품」, 773ab.
196) 「非聲聞緣覺所及」(담무참 역, 『대반열반경』 卷3, 「수명품」, T12.382b), "聲聞緣覺所不能見"(同, 卷5, 「여래성품」, 393c)등의 취의인가.
197) 명확하지 않다.
198) 이 '恒' 자는 연자인가.

〔4-3-2 先依頓教修行〕

先依頓教修行者, 『花嚴』性起品云,「佛子, 若菩薩摩訶薩, 得聞此經,
聞既信向受持隨順, 當知, 此等爲眞佛子, 從佛家生. 隨順一切如來境界,
具足一切菩薩正法, 安住一切種智境界, 遠離一切世間諸法, 出生長養
如來所行, 到一切菩薩諸法彼岸, 於如來自在正法, 心無疑惑,[199] 究竟安
住無 (42左) 師之地, 深入一切如來境界[200]」. 又法界品中, 彌勒菩薩告善財
言,「善財, 汝今皆得成就聞諸佛法, 行菩薩行. 其有衆生, 聞是行者, 得
大善利, 成滿大願. 親近諸佛, 爲佛眞子, 必成佛道, 清淨解脫, 除滅諸
惡, 遠離衆苦, 積功德聚.[201] 清淨法身, 遊行十方, 見諸如來菩薩大衆,
長養善根, 如水蓮花, 値遇諸佛, 聞持正法, 安住佛 (43右) 道, 具諸佛願,
究竟諸佛功德彼岸[202]」者, 明善財修頓教普賢性離行, 成三阿僧祇將滿,
勝漸教二乘等佛故. 如十地品「解脫月言,『佛子, 是菩薩, 於一念中, 能堪
受幾所大法明雨』. 答言,[203] 『佛子, 譬如十方所有不可說百千萬億那由他
世界微塵, 爾所微塵世界衆生, 假使皆得聞持陀羅尼, 爲佛侍[204]者, 爲
大聲聞多聞[205]第一. 如金剛蓮華上佛, 善伏比丘. (43左) 其一衆生成就如
是多聞之力, 餘亦如是. 一人所受, 餘不重問. 如是一切各[206]各不同. 是
菩薩住法雲地, 於一念頃,[207] 於一佛所受三世法藏大法明雨, 上一切衆
生多聞之力, 百分不及一. 乃至算數譬喻, 所不能及. 如一佛所聞, 十方世

---

199) '或'을 '惑'으로 고침.
200) 『화엄경』卷36,「보왕여래성기품」, 630a.
201) '聚' 뒤의 '淨' 자를 생략함.
202) 卷58,「입법계품」, 773b.
203) '言' 자를 보충함.
204) '持'를 '侍'로 고침.
205) '多聞'이란 말을 보충함.
206) '各' 아래에 '各'을 보충함.
207) '須'을 '頃'으로 고침

界微塵諸佛, 皆能受持大法明雨, 復[208]能過此, 無量無邊. 於一念頃, 亦復受持[209]」. 是菩薩, 於漸敎二乘法相, 不以一毫 (44右) 之力皆悉通達故. 普賢品云, 「若依此經, 少作方便, 疾得阿耨多羅三藐三菩提[210]」又『花嚴經』明不思議圓通道位爲宗故, 以虛空微塵爲數. 初列衆, 「與十佛世界微塵數等大菩薩俱[211]」者, 卽頓敎之相.

〔4-3-3 二乘爲障〕

『梵網』, 何以故, 二乘爲障[212]者, 有其三義. 初以義釋. 第二權修. 第三擧喻以彰.

〔A 義釋〕

〔a 引經義釋〕

初以引經義釋者,『涅槃經』云, 「菩薩摩 (44左) 訶薩, 畏墮聲聞辟支佛地, 如惜命[213]」者,『花嚴』二地妄梵行求中, 一是邪見外道, 二是同法小乘. 邪見外道者, 「是諸衆生, 深著我我[214]所, 於五陰㯕窟, 不能自出. 常

---

208) ‘沒’을 ‘復’으로 고침
209) 『화엄경』 卷27, 「십지품」(제9지), 573ab의 초출.
210) 卷33, 「보현품」, 608a의 취의.
211) 卷1, 「세간정안품」, 395b.
212) 『범망경』 卷下, 제24경계, T24.1006c의 취의.
213) 『열반경』 卷26, 「사자후보살품」, "令我怖畏二乘道果如惜命"(T12.534a,779a) 등의 기술을 가리키는가?
214) ‘我’자를 보충함.

墮四到[215]」. 此是外道, 解不正. 同法小乘中,「是諸衆生, 其心狹劣, 樂於
小[216]法[217]」者, 此人久修大乘, 今身逢惡知識, 樂於小法.「遠離無上一切
智慧, 貪著小乘, 不能志[218] (45右) 求大乘出世法[219]」者, 此人久來小乘種
性, 還起小欲故, 第[220]二地菩薩言,「我應令彼住廣大心無量無邊諸佛道
法, 所謂無上大乘」.

八地云,「善男子, 一切法性, 一切法相, 有佛無佛, 常住不異. 一切如
來, 以得此法故, 說名爲佛. 聲聞辟支佛, 亦得此家, 滅無別法. 善男子,
汝觀我等無量清淨身相, 無量智慧, 無量清淨國土, 無量方[221]便, 無量圓
光, 無量清淨音. (45左) 汝今應起如是等事[222]」, 明二乘之人, 唯取實際作
證, 障緣起行, 菩薩不住實際作證, 緣起成行.

普賢行品云,「過去久行瞋恚心故, 未來樂[223]著小乘障[224]」.

〔b 聲聞在會〕

入法界品中, 明聲聞衆舍利弗須菩提等. 何故前七會, 並皆不列,[225] 唯

---

215)『화엄경』卷24,「십지품」(제2지), 549c - 550a.
216)'小々法'을 '小法'으로 고침.
217) 同, 卷24, 550a.
218)'悉'을 '志'로 고침.
219) 卷24,「십지품」(제2지), 550a. T본에서는 이 전후는 4자의 리듬으로 구성되어
    있으며, 이 부분에 대해서는 "不能求大乘出法"으로 하고 있는데, 본 사본처럼
    "大乘出世法"이 있어야 뜻을 알기 쉽다. 의도적으로 고친 것인가?
220)'世'를 '第'로 고침.
221)'方' 뒤의 '佛' 자를 삭제함.
222)『화엄경』卷26,「십지품」(제8지), 564c.
223)'藥'을 '樂'으로 고침.
224)『화엄경』卷33,「보현보살행품」, 607ab. 모두에서 진애심(瞋恚心)이 어떤 장애
    를 초래하는가를 강조한 부분의 취의인가.
225)'別'을 '列'로 고침. 이 사본의 원본에서는 '列, 別, 引, 乱' 등에 대해서 혼동될 수

此會独列[226]者,

〔a 就教〕

初就教者, 明此經頓教大乘, 唯被大機, 不及二乘 (46右) 別相漸教之機
故. 初七會, 始心立並[227]簡而不明, 爲顯宗別故也. 但此會修成德滿, 統
攝無外. 既言法界, 何有一法在外而不攝者. 故此偏列[228]在會.

何故「不見[229]」者, 擄解, 以別相之請, 未捨情[230]塞, 自礙障故[231]不見.
擄行, 行有自行堪入, 利他之行全無故, 不[232]見如來化用果德.

〔β 就眞妄〕

第二就眞妄者, 上來諸會, 圓通道始, 修[233]對治除障, 簡偽取眞, 妄相

있는 서체로 쓰여진 듯하며 이들 글자에 대해서는 이하에서 보는 것처럼 혼란이
심하다.
226) '引'을 '列'로 고침.
227) '始心立並'의 4자는 의미를 알 수 없다. '始心'을 '慾'의 오사로 보고, '欲立, 並簡
而不明(세우려고 해도, 함께 가려내어 밝히지 않고)'이라고 읽을 수도 있지만, 아
마도 문자에 혼란이 있는듯하다.
228) '別'을 '列'로 고침.
229) 『화엄경』卷44, 「입법계품」, "如是等諸大聲聞, 在祇洹林, 而悉不見如來自在·如
來莊嚴·如來境界…… 一切聲聞諸大弟子, 皆悉不見"(679c), "諸大弟子在祇洹林, 不
見如來自在神力"(680a), "諸大聲聞,不不知不見"(680b) 등의 기술을 가리킨다.
230) '倩'으로 되어 있지만, 의미상 '情'으로 고침.
231) '其'라고 되어 있지만, 이하의 내용으로 봐서 '故'로 고침. 문자에 혼란이 있는
듯.
232) 오른쪽이 '覓亻'로 세 자로 주기가 있다. 이 전후의 '不見'이란 말은 '不'과 '見'이
붙어 있는 경우가 적지 않기 때문에 원본에는 '覓'으로 되어 있었던 곳이 있었다
고 생각된다.
233) "頓教菩薩圓通道位, 體通始終"(35左, 注157)등의 용례를 고려하면, "圓通道始
終, 對治除障" 내지 "圓通道始修, 對治除障"으로 해야 하는가. '始修'라는 말은 그
외에도 "如『涅槃』漸教, 爲始修之機故"(304左)등으로 보인다.

之[234]想分分而盡, (46左) 眞實之行, 分分增明故, 妄相緣修對治之行, 以爲
聲聞. 旣分分除斷, 何有能契[235]入眞境之義故, 別[236]而不明. 今此會明
者, 體會法界, 稱實究竟, 非斷非得,[237] 古今淸淨. 何有妄而可除, 眞實
可得.[238] 旣云「稱體」, 何有不實.[239] 緣無不實, 妄無不實. 故列二乘, 明
統攝法界, 以成圓通之道, 究竟無外也. 下云「不見」者, 明妄情不見.

〔γ 就方便稱體〕

第三就方便稱體無二門中, 前 (47右) 七會, 不增不減, 修[240]明自利, 因
果德滿故, 簡異方便對治增減二修聲聞. 是以諸會之中, 皆言「不知[241]」者,
正明除妄得[242]眞, 捨生死證涅槃, 二乘之行故. 經云, 「虛詐[243]妄說, 生
死涅槃異[244]」. 又經云, 「菩薩方便行, 名聲聞行[245]」. 今此會, 正明不增不
減修古今淸淨, 一味平等. 何有增減. 稱體方便無二[246]故. 而法界之外,

---

234) 아래의 '眞實之行'의 대구로 있기 때문에 '之'를 보충함.
235) '羿'라고 되어 있지만, '契'의 이체자의 오사로 보고 고쳤다.
236) '乱'를 '列'로 고침.
237) '德'을 '得'으로 고침.
238) 同上.
239) 문맥으로 볼 때 "何有無不實妄, 無不妄實" 등으로 되어 있어야 할 듯.
240) '修明' 자는 의미가 명확하지 않다.
241) 중각강당회인 「입법계품」에는 "諸大聲聞不知不見"(680b)등으로 있지만, 다
　　 른 여러 회에서는 취의인가. "譬如有人, 於大會中昏寢. …… 其餘大會悉不知
　　 見"(680a).
242) '德'을 '得'으로 고침.
243) T본에서는 '虛詐'을 虛詑'으로 함.
244) 『화엄경』 卷8, 「보살운집묘승전상설게품」, 443c.
245) 「이세간품」 첫머리에서 보살의 10종 교방편분별지를 설한 부분에 "巧方便分別
　　 智, 入一切聲聞行"(卷38, 639a)으로 있는 것의 취의이다.
246) '妄故'라고 되어 있는데, 이것은 '方便稱體無二門'으로서 증감을 보는 방편행과
　　 부증불감의 칭체행이 별도가 아닌 것을 설하는 부분이기 때문에 '無二故'가 되어
　　 야 한다. '無二' 2자가 거의 붙어 있어 '妄'으로 오사했다고 보고 '無二故'로 고친다.

無法不攝. 是以, 此中具明二乘, 以彰統苞圓極. 下文[247]何故「不見」(47左)者, 明增減之跡不能圓拙相應故,[248] 云「不見」. 何故「諸大聲聞, 在祇洹林[249]」者, 漸教不在頓教外. 但以相別之情尅他, 頓教爲漸法非外故, 云「在」. 明妄依眞立,[250] 妄非眞外故, 云「在」. 就增減中, 雖復隨緣別修, 而非性離體外故, 云「在」. 「而悉不見[251]」者, 局教[252]之情, 不見頓教因果, 明妄相如行, 不見眞實因果之攄眞, 修方便增減之行, 不見稱體因果. 又云「是諸功德 (48右) 不與聲聞辟支佛共[253]」者, 頓教因果, 不與漸教功德共. 眞實因果, 不與妄共. 性離之道, 不與增減行共. 故經云, 「何以故. 聲聞乘出三界故. 以滿足聲聞之道, 住聲聞[254]果, 不能具足. 無所有故, 住[255]眞實諦, 常樂寂滅, 遠離大悲, 常自調伏, 捨離衆生. 是故, 雖與如來對面而坐, 不能覺知神變自在[256]」.

---

247) '汶'을 '文'으로 고침.

248) "木㔾不能圓拙相應故"라고 있어, 문자에 상당히 혼란이 있다. 첫 번째 글자인 '木'이 '不'의 잘못임을 알 수 있는데, 두 번째 글자인 '㔾'은 본 사본의 '妄' 자의 윗 글자 반의 형태, 즉 '亡'에 가깝고, '拙'도 그대로는 읽기 어렵다. 대체로 "증감의 견해는 약해졌지만, 법계와 원만히 상응하지 않기 때문에" 정도의 의미일 것이다.

249) 『화엄경』 卷44, 「입법계품」, 679c.

250) 법상, 『십지론의소』 卷3에서는 '妄依眞有'(T85.771b)라고 되어 있고, 阿梨耶識 및 여래장을 둘러싼 논의가 전개된다.

251) 『화엄경』 卷44, 「입법계품」, 679c.

252) '局教'라는 말은 혜원 『대승의장』 卷1 「삼장의」에 "隨大小漸頓分別. 所謂局教漸教頓教. 一切小法,名爲局教"(468c)에 보인다.

253) 문장의 의미를 알 수 없다.

254) 『화엄경』 卷44, 「입법계품」, 679c의 약출.

255) '聞' 자를 보충함.

256) 『화엄경』 卷44, 「입법계품」, 680a.

〔B 權修〕

第二權修者, 如信位行善知識中,「爾時, 文殊師 (48左) 利告諸比丘,『汝等當知, 若善男子善女人, 成就十種大心, 則得佛地. 況菩薩地. 何等爲十: 所謂發廣大心, 長養一切善根, 究竟不退, 心無厭足. 見一切佛, 恭敬供養, 心無厭足. 正求一切佛法, 心無厭足. 遍行菩薩諸波羅蜜, 心無厭足. 具足一切菩薩三昧, 心無厭足. 於一切三世流轉, 心無厭足. 教化成就一切衆生, 心無厭足. 於一切刹一切劫中行菩薩 (49右) 行, 心無厭足. 發廣大心, 修習一切佛刹微塵等諸波羅蜜, 度脫一切衆生, 具佛十力, 心無厭足. 若善男子善女人, 成就如是十種大法, 則能長養一切善根. 雖生死趣一切世間, 性超出聲聞緣覺之地, 生如來家²⁵⁷⁾』」. 皆云「無厭足」者, 明發心法念々入薩波若 .體非分限故, 云「無厭足」.

〔C 擧喩〕

第三擧喩以彰者, 下經言,「譬如雪山有諸藥草, 賢明良医, 悉分 (49左) 別知. 雖有捕猟放牧²⁵⁸⁾人等, 遊止²⁵⁹⁾彼山, 悉不能知. 菩薩摩訶薩, 亦復如是. 具足一切智, 出生一切菩薩, 自在明了如來神足變化. 彼諸聲聞大弟子衆, 雖處祇洹, 悉不覺知. 所以者何. 常求自安, 不廣濟²⁶⁰⁾故²⁶¹⁾」. 乃是法界解脫別相之行. 非是種性之流, 得來此會.

---

257) 同,「입법계품」, 687b.
258) '放羽'를 '放牧'으로 고침.
259) '心'을 '止'로 고침.
260) '齊'를 '濟'로 고침.
261) 『화엄경』卷44,「입법계품」, 680ab.

喻中又[262]云,「聲聞何故不見[263]佛」以下, 次第覺法界故. 若論法界義, 通始終有其五位. 初會因 (50右) 果[264]理實門中, 稱法界. 普光會信門中, 稱法界. 從忉利夜摩實現兜率他化天會, 明修成因果門中稱法界. 重會普光明淳就因果門中稱法界. 祇洹林入法界品, 明因果無障礙解脫一切門中, 究竟稱體故, 得「入法界[265]」之名.

若論因果, 有其十二位. 亦統攝一部.[266] 初會明無爲因果,[267] 亦名自種因果.[268] 初盧舍那十世界[269]等, 明. 「乃往古世[270]」已下, 明因. 名號 (50左) 品已下, 明有爲因果. 亦名自類因果. 初名號四諦光明覺三品, 明果. 明難已下, 記至住處二十五品, 明因. 不思議品已下, 明自體因果. 不思議相海小相三品, 明果. 普賢行一品, 明因. 性起品, 就體中明因果. 初明其因, 如來十種身[271]已下, 明果. 離世間一品就體[272]中, 明淳熟因果. 普

---

262) '汝'를 '又'로 고침.
263) 『화엄경』卷44, 「입법계품」, 680c의 취의.
264) '因果理實'의 말은 "依光統師, 以因果理實爲宗. 卽因果是所成行德, 理實是所依法界"(법장 『탐현기』卷1, T35.120a)라고 있는 것처럼 혜광의 종취라고 한다.
265) '果'를 '界'로 고침.
266) '鄙'로 되어 있지만, 문맥으로 볼 때 '部'로 고침.
267) 이하의 '有爲因果', '無爲因果' 등의 말은 지론종의 용어이다. '有爲緣集·無爲緣集'과 같은 것을 가리킨다.
268) '自種因果'라는 말 및 이어서 나오는 '自類因果', '自體因果'라는 말은 모두 S 6388에 보인다. "是以涅槃以自類因果爲宗, 華嚴以自種因果爲宗, 大集等以自體因果爲宗. 然宗各備三, 欲別三者, 互擧一宗耳"(敦煌寶藏四五·六五六下).
269) 「노사나불품」 첫머리의 "一一塵中有十佛世界塵數佛刹"(卷3, 407b) 이하의 기술을 가리키는가.
270) 「노사나불품」의 "乃往久遠過世界海微塵數劫"(同, 416b) 이하에서 보장엄동자의 인행이 설해지는 부분을 가리키는가.
271) 「성기품」에서 '정각불·원불·업보불'(卷35, 634c) 등의 10종의 부처를 밝힌 것을 가리킨다.
272) '故'로 되어 있지만, '躰'의 행초체의 오사로 보고 '體'로 고침.

賢二千答中, 初二百句[273]答十信. 二百句[274]答十住. 三百句[275]答十行. 二
(51右)百七十句[276]答十迴向. 五百二十句[277]答十地. 此明因行.「十種觀
察[278]」已下, 有五百一十句, 明果. 入法界[279]一品, 就用明解脫因果. 從初
說至「聚落京都[280]」已來, 明法界解脫果.「爾時, 文殊師利童子, 從善安住
樓閣出[281]」已下, 明法界解脫因. 初四十二善知識,[282] 明有爲因. 百一十
善知識,[283] 無爲因. 三千塵等知識,[284] 無二因. 普賢菩薩,[285] 明性離

---

273) 『화엄경』 卷36, 「이세간품」, "爾時, 普賢菩薩摩訶薩, 告普慧菩薩等諸菩薩言. 佛
子, 菩薩摩訶薩, 有十種依果. 何等爲十"(632c) 이하. 이 보현의 2천 가지 답의 배당
에 대해서는 지엄 『수현기』(T35.83a)·법장 『탐현기』(동, 421b)도 거의 마찬가지
이다. 십회향을 29구로 하고, 십지를 55구로 하는 차이가 있을 뿐이다. 한편, 법장
은 이와 같은 분류는 『度世經』에 기본을 둔 것으로 '古來相伝'이라는 것을 지적하
고 있다.
274) 『화엄경』 권37, 「이세간품」, "佛子, 菩薩摩訶薩, 有十種發普賢心.何等爲十"(634c)
이하.
275) 同,卷37, 「이세간품」, "佛子, 菩薩摩訶薩, 有十種持. 何等爲十"(636c) 이하.
276) 同,卷38, 「이세간품」, "佛子, 菩薩摩訶薩有十種智觀察. 何等爲十"(641a) 이하.
277) 同,卷40, 「이세간품」, "佛子, 菩薩摩訶薩, 有十種業. 何等爲十"(651b) 이하.
278) 同, 卷41, 「이세간품」, 659a.
279) '界' 자를 보충함.
280) 『화엄경』 卷45, 「입법계품」, 684a, "或見在人聚落城邑大王京都"의 취의.
281) 同, 卷45, 「입법계품」, 686c.
282) "四十二善知識"이라고 되어 있기 때문에 지파가라의 보역 이전의 경전에 근거
한 것을 알 수 있는데, 법장은 「입법계품」의 선지식 수에 관한 고래의 설을 소개
하기 전에 보역 이전은 뒤의 문수를 별립하는가 아닌가에 따라 44 내지 45의 차
이가 있다고 하며, 선지석을 보살계위에 배당하는 '光統等諸德'이 배당하지 않
는 '五台論及意法師'의 설을 소개하지만 42라는 숫자는 언급이 없다(『탐현기』,
T35.450bc).
283) 「입법계품」에는 "展轉經由一百一十善知識"(卷58, 772a)으로 되어 있고, 또 "爾
時, 善財童子, 如是經遊百一十城, 到普門城邊"(卷60, 738b)으로 되어 있다.
284) 동, 권60, 「입법계품」, "於是, 善財得見三千大千世界微塵等諸善知識"(783c).
285) 동, 권60, 「입법계품」, 784b 이하.

因.[286] 始從「如是[287]」終至經末, 統攝 (51左) 法界因果行位. 句々皆是勝妙
法門, 以成一佛德之大聖功妙, 卷舒[288]無礙.

〔VI 總結〕

總攝『花嚴』一部, 略爲二佛名之明. 但禮誦之者, 卽禮誦『花嚴』一部法
門. 明此二佛之名, 乃是行之要軌, 其巧金約,[289] 障無不除, 功德無盡.
今恐後學未善其相, 略顯於此.

華嚴經兩卷旨歸卷下

286)『수현기』卷5下에서는「입법계품」말미의 보현보살의 게 가운데 "如來淨法
身"(卷60, 788a) 이하의 6게송을「法身六偈」로 칭하고, 그 가운데 "非有亦非無"구
를 "性離有爲無爲爲相"으로 해석하고 있다(T35.106a).
287) 권1,「세간정안품」, 395a.
288) '卷舒'라는 말은,『십지경론』卷2에서 부처의 방광을 해석한 부분에서 '卷舒
業'(T26.131a)이란 말이 보인다.
289) '其巧金約' 네 자는 의미를 알 수 없다. 문자에 혼란이 있는가.

찾아보기

1. 지엄(智儼), 의상(義湘), 법장(法藏), 『오교장(五教章)』 등 자주 등장하는 단어는 특별한
경우 이외에는 생략했다.
2. 현대 연구자명은 생략한다.

간행사 전문

〈본 세존학술연구원의 우수학술서 번역 불사는 박찬호 거사의 시주
(施主) 원력으로 이루어졌음을 밝힌다.〉

1. 한국불교의 원류, 원효와 의상

중국을 거쳐 한국에 불교가 전래된 시기는 4세기 후반이다. 중국은
기원 전후에 인도의 불교를 접할 수 있었는데, 이는 붓다 입멸 후 거의
500년이 지난 시점이다. 거의 실시간으로 이루어지는 지금의 정보 전달
을 염두에 둔다면, 인도에서 중국을 거쳐 한국에 전래되기까지의 900
여 년이란 시간은, '사상의 변천'이 난해해질 수 있는 여건이 충분한, 짧
지 않은 기간이다. 게다가 현재의 우리는 한국에 정착한 후 1,600여 년
이나 지난 불교를 대하고 있다. 4세기 후반(372년) 고구려로 수입된 불
교는 신라로 전해져, 원효(617~686)와 의상(625~702)이라는 두 걸출
한 수행자를 통해 화려하게 시작되었다.

원효의 불교는 일심(一心)을 통한 화쟁사상(和諍思想)으로 흔히 요약
된다. 일심은 일체의 망상이 사라진 마음자리로 왼쪽 한 발 옆은 화엄

사상, 오른쪽 한 발 옆은 금강반야사상, 앞으로 한 발은 정토사상, 뒤로 한 발은 중관과 유식이 있었다. 즉, 6세기까지 모든 경론(經論) 해석의 정점에 있었던 것이다.

의상 또한 『화엄경』에 달통하여 한국불교가 일찍이 최고의 경전을 접할 수 있는 절호의 인연을 만들어 준 최고의 논사였다. 이토록 희유(稀有)한 두 성현의 개시(開始)에도 불구하고, 지난 1,600여 년 동안 한국불교는 과연 무엇을 이루었는가에 대한 회의와 반성이 학술서 번역 출간을 기획하게 된 결정적 동기이다.

2. 한국불교에서 의상의 화엄사상 실종

의상에 의해 정립된 화엄 교학은 유심(唯心) 즉, 일심(一心)에 의해 펼쳐지는 법계연기(法界緣起)로 압축된다. 이는 붓다의 깨달음인 연기(緣起)를 모든 존재를 펼쳐지게 하는 본질인 이법계(理法界)와, 본질에 의해 펼쳐진 현상 세계인 사법계(事法界)를 무진연기(無盡緣起)로 설명한 세계관이다. 그리고 이 사상은 양자론같이 극미(極微)한 세계를 다루는 물리학이나 거시(巨視)적 우주를 다루는 천문학과도 잘 어울린다. 이는 화엄사상에서 다루는 대단히 심오한 논리이기도 하다.

다만 『화엄경』의 모체인 「십지품」에서 설하는 보살 실수행의 단계와 경지는 물론 수행의 구체적 방법이 간과되는 점은 매우 안타깝다. 「십지품」에서 설하는 보살지위의 수행은 십바라밀(十波羅蜜)로 보시·지계·인욕·정진·선정·지혜·방편·원·력·지 등 열 가지로, 「십지품」에서는 열 가지 모두에 '바라밀'을 붙여 사용함으로써 그 뜻을 명확히 하고 있다.

십바라밀은 보살의 십지(十地) 수행과 정확히 일치해, 초지보살은 "보시바라밀을 주 수행으로 삼되 다른 바라밀도 소홀히 하는 것은 아니다."라고 말한다. 이런 순차로 마지막 십지보살은 "지[智, 般若]바라밀을 주 수행으로 삼고 나머지 바라밀을 소홀히 하지 않는다."라고 명쾌하게 설하고 있다.

그런데도 한국불교는 왜 육바라밀만을 거론하는 것일까? 그 이유를 나는 한국불교가 십바라밀을 수용할 수준에 이르지 못했기 때문이라고 생각한다. 십바라밀 중 앞의 육바라밀은 철저히 자리(自利) 수행의 단계이다.

여섯 번째 지혜바라밀은 자리의 지혜가 완성된 수행의 단계이고 보살 육지의 경지에 해당된다. 그러나 이어지는 보살 칠지에서 십지에 이르는 수행인 방편·원·력·지바라밀은 자리를 여의고 다시 시작해야 하는 보살 이타(利他) 수행의 본격에 해당된다.

육바라밀을 성취한 육지보살이라도 중생 구제를 위한 관세음보살 같은 방편, 보현보살 같은 원력, 어떤 장애와 마장도 능히 다스릴 수 있음은 물론 천제(闡提)까지도 구제할 수 있는 금강 같은 힘[力]을 갖추고, 마지막으로 궁극의 반야지(般若智)인 지바라밀을 얻게 된다는 것이 「십지품」에서 반복해서 강조하는 십바라밀의 본질이다.

십바라밀을 상기한다면 한국의 승가가 이타의 시작인 방편바라밀을 얼마나 이기적으로 악용해 왔는지 알 수 있다. 게다가 자리 수행에서마저도 오지보살의 선정바라밀에 집착해 육지보살의 지혜바라밀 수행을 거들떠보지도 않았다. 수행의 지침으로서 『화엄경』은 실종되어 버린 것이다.

3. 한국불교에서 원효의 통불교 실종

중국의 종파불교에 대해 한국불교의 정체성을 통불교(通佛敎)라 지칭한 사람은 최남선(1890~1957)이다. 최남선은 1930년 「불교지」제74호에 발표한 〈조선불교(朝鮮佛敎)─그 동방문화사상(東方文化史上)에서의 지위(地位)〉에서 한국 불교사상의 근원으로 원효를 지목하며 '통불교'라 했다.

원효를 따른다면 나는 최남선의 통불교를 원통불교(圓通佛敎)로 이해하는 편이 더 원효적이라고 생각한다. 최남선은 한국의 역사학자로 일본에 의해 가두어진 한국의 사상 중 그나마 원효의 경지를 동경하며 찬탄하는 심정으로, 한국불교뿐만이 아니라 조국인 한국이 지향해야 할 미래 문화의 정신적 핵심 개념으로 '통불교'라는 용어를 사용했을 가능성이 크다고 본다.

나는 중국이 원효 이후에도 많은 불교사상을 수입 발전시켜 양과 질에서 종파불교를 형성할 충분한 여건을 조성했고, 실제 그들의 종파불교가 고려와 조선시대의 불교에 막대한 영향을 주었다는 사실에도 주목한다. 중국 종파불교를 끊임없이 들여 온 한국불교가 최남선에 의해 원효에서 그 정체성을 확인하고, 그것을 통불교라 했다는 것은 불행 중 다행임에 틀림이 없다.

다만 아쉽게도 최남선은 조선과 고려를 거슬러 신라의 원효에 이르는 거의 1,300여 년간 통불교를 지탱하고 발전시킨 어떤 고승도 언급하지 않았다. 한국불교의 불행은 종파불교도, 원효의 통불교도 자기 것으로 소화해 낼 능력이 없었다는 데 있다.

현재 한국불교는 승가를 이끌 걸출한 수행자를 배출해 내지 못하고 있다. 승려들 중 화엄·반야·법화사상의 차이는 고사하고, 붓다의 삶과 궁극의 가르침이 무엇인가를 설명할 수 있는 사람도 많지 않다. 이는 승가가 선 수행자는 문자에 의지하면 안 된다는 그릇된 전통에 집착한 나머지, 경전까지도 가까이하지 못하도록 방임했지만 실제로는 선 수행을 통한 '경지'에 도달한 수행자마저 배출하지 못한 진퇴양난의 결과이다.

본 우수학술서 번역 불사는 한국불교의 현재를 직시하고, 자기반성과 반전(反轉)의 인과 연을 심어놓는 데 그 목적이 있다.

원효와 의상 이후 한국불교의 정상에는 고려 중기의 보조(1158~1210)가 있었다. 보조는 선교일치(禪敎一致)를 통한 정혜결사(定慧結社)로 불교 중흥의 기틀을 마련하였고, 대혜종고(1089~1163)의 간화선을 한국불교의 대표적 선 수행으로 정착시켰다.

원효에서 보조에 이르기까지는 한국불교의 정체성이 통불교였다고 말할 수 있다. 흔히 근대 보조의 선풍을 되살려 간화선의 진면목을 유감없이 보였다는 수행자로 경허(1849~1912)를 꼽는다. 경허가 간화선의 맥을 이은 것은 사실이나 그것으로 경허의 일탈적 언행의 허물이 덮어지는 것은 아니다. 경허의 막행막식에 원효의 무애나 대자유인만이 누릴 수 있는 경지에서나 가능하다는 식의 접근은 대단히 우려스럽다. 경허는 수행의 마장(魔障)을 조복시키지 못했던 것이고 극기(克己)에 실패했을 뿐이다.

현대에 접어들어 성철(1912~1993)은 간화선사로서 치열함과 혜능(638~713)과 육조단경 논리에 충실한 돈·점의 논쟁을 주도하며 불교의 위상을 높인 측면이 있다. 하지만 안타깝게도 육조단경은 혜능의 추종자들이 후대에 만들었고, 그 내용도 선의 교과서 격으로 인정하기에는 부족하다는 연구 결과가 거의 30년 전에 발표되었다.[본 세존학술총서 중 존 매크래의『북종과 초기 선불교의 형성』이 대표적이다.]

성철의 간화선에는 이런 이론의 문제보다 더 심각한 수행의 자기모순이 있다. 화두 참구 시 반드시 경계해야 할 병통(病痛)에 대해 보조(1158~1210)에서 서산(1520~1604)에 이르기까지, 간화선사들이 실참하며 거론한 간화십종병(看話十種病)의 지적과 성철이 육조단경을 중심으로 펼치는 주장은 상당 부분 배치된다.

또한, 성철의 간화선 수행은 밀교의 주 수행인 진언 수행을 우선 또는 병행하게 하는 것이 특이하다. 밀교는 법신불 격인 대일여래(大日如來)를 주불로 세워 힌두교의 여러 신들을 정교한 구성으로 회화(繪畵)화하고, 그 수행은 주문(呪文) 즉, 진언과 다라니를 염송하여 즉신성불(卽身成佛)을 성취한다는 7세기 인도에서 발생한 불교이다. 하지만 밀교는 불교가 사실상 힌두교에 흡수되는 결과를 초래했다는 비판을 받는다.

밀교의 수행 핵심인 진언 수행을 간화선사인 성철이 강조했던 근거는, 중국과 한국의 일부 선 수행자가 능엄경이 선정과 마장의 경계를 밝혀 놓았다는 이유를 들어 소의(所依)로 삼은 데 있는 것 같다. 그러나 능엄경은 중국에서 편찬한 위경(僞經)이고, 간화선은 오직 '화두'에 생사를 거는 것이 수행의 전통임을 되새긴다면 성철이 밀교 경전인 능엄경의 능엄신주를 간화선에 접목한 것은 이해하기 난감하다.

이렇듯 근·현대를 대표하는 경허, 성철의 불교는 최남선이 탐구해 낸 원효와 의상을 원류로 하는 통불교도 정통 간화선도 아니다. 여기에 승가의 수행력에 대한 불신으로 남방불교의 수행법인 위빠사나가 빠르게 입지를 넓혀가고 있다. 한국불교의 정체성이 통불교라 주장하기에는 무엇인가 혼란스러운 상황에 처한 것이다.

물론 한국불교가 통불교라는 개념에 갇힐 필요는 없지만 적어도 추구하는 목표는 분명히 해야 한다. 그 분명한 목표가 당위성을 얻기 위한 작업에 본 학술서들이 일조할 수 있다면 다행이다.

4. 한국불교를 위한 제언

나는 20여 년 전부터 시작된 일본의 소위 '비판불교'적 시각을 한국불교도 적극 논의 대상으로 삼아야 한다고 생각한다. 다행히 승가 곳곳에서 한국불교의 고사(枯死)를 인정하고 있으니, 역설적으로 미래 불교의 새싹을 공개적으로 논할 수 있는 여건이 성숙되었다고 볼 수 있다.

나는 주요 경과 논서들을 보며 오히려 많은 의문이 들었다. 예를 들면 붓다의 깨달음은 연기임에도 다섯 비구에게 설한 것은 사성제라 하는데, 붓다는 사성제와 연기의 관계를 어떻게 설정하셨는지 명확하지 않다.

화엄의 유심(唯心)과 세친의 유식(唯識)이 공존할 수 있다면 심과 식의 차이는 없다는 것인가?

화두를 타파하면 연기와 공의 진리에 온전히 계합(契合)되는 경지인가?

간화선 자체를 불교 수행의 하나로 인정하며 생기는 수많은 모순들을, 간화선은 중국불교만의 독특한 수행법이라고 떨쳐 버리는 방법으로 해결할 수는 없는가?

붓다는 은인과 같았던 빔비사라 왕과 위제희 왕비를 죽이고, 곧 자신의 부모를 죽이고 왕권을 차지한 아사세 왕을 어떤 감정으로 대했을까?

이런 근원적 의문들의 해법에 전전긍긍하였다. 쉽게 말해 전설적 해석에 너무 관용적이고, 오래되고 추종자가 많다는 이유로 불교사상이나 수행의 당위성을 인정해 주는 것은 곤란하다는 것이 내 불교관의 핵심이다.

일본 학자들에 의해 제기된 비판불교는 바로 이런 내 의문들과 우연이라고 하기에는 신기할 정도로 동질성이 있다. 그리고 비판불교는 2,000년 이상 군살이 붙은 불교의 맨살을 되살리자는 것을 목표로 한다. 기복과 호국의 정당성을 신앙적으로 이용한 측면에서 자유롭지 못한 한국불교로서는, 이런 비판불교 정신으로 미래 불교의 판을 짜는 것을 승가와 학계가 진지하게 고민해 보자고 제안한다.

5. 맺는말

이 시대는 초고속의 기술개발과 응용에 폭발적 가속이 붙은 4차 산업혁명으로 인간이 과거에 경험하지 못한, 전혀 다른 세상으로 질주하고 있다. 혁명의 중심에는 인공지능(AI)이라는, 물질만으로 조립된 인간보다 유능한 기계로 인간의 생각까지 추적하고 추월한다는 목표가 있다. 이 변화는 결국 역사 이래 가장 근원적 난제인 '마음이라는 정체성의 본질이 정신에 있는가, 물질에도 있는가?'라는 문제에 가장 실감 나게 봉착하게 될 것이다. 불교가 지금과 같이 '마음'이라는 한 단어만을 모든 것의 만능으로 삼고, 마음으로 '인식하고 통찰하는 연기적 사고'를 적응시키지 못한다면 유일신의 종교보다 더 빠르게 사라질 것이다.

미래에 그런 불교를 구현하려면 붓다의 가르침의 궁극이 무엇인가에 대해 연구할 수 있는 '단서와 근거'의 씨앗을 뿌려 놓아야 한다. 말하자면 최소 1,000년은 넘은 대장경의 논장(論藏)보다 실용적이며 미래 적응 가능한, 21세기의 논장을 만들자는 것이 내 바람이다.

본 총서에 꼭 넣고 싶었던 폴 윌리엄스 편집, 『대승불교 논문집』5권을 포기하는 것이 아쉽지만, 나는 번역서 10권을 내는 것에서 작업을 그칠 수밖에 없다. 원력 있는 불자나 재가 단체가 이 불사를 이어주길 바란다.

10권 출간 작업을 진행하며, 이 학술서 번역 불사는 재원 확보의 어려움은 물론 번역 원고 교정까지 각 공정이 정말 전문적이고, 특별한 정성이 없이는 불가능하다는 사실을 뼈저리게 느꼈다. 그렇기에 의례적인 인사말이 아니라 진심으로 감사 말씀을 드리며 간행사를 마친다.

이 학술적인 번역서들이 출판될 수 있도록 큰 원력을 내 주신 박찬호 거사와 학계의 열악한 연구 여건에도 불구하고 번역을 흔쾌히 수락해 주신 교수님들과 편집·교정을 해 주신 분들, 특히 민족사 윤창화 사장님의 안목과 열정에 깊이 감사드린다. 또한 십시일반으로 후원해 주신 불자들께도 감사드린다.

2020년 정월 초하루
고양시 용화사 무설설당에서
세존학술연구원장 성 법 합장

학술서 후원자 명단

가순용	남궁염	이강돈	정재훈	송 운
곽은자	류재춘	이경칠	정찬희	혜 관
권설희	박문동	이동수	정화영	홍정표
김대옥	박미숙	이순옥	조건종	이도명
김병기	박성일	이충규	조병이	여지원
김병태	박희구	이판교	조석환	이동수
김세원	배덕현	이학우	조용준	이경락
김수남	송 산	이한용	조원희	이영호
김승규	안병환	이희성	최기제	남진석
김소형	안순국	장인옥	최수현	정철상
김영민	안종만	전상희	최현승	김혜경
김창근	엄유미	정광화	함영준	서철원
김천덕	오상훈	정성문	허민삼	정경 스님
김태환	윤길주	정정근	현덕헌	강효일
김홍계	윤장현	정주열	황흥국	한승훈

저자 소개 : 이시이 코세이(石井公成)

—

1950년 도쿄 출생. 와세다대학 제1문학부 동양철학 졸업. 동 대학원 문학연구과 수료. 문학박사 취득. 와세다대학 문학부 시간 강사를 거쳐 현재 고마자와대학 불교학부 교수.

전공은 화엄종·지론종·선종·쇼토쿠 태자 축으로 한 아시아 여러 불교 교리와 역사·문학·예능·근대 내셔널리즘·불교와 술·불교와 농담의 관계, 컴퓨터 처리에 의한 저자 판정 등이 있다.

*저서 :『東アジア佛敎史』(岩波新書, 2019),『〈ものまね〉の歷史―佛敎·笑い·藝能』(吉川弘文館, 2017),『聖德太子―實像と傳說の間』(春秋社, 2016),『華嚴思想の研究』(春秋社, 1996) 등 다수.

역자 소개 : 김천학

—

1962년 서울 출생. 1981년 한국외국어대학교 졸업. 정신문화연구원 한국학대학원 철학종교 전공 석·박사과정 수료. 1999년 정신문화연구원 한국학대학원 철학종교 전공 박사학위 취득. 2007년 도쿄대학교 아시아문화연구과 인도철학불교학 전공 박사학위 취득.

*경력 : 1998년 일본 동방연구원 외국인 연구원. 2000년~2005년 도요대학, 센슈대학 강사. 2006년 히메지도쿄대학 조교수. 2008년~2013년 금강대학교 불교문화연구소 HK교수 및 조교수, 불교문화연구소장 역임. 2014년~현재 동국대학교 불교문화연구원 HK교수.

*역주서, 저서 :『화엄일승성불묘의』(역주)(2016),『平安期華嚴 思想の研究-東アジア華嚴 思想の視座より-』(2015) 등 다수.

세존학술총서 ⑤

화엄사상의 연구

초판 1쇄 인쇄 | 2020년 2월 20일
초판 1쇄 발행 | 2020년 2월 25일

지음 | 이시이 코세이
옮김 | 김천학

펴낸이 | 윤재승
펴낸곳 | 민족사

주간 | 사기순
기획편집팀 | 사기순, 최윤영
영업관리팀 | 김세정

출판등록 | 1980년 5월 9일 제1-149호
주소 | 서울 종로구 삼봉로 81 두산위브파빌리온 1131호
전화 | 02)732-2403, 2404 팩스 | 02)739-7565
홈페이지 | www.minjoksa.org
페이스북 | www.facebook.com/minjoksa
이메일 | minjoksabook@naver.com

ISBN 979-11-89269-47-0 94220
ISBN 978-89-98742-96-6 (세트)

· 정가 58,000원 (700부 한정판)

세존학술
총서 5

화엄사상의 연구
華嚴思想の研究

94220

9 791189 269470

ISBN 979-11-89269-47-0
ISBN 978-89-98742-96-6 (세트)